찰스 디킨스(1812~1870)   윌리엄 파웰 프리스. 1859.

▲찰스 디킨스 박물관(블룸즈버리의 집) 거실   디킨스는 이곳에서 《올리버 트위스트》외 여러 작품을 집필했으며, 그 필력으로 온 도시에 자신의 이름을 알렸다.

◀▼내부 도서관과 실내 정경

▲**코벤트 가든**  작가 미상. 코벤트 가든은 17세기부터 1974년까지 런던에서 가장 큰 청과물, 꽃시장이었다. 디킨스의 눈에 비친 이곳은 '과거와 현재의 수수께끼, 로맨스, 풍요와 가난, 아름다움과 추함, 깨끗한 농가의 뜰과 더러운 도시의 하수구, 이 모든 것이 하나로 어우러진' 한없이 매력적인 장소였다.

▶**찰스 디킨스의 초상화**  프란시스 알렉산더. 1842.

▼**디킨스의 첫 작품 《보즈의 스케치집》초판본**  1836년 출판.

〈디킨스의 꿈〉 로버트 윌리엄 버스. 1875(미완성). 갯즈 힐의 서재에서 쉬는 디킨스와 그의 소설 등장인물들을 그렸다.

〈빈 의자〉 사무엘 루크 필즈. 1870. 판화는 갯즈 힐의 디킨스 서재에 있는 '빈 의자'를 보여준다.

Charles John Huffam Dickens

BLEAK HOUSE

# 황폐한 집

찰스 디킨스/정태륭 옮김

동서문화사

# 황폐한 집

## 차례

# 제1장 대법관 법정

런던. 미클머스 개정기[1]도 슬슬 끝나갈 즈음, 대법관은 링컨 법조원 대법관 법정에 있었다. 11월의 을씨년스러운 날씨다. 온 거리는 막 지구 표면에서 홍수가 빠져나간 듯 진흙투성이다. 몸길이가 40피트쯤 되는 거대한 공룡이 도마뱀처럼 언덕을 엉금엉금 기어 올라가는 것을 봤다고 해도 이상하지 않을 정도다.[2] 집집 굴뚝마다 매연이 피어올라 함박눈만큼이나 커다란 그을음이 섞인 시커멓고 축축한 안개비가 되었다—그것은 마치 태양의 죽음을 애도하며 상복을 입은 것만 같았다. 개들은 진흙범벅이 되어 서로 구분이 되지 않으며, 말들도 이에 뒤질세라 눈가리개까지 흙탕물을 뒤집어쓰고 있다. 오가는 사람들은 불쾌한 기분에 휩싸여 서로 우산을 부딪치면서 길모퉁이에서 발을 헛디뎌 미끄덩댄다. 날이 밝은 뒤(날이 밝았다고 할 수 있다면) 수만 명이 넘는 보행자들이 휘청대고 미끄러지면서 땅바닥에 줄줄이 새로 진흙을 묻히고 걸어가서 보도는 온통 질척거린다.

어디를 둘러봐도 안개다. 템스강 상류에도 안개가 푸른 섬과 목장 사이를 흘러간다. 강 하류에도 안개가 자욱하다. 이곳에서는 수없이 정박한 배들 사이와 이 커다란(그리고 더러운) 도시의 지저분한 강기슭을 더러운 안개가 소용돌이를 그리며 지나간다. 에식스주 늪지 위도 안개요, 켄트주 구릉 위도 안개다. 안개는 석탄을 운송하는 범선 상갑판 주방으로도 스멀스멀 들어오고, 커다란 배 돛대 위에도 잠들어 있으며, 삭구 안을 돌아다니고, 거룻배나 작은 보트 뱃전에도 웅숭그리고 있다. 그리니치 해군병원 병실 난로 옆에서 콜록거리는 노병의 눈과 목구멍 안으로 기어들어 가고, 공연히 성질난 선장이 비좁은 자기 방에서 피워대는 오후의 담뱃대와 재떨이에 기어들어가고, 갑판에서 추위에 떨

---

[1] 영국 고등법원의 네 개정기 중 마지막 개정기로 11월 2일부터 25일까지를 말한다.
[2] 구약성서 〈창세기〉 8장에 나오는 노아의 대홍수를 빗댄 것.

고 있는 어린 수습 선원의 손가락과 발가락을 매몰차게 꼬집는다. 다리 위를 지나가는 사람들은 난간 너머로 하늘에 낮게 깔린 안개를 바라본다. 그들 사이에도 안개가 자욱해서 이들은 마치 열기구에 올라타 구름 속을 떠다니는 것만 같았다.

가스등이 안개 속에서 흐릿한 도시 이곳저곳을 비춘다. 그것은 농부나 쟁기를 끄는 말의 고삐를 쥔 소년이 자주 보는, 해면과도 같은 습지 위로 태양이 떠오를 때의 광경을 떠오르게 한다. 가게들은 벌써 두 시간 전부터 불을 켜고 있다—가스등은 이 사실을 알아챘는지 수척하고 못마땅한 표정이다.

뼛속까지 으슬으슬한 이 오후. 안개가 가장 자욱하고 거리가 그 어디보다 진흙으로 범벅이 된 곳, 납빛 머리를 한 오래된 런던시 입구를 장식하기에 매우 어울리는 저 납빛 머리의 오래된 방해물인 템플 바[3] 부근이다. 그리고 그 템플 바 바로 근처, 안개 한가운데에 있는 링컨 법조원의 대법관 법정에는 대법관이 있다.

안개가 아무리 짙고 진창이 아무리 깊은들, 이 대법관 법정이라는 해롭기 그지없는 늙은 무뢰한이 (모든 사람이 같은 심정으로 보는 것처럼) 오늘날 빠져 있는 암중모색의 상태에는 발끝에도 미치지 못하리라.

오늘 같은 오후에야말로 대법관은—실제로 그렇게 하고 있지만—이 법정에 자리 잡고 앉아 안개처럼 몽롱한 후광에 싸이고 하늘거리는 붉은 천과 커튼에 둘러싸인 채, 요란한 구레나룻을 기른 거구이면서도 목소리는 개미만 한 변호사의 끝없이 장황한 설명을 들으면서, 안개 말고는 아무것도 보이지 않는 지붕의 들창을 바라보며 사색에 잠겨야 한다. 이런 오후에야말로 수십 명에 이르는 대법관 법정 판사들은—실제로 그렇게 하고 있듯이—언제 끝날지 모르는 소송 중 수천 단계 째의 일에 막연히 매달리고, 막히기 쉬운 판례에서 서로 꼬투리를 잡고, 소소한 전문적 법률 사항에 무릎까지 파묻혀 허우적거리고, 산양 털이나 말 털로 만든 가발[4]을 뒤집어쓰고는 그것으로 법률 조문의 벽을 깨부수겠다고 무모하게 머리를 갖다 박고, 연극배우 뺨치게 자못 진지한 얼

---

3) 구(舊) 런던시 성곽 서쪽에 있었던 석문. 문 위에 쇠꼬챙이를 박고 중죄인이나 반역자의 목을 걸어 두었다.
4) 변호사가 법복을 입고 머리에 쓰는 가발.

굴로 공명정대한 태도를 꾸며내야 한다. 이런 오후에야말로 사건에 관계된 온갖 사무변호사는—그중에는 부모님 대부터 담당하던 일을 맡은 사람도 두서넛 있고 모두 그 사건으로 이미 부를 쌓았지만—서기 책상과 칙선변호사 비단 법복 사이에 놓인 매트 깔린 기다란 변호사석에 앉아(그러나 이 우물 바닥에서 '진리'[5]를 찾는 것은 소용없는 짓이다) 저마다 눈앞에 소장, 답변서, 재항변서, 제2 답변서, 강제명령서, 선서진술서, 소송쟁점서, 법원 주사가 읽을 심사보고서, 법원 주사의 보고서, 그 밖의 온갖 값비싼 잡동사니를 쌓아 놓고 있어야 한다. 다 꺼져 가는 촛불이 법정을 어두침침하게 하는 것도 무리는 아니다. 그 안에 낮게 깔린 안개가 영원히 나가지 않겠다는 듯이 버티는 것만 같아 보이는 것도 무리는 아니다. 색유리가 끼워진 창문들이 색채를 잃고 한낮의 햇빛을 통과시키지 않는 것도 무리는 아니다. 도시의 문외한들이 입구의 유리창 안을 들여다보다가 내부의 올빼미 같은 광경을 보고 또 천이 깔린 윗자리에서 천장까지 우울하게 울리는 멍청한 변설을 듣고는 안으로 들어가기를 포기하는 것도 무리는 아니다. 그 윗자리에서는 대법관이 햇빛을 통과시키지 않는 들창을 멍하니 바라보고 있고, 그 옆에 앉은 가발 쓴 법관들은 한 사람도 빠짐없이 모두 안개에 파묻혀 있다! 바로 여기가 대법관 법정이다. 이 법정을 위해 나라 곳곳에 다 쓰러져가는 집과 황폐한 땅이 존재한다. 그곳을 위해 각 지역 정신병원에는 심신이 황폐해진 정신병자가 있고, 그곳을 위해 곳곳의 묘지에는 죽은 사람이 묻혀 있다. 또 그곳을 위해 모든 사람의 지인 중에는 파산해서 뒤축이 찌그러진 구두에 다 해진 옷차림으로 빚을 얻으러 다니거나 구걸을 하는 소송자가 있다. 이 법정은 돈 많고 힘 있는 사람이 정의로운 사람의 기력을 완전히 빨아먹을 수 있도록 편의를 돕고 있다. 또한 재정과 인내력과 용기와 희망을 고갈시키고 머리를 착란상태에 빠뜨리고 가슴을 후벼 파므로 이곳의 변호사들 중에서도 고결한 자라면 다음과 같은 경고를 하고 싶을 것이다—사실 때때로 그런 경고를 한다. "그 어떤 부당한 대우를 받는다 해도 이곳으로 오지 말고 잠자코 참아라!"

---

5) "진리는 우물 바닥에 있다"는 자주 인용되는 영어의 문장은 고대 그리스의 철학자인 데모크리토스의 《단편》 117장에 있는 "진리는 깊은 곳에 있는 고로 우리는 아무것도 모른다"는 문장에 기초하고 있다.

이 안개 자욱한 오후에 대법관 법정에 있는 사람들 가운데 대법관, 사건을 맡은 법정변호사, 그 어떤 사건에도 관여하지 않는 법정변호사 두서넛, 그리고 앞서 말한 사무변호사들 말고 어떤 사람들이 있을까? 먼저 재판장 아래에 가발을 쓰고 법복을 입은 서기가 있다. 그리고 대법관 추종자들이랄까 영장발급 담당자랄까 아니면 비자금 관리인이랄까, 아무튼 소정의 법정복을 입은 관리 두서넛이 있다. 이들은 모두 하품을 하고 있다. '잔다이스 대 잔다이스 사건'(현재 심리 중인 소송)은 벌써 몇 년 전부터 이미 속속들이 공개된 터라 이제는 아무리 쥐어짜도 흥밋거리가 될 만한 게 나올 여지가 없었기 때문이다. 속기사, 재판기록 담당자, 신문기자는 잔다이스 대 잔다이스 사건의 공판이 열리면 언제나 우르르 법정에서 나가 버린다. 대법관이 앉아 있는 커튼이 둘러쳐진 성스러운 자리가 잘 보이도록 법정 한구석에 서서 법정 안을 주의 깊게 바라보고 있는 사람이 있다. 찌부러진 모자를 쓴 왜소한 미친 노파다. 이 여자는 개정 때부터 폐정 때까지 빠지지 않고 법정에 와서는 뭔가 자신에게 유리한 기적 같은 판결이 내려지기를 줄곧 기대하고 있다. 사람들 중에는 이 여자가 어떤 소송의 당사자라는 사람도 있고, 전에는 그랬지만 지금은 아니라는 사람도 있다. 그러나 어느 쪽이든 상관없다. 진실은 아무도 모른다. 여자는 주머니에 잡동사니를 몇 가지 넣고 그것을 서류리 하며 가지고 다니는데, 그것들은 주로 종이 성냥과 마른 라벤더 꽃 등이다. 얼굴이 누렇게 뜬 한 피고는 오늘로써 벌써 여섯 번째 구속 상태로 법정에 나와 "모욕을 씻겠다"며 스스로 항소하려고 벼르고 있다. 이 사람은 어느 집안의 유산 관리인인데, 본디 회계 지식이 없어 수지 계산을 완전히 엉망진창으로 만들고 말았다. 그러나 함께 일하던 유산 관리인들이 모두 죽고 없어 이제는 누명 벗을 길도 없어졌다. 그러는 동안 이 피고가 풀려날 가망성도 차츰 사라져 버렸다. 또 한 사람, 파산한 소송자가 있었다. 이 남자는 슈롭셔에서 정기적으로 찾아와, 그날의 심리가 끝나면 느닷없이 큰 소리로 대법관을 불렀다. 아무리 설명을 들어도 이 남자가 이해하지 못하는 점은 벌써 20년도 넘게 자신을 비참한 지경에 빠뜨려온 대법관이 법률적으로 자신의 존재를 전혀 모른다는 사실이다. 지금 남자는 아주 좋은 위치에 자리 잡고 앉아 대법관을 뚫어지게 노려보며, 상대가 재판장석에서 일어서자마자 "대법관님!" 하고 법정이 떠나갈 정도로 큰 소리로 불만을 쏟아내기 위해 벼르고 있다. 이 남자의 얼굴을 아는 두세 사람이 (그들은 변호사 사무실 사무원으로 보였다) 이 남자가 뭔가 재미있는 일을 벌여서 이 울적한 날씨를 조금이나마 밝게 해 주지나 않을까 기대하면서 법정에서 나갈까말까 망설였다.

잔다이스 대 잔다이스 사건은 지루하게 이어지고 있다. 시간이 흐르면서 이 덩치 큰 소송이 완전히 복잡해져서 이제는 모두 뭐가 뭔지 알 수 없게 되어 버렸다. 그중에서도 가장 영문을 알 수 없어 곤란한 사람들은 소송 당사자들이다. 대법관 법정의 변호사들은 이 사건에 대해 논의하기 시작한 지 5분도 채 안 돼 서로 엇갈리는 의견을 제시하곤 했다. 이 사건에는 셀 수 없이 많은 아이가 태어나서 관계되었고, 셀 수 없이 많은 젊은이들이 결혼해서 연루되었으며, 셀 수 없이 많은 노인들이 죽어서 관계가 끊어졌다. 수십 명의 사람이 사정도 이유도 모른 채 어영부영하다가 잔다이스 대 잔다이스 사건의 당사자가 되어 버렸고, 많은 가정에서 온 가족이 이 소송에 대한 증오감을 대대로 물려받았다. 어린 원고와 피고들은 사건이 해결되면 새 흔들목마를 사 주겠다는 말을 들었지만 어느새 성인이 되어 진짜 말을 갖게 되었고, 마침내 저세상으로 빠르게 달려가 버렸다. 아름다웠던 미성년의 피후견인들은 어머니와 할머니가 되었다. 길게 줄지어 선 대법관들이 왔다가 가고, 수없이 많은 항소장이 단순 사망자 통계표로 바뀌었다. 아마 현재 잔다이스 가문의 사람들은 이 지구상에 세 명도 채 남아 있지 않을 것이다. 톰 잔다이스 노인이 절망한 나머지 대법관 법정 근처의 카페에서 권총으로 자기 머리를 쏴 버렸기 때문이다. 그러나 잔다이스 대 잔다이스 사건은 여전히 대법관의 법정에 계류 중이며, 영원히 해결될 기미가 보이지 않는다.

잔다이스 대 잔다이스 사건은 웃음거리로 전락해 버렸다. 그것이 이 사건이 거둔 유일한 성과다. 많은 사람에게는 목숨이 달린 소송이었지만 정작 법조인들 사이에서는 웃음거리에 지나지 않는다. 대법관 법정에서 일하는 모든 주사가 이 사건의 보고서를 작성한 적이 있다. 역대 모든 대법관이 변호사 시절 법정에 섰을 때 누군가를 위해 "이 사건에 관여했었다." 뿌리열매처럼 뭉툭한 구두를 신고 푸르딩딩한 코를 가진 법조원의 늙은 간부들은 만찬이 끝난 뒤에 대연회장에서 열리는 이른바 특별 포트와인 위원회 석상에서 이 사건에 관해 그럴싸한 말들을 늘어놓았다. 수습 사무변호사들은 이 사건을 통해 자신의 법률 지식을 시험해 보는 것이 관례였다. 전임 대법관이 이 사건을 깔끔하게 정리한 적이 있다. 고명한 칙선변호사인 블로어스 씨가 어떤 일에 대해 "그런 일은 하늘에서 감자라도 떨어지지 않는 한 일어나지 않는다"고 말하자 그 말을 수정하면서 "아니죠, '잔다이스 대 잔다이스 사건이라도 끝나지 않는 한'이라고 해야 맞죠"라고 말한 것이다. 이 농담은 대법관 추종자들과 영장발급 담당자들, 비자금 관리인들을 무척 기쁘게 했다.

잔다이스 대 잔다이스 사건이 얼마나 많은 소송 관계자를 해치고 부패하게 해 왔는지는 실로 헤아릴 수조차 없을 것이다. 위로는 서류 틈에서 저마다 기분 나쁜 모습으로 몸부림치면서 먼지에 파묻혀 있는 사람들, 즉 사건기록을 산더미처럼 껴안고 있는 법원 주사부터, 밑으로는 언제 끝날지 모르는 사건의 문서를 법 규정에 수록된 어휘 수에 맞춰 수천수만 쪽이나 필사해 온 담당 서기에 이르기까지 타고난 성격에 상처를 입지 않은 사람은 단 한 사람도 없다. 갖가지 핑계로 벌어지는 간계, 발뺌, 시간 끌기, 약탈, 방해는 그야말로 좋지 않은 영향을 끼친다. 사무변호사 밑에서 일하는 소년들조차 치즐 씨인지 미즐 씨인지 하는 자기 변호사가 너무 바빠서 저녁 식사까지 연달아 선약이 잡혀 있다고 거만하게 굴면서 불쌍한 소송자들을 문전박대해 온 지 오래다. 이들은 잔다이스 대 잔다이스 사건 때문에 남들보다 곱절 더 도덕적 해이와 못된 책략에 익숙해져 있을 것이다. 소송의 수익 관리인은 이 소송 덕분에 꽤 많은 돈을 만지게 되었지만, 동시에 자기 친모의 불신과 가족들에 대한 모멸감까지 얻어 버렸다. 치즐인지 미즐인지 하는 변호사는 이 사건이 마무리되면 미해결된 작은 사건들을 검토하여 드리즐—이 사람이 홀대당한 사람이다—을 위해 어떤 일을 해줄 수 있는지 알아보겠다는 막연한 결심을 하는 나쁜 버릇이 생겨 버렸다. 갖가지 핑계와 거짓말이 이 불행한 소송을 통해 드러났다. 이 지저분한 소송 가까이에서 사건의 변천을 지켜보던 사람들은 불리한 상황을 방치하여 더 나쁘게 만드는 무책임한 습관이 들었으며 만사가 뜻대로 돌아가지 않는 것은 세상이치 때문이라고 믿는 무책임한 생각에 빠져들고 말았다.

아무튼 대법관은 진흙탕에 둘러싸이고 안개에 싸인 채 대법관 법정에 앉아 있다.

대법관은 요즘 "탱글 씨"라 불리는 변호사의 웅변에 다소 신경이 예민해져 있었다.

"대법관님." 잔다이스 대 잔다이스 사건에 정통한 탱글 씨가 말한다―사람들은 그가 학교 졸업 이래 이 사건과 관련된 문서들 말고는 아무것도 읽은 것이 없을 거라고 생각한다.

"변론은 대충 끝났습니까?"

"아니요, 대법관님. 이 사건에는 논점이 많습니다. 저는 그것을 다 말할 의무가 있다고 생각합니다, 대법관님." 탱글 씨의 입에서 이런 대답이 나온다.

"변호사 여러분 가운데 아직 변론하지 않은 분이 몇 분 계실 텐데요?" 대법관이 가볍게 웃으면서 말한다.

탱글 씨의 동료 열여덟 명이 저마다 1,800쪽이나 되는 개요서를 무기 삼아들고서 열여덟 개의 피아노 해머처럼 일어섰다가 도합 열여덟 번의 절을 하고, 잘 보이지 않는 열여덟 개의 자리에 털썩 앉는다.

"다다음주 수요일에 심리를 계속하겠습니다." 대법관이 말한다. 지금 문제되고 있는 사항은 소송비용에 관한 건인데, 이는 큰 나무에 달린 작은 봉우리에 불과한 문제라 조만간 해결될 가능성이 있었기 때문이다.

대법관이 일어서자 변호사들도 따라 일어선다. 피고인이 부산스럽게 끌려들어오고, 슈롭셔에서 온 사나이가 "대법관님!" 하고 외친다. 의장 담당, 영장발급 담당, 비자금 담당자가 정숙을 요구하며, 슈롭셔에서 온 사나이를 노려본다.

대법관이 잔다이스 대 잔다이스 사건에 대해 말을 잇는다. "그럼 이번에는 문제의 소녀……."

"법관님, 실례합니다만…… 소년입니다." 탱글 씨가 재빨리 바로잡는다.

"그럼 이번에는 문제의 소녀와 소년, 두 젊은이에 관해서입니다만―" 대법관이 또박또박 힘주어 말을 잇는다.

(탱글 씨는 풀이 죽는다.)

"두 사람은 오늘 출두하라는 명령을 받고 지금 내 방에 와 있습니다. 지금부터 그들을 만나, 그들에게 백부 집에서 살라고 명령하는 것이 옳은지 확인해보겠습니다."

탱글 씨가 다시 일어선다.

"법관님, 죄송합니다만…… 백부는 죽었습니다."

"두 사람의……." 대법관이 두 겹으로 된 외안경으로 책상 위의 서류를 훑어 보면서 말한다. "할아버지 집이군요."

"법관님, 실례합니다만…… 조부는 강도를 당해 뇌를 다쳤습니다."

갑자기 안개 끝 쪽에서 몹시 왜소하고 작달막한 변호사가 득의양양하게 일어나서 말한다. "법관님, 발언해도 되겠습니까? 제가 변호인입니다. 그 사람은 친척입니다. 촌수는 멀지만요. 지금으로서는 법정에 계신 여러분께 정확히 몇 촌인지 알려드릴 준비가 되어 있지 않지만, 분명히 친척입니다."

이 발언(그것은 무덤에서 온 전언처럼 음침하게 이어졌다)을 서까래 사이로 반향시키면서 이 작달막한 남자가 털썩 자리에 앉자 곧 안개가 그를 묻어 버린다. 모두 그를 찾으려 했지만 누구의 눈에도 띄지 않는다.

대법관이 고쳐 말한다. "내가 두 사람과 이야기해서 친척 집에 살지 말지 확인해 보겠습니다. 이 건에 대해서는 내일 아침 이 자리에서 다시 이야기하지요."

대법관이 법정을 향해 경례하려는 찰나, 피고인이 대법관 앞으로 끌려 나온다. 이 피고의 재판 결과로 보아 나올 말은 고작 감옥으로 돌아가라는 정도이리라 예상되었는데, 아나나 다를까 곧 그런 판결이 내려진다. 슈롭셔에서 온 사나이가 용기를 내어 다시 한 번 절절하게 "법관님!" 하고 외쳤지만, 대법관은 이 사나이를 보자마자 재빨리 사라져 버린다. 다른 사람들도 그 뒤를 따라 사라진다. 대포처럼 일렬로 배치된 푸른 자루마다 대량의 서류가 장전되고, 서기들은 그것들을 들고 법정을 나간다. 앞서 언급한 미친 노파도 서류를 들고 씩씩하게 퇴장한다. 텅 빈 법정이 굳게 잠겼다. 이 법정이 저지른 모든 범죄 행위와 그것이 불러온 모든 불행도 함께 잠그고 모든 것을 활활 타오르는 불길로 화장해 버릴 수 있다면—그것이야말로 잔다이스 대 잔다이스 사건의 당사자들을 제외한 세상 모든 사람에게 얼마나 행복한 일이랴!

# 제2장 상류사회

같은 날 오후의 상류사회를 잠시 들여다보고자 한다. 이 사회와 대법관 법정은 별반 다를 것이 없어서 한쪽에서 다른 쪽으로 까마귀처럼 일직선으로 날아갈 수가 있다. 상류사회나 대법관 법정이나 선례와 관습이 중요시되는 세계다. 번개가 치는 날씨에도 기묘한 유희를 즐기다가 깊이 잠들어 버린 립 밴 윙클[1]이나, 언젠가 기사가 깨우러 오는, 그리고 멈추었던 화덕의 고기 꼬챙이가 힘차게 다시 돌아갈 때까지 잠들어 있는 미인[2]과도 같다!

그것은 넓은 세계가 아니다. 우리가 사는 세상과 같고 끝이 있다(전하, 전하께서 그곳을 유람하시고 그 너머의 허공을 보시면 알게 되실 것입니다), 그 세상은 아주 작은 점에 지나지 않는다. 거기에는 많은 미덕이 있으며, 착하고 성실한 수많은 사람이 저마다 어울리는 역할을 맡고 있다. 그러나 불행하게도, 보석을 감싼 면과 보드라운 털실에 칭칭 감겨 있어서 더 큰 여러 세계가 돌진해 가는 소리가 들리지 않고, 그 세계들이 태양 주위를 도는 모습도 보이지 않는다. 다시 말해서 무감각에 빠진 세계로, 공기가 희박해서 때때로 성장을 방해받기도 한다.

데들록 부인은 파리로 떠나기에 앞서 며칠간 런던에 있는 저택으로 돌아갔다. 파리에는 몇 주쯤 머물 예정이며, 그다음에는 어떻게 할지 아직 정하지 않았다. 상류사회의 소식통은 이런 말로 파리 사람들을 기쁘게 했다. 이들은 상류사회에 관한 소식이라면 뭐든지 알고 있다. 그 이외의 정보를 아는 것은 상류인사답지 않은 일이다. 지금까지 데들록 부인은 평소 마음 편히 지낼 수 있는

---

1) 19세기 미국 작가 워싱턴 어빙의 《스케치북》에 나오는 〈립 밴 윙클〉의 주인공. 산속에서 24년 동안 자다가 일어나 보니 세계가 아주 달라져 있었다.
2) 17세기 프랑스 작가 샤를 페로의 동화 〈잠자는 숲속의 미녀〉의 여주인공. 마법에 걸려 성에 갇힌 채 100년 동안 잠들어 있는 사이에 주위에 숲이 자랐는데, 어느 젊은 기사가 우연히 왔다가 입맞춤해 주어 눈을 뜨게 된다.

링컨셔의 '집'에 있었다. 링컨셔는 홍수 피해를 입었다. 공원 안에 있던 다리의 아치는 물에 잠겨 떠내려갔다. 인근 저지대는 폭이 반마일이나 되는 탁한 강으로 변하고, 우울한 나무들은 그 강의 섬으로 변했다. 수면은 종일 쏟아붓는 빗줄기로 온통 구멍투성이다. 부인의 저택은 완전히 고립되었다. 며칠 밤낮을 비가 퍼붓는 바람에 나무들이 기둥 속까지 다 젖어 버렸는지, 나무꾼이 도끼로 찍어낸 부드러운 가지들은 굵은 것 잔 것 할 것 없이 땅에 떨어져도 소리 하나 내지 않았다. 흠뻑 젖은 사슴들이 지나간 자리에는 진창이 남았다. 엽총 소리는 축축한 공기 속에서 기세가 꺾이고, 연기는 내리는 비의 배경이 되어 주는 잡목림이 우거진 푸른 언덕 쪽으로 작은 구름을 만들며 사라져 갔다. 데들록 부인의 방에서 내다보는 창밖 경치는 회색빛으로, 또 먹빛으로 바뀌었다. 앞쪽 대리석 테라스 위에 놓인 꽃병은 종일 비를 맞았고, 무거운 낙숫물은 예부터 '유령의 오솔길'이라고 불리는 폭넓은 돌바닥 위로 밤새 주르륵주르륵 떨어졌다. 일요일에는 공원 안에 있는 조그만 교회에 곰팡이가 피었고, 오크나무로 만든 설교단은 차가운 땀을 흘렸으며, 주위에는 무덤 속에 들어간 옛 데들록 사람들의 냄새가 떠돌았다. 부인은(부인에게는 자식이 없었다) 황혼이 질 무렵 자기 방에 앉아 파수꾼의 오두막을 바라보았다. 격자가 끼워진 유리창으로 비치는 난롯불과 굴뚝에서 피어오르는 연기를 보았다. 그러다가 한 꼬마가 엄마를 피해 빗속으로 달아나다가 마침 문으로 들어서던 반들반들한 우비 차림의 남자와 부딪히는 장면을 보고 기분이 완전히 상해 버렸다. 데들록 부인은 "죽을 만큼 무료했던" 것이다.

데들록 부인은 비와 까마귀와 토끼와 사슴과 메추라기와 꿩에게 저택을 맡기고 링컨셔를 떠났다. 하녀가 오래된 방들을 하나씩 돌며 덧문을 달았을 때, 세상을 떠난 데들록 사람들의 초상화는 의기소침하다 못해 축축한 벽 속으로 꺼져 들어갈 듯이 보였다. 그들이 언제 다시 이 세상에 나타날지는 상류사회의 소식통들조차도 몰랐다—이들은 악마 같아서 과거와 현재의 일은 귀신같이 알아도 미래의 일은 알지 못한다.

레스터 데들록 경은 일개 준남작에 지나지 않지만, 그만큼 영향력 있는 준남작은 세상에 없다. 가문의 역사는 산의 역사만큼 오래됐으며, 그 높이로 말할 것 같으면 산 따위는 감히 명함도 못 내밀었다. 그의 지론에 따르면, 세상은 산이 없어도 잘 돌아가지만 데들록 가문이 없이는 돌아가지 않는다고 한다. 자연이 좋다는 사실은(단, 울타리가 쳐지지 않은 사냥터는 격이 다소 떨어진다) 그도 상당히 인정한다. 그러나 자연의 효과를 발휘시키는 것은 지방 호족이라고 생각한다. 그는 엄격한 양심의 소유자로서 모든 비열한 것을 경멸했으며, 일말의 의심이라도 살 바에는 차라리 그 자리에서 죽음을 택하겠다는 신사다. 그는 고결하고 진실하고 올곧으면서도 편견이 심하고 완전히 비합리적인 사람이다.

레스터 경은 부인보다 스무 살은 더 먹었다. 예순다섯은커녕 예순여섯, 아니 예순일곱으로 보이는 일은 결코 없을 것이다. 이따금 통풍이 도져서 다리를 절뚝거린다. 반백의 머리에 구레나룻을 길렀고, 양복 가슴께와 소매로는 멋진 셔츠 장식이 내다보였으며, 파란색 웃옷의 번쩍이는 단추는 언제나 잠겨 있고 당당한 풍채를 뽐낸다. 태도는 의식적이고 위엄이 있었으며, 어떤 상황에서도 부인을 정중하게 대하고 그녀의 매력적인 용모를 높이 샀다. 부인에 대한 그의 다정함은 처음 구혼했을 때와 조금도 변하지 않았는데, 바로 이 점이 그가 지닌 낭만적인 감정을 보여 주는 작고 유일한 증거였다.

사실 그는 부인과 사랑해서 결혼했다. 지금도 뭇사람들은 그녀에게는 친척조차 없다고 쑥덕거렸다. 레스터 경은 친척이라면 더 이상 필요 없을 정도로 많았다. 그 대신 부인에게는 미모, 자존심, 야심, 교만한 고집 등 수많은 귀부인에게 나누어 주어도 충분할 만큼 많은 양식이 있었다. 거기에다 부와 신분까지 더해지자 그녀는 곧 유명 인사가 되었다. 그리하여 데들록 부인은 벌써 오래전부터 상류사회 소식의 중심이 되었다. 상류사회를 나무에 비유한다면 꼭대기로 올라간 것이다.

정복해야 할 세계가 없어지자 알렉산더 대왕이 울었다는 것은 누구나 아는 사실이다―이 일화는 이야기에 단골 소재로 등장하는 만큼 이제 모르는 사람이 없을 것이다. 데들록 부인은 상류 세계를 정복해 버리자 감상적인 기분에 젖는 대신 아주 냉정한 기분이 들었다. 피폐함 끝에 찾아온 안정, 지친 뒤에 얻은 고요함, 너무 피곤해서 흥미나 만족감에 흐트러질 일 없는 평안함, 이것들이 전리품이었다. 그녀는 어찌나 고상한지, 예컨대 내일 산 채로 천국으로 올라간다 해도 좋아서 날뛰는 일은 결코 없을 것이다.

그녀는 여전히 아름다움을 간직하고 있으며, 이미 전성기가 지났다 해도 시

들시들한 가을은 아직 오지 않았다. 그녀는 멋진 미모를 가졌는데 그것은 본디 화려한 아름다움이라기보다는 청순가련함에 가까웠다. 그녀의 용모는 상류 신분에 어울리는 표정을 갖추게 됨으로써 우아함으로 발전했다. 우아한 자태는 키를 커 보이게 했다. 물론 실제로 큰 것은 아니고, 밥 스테이블스 각하[3]가 단언한 대로 "자신의 모든 장점[4]"을 최고도로 살렸기 때문"이다. 이 분야의 권위자는 그녀를 흠잡을 데 없는 완성품이라 평하고, 그녀야말로 세상에서 머리 손질이 가장 잘된 여자라며 그녀의 머리모양을 칭찬했다.

이런 모든 완벽함의 상징을 지니고도 데들록 부인은 (상류사회 소식통들의 맹렬한 추적을 받으면서) 링컨셔의 저택에서 파리로 떠나기에 앞서 런던에 있는 저택에서 며칠간 보내기 위해 돌아갔다. 파리에는 몇 주쯤 머물 예정인데 그다음의 계획은 아직 정해지지 않았다. 이 우울하고 질척거리는 오후, 한 고풍스러운 노신사가 문안차 부인의 런던 저택을 찾아왔다. 지방법원 변호사와 대법관 법정변호사를 겸임하는 그는 영광스럽게도 데들록 가문의 법률고문으로 일한다. 그의 사무실에 데들록이라고 쓴 철제 서류함이 잔뜩 놓여 있는 모습은 준남작 집안의 현재 주인이 마술용 화폐가 되어 이 함에서 저 함으로 계속 옮겨 다니는 모습을 떠올리게 한다. 노신사는 가발에 분을 뿌린 집사 머큐리의 안내로 현관홀을 가로지르고 계단을 올라가고 복도를 긷고 수많은 방을 지나 (이곳은 사교 시즌에는 매우 화려하지만 시즌이 끝나면 몹시 음침하다 — 손님에게는 요정의 나라지만 그곳에 사는 사람들에게는 사막 같은 곳이다) 부인 앞에 당도한다.

노신사는 겉으로 보기에는 늙었지만, 귀족들의 혼인부동산계약이나 유언장으로 상당한 재산을 모아서 지금은 엄청난 부자라는 소문이 자자하다. 명문가의 비밀에서 비롯되는 신비로운 후광에 둘러싸인 채, 사람들이 상상하는, 그런 비밀을 묵묵히 지키는 인물로 알려져 있다. 저택 깊숙한 공터에 키 큰 나무와 풀고사리에 둘러싸여 수백 년 동안 자리 잡고 있는 고귀한 사당조차도 이 털킹혼 씨의 가슴속에 묻힌 채 사람들 사이를 활보하고 다닐 만큼 많은 비밀은

---

3) '스테이블(stable)'이라는 단어에는 '마구간'이라는 뜻도 있다. 이하에서 그는 부인을 말에 빗대고 있다.

4) 가축 따위의 체형이나 그 밖의 것을 규정에서 정한 표준에 비추어 심사할 때 적용하는 심사 항목.

품고 있지 않다. 그는 이른바 구식 인간으로―이 단어는 보통 일찍이 한 번도 젊음을 맛본 적이 없을 것 같은 사람을 가리킨다―반바지를 입고 그 끝단을 얇은 끈으로 묶고 긴 양말 위에 보호대를 덧신었다. 그 검은 양복과 비단인지 털실인지 모를 검은 양말의 특징 가운데 하나는 절대 광택이 나지 않는다는 점이다. 몸에 맞고 빛에 반응하지 않는 이 복장은 그것을 입은 사람과 닮았다. 그는 직업상 고객과 상담할 때가 아니면 결코 입을 열지 않는다. 이따금 명문가의 시골 저택에서 열리는 연회장 식탁 구석이나 사교계 수다쟁이들이 좋아하는 살롱 입구 근처에 모습을 드러낼 때는 입을 꾹 다문 채 한가롭게 있다. 하지만 거기 모인 사람들은 모두 그를 알고 있으며, 귀족의 절반쯤은 그 앞에 멈춰서서 "안녕하십니까, 털킹혼 씨" 하고 인사를 건넨다. 그러면 그는 그 인사를 정중하게 받아들여 다른 여러 비밀과 함께 마음 깊은 곳에 간직해 버린다.

부인 옆에 있는 레스터 데들록 경은 털킹혼 씨를 반갑게 맞이했다. 털킹혼 씨의 태도에는 무언가 기분 좋은 분위기가 있었는데, 경은 이 점을 좋아했다. 경은 거기서 자신에 대한 경의를 읽는 것이다. 경은 털킹혼 씨의 복장도 좋아했는데, 거기에서도 하나의 경의를 읽을 수 있었기 때문이다. 매우 기품이 있는 복장이다. 데들록 가문의 법률상의 비밀을 관장하는 집사나 법조계의 포도주 저장소를 관리하는 하인 같은 인상을 주는 옷차림이다.

털킹혼 씨 자신은 그런 것을 알고 있을까? 알지도 모르고 모를지도 모른다. 그러나 데들록 부인을 계급의 일원―그녀의 작은 세계의 지도자 또는 대표자 가운데 한 사람―이라고 할 때, 그녀와 관계 있는 모든 것에는 다음과 같은 평범하지만 무시무시한 사정이 있음을 주목해야 한다. 부인은 자신을 평범한 사람들의 눈으로는 도저히 헤아릴 수 없는 신비로운 존재라고 생각했다. 그녀는 거울에 비친 자신의 모습을 보고 이런 생각을 하게 된 것인데, 과연 거울로 볼 때는 신비로워 보였다. 그러나 하녀에서 이탈리아 가극 기획자에 이르기까지, 부인의 주위를 운행하는 이러한 쓰레기 같은 별들은 모두 부인의 약점, 편견, 어리석음, 교만함, 변덕을 알고 있어서, 전속 재단사가 몸의 치수를 잴 때처럼 매우 정확하고 꼼꼼하게 부인의 덕성을 계산하고는 부인을 봉으로 삼았다. 이를테면 새 옷, 새 습관, 새 가수, 새 무용수, 새로운 모양의 보석, 새 난쟁이나 거인, 새 예배당, 그 밖에 무엇이든지 새로운 것이면 구입하게 했다. 정작 부인은 그들을 자기 앞에서 납작 엎드려 머리나 조아리는 무골충으로 여겼지만, 그렇게 다방면에 걸친 사기꾼들은 부인을 갓난아기처럼 다루는 방법을 잘 알고 있어 그녀의 등을 쳐 먹으며 일생을 보냈다. 또 아주 비굴한 태도로 좇는 듯이 굽실거리는 척하면서 실제로는 그녀와 그녀의 친구들의 앞에 서서 그들을 끌고 다니거나, 레뮤엘 걸리버가 릴리풋 제국의 대함대를 싹쓸이했듯이 부인에게 갈고리를 겲으로써 그녀의 친구들을 한꺼번에 몰고 다닌다. "혹 우리 쪽 사람들과 교제하고 싶으시거든—" 보석상 블레이즈와 스파클은 말한다—우리 쪽 사람들이란 데들록 부인과 그녀의 친구들을 말한다—"그들이 일반인이 아니라는 사실을 잊지 마십시오. 우리 쪽 사람들은 약점을 노려야 하는데, 약점은 바로 그것입니다." 견직물상 주인인 신과 글로스는 친구인 제조업자들에게 이렇게 말한다. "여러분, 이 상품을 팔려면 우리 쪽으로 오셔야 합니다. 우리는 상류층 양반들의 급소를 잘 알고 있어서 상류사회에 그 물건을 유행시킬 수 있으니까요." 이번에는 목재상 슬래더리 씨가 말한다. "이 판화로 제 단골손님들의 책상을 꾸미고 싶으시다면, 또 이 난쟁이와 거인을 제 단골손님의 저택에 출입시키고 싶거나 그들의 재주를 제 단골손님들에게 선보이고 싶으시다면 제게 맡기십시오. 저는 그들 가운데 누가 핵심인물인지를 오래전부터 연구해 왔고, 자랑은 아니지만 실제로 그런 사람들을 제 손가락 돌리듯 마음대로 다룰 수 있답니다."—정직한 슬래더리 씨의 말이니만큼 이 말은 결코 과장이 아니다.

이런 이유로, 털킹혼 씨는 지금 데들록 사람들이 속으로 어떤 생각을 하는지 알고 있을 가능성이 크다.

"집안의 소송이 다시 대법관 법정에서 열렸다지요, 털킹혼 씨?" 레스터 경이 손을 내밀며 말한다.

"네, 오늘 재개정되었습니다." 털킹혼 씨는 대답하고, 부인에게 조용하게 고개 숙여 절한다. 부인은 벽난로 앞에 놓인 안락의자에 앉아서, 뜨거운 불길을 피하려고 부채로 얼굴을 가리고 있다.

부인이 여전히 링컨셔의 저택에 감돌던 고독한 분위기를 풍기면서 말한다. "뭐 달라진 것은 없는지 물어봐야 소용없는 일이겠죠."

"부인께서 달라졌다고 하실 만한 변화는 현재로서는 아직 없습니다."

"앞으로도 영원히 없을 거예요."

레스터 경은 언제 끝날지 모르는 대법관 법정 소송에 항소하지 않았다. 애초에 그것은 시간과 돈만 잡아먹는, 자못 영국답고 입헌국다운 소송인 것이다. 그는 이 소송에 별 흥미도 없다. 그에게 이 소송은 부인이 유일한 지참금으로 가져온 것에 불과하다. 물론 그의 이름이—즉 데들록이라는 이름이—소송 때마다 들먹여지면서도 소송 자체의 명칭이 되지 않은 것은 우연이라고는 하나 정말로 이상하다는 생각은 많이 했다. 그의 생각에 따르면, 대법관 법정이라는 곳은 설령 이따금 법의 지연을 초래하고 약간의 혼란을 일으킬지언정 모든 사건에 영원한 결론(그래 봐야 인간의 관점에서 봤을 때의 얘기지만)을 내리기 위해 인간 최대의 지혜가 다른 모든 것과 함께 생각해 낸 장소다. 따라서 대법관 법정에 쏟아지는 불만에 호응하고 인정하는 것은 어딘가에서 모반을 꾀하는—워트 타일러[5]처럼—하층민들을 격려하는 행위와 같다는 것이 그의 지론이다.

"새 선서진술서가 몇 통 제출되었지만 모두 간단한 것입니다. 귀찮으시겠지만, 소송의 진행 상황을 의뢰인에게 모두 알리는 것이 제 철칙인지라—" 신중한 털킹혼 씨는 필요 이상의 책임을 회피하면서 짤막하게 말한다. "그리고 조만간 파리로 떠나신다는 소식을 들은지라 주머니에 서류를 넣어가지고 왔습니다."

(레스터 경도 함께 떠날 예정이었지만, 사교계 사람들의 관심은 부인에게 있다.)

털킹혼 씨는 서류를 꺼내 양해를 구한 다음, 부인 앞에 놓인 황금부적처럼 작은 탁자 위에 올려놓았다. 그리고 안경을 끼고, 갓을 씌운 등불에 비춰 가며 읽기 시작한다.

"'대법관 사무소. 존 잔다이스 대—'"

부인이 형식적인 관용구는 생략하라고 부탁한다.

털킹혼 씨는 안경 너머로 서류를 잠시 훑어본 뒤, 아래쪽을 읽기 시작한다. 부인은 경멸스럽다는 태도로 딴청을 피운다. 커다란 의자에 앉은 레스터 경은 난롯불을 바라보며, 장황하고 반복적인 법률서류도 국가의 방벽 중 하나라고 생각하여 만족스러워하는 것 같다. 부인이 앉아 있는 자리는 너무 뜨거운 데다, 손에 든 부채는 비싸기만 하지 지나치게 작아서 제 값을 못한다. 부인은 자세를 고쳐 앉는 김에 탁자 위의 서류를 들여다보다가 불쑥 묻는다.

---

5) 1381년 영국에서 일어난 대농민봉기의 주모자.

"이건 누가 쓴 거죠?"

털킹혼 씨는 부인의 평소답지 않게 생기 넘치는 말투에 놀라 읽기를 멈춘다.

"이게 당신들이 말하는 법률서체라는 건가요?" 부인이 무관심한 태도로 돌아가서 그를 빤히 쳐다보면서 부채를 흔들며 말한다.

"그런 건 아닙니다." 이렇게 말하면서 털킹혼 씨는 필체를 살펴본다. "아마 법률서체처럼 보이는 이 글씨는 법률서체 원본을 베낀 것일 겁니다. 그런데 그건 왜 물으시죠?"

"심심해서 한번 물어봤어요. 그다음을 읽으세요, 어서요!"

털킹혼 씨가 다시 읽기 시작한다. 난롯불이 열기를 더하자 부인은 부채로 얼굴을 완전히 가렸다. 레스터 경이 꾸벅꾸벅 졸다가 상체를 벌떡 일으키더니 "뭐? 지금 뭐라고 했지?" 하고 외친다.

털킹혼 씨가 허둥지둥 일어나 말한다. "저, 부인께서는 기분이 안 좋아 보이시는군요."

"현기증이 났을 뿐이에요." 부인이 핏기 없는 얼굴로 힘없이 말한다. "그렇지만 곧 죽을 것 같아요. 절 조용히 있게 해 주세요. 종을 울려서 나를 방으로 데리고 가라고 하세요!"

털킹혼 씨가 옆방으로 달려간다. 종이 울리자 바쁘게 뛰어오는 발소리가 들리더니 잠시 뒤에 조용해진다. 이윽고 머큐리가 털킹혼 씨를 아까 있던 방으로 안내했다.

"많이 좋아졌소." 레스터 경이 변호사에게 의자를 권하고, 서류를 계속 읽어 달라고 부탁한다. "집사람이 현기증을 일으킨 건 처음이라서 놀랐지 뭐요. 하지만 이런 날씨는 건강에 좋지 않지. 게다가 저 사람은 링컨셔에 있는 저택에서 죽을 만큼 지루하다 온 참이니까."

# 제3장 경과

　내가 해야 하는 이야기를 어떻게 시작해야 좋을지 정말 골치가 아픕니다. 내 머리가 썩 좋지 않다는 건 나도 잘 아니까요. 옛날부터 잘 알고 있었지요. 지금도 기억하는데, 내가 아직 어린 여자아이였을 때 인형과 단둘이 있게 되면 이런 말을 들려주곤 했습니다. "돌리, 난 영리하지 않아. 너도 잘 알지? 넌 착한 아이니까 그냥 참아 줘!" 그러고는 인형을 커다란 팔걸이의자에 앉히고, 인형이 아름다운 피부와 장밋빛 입술을 하고 나를 바라보고 있으면—사실 나를 바라본 게 아니라 허공을 보고 있었겠지요—난 부지런히 바느질을 하면서 내 비밀을 시시콜콜 이야기하곤 했지요.

　그리운 인형! 나는 내성적인 아이여서 그 인형 외에는 누구와도 말도 하고 싶지 않았으며 속마음은 절대로 털어놓지 않았답니다. 생각만 해도 눈물이 나요. 학교에서 돌아오면 내 방으로 올라가 "내 충실한 돌리, 기다리고 있을 거라고 생각했어!"라고 말한 다음 마룻바닥에 주저앉아 돌리의 커다란 의자 팔걸이에 기대어, 돌리와 헤어진 뒤 있었던 일들을 모조리 들려주고 나면 정말이지 커다란 위안을 받곤 했습니다. 나는 눈치가 빠른 편이었습니다—물론 영리해서 그런 건 아니었지만!—말은 안 하지만, 내 눈앞에서 일어나는 일들을 재빨리 알아채고 더 잘 이해할 수 있기를 바랐습니다. 나는 결코 빨리 깨우치는 편이 아닙니다. 특히 누구에게 애정을 느낄 때는 더 그런 것 같습니다. 하지만 그것조차 자만심일지도 모르지요.

　나는 어렸을 때부터 꼭 옛날이야기에 나오는 공주님처럼—물론 그렇게 아름답지는 않았지만—대모 밑에서 컸습니다. 그분에 관해서는 그분이 내 대모라는 것밖에 몰라요. 의붓어머니는 훌륭한 분이었습니다! 교회에는 매주 일요일에 세 번씩, 수요일과 금요일에는 아침 기도에, 또 강연이 있을 때마다 가셨으며, 한 번도 빼먹은 적이 없었습니다. 외모도 아름다워서, 아마 웃으면 천사처럼 보였을 것입니다(나는 자주 그런 생각을 했습니다)—하지만 웃는 낯을 보여준 적은 한 번도 없었습니다. 언제나 진지하고 엄격했습니다. 자신이 모범적인 사람이었기에 남들의 모자란 점을 평생 못마땅하게 생각하셨습니다. 나는 어린아이와 어른의 차이점을 충분히 참작하고도 나와 의붓어머니의 차이를 뼈저리게 느꼈습니다. 나는 시시하고 하찮은 사람이고 의붓어머니의 발끝에도 미치지 못한다는 생각을 했습니다. 그래서 의붓어머니를 도저히 편하게 대할 수가 없었습니다—속으로 생각하는 것처럼 솔직하게 사랑할 수조차 없었습니다. 의붓어머니는 훌륭한 사람인데 반해 나는 보잘것없는 아이라고 생각하면 죄송한 마음에 착한 아이가 되기를 간절히 바랐습니다. 인형에게도 이런 생각을 거듭 이야기했습니다. 그렇지만 의붓어머니에 대한 내 애정은 턱없이 부족한 것이었습니다. 착한 아이라면 의붓어머니를 더 사랑했을 것입니다.

아마도 이런 것이 원인이 되어 나는 본디 성격보다 더 겁 많고 내성적인 아이가 되어 돌리만을 허물없는 친구로 의지하게 되었나 봅니다. 그런데 그런 경향을 더 부추기는 사건이 내가 어렸을 때 일어났습니다.

그때까지 나는 친어머니에 대한 이야기를 들은 적이 없었습니다. 아빠에 관해서도 들은 적이 없었지만, 아빠보다는 엄마가 더 궁금했습니다. 내가 기억하는 한, 나는 상복이라는 것을 입은 적이 없습니다. 엄마의 무덤에 나를 데리고 가준 사람도 없고, 무덤이 어디에 있는지 알려준 사람도 없습니다. 가족을 위해 기도할 때는 의붓어머니를 위해 하라는 가르침을 받았습니다. 이것이 궁금해서, 우리 집의 유일한 하인이었던 레이첼 부인에게 몇 번이나 물어보았지만, 레이첼 부인은 나를 잠자리에 뉘이고 등불을 집어 들고는(그녀도 매우 훌륭한 분이었지만 나에게는 엄했습니다), "에스더, 그만 자렴!"이라고만 말하고 방을 나가버렸습니다.

내가 다니던 근처 학교에는 여학생이 일곱 명 있었습니다. 그 애들은 나를 귀여운 에스더 서머슨이라고 불렀지만, 나는 누구의 집에도 놀러 간 적이 없었습니다. 물론 모두 나보다 나이도 많고(학교에서 나만 유독 어렸습니다) 훨씬 똑똑하고 아는 것도 많고 철도 들었지만, 그런 이유만은 아닙니다. 우리 사이에는 또 다른 벽이 존재했던 것 같습니다. 학교에 가게 된 첫 주였습니다(지금도 똑똑히 기억합니다). 일곱 명 가운데 한 명이 자기 집에서 열리는 조그만 파티에 나를 초대해 주었습니다. 나는 무척 기뻤습니다. 그런데 의붓어머니가 내 대신 분명한 거절의 편지를 보내서 나는 갈 수가 없었습니다. 외출조차 하지 못했습니다.

내 생일이었습니다. 다른 사람들의 생일에는 수업을 하지 않았지만, 내 생일에는 그런 일이 없었습니다. 아이들이 자기들끼리 이야기하는 것을 듣고 알게 된 사실인데, 친구의 생일에는 저마다 집에서 축하를 한다고 했습니다. 하지만 내 생일에는 그런 일이 없었습니다. 내 생일은 일 년 중 가장 슬픈 날이었습니다.

아까도 이야기했듯이, 만약 이것이 자만심에서 비롯한 착각이 아니라면(또는 내 스스로는 느끼지 못하지만 몹시 잘난 체하는 것인지도 모릅니다—하지만 사실은 잘 모르겠습니다), 나는 애정을 느낄 때는 이해가 빨라집니다. 천성이 사랑이 많은 편이니, 아마 지금 그런 마음의 상처를 입는다 해도 생일 때와 똑같이 뼈아프게 느낄 것입니다. 그런 고통을 다시 받는 일이 가능하다면 말입니다.

저녁 식사 뒤 의붓어머니와 나는 벽난로 앞 식탁에 앉아 있었습니다. 시계가 째깍째깍 돌아가고 불꽃이 탁탁 튀기는 것 외에는 방 안, 아니 온 집안에 바늘 떨어지는 소리 하나 들리지 않았습니다. 문득 바느질하던 손을 멈추고, 식탁 맞은편에 있는 의붓어머니의 얼굴을 올려다보았습니다. 음울한 눈으로 나를 바라보던 의붓어머니의 얼굴에서 이런 말을 선명하게 읽을 수 있었습니다. "에스더, 너에겐 생일 따위가 없는 편이, 차라리 태어나지 않는 편이 좋았을지도 모르겠구나!"

나는 와락 울음을 터트리며 말했습니다. "어머니, 가르쳐 주세요. 제발 가르쳐 주세요. 엄마가 제 생일에 돌아가셨나요?"

"아니다." 의붓어머니가 대답하셨습니다. "더 이상 묻지 마라!"

"제발 엄마에 관해 알려 주세요. 어머니, 제발 가르쳐 주세요, 네? 제가 엄마한테 무슨 짓을 했죠? 엄마는 왜 돌아가셨나요? 제 생일이 친구들 생일과 다른 게 왜 제 탓인가요, 어머니? 아, 안 돼요, 가지 마세요. 제발 말씀해 주세요!"

나는 슬프다 못해 두려워졌습니다. 그래서 의붓어머니의 옷자락을 부여잡고 발치에 꿇어앉았습니다. 그동안 의붓어머니는 계속해서 "이거 놔!" 하고 말씀하셨지만 마침내 발걸음을 멈추었습니다.

나는 의붓어머니의 어두운 표정에 겁을 집어먹고 흥분을 가라앉혔습니다. 그리고 떨리는 손을 내밀어 어머니의 손을 잡으려고 했습니다. 어린 마음에도 진지하게 용서를 구하고자 했던 것입니다. 그렇지만 의붓어머니와 눈이 마주치자 손을 거두고, 두근대는 가슴을 가라앉혔습니다. 의붓어머니는 나를 일으키고 의자에 앉은 다음 나를 앞에 세우시더니 낮고 차가운 목소리로 천천히 말씀하셨습니다─그 찌푸린 미간과 나를 가리켰던 손가락이 눈앞에 선합니다.

"에스더, 네 어머니는 네 얼굴에 먹칠을 했고 넌 그런 어머니의 얼굴에 먹칠을 했단다. 언젠가 너도 이 말이 무슨 뜻인지 알게 될 거다. 뼈저리게 느끼게 될 때가 올 거야. 그런 기분은 여자만이 알 수 있는 거란다. 나는 이미 용서했단다." 그러나 의붓어머니의 표정은 누그러지지 않았습니다. "네 어머니가 나한테 저질렀던 죄를 말이야. 그러니까 거기에 관해서는 더 말하지 않겠다. 그게 얼마나 큰 죄였는지 너는 절대로 알지 못할 거야─그 때문에 고통받은 내가 아니고는 그 누가 알겠니? 가엾게도 너는 고아가 되었고, 저 저주받은 첫 번째 생일 때부터 수치스러운 몸이 되었다. 그러니 이야기책에 쓰여 있는 대로, 남의 죄가 너 자신에게 화로 되돌아오지 않도록[1] 날마다 기도해라. 친모는 잊어버리도록 해. 다른 사람들도 네 어머니를 잊고 살게 내버려 두고. 자, 이제 가거라!"

그런데 내가─완전히 얼어붙은 마음으로!─방으로 가려는 찰나 의붓어머니가 나를 불러 세우고는 다음과 같이 덧붙이셨습니다.

"너처럼 어두운 그림자를 짊어지고 태어난 사람이 세상을 살아가려면 먼저 복종과 극기와 부지런함을 배워야 한다. 너는 다른 아이들과는 달라, 에스더. 넌 다른 사람들과 달리 예사롭지 않은 죄와 천벌을 받은 채 태어났으니까. 넌 달라."

나는 내 방으로 올라가 침대로 기어들어가서는 눈물에 젖은 뺨을 인형 뺨에 문질렀습니다. 그리고 이 유일한 친구를 가슴에 꼭 끌어안고 울다 지쳐 잠들어 버렸습니다. 아직 슬픔을 어렴풋이밖에 이해하지 못했지만, 태어나서 지금껏 한 번도 누군가에게 기쁨을 주지 못했다는 것과 내가 돌리를 소중하게 여기는

---

[1] "여호와는 노하기를 더디고 인자가 많아 죄악과 과실을 사하나, 형벌 받을 자는 결단코 사하지 아니하고, 아비의 죄악을 자식에게 갚아 삼사 대까지 이르게 하리라 하셨나이다." (구약 성서 〈민수기〉 14장 18절)

것만큼 나를 소중하게 생각하는 사람은 없다는 것을 알 수 있었습니다.

　그 뒤로 얼마나 많은 시간을 돌리와 단둘이 보내며 내 생일 이야기를 들려주고 내 결심을 털어놓았는지 모릅니다. 그 결심이란, 내가 짊어지고 태어난 죄를 갚기 위해 열심히 노력하자, (나는 의심할 여지없이 그 죄에 책임을 느끼고 있으면서도 나는 죄가 없다고 생각했습니다) 즉 어른이 되면 근면, 만족, 친절을 익히고 남을 위해 살고 가능하면 사람들에게 사랑받도록 노력하자는 것이었습니다. 이런 생각을 하면서 눈물을 흘리는 것은 내가 가엾게 생각되어서가 아닙니다. 감사로 충만하고 기쁜데도 눈물을 억누를 수 없기 때문입니다.

　자! 이제 눈물을 닦았으니 다시 이야기로 돌아가지요.

　그 생일이 지난 뒤 나는 의붓어머니와 한층 더 거리감을 느꼈습니다. 내가 가져서는 안 될 위치를 그 집에서 차지하고 있다는 생각이 머리에서 떠나지 않았습니다. 마음속으로는 전보다 더 의붓어머니에게 감사하면서도 어쩐지 다가가기가 꺼려졌습니다. 학교 친구들에게도 마찬가지였습니다. 레이첼 부인(그녀는 미망인이었습니다)에게도 그랬고, 그 딸에게도 그랬습니다. 그 딸은 레이첼 부인의 자랑으로, 2주에 한 번씩 어머니를 만나러 왔습니다! 나는 확연히 말수가 적어지고 소심해졌으며 오로지 부지런해지려고 노력했습니다.

　어느 화창한 오후, 내 옆의 기다란 그림자를 바라보면서 책가방을 들고 학교에서 돌아와 평소처럼 2층의 내 방으로 조용히 올라가려는데 의붓어머니가 응접실 문으로 얼굴을 내밀고 나를 불렀습니다. 응접실로 들어가 보니 낯선 사람이 있었습니다. 멋진 풍채의 뚱뚱한 신사였습니다. 검은 양복에 하얀 넥타이를 매고, 시곗줄에는 커다란 금색 장식용 인감을 달고, 금테 안경을 쓰고, 새끼손가락에는 인감반지를 끼고 있었습니다.

　의붓어머니가 나지막한 목소리로 말했습니다. "이 아이가 그 아이입니다." 그러고는 특유의 엄숙한 투로 돌아가 말했습니다. "이 애가 에스더입니다."

　신사가 안경을 들어 올리고 나를 바라보면서 "이리 오렴!" 하고 말했습니다. 그는 나와 악수를 하고, 모자를 벗으라고 했습니다―그동안 그는 줄곧 나를 바라보았습니다. 내가 시키는 대로 하자 신사가 "오호!" 하더니 이번에는 "그렇구먼!"이라고 말했습니다. 그런 다음 안경을 벗어 빨간 안경집에 넣고는, 앉아있던 안락의자에 등을 기대고 두 손으로 안경집을 빙글빙글 돌리면서 의붓어머니에게 고개를 끄덕여 보였습니다. 그러자 의붓어머니가 "2층에 가 있으렴, 에스더!"라고 하시기에 나는 신사에게 꾸벅 인사를 하고 나왔습니다.

2년이 흘렀습니다. 열네 살을 코앞에 둔 그 무서운 밤에 나는 의붓어머니와 함께 벽난로 앞에 앉아 있었습니다. 나는 성서를 소리 내어 읽고, 어머니는 들어 주었습니다. 여느 때처럼 나는 9시에 1층으로 내려와 성서를 읽었던 것입니다. 사람들이 간음한 여인을 예수님 앞에 끌고 오자 주님께서 시치미를 뚝 떼고 쪼그려 앉아 손가락으로 땅에 글씨를 썼다는 요한복음 구절이었습니다.

"그래도 그들이 계속해서 물으니 일어서시어 그들에게 말씀하시기를 「너희 중에 죄 없는 자가 먼저 그 여인에게 돌을 던지라」."[2]

의붓어머니는 내가 낭독하는 것을 멈추게 하시고는 자리에서 일어나 머리에 손을 대고 무시무시한 목소리로 다른 구절을 외쳤습니다.

"그러므로 깨어 있으라. 집 주인이 갑자기 돌아와, 너희가 잠자는 것을 보는 일이 없게 하여라. 내가 너희에게 하는 이 말이 모든 사람에게 하는 말이니, 깨어 있어라!"[3]

의붓어머니는 내 앞에 서서 이 말을 되풀이해 외치다가 갑자기 쓰러졌습니다. 비명을 지르며 사람을 부를 것까지도 없었습니다. 의붓어머니의 목소리가 온 집안은 물론이요 길거리까지 울려 퍼졌기 때문입니다.

의붓어머니는 침대에 뉘어졌습니다. 일주일도 넘게 누워 있었지만, 겉모습은 평소와 거의 다름없었습니다. 언제나 익숙한 그 단정하고 엄숙한 표정 그대로였습니다. 나는 잘 들리도록 머리맡에 얼굴을 바짝 갖다 대고 밤이고 낮이고 몇 번이나 그 얼굴에 입 맞추면서 나직이 감사의 인사를 하고 기도했습니다. 나를 용서해 달라고 빌고, 내 목소리를 알겠거든 고개만이라도 끄덕여 달라고 애원했습니다. 그렇지만 소용없었습니다. 의붓어머니는 눈썹 하나 움직이지 않았습니다. 끝끝내, 아니 그 뒤로도 그 굳은 얼굴은 펴지지 않았습니다.

불쌍한 의붓어머니가 묻힌 다음 날, 검은 옷에 흰 넥타이를 맨 그 신사가 다시 나타났습니다. 레이첼 부인이 불러서 가보니, 신사는 그때 이후로 계속 그 자리를 지켰던 것처럼 똑같은 장소에 있었습니다.

---

2) 〈요한복음〉 8장 7절.
3) 〈마가복음〉 13장 35~37절.

"나는 켄지라고 합니다." 신사가 말했습니다. "기억하시죠? 링컨 법조원의 켄지 앤 카보이 법률사무소에서 근무하는 켄지입니다."

나는 전에 한 번 뵌 기억이 있다고 대답했습니다.

"여기 내 옆에 앉으시지요. 정말 안됐습니다. 레이첼 부인, 돌아가신 버버리 양의 가족관계를 잘 아실 테니 새삼 말할 필요도 없겠지만, 고인의 유산은 사망과 동시에 소멸되었습니다. 백모님이 돌아가셨으니 앞으로 이 아가씨는—"

"백모님이라고요!"

"이렇게 된 마당에 더 숨길 필요가 없겠지요." 켄지 씨는 청산유수처럼 말을 쏟아냈습니다. "법률상으로는 아니지만 사실상 백모님이지요. 정말 안됐습니다! 울지 마세요! 그렇게 떨지 마세요! 레이첼 부인, 물론 아가씨는 저…… 그러니까…… 잔다이스 대 잔다이스 사건에 관해 아시겠지요?"

"아무것도 모릅니다." 레이첼 부인이 말했습니다.

"설마!" 켄지 씨가 안경을 밀어 올리면서 말을 이었습니다. "아가씨—아, 제발 슬퍼하지 마세요!—잔다이스 대 잔다이스 사건에 대해 들은 바가 없다니!"

그게 대체 무슨 사건일까 생각하면서 나는 고개를 저었습니다.

"잔다이스 대 잔다이스 사건을 모른다고요?" 켄지 씨가 안경 너머로 나를 바라보며 안경집을 장난감 다루듯이 뱅글뱅글 돌렸습니다. "저 대법관 사상 초유의 사건을 모른다고요? 그 자체만으로도 대법관에서 열린 재판의 기념비가 될 만한 잔다이스 대 잔다이스 사건을요? 그 사건에는 (적어도 내가 보기에는) 대법관 법정이 지금껏 겪은 모든 어려움, 예측 불가능한 문제, 교묘한 의제, 소송 절차가 끝없이 되풀이되어 나타나고 있는데도요? 이 소송은 자유롭고 위대한 영국이 아니라면 절대로 일어나지 않을 소송이지요. 아마 잔다이스 대 잔다이스 사건의 소송비용 총액은 말입니다, 레이첼 부인." 신사가 레이첼 부인을 부른 것은 내가 집중해서 듣고 있지 않은 것 같아서였겠지요. "현재 6만에서 7만 파운드에 이른답니다!" 켄지 씨가 의자 등받이에 기대면서 말했습니다.

나는 내 무지를 절실히 깨달았습니다. 그러나 어쩌겠습니까? 그 사건에 관해 전혀 모르는 상태에서 그런 이야기를 듣는다고 해서 달라질 것은 없었습니다.

"그런데도 아가씨는 이 소송에 관해 전혀 듣지 못했다니! 이거 정말 놀랍군요!"

레이첼 부인이 대꾸했습니다. "버버리 양은 벌써 천사들 곁으로 갔지만—"

"정말로 그랬으면 좋겠군요." 켄지 씨가 예의 바르게 말했습니다.

"—에스더에게는 도움이 되는 것만 알려 주는 것이 교육 방침이었습니다. 에스더는 이 집에서 교육받은 것 외에는 아무것도 모른답니다."

"좋습니다! 대충 알겠어요. 그럼 요점으로 넘어가지요." 켄지 씨가 이번에는 나에게 말했습니다. "당신의 유일한 혈육인 버버리 양이(그러니까 사실상의 혈육 말이지요. 법률적으로는 당신에게 혈육이 한 사람도 없다고 해야 하니까요.) 사망함으로써, 당연히 예상되듯이 레이첼 부인에게는—"

"그렇고말고요!" 레이첼 부인이 얼른 말을 받았습니다.

"그렇습니다." 켄지 씨가 고개를 끄덕이고 말을 이었습니다. "레이첼 부인에게는 당신을 부양할 의무가 없으니(슬퍼하지 마세요.) 2년 전쯤 내가 버버리 양에게 권했던 제안을 이제 당신이 받아들일 수 있게 되었습니다. 그 제안은 당시는 거절당했지만, 지금 이렇게 슬픈 일이 일어난 만큼 이제야말로 실행할 수 있으리라고 생각합니다. 솔직히 말하자면 나는 어느 인정 많고 별난 신사의 대리인으로서 잔다이스 대 잔다이스 사건 및 여러 사건을 맡고 있습니다만, 아, 이런 말을 하면 직업상 도리에 어긋나게 되나?" 켄지 씨는 이렇게 말하더니 의자 등받이에 기대어 우리 두 사람을 침착한 눈으로 바라보았습니다.

켄지 씨는 무엇보다도 자신의 목소리를 즐기는 것 같았습니다. 그도 그럴 만했습니다. 부드럽고 풍부하며, 입에서 나오는 한마디 한마디에 관록이 느껴지는 목소리였으니까요. 옆에서 봐도 한눈에 알 수 있을 만큼 그는 자못 만족스럽게 자신의 목소리에 귀를 기울였습니다. 가끔은 박자에 맞춰 머리를 끄덕이거나 손으로 문장을 일단락 짓는 시늉을 하기도 했습니다. 나는 완전히 빠져들었습니다—비록 그때는 켄지 씨가 자신의 사건 의뢰인인 어느 높은 귀족을 흉내 내어 그런 말투와 손짓을 한다는 사실과 모두에게 "수다쟁이 켄지"라고 불린다는 사실을 몰랐지만 말입니다.

"지금 말한 잔다이스 씨는—" 켄지 씨가 말을 이었습니다. "아가씨의 이…… 말하자면, 오갈 데 없는…… 처지를 잘 알고서, 아가씨를 일류학교에 보내고 싶다고 제안하셨습니다. 그곳에서 공부를 마칠 수 있게 해 주고, 공부하는 동안 쾌적한 생활을 보장하면서 필요한 물품도 마련해 주고, 그리고…… 하느님의 뜻에 따라서라고나 할까요…… 아가씨가 어떤 신분이 되든지 자신의 의무를 다할 수 있는 자격을 충분히 갖추도록 도와주실 겁니다."

켄지 씨의 그 말과 그 마음을 울리는 말투 때문에 나는 가슴이 벅차올라 뭐라고 대꾸하고 싶었지만 말할 수가 없었습니다.

"잔다이스 씨가 조건으로서 기대하는 것은 이것이 다입니다. 즉, 아가씨가 학교를 언제 떠나게 되든지 반드시 알리고 동의를 얻을 것. 앞으로 아가씨가 생활 수단으로 삼게 될 학업에 전력을 다해 정진할 것, 정숙하고 덕성 있는 길을 걸을 것. 그리고…… 그…… 아닙니다, 대충 이런 겁니다."

나는 더욱 입이 떨어지지 않았습니다.

"그래, 아가씨의 의견은 어떠신지요? 서두르실 필요는 없습니다, 서두르실 필요 없어요! 당분간 대답을 기다리지요. 하지만 서두르지는 마십시오!"

그런 제안을 받은 빈털터리 소녀가 어떤 대답을 할 수 있을지 새삼 말할 필요는 없을 것입니다. 만약 그럴 만한 가치가 있다면, 실제로 어떻게 대답했는지 말하기는 쉽습니다. 그렇지만 그 소녀가 그날 어떻게 느끼고, 또 죽는 날까지 어떻게 느꼈는지는 도저히 설명할 길이 없을 것입니다.

이런 대화가 오간 곳은 윈저였습니다. 나는 그때까지(내가 아는 한) 줄곧 그곳에서 살았습니다. 그로부터 일주일 뒤, 나는 필요한 물건들을 충분히 지원받고 역마차에 올라 그곳을 떠나 레딩으로 향했습니다.

레이첼 부인은 매우 훌륭한 사람이어서 헤어질 때도 아무런 감정을 보이지 않았지만, 나는 그렇지 못해서 참지 못하고 그만 울어 버렸습니다. 그리고 오랜 세월 함께 지내면서도 레이첼 부인에 대해 더 알지 못했던 점과, 이 순간만큼은 그녀가 슬퍼할 수 있도록 평소에 그녀에게 살갑게 굴지 못한 점을 후회했습니다. 레이첼 부인이 마치 내 이마에 돌로 된 현관 차양에서 서리가 녹아 생긴 물방울이 떨어지는 것처럼—그날은 서리가 많이 내린 날이었습니다—차가운 입맞춤을 딱 한 번 해 주었을 때, 나는 너무나도 아쉽고 민망해서 레이첼 부인에게 매달려 "부인이 나와 그렇게 태연하게 작별할 수 있는 건 내가 나쁜 아이이기 때문이에요"라고 말했습니다!

"아니야, 에스더!" 레이첼 부인이 대답했습니다. "그건 너의 불행한 운명 탓이야!"

마차가 잔디밭 끄트머리에 있는 작은 문에 다다랐으므로—우리는 바퀴 소리가 들릴 때까지 나가지 않고 있었습니다—나는 슬픈 마음을 안고 레이첼 부인의 곁을 떠났습니다. 레이첼 부인은 내 짐이 마차 지붕에 실리기도 전에 집으로 들어가 문을 닫아 버렸습니다. 나는 집이 안 보일 때까지 눈물을 흘리며 창문 너머로 집을 돌아보았습니다. 의붓어머니는 얼마 되지 않는 재산을 모조리 레이첼 부인에게 남기고 가셨는데, 곧 경매가 열릴 예정이라서 집 밖에는 벽난로 앞에 까는 장미 문양 양탄자가 서리와 눈 속에 놓여 있었습니다. 언제나 내가 이 세상에 태어나 처음 본 물건이라고 생각하던 양탄자였습니다. 떠나기 하루 이틀 전, 나는 인형을 숄에 싸서—말하기도 부끄럽지만—내 방 낡은 창에 차양이 되어 주던 나무 밑에 묻어 버렸습니다. 그래서 이제 친구라고는 한 마리 새밖에 남지 않게 되었으므로 나는 그것을 새장에 넣어 가지고 갔습니다.

집이 시야에서 사라지자 나는 새장을 지푸라기로 감싸서 발치에 내려놓고 낮은 좌석에 앉아 높은 창밖을 바라보았습니다. 서리를 맞아 아름다운 기둥처럼 보이는 나무들, 간밤에 내린 눈으로 온통 하얗게 평평해진 밭, 붉게 빛나지만 조금도 따뜻하지 않은 태양, 스케이트나 썰매를 타는 사람들이 눈을 헤치고 지나간 곳이 금속처럼 거무스름해져 있는 빙판 등이 보였습니다. 마차 안 맞은편 자리에는 외투와 목도리로 무장한 커다란 신사가 앉아 있었지만, 그는 반대편 창밖만 바라볼 뿐 나에게는 눈길조차 주지 않았습니다.

나는 돌아가신 의붓어머니, 의붓어머니에게 성서를 읽어 주었던 밤, 침대에 누워 눈썹 하나 움직이지 않고 굳은 표정을 하고 있던 의붓어머니의 얼굴, 앞으로 가게 될 낯선 땅, 그곳에 있을 낯선 사람들을 생각했습니다. 그들이 어떤 사람이고 무슨 말을 할지 생각했습니다. 그때 갑자기 이런 목소리가 들려서 나는 깜짝 놀랐습니다.

"도대체 왜 울고 있지?"

나는 완전히 주눅이 들어 평소처럼 말을 할 수 없었습니다. 겨우 모기만 한 목소리로 "저요, 아저씨?" 하고 대답했습니다. 신사는 여전히 창밖을 바라보고 있었지만, 물론 나는 말을 건넨 사람이 옷으로 무장한 그 신사라는 것을 알았습니다.

"그래, 너 말이다." 신사가 내 쪽으로 고개를 돌리고 말했습니다.

"제가 울고 있는지 몰랐어요." 내가 우물쭈물 말했습니다.

"하지만 울고 있지 않느냐!" 신사가 정면으로 자리를 옮겨 앉아 커다란 털가죽 소매로 내 눈을 문지르더니(아프지는 않았습니다) 소매가 젖은 것을 보여 주었습니다.

"보렴! 이제 울고 있다는 걸 알겠지? 아직도 모르겠니?"

"알겠어요, 아저씨."

"그런데 왜 울고 있느냐? 그곳에 가고 싶지 않니?"

"그곳이 어딘데요?"

"어디냐고? 물론 네가 가는 곳이지. 어딘지는 나도 모르겠다만."

"전 그곳에 가게 돼서 정말 기뻐요, 아저씨."

"그럼 기쁜 얼굴을 하는 게 어떠냐!"

나는 그가 정말 특이한 사람이라고 생각했습니다. 적어도 겉모습은 매우 특이했습니다. 턱까지 가려질 만큼 외투를 둘둘 감아 입고, 얼굴은 털모자에 거의 가려 보이지 않는 데다가, 그 모자의 양쪽에서 볼 쪽으로 늘어진 넓은 털가죽 끈을 턱밑에서 잡아매고 있었으니까요. 그러나 마음을 가다듬고 다시 보니 그다지 무섭지 않았습니다. 그래서 나는 의붓어머니가 죽어서 레이첼 부인과 헤어지게 되었는데 그녀가 슬퍼해 주지 않아 울었던 걸 거라고 둘러댔습니다.

"쳇, 레이첼 부인 따위는 뒈져 버리라지!" 신사가 말했습니다. "그딴 여자는 마녀처럼 빗자루를 타고 돌풍에 날아가 버리라고 그래!"

이번에는 정말로 무섭고 깜짝 놀라 신사를 쳐다보았습니다. 하지만 나는 그가 화난 사람처럼 혼자서 뭐라 중얼거리며 레이첼 부인의 욕을 하고 있지만 눈매는 선량하다고 생각했습니다.

얼마쯤 지나자 신사는 마차를 몽땅 둘러쌀 만큼 커다란 외투의 앞섶을 벌리더니 깊숙한 안주머니에 팔을 쑥 집어넣었습니다.

"자, 보렴! 이 종이 안에는—" 그 종이는 반듯하게 접혀 있었습니다. "돈으로는 절대 살 수 없는 엄청나게 맛난 자두 케이크가 있단다. 설탕이 양의 갈빗살처럼 두껍게 1인치나 발라져 있지. 프랑스에서 구운 작은 파이도 들어 있단다(크기로 보나 질로 보나 으뜸이라고 해도 좋을 정도야). 그런데 이게 다 무엇으로 만들어졌을 것 같으냐? 살찐 거위의 간이야. 봐라, 파이다! 네가 먹는 걸 보고 싶구나."

"고맙습니다, 아저씨. 정말로 고맙습니다. 하지만 저에겐 너무 과분해요. 부디 기분 상하지는 말아 주세요."

"또 한 방 먹었군!" 신사는 내가 이해하지 못할 말을 하더니 그것들을 창밖으로 집어던져 버렸습니다.

그 뒤로 신사는 내게 한마디도 걸지 않더니 이윽고 레딩 어귀에서 내리면서, 말 잘 듣고 열심히 공부하라고 말하며 악수해 주었습니다. 우리가 헤어진 곳은 이정표 옆이었습니다. 그 뒤 그곳을 지날 때마다 가끔 그 신사를 떠올리며, 다시 만나지는 않을까 은근히 기대했습니다. 그렇지만 한 번도 다시 만나지 못했으며, 어느새 신사는 세월과 함께 기억 속에서 사라져 버렸습니다.

마차가 멈추더니, 아주 말쑥한 옷을 입은 부인이 창문을 올려다보며 이렇게 말했습니다.

"미스 도니."

"아니요, 에스더 서머슨인데요."

"그래요, 미스 도니."

그제야 나는 미스 도니가 부인의 이름이라는 것을 알아차리고, 미스 도니에게 미안하다고 말했습니다. 그리고 그녀의 지시에 따라 내 짐을 가리켰습니다. 짐은 아주 말쑥한 옷을 입은 하녀의 지시로 아주 말쑥한 녹색 마차 바깥 자리에 실렸습니다. 짐이 다 실리자 미스 도니와 하녀와 나는 마차 안에 올라타 출발했습니다.

"당신을 맞이할 준비는 완벽히 되어 있어요, 에스더." 미스 도니가 말했습니다. "수업 과정도 후견인이신 잔다이스 씨의 바람대로 되어 있고요."

"제…… 뭐라고요, 선생님?"

"후견인이신 잔다이스 씨입니다."

내가 넋을 놓고 있자 미스 도니는 추위 때문이라고 생각하고 강장제 병을 내밀었습니다.

"제…… 후견인이신 잔다이스 씨를 아세요, 선생님?" 내가 한참을 머뭇거리며 물었습니다.

"직접은 모릅니다, 에스더. 그분이 의뢰하신 런던의 켄지 앤드 카보이 법률사무소의 고문변호사를 통해서만 알지요. 켄지 씨는 아주 훌륭한 신사예요. 대단한 웅변가죠. 가끔 멋지고 아름다운 문장으로 말씀하신답니다!"

그 말이 맞는다고 생각하면서도 나는 머리가 혼란스러워 그 말에 맞장구칠 여유가 없었습니다. 그리고 아직 마음이 진정되기도 전에 목적지에 닿아 버려서 멍한 상태는 더욱 심해졌습니다. 그날 오후 그린리프(미스 도니의 학교 이름)에 도착해 겪은 하나부터 열까지가 모두 이 세상 것이라는 생각이 들지 않았습니다. 나는 그 일을 평생 잊지 못할 것입니다!

그러나 이윽고 그곳에도 익숙해졌습니다. 곧 그린리프의 일과에 완전히 익숙해져서 아주 오래전부터 그곳에 살았던 듯한 기분이었습니다. 의붓어머니의 집에서 보냈던 생활은 현실이라기보다는 거의 꿈처럼 느껴졌습니다. 그린리프처럼 정확하고 엄격하고 규칙적인 곳은 없었습니다. 스물네 시간 모든 일이 정해진 시각에 정확히 이루어졌습니다.

학생은 기숙생이 열두 명이고, 선생님은 미스 도니가 두 사람, 즉 쌍둥이 자매였습니다. 나는 가정교사 자격증을 따서 그것으로 생계를 꾸려 나가도록 되어 있어서 그린리프에서 가르치는 모든 과목을 배워야 했을 뿐만 아니라 나중에는 다른 학생들을 가르치는 조수 노릇까지 했습니다. 다른 학생들과 똑같은 대우를 받았지만, 그 점만큼은 처음부터 달랐습니다. 학력이 쌓일수록 배워야 할 것도 많아지고 시간이 갈수록 일도 늘어났습니다. 그러나 나는 기쁜 마음으로 조수 노릇을 했습니다. 그것은 그 때문에 하급생들이 나를 좋아해 주었기 때문입니다. 다소 주눅이 들고 풀죽은 신입생들은 어김없이 나를 잘 따랐습니다. 그래서 나중에는 내가 신입생을 도맡아 가르치게 되었습니다. 아이들은 나를 가리켜 상냥한 사람이라고 했지만, 그들이야말로 모두 상냥한 사람들이었습니다! 나는 생일 때 했던 그 결심, 즉 근면함과 만족감과 성실함을 익혀 남을 위해 봉사하고 가능하다면 남들에게 사랑받도록 노력하자는 그 결심을 가끔 떠올렸습니다. 그리고 정작 나는 한 일이 없는데도 이렇게 많은 보상을 얻은 것을 부끄럽게 느꼈습니다.

행복하고 평온한 6년이 흘렀습니다. 고맙게도 그곳에서는 내 생일에 너 따위는 태어나지 않는 편이 나았다는 표정을 짓는 사람이 한 사람도 없었습니다.

생일이 돌아오면 애정이 듬뿍 담긴 선물을 잔뜩 받았습니다. 내 방은 새해부터 크리스마스까지 아름답게 장식되었습니다.

나는 그 6년 동안 방학 때마다 근처 집에 놀러 가는 것 말고는 한 번도 나다닌 적이 없었습니다. 처음 반년쯤 지났을 무렵, 미스 도니에게서 켄지 씨에게 덕분에 행복하게 지내고 있다는 편지를 보내는 것이 예의라는 조언을 듣고 미스 도니에게 검토를 받으며 편지를 썼습니다. 그리고 "삼가 편지를 수령했습니다"로 시작하여 "귀하의 편지 내용을 저의 의뢰인께 전달하겠습니다"로 끝나는 딱딱한 답장을 받았습니다. 그 뒤로 가끔 미스 도니 자매가 내 교육비가 정해진 날에 꼬박꼬박 들어온다고 말하는 것을 들을 때마다 건방지다는 생각을 하면서도 1년에 두 번쯤은 같은 내용의 편지를 보냈습니다. 그러면 언제나 같은 필체로 쓰인 똑같은 내용의 답장이 돌아왔습니다. 편지에는 다른 필체로 켄지 앤드 카보이라는 서명이 들어 있었는데, 나는 그것이 켄지 씨의 필체라고 생각했습니다.

이렇게 내 이야기만 써야 한다니 정말 이상한 기분이 듭니다! 이 수기가 내 생애의 기록 같은 생각이 들어서 말이지요! 하지만 평범한 나는 곧 배경으로 사라져 버립니다.

평온한 6년의 세월을(같은 문장을 또 쓰고 말았군요) 그린리프에서 보낸 후 이곳에 온 뒤 성장하고 변화한 내 모습을 거울에 비추듯이 다른 학생들의 모습에서 관찰하는 사이 이윽고 11월이 되었습니다. 어느 날 아침 나는 다음과 같은 편지를 받았습니다. 날짜는 생략하겠습니다.

잔다이스 대 잔다이스 사건 관계

저의 의뢰인 잔다이스 씨께서는 대법관 법정의 명령에 따라 본 소송의 피후견인을 자택으로 불러들이게 되었는데, 위 피후견인을 위해 적절한 말상대 겸 시중 들 사람을 여러 방면으로 물색하신 결과, 귀하를 위 자격으로 들이고 싶다는 취지를 전달해 달라는 지시가 있었습니다.

이에 따라 수배는 제가 해 놓았으니, 다음 주 월요일 아침 레딩발 합승마차 편으로 런던 피커딜리 거리에 있는 화이트호스 매표소로 오시면 저희 직원이 마중 나가 아래 주소에 있는 저희 사무소로 모실 겁니다.

런던 올드 스퀘어 거리 링컨 법조원<br>켄지 앤드 카보이 법률사무소<br>에스더 서머슨 귀하

이 편지가 학교에 가져다준 충격을 나는 절대로 잊지 못할 것입니다! 모두가 나를 그토록 걱정해 준다는 것도 정말 친절하고 고마운 일이고, 나를 잊지 않으신 하느님께서 오갈 곳 없는 내 앞날을 그토록 편안하게 정해 주시고 그토록 많은 후배들에게 사랑받게 해 주신 것도 정말이지 인자하고 자비로운 일이었습니다. 나는 가슴이 벅차올랐습니다. 그렇다고 모두가 그렇게까지 슬퍼해 주지 않아도 괜찮았다고 생각하는 것은 아닙니다. 그래도 기쁨과 아쉬움, 자랑스러움과 기대감, 그리고 미련 같은 것이 뒤죽박죽되어 내 가슴은 환희에 차면서도 고통스러웠습니다.

편지는 출발까지 닷새의 여유밖에 주지 않았습니다. 그 닷새 동안의 매 순간은 나에게 애정과 호의의 증거를 끊임없이 가져다주었습니다. 그리고 드디어 떠나는 날 아침, 마지막으로 잘 봐 두라며 모두에게 이끌려 모든 방을 둘러보았습니다. 모두 나에게 "에스더, 여기 이 침대 옆에서 잘 지내라고 말해 줘. 네가 처음으로 다정한 말을 건네준 곳이 바로 이 침대잖아!"라고 큰 소리로 조르고, 적어도 자기들 이름 옆에 "에스더가 애정을 담아"라고 써 달라고 부탁하고, 저마다 작별의 선물을 들고 나를 에워싸고 눈물을 흘리면서 내게 매달려 "에스더가 가 버리면 우린 어떻게 해!"라고 말했습니다. 나는 모두가 지금까지 나에게 얼마나 너그럽고 친절하게 대해 주었는지, 내가 얼마나 모두의 행복을 하느님께 빌었는지, 얼마나 고맙게 생각하는지 이야기했습니다. 그때 얼마나 가슴이 벅차오르던지요!

두 도니 선생님마저 나와 헤어지는 것을 어린 학생처럼 슬퍼해 주셨고, 하녀들은 "어디로 가시든지 하느님의 축복이 함께 하기를!"이라고 말해 주었습니다. 6년 동안 나한테는 별다른 관심이 없어 보이던 못생긴 절름발이 정원사가 숨을 헐떡이며 마차를 쫓아와서 제라늄 꽃다발을 주며, "너는 나의 가장 소중한 사람이었단다!"라고 말해 주었을 때는—그 할아버지는 정말로 그렇게 말해

주었습니다!—정말이지 심장이 터질 것만 같았습니다!

그러나 이게 전부가 아니었습니다. 마차가 학교 모퉁이를 돌았을 때는 뜻밖에도 어린아이들이 모두 밖으로 나와 모자를 흔들어 주었고, 이전에 내가 그분들의 딸들 수업을 도와주거나 집으로 방문하곤 했던 반백의 부부(이 지방에서 가장 자긍심이 높다고 평가받는 사람들이었습니다)는 주위의 시선도 아랑곳하지 않고 "잘 가라, 에스더. 정말로 행복해야 해!"라고 외쳐 주었습니다. 내가 감동에 벅차 "정말 고맙습니다! 정말 고맙습니다!" 하고 몇 번이나 외쳤던 것도 당연합니다!

물론 나는 곧 잔다이스 씨의 호의를 생각하면 목적지에 우는 낯으로 도착해서는 안 된다는 것을 깨달았습니다. 그래서 흐느낌을 억지로 참고 "에스더, 진정해! 이러면 안 되잖아!"라고 몇 번이나 자신을 타이르며 마음을 가라앉혔고, 마침내 기운을 차렸습니다. 그렇지만 그렇게 되기까지는 부끄러울 만큼 많은 시간이 걸렸습니다. 라벤더 향수로 눈의 열을 내렸을 때는 어느덧 런던에 도착할 시각이 되어 있었습니다.

벌써 다 왔는가 싶으면 10마일이나 남아 있기도 하고, 실제로 런던에 들어섰을 때는 영원히 도착하지 않는 건 아닐까 하는 생각도 들었습니다. 그러나 마차가 포장도로 위를 힘차게 달리기 시작하고, 나른 마차는 모조리 우리 마차로, 그리고 우리 마차는 다른 마차들에게 돌진하는 것처럼 느껴졌을 때는 슬슬 이 여정도 끝이구나 하는 생각이 들기 시작했습니다.

손에 온통 잉크가 묻은 젊은 남자가 길에서 소리쳤습니다. "아가씨, 저는 링컨 법조원의 켄지 앤드 카보이 법률사무소에서 나온 사람입니다!"

"수고하시네요." 내가 말했습니다.

그 젊은이는 매우 친절했습니다. 그 사람이 하인에게 내 짐을 내리라고 지시한 뒤 내게 손을 내밀어 삯마차에 태워 주었을 때 나는 어디에서 큰 불이라도 났느냐고 물어보았습니다. 사방에 갈색의 짙은 연기가 자욱해서 거의 아무것도 보이지 않았기 때문이었습니다.

"아니요, 아닙니다. 이것이 바로 런던의 명물이지요."

나는 금시초문이었습니다.

"안개입니다, 아가씨."

"그렇군요!"

마차는 세계 어디를 뒤져도 없을 만큼(나는 그렇게 생각했습니다) 어둡고 지저분한 거리를 천천히 빠져나갔습니다. 머리가 이상해지는 건 아닐까 싶을 만큼 복잡한 길이었습니다. 이런 곳에서 제정신으로 용케도 산다고 생각하고 있는데, 마차가 어느 낡은 문을 빠져나가더니 갑자기 주위가 조용한 곳에 다다랐습니다. 쥐 죽은 듯이 고요한 광장을 지나 광장 구석의 기묘한 모퉁이에 다다르자 교회 입구처럼 넓고 좁은 계단으로 이어진 입구가 나왔습니다. 실제로 그 바깥 회랑 아래에는 묘지가 있었습니다. 계단에 난 창으로 묘석이 내려다보였습니다.

이곳이 켄지 앤드 카보이 법률사무소였습니다. 젊은이가 길가로 난 사무실을 지나 켄지 씨의 방으로 나를 안내하고—거기에는 아무도 없었습니다—벽난로 앞에 놓인 팔걸이의자를 공손히 권해 주었습니다. 그러고는 벽난로 옆 못에 걸린 작은 거울로 내 주의를 돌렸습니다.

"매무새를 다듬고 싶으시다면 그렇게 하세요, 아가씨. 이제 대법관님 앞에 출두해야 하니까요. 물론 거울을 보실 필요는 없어 보이지만." 젊은이가 정중하게 말했습니다.

"대법관님 앞에 출두하다니요?" 내가 깜짝 놀라서 말했습니다.

"그냥 형식입니다." 젊은이가 대답했습니다. "켄지 선생님은 지금 법정에 가 계십니다. 편히 계시라는 분부셨는데, 여기 드실 것과—작은 탁자 위에는 비스킷과 포도주 병이 놓여 있었습니다—신문이 있습니다." 그가 말하면서 내게 신문을 건네주었습니다. 그리고 불을 한번 휘저어 일으키고는 방에서 나갔습니다.

신기한 것투성이였습니다—대낮인데도 촛불이 흰 연기를 피우며 타고 있었고, 춥고 을씨년스러운 것이 한밤중처럼 느껴졌습니다—신문을 읽어도 무슨 내용인지 눈에 들어오지 않았습니다. 정신을 차리고 보면 같은 글자를 되풀이해서 읽고 있었습니다. 계속 그러는 건 시간 낭비이므로 나는 신문을 내려놓고 거울을 들여다보며, 모자가 단정히 쓰여 있는지 확인했습니다. 그리고 불이 켜져 있어도 어두컴컴한 방과 먼지 앉은 볼품없는 탁자, 산더미처럼 쌓인 서류 뭉치, 아무것도 할 말이 없다는 듯 딱딱하게 굳은 표정을 한 책이 가득 든 책장을 둘러보았습니다. 나는 생각하고 생각하고 또 생각했고, 불은 타고 타고 또

탔으며, 촛불은 흔들리고 촛농은 녹아내리는데도 심지 자르는 가위가 없는 상태에서—아까 그 젊은이가 아주 더러운 가위를 가지고 오기 전까지는—두 시간이 훌쩍 지나갔습니다.

마침내 켄지 씨가 들어왔습니다. 켄지 씨는 변한 것이 없었습니다. 그는 나의 변한 모습이 놀랍기도 하고 만족스럽기도 한 것 같았습니다. "앞으로 당신은 지금 대법관 방에 와 계신 젊은 숙녀의 상대가 되어 드려야 하니, 당신도 동석하시는 편이 좋을 거라고 저희는 생각하는 바입니다, 미스 서머슨. 대법관 각하 앞에 가셔도 얼어붙는 일은 없겠죠?"

"네, 그런 일은 없을 거예요." 내가 말했습니다. 사실 아무리 생각해봐도 딱히 얼어붙을 이유가 없었습니다.

켄지 씨는 내게 팔을 빌려 주었고, 우리는 모퉁이를 돌아 옆문으로 들어갔습니다. 그리고 복도를 따라 어느 아늑해 보이는 방에 들어갔습니다. 거기에는 젊은 숙녀와 신사가 탁탁 소리를 요란하게 내며 타오르는 난롯불 앞에 서 있었습니다. 두 사람과 벽난로 사이에 칸막이가 세워져 있었는데, 두 사람은 그 칸막이에 기대어 이야기를 하고 있었습니다.

내가 들어가자 둘 다 얼굴을 들었습니다. 불빛에 비친 그 젊은 숙녀는 엄청 아름다웠습니다! 그 탐스럽고 풍성한 금발, 상냥한 푸른 눈, 맑고 천진난만하고 신뢰에 가득 찬 얼굴!

"미스 에이더." 켄지 씨가 말했습니다. "이쪽은 미스 서머슨입니다."

미스 에이더는 환영의 미소를 띠고 한 손을 내밀면서 악수를 하다가 갑자기 생각이 바뀌었는지 내게 입을 맞추었습니다. 간단히 말하자면, 미스 에이더는 아주 꾸밈없고 한순간에 사람의 마음을 잡아끄는 매혹적인 태도를 지닌 사람이었습니다. 우리는 곧 창가에 앉아 난롯불을 받으며 즐겁고 허물없는 대화를 나누었습니다.

나는 마음이 한없이 가벼워졌습니다! 미스 에이더가 나를 믿고 좋아해 준다는 것을 알게 되어 정말로 기뻤습니다! 미스 에이더는 정말로 상냥한 사람이었고, 그 사실은 내게 기운을 북돋워 주었습니다!

미스 에이더의 말에 의하면, 그 젊은 신사는 먼 친척뻘로 이름은 리처드 카스톤이었습니다. 순진한 얼굴에 매력 있는 웃음을 가진 이 잘생긴 청년은 미스 에이더가 부르자 우리가 앉은 곳으로 와서는 난롯불을 받으며 쾌활한 소년처럼 유쾌하게 이야기했습니다. 나이는 고작해야 열아홉 살로, 미스 에이더보다 두 살 많았습니다. 두 사람 모두 고아로, (전혀 생각지 못한 뜻밖의 사실이지만) 그날까지 한 번도 만난 적이 없다고 했습니다. 우리 세 사람이 둘도 없이 신기한 장소에서 처음 만난 것은 화제에 오를 만한 사건이었고, 실제로 우리는 그 이야기를 나누었습니다. 활활 타오르던 난롯불이 우리를 향해 벌건 눈을 깜빡였습니다. 마치—리처드의 말대로—졸음이 쏟아지기 시작한 대법관부의 늙은 사자처럼. 우리는 작은 목소리로 이야기를 나누었습니다. 예복을 차려입고 가발을 쓴 한 신사가 쉴 새 없이 들락날락했기 때문이었습니다. 그가 드나들 때마다 멀리서 아주 느리고 답답한 목소리가 들렸습니다. 신사는 그것이 우리의 소송관계 변호사가 대법관에게 발언하는 소리라고 했습니다. 신사가 켄지 씨에게 5분 뒤에 대법관이 들어오실 거라고 말했습니다. 얼마 안 있어 웅성거리는 소리와 사람들의 발소리가 들렸습니다. 켄지 씨가 법정이 폐정되어 대법관이 옆방으로 가셨다고 말했습니다.

그와 거의 동시에 가발 쓴 신사가 문을 열고, 켄지 씨에게 들어오라고 말했습니다. 우리는 켄지 씨를 따라 내 소중한 사람과—지금은 에이더를 이렇게 부르는 것이 입버릇이 되어서 이렇게 쓰지 않을 수 없습니다—함께 옆방으로 들어갔습니다. 그곳에는 대법관이 수수한 검은 옷을 입은 채, 벽난로 앞 탁자에 마주 놓인 팔걸이의자에 앉아 있었습니다. 아름다운 금몰이 달린 대법관복은 다른 의자 위에 걸쳐져 있었습니다. 우리가 들어가자 대법관은 날카로운 눈초리로 흘끗 쳐다봤습니다. 그러나 말투는 다정하고 정중했습니다.

가발 쓴 신사가 대법관 앞에 놓인 탁자 위에 몇 뭉치의 서류를 놓자, 대법관은 말없이 그중 하나를 집어 들고 페이지를 넘겼습니다.

"미스 클레어." 대법관이 말했습니다. "미스 에이더 클레어가 누구죠?"

켄지 씨가 에이더를 소개하자, 대법관은 에이더에게 자기 옆에 앉으라고 권했습니다. 대법관이 에이더에게 관심을 보인다는 것은 나도 금방 알 수 있었습니다. 그렇게 아름답고 젊은 아가씨가 그런 무미건조한 관공서에 있다고 생각하니 가슴이 아파왔습니다. 전성기를 구가하고 있는 대법관조차도 부모님의 사랑과 긍지를 대신해 줄 수는 없다고 생각했기 때문입니다.

대법관이 여전히 서류를 들추며 말했습니다. "문제의 잔다이스가 황폐한 집의 그 잔다이스지요?"

"황폐한 집의 잔다이스입니다, 대법관님." 켄지 씨가 말했습니다.

"황폐한 집이라니, 정말 음침한 이름이군요."

"하지만 지금은 음침한 곳이 아닙니다."

"그래, 그 황폐한 집이 있는 곳은······."

"하트포드셔입니다."

"황폐한 집의 잔다이스 씨는 아직 미혼이죠?"

"그렇습니다."

잠시 침묵이 이어졌습니다.

"리처드 카스톤 군은 출두했습니까?" 대법관이 리처드를 흘끗 쳐다보며 말했습니다.

리처드가 꾸벅 인사하고 앞으로 나갔습니다.

"흠!" 대법관은 다시 서류를 넘기기 시작했습니다.

"죄송합니다만, 법관님." 켄지 씨가 나지막한 목소리로 말했습니다. "황폐한 집의 잔다이스 씨는 적당한 사람을 준비하셨습니다······."

"리처드 카스톤 군을 위해서요?" 대법관이 똑같이 나지막한 목소리로 말했습니다. 내 귀에는 그가 웃으면서 말한 것처럼 들렸습니다(하지만 똑똑히 들은 것은 아닙니다).

"미스 에이더 클레어를 위해서지요. 이쪽이 그 숙녀입니다. 미스 서머슨이라고 합니다."

대법관이 나를 다정하게 쳐다보며 내 경례에 화답하듯 대답해 주셨습니다.

"미스 서머슨은 소송 당사자와 특별한 관계에 있는 것은 아니지요?"

"네, 그렇습니다."

켄지 씨가 대법관의 대답이 채 끝나기도 전에 몸을 숙이고 뭐라고 귓속말했습니다. 대법관은 서류에 시선을 고정한 채 귀를 기울이고 몇 번 고개를 끄덕이더니 다시 페이지를 넘겼습니다. 대법관은 우리가 방에서 나갈 때까지 우리 쪽을 쳐다보는 일은 다시 없었습니다.

켄지 씨는 내 귀염둥이(에이더를 이렇게 부르는 것이 입버릇이 되어서 역시 이렇게 말하지 않을 수 없습니다!)는 대법관 옆 자리에 놔두고, 리처드를 내가 있던 문 근처로 데리고 물러났습니다. 대법관은 조금 멀찍이 떨어져 에이더에게 뭐라고 말을 건넸습니다. 나중에 들은 이야기에 따르면, 법정에서 제안한 결정을 충분히 생각해 봤는지, 황량한 집의 잔다이스 씨에게 가서 행복하게 살 수 있을지, 또 그렇다면 왜 그렇게 생각하는지 등을 물어 봤다고 합니다. 대법관은 곧 정중한 태도로 일어나 에이더를 자유롭게 놓아 주고 리처드 카스톤과 몇 분 동안 대화를 나누었습니다. 자리에는 앉지 않고 줄곧 선 채였고, 그때까지와 비교하면 어딘가 허물없고 위엄도 보이지 않았습니다—대법관 신분이면서도 청년의 솔직함에 정면으로 부딪치는 법을 아직 잊지 않은 것처럼.

"좋습니다!" 대법관은 커다란 목소리로 말했습니다. "그럼 결정을 내리지요. 황폐한 집의 잔다이스 씨는 적어도 내가 볼 때—" 이때 대법관은 나를 쳐다보았습니다. "미스 클레어를 위해 아주 훌륭한 친구를 골랐습니다. 이런 상황에서 법원의 결정은 전체적으로 최선책이라는 생각이 드는군요."

대법관은 흔쾌히 우리의 퇴정을 허락하셨고, 우리는 대법관의 정중한 태도에 감사하며 밖으로 나왔습니다. 우리는 대법관의 그런 태도가 위엄을 손상하기는커녕 오히려 더해 주었다고 생각했습니다.

주랑 아래까지 왔을 때, 켄지 씨가 잠시 돌아가서 물어볼 것이 생각났다며 우리를 안개 속에 남겨 두고 가 버렸습니다. 안개 속에서 대법관의 마차와 마부가 대법관이 퇴정하기를 기다리고 있었습니다.

"만세!" 리처드 카스톤이 말했습니다. "이제 다 끝났다! 이제 어디로 가게 되지요, 미스 서머슨?"

"모르세요?"

"전혀요."

"당신도 모르세요?" 나는 에이더에게 물었습니다.

"네! 당신도?"

"전혀 몰라요!"

우리가 서로 마주 보며, 숲속의 아이들[4]이 된 것을 웃음으로 넘기고 있을 때

---

4) 영국의 유명한 민요. 처남에게서 어린 사내아이와 계집아이를 키워 달라는 부탁을 받은 남자가 아이들의 재산을 가로채기 위해 두 악당에게 아이들을 죽이라고 사주하지만, 악당 가운데

였습니다. 찌그러진 모자를 쓰고 주머니를 든 자그마하고 수상한 노부인이 몹시 공손한 태도에 미소를 띠고서 꾸벅 인사하며 다가왔습니다.

"어머나!" 노부인이 말했습니다. "잔다이스 사건의 피후견인들 아니세요! 만나서 정말 반갑습니다! 사건의 피후견인들이 와서 결과를 기다리고 있다는 건 젊음과 희망과 아름다움에 좋은 일이죠."

"미친 여자군!" 리처드가 노부인이 들을 수 있다는 것도 아랑곳하지 않고 속삭였습니다.

"그래요, 난 미쳤어요, 젊은 양반." 노부인이 대답하자 리처드는 몹시 당황했습니다. "나도 그 사건의 피후견인이었죠. 그때는 미치지 않았었답니다." 그녀는 말이 끝날 때마다 정중하게 고개 숙여 인사하고 미소를 지었습니다. "젊음과 희망을 갖고 있었죠. 아마 아름다움도 갖고 있었을 거예요. 지금은 그런 건 아무래도 좋아요. 세 가지 다 아무 도움도 되지 못했고 나를 구하지도 못했죠. 나는 날마다 서류를 들고 대법관 법정에 나와요. 재판을 기다리는 거예요. 조만간. 마지막 심판 날에 말이에요. 성서의 묵시록에서 말하는 여섯 번째 봉인이란 대법관이 보관하고 있는 국새(Great Seal)였어요. 아주 오래전부터 봉인은 풀려 있었지요! 제발 날 축복해 줘요."

에이더가 다소 겁을 먹은 것 같기에 나는 노부인을 달래려고 고맙다고 말했습니다.

"암요!" 노부인이 우쭐해서 말했습니다. "그렇겠지요. 이런, 수다쟁이 켄지가 왔네. 서류를 들고! 변호사 양반, 안녕하시우?"

"안녕하죠, 안녕해요! 자 자, 방해하지 말고 저리 가요, 착한 양반!" 켄지 씨가 먼저 돌아가면서 말했습니다.

"당치 않아요." 가엾은 노부인이 에이더와 나를 바짝 쫓아오며 말했습니다. "방해 같은 거 안 해요. 내가 이 두 아가씨에게 땅을 주었지요—그거라면 방해가 되지 않잖아요? 난 판결을 기다리고 있어요. 조만간. 마지막 심판 날에 말이죠. 이건 당신들에게 좋은 징조예요. 내 축복을 받아 줘요!"

노부인은 넓고 가파른 계단 아래서 멈춰 섰습니다. 우리가 계단을 올라가면

---

한 사람이 아이들을 불쌍히 여겨 동료를 죽이고 아이들을 숲속에 내버린다. 아이들은 굶어 죽지만, 백부도 천벌을 받는다.

서 뒤를 돌아봤을 때, 노부인은 계속 그곳에 서서 말이 끝날 때마다 여전히 꾸벅 고개를 숙이고 미소를 지으면서 말하는 것이었습니다. "젊음. 희망. 아름다움. 대법관부. 그리고 수다쟁이 켄지 씨! 하! 내 축복을 받아 줘요!"

# 제4장 망원경적인 박애

켄지 씨 사무실에 도착하자 켄지 씨는 우리가 오늘 밤 미시즈 젤리비의 집에서 묵을 거라고 말했습니다. 그러고는 나를 돌아보며 "물론 미시즈 젤리비를 알겠죠?" 하는 것이었습니다.

"모르는데요. 아마 카스톤 군이나 클레어 양이……."

그러나 두 사람도 미시즈 젤리비에 관해서는 아무것도 몰랐습니다.

"그렇단 말이죠!" 켄지 씨가 불을 등지고 서서, 벽난로 앞의 양탄자가 미시즈 젤리비의 일대기라도 된다는 듯 물끄러미 바라보며 말했습니다. "미시즈 젤리비는 사회에 헌신하는 대단히 용기 있는 여성입니다. 지금까지 여러 시기에 걸쳐 실로 다양한 종류의 사회사업에 헌신해 오셨는데, (다른 사업에 흥미가 생기기 전까지는 말이죠) 지금은 아프리카 문제에 힘을 쏟고 있지요. 커피 재배에 대한 전반적인 사항과 원주민 교육, 그리고 국내 과잉인구를 아프리카 하천 유역으로 보내 이상적으로 식민지화하겠다는 포부를 갖고 있습니다. 잔다이스 씨는 유익한 사업이 될 만한 일에는 원조를 아끼지 않으시고 박애사업가들의 큰 의지가 되고 계시지만, 저는 미시즈 젤리비를 더 높이 평가하고 있지요."

이렇게 말하고 켄지 씨는 넥타이를 고쳐 매면서 우리를 바라보았습니다.

"그럼 미스터 젤리비는요?" 리처드가 물었습니다.

"아! 미스터 젤리비는 에, 그러니까 미시즈 젤리비의 남편이라는 설명 이외에 별다른 말을 할 수가 없군요."

"별 볼 일 없는 사람이라는 건가요?" 리처드가 장난스러운 표정을 지으면서 말했습니다.

"그런 뜻이 아닙니다." 켄지 씨가 짐짓 점잔을 빼며 대답했습니다. "그렇게 말할 수 없죠. 미스터 젤리비에 관해서 아는 것이 없으니까요. 내가 기억하는 한은 미스터 젤리비를 만난 적이 없습니다. 그는 아주 훌륭한 인물일지도 모르죠.

하지만 그 사람은 이른바 부인의 빛나는 재능에 완전히 아주 완전히 가려져 있습니다." 켄지 씨는 이런 밤에 황폐한 집에 가기에는 길이 멀고 어두워서 지루하고 게다가 우리는 벌써 한 차례 여행을 한 뒤이니 내일 떠나자고 제안했습니다. 잔다이스 씨가 직접 다음 날 아침 일찍 마차를 미시즈 젤리비의 집으로 보내줄 것인데 그때 런던을 떠나자고 했습니다.

작은 종을 울리자 젊은 남자가 들어왔습니다. 켄지 씨가 그 사람을 거피라고 부르며, 미스 서머슨의 트렁크와 다른 짐을 '회송'했는지 물었습니다. 거피 씨는 벌써 회송했으며, 마차가 대기하고 있으니 손님들을 언제든지 모실 수 있다고 말했습니다.

켄지 씨가 우리와 악수하며 말했습니다. "그럼 남은 일은 정해진 일정에 만족하며 (잘 가요, 미스 클레어!) 관계자 여러분께 (당신도 잘 가요, 미스 서머슨!) 모든 행운과 이익이 있기를 (알게 되어 영광이었습니다, 카스톤 군!) 진심으로 기원하는! 거피, 이분들을 거기까지 모셔다 드려."

"'거기'가 대체 어디죠, 거피 씨?" 우리가 계단을 내려갈 때 리처드가 말했습니다.

"바로 근처입니다. 세이비 법학예비원 안[1]이지요."

"어딘지 잘 모르겠네요. 전 윈체스터 출신인데 런던은 처음이거든요."

"모퉁이를 돌면 금방입니다. 챈서리 래인을 따라 가다가 홀번 거리를 서둘러 가면 4분 안에 도착합니다. 어이쿠, 런던의 명물이 나타났군요, 아가씨." 거피 씨는 나 때문에 안개가 등장한 것이 반갑다는 태도였습니다.

"안개가 정말 짙군요!" 내가 말했습니다.

"하지만 괜찮습니다. 안심하세요." 거피 씨가 마차 발판을 접으면서 말했습니다. "모습을 보니 오히려 기운이 나시는 것 같은데요."

나는 이 말이 호의에서 비롯한 것임을 알았다. 나는 붉어진 얼굴이 창피했지만 거피 씨는 이미 문을 닫고 마부석에 앉아 있었습니다. 우리 세 사람이 와하하 웃고, 이제껏 겪지 못한 신기한 런던의 모습을 흥미롭게 구경했습니다. 그러는 사이 마차는 아치로 된 길을 지나 목적지에 닿았습니다. 그곳은 높다란 집

---

1) 법학예비원은 옛날 법조원에 딸린 교습소였지만, 16세기 무렵부터 사무변호사들을 위한 주거지가 되었다.

들이 늘어선 좁은 골목으로, 마치 안개를 가득 담은 직사각형의 물탱크처럼 보였습니다. 마차가 멈춘 집 앞에는 당황해하는 몇몇 사람이(주로 아이들이) 옹 기종기 모여 있었습니다. 문에 달린 녹슨 놋쇠 문패에는 '젤리비'라고 씌어 있었습니다.

"놀라실 것 없습니다!" 거피 씨가 마차 유리창으로 들여다보며 말했습니다. "젤리비 씨 댁 아이 하나가 지하실 쪽문으로 내려가는 곳 난간에 머리가 끼어 버렸지요!"

"세상에, 가엾어라!" 내가 말했습니다. "잠깐 내려 주세요!"

"조심하세요, 아가씨. 젤리비 씨네 아이들은 장난이 심하거든요."

나는 그 아이가 있는 곳으로 갔습니다. 지금껏 본 적이 없을 만큼 지저분하고 꾀죄죄한 꼴을 한 아이가 두 개의 쇠 난간 사이에 목이 끼어서 겁을 잔뜩 집어먹고 흥분하여 엉엉 울고 있었습니다. 우유배달부와 법원 정리가 아이의 다리를 붙잡고 끌어당기면 두개골이 수축될 거라는 더없이 친절한 생각에서 열심히 잡아당기는 중이었습니다. 나는 (소년을 달랜 뒤) 그 아이의 머리가 크다는 사실을 발견하고는, 분명 머리가 가는 쪽이면 몸도 따라오리라고 생각했습니다. 그래서 이 아이를 구출하려면 앞으로 미는 것이 가장 현명할 거라고 말했습니다. 진적으로 동의한 우유배달부와 정리가 당장에라도 아이를 지하실 앞 돌바닥 위로 떨어뜨릴 기세로 밀기 시작했습니다. 그러나 내가 아이의 앞치마를 붙잡고 있는 사이에 리처드와 거피 씨가 부엌을 통해 달려와 난간에서 떨어진 아이를 받아냈습니다. 마침내 아무런 상처 없이 무사히 구출되자 아이는 이번에는 굴렁쇠 막대기로 거피 씨를 미친 듯이 때리기 시작했습니다.

집안사람들은 아무도 보이지 않았습니다. 나막신을 신은 한 여자만이 쪽문 앞에 나와 소년을 빗자루로 밑에서부터 찌를 뿐이었습니다. 왜 그런 짓을 하는지 알 수 없었지만, 아마 본인도 자기가 왜 그러는지 몰랐을 것입니다. 그런 상황으로 보아 미시즈 젤리비가 집에 없나 보다 했는데, 놀랍게도 나막신 신은 그 여자가 현관에 나타나 에이더와 나를 2층 뒤편에 있는 방으로 안내하더니 "그 아가씨 일행입니다, 마님!" 하고 알리는 것이었습니다. 그곳으로 올라가는 도중에 다른 아이 몇 명과도 마주쳤는데, 집 안이 너무 어두워서 아이들의 발을 밟지 않고는 갈 수가 없었습니다. 우리가 미시즈 젤리비 앞에 닿았을 때, 가엾게도 한 아이가 우당탕 소리를 내며 계단에서 굴러 떨어졌습니다—(그 소리로 미루어 짐작하건대) 꼭대기에서 떨어진 것 같았습니다.

아이의 머리가 계단마다 쿵쿵 거리며 추락을 알렸으므로—층계참에서 난 소리를 빼고도 일곱 번이나 들렸다고 리처드가 나중에 말해 주었습니다—우리는 얼굴에 불안한 빛을 띠지 않을 수 없었습니다. 그러나 미시즈 젤리비는 그런 기색도 없이 태연하게 우리를 맞이했습니다. 마흔에서 쉰쯤 되어 보이는 아주 자그마하고 통통한 예쁘장하게 생긴 여자로 눈은 아름다웠지만 먼 산을 바라보는 듯해서 미묘하게 초점이 맞지 않았습니다. 마치—다시 리처드의 말을 빌리자면—아프리카보다 가까운 곳에 있는 것은 모조리 보이지 않는다는 듯이!

미시즈 젤리비가 듣기 좋은 목소리로 말했습니다. "와 주셔서 정말 반갑습니다. 잔다이스 씨를 무척 존경하는 저로서는 그분이 관심 있어 하시는 분들이라면 누구에게도 무관심할 수 없군요."

우리는 인사를 하고, 문 뒤에 있는 기우뚱한 소파에 앉았습니다. 미시즈 젤리비는 비단결 같은 머리카락을 가졌지만, 아프리카 일로 너무 바빠서 빗질할 시간도 없는 듯했습니다. 어깨에 대충 걸쳤던 숄은 부인이 우리 쪽으로 걸어올 때 의자 위로 떨어져 버렸습니다. 그리고 자리로 돌아가려고 뒤로 돌자 옷의 등판이 벌어져, 그 틈을—정자의 격자 뼈대처럼—코르셋의 격자 모양 끈이 뒤덮고 있는 것이 저절로 보였습니다.

방 안에는 서류가 어지럽게 흩어져 있고, 역시 같은 종잇조각으로 뒤덮인 커다란 책상이 대부분의 장소를 차지하고 있었습니다. 이 방은 몹시 어질러져 있을 뿐 아니라 몹시 지저분하다고 말하지 않을 수 없습니다. 우리는 그런 광경을 보기 싫어도 볼 수밖에 없었는데, 그동안에도 귀는 계단에서 떨어진 불쌍한 아이가 뒤쪽 부엌으로 굴러 들어가 누군가에게 울며불며 악을 쓰다가 입이 틀어 막힌 소리를 내는 것을 유심히 듣고 있었습니다.

특히 주의를 끈 것은 책상 앞에 앉아 펜대의 깃털을 잘근대면서 우리를 노려보고 있는 소녀였습니다. 못생긴 얼굴은 아니지만 피곤에 절어서 아파 보이는 얼굴을 하고 있었습니다. 그토록 잉크로 범벅이 된 사람은 아마 이 세상 어디에도 없을 것입니다. 게다가 다 헝클어진 머리카락에서 뒤축이 다 해진 새틴

슬리퍼 때문에 아름다움도 쓸모없이 되어 버렸습니다. 딱하게도 발끝에 이르기까지 몸에 걸친 것은 머리핀을 비롯해 무엇 하나 온전하게 제자리에 있는 것이 없었습니다.

"보시다시피 나는 늘 바쁘답니다." 미시즈 젤리비는 말하면서, 촛대에 꽂힌 커다란 사무용 양초 두 개의 심을 잘랐습니다. 방 안에 뜨거운 동물기름 냄새가 확 퍼졌습니다(촛불은 꺼지고, 화덕 안에는 재, 장작, 불쏘시개밖에 없었습니다). "양해해 주시겠지요? 지금 아프리카 개발 계획에 온 시간을 빼앗기고 있거든요. 그 때문에, 행복을 열망하는 온 나라 사람들과 단체에 연락을 취해야 해요. 계획이 순조롭게 진행되고 있어 기쁘답니다. 내년 이맘때는 건강한 150에서 200 가족을 니제르강[2] 왼쪽 기슭으로 보내 커피를 재배하고 보리오불라 원주민도 가르치게 할 수 있을 거예요."

에이더가 아무 말 없이 나를 보았으므로, 나는 아주 기쁘시겠다고 말했습니다.

"정말 기뻐요. 이 계획을 위해서는 부족하나마 내 모든 정력을 쏟아부어야 해요. 성공만 한다면 그런 것쯤은 아무것도 아니죠. 게다가 날이 갈수록 성공에 대한 확신이 더욱 강해지거든요. 미스 서머슨, 난 당신이 아프리카에 대해 아무 생각이 없는 게 너무 이상해요."

아프리카 문제를 이런 식으로 들고 나오자 나는 완전히 허를 찔려서, 어떻게 대답해야 좋을지 모를 만큼 당황해 버렸습니다. 그래서 은근슬쩍 날씨 이야기로 말꼬리를 돌리자 미시즈 젤리비는 이렇게 말했습니다.

"날씨는 세계에서 가장 멋진 곳이죠!"

"그렇습니까, 부인?"

"그렇고말고요. 조심만 한다면 말이죠. 조심하지 않으면 홀번 거리에서도 마차에 치이니까요. 조심만 하면 홀번 거리에 가도 절대로 마차에 치이지 않죠. 아프리카도 마찬가지예요."

"정말 그러네요." 나는 말했습니다.

미시즈 젤리비가 우리 쪽으로 서류를 잔뜩 내밀면서 말했습니다. "혹시 아프

---

2) 서아프리카에서 기니아만으로 흐르는 강

리카 문제 일반에 관한 글을 읽고 싶으시다면 보세요. 나는 그동안 지금 구술 중이던…… 비서로 일하는 내 장녀에게 구술해 주던 편지를 마저 쓸 테니."

책상 앞에 앉아 있는 소녀가 펜 끝을 씹는 것을 그만두고 우리에게 고갯짓으로 대답했습니다. 절반은 수줍어하고 절반은 골이 난 표정이었습니다.

"그럼 일단 급한 용무는 끝나게 돼요." 미시즈 젤리비가 방긋 웃으며 말을 이었습니다. "하기야 내 일은 영원히 끝나지 않을 테지만 말이에요. 캐디, 어디까지 했더라?"

"스왈로우 씨의 건강을 비오며…….'" 캐디가 말했습니다.

미시즈 젤리비가 구술을 계속했습니다. "아프리카 개발 계획에 관한 조회장에 써 주시기 바라옵건대—.' 안 돼, 피피! 안 된다니까!'"

피피(이건 자기가 붙인 이름이라고 합니다)란 계단에서 굴러 떨어진 그 불쌍한 아이였는데, 이번에는 이마에 반창고를 붙이고 나타나 다친 무릎을 보여 주면서 편지쓰기를 방해하고 있었습니다. 에이더와 나는 상처와 더러움 중 어느 쪽을 동정해야 할지 몰라 망설였습니다. 미시즈 젤리비는 무엇을 하든지 그러는 것처럼 여전히 침착하게 "버릇없게 굴지 말고 저리 가렴, 피피!"라고 말하고는 다시 아프리카로 그 아름다운 눈을 돌렸습니다.

부인은 다시 구술을 시작했고, 나는 별로 방해가 되는 것도 아니기에 나가려는 피피를 불러 번쩍 안고 상처를 봐주었습니다. 내게 그런 대접을 받고 에이더한테는 키스까지 받자 피피는 몹시 놀란 눈치였습니다. 그러나 간간이 이어지던 울음이 점점 뜸해지나 싶더니 곧 품에 안긴 채 곤히 잠이 들어 마침내 조용해졌습니다. 피피에게 정신을 빼앗기는 바람에 미시즈 젤리비의 편지가 어떤 내용인지 자세히 듣지 못하고 놓쳐 버렸습니다. 하지만 전체적으로 아프리카가 매우 중요하며 그 이외의 모든 나라와 일은 눈곱만큼도 쓸모없다는 생각을 강하게 느낄 수 있었습니다. 나는 지금까지 아프리카에 대해 거의 생각해 보지 않은 자신이 부끄러워졌습니다.

"벌써 6시네!" 미시즈 젤리비가 말했습니다. "저녁 식사 시간은 보통 5시인데! 캐디, 미스 클레어와 미스 서머슨을 방으로 안내해 드려. 두 분 다 옷을 갈아입고 싶으시죠? 이렇게 정신없이 바빠서 정말 죄송해요. 맙소사, 정말 못 말리는 애라니까! 미스 서머슨, 피피를 내려놓으세요!"

나는 조금도 힘들지 않으니(거짓말이 아니었습니다) 안고 있게 해 달라고 부탁하고, 피피를 위층으로 데리고 가 내 침대에 눕혔습니다. 에이더와 나는 문으로 이어진 이층 방 두 개를 쓰게 되었습니다. 휑하고 산만한 방으로, 내 방 창문의 커튼은 포크로 여며져 있었습니다.

"뜨거운 물이 필요하시죠?" 방으로 안내해 준 미스 젤리비가 방 안을 둘러보며 손잡이가 달린 주전자를 찾았지만 아무 데도 없었습니다.

"귀찮지 않다면 부탁해요." 우리가 말했습니다.

"귀찮은 게 문제가 아니라 주전자가 있느냐 없느냐가 문제지요."

몹시 추운 저녁이었습니다. 방에서는 습한 냄새가 심하게 풍겨서 비참한 기분마저 들었습니다. 에이더는 금세 울 것 같은 표정이었습니다. 그렇지만 우리는 곧 웃으면서 서둘러 짐을 풀었습니다. 그때 미스 젤리비가 돌아와 뜨거운 물이 없는데 주전자도 안 보이고 보일러는 고장이 났다고 알렸습니다.

우리는 신경 쓰지 말라고 말하고, 서둘러 아래층 식당으로 내려가 난롯불을 쬘 준비를 했습니다. 그런데 내 침대에 피피가 누워 있는 유별난 사건을 보려고 이층까지 떼 지어 올라와 있던 아이들이 어느새 문까지 쳐들어와 문 틈새 부분에 코와 손가락을 쉴 새 없이 집어넣는 바람에 차분하게 옷을 갈아입을 수가 없었습니다. 더구나 양쪽 방문 모두 닫히지가 않았습니다. 내 방 문은 문고리가 달아나서, 어서 문고리를 달아주세요 하는 얼굴을 하고 있었습니다. 에이더의 방문 손잡이는 문제없이 잘 돌았지만 문을 열게 하는 데는 그 효과가 눈곱만큼도 나타나지 않았습니다. 그래서 나는 아이들에게 방으로 들어와 탁자 앞에 얌전히 앉아 있으면 옷을 갈아입으면서 '빨간 두건' 이야기를 해 주겠다고 말했습니다. 아이들은 생쥐처럼 얌전해졌고, 늑대가 등장하기 전에 마침 잠에서 깬 피피도 함께 이야기를 들었습니다.

우리가 아래층으로 내려갔을 때, 계단 창가에 "턴브리지 웰스 마을 증정"이라는 글씨가 들어간 머그잔이 놓여 있고 그 안에 불을 켠 심지가 띄워져 있었습니다. 퉁퉁 부은 얼굴에 플란넬 붕대를 감은 젊은 여자가 응접실(이때는 미시즈 젤리비의 방으로 통하는 문이 열려 있었습니다)에 불을 피우면서 무섭게 콜록거리고 있었습니다. 그런데 연기가 너무 심해 30분 동안이나 창문을 열어둔 채 우리 세 사람은 기침을 해댔습니다. 그동안에도 미시즈 젤리비는 여전히 기쁜 얼굴로 아프리카에 관련된 편지를 쓰고 있었습니다. 미안한 말이지만, 부인이 그렇게 바쁘게 있어 준 덕분에 나는 상당히 긴장을 풀었습니다. 리처드가 에이더와 내게 파이 접시에 손을 씻고 왔다는 이야기와 주전자가 리처드 방 화장대 위에서 발견되었다는 이야기를 들려주어 에이더가 깔깔대고 웃는 것을 보고 나도 덩달아 배꼽을 잡고 웃을 수 있었습니다.

7시가 조금 넘어서 우리는 1층으로 식사를 하러 내려갔는데, 미시즈 젤리비는 우리에게 조심하라고 당부했습니다. 계단에 양탄자를 고정하기 위해 박아 놓은 못이 느슨해진 데다 천이 완전히 너덜너덜하게 찢어져서 덫처럼 발목을 휘감았기 때문입니다. 식사로는 맛 좋은 대구와 소고기구이, 커틀릿, 푸딩이 나왔습니다. 그것들을 요리라고 부를 수 있다면 아주 멋진 만찬이 됐겠으나 모두 날것이나 다름없었습니다. 플란넬 붕대를 동여맨 젊은 여자가 식사를 날랐는데, 모든 접시를 식탁 위에 떨어뜨리고 어디로 굴러가든지 내버려 두었다가 마지막에 가서야 계단에서 주워들었습니다. 아까 본 나막신을 신은 여자가 요리사인 것 같았는데, 쉴 새 없이 찾아와서는 식당 입구에서 붕대 감은 여자와 뭐라고 말을 주고받았습니다. 아무래도 두 사람은 사이가 좋은 것 같지 않았습니다.

식사에는 꽤 오랜 시간이 걸렸습니다. 감자 요리가 담긴 접시가 석탄 상자 안에 방치되어 있기도 하고, 붕대 감은 여자가 포도주병을 딸 때 병따개 손잡이가 빠져서 턱을 다치는 등 여러 사건이 있었기 때문입니다. 그러나 미시즈 젤리비는 처음부터 끝까지 침착했습니다. 보리오불라 가(Borrioboola-Gha)와 원주민에 관해 많은 이야기를 들려주었는데, 그동안에도 쉴 새 없이 편지가 도착했습니다. 부인 옆에 앉았던 리처드는 부인이 봉투를 네 장이나 소스에 떨어뜨리는 것을 보았습니다. 부인은 편지 중에 부인위원회의 의사록이나 부인집회의 결의안이 있으면 읽어 주었습니다. 커피 재배와 원주민 교화에 감동한 사람들이 보낸 신청서도 있었는데, 답장할 필요가 있으면 장녀를 식탁에서 일으켜 세워서 편지를 쓰러 가게 했습니다. 그런 일이 서너 번이나 있었습니다. 자기 입으로도 말했듯이, 분명 부인은 산더미 같은 일을 안고 이 사업에 헌신하고 있었습니다.

식탁에는 안경을 쓰고 머리가 벗어진 온화한 신사가 있었는데, 나는 그가 어떤 사람인지 조금 호기심이 생겼습니다. 그 사람은 생선 요리가 치워지고 나서 나타나 빈 의자에(식탁에는 상석 하석이 따로 없었습니다) 털썩 앉았습니다. 어쩔 수 없이 보리오불라 가의 이야기를 듣는 듯했고 이 식민지에 적극적인 관심이 없는 눈치였습니다. 거의 한마디도 말하지 않아서, 만약 얼굴색이 검었다면 나는 그를 원주민이라고 생각했을지도 모릅니다. 식사가 끝나고 우리가 식탁을 떠난 뒤에도 리처드와 단둘이 남아 있는 것을 보고서야 혹시 미시즈 젤리비의 남편이 아닐까 하는 생각을 하게 되었습니다. 실제로 이 사람이 남편이었습니다. 밤에는 관자놀이 부근에 번들번들한 커다란 여드름이 잔뜩 나고 머리는 올백으로 넘긴, 아주 수다스러운 퀘일이라는 젊은 남자가 찾아왔습니다. 에이더의 설명에 따르면, 이 사람은 박애사업가인 듯하며, 젤리비 부부의 결혼은 정신과 물질의 결합이라는 말을 했다고 합니다.

이 사람은 아프리카와 원주민에게 피아노 다리 만드는 법을 가르쳐서 수출업을 확립하도록 영국의 이민자들을 가르치겠다는 자신의 계획에 관해 웅변을 늘어놓았습니다. 뿐만 아니라 미시즈 젤리비에게 의기양양하게 "부인, 부인은 아프리카에 관한 편지를 하루에 150통에서 200통씩이나 받은 적이 있으시다지요?"라든가 "부인, 제 기억이 틀리지 않았다면 언젠가 한 우체국에서 한 번에 5천통이나 되는 진단을 뿌렸다지요?" 하는 말로 미시즈 젤리비의 발언을 유도하고, 그때마다 부인의 대답을 통역사처럼 되풀이했습니다. 그날 밤 내내 미스터 젤리비는 구석에 앉아 벽에 머리를 대고 의기소침하게 있었습니다. 식사가 끝나고 리처드와 단둘이 되었을 때는 무슨 걱정거리라도 있는 사람처럼 몇 번이나 입을 열었다고 합니다. 그러나 그때마다 아무 말도 안 하고 다시 입을 닫았으므로 리처드는 몹시 당황했습니다.

미시즈 젤리비는 종이가 수북이 쌓인 곳에 의자를 놓고 커피를 마시면서 이따금 장녀에게 편지를 받아쓰게 했습니다. 그리고 퀘일 씨를 상대로—내가 이해하는 바로는—인류의 동포애를 주제로 토론하면서 훌륭한 의견을 말했습니다. 나는 이야기를 자세히 듣고 싶었지만 충분히 주의를 기울일 수가 없었습니다. 피피와 다른 아이들이 응접실 구석에 있는 에이더와 나를 에워싸고 옛날 이야기를 해 달라고 졸랐기 때문입니다. 우리는 아이들에게 둘러싸인 채 의자에 앉아 〈장화 신은 고양이〉 같은 이야기를 나지막한 목소리로 들려주었는데,

어느새 미시즈 젤리비가 알아채고 모두에게 어서 가서 자라고 명령했습니다. 피피가 나에게 침대까지 데려다 달라고 큰 소리로 떼를 쓰기에 피피를 안고 위층으로 올라가는데, 플란넬 붕대를 감은 여자가 아이들 한가운데로 용처럼 돌진해 오더니 아이들을 침대로 우르르 몰고 가 버렸습니다.

나는 방을 정리하고, 난롯불을 다시 활활 지폈습니다. 아래층으로 내려가자 하찮은 일에 정신이 팔려 있던 나를 미시즈 젤리비가 경멸하는 것 같은 눈치이기에 나는 어리석은 짓을 했다고 후회했습니다. 그러나 동시에 나는 내가 그 이상의 일을 하기에 알맞은 사람이 아니라는 사실을 깨달았습니다.

12시가 가까워졌을 때 우리는 기회를 잡아 침실로 물러날 수 있었습니다. 그러나 미시즈 젤리비는 그때까지 그곳에 남아 서류 더미 속에서 커피를 마셨고, 미스 젤리비는 펜대의 깃털을 잘근잘근 씹고 있었습니다.

"정말 이상한 집이야!" 우리가 방에 들어가자 에이더가 말했습니다. "우리를 이런 곳으로 보내다니, 잔다이스 씨도 참 괴상한 사람이야!"

"난 도무지 모르겠어. 이해하려 해도 전혀 이해가 되지 않아."

"뭘 이해해?" 에이더가 사랑스러운 미소를 지으며 물었습니다.

"이 집에서 일어나는 일 모두. 아프리카의 원주민을 행복하게 해 주겠다고 저렇게나 기를 쓰고 계획을 짜잖아. 미시즈 젤리비는 정말 친절한 분이 틀림없어……. 그런데…… 피피며 저 살림 솜씨 좀 보라고!"

에이더는 깔깔 웃고, 난롯불을 바라보며 서 있는 내 목에 팔을 두르더니, 내가 얌전하고 친근감 있고 착해서 진심으로 좋아졌다고 말했습니다. "에스더, 넌 정말 사려 깊으면서도 밝아! 남을 위해 헌신하면서 그것을 아주 겸손하게 해내지! 너라면 이런 집도 가정답게 꾸밀 수 있을 텐데."

천진난만하고 사랑스러운 에이더! 나를 그토록 칭찬하는 것은 에이더 자신의 마음이 따뜻하기 때문이고, 그 칭찬은 다름 아닌 에이더 자신이 들어야 할 것이라는 사실을 전혀 모르는 것이었습니다!

"한 가지 물어봐도 될까?" 둘이 얼마쯤 불 앞에 앉아 있다가 내가 물었습니다.

"500가지라도 물어봐."

"네 친척인 잔다이스 씨에 관해서 말인데. 난 그분에게 너무 많은 빚을 졌어.

어떤 분인지 말해 주겠어?"

에이더는 금발을 찰랑이며 나를 빤히 보다가 깔깔 웃었습니다. 그녀가 몹시 놀라는 것 같아 나도 깜짝 놀랐습니다―첫째는 에이더의 아름다움에 반했기 때문이고, 두 번째는 에이더가 놀랐기 때문이었습니다.

"에스더!" 에이더가 외쳤습니다.

"응!"

"사촌인 잔다이스 씨에 관해 말해 달라고?"

"응. 난 한 번도 만난 적이 없으니까."

"나도 만난 적이 없는걸!"

세상에, 이럴 수가!

그 말대로 에이더는 한 번도 잔다이스 씨를 만난 적이 없었습니다. 엄마가 돌아가신 것은 어렸을 때지만 에이더는 엄마가 잔다이스 씨의 고결하고 대범한 인품에 대해 말할 때마다 눈물을 글썽였던 것을 기억했고, 잔다이스라는 사람은 지구상의 그 누구보다 믿을 수 있는 사람이라고 들어 에이더도 그의 인품을 믿었습니다. 그런데 몇 달 전에 잔다이스 씨가 "꾸밈없는 솔직한 편지"를 보내 우리가 지금부터 시작하려는 새로운 생활에 관한 설계도를 제시하면서, "이로써 그 불행한 대법관부 소송으로 빚았던 상처도 다소 치유되지 않을까요?" 하고 제안해 온 것입니다. 에이더는 제안을 고맙게 받아들이겠다고 답했습니다. 리처드도 같은 편지를 받고, 같은 답장을 보냈습니다. 리처드는 5년 전 윈체스터에 있는 공립학교에 재학 중일 때 딱 한 번뿐이었지만, 분명히 잔다이스 씨를 만났습니다. 우리가 처음 만났던 대법관 방 벽난로 앞에 두 사람이 칸막이에 기대어 있을 때, 리처드는 에이더에게 잔다이스 씨라는 사람은 "빨간 볼을 한 소탈한 사람"이었던 것을 기억한다고 말했다고 합니다. 에이더가 말한 건 그게 다였습니다.

그 말을 듣고 나는 생각에 잠겨 에이더가 잠든 뒤에도 여전히 벽난로 앞에서 대체 황폐한 집이 어떤 집일까 생각했습니다. 바로 어제 아침 일이 까마득한 옛날 일처럼 느껴지는 것이 신기해서 견딜 수 없었습니다. 언제까지 그렇게 밑도 끝도 없는 생각을 하고 있었는지는 모르겠지만, 문을 두드리는 소리에 나는 정신이 들었습니다.

문을 조용히 열자 미스 젤리비가 한 손에는 부러진 양초를 꽂은 이 나간 촛대를, 다른 한 손에는 에그 컵을 들고 덜덜 떨며 서 있었습니다.

"안녕!" 미스 젤리비가 퉁명스럽게 말했습니다.

"안녕!"

"들어가도 돼?" 미스 젤리비는 역시 퉁명스러운 말투로 뜻밖의 말을 무뚝뚝하게 건네왔습니다.

"그럼. 하지만 미스 클레어를 깨우면 안 돼."

미스 젤리비는 의자에 앉을 생각도 안 한 채 불 앞에 서서 에그 컵(안에는 식초가 담겨 있었습니다) 안에 잉크투성이인 가운데 손가락을 담그고, 얼굴에 묻은 잉크를 문지르며 인상을 찌푸리고 어두운 표정을 지었습니다.

그러다가 느닷없이 말했습니다. "아프리카 따위는 사라져 버리라고 해!"

나는 달래려고 했습니다.

"진심이야! 말 걸지 마, 미스 서머슨. 난 아프리카가 싫어, 정말 싫어. 혐오스러워!"

나는 너무 지친 모양이라고 말해 주려다 가엾어서 그만두었습니다. 그래서 머리를 쓰다듬고 이마를 짚어 본 뒤, 지금은 미열이 있지만 내일이면 나을 거라고 말해 주었습니다. 미스 젤리비는 여전히 서서 입을 삐죽 내밀고 토라진 얼굴로 나를 바라보다가 이윽고 에그 컵을 내려놓고, 에이더가 자고 있는 침대 쪽으로 조용히 돌아섰습니다.

그러고는 "정말 예뻐!" 하고 인상을 찌푸린 채 여전히 예의 없는 투로 말했습니다.

나는 웃으며 고개를 끄덕였습니다.

"너 고아지? 아니야?"

"맞아."

"하지만 정말 많은 것을 알고 있지? 춤도 출 줄 알고, 피아노도 칠 줄 알고, 노래도 부를 수 있지? 분명 프랑스어도 할 줄 알고, 지리, 천문, 바느질, 뭐든지 할 줄 알 거야."

"아마도."

"난 못해. 난 할 줄 아는 게 없어. 글씨만 겨우 쓰지. 언제나 엄마의 대필만

하는걸. 너희 두 사람은 오늘 우리 집에 와서 내가 얼마나 무능력한지 보고도 아무렇지도 않게 생각했어. 심술궂은 너희다운 행동이야. 그러면서 분명 자기들은 스스로 대단한 사람이라고 생각하겠지!"

가엾은 그 아이는 당장에라도 울음을 터트릴 것 같았습니다. 나는 말없이 의자에 앉아, 마음속으로 느낀 것과 똑같이 눈에도 다정함을 담아(나는 그렇게 믿고 있습니다) 그녀를 바라보았습니다.

"정말 창피해. 넌 알지? 이 집이 얼마나 더러운지. 애들도 창피하고, 나도 창피해. 아빠가 우울해하는 것도 당연해! 하녀 프리실라는 술꾼이고—아주 입에 달고 산다니까. 오늘 술 냄새를 맡지 못했다면 코가 어떻게 됐든가 거짓말쟁이인 거야. 그런 여자가 식사 시중을 하다니, 술집과 다를 게 뭐야? 넌 알고 있었지!"

"그런 줄은 몰랐어."

"알았으면서!" 그녀가 쏘아붙였습니다. "몰랐다고 하지 마. 알았잖아!"

"맙소사! 네가 나한테 말하지 못하게 한다면—"

"말하고 있잖아. 그렇잖아. 거짓말하지 마, 미스 서머슨."

"애, 내 말을 끝까지 듣는다면—"

"끝까지 듣고 싶지 않아."

"아니, 넌 듣고 싶잖아. 끝까지 듣고 싶지 않다는 말은 너무 불합리한걸. 난 네가 말한 사실을 몰랐어. 저녁 식사 때 그 하녀는 내 곁으로 오지 않았거든. 하지만 난 네 말을 의심하지 않고, 그걸 듣고 가엾게 생각하고 있어."

"그깟 일로 젠체하지 마."

"그래, 알았어. 그런 일로 젠체하는 건 정말 바보 같은 짓이지."

미스 젤리비는 여전히 에이더의 침대 옆에 서 있었지만, 이번에는 몸을 수그리고(그렇지만 역시 기분 나쁜 얼굴로) 에이더에게 입을 맞추었습니다. 그런 다음 조용히 되돌아와서 내 의자 옆에 섰습니다. 그 애의 가슴은 보기도 민망할 정도로 세차게 뛰고 있었지만, 나는 아무 말도 하지 않는 편이 좋겠다고 생각했습니다.

그녀가 갑자기 외쳤습니다. "죽어 버리고 싶어! 식구들이 다 죽었으면 좋겠어. 모조리 다. 그 편이 백 번 천 번 낫겠어."

그러더니 금방 내 옆 마룻바닥에 무릎 꿇고는 내 옷에 얼굴을 묻고 미친 듯이 용서를 빌었습니다. 나는 그 아이를 위로하고 몸을 일으켜 주려고 했지만, 미스 젤리비는 이대로 있고 싶다며 울부짖었습니다.

"넌 학교에서 여학생들을 가르쳤지? 나한테도 가르쳐 줬다면 많은 것을 배웠을 텐데! 난 너무나 불행해. 난 네가 정말 좋아!"

아무리 구슬려도 미스 젤리비는 나와 나란히 의자에 앉으려 하지 않았습니다. 그러나 마침내 자기가 무릎 꿇었던 자리로 낡은 의자를 가지고 와서 앉더니, 아까처럼 내 옷자락에 매달렸습니다. 그리고 지쳐 잠들어 버렸습니다. 나는 그 애 머리를 내 무릎 위에 올린 뒤 숄로 우리 둘의 몸을 덮었습니다. 불은 다 꺼졌지만 미스 젤리비는 밤새도록 재만 남은 벽난로 앞에서 잠이 들었습니다. 처음에는 아프도록 눈이 말똥말똥해져 눈을 감고, 오늘 본 광경들을 떠올리며 잠을 청했지만 소용없었습니다. 그러고 있노라니 어느새 모든 일이 뒤섞여 그만 머리가 멍해졌습니다. 내게 기대어 잠든 아이가 누군지 알 수 없어지더니, 어떤 때는 에이더로 보였다가 또 어떤 때는 불과 하루 전에 헤어졌다고는 믿을 수 없을 만큼 멀어져 버린 레딩의 그리운 친구로 보이기도 했습니다. 다음 순간에는 줄곧 고개를 끄덕이고 미소 짓느라 지친 그 미친 노부인이 되었다가, 황폐한 집에 사는 아직 얼굴도 모르는 주인이 되었습니다. 그리고 마지막에는 누군지 전혀 모르게 되었습니다.

새벽 어스름이 안개를 막 밀어낼 무렵, 나는 눈을 떴습니다. 그리고 나를 물끄러미 바라보는 꾀죄죄한 작은 요괴와 눈이 딱 마주쳤습니다. 피피가 자기 침대에서 빠져나와 잠옷 바람으로 내 침대로 기어들어온 것인데, 너무 추워서 이가 모조리 뽑혀나갈 것처럼 딱딱 부딪치고 있었습니다.

# 제5장 아침의 모험

으슬으슬 추운 아침이었습니다. 아직 안개는 짙은 것 같았지만—'짙은 것 같다'고 표현한 이유는, 유리창에 먼지가 가득 끼어 한여름 햇살마저도 어두침침하게 보였기 때문입니다—어제 경험으로 봐서 일찍 일어나 집 안에 있는 것은 불쾌한 일이라는 생각에 경계심도 들었고 런던에 대한 호기심도 있던 차에 미스 젤리비가 산책을 하자고 제안해서 흔쾌히 찬성했습니다.

"엄마는 한참 있어야 일어나셔. 게다가 일어난 뒤 한 시간은 지나야 아침 식사 준비가 될까 말까 할걸. 아빠는 있는 것을 대충 드시고 관청에 나가시지. 사람들이 흔히 말하는 제대로 된 아침 식사를 드신 적이 없어. 전날 저녁에 먹던 빵과 우유가 있으면 프리실라가 그걸 밖에다 내놔. 우유가 없는 날도 있고, 고양이가 먹어 버리는 날도 있지. 그런데 미스 서머슨, 너 피곤하지 않아? 좀 더 자고 싶은 것 같은데?"

"조금도 피곤하지 않아." 내가 말했습니다. "산책 가는 게 훨씬 좋아."

"정말 가고 싶다면 나 옷 좀 입고 올게."

에이더도 같이 가고 싶다며 벌떡 일어났습니다. 나는 피피에게 딱히 해줄 게 없어서, 일단 얼굴을 씻겨 줄 테니 세수가 끝나면 내 침대에서 다시 자라고 말했습니다. 피피는 순순히 그러겠다고 했지만, 세수하는 내내 이렇게 놀라운 일은 전에도 없었고 앞으로도 없을 거라는 표정으로 나를 뚫어지게 바라보았습니다—괴로운 표정도 지었지만, 불평 한마디 하지 않고, 세수가 끝나자 다시 기분 좋게 잠들었습니다. 처음에는 이렇게 내 맘대로 행동해도 좋을지 망설였지만, 곧 이 집안사람들은 아무도 피피에게 신경 쓰지 않으리라고 생각을 고쳐 먹었습니다.

서둘러 피피를 재우고 옷매무새를 가다듬은 다음 에이더를 도와주며 바쁘게 움직이다 보니 곧 온몸이 따뜻해졌습니다. 에이더와 내가 아래층으로 내려갔을 때, 미시즈 젤리비의 서재에서는 하녀 프리실라가 시커멓게 그을린 손님용 촛대로 벽난로에 불을 붙이는 중이고—잘 타게 하려고 양초를 집어넣었습니다—미스 젤리비는 그 불에 몸을 녹이고 있었습니다. 모든 것이 지난밤 그대로였습니다. 아마도 늘 그런 상태로 놔두는 것 같았습니다. 1층 식당에도 어젯밤 썼던 식탁보가 아침 식사에 그대로 쓰였습니다. 빵 부스러기, 먼지, 종이 부스러기가 온 집안에 널려 있었습니다. 쪽문 앞 길가로 이어진 난간에는 주석으로 만든 냄비와 우유통이 매달려 있고, 쪽문은 열린 채였지요. 집 모퉁이를 돌았을 때, 입가를 훔치며 술집에서 나오는 젤리비네 요리사와 마주쳤습니다. 요리사는 우리를 지나치면서, 지금이 몇 시인지 보고 오는 길이라고 말했습니다.

그러나 우리는 그보다 먼저 리처드를 만났습니다. 리처드는 세이비 법학예비원을 위아래로 뛰어다니며 발을 덥히는 중이었는데, 우리를 만나자 매우 놀라면서도 기뻐하며 함께 산책하고 싶다고 말했습니다. 리처드가 에이더를 호위하고, 미스 젤리비와 내가 앞장서서 걷기로 했습니다. 미스 젤리비는 어느새 퉁명스러운 태도로 돌아왔는데, 어제 나를 좋아한다는 고백을 듣지 않았더라면 그런 줄은 꿈에도 생각하지 못할 정도였습니다.

"어디로 가고 싶어?" 미스 젤리비가 물었습니다.

"어디든지 좋아!"

"어디든지 좋다는 건 어디에도 가고 싶지 않다는 거야." 미스 젤리비는 반항적으로 걸음을 멈추어 버렸습니다.

"어쨌든 어디든지 가자."

그러자 미스 젤리비는 나를 끌다시피 하며 빠르게 걷기 시작했습니다.

"난 아무래도 좋아! 네가 증인이야, 미스 서머슨. 난 분명히 아무래도 좋다고 말했어. 하지만 그 남자가 이마 가득 번쩍번쩍 빛나는 혹을 달고 므두셀라[1] 같은 노인이 될 때까지 밤마다 우리 집에 온다고 해도 나는 한마디도 말하지 않을 거야. 그 못된 남자와 엄마는 정말 어이없는 일을 꾸미고 있어!"

"얘!" 나는 미스 젤리비의 입에서 나온 형용사와 그 격렬한 어조를 나무랐습

---

1) 구약성서 〈창세기〉 5장 27절에 나오는 유대 족장으로 969살까지 살았다고 한다.

니다. "자식으로서 나의 의무는—"

"흥! 자식으로서의 의무 좋아하네. 엄마는 부모로서의 의무를 어떻게 했지? 분명 사회와 아프리카에 모조리 양보해 버렸겠지! 그렇다면 사회와 아프리카가 자식으로서의 의무를 다하면 돼. 내가 알 게 뭐람! 엄마는 날 포기했을걸? 그래도 상관없어. 나도 엄마를 포기했으니까. 둘 다 포기했으니 그걸로 됐잖아!"

미스 젤리비는 아까보다 더 빠르게 나를 끌고 갔습니다.

"다시 말하지만, 아무리 그래도 그 남자는 밤마다 계속 우리 집에 찾아오겠지. 그렇지만 나는 한마디도 하지 않을 거야. 그 남자는 참을 수 없어. 난 그 남자와 엄마가 대화를 나누는 게 세상에서 가장 혐오스러워. 그냥 우리 집 앞 도로에 깔린 돌이 용케도 꾹 참고 그런 앞뒤도 안 맞는 모순투성이의 과장스러운 헛소리와 엄마의 살림 솜씨를 보고 듣고 있구나 하고 생각해!"

미스 젤리비가 말하는 젊은 남자란 어제 저녁 식사 뒤에 찾아온 퀘일이라는 신사 외에는 생각할 수 없었습니다. 그런데 이 화제를 계속 이어가야 하는 불쾌함은 더 맛보지 않아도 되었습니다. 리처드와 에이더가 발랄하게 쫓아와서 "너희 지금 경주라도 하는 거니?" 하고 웃으면서 물었기 때문입니다. 방해를 받자 미스 젤리비는 나와 나란히 우울한 표정으로 걷기 시작했습니다. 한편 나는 다양한 모습으로 이어지는 마을 풍경과 이른 새벽부터 움직이는 사람들, 쉴 새 없이 오가는 마차들, 청소며 진열장 장식 따위로 바쁜 가게들, 쓰레기 더미에서 남의 눈을 피해 잡동사니를 줍는 누더기 차림의 이상한 사람들을 구경했습니다.

뒤에서 에이더에게 말하는 리처드의 명랑한 목소리가 들렸습니다. "역시나 우리는 아무리 발버둥 쳐도 대법관부에서 벗어나지 못하는군요! 어제 우리가 만났던 장소로 다른 길을 통해 왔는데도—국새를 걸고 맹세해도 좋아요—그 할머니가 또 왔어요!"

과연 우리 바로 앞에 어제 그 할머니가 나타나 어제처럼 고개 숙여 인사하고 웃으면서 말했습니다.

"잔다이스의 피후견인들이군요! 정말 반가워요!"

"아침 일찍 나오셨네요." 내가 인사하는 할머니에게 말했습니다.

"그럼요! 언제나 아침 일찍 여기에 오지요. 개정 시각 전에 말입니다. 여긴 조용하니까요. 여기서 그날 재판 내용에 대해 생각을 정리하지요." 노부인이 거들먹거리는 투로 말했습니다. "이곳에서 진행되는 재판에는 생각해 봐야 할 점이 꽤 많아요. 대법관부의 판결은 정말이지 이해가 안 간다니까요."

"누구야, 미스 서머슨?" 미스 젤리비가 붙잡고 있던 내 팔을 더 세게 잡아끌며 속삭였습니다.

놀랄 만큼 귀가 밝은 자그마한 노부인이 즉시 대답했습니다.

"소송의 원고입니다, 아가씨. 나는 날마다 이 법원에 오지요. 서류를 들고요. 아가씨도 잔다이스 사건 관계자인가요?" 노부인이 공손한 자세로 돌아가 머리를 한쪽으로 기울이며 말했습니다.

어제의 실언을 만회하려고 열심히 생각하던 리처드가 미스 젤리비는 소송 관계자가 아니라고 친절하게 설명했습니다.

"흠! 걸려 있는 소송이 없는 거로군요? 이 아가씨도 조만간 나이를 더 먹겠죠. 하지만 이런 늙은이는 되지 않을 거예요. 암, 그렇고말고요! 여기가 링컨 법조원 정원입니다. 난 이곳을 내 개인 정원으로 생각하죠. 여름이 되면 이곳은 온통 나무그늘로 뒤덮여요. 새들은 구슬 같은 목소리로 지저귀죠. 나는 장기휴정기[2]의 대부분을 이곳에서 보낸답니다. 당신들은 장기휴정기가 아주 길게 느껴지겠죠?"

할머니가 "그렇다"는 대답을 기다리는 것 같기에 우리는 그렇게 대답했습니다.

"나무에서 잎이 떨어지고 활짝 폈던 꽃도 져서 대법관 법정에 꽃다발을 만들어 주지 못하게 되면 장기휴정기가 끝나지요. 그러면 묵시록에 나오는 여섯 번째 봉인이 위세를 떨치며 찾아옵니다. 내 하숙집에 놀러 오세요. 나한테는 좋은 징조가 될 테니까. 젊음과 희망과 아름다움은 좀처럼 우리 집에 찾아오지 않죠. 벌써 오랫동안 그 가운데 아무것도 찾아오지 않았답니다."

할머니는 내 손을 잡고 앞장서며 나와 미스 젤리비를 끌고 안내하면서, 리처드와 에이더에게 따라오라는 시늉을 했습니다. 나는 어떻게 이 상황에서 빠져나와야 할지 몰라, 리처드가 도와주기를 기대했습니다. 그러나 리처드는 재미

---

2) 영국 법원의 하계휴가로, 8월 10일부터 10월 28일까지였다.

있기도 하고 흥미롭기도 한 데다 할머니의 감정을 거슬리게 하지 않고 완곡히 거절할 자신이 없는 듯했습니다. 할머니는 우리를 계속 끌고 갔고, 리처드와 에이더도 계속해서 우리를 따라왔습니다. 그동안 이 괴상한 안내자는 자기 집이 근처라며 깔보는 듯 웃었습니다. 말투는 자못 은혜를 베푼다는 투였습니다.

아닌 게 아니라, 그녀의 말은 사실이었습니다. 집이 얼마나 가깝던지, 할머니의 마음을 바꾸기도 전에 벌써 집에 도착해 버렸습니다. 할머니가 우리를 데리고 링컨 법조원의 작은 옆문을 통해 담장 밖으로 빠져나가 맞닥뜨린 좁은 뒷골목에서 갑자기 멈춰 서더니 말했습니다. "이곳이 내 하숙집입니다. 어서들 들어오세요!"

우리가 멈춰 선 곳은 어느 가게 앞이었는데, 위쪽에 '헌 옷과 헌 병 전문점, 크룩'이라고 쓰여 있었습니다. 그 옆에는 길쭉하고 가는 글씨로 '헌 선박용품 취급, 크룩'이라고도 쓰여 있었습니다. 창문 한쪽에는 제지공장에서 헌 옷이 잔뜩 든 자루들을 짐마차에서 내리는 모습을 붉은 페인트로 그린 그림이 걸려 있고, 다른 쪽에는 '각종 뼈 삽니다', '부엌세간 삽니다', '고철 삽니다', '폐지 삽니다', '여성복, 신사복 삽니다'라고 쓰인 팻말이 걸려 있었습니다. 여기서는 무엇이든 사들이기만 하고 팔지는 않는 것 같았습니다. 또 창문 곳곳에는 구두약병, 약병, 진저에일과 소다수 병, 절인 채소를 담는 병, 포도주병, 잉크병 등 지저분한 병류가 수두룩하게 늘어서 있었습니다. 잉크병을 보고 생각난 것인데, 이 가게에서는 법원 근처답게 이른바 지저분한 협잡꾼이나 법률과 인연을 끊은 듯한 분위기가 여러 군데에서 보였습니다. 먼저 잉크병이 산더미처럼 쌓여 있고, 문 바깥에 놓인 삐거덕거리는 작은 벤치 위에 쌓여 있는 더러운 헌책에는 '법률서적, 모두 9펜스'라는 쪽지가 붙어 있었습니다. 그리고 아까 언급했던 팻말 가운데에는 켄지 앤드 카보이 법률사무소에서 봤던 서류나 전에 한동안 켄지 씨한테서 받았던 편지와 같은 서체로 쓰인 서류가 몇 개 있었습니다. 그 가운데 하나는 법률서체로 씌어 있기는 해도 가게의 장사와는 아무런 관련이 없는 것으로, '저희가 보증하는 마흔다섯 살의 신사가 법률 서류의 정서 및 복사를 빠르고 깔끔하게 해 드립니다. 크룩 씨가 관리하는 니모에게 신청하세요'라는 광고였습니다. 닳아빠진 파란 자루와 빨간 자루도 몇 개씩 걸려 있었습니다. 가게 입구 안쪽에는 금간 낡은 양피지 두루마리와 모서리가 닳고 빛도 바랜 법률 서류가 산더미처럼 쌓여 있었습니다. 수백 개는 족히 될 듯한, 고철로 된 녹슨 열쇠들이 한때는 변호사사무실이나 금고의 열쇠였을 것입니다. 추도 없는 나무 저울대에 매달린 한 쪽짜리 저울판에 아무렇게나 감기거나 비어져 나온 헌 옷 조각은 법정변호사의 찢어진 밴드나 법복이었을 것입니다. 이런 정황으로 볼 때, 맞은편 구석에 쌓여 있는 깨끗하게 살이 발라진 뼈는, 우리가 가게 안을 구경할 때 리처드가 에이더와 나한테 속삭였던 것처럼 소송의뢰인들의 뼈였을지도 모릅니다.

여전히 안개가 끼고 사방이 어두운 데다 법조원의 높은 담장이 빛을 차단해서 가게 안을 분명히 볼 수는 없었지만, 다행히 안경을 쓰고 털모자를 쓴 노인이 등불을 들고 가게 안을 돌아다니고 있었습니다. 문 쪽을 둘러보던 노인의 시선이 우리에게 멎었습니다. 키가 작고 시체처럼 창백한 얼굴을 한 늙어빠진 노인이었지요. 머리는 한쪽으로 기울어진 채 양쪽 어깨 사이에 파묻히고, 온몸에 불이라도 붙은 듯 입에서는 숨 쉴 때마다 김이 뿜어져 나왔습니다. 목과 턱과 눈썹은 백발로 뒤덮이고 툭 불거진 정맥과 깊은 주름이 피부를 굴곡지게 만들었고, 가슴부터 목까지는 수북이 쌓인 눈 위로 삐져나온 고목 뿌리처럼 보였습니다.

"여보시오." 노인이 문 쪽으로 오며 말했습니다. "뭐 팔 거라도 가지고 왔소?"

순간 우리는 당황해서 안내자를 흘끗 쳐다봤지만, 노부인은 주머니에서 열쇠를 꺼내 자기 방문을 막 열던 참이었습니다. 리처드가 노부인에게 이제 집도 둘러봤고 시간도 없으니 그만 가보겠다고 말했습니다. 그러나 노부인은 그리 쉽게 보내 주지 않았습니다. 이상하리만큼 진지하게 어서 안으로 들어가서 자기 방을 잠깐 보고 가라고 재촉하며 악의 없는 태도로, 좋은 징조가 계속 이어지도록 나를 안으로 안내하겠다고 열심히 설득하는 것이었습니다. 그래서 나는 (다른 두 사람은 어떻게 생각했는지 모르겠지만) 어쩔 수 없이 승낙했습니다. 아마 우리 세 사람 다 적잖이 호기심도 있었을 것입니다―어쨌든 노부인의 설득에 가세해 가게 노인이 "그래야지, 그래야지! 이 사람을 기쁘게 해 주구려! 1분도 채 걸리지 않을 테니까! 어서 들어가시오, 들어가! 그쪽 문이 고장 났으면 가게를 통해 들어가면 된다오!"라며 거들었습니다. 리처드의 웃음 섞인 격려에 용기를 얻은 에이더와 나는 그를 믿고 안으로 들어갔습니다.

"이쪽은 하숙집 주인 크룩 씨랍니다." 노부인이 짐짓 고귀한 사람 같은 태도로 소개해 주었습니다. "이웃 사람들은 대법관이라 부르죠. 가게는 대법관부라고 부른답니다. 꽤 특이한 사람이에요. 아주 괴짜죠. 정말 독특하다니까요!"

노부인은 몇 번이나 손을 팔랑팔랑 흔들고 이마를 손가락으로 두드리면서, 이 남자를 좋게 봐 달라는 의미의 동작을 했습니다. "이 사람은 다소…… 왜 알지요?…… 머리가……!"라며 아주 위엄 있게 말했습니다. 노인이 그 말을 주워듣고 껄껄 웃었습니다.

"그렇다마다!" 그러고는 등불을 들고 안내하며 말했습니다. "이웃 사람들은 나를 대법관이라고 말하고, 내 가게를 대법관부라고 부른다오. 그런데 왜 다들 나를 대법관이라고 부르고, 내 가게를 대법관부라고 하는지 아시오?"

"전혀 모르겠는데요!" 리처드가 상관없다는 듯 말했습니다.

"그건 말이오." 노인이 우뚝 발을 멈추더니 우리 쪽으로 돌아서서 말했습니다. "그들은…… 아, 이건 정말 훌륭한 머리카락이군! 우리 집 지하실에는 여자의 머리카락이 세 자루나 있지만, 이렇게 아름답고 훌륭한 건 없지. 색깔도 기가 막히고 감촉도 기가 막히는군!"

"그만 됐어요!" 리처드가 에이더의 풍성한 머리카락을 누런 손으로 만지작거리는 노인을 강하게 저지했습니다. "그렇게 무례하게 굴지 않고 우리처럼 마음속으로 감탄하면 될 것 아닙니까!"

갑자기 노인이 비수 같은 눈빛으로 리처드를 노려보았으므로 나까지 덩달아 에이더에게서 그쪽으로 주의를 빼앗겨 버렸습니다. 깜짝 놀라 얼굴이 붉어진 에이더가 너무 아름다워, 주위를 두리번거리던 노부인마저 그 모습에 푹 빠져든 것 같았습니다. 그러나 에이더가 마음을 가다듬은 뒤 웃으면서 "그렇게 진심 어린 칭찬을 들으니 정말 기쁠 따름입니다"라고 말하자, 크룩 씨는 순식간에 전과 같은 태도로 돌아갔습니다.

"보시다시피 이곳에는 다양한 물건들이 잔뜩 있다오." 크룩 씨가 손전등을 비추면서 말을 이었습니다. "하지만 다 썩고 고장 나서 쓸모없어졌다고 이웃 사람들이 (그렇지만 그들은 아무것도 모르지) 나와 이 가게에 그런 이름을 붙였지. 우리 가게에는 양피지와 옛 서류들이 잔뜩 있다오. 난 녹이 슨 물건들과 곰팡이 그리고 거미줄이 아주 좋아. 게다가 그물에 걸린 고기는 단 한 마리도 놓치지 않는 주의지. 한번 붙잡은 건 뭐든 놓아주기 싫거든(아니, 이웃 사람들이 그렇게 생각한다오. 하지만 그들이 뭘 알겠어?) 난 있는 물건을 바꾸거나 청소하는 걸 싫어한다오. 닦거나 정리하거나 고치는 것도 싫어하지. 그래서 대법관부라는 오명이 붙은 거지. 난 그런 건 아무렇지도 않소. 나는 대법관이 법원에 나와 있을 때는 하루에도 몇 번이나 보러 간다오. 그쪽은 날 모르지만, 난 주의 깊게 관찰하지. 대법관이나 나나 그다지 다를 것은 없소. 둘 다 난장판 속에서 아등바등 살고 있으니까. 안녕, 레이디 제인!"

커다란 잿빛 고양이가 근처 선반 위에서 주인 어깨로 뛰어내리는 바람에 우리는 깜짝 놀랐습니다.

"너의 할퀴는 솜씨를 이분들께 보여 드리렴. 어서 할퀴어 봐, 레이디!" 주인이 말했습니다.

고양이가 밑으로 뛰어내려 호랑이 같은 발톱으로 헌 옷 더미를 긁기 시작했습니다. 나는 그 소리에 소름이 쫙 끼쳤습니다.

"이놈은 내가 부추기면 누구에게든 이렇게 한다오. 난 갖가지 물품을 취급하는데, 고양이 가죽도 다루어서 이놈의 가죽을 미리 사들였지요. 보시다시피 아주 질 좋은 가죽이지만, 난 벗기지 않고 그냥 두었소! 하지만 그런 건 대법관부답지 않은 행동이라고 당신들은 말하겠지요!"

앞장서서 걷던 주인이 벌써 가게를 빠져나가 안쪽 하숙방으로 통하는 문을 열어 주었습니다. 주인이 서서 자물쇠에 손을 대자 노부인이 거들먹거리며 말했습니다.

"이제 됐어요, 크룩. 당신은 착한 사람이지만 너무 시끄러워요. 이 젊은 양반들은 시간이 없어요. 나도 마찬가지고. 곧 법정에 나가봐야 하거든요. 이 젊은 분들의 뒤를 잔다이스가 돌봐 주고 있답니다."

"잔다이스라고!" 노인이 깜짝 놀라 말했습니다.

"잔다이스 대 잔다이스 사건이요. 그 거창한 소송 말이에요, 크룩."

"맙소사!" 노인이 너무 놀란 나머지 생각에 잠긴 듯한 목소리로 한층 눈을 휘둥그레 뜨고 외쳤습니다. "그러고 보니!"

주인이 갑자기 무슨 생각이 났는지 매우 이상한 표정으로 우리를 바라보자 리처드가 말했습니다.

"대법관께서 맡은 소송이 퍽 걱정되나 보구려!"

"그렇소." 노인이 건성으로 대답했습니다. "그렇고말고! 그런데 당신, 이름이……."

"리처드 카스톤입니다."

"카스톤이라……." 주인은 이름을 되풀이하면서 천천히 집게손가락을 꺾었습니다. 그러고는 손가락을 하나하나 접으면서 이름을 생각해냈습니다. "그렇지. 버버리라는 이름이 있었고, 클레어라는 이름도 있었지. 그리고 분명 데들록이라는 이름도 있었어."

"봉급을 받는 진짜 대법관에게 뒤지지 않을 만큼 이 소송에 대해 잘 알고 있잖아!" 리처드가 깜짝 놀라 에이더와 나에게 말했습니다.

"그렇다오!" 노인이 차츰 평정상태로 돌아오면서 말했습니다. "그렇고말고! 톰 잔다이스는…… 친척인 당신들 앞에서 이렇게 편하게 불러서 미안하지만 용서해 주구려. 그 사람은 이 재판소 주변에서는 그렇게 불리고 다른 이름으로는 불리지 않는다오. 유명세로 말하자면…… 지금 거기 있는 사람들 못지않으니까." 주인은 자기 집 하숙인에게 가볍게 고개를 끄덕여 보였습니다. "톰 잔다이스는 우리 가게에 자주 왔었지요. 재판이 있는 날이나 재판 기일이 가까워 오면 언제나 안절부절못하면서 여기저기 돌아다니며 이 근방 작은 가게 주인들에게 말하곤 했지요. 어떤 짓을 해도 좋지만 대법관부 소송만큼은 하지 말라면서 이러는 겁니다. '그건 뭉근한 불에 천천히 삶아지는 것과 같소. 맷돌에 넣어져 천천히 갈아지는 것과 같지. 벌 한 마리 한 마리에 쏘여 죽는 것과 같소. 한 방울씩 떨어지는 물에 빠져 죽는 것과 같소. 천천히 미쳐가는 것과 같다니까.' 그 사람은 마침 아가씨가 서 있는 곳에서 자살을 시도했죠."

우리는 부르르 몸서리치면서도 귀를 기울였습니다.

"그 사람은 그 문으로 들어왔다오." 노인이 가게 마룻바닥 위에 있지도 않은, 톰 잔다이스가 지나간 발자국을 손가락으로 가리키며 말했습니다. "자살을 시도한 그날―이웃 사람들은 언제가 됐든 틀림없이 자살을 시도할 거라고 몇 달 전부터 수군거렸죠―저 문으로 걸어 들어와서는 거기에 있던 벤치에 앉아 내게 포도주를 한 병 사 오라는 겁니다(아시겠지만, 그 무렵에는 나도 지금보다 훨씬 젊었다오). 그러고는 이렇게 말했죠. '크룩, 난 정말 우울해. 재판이 다시 시작됐는데, 이번에야말로 판결이 내려질 것 같아.' 나는 그 사람을 혼자 두고 나가기가 꺼려져서 길 건너, 즉 이 골목(다시 말해 챈서리 래인) 맞은편에 있는 술집에나 다녀오라고 설득했답니다. 그렇게 보내고 창밖으로 내다보니, 그 사람은 벽난로 앞 팔걸이 의자에 편안히 앉아 있는 것 같았어요. 술동무도 있었고요. 그런데 그가 아직 이리 돌아오지 않았는데, 법조원 안까지 울릴 정도로 커다란 총소리가 들리는 겁니다. 나는 뛰어나갔죠. 이웃 사람들도 모두 뛰어나왔습니다. 그리고 스무 명쯤 되는 사람들이 '톰 잔다이스!' 하고 외쳤지요."

노인이 말을 멈추고 우리를 물끄러미 바라보았습니다. 그러다가 등불을 내려다보고 불을 불어 껐습니다.

"여러분께는 새삼 말할 필요도 없지만, 우리가 생각한 대로였습니다. 오! 그날 오후에 재판이 진행 중인 법정으로 얼마나 많은 사람들이 몰려갔던지! 그런데 대법관과 부하들은 역시나 산적한 재판에 치여서, 소송과 관계있는 이 사건에 대해서는 한마디도 못 들었다는 표정을, 아니, 들었다 해도 그 일과 자기들은 전혀 상관없다는 얼굴을 하는 겁니다. 그걸 보고 내가 어찌나 놀랐던지!"

에이더의 얼굴에서 핏기가 사라지고, 리처드도 그에 못지않게 창백해졌습니다. 나는 소송 당사자는 아니지만, 내가 받은 흥분으로 짐작하건대, 두 사람의 아직 어린 마음에는 자기들이 그렇게 끔찍한 기억을 많은 사람의 마음에 남긴 오랜 불행을 상속받았다는 사실이 얼마나 큰 충격이었을지 알 수 있었습니다. 나는 방금 들은 그 끔찍한 이야기를, 우리를 그곳으로 데리고 간 조금 정신이 이상한 불쌍한 노부인의 과거에도 적용해 보고는 새로운 불안에 휩싸였습니다. 그런데 그 할머니는 전혀 놀랍지 않은지 다시 위층으로 우리를 안내하면서, 고귀한 사람이 평범한 사람의 결점을 너그럽게 이해한다는 듯한 태도로 이곳 주인을 가리켜 "머리가 조금 돌았어요!" 하고 말하는 것이었습니다.

노부인은 꽤 넓은 위층 방을 쓰고 있었습니다. 창문 밖으로 대법관 법정으로 쓰이는 링컨 법조원 홀이 살짝 보였습니다. 그것이 곧 이곳에 방을 빌린 주된 이유인 것 같았습니다. 밤이 되면, 특히 달이 뜨면 홀이 더 잘 보인다고 했습니다. 방은 깔끔하게 정돈되어 있었지만, 몹시 휑했습니다. 보이는 것이라고는 최소한의 가구와 책에서 오려 벽에 붙인 대법관과 변호사의 낡은 석판화 몇 장, 노부인이 "기록이 들어 있다"고 말한 주머니, 그리고 반짇고리 다섯 개가 전부였습니다. 벽난로에는 석탄도 타다 남은 재도 없었고, 어디를 봐도 옷 한 벌, 음식 하나 없었습니다. 활짝 열린 찬장 위에는 접시와 컵 따위가 몇 개 있었지만, 모두 물기 하나 없이 비어져 있었습니다. 나는 노부인의 궁색한 모습에는 내가 지금껏 생각했던 것보다 훨씬 비참한 의미가 숨어 있었구나 하고 생각하며 방 안을 둘러보았습니다.

"잔다이스의 후견을 받는 분들이 찾아와 주시다니 정말 영광입니다." 가난한 여주인이 공손하게 말했습니다. "좋은 징조도 감사하고요. 여긴 비교적 조용한 곳이에요. 나는 살 곳이 제한되어 있죠. 대법관 앞에 출두해야 하니까요. 여기서 산 지는 벌써 몇 년이나 되었답니다. 낮은 법정에서 보내고, 저녁과 밤은 이 곳에서 보내지요. 난 밤이 길게 느껴져요. 아주 조금밖에 자지 않고 이런저런 생각을 하거든요. 물론, 소송 중이니까 어쩔 수 없지요. 코코아도 대접하지 못해 죄송합니다. 조만간 판결이 내려질 테니 그때 멋지게 대접하겠어요. 잔다이스의 후견을 받는 분들이니까 하는 말인데(아주 비밀스럽게 말이지요), 체면을 지키기도 어려울 때가 가끔 있답니다. 이 방은 너무 추워요. 추위보다 더 비참한 일도 많고요. 하지만 그런 건 아무래도 좋아요. 이렇게 시시한 이야기를 꺼내서 죄송합니다."

노부인이 다락방의 기나랗고 낮은 장의 커튼을 옆으로 조금 젖혀서, 거기에 걸려 있는 새장들을 우리에게 보여 주었습니다. 새가 몇 마리나 들어 있는 새장도 있었습니다. 종달새, 홍방울새, 오색방울새…… 적어도 스무 마리는 되어 보였습니다.

"젊은 피후견인이라면 내가 새를 기르기 시작한 목적을 금방 알 수 있을 거예요. 판결이 나왔을 때 자유의 몸으로 돌려보내기 위해서죠. 바로 그 때문이랍니다! 하지만 이렇게 새장에 갇힌 채로 죽고 말아요. 가엾게도 새들의 목숨은 대법관부 소송에 비하면 너무나 짧아서 한 마리씩 벌써 몇 번이나 죽어 버렸죠. 여기 있는 놈들은 다 어린 새지만, 단 한 마리라도 자유의 몸이 될 때까지 살아 줄까요! 정말이지 화가 치미는 일이에요, 안 그래요?"

노부인은 가끔 질문을 던졌지만, 대답을 기대하는 것 같지는 않았습니다. 그러나 계속해서 주절거렸는데, 그것이 혼자 있을 때의 버릇인 것 같았습니다.

"정말이지 나는 가끔 진심으로 걱정스럽답니다. 사건이 아직 해결되지 않은 상태에서 묵시록의 여섯 번째 봉인, 그러니까 대법관이 보관하고 있는 국새가 세력을 떨치기도 전에 내가 여기서 무감각하고 딱딱하게 되지나 않을까 하고 말이죠. 지금까지 보아 왔던 수많은 새처럼!"

에이더의 동정에 찬 눈빛을 읽은 리처드가 기회를 보아 벽난로 선반 위에 돈 몇 푼을 슬쩍 올려놓았습니다. 그런 다음 우리 세 사람은 새를 관찰하는 척하며 새장 쪽으로 다가갔습니다.

"새들에게 너무 많은 노래를 하게 할 수는 없어요(여러분은 이 점을 이상하게 여기시겠지만). 법정에서 무슨 변론을 할까 생각할 때 새들이 노래를 부르고 있으면 머리가 복잡해지니까요. 나는 정신을 번쩍 차리고 있어야 한답니다! 새들의 이름은 다음에 알려드릴게요. 오늘은 안 돼요. 오늘은 기분이 좋으니 새들에게 마음껏 노래 부를 기회를 허락하겠어요. "젊음" 하고 미소와 절을, "희망" 하고 미소와 절을, "아름다움" 하고 다시 미소와 절을 하고 말했습니다. "저길 보세요! 빛이 가득 들어오게 하자고요!"

새들이 날갯짓을 하며 지저귀기 시작했습니다.

"여긴 충분히 환기할 수가 없어요." 노부인이 말했습니다. 방은 답답해서, 환기를 하면 좋을 텐데 하는 생각이 절로 일었습니다. "아래층에서 본 고양이가—레이디 제인이라는 이름이죠—새의 목숨을 노리고 있기 때문이죠. 창밖 난간 위에 몇 시간이나 웅크리고 있다니까요. 나한테는 들켰지만." 노부인이 음침하게 속삭였습니다. "조만간 판결이 나면 새들이 다시 자유의 몸이 되는데, 그게 샘이 나서 저 고양이의 타고난 잔인함이 차츰 더 심해지고 있답니다. 교활하고 심술궂은 고양이죠. 가끔 고양이가 아니라, 속담에서 말하는 늑대[3]가 아닐까 하는 생각마저 든답니다. 문으로 접근하지 못하게 할 수가 없어요."

그때 다행히도 이곳저곳에서 울리기 시작한 종이 불쌍한 노부인에게 9시 반을 알려 우리가 먼저 말을 꺼낼 필요도 없이 우리의 방문은 끝나게 되었습니다. 노부인은 아까 방에 들어왔을 때 탁자 위에 놓아두었던, 기록이 담긴 작은 가방을 허둥지둥 집어 들고는, 우리도 법정으로 갈 거냐고 물었습니다. 우리가 가지 않을 것이고, 부인이 가지 못하게 말릴 생각도 없다고 대답하자 노부인은

---

3) "늑대를 문에 접근하지 못하게 한다"는 영국의 관용구는 "굶주림을 면한다"는 뜻.

문을 열고 아래층으로 내려가기 시작했습니다. 우리도 그 뒤를 따라 내려갔습니다.

"이렇게 재수가 좋은 날일수록 대법관이 오기 전에 법정에 들어가 있어야 해요. 내 사건이 첫 번째로 다뤄질지도 모르니까요. 분명 오늘 아침에는 첫 번째로 다뤄질 것 같은 예감이 드는군요."

다 같이 내려가는 도중에 노부인이 발을 멈추고, 이 집에는 주인이 차례차례 사들인 괴상한 잡동사니가 잔뜩 있지만 그는 '조금 머리가' 그런 사람이라 전혀 팔고 싶어 하지 않는다고 속삭였습니다. 이 말을 한 것은 2층에 도착해서인데, 그전에 3층에서도 한 번 멈추더니 잠자코 어두침침한 문을 가리켰었습니다.

"저기에 하숙생이 한 사람 더 있어요." 그녀는 작은 목소리로 얘기해 주었습니다. "법무사인데, 이 근방의 아이들은 악마에게 영혼을 팔아넘긴 사람이라고 쑥덕거리죠. 돈을 어디다 썼는지는 모릅니다. 쉿!"

노부인이 그 하숙생이 들었을 세라 "쉿!"을 되풀이하면서 까치발로 우리 앞을 걸어갔습니다. 마치 자기 발소리가 지금 한 말을 상대방에게 전하지 않을까 걱정된다는 듯이.

우리는 왔을 때와 마찬가지로, 돌아갈 때도 가게 안을 지나갔습니다. 노인이 종이 꾸러미를 마룻바닥의 우물 같이 패인 곳에 묻고 있는 중이었습니다. 얼마나 열심히 작업 중이었는지 이마에 땀이 송골송골 맺혀 있었습니다. 노인은 분필을 들고, 종이 꾸러미를 하나씩 내려놓을 때마다 벽 널빤지에 갈고리 모양의 표시를 해 나갔습니다.

우리는 리처드와 에이더, 미스 젤리비, 노부인 순으로 그 옆을 지나가고 있었습니다. 이번에는 내가 지나가려는데, 주인이 내 팔을 잡더니 분필로 벽에 J자를 써서 보여 주었습니다—이상하게도 글자를 꼬리부터 거꾸로 썼습니다. 대문자였지만 활자체가 아니라, 꼭 켄지 앤드 카보이 법률사무소의 사무원이 쓴 것 같은 법률 서체였습니다.

"이 글자를 읽을 수 있겠소?" 주인이 날카로운 눈으로 나를 바라보며 물었습니다.

"네, 물론이죠."

"무슨 글자죠?"

"J요."

그러자 주인은 나를 한 번 더 바라보고 문을 바라보더니 글자를 지우고 같은 곳에 a라고 썼습니다. 그러고는 (이번에는 대문자가 아니었습니다) "이건 뭐죠?" 하고 물었습니다.

내가 대답하자, 노인은 그것도 지우고 r이라고 쓰고 같은 질문을 되풀이했습니다. 그것이 끝나자 다시 재빠르게 글자를 썼습니다. 글자 꼬리부터 머리 순으로, 두 글자를 동시에 벽에 남기는 일은 한 번도 없이 'Jarndyce'라는 단어를 완성했습니다.

"이건 뭐라고 읽죠?" 집주인이 물었습니다.

내가 "잔다이스요"라고 대답하자 주인이 껄껄 웃었습니다. 그러고는 다시 아까처럼 재빠르게 한 글자씩 썼다 지웠다 하면서 Bleak House(황폐한 집)이라는 단어를 썼습니다. 나는 조금 놀랐지만 그것을 소리 내어 읽었습니다. 주인이 다시 껄껄 웃었습니다.

주인이 분필을 옆에 내려놓으며 말했습니다. "그래, 어떻소? 난 글자를 잘 기억하지요, 아가씨? 읽고 쓰기는 못하지만 말이오."

주인은 음침한 표정을 하고 있고 고양이는 나를 다락방의 새들과 친척이라고 생각하는지 심술궂은 눈초리로 바라보았습니다. 리처드가 문간에 나타나 나를 불렀을 때 나는 안도의 한숨을 내쉬었습니다.

"미스 서머슨, 설마 머리카락을 팔고 있는 건 아니겠지요? 유혹에 넘어가면 안 돼요. 지하실에 세 자루나 있다니까 크룩 씨는 머리카락이 필요 없을 거예요!"

나는 재빨리 크룩 씨에게 작별인사를 하고, 밖에 있는 일행에게 달려갔습니다. 그리고 거기서 다 같이 노부인에게 작별인사를 했습니다. 노부인은 매우 공손하게 우리의 행복을 빌어 주고, 에이더와 나에게 재산을 나누어 주겠다는 어제의 약속을 되풀이했습니다. 골목을 벗어나면서 뒤를 돌아보자, 크룩 씨가 가게 문간에 서서 안경을 쓰고 이쪽을 지켜보고 있는 것이 보였습니다. 어깨에는 고양이가 올라앉아 있었는데, 꼬리가 주인의 털모자 한쪽 옆으로 내려앉아 장식 깃털처럼 보였습니다.

"런던에서의 첫 아침치고는 대단한 모험이었어!" 리처드가 한숨을 내쉬면서 말했습니다. "아, 대법관부라는 말은 정말 음침해요!"

"나한테도 그래요. 내가 기억하는 한 줄곧 그랬죠." 에이더가 대답했습니다. "정말 슬픈 일이에요. 내가 수많은 친척과 타인의 적이—아마도 그렇겠죠—되거나, 다른 사람들이 내 적이 되거나 하는 건 말이에요. 모두 어떻게 된 건지 또는 왜 그런지도 모른 채 서로의 인생을 망치면서 평생 끊임없는 의혹과 불화 속에서 살아가다니요. 분명 어딘가에는 정의가 있을 텐데 성실한 재판장이 참되게 노력해도 이렇게 오랫동안 찾지 못했다니 정말 이상한 기분이 들어요."

"오, 정말이지 이상해요! 이 쓸데없는 엉터리 장기 시합은 정말 이상해요. 어제 저 차분한 법정에서의 재판 과정이 여유롭게 진행되는 것을 보고 장기판 위의 말들은 얼마나 비참한 기분일까 생각했더니 머리뿐 아니라 마음도 아파오더군요. 머리가 아픈 건 만약 사람이 바보도 악한도 아니라면 어째서 그런 일이 일어날까 생각했기 때문이고, 마음이 아픈 건 인간은 바보며 악한이 틀림없다고 생각했기 때문이랍니다. 하지만 에이더…… 에이더라고 불러도 괜찮죠?"

"그럼요, 리처드 씨."

"어쨌든 우리에게는 아무리 대법관부라 해도 절대 나쁜 영향을 미치지 못해요. 우리는 저 친절한 친척 덕분에 이렇게 운 좋게 만났으니 그런 일로 사이가 멀어질 리 없어요!"

"나도 그러길 바라요, 리처드 씨!" 에이더가 상냥하게 말했습니다.

미스 젤리비가 내 팔을 꼭 잡고 자못 의미심장한 표정을 지었습니다. 나도 미소를 지었고, 그 뒤로는 모두들 즐겁게 돌아왔습니다.

젤리비의 집에 닿은 지 30분쯤 지나서 미시즈 젤리비가 나타났습니다. 그로부터 한 시간쯤 지나 아침 식사가 하나하나 식당으로 날라져 왔습니다. 미시즈 젤리비는 어젯밤 제시간에 잠자리에 들고 평소대로 일어났을 텐데도 옷을 갈아입은 흔적이 전혀 없었습니다. 아침 식사 중에도 매우 바빴는데, 아침에 보리오불라 가족과 관련된 편지가 한가득 도착해서 (자기 입으로 그렇게 말했습니다) 그날도 매우 바쁜 하루를 보낼 것 같았습니다. 아이들은 여기서 넘어지고 저기서 굴러 떨어진 영광의 상처를 다리에 새기고 있었습니다. 아이들의 다리는 재난일지와도 같았습니다. 그런 다음 피피가 한 시간 반쯤 행방불명이 되었다가 뉴게이트 시장에서 경찰에게 붙잡혀 끌려 왔습니다. 피피가 없어지건 집으로 되돌아오건 태연하게 있는 미시즈 젤리비를 보고서 우리는 놀라고 말았습니다.

그때 이미 부인은 캐디에게 편지를 받아쓰게 하기 시작했으며, 캐디는 순식간에 우리가 처음 만났을 때와 같이 잉크투성이 모습으로 돌아갔습니다. 1시에 우리가 탈 마차와 짐을 실을 또 다른 마차가 도착했습니다. 미시즈 젤리비는 우리에게 친구인 잔다이스 씨에게 안부와 함께 전해달라며 이런저런 부탁을 했습니다. 책상을 벗어나 배웅하러 온 캐디는 계단에서 나에게 입을 맞춘 다음 현관 돌계단 위에서 펜대를 씹으며 흐느껴 울었습니다. 피피는 자고 있어서 작별의 서운함을 느끼지 못했습니다. 다른 아이들은 마차 뒤에 매달려 있다가 나가떨어졌습니다. 마차가 세이비 법학예비원 구내를 빠져나갈 때 우리는 땅바닥 여기저기에 뒹굴고 있는 아이들의 모습을 걱정스러운 눈으로 지켜보았습니다.

# 제6장 편안한 집

그날은 매우 화창했는데, 서쪽으로 갈수록 더 화창해졌습니다. 햇볕과 상쾌한 공기를 가르며 달려가자 끝없이 이어지는 마을과 화려한 가게들, 힘차게 달리는 마차들, 맑은 날씨에 이끌려 밖으로 나온 형형색색의 꽃처럼 보이는 사람들을 보고 매우 놀랐습니다. 이윽고 도시를 벗어나 교외를 달리기 시작했는데, 그 교외도 내 눈에는 커다란 마을처럼 보였습니다. 마침내 시골길로 접어들었습니다. 풍차와 건초를 쌓아 놓은 들판, 이정표, 농가의 짐수레, 오래된 건초 냄새, 바람에 흔들리는 이정표, 여물통, 나무, 밭, 그리고 울타리가 보였습니다. 앞으로는 푸른 풍경을, 뒤로는 거대한 도시를 바라보며 가는 것은 즐거운 일이었습니다. 붉은 장식에 청아한 소리를 내는 종을 단 멋진 말들이 끄는 짐마차 한 대와 스쳐 지날 때 우리 세 사람은 그 종소리에 맞춰 노래를 불렀을 정도였습니다. 그만큼 주변 분위기는 유쾌했습니다.

"이 길로 접어들고부터 나는 나와 같은 이름의 휘팅턴[1]을 줄곧 생각했는데" 하고 리처드가 말했습니다. "저 짐마차가 화룡점정이군요. 어라? 무슨 일이지?"

우리가 탄 마차가 멈췄고, 그 짐마차도 멈췄습니다. 말이 걸음을 멈추자 종소리도 잦아들어 딸랑딸랑 하는 부드러운 소리로 바뀌었습니다. 종소리는 이따금 말이 머리를 휙 쳐들거나 몸을 털 때만 소나기 소리처럼 요란하게 울렸습니다.

"우리 쪽 마부가 저쪽 마부를 쳐다보는데요." 리처드가 말했습니다. "저쪽 마부가 이쪽으로 돌아오고 있어요. 안녕하세요!" 짐마차 마부가 우리 마차의 문 쪽으로 다가왔습니다. "이럴 수가! 정말 놀라운걸!" 리처드가 마부를 유심히 바라보며 말했습니다. "에이더, 이 남자 모자에 당신 이름이 있어요!"

---

1) 글로체스터 출신으로 네 번이나 런던의 시장으로 당선되었던 리처드 휘팅턴(1354~1423)을 가리킴.

마부의 모자에는 우리 모두의 이름이 씌어 있었습니다. 모자 리본에 세 통의 짧막한 편지가 꽂혀 있었습니다. 한 통은 에이더, 한 통은 리처드, 한 통은 내게 온 것이었습니다. 마부는 먼저 이름을 읽은 뒤 각자에게 한 통씩 나눠 주었습니다. 누가 보낸 것이냐는 리처드의 질문에 마부는 "우리 나리께서 보내신 겁니다"라고 짧막하게 대답한 뒤 모자(부드러운 사발 같이 생긴 모자였습니다)를 고쳐 쓴 뒤 채찍을 내리쳐 다시 종소리로 아름다운 가락을 연주하며 사라졌습니다.

"저게 잔다이스 씨의 짐마차인가?" 리처드가 우리 쪽 마부에게 물었습니다.

"네, 런던으로 가는 길입니다."

우리는 편지를 펼쳐 보았습니다. 모두 같은 내용으로, 다음과 같은 글이 또박또박 읽기 쉽게 씌어 있었습니다.

> 도착을 즐거운 마음으로 기다리고 있습니다. 서로 스스럼없이 편한 마음으로 만났으면 좋겠습니다. 지금까지 있었던 일은 모두 잊고, 오랜 친구처럼 만납시다. 그러는 편이 당신에게, 그리고 분명히 나에게도 좋을 거라 믿습니다. 사랑을 담아.
>
> 존 잔다이스

이 편지를 읽었을 때 내가 두 사람만큼 놀라지 않았던 것은 당연했습니다. 지금까지 오랫동안 이 세상에서 유일한 후원자가 되어 준 이 은인에게 나는 아직 한 번도 감사 인사를 할 기회가 없었기 때문입니다. 그동안은 고마운 마음이 너무 커서 오히려 고맙다는 말을 하지 못할 것만 같았습니다. 그러나 이번에는 잔다이스 씨를 만나고도 감사 인사를 하지 않을 수 있을까 생각하니 도저히 그럴 수 없을 것 같았습니다.

리처드와 에이더는 편지를 읽고, 지금껏 잔다이스 씨의 인품에서 받았던 인상을 기억해 내어 말해 주었습니다. 둘 다 왜 그렇게 생각하게 되었는지는 잘 모르지만, 잔다이스라는 사람은 자기가 베푼 친절에 감사 인사 듣는 것을 참지 못하는 성격으로, 그럴 때에는 괴상한 변명이나 구실을 둘러대어 감사 인사를 못하게 하거나 그 자리에서 도망쳐 버린다고 했습니다. 에이더가 아주 어렸을 때 어머니에게서 들었던 어렴풋한 기억에 따르면, 한번은 엄청난 호의를 받고 어머니가 감사 인사를 하러 집으로 찾아갔는데 그녀가 대문으로 다가오는 모습을 창문으로 본 잔다이스 씨가 재빨리 뒷문으로 달아나서는 석 달이나 소식을 감췄다는 것입니다. 우리는 이 이야기로 꽃을 피우며 줄곧 수다를 떨었는데, 화제는 오로지 잔다이스 씨였습니다. 어쩌다 이야기가 샛길로 샜지만 곧 돌아왔습니다. 어떤 집에 살까, 언제 도착할까, 도착하면 금방 만나 주실까 기다리게 할까, 잔다이스 씨는 어떤 말씀을 하실까, 우리는 어떻게 인사해야 좋을까 하는 이야기를 수도 없이 되풀이했습니다.

도로는 좋지 않아서 말들이 몹시 애를 먹었지만, 들판으로 나가자 많이 나아졌습니다. 우리는 언덕이 나올 때마다 마차에서 내려 걸어서 올라갔습니다. 그런데 그게 아주 마음에 들어서, 꼭대기에 도착해서도 평평한 땅이 나올 때까지 계속 걸었습니다. 바네트에 도착하자 교대할 말이 기다리고 있었습니다. 그렇지만 조금 전에 먹이를 먹기 시작한 터라 우리도 기다려야 했습니다. 마차가 말을 바꿔 메고 돌아올 때까지 우리는 한동안 공유지의 들판과 장미전쟁이 벌어졌던 옛 전쟁터를 기운차게 산책했습니다. 그러다가 출발 시각이 너무 늦어져, 짧은 해가 저물고 긴 밤이 찾아오고 나서야 세인트 올번스에 도착했습니다. 황폐한 집은 이 마을 근처에 있었습니다.

그때 우리는 이미 걱정으로 안절부절못하고 있었습니다. 마차가 마을의 오래된 자갈길을 요란하게 지나갈 때는 리처드마저 까닭 없이 무작정 돌아가고 싶다고 말할 정도였습니다. 한편 에이더와 나는 리처드가 담요로 꽁꽁 감싸 주었음에도 밤공기가 살을 에는 듯이 춥고 서리가 내려서 머리끝부터 발끝까지 덜덜 떨고 있었습니다. 마차가 길모퉁이를 돌아 마을을 벗어나고 얼마 안 있어 리처드가 알려주기를 마부가—이 사람은 아까부터 도착을 두려워하던 우리를 동정해 주었습니다—우리를 돌아보며 도착 신호를 보내고 있다고 했습니다. 우리는 마차 안에서 일어나(에이더가 넘어지지 않게 리처드가 부축해 주었습니다) 탁 트인 주변 일대와 밤하늘의 별과 달을 둘러보며 목적지인 집을 찾기 시작했습니다. 앞쪽 언덕 꼭대기에 불빛 하나가 반짝이고 있었습니다. 마부가 채찍으로 그것을 가리키면서 "저게 황폐한 집입니다!" 하고 외치고는 말을 구보로 몰아 오르막길을 올라갔습니다. 그러나 속도가 꽤 빨라서 길바닥의 흙이 바퀴에 맞아 물레방아의 물방울처럼 우리 머리 위로 튀어 올랐습니다. 불빛이 사라졌는가 싶으면 다시 보이고, 또 사라졌는가 싶으면 다시 보인 끝에 마침내 마차는 가로수 길로 꺾어져, 불빛이 밝게 빛나는 곳으로 천천히 올라갔습니다. 그 불빛이 창문을 밝히고 있는 집은 정면 지붕에 세 군데 봉우리가 있고 현관으로 향하는 길이 반원을 그리고 있는 아주 고풍스러운 집이었습니다. 마차가 현관으로 다가가자 종이 울리기 시작했습니다. 주위의 정적 속에서 울려 퍼지는 그 탁하고 낮은 소리, 멀리서 개가 짖는 소리, 열린 문틈으로 새어 나오는 빛줄기, 땀에 젖은 말들이 뿜어 대는 하얀 수증기, 고동치기 시작한 우리의 심장 소리……. 이런 것들 속에서 우리는 허둥대며 마차에서 내렸습니다.

"사랑하는 에이더와 에스더, 잘 왔다! 만나서 정말 기쁘구나! 릭,[2] 손이 하나 더 있다면 너랑 악수하고 싶은데 말이다!"

맑고 명랑한, 환영의 마음이 가득 담긴 목소리로 그렇게 말한 신사는 이미 한 손으로는 에이더를, 다른 한 손으로는 나를 안고 우리에게 아버지처럼 입을 맞추더니 그대로 우리를 끌어안고 현관홀을 가로질러, 활활 타오르는 난롯불로 붉게 빛나며 훈훈해진 작은 방으로 데리고 갔습니다. 그곳에서 다시 한 번 우리에게 입을 맞추고는 두 손을 놓고, 벽난로 앞에 일부러 가져다 놓은 소파에 우리를 나란히 앉혔습니다. 나는 우리가 지금 기분을 조금이라도 말로 표현한다면 이 사람은 당장 도망쳐 버리겠지 하고 생각했습니다.

"릭! 이제 손이 비었구나! 진심이 담긴 한마디가 장광설보다 나으니 한마디만 하자. 널 만나서 진심으로 기쁘구나! 넌 네 집에 온 거란다. 편히 몸을 녹이렴!"

리처드는 무의식중에 경의와 솔직함을 담아 신사의 두 손을 꼭 잡고 "정말로 이 친절에 감사드립니다! 우리는 정말 감사하고 있어요"라고만 말하고(그러나 깜짝 놀랄 정도로 진지하게 말했으므로 나는 잔다이스 씨가 느닷없이 모습을 감춰 버리는 것은 아닌지 걱정이 되었습니다), 모자와 코트를 옆에 벗어놓고는 벽난로 앞으로 다가갔습니다.

"오는 길은 어땠니? 미시즈 젤리비는 잘 지내시고?" 잔다이스 씨가 에이더에게 물었습니다.

---

2) 리처드의 애칭.

에이더가 대답하는 동안 나는 잔다이스 씨의 얼굴을 몰래 살폈습니다(얼마나 흥미로웠는지는 더 말할 것도 없습니다). 생기 넘치고 표정이 풍부하며 단정한 얼굴로, 머리카락은 은백색으로 변한 철회색이었습니다. 나이는 쉰보다는 예순에 가까워 보였는데, 척추도 곧고 활기차며 정정한 사람이었습니다. 처음 목소리를 듣는 순간부터 그 목소리를 어디선가 들었던 듯한 기분이 들었지만, 누구인지 정확히 기억나지 않았습니다. 그런데 어딘지 모르게 엉뚱한 그 말투와 착해 보이는 눈빛을 보고, 6년 전 레딩을 떠났던 그 잊을 수 없는 날 승합마차에서 만났던 신사라는 것을 떠올렸습니다. 그 사람이 틀림없었습니다. 내 평생 그 사실을 깨달았을 때만큼 놀란 적은 없었습니다. 내가 잔다이스 씨를 뚫어지게 쳐다보자 그도 내 마음을 읽었는지 문 쪽을 가만히 바라보기 시작했으므로, 나는 잔다이스 씨가 곧 뛰쳐나가리라고 각오했습니다.

그러나 다행히 잔다이스 씨는 그 자리에서 움직이지 않고, 미시즈 젤리비를 어떻게 생각하느냐고 물었습니다.

"아프리카를 위해 열심히 온 힘을 바치고 계세요."

"정말 존경스럽다니까! 하지만 네 대답은 에이더와 같구나." 나는 에이더의 대답을 듣지 못했습니다. "아무래도 너희는 나와 생각이 다른가 보다."

"저희 생각에—" 하고 말하면서 내가 리처드와 에이더를 흘끗 쳐다보니, 두 사람은 꼭 얘기해 달라며 계속 눈짓을 보냈습니다. "그분은 자기 집을 지나치게 돌보지 않는 것 같아요."

"이거 한 방 먹었는걸!" 잔다이스 씨가 외쳤습니다.

나는 다시 걱정스러워졌습니다.

"그래! 너희의 솔직한 의견을 듣고 싶구나. 그러려고 일부러 너희를 그곳으로 보낸 것인지도 모르지."

"저희 생각으로—" 나는 머뭇머뭇 말했습니다. "그분은 먼저 가사를 돌봐야 한다고 생각해요. 그 의무를 잊고 집안일을 소홀히 하는 한 다른 어떤 일을 해도 잘 되지 않을 겁니다."

리처드가 내 응원에 힘입어 말했습니다. "젤리비 씨네 아이들은 정말이지—이 점을 분명히 말하지 않고는 배길 수가 없습니다—못 봐줄 정도였어요."

"그 사람에게 악의는 없단다." 잔다이스 씨가 당황해서 말했습니다. "동풍이 불고 있구나."[3]

"저희가 왔을 때는 북풍이었는데요." 리처드가 말했습니다.

"아니." 잔다이스 씨가 불을 휘저어 일으키면서 말했습니다. "릭, 틀림없이 동풍이야. 아니라면 곧 불어 닥칠 거다. 동풍이 불면 난 언제나 기분이 안 좋아지지."

"류머티즘인가요?"

"아마 그럴 거다, 릭. 분명 그럴 거야. 그래서 젤리비 씨네 아이들이…… 나도 걱정하고 있단다…… 눈뜨고 못 볼…… 아, 이런, 틀림없어. 동풍이야!"

잔다이스 씨가 말을 더듬거리며 한 손으로는 머리카락을 쓸어 올리고 한 손으로는 불쏘시개를 쥔 채 호인다운 난처한 빛을 띠고서, 마음이 갈팡질팡한다는 듯이 두어 번 왔다 갔다 했습니다. 그 표정이 매우 독특하고 귀여워 우리는 도저히 말로 표현하지 못할 만큼 이 사람이 좋아졌습니다. 잔다이스 씨는 한쪽 팔을 에이더에게, 다른 팔을 내게 맡기고, 리처드에게는 양초를 들고 오라고 말한 뒤 앞장서서 우리를 방 밖으로 안내하다가 문득 멈춰 섰습니다.

"그런데 그 젤리비 씨네 아이들이 어떻게 했을까? 너희가…… 예컨대 사탕이나 나무딸기가 들어간 삼각 파이 같은 것을 비처럼 내려 줬더라면!"

"어머나, 아저씨……!" 에이더가 얼른 말했습니다.

"그거 참 듣기 좋구나. 그 아저씨라는 말이 마음에 들어. 존 아저씨라고 부르는 게 더 좋겠다."

"그럼 말씀드리겠어요, 존 아저씨!" 에이더가 웃으면서 다시 입을 열었습니다.

"하하하! 좋아, 좋아!" 잔다이스 씨가 아주 기뻐하며 말했습니다. "딱딱한 구석이 조금도 없어서 아주 좋아. 응, 그래서?"

"그것보다 더 좋은 비를 내려 주었어요. 에스더라는 비를 말이죠."

"뭐라고? 에스더가 어쨌기에?"

"저, 존 아저씨." 말하면서 에이더는 두 손으로 잔다이스 씨의 팔을 꼭 잡고 나를 보며 절레절레 고개를 흔들었습니다—내가 에이더에게 말하지 말라고 눈짓했기 때문입니다—"에스더는 금방 그 아이들과 친해졌어요. 아이들을 돌

---

3) 동풍이 불면 사람이나 짐승에게 좋지 않다는 영국 속담이 있다.

봐 주기도 하고, 잘 달래서 재우기도 하고, 세수를 시키고 옷을 입혀 주기도 하고, 옛날이야기를 들려주어 얌전하게 만들기도 하고, 선물을 사 주기도 하고……."—사랑스러운 사람! 나는 그저 미아가 된 피피를 발견하고 함께 외출해 주고 작은 장난감 말을 사 주었을 뿐인데!—"그리고요 존 아저씨, 에스더는 가장 나이 많은 캐롤라인의 굳은 마음을 풀어 주고, 날 정성껏 돌봐 주고, 아주 다정하게 대해 주었어요! 아니, 그러지 마. 거짓말이라고 하지 마, 에스더! 정말이라는 걸 너도 잘 알잖아!"

마음이 따뜻한 에이더는 존 아저씨 옆에 찰싹 붙어 내게 입을 맞추어 주었습니다. 그런 다음 아저씨의 얼굴을 올려다보며 대담하게도 이렇게 말했습니다. "어쨌든 존 아저씨, 에스더 같은 사람을 제 친구로 선택해 주셔서 정말로 감사해요." 나는 에스더가 잔다이스 씨에게 어서 달아나 보라고 도전하는 것만 같았습니다. 그렇지만 잔다이스 씨는 달아나지 않았습니다.

"릭, 아까 바람이 어느 쪽에서 불었다고 했지?"

"이쪽으로 올 때는 북풍이었어요."

"맞다. 어쨌든 동풍은 아니지. 내 착각이었어. 자, 아가씨들, 이쪽으로 와서 너희의 집을 구경하렴!"

그 저택은 흔히 볼 수 있는 깃처럼, 불규칙하게 지어졌지만 아늑한 느낌이 드는 집이었습니다. 옆방으로 가는 데 계단을 올라가거나 내려가야 했고, 이제 다 둘러봤는가 하는 차에 새로운 방들이 줄줄이 나타나고, 작은 로비와 복도가 엄청나게 많고, 뜻밖의 장소에 다른 부분보다 오래된 시골풍 방이 몇 개쯤 있고, 그 격자창으로 나뭇가지가 방 안으로 침입해 있었습니다. 맨 먼저 들어간 내 침실도 그런 방이었습니다. 지붕이 몇 단으로 층이 져서 셀 수 없이 많은 모서리가 있었고, 방 안에 설치한 벽난로(그 안에서는 장작이 타고 있었습니다)의 굴뚝은 온통 새하얀 타일이 발라져 있었는데, 타일 한 장 한 장마다 빨갛고 작은 불꽃이 비쳤습니다. 이 방에서 나와 세 계단쯤 내려가자 화단을 내려다보는 아담하고 아늑한 방이 이어져 있었는데, 그곳이 이날부터 에이더와 나의 거실이 되었습니다.

그곳에서 세 계단을 올라가면 에이더의 침실이 나왔습니다. 아름다운 전망이 내다보이는 넓고 훌륭한 창이 있었습니다(광막한 어둠이 밤하늘 아래 펼쳐진 것이 보였습니다). 용수철 잠금쇠가 달린 그 창 밑에는 에이더가 한 번에 세 사람을 앉혀도 모두 숨겨질 만큼 깊은 의자가 길게 놓여 있었습니다. 이 방에서 나가면 다른 훌륭한 방(두 개뿐이었지만)으로 이어지는 조그만 복도가 있고, 거기서 길이에 비해 모퉁이가 많고 단이 낮은 작은 계단을 내려가 현관으로 갈 수 있었습니다. 그렇지만 에이더의 방 밖으로 나가지 않고 내 방으로 돌아와 아까 들어왔던 문으로 나간 다음, 계단에서 갑자기 갈라지는 곳의 휘어진 계단 몇 개를 올라가자 수많은 복도가 나와 길을 잃었습니다. 그곳에는 세탁물의 주름을 펴는 압착 롤러와 삼각 탁자 등에 섞여, 인도에서 가지고 온 의자가 놓여 있었습니다. 그 의자는 소파로도 상자로도 침대 틀로도 쓰였는데, 어느 모로 봐도 대나무 뼈대인지 커다란 새장인지 모를 모습이었습니다. 그곳을 지나가자 리처드의 방이 나왔습니다. 이곳은 서재 겸 응접실 겸 침실로 쓰였는데, 사실 많은 방이 살기 편하게 하나로 합쳐진 느낌이었습니다. 그곳에서 복도를 조금 가면 곧장 잔다이스 씨의 소박한 방이 나왔습니다. 잔다이스 씨는 이곳에서 일 년 내내 창문을 활짝 열어둔 채 잤는데, 바람이 잘 통하도록 방 한가운데에 아무런 부속품도 달리지 않은 침대를 두고, 그 옆의 조금 작은 방에는 냉수욕을 할 수 있는 설비가 주인을 기다리고 있었습니다. 그곳을 나오면 다시 복도였는데, 그곳은 뒷계단으로 이어져 있었습니다. 마구간 밖에서 말들을 빗질해 주는 소리와 몹시 울퉁불퉁한 포석 위를 걷다가 무릎이 꺾인 말들에게 "일어서!"라든가 "정신 차려!" 하고 외치는 소리가 들렸습니다. 그러나 또 다른 문(모든 방에는 적어도 두 개의 문이 있었습니다)으로 나가면 다섯 단짜리 계단과 아치 모양의 낮은 복도를 지나 곧장 다시 현관으로 나갈 수가 있었습니다. 도대체 어떻게 해서 이곳으로 돌아왔는지, 아니 애당초 어떻게 이곳에서 나왔는지 신기하게 생각되었습니다.

가구도 저택처럼 낡았다기보다는 고풍스럽고, 저택 못지않게 제각각이었습니다. 에이더의 침실은 온통 꽃이었습니다—사라사도, 벽지도, 벨벳도, 자수도, 화려한 구식 의자 두 개도 모두. 벽난로 양쪽에 놓인 이 의자는 작은 의자 하나씩을 시동처럼 옆에 거느리고서 더욱더 위엄을 띠고 있었습니다. 에이더와 나의 공동 방은 녹색이었고, 사방 벽에 걸린 유리가 끼워진 액자 안에서는 수많은 진기한 새가 놀란 토끼눈을 하고, 어항 안의 진짜 송어며(요리해서 그레이비소스를 뿌린 것처럼 갈색으로 빛나는 송어였습니다) 쿡 선장[4]의 최후며 중국의 화가가 그린 중국 다도 그림 등을 바라보고 있었습니다. 내 방에는 일 년을 달별로 그린—6월은 짧은 옷을 입고 커다란 모자의 끈을 턱 밑에 묶고서 건초를 만들고 있는 여인들, 10월은 삼각모로 마을 교회의 뾰족탑을 가리키고 있는 날씬한 다리의 귀족들—타원형의 판화가 있었습니다. 또한 집 안 곳곳에 크레용으로 그린 반신상이 있었습니다. 도기진열실에는 청년 장교의 형제 초상화가 있었고, 아침 식사를 하는 방에는 어리고 어여쁜 신부의 초상화가 있었습니다. 대신 내 방에는 앤 여왕[5] 시대의 복장을 한 천사 네 명이 기쁨에 찬 신사 한 명을 꽃줄에 매어 힘겹게 천국으로 데려가는 그림이며, 과일과 주전자와 알파벳이 바느질된 자수화가 있었습니다. 가구 또한 옷장을 비롯하여 의자, 탁자, 커튼, 유리그릇, 심지어는 화장대 위의 바늘겨레와 향수병에 이르기까지 모두 독특한 다채로움을 보여 주고 있었습니다. 전체적으로 공통점이라고 하면 모두 한결같이 아주 깨끗하다는 점, 새하얀 리넨 위에 놓여 있다는 점, 그리고 크기를 불문하고 서랍마다 장미 꽃잎과 향기로운 라벤더 꽃이 방향과 방충을 위해 잔뜩 넣어져 있다는 점 정도였습니다. 그러한 것에 더불어, 여기저기 커튼에 가려져 약해진 실내의 빛을 달밤으로 내보내는 창문들, 밝음과 따뜻함과 아늑함, 멀리서 들려오는 만찬 준비히는 떠들썩한 소리, 우리 눈에 들어오는 모든 것을 환하게 해 주는 이 집의 친절한 주인의 얼굴이 있었고, 집 밖에는 우리 귀에 들려오는 모든 것에 어울리는 반주를 해 주는 산들바람이 있었습니다. 이상이 황폐한 집의 첫인상이었습니다.

"이곳이 마음에 드는 것 같아 기쁘구나." 잔다이스 씨가 우리를 에이더의 응접실로 데리고 돌아가 말했습니다. "자랑할 만한 집은 아니지만 작긴 해도 살기 편한 곳이고, 너희처럼 명랑한 젊은이들이 와 준 덕분에 더욱 좋아질 것 같다. 앞으로 30분 뒤면 저녁 식사 시간이다. 너희 외에 이곳에 머무는 손님은 한 명뿐인데, 세상에서 가장 훌륭한 사람이지—즉, 어린아이란다."

"어린아이가 또 있어, 에스더!" 에이더가 말했습니다.

---

4) 제임스 쿡(1728~1779). 영국의 유명한 항해가. 폭풍우를 만나 하와이에 기항했다가 원주민에게 살해되었다.
5) 영국의 여왕. 재위 1702~1814.

"사전상 의미의 어린아이는 아니란다." 잔다이스 씨가 말을 이었습니다. "나이로 치면 어린아이가 아니라 벌써 어른이지—적어도 나와 비슷한 나이일걸—하지만 순진하고 발랄하고 열정이 넘치고, 세상만사에 놀랍도록 무능하다는 점은 완벽한 어린아이지."

그런 사람이라면 분명 흥미로운 사람일 거라고 우리는 생각했습니다.

"그 남자는 미시즈 젤리비와 아는 사이란다. 음악에 재능이 있어, 아마추어지만 전문가도 될 수 있을 거야. 또한 그림에도 재능이 있어, 역시 아마추어지만 전문가가 될 수 있을 거다. 여러 방면에 조예가 깊고, 사람을 매료시키는 예의 범절을 아는 남자지. 지금까지는 일적으로도 직업적으로도 가정적으로도 축복받지 못했지만, 그런 것은 전혀 개의치 않는단다—어린아이니까 말이야!"

"그분에게 자식이 있나요?" 리처드가 질문했습니다.

"그렇단다, 릭! 여섯쯤 되지. 아니, 그보다 많아! 한 열두 명은 될걸. 하지만 그는 자기 자식을 돌본 적이 없단다. 오히려 도움을 받아야 할 어린아이가 누구를 돌볼 수나 있었겠니?"

"그럼 그 아이들은 스스로 알아서 살고 있나요?"

"물론 네 상상대로다." 잔다이스 씨는 갑자기 침울한 표정이 되었습니다. "흔히들 가난뱅이의 자식은 키워지는 게 아니라 끌어올려진다⁶⁾고 하지만, 이 헤럴드 스킴폴의 아이들은 용케 고난을 극복했어……. 다시 풍향이 바뀐 것 같구나. 분명히 느낄 수 있어."

리처드는 이 집이 살을 에는 차가운 밤바람에 노출되는 위치에 있기 때문이라고 말했습니다.

"확실히 이곳은 바람이 잘 불지. 분명 그 때문일 거다. 황폐한 집이라는 이름만 봐도 바람이 잘 분다는 느낌이 오지. 그거야 어쨌든 너희는 나와 같은 길을 가는 거다. 자, 가자!"

짐도 벌써 도착했으므로 나는 곧 옷을 갈아입고 소지품을 정리했습니다. 그때 하녀가(에이더의 하녀가 아니라 내가 처음 보는 사람이었습니다) 저마다 이름표가 달린 열쇠 두 꾸러미가 든 바구니를 가지고 방으로 왔습니다.

---

6) 거칠게 자란다는 뜻.

"이것을 가지고 왔습니다."

"저한테요?"

나는 놀랐습니다. 그녀도 흠칫 놀라며 이렇게 덧붙였기 때문입니다. "아가씨께서 혼자가 되시면 곧 이것을 가지고 가라고 하셨는데요. 서머슨 씨 아니세요?"

"네, 제가 맞아요."

"큰 꾸러미가 집 열쇠고, 작은 꾸러미가 지하 식료품 창고 열쇠예요. 내일 아침 몇 시에 오라고 시간을 정해 주시면, 어느 것이 어떤 열쇠인지 장롱이며 그 밖의 것들을 가르쳐 드리겠어요."

나는 6시 반에 기다리겠다고 말했습니다. 하녀가 나간 뒤 바구니를 보고 있자니, 내게 주어진 막중한 책임에 가슴이 벅차올랐습니다. 그때 에이더가 왔기에 내가 열쇠를 보여 주며 경위를 설명하자, 에이더가 너라면 문제없을 거라며 고마운 말을 해 주었습니다. 그래서 나는 용기를 내지 않으면 냉정하고 배은망덕한 짓이 될 거라고 느꼈습니다. 에이더의 격려가 그녀의 호의에서 비롯한 말이라는 것은 알았지만, 나는 그 말에 즐겁게 속는 것이 기뻤습니다.

우리는 아래층 식당으로 가서 스킴폴 씨를 소개받았습니다. 스킴폴 씨는 벽난로 앞에 서서 리처드에게 자기가 학창 시절에 미식축구를 얼마나 좋아했는지 이야기하는 중이었습니다. 자그마하고 쾌활한 사람으로, 머리는 큰 편이었지만 섬세한 이목구비와 맑은 목소리를 가졌고, 온몸에서 매력을 풍기고 있었습니다. 조금도 대화를 불편해하는 기색이 없고, 아주 자연스럽고 사람을 빨아들이는 쾌활한 말투여서 듣고 있으면 어느새 매료되어 버렸습니다. 잔다이스 씨에 비하면 체격이 날씬하고 혈색이 좋고 짙은 갈색 머리카락을 갖고 있어서 젊어 보였습니다. 아니, 모든 면에서 젊음을 잃지 않은 중년이라기보다는 늙기 시작한 젊은이와 같은 분위기를 풍겼습니다. 그 태도에는, 아니 심지어 복장에조차 하나의 독특한 쇠퇴 과정을 거친 낭만적인 청년에게서 흔히 보이는 느긋한 여유로움이 있었습니다(화가가 그린 자화상에서 본 것처럼 머리카락은 아무렇게나 흐트러져 있고, 네커치프는 풀려서 늘어져 있었습니다). 나는 그것들에서 세월, 고생, 경험과 같은 평범한 길을 걸어 온 사람의 태도나 분위기와는 전혀 다른 것을 느꼈습니다.

대화 내용으로 짐작하건대, 스킴폴 씨는 의사 공부를 마치고 한때는 어느 독일 공작의 집에서 전속의사로 살았었습니다. 그렇지만 옛날부터 무게나 계량에 대해서는 어린아이처럼 무지해서 약을 규정대로 정확한 양에 맞춰 처방할 수가 없었다고 합니다. 이때도 그는 자기 머리는 섬세한 일에 적합하지 않다고 말했습니다. 그리고 스킴폴 씨가 매우 우스꽝스럽게 얘기한 바에 따르면 공작이 피를 뽑아야 하거나 가족 가운데 누가 설사약이 필요해서 호출될 때 그는 대개 침대에 드러누워 신문을 읽거나 연필로 공상을 스케치하고 있어서 갈 수가 없었습니다. 마침내 공작이 괘씸하다며("공작이 정말 바른말을 했다"고 스킴폴 씨는 아주 솔직하게 말했습니다) 그를 내쳤고, 스킴폴 씨는 (그는 명랑하게 이렇게 덧붙였습니다) "사랑 외에는 살아갈 수단이 없어 사랑하고 결혼해서 장밋빛 인생을 살게 되었습니다." 친구인 잔다이스 씨를 비롯한 다른 친구들이 힘이 닿는 한 연달아 또는 간간이 일자리를 소개해 주었지만 모두 헛수고였습니다. 솔직히 말해 스킴폴 씨에게는 세상에서 가장 오래된 약점이 두 가지 있었기 때문입니다. 즉, 하나는 시간관념이 없다는 것이고, 다른 하나는 돈 관념이 없다는 것이었습니다. 그 결과 일찍이 한 번도 약속 시간을 지켜본 적이 없어서 장사의 거래도 하지 못하고 물건의 가치도 몰랐습니다! 그래서 에잇 될 대로 되라 하고 대충대충 살며 오늘날에 이르게 된 것입니다! 그는 신문을 즐겨 읽고, 연필로 공상을 스케치하는 것을 좋아합니다. 그리고 자연과 예술을 사랑합니다. 그가 사회에 바라는 것은 오직 살아가게 해 달라는 것으로, 아주 소박한 바람입니다. 그가 원하는 것은 많지 않습니다. 신문, 담화, 음악, 양고기, 커피, 풍경, 제철 과일, 양질의 도화지, 그리고 보르도산 포도주 조금이면 충분합니다. 세상일에 관한 한은 완전히 어린애지만, 달을 따다 달라는 식의 불가능한 요구는 하지 않습니다. 그는 세상에다 대고 이렇게 말합니다. "여러분은 저마다의 길을 편안히 가시오! 붉은 육군 군복, 푸른 해군 군복, 주교복을 입으라. 펜을 귀에 꽂으시오. 앞치마를 하시오. 명예, 거룩함, 상업, 기술을 추구하시오. 다만…… 해럴드 스킴폴은 살게 해 주시오!"

　스킴폴 씨는 이런 이야기와 그 밖의 더 많은 이야기를 아주 유쾌하고 즐겁게, 그뿐만 아니라 쾌활하고 솔직하게 이야기했습니다ㅡ그러나 자기 얘기를 하면서도 마치 자기와 관계없는 이야기인 양, 마치 스킴폴이라는 제삼자 이야기를 하는 것처럼 말했습니다. 그에게는 특이한 점이 많지만 사회 전체에 관계하는 무시할 수 없는 권리도 지니고 있다는 듯이 이야기했습니다. 스킴폴 씨는 아주 매력적이었습니다. 처음으로 그와 가까워진 이때에는 그의 말과 내가 지금껏 인생의 의무와 책임(물론 지금도 확신하는 것은 아니지만)에 대해 생각하던 것을 양립시키려 하니 다소 당혹스러웠지만, 그것은 왜 그가 그런 것들에 집착하지 않는지를 이해하지 못했기 때문이었습니다. 그러나 그가 정말로 그런 의무와 책임에 집착하지 않는다는 사실은 거의 의심하지 않았으며, 본인도 그 점에 대해서는 아주 또렷하게 말했습니다.

"나는 어떤 것도 내 것으로 삼고 싶다고 생각하지 않습니다." 스킴폴 씨는 역시 천진난만한 투로 말했습니다. "소유는 나에게 무의미합니다. 여기는 내 친구 잔다이스 군의 멋진 집이지만, 그가 이 집의 주인이라는 사실에 나는 감사합니다. 나는 이 사실을 그림으로 그릴 수 있습니다. 작곡해서 음악으로 만들 수도 있습니다. 이곳에 오면 성가신 일을 하거나 내 돈을 쓰거나 책임을 지지 않고도 충분히 내 것을 누릴 수 있습니다. 다시 말해 잔다이스 군이 내 집사이며, 이 집사는 나를 속일 리 없습니다. 지금 우리는 미시즈 젤리비의 이야기를 했는데, 그 서글서글한 눈빛을 한 여자는 강한 의지와 섬세한 사무에 절대적인 능력을 갖고 있어서 놀라운 열의를 가지고 여러 사업에 정진하고 있습니다! 나는 강한 의지와 섬세한 사무에 절대적인 능력이 없어서 여러 사업에 정진할 수 없지만, 그것을 유감스럽게 생각하지는 않습니다. 썩 부러워하지 않고도 감탄할 수 있습니다. 그녀의 사업에 공명할 수 있습니다. 그것을 머릿속에 그릴 수 있습니다. 풀밭 위에—날씨가 좋은 날—드러누워서도 마치 현지에 있는 것처럼 깊은 정적을 느끼면서 아프리카의 강가를 떠돌다가 원주민과 마주칠 때마다 그들을 껴안아 주고, 머리 위로 솟은 빽빽한 열대 나무 역시 현지에 있는 것처럼 정확하게 스케치할 수 있습니다. 그렇게 한들 직접적으로 무슨 도움이 될지 알 수 없지만 그것이 내가 할 수 있는 일의 전부이고 또 나는 그런 것이라면 완벽하게 해낼 수 있습니다. 그러니 남을 잘 믿는 어린아이, 해럴드 스킴폴의 소원대로 그를 흔들목마에 태워 주세요! 해럴드 스킴폴은 당신들 세상 사람들이 그를 살려 인간 가족을 칭찬하게 해 주기를 바랍니다!"

지금까지 잔다이스 씨가 이 진심 어린 소원을 무시하지 않았음은 명백했습니다.

그것은 굳이 스킴폴 씨가 한 다음과 같은 말이 아니더라도, 스킴폴 씨가 이 집에서 차지하는 위치를 전체적으로 이해한다면 저절로 알게 될 것입니다.

"내가 부러운 것은 당신네처럼 너그러운 사람들뿐입니다." 스킴폴 씨가 우리에게 담담하게 말했습니다. "지금 하는 것과 같은 일을 실행할 수 있는 당신들의 능력이 부러워요. 나한테도 그런 능력이 있다면 정말 열심히 할 텐데. 나는 당신들에게 통속적인 감사의 마음을 갖고 있지 않습니다. 당신들이야말로 관대함이라는 사치를 누릴 기회를 얻었다는 사실을 나에게 감사해야 한다고 생각할 정도랍니다. 나는 당신들이 기꺼이 그 일을 하고 있다는 것을 압니다. 아마 나는 당신들의 행복을 더욱 늘려 주려고 일부러 이 세상에 태어난 것인지도 모릅니다. 가끔 당신들에게 내 작고 어려운 문제를 해결해 줄 기회를 주는 은인으로서 태어난 것인지도 모릅니다. 섬세한 일이나 속세의 일을 처리하는 능력이 없다고 해서 내가 후회할 이유가 어디 있겠습니까? 이렇게 기쁜 결과를 낳았는데 말이지요. 그러니까 나는 후회하지 않습니다."

스킴폴 씨가 한 농담 중에서(농담이긴 했지만, 모두 표면적인 의미가 그대로 담겨 있었습니다) 이 이야기만큼 잔다이스 씨의 마음에 든 것도 없어 보였습니다. 어떤 사소한 일에도 아마 이 세상 누구보다도 깊이 감사할 잔다이스 씨가 남한테 감사 인사 받기를 그토록 꺼리는 것은 정말 이상한 행동이지만, 이 이야기를 들은 뒤에 나는 그것이 과연 나에게만 이상한 일일까 하고 몇 번이나 다시 의심해 보고 싶어졌습니다.

우리는 모두 그에게 빠져들었습니다. 스킴폴 씨가 처음 만난 에이더와 리처드를 이렇게 솔직하고 격의 없이 대해준 것은 두 사람의 매력에 걸맞은 경의를 표한 행동이라고 나는 느꼈습니다. 그와 같은 이유로 두 사람도(특히 리처드는) 매우 기뻐하며, 이렇게 호감 가는 인물에게 이렇게 허물없는 이야기를 들은 것은 보통 명예로운 일이 아니라고 생각했습니다. 우리가 귀를 기울이면 기울일수록 스킴폴 씨는 더더욱 신 나서 이야기했습니다. 그리고 그 훌륭하고 명랑한 말투, 사람을 잡아끄는 솔직함, 그리고 마치 "나는 어린애입니다! 나에 비하면 당신들은 속을 모를 사람들입니다(사실 이 사람을 보고 있으면 내가 그런 사람처럼 생각되었습니다). 하지만 나는 밝고 천진난만하지요. 복잡한 세상사는 그만 잊고 나와 놀아 주세요!"라고 말하는 듯한 따뜻한 태도가 어우러져 이야기의 효과는 눈이 부실 지경이었습니다.

스킴폴 씨는 또한 꽤 배려가 깊고, 아름답고 부드러운 것에 무척 섬세한 감정을 갖고 있었는데, 그것만으로도 사람의 마음을 사로잡을 수 있었을 것입니다. 저녁에 내가 차 마실 준비를 하고 있고, 에이더는 옆방에서 피아노를 치며 친척인 리처드와의 대화 도중 우연히 나온 곡을 리처드에게 나지막이 불러 주고 있을 때였습니다. 스킴폴 씨가 방으로 들어와서 내 근처에 놓인 소파에 앉아 에이더에 대해 이런 말을 했으므로 나는 스킴폴 씨가 진심으로 좋아지고 말았습니다.

"저 사람은 아침 같군요. 저 금발, 푸른 눈, 그리고 싱그럽게 빛나는 뺨, 꼭 여름의 아침 같아요. 이곳의 새들조차 착각할 겁니다. 저렇게 사랑스러운 아가씨는 전 인류의 기쁨이니 이제는 고아라고 부르지 맙시다. 저 사람은 우주의 딸입니다."

정신을 차리고 보니 잔다이스 씨가 뒷짐을 지고 얼굴에 신중한 미소를 띤 채 우리 가까이에 서 있었습니다.

"우주는 그다지 좋은 부모가 아닌 것 같은데." 잔다이스 씨가 의견을 말했습니다.

"아! 나야 모르지!" 스킴폴 씨가 자신감 있게 외쳤습니다.

"난 잘 아네."

"그런가?" 스킴폴 씨가 큰 목소리로 말했습니다. "자네는 세상을 알지만(이 세상이란 것이 자네가 말하는 우주일세), 나는 전혀 모르네. 그러니까 자네 말이 맞다고 치지. 하지만 내 말이 맞다고 친다면—" 그러면서 두 친척 남매 쪽을 흘끗 보았습니다. "저런 사람들이 가는 길에는 현실의 추악한 가시나무가 있어서는 안 되지. 장미꽃이 깔린 길이어야 해. 그 길에는 봄도 가을도 겨울도 아닌 영원한 여름 나무만 있어야 해. 세월도 변화도 그것을 마르게 해서는 안 되네. 그 주위에서 돈 같은 저속한 말을 입에 담아서는 안 돼!"

잔다이스 씨는 빙그레 웃으면서, 진짜 어린아이에게 하듯이 스킴폴 씨의 머리를 쓰다듬었습니다. 그런 다음 몇 발짝 걸음을 뗐다가 우뚝 멈춰 서서 젊은 친척 남매들 쪽을 흘끗 보았습니다. 생각에 잠긴 얼굴이었지만, 그 뒤 몇 번이나 본 적 있는(얼마나 많이 봤는지 모릅니다!) 다정한 표정이 어려 있었습니다. 두 사람이 있는 방은 잔다이스 씨가 서 있는 방과 이어져 있었고, 불빛이라고는 난롯불뿐이었습니다. 에이더는 피아노 앞에 앉아 있고 리처드는 그 옆에 허리를 숙이고 서 있었습니다. 벽에는 두 사람의 그림자가 겹쳐져 있고, 그 주위로는 방 안의 물건들이 만들어낸 그림자가 흔들리는 불 때문에 가끔 유령처럼 움직이고 있었습니다. 에이더가 아주 조용한 곡을 연주하며 아주 나지막한 목소리로 노래했기 때문에, 저 멀리 언덕 쪽으로 한숨처럼 부는 산들바람까지 마치 음악처럼 들렸습니다. 미래의 비밀과 그에 대해 현재의 목소리가 가르쳐 주는 단서가 이 한 폭의 그림에 모두 표현되어 있는 것 같았습니다.

나는 이 모든 것을 똑똑히 기억하지만, 그런 환상을 다시 부르려고 그 광경을 기억해낸 것은 아닙니다. 첫째로 나는 저쪽으로 향한 말없는 얼굴과 그전에 유창하게 흘러나왔던 말의 의미와 목적이 어떻게 다른지 전혀 의식하지 않았던 것은 아니었습니다. 둘째로 잔다이스 씨는 그들에게서 시선을 거두었을 때 아주 잠깐 나를 바라봤지만, 그 순간 나는 잔다이스 씨가 나더러 에이더와 리처드에게 지금보다 더 친한 친구가 되어 주라고 말하는 것처럼 느꼈습니다—잔다이스 씨 자신도 내게 그렇게 말했다는 것과 내가 그것을 눈치챘다는 것을 의식하는 것 같았습니다.

스킴폴 씨는 피아노와 첼로를 연주할 줄 알았습니다. 작곡도 할 줄 알아서—한번은 가극을 절반쯤 작곡했다가 때려치운 적이 있었습니다—자기가 만든 곡을 우아하게 연주했습니다. 차를 다 마시자 작은 연주회가 열렸습니다. 리처드와(그는 에이더의 노래에 매료되어 나에게 에이더는 모르는 노래가 없다고 감탄해서 말했습니다) 잔다이스 씨와 나는 청중이 되었습니다. 얼마 뒤 나는 먼저 스킴폴 씨, 그다음에는 리처드가 없어졌다는 사실을 깨달았습니다. 어째서 리처드는 이 훌륭한 음악을 듣지 않고 이렇게 오랫동안 자리를 비우고 있을까 생각하고 있는데, 내게 열쇠를 건넸던 하녀가 문에서 얼굴을 빼꼼히 내밀고 이렇게 말했습니다. "아가씨, 죄송하지만 잠깐 실례해도 될까요?"

내가 그녀를 따라 복도로 나가 단둘이 되자, 하녀는 두 손을 내밀고 이렇게 말했습니다. "카스톤 씨가 2층에 있는 스킴폴 씨의 방으로 오시랍니다. 스킴폴 씨가 큰일 났어요, 아가씨!"

"큰일 나다니요?"

"큰일 났어요, 아가씨. 갑자기요."

나는 그 사람이 중병에 걸렸을지도 모른다는 생각에 불안해졌지만, 물론 하녀에게는 소란을 일으키지 않도록 모두에게 그 사실을 비밀로 하라고 부탁한 뒤 하녀의 뒤를 따라 2층으로 서둘러 올라갔습니다. 마음을 가라앉히고, 만일 그가 발작을 일으킨 거라면 어떤 약을 써야 가장 좋을지 이리저리 생각했습니다. 하녀가 살며시 문을 열어 주어 나는 방으로 들어갔습니다. 그리고 이루 말할 수 없이 놀랐습니다. 스킴폴 씨가 침대 위에 대자로 뻗어 있거나 마룻바닥에 쓰러져 있는 것이 아니라 난롯불 앞에 서서 리처드를 향해 빙그레 웃고 있고, 리처드는 소파에 앉은 사람을 난처한 표정으로 바라보고 있었기 때문입니다. 그 사람은 크고 흰 외투를 입고 얼마 남지 않은 머리카락을 머리통에 딱 붙이고 있었는데, 손수건으로 계속 쓸어 올려서 머리숱이 점점 적어 보였습니다.

"서머슨 양." 리처드가 얼른 말했습니다. "잘 와 주셨습니다. 당신이라면 지혜를 빌려 주시겠지요. 스킴폴 씨는…… 놀라지는 마십시오!…… 빚을 갚지 못해 체포되었습니다."

"친애하는 서머슨 양." 스킴폴 씨가 그 호감 가는 솔직함으로 말했습니다. "당신의 뛰어난 분별력과 꼼꼼하고 유용하며 신중한 성격은 15분만 당신과 함께할 행운을 만난 사람이라면 누구나 깨달을 것입니다. 그리고 정말이지 바로 지금만큼 그 성격이 필요한 때는 없군요."

소파에 앉은 사람은 코감기에 걸렸는지 깜짝 놀랄 만큼 요란하게 코를 풀었습니다.

"금액이 아주 큰가요?" 내가 스킴폴 씨에게 질문했습니다.

"아닙니다, 서머슨 씨." 그가 유쾌하게 고개를 가로저으며 말했습니다. "몇 파운드 몇 실링 몇 페니라고 했던 것 같은데, 잘 모르겠습니다."

"24파운드 16실링 7펜스 반입니다." 그 낯선 손님이 가르쳐 주었습니다. "정확히 말이지요."

"그렇다면…… 아무래도…… 그다지 큰돈은 아닌 것 같은데요."

낯선 손님은 아무 대꾸도 없이 다시 한 번 코를 팽 풀었습니다. 소파에서 몸이 펄쩍 뛰어올라가는 게 아닐까 생각될 만큼 요란한 소리였습니다.

리처드가 내게 말했습니다. "스킴폴 씨는 잔다이스 아저씨께 부탁하기를 꺼리고 있어요. 왜냐하면 최근에…… 아, 스킴폴 씨, 아까 하신 말씀으로 추측하건대 저는 당신이 최근에……."

"네, 그렇습니다!" 스킴폴 씨가 싱글벙글 웃으면서 대답했습니다. "그게 언제였는지, 얼마였는지는 잊어버렸지만 말이죠. 잔다이스 군은 기꺼이 다시 빌려주겠지요. 하지만 나는 향락주의자답게 참신한 도움을 원합니다." 그가 리처드와 나를 바라보며 말을 이었다. "새 땅과 새로운 종류의 꽃에서 관대함을 기르고 싶습니다."

"어떻게 하는 게 가장 좋겠습니까, 서머슨 씨?" 리처드가 나를 돌아보며 물었습니다.

나는 대답하기 전에, 만약 돈을 마련하지 못하면 보통 어떻게 되느냐고 용기 내어 물었습니다.

"감옥행이오." 낯선 사람이 이렇게 대답한 뒤 바닥에 내려놓은 모자 안에 손수건을 태연하게 집어넣었습니다. "아니면 코빈세스거나."

"죄송합니다만 그게……."

"코빈세스가 뭐냐고?" 낯선 사람이 말했습니다. "구치소지."

리처드와 나는 다시 얼굴을 마주 보았습니다. 이 체포로 당황한 사람이 스킴폴 씨가 아니라 우리라는 사실은 정말이지 이상한 이야기였습니다. 스킴폴 씨는 관심 어린 다정한 눈길로 우리를 지켜보았습니다. 그러나 아주 모순된 말이기는 하지만, 그의 그런 태도에는 조금도 이기주의적인 구석이 없는 듯이 보였습니다. 스킴폴 씨는 이 난관에서 완전히 손을 놓아 버리고, 그것은 우리의 문제가 되어 있었습니다.

스킴폴 씨가 친절한 마음에서 우리에게 도움의 손길을 내밀어 준다는 투로 한 가지 제안을 했습니다. "내 생각에 리처드 군과 친척누이인 아름다운 아가씨는 둘 다(사람들이 말하는 것처럼) 엄청난 재산과 얽힌 대법관 법정 소송의 당사자들이니까 둘 가운데 한 사람이나 두 사람 모두가 어떤 서류에 서명하거나 어떤 재산을 양도하거나 어떤 보증이나 저당이나 채권을 줄 수는 없을까요? 난 그쪽 법률용어는 잘 모르겠지만, 두 사람에게는 이 사건을 해결할 수 있는 어떤 수단이 있을 것 같은데요."

"전혀 없는데." 낯선 사람이 말했습니다.

"그런가?" 스킴폴 씨가 대꾸했습니다. "그건 그런 판단을 하지 못하는 사람이 보기에는 이상한 일인데!"

낯선 사람이 퉁명스럽게 말했습니다. "이상한 일이든 우스운 일이든 간에 전혀 없네!"

"진정하게, 진정해!" 스킴폴 씨가 책 표지에 상대의 머리를 작게 그리면서 부드럽게 의견을 펼쳤습니다. "일 때문에 화를 내선 안 되네. 우리는 자네와 자네의 직무를 구별할 수 있어. 다시 말해 개인과 직업을 구별할 수 있다는 말이지. 자네는 스스로 의식하지 못할지도 모르지만 개인으로서의 자네가 시적 정서를 다분히 갖춘 존경스러운 인물이 아니라고 생각할 만큼 우리는 편견을 갖고 있지 않네."

낯선 손님의 대답은 다시 한 번 격렬하게 코를 푸는 것뿐이었습니다. 시적 정서를 갖추었다는 칭찬을 인정한 것인지 무시해 버린 것인지 나로서는 도무지 알 수가 없었습니다.

"서머슨 양, 그리고 리처드 군." 스킴폴 씨가 고개를 갸웃하고 자기 그림을 감상하면서 쾌활하고 천진난만하게 믿음을 듬뿍 담아 말했습니다. "보시다시피 내 힘으로는 어쩔 도리가 없고, 모든 것은 당신들에게 달렸습니다! 내가 바라는 것은 오로지 자유입니다. 나비들은 자유롭지요. 그런데 설마하니 나비에게조차 주어진 것을 해럴드 스킴폴에게서 앗아가지는 않으리라 믿습니다!"

"서머슨 양." 리처드가 목소리를 죽여 말했습니다. "난 켄지 씨한테서 받은 돈이 10파운드 있어요. 일단 이 돈으로 할 수 있는 일은 다 해보겠어요."

나는 몇 년 동안 1년에 네 번 나오는 수당에서 떼어 둔 15파운드 몇 실링의 돈이 있었습니다. 무슨 사고를 만나 친척도 재산도 없이 갑자기 세상 한가운데에 버려질지도 모른다는 생각에, 무일푼이 되는 일이 없도록 언제나 얼마쯤은 수중에 갖고 있으려고 했던 것입니다. 나는 리처드에게 그렇게 모든 돈이 있는데 당분간은 딱히 쓸 데가 없다고 말하고, 내가 돈을 가지러 간 동안 스킴폴 씨에게 우리가 빚을 갚아 주겠다는 뜻을 잘 설명해 주라고 부탁했습니다.

내가 돌아오자 스킴폴 씨는 매우 감동했다는 듯이 내 손에 입을 맞추어 주었습니다. 그것도 자기 때문이 아니라(나는 우리를 당혹하게 한 조금 전 모순을 다시 떠올렸습니다) 우리 때문이었습니다. 마치 자기는 자기 일신상의 문제를 생각하지 못하고, 오로지 우리가 행복해 하는 모습을 볼 때에만 감동한다는 듯한 태도였습니다. 리처드가 사건을 좀 더 좋게 포장하기 위해서라며 나더러 코빈세스 씨에게(스킴폴 씨는 어느새 그 집행관에게 이런 별명을 붙여 버렸습니다) 잘 설명하라고 끈질기게 부탁하기에 나는 돈을 세어 건네주고 필요한 영수증을 받았습니다. 스킴폴 씨는 이것도 매우 기뻐했습니다.

스킴폴 씨가 아주 에둘러 칭찬해 주었으므로 나는 그리 얼굴을 붉히지 않은 채 별다른 실수 없이 커다란 흰 외투를 입은 손님과 잘 마무리 지었습니다. 손님이 주머니에 돈을 넣고 쌀쌀맞게 말했습니다. "그럼 아가씨, 안녕히 계시오."

"이보게." 스킴폴 씨가 스케치를 절반쯤 하다 말고 벽난로를 등지고 서서 말했습니다. "미안하지만 뭣 좀 물어도 괜찮겠나?"

"빨리빨리 물어 봐." 상대방은 이렇게 대답했던 것 같습니다.

"오늘 아침에 자네는 자네가 이런 용건으로 오게 되리라는 것을 알았나?"

"어제저녁 차 마시는 시간부터 알고 있었지." 코빈세스 씨가 말했습니다.

"그러고도 식욕이 돋던가? 조금도 걱정스럽지 않았어?"

"그런 일은 조금도 없었는데. 오늘 당신을 놓쳐도 내일은 붙잡을 수 있으리란 걸 알았으니까. 하루쯤 늦어진다고 해서 달라질 건 없어."

스킴폴 씨가 말을 이었습니다. "하지만 자네가 여기 왔을 때는 날씨가 좋았네. 햇빛이 반짝이고, 바람이 잔잔하게 불고, 빛과 그림자가 들판을 가로지르고, 새들은 노래했지."

"누가 뭐래?" 코빈세스 씨가 쏘아붙였습니다.

"그래그래. 그런데 자네는 도중에 어떻게 생각했지?"

"뻔뻔스럽게 그런 말이 잘도 나오는군!" 코빈세스 씨가 발끈한 얼굴로 외쳤습니다. "나는 일은 많고 보수는 적어서 생각할 시간 따위 없다고."

"그럼 이런 생각은 해 보지 않았나? '해럴드 스킴폴은 해가 빛나는 것을 보고, 산들바람이 부는 소리를 듣는 걸 좋아하지. 변해가는 빛과 그림자를 관찰하고, 자연이라는 대성당의 소년성가대인 새들의 노래를 듣기 좋아해. 그런데 나는 해럴드 스킴폴이 가지고 태어난 유일한 권리인 그런 자산을 지금 그에게서 빼앗으려고 하지 않는가!' 이런 생각을 조금도 해 보지 않은 거야?"

"난…… 분명히…… 생각하지…… 않았네." 그런 생각을 모조리 부정하려는 코빈세스 씨의 완고함은 너무도 강렬해서 그 기분을 충분히 표현하려다 보니 말 한마디마다 긴 간격을 두어야 했고, 마지막 어절을 말하면서는 고개가 떨어져 나갈 듯한 기세로 머리를 가로젓는 수밖에 없었습니다.

"자네들 실무가의 심리 상태는 도무지 이해할 수가 없단 말이야!" 스킴폴 씨가 생각에 잠기며 말했습니다. "아무튼 고마웠네, 잘 가게."

아래층에 있는 사람들에게 의심을 살 만큼 오랜 시간이 흘렀으므로, 나는 곧장 밑으로 돌아갔습니다. 에이더는 벽난로 앞에서 뜨개질을 하면서 잔다이스 아저씨에게 뭐라고 이야기하고 있었습니다. 이윽고 스킴폴 씨가 나타났고, 곧이어 리처드가 들어왔습니다. 그날 밤은 잔다이스 씨에게 백개먼[7]을 배우느라 정신없이 보냈습니다. 이 놀이를 무척 좋아하는 잔다이스 씨는 나도 어서 배워서, 적당한 놀이 상대가 없을 때 부족하나마 상대가 되어 주기를 바랐습니다. 그렇지만 이따금 스킴폴 씨가 자신이 만든 곡을 한 소절 연주하거나, 피아노와 첼로 앞에 앉거나 우리 탁자로 와서 여전히 호쾌한 태도로 유창한 웅변을 늘어놓으면, 리처드와 나는 저녁 식사 뒤 남을 대신해 붙잡혀 있었던 기분에서 아직 벗어나지 못하는 것이었습니다.

우리가 방으로 물러간 것은 늦은 밤이었습니다. 에이더가 열한 시에 자리에서 일어나려고 하자 스킴폴 씨가 피아노 옆으로 가서 한껏 들뜬 목소리로 "우리의 하루를 길게 하는 매우 좋은 길은 밤에서 잠깐의 시간을 훔치는 것입니다, 그대여!"[8]라고 외쳤기 때문입니다. 스킴폴 씨가 촛대를 들고 밝은 표정으로 방에서 나갔을 때는 열두 시가 넘어 있었습니다. 에이더와 리처드는 잠시 난롯불 앞에 남아 미시즈 젤리비가 오늘의 편지 구술을 끝냈을지에 대해 이야기를 나눴습니다. 그때 먼저 방으로 물러가 있던 잔다이스 씨가 돌아왔습니다.

"허참, 정말 놀랐는걸. 그게 어떻게 된 일이지?" 잔다이스 씨가 머리를 벅벅 긁으며 잔뜩 화가 나서 서성이며 말했습니다. "이야기를 들었는데, 대체 어떻게 된 일이야? 릭, 에스더, 너희 무슨 짓을 한 거야? 어떻게 한 거야? 각각 얼마씩

---

7) 실내에서 두 사람이 하는 서양식 주사위 놀이.
8) 토마스 무어의 시 〈5월의 초승달〉에 나오는 구절.

냈니? ······풍향이 또 바뀌었군. 온몸으로 느낄 수 있어!"

우리는 뭐라고 대답해야 좋을지 몰랐습니다.

"릭, 어서 대답해! 자기 전에 이 일을 정리해야겠다. 얼마나 손해를 본 거냐? 너희 둘이서 돈을 마련했잖니! 왜 그렇게 했어? 어떻게 그렇게 했지? ······옳지, 바람이 정동 쪽에서 불어오는군······. 틀림없어!"

"사실 그 이야기를 하면 신의를 저버리게 됩니다. 스킴폴 씨는 우리를 믿고······."

"정말 놀랍구나! 그 남자는 누구나 믿는단 말이다!" 잔다이스 씨가 머리를 한번 쥐어뜯더니 우뚝 멈춰 서서 말했습니다.

"그게 사실이에요?"

"그래, 누구나! 그리고 다음 주에는 다시 똑같은 곤경에 빠질 거다!" 불이 꺼진 촛대를 든 채 잔다이스 씨가 다시 초조하게 걸으며 말했습니다. "그 남자는 언제나 같은 곤경에 처하지. 태어났을 때부터 그랬어. 그의 어머니가 그를 낳았을 때 신문에 이런 출산 공고를 냈다니까. '지난주 화요일 귀찮아 빌딩 내의 주택에서 스킴폴 부인이 난산 끝에 사내아이를 낳았습니다.'"

리처드는 박장대소했지만 이렇게 덧붙였습니다. "하지만 역시 저는 그 사람의 믿음을 흔들거나 저버리고 싶지 않아요. 저보다 사정을 더 잘 아시는 아저씨께 다시 한 번 이런 말씀을 드려 죄송하지만 저는 그 사람의 비밀을 지켜 줘야 한다고 생각합니다. 그래도 말하라고 하신다면, 다시 한 번 생각해 주시길 부탁드려요. 하지만 물론 죽어도 말하라고 하신다면, 저의 실수를 각오하고 말씀드리겠어요."

"좋아!" 잔다이스 씨는 외쳤지만, 다시 멈춰 서서 몇 번이나 공연히 촛대를 주머니에 집어넣으려고 애썼습니다. "나는······ 맙소사! 네가 수습해라, 릭. 도대체 이 일을 어쩔 셈이냐? 다 동풍 때문이야······. 동풍이 불면 틀림없이 이런 일이 생긴다니까······. 억지로 말하라고는 하지 않겠다, 릭. 네 말이 맞겠지. 하지만 진짜로 너와 에스더를 붙잡아서 덜 익고 말랑말랑한 오렌지처럼 쥐어짜면!······ 밤새 태풍이 불겠지!"

잔다이스 씨는 두 손을 주머니에 찔러 넣고 가만히 있더니, 그 손을 빼서 머리를 거칠게 쓸어 올렸다가 다시 주머니에 찔러 넣곤 했습니다.

나는 그 기회에 용기 내어 조심스럽게 말했습니다. "스킴폴 씨는 그런 일에 대해서는 완전히 어린애여서……."

"응, 뭐라고?" 어린애라는 말을 듣고 잔다이스 씨가 말했습니다.

"……완전히 어린애여서 다른 사람하고는 전혀 다르니까……."

"네 말이 맞다!" 잔다이스 씨가 밝은 표정이 되어 말했습니다. "너의 여성적인 지혜가 핵심을 바로 찔렀어. 그 남자는 어린애다……. 진짜 어린애지. 내가 처음에도 그렇게 말했지, 응?"

말했고말고요! 말했고말고요! 우리는 말했습니다.

"확실히 어린애야. 응, 그렇지?" 잔다이스 씨가 더욱더 밝은 얼굴이 되어 말했습니다.

정말 그래요, 우리는 대답했습니다.

"생각해 보면 그 남자를 어른이라고 생각하는 것이 너희의…… 아니, 나의 유치함이라고 할 수 있지. 그 남자에게 책임을 지게 할 수는 없어. 해럴드 스킴폴이 목적이나 계획을 세우고 결과를 예지하다니! 하하하!"

잔다이스 씨의 얼굴에서 구름이 걷히고 그가 매우 기뻐하는 모습을 보는 것은 아주 기분 좋은 일이었습니다. 그분이 타인을 꾸짖고 의심하고 은근히 비난하는 것을 고통스럽게 여긴다는 사실을 알게 된 것 또한(알지 않을 수 없었습니다) 기분 좋은 일이었습니다. 그래서 에이더는 잔다이스 씨와 함께 웃으면서도 눈물을 글썽였고, 우리의 눈도 눈물로 젖어들었습니다.

"그런 사실을 이제야 떠올리다니, 내가 정말 어리석었다! 이 사건의 처음부터 끝까지 어느 부분을 봐도 그가 어린애라는 걸 알 수 있는데. 너희 두 사람에게 돈을 빌릴 생각을 하다니, 어린애가 아니면 그런 걸 누가 생각하겠느냐! 너희가 돈을 갖고 있으리라고 어린애가 아니면 누가 생각하겠어! 금액이 천 파운드였다 해도 마찬가지였겠지!" 잔다이스 씨가 새빨갛게 상기한 얼굴로 말했습니다.

우리는 그날 밤의 경험에서 잔다이스 씨의 말을 확인했습니다.

"확실히 그렇군, 확실히 그래! 하지만 릭, 에스더, 그리고 에이더 너도 마찬가지야. 너희들은 작은 지갑도 세상모르는 그에게 걸리면 안심할 수 없으니까…… 다시는 그러지 않겠다고 너희 모두에게 약속을 받아내야겠다. 남 대신 돈을 내 주는 일은 절대로 하지 마라! 단 6펜스라 해도 말이야!"

우리는 진지하게 약속했습니다. 그러나 리처드는 기쁜 표정으로 내 쪽을 보면서 자기 주머니를 두드려 보였습니다. 우리 두 사람은 이미 그 약속을 깰 위험이 없다고 말하려는 듯이.

"스킴폴 씨는 어린애라서, 머물러 살 수 있는 인형의 집에 돈을 빌려줄 장난감 사람 대여섯 명만 있으면 어떻게든 살아갈 수 있을 거다. 아마 그는 지금쯤 어린애처럼 자고 있겠지. 나도 이 복잡한 머리를 속세의 베개에 뉘일 시각이야. 모두 잘 자렴. 너희에게 하느님의 축복이 있기를!"

우리가 채 촛불을 켜기도 전에 잔다이스 씨가 다시 나타나 이렇게 말했습니다. "아! 지금 풍향을 보고 오는 길이다. 아까 동풍이라고 주의한 것은 잘못이었어. 남풍이다!" 그리고는 노래를 흥얼거리며 사라졌습니다.

에이더와 나는 2층 방에서 잠시 이야기를 나누었습니다. 그리고 잔다이스 씨가 자꾸만 동풍이 어쩌고 하는 것은 일부러 그러는 것이며, 그분은 뭔가 마음속에 감춰 둘 수 없는 실망을 맛봤을 때 실제로 그 원인이 된 사건을 비난하거나 사람을 비방하거나 헐뜯기보다는 동풍을 구실 삼아 자신의 실망을 나타내는 것이라는 결론을 내렸습니다. 이는 잔다이스 씨의 독특한 상냥함을 보여주며, 자신의 불편한 심기나 우울함을 날씨나 바람 탓으로 돌려 버리는 성질 급한 사람들과 그분의 차이를 극명히 보여 준다고 우리는 생각했습니다.

사실 그뿐만 아니라 그날 하룻밤 새에 잔다이스 씨에 대한 지금까지의 고마운 마음에 깊은 애정이 곁들여졌으며, 그 교차하는 감정을 통해 나는 이미 잔다이스라는 사람을 알기 시작한 것 같은 기분이 들었습니다. 스킴폴 씨와 미시즈 젤리비의 모순된 듯한 점은 나처럼 경험도 세상에 대한 지식도 없는 사람이 이해하기에는 도저히 무리였습니다. 나 또한 이해하려는 시도조차 하지 않았습니다. 침실에서 혼자가 되면, 에이더와 리처드에 관해 생각하느라 바빴기 때문입니다. 게다가 바람 탓에 조금 흥분했는지 내 공상도 나 자신에 관한 일 쪽으로 치우쳤습니다. 내 생각은 어느새 의붓어머니의 집까지 되돌아갔다가 오늘까지의 오솔길을 되짚어 오면서, 지금까지 이따금 이 길의 어둠에서 떨고 있던 덧없는 억측—잔다이스 씨는 내 출생에 대해 얼마나 알고 있을까, 어쩌면 그분은 내 아버지일지도 모른다—을 되살렸습니다. 물론 그 무렵에는 이미 그런 헛된 꿈은 깡그리 사라져 버렸지만 말입니다.

그런 헛된 꿈은 모두 사라져 버렸다고 생각하면서 나는 불 앞에서 일어났습니다. 과거에 연연하지 말고 명랑한 정신과 감사한 마음으로 행동해야 했습니다. 그래서 "에스더, 에스더, 에스더! 의무를 다 하는 거야!" 하고 나 자신을 격려하고, 저택 열쇠가 들어 있는 작은 바구니를 힘껏 흔들었습니다. 열쇠가 작은 종소리처럼 희망을 드높이 노래하면서 나를 침대로 보내 주었습니다.

# 제7장 유령의 오솔길

에스더가 잠든 동안에도, 에스더가 깨 있는 동안에도, 저 멀리 링컨셔의 저택은 여전히 빗속에 있다. 테라스 옆 넓은 돌바닥이 깔린 '유령의 오솔길' 위로 비는 밤낮없이 줄기차게 내린다. 링컨셔의 날씨가 너무 궂어서, 아무리 활발한 상상력을 가진 지주도 또다시 맑은 날이 오리라는 생각은 하지 못할 지경이다. 그렇다고 이 저택에서 상상력 넘치는 생활이 이루어지고 있는 것도 아니었다. 레스터 경은 지금 이곳에 있지 않고 부인과 함께 파리에 있었으니 말이다(게다가 사실 그가 있었다 해도 상상력 넘치는 생활에 큰 도움이 되지는 않았을 것이다). 그래서 체스니 월드 위에는 시커먼 날개를 가진 정적이 감돈다.

상상력의 활동을 조금이나마 보여 주고 있는 것은 체스니 월드에서 가장 비천한 동물들이다. 마구간 안의 말들은—그 기다란 마구간은 풀 한 포기 없이 빨간 벽돌만 깔린 안뜰에 있다. 안뜰에는 저택에 딸린 작은 탑에 거대한 종과 커다란 문자판이 달린 시계가 있는데, 이 근방에 사는 비둘기들은 언제나 그 시계로 시간을 확인이라도 하는 듯 그 탑에 즐겨 머물렀다—이따금 화창한 날들을 마음에 그리고 있기에 마부들보다는 훨씬 예술가스럽다. 예전에 크로스컨트리 경주로 이름을 날렸던 밤색의 늙은 말은 여물통 옆에 있는 철 격자창으로 커다란 눈동자를 돌리고서, 화창한 날 창가에서 빛나는 어린 이파리며 흘러들어오는 다양한 사물의 향기를 떠올리면서 사냥개들과 즐겁게 뛰어다니지만, 옆 칸을 청소하고 있는 일꾼은 갈퀴와 자작나무 빗자루 말고는 아무것도 생각하지 않는다. 마구간 입구와 마주 보는 칸에 들어 있는 점박이 말은 입구가 열리자 못 참겠다는 듯이 고삐를 덜거덕댄다. 한참을 목 빠지게 기다렸다는 듯 귀를 쫑긋 세우고 머리를 흔든다. 입구를 열어 준 사람이 "워워, 점박이야, 진정해! 오늘은 아무도 널 찾지 않을 거야!"라고 말하지만, 그런 것쯤은 그 사람만큼이나 잘 알고 있는 듯하다. 이 마구간에서 함께 살고 있는, 얼핏 지루하고 비사교적으로 보이는 대여섯 필의 말은 저택의 하인방이나 마을의 술집 데 들록 같은 곳에서 이루어지는 대화보다 더 많은 대화를 하며 기나긴 비 오는 날들을 보내는 것 같다—그뿐만 아니라, 마구간 한쪽 구석에서 기르고 있는 조랑말을 훈육하며(아니, 아마도 타락시키며) 시간을 보내는 것 같다.

마찬가지로 안뜰에 있는 개집에서 커다란 머리를 앞다리에 얹은 채 꾸벅꾸벅 졸고 있는 마스티프[1]견도 뜨거운 햇볕을 그리워하는 것 같다. 맑은 날에는 마구간의 그림자가 참을 수 없을 만큼 시시각각 줄어들어 마침내는 자신의 좁은 집 그림자 이외에 몸을 숨길 곳이 없어지므로 개집 안으로 들어가서 상체를 일으킨 채 쭈그려 앉아 헉헉대거나 낑낑댄다. 뭔가 씹을 것이 간절히 생각나지만, 자신의 몸과 목줄 외에는 아무것도 없다. 그러나 지금은 반쯤 잠에서 깨어 줄곧 눈을 끔뻑이며 사람들로 가득한 저택과 마차로 가득한 마차 주차장, 말로 가득한 마구간, 마부로 가득한 별채를 연신 떠올리는 것 같다. 그러다가 지금이 꿈인지 생신지 모르게 되어 밖으로 나와 주변을 살핀다. 그러고는 마음 속으로 "비, 비, 비! 비만 오는구나! 저택에서 사람이 한 명도 나오지 않았어!" 하고 으르렁거리는 듯이 신경질적으로 몸을 흔들고 다시 개집 안으로 돌아가 우울하게 하품하면서 벌렁 드러눕는다.

사냥터 맞은편에 있는 개집의 개들도 따분해서 어쩔 줄을 몰라 했다. 바람이 매섭게 분 다음에는 집 안에 있어도 그들의 구슬픈 목소리로—아래층에서도, 위층에서도, 안쪽 방에서도—그들이 따분해 하는 것을 알 수 있을 정도다. 지루한 시간을 보내는 그들 주위로 빗방울이 뚝뚝 떨어지는 동안에도 그들은 이 지방 일대를 구석구석 누비며 사냥을 다니는 것 같다. 자신들의 소굴을 다 드러내는 꼬리털을 기른 토끼들은 깡충깡충 뛰면서, 나무 밑에 파 놓은 구멍을 들락날락거린다. 그들도 귀를 스치고 지나가는 미풍이 부는 날이나 달콤한 어린 풀이 돋아나는 계절을 간절히 기다리고 있을 것이다. 언제나 계급적인 불만(아마도 크리스마스와 관련한)을 품고 있는 닭장 안의 칠면조는 부당하게 빼앗겨 버린 저 여름 아침의 즐거움을 떠올리고 있을지도 모른다. 그때는 베어져 쓰러진 나무들로 둘러싸인 오솔길로 숨어 들어가 보리 창고를 발견할 수 있기

---

1) 영국 원산의 초대형 사역견이며 주로 맹수사냥용으로 사육되었다.

때문이다. 불평꾼 거위는 높이가 20피트나 되는 낡은 대문을 몸을 웅크리고서 지나가는데, 만약 우리가 그들의 언어를 알아들을 수 있다면, 대문이 지상에 그늘을 드리우는 날씨에 뒤뚱뒤뚱 걸어가는 편이 훨씬 좋다고 꽥꽥 수다를 떨 것이다.

아무튼 체스니 월드에는 이것 말고 상상력을 발휘할 만한 것이 별로 없다. 어쩌다 있다 해도, 이 메아리 울리는 낡은 저택 안의 작은 소리처럼 아득히 날 아가 버려서 대개 유령과도 같은 신비로운 친구가 되어 버린다.

링컨셔에서는 비가 너무 오래도록 세차게 내려서, 체스니 월드의 집안일을 지휘하는 노부인 미시즈 라운스웰은 몇 번이나 안경을 벗고 닦으며, 안경알에 물방울이 묻어 있지는 않은지 확인해 보았다. 빗소리를 들었으면 비가 오는지 여부를 알 수 있었겠지만 그녀는 귀가 잘 들리지 않는다. 미시즈 라운스웰은 품위 있는 노부인으로, 생김새가 오목조목하고 자세는 당당하다. 옷매무새는 흐트러진 데가 없고 등과 스터머커[2]가 아주 빳빳해서, 그녀가 코르셋 대신에 가정용 난로의 넓고 고풍스러운 석쇠를 입고 있었다는 사실이 그녀가 죽은 뒤 에 밝혀진다 해도, 그녀를 아는 사람이라면 아무도 놀라지 않을 것이다. 날씨 는 미시즈 라운스웰에게 거의 아무런 영향을 주지 못한다. 어떤 날씨에도 체 스니 월드는 그곳에 있고, 그녀의 표현에 따르면 저택이야말로 "내가 지켜보고 있는 것"이기 때문이다. 그녀는 자신의 방에 앉아 있고(방은 1층 측면 복도에 있었 는데, 아치형 창이 네모지고 부드러운 안뜰을 내려다보았다. 안뜰에는 둥글고 부드러운 나무와 둥글고 부드러운 돌 블록이 일정한 간격을 두고 놓여 있어서 아름다움을 더했 다. 그 나무들이 둥근돌을 굴리고 있는 듯한 인상을 주었다), 저택은 미시즈 라운스 웰의 가슴 위에서 조용히 쉬고 있다. 이따금 그녀는 저택을 열고서 바쁘게 일 하고 부산을 떨지만, 지금 저택은 닫힌 채 석쇠로 감싸인 미시즈 라운스웰의 품에 안겨 엄숙하게 잠들어 있다.

미시즈 라운스웰이 없는 체스니 월드를 상상하기란 불가능에 가깝지만, 그 녀가 이곳에 온 지는 불과 50년밖에 안 된다. 이 비 오는 오늘이 며칠째인지 물 어본다면 그녀는 "화요일까지 살아 있을 수 있다면 하느님의 은총으로 50년하

---

2) 장식된 가슴옷. 15~16세기의 유행복으로, 종종 보석·자수 장식이 박혀 있다.

고도 석 달 두 주일이 됩니다"라고 대답할 것이다. 그녀의 남편은 돼지 꼬리라고 하는 헤어스타일의 유행[3]이 사라지기 조금 전에 죽어서, 체스니 월드 사냥터 묘지의 곰팡내 나는 포치에서 멀지 않은 한구석에 자신의 돼지 꼬리를 얌전하게 숨겨 버렸다. 그는 시장이 있는 마을 출신이고, 젊어서 과부가 된 그의 아내도 마찬가지다. 데들록 가문에서 그녀의 이력은 선대인 레스터 경 시대로 거슬러 올라가며, 시작은 술 저장실 담당 하녀였다.

데들록 가문의 주인은 실로 뛰어난 인물이다. 자신에게 의존해서 살아가는 사람들은 개인으로서의 인격, 목적, 의견을 모두 상실한 사람이라고 생각했으며, 자신이 이 세상에 태어난 것은 그들에게 끝내 그러한 것들을 지니지 못하게 하기 위해서라고 믿었다. 그것이 착각이라는 것을 깨닫는 날에는 기절하고 말 것이다. 그리고 의식을 회복하더라도 너무 놀라 헉헉대다가 죽어 버릴 것이다. 그래도 그는 뛰어난 주인이었으며, 뛰어난 주인으로 사는 것이 자신의 신분에 불가결한 요건이라고 생각한다. 그는 미시즈 라운스웰을 매우 좋아해서 그녀를 훌륭하고 존경스러운 여인이라고 말한다. 체스니 월드에 왔을 때와 돌아갈 때는 반드시 그녀와 악수한다. 중병에 걸렸거나 불의의 사고로 쓰러지거나 마차에 치이거나 데들록 가문의 사람답지 않게 불미스러운 사건에 휘말렸을 때 만일 말을 할 수 있다면 아마도 "나는 신경 쓰지 말고 미시즈 라운스웰을 이리로 불러 주게!"라고 말할 것이다. 그런 위기가 닥쳤을 때 그녀야말로 다른 누구보다도 그의 위엄을 해치지 않는다고 믿기 때문이다.

미시즈 라운스웰은 갖은 고생을 겪으며 살아 왔다. 아들이 둘 있었지만, 둘째 아들은 망나니처럼 살다가 병사가 되겠다며 집을 나간 채 돌아오지 않았다. 지금도 그 아들 이야기를 꺼낼 때면 그녀의 손은 침착함을 잃고, 가슴 위로 꼈던 깍지를 풀었다. 그리고 그녀는 흥분으로 부들부들 떨면서 "정말 믿음직스럽고 정말 남자답고 정말 유쾌하고 명랑하고 영리한 청년이었는데!" 하고 외치는 것이다. 또 한 아들은 저택에서 훌륭한 교육을 받았다면 이윽고 집사가 되었을 테지만, 초등학교 시절부터 스튜 냄비로 증기 기관을 만들기 시작하더니, 새들이 자신이 마실 물을 아주 적은 노력으로 길어 올릴 수 있게 해 주었다. 그것은

---

[3] 영국에서 돼지 꼬리 머리 모양은 18세기 후반부터 19세기 초까지 주로 병사나 선원 사이에서 유행했다.

수압을 교묘하게 이용한 장치로, 목마른 카나리아가 문자 그대로 바퀴에 어깨를 대기만 하면 되는 것이었다. 미시즈 라운스웰은 아들의 이러한 성향을 보고 크나큰 불안을 느꼈다. 와트 타일러[4]처럼 될 징조라고 느끼고서 어머니다운 고민을 한 것이었다. 연기와 높은 굴뚝이 필수인 기술에 알맞은 성격을 레스터 경이 대개 그런 식으로 생각한다는 사실을 잘 알고 있었기 때문이다. 그러나 이 저주받은 젊은 반역자는(다른 점에서는 온화한 젊은이로, 매우 참을성이 많았지만) 커서도 하느님의 은총을 받을 기미가 조금도 보이지 않고 오히려 동력 직기 모형을 만들었으므로 그녀는 어쩔 수 없이 준남작에게 아들의 타락을 눈물로 고백했다. 레스터 경이 말했다. "미시즈 라운스웰, 자네도 알다시피 나는 누구하고든지 실랑이를 벌이기 싫어하네. 그 아이는 어디 공장으로 보내 버리게. 그런 성향을 가진 아이에게는 더 북쪽에 있는 철공업 지방이 맞을 거야." 아들은 더 북쪽으로 가서 그곳에서 자랐다. 그러므로 어머니를 보러 체스니 월드 장원으로 온 이 아이를 레스터 데들록 경이 우연히 보거나 나중에 기억해 냈다고 해도 분명히 경은 그를 불순한 목적으로 일주일에 두세 번 밤에 횃불을 들고 거리를 누비는 시커멓고 음침한 음모자[5] 가운데 하나쯤으로밖에 생각하지 않았을 것이다.

그러나 미시즈 라운스웰의 이 아들은 이윽고 알아서, 그리고 스스로 성장하여 자립하고 결혼했으며, 그녀의 손자에 해당하는 자신의 아들을 집으로 불러들였다. 도제 일을 마친 뒤에 지식을 넓히고 인생의 모험에 필요한 것들을 배우기 위해 먼 나라들로 보내졌었던 손자는 그 여행에서 귀국하여 이 비 오는 날 체스니 월드 장원의 미시즈 라운스웰의 방 벽난로에 기대어 있다.

"몇 번이나 말하지만, 널 보게 되어 정말 기쁘구나, 와트! 다시 한 번 말하지만, 널 보게 되어 정말 기뻐, 와트!" 미시즈 라운스웰이 말한다. "훌륭하게 컸구나. 넌 저 가엾은 조지 삼촌을 닮았어. 아!" 가출한 둘째 아들의 이름을 말하면서 여느 때처럼 미시즈 라운스웰은 두 손을 초조하게 움직인다.

"다들 저보고 아버지를 닮았다던데요, 할머니."

"아버지도 닮았지……. 하지만 가엾은 조지 삼촌과 꼭 닮았단다!" 미시즈 라

---

4) 1381년 영국 남동부의 여러 주에서 일어난 영국 사상 최대 농민반란의 지도자.
5) 영국의 노동운동사에서 19세기 전반의 차티스트가 벌인 이른바 '횃불집회'를 말함.

운스웰이 다시 깍지를 끼고서 말한다. "그래, 아버지는 안녕히 계시니?"

"아주 건강하세요, 할머니."

"그래, 다행이다!" 미시즈 라운스웰은 장남을 좋아했지만, 동시에 안쓰러워하기도 했다. 적진에 넘겨진 명예로운 군인을 대할 때처럼.

"그래, 행복하게 지내고 있겠지?"

"아주 행복하세요."

"정말 다행이야! 아버지는 너를 후계자로 길러서 외국으로 보낸 거지? 그 애는 모든 일을 훤히 안다. 체스니 월드 밖에도 내가 모르는 세계가 있겠지. 나도 젊은이랑은 다르단다. 게다가 높으신 분들을 많이 봐 왔지!"

"할머니." 청년이 화제를 바꿨다. "아까 할머니랑 같이 있던 아가씨가 아주 예쁘던데, 로사라고 했죠?"

"그래. 마을 과부의 딸이지. 요즘 하녀들은 길들이기가 쉽지 않아서 어렸을 때부터 곁에 두고 가르친단다. 꽤 영리하니까 곧 일을 잘하게 될 거야. 저택의 참관인을 안내하는 일은 벌써 훌륭하게 해낸단다. 이 방 탁자에서 나와 같이 지내지."

"제가 쫓아낸 건 아니겠지요?"

"아마 우리가 비밀 이야기를 한다고 생각했을 거다. 아주 사려 깊은 아이거든. 배려심은 젊은 여성의 미덕이지." 미시즈 라운스웰이 스터머커[6]로 감싸인 상체를 한껏 곧추세우면서 말했다. "하지만 얼마 전부터는 보기 드물어졌어!"

젊은 손자는 경험에서 우러나오는 이 교훈에 대한 대답으로 머리를 숙인다. 미시즈 라운스웰이 귀를 쫑긋 세운다.

"마차다!" 그녀가 말한다. 그 소리는 이야기 상대인 젊은이의 귀에는 아까 전부터 들리고 있었다. "대체 이런 날 누구네 마차지?"

잠시 뒤 문을 두드리는 소리가 났다. "들어오세요!" 검은 눈동자와 검은 머리와 수줍은 표정을 한, 시골에서는 보기 드문 미인이 들어왔다—엷은 장밋빛 뺨이 너무나도 싱그럽게 빛나서, 머리카락에 묻은 빗방울이 막 꺾은 꽃에 내린 이슬처럼 보였다.

---

6) 15–16세기에 유행했던 호화로운 삼각형의 가슴 장식.

"누가 오셨니, 로사?"

"마차를 타고 오신 두 젊은 남자분이 저택을 둘러보고 싶으시답니다." 미시즈 라운스웰이 안 된다는 몸짓을 하자 로사는 얼른 "네, 저도 그렇게 말했어요" 하고 덧붙인다. "현관문으로 나가서, 오늘은 참관일이 아니고 시간도 늦어서 안 된다고 말했어요. 하지만 마차를 몰고 오신 젊은 분께서 비를 맞으면서 모자를 벗고는 이 명함을 꼭 전해 달라고 말씀하셨어요."

"와트, 읽어 보렴."

로사가 매우 수줍어하면서 건네는 바람에 명함이 두 사람 사이로 떨어져 버린다. 두 사람이 그것을 주우려다가 하마터면 부딪칠 뻔한다. 로사가 더욱 수줍어한다.

명함에는 "미스터 거피"라고만 인쇄되어 있다.

"거피!" 미시즈 라운스웰이 되풀이한다. "미스터 거피! 참나, 이런 이름은 처음 듣는데!"

"그분도 저에게 그렇게 말씀하셨어요! 하지만 이야기를 들어 보니, 그분과 또 다른 젊은 신사분은 여기서 10마일 떨어진 곳에서 오늘 아침에 열린 치안판사 회의에 참석하려고 어젯밤 런던에서 오셨다가 일이 끝나고 체스니 월드 장원에 대한 이런저런 소문을 듣게 되었대요. 심심하던 차라 비를 뚫고 구경하러 오셨다는군요. 두 분 다 변호사세요. 그분은 털킹혼 사무실에서 근무하지는 않지만, 필요하다면 털킹혼 선생님이 이름을 대게 허락해 주실 거라고 하셨어요." 그녀는 여기서 말을 끊더니, 문득 너무 많이 말했다고 생각했는지 점점 더 수줍어한다.

털킹혼 변호사는 이 저택에서 빼놓을 수 없는 일부분과도 같은 존재였으며, 미시즈 라운스웰의 유언장을 작성한 사람이기도 하다. 늙은 가정부는 태도를 누그러뜨리고 특별한 호의를 보이며 손님들의 참관을 허락한 뒤 로사에게 안내를 명령한다. 손자도 갑자기 저택을 구경하고 싶어져서 함께 가겠다고 말한다. 할머니는 손자가 저택에 흥미를 보이는 것을 기뻐하며 함께 따라간다. 그러나 손자의 기분을 솔직하게 말하자면, 그는 할머니를 귀찮게 하는 것이 무척 죄송스럽다.

"정말 고맙습니다, 부인!" 거피 씨가 현관으로 들어와 젖은 외투를 벗으면서 말한다. "우리 런던의 변호사는 멀리까지 나올 일이 없어서, 이렇게 멀리 나오기만 하면 그 기회를 적극 활용하고 싶어 하지요."

늙은 가정부가 품위와 위엄이 넘치는 태도로, 계단 쪽으로 가라고 손짓한다. 거피 씨와 친구가 로사를 따라 가고, 그 뒤를 미시즈 라운스웰과 손자가 따라 간다. 젊은 정원지기가 맨 앞에서 덧문을 열어 준다.

집을 구경하는 사람들이 흔히 그러는 것처럼, 거피 씨와 그 친구도 얼마 못 가 완전히 지쳐 버렸다. 가지 않아도 될 곳으로 일행과 떨어져 가고, 보지 않아도 될 곳을 구경하고, 봐야 할 것에 주의를 기울이지 않고, 열린 방마다 멍하니 바라보고 하는 사이에 기력이 바닥나 피곤해 하는 기색이 역력하다. 계속해서 새로운 방으로 들어갈 때마다 미시즈 라운스웰은 저택에 뒤지지 않는 곧은 자세를 유지한 채 모두에게서 조금 떨어져 창 아래 벤치나 구석 의자에 앉아, 당당한 태도로 안내하는 로사의 설명을 흐뭇하게 듣는다. 와트가 자신의 설명을 너무 열심히 듣고 있자 로사는 더욱 수줍어했다. 그러자 더더욱 사랑스러워졌다. 그리하여 일행은 이 방에서 저 방으로 이동하면서, 젊은 정원지기가 불을 켜면 그 몇 분 동안 초상화에 그려진 데들록의 조상들을 되살려 내고 다시 불을 끄면 그들을 무덤에 도로 묻는다. 지칠 대로 지친 거피 씨와 진이 쏙 빠진 친구에게 데들록의 조상들은 끝도 없을 만큼 많아 보였는데, 그것은 이 일족의 위대함이 과거 700년 동안 무엇 하나 뚜렷한 공적을 쌓지 않은 데 있기 때문인 것 같다.

체스니 월드의 저 기다란 대응접실조차도 거피 씨의 원기를 회복시켜 주지 못했다. 그는 완전히 녹초가 되어 문지방에서 힘없이 고개를 떨어뜨린다. 안으로 들어갈 기력조차 없다. 그러나 벽난로 위 선반에 걸린, 당대 상류 인사들 사이에서 인기 있었던 화가가 그린 초상화가 주문과 같은 효과를 발휘한다. 그는 곧 정신을 차리고, 대단한 흥미에 이끌려 그 그림을 응시한다. 그 자리에 고정된 채 빨려들어 갈 것만 같다.

"맙소사! 이게 누굽니까?" 거피 씨가 말한다.

로사가 말한다. "벽난로 위의 그림은 현재 데들록 가문 마님의 초상화입니다. 마님과 아주 똑같이 그린 그림으로, 거장의 최고 걸작이라는 평가를 받지요."

거피 씨가 어쩐지 당황한 표정으로 친구를 바라보며 말한다. "데들록 가문의 준남작 부인을 봤을 리 없어. 하지만 난 그 사람을 알지! 아가씨, 이 그림이 판화로 복제된 적이 있습니까?"

"판화가 된 적은 한 번도 없어요. 레스터 경이 허락하지 않기 때문이죠."

"그럴 수가!" 거피 씨가 나지막한 목소리로 말한다. "이 그림이 이리도 낯익다니 정말 이상하군! 그렇군, 저건 데들록 가문의 준남작 부인이었어!"

"그 오른쪽 그림이 현재의 레스터 데들록 경이십니다. 왼쪽 그림은 그 부친이자 돌아가신 선대 레스터 경이시고요."

거피 씨는 이 두 인물에는 눈길도 주지 않는다. "내가 저 그림을 이렇게 잘 알고 있다니 정말 이상해." 그가 계속 부인의 초상화를 바라보며 말한다. "제기랄" 하고 덧붙이고 주위를 둘러보며 말한다. "저 그림을 꿈에서 본 게 분명해!"

그 자리에 있던 사람들이 누구 하나 거피 씨의 꿈에 각별한 흥미를 보이지 않았으므로, 꿈에서 정말 봤는지 여부는 끝내 밝혀지지 않았다. 그러나 그는 여전히 초상화에 마음이 빼앗겨 꼼짝도 않은 채 그 앞에 우두커니 서 있다. 이윽고 젊은 정원지기가 덧문을 닫으러 오자 이상하게도 지금까지 열심히 돌아보던 것과는 전혀 딴판으로, 그러나 그 열정에 뒤지지 않을 만큼 망연자실한 태도로 방에서 나가 눈을 부릅뜬 채 주위를 살피며 모두의 뒤를 따라 계속 다음 방으로 이동해 갔다. 어디를 가든지 데들록 부인을 다시 한 번 찾아내겠다는 듯이.

더 이상 부인은 더는 보이지 않는다. 부인의 방은 아주 우아해서 가장 마지막에 안내되었다. 그는 방을 보다가 창밖을 내다본다. 그 창은 며칠 전에 부인이 죽을 만큼 지루해하며 날씨를 살피던 창이다. 모든 일에는 끝이 있다. 구경하는 데 더없는 고생을 하고, 다 둘러보기도 전에 싫증이 나 버린 저택도 그 예외는 아니다. 거피 씨의 참관도 끝나고, 산뜻한 마을 처녀의 설명도 끝난다. 그 설명은 언제나 이렇게 끝났다.

"밑의 테라스는 매우 평판이 좋습니다. 이 테라스는 이 집에 내려오는 오래된 전설에서 이름을 따와 '유령의 오솔길'이라고 불리지요."

"그렇습니까?" 거피 씨가 왕성한 호기심을 보이며 말한다. "어떤 전설이지요, 아가씨? 어떤 그림에 관한 이야기인가요?"

"그 이야기 좀 들려주시죠." 와트가 속삭이듯 말한다.

"전 몰라요." 로사가 더더욱 부끄러워한다.

"손님들과는 관계없는 이야기죠. 기억하는 사람도 거의 없어요." 가정부가 앞으로 나서서 말한다. "본디 이 가문의 비밀스러운 일화였답니다."

"거듭 물어서 죄송합니다만, 혹시 어떤 그림과 관계있는 이야기입니까, 부인? 그 그림을 생각하면 할수록, 제가 그 그림을 알고 있다는 생각이 들어서 그럽니다. 어째서 아는지는 모르겠지만요!"

가정부는 그 전설은 그림과 아무런 관계도 없으며, 그것은 자신이 보증한다고 말한다. 거피 씨는 그녀의 대답에 고맙다고 말하고, 오늘 집을 구경하게 해주어서 다시 한 번 고맙다고 말한다. 그는 친구와 함께 젊은 정원사의 안내를 받아 다른 계단을 통해 내려간다. 곧 마차가 떠나는 소리가 들린다. 벌써 해 질 녘이다. 남은 두 청중의 신중함을 믿는 미시즈 라운스웰은 그들에게라면 테라스에 그런 특이한 이름이 붙은 유래를 말해 주어도 좋으리라고 생각한다. 빠르게 어두워져 가는 창가에 놓인 커다란 의자에 앉아서 그녀가 이야기를 시작한다.

"찰스 1세 폐하[7]가 다스리던 저주받은 시대에—물론, 그 훌륭한 왕에게 대적하는 반역자들이 음모를 꾸몄던 저주받은 시대라는 의미란다—체스니 월드의 영주는 모버리 레스터 경이었단다. 그 이전에도 데들록 가문에 유령에 얽힌 이야기가 있었는지는 모르겠다. 하지만 나는 틀림없이 있었으리라고 생각해."

미시즈 라운스웰이 그런 의견을 품고 있는 것은, 이토록 유서 깊은 대가에는 당연히 유령이 있어야 한다고 생각하기 때문이다. 그녀는 유령을 상류계급의 특권 가운데 하나, 즉 평민들은 감히 바랄 자격도 없는 고귀한 특징으로 보았다.

"말할 것도 없이, 모버리 데들록 경은 성스러운 순교자인 찰스 왕의 편이었다. 하지만 경의 부인은 분명히 사악한 사람들 편에 가담했다고 해. 뭐니 뭐니 해도 가문의 핏줄을 전혀 이어받지 않았으니까. 이야기에 따르면, 마님은 왕의 친척 중에 있는 적들과 내통하면서 정보를 흘렸다는구나. 폐하 편에 있는 사람들이 이 저택에서 모임을 가질 때마다 마님은 회의실 문에 가까이 와서 몰래

---

7) 영국의 국왕. 1625~1649년 재위. 크롬웰의 반란으로 단두대에서 처형되었다.

엿들었대. 와트, 누가 테라스를 걷고 있는 소리가 들리니?"

로사가 가정부 쪽으로 다가간다.

"돌바닥에 빗방울이 떨어지는 소리는 들려요." 청년이 대답한다. "그리고 이상한 메아리가 들리는데…… . 메아리가 틀림없는 것 같은데…… . 절뚝거리면서 걷는 소리와 똑같아요."

가정부가 엄숙한 얼굴로 고개를 끄덕이고 말을 잇는다.

"부부의 이런 불화와 다른 여러 이유가 겹쳐져 모버리 경과 마님은 바람 잘날 없는 나날을 보냈단다. 마님은 자존심 센 귀부인이었어. 두 사람은 나이도성격도 잘 맞지 않았고, 둘 사이를 가깝게 해줄 자식도 없었단다. 마님이 좋아했던 어린 남동생이 왕당파와 의회파 사이에 벌어진 내란에서 전사한 뒤로(모버리 경의 친척에게 살해당했지) 마님은 엄청난 원한을 품고, 자신이 시집 온 이집안을 증오하게 되었어. 데들록 사람들이 왕을 위해 출전하려고 할 때, 마님이 한밤중에 마구간으로 숨어 들어가 말의 다리에 상처를 낸 적이 한두 번이아니라는구나. 이야기에 따르면, 한번은 그런 심야에 계단을 조용히 내려가는마님을 본 나리께서 그 뒤를 따라 가자 마님이 나리의 애마가 있는 마구간으로 들어가더래. 나리는 마님의 손목을 붙잡았어. 그리고 몸싸움을 벌이다가 그랬는지 쓰러질 때 말이 놀라서 펄쩍 뛰다가 그랬는지, 아무튼 마님은 허리가부러졌고 그 뒤로 점차 야위어 갔어."

가정부는 거의 속삭이듯이 나지막한 목소리가 되었다.

"마님은 본디 용모 단정하고 품위 있는 분이셨는데, 몸이 아주 변해 버린 거지. 하지만 거기에 대해 한 번도 한탄하지 않으셨지. 자신이 불구의 몸이 되었다는 사실이나 고통을 견디고 있다는 사실을 누구에게도 말하지 않고 날마다열심히 테라스를 거닐려고 애쓰는 거야. 돌난간에 매달려 양달과 응달을 왔다갔다 했지만, 그것도 날이 갈수록 어려워졌지. 마침내 어느 날 오후 나리가(그날 밤이 지난 뒤 마님은 아무리 설득해도 나리에게 말 한마디 건네지 않게 되었지) 남쪽에 있는 커다란 창가에 서 있다가, 마님이 테라스 돌바닥에 맥없이 쓰러져있는 것을 보았어. 서둘러 방에서 달려 내려가 마님을 안아 일으키려고 하자,마님은 자신의 가슴 위로 몸을 구부린 나리를 홱 밀쳐내고 차가운 눈으로 노려보면서 이렇게 말씀하셨어. '난 내가 걷고 있던 이곳에서 죽을 거예요. 무덤에 들어가서도 이곳을 걷겠어요. 이 집의 자랑이 무너져 내리는 날까지 이곳을 걸을 거예요. 재앙과 굴욕이 이 집을 찾아올 때 데들록 사람들은 귀를 기울이고 내 발소리를 들으세요!'"

와트가 로사를 쳐다본다. 로사는 짙어 가는 노을 속에서 반은 겁먹고 반은 수줍어하며 눈을 내리깐다.

"마님은 그 채로 그 자리에서 돌아가셨어. 그리고 그때부터 그런 이름이 전해져 내려오고 있지……. '유령의 오솔길'이라는 이름말이야. 진짜로 발소리가 울린다 해도 해가 저물어야만 그 소리가 들리는 데다, 오랫동안 들리지 않는 일도 자주 있단다. 하지만 가끔 다시 돌아오지. 이 집에 병이나 불행이 찾아오면 반드시 들린단다."

"……치욕스러운 일이 일어났을 때도요, 할머니……." 와트가 말한다.

"체스니 월드에 치욕스러운 일은 없다." 가정부가 대꾸한다.

"네, 그렇지요." 손자가 사과한다.

"이게 그 전설이란다. 그 소리가 무슨 소리건, 신경 쓰이는 소리는 분명하다." 미시즈 라운스웰이 의자에서 일어서며 말한다. "그리고 그 소리의 특징은 반드시 들린다는 점이야. 지금의 마님은 어떤 것도 무서워하지 않는 분이어서, 그 소리가 돌아왔을 때는 어김없이 들린다고 하신단. 그 소리가 안 들리게 할 수는 없어. 와트, 네 뒤에 키 큰 프랑스 시계가 있지(일부러 거기에 놔둔 거란다)? 째깍째깍 커다란 소리를 내면서 움직이고, 오르골도 달려 있는 시계지. 넌 그걸 어떻게 작동하는지 알겠지?"

"알아요, 할머니."

"작동해 보렴."

와트는 시계를 작동했다. 시곗바늘이 돌아가게 하고, 오르골을 울린다.

"자, 이리 오렴. 마님의 베개가 있는 이쪽으로. 충분히 어두워졌는지 아닌지 모르겠다만, 귀를 기울여 봐! 테라스 위에서 소리가 들리니? 음악과 째깍거리는 소리와 다른 소리에 섞여서?"

"들려요!"

"마님도 그렇게 말씀하신단다."

# 제8장 수많은 죄를 덮고[1]

새벽이 오기 전 몸단장을 마치고, 검은 유리에 촛불이 두 개의 화톳불처럼 비치는 창밖을 내다보니 저 멀리 일대는 아직 어젯밤의 어스름에 싸여 있었습니다. 날이 밝으면 어떻게 변할까 하고 지켜보는 것은 흥미로운 일이었습니다. 점차 시야가 넓어지면서, 내 기억이 과거를 헤맸을 때처럼 바람이 어둠을 헤매던 곳이 서서히 드러날수록, 잠들어 있던 내 주위에 내가 아직 모르는 다양한 사물이 있었음을 알게 되어 즐거워졌습니다. 그것도 처음에는 안개 속에서 희미하게 보일 뿐이었고, 하늘에는 늦은 별이 아직도 엷게 빛나고 있었습니다. 그 어스름이 지나가자 순식간에 풍경이 커지고 분명해져서, 창밖을 내다볼 때마다 많은 것이 눈에 들어왔습니다. 한 시간이나 바라봐도 질리지 않을 정도였습니다. 어느새 아침에 어울리지 않는 것은 촛불뿐이 되었습니다. 어둠이 방에서 사라지고, 새 날은 힘찬 풍경을 밝게 비춰 주었습니다. 그 풍경에서 두드러지는 오래된 대수도원이 묵직한 탑을 이고서, 험상궂은 그 모습에 어울리지 않게 부드러운 그림자를 길게 던지고 있었습니다. 하지만 이처럼 거친 겉모습에서도(나는 어쩐지 그것을 알 것 같습니다) 부드럽고 온화한 힘이 가끔 뿜어져 나옵니다.

저택은 어느 모로 보나 질서가 매우 잘 잡혀 있고 누구나 아주 친절하게 대해 주어서, 두 꾸러미나 되는 열쇠에 조금도 신경 쓰지 않아도 되었습니다. 식료품 저장실의 모든 작은 서랍과 모든 선반에 무엇이 들었는지 다 외우고, 잼이며, 초절임, 설탕에 절인 과일, 병, 유리그릇, 도기, 그 밖의 많은 것의 개수를 석판에 적고, 일반적인 노처녀처럼 꼼꼼한 바보가 되어 정신없이 일하다 보니, 종소리가 들렸을 때도 설마 하니 벌써 아침 식사 시간이라고는 믿을 수 없었습

---

1) "무엇보다도 열심히 서로 사랑할지니, 사랑은 허다한 죄를 덮느니라." (신약성서 〈베드로전서〉 4장 8절)

니다. 그렇지만 나는 차 담당이었으므로 허겁지겁 달려가 차를 끓였습니다. 그러나 모두 늦게 일어나서 아직 식당에 아무도 내려오지 않았으므로, 나는 정원을 한 바퀴 둘러보고 정원에 대해서도 조금 알아 놓고 싶어졌습니다. 정말이지 기분 좋은 정원이었습니다. 집 정면에는 어제 마차로 지나온 깨끗한 가로수 길과 찻길(참고로 말하자면, 어제 이 길을 마차 바퀴로 어지럽혀 놓았으므로 나는 정원지기에게 길을 다져 놓으라고 부탁했습니다)이 있고, 뒤편에는 화원이 있었습니다. 2층 창가에 있던 에이더가 창문을 조용히 열고, 밖에 있는 나를 향해 방긋 웃어 보였습니다. 그 멀리에서 입을 맞춰 주고 싶다는 듯이. 화원 맞은편에는 채소밭과 말을 넣어 두는 방목장, 아담한 건초 적재장, 그리고 작은 공터가 있었습니다. 저택 자체는 봉우리가 세 개 달린 지붕, 모양과 크기는 서로 다르지만 모두 아름다운 창문, 남쪽으로 세워진 장미와 인동덩굴로 이루어진 나무울타리가 있는 모습이었습니다. 저택의 주인과 팔짱을 끼고 나를 데리러 나온 에이더가 말하기로는 과연 존 아저씨에게 어울리는 집이었습니다. 이것은 대담한 표현이었지만, 잔다이스 씨는 그저 에이더의 사랑스러운 볼을 꼬집었을 뿐이었습니다.

스킴폴 씨는 아침 식사 자리에서도 지난밤 못지않게 유쾌했습니다. 마침 식탁에 벌꿀이 나와 있어서 스킴폴 씨는 꿀벌에 대한 담론을 펼쳤습니다. 그 이야기에 따르면, 자신은 벌꿀에 아무런 이견이 없지만(꿀을 간절한 눈으로 바라보는 것을 보면 정말로 이견이 없는 것 같았습니다) 꿀벌에 대한 무분별한 억측에는 항의한다는 것이었습니다. 그는 다음과 같은 취지의 말을 했습니다. '왜 내게 부지런한 벌꿀을 본보기로 삼으라고 하는지 나는 도무지 모르겠다. 내 생각에 꿀벌은 좋아서 꿀을 만드는 것이다, 그렇지 않다면 그런 고생은 하지 않을 것이다—아무도 부탁한 이가 없으니 말이다. 꿀벌은 취미로 하는 일을 자랑해서는 안 된다. 모든 제빵사가 온 세상을 붕붕 날아다니며, 앞길을 가로막는 모든 것에 부딪치고, 나는 일을 하러 가는 길이니 방해하지 말라고 아무에게나 함부로 주의를 준다면 이 세상은 잘 돌아가지 못할 것이다. 더군다나 한 재산 모으기가 무섭게 유황불에 타 죽고 전 재산을 빼앗기다니, 아무리 생각해도 어이없는 운명이다. 맨체스터 사람이 면사방직을 하는 것이 오로지 실을 뽑기 위해서고 그 외에는 아무 목적도 없다면, 여러분은 그를 시시한 사람이라고 생각할 것이다. 나는 아무 일도 하지 않는 수벌이야말로 가장 즐겁고 가장 현명한 사상의 화신이라고 생각하지 않을 수 없다. 수벌은 꾸밈없이 이렇게 말한다. "미안하지만, 나는 일에 정력을 쏟을 수 없습니다! 내가 사는 세계에 볼거리는 아주 많고 볼 시간은 너무 없습니다. 그러니 정말 이기적이지만, 나는 사방을 구경하고 돌아다니면서, 구경하고 싶지 않은 사람들의 보살핌을 받겠습니다." 이것이 스킴폴 씨가 말하는 '수벌의 철학'으로, 그는 이것을 실로 훌륭한 철학이라고 생각했습니다.

스킴폴 씨는 이런 상상력 넘치는 생각들로 우리를 즐겁게 해 주었습니다. 그러나 물론 이때도 본인은 아주 진지하게 이야기하는 것처럼 보였습니다. 나는 아직 스킴폴 씨의 이야기에 귀를 기울이고 있는 모두를 뒤로한 채 새 임무를 수행하기 위해 방을 찾아갔습니다. 한참 열심히 일한 뒤, 열쇠가 든 바구니를 팔에 걸치고 복도를 지나 돌아가려는데, 잔다이스 씨가 침실 옆에 있는 작은 방으로 나를 불렀습니다. 일부는 책과 서류가 있는 작은 서고이고, 일부는 장화, 구두, 모자 상자 등을 보관하는 작은 진열실로 쓰이는 방이었습니다.

"앉아라." 잔다이스 씨가 말했습니다. "이곳은 '분노의 방'이란다. 나는 기분이 안 좋을 때면 이곳에 와서 소리를 지르지."

"별로 오실 일은 없겠네요." 내가 말했습니다.

"아, 넌 나를 모르는구나!" 잔다이스 씨가 대답했습니다. "나는 속아 넘어가거나 실망하면…… 바람에게 말이다. 동풍이 불면 이곳으로 피난을 오지. 이 분노의 방이 이 집에서 가장 자주 쓰이는 방이란다. 넌 아직 내 마음을 절반도 몰라. 이런, 너 왜 이렇게 떨고 있니!"

떨지 않을 수 없었습니다. 꾹 참아 보려고 했지만, 그 자비로운 분과 단둘이 되어 그 방에서 그 다정한 시선을 받자 너무도 행복하고 너무도 영광스러워서 가슴이 벅차올랐던 것입니다.

나는 잔다이스 씨의 손에 입을 맞추었습니다. 내가 뭐라고 말했는지, 아니 말을 했는지조차 모르겠습니다. 잔다이스 씨는 당황해서 창가로 걸어갔습니다. 나는 꼭 그가 거기서 뛰어내릴 줄 알았지만, 그는 다시 이쪽으로 돌아섰습니다. 그 눈에 어린 감정을 읽은 순간, 그가 무엇을 감추려고 그리로 갔는지 깨닫고서 나는 안심했습니다. 잔다이스 씨가 내 얼굴을 부드럽게 쓰다듬어 주었으므로 나는 의자에 앉았습니다.

"좋아, 좋아! 이제 끝났구나. 으흠! 바보 같이 굴지 마라."

"다시는 안 그럴게요. 하지만 처음에는 그러지 않고 있기가 너무 어려워서……."

"말도 안 되는 소리! 쉽지, 쉬운 일이야. 전혀 어렵지 않아! 나는 보호자가 없는 착한 고아 소녀가 있다는 소리를 듣고, 그 아이의 보호자가 되어 주어야겠다고 생각했다. 그 아이는 자라서 내 보는 눈이 정확했음을 충분히 증명해 주었다. 그래서 이번에는 후견인 겸 친구가 되어 줄 셈이다. 겨우 이게 다인데 뭐가 어떻다고 그러느냐? 됐다, 됐어! 자, 이제 우리는 오래된 빚을 청산했다. 이제 남을 신뢰하고 남에게 신뢰받는 그 밝은 얼굴로 돌아갔구나."

나는 마음속으로 "에스더, 정말 놀랐지? 너한테 이런 일이 있을 줄은 몰랐잖아!"라고 말했습니다. 이것은 매우 효과가 있어서 나는 열쇠 바구니 위에 두 손을 깍지 끼고 평상심을 되찾을 수 있었습니다. 잔다이스 씨가 만족스럽다는 표정으로 내게 허심탄회하게 이야기하기 시작했습니다. 아주 오래전부터 아침마다 이렇게 나와 대화를 나누었다는 듯이. 나도 그런 기분이 들었습니다.

"에스더, 물론 넌 그 대법관부 사건을 모르겠지?"

물론 나는 고개를 가로저었습니다.

"과연 그걸 아는 사람이 있을까? 그 사건은 변호사들이 비틀고 꼬아 완전히 복잡하게 해 놔서, 사건 초기의 핵심은 진작 지구상에서 사라져 버렸다. 그건 유언장과 그것에 근거한 신탁 재산에 관한 소송이야…… 아니, 옛날에는 그랬지. 하지만 지금은 그저 소송비용에 관한 사건에 불과하단다. 우리 소송 관계자는 늘 소송비용 문제로 출두하고, 퇴정하고, 선서하고, 질문하고, 송장을 제출하고, 반대 송장을 제출하고, 변론하고, 도장을 찍고, 이의를 신청하고, 심사를 의뢰하고, 보고서를 제출하고, 대법관님과 그 주변인 주위를 맴돌고, 형평법에 따라 왈츠를 추면서 시시하게 죽어 가지. 중요한 문제는 소송비용이야. 다른 것은 희한하게도 다 사라져 버렸다."

잔다이스 씨가 머리를 비비기 시작했으므로 나는 화제를 원래대로 돌리려고 말했습니다. "하지만 원래는 유언장에 관한 사건이잖아요?"

"그렇지. 아직 조금이나마 소송다웠을 때는 말이다. 어느 잔다이스라는 남자가 어느 불길한 시기에 어마어마한 재산을 모으고 엄청난 유언장을 썼다. 그렇지만 그 유산은 유언에 근거한 신탁 재산을 어떻게 처분하느냐 하는 문제로 다 탕진되었지. 유산상속자들은 비참한 상태로 전락해 버려서, 그들이 남겨진 돈을 가지려고 엄청난 범죄를 저질렀다 해도 이미 충분히 벌을 받았다고 할 수 있을 거야. 유언장 자체가 사문화되어 버렸어. 이 비참한 소송이 이어지는 내내, 한 사람만 제지하고 관련된 모든 사람이 이미 알고 있는 모든 사실은 아무것도 모르는 그 유일한 한 사람에게 알아내라고 위임되었지. 이 비참한 소송이 이어지는 동안, 그것에 관해 짐수레 열 대 분량이나 쌓인 서류의 필사본을 모두가 거듭 만들어 가려야 했고 말이야. 악마의 연회와 같은 그야말로 황당한 환상에서도 꿈꾸어진 적이 없는 그런 정도의 소송비용과 허튼짓과 부패로 가득 찬 끔찍한 컨트리댄스를 추어야 했지. 형평법원이 질문서를 보통법원에 보내면, 보통법원은 그것을 다시 형평법원에 돌려보내, 보통법원은 제 분야에서 이것을 할 수 없다는 것을 파악하고, 형평법원은 제 분야에서 저것을 할 수 없다는 것을 파악하지. 그러고는 A씨를 대신해서 이 사무변호사의 지휘로 이 법정변호사가 출두하고 B씨를 대신해서 저 사무변호사의 지휘로 저 법정변호사가 출두하지 않고서는, 어느 법원도 제 분야에서 어떤 것을 할 수 없다는 말조차 하지 못하는 거야. 그런 식으로 마치 애플파이[2]처럼 알파벳 전부를 훑고 지나가는 거야. 그렇게 해가 아무리 바뀌어도, 또 대가 아무리 바뀌어도 모든 일이 처음부터 몇 번이나 끊임없이 되풀이되면서 도무지 끝날 기미가 없어. 게다가 우리는 어떤 조건이 있어도 이 소송에서 빠져나갈 수가 없단다. 우리는 이 소송의 당사자가 되어버렸고 당사자여야 하니까. 하지만 이 소송에 대해 생각해 봐야 쓸데없는 짓이다! 가엾게도, 내 증조부이신 가엾은 톰 잔다이스가 이 소송에 대해 생각하기 시작했을 때, 그게 바로 종말의 시작이었지!"

"사람들이 말하는 그 잔다이스 씨말이지요?"

잔다이스 씨가 엄숙한 얼굴로 고개를 끄덕였습니다. "나는 톰 잔다이스의 후손이고, 여기가 증조부님의 집이었다. 내가 이곳에 왔을 때는 정말 황량했어. 그분이 자신의 불행의 표시를 남기고 간 거지."

---

2) A부터 순서대로 각 행 첫머리에 알파벳 자모를 주어로 쓴 문장을 완성하여 사과 파이에 관한 이야기로 만든 동요.

"지금은 그때랑 정말 많이 변했네요!"

"증조부님 대 이전에 이 집은 '봉우리의 저택'이라고 불렸단다. 증조부님께서 현재의 이름을 붙이셨지. 증조부님은 이 집에 틀어박혀서 밤낮으로 그 산더미 같은 소송 관계 서류를 읽으시고, 엉켜 버린 소송을 원만하게 해결하겠다는 가망 없는 희망을 버리지 않으셨어. 그러는 사이에 집은 황폐해지고, 금 간 벽 틈에서는 바람이 숭숭 들어오고, 부서진 지붕에서는 비가 새고, 썩어 가는 현 관까지 잡초가 길을 가로막았단다. 내가 돌아가신 증조부님을 이곳으로 옮겨 왔을 때는 이 집도 머리에 총을 맞은 줄 알았어. 산산이 부서지고 깨져 있었으 니까."

잔다이스 씨는 몸서리치며 이렇게 중얼거리고 앞뒤로 서성였습니다. 그러다 가 밝은 표정으로 내게 시선을 돌리고 다가와 두 손을 주머니에 넣고 의자에 앉았습니다.

"이 방이 '분노의 방'이라는 것은 이야기했지? 어디까지 말했더라?"

나는 잔다이스 씨가 황폐한 집에 밝은 변화를 가져왔다는 부분까지 이야기 했다고 알려 주었습니다.

"황폐한 집…… 그래. 런던 시내에는 지금도 그 무렵의 황폐한 집과 매우 비 슷한 우리 집이 몇 채 있단다. 우리 집이란 즉 그 소송과 관계된 집이라는 뜻이 다. 하지만 이 집은 소송비용의 집이라고 해야겠다. 비용이야말로 거기서 무언 가를 얻어낼, 또는 그곳을 눈의 아픔이나 심장의 아픔으로 알아보지 못할 지 상의 유일한 세력이지. 그곳은 돌에 맞아 눈알이 깨진 채 허물어져 가는 눈먼 집들이 모여 있는 거리로, 유리창도 없고, 창문틀이라 할 만한 것도 없고, 닳아 문드러진 휑한 덧문은 경첩에서 빠져 떨어졌으며, 철 난간은 녹 부스러기가 벗 겨져 있고, 굴뚝은 가라앉았고, 문간마다 있는 돌계단은 칙칙한 녹색으로 바 뀌었으며, 그 폐허를 떠받치고 있는 버팀목은 썩어가고 있지. 황폐한 집은 대 법관부의 관할 밖이었지만 주인은 그 관할 아래에 있어서, 지금 이야기한 집과 같은 낙인이 찍혀 버렸단다. 얘야, 이런 것들이 온 영국을 덮고 있는 국새의 낙 인이란다. 애들도 그걸 알아보지."

"이 집은 정말 많이 변했군요!" 내가 다시 한 번 말했습니다.

"그래, 그렇단다." 잔다이스 씨가 훨씬 더 명랑하게 대답했습니다. "너는 상황을 긍정적으로 보게 해주는 지혜가 있구나." (내가 지혜롭다니!) "이 분노의 방에서가 아니면 난 이런 이야기를 절대로 하지 않고, 심지어 생각조차 하지 않는단다. 네가 이 이야기를 릭과 에이더에게도 해줘야 한다고 생각한다면……." 그가 나를 진지한 눈빛으로 바라보며 말을 이었습니다. "해줘도 좋다. 그건 네 판단에 맡기겠다, 에스더."

"전요, 선생님……."

"아저씨라고 부르는 게 좋겠구나."

잔다이스 씨가 따뜻한 배려에서가 아니라 즉흥적인 생각에서인 것처럼 그렇게 말했을 때 나는 다시 뜨거운 것이 울컥 솟구쳐 오르는 것을 느꼈습니다. 그래서 그런 나 자신을 "에스더, 왜 이래!" 하고 꾸짖었습니다. 나는 저택의 열쇠를 살짝 흔들어 나 자신에게 주의를 준 다음, 열쇠 바구니 위에 두 손을 더 세게 깍지 끼고 조용히 잔다이스 씨를 바라보았습니다.

"저는요, 아저씨, 아저씨께서 제 판단력을 너무 믿지 않으셨으면 좋겠어요. 절대 과대평가하지 마세요. 제가 똑똑하지 않다는 걸 깨달으셨을 때 실망하실까 봐 걱정스러우니까요……. 전 진짜로 똑똑하지 않아요. 제가 아무리 숨기려 해도 곧 알게 되실걸요."

잔다이스 씨도 실망한 기색이 전혀 없었습니다. 오히려 정반대였습니다. 그분은 활짝 웃으며, 난 너를 잘 아는데 너 정도 똑똑하면 충분하다고 말했습니다.

"저도 그러고 싶지만 자신이 없어요, 아저씨."

"너 정도 똑똑하면 이 집의 '작은 아주머니'가 되기에 충분하다." 잔다이스 씨가 장난스럽게 대답했습니다. "동요(스킴폴의 노래를 말하는 게 아니란다)에 나오는 '작은 아주머니' 말이야.

'작은 아주머니, 그렇게 높이 어디로 가시나요?'
'하늘에 거미줄을 치우러 간단다.'

에스더, 네가 집안일을 맡는 동안 이 집 하늘의 거미줄을 말끔히 걷어 줄 테니까, 그사이에 우리는 '분노의 방'을 찾지 않고 문에 못을 박아 버려야겠다."

이것을 계기로 나는 아주머니, 작은 아주머니, 거미줄, 미시즈 시프턴,[3] 허버드 아주머니,[4] 더든 아주머니[5] 따위의 이름들로 불리게 되었고, 이윽고 내 본명은 완전히 잊히고 말았습니다.

잔다이스 씨가 말했습니다. "아까 이야기로 돌아가자. 릭은 전도유망하고 훌륭한 젊은이다. 릭을 어떻게 했으면 좋겠니?"

맙소사, 그런 문제에 대해 내게 조언을 구하다니!

잔다이스 씨가 기분 좋은 듯이 두 손을 주머니에 넣고 두 다리를 쭉 뻗으면서 말했습니다. "릭을 전문 직업인으로 키워야 할 텐데. 뭐든 스스로 선택하게 해야 해. 거기에는 야단스러운 호들갑이 따르겠지만, 무슨 일이 있어도 그렇게 해야 해."

"야단스러운 뭐라고요, 아저씨?"

"야단스러운 호들갑. 그렇게밖에 달리 표현할 길이 없구나. 릭은 대법관 법정의 피후견인이야. 그러니까 이 문제에 관해서는 켄지 앤드 카보이 법률사무소도 할 말이 있을 거다. 주사 나부랭이—챈서리 래인 상류 골목 끄트머리에 있는 뒷방에서 소송 본안의 무덤을 파고 있는 우스꽝스러운 교회지기 말이다—라도 한마디 할걸. 법정변호사도 할 말이 있을 거고, 대법관도, 그 밑에 있는 사람들도 그럴 거다. 그리고 그 사람들 스스로에게 충분히 감사 인사를 해야 할 거야. 하지만 그들의 말은 엄청나게 거만하고 장황하고 영양가도 없고 돈도 드니까 전체적으로 봐서는 야단스러운 호들갑이지. 어째서 인간이 그런 호들갑 때문에 고민하게 됐는지, 누구의 잘못으로 이렇게 젊은 사람들이 그런 함정에 빠진 건지 난 모르겠지만, 아무튼 그렇단다."

잔다이스 씨는 다시 머리를 벅벅 문지르고, 동풍이 불기 시작했다고 암시했습니다. 그렇지만 나에 대한 잔다이스 씨의 호의를 보여 주는 기쁜 증거는, 머리를 문지르건 서성이건 그 둘을 함께 하건 간에 그가 나를 바라볼 때는 반드시 그 얼굴이 자비로운 표정으로 돌아온다는 것이었습니다. 그런 다음에 그는 기분 좋은 태도로 두 손을 주머니에 넣고 두 다리를 쭉 폈지요.

---

3) 유명한 여자 예언자. 17세기 문헌에 그 이름이 나온다.
4) 동요에 나오는 여주인공.
5) 하인 다섯 명과 하녀 다섯 명에게 집안일을 시켰다는, 유명한 노래의 주인공.

"일단 리처드 씨에게 의견을 물어보는 것이 먼저일 것 같은데요."

"네 말이 맞다. 나도 그럴 생각이야! 너의 그 재치와 부드러운 말투로 이 문제에 대해 릭과 에이더와 충분히 이야기를 나누어 보고, 너희 세 사람의 생각이 어떤지 확인해 주렴. 네 방식대로라면 분명 문제의 핵심을 파악할 수 있을 거야, 작은 아주머니."

나는 이렇게 중요한 위치에서 여러 임무를 맡았다고 생각하니 진심으로 두려워졌습니다. 나는 조금도 그러고 싶지 않았기 때문입니다. 잔다이스 씨가 리처드에게 직접 이야기해 주기를 바랐습니다. 그러나 물론 대답은 그렇게 할 수 없었습니다. 나는 최선의 노력을 다 하겠으며, 단 아저씨가 나를 실제 이상으로 현명하다고 생각하시는 게 걱정스러울 따름이라고만 대답했습니다(사실 나는 이 점을 다시 한 번 짚고 넘어가야 한다고 느꼈습니다). 잔다이스 아저씨는 그때까지 들은 적 없는 유쾌한 웃음소리를 냈을 뿐이었습니다.

"자!" 잔다이스 씨가 일어서서 의자를 뒤로 밀어내면서 말했습니다. "이것으로 오늘은 '분노의 방'에서의 볼일이 끝났다! 마지막으로 한마디만 더 하마. 에스더, 나한테 뭐 묻고 싶은 말 없니?"

잔다이스 씨가 나를 빤히 바라봤으므로 나도 잔다이스 씨를 빤히 바라보았습니다. 그러자 그 질문의 의미를 분명히 알 것 같았습니다.

"저 자신에 대해서 말인가요?" 내가 말했습니다.

"그래."

"아저씨" 하고 말하면서 나는 용기 있게 손을 내밀어(그 손은 저도 모르게 차가워졌습니다) 잔다이스 씨의 손을 잡았습니다. "아무것도 없어요! 제가 알아야 할 것, 알지 않으면 안 되는 것이 있다고 해도 가르쳐 달라고 부탁할 필요는 없겠지요. 제가 아저씨를 전적으로 믿지 않는다면 전 매정한 아이일 거예요. 아저씨에게 물을 것은 아무것도 없어요, 전혀 없어요."

잔다이스 씨는 내 손을 끌어당겨 옆구리에 끼었습니다. 우리는 방에서 나와 에이더를 찾으러 갔습니다. 그때 이후 나는 잔다이스 씨가 매우 편안하게 느껴졌습니다. 그리고 그 이상 아무것도 모른다는 사실에 만족했습니다.

처음에 우리는 황폐한 집에서 매우 바쁘게 지냈습니다. 원근 각처에 살고 있는 잔다이스 씨의 수많은 지인과 사귀어야 했기 때문이었습니다. 에이더와 나는 남의 돈으로 뭔가를 하고 싶어 하는 사람이라면 모두 잔다이스 씨를 아는 것처럼 느껴졌습니다. 오전에 '분노의 방'에서 잔다이스 씨의 편지를 정리하고 답장을 몇 통쯤 대필하기 시작했을 때 우리는 깜짝 놀랐습니다. 편지를 보낸 사람들 거의 대부분이 돈을 모금해서 쓰기 위해 위원회를 만드는 것을 인생의 큰 목표로 삼고 있다는 사실을 알았기 때문입니다. 여자들도 남자들 못지않게 필사의 노력을 하고 있었습니다. 아니, 오히려 남자 이상이었다고 생각합니다. 대단히 열렬하게 위원회 사업에 몰두하고, 깜짝 놀랄 만큼 맹렬히 기부금을 모으는 것이었습니다. 개중에는 우체국 주소록에 실린 사람 모두에게 정기 기부금 용지를 보내는 일에 일생을 보내는 것 같은 사람도 있었습니다. 그리고 그들은 뭔든 가리지 않고 바랐습니다. 옷을 바라고, 다 떨어진 리넨을 바라고, 돈을 바라고, 석탄을 바라고, 수프를 바라고, 어떤 일에 힘써 주기를 바라고, 서명을 바라고, 플란넬을 바라고, 잔다이스 씨가 가진 것—또는 가지지 않은 것—을 모두 바랐습니다. 그 목적 또한 요구 못지않게 다양했습니다. 새 건물을 짓는다, 오래된 건물의 차입금을 모두 변제한다, 그림처럼 아름다운 건물 안에 중세 마리아회를 창설한다, 미시즈 젤리비의 공로에 보답하여 선물을 보낸다, 모임 간사의 초상화를 제작하여 그에 대한 깊은 헌신적 애정을 보여 준 그의 장모에게 증정하겠다 등등 온갖 다양한 계획이 세워져 있었습니다. 그들은 팸플릿 50만 부에서 연금에 이르기까지, 또 대리석 기념비에서 은으로 된 찻주전자에 이르기까지 별의별 것을 다 만들려는 것 같았습니다. 그리고 그런 모임에 온갖 이름을 갖다 붙였습니다. 이를테면 영국 부인회, 브리튼 처녀회, 미국 여성회, 그리고 수백 가지가 넘는 이름의 숙녀회 등이 있었습니다. 이런 여자들은 끊임없이 유세와 선거에 열을 올리는 것 같았습니다. 그리고 그 여자들이 보낸 편지에 따르면, 언제나 수만 명 되는 사람을 투표장으로 보내는데도 자신들의 후보자를 아직 당선시키지 못하고 있는 것처럼 보였습니다. 전체적으로 그들이 열병에 걸려 사는 것처럼 보여서 우리는 머리가 아파졌습니다.

이런 탐욕스러운 자선(이런 표현이 용서된다면)으로 유명한 여자들 가운데 미시즈 패딩글이라는 사람이 있었는데, 편지의 양으로 판단해 보건대 미시즈 젤리비 못지않게 열심히 편지를 보내는 사람 같았습니다. 우리는 미시즈 패딩글이 화제에 오르기만 하면 풍향이 바뀌어 잔다이스 씨가 이야기를 멈추고, "자선사업가에는 두 종류가 있다. 하나는 그다지 하는 일도 없으면서 요란을 떠는 사람이고 또 하나는 큰 사업을 펼치면서도 조용한 사람이다" 하고 내뱉고는 입을 닫아 버린다는 사실을 깨달았습니다. 그래서 우리는 미시즈 패딩글을 첫 번째 유형의 대표적인 사람이라고 생각하고 한번 만나보고 싶었습니다. 따라서 어느 날 미시즈 패딩글이 어린 아들 다섯을 데리고 방문했을 때는 무척 기뻤습니다.

미시즈 패딩글은 안경을 끼고 콧대가 무척 높고 목소리가 크며 딱딱한 태도를 가진 사람으로, 공간을 많이 차지할 것 같은 인상을 주었습니다. 그런데 아니나 다를까, 저 멀리 떨어져 있는데도 치맛자락으로 작은 의자를 몇 개나 쓰러뜨렸습니다. 집에는 에이더와 나밖에 없었기에 우리는 두려움에 떨며 부인을 맞이했습니다. 부인이 들어오자 한기가 스민 것처럼 오슬오슬해서, 뒤에 따라 들어오던 아이들까지 새파랗게 질린 것 같아 보였기 때문입니다.

"아가씨들." 미시즈 패딩글은 첫인사가 끝나자 아주 유창하게 말을 늘어놓기 시작했습니다. "이쪽은 내 다섯 아들이에요. 이름은 제가 존경하는 친구이신 잔다이스 씨가 이미 알고 계세요. 기부자 방명록(아마 몇 부쯤 있을 거예요)에서 보셨을지도 모르겠네요. 장남인 에그버트는(아직 열두 살이지만) 자기 용돈을 5실링 3펜스나 모아 토카후포 인디언에게 준 아이예요. 차남인 오즈월드는(아직 열 살 반이지만) 전국 대장장이 공로 표창기념품에 보태라고 2실링 9펜스를 기부한 아이죠. 삼남인 프랜시스는(아직 아홉 살인데) 1실링 6펜스 반을 기부했고, 사남인 펠릭스는(일곱 살이죠) 노령 미망인들을 위한 모임에 8펜스를 기부했답니다. 그리고 막내 알프레드는(다섯 살이에요) 최근 자발적으로 '기쁨의 선서' 유년단에 입단해서 평생 담배는 손에도 대지 않겠다고 맹세했답니다."

우리는 그처럼 불만스러워 보이는 아이들을 본 적이 없었습니다. 단순히 모두 기가 눌리고 풀이 죽어 있는 것만이 아니라—분명히 그렇게 보이기는 했지만—불만이 쌓이고 쌓여 곧 폭발할 것 같은 표정이었던 것입니다. 토카후포 인디언 이야기가 나왔을 때 나는 에그버트가 정말로 그 종족 중에서도 가장 심술 사나운 원주민이 아닐까 생각했을 정도였습니다. 그만큼 야만인처럼 무시무시하게 인상을 쓰고 있었던 것입니다. 자기가 기부한 금액이 나올 때마다 아이들의 표정은 원망 가득한 어두운 표정으로 변했는데, 특히 에그버트가 가장 그랬습니다. '기쁨의 선서'에 입단한 어린 신입단원만큼은 예외였습니다. 이 아이는 여전히 멍하니 슬픈 표정을 짓고 있었습니다.

"미시즈 젤리비의 집을 방문하셨죠?" 미시즈 패딩글이 말했습니다.

우리는 하룻밤 묵었다고 말했습니다.

"미시즈 젤리비는……" 부인이 이어서 말했습니다. 이 사람은 한결같이 감정이 고스란히 드러나는 높고 딱딱한 목소리로 말했기에, 나는 문득 목소리마저 안경을 쓰고 있는 것이 아닐까 하는 생각을 했습니다―이참에 말하자면, 부인의 눈은 에이더가 말하는 "사람을 질식시키는 눈", 다시 말해 심한 퉁방울눈이어서 안경도 그만큼 매력이 없어졌습니다. "미시즈 젤리비는 사회의 은인이고, 도울 만한 사람이에요. 우리 아이들도 그분의 아프리카 개발 계획에 기부했죠. 에그버트는 1실링 6펜스를 냈는데, 그건 아홉 주 동안 모은 용돈 전부예요. 오즈월드는 1실링 1페니 반을 냈는데, 이것도 마찬가지죠. 다른 아이들도 형편에 맞게 냈어요. 하지만 내가 모든 일에서 미시즈 젤리비와 행동을 같이하는 건 아니랍니다. 난 미시즈 젤리비의 육아 방식에는 동의하지 않아요. 사람들은 미시즈 젤리비의 아이들이 자기 어머니가 헌신하는 사업에 참여하지 않는다는 걸 알고 있고, 또 말하고 있죠. 그분이 옳은 건지도 모르고, 틀린 건지도 몰라요. 하지만 옳든 그르든 그건 내 양육 방침하고 달라요. 난 어디를 가든시 아이들을 데리고 다니죠."

나중에 나는 그 말이 옳다고 생각했지만(에이더도 그랬습니다), 못된 장남은 이 어머니의 말을 더는 듣지 못하고 악을 쓰기 시작했습니다. 중간부터 하품으로 바뀌었지만, 처음에는 분명 고함이었습니다.

"아이들은 하루도 빼놓지 않고 새벽 6시 반이면 나와 함께 교회로 아침 기도를 드리러 가죠(아주 의젓하게 기도한답니다). 물론 한겨울에도요." 미시즈 패딩글이 빠른 투로 말했습니다. "일과도 모두 함께하지요. 난 학교의 어머니회 위원이기도 하고, 가정방문 위원이기도 하고, 독서위원회 위원이기도 하고, 배급위원회 위원이기도 해요. 리넨 상자 위원회의 지방위원과 수많은 위원회의 전국위원도 맡고 있어요. 그리고 유세만으로도 대단히 넓은 지역을 맡고 있지요. 아마 나보다 넓은 지역을 맡은 사람은 없을 거예요. 하지만 어디를 가든지 아이들을 동반하죠. 이런 방법을 통해서 아이들은 가난한 사람들에 관한 지식과 자선사업 일반을 수행하는 능력—요컨대 이런 일에 대한 애호심 말이에요—
을 익혀서 뒷날 이웃에게 도움이 되고 본인들도 만족하게 되는 거랍니다. 우리
아이들은 경박하지 않아요. 자기들의 용돈은 모조리 내 감독 하에 기부사업에
쓰고 있고, 보통 어른들도 해내지 못할 만큼 많은 공개 집회에 참석하고 많은
강연과 연설과 토론을 들으러 다니죠. 알프레드는 아까도 말씀드렸다시피 자진
해서 '기쁨의 선서' 유년단에 들어갔는데, 입단하던 날 밤 사회자들이 두 시간
에 걸쳐 열렬한 인사를 한 다음에도 정신이 말짱했던 얼마 되지 않는 아이 가
운데 하나랍니다."

알프레드는 그날 밤 고생한 일을 절대로 용서할 수 없으며 용서할 생각도 없
다는 듯이 뚱한 얼굴을 하고 있었습니다.

"서머슨 양." 미시즈 패딩글이 말했습니다. "벌써 보셨을지도 모르지만, 아까
제가 말한 저의 존경하는 친구이신 잔다이스 씨가 갖고 계신 기부자 방명록에
는 우리 집 아이들의 이름 끝에 O.A. 패딩글, 영국학사원 특별회원, 1파운드
라고 쓰여 있어요. 그게 이 아이들의 아버지랍니다. 우리는 보통 같은 관례대
로 하죠. 먼저 내가 작은 정성을 기입해요. 그리고 아이들이 나이와 그에 상응
하는 용돈 순으로 기부액을 적지요. 그다음 남편이 마지막에 적습니다. 남편은
내 감독 하에 약소하나마 기쁜 마음으로 기부한답니다. 그렇게 해서 우리 스스
로 만족하는 것뿐만 아니라 틀림없이 다른 분들에게도 모범이 되고 있다고 생
각해요."

패딩글 씨가 젤리비 씨와 저녁 식사를 한 뒤 젤리비 씨가 근심거리를 털어놓
는다면 패딩글 씨도 그에 응해 마음속 비밀을 젤리비 씨에게 털어놓을까? 나
는 이런 생각을 하고 있는 나 자신을 발견하고서 당황했지만, 실제로 그런 생
각이 머리에 떠올랐습니다.

"이 집은 정말이지 아늑한 곳에 위치해 있네요!" 미시즈 패딩글이 말했습
니다.

우리는 기꺼이 화제를 바꾸고 창가로 다가가 아름다운 풍경을 이것저것 손
가락으로 가리켰지만, 미시즈 패딩글의 안경은 이상하게도 풍경에는 무관심한
듯했습니다.

"거셔 씨를 아시죠?" 이 손님이 말했습니다.

우리는 모른다고 대답할 수밖에 없었습니다.

"그렇다면 손해를 보는 쪽은 분명 당신들 쪽이군요." 미시즈 패딩글이 당당한 태도로 말했습니다. "그분은 정말이지 불처럼 맹렬한 웅변가로, 열정이 넘친답니다! 지형으로 볼 때 이곳의 잔디는 공개 집회를 열기에 안성맞춤이에요. 지금 그분이 이 잔디에서 짐마차 위에 서서 연설한다면, 당신들이 입에 올리는 거의 모든 화제를 이용해서 몇 시간이고 계속해서 말할 수 있을 텐데!" 미시즈 패딩글은 이렇게 말하면서 자기 의자로 돌아가다가, 내 반짇고리를 올려놓은 저 멀리 떨어진 작은 원탁을 마치 보이지 않는 힘이라도 가진 것처럼 쓰러뜨리고 말았습니다. "이제 내가 어떤 사람인지 아셨겠죠, 아가씨들?"

진심으로 당혹스러운 질문이었으므로 에이더는 당황해서 나를 바라보았습니다. 나는 조금 전 그런 생각을 한 뒤였으므로 분명 그 꺼림칙한 마음이 얼굴에 나타나 있었을 것입니다.

"내 성격의 특징을 알았느냐는 말이에요. 나도 그 특징이 쉽게 눈에 띌 만큼 독특하다는 걸 알아요. 난 정말이지 간파당하기 쉬운 성격이죠. 나도 잘 알아요! 난 내가 사업가라는 걸 무조건 인정해요. 난 힘든 일을 좋아하죠. 힘든 일이 즐거워요. 그런 일이 주는 자극이 나에겐 필요해요. 난 힘든 일에 완전히 익숙해서 아무렇지도 않아요. 피로라는 것을 모르죠."

우리는 그건 매우 놀랍고도 바람직한 일이라는 의미의 말을 중얼거렸습니다. 부인의 말이 정확히 어떤 의미일지는 몰랐지만, 예의상 그렇게 말한 것이었습니다.

"나는 지칠 줄을 몰라요. 아무리 날 지치게 하려고 해도 소용없을 거예요! 내가 하고 있는 노력의 양과(나한테는 노력도 뭣도 아니지만) 하고 있는 일의 (그런 건 일도 아니라고 생각하지만) 수를 생각하면 가끔 나도 내가 놀랍답니다. 우리 아이들과 남편은 그런 날 보는 것만으로도 피곤해 한다는 걸 알지만, 정작 나는 그렇지 않아요. 종달새처럼 팔팔하다니까요!"

침울한 표정을 한 부인의 장남은 어머니의 이 말을 듣자 아까보다 더 험악한 표정으로 변했습니다. 자세히 보니 오른손 주먹으로 왼쪽 옆구리에 낀 모자의 꼭대기를 조용히 쥐어박고 있었습니다.

"일하러 다닐 때는 이게 무척 도움이 돼요. 내 말을 듣기 싫어하는 사람들을 만나면 곧 이렇게 말해 주죠. '난 지치는 법이 없어요. 그러니까 끝까지 이야기 하겠어요.' 그러면 효과가 아주 좋답니다! 서머슨 양, 당신은 당장 내 가정방문 일을 도와주세요. 클레어 양에게는 조만간 부탁하지요."

처음에 나는 나에게는 꼭 할 일이 있으며 그 일을 소홀히 할 수 없다는 이유로 사양하려고 했습니다. 그렇지만 이 변명은 효과가 없었기에, 그다음으로 과연 내게 그런 자격이 있을지 자신이 없다는 개인적인 사정을 들었습니다. 나는 나와 처지가 전혀 다른 사람들과 같은 기분이 되어 그에 걸맞은 견지에서 그들에게 호소해본 경험이 없었습니다. 그런 일에 반드시 필요할 것이 분명한, 타인의 마음에 대한 미묘한 지식도 갖고 있지 않았습니다. 남에게 무엇을 가르칠 수 있게 되기까지는 아직 나 자신이 배워야 할 것이 많이 있었고, 내 선의만을 믿을 수는 없었습니다. 이런 이유로 나는 나와 가장 가까운 사람들을 최대한 돕고 미약하나마 온 힘을 기울여 이 의무의 영역을 서서히 그리고 자연스럽게 넓혀가려고 노력하는 것이 가장 좋으리라고 생각했습니다. 나는 이런 생각을 모조리 말했지만, 결코 자신감을 가지고 말한 것은 아니었습니다. 미시즈 패딩글은 나보다 나이가 한참 많고 경험도 매우 풍부하며, 군인 같은 태도를 취하고 있었기 때문입니다.

"당신 말은 잘못됐어요, 서머슨 양." 미시즈 패딩글이 말했습니다. "아마 당신은 힘든 일이나 그 자극을 견디지 못하는 것이겠죠. 그렇다면 이야기는 전혀 달라져요. 내가 어떻게 일하는지 보고 싶다면, 난 지금부터—우리 아이들과 함께—근처 벽돌공(아주 질이 나쁜 남자죠)의 집에 가정방문을 갈 건데 기꺼이 당신을 데리고 가겠어요. 클레어 양도 같이 가고 싶으면 가세요."

에이더와 나는 얼굴을 마주 보고 이 제안을 받아들였습니다. 마침 우리도 외출하려던 참이었기 때문입니다. 모자를 쓰러 갔다가 서둘러 돌아오니 어린 아이들은 구석에서 맥없이 있고, 미시즈 패딩글은 방 안을 활보하면서 주위의 가벼운 가구류를 거의 쓰러뜨리고 있었습니다. 그런 다음 부인이 에이더를 독차지해 버렸으므로 나는 아이들을 데리고 뒤를 따라갔습니다.

에이더가 나중에 들려준 이야기인데, 미시즈 패딩글은 벽돌공의 집으로 가는 내내 계속해서 큰 목소리로(나도 그 소리를 똑똑히 들었습니다) 서로 추천하는 후보자가 달라 갈등을 빚어 온 어느 부인을 상대로 최근 이삼 년간 흥미로운 연금획득전을 펼쳤던 이야기를 들려주었다고 합니다. 엄청나게 많은 인쇄물과 약속, 대리투표 위임, 투표 등으로 모든 관계자가 생기가 넘치는 가운데 두 후보자만은 그렇지 않다고 했습니다. 지금도 선출이 결정되지 않았기 때문입니다.

나는 아이들의 신뢰를 얻는 것을 매우 좋아하고 다행히 그 점에서는 언제나 운이 좋았지만, 이날만큼은 몹시 걱정이 되었습니다. 우리가 밖으로 나오자마자 에그버트가 나에게 작은 강도처럼 자기는 용돈을 "빼앗겼으니" 1실링을 내놓으라고 말했습니다. 부모에게 그런 말투를 쓰는 것은(뚱하게 "엄마한테 말이야!"라고 덧붙였으므로) 정말 무례한 짓이라고 말해 주자 나를 꼬집고 이렇게 말했습니다. "쳇! 도대체 넌 뭐야! 너도 그런 일을 당하면 싫을 것 아니야! 어째서 엄마는 돈을 주는 척했다가 도로 빼앗아 가는 거지? 쓰지도 못하게 하면서 왜 그걸 내 용돈이라고 하는 거야?" 이 화나는 질문을 하는 동안 에그버트와 오즈월드 그리고 프란시스까지 완전히 흥분해서 셋이서 한꺼번에 매우 익숙한 솜씨로 나를 꼬집고 두 팔을 비틀어 올리는 바람에 나는 참지 못하고 비명을 질렀습니다. 동시에 펠릭스가 내 발가락을 밟았습니다. 그리고 '기쁨의 선서' 유년단원은 얼마 안 되는 수입을 모조리 빼앗기는 바람에 실제로 담배는 언감생심이요 과자까지 끊겠다는 맹세를 한 것이어서, 과자 가게 앞을 지날 때마다 슬픔과 분노가 차올라 얼굴을 새빨갛게 붉혔으므로 에이더와 나는 덜컥 무서워졌습니다. 어린아이들을 데리고 다닌 적은 가끔 있었지만, 이 부자연스러운 속박을 당한 다섯 아이가 나를 믿고 자연스럽게 행동했을 때만큼 심신이 고생한 적은 없었습니다.

따라서 벽돌공의 집에 닿았을 때는 무척 기뻤습니다. 그곳은 벽돌제조장 안에 있는 허름한 집 가운데 하나로, 집집마다 창문 가까이에는 돼지우리가, 대문 앞에는 작고 볼품없는 마당이 있었습니다. 마당에는 물웅덩이가 있을 뿐이었습니다. 여기저기에 빗물을 받기 위한 낡은 통이 놓여 있었습니다. 대문과 창가마다 사람들이 기대어 있거나 어슬렁거리고 있었는데, 우리에게는 거의 눈길조차 주지 않고 저희끼리 웃고 떠들었습니다. 그리고 우리가 지나가면, 좋은 집 사람들은 쓸데없는 참견도 하지 않고 일부러 남의 집을 찾아와서 두통을 앓거나 신발을 더럽히지도 않는 법이라고 말할 뿐이었습니다.

미시즈 패딩글이 빈민교화의 숭고한 결심을 큰 소리로 떠벌리고 이곳 사람들의 지저분한 습관을 성토하면서(나는 이런 곳에 있으면 제아무리 훌륭한 사람이라도 제대로 생활하기 어렵지 않을까 하는 의문이 들었지만) 우리를 가장 구석에 있는 허름한 집으로 데리고 들어갔습니다. 우리가 들어가자 1층이 거의 꽉 찼습니다. 그 눅눅하고 불쾌한 방 안에는 숨 쉬기 괴로운 듯이 쌕쌕거리는 갓난아기를 벽난로 앞에서 어르고 있는, 눈 주위가 시퍼렇게 멍든 여자와 온몸에 진흙이 잔뜩 묻은 채 마룻바닥에 대자로 누워 담배를 피우는 매우 피폐한 얼굴의 남자, 개에게 목줄을 매고 있는 건장한 젊은이와 몹시 더러운 물로 무언가를 빨고 있는 고집스러워 보이는 소녀가 있었습니다. 우리가 들어서자 그들은 고개를 들고 우리를 쳐다보았습니다. 갓난아기를 어르고 있던 여자는 멍든 눈을 가리려는 듯 얼굴을 불 쪽으로 돌리는 것 같았습니다. 환영의 인사를 건네는 사람은 아무도 없었습니다.

　　"여러분." 미시즈 패딩글이 말했습니다. 친근함이 느껴지지 않는, 아주 사무적이고 가식적인 목소리였습니다. "어떻게들 지내셨나요? 제가 또 왔습니다. 요전에 절 지치게 하는 일은 없다고 말씀드렸죠? 그래요, 난 힘든 일을 좋아하고, 이 말은 틀림없는 사실이에요."

　　바닥에 누워 있던 남자가 팔꿈치를 괴고 우리를 노려보며 고함을 질렀습니다. "당신들 말고 이 집에 들어올 사람이 또 있나?"

　　미시즈 패딩글이 의자에 앉는 것과 동시에 또 다른 의자를 쓰러뜨리며 말했습니다. "여기 있는 사람이 답니다."

　　"아직 수가 모자란 것 같아서 물어 본 거야." 남자가 담뱃대를 문 채 우리를 둘러보며 말했습니다.

　　젊은이와 소녀가 웃었습니다. 우리에게 호기심을 느끼고 대문으로 찾아와서 주머니에 두 손을 찔러 넣고 서 있던 젊은이의 두 친구가 그 웃음소리에 맞춰 요란하게 웃었습니다.

　　"그런 걸로 우리의 심기를 건드릴 수는 없어요." 미시즈 패딩글이 그 두 사람에게 말했습니다. "난 힘든 일을 즐기죠. 그러니까 당신들이 내 일을 괴롭게 하면 할수록 나는 일이 좋아진답니다."

　　"그렇다면 힘들게 해 주지!" 바닥에 드러누워 있던 남자가 외쳤습니다. "그런 일은 이제 그만둬 주었으면 해. 우리 집에 그렇게 익숙한 듯이 들어오지 말란 말이야. 나를 오소리처럼 끌어내는 일은 집어치워. 지금부터 평소처럼 이것저 것 캐물을 생각이겠지? 무슨 질문을 할지 난 훤히 다 안단 말이야. 그런데 이 봐! 당신이 그럴 필요가 없어. 내가 그 수고를 덜어 줄 테니까. 내 딸이 세탁을 하는 중이냐고 물을 셈이었지? 그래, 보다시피 세탁 중이야. 저 물을 한번 봐. 냄새를 맡아 봐! 저게 우리가 마시는 물이야. 어때, 마음에 들어? 대신에 진을 한 잔 줄까? 우리 집이 너무 불결하다고? 그럼, 불결하고말고. 물론 불결하고, 물론 건강하지 못해. 그래서 우리 집에는 불결하고 건강하지 않은 아이가 다섯 이나 나왔다가 모두 쪼끄마할 때 죽었는데, 차라리 그놈들을 위해서도 우리를 위해서도 잘된 일이었어. 당신이 두고 간 팸플릿을 읽어 봤느냐고? 아니, 당신 이 두고 간 팸플릿 따위는 읽지 않았어. 여긴 그런 책을 읽을 줄 아는 사람이 없거든. 있다 해도 그런 책은 나하고 맞지 않아. 그건 갓난아기용 책이고, 난 갓 난아기가 아니니까. 당신이 인형을 놓고 간대도 난 가지고 놀지 않을 거야. 요 즘 어떻게 지내느냐고? 글쎄, 요 사흘간은 술에 취해 있었지. 돈만 있었으면 오 늘이 나흘째였을 텐데 말이야. 교회에 다닐 생각은 없냐고? 물론이지, 그럴 마 음은 전혀 없어. 이쪽이 그럴 마음이 있다고 해도 저쪽이 그럴 마음이 없지. 교 구 직원들은 너무 신사인 척해서 참을 수가 없어. 그런데 아주머니는 왜 저렇 게 시퍼렇게 멍이 들었냐고? 물론 내 짓이지. 자기는 아니라고 하지만 거짓말을 했으니까!"

그는 말을 마치자 다시 벌렁 드러누워 등을 획 돌리더니 담배를 피우기 시 작했습니다. 미시즈 패딩글은 아랑곳하지 않고 아주 침착하게 안경 너머로 벽 돌공을 바라보았습니다. 나는 그런 태도가 상대의 반감을 부추기지나 않을까 걱정스러웠지만, 그녀는 경찰이 경찰봉을 꺼내 잡듯이 설교책을 획 꺼내들고는 그 집 식구들 모두를 구류시켜 버렸습니다. 물론 종교로 붙잡았다는 뜻이지만, 실제 부인의 방식은 인정사정없는 도덕적 경찰관이 범인을 경찰서로 끌고 가는 듯한 느낌이었습니다.

에이더와 나는 몹시 불편해졌습니다. 와서는 안 될 곳으로 쳐들어온 기분이 들었기 때문입니다. 그리고 우리 둘 다 만일 미시즈 패딩글에게 본의 아니게 남을 자기 것처럼 다루는 버릇이 없었다면 훨씬 좋을 결과를 얻을 수 있을 텐데 하고 생각했습니다. 미시즈 패딩글의 아이들은 뿌루퉁한 얼굴로 상황을 유심히 지켜봤지만, 이 집 사람들은 우리에게 눈길조차 주지 않았습니다. 젊은 아들만이 미시즈 패딩글이 힘주어 이야기할 때마다 개를 짖게 했습니다. 에이더와 나는 이 사람들과 우리 사이에는 미시즈 패딩글로도 제거할 수 없는 철조망이 있다는 사실을 뼈저리게 느꼈습니다. 그것을 누가 어떻게 제거해 줄 수 있을지는 알 수 없었지만, 아무튼 그런 것이 있다는 것만은 알았습니다. 첫째로, 미시즈 패딩글이 아무리 겸손하고 아무리 상대방의 기분을 헤아려서 설교책의 내용을 읽고 이야기한다 해도 이런 청중에게는 전혀 먹히지 않을 것 같았습니다. 바닥에 누워 있던 벽돌공이 말한 팸플릿이 어떤 책인지는 나중에 알게 되었는데, 잔다이스 씨의 말에 따르면 로빈슨 크루소가 무인도에서 그 책 이외의 다른 책은 갖고 있지 않았다고 해도 안 읽었을 법한 책이었습니다.

상황이 이러했으므로 미시즈 패딩글이 이야기를 마치고 나서야 우리는 겨우 마음을 놓았습니다. 바닥에 누워 있던 벽돌공이 다시 이쪽으로 고개를 돌리고 퉁명스럽게 말했습니다.

"이야! 이제 끝났나?"

"오늘은요. 하지만 난 절대로 지치지 않아요. 당신이 맨 정신일 때 다시 오겠어요." 미시즈 패딩글이 뿌듯한 마음을 숨기지 않고 대답했습니다.

남자가 팔짱을 끼고 눈을 감은 채 제길 하고 욕하면서 말했습니다. "당장 돌아가 주기만 한다면 뭐든 맘대로 해도 좋소!"

미시즈 패딩글이 일어서며 좁은 실내에 조그만 회오리바람을 일으키는 바람에 남자가 물고 있던 담뱃대까지 입에서 떨어질 뻔했습니다. 그녀는 양손에 아이를 한 명씩 붙잡고 나머지 세 명에게는 얼른 따라오라고 명령한 뒤 벽돌공과 가족들에게 다음에 만날 때는 모두들 더 훌륭해져 있기를 바란다고 말하고 다음 집으로 갔습니다. 이건 내 심술궂은 의견이 아니라고 생각하는데, 분명히 미시즈 패딩글은 어느 상황에서나 보여 주기 식의 자선 행위를 하기 때문에 사람의 마음을 사로잡지 못하는 것이었습니다.

미시즈 패딩글은 우리가 따라오는 줄로 생각했습니다. 그러나 나와 에이더는 그 일행이 나가고 방 안에 몸을 움직일 공간이 생기자마자, 불 앞에 앉아 있는 아주머니 곁으로 다가가 혹시 갓난아기가 병에 걸렸느냐고 물어보았습니다.

아주머니는 무릎 위에 누워 있는 갓난아기를 바라볼 뿐이었습니다. 아까부터 깨달은 것인데, 아주머니는 갓난아기를 바라볼 때면 자신의 멍든 눈가를 손으로 가렸습니다. 그 불쌍한 젖먹이를 싸움과 폭력과 학대의 기억에서 떼어놓고 싶다는 듯이.

갓난아기를 보자 상냥한 마음이 동한 에이더가 몸을 수그리고 그 얼굴을 쓰다듬으려고 했습니다. 그때 내가 심상치 않은 기색을 느끼고 에이더의 손을 붙잡았습니다. 아기는 죽어 있었습니다.

"아, 에스더!" 에이더가 아기 옆에 쓰러지듯이 무릎 꿇고서 외쳤습니다. "에스더! 아, 에스더, 이 아기 좀 봐! 고통을 겪은 얌전하고 귀여운 아기! 불쌍한 아기. 불쌍한 어머니. 이렇게 가엾은 광경은 본 적이 없어! 아, 아가야, 아가야!"

울면서 몸을 굽히고 어머니의 손을 잡은 에이더의 자비심과 상냥함은 어떤 어머니의 마음이라도 누그러뜨렸을 것입니다. 아주머니는 처음에는 어안이 벙벙해서 에이더를 바라보았지만 곧 흐느껴 울기 시작했습니다.

잠시 뒤 나는 아주머니의 무릎에서 가벼운 몸뚱이를 안아 올려 갓난아기의 영원한 잠을 되도록 쾌적하고 편안하게 해 준 다음, 선반 위에 올려놓고 내 손수건으로 덮어 주었습니다. 우리는 아기 어머니의 기운을 북돋워 주려고 우리 구원의 왕이신 그리스도께서 어린아이에게 하셨던 말씀[6]을 속삭여 주었습니다. 아주머니는 아무 말 없이 앉아 울기만 했습니다.

내가 뒤를 돌아보자 어느새 아들은 개를 밖으로 데리고 나가 문간에 서서 우리를 바라보고 있었습니다. 그 눈에서 눈물은 보이지 않았지만 그는 조용히 있었습니다. 딸도 조용히 구석에 앉아 마룻바닥을 내려다보았습니다. 남편은 일어났습니다. 여전히 도전적인 태도로 담배를 피우고 있었지만 아무 말도 하지 않았습니다.

내가 세 사람을 바라보고 있는데, 매우 남루한 옷차림을 한 못생긴 여자가 뛰어 들어와서는 곧장 아주머니에게 가서 "제니! 제니!" 하고 말했습니다. 그렇게 불린 아주머니가 일어서서 여자의 목을 끌어안았습니다.

그 여자도 얼굴과 팔에 맞은 흔적이 있었습니다. 품위라고는 조금도 없는 여

---

6) "진실로 너희에게 이르노니 너희가 돌이켜 어린아이들과 같이 되지 않으면 결단코 천국에 들어가지 못하리라." (신약성서 〈마태복음〉 18장 3절)

자였지만, 친구에 대한 동정심이 일종의 품위를 주었고, 특히 아주머니를 위로하며 눈물을 흘릴 때는 아름다워 보이기까지 했습니다. 위로했다는 표현을 썼지만, 입 밖으로 한 말은 "제니! 제니!"라는 말뿐이었습니다. 나머지는 모두 그 목소리에 담겨 있었습니다.

나는 이 누더기를 걸친 거칠고 좌절한 두 여인이 이렇게 하나가 되어 서로 최대한의 힘이 되어 주고 서로 동정하고 서로의 마음이 남의 시련으로 말미암아 부드러워지는 것을 보며 진심으로 감동했습니다. 이런 사람들의 가장 훌륭한 면은 거의 알려지지 않았다는 생각이 들었습니다. 가난한 사람들 간의 유대는 가난한 사람들 자신과 하느님 외에는 거의 아무도 모르는 것입니다.

우리는 두 사람을 방해하지 않도록 그만 나가는 편이 좋겠다고 생각했습니다. 그래서 남편 외에는 아무에게도 들키지 않도록 몰래 빠져나왔습니다. 그때 남편은 대문 옆 벽에 기대어 있었는데, 우리가 그 옆을 빠져나갈 만큼의 공간이 없다는 것을 알자 자기가 먼저 밖으로 나갔습니다. 우리를 위해 그랬다는 것을 숨기고 싶어 하는 눈치였지만, 우리는 그 마음을 알 수 있었으므로 고맙다고 말했습니다. 남편은 아무런 대꾸도 하지 않았습니다.

에이더는 집으로 돌아가는 내내 슬픔에 잠겨 있었고, 집에 있던 리처드도 에이더가 우는 것을 보고 몹시 걱정했습니다(에이더가 곁에 없을 때 나에게, 에이더는 저러고 있을 때도 어찌나 아름다운지 모르겠다고 말하기는 했습니다만). 그래서 우리는 밤에 조그만 위로의 선물을 가지고 벽돌공의 집을 다시 방문하기로 했습니다. 잔다이스 씨에게는 최대한 간단히 이야기했지만 풍향이 곧 바뀌었습니다.

밤이 되자 리처드가 오늘 아침에 우리가 갔었던 곳까지 데리고 가 주었습니다. 도중에 시끄러운 술집 앞을 지나가야 했는데, 그 입구 근처에는 사내들이 우글우글 몰려 있었습니다. 그중 유독 큰 목소리로 논쟁을 하던 사람은 죽은 갓난아기의 아버지였습니다. 조금 더 가자, 사이좋게 산책하고 있는 아들과 개와 마주쳤습니다. 여동생은 벽돌공장 안에 나란히 늘어선 집 모퉁이에서 다른 소녀들과 웃으며 담소를 나누고 있었는데, 우리가 지나가자 부끄러웠는지 얼굴을 돌려 버렸습니다.

우리는 호위인 리처드를 벽돌공의 집이 보이는 곳에 남겨 두고 단둘이서 갔습니다. 대문 앞으로 갔더니 오늘 아침에 아주머니를 위로해 주었던 여자가 문간에 서서 걱정스럽게 밖을 바라보고 있었습니다.

"아가씨들이군요?" 여자가 목소리를 낮추어 말했습니다. "지금 우리 남편을 감시하는 중이에요. 내가 집을 비운 걸 들키는 날에는 남편한테 반죽음이 되기 때문에 간이 콩알만해졌다우."

"당신 남편 말인가요?" 내가 말했습니다.

"그래요, 우리 남편이요. 제니는 지쳐서 잠들었어요. 가엾게도 요 일주일 동안 밤낮으로 아이를 무릎 위에 안고 있었거든요. 내가 몇 분 교대해 줬던 때를 빼고는 말이우."

여자는 우리를 안으로 들여보내 주면서 자기도 살그머니 방으로 들어가서는 아주머니가 잠든 초라한 침대 옆에 우리가 가지고 온 물건들을 놓았습니다. 방 안을 정리하려고 시도했던 흔적은 전혀 없었습니다. 애초에 정리 따위는 불가능해 보이는 방이었습니다. 그렇지만 주위에 매우 엄숙한 분위기를 감돌게 하는, 밀랍인형처럼 작은 주검은 하얀 리넨 조각으로 깨끗하게 다시 싸여 있었습니다. 그리고 가엾은 갓난아기의 얼굴에 아직 얹혀 있는 내 손수건 위에는 향기 좋은 풀 한 다발이 올려져 있었습니다!

"하느님께서 상금을 내려 주시기를!" 우리는 여자에게 말했습니다. "당신은 좋은 사람이에요."

"제가요, 아가씨?" 여자가 깜짝 놀라 대답했습니다. "쉿! 제니, 제니!"

아주머니가 잠든 채 신음하며 몸을 뒤척였던 것입니다. 아주머니는 낯익은 그 목소리를 듣고 안심이 되었는지 다시 조용해졌습니다.

나는 손수건을 들어 올리고, 그 아래서 영원한 잠에 빠진 아기를 바라보았습니다. 그 아기의 몸에서 후광이 나와, 동정심에 가슴 아파하며 고개 숙이고 있는 에이더의 늘어진 머리카락을 관통한 듯한 기분이 들었습니다 — 그러나 그때 나는 이 꼼짝도 하지 않는 부드러운 가슴을 덮고 있는 손수건이 그 뒤 누구의 불안한 가슴 위에 놓이게 될 것인지 따위는 꿈에도 생각하지 못했습니다! 그때 나는 그저 이렇게 생각했습니다. 이 아이의 수호천사는 자비로운 손으로 이 손수건을 원래대로 덮어 준 저 가난한 여인의 고운 마음씨를 알고 있을 것이다, 우리가 떠나고 자기만 문간에 남겨지게 되면 이번에는 자기 자신이 걱정되어 밖을 내다보고 귀를 기울이며 그 가슴 따뜻해지는 목소리로 "제니, 제니!" 하고 부르는 가난한 여인을 마침내 찾을 것이다 라고.

# 제9장 신호와 징조

왜인지는 모르지만, 나는 언제나 내 이야기를 쓰는 것 같습니다. 늘 다른 사람들의 이야기를 쓰고 내 이야기는 되도록 생각하지 않으려고 해도 이야기 안에 다시 내가 등장했다는 것을 깨달으면 진심으로 화가 치밀어서 "맙소사, 넌 어쩜 그렇게도 성가신 아이니? 너 좀 나오지 말란 말이야!" 그렇게 말해 보지만 모두 헛수고입니다. 내가 쓰는 이야기를 읽으실지도 모르는 분들이 알아 주셨으면 좋겠는데, 이 수기에 나에 대한 이야기가 잔뜩 등장하는 것은 정말로 내가 이 수기와 어떤 상관관계가 있어서 내 이야기를 뺄 수 없기 때문이라고밖에 생각되지 않습니다.

에이더와 나는 책도 함께 읽고 뜨개질도 하고 악기도 연주하고 그 밖의 여러 일들을 했으므로, 겨울은 눈부신 날개를 가진 새처럼 순식간에 지나가 버렸습니다. 오후에는 대개, 밤에는 언제나 리처드와 어울렸습니다. 리처드는 무척 신만한 성격이었지만, 우리와 어울리는 것은 무척 좋아했습니다.

리처드는 에이더를 너무너무 좋아했습니다. 이것은 진심으로 하는 말이고, 지금 밝히는 편이 좋을 것 같습니다. 나는 그때껏 사랑에 빠진 젊은 사람을 본 적이 없었지만, 두 사람의 관계는 금방 알아차렸습니다. 물론 그에 관해 말하거나 두 사람 사이를 아는 척할 수는 없었습니다. 오히려 나는 아무것도 모른다는 듯이 시치미를 뚝 잡아뗐으므로, 바느질을 하면서 가끔 혼자 속으로, 내가 두 사람을 속이고 있는 건 아닐까 생각했습니다.

그러나 어쩔 도리가 없었습니다. 나로서는 그저 조용히 있는 것 말고는 다른 수가 없었으므로 쥐 죽은 듯 조용히 지냈습니다. 두 사람도 겉으로는 쥐 죽은 듯 아무 말도 하지 않았지만, 서로 호감이 깊어짐에 따라 나를 차츰 의지하게 되었습니다. 나는 나를 의지하는 두 사람의 순진한 태도가 너무 좋아서, 두 사람 관계에 내가 얼마나 관심이 있는지 겉으로 드러내지 않으려고 무척 애를 먹었습니다.

"우리 집의 작은 아주머니는 정말 멋진 할머니라니까." 리처드는 아침 일찍 나를 보러 마당으로 찾아와서 살짝 멋쩍은 표정으로 기분 좋게 웃으며 이렇게 말하곤 했습니다. "그래서 난 할머니 없이는 살 수가 없어요. 모험적인 하루를 시작하기 전에—얼른 책을 읽고 기계를 공부한 다음, 노상강도처럼 말을 달려 이 일대 언덕을 올라갔다가 골짜기로 내려가기 전에—우리 반가운 친구와 함께 차분히 산책하는 게 정말 좋아요!"

"더든 아주머니." 밤에 에이더는 내 어깨에 얼굴을 기대고 사색에 잠긴 눈을 난롯불에 빛내면서 이렇게 말하곤 했습니다. "너랑 같이 이 2층으로 올라오면 난 이야기 따위는 하고 싶지 않아져. 그 대신 너의 사랑스러운 얼굴을 바라보며 잠깐 생각에 잠기거나, 바람 소리를 듣거나, 바다에 나가 있는 불쌍한 해군들을 떠올리거나……."

아! 아마 리처드가 해군이 되겠다고 말한 것이겠지요. 우리는 그 문제에 대해 몇 번이나 의논했고, 리처드가 유년 시절에 품었던 바다에 대한 동경을 실현하겠다는 이야기도 어느 정도 들었습니다. 잔다이스 씨는 친척인 레스터 데들록 경이라는 높은 사람에게 편지를 써서, 리처드를 위해 힘써 줄 것을 부탁했습니다. 그러자 레스터 경은 이런 공손한 답장을 보내 왔습니다. "말씀하신 젊은 신사의 앞날에 대한 문제에 제 미력한 힘으로 가능한 일이 있다면 기꺼이 돕겠지만, 저로서는 별로 할 수 있는 일이 없을 것 같습니다. 제 아내도 그분께(제 아내가 그분의 먼 친척뻘이라는 사실은 똑똑히 기억하고 있습니다) 안부를 전하며, 어떤 직업에 헌신하게 되든지 늘 본분을 다할 것을 기대한다고 말했습니다."

"이제 대충 분명해진 것 같군요." 리처드가 나에게 말했습니다. "나는 내 힘으로 내 길을 개척해야 한다는 것이죠. 하지만 마음 쓰지 마세요. 지금까지도 많은 사람이 그렇게 해야 했고, 그래서 그렇게 해 왔습니다. 일단 나는 사략선[1]의 선장이 된 다음 대법관을 포획해서, 우리의 재판에 판결을 내리기 전까지는 먹을 것을 주지 않겠습니다. 대법관은 조심하지 않으면 삐쩍 말라 버릴 거예요!"

---

1) 정부로부터 교전국의 선박을 공격할 수 있는 권한을 부여받은 민간 소유의 무장 선박.

명랑하고 낙천적인 기질, 그리고 거의 언제나 사라지는 일 없는 쾌활함에 더불어 리처드의 성격에는 어떤 경솔함이 있어서 나를 몹시 당혹하게 했습니다. 그것은 주로 리처드가 정말 이상하게도 그 경솔함을 신중함으로 오해하고 있기 때문이었습니다. 그런 경향은 돈 계산을 할 때 언제나 묘한 형태로 나타났는데, 그것을 설명하려면 우리가 스킴폴 씨 대신에 돈을 갚아 주었던 이야기로 잠시 되돌아가는 것이 가장 좋을 것 같습니다.

잔다이스 씨는 스킴폴 씨 본인에게서인지 코빈세스 씨에게서인지 아무튼 그 금액을 알아내서는 내게 돈을 건네며, 내 돈은 내가 가지고 나머지는 리처드에게 돌려주라고 말했습니다. 자기의 10파운드가 돌아왔다며 리처드가 얼마나 당연한 듯이 돈을 펑펑 쓰고 다녔는지, 그리고 몇 번이나 나에게 그 돈을 새로 모았거나 벌어들인 것처럼 말했는지, 이 두 가지만 이야기하더라도 리처드의 단순한 돈 계산법을 대충 아실 것입니다.

"분별력 있는 허버드 할머니, 왜 안 된다는 겁니까?" 리처드가 아무 생각 없이 벽돌공에게 5파운드를 적선하고 싶어 하며 내게 말했습니다. "코빈세스 사건으로 10파운드나 벌었는데요."

"그게 무슨 말이죠?"

"난 이초에 써 버려도 되는 돈을 쓴 기고, 다시 돌아올 기란 생각은 하지도 않았단 말이지요. 그건 당신도 인정하지요?"

"네."

"좋아요! 그리고 다시 10파운드가 생겼고……."

"그 10파운드가 그 10파운드잖아요." 내가 힌트를 주었습니다.

"그건 이 돈하고 아무런 관계가 없지요!" 리처드가 대답했습니다. "돌아올 거라고 생각하지 않았는데 10파운드의 공돈이 들어왔으니 복잡하게 이러쿵저러쿵 하지 말고 써 버려도 괜찮잖아요."

리처드는 5파운드를 줘도 벽돌공에게는 조금도 도움이 되지 않을 거라는 말을 듣고 포기했지만, 이번에는 전과 똑같은 논리로 그 돈을 자기가 벌어들인 돈으로 계산하기 시작했습니다.

"잠깐! 난 벽돌공 일로 5파운드를 벌었어요. 그러니까 역전마차를 타고 런던까지 급행으로 왕복해도 예비 4파운드를 빼면 1파운드가 남는군요. 1파운드를 모으다니 정말 멋진 일이에요. 한 푼 모으면 한 푼 번 거라고들 하니까!"

분명 리처드는 솔직하고 대범한 성격이었습니다. 정열적이고 용기가 있었으며, 못 말리게 산만했지만 성품이 매우 온화해서 나는 몇 주일 만에 친남매처럼 그와 친해졌습니다. 리처드의 다정함은 타고난 것이어서 에이더의 영향이 없더라도 충분히 발휘되었을 테지만 에이더가 있었기에 그는 더없이 호감 가는 말벗이 되어 언제나 내 말에 금방 관심을 보여 주었습니다. 그는 언제나 행복하고 낙천적이고 쾌활했습니다. 나는 두 사람과 함께 앉고, 함께 걷고, 함께 이야기했으며, 두 사람은 점차 서로 깊이 사랑하게 되었습니다. 그러나 두 사람 모두 거기에 대해서는 한마디도 하지 않고, 아직 상대방에게조차 마음을 들키지 않으려 애썼습니다. 그 모습을 보는 나는 정말이지 두 사람 못지않게 기뻤으며, 그 둘 못지않게 이 아름다운 꿈을 즐겁게 생각했습니다.

이렇게 지내던 어느 날 아침, 식사 때 편지 한 통을 받은 잔다이스 씨가 봉투를 보고 "보이손 보냄? 아, 그렇군" 하고는 봉투를 열고 매우 반갑게 읽었습니다. 절반쯤 읽어 내려가면서 우리를 보며, 보이손이 "저 멀리서" 놀러 온다고 알려 주었습니다. 우리는 보이손 씨가 누굴까 생각했습니다. 그와 동시에 우리 모두는 혹시 보이손이라는 사람이 이 진행되는 사랑에 뭔가 걸림돌이 되지 않을까 라고도 생각했습니다. 적어도 나는 분명히 그렇게 생각했습니다.

잔다이스 씨가 말했습니다. "이 로렌스 보이손이라는 사람은 45년도 전에 나와 학교를 함께 다녔단다. 그때는 이 세상에서 가장 성미가 급한 소년이었지만 지금은 가장 성미가 급한 어른이지. 그때는 이 세상에서 가장 목소리가 큰 소년이었지만 지금은 가장 목소리가 큰 어른이야. 그때는 이 세상에서 가장 건강하고 튼튼한 소년이었지만 지금은 가장 건강하고 튼튼한 어른이란다. 굉장한 친구지."

"키는요?" 리처드가 물었습니다.

"키도 상당하단다, 릭. 나보다 나이는 열 살쯤 위인데, 키는 2인치 더 크고, 고참 군인처럼 고개를 빳빳이 세우고 다니고, 떡 벌어진 가슴을 활짝 펴고, 손은 깔끔한 대장장이의 손처럼 생겼고, 폐로 말할 것 같으면! ……그의 폐를 형용할 말이 없구나. 말을 해도 웃어도 코를 골아도 그의 폐는 집의 대들보를 흔들 수 있으니까."

잔다이스 씨가 친구인 보이손 씨의 추억에 잠겨 있는 동안 우리가 관찰한 바로는 풍향이 바뀌는 기색은 다행히 없었습니다.

"하지만 내가 말하고자 하는 것은, 릭—그리고 에이더와 거미줄 씨, 너희도 우리 집 손님에 관심이 있지?—그의 내면이란다. 그의 따뜻한 마음, 정열, 발랄한 활기 말이야." 잔다이스 씨는 말을 이었습니다. "말투도 목소리만큼이나 당당하지. 늘 극단적인 표현을 쓴단다. 다시 말해 늘 최상급의 단어를 쓰지. 누구를 욕할 때는 무시무시하게 한단다. 말하는 걸로 봐서는 사람을 잡아먹는 귀신인가 생각될 정도야. 실제로 일부에서는 그런 소문이 돈다더구나. 뭐, 대충 이런 사람이다! 자, 본인이 오기 전에 이 이상 이야기하는 것은 그만두자. 그런데 보이손이 내 보호자처럼 구는 걸 봐도 놀라지 마라. 학창시절에 내가 하급생이었는데, 처음에 우리 우정이 시작된 것은 그가 우리 편 대장의 이 두 개(그는 여섯 개라고 하지만)를 가루로 만들었을 때였지. 그는 그걸 지금도 기억하고 있어." 그러고는 마지막으로 나를 보고 말했습니다. "보이손과 하인이 오늘 오후에 도착할 거다."

나는 보이손 씨를 맞이할 준비를 하라고 세심하게 지시했습니다. 우리는 다소 호기심을 느끼며 그를 기다렸지만, 오후가 다 지나가도 그는 나타나지 않았습니다. 저녁 식사를 한 시간 늦추고 석탄불 외에는 아무 불도 켜지 않고 난로를 둘러싸고 앉아 있는데 갑자기 현관문이 벌컥 열리더니 엄청난 기세로 이렇게 쩌렁쩌렁 외치는 목소리가 현관홀에 울려 퍼졌습니다.

"누가 길을 잘못 가르쳐 줬어, 잔다이스. 파렴치한 무뢰한이 왼쪽이 아니라 오른쪽으로 꺾으라잖아. 그렇게 괘씸한 놈은 이 지구상에 한 명도 없을 거야. 그놈의 아비는 분명 못돼먹은 악당일 거야. 그런 아들을 낳았으니 말이야. 그런 놈은 인정사정없이 쏴 죽여야 해!"

"그 사람이 일부러 그런 거야?" 잔다이스 씨가 질문했습니다.

"틀림없이 그 돼먹지 않은 놈은 태어나서 지금까지 여행자에게 잘못된 길만 가르쳐 줬을 거야. 내 영혼을 걸고 맹세하는데, 나한테 오른쪽으로 꺾으라고 할 때의 그 표정을 보고 나는 이렇게 더럽게 생긴 놈 처음 본다고 생각했지. 그런데도 난 그놈과 얼굴을 마주 보면서도 놈의 머리통을 박살내 주지 않았어!"

"이가 아니고?"

"으하하!" 정말로 로렌스 보이손 씨는 웃음소리로 온 집 안을 뒤흔들었습니다. "뭐야, 아직도 그 일을 잊지 않았구먼! 으하하! 녀석도 구제불능 건달이었지. 내 영혼을 걸고 맹세하는데, 녀석의 어렸을 적 얼굴은 건달 나라 밭에 서 있는 허수아비도 못 당할 만큼 배신과 비겁과 잔혹함이 고스란히 드러나는 음험하기 짝이 없는 얼굴이었지. 내일이라도 마을에서 그 세상에 둘도 없는 폭군과 마주친다면 썩은 나무처럼 쓰러뜨려 주겠어!"

"자네라면 틀림없이 그러겠지. 2층으로 올라갈 건가?"

"내 영혼을 걸고 맹세하는데, 잔다이스." 손님이 대답하고 시계를 보더니 말했습니다. "혹시 자네가 결혼했다면, 난 이런 무례한 시각에 나타나기보다는 정원 입구로 되돌아간 다음 히말라야산맥 가운데 가장 먼 정상으로 달아나 버릴 거야."

"그렇게 멀리까지 가지 않았으면 좋겠는데." 잔다이스 씨가 말했습니다.

"아니, 내 목숨과 명예를 걸고 꼭 가겠어!" 손님이 큰 소리로 외쳤습니다. "난 이유를 막론하고, 이렇게 오랫동안 한 집안의 안주인을 기다리게 하는 후안무치한 무례를 저지르지 않아. 그럴 바엔 차라리 죽는 편이 훨씬 낫지, 훨씬 낫고말고!"

두 사람은 이런 대화를 나누며 2층으로 올라갔습니다. 그리고 곧 보이손 씨가 침실에서 천둥 같은 목소리로 "으하하!" 하고 웃고 다시 "으하하!" 하고 되풀이하는 것이 들렸습니다. 어느새 주변에도 그 소리가 전염되었는지, 보이손 씨처럼, 그리고 보이손 씨의 웃음소리를 들었을 때의 우리처럼 즐겁게 웃는 소리가 메아리치는 듯했습니다.

우리는 보이손 씨가 좋아졌습니다. 그런 웃음과 활기 넘치는 건강한 목소리와 한마디 한마디 말할 때마다 낭랑하고 풍성하게 울리는 그 울림에는, 그리고 빈 대포를 쏘듯이 누구에게도 상처 주지 않는 그 최상급 단어의 격렬함 그 자체에도 순수함이 있었기 때문입니다. 그러나 잔다이스 씨가 소개해 주었을 때는 그러한 것을 보이손 씨의 겉모습에서 똑똑히 읽어낼 수 있으리라고는 우리도 예상하지 못했습니다. 보이손 씨는 풍채가 매우 훌륭한 노신사로─듣던 대로 자세가 똑바르고, 다부졌습니다─반쯤 센 커다란 머리, 입을 다물고 있을 때는 자못 근엄한 얼굴, 쉴 새 없이 발끈하느라 살찔 틈도 없는 건장한 체격, 격렬하게 힘주어 말할 때면 이중으로 접힐 것 같은 턱을 가진 사람이었습니다. 그뿐만 아니라 보이손 씨는 태도도 진정한 신사였습니다. 옛날 기사처럼 무척 예의가 바르고, 매우 다정하고 기분 좋은 미소를 띠고 있었으며, 한눈에 봐도 알 수 있듯이 무엇 하나 숨기는 것 없이 있는 그대로 자신을 드러냈으므로—(리처드의 말처럼) 뭐든 시원시원한 것을 좋아해서 소총 따위는 전혀 갖고 있지 않고 그 빈 대포를 마구 쏘아대는 것이었습니다—나는 보이손 씨가 만찬 자리에 앉아 미소를 지으며 에이더와 대화하고, 잔다이스 씨의 꾐에 넘어가 최상급 단어를 맹렬하게 연발하고, 블러드하운드[2]처럼 머리를 흔들며 천둥 같은 소리로 "으하하!" 하고 웃는 모습을 관찰하지 않을 수 없었습니다.

"그 새를 가지고 왔겠지?" 잔다이스 씨가 말했습니다.

"하느님께 맹세코, 온 유럽을 뒤져도 그렇게 놀라운 새는 없을 걸세! 정말이지 세상에서 가장 멋진 동물이야! 1만 기니를 준대도 난 그 새를 팔지 않을 걸세. 내가 먼저 죽어도 굶어 죽지 않도록 그 새를 위해 특별히 연금을 마련해 두었지. 세상에 둘도 없이 영리하고 나를 아주 잘 따르거든. 그놈의 아버지도 말할 나위 없이 훌륭한 새였다네!"

이런 절찬을 받은 새는 아주 조그마한 카나리아였습니다. 보이손 씨의 하인이 집게손가락에 앉힌 채 데리고 왔을 만큼 길들여진 그 새는 방 안을 친친히 한 바퀴 돌더니 주인 머리 위에 앉았습니다.

보이손 씨가 이 연약한 작은 생물을 이마 위에 조용히 얹은 채 매우 신랄하고 격렬한 의견을 말하는 것을 듣자 나는 이 사람의 성품을 잘 알 것 같았습니다.

"내 영혼을 걸고 맹세하는데, 잔다이스." 보이손 씨가 매우 다정한 손길로 빵 조각을 손바닥에 얹어 카나리아에게 쪼아 먹게 하면서 말했습니다. "내가 자네라면, 대법관부의 주사란 주사의 모가지를 모조리 잡아 비틀어서 주머니에서 돈을 뱉어내게 한 다음, 온몸의 뼈란 뼈를 덜거덕거리게 해 주겠네. 정당하든 부당하든 수단을 가리지 않고 상대편과 결판을 짓는 거야. 자네가 맡겨만 준다면 기꺼이 그렇게 해 주겠어!" (그동안 작은 카나리아는 보이손 씨의 손에서 빵

---

2) 식육목 개과에 속하는 초대형 사냥개, 애완견.

을 먹고 있었습니다).

"고맙네, 로렌스." 잔다이스 씨가 웃으면서 대답했습니다. "그렇지만 그 소송은 지금 합법적인 수단으로 재판관과 변호사를 총동원해도 대단한 진전을 보이는 단계까지는 가지 못했어."

"자고로 이 지구상에서 그 대법관부라는 곳만큼 구역질나는 지옥의 가마솥은 없어! 그걸 조금이라도 개혁하자면 바쁜 개정기에 그 밑에 지뢰를 설치해서, 그곳으로 모이는 온갖 기록과 규칙과 선례와, 말단 사법회계관부터 악마의 우두머리까지 모든 관리를 싹 다 긁어모아 화약 1만 톤으로 폭파시켜 산산조각 내는 것 외에는 방법이 없어!"

보이손 씨가 이 강경한 개혁법을 얼마나 진지하게 열을 내며 추천하던지 웃지 않고는 배길 수가 없었습니다. 우리가 웃자 보이손 씨가 머리를 흔들고 넓은 가슴을 흔들며 껄껄 웃었으므로 우리 모두도 그 "으하하!" 하는 웃음소리를 따라 했습니다. 그러나 카나리아는 조금도 흔들리는 기색 없이 아주 편안하게 식탁 위를 폴짝폴짝 뛰어다니면서 머리를 빠르게 이쪽저쪽으로 돌렸다가는 밝은 눈을 들어 문득 주인을 바라보곤 했습니다. 주인도 자기와 같은 새라는 듯이.

"그런데 자네와 옆집의 토지 통행권 문제는 어떻게 되었나?" 잔다이스 씨가 말했습니다. "자네도 법률 분쟁과 인연이 없지는 않잖아!"

"그놈이 나를 무단침입으로 고소하기에 나도 그놈을 무단침입으로 고소했지. 하느님께 맹세코, 이 수많은 인간 중에 그놈만큼 오만불손한 놈은 없어. 그놈의 이름이 레스터 경이라니, 도의상 있을 수 없는 일이지. 루시퍼 경[3]이 틀림없어."

"우리의 먼 친척에게 경의를 표해 주었구먼!" 아저씨가 웃으면서 에이더와 리처드에게 말했습니다.

"그럼 에이더 양과 카스톤 군에게 용서를 구해야겠군요. 하지만 아가씨의 아름다운 얼굴과 이분의 웃는 얼굴만 봐도 알 수 있듯이, 그런 걱정은 할 것도 없이, 두 분은 그 친척과 멀리 지내시는 것 같군요."

---

3) 사탄의 별칭. "루시퍼처럼 오만한"이라는 영어 숙어가 있다.

"그쪽에서 우리를 멀리하고 있는지도 모르죠." 리처드가 추측해서 말했습니다.

"내 영혼을 걸고 맹세해도 좋아!" 보이손 씨가 버럭 소리 지르더니 느닷없이 다시 최상급의 단어를 연발하기 시작했습니다. "그 남자도 그렇지만, 그 남자의 아비도 또 그 아비도, 인간은커녕 자연의 불가사의한 실수로 나뭇가지에서 태어난 놈에게도 없을 만큼 고집불통에 거만하고 멍청한 의지박약이야. 그 일가는 하나같이 가식적이고 오만방자한 얼간이 등신뿐이라니까! 그런 건 아무래도 좋지만, 설사 그놈이 준남작 50명을 합친 것과 같은 준남작이고 체스니 월드보다 100배는 넓은 저택(그래 봤자 상아로 된 중국의 공 조각품처럼 집 안에 집을 짓고 그 안에 다시 짓는 식으로겠지만)에 산다 해도 언감생심 내 길을 막을 수는 없지. 그놈이 마름인지 비서인지 하는 작자한테 이런 편지를 들려 보냈더군. '준남작 레스터 데들록 경이 로렌스 보이손 씨에게. 주의를 환기하고자 편지 올립니다. 현재 귀하가 소유하신 옛 목사관 옆길은 레스터 경이 통행권을 가진 도로에 있고 실제로 체스니 월드 사냥터의 일부인 바, 레스터 경의 사정에 따라 그 도로를 폐쇄함을 알립니다.' 그래서 나는 그놈에게 이렇게 썼지. '로렌스 보이손이 경의 주의를 환기하고자 편지 올립니다. 말씀하신 건 일체에 관한 경의 모든 견해를 전면 기부합니다. 또한 도로 폐쇄 건에 관해서는, 그 폐쇄 작업에 투입되는 인부들을 만날 기회를 즐겁게 기다리고 있음을 알려드리는 바입니다.' 놈은 파렴치하기 짝이 없는 애꾸눈의 악당을 보내서 도로에 나무문을 설치하게 했어. 그래서 나는 소방펌프로 그 역겨운 무뢰한의 숨통이 멎을 만큼 물벼락을 퍼부어 주었지. 놈이 밤사이에 나무문을 만들면 나는 아침에 그것을 쓰러뜨리고 불태워 버려. 놈은 거칠고 난폭한 수하들을 보내서 울타리를 넘어 도로를 함부로 넘어 다니게 했지. 그래서 나는 인도적인 덫을 놓아 놈들을 붙잡고 말린 완두콩을 정강이에 쏘아 준 다음 펌프로 물벼락을 내렸어—그런 쥐새끼 같은 놈들이 인류에 견딜 수 없는 짐이 되는 것을 막고자 말이야. 놈이 무단침입으로 고소하면 나도 무단침입으로 고소하고, 놈이 폭행 구타로 고소하면 나도 폭행 구타로 대응하지. 으하하!"

보이손 씨가 이런 말들을 상상조차 하지 못할 만큼 맹렬한 기세로 떠드는 것만 들었다면, 세상에 이처럼 화를 잘 내는 사람은 없다고 생각했을지도 모릅니다. 그러나 그와 동시에 자신의 엄지로 옮겨 앉은 새를 바라보며 그 날개를 검지로 가만히 쓰다듬는 모습을 보았다면, 이처럼 온화한 사람은 없다고 생각했을 것입니다. 그 웃음소리를 듣고 그 푸근한 둥근 얼굴을 보았다면, 이 사람은 세상에 근심걱정 하나 없고 말다툼도 하지 않고 어느 것 하나 싫어하지 않으며, 이 사람의 인생 자체가 즐거운 농담이라고 생각했을지도 모릅니다.

"안 되지, 안 돼." 보이손 씨가 말했습니다. "누가 됐든지 데들록 가문 따위가 내 길을 막게 놔둘 것 같으냐! 기꺼이 고백하는데—" 이 대목에서 갑자기 말투가 누그러졌습니다. "데들록 부인은 세상에서 가장 교양 있는 훌륭한 여성이니, 난 7백 년 동안이나 얼이 빠져 있는 준남작으로서가 아니라 일개 신사로서 최대한의 경의를 표하네. 하지만 스무 살에 연대에 들어가 일주일 만에 군복을 입은 사람 중에 유례없는 남자가, 오만하고 겉멋만 부리는—그래서 파산해 버렸지만—연대장에게 결투를 신청한 그런 남자가 그렇게 쉽게 질까 보냐! 상대가 어떤 루시퍼 경이건, 죽은 사람이건 산 사람이건, 감옥에 처박힌 사람이건 아닌 사람이건 말이야. 으하하!"

"후배도 그렇게 쉽사리 지게 하지는 않겠지?" 아저씨가 말했습니다.

"절대로 지게 하지 않지!" 보이손 씨가 말하고, 잔다이스 씨를 보호하는 듯한 태도로 그 어깨를 두드리며 웃었습니다. 그 태도에는 진지한 데가 있었습니다. "언제든 하급생을 응원해 줄 거야. 잔다이스, 나한테 맡기라고! 그런데 이 무단 침입 사건과 관련해서—이런 재미없는 이야기를 길게 늘어놔서 클레어 양과 서머슨 양에게는 미안하지만—자네의 변호사인 켄지 앤드 카보이 사무실에서 나한테 아무 말도 없었나?"

"아무것도 없었지, 에스더?" 잔다이스 씨가 말했습니다.

"아무것도 없었어요, 아저씨."

"정말 고맙군!" 보이손 씨가 말했습니다. "새삼 물을 것도 없었어. 서머슨 양이 주변 모든 사람에게 신경 쓰고 있다는 건 내 짧은 경험을 통해서도 알고 있었으니까." (모든 사람이 나를 격려해 주었습니다. 모두 그렇게 하기로 마음먹었던 것입니다.) "그런데도 물은 것은 내가 링컨셔에서 갓 왔고 아직 런던에는 가기 전이라 혹시 이곳으로 편지가 와 있을지도 모른다고 생각했기 때문이야. 아마 내일 아침이면 상황을 보고하러 오겠지."

그날 밤은 매우 즐겁게 보냈습니다. 보이손 씨는 피아노에서 조금 떨어진 곳에 앉아 음악을 경청하면서—본인 입으로 대단한 음악 애호가라는 설명을 할 것까지도 없이 얼굴에 분명하게 드러나 있었습니다—몇 번이나 에이더와 리처드 쪽을 그 멋진 얼굴이 더욱 푸근하게 보일 만큼 만족감과 관심이 어린 표정으로 물끄러미 바라보았습니다. 그 모습을 본 나는 아저씨와 주사위 놀이를 하면서, 보이손 씨가 결혼을 하셨는지 아저씨에게 물어보았습니다.

"아니, 안 했다." 아저씨가 말했습니다.

"생각은 있으셨죠?"

"어떻게 그걸 알았니?" 잔다이스 씨가 빙그레 웃으면서 말했습니다.

"어머, 아저씨." 나는 내 생각을 과감하게 말하기가 부끄러워서 조금 얼굴을 붉히면서 이유를 말했습니다. "뭐니 뭐니 해도 저분의 태도에는 무척 따뜻한 구석이 있고, 또 우리에게 아주 정중하고 친절하시고……."

잔다이스 씨가 내가 아까 설명한 자세로 앉아 있는 보이손 씨를 바라보았습니다.

나는 그 이상 말을 잇지 못했습니다.

"네가 말한 대로다, 작은 아주머니. 그는 결혼 직전까지 간 적이 있어. 아주 옛날 일이지. 그것도 딱 한 번."

"그 여자분이 돌아가셨나요?"

"아니……. 하지만 그에겐 죽은 거나 마찬가지지. 그때 일이 그 뒤 삶에 쭉 영향을 미치고 있단다. 그가 아직도 낭만으로 가득한 머리와 마음을 갖고 있다고 생각하니?"

"아마도 그렇게 생각한 것 같아요, 아저씨. 하지만 아저씨께서 그렇게 말씀하신 다음에 이렇게 말하기는 쉽죠."

"그 뒤 그의 삶은 완전히 변해 버렸다. 그리고 지금은 보다시피 노년에 들어서도 주위에 있는 거라고는 하인 한 명하고 노란 새뿐이야……. 자, 이번에는 네가 주사위를 굴릴 차례다!"

아저씨의 태도로 보아, 이 이야기를 더 했다가는 틀림없이 풍향이 바뀔 것 같았으므로 더 자세한 질문은 그만두었습니다. 흥미는 끌렸지만, 호기심에 남의 과거를 들춰내고 싶지는 않았습니다. 한밤이 되어서도 잠시 이 오래된 사랑이야기를 생각했지만, 보이손 씨의 시끄러운 코골이 소리에 잠에서 깼으므로 나는 어려운 일을 시도해 보았습니다. 그것은 나이 든 사람들이 다시 젊어져서 청춘의 매력을 갖추게 된 모습을 상상해 보는 일이었습니다. 그렇지만 성공하기 전에 곯아떨어져, 옛날 의붓어머니의 집에서 살았던 때의 꿈을 꿨습니다. 내가 꾸는 꿈은 거의 언제나 그 시절 일이지만, 꿈에 관해 잘 모르는 나로서는 그것이 드문 일인지 어떤지 모르겠습니다.

아침이 되자 켄지 앤드 카보이 법률사무소에서 보이손 씨에게 보내는 편지가 도착했습니다. 편지에는 사무원 한 사람이 정오에 찾아올 거라고 쓰여 있었습니다. 그날은 일주일을 정산하는 날로, 나는 회계 장부의 총계를 내기도 하고 최대한 집안일을 정리해야 하기도 해서 집에 남아 있었습니다. 잔다이스 씨와 에이더와 리처드는 오랜만의 화창한 날을 기념하여 산책을 즐기러 나갔습니다. 보이손 씨는 사무원이 오기를 기다리다가, 그 세 사람이 돌아올 무렵이 되자 그들을 마중하러 나갔습니다.

나는 눈코 뜰 새 없이 바빴습니다! 물품거래 장부를 조사하고, 항목별로 집계를 내고, 대금을 치러 주고, 영수증을 정리하고 하느라 허둥거리며 산더미 같은 일을 처리하고 있는데, 거피 씨가 도착했다는 전갈이 오더니 그가 안내되어 들어왔습니다. 그전부터 나는 출장을 나온 그 법률사무소 직원이 어쩌면 런던에서 나를 승합마차 매표소까지 데리러 와 주었던 젊은 직원인지도 모른다고 생각했으므로 그를 반갑게 맞이했습니다. 그는 나에게 지금의 행복이 있게 해준 사람이기 때문입니다.

거피 씨는 몰라볼 만큼 훤칠해져 있었습니다. 광택이 도는 새 양복에 번쩍번쩍 빛나는 모자와 연보라색 새끼 염소가죽 장갑, 얼룩무늬 네커치프를 착용하고 가슴 단춧구멍에는 온실에서 자란 커다란 꽃을 꽂고 새끼손가락에는 굵은 금반지를 끼고 있었습니다. 곰의 지방으로 정제한 포마드와 다른 향료의 향기가 온 식당에 퍼졌습니다. 그가 당혹스러울 만큼 나를 뚫어지게 바라봤으므로, 나는 보이손 씨를 부르러 간 하인이 돌아올 때까지 의자에 앉아 있으라고 말했습니다. 그가 방구석에 놓인 의자에 앉아 다리를 꼬았다 풀었다 하기에 나는 다들 어떻게 지내시는지, 켄지 씨는 건강하신지 물었습니다. 그랬더니 그는 아까처럼 신기하다는 눈빛으로 나를 물끄러미 바라보았습니다.

거피 씨에게 2층 방으로 올라오라는 보이손 씨의 전갈이 도착했을 때, 나는 잔다이스 씨에게 지시를 받았으니 다시 내려오시면 점심 식사를 준비해 놓겠다고 거피 씨에게 말했습니다. 거피 씨가 문고리를 잡으면서 멋쩍다는 듯이 "그때 아가씨도 있어 주실 겁니까?" 하고 말했습니다. 내가 그럴 거라고 대답하자 거피 씨는 꾸벅 인사하고 다시 한 번 나를 보면서 나갔습니다.

나는 그런 거피 씨를 그저 쑥스러워서 부끄러워하는 거라고 생각했습니다. 몹시 멋쩍어하는 기색이 역력했기 때문입니다. 그래서 나는 거피 씨가 원하는 것을 모두 갖다 주고 나서 그를 혼자 있게 해 주는 게 가장 좋겠다고 생각했습니다. 곧 점심 식사가 나왔지만 한참 동안 식탁에 그대로 놓여 있었습니다. 보이손 씨와의 면담은 오래 걸렸으며, 그것도 꽤 격렬한 것 같았습니다. 방이 퍽 멀리 있는데도 이따금 폭풍우 같은 보이손 씨의 고함이 들렸기 때문입니다. 욕설을 퍼붓고 있는 것이 틀림없었습니다.

드디어 거피 씨가 돌아왔지만, 그 면담으로 꽤 지친 듯이 보였습니다. "정말 놀랐습니다, 아가씨." 거피 씨가 나지막하게 말했습니다. "저 사람한테는 두 손 들었어요!"

"뭐 좀 드세요."

거피 씨는 식탁에 앉아 쭈뼛거리며 고기 저미는 칼로 포크를 갈기 시작했지만, 여전히 아까 같은 묘한 눈빛으로 나를 바라보았습니다(그쪽을 보지 않아도 분명히 느낄 수 있었습니다). 끝도 없이 칼을 갈기에, 거피 씨가 마법에 걸려 멈추지 못하고 있는 것은 아닌가 싶어졌습니다. 마침내 마법을 풀어 주기 위해서는 나도 눈을 들어야 할 것 같은 생각이 들었습니다.

거피 씨는 곧 접시로 눈을 돌리고 고기를 자르기 시작했습니다.

"무엇을 드시겠습니까, 아가씨? 뭣 좀 드실 거지요?"

"아니요, 전 됐어요." 내가 말했습니다.

"뭐라도 좀 잘라 드리고 싶은데요." 거피 씨가 당황해서 포도주를 단숨에 비우면서 말했습니다.

"괜찮아요. 전 당신이 원하시는 걸 가져다 드리기 위해서 여기 앉아 있는 거니까요. 뭐 필요하신 건 없나요?"

"아니요, 정말 고맙습니다. 편하게 식사하기에 필요한 건 이미 다 있는 걸요……. 전 지금…… 편안하지 않지만…… 전 언제나 편하지 않죠." 거피 씨는 다시 포도주를 두 잔 연거푸 비웠습니다.

나는 그만 자리를 비워 주는 편이 좋겠다고 생각했습니다.

"실례합니다만, 아가씨!" 내가 일어서는 것을 보고 거피 씨도 일어나서 말했습니다. "딱 1분만 같이 이야기할 수 없을까요?"

나는 뭐라고 대답해야 좋을지 몰라서 다시 앉았습니다.

"지금부터 하는 이야기를 저의 권리를 훼손시키지 않는 방향으로 해 주시겠지요?" 거피 씨가 이렇게 말하며 걱정스럽게 내 탁자로 의자를 끌고 왔습니다.

"무슨 말씀이신지 모르겠어요." 나는 고개를 갸웃거리며 말했습니다.

"이건 저희가 쓰는 법률용어랍니다, 아가씨. 이 이야기를 켄지 앤드 카보이 사무소나 다른 곳에서 저에게 불이익이 될 용도로 쓰지 않기를 바랍니다. 우리의 이야기가 비록 소득 없이 끝난다 해도 제가 지금까지처럼 지위나 출세를 훼손 받는 일이 없어야 한다는 뜻입니다. 즉, 이 이야기는 극비사항입니다."

"이제껏 한 번 밖에 본 적 없는 저한테 대체 무슨 극비사항이 있으신지 전 도무지 상상이 가지 않네요. 하지만 제가 당신에게 조금이라도 손해를 끼치는 짓을 한다면 정말로 유감스럽게 생각하겠어요."

"고맙습니다. 그 말을 믿습니다……. 그거면 충분합니다." 그러는 내내 거피 씨는 손수건으로 이마를 훔치고, 오른쪽 손바닥으로 왼쪽 손바닥을 문질러 대고 했습니다. "죄송합니다만, 포도주를 한 잔 더 마시면 편하게 숨 쉬면서 이야기할 수 있어서 서로 불쾌하지 않을 것 같습니다만."

거피 씨는 말한 대로 포도주를 마시더니 다시 돌아왔습니다. 나는 그 기회를 이용해서 내 탁자를 저만치 뒤로 옮겼습니다.

"당신에게 따라 드릴 수는 없겠지요?" 거피 씨가 기운을 차린 듯이 말했습니다.

"전혀 안 돼요."

"반 잔도요? 반의 반 잔도 안 됩니까? 그럼 이야기를 시작하죠. 서머슨 양, 켄지 앤드 카보이 법률사무소에서 받는 제 현재 봉급은 일주일에 2파운드입니다. 당신을 처음 뵌 행운을 얻었을 때에는 1파운드 15실링이었는데, 그때까지 오랫동안 같은 금액이었죠. 그 뒤 5실링이 올랐고, 지금으로부터 열두 달이 지나기 전에 5실링이 더 오르기로 되어 있습니다. 우리 어머니한테는 얼마 안 되는 재산이 있는데 그것을 근소한 연금이라는 형태로 받고 있어서, 그것으로 소박하나마 독립된 생계를 올드 스트리트 거리에서 꾸리고 계십니다. 시어머니로서는 나무랄 데 없는 분이죠. 절대로 간섭도 안 하시고, 평화주의자이며, 온순하세요. 결점도 있지만, 결점 없는 사람은 없다지 않습니까? 손님 앞에서 결점을 보인 적은 없으니까, 그럴 때는 포도주, 화주류, 맥주류 할 것 없이 뭐든 안심하고 드려도 좋아요. 제가 사는 곳은 펜톤빌 마을 펜톤 플레이스에 있는 하숙집입니다. 지저분한 동네지만, 뒤쪽은 탁 트이고 통풍이 잘 되는 아주 건강한 교외랍니다. 서머슨 양! 아주 조심스러운 표현이지만, 저는 당신을 사모합니다. 정말 죄송하지만, 당신에게 고백을 해도…… 그러니까 결혼을 신청해도 되겠습니까?"

거피 씨는 무릎을 꿇었습니다. 나는 탁자에서 저만치 멀리 있었으므로 그다지 놀라지 않았습니다. 그리고 말했습니다. "그런 이상한 자세는 그만두고 어서 일어나세요. 안 그러면 아까 했던 약속을 어기고 종을 울리겠어요!"

"끝까지 들어 주세요!" 거피 씨가 두 손을 모으고 말했습니다.

"지금 당장 양탄자에서 일어나서 저쪽 식탁에 앉지 않으시다면 한마디도 들을 수 없어요. 조금이라도 분별력이 있다면 그렇게 하시겠지만."

거피 씨는 보기에도 딱한 얼굴을 했지만, 느릿느릿 일어나서 내 말대로 했습니다.

"이 얼마 우스운 일입니까." 거피 씨가 한 손을 가슴에 대고, 식탁에 놓인 쟁반 위로 불쑥 솟은 머리를 내 쪽으로 우울하게 돌리면서 말했습니다. "이럴 때 음식 앞에 앉아 있어야 하다니요. 이럴 때는 영혼이 음식을 두려워하는 법인데."

"마저 말씀해 보세요. 끝까지 들어 달라고 하셨잖아요."

"그러지요, 아가씨. 사랑하고 존중하니, 마찬가지로 복종합니다.[4] 이 맹세를 교단 앞에서 당신에게 바칠 수 있다면!"

"그런 일은 없을 거예요. 절대로 불가능해요."

---

4) 영국국교회의 기도문 중 결혼식 때 낭독하는 〈신부〉의 맹세를 조금 바꾼 것.

"저도 압니다." 거피 씨가 쟁반 위로 몸을 내밀고 아까처럼 곁눈질 한번 안 하고 나를 바라보면서 말했습니다(나는 그쪽을 쳐다보지 않았지만, 역시 이상하게도 그것을 느낄 수 있었습니다). "제 결혼 신청은 세속의 눈으로 보면 어불성설이지요. 하지만 서머슨 양! 나의 천사!…… 아, 종을 치지 마세요…… 저는 열악한 환경에서 시련을 받으며 자라나 온갖 직업을 거쳤습니다. 나이는 어리지만 소송의 증거를 찾아내고 사실기재서를 작성한 경험이 있으며, 세상을 충분히 보아 왔습니다. 천만다행으로 당신에게 결혼 허락을 받는다면, 당신의 이익을 늘리고 행복을 쌓아 올릴 수 있는 어떤 방법이라도 찾아낼 수 있을 겁니다! 당신과 깊이 관련된 그 어떤 사실도 찾아낼 것입니다. 물론 지금은 아무것도 모르지만, 만약 당신의 믿음과 격려를 받는다면 어떤 일이든 할 수 있어요."

나는 거피 씨에게 당신은 지금 내 이익, 아니 내 이익이라고 생각하는 것에 대해 말했지만 아까 내 마음에 호소했을 때처럼 그 호소는 완전히 실패로 돌아갔으니, 이제 그 점을 깨달았으면 당장 돌아가 달라고 말했습니다.

"아, 무정한 사람!" 거피 씨가 말했습니다. "한마디만 더 들어주세요! 이미 아셨겠지만, 저는 화이트호스 매표소로 당신을 데리러 갔던 날, 당신의 매력에 푹 빠져 버렸습니다. 분명 눈치채셨으리라 생각합니다만, 나는 그 삯마차 발판을 접었을 때 당신의 매력에 찬사를 보내지 않을 수 없었어요. 당신에게 바치는 찬사치고는 빈약하지만, 그건 호의에서 나온 말이었습니다. 그 뒤 당신의 얼굴은 제 가슴에 깊이 새겨졌습니다. 저녁이 되면 가끔 젤리비 씨의 집 맞은편을 서성이며, 한때 당신이 한 번 묵었던 그 집의 벽돌을 그저 멍하니 바라보다가 돌아왔답니다. 오늘 이 여행은 면담 따위는 전혀 필요 없는 여행이었습니다. 면담이란 건 그저 제가 당신 때문에 갖다 붙인 구실이었어요. 제가 이익이라는 말을 하긴 했지만, 그건 저와 제 비천한 신분을 돋보이게 하기 위한 것일 뿐이었습니다. 이익보다는 사랑이 먼저였습니다. 아니, 먼저입니다."

"거피 씨." 내가 일어서서 종에 달린 줄을 잡으면서 말했습니다. "전 당신이든 누구든 성의 있는 분이라면 설령 아무리 불쾌한 표현을 했다고 해도 그 사람의 진심을 우습게 여기는 부당한 짓을 해서는 안 된다고 생각해요. 아까부터 하고 계신 말씀이 저에 대한 호의에서 나온 것이라면, 시기와 상대를 잘못 고른 말일지언정 저로서는 감사해야 한다고 생각합니다. 전 거만하게 굴 이유도 없고, 본디 거만한 여자도 아니에요. 부디……." 나는 내가 무슨 말을 하는지도 모른 채 이렇게 덧붙인 것 같습니다. "그런 어리석은 말씀을 하신 기억은 잊고 그만 돌아가셔서 사무실 일이나 열심히 하세요."

"30초만 더 주세요, 아가씨!" 종을 울리려는 나를 저지하며 거피 씨가 큰 소리로 말했습니다. "오늘 한 이야기가 제 권리를 훼손하지 않겠죠?"

"절대로 입 밖에 내지 않겠어요. 앞으로 당신만 조용히 있어준다면요."

"15초만요, 아가씨! 이 이야기를, 특히 제가 어떤 일이든 할 수 있다는 부분을 다시 생각하게 되신다면—아무 때라도 상관없습니다, 먼 미래라도 상관없어요. 그런 건 아무 문제도 아닙니다. 제 마음은 변할 리 없으니까요—펜톤 플레이스 87번지 윌리엄 거피 앞이나, 혹시 이사하거나 죽은 경우에는(희망이 꺾이거나 해서) 올드 스트리트 거리 302번지 미시즈 거피 앞으로 소식만 알려 주십시오."

내가 종을 치자 하녀가 왔으므로, 거피 씨는 주소가 적힌 명함을 식탁에 올려놓고 맥없는 인사를 한 뒤 나갔습니다. 눈을 들어 보자, 거피 씨는 문을 나가서도 나를 보고 있었습니다. 그 뒤 나는 그곳에 한 시간쯤 있으면서 회계와 지불을 마치고 수많은 일을 처리했습니다. 그런 다음 책상을 정리하고 모두 제자리에 집어넣자 매우 침착하고 밝은 기분이 되었으므로, 이 뜻밖의 사건은 모조리 잊어버렸다고 생각했습니다. 그런데 2층 내 방으로 돌아가자 놀랍게도 이 사건이 떠올라 웃음이 나오더니, 그다음에는 더욱 놀랍게도 울음이 나오는 것이었습니다. 즉 나는 잠시 흥분해 있었습니다. 오랜 옛날, 정원에 묻었던 그 그리운 인형을 친구로 삼아 지냈던 시절 이래 처음으로 거칠게 마음속의 낡은 현을 울리는 기분이었습니다.

# 제10장 대서인

챈서리 래인 동쪽 끝, 더 자세히 말하자면 커시터 거리 쿡스 코트에서 법률용 문구점을 경영하는 스낙스비 씨는 건실히 살아가고 있다.

쿡스 코트의 그늘에 틀어박혀(하긴 이곳은 거의 언제나 그늘이 지는 마을이지만) 스낙스비 씨가 일 년 내내 취급하는 물품은 소송에 쓰이는 여러 서식용지, 양피지 및 양피 두루마리, 종이류(대형 인쇄용지, 사건 적요 용지, 서류 초안지, 백지, 노란 종이, 엷은 노란빛이 나는 종이, 흡수지), 인지, 사무용 깃펜, 펜, 잉크, 지우개, 잉크 번짐 방지 가루, 핀, 연필, 봉납, 봉함지, 서류를 묶는 빨간 끈, 녹색 테이프, 수첩, 달력, 일기장, 법률 연감, 끈 넣는 상자, 자, 유리 또는 납으로 된 잉크스탠드, 펜나이프, 가위, 돗바늘, 여러 사무용 칼 등 요컨대 일일이 들 수도 없을 만큼 많다. 스낙스비 씨는 도제 일을 마치고 주인인 페퍼와 공동경영자가 되었을 때부터 이 장사를 하고 있다. 그날 쿡스 코트에는 선명한 페인트로 '페퍼—스낙스비 상점'이라고 쓰인 새 간판이 걸렸다. 조그만 혁명이 일어난 셈인데, 그때까지 '페퍼 상점'이라고만 씌어 있던 유서 깊은 간판은 이제 판독이 불가능해질 정도였다. 런던의 담쟁이덩굴이라고 할 수 있는 매연이 페퍼라는 이름에 달라붙고 그의 집에 매달리는 등, 이 정 많은 겨우살이가 본디의 나무를 완전히 압도해 버렸기 때문이다.

이제 페퍼는 쿡스 코트에서 다시는 볼 수 없다. 여기에 나타날 리도 없다. 벌써 25년 동안 홀번 구의 성 앤드류 교회 묘지에 누워 있는 데다, 묘지 옆을 짐마차와 삯마차가 아침부터 오밤중까지 거대한 용처럼 굉음을 울리며 지나다니기 때문이다. 이 용이 쉬는 동안에도 몰래 무덤을 빠져나와 다시 한 번 쿡스 코트를 산책하다가, 커시터 거리의 작은 우유 가게 지하실에서 기르는 수탉이 홰치는 소리를 듣고 힘없이 돌아가는 일이 있다고 해도(그런데 자기 눈으로 새벽을 본 적이 거의 없는 이 수탉이 과연 새벽이 온 것을 어떻게 아는지 궁금할 따름이다),

그리고 페퍼가 실제로 쿡스 코트의 새벽을 다시 찾는 일이 있다고 해도(이는 그 어떤 법률가용 문구상도 반드시 부정할 수 없다), 그는 모습을 드러내지 않고 오기 때문에 그를 보거나 기절하는 사람은 단 한 명도 없다.

그의 생전, 스낙스비가 7년이라는 긴 세월 동안 '도제'로 일하던 시절, 이 가게에 페퍼의 조카 한 명이 같이 살고 있었다. 키가 작고 수다스러우며, 날씬한 허리는 좋지만 너무 마른 데다 찬바람 부는 가을밤처럼 날카로운 코끝에 하얀 서리가 앉기 시작한 여자였다. 쿡스 코트의 주민들 사이에 퍼져 있던 소문에 따르면, 이 조카가 어렸을 때 어머니가 딸의 외모를 완벽하게 만들어 주려고 집착한 나머지 아침마다 딸의 허리를 침대 기둥에 꽁꽁 묶어 놓고 모성애가 가득 담긴 발로 몸을 꼼짝 못 하게 누르고는 몇 파인트나 되는 식초와 레몬즙을 내복약으로 먹이는 바람에 그 산성이 이 환자의 코와 성격으로 올라와 버렸다고 한다. 어떤 오지랖쟁이가 이런 시시한 이야기를 시작했는지는 모르지만, 아무튼 젊은 스낙스비의 귀에는 들어가지 않았던 것인지 영향을 주지 않았던 건지, 그는 성년이 되자 이 소문의 주인공인 미인에게 끈질기게 구혼해서 단숨에 가게와 가정을 함께 경영하게 되었다. 그리하여 지금 커시터 거리 쿡스 코트에서 스낙스비 씨와 조카가 함께 살고 있는데, 조카는 여전히 자신의 외모를 끔찍하게 소중히 유지하고 있다.

이웃들의 생각에 따르면, 스낙스비 부부는 일심동체일 뿐 아니라 목소리까지 하나다. 언제나 아내가 내는 듯한 그 목소리는 쿡스 코트에 줄기차게 들려온다. 스낙스비 씨의 목소리는 아내의 끊임없는 목소리를 통해 의견을 말할 때 외에는 좀처럼 듣기가 어렵다. 그는 머리가 벗겨지고 온후하고 여린 성품의 사람이다. 번쩍번쩍 빛나는 뒤통수에 검은 머리카락 한 뭉텅이가 볼품없게 덜렁나 있으며, 성품은 온화하고, 체질은 비만기가 있다. 검은 옥양목 토시를 낀 회색 사무복 차림으로 그가 쿡스 코트 가게 입구에 서서 구름을 올려다보거나, 어두운 가게 안 책상에 앉아 무겁고 납작한 자로 두 어린 종업원과 함께 양피지를 조그맣게 자르는 모습은 정말이지 내성적이고 조심성 많은 남자로 보인다. 그럴 때면 그의 발밑에서, 마치 무덤 안에서 미처 저승으로 가지 못한 유령이 비명을 지르듯이 그의 아내가 잔소리며 불평을 늘어놓는 것이 들린다. 어쩌다 아내의 목소리가 유난히 높아지면 스낙스비 씨는 종업원들에게 "아내가 구스터를 혼내고 있는 것 같은데!"라고 말한다.

스낵스비 씨가 지금 말한 구스터라는 이름을 일전에 쿡스 코트 사람들이 듣고서, 그것은 틀림없이 아내의 이름일 거라고 농담한 적이 있었다. 아내의 불같은 성격에 경의를 표하는 뜻으로 '파괴자(구스터)'라고 부르는 것은 참으로 적절하며 의미가 잘 묻어나는 것처럼 생각된다. 그러나 이 이름은 보육원 출신의 어느 빼빼마른 젊은 여성의 이름으로(그녀는 본디 오거스터라는 이름이었다고 말하는 사람도 있다), 그녀에게는 이 이름이 1년에 50실링 받는 급료와, 의류를 아무렇게나 구겨 넣은 쪼끄만 상자를 제외하면 유일무이한 재산이다. 그녀를 성장기에 키워 주었던, 즉 보육원에서 데려와 길러 주었던 사람은 투팅[1]에 사는 독지가로, 그런 사람들 사이에서는 배려심 있는 편에 속했다. 따라서 그녀는 더 없이 훌륭한 환경에서 성장했을 터인데도 가끔 지병으로 발작을 일으켰다. 아는 교구 보육원 관계자들도 이상하게 생각하는 점이다.

구스터는 실제로는 스물셋 또는 스물네 살이지만, 열 살은 더 먹어 보인다. 발작이라는 불가사의한 결점이 있어서 급료를 많이 받지 못하는 데다 은인인 독지가 곁으로 돌아가기를 몹시 두려워해서, 지병으로 발작을 일으켜 양동이며 개수대, 냄비, 요리, 그 밖에 그때그때 자기 가까이에 있는 아무 데나 머리를 처박고 있는 시간 외에는 언제나 일하고 있다. 가게 종업원들의 부모나 보호자는 그녀가 젊은이들 가슴에 연정을 불러일으킬 위험이 없으리라고 생각했고, 스낵스비 씨의 아내는 늘 그녀를 들볶을 수 있었으며, 스낵스비 씨는 그녀를 고용하는 것이 자선사업이라고 생각했으므로, 모두 저마다 그녀에게 만족했다. 구스터에게는 문구점이 '화려하고 풍요로운 신전'으로 보인다. 2층의 좁은 응접실은 말하자면 언제나 종이로 머리를 말고 앞치마를 두른 형상이지만, 그녀는 문명 세계에서 가장 우아한 방이라고 믿는다. 그 창문으로 밖을 내다보면 한쪽 끝으로는 쿡스 코트가 보이고(물론 커시터 거리도 조금 보인다), 다른 한쪽 끝으로는 코빈세스, 즉 채무자 구치소의 뒷마당이 보인다. 그녀는 그것이 비할 데 없는 절경이라고 생각한다. 응접실에는 스낵스비 씨가 아내를 바라보는 모습과 아내가 스낵스비 씨를 바라보는 모습을 그린 유화 초상이 걸려 있는데—그것

1) 런던 서남부 교외 지구. 이곳에 유아를 맡아 기르는 시설이 있다. 1849년 콜레라로 유아 150명이 죽자, 소장인 드루에가 관리소홀 죄로 고발되어 세간의 지탄을 받은 사건이 있다.

도 잔뜩―, 구스터의 눈에는 라파엘이나 티치아노의 작품처럼 보인다. 구스터의 온갖 고충을 위로해 주는 것이 조금이나마 있는 셈이다.

스낙스비 씨는 장사와 관련된 것 외에는 모두 아내에게 맡긴다. 아내는 돈을 관리하고, 세금징수원을 비난하고, 일요일에 몇 시 언제 어디에서 기도할지를 정하고, 스낙스비 씨의 오락을 허락하지만, 식단에 관해서는 전혀 책임을 지지 않는다. 그래서 이웃 아낙네들은 챈서리 래인 끄트머리까지 집이면 집마다, 아니 그 너머 홀번 거리에서도 그녀를 예로 들어 자기 처지와 비교하고, 부부 싸움을 할 때마다 남편에게 자기와 스낙스비 씨 아내의 지위가 어떻게 다른지, 자기들의 남편과 스낙스비 씨의 행동이 어떻게 다른지 따지고 든다. 그러나 언제나 쿡스 코트를 박쥐처럼 날아다니며 아무 집 창문이나 자유롭게 드나드는 '소문'이라는 놈의 말에 따르면, 스낙스비 씨 아내는 질투가 많고 오지랖이 넓어 스낙스비 씨는 이따금 집을 견디지 못하고 밖으로 도망쳐 버리며, 만일 스낙스비 씨에게 눈곱만큼의 기개라도 있다면 도저히 참지 못할 거라고 한다. 그뿐만 아니라 이기적인 남편들에게 스낙스비 씨를 본받으라고 말하는 아낙네들이 사실은 스낙스비 씨를 경멸하고 있으며, 심지어 오만하기 그지없는 모 부인의 남편은 평소 아내의 잘못을 바로잡기 위해 우산으로 아내를 때린다는 소문도 있다. 그러나 이런 근거도 없는 힘담은 아마도 스낙스비 씨가 나름대로 제법 명상적인 시인이기 때문이다. 그는 여름이면 스태플 법학예비원 안을 즐겨 거닐며 참새와 나뭇잎 등 풍요로운 자연의 정취를 감상하고, 일요일 오후에는 기록보관소의 안뜰을 거닌다(기분이 좋으면). 그리고 유서 깊은 저 예배당 아래를 파보면 지금도 돌관 한두 개쯤은 발견될 것이라고 말한다. 또한 고인이 된 수많은 대법관, 부대법관, 기록장관을 떠올리며 상상력을 달래거나, 회전문이 진짜 회전문이었던 옛날에는 "수정처럼 빛나는"[2] 개울이 홀번 거리 한가운데를 가로질러 곧장 초원으로 흘러갔다는 이야기를 들은 적이 있다고 가게의 두 종업원에게 이야기하는 것만으로도 자연의 정취에 흠뻑 빠진다. 그러면서도 그는 시골로 내려가고 싶다고는 한 번도 생각하지 않는다.

해가 뉘엿뉘엿 저물어 가스등이 켜지지만 아직 주위가 완전히 어두워지지

---

2) 신약성서 〈묵시록〉 22장 1절 참조.

않아 밝게 빛나지는 않는다. 스낙스비 씨가 가게 입구에 서서 구름을 올려다보고 있는데, 느지막이 둥지에서 나온 까마귀 한 마리가 쿡스 코트에 늘어선 집들 위의 좁은 하늘을 가로질러 서쪽으로 날아가는 것이 보였다. 까마귀는 챈서리 래인과 링컨 법조원 정원을 일직선으로 지나 링컨 법조원 광장으로 날아간다.

이 광장 한쪽 끝에 있는, 이전에는 웅장한 저택이었던 커다란 집에 털킹혼 변호사가 산다. 현재 이 집은 방을 나누어 세를 주고 있는데, 대저택의 그 작은 한 귀퉁이에 변호사들이 나무열매 속에 둥지를 튼 벌레처럼 산다. 그러나 넓은 계단과 복도와 대기실은 예전과 변함이 없다. 아니, 우화가 그려진 천장도 옛날 그대로다. 고대 로마의 투구를 쓰고 성스러운 옷을 입은 그림 속 인물이 난간과 기둥, 꽃과 구름, 그리고 다리가 두꺼운 소년들 사이에 대자로 누워 보는 이의 머리를 아프게 한다. 털킹혼 씨는 고귀한 사람들이 죽을 만큼 따분해하는 그들의 시골 본가에서 조용하고 편안히 지내는 때를 빼면 언제나 이곳에서 명문가의 이름이 붙은 상자에 둘러싸여 지낸다. 오늘은 이곳에서 조용히 책상에 앉아 있다.

이 해 질 녘 털킹혼 씨의 집은 그야말로 그와 판박이다. 고색창연하고 시대에 뒤떨어지고 남의 주목을 끌지 않는다는 점이 그렇다. 무거워서 쉽게 들어올릴 수 없고 말총으로 속을 채운 등받이가 넓은 구식 마호가니 의자며, 먼지가 수북한 푸른 모직 옷감으로 덮은 다리가 가늘고 시대에 뒤떨어진 탁자며, 선대의 신분 높은 사람들이 기증한 판화가 그를 에워싸고 있다. 지저분하고 두꺼운 터키 양탄자가 의자에 앉은 그의 발밑에서 마룻바닥 소리를 없애 주고, 옆에 있는 구식 은제 촛대에 세워진 양초 두 자루가 던지는 빛은 넓은 실내를 비추기에는 너무 어둡다. 책표지의 글자는 이미 장정 속으로 사라져 버렸고, 자물쇠를 채울 수 있는 모든 물건에는 자물쇠가 채워져 있지만 열쇠는 한 개도 보이지 않는다. 묶이지 않고 따로 굴러다니는 서류는 거의 없다. 그의 주변에는 손으로 쓴 서류가 놓여 있지만, 딱히 그것을 살펴보는 것은 아니다. 아까부터 선뜻 결정하지 못하고 있는 문제를 잉크스탠드의 둥근 뚜껑과 봉납 조각 두 개를 써서 말없이 천천히 해결하려는 참이다. 잉크스탠드의 뚜껑을 한가운데에 놓았는가 싶더니 이번에는 붉은 봉납으로 바꾸었다가 다음에는 검은 봉납으로 바꾼다. 그것으로는 안 된다. 다 모아서 처음부터 다시 해야 한다.

이 방 천장에서 원근법에 의해 그려진 풍자화 속 인물이 침입자 털킹혼 씨를 당장에라도 공격해 올 것처럼 노려보고 있지만, 털킹혼 씨는 태연한 얼굴로 그림천장 아래 주거 겸 사무실에서 지낸다. 그는 직원을 한 명도 두지 않았다. 언제나 무릎이 조금 찢어진 양복을 입은 중년 남자 한 사람이 있을 뿐인데, 현관에 놓인 높은 의자에 앉아 있는 이 남자는 사무실 일을 돕는 법이 좀처럼 없다. 털킹혼 씨의 원칙은 보통 변호사와 다르다. 사무원은 절대로 필요 없다. 명문가의 비밀스러운 대저수지를 다루는데 그런 곳에서 물이 새나가면 큰일이다. 소송의뢰인에게 필요한 것은 그다. 오로지 그다. 따라서 소송서류 초안을 작성해야 할 때는 템플[3]의 답변서 작성 담당 변호사에게 은근한 지시를 내려 작성하게 하고, 서류를 정서해야 할 때는 비용을 들이지 않고 법률용 문구점에 시킨다. 사무실 현관 의자에 앉아 있는 중년의 하인은 귀족사회의 사건 따위에 대해서는 홀번 도로 청소부만큼이나 무지하다.

붉은 봉납, 검은 봉납, 잉크스탠드 뚜껑, 다른 잉크스탠드 뚜껑, 잉크 흡수용 모래 상자. 좋아! 넌 가운데, 넌 오른쪽, 넌 왼쪽이다. 이번에야말로 반드시 문제를 해결해야 한다. 됐다! 털킹혼 씨는 자리에서 일어나 안경을 고쳐 쓰고, 모자를 쓰고, 수기 서류를 주머니에 넣고 방에서 나가, 양복 무릎이 찢어진 중년의 하인에게 "곧 돌아오겠다"고 말한다. 하인에게 그보다 자세한 말을 하는 일은 좀처럼 없다.

털킹혼 씨는 아까 그 까마귀처럼 일직선으로—까마귀만큼은 아니지만 대충 비슷하게—커시터 거리 쿡스 코트로 향한다. 그가 가는 곳은 "증서 필사 및 등본 작성, 여러 가지 대서 등등"을 하는 스낙스비 법률가용 문구점이다.

시각은 오후 대여섯 시쯤으로, 쿡스 코트에는 따뜻한 차의 향기가 감돈다. 스낙스비 상점 입구 주위에도 감돌고 있다. 이 가게는 점심 식사가 한 시 반이고 저녁 식사가 아홉 시 반이므로 아직 시간이 이르다. 스낙스비 씨가 문밖에서 둥지를 느지막이 나온 까마귀를 본 것은 차를 마시러 지하실 부엌으로 내려가려던 때였다.

---

3) 링컨 법조원 광장에서 서쪽으로 조금 떨어진 템스강변의 일각. 이곳에 이너 템플 법조원과 미들 템플 법조원이 있다.

"주인장 계시나?"

가게 종업원들은 언제나 스낙스비 부부와 함께 부엌에서 차를 마시기 때문에, 가게를 지키는 사람은 구스터이다. 그러므로 맞은편 법복 재단사 건물 2층에서는 두 딸이 이쪽의 두 종업원을 유혹할 생각으로 두 창가에 기대어 두 유리창을 거울삼아 구불구불한 머리를 빗고 있지만, 그 천박한 꾀는 아무런 보람도 없이 그저 구스터의 동경심을 일깨울 뿐이다. 그도 그럴 것이, 구스터의 머리는 좀처럼 자라지 않으며 자랄 기미도 보이지 않아서 그녀는 아예 절대로 자라지 않을 거라고 굳게 믿는 경향까지 있었던 것이다.

"주인장은 계시나?" 털킹혼 씨가 말한다.

구스터는 곧 모시고 오겠다고 말한다. 구스터는 가게에서 나갈 수 있는 것을 기뻐하며 사라진다. 그녀는 이 가게를 법률의 무시무시한 공격 도구를 보관하는 창고, 다시 말해 가스등을 끄고 나면 들어갈 수 없는 곳이라고 알고 두려움을 품고 있다.

스낙스비 씨가 나타났다. 기름으로 번들번들한 온화한 얼굴로 향기로운 차 향기를 풍기며 입을 오물거리고 있다. 그는 버터 바른 빵을 한입에 삼켰다. "이거 털킹혼 선생님 아니십니까!"

"잠깐 얘기 좀 하고 싶은데, 스낙스비!"

"물론이지요! 댁의 하인을 보내셨으면 제가 찾아뵀을 텐데요. 자, 가게 안으로 들어오시지요." 스낙스비는 순식간에 환한 얼굴이 된다.

양피지 기름이 독한 냄새를 풍기는 그 좁고 답답한 방은 창고 겸 회계실 겸 필사실이다. 털킹혼 씨가 스낙스비 쪽으로 몸을 돌리고 사무용 책상 앞에 앉는다.

"잔다이스 대 잔다이스 사건에 대해서네, 스낙스비!"

"네." 스낙스비 씨가 가스등에 불을 붙이고 돈벌이를 기대하면서 입에 손을 대고 기침했다. 스낙스비 씨는 소심해서 기침으로 다양한 감정을 표현하고 말은 아끼는 습관이 있다.

"최근 그 사건의 선서진술서 몇 부를 자네한테 부탁해서 작성했었지."

"네, 그랬죠."

털킹혼 씨가 아까 서류를 집어넣지 않은 쪽의 겉옷 주머니를 무심하게 뒤지면서 말했다. "그중 한 부가 독특한 필체로 되어 있어서 조금 신경이 쓰이더군. 마침 지나가는 길에 그걸 갖고 온 것 같아서 물어보려고 들렀는데…… 갖고 오지 않았군. 뭐, 언제든 좋네…… 아! 여기 있군! 이걸 누가 썼는지 물어보러 들렀네."

"이걸 누가 썼냐고요?" 스낙스비 씨가 말하면서 서류를 받아 책상 위에 펼쳐 놓고, 법률가용 문구점을 경영하는 사람답게 독특한 손놀림으로 왼손을 빙글빙글 돌리면서 즉시 모든 페이지를 넘긴다. "이건 하청을 준 건데요. 그때 저희는 제법 하청을 많이 주었죠. 장부를 찾아보면 금방 누가 썼는지 알 수 있을 겁니다."

스낙스비 씨가 창고에서 장부를 꺼내와, 목구멍에 걸린 듯한 버터 바른 빵을 다시 한 번 꿀꺽 삼키고, 진술서를 곁눈질한 다음, 오른쪽 집게손가락으로 장부의 겉을 위에서부터 훑어 내려간다. "주비…… 파커…… 잔다이스."

"잔다이스! 있습니다, 선생님. 아! 똑똑히 기억납니다. 이건 얼마 전 챈서리 래인 맞은편에서 하숙하는 대서인에게 맡긴 겁니다."

장부의 기재사항을 살피던 털킹혼 씨가 스낙스비 씨보다 먼저 발견하고, 그의 집게손가락이 언덕을 내려가는 동안에 이미 읽어 버렸다.

"이 남자의 이름이 뭔가? 니모?"

"니모라고 합니다. 이겁니다. 마흔두 장. 주문, 수요일 저녁 여덟 시. 납품, 목요일 아침 아홉시 반."

"니모라고!" 털킹혼 씨가 되풀이했다. "니모는 라틴어로 아무도 아니라는 뜻이네."

"영어로는 틀림없이 누군가의 이름이라고 생각합니다만." 스낙스비 씨가 조심스럽게 기침하면서 말했다. "그게 성입니다. 보세요, 여기요! 마흔두 장. 주문, 수요일 저녁 여덟 시. 납품, 목요일 아침 아홉시 반."

스낙스비 씨의 눈꼬리가 문을 열고 안을 엿보는 아내의 머리를 포착한다. 그녀는 남편이 차를 마시다 나가는 걸 보고 어쩐 일인가 싶어 살피러 온 것이다. 스낙스비 씨가 "손님이 오셨어!"라고 말하듯이 아내를 향해 해명의 기침을 한다.

"아홉시 반입니다." 스낙스비 씨가 다시 한 번 되풀이한다. "저희의 대서인들은 하청을 받아 먹고사는데 좀 독특한 사람들이지요. 이것도 본명이 아닐지 모르지만, 어쨌든 그런 이름으로 통합니다. 지금 생각났는데, 그 남자가 법률사무소나 판사실 등에 내는 광고에도 그 이름을 쓰고 있습니다—아시지요? '일거리를 찾는다'는 광고 말입니다."

털킹혼 씨가 작은 창문 너머로 코빈세스 사무실, 즉 채무자 구류소의 뒤편을 흘끗 내다본다. 창문마다 불이 켜져 있다. 뒤편에는 구치소 다방이 있고, 불미스러운 죄를 저질러 잡혀 온 신사들의 그림자가 창문 차양에 검게 비쳤다. 스낙스비 씨가 기회를 놓치지 않고 고개를 돌려 어깨 너머로 아내를 힐끔 보면서 입술만 달싹여 이런 의미의 변명을 한다. "털—킹—혼…… 돈—많—은…… 권—력—가—야."

"전에도 그에게 일을 맡긴 적이 있나?" 털킹혼 씨가 묻는다.

"아, 네. 맡겼습니다! 선생님께서 의뢰하신 일을요."

"더 중요한 일을 생각하느라 잊어버렸는데, 그가 어디에 산다고 했지?"

"챈서리 래인 맞은편에 삽니다. 사실 그 하숙집은……." 스낙스비 씨가 아까부터 버터 바른 빵 조각이 목에 걸리는지 다시 한 번 침을 꿀꺽 삼키고 말한다. "누더기와 빈 병을 취급하는 상점이지요."

"내가 돌아가는 길에 그곳을 안내해줄 수 있겠나?"

"기꺼이 그러고말고요!"

스낙스비 씨가 옥양목 토시와 회색 겉옷을 벗고는 검은 겉옷을 입고 모자걸이에서 모자를 집어 들며 말했다. "아! 우리 마나님이 오셨습니다!" 그가 큰 소리로 말한다. "여보, 미안하지만, 내가 털킹혼 선생님을 모시고 챈서리 래인 맞은편까지 다녀오는 동안 종업원한테 가게 좀 보라고 말해 주겠어? 이쪽이 제 아내입니다, 선생님……. 여보, 2분이면 돌아올게!"

스낙스비 씨의 아내는 변호사에게 절하고 계산대로 물러나, 두 사람이 나가는 모습을 창문의 차양 틈으로 엿본 다음 가게 뒤로 몰래 숨어들어가, 펼쳐진 채로 있는 장부 내용을 확인한다. 호기심이 생긴 모양이다.

"가 보시면 알겠지만, 집도 지저분합니다." 이렇게 말하면서 스낙스비 씨는 좁은 도로를 변호사에게 양보하고 자기는 조심스럽게 차도를 걷는다. "사람도 지저분하기 그지없죠. 하지만 대서인들은 대개 거친 사람들뿐이죠. 이 남자의 장점이라면 자지 않는다는 겁니다. 주문을 하면 쉬지 않고 일을 하거든요."

주위는 완전히 어두워지고, 가스등이 밝게 빛나기 시작한다. 변호사와 법률가용 문구점 주인은 그날의 편지를 부치러 가는 사무원들과 부딪치고, 저녁을 먹으러 집으로 돌아가는 법정변호사와 사무변호사와 부딪치고, 원고와 피고와 온갖 종류의 소송당사자와 부딪치고, 몇 대에 걸쳐 갈고 닦은 법정 지혜 때문에 일상의 사건을 처리하는 데조차 백만 번은 방해받아 온 민중과 부딪치고, 보통법과 형평법 사이를 빠져나가고, 그것들과 같은 패인 저 불가사의한 거리의 진창 사이를 통과하여(같은 패라는 증거는 그것들이 무엇에서 만들어져 어디에서 와서 어떻게 우리 주위로 모이게 되었는지 누구도 모른다는 점이다), 수없이 많은 누더기와 빈 병과 쓰레기와 잡동사니를 취급하는 한 가게에 도착한다. 이 가게는 링컨 법조원 담벼락에 붙어 있으며, 주인은 간판에 페인트로 각 관계자들에게 쓴 대로 크룩이라는 사람이다.

"이곳에 삽니다." 법률가용 문구점 주인이 말한다.

"이곳에 산다고?" 변호사가 심드렁하게 대꾸한다. "수고했네."

"안 들어가 보십니까?"

"응, 수고했네. 오늘은 그만 집으로 가겠네. 그럼 잘 가게, 수고했어!" 스낵스비 씨는 모자를 조금 들어 올리고 절한 다음, 그의 '바나님'과 차가 있는 곳으로 돌아갔다.

그러나 털킹혼 씨는 그대로 돌아가지 않았다. 조금 가다가 되돌아와 다시 크룩 씨의 가게로 돌아와서는 곧장 안으로 들어간다. 창가에 지저분한 촛불 한 자루만 덜렁 켜져 있을 뿐이어서 안은 몹시 어둡다. 안쪽 벽난로 앞에 노인과 고양이가 앉아 있다. 노인이 일어나, 역시 지저분한 양초 한 자루를 들고 앞으로 나온다.

"이 집의 하숙인은 집에 있나?"

"남자요, 여자요, 나리?" 크룩 씨가 말한다.

"남잘세. 대서를 하는 남자지."

크룩 씨는 상대방을 유심히 살핀다. 본 적이 있는 얼굴이다. 높은 사람이라는 소문을 들은 적이 있는 듯하다.

"만나러 오셨군요?"

"그렇다네."

"전 별로 만나고 싶지 않던데." 크룩 씨가 히죽 웃는다. "불러 올까요? 하지만 내려올지 어떨지는 모르겠습니다, 나리!"

"그렇다면 내가 가지."

"3층입니다. 촛불을 가지고 가세요. 위층, 저쪽입니다!" 크룩 씨는 고양이를 옆에 데리고 계단 밑에 우두커니 서서 털킹혼 씨를 지켜본다. 털킹혼 씨가 사라지자 "네…… 네!" 하고 크룩 씨가 말한다. 변호사가 난간 너머로 아래를 내려다본다. 고양이가 심술로 가득한 입을 쩍 벌리고 그를 향해 으르렁거렸다.

"조용히 해, 레이디 제인! 손님한테 예의 있게 굴어야지! 3층의 그 사람에 대해 사람들이 뭐라고 하는지 아십니까, 나리?" 크룩 씨가 계단을 두어 발짝 올라가서 속삭인다.

"뭐라고 하는데?"

"악마에게 영혼을 팔았다고요. 하지만 나리나 저나 그런 말을 곧이곧대로 믿을 만큼 바보는 아니죠. 악마도 그자의 영혼 같은 건 사지 않을 겁니다. 하기야 그자는 엄청 화도 잘 내고 음침해서 분명히 선뜻 거래에 응할 테지만요. 아무튼 그 사람을 화나게 하지 마십시오. 제 말 명심하세요!"

털킹혼 씨는 고개를 끄덕이며 올라간다. 3층의 어두운 방문 앞에 도착해서 문을 두드리자 대답이 없다. 문을 연다. 그 바람에 촛불이 꺼져 버렸다.

일부러 끄지 않아도 저절로 꺼졌으리라고 생각될 만큼 방의 공기는 탁하다. 방은 좁고, 그을음과 기름때와 먼지로 시커멓다. 녹슨 해골 같은 벽난로의 석쇠는 가난에 완전히 사로잡힌 것처럼 궁상맞은 모습으로 한가운데가 짜부라졌고, 난로 안에는 석탄이 붉게 타고 있다. 벽난로와 가까운 구석에는 판자로 만든 식탁과 부서진 책상이 있다. 책상은 잉크 비를 맞은 황야와 같다. 다른 구석에는 장롱이나 옷장 대신 찢어진 낡은 가방이 의자 두 개 위에 올려져 있는데, 굶주린 사람의 볼처럼 움푹 꺼진 것을 보면 그것보다 큰 수납 장소는 필요 없는 것 같다. 바닥에는 아무것도 깔려 있지 않고, 다 해지고 찢어진 낡은 매트 한 장만 난롯가에서 썩어가고 있다. 어둠을 가려 주는 커튼은 없고, 빛바랜 덧문이 닫혀 있다. 을씨년스러운 구멍이 두 개 뚫린 그 덧문으로 굶주림이 조용히 실내를 지켜보고 있는 것 같다.

방 입구에서 머뭇거리던 변호사는 벽난로 반대편에 더러운 패치워크[4]와 납작한 베개와 거친 베로 만든 깔개이불이 아무렇게나 놓여 있는 낮은 침대가 있고, 그 위에 한 남자가 있는 것을 발견한다. 남자는 맨발에 셔츠와 바지만 입고 누워 있다. 머리맡에 있는 양초가 다 녹아 심지가 두 동강으로 꺾여 겹친 채 고인 촛농 위에서 아직도 타고 있으며, 그 유령처럼 어두침침한 빛에 비추어 남자의 얼굴은 노랗게 보였다. 머리카락은 부스스하니 헝클어져 구레나룻이며 턱수염과 뒤섞여 있다—이 수염들도 사방팔방으로 뻗친 채, 그를 둘러싼 잡동사니며 흐릿한 공기와 마찬가지로 방치되어 있다. 방이 더럽고 냄새나고 공기도 더럽고 퀴퀴하긴 하지만, 그 안에 있는 사람의 감각을 가장 숨 막히게 압박하는 이 독기는 대체 무엇일까? 구역질과 현기증을 일으키는 방 안의 공기와 시큼한 담배 냄새에서 아편의 쓰고 나른한 맛이 변호사의 입 속으로 들어온다.

　"이보게." 그가 큰 소리로 부르며, 손에 든 쇠 촛대로 문을 두드린다.

　그는 자기가 침대 위에 있는 남자를 깨웠다고 생각한다. 남자는 얼굴을 저쪽으로 돌린 채 자고 있었지만 분명히 눈을 뜨고 있다.

　"이보게!" 변호사가 다시 소리를 질렀다. "일어나 보게!"

　그가 문을 두드리는 동안, 아까부터 기세가 꺾였던 촛불이 꺼졌다. 그는 어둠속에 남겨지지만, 덧문에 달린 두 개의 을씨년스러운 눈은 침대 위를 조용히 내려다본다.

---

4) 크고 작은 조각 천을 이어 붙여 한 장의 천을 만드는 수예. 한국의 조각보와 비슷하다.

# 제11장 우리의 친애하는 형제[1]

어두운 방 안에 서서 머뭇거리고 있는 털킹혼 변호사의 주름진 손에 무언가가 와서 닿는다. 그가 놀라서 "이게 뭐야!" 하고 말한다.

"접니다." 늙은 가게 주인의 숨결이 변호사의 귀를 스치며 대답한다. "일어나지 않나요?"

"그렇네."

"촛불은 어쨌습니까?"

"꺼져 버렸네. 여기."

크룩이 양초를 받아들더니 벽난로 앞으로 다가가 붉은 재 위로 몸을 구부리고 불을 붙이려 한다. 꺼져 가는 재에는 양초에 나눠줄 만큼의 화력도 남아 있지 않아 헛수고로 끝난다. 하숙인을 아무리 불러도 소용이 없자, 늙은 주인은 아래층 가게로 내려가 불붙은 초를 가져오려고 투덜거리며 나간다. 핑곗거리가 생긴 털킹혼 씨는 이제 방 안에 있지 않고 바깥 계단에서 주인이 돌아오기를 기다린다.

이윽고 기다리고 기다리던 불빛이 벽을 비추는가 싶더니, 크룩이 녹색 눈을 한 고양이를 발치에 거느리고서 천천히 올라온다. "저 사람, 평소에도 이렇게 잘 자나?" 변호사가 목소리를 죽이고 묻는다. "글쎄요! 전 모르겠는데요." 크룩이 고개를 젓고 눈썹을 치켜올리면서 말한다. "저 사람이 평소에는 말수가 무척 적다는 것밖에 모릅니다."

두 사람은 이런 대화를 속삭이면서 나란히 방으로 들어간다. 불빛이 들어가자, 덧문에 달린 두 개의 커다란 눈이 눈꺼풀을 감았는지 어두워진다. 침대 위의 눈은 여전히 떠진 채다.

---

1) 영국국교회 기도문 가운데 〈장례식〉에 나오는 구절. 죽어서 묻히는 사람을 가리킨다.

"맙소사!" 털킹혼 씨가 비명을 지른다. "죽어 있잖아!"

크룩이 들어 올렸던 무거운 손을 놓는다. 대서인의 팔이 침대 밖으로 힘없이 늘어진다.

두 사람은 순간 얼굴을 마주 본다.

"의사를 불러와야겠어요! 나리, 위층 방에 있는 미스 플라이트를 불러 주세요. 침대 옆에 있으면 안 됩니다! 큰 소리로 플라이트 할멈을 불러 주시겠습니까?" 크룩이 시체 위로 마른 두 손을 흡혈귀의 날개처럼 펼치며 말한다.

털킹혼 씨가 층계참으로 달려가서 외친다. "미스 플라이트! 플라이트 할멈! 빨리 와 봐요! 플라이트 할멈!" 크룩이 그 모습을 지켜보면서, 털킹혼 씨가 고함을 지르는 사이에 틈을 보아 낡은 가방으로 몰래 다가갔다가 몰래 되돌아온다.

"달려, 플라이트, 달려가! 가장 가까운 의사한테 달려가!" 집주인인 크룩이 자기 집에 하숙하는 정신 나간 여자에게 그렇게 외치자, 그녀는 나타났다가 곧 사라지더니 이윽고 한창 저녁 식사 중에 불려 나온 성질 급한 의사와 함께 돌아온다. 의사는 코담배로 더러워진 커다란 윗입술과 스코틀랜드 사투리가 도드라지는 남자다.

"이거 큰일인걸!" 의사가 1분쯤 진찰하더니 두 사람 쪽으로 일굴을 들고 말한다. "완전히 죽었어요. 파라오[2]가 따로 없구먼!"

털킹혼 씨가 (낡은 가방 옆에 서서) 지금 막 죽은 거냐고 묻는다.

"지금 막 죽었냐고요? 아마 세 시간은 지났을 겁니다."

"그 정도 되겠지요." 침대 반대편으로 온 까무잡잡한 젊은 남자가 말한다.

"당신도 의사요?" 성질 급한 의사가 묻는다.

까무잡잡한 젊은 남자가 고개를 끄덕인다.

"그럼 난 그만 가보겠습니다. 여기 있어 봤자 소용없으니까요!" 성질 급한 의사가 이렇게 말하고는 짧은 왕진을 마치고 저녁 식사를 마치러 돌아간다. 까무잡잡한 젊은 외과의사가 대서인의 얼굴 위로 촛불을 몇 번 왕복시키며 꼼꼼히 살피지만, 상대는 이미 자신이 말 그대로 "아무도 아니다"라는 뜻의 니모라는

---

2) 고대 이집트의 왕. 특히 구약성서에 나오는 왕을 말한다.

이름에 어울리는 사람임을 증명하고 있다.

"나는 이 사람의 얼굴을 잘 압니다." 외과의사가 말한다. "요 일 년 반 사이에 저한테 아편을 사러 자주 왔어요. 여기 이 사람의 친척이 계십니까?" 옆에서 지켜보는 세 사람의 얼굴을 둘러본다.

"난 이 집 주인인데……" 크룩이 외과의사가 내민 손에서 촛불을 받아들면서 웃음기 없는 얼굴로 대답한다. "이 사람이 언젠가 내가 가장 가까운 가족이라고 말한 적이 있었지."

"이 사람은 아편을 너무 많이 먹어서 죽었습니다. 의문의 여지가 없어요. 방 안에 아편 냄새가 진동하고 있고, 이 안에는……" 하고 낡은 찻주전자를 주인인 크룩에게서 받아들고 말한다. "아직 열 명은 충분히 죽일 만한 아편이 들어 있습니다."

"일부러 그런 걸까요?" 크룩이 묻는다.

"과다 복용 말입니까?"

"물론 그런 뜻이죠!" 크룩은 으스스한 호기심이 일어 혀로 입술을 연신 훔친다.

"그건 모르겠지만 평소에도 제법 많은 양을 먹었으니 그런 것은 아닐 겁니다. 하지만 단정할 수는 없군요. 이 사람, 꽤 돈이 궁했죠?"

"그런 것 같습니다. 이 방이…… 유복해 보이진 않잖아요" 하고 주위로 날카로운 시선을 던지는 크룩은 자신이 기르는 고양이와 눈을 바꾼 듯하다. "하지만 방을 세 준 뒤로 나는 한 번도 이 안에 들어온 적이 없고, 워낙 말수가 없는 사람이라 어떻게 지냈는지 이야기한 적이 없어요."

"방세가 밀렸었나요?"

"여섯 주 분이요."

"이제 영원히 내지 못하게 됐군요!" 젊은 의사가 다시 시체를 조사하면서 말한다. "파라오처럼 이미 완전히 굳어 버렸어요. 게다가 이 모습이며 상태로 판단하건대, 죽는 편이 고통에서 벗어날 수 있어서 행복했을 겁니다. 하지만 젊었을 때는 분명 덩치도 좋고 인기도 많았을 겁니다." 의사가 침대 끄트머리에 앉아 얼굴을 시체 쪽으로 돌리고 손을 그 심장 언저리에 댄 채 퍽 감상에 젖어 말한다. "그러고 보니, 전 이 사람이 지금이야 꼴이 이렇지만 한때는 좋은 신분이었을 거라고 생각한 적이 있습니다. 실제로 그랬나요?" 말을 이으며 세 사람을 둘러본다.

크룩이 대답한다. "저로서는 아래 가게의 커다란 자루에 들어 있는 머리카락이 어떤 귀부인의 것이었는지 가르쳐 달라는 것보다 더 어려운 질문이군요. 제가 이 사람에 관해 아는 것은 일 년 반 동안 우리 집에 하숙했다는 것과 대서를 해서 먹고살았다는 것…… 또는 대서로 먹고살지 않았다는 것뿐입니다."

이런 이야기가 오가는 동안 털킹혼 씨는 뒷짐을 진 채 낡은 가방 옆에 초연하게 서 있었다. 침대 옆에서 전개된 삼인삼색의 관심—젊은 외과의사가 죽은 남자에 대해 개인적으로 한 말과는 별개로 사인에 대해 보인 직업적 관심, 늙은 집주인의 음침한 흥미, 미친 여자의 외경심—에는 일절 눈길을 주지 않았다. 침착한 얼굴은 고색창연한 양복만큼이나 무표정했다. 내내 무슨 생각을 하는지조차 알 수 없을 정도이다. 그는 초조함도 참을성도 주의도 허탈함도 보이지 않았다. 자신의 껍데기밖에 보이지 않았다. 정교한 악기의 음색을 그 악기가 든 케이스를 보고 추측하기 어렵듯이, 털킹혼 씨의 음색을 그의 케이스를 보고 추측하기란 쉬운 일이 아닐 것이다.

이번에는 그가 이야기에 끼어들어 외과의사에게 냉정한 직업적 말투로 말을 건넨다.

"나는 이 죽은 사람에게 대서를 맡길 생각으로, 당신이 오기 조금 전에 이곳에 들른 참입니다. 고인과는 생전에 한 번도 만난 적이 없죠. 고인에 관해서는 내 단골인 문구점에서—쿡스 코트에 있는 스낙스비의 가게죠—들었습니다. 여기 계신 분들은 모두 고인에 관해 아무것도 모르니 스낙스비를 부르는 게 좋겠습니다. 아!" 그는 미친 여자를 보고 말했는데, 여자는 털킹혼 씨를 법정에서 가끔 본 적이 있고 그도 여자를 가끔 본 적이 있었다. 노파는 잔뜩 겁을 먹고 입도 벙긋 못한 채 몸짓으로 자기가 문구점 주인을 데리고 오겠다고 말한다. "그럼 당신이 가주겠소?"

여자가 나가는 사이에 외과의사가 가망 없는 조사를 단념하고, 시체에 패치워크를 덮는다. 크룩 씨와 그는 몇 마디 말을 주고받는다. 털킹혼 씨는 아무 말 없이 여전히 낡은 가방 옆에 서 있다.

스낙스비 씨가 회색 겉옷에 검은 옥양목 토시를 하고 허둥지둥 들어온다.

"맙소사, 이럴 수가, 이런 일이 있을 수가! 이렇게 놀라운 일이!"

"스낙스비, 이 불쌍한 남자에 관해 집주인에게 뭐 알려줄 것 없나?" 털킹혼 씨가 묻는다. "이 남자는 방세를 밀렸었대. 매장도 해 줘야 하는데 말이야."

"글쎄요, 선생님." 스낙스비 씨가 입에 손을 대고 변명의 기침을 하면서 말한다. "어떤 의견을 말해야 좋을지 잘 모르겠지만, 교구의 관리를 부르는 건 어떨까요?"

"의견을 묻는 게 아니네." 털킹혼 씨가 대답한다. "의견은 내가 내."

"물론 선생님을 능가할 사람은 없죠." 스낙스비 씨가 공손하게 기침하면서 말한다.

"내 말은 친척이 있는지, 어디 출신인지 등등 이 남자에 관해 뭔가 단서가 될 만한 이야기를 해 달라는 거야."

스낙스비 씨가 대답하기 전에 상대방을 어르기 위해 기침하고 나서 말한다. "선생님, 사실 저도 이 사람이 어디에서 왔는지 모릅니다. 그건 마치……"

"어디로 가 버렸는지 모르는 것처럼 말이죠?" 의사가 거든다.

대답이 끊긴다. 털킹혼 씨는 대서인을 바라보았고, 크룩 씨는 입을 멍하니 벌린 채, 이제 누가 말할까 하고 모두를 둘러본다.

"친척만 해도 그렇습니다. 누가 저한테 '이봐, 스낙스비, 자네를 위해 2만 파운드의 돈을 잉글랜드 은행에 저금해 두었으니, 이 남자의 친척을 한 사람이라도 가르쳐 준다면 곧바로 부쳐주겠네'라고 한다고 해도 가르쳐 줄 수가 없어요! 고작 일 년 반 전에…… 제가 아는 한 이 남자는 그때 처음으로 이 헌 옷 가게에 하숙하게 되었으니까요……"

"그때였지요!" 크룩이 고개를 끄덕인다.

스낙스비가 힘을 얻어서 말한다. "고작 일 년 반 전 어느 아침, 식사가 끝나자 이 사람이 저를 찾아와 우리 마나님이(저는 아내를 이렇게 부른답니다) 가게에 있는 걸 보고는 자기 필체 견본을 보여 주더군요. 이런저런 이야기를 하던 중에 안 사실인데, 이 사람은 필사 일을 원하고 있었고, 까놓고 말해—" 이것은 노골적인 표현을 변명할 때 스낙스비 씨가 즐겨 쓰는 문구로, 이 말을 쓸 때 그는 언제나 논쟁을 벌일 때처럼 솔직해진다—"땡전 한 푼 없는 빈털터리였습니다! 본디 우리 마나님은 낯선 사람을 그다지 좋아하지 않는 데다 특히…… 까놓고 말하자면…… 물불 안 가리고 바라는 사람들한테는 더욱 그렇지요. 하지만 마나님은 왠지 모르게 이 사람이 좋아졌어요. 수염을 깎지 않아서였을지 머리를 손질하지 않아서였을지 여자만의 다른 이유가 있어서였을지는 판단에 맡기겠습니다. 아무튼 이 사람의 필체 견본과 주소를 받았습니다. 우리 마나님은 사람의 이름을 잘 알아듣지 못하거든요." 스낙스비 씨가 입에 손을 대고, 생각에 잠겼을 때 하는 기침을 하고는 다시 말을 잇는다. "그래서 니모를 님로드[3]랑 똑같다고 생각했죠. 마나님은 식사 때 저한테 '님로드한테 왜 아직도 일을 주지 않죠?'라든가 '왜 잔다이스 사건에 관한 그 서른여덟 장짜리 서류를 님로드한테 맡기지 않는 거예요?'라고 묻는 게 습관이 됐습니다. 이렇게 해서 니모는 점점 저에게서 일을 받아 하게 되었지요. 니모에 관해서는 그 이상 아무것도 모르지만, 일 처리가 빠르고 철야도 마다하지 않았다는 건 압니다. 이를테면 마흔다섯 장짜리 일을 수요일 밤에 넘기면 목요일 아침에는 가지고 왔지요." 스낙스비 씨가 침대 쪽을 모자로 공손하게 가리키면서 "이상은 모두 저의 존경스러운 저 친구가 제대로 된 상태였다면 틀림없이 확인해 줄 겁니다"라고 덧붙이듯이 말을 맺는다.

"저 남자가 신분을 밝혀 줄 만한 증명서를 갖고 있는지 확인해 보는 게 좋지 않겠소?" 털킹혼 씨가 크룩에게 말한다. "검시도 이루어질 거고, 당신은 질문도 받을 거요. 글은 읽을 줄 아시오?"

"아니요, 못 읽습니다." 늙은 주인이 갑자기 히죽 웃으며 대답한다.

"스낙스비." 털킹혼 씨가 말한다. "자네가 대신 방을 뒤져 보게. 안 그러면 이 주인이 체포되거나 귀찮은 일에 휘말릴 수가 있어. 자네가 서둘러 찾아 준다면, 나도 이왕 온 김에 계속 기다리겠네. 그러면 만에 하나 무슨 일이 생겼을 때 내가 만사가 공명정대했다고 증언해줄 수 있을 테니까. 주인장, 스낙스비 씨에게 촛불을 비춰 주시오. 그러면 당신한테 유리한 증거가 있는지 곧 찾을 수 있을 테니까."

"먼저 여기에 낡은 가방이 있습니다." 스낙스비가 말한다.

아, 과연, 틀림없이 있다! 털킹혼 씨는 가방 바로 옆에 서 있었던 데다 방 안

---

3) 구약성서 〈창세기〉 10장 8~9절에 나오는 사냥의 명수로, 노아의 손자.

에는 그것 말고 거의 아무것도 없어서 그때까지 가방을 못 본 모양이다.

고물상 겸 선구점 주인은 촛불을 들었고, 문구점 주인은 수색에 들어간다. 외과의사는 벽난로 선반 모서리에 기대 있고, 미스 플라이트는 문 조금 안쪽에서 숨죽여 엿보며 몸서리치고 있다. 고리타분하고 수완 좋은 늙은 변호사는 끝단을 무릎 언저리에서 묶은 검은 반바지와 커다란 검은 조끼, 검은 긴소매 상의, 그리고 귀족들 사이에서는 익숙한, 나비 모양으로 묶은 찌그러진 하얀 네커치프 차림으로 같은 자리에 같은 자세로 계속 서 있다.

낡은 가방 안에는 한 푼의 값어치도 없는 의류 조금하고 빈민가 통행권이라 할 수 있는 전당표 한 다발, 아편 냄새가 풍기는 꾸깃꾸깃한 종이 한 장이 들어 있다. 이 종이에는 짧은 메모가 휘갈겨져 있다—며칠 몇 그램 복용. 며칠 몇 그램 복용 하는 식으로. 얼마 전부터 쓰기 시작해 그 뒤로 계속 쓰려던 모양이었지만 금방 끝나 있다. 더러운 신문에서 오려낸 기사가 몇 장(모두 검시에 관한 기사다) 들어 있었지만 다른 것은 없다. 두 사람은 장롱과 잉크로 얼룩진 식탁 서랍 안을 뒤진다. 어디에서도 오래된 편지나 서류 하나 발견되지 않는다. 젊은 의사는 대서인이 입은 옷을 뒤진다. 칼 한 자루와 반 페니 동화가 몇 닢 나왔을 뿐이다. 결국 스낙스비 씨의 의견이 가장 타당했던 셈으로, 교구 직원을 불러야 했다.

미친 여자가 관리를 부르러 달려 나가고, 다른 사람들은 방에서 나온다. "고양이를 두고 가면 안 되죠!" 의사가 말한다. "그럼 위험해요!" 크룩 씨가 방에서 내몰자, 레이디 제인은 유연한 꼬리를 말고 혀를 날름거리면서 조용히 아래층으로 내려간다.

"그럼 안녕히 계시오!" 털킹혼 씨가 말하고, 풍자화와 명상의 집으로 돌아간다.

어느새 소문은 쿡스 코트에 자자하게 퍼졌다. 주민들이 삼삼오오 모여 사건을 두고 토론을 벌이고, 탐정 부대(주로 소년들)의 전위대가 크룩 씨의 가게 창가로 몰려와 바짝 포위한다. 그보다 먼저 경찰관 한 사람이 문제의 방으로 올라갔나 싶더니 다시 내려와 가게 입구에 탑처럼 꼿꼿이 서 있었는데, 이따금 그 기지에서 소년들에게 눈길을 줄 뿐이다. 그러나 경찰의 눈길만으로도 소년들은 겁을 먹고 퇴각한다. 아들이 몇 주 전 미시즈 파이퍼의 아들에게 "한 대 얻어맞은" 것을 계기로 사이가 틀어져 그 뒤로 미시즈 파이퍼와 말을 섞지 않던 미시즈 퍼킨스는 이 기회에 친교를 재개한다. 직업상 세상을 훤히 아는 데다 때로는 주정뱅이를 처리해야 해서 경찰 관계자는 아니지만 특별대우로 경찰관과 비밀 정보를 교환하는 모퉁이 술집의 소년 사환은 자기만큼은 경찰봉으로 몽둥이세례를 받거나 경찰서에 감금될 위험이 없다는 듯한 표정을 하고 있다. 골목 사람들은 창문 너머로 길을 사이에 두고 이야기를 나누고, 챈서리 래인에서는 모자도 쓰지 않은 척후가 무슨 일이 일어났는지 알아보려고 허둥지둥 달려온다. 그들 대부분은 크룩 씨가 맨 먼저 살해당하지 않아 다행이라고 생각하면서도 다소 실망한 듯하다. 이런 흥분의 도가니에 교구 직원이 도착한다.

대개 교구 직원은 이 근방에서 우스운 존재로 여겨지지만, 이때만큼은 얼마쯤 인기가 없지도 않다. 물론 이제부터 시체를 보러 가는 사람이라는 이유에서인지도 모르지만 말이다. 경찰은 그를 어딘가 모자란 시민, 야만스러운 야경시대[4]의 유물이라고 생각하지만, 정부가 폐지할 때까지는 참아야 하는 존재로 보고 봐주고 있다. 직원이 현장에 도착해 집으로 들어갔다는 소문이 입에서 입으로 퍼지고, 흥분이 고조된다.

이윽고 직원이 가게에서 나오자, 그가 없는 동안 다소 식었던 흥분이 다시금 타오른다. 사람들은 직원이 내일 검시에 대비해서, 죽은 남자에 관해 검시관과 배심원에게 무슨 말이든 들려줄 증인을 찾을 거라고 단정 짓는다. 아무것도 말할 것 없는 사람들만 제멋대로 떠든다. 모두들 미시즈 그린의 아들이 "그와 같은 대서인으로, 그를 가장 잘 안다"고 입을 모아 말하는 바람에 직원은 더욱더 모자란 사람이 된다. 조사해 보니 미시즈 그린의 아들은 출항한 지 석 달이나 된 중국행 배에 타 있는데, 해군 본부 간부에게 부탁하면 전신으로 연락할 수 있다고 한다. 직원은 다양한 가게에 들어가서 언제나 문부터 잠그고 가게 사람들을 조사하는데, 사람들은 그의 독선과 굼뜬 행동, 우둔함에 분개한다. 경찰관은 술집 소년 사환을 보고 히죽거린다. 군중은 흥미를 잃고 엉뚱한 데 관심을 갖는다. 어리고 새된 목소리가 직원에게 "네가 남자아이를 삶은 것 아니냐"고 놀리고 그런 유행가 구절을 합창하며 교구 보육원에서 남자아이를 삶아 수

_____

4) 야경은 1839년 새 경찰 제도가 도입되기 이전에 치안 유지를 위해 밤거리를 순찰하던 순사.

프로 만들었음을 암시한다. 법률을 옹호해야 함을 깨달은 경찰관이 마침내 합창하는 사람 가운데 한 사람을 붙잡는다. 다른 사람들이 줄행랑치자, 경찰관이 붙잡힌 사람을 여기서 썩 꺼지라는 조건으로 놓아 준다. 붙잡힌 사람은 곧바로 이 조건을 실행에 옮긴다. 그리하여 사람들의 흥분이 가라앉자 안정을 되찾은 경찰관은 (양이 많으니 적으니 하지만, 얼마 안 되는 아편 따위는 그에게 아무것도 아니다) 번쩍번쩍 빛나는 모자, 딱딱한 목깃 장식, 빳빳하고 커다란 외투, 튼튼한 허리띠와 완장 등 한 치의 틈도 없는 차림으로 묵직한 발걸음을 옮기며 흰 장갑 낀 손을 두드리면서 천천히 순찰을 계속한다. 이따금 길모퉁이에 멈춰서서는, 미아에서 살인자에게 이르기까지 걸리기만 해 보란 듯이 여유롭게 사방을 둘러본다.

머리가 나쁜 직원은 배심원 호출장을 가지고 와서 어둠을 헤치고 챈서리 래인을 헐레벌떡 뛰어다닌다. 그러나 배심원의 이름이 전부 오자투성이고 제대로 쓰인 것은 그 직원의 이름뿐이라서 아무도 읽을 수 없거니와 읽고 싶어 하는 사람도 없다. 호출장을 보내고 증인들에게 미리 통고하자, 직원은 교구 내 가난뱅이 몇 명과 약속한 하찮은 일을 하기 위해 크룩 씨의 집으로 달려간다. 곧 그들이 도착하여 그를 3층 방으로 데리고 간다. 일동이 남기고 간 진기한 물건을 덧문의 커다란 눈이 빤히 바라본다. 이것이 '아무도 아닌 사람'인 동시에 '모든 사람'이 지상에서 사용하는 마지막 거처다.

밤새도록 이 관은 낡은 가방 옆에서 기다린다. 그러나 침대 위에 있는 외로운 시체는 45년이나 인생행로를 거쳐 왔음에도 버려진 어린 고아처럼, 자기가 지나온 길을 누구에게도 알리지 못하고 거기에 누워 있다.

이튿날이 되자 쿡스 코트는 활기로 넘친다. 미시즈 퍼킨스는 미시즈 파이퍼와 화해한 정도가 아니라 절친한 친구가 되어 이 훌륭한 부인과 이야기를 나누면서, 꼭 장이 선 것 같다고 말했다. 검시관이 주관하는 법정은 술집 '솔스 암스'의 2층 방으로 예정되어 있는데, 보통 이 방에서는 일주일에 두 번 '음악 모임'이 열린다. 사회자 자리에는 그 분야의 전문가인 어느 신사가 앉고, 그 맞은편에 자리한 코믹 가수 리틀 스윌스가 (창문에 붙은 전단지 문구에 따르면) 후원자 여러분이 자기 주위로 모여서 일류 재능을 응원해 주시기를 바란다. '솔스 암스'는 오전 내내 장사진을 이룬다. 온 마을이 흥분하자 아이들까지 덩달아 소란을 피우고, 길모퉁이에 임시 개업한 파이 장사의 브랜디볼[5]은 날개 돋친 듯이 팔려 나간다. 교구 직원은 크룩 씨의 가게와 '솔스 암스' 사이를 왔다 갔다 하면서, 자기만 아는 비밀 정보를 몇몇 사람에게 조심스럽게 이야기해 주고 그 대가로 맥주 한두 잔을 받아 마신다. 이런 광경을 또 언제 볼 수 있겠는가!

정각에 검시관이 도착하자, 이미 기다리고 있던 배심원들이 '솔스 암스'에 딸린 건조하고 멋진 구주희 경기장에서 일제히 환영 인사를 보내온다. 검시관만큼 여러 술집을 드나드는 사람은 없다. 그는 직업상 톱밥, 맥주, 담배 연기, 화주 따위의 냄새에 익숙하다. 검시관은 교구 직원과 이 가게 주인의 안내로 음악회용 방으로 들어가 모자를 피아노 위에 벗어 놓고, 긴 탁자 상석에 놓인 윈저체어[6]에 앉는다. 이 탁자는 짧은 탁자를 몇 개 붙인 것으로, 그 위에는 병과 컵이 놓였던 자국이 무수한 원을 그리며 장식 역할을 하고 있다. 배심원은 탁자에 다닥다닥 붙어 앉고, 나머지 사람들은 타구며 담뱃대 사이에 서거나 피아노에 기댄다. 검시관의 머리 위에는 작은 쇠 화환, 다시 말해 종 모양의 끈이 달려 있어서, 존엄한 법정이 곧 교수형에 처해질 것 같은 인상을 준다.

배심원들의 이름이 차례차례 불리고, 이어서 선서를 한다! 이 의식이 진행되는 중에, 넓은 깃이 달린 셔츠를 입고 눈에는 눈물이 그렁그렁하고 코가 새빨갛게 충혈된 작고 뚱뚱한 남자가 들어와 장내가 흥분으로 술렁인다. 그는 일반 방청객처럼 문 가까이에 앉는다. 그러나 이 방에 자주 나타나는 사람인 듯하다. 그가 리틀 스윌스라는 소문이 퍼진다. 사람들은 그가 저녁에 열리는 음악회에서 흉내 내기 위해 검시관의 행동을 유심히 살필 것이라고 생각한다.

"그럼, 여러분……." 검시관이 입을 연다.

"조용히!" 교구 직원이 말한다. 검시관에게 한 것처럼 들릴지도 모르지만, 그렇지 않다.

"그럼 여러분." 검시관이 다시 시작한다. "여러분은 어떤 남자의 사인을 밝히기 위해 이 배심원 명부에 이름이 올랐습니다. 그 죽음에 따르는 정황에 관해

---

5) 브랜디를 넣은 사탕.
6) 영국의 윈저 지방에서 발생한 목제 의자의 한 형식. 등은 굽은 나무로 된 틀에 가늘고 둥근 봉이 여러 개 세로로 끼워져 있고 좌면도 목제이며, 허리에 닿는 부분이 안장형으로 조금 들어가 있다. 또 다리는 선반으로 깎은 나무로 되었고, H형 오리목으로 접합되었다.

서는 나중에 여러분 앞에 증거가 제출될 것인데, 여러분이 평결을 내릴 때 근거로 삼아야 할 것은—교구 직원 양반, 구주희 경기는 멈춰야겠소!—바로 그 증거입니다. 가장 먼저 할 일은 시체를 살펴보는 것입니다."

"저쪽으로 가시죠!" 교구 직원이 외친다.

일동은 느릿느릿 움직이는 장례 행렬처럼 듬성듬성한 행렬을 만들어 방에서 나가, 크룩 씨가 쓰던 3층 뒷방에서 검시를 한다. 몇몇 배심원은 새파랗게 질린 얼굴로 대충 살펴보고 금방 돌아온다. 교구 직원은 소매나 단추 부근이 그다지 깨끗하지 않은 두 신사를 특별히 배려하여(두 사람의 편의를 생각해서 검시관 가까이에 특별히 작은 탁자가 마련되었다), 볼 수 있는 것은 모두 볼 수 있도록 해 준다. 이 두 사람은 이런 조사 현장에서 일하는 공공 기록자, 즉 신문기자이기 때문이다. 교구 직원도 인간 공통의 약점에서 자유로울 수는 없어서, "당 교구의 민활하고 총명한 직원 무니"의 언행을 활자로 읽고 싶다는 희망을 품고 있을 뿐만 아니라, 최근 교수형 집행인의 이름이 우호적으로 실렸던 것처럼 무니라는 이름도 그렇게 되기를 바라는 것이다.

검시관과 배심원이 돌아오자 리틀 스윌스가 기다리고 있다. 털킹혼 씨도 기다리고 있다. 털킹혼 씨는 특별대우로 검시관 옆에, 즉 이 고위 사법관과 소형 당구대와 석탄 상자 사이에 앉았다. 다시 조사가 시작된다. 배심원은 조사 대상인 인물이 어떻게 죽었는지 설명을 듣지만, 이 인물에 관해 그 이상의 정보는 듣지 못한다. "여러분, 이 자리에 대단히 저명한 사무변호사께서 출석하셨습니다." 검시관이 말한다. "제가 들은 바에 따르면, 이분은 이 사망 사실이 발견되었을 때 우연히 그 자리에 계셨다고 하지만, 이미 여러분께서 외과의사, 하숙집 주인, 하숙인 및 법률가용 문구점 주인에게서 들으신 증언밖에 되풀이하지 못했습니다. 따라서 이분의 노고를 칭찬할 필요는 없습니다. 이 자리에 계신 여러분 가운데 그 이상의 정보를 아시는 분 계십니까?"

미시즈 퍼킨스에게 떠밀려 미시즈 파이퍼가 앞으로 나온다. 그녀가 선서한다.

여러분, 아나스타샤 파이퍼입니다. 미시즈 파이퍼—이 사건에 관해 뭔가 할 말이 있습니까?

물론 미시즈 파이퍼는 많은 말을 했지만, 주로 관계없는 말만 늘어놓을 뿐,

사건에 관한 내용은 별로 없다. 저는 이 골목에 사는데(우리 남편은 이곳에서 캐비닛을 만들죠), 이웃들 사이에 아주 오래전부터 퍼졌던 이야기가 있습니다(우리 알렉산더 제임스 파이퍼가 열여덟 달하고도 나흘 만에 가세례를 받기 이틀 전부터 헤아려서입니다만, 그것도 다 그 애가 오래 살지 못할 것 같아서였죠. 사람들은 잇몸이 아파서 몹시 괴로워하는 것 같았어요). 원작[7]이—미시즈 파이퍼는 죽은 남자를 고집스럽게 그렇게 불렀다—악마에게 영혼을 팔아넘겼다는 소문이었죠. 그런 소문이 생긴 건 원작의 얼굴 탓이라고 생각해요. 전 원작을 볼 때마다 정말 무서운 얼굴이라고 생각했죠. 아이들 가운데는 기가 약한 아이도 있으니까 그런 얼굴이 돌아다니게 해서는 안 된다고 생각했어요(거짓말 같으면 미시즈 퍼킨스를 앞으로 부르세요. 그 사람도 여기에 와 있는데, 여기서 증언하는 것은 남편에게도 자기 자신에게도 아이들에게도 명예로운 일이니까요). 원작이 아이들이 귀찮아서 화를 내는 걸 본 적이 있어요(아이는 어쩔 수 없는 아이잖아요. 얌전히 굴라고 해도 소용없어요. 우리도 장난꾸러기 녀석들은 당해낼 수가 없지요). 그런 행동이나 원작의 무서운 얼굴을 보고 저는 자주 꿈을 꾸었죠. 원작이 주머니에서 곡괭이를 꺼내 우리 남편 조니의 머리를 쪼개는 꿈 같은 것 말이에요(아이들은 그런 무시무시한 걸 모르니까 언제나 원작 뒤에 바짝 붙어서 큰 소리로 놀려대곤 했답니다). 하지만 물론 원작이 정말로 곡괭이 같은 무기를 꺼내는 걸 본 적은 없어요. 아이들이 따라다니며 놀려대면 진절머리 난다는 듯이 재빨리 달아났고, 아이에게든 어른에게든 말을 건네는 모습은 한 번도 본 적이 없어요(이 골목 모퉁이를 돌아 길 건너편으로 챈서리 래인 사거리를 청소하는 사내아이만은 예외였지만. 그 애가 이 자리에 있었다면, 원작과 자주 이야기하는 걸 들켰다고 증언해 줄 텐데요).

검시관이 그 소년이 이 자리에 있는지 묻는다. 교구 직원이 여기에는 없다고 말한다. 검시관이 그럼 그 소년을 데려오라고 말한다. 민활하고 총명한 인물이 자리를 비운 사이에 검시관은 털킹혼 씨와 대화를 나눈다.

아! 소년이 왔습니다, 여러분!

진흙투성이에 몹시 찢어진 누더기를 입은, 몹시 쉰 목소리의 소년이 왔습니다. 애야! 조금만 기다려라. 신중히. 증언을 듣기 전에 이 소년이 믿을 만한지를

---

7) '원고'를 잘못 말한 것.

잠깐 시험해 봐야 합니다.

이름은 조예요. 다른 이름은 몰라요. 다들 이름을 두 개씩 갖고 있다는 건 모르겠는데요. 그런 말은 처음 들어요. 조라는 이름이 긴 이름을 줄인 건지 아닌지도 모르겠어요. 저한테는 이 이름도 충분히 긴 것 같은데요. 전 이름에 불만 없어요. 이름을 쓸 수 있냐고요? 아니요. 전 못 써요. 아버지도 어머니도 친구도 없어요. 학교에 간 적은 없어요. 가정이 뭔지도 몰라요. 빗자루가 빗자루라는 건 알고, 거짓말은 나쁘다는 것은 알아요. 빗자루나 거짓말에 대해서 누구한테 들었는지 기억나지 않지만, 어쨌든 둘 다 알죠. 만일 제가 여기 계신 나리들께 거짓말을 한다면, 정확히는 모르지만 죽어서 분명 무시무시한 벌을 받겠죠. 그러니까 전 진실을 말할 거예요.

"안 되겠는데요, 여러분." 검시관이 우울하게 머리를 흔들며 말한다.

"이 아이의 증언을 인정하실 수 없다는 겁니까?" 열심히 주목하던 배심원이 묻는다.

"재고의 여지도 없습니다. 지금 들었잖아요? '정확히 모른다'고 해선 곤란하지요. 여러분, 그런 증언을 법정에서 채택할 수는 없습니다. 그런 것은 끔찍한 타락입니다. 이 소년은 돌려보내세요."

소년은 돌려보내지고, 방청객 일동은—특히 코믹 가수인 리틀 스윌스는—크게 감화받는다.

자, 다른 증인 있습니까? 아무도 없습니다.

좋습니다, 여러분! 지금 여기에 한 신원불명의 남자가 아편 과다 복용으로 죽어 있는데, 이 남자는 과거 일 년 반 동안 많은 양의 아편을 복용하는 습관이 있었다는 것이 증명되었습니다. 여러분께서 그가 자살했다는 결론을 내릴 만한 증거를 갖고 계시다면, 여러분은 그런 결론을 내리게 될 겁니다. 사고사라고 생각하신다면, 그 전제에 따른 평결을 내리게 될 거고요.

그럼 평결. 사고사. 의문의 여지없음. 여러분, 여러분의 임무는 끝났습니다. 안녕히 돌아가십시오.

검시관이 커다란 외투의 단추를 잠그며 털킹혼 씨와 함께 아까 거부된 증인의 증언을 듣는다.

이 못 배운 아이가 아는 얼마 안 되는 지식에 따르면, 죽은 남자는(누런 얼굴과 검은 머리카락을 보고 소년은 이 남자를 확인했다) 가끔 거리에서 놀림과 쫓김을 당했다. 어느 추운 겨울 밤, 소년이 평소 청소하는 사거리 근처 어느 집 대문에서 떨고 있는데 남자가 지나가다가 소년을 보고 되돌아와서 이런저런 질문을 하더니, 소년에게 친구가 단 한 명도 없다는 사실을 알자 "나도 한 명도 없다!" 하며 저녁 식사 값과 하룻밤 숙박비를 주었다. 그날 뒤로 남자는 가끔 소년에게 말을 걸어, 밤에 잘 자는지, 굶주림과 추위를 어떻게 견디는지, 죽고 싶은 적이 있는지 하는 묘한 것들을 물었다. 남자는 돈이 없을 때는 "오늘은 너처럼 빈털터리다, 조" 하며 지나가는 것이 보통이었지만, 몇 푼이라도 있을 때는 언제나 (라고 소년은 진심으로 믿는다) 기꺼이 돈을 주었다.

"그 사람은 저에게 매우 잘해 주었어요." 소년이 너덜너덜한 소매로 눈을 훔치며 말한다. "아까 그 사람이 완전히 죽어 있는 걸 보고, 제가 그 사람에게 그런 질문을 할걸 하고 생각했어요. 그 사람은 저한테 아주 잘해 주었어요. 정말로요!"

소년이 힘없이 다리를 끌며 계단에서 내려오자 스낙스비 씨가 기다리고 있다가 반크라운 은화를 소년의 손에 쥐어 준다. "내가 우리 마나님과 함께—우리 마누라 말이다—사거리를 청소하는 네 옆을 지나가더라도—"하고 스낙스비 씨는 손가락을 코 위에 대고 말한다. "이 이야기는 하지 마라!"

배심원들은 한참 이야기를 주고받으며 '솔스 암스'에 머무른다. 마침내 여섯 명[8]은 '솔스 암스' 안쪽에서 모락모락 피어나는 담배 연기에 파묻히고, 두 명은 햄스테드[9]로 산책하러 나가고, 네 명은 저녁에 반값에 연극을 보고 돌아오는 길에 굴 요리를 먹기로 약속한다. 리틀 스윌스는 몇몇 손님에게 오늘 심문이 어땠느냐는 질문을 받고(그는 속어 쓰는 것이 특기다) "요상야릇한 사건입니다요" 하고 대답한다. '솔스 암스'의 주인은 리틀 스윌스가 대단한 인기인이라는 사실을 알고, 배심원과 방청객들에게 리틀 스윌스가 노래에 관한 한 견줄 자가 없는 명인으로 무대 의상을 짐수레 한 대 분량은 갖고 있다고 입에 침이 마르도록 칭찬한다.

'솔스 암스'는 차츰 밤의 어둠 속으로 사라져 가다가, 마침내 가스등이 켜지

---

8) 검시 심문에 참여하는 배심원은 모두 열두 명이다.
9) 런던 서북부에 있는 교외. 유명한 유원지가 있다.

자 어둠속에서 갑자기 환하게 떠오른다. 음악회 시각이 다가오자 그 방면의 전문가인 신사가 사회자 자리에 앉고, 그의 얼굴(붉은 얼굴)과 마주 보는 자리에 리틀 스윌스가 앉는다. 후원자들이 두 사람 주위로 모여 일류 재능을 응원한다. 분위기가 절정에 이르면 리틀 스윌스가 말한다. 여러분, 괜찮으시다면 오늘 이곳에서 열린 실제 상황을 짧게 보여 드리겠습니다. 우레와 같은 갈채와 격려를 받은 그는 스윌스의 모습으로 방을 나갔다가 검시관의 모습으로 들어온다 (매우 닮은 모습이었다). 그러고는 검시 심문 상황을 연기하는 내내 몇 번이나 "검시관 나리, 티피 톨 리 들, 티피 톨 로 들, 티피 톨 리 들, 디!" 하는 후렴을 노래하면서 피아노 반주를 곁들여 모두를 즐겁게 한다.

띵동땡동 울리던 피아노도 마침내 그치고, 음악회의 후원자들은 집으로 돌아가 침대에 몸을 누인다. 이제 지상 마지막 보금자리에 뉘어진 고독한 시체 주위에 안식이 찾아오고, 조용한 밤이 흘러가는 동안 시체는 덧문에 있는 외로운 두 개의 눈에 감시받는다. 이 고독한 남자가 어렸을 때 어머니의 자애로운 얼굴을 올려다보며, 아직 힘주어 쥐지도 못하는 부드러운 손을 어머니 목덜미에 얹은 채 그 품에 안겨 있을 때, 그 어머니가 환상을 통해 그의 지금과 같은 모습을 봤다면 얼마나 믿기 어려웠을까! 아, 이 남자가 더 행복했던 시절에, 지금은 이미 사라지고 없는 정열을 자신을 사랑해 주었던 한 여인을 위해 불태웠다면, 그 여인은 지금 어디에 있을까!

이날 밤, 쿡스 코트에 있는 스낙스비 씨의 집은 안식하고는 거리가 멀었다. 스낙스비 씨도 인정하듯이, 구스터가 지병인 발작을 스무 번이나 연달아 일으켜 수면을 방해했기 때문이다. 이 발작의 원인은 그녀가 감수성이 풍부한 사람이기 때문이며, 투팅에 있는 탁아소와 그녀의 수호신이라 할 수 있는 그곳 소장 밑에서 자란 경험이 없었다면 아마도 망상으로 치부되었을 민감한 감정의 소유자이기 때문이다. 그 감정이 어떤 것인지는 제쳐 두고, 어쨌든 오후 차 시간에 스낙스비 씨가 오늘 있었던 검시 심문 이야기를 꺼내자 그것이 그녀의 감정을 자극했다. 저녁 식사 시간에 구스터는 먼저 네덜란드 치즈를 마치 방황하는 네덜란드인[10]처럼 부엌으로 집어던지더니 이어서 자기도 몸을 던져 한참 동안

---

10) 천벌을 받아 마지막 심판 날까지 바다 위를 떠돈다고 전해지는 유령선의 선장.

발작을 일으켰다. 그러고는 가라앉는가 싶더니 다시 몇 번이나 발작을 일으켰는데, 발작이 멈출 때마다 그 짧은 틈을 이용해서 스낙스비 씨의 아내에게 "완전히 제정신으로 돌아와도" 해고하지 말아 달라고 애처롭게 애원하고, 온 집안 사람들에게는 자기를 돌 위에 눕히고 다들 잠자리로 가시라고 부탁하는 것이었다. 그래서 스낙스비 씨는 마침내 커스터 거리의 작은 우유가게에서 사심을 버리고 새벽을 기뻐하는 수탉의 목소리가 들려오자, 평소 인내심 강한 모습과는 전혀 다르게 긴 한숨을 내쉬며 "정말이지 네 녀석이 죽은 줄로만 알았다!"고 말했다.

이 감수성 강한 닭이 이렇게 열심히 홰를 쳐서 도대체 어떤 문제를 해결할 생각인 것인지, 자신에게 아무런 의미도 없는 일에 왜 이렇게 자랑스럽게 우는지(하기야 인간 중에도 여러 성대한 공식 행사 자리에서 그처럼 자랑스럽게 우는 사람이 있지만) 하는 것은 우리가 상관할 문제가 아니다. 새벽이 오고, 아침이 오고, 낮이 오는 것만으로도 충분하다.

새날이 밝자 아침 신문에 민활하고 총명한 인물이라고 나온 교구 직원이 가난한 사람들을 데리고 크룩 씨의 집으로 찾아와, 이곳에서 죽은 우리의 친애하는 형제를 담장이 쳐진 교구 묘지로 옮겨 갔다. 이곳은 그야말로 불결하고 음란한 곳이다. 이곳에서 익성 질병이 아직 죽지 않은 우리의 친애하는 형제자매의 몸에 전염되는데도, 사무실 뒤쪽 계단 가까이에서 서성이는 우리의 친애하는 형제자매는—이런 사람들이야말로 정말로 죽어야 할 사람이다!—아주 만족스럽고 즐거운 표정이다. 우리의 친애하는 형제는 터키인이라도 터무니없는 미개지라고 거절하고 케프리인[11]이라도 몸서리칠 법한 불경한 한 뼘 땅에 묻혀 그리스도교도로서 장례가 치러진다.

역겨운 냄새가 나는, 작은 터널 같은 길이 묘지 철문으로 이어지는 곳을 빼면, 이 묘지는 사방에 집이 늘어서 있다. 죽음 바로 옆에서 삶의 모든 악이 활동하고, 삶의 바로 옆에서 죽음의 모든 독소가 활동한다. 이곳에서 우리의 친애하는 형제는 지하 1~2피트 깊이로 내려지고 그 위에 썩은 흙이 뿌려진다. 그런 다음 부패한 가운데서 되살아나, 수많은 병든 이의 머리맡에 복수의 유령

---

11) 아프리카에 사는 반투족의 일족.

이 되어 나타나고, 이 오만한 나라에서는 문명과 야만이 손을 잡고 걸었다는 사실을 미래에 증언하는 수치스러운 증인이 된다.

밤이여 오라, 어둠이여 오라, 너희는 이런 곳 가까이에 아무리 일찍 온다 해도 이르지 않으며, 아무리 늦게까지 있어도 늦지 않는다! 낙오된 빛이여, 볼썽사나운 집들의 창 안으로 들어가 그 안에서 불의를 저지르는 너희는 적어도 이곳의 무시무시한 광경을 보이지 않게 해 주어라!

오라, 철문 위에서 기분 나쁘게 불타는 가스등이여, 그 문 위에는 유독한 공기에서 미끈미끈한 마녀의 연고가 내려 쌓인다! 너는 사람들이 지나갈 때마다 "여길 보라!"라고 외쳐라.

밤이 깊어지자 몸을 앞으로 수그리고 느릿느릿 걷는 사람 그림자 하나가 터널 같은 길을 빠져나와 묘지 철문 바깥으로 온다. 그림자는 두 손으로 문을 붙잡고 철봉 사이로 안을 들여다본다. 한참을 선 채로 그러고 있다.

그런 다음 그 그림자는 가지고 온 낡은 빗자루로 조용히 돌계단을 쓸고, 문의 아치 아래의 통로를 청소한다. 그는 아주 재빠르고 깔끔하게 그 일을 끝내고 다시 한참 안을 들여다보다가 사라진다.

조, 너냐? 그렇구나! 넌 거부당한 증인으로, 인간보다 위대하신 분의 손에 의해 자신이 어떤 일을 당하게 될지 "정확히는 모르지만", 바깥 어둠에 완전히 삼켜지지는 않았다. 다음과 같은 말을 중얼거린 너의 이성 속에는 한줄기 아득한 빛과 닮은 것이 있다.

"정말이지 그 사람은 저에게 무척 잘해 주었어요!"

# 제12장 경계

마침내 머나먼 링컨셔에 비가 그치고, 체스니 월드 장원은 활기로 넘쳤다. 레스터 경과 부인이 곧 파리에서 돌아오므로, 가정부인 미시즈 라운스웰은 환영 준비로 바쁘다. 사교계 참새들이 일찌감치 냄새를 맡고, 아무것도 모르는 영국에 이 기쁜 소식을 전한다. 그뿐만 아니라 레스터 경 부부가 상류사회에서도 특출한 유명 인사들을 (사교계 참새들은 영어에 약하지만 프랑스어에는 무척 강하다) 링컨셔의 유서 깊은 귀빈용 영주관으로 초대, 환대할 계획이라는 것까지 알아냈다.

유명 인사들과 체스니 월드 장원에 더욱 경의를 표하기 위해 사냥터의 무너진 아치는 수리되고, 강은 평소 수위로 돌아오고 다시 우아한 아치가 놓였다. 이것들은 저택에서 바라보는 사람들의 눈길을 잡아끌었다. 맑고 차가운 햇빛은 번덕스러운 숲속을 흘끔 엿본 뒤 살을 에는 듯한 바람이 나뭇잎을 흩뜨리고 이끼를 말리는 모습을 만족스럽게 바라본다. 그리고 사냥터 상공을 활주하며, 흘러가는 구름의 그림자를 좇아 보지만, 종일 좇아도 따라잡지 못한다. 햇빛은 저택의 창문도 엿보고, 데들록 가문 조상들의 초상화에 작가가 그리지도 않은 밝은 줄무늬와 반점을 그린다. 그러고는 큰 벽난로 위에 걸린 레스터 경부인의 그림에 있는 벤드 시니스터[1]처럼 폭넓은 광선을 던지면, 굴절된 빛은 숫제 난로를 잡아 떼어낼 듯이 난롯가로 환히 비쳐든다.

차가운 햇빛과 살을 에는 듯한 바람 속에서 부인과 레스터 경은 여행용 사륜마차를 타고(뒤쪽 하인 자리에 부인의 몸종과 레스터 경의 친절한 종복을 태우고서) 집으로 향한다. 방울과 채찍 소리를 쉴 새 없이 울리며, 안장을 달지 않은 두 마리 말과 번쩍번쩍 빛나는 모자에 승마용 장화를 신은 능숙한 마부 두 명

---

1) 방패 모양의 문양. 문장 오른쪽 위(문장을 찬 사람이 볼 때는 왼쪽)에서 왼쪽 아래로 늘어지는 띠로, 흔히 서자의 표시로 여겨진다.

이 시위라도 하듯 일부러 과장스럽게 몸을 앞으로 숙여 말의 갈기와 꼬리를 펄럭이게 하는 동안 마차는 요란한 바퀴 소리를 내며 방돔 광장에 있는 브리스틀 호텔의 안뜰을 나와 빛과 그림자가 바둑판무늬를 만들고 있는 리볼리 거리의 가로수 길과, 목이 잘린 국왕[2]과 왕비가 살던 불행한 궁전의 정원 사이를 빠져나와 콩코드 광장, 샹젤리제 거리, 개선문을 지나 파리를 떠난다.

사실 레스터 경 부부는 아무리 서둘러도 지나치지 않다. 부인은 파리에서조차 죽을 만큼 지루해했기 때문이다. 음악회, 모임, 가극, 연극, 마차 여행 중 부인에게 이 지친 하늘 아래 새로운 것은 아무것도 없었다.[3] 바로 지난주 일요일, 불쌍한 하층민들은 햇빛에 들떠 있었다—시내에서는 튈르리 궁전의 정원으로 가서 잘 다듬어진 나무와 동상들 사이에서 아이들과 놀아 주고, 개들의 곡예와 목마로 자못 샹젤리제[4]다워진 샹젤리제 거리를 스무 명이나 나란히 걷고, 시간이 나면 (몇 명이) 음울한 노트르담 대성당으로 숨어 들어가 기둥 아래서 녹슨 작은 철 격자창 한가득 흔들리는 가느다란 촛불 빛을 받으며 한두 마디 떠들었다—교외에서는 파리 주변마다 춤을 추고, 사랑을 하고, 술을 마시고, 담배를 피우고, 공원묘지를 산책하고, 당구나 카드놀이, 도미노 게임을 했다. 그러나 바로 지난주 일요일, 레스터 경의 부인은 심심하다 못해 마음이 허전해서 디스페어라는 이름의 거인[5]에게 붙잡혀 버렸으므로 자신의 하녀가 신나 있는 것이 밉살스럽게 느껴졌다.

또한 부인은 아무리 서둘러서 파리를 떠난다 해도 지나치지 않다. 권태는 등 뒤뿐만 아니라 앞에도 있다—그녀의 아리엘[6]이 전 세계에 권태라는 띠를 둘러 버리는 바람에 풀 수가 없다—최소한의 대책은 권태를 느끼면 그 땅에서

---

2) 프랑스대혁명 때 국왕 루이 16세 부부는 혁명군의 감시 아래 파리 튈르리 궁전에서 살다가 단두대에서 사형 당했다.

3) 구약성서 〈전도서〉 1장 9절 "하늘 아래 새로운 것이 없나니" 참조.

4) 샹젤리제라는 말은 본디 그리스 신화에서 신들의 뜻에 따라 산 인간이 죽어서 지복의 삶을 누린다는 뜻.

5) 영국의 청교도 작가 존 버니언(1628~1688)의 《천로역정》 제1부(1678년)에 나오는 우화적 인물로, '디스페어'의 보통명사로서의 뜻인 '절망'을 나타낸다.

6) 셰익스피어의 희곡 《폭풍》에 나오는 공기의 요정으로, 자신을 구해 준 프로스페로를 충성스럽게 섬긴다. 단, 여기서 작가는 같은 셰익스피어의 《한여름 밤의 꿈》에 나오는 요정 퍼크와 혼동하고 있다. 40분 만에 전 세계를 띠로 엮는 것은 퍼크지 아리엘이 아니다.

달아나는 것이다. 이왕이면 파리를 훨훨 떠나 겨울나무들이 우거진 끝없는 큰 길과 교차로를 지나는 것이 좋다! 그리고 파리를 몇 마일이나 떨어진 다음에 바라보는 것이 좋으리라. 그때 개선문은 햇빛에 빛나는 하나의 하얀 점이 되고, 마을은 평야 한가운데에 있는 작은 언덕이 될 것이며, 거무스름한 사각형 탑 두 개가 우뚝 솟고, 빛과 그림자가 마을 위에, 야곱이 꿈에서 본 천사[7]처럼 비스듬히 내리비추고 있으리라!

레스터 경은 늘 삶에 만족해서 좀처럼 지루해하는 일이 없다. 할 일이 없으면 자신의 위대함을 생각할 수 있기 때문이다. 이러한 끝없는 주제를 갖고 산다는 것은 인간으로서 상당한 장점이다. 마차 안에서 편지를 다 읽자 그는 구석에 편히 몸을 젖히고 앉아, 사회에서 자신이 얼마나 중요한 존재인지 여러모로 음미해 본다.

"오늘 아침은 유난히 편지가 많이 왔네요." 한참 뒤에야 부인이 말한다. 그녀는 책을 읽느라 지쳤다. 20마일을 오는 동안 한 쪽이나 읽은 것이다.

"하지만 별로 중요한 편지는 없었소. 아무것도 없어."

"털킹혼 변호사가 보낸 그 장문의 편지가 있지 않았던가요?"

"당신은 모르는 게 없군." 레스터 경이 감탄한다.

"오!" 부인이 한숨을 쉬고 말한다. "그 사람은 정말 따분한 사람이에요."

레스터 경이 편지를 꺼내 펼치면서 말한다. "그 사람이 당신한테 보낸 전언이 있소. 당신한테는 미안하게 됐는데, 그 추신을 읽었을 때 말을 교대하느라 마차가 멈춰서 잊어버렸지 뭐요. 용서해 주구려. 그 사람이 말하길……" 레스터 경이 외안경을 꺼내어 걸치는 데 애를 먹자 부인은 다소 답답하다는 표정이 된다. "그 사람이 말하길 '사도 통행권에 관해……' 아, 미안, 이 부분이 아니오. 그 사람이 말하길…… 흠! 찾았다! 그 사람이 말하길 '외람되오나 부인께서 요전 휴양 때보다 건강해지셨기를 바랍니다. 또한 부인께서 귀국하시면 지난번 부인께서 관심을 보이신 대법관부 소송관계 진술서 대서인에 관해 말씀드리고자 합니다. 저는 그 대서인을 보았습니다.'"

---

7) 구약성서에서 야곱은 이스라엘이라고도 불리며, 히브리족의 조상이다. 다음을 참조. "꿈에 본즉 사다리가 땅에 섰는데 그 꼭대기가 하늘에 닿았고, 또 본즉 하느님의 사자가 그 위에 오르락내리락 하고." 창세기 28장 12절.

부인은 몸을 앞으로 내밀고 창밖을 바라본다.

"이게 그 남자의 전언이오."

"전 조금 걷겠어요." 부인이 계속 창밖을 바라보며 말한다.

"걷겠다고?" 레스터 경이 놀라서 되묻는다.

"조금 걷고 싶어요." 부인이 못 박듯이 분명히 말한다. "미안하지만 마차를 세워 주세요."

마차가 선다. 친절한 종복이 하인석에서 내려 문을 열어 주고, 부인의 조급한 손짓에 따라 발판을 내린다. 부인이 후다닥 내려 성큼성큼 걷기 시작했으므로 레스터 경은 그 친절한 마음씀씀이도 무색하게 손도 빌려 주지 못하고 뒤에 남는다. 일이 분쯤 지나서야 그는 겨우 따라간다. 그녀는 빙그레 웃으며 그의 팔을 잡고 같이 4분의 1마일쯤 느긋하게 걸어가지만 다시 지루해져서 마차 좌석으로 돌아온다.

사흘 동안 거의 종일 마차 바퀴가 덜컥거리는 소리, 그에 못지않은 방울과 채찍 소리, 그리고 능숙한 마부가 안장을 얹지 않은 말들을 다루는 소리가 이어진다. 여관에서 준남작 부부가 서로에게 취하는 정중하고 속 깊은 태도는 모든 사람들의 찬탄의 대상이 된다. 골든 에이프의 여주인은 말한다. 확실히 나리는 마님에 비해 나이가 많은 데다 다소 아버지 같은 구석이 있지만, 두 사람이 서로 사랑한다는 것은 한눈에 보면 알 수 있어요. 머리가 하얗게 센 나리는 모자를 손에 들고, 마님께서 마차에 타고 내리시는 것을 도와주시죠. 마님은 나리의 친절한 태도에 감사하며 머리를 숙이고 아주 우아하게 손가락을 내밀어요! 정말로 황홀한 광경이랍니다!

고귀한 사람들의 가치를 모르는 바다는 그들을 송사리처럼 휘둘러 댄다. 특히 레스터 경에게는 인정사정없어서, 그의 얼굴에는 세이지 치즈[8]처럼 녹색 반점이 생기고, 그의 귀족적인 몸속에서는 음울한 혁명이 일어난다. 그에게 바다는 '자연의 과격파'이다. 그러나 잠시 쉬며 원기를 회복하자 그의 위엄이 바다를 진압한다. 그리하여 그는 런던에서 하루만 머문 뒤 부인과 함께 링컨셔의 체스니 월드를 향해 여행을 계속한다.

---

8) 샐비어 잎에서 우려낸 물로 향미를 내고 물들인 치즈.

차가운 햇빛이 더욱더 차가워지면서 해가 기울고, 살을 에는 듯한 바람이 더욱더 날카로워지고, 숲속 벌거숭이 나무의 멀리 떨어진 그림자가 시커멓게 서로 모이고, '유령의 오솔길'이 그 서쪽 귀퉁이를 하늘의 불기둥으로 물들이며 시시각각 다가오는 밤에 몸을 맡기는 가운데 마차가 체스니 월드 장원으로 들어선다. 느릅나무 길의 높은 나뭇가지에 있는 보금자리에 머물고 있는 떼까마귀들은 아래를 지나가는 마차에 누가 타고 있는지 토론하는 듯하다. 레스터 경과 부인이 도착했다는 설에 찬성하는 녀석도 있고, 이 설을 인정하려 하지 않는 불평분자와 토론을 벌이는 녀석도 있다. 이 문제는 해결됐다고 모두의 의견이 일치했는가 싶었는데, 졸린 눈을 한 고집쟁이 한 마리가 반대 주장을 끝까지 굽히지 않자 다시 격렬한 토론이 벌어진다. 나뭇가지에서 시끄럽게 까악까악대는 그들을 무시하고 여행 마차가 저택으로 들어선다. 몇몇 창문에는 난롯불이 따뜻하게 비치고 있지만, 나머지 창에는 불기가 없다. 시커메져 가는 넓은 저택 정면은 아직도 누가 사는 듯한 표정을 보이고 있지 않다. 그런 표정이 되는 것은 이윽고 유명 인사들이 왔을 때이다.

가정부 미시즈 라운스웰이 마중 나와 공손하게 절하며 레스터 경에게서 평소처럼 악수를 받는다.

"미시즈 라운스웰, 잘 지냈나? 다시 보게 되어 반갑네."

"나리, 여전히 건강하신지요?"

"아주 건강하지, 미시즈 라운스웰."

"마님은 건강해 보이시는데요." 미시즈 라운스웰이 다시 절하며 말한다.

부인은 아주 지루하고 건강하다고 짤막하게 알린다.

가정부 저만치 뒤에 로사가 기다리고 있다. 부인은 이미 세상 모든 것을 정복해 버렸지만, 아직 자신의 민첩한 관찰력만큼은 뜻대로 되지 않아 이렇게 묻는다.

"저 아이는 누구지?"

"제 밑에서 배우고 있는 아이입니다, 마님. 로사라고 하지요."

"이리와, 로사!" 레스터 경의 부인이 호기심을 보이며 그녀를 부른다. "넌 네가 얼마나 예쁜지 알고 있니, 응?" 말하면서 그녀는 양손 집게손가락으로 로사의 어깨를 어루만진다.

로사는 몸 둘 바를 몰라 하며 "아니에요, 마님!" 하고 말하고, 어디를 봐야 할지 몰라 눈을 위아래로 정처 없이 움직이지만, 그 때문에 더욱더 예뻐 보인다.

"몇 살이지?"

"열아홉 살입니다."

"열아홉이라……." 부인이 상대의 말을 곱씹는다. "주위에서 예쁘다고 한다고 우쭐대면 안 된다."

"네, 마님."

부인은 아까처럼 가녀리고 장갑을 낀 손가락으로 로사의 보조개 팬 뺨을 쿡 찌르고, 오크나무로 만든 계단 아래로 간다. 레스터 경이 그곳에서 호위병처럼 멈춰서 기다리고 있다. 실물처럼 크고 실물처럼 미련해 보이는 늙은 데들록 가문의 조상 한 사람이 액자 안에서 이 광경을 어떻게 이해했는지 말하고 싶다는 표정으로 눈을 부릅뜨고서 바라보고 있다―엘리자베스 왕조시대에 그의 심경도 대충 그러했으리라.

그날 밤, 로사는 미시즈 라운스웰의 방으로 물러가서 레스터 경 부인을 칭찬하는 말만 중얼거린다. 마님은 꽤 사교성이 좋고, 매우 기품 있으시며, 무척 아름답고, 아주 우아하세요. 게다가 그 아름다운 목소리와, 손이 닿았을 때 몸이 정말로 짜릿짜릿하던 것을 로사는 지금도 똑똑히 기억한답니다! 미시즈 라운스웰은 자기도 자랑스럽게 생각하고 로사의 말을 구구절절 인정하면서도, 사교성이 좋다는 점만큼은 수긍할 수 없다. 그 점에 관해서는 그다지 자신이 없다. 물론 그녀는 이 명문가의 모든 사람을, 특히 세상 모든 사람이 찬미하는 부인을 일언반구라도 비난하지 않지만, 만일 마님이 그처럼 차갑고 쌀쌀맞게 굴지 않으며 "조금만 더 허물없이" 대해 준다면 사교성이 더 좋아질 거라고 생각한다.

"마님에게 자식이 없는 건 정말 안 된 일이라고 할 수 있어." 미시즈 라운스웰이 덧붙인다―그러나 "안 된 일이라고 할 수 있다" 정도에 불과하다. 만사에 하늘의 특별한 은총을 받은 데들록 가문이 지금보다 번영하리라고 생각하는 것은 불경에 가깝기 때문이다―"아가씨라도 계셔서 어엿한 성인으로 자랐더라면 마님의 즐거움이 되어 드렸을 텐데."

"그랬다면 마님은 지금보다 훨씬 오만해지지 않았을까요, 할머니?" 손자인 와트가 말한다. 그는 할머니를 대단히 생각하는 손자라서 일단 집으로 돌아갔다가 다시 돌아온 것이다.

미시즈 라운스웰이 위엄을 보이며 말한다. "'보다'라든가 '훨씬'이라는 말은 감히 우리 따위가 마님의 단점에 대해 쓸 수 있는 말이 아니다. 아니, 들어서조차 안 되는 말이야."

"죄송해요, 할머니. 하지만 마님은 정말로 오만해요, 그렇지 않아요?"

"정말 오만하다 해도 마님으로서는 그게 당연하다. 데들록 일가의 사람들이라면 그러는 게 당연해."

"맙소사! 그럼 데들록 가문 사람들의 기도서에는 줄을 그어야겠군요. 일반 서민에게 오만함과 자만심을 경계한 항목에 말이에요. 아, 죄송해요, 할머니! 그냥 농담이었어요!"

"레스터 경 부부는 웃음거리로 삼아도 될 분들이 아니다."

"레스터 경은 결코 웃음거리로 삼아서는 안 될 분이죠. 겸손하게 사과드려요. 할머니, 저택 사람들과 손님들이 이 집에 와도 저는 다른 여행자처럼 마을에 있는 데들록 암스에서 하루 이틀 더 머물러도 되겠죠?"

"물론이지. 전혀 상관없단다."

"다행이에요. 전 이 아름다운 주변을 더 알고 싶어서 참을 수가 없거든요."

그가 문득 로사에게 눈길을 주자, 그녀는 눈을 내리깔고 수줍어서 어쩔 줄 몰라 한다. 그러나 오래된 미신에 따르면, 붉어지는 것은 그 장밋빛의 싱그러운 뺨이 아니라 그녀의 귀일 것이다.[9] 바로 그때 부인의 몸종이 열을 올리며 로사를 흉보고 있었기 때문이다.

부인의 몸종은 서른두 살의 프랑스 여자로, 남부 아비뇽과 마르세유 부근 출신이다. 가무잡잡한 피부와 검은 머리카락에 눈이 크고 예쁘장하게 생긴 편이다. 그러나 입이 고양이 같이 생긴 데다 얼굴이 전체적으로 불편할 만큼 긴장되어 있어 턱이 발달하고 두개골이 너무 튀어나와 미인이라고는 할 수 없다. 몸매에는 뭐라 말할 수 없을 만큼 날카로우면서도 연약한 구석이 있으며, 머

---

9) 누가 남의 말을 하면 그 소문의 주인공은 귀가 빨개진다고 한다.

리를(차라리 없었으면 좋았을) 움직이지 않고 곁눈질로만 엿보는 버릇이 있는데, 이 버릇은 특히 불쾌하고 험악한 기분일 때 많이 보인다. 이러한 결점이 세련된 옷과 장식품 전체에서 뚜렷이 드러나므로 그녀는 아직 길들지 않은 예쁜 암컷 늑대 같은 인상을 준다. 그녀는 자기 일에 관계된 지식을 모조리 알고 있을 뿐 아니라 영어 실력은 거의 영국인에 뒤지지 않는다. 그래서 부인의 눈에 든 로사를 아무런 불편 없이 흉볼 수 있었으며, 저녁 식탁에 앉자 잔인한 조소를 띠면서 갖은 비난을 퍼부었다. 말상대가 되어 준 종복은 그녀의 말이 끝나갈 때가 되자 안도의 한숨을 내쉬었을 정도이다.

호호호! 이 오르탕스는 마님을 모신 지 오 년이 되도록 늘 거리를 두었는데, 저 꼭두각시 인형은 마님이 저택에 도착하시자마자 귀여움을 받고 있어 호호호! "넌 네가 얼마나 예쁜지 아니?" "아니에요, 마님!" 그래, 네 말이 맞아! "나이는 몇이지? 주위에서 예쁘다고 한다고 우쭐대면 안 된다!" 참나, 기가 차서 원! 이렇게 재미있는 일은 어디에도 없을 거야!

마드무아젤 오르탕스는 그 사건을 잊을 수 없어서, 그 뒤에도 며칠 동안이나 식탁에 앉으면, 수많은 손님의 시중을 드는 같은 프랑스인이나 다른 사람들이 동석한 자리에서도, 침묵한 채 이 재미있는 사건을 되새기며 즐거워한다. 이 즐거움은 그녀만의 발랄한 표정이 되어 나타나, 긴장한 얼굴은 더욱더 굳어지고 입술은 한일자로 앙다물어지며 눈동자는 옆을 향하지만, 부인이 거울 앞에 없을 때는 이 강렬한 유머 감각이 가끔 부인의 거울 위로 자리를 옮겨 나타난다.

저택 안의 거울은 대부분 오랜 공백 기간을 거쳤지만, 지금은 모두 활동을 재개했다. 단정한 얼굴, 거짓 웃음을 지은 얼굴, 젊은 얼굴, 차츰 들어가는 나이를 참을 수 없는 일흔 살의 얼굴, 새해 한두 주를 체스니 월드에서 보내기 위해 찾아온 모든 얼굴들, 다시 말해 세인트 제임스 궁정의 은신처에서 뛰쳐나와 [10] 죽을 때까지 왕의 위대한 사냥꾼[11]인 사교계 소식통에게 쫓겨 다니는 모든 얼굴들이 거울에 비춰진다. 링컨서에 있는 데들록 가문의 영지는 활기로 넘쳤

---

10) 명문가의 자제가 일정한 나이가 되어, 영국 왕가 궁정을 모신 뒤 사교계에 정식으로 처음 진출하는 것을 사냥감이 은신처에서 나와 잡히는 것에 비유했다.

11) 구약성서 〈창세기〉 10장 8~9절에 있는 사냥의 명수 니므롯을 가리킨다. 여기서는 '천주(Lord)'를 '귀족(Lord)'에 빗댔다.

다. 낮에는 총소리와 사람의 목소리가 숲에 울려 퍼지고, 말을 탄 사람과 마차로 영내 도로는 북적였으며, 손님들의 하인과 추종자들이 마을과 데들록 암스에 넘쳤다. 밤에 먼 나무 사이로 보면 저택의 기다란 대응접실(이 방의 큰 벽난로 위에 부인의 초상화가 걸려 있다)에 한 줄로 늘어선 창이 꼭 검은 틀에 갇힌 보석처럼 보인다. 일요일이면 사냥터 안에 있는 춥고 작은 교회는 수많은 화려한 사람들로 더울 정도가 되고, 주변에 떠도는 데들록 가문의 먼지 냄새는 향기로운 향수에 지워진다.

유명 인사 중에는 교양, 사려, 용기, 겸손, 미모, 미덕을 지닌 사람이 적지 않다. 단, 절대적인 여러 장점이 있음에도 유명 인사들에게는 어딘지 조금 잘못된 구석이 있다. 그것이 대체 무엇일까?

허세일까? 이제는 유행하는 멋의 본보기를 보여 줄 조지 4세[12]도 없고(이 사실이 얼마나 유감스러운지!), 풀 먹인 잭 타월[13] 같은 넥타이도, 가슴께에서 끝나 버리는 웃옷도, 가짜 장딴지도, 남성용 코르셋도 없다. 지금은 그런 복장으로 오페라 특등석에서 앉아 기쁨에 찬 나머지 실신하면 우아한 친구들이 목에 걸고 있던 긴 향수병으로 코를 자극해 주어 숨이 돌아오는 간들거리는 샌님도 없다. 사슴 가죽으로 만든 꽉 끼는 반바지를 네 사람의 도움으로 낑낑대며 입거나, 사형 집행이 있을 때마다 구경을 가거나, 예전에 딱 한 번 완두콩 먹은 일을 걱정하는 멋쟁이는 없다. 그런데도 유명 인사 가운데 허세꾼이 있을까? 잭타월을 몸에 감고 위의 소화력을 멈추게 하는 정도보다(그 정도라면 이성 있는 사람이 딱히 이론을 제기할 필요도 없다) 더 나쁜 영향을 끼치는 허세꾼이?

그렇다, 그것은 숨길 수 없는 사실이다. 실제로 새해 이 주에 체스니 월드에는 그런 허세꾼이—예컨대 종교와 관련한 몇 명 있다. 생기가 없고 감정이 메마른 탓에 그들은 민중은 모든 일을 대할 때 신앙심이 모자란 면이 있다는 발언에 찬성하지만, 그들이 말하는 모든 일이란 시험 결과 결함이 있다고 판명된 일이다. 그들은 시대라는 시계의 바늘을 거꾸로 돌려 수백 년의 역사를 말살함으로써 민중을 지극히 아름답고 신앙심 두터운 존재로 만들고 싶어 한다.

또 그들만큼 새롭지는 않지만, 매우 우아한 다른 상류 신사숙녀들은 이 세

---

12) 1820~1830년 영국의 왕. 1811~1820년은 부친인 조지 3세가 섭정.
13) 양끝을 서로 꿰매어 봉에 감아 돌려서 쓰는 기다란 타월.

상을 겉으로만 번드르르하게 꾸며서 모든 현실을 감추는 데 동의했다. 이런 사람들에게 모든 것은 무력하고 아름다워야 한다. 그들은 모든 것이 영원히 멈춰 있음을 발견했다. 그 어떤 것에도 기뻐하지도 슬퍼하지도 않는다. 사상 때문에 심란해하는 일도 없다. 그들에게는 예술조차도 모자가게나 양복가게에서 만든 선대의 문양으로 몸을 치장하는 식의 것이어야 하고, 특히 전진하는 시대의 영향을 받지 않도록 주의해야 하는 것이다.

자신의 당에서 상당한 신망을 얻고 있고 장관이라는 자리가 어떠한 자리인지 몸소 겪어 온 부들 경은 만찬이 끝나자 자못 진지한 표정으로 레스터 데들록 경에게, 사실 자신은 요즘 시대가 어떻게 흘러가는지 잘 모르겠다고 고한다. 의회의 토론도 이전과 달라졌고, 의회와 내각조차도 옛날하고 달라졌습니다. 문득 깨닫고 놀랐습니다만, 예컨대 현 정부가 무너진다면 내각 조직을 새로 구성할 때 국왕의 지명으로 수상에 뽑힐 사람은 쿠들 경이나 토머스 두들 경일 겁니다. 물론 푸들(Foodle) 공작이 구들과 협력하지 않을 거라는 가정하에 서지만요, 두 사람은 후들과의 사건으로 사이가 좋지 않으니 서로 협력하는 일 따위는 없을 겁니다. 그런데 주들을 내무대신 겸 하원지도자에 앉히고, 쿠들(Koodle)을 재무대신으로, 루들을 식민지 장관으로, 무들을 외무장관으로 앉히면 누들은 어떻게 해야 하나요? 추밀원의장에 앉힐 수는 없습니다. 그 자리는 푸들(Poodle)에게 주려고 떼어 놓았거든요. 삼림대신으로 삼을 수는 없습니다. 그 자리는 쿠들(Quoodle)에게는 좀 과분해요. 그러면 어떻게 될까요? 결국 우리 나라는 파멸하고 멸망하고 와해될 겁니다(애국심에 불타는 레스터 데들록 경이시니 이미 충분히 아시겠지만). 무엇보다 누들에게 한 자리를 줄 수가 없으니까요!

다른 곳에서는 대의원인 윌리엄 버피가 탁자 너머 어떤 사람을 상대로, 우리 나라의 파멸은—파멸하리란 데에는 한 점의 의심도 없습니다, 문제는 어떤 식으로 파멸하느냐지요—커피(Cuffy)의 탓이라고 주장하고 있다. 커피가 처음으로 국회의원이 되었을 때 당신이 그에게 마땅한 조치를 취해서 그가 더피 편에 서지 못하게 했더라면 그가 퍼피와 협조도 못했을 거고, 거피의 민첩한 토론가적 능력을 당신 진영에 확보할 수도 있었고, 허피의 재력을 선거에 집중시킬 수도 있었고, 저피와 커피(Kuffy)와 러피를 세 개의 선거구에서 당선시킬 수도 있었고, 당신의 내각을 머피의 관직에 관한 지식과 실무적인 습관을 통해 강화할 수도 있었을 겁니다. 그런데 지금은 모든 것이 당신의 방식과 다른 퍼피의 단순한 변덕에 좌우되고 있질 않습니까!

이 문제에 대해서도, 또 다른 몇몇 하찮은 화제에 대해서도 여러모로 의견 차이는 있지만, 이 자리에 모인 유명 인사들에게 명명백백한 사실은 부들과 그의 수행원, 버피와 그의 수행원을 제외한 모든 사람은 이 문제와 아무런 관계가 없다는 것이다. 이 사람들만이 무대를 독점할 명배우들이다. 물론 국민이라는 배우도 있지만—국민은 그 밖의 수많은 하급배우로서, 연극 무대에서처럼 가끔 몇 마디 던지거나 소리를 지르거나 합창하는 역할이다—, 타고난 일류 배우, 흥행주, 지도자는 부들과 버피, 그들의 가신과 일족, 상속인, 유언 집행자, 유산 관리인, 재산 양수인이고 나머지는 영원히 무대에 설 수 없다.

체스니 월드에 모인 사람들의 이런 생각 속에도 길게 보면 결국 유명 인사에게 도움이 되지 않는 허세가 포함되어 있을 것이다. 가장 고상한 최상류 사람들조차, 죽은 사람을 불러내어 점을 친다는 마술사 주위로 몰려드는 사람들과 똑같기 때문이다. 그들은 자신들 주위에 괴기스러운 환영이 떠돌아다니는 광경을 볼 것이다. 단, 그 떠돌아다니는 것이 망령이 아니라 현실인 만큼 그것들이 침입해 올 위험이 더욱 크다는 것이 문제다.

체스니 월드는 사람들로 넘쳐 났다. 사람이 너무 많아서 나쁜 방을 쓰게 된 하녀들의 가슴에는 상처받은 자존심 때문에 원한이 불타올라 좀처럼 꺼지지 않는다. 빈방은 단 하나뿐이었다. 그것은 저택에 있는 방 가운데에서 서열로 따져 세 번째로, 탑에 있는 방인데, 소박하지만 아늑하게 설비되어 고풍스러운 사무실처럼 보인다. 이곳은 털킹혼 변호사의 방으로, 그가 언제 올지 모르므로 다른 사람에게는 절대로 내주지 않는 방이다. 그는 아직 저택에 오지 않았다. 그의 조용한 평소 습관에 따르면, 날씨가 좋을 때는 마을에서부터 걸어 사냥터를 가로질러, 가장 최근에 왔을 때 이래 한 번도 외출한 적 없다는 듯이 이 방으로 잽싸게 들어온다. 그런 다음 하인에게 레스터 경이 볼일이 있어서 부르실지도 모르니 내가 왔다고 전하라고 명령하고는 저녁 식사 십 분 전에 서재 문 그늘에 나타난다. 밤에는 머리 위에서 깃대가 바람을 맞아 쓸쓸하게 삐걱대는 이 탑에서 자고 이튿날 아침에 잠깐 바깥을 산책한다. 그가 이 집에 머물 때 맑은 날이면 커다란 떼까마귀 같은 그의 검은 모습이 아침 식사 전에 산책하는 것을 볼 수 있다.

날마다 만찬 전에 부인은 서재의 그늘 속에서 그의 모습을 찾지만, 그는 그곳에 없다. 그가 오면 앉히려고 빈자리를 찾지만, 빈자리는 하나도 없다. 밤마다 부인은 하녀에게 조심스럽게 묻는다.

"털킹혼 씨가 오셨니?"

밤마다 대답은 "아뇨, 아직이십니다"이다.

어느 밤, 부인은 머리를 빗을 때 이 대답을 듣고 깊은 생각에 잠겼다. 문득 정신을 차리자 눈앞의 거울에 자신의 생각에 잠긴 얼굴과, 이상한 듯이 자신을 바라보는 두 개의 검은 눈이 비쳤다.

"정신 차려." 부인이 거울 속에 비친 오르탕스의 얼굴에 대고 말한다. "자신의 미모에 취하는 일은 다른 때도 할 수 있어."

"죄송합니다! 마님의 아름다움에 넋을 잃고 있었어요."

"공치사는 그만둬."

마침내 어느 날 오후, 해가 뉘엿뉘엿 기울 때였다. 요 1~2주일 동안 '유령의 오솔길'을 떠들썩하게 했던 몇 무리의 화려한 사람들이 흩어지고 레스터 경과 부인만이 테라스에 남아 있는데 털킹혼 씨가 모습을 드러냈다. 빠르지도 느리지도 않은 특유의 부지런한 걸음으로 두 사람 쪽으로 걸어온다. 얼굴에는 그 무표정한 가면—그것이 가면이라면—을 쓰고, 모든 손발과 옷의 주름마다 명문가의 비밀을 숨기고 있다. 이 남자가 그의 온 영혼을 고귀한 것에 바쳤는지 그의 사업에만 바쳤는지는 그만이 아는 비밀이다. 그는 이 비밀을 소송의뢰인의 비밀을 지키듯이 지킬 것이다.

"털킹혼, 어떻게 지냈나?" 레스터 경이 손을 내밀면서 말한다. 털킹혼 씨는 매우 건강하다. 레스터 경도 매우 건강하다. 부인도 매우 건강하다. 모두 매우 만족스러운 상태. 변호사는 뒷짐을 지고 레스터 경과 나란히 테라스를 걷는다. 부인은 반대편에서 따라 걷는다.

"더 일찍 올 줄 알았는데." 레스터 경이 말한다. 자애로운 표현이다. 마치 "말이야 바른말이지, 일부러 여기까지 와서 자네가 이 세상에 존재한다는 사실을 알리지 않아도 우리는 자네를 잊지 않네!"라고 말하는 듯하다.

그 마음을 읽은 털킹혼 씨는 고개를 숙이고, 진심으로 고맙고 송구하다고 말한다.

그가 변명한다. "더 일찍 오려고 했지만, 나리와 보이손 사이에 진행되고 있는 몇몇 소송 때문에 바빴습니다."

"그놈은 정말이지 무법자야." 레스터 경이 신랄하게 비판한다. "어떤 사회에 가더라도 위험하기 짝이 없는 인물이지. 정말 수준 이하라니까."

"그 사람은 고집불통이지요."

"어련하겠어." 레스터 경은 자신도 더없이 고집스러운 표정이 되어 말한다. "그런 말을 들어도 싸지."

변호사가 말을 이어 간다. "다만 문제는 나리께서 조금이나마 양보하실 마음이 있느냐는 겁니다."

"안 되지." 레스터 경이 대답한다. "그럴 마음은 눈곱만큼도 없어. 나더러 양보하라고?"

"중요한 것을 양보하라는 게 아닙니다. 물론 그런 것은 포기하지 않으리란 걸 아니까요. 제가 드리는 말씀은 하찮은 조항에 관해서입니다."

"털킹혼, 나와 보이손 씨 사이에는 사소한 조항이라는 게 없네. 더 심하게 말하자면, 난 내 권리 중 그 어떤 것도 사소한 조항이라고 생각하지 않아. 단, 개인으로서의 나에 관한 권리라기보다는 내게 유지할 책임이 있는 이 집에 관한 권리 중에서 말이지."

털킹혼 씨가 다시 고개를 숙인다. "무슨 말씀이신지 알겠습니다. 보이손 씨도 쉽게 물러나지 않을 겁니다……."

"털킹혼." 레스터 경이 그의 말을 가로막는다. "쉽게 물러나지 않는 것이 그런 사람들의 특징이라네. 아주 괴팍한 평등주의자 아닌가. 그런 사람은 50년 전이었다면 선동죄로 중앙형사재판소에 회부되어 엄벌을 받았을 텐데." 레스터 경은 잠시 말을 끊지만 곧 덧붙인다. "교수형을 당하고 창자가 뽑히고 능지처참[14]을 당했을 거야."

이런 사형 선고를 내리자 레스터 경은 실제로 선고가 집행되었을 때만큼이나 큰 만족감을 얻은 것처럼 답답했던 마음이 풀리는 듯하다.

---

14) 반역죄에 내려졌던 형벌.

그가 말한다. "밤도 점점 깊어지고, 아내도 감기에 걸릴 것 같구먼. 안으로 들어가세."

일동이 현관문 쪽으로 발길을 돌리고서야 레스터 경 부인이 털킹혼 씨에게 말을 건넨다.

"언젠가 여쭈었던 서류 필체 문제로 그 대서인에 관해 전갈을 주셨죠? 그런 것까지 기억하고 계셨다니 정말 당신다워요. 전 까맣게 잊고 있었는데……. 당신의 전갈을 보고 다시 기억났어요. 제가 그 필체를 보고 대체 무슨 생각이 떠올랐던 건지는 모르겠지만, 아무튼 무슨 생각이 떠올랐던 건 분명해요."

"무슨 생각이 떠오르셨습니까?" 털킹혼 씨가 되풀이해서 묻는다.

"그래요!" 부인이 얼른 대답한다. "분명히 그랬어요. 그래서 정말로 그 서류…… 뭐라고 했더라?…… 그 선서진술서를 쓴 사람을 찾아 주셨나요?"

"네."

"정말 신기하네요!"

일동은 어두침침한 1층 아침 식사 방을 지나간다. 낮에는 이곳에도 깊은 두 개의 창을 통해 빛이 들어오지만, 지금은 완전히 땅거미가 졌다. 난롯불이 널빤지 벽에 반사되어 환하게 빛나고 유리창을 창백하게 비춘다. 차가운 유리창 밖에서는 더욱 차가운 풍경이 바람을 맞아 덜덜 떨고, 잿빛 안개가 스멀스멀 피어오른다. 안개 외에 움직이는 것이라고는 거친 파도 같은 구름뿐이다.

부인이 벽난로 쪽 벽 구석에 놓인 커다란 의자에 기대어 앉고, 레스터 경은 그 맞은편에 놓인 다른 커다란 의자에 앉는다. 변호사는 불 앞에 서서 팔을 쭉 뻗어, 불기운이 얼굴에 닿는 것을 가로막는다. 그리고 팔 너머로 부인을 바라본다.

"네, 전 그 남자를 수소문해서 찾았습니다. 정말로 신기하게도 찾았습니다만, 그 남자는……."

"전혀 엉뚱한 사람이었던 건 아니겠죠!" 데들록 부인이 선수를 쳐서 우울하게 말한다.

"찾긴 찾았습니다만, 죽어 있었습니다."

"맙소사!" 레스터 경이 항의한다. 죽었다는 사실에 충격을 받았다기보다는 그런 사실을 말했다는 사실에 충격을 받은 것이다.

"그 남자의 하숙집을—아주 궁상맞고 초라한 집이었습니다—듣고 찾아가
보니 죽어 있었습니다."

"미안하네만 털킹혼, 내 생각에는 되도록 말하지 않는 편이……."

"여보, 끝까지 말하게 해 줘요." (부인이 끼어들었다.) "해 질 녘에 듣기에 좋은
얘기잖아요. 정말 놀라운데요! 죽어 있었다고요?"

털킹혼 씨가 다시 고개를 숙이고 말한다. "그 남자가 자기 손으로……."

"그만두게!" 레스터 경이 소리 지른다. "진심이야!"

"말하게 해 줘요!" 부인이 말한다.

"당신 맘대로 해. 하지만 내가 하고 싶은 말은……."

"아니요, 당신은 말하지 마세요! 털킹혼 씨, 그래서요?"

레스터 경은 신사답게 아내에게 져준다. 그렇지만 그의 생각으로는, 상류층
으로서 이런 뒤숭숭한 이야기를 한다는 것이 정말이지……정말이지…….

변호사가 침착하게 이야기를 계속한다. "지금 말하다 말았습니다만, 그 남자
가 자기 손으로 목숨을 끊었는지 아닌지 저로서는 알 수 없습니다. 하지만 그
표현을 수정해서, 자기 행위 때문에 죽었다는 데에는 의문의 여지가 없다고 말
해야겠죠. 물론 죽으려고 일부러 그랬는지 실수로 그랬는지는 확인할 길이 없
습니다만. 검시관과 배심원은 실수로 독약을 먹었다고 평결을 내렸습니다."

"그래, 그 불쌍한 남자는 어떤 사람이던가요?" 부인이 묻는다.

"말하기 어렵습니다만," 변호사가 고개를 절레절레 흔들며 대답한다. "아주
비참하게 살고 있었습니다. 외양에는 전혀 신경 쓰지 않는지 집시처럼 거뭇하
고, 검은 머리카락과 턱수염은 제멋대로 자라 있었습니다. 전 하층민 중에서도
최하층민이라고 생각했지요. 하지만 의사는 옛날에는 용모도 신분도 더 괜찮
은 사람이었을 거라고 하더군요."

"이름이 뭐였죠?"

"모두 그 남자가 자칭했던 이름으로 부를 뿐, 본명을 아는 사람은 한 명도 없
었습니다."

"간호해 주던 사람도요?"

"간호해 주는 사람도 없었습니다. 죽은 다음에 발견되었지요. 실은 제가 발견
한 겁니다."

"별다른 단서도 없나요?"

"아무것도 없었습니다." 변호사가 묵상에 잠긴 듯한 투로 말한다. "있는 거라고는 낡은 가방 한 개뿐이었습니다. 하지만…… 네, 신원을 밝혀 줄 만한 서류는 전혀 없었습니다."

이 짧은 대화의 한 마디 한 마디를 말하는 동안 데들록 부인과 털킹혼 씨는 평소 태도를 조금도 바꾸지 않고 그저 상대방을 뚫어지게 바라보았다. 그렇게 특이한 화제로 대화하는 중이니 그도 그럴 만했다. 레스터 경은 계단 위에 걸려 있는 데들록 가문 일족에게 공통된 표정을 지은 채 난롯불을 바라보고 있다. 이야기가 끝나자 아까 했던 강력한 항의를 다시 시작한다. 부인이 떠올렸다는 사람이 이 불쌍한 남자일 리 없다는 것은 분명한 사실이니(그가 구걸하는 대서인이었다면 또 모를까) 부인의 신분과 너무 동떨어진 이런 이야기를 더 듣는 일은 없으리라 믿는다고 말한다.

부인이 외투와 털목도리로 몸을 감싸며 말한다. "확실히 끔찍한 이야기지만 당장 따분함을 달래기에는 좋잖아요! 미안하지만 털킹혼 씨, 문 좀 열어 주세요."

털킹혼 씨가 공손하게 문을 열고, 부인이 나갈 때까지 잡고 있다. 부인은 평소처럼 피곤한 몸짓과 오만하면서도 우아한 태도로 그의 옆을 지나간다. 두 사람은 만찬 때와 그다음 날, 그리고 그다음 며칠 동안 다시 얼굴을 마주한다. 그때마다 데들록 부인은 피곤한 여신으로서 숭배자들에게 둘러싸이지만, 자신의 신전에 군림할 때조차 죽을 만큼 따분해한다. 털킹혼 씨는 고귀한 비밀을 굳건히 보관하는 말 없는 창고처럼 지내면서도 자택에 있는 것처럼 아주 편안하게 있다. 한집에서 살면서 이 두 사람만큼 서로 신경 쓰지 않는 사람은 없는 듯이 보인다. 그러나 두 사람은 서로 끊임없이 상대방을 경계하고 의심하면서 뭔가 커다란 비밀을 숨기고 있지나 않은지 살핀다. 그리고 서로 상대방에게 뒤통수를 맞지 않도록 만반의 준비를 갖추고 있으며, 상대방이 얼마나 알고 있는지 알아내기 위해 어느 정도까지 수를 써야 할 것인지 남몰래 생각하고 있다.

# 제13장 에스더의 이야기

우리는 리처드의 미래에 관해 몇 번이나 의논했습니다. 처음에는 그의 바람에 따라 잔다이스 씨가 빠졌지만 나중에는 같이 참여했습니다. 그러나 의견이 모아지기까지는 퍽 많은 시간이 걸렸습니다. 리처드는 어떤 직업이든지 기꺼이 수행할 각오라고 했습니다. 잔다이스 씨가 해군에 들어가기에는 나이가 너무 많지 않으냐고 하자, 리처드는 자기도 그 점을 생각해 보았는데 그 말씀이 맞는 것 같다고 말했습니다. 잔다이스 씨가 육군에 들어가는 건 어떠냐고 묻자, 리처드는 그 점도 생각해 보았는데 나쁘지는 않을 것 같다고 했습니다. 잔다이스 씨가 해군에 들어가려는 게 옛날부터 바다를 좋아하던 소년이 흔히 품고 있는 동경 때문인지 강한 의지 때문인지 잘 생각하고 확인해 보라고 충고하자, 리처드는 실은 벌써 몇 번이나 확인해 보려고 노력했지만 잘 모르겠다고 말했습니다.

잔다이스 씨가 나에게 말했습니다. "리처드가 태어나서부터 겪어 온, 저 헤아릴 수 없이 다양한 불확실성과 게으름으로 가득한 생활이 이런 우유부단한 성격에 얼마나 영향을 주었을지 모르겠구나. 하지만 온갖 죄악을 범해 온 대법관부에 이런 성격을 만든 책임이 일부 있다는 건 나도 확실히 알겠다. 대법관부야말로 리처드의 저런 습관, 다시 말해 어떤 일도 쉽게 결정하지 못하고 불확실하고 혼란스러운 상태로 계속 미루다가 — 무작정 시간에 맡겨 두다가(어떻게 흘러갈지 알지도 못하면서) — 어중간하게 멈춰 버리는 저런 습관을 심어준 셈이지. 리처드보다 훨씬 나이도 많고 훨씬 견실한 사람들도 주위 환경에 좌우된다. 이제 막 성인이 되려는 나이의 소년이 환경의 영향을 받지 않으리라고 기대하기란 가혹한 일이겠지."

나는 그 말이 맞다고 생각했습니다. 그러나 그와 동시에 든 생각을 말하자면, 리처드가 받은 교육이 그런 환경의 영향을 제거하거나 성격을 올바르게 이

끌어 주지 못했다는 사실이 유감스러웠습니다. 리처드는 8년 동안 퍼블릭 스쿨에 다녔는데, 내가 들은 바로는 라틴어 시를 몇 종류나 훌륭하게 쓸 수 있었습니다. 그렇지만 리처드의 타고난 재능이 어디에 알맞고 어디에 결점이 있는지 발견해 주거나 리처드에게 맞는 과목을 가르쳐 준 사람이 없었던 모양입니다. 반대로 리처드가 시에 맞도록 교육되어 작시법을 철저하게 습득해 버렸으므로, 성년이 될 때까지 학교에 남아 있었다면(시작법 따위는 잊고 지식을 더 넓히지 않는 한) 그저 시 쓰기를 거듭하는 것 외에는 할 줄 아는 것이 없는 사람이 되어 버렸을 것입니다. 물론 시란 매우 아름답고 사람을 대단히 향상시키며 인생의 다양한 목적을 만족시켜 주는 평생 잊을 수 없는 것이지만, 리처드가 그렇게까지 시에 관심을 보이는 대신 누군가가 리처드에게 조금만 관심을 보여 주었더라면 리처드에게 얼마나 큰 도움이 되었을까 하고 나는 생각했습니다.

하기야 나는 시에 관해서는 아무것도 모릅니다. 옛날 로마와 그리스의 젊은 남자들이 리처드처럼 시를 지었었는지조차 모릅니다.

"난 뭐가 되는 게 좋을지 전혀 모르겠어요." 리처드가 생각에 잠겨서 말했습니다. "목사가 되고 싶지 않다는 것만은 분명하지만, 그 밖의 직업은 다 고만고만해요."

"넌 켄지 변호사 같은 일을 할 생각은 없지?" 잔다이스 씨가 말했습니다.

"모르겠어요!" 리처드가 대답했습니다. "전 보트를 젓는 게 좋아요. 변호사 실습생들은 뱃놀이를 자주 나가잖아요. 멋진 직업이에요!"

"외과의사는⋯⋯?" 잔다이스 씨가 다시 말했습니다.

"그거야말로 제가 바라는 직업이죠!" 리처드가 씩씩하게 말했습니다.

나는 리처드가 과연 외과의사라는 직업에 대해 생각해 보았는지 의심스러웠습니다.

"그거야말로 제가 되고 싶은 일이에요!" 리처드가 열띠게 되풀이했습니다. "드디어 결정했어요. 전 영국외과의사회 회원이 될 거예요!"

그렇게 말하고 리처드는 진심으로 웃었습니다. 모두 웃음으로 그를 말리려고 했지만 소용없었습니다. 리처드는 벌써 그 직업으로 정했다며, 생각하면 생각할수록 자신의 운명이 분명해지는 것 같다, 의술이야말로 자신에게 꼭 들어맞는 기술이라고 말했습니다. 나는 리처드가 그런 결론에 다다른 것은, 자기에게 맞는 직업을 스스로 발견할 가망성도 별로 없고 남의 머리를 빌려도 소용이 없자, 더 생각하는 수고를 덜기 위해 무조건 처음에 떠오른 직업을 선택한 것에 불과하다고 추측했습니다. 따라서 라틴어 시를 공부한 사람이 이런 결말을 맞는 일이 세상에 자주 있는 일일까 리처드만 예외인 것일까 하는 생각이 들었습니다.

잔다이스 씨가 전력을 다해 리처드와 진지한 대화를 나누고, 이렇게 중대한 일에 올바른 판단을 내리도록 리처드의 양식에 호소했습니다. 이런 면담을 하고 난 뒤에는 리처드도 다소 진지해졌지만, 언제나 에이더와 나에게 괜찮다, 괜찮다 하더니 이번에는 다른 이야기를 꺼냈습니다.

"오, 세상에!" 보이손 씨가 외쳤습니다. 그는 이 문제에 강한 관심을 보였습니다—이 사람은 어떤 일이든 그냥 넘어가는 법이 없었으므로 이것은 마땅한 일이었습니다—"저 숭고한 의술에 몸을 바치겠다는 열성적이고도 용감한 어린 신사가 있다니 기쁘기 그지없군! 의술에 열성을 쏟으면 쏟을수록 인류에게는 행복이고, 이 영광스러운 직업을 사회적으로 불리한 상태로 떨어뜨리고 좋아하는 저 탐욕스러운 착취자와 천박한 사기꾼들에게는 불행이지." 그러고는 더더욱 목청을 높여 말했습니다. "모든 비열하고 하등한 것을 걸고 맹세하건대, 군함에서 근무하는 군의관은 정말 비참한 대우를 받지. 난 해군본부위원회 전원의 다리를—두 다리 모두를 말이야—복합골절 시켜 놓고 싶네. 그리고 그 뼈를 이어 주는 개업의가 있다면 유형에 처해 버리고 싶어. 이 위원회를 24시간 내로 전면 개혁할 수 없다면 말이야!"

"일주일로 해 주지 그러나?" 잔다이스 씨가 물었습니다.

"안 돼!" 보이손 씨가 단호하게 외쳤습니다. "절대로 안 되지! 24시간 이내야! 또 시와 마을, 교구, 교구위원회와 같은 모임으로 말할 것 같으면, 그건 돌대가리 멍청이들의 집단이지. 놈들이 교환하는 연설은…… 말을 말자! 우리가 태양 앞에서 말하는 국어가 놈들의 역겨운 말에 더럽혀지는 일이 없도록, 오로지 그것을 위해서라도 그런 놈들은 수은광산으로 보내서 그 짧고 가엾은 일생을 그곳에서 일하며 보내게 해야 해. 그런 놈들은 지식을 탐구하는 사람들의 열의를 비열하게 이용하지. 지식을 탐구하는 사람들은 일생에서 가장 빛나는 시기를 더없이 귀중한 봉사와 오랜 연구, 값비싼 교육에 바친 대가로 사무원 놈들의 급료에도 못 미치는 박봉을 받아. 그래서 나는 그 비열한 놈들의 목을 하나하나 따고 그 두개골을 외과의사회관에 진열해서 모든 외과의에게 견학하게 하고 싶어. 두개골이란 것이 얼마나 딱딱해지는지 젊은 의사들에게 실제로 만져서 알게 해 주고 싶단 말이야!"

보이손 씨는 이 맹렬한 선언을 하더니 맺음말 대신 자못 유쾌한 미소를 띠고서 우리를 둘러보았습니다. 그러고는 느닷없이 와하하! 하고 천둥같이 웃기 시작하더니, 다른 사람이었다면 완전히 지쳐 떨어지지 않았을까 싶을 만큼 멈추지 않는 것이었습니다.

그 뒤에도 잔다이스 씨는 리처드에게 거듭해서 시일을 두고 곰곰이 생각해 보라고 권했습니다. 그러나 리처드는 여전히 벌써 결심했다고 말하며 에이더와 나에게도 "괜찮다"고 단언했습니다. 그리하여 이제는 켄지 변호사도 상담에 끼기로 했습니다. 어느 날 만찬에 초대된 켄지 씨가 의자에 등을 젖히고 앉아 코안경을 손으로 빙글빙글 돌리며 낭랑한 목소리로 말했습니다. 내가 어렸을 때 보았던 기억 속의 행동 그대로였습니다.

"아!" 켄지 씨가 말했습니다. "그렇습니까! 정말 좋은 직업이죠, 잔다이스 씨. 정말 좋은 직업입니다."

"그 직업을 가지려면 학업과 수련을 꾸준하게 계속해야 해요." 잔다이스 씨가 리처드를 흘끔 바라보면서 말했습니다.

"물론이죠. 부지런해야죠." 켄지 씨가 말했습니다.

"하지만 다른 직업을 고른다고 해서 그럴 필요가 없어지는 건 아니죠. 다소 차이는 있을지언정 훌륭한 직업에는 한결같이 그런 부지런함이 필요하니까요."

"맞습니다. 그런데 리처드 카스톤 씨는 지금까지 청춘을 보낸…… 뭐랄까요, 그리스 로마의 고전의 숲에서…… 훌륭한 성적을 거두었으니, 이번에도 그 시작(詩作)에 힘쓰던 습관을 앞으로 나아가게 될 더 현실적인 활동 영역에 반드시 응용할 겁니다. 시인은(저의 착각이 아니라면) 타고나는 것이지 만들어지는 것이 아니라는 속담을 가진 저 라틴어 시작의 법칙을 현실에 응용하기란 무리지만 말이지요."

"걱정하지 마시고 믿어 주세요." 리처드는 평소대로 아무 생각 없이 말했습니다. "최선의 노력을 다하겠어요."

"알겠습니다, 잔다이스 씨." 켄지 씨가 조용히 고개를 주억이며 말했습니다. "이렇게 리처드 씨께서 최선의 노력을 다하겠다고 하시니……." 그는 리처드의 말을 되풀이하면서 감격에 겨워 연신 고개를 주억거렸습니다. "우리는 리처드 씨가 그 소망을 이룰 수 있도록 최선의 방법을 찾아 주면 될 것 같군요. 그래서 리처드 씨를 적당한 명의에게 보내는 문제 말인데, 지금 생각나는 사람 없습니까?"

"아무도 없지, 릭?" 잔다이스 아저씨가 말했습니다.

"아무도 없어요."

"그렇군요!" 켄지 씨가 말했습니다. "이번에는 신분 문제입니다. 이 점에 관해서는 특별한 생각이 있으십니까?"

"아니요." 리처드가 말했습니다.

"그렇군요!" 켄지 씨가 다시 말했습니다.

"전 조금 변화무쌍했으면 좋겠어요." 리처드가 말했습니다. "……즉, 다양한 경험을 해 보고 싶어요."

"확실히 그건 아주 필요한 일이죠." 켄지 씨가 말했습니다. "잔다이스 씨, 그렇다면 이야기는 쉽게 풀릴 것 같은데요. 일단 적당한 개업의만 찾으면 되겠습니다. 그리고 우리의 희망을—이, 한 가지 더, 수업료를 낼 만한 재력에 관한 것도—전달하면 이제 수많은 후보자 가운데서 적임자 한 사람을 고르는 일만 남게 될 겁니다. 두 번째로는 우리가 나이 때문에, 그리고 대법관 법정의 후견을 받기 때문에 필요한 형식적 절차를 간단히 밟으면 됩니다. 그러면 곧 우리는…… 뭐랄까요, 리처드 씨처럼 아무 걱정 없이 '최선의 노력을 다하게' 되겠지요. 그런데 이건 우연의 일치입니다만……." 켄지 씨가 다소 우울한 미소를 띠면서 말했습니다. "제 사촌 중에 의사가 있습니다. 그런데 여러분이 제 사촌을 적임자로 생각해 주실지도 모르겠고, 제 사촌도 우리 쪽의 제안에 응할 마음이 있는지 어떨지 모르겠군요. 여러분의 생각도 사촌의 마음도 저로서는 알 수 없지만, 어쩌면 제 사촌이 그래 줄지도 모르겠습니다!"

실제로 가능성 있는 이야기였으므로, 켄지 씨가 그 사촌을 만나 보기로 했습니다. 게다가 잔다이스 씨는 전부터 우리를 몇 주일 동안 런던으로 데려가 주시겠다고 말씀하셨으므로, 우리는 곧 런던으로 가기로 했습니다. 간 김에 리처드의 일도 알아볼 생각이었지요.

일주일도 지나지 않아 보이손 씨가 돌아갔으므로 우리는 런던으로 가서 옥스퍼드 거리 근처에 있는 가구점 위층에 밝은 하숙방을 얻었습니다. 우리는 런던이 매우 경이로워서 한번 나가면 몇 시간이고 여러 명소를 구경했지만, 명소는 우리와 달라서 그렇게 구경을 당해도 별로 지치는 기색이 없었습니다. 우리는 신이 나서 주요 극장을 돌아다니며 볼 만한 연극은 모조리 구경했습니다. 이런 이야기를 쓰는 이유는 내가 다시금 거피 씨 때문에 고민하게 된 계기가 극장이기 때문입니다.

어느 밤, 나는 에이더와 함께 박스석 맨 앞줄에 있었습니다. 리처드는 자기가 가장 좋아하는 자리, 즉 에이더의 뒷자리에 있었습니다. 그때 문득 하등석을 내려다보았더니, 머리카락을 머리통에 딱 붙이고 매우 비통한 표정으로 나를 바라보는 거피 씨가 눈에 들어왔습니다. 나는 연극을 보는 내내, 그가 배우 쪽은 거들떠보지도 않고 시종 내 쪽을, 그것도 줄곧 더없이 깊은 슬픔과 실의에 찬 표정을 공들여 지으며 바라보고 있다는 것을 느꼈습니다.

그 사실이 몹시 신경 쓰이기도 하고 우습기도 하여 그날 밤의 즐거움은 몽땅 사라져 버렸습니다. 그렇지만 그 뒤로 다 같이 연극을 보러 갈 때마다, 하등석에서 머리카락을 머리통에 똑바로 붙이고 셔츠 깃을 접어 넘긴 채 풀이 죽어 있는 거피 씨의 모습을 보지 않은 날이 없었습니다. 입장할 때 보이지 않아 안 왔나 보다 하고 잠시 재미있는 무대에 열중하고 있으면 어김없이 뜻하지 않은 때에 거피 씨의 우울한 눈과 마주쳤고, 그러면 그날 밤 내내 그 눈이 나를 보고 있을 거라고 자포자기하는 심정이 되었습니다.

그것이 얼마나 나를 불안하게 했는지는 이루 말로 표현할 수가 없습니다. 거피 씨가 머리를 빗거나 셔츠 깃을 세우는 정도의 멋만 부려도 나는 불쾌했을 텐데, 그런 기막힌 꼴로 줄곧 나를 뚫어지게 바라보고 보란 듯이 비관하고 있는 것을 보면 나는 완전히 압도당한 기분이 들어 연극을 보고 울고 웃거나 몸을 움직이거나 말할 기분이 일지 않았습니다. 무엇 하나 자연스럽게 행동할 수 없게 되는 것이었습니다. 거피 씨의 눈에서 벗어나려고 박스석 안쪽으로 가는 일은 생각할 수도 없었습니다. 리처드와 에이더가 내가 반드시 자기들과 같이 있어 주리라고 믿는다는 걸 알기 때문이었습니다. 내 자리에 다른 사람이 앉는다면 두 사람은 그렇게 즐겁게 이야기를 나누지 못할 것이었습니다. 그래서 나는 내 자리에 앉은 채 어디를 봐야 할지 몰라—어디를 보더라도 거피 씨의 눈이 나를 향하고 있다는 것을 알기에—이 남자는 나 때문에 엄청난 돈 낭비를 하고 있구나 하는 생각을 했습니다.

어쩔 때는 잔다이스 씨에게 사정을 이야기할까 생각했습니다. 하지만 그랬다가는 거피 씨가 직장을 잃고 나 때문에 파멸할지도 모른다는 걱정이 들었습니다. 어쩔 때는 리처드에게 털어놓을까 생각했지만, 리처드가 거피 씨에게 싸움을 걸어서 눈가에 멍을 만들까 봐 그만두었습니다. 어쩔 때는 거피 씨에게 무서운 표정을 지으며, 그러지 말라고 고개를 저어 보일까도 싶었습니다. 하지만 도저히 그럴 수는 없을 것 같았습니다. 다음으로는 거피 씨의 어머니에게 편지를 보내야 하나 생각했지만, 결국 편지를 교환하기 시작했다가는 문제를 더 심각하게 만들리라는 것을 깨달았습니다. 그리하여 마지막에는 별 뾰족한 수가 없다는 결론에 이르는 것이었습니다. 이렇게 이런저런 생각을 하는 와중에도 인내심 강한 거피 씨는 우리가 가는 극장마다 쉬지 않고 모습을 드러냈을 뿐 아니라, 극장에서 우리가 나갈 때 인파 사이에 불쑥 나타나서는 우리 마차 바로 뒤까지 따라오기까지 했습니다—나는 그가 마차의 뾰족하게 튀어나온 대못 사이에 갇혀 비둥거리는 것을 두세 번 보았습니다. 우리가 하숙집으로 돌아가면 거피 씨는 집 맞은편에 있는 기둥에 가끔 나타났습니다. 우리가 하숙하는 가구점은 길 두 개가 만나는 모퉁이에 있었는데, 내 침실 창은 그 기둥 쪽으로 나 있었습니다. 나는 거피 씨가 감기에 걸린 듯한 모습으로 그 기둥에 기대어 있는 꼴이 보기 싫어(사실 어느 달밤에 한 번 본 적이 있었습니다) 2층으로 올라가서도 침실 창가에는 얼씬도 하지 않았습니다. 거피 씨가 낮에 일을 하지 않았다면(그가 낮에 일한다는 사실이 내게는 다행이었습니다) 나는 그 사람 때문에 한시도 마음 편할 틈이 없었을 것입니다.

우리는 거피 씨를 기묘한 형태로 친구로 끼워 이렇게 놀러 다녔지만, 그동안 우리의 런던 방문을 앞당겨 준 그 용건을 잊은 것은 아니었습니다. 켄지 씨의 사촌은 베이엄 배저라는 사람으로, 런던의 첼시 구에서 개업하여 꽤 번창해 있었으며, 그 밖에도 어느 커다란 공립병원에 출근했습니다. 배저 씨는 흔쾌히 리처드를 제자로 받아 공부를 가르쳐 주겠다고 했습니다. 공부를 위해서는 배저 씨의 집에 들어가서 사는 편이 좋았는데, 배저 씨도 리처드가 마음에 드는 모양이었고 리처드도 배저 씨가 "매우" 마음에 든다고 했으므로 쌍방 합의가 이루어졌습니다. 여기에 대법관님의 허가까지 떨어지자 모든 일은 마무리됐습니다.

리처드와 배저 씨의 이야기가 마무리된 날, 우리는 배저 씨 댁의 만찬에 초대되었습니다. 배저 씨의 편지에 따르면 "친지들의 모임"이라고 했는데, 막상 가서 보니 부인을 빼고 여자는 한 명도 없었습니다. 응접실에는 다양한 것들이 부인을 둘러싸고 있었는데, 그것을 보니 부인이 그림도 조금 그리고 피아노와 기타, 하프도 조금 연주하고 노래도 조금 부르고 책도 조금 읽고 시도 조금 짓고 식물도 조금 키운다는 사실을 알 수 있었습니다. 나이는 쉰쯤 되어 보였는데, 매우 젊어 보이고 혈색이 좋았습니다. 지금 설명한 부인의 외모에 한 가지 덧붙이자면, 부인은 볼에도 붉은 분을 살짝 발랐습니다. 그것이 보기 싫었다는 뜻은 아니지만.

베이엄 배저 씨는 발그스름한 얼굴과 똑 부러지는 인상의 신사로, 가녀린 목소리, 하얀 이, 밝은 색 머리카락, 놀란 토끼눈을 가졌고, 부인보다는 몇 살쯤 어려 보였습니다. 부인을 무척 숭배했는데, 주로 부인이 결혼을 세 번이나 했다는 이상한 이유에서였습니다(우리에게는 그렇게 생각되었습니다). 우리가 자리에 채 앉기도 전에 배저 씨가 잔다이스 씨에게 의기양양하게 말했습니다.

"내가 아내의 세 번째 남편인 줄은 꿈에도 모르셨죠!"

"정말입니까?" 잔다이스 씨가 말했습니다.

"세 번째랍니다! 서머슨 양, 내 아내가 지금까지 남편이 두 명이나 있었던 부인으로 보이십니까?"

내가 말했습니다. "전혀 그렇게 보이지 않는데요!"

"그것도 아주 비범한 사람들이었죠!" 배저 씨가 비밀을 털어놓듯이 말했습니다. "영국 해군이던 스워서 대위가 아내의 첫 번째 남편이었는데, 그는 아주 유명한 군인이었습니다. 내 바로 전 남편인 딩고 교수의 명성은 온 유럽에 자자하고요."

부인이 배저 씨의 이야기를 엿듣고 빙그레 웃었습니다.

"그렇지, 여보?" 배저 씨가 부인의 미소에 화답하듯 말했습니다. "지금 잔다이스 씨랑 서머슨 양에게 당신이 지금까지 두 명의 남편과 살았고, 두 사람 다 아주 유명한 사람이었다고 이야기한 참이었어. 그렇지만 아내는 세상 거의 모든 사람이 그렇듯이 변심했죠."

배저 씨의 부인이 말했습니다. "영국 해군인 스워서 대위와 결혼했을 때 전 겨우 스무 살이었어요. 결혼 뒤에는 대위와 함께 지중해를 돌아다녔죠. 진짜 해군 못지않을 만큼 말이에요. 열두 번째 결혼기념일에 난 딩고 교수의 아내가 되었어요."

"온 유럽에 명성이 자자하다는 교수 말입니다." 배저 씨가 작은 목소리로 덧붙였습니다.

"배저와 제가 결혼을 했을 때도 같은 날이었어요. 그래서 전 그 날짜에 애착이 생겼죠."

"그렇게 제 아내는 세 명의 남편과 결혼한 셈이랍니다. 그중 두 명은 아주 유명한 사람이고요." 배저 씨가 요점만 간추려 말했습니다. "그리고 결혼식은 세 번 다 3월 21일 오전 11시에 올렸죠!"

우리는 모두 감탄사를 내뱉었습니다.

잔다이스 씨가 말했습니다. "배저 씨가 이렇게 겸손한 분이 아니셨다면, 세 명의 유명한 인물이라고 바로잡고 싶군요."

"고맙습니다, 잔다이스 씨! 바로 그게 제가 언제나 남편한테 하는 말이랍니다!"

"하지만 여보, 내가 늘 당신한테 말했잖아. 나는 내가 전문 영역에서 쌓아 올린 명성을(여기에 관해서는 조만간 이 카스톤 군에게 평가받을 기회가 가끔 있겠지) 가볍게 보이고 싶은 마음도 없지만," 배저 씨가 우리 모두를 향해 말했습니다. "그렇게 무분별한 사람도 아니라서, 나 자신을 스워서 대위나 딩고 교수 같은 인물과 나란히 두고 싶지도 않다고요." 말을 이으면서 배저 씨는 옆의 응접실로 우리를 안내했습니다. "잔다이스 씨, 아마 당신은 이 스워서 대위의 초상화에 흥미를 느끼실 겁니다. 이건 대위가 아프리카 해군보급지에서 풍토병인 황열에 걸려 귀국했을 때 그린 그림이지요. 아내 의견으로는 너무 노랗게 칠해졌대요. 하지만 정말 멋진 머리입니다. 정말 멋진 머리예요!"

우리도 앵무새처럼 따라했습니다. "정말 멋진 머리예요!"

"나는 이 그림을 볼 때마다 '이런 사람을 꼭 만나고 싶었는데!' 하고 생각합니다. 이 그림을 보면 스워서 대위야말로 그 누구보다 훌륭한 최고의 인물이라는 것을 알 수 있지요. 그 반대편에 있는 것이 딩고 교수입니다. 나는 이 사람을 잘 아는데—마지막 병에 걸렸을 때 그를 치료했지요—이 그림은 그의 살아생전 모습과 똑같아요! 피아노 위에 있는 그림은 스워서 부인이었던 시절의 베이엄 배저 부인이랍니다. 소파 위에 있는 그림은 딩고 부인이던 시절의 베이엄 배저 부인이고요. 현실의 베이엄 배저 부인은 실물이 있기 때문에 사본은 갖고 있지 않아요."

그때 식사 준비가 다 되었다고 하기에 우리는 아래층으로 내려갔습니다. 만찬에는 매우 고급스러운 음식이 넉넉하게 나왔습니다. 그러나 배저 씨의 머릿속에는 아직도 대위와 교수가 돌아다니고 있는 데다 에이더와 나는 영광스럽게도 배저 씨의 특별 환자로서 대우받았으므로 마음껏 이 두 사람의 은혜를 만끽했습니다.

"물입니까, 서머슨 양? 미안합니다! 그 컵으로는 안 돼요. 딩고 교수의 컵을 가져와, 제임스!"

에이더가 유리 상자에 들어 있는 조화를 크게 칭찬했습니다.

"퍽 오래가서 놀라고 있습니다! 아내가 지중해에 있었을 때 선물로 받은 것이지요!"

배저 씨가 잔다이스 씨에게 붉은 포도주를 권했습니다.

"그 붉은 포도주는 안 됩니다! 미안합니다! 오늘은 축하 자리예요. 나는 축하 때는 특별한 적포도주를 대접하지요. (제임스, 스워서 대위의 포도주를!) 잔다이스 씨, 이건 대위가 외국에서 주문한 겁니다. 몇 년 전 일인지는 말씀드릴 수 없어요. 아주 이상하게 생각하실 테니까요. 여보, 나랑 같이 조금만 마십시다. (제임스, 마님에게 스워서 대위의 포도주를!) 내 사랑, 당신의 건강을 기원하며!"

식사가 끝나고 여자들이 응접실로 물러갔을 때, 우리는 배저 부인의 첫 번째 남편과 두 번째 남편을 그쪽으로 데리고 갔습니다. 응접실에서 부인은 스워서 대위의 결혼 전 생활과 군대 경력, 그리고 크리플러호가 플리머스 군항에 정박했을 때, 승선한 사관들을 위해 열린 함상무도회 자리에서 대위가 부인을 보고 첫눈에 반한 이야기를 더 자세하게 들려주었습니다.

"그리운 크리플러호!" 부인이 손을 휘휘 저으며 말했습니다. "훌륭한 배였어요. 스워서 대위는 완벽 정비, 장비 양호라고 입버릇처럼 말하곤 했죠. 아, 미안해요. 내가 이렇게 가끔 해군 용어를 써요. 이래 봬도 한때는 배에 대해 잘 알았으니까요. 스워서 대위는 나 때문에 그 배를 사랑했어요. 그 배가 마침내 퇴역했을 때는 이렇게 말하곤 했지요. 자기에게 그 낡은 선체를 살 만한 재력이 있다면 우리가 짝을 이루어 춤췄던 후갑판 나무에 기념 문구를 박아, 자기가 쓰러진 곳을―내 탑(top)에서 발사된 포화에 관통당했거든요―표시해 놓고 싶다고요. 아, 탑이라는 건 해군 용어로 눈을 말해요."

배저 부인이 손을 내젓고 한숨을 내쉬며 포도주잔을 들여다보았습니다.

"스워서 대위에서 딩고 교수로 옮겨간 것은 큰 변화였어요." 부인이 서글픈 미소를 지으며 말을 이었습니다. "처음에는 그것을 절실하게 느꼈죠. 내 생활양식에 그야말로 완전한 혁명이 일어난 거예요! 하지만 습관과 학문이―특히 학문이―나로 하여금 이 혁명을 완수하게 해 주었어요. 교수가 식물학을 연구하러 여행을 떠났을 때는 내가 유일한 동행이었어요. 난 그때까지 배를 타던 사람이라는 사실을 까맣게 잊고 완전히 학문에 심취하게 되었지요. 신기하게도 교수는 스워서 대위와는 정반대였고, 배저도 이 두 사람과는 조금도 닮은 구석이 없답니다!"

그리고 이야기는 스워서 대위와 딩고 교수가 죽었을 때의 일로 옮겨갔습니다. 두 사람 모두 심각한 악성 질병에 걸렸던 것 같았습니다. 이 이야기를 하면서 배저 부인이 언급한 바에 따르면, 부인은 지금껏 미친 듯이 사랑한 적은 딱 한 번이었고, 지금은 생각나지도 않는 그 싱그러운 열정에 찬 격렬한 사랑의 대상은 스워서 대위였습니다. 딩고 교수의 끔찍한 임종이 시시각각 다가오고, 교수가 드디어 마지막 힘을 쥐어짜서 "로라는 어디 있지? 로라한테 토스트와 뜨거운 물[1]을 가지고 오라고 해!"라고 말했다는 대목까지 배저 부인이 이야기했을 때 남자들이 응접실로 들어오는 바람에, 아직 눈감기 전인데도 교수는 무덤에 묻히고 말았습니다.

한편 나는 벌써 며칠 전부터 느끼고 있던 것이지만, 그날 밤 에이더와 리처

---

1) 토스트를 뜨거운 물에 적셔 먹던 것으로, 주로 병자가 먹었다.

드가 지금까지보다 더욱더 서로 정답게 대한다는 것을 깨달았습니다. 그러나 두 사람은 이별을 앞두고 있었으니 그것은 지극히 당연한 일이었습니다. 따라서 우리가 집으로 돌아간 뒤 에이더와 내가 2층 침실로 올라갔을 때, 에이더가 평소보다 말수가 적은 것을 보고도 그다지 이상하게 생각하지 않았습니다. 그렇지만 에이더가 나를 껴안고 얼굴을 숨긴 채 이야기를 시작할 줄은 예상도 하지 못했습니다.

"내 사랑하는 에스더!" 에이더가 작은 목소리로 말했습니다. "너한테 털어놓을 중요한 비밀이 있어!"

물론 소중한 비밀이겠지요, 내 귀염둥이!

"그게 뭔데, 에이더?"

"아, 에스더. 넌 죽어도 모를 거야!"

"맞춰 볼까?"

"어머, 안 돼! 하지 마! 맞히지 말아 줘!" 내가 그것이 무엇인지 맞히려고 하자 에이더가 깜짝 놀라 소리 질렀습니다.

"과연 누구에 관한 비밀일까?" 내가 생각하는 척하며 말했습니다.

"그건 말이지……" 에이더가 속삭였습니다. "그건 말이지…… 사촌인 리처드에 관해서야."

"어머나!" 나는 에이더의 머리카락밖에 보이지 않았으므로, 그 빛나는 금발에 입을 맞추었습니다.

"리처드의 어떤 것에 관해서요?"

"아, 에스더. 넌 절대로 모를 거야!"

에이더가 얼굴을 감춘 채 내게 매달려 있고, 게다가 에이더가 울고 있는 것이 슬퍼서가 아니라 크나큰 기쁨과 자랑스러움과 기대 때문이라는 것을 알기에 나는 무척 기뻤습니다. 그래서 나는 잠시 모르는 척했습니다.

"리처드는―나도 이런 말이 정말 바보 같다는 거 알아. 우린 둘 다 아직 어리니까―리처드는 날 진심으로 사랑하고 있어, 에이더."

"정말? 난 전혀 몰랐어! 내 소중하고 소중한 사람, 하지만 그런 거라면 내가 아주 오래전에 알려줄 수 있었을 텐데!"

에이더가 기뻐하는 동시에 놀라면서 내 목을 두 손으로 껴안고 웃고 울고 얼굴을 붉히고 웃는 것을 보는 것은 무척 즐거운 일이었습니다!

"에이더도, 참! 나를 아주 바보로 아는구나! 리처드가 너를 사랑했다는 건 벌써 오래전부터 훤히 보이는 사실이었는걸요!"

"그런데도 한마디도 해 주지 않다니!" 에이더가 내게 입 맞추면서 외쳤습니다.

"그랬지. 네가 먼저 이야기해 주기를 기다렸으니까."

"하지만 이젠 얘기했으니 날 나쁘게 생각하진 않겠지?" 에이더가 대꾸했습니다. 내가 아주 무정한 중년의 가정교사였다면 에이더는 나를 살살 구슬려서 "그렇다"는 대답을 이끌어내려고 고생깨나 해야 했을 것입니다. 그렇지만 나는 아직 그 정도는 아니었으므로 기분 좋게 "그럼" 하고 대답했습니다.

"이제 가장 말하기 힘든 걸 말한 셈이구나."

"어머나, 가장 힘든 얘기는 아직 하지 않았어, 에스더!" 에이더가 외치더니 나를 더욱 꼭 끌어안고 다시 내 가슴에 얼굴을 파묻었습니다.

"아직이라고? 뭐가 더 있어?"

"그래, 더 있어!" 하고 에이더는 고개를 끄덕였습니다.

"맙소사, 설마 너도 그 사람을……!" 내가 농담조로 말했습니다.

그러나 에이더는 얼굴을 들고 흐르는 눈물 사이로 엷게 웃으며 외쳤습니다. "그래! 다 알고 있으면서!" 그러고는 흐느껴 울며 말했습니다. "니, 진심이야. 진심이라고, 에스더!"

나는 아까 그 고백뿐만 아니라 지금 고백도 다 알고 있었다고 말하고, 그 이유까지 웃으면서 설명했습니다! 우리는 벽난로 앞에 나란히 앉았고, 한동안은 나만 혼자 떠들었습니다(이야기할 것은 별로 없었지만). 곧 에이더는 안정을 되찾고 다시 행복해졌습니다.

"존 아저씨도 아실까, 더든 아주머니?" 에이더가 물었습니다.

"존 아저씨가 장님이 아니라면 우리랑 똑같이 알고 계시겠지."

"우리는 리처드가 떠나기 전에 아저씨께 말씀드리려고 해." 에이더가 조심스럽게 말했습니다. "너한테 조언도 구하고, 너를 통해 아저씨께 말씀드리고 싶어. 리처드가 이 방으로 와도 될까, 더든 아주머니?"

"어머나! 리처드가 밖에 와 있네!"

"잘은 모르지만 문 밖에 있을 거야." 에이더가 수줍고 천진난만하게 대답했습니다. 내가 오래전부터 에이더를 사랑하지 않았다고 해도 그 모습을 보았다면 틀림없이 사랑에 빠지고 말았을 것입니다.

아니나 다를까 리처드는 있었습니다. 두 사람은 각각 내 양옆으로 의자를 가져와서 나를 가운데 끼고 앉았습니다. 내게 완전히 마음을 열고 나를 믿고 전적으로 좋아한다는 듯한 태도였으므로, 서로 사랑하는 것이 아니라 나를 사랑하는 것처럼 보였습니다. 잠시 두 사람은 서로 이야기에 열중했습니다―그것이 너무 즐거워서 나도 말리지 않았습니다―그런 다음 우리는 두 사람이 젊다는 것, 이 이른 사랑이 열매를 맺으려면 아직도 몇 년이 필요하다는 것, 이 진실한 사랑의 힘으로 언제나 서로 상대를 위해 신의와 불굴의 용기와 인내심을 잃지 않고 의무를 다하겠다는 변치 않는 결심을 하기만 한다면 행복을 손에 넣는 일도 불가능하지 않다는 것을 점차 생각하기 시작했습니다. 그리하여! 리처드는 에이더를 위해 몸이 부서져라 일하겠다고 하고, 에이더는 리처드를 위해 몸이 부서져라 일하겠다고 말했습니다. 이렇게 두 사람이 나에게 친밀함과 분별력이 담긴 말을 아낌없이 들려주고, 우리는 서로 조언하고 이야기를 나누며 밤늦도록 그곳에 있었습니다. 마지막으로 모두가 헤어질 때, 나는 두 사람에게 내일 존 아저씨에게 말하겠다고 약속했습니다.

이튿날, 아침 식사를 마치고 나는 런던에서 '분노의 방'을 대신하고 있는 방에 있는 아저씨를 찾아가서, 할 이야기가 있어서 찾아왔다고 말했습니다.

"그래, 작은 아주머니." 아저씨가 책을 덮으며 말했습니다. "네가 그렇게 말한다면 안 좋은 부탁은 절대 아니겠지?"

"그렇게 생각해요, 아저씨. 별로 비밀스러운 이야기는 아니에요, 그건 보장해요. 바로 어제 일어난 일이거든요."

"그래? 그게 뭐냐, 에스더?"

"아저씨, 저희가 처음 황폐한 집에 도착했던 행복한 밤을 기억하세요? 에이더가 어두운 방에서 노래를 불렀던 그 밤 말이에요."

나는 잔다이스 씨가 그때 나를 바라보던 눈빛을 떠올려 주기를 바랐습니다. 그리고 내 심한 착각이 아니라면, 잔다이스 씨는 그 눈빛을 떠올려 주었습니다.

"이런 말씀을 드리는 건……." 나는 조금 머뭇거렸습니다.

"그래, 에스더! 서두르지 말고 찬찬히 얘기해 보아라."

"이런 말씀을 드리는 건, 에이더와 리처드가 서로 사랑하게 되었기 때문이에요. 서로 고백도 했어요."

"벌써!" 잔다이스 씨가 깜짝 놀라며 외쳤습니다.

"네! 게다가 사실을 말씀드리자면, 아저씨, 전 틀림없이 그렇게 될 줄 알았답니다."

"정말 놀랍구나!"

잔다이스 씨는 의자에 앉은 채 잠시 생각에 잠겼습니다. 계속해서 표정이 바뀌어 가는 얼굴에 아름답고도 상냥한 미소를 띠고 있었지만, 그것이 끝나자 나를 보고, 지금 자기가 두 사람을 만나고 싶어 한다고 전하라고 말했습니다. 이윽고 두 사람이 들어오자 아버지처럼 에이더를 한 팔로 안고, 쾌활하고도 진지한 투로 리처드에게 말했습니다.

"릭, 네가 날 믿어 줘서 기쁘다. 그 신뢰를 평생 잃지 않고 싶구나. 난 내 인생을 이렇게 밝게 해 주고 이렇게 재미와 기쁨으로 넘치게 해 준 우리 네 사람의 관계를 여러모로 생각할 때면, 너와 여기 있는 너의 사랑스러운 사촌이 (부끄러워할 것 없다, 에이더. 부끄러워할 것 없어!) 손을 맞잡고 함께 인생을 보냈으면 좋겠다고 생각할 날이 먼 미래에 올지도 모르겠다는 생각이 들곤 했단다. 그렇게 되는 것이 바람직하다고 생각힐 만한 이유가 충분하다고도 생각했지. 지금도 그렇게 생각하고 있고. 하지만 그건 먼 미래의 일로서란다, 릭. 먼 미래의 일로서 말이야!"

"저희는 먼 미래를 보고 있어요." 리처드가 대답했습니다.

"그렇구나! 그건 분별력 있는 생각이다. 두 사람 다 새겨들어라! 나는 너희에게 이렇게 말할 수도 있다. 즉, 너희는 아직 진짜 자기 마음을 모른다고, 너희를 서로 떨어뜨릴 온갖 사건이 일어날지도 모른다고, 너희가 지금 손에 든 이 화환은 쉽게 찢어질 수 있다고, 그렇지 않으면 곧 너희를 구속하는 납 사슬이 될지도 모르니까. 하지만 나는 이렇게 말하지 않겠다. 그런 생각은 하기 싫어도 때가 되면 저절로 들 테니까 말이야. 나는 앞으로 몇 년이 지나도 너희의 마음이 오늘 그대로일 거라고 생각하겠다. 이 가정에 따라 너희에게 말하기 전에 이 말만은 해 두겠다. 만약 너희가 정말로 변해도—어엿한 성인 남녀가 되었을 때, 소년소녀인 지금과 다르게(릭, 너는 어른이지만 아이라고 해 두자!) 서로 단순한 사촌지간이 되어 버렸다는 것을 깨닫더라도—부끄러워하지 말고 지금처럼 나에게 털어놓도록. 그렇게 변하는 것은 결코 발칙한 일도 이상한 일도 아니니까 말이다. 나는 너희의 친구이자 먼 친척일 따름이다. 너희에게 아무런 권리도 힘도 없어. 하지만 너희의 신뢰를 유지해 가기를 진심으로 바란단다. 혹시 신뢰를 잃을 만한 짓을 하지 않는다면 말이다."

"이건 제 의견뿐만 아니라 에이더의 의견도 대변하는 말이라고 생각합니다만, 아저씨는 저희 두 사람에게 절대적인 힘을 갖고 계세요. 그 힘은—존경, 감사, 애정에 뿌리 내리고 있고—날이 갈수록 강해지지요."

"존 아저씨." 에이더가 잔다이스 씨의 어깨에서 말했습니다. "제 아버지의 자리가 다시 비는 일은 없을 거예요. 지금껏 아버지에게 바칠 수 있었던 사랑과 의무는 모두 아저씨에게 옮겨갔답니다."

"자!" 잔다이스 씨가 말했습니다. "이번에는 아까 말한 가정에 대해서다. 이제 우리는 눈을 크게 뜨고 저 먼 곳을 희망에 차서 바라보고 있다고 가정하자! 릭, 이 세상은 네 앞에 있다. 그 세상은 그곳으로 나아가는 네 태도에 따라, 널 어떻게 맞이할지 태도를 바꾸지. 하느님의 섭리와 너의 노력 외에는 아무것도 믿어서는 안 된다. 이교도의 마부²⁾처럼 결코 이 두 가지를 따로 떼어 놓아서는 안 돼. 늘 변함없는 충실한 사랑은 좋은 것이다. 하지만 모든 종류의 늘 변함없는 충실한 노력이 없다면 충실한 사랑은 아무런 의미도 없어지고 아무런 쓸모도 없어지지. 네가 과거에 현재 모든 위인의 재능을 갖췄다고 해도, 진심을 담아 행동하지 않으면 그 어떤 일도 훌륭하게 해낼 수 없을 것이다. 혹시 과거, 현재, 미래를 통틀어 큰일에 대해서든 작은 일에 대해서든 참된 성공을 변덕스러운 방법으로 운명의 여신의 손에서 쟁취할 수 있다거나 쟁취한 예가 있다고 생각한다면, 그런 잘못된 생각은 여기서 버려라. 아니면 사촌인 에이더를 여기서 버리든지."

리처드가 빙그레 웃으며 대답했습니다. "만에 하나 제가 그런 생각을 가지고 지금 이 자리에 왔다면(하지만 전 그렇지 않다고 생각해요) 그런 생각은 버리고, 희

---

2) 고대 그리스의 전설에 따르면, 바퀴가 진창에 빠져 꼼짝 못하게 된 마차의 마부가 신에게 도움을 구하자 헤라클레스가 "신에게 도움을 구하기 전에 스스로 마차바퀴를 밀어 보라"고 충고했다.

망에 찬 저 아득한 곳에 있는 사촌 에이더를 향해 한 발 한 발 노력해서 나아
갈 생각이에요."

"바로 그거다! 네가 에이더를 행복하게 해 주지 못한다면 어떻게 에이더를
얻을 수 있겠느냐?"

"전 에이더를 불행하게 하지 않아요. 네, 그것이 에이더를 위한 일이라고 해
도요." 리처드가 자랑스럽게 대꾸했습니다.

"훌륭한 말이다!" 잔다이스 씨가 큰 소리로 말했습니다. "훌륭한 말이야! 에
이더는 이 에이더의 집에 나와 남을 거다. 릭, 넌 이곳에서 에이더를 사랑하는
것처럼 네 활동적인 생활 속에서도 에이더를 사랑해라. 그러면 만사형통할 거
다. 그렇지 않다면 만사는 나쁘게 돌아가겠지. 이것으로 내 설교는 끝이다. 너
와 에이더는 함께 산책이나 하는 게 어떻겠니?"

에이더는 잔다이스 씨를 다정하게 껴안았고, 리처드는 잔다이스 씨와 진심
을 담아 악수했습니다. 그러고서 두 사람은 방에서 나갔습니다. 하지만 얼마
못 가 뒤를 돌아보고는 내가 오기를 기다리겠다고 말했습니다.

방문이 열린 채 있었으므로 우리 두 사람은 사촌 남매가 햇살이 비추는 옆
방을 지나 맞은편 끝까지 가는 모습을 지켜보았습니다. 리처드는 고개를 숙이
고 에이더의 손을 옆구리에 낀 채 열심히 에이더에게 뭐라고 말하고 있었습니
다. 에이더는 귀를 기울이면서 리처드의 얼굴을 올려다보았습니다. 다른 것은
아예 눈에 들어오지 않는 듯이 보였습니다. 무척 젊고 무척 아름답고 무척이나
희망과 밝은 미래에 찬 두 사람은 햇빛 속을 가볍게 걸어갔습니다. 두 사람의
행복한 마음이 미래를 스치며 그 세월들을 밝게 만들어 주었습니다. 이윽고
두 사람은 그늘 속으로 사라져 모습을 감추어 버렸습니다. 지금까지 그토록 눈
부시게 빛났던 것은 아주 잠깐 강렬하게 내리쬤던 빛에 지나지 않았습니다. 두
사람이 나가자 방은 어두워지고, 태양은 흐려졌습니다.

"내가 옳은 말을 했느냐, 에스더?" 두 사람이 사라지자 아저씨가 말했습니다.

그처럼 친절하고 사려 깊은 분이 나에게 자기가 옳았는지 물을 줄이야!

"릭은 이번 일로 그동안 부족했던 자질을 갖추게 되었는지도 모르겠다. 장점
이 그렇게나 많은데 중심에는 부족한 면이 있는 거야!" 잔다이스 씨가 고개를
말했습니다. "에이더에게는 아무 말도 하지 않았다, 에스더. 그 애 곁에는 언제

나 친구 겸 의논 상대가 있으니까." 그렇게 말하고 잔다이스 씨는 자애를 담아 내 머리 위에 손을 얹었습니다.

나는 감동받은 것을 숨기려고 최선을 다했지만, 도저히 그럴 수가 없었습니다.

"쯧쯧!" 잔다이스 씨가 당황해서 혀를 차며 말했습니다. "하지만 우리는 우리의 작은 아주머니가 자신의 일생을 남 걱정에 헛되이 써 버리지 않도록 걱정해 줘야할 것 같구나."

"걱정이라니요? 아저씨, 저는 제가 세상에서 가장 행복한 사람이라고 생각하는 걸요!"

"나도 그렇게 생각한다. 하지만 누군가가 알아주겠지. 에스더는 모르겠지만 이 작은 아주머니야말로 다른 누구보다도 기억되어야 할 사람이라는 것을!"

배저 씨 댁에서 열렸던 가족 만찬회에 한 사람이 더 있었다는 사실을 앞서 깜빡 잊어버리고 쓰지 않았습니다. 그분은 숙녀가 아니라 신사였습니다. 얼굴 빛이 검은 신사로, 외과의사였습니다. 다소 내성적인 분이었지만, 나는 무척 사려 깊고 푸근한 분이라고 생각했습니다. 적어도 에이더가 그렇게 생각하지 않느냐고 묻기에, 나도 그렇게 생각한다고 말했습니다.

# 제14장 예의범절

그 바로 다음 날 저녁, 리처드는 새 생활을 시작하기 위해 우리 곁을 떠났습니다. 에이더에 대한 깊은 애정과 나에 대한 깊은 신뢰를 담아 에이더를 나에게 부탁하고 갔습니다. 두 사람이 자기들 일로 머리가 복잡하던 그때조차 나를 여러모로 신경 써 주었던 것을 생각하면 마음이 따뜻해져 옵니다. 나는 그 무렵도 그랬고 그 뒤로도 두 사람의 모든 계획에 동참했습니다. 에이더는 하루 걸러 리처드에게 편지를 보내고, 나는 일주일에 한 번 편지를 보내 에이더에 관한 모든 사항을 보고했습니다. 그리고 리처드의 노력과 성과를 본인의 서명이 들어간 편지로 확인함으로써, 리처드의 의지와 인내력이 강해지고 있음을 관찰했습니다. 두 사람이 결혼할 때는 에이더의 들러리가 되어 주고, 그 뒤에는 두 사람과 함께 살며 그 집 열쇠를 모두 맡아 관리하기로 했습니다. 그렇게 두 사람과 함께 오래노록 행복하게 살기로 했습니다.

"그리고 만일 그 소송 결과 우리가 부자가 된다면, 에스더…… 아마 그렇게 되겠지요, 그렇겠지요!" 마지막에 리처드가 말했습니다.

에이더의 얼굴에 그늘이 비쳤습니다.

"에이더." 리처드가 물었습니다. "왜 그래요?"

"차라리 지금 당장 우리 손에는 돈이 들어오지 않는다고 선고되었으면 좋겠어요."

"맙소사! 돈이 우리 수중에 들어올지 어떨지는 몰라도, 어쨌든 지금 당장 판결이 나는 일은 없어요. 벌써 몇 년째 한 번도 판결이 난 적 없으니까."

"그렇지요."

리처드가 에이더의 말이 아니라 표정에 대답하면서 주장했습니다. "그래요. 하지만 소송이 길어질수록 틀림없이 해결에 가까워지고 있어요. 결과야 어떻든 말이죠. 그게 합리적이지 않나요?"

"당신이 가장 잘 알겠죠, 리처드. 하지만 그 소송만 믿고 있다간 우리는 불행해질 거예요. 난 그게 걱정이라고요."

"에이더, 난 그 소송만 믿는 게 아니에요!" 리처드가 큰 소리로 말했습니다. "그 소송을 잘 아는데 어떻게 믿겠어요. 다만 만에 하나 소송 결과 우리가 부자가 된다면, 부자가 된다는 사실 자체에 본질적인 이의는 없다 이거죠. 정식적인 법률 판결에 따라 대법관 법정이 우리의 무서운 후견인이 되었으니, 대법관 법정이 뭔가를 제공한다면 그것은 우리의 권리예요. 우리의 권리를 불평할 필요는 없어요."

"네. 하지만 그런 건 다 잊는 편이 좋을 것 같아요."

"네, 네!" 리처드가 목청을 높였습니다. "그럼 우리 모두 그런 건 다 잊읍시다. 모두 망각의 강에 빠뜨려요. 더든 아주머니가 찬성한다는 표정을 짓고 있으니 이것으로 소송은 끝입니다!"

내가 트렁크에 리처드의 책을 챙기다가 얼굴을 들고 말했습니다. "당신이 그렇게 말했을 때는 더든 아주머니의 찬성하는 표정이 잘 보이지 않았을 텐데요. 하지만 분명히 찬성이고, 아주머니의 생각으로는 당신의 지금 결심이 아주 훌륭하대요."

그러자 리처드는 이로써 소송은 끝났다고 말했습니다. 그리고 그 말이 끝나기가 무섭게, 지금 막 끝낸 바로 그 소송을 토대로 만리장성에 대적할 만큼 수많은 공중누각을 쌓기 시작했습니다. 그러고는 힘차게 출발했습니다. 에이더와 나는 리처드의 빈자리가 무척 크게 느껴질 것을 각오하고 전보다 조용하게 지냈습니다.

우리는 런던에 도착해서 잔다이스 씨와 같이 미시즈 젤리비의 집을 방문했지만 공교롭게도 그녀는 집에 없었습니다. 어딘가 차 모임에 장녀 캐디를 데리고 간 모양이었습니다. 그곳에서 그녀는 단순히 차만 마시는 것이 아니라, 보리오불라 가 식민지의 커피 재배와 원주민 가치 전반에 대해 연설도 하고 편지도 쓴다고 했습니다. 그러려면 펜과 잉크를 많이 사용해야 했으므로 캐디는 그런 자리에 가서도 느긋하게 쉴 수가 없었습니다.

미시즈 젤리비가 돌아올 시간이 지났으므로 우리는 다시 방문해 보았습니다. 부인은 런던으로 돌아와 있었지만, 아침 식사를 마치자마자 런던 동부 지구 자선분회라는 단체에 보리오불라 가 관련 용건으로 마일 엔드에 가고 없었습니다. 먼젓번 방문 때 피피를 보지 못했으므로(그때 피피는 아무리 찾아도 보이지 않았는데, 요리사가 말하길 분명 쓰레기차를 따라갔을 거라고 했습니다) 나는 다시 한 번 피피를 만나고 싶다고 말했습니다. 피피가 집을 지으면서 가지고 놀던 굴 껍데기가 복도에 아직 그대로 남아 있었지만 피피는 어디에도 보이지 않았습니다. 요리사는 아마도 양을 따라갔을 거라고 말했습니다. 우리가 다소 놀라며 "양이요?" 하고 거듭 묻자, "네, 장날이면 양을 따라 시외까지 갔다가 거지꼴로 돌아오곤 한답니다" 하고 대답했습니다!

이튿날 아침, 나는 아저씨와 나란히 창가 의자에 앉아 있고, 에이더는 열심히 편지를—물론 리처드에게—쓰고 있을 때였습니다. 그때 젤리비 아가씨가 오셨다는 전갈이 오더니 캐디가 피피를 데리고 들어왔습니다. 남동생을 꾸며 주려고 나름 애를 썼으나 누나가 씻어 준 까닭에 피피의 얼굴과 손은 구석구석까지 때가 번져 있고, 물을 듬뿍 묻혀 캐디의 손가락으로 꼬아 준 머리카락은 뽀글뽀글 말려 있었습니다. 피피가 입고 있는 옷은 모두 크거나 작았습니다. 그렇게 몸과 맞지 않는 차림새 중에서도 특히 눈에 띄는 것은 성당의 주교가 쓰는 듯한 커다란 모자와 갓난아기가 끼는 듯한 작은 장갑이었습니다. 구두는 작지만 농부가 신는 장화였는데, 전혀 모양이 다른 두 개의 프릴이 달린 바둑판무늬 바지는 너무 짧아서, 그 밑으로 지도처럼 가로세로로 마구 상처가 난 양쪽 종아리가 고스란히 드러났습니다. 바둑판무늬 아동복에 달린, 수가 부족한 단추는 한눈에 봐도 아버지의 상의에서 떼어낸 것처럼 놋쇠의 색깔이 번쩍거리고 옷에 비해 너무 컸습니다. 여기저기 기운 부분은 바느질이 아주 괴상하게 되어 있었는데, 캐디의 옷에도 그렇게 기운 부분이 보였습니다. 그렇지만 캐디는 신기하리만큼 예뻐져서 아주 사랑스러워 보였습니다. 그녀는 노력에도 불구하고, 가엾은 피피를 남들 앞에 내세울 만한 모양새로 만들어 주지 못했음을 의식하고 있었습니다. 방에 들어오자마자 피피를 흘끗 쳐다보고는 곧 우리를 쳐다본 데서 그것을 알 수 있었습니다.

"어이쿠! 정동풍이구먼!" 아저씨가 말했습니다.

에이더와 내가 진심으로 캐디를 반기며 잔다이스 씨에게 소개하자, 캐디가 의자에 앉으면서 아저씨에게 이렇게 말했습니다.

"지금 엄마는 사업 계획서를 수정하시느라 못 오신다고 전하랬어요. 이제부터 엄마가 새 회람을 5천 통 보낼 건데, 아저씨께서 이 이야기를 들으시면 분명히 흥미를 가져 주실 거라고 하셨어요. 제가 회람을 한 장 가지고 왔어요."

"고맙구나, 미시즈 젤리비에게는 아주 감사하고 있단다. 맙소사! 이거 보통 심한 바람이 아닌걸!"

우리는 피피의 주교모를 벗겨 주기도 하고 우리를 기억하느냐고 묻기도 하면서 피피를 돌봐 주었습니다. 처음에 피피는 무릎으로 버티고 서서 다가오려고 하지 않았지만, 스펀지케이크가 나온 것을 보자 얌전해져서는 내 무릎 위에 앉아 조용히 입을 움직였습니다. 잔다이스 씨가 임시로 만든 '분노의 방'으로 물러가자, 캐디가 퉁명스러운 투로 이야기를 시작했습니다.

"세이비 법학예비원에 있는 우리 집에서는 여전히 지독한 날들이 계속되고 있어. 나한테는 평안한 날이 전혀 없어. 아프리카가 다 뭐라고! 내가 그, 뭐라더라…… 동포형제[1]였다 해도 지금보다 비참하게는 살지 않았을 거야!"

나는 뭐라도 위로의 말을 해 주려고 했습니다.

"아, 그런 말은 다 소용없어, 서머슨." 캐디가 외쳤습니다. "그 친절한 마음은 고맙지만 말이야. 난 내가 어떤 대우를 받는지 알고 있는걸. 아무리 설교해 봤자 들은 척도 안 할 거야. 너도 그런 대접을 받는다면 그럴걸. 피피, 피아노 밑으로 가서 맹수놀이나 해!"

"싫어!"

"좋아, 이 배은망덕하고 못된 녀석!" 캐디가 눈물을 글썽이며 대꾸했습니다. "내가 너한테 두 번 다시 옷을 입혀 주나 봐라."

"알았어, 갈게, 캐디!" 피피가 큰 소리로 말했습니다. 그는 사실 착한 아이였으므로, 힘들어하는 누나를 보고는 마음이 여려져서 당장 피아노 쪽으로 갔습니다.

불쌍한 캐디가 변명하듯이 말했습니다. "이렇게 별것 아닌 일로 울 건 없다고 생각하겠지만, 난 정말 지쳤어. 오늘은 새벽 두 시까지 새 회람의 봉투를 썼다고. 난 그런 일은 지긋지긋해. 그런 일만으로도 눈이 안 보일 만큼 머리가 지

---

1) 아프리카 흑인 노예를 가리킴. 1787년에 영국 및 외국노예폐지협회가 승인한 이 협회의 표어 "우리도 동포형제다"에서 따온 말. 그 뒤 박애사업가들 사이에서 널리 쓰였다.

끈거린단 말이야. 게다가 저 가엾고 불행한 아이 좀 봐! 저 애만큼 보기 흉한 꼴을 한 애가 이 세상에 또 어디 있을까!"

다행히 피피는 자기 외모의 결점을 조금도 눈치채지 못하고 피아노 한쪽 다리 뒤로 간 뒤 양탄자 위에 주저앉아 그 동굴 속에서 우리 쪽을 바라보며 케이크를 먹고 있었습니다.

캐디가 우리가 앉은 의자 쪽으로 자기 의자를 끌어오며 말했습니다. "저 애를 방구석으로 내쫓은 건 이야기를 듣지 못하게 하고 싶어서야. 저런 애일수록 아주 예민하거든! 아까 말하려고 했던 건데, 우리 집은 정말로 전보다 나빠졌어. 아빠는 곧 파산하겠지. 그러면 엄마는 만족할 거야. 아빠의 파산을 고맙게 여기는 사람은 엄마뿐이겠지."

우리는 젤리비 씨의 사업이 그렇게 악화하지 않기를 바란다고 말했습니다.

"친절하게 그렇게 말해 주었지만 소용없는 일이야." 캐디가 고개를 저으면서 대답했습니다. "이 폭풍우를 극복할 수는 없을 거라고, 바로 어제 아침 아빠가 말씀하셨어(그래서 이렇게 비참한 기분이 되었지). 극복하는 쪽이 오히려 놀라운 일이지. 거래처들은 뭐든지 맘대로 들여놓고, 우리 하인들은 그걸 못 본 척해. 이 상황을 개선할 방법을 안다고 해도 그럴 시간도 없거니와, 엄마는 뭐가 어떻게 돌아가건 신경도 안 써. 난 도대체 아빠가 이 폭풍우를 어떻게 헤쳐 나갈 수 있을지 정말 궁금해. 내가 아빠였다면 단연코 집을 나가 버렸을 거야."

"애!" 내가 빙그레 웃으며 말했습니다. "아빠는 분명 가족을 걱정하시는 거야."

"그렇겠지. 아빠의 가족은 모두 훌륭하니까." 캐디가 대꾸했습니다. "하지만 아빠에게 가족이 어떤 위로가 되지? 아빠의 가족은 영수증, 쓰레기, 잡동사니, 시끄러운 소음, 계단에서 굴러 떨어지는 소란, 혼란, 비참함뿐인데. 아빠의 활기찬 가정은 한 주가 시작할 때부터 끝날 때까지 대 세탁일 같아—하지만 깨끗하게 빨아지는 것은 아무것도 없지!"

캐디는 발로 마룻바닥을 쿵쿵 구르고 눈을 내리깔았습니다.

"정말이지 나는 아빠가 너무 가엾고, 엄마는 말로 표현할 수 없을 정도로 화가 나! 하지만 이젠 참지 않기로 결심했어. 평생 노예로 살 생각도 없고, 퀘일 씨한테 청혼 받을 때까지 얌전히 기다리고만 있지도 않을 거야. 자선사업가와 결혼이라니, 그런 건 죽어도 싫어! 그런 사람한테는 이제 질릴 대로 질렸다고!"

가엾은 캐디가 말했습니다.

솔직히 말해서, 이 버림받은 젊은 처녀를 눈으로 보고 이야기를 듣고 그 말에 쓰디쓴 진실이 얼마나 많이 담겨 있는지 깨달았을 때는 나 자신도 미시즈 젤리비에게 분노를 느끼지 않을 수 없었습니다.

캐디가 말을 이었습니다. "너희가 전에 우리 집에 묵었을 때 친해지지 않았더라면 난 창피해서 오늘 여기에 오지 않았을 거야. 너희 눈에는 내가 아주 비참하게 보이리라는 걸 너무나 잘 아니까. 하지만 우린 친구니까 찾아와도 되겠다 싶었지. 특히 이번에 런던으로 가고 나면 다시 못 볼지도 모르니까."

캐디가 자못 의미심장하게 말했으므로, 에이더와 나는 아직 털어놓지 않은 사정이 있다는 것을 간파하고 얼굴을 마주 보았습니다.

"안 돼!" 캐디가 손을 휘휘 저으며 말했습니다. "절대로 만날 수 없어! 너희 두 사람이라면 안심하고 믿을 수 있어. 설마 나를 배신하지는 않겠지. 사실 나, 약혼했어."

"식구들한테 알리지도 않고?" 내가 말했습니다.

"서머슨, 정말 놀라운 말을 하는구나." 캐디는 화는 내지 않았지만, 자기 행동의 정당성을 답답하다는 듯이 설명했습니다. "그것 말고 무슨 수가 있지? 엄마 성격은 너도 잘 알잖아. 게다가 아빠한테 말해서 지금보다 더 비참하게 할 순 없었어."

"하지만 아빠한테 알리고 동의를 얻어서 결혼하는 게 아니라면 아빠를 더 불행하게 하지 않을까?"

"아니." 캐디가 부드러운 태도로 돌변해 말했습니다. "그런 일은 없을 거야. 아빠는 나를 만나러 왔을 때 위로해 드리고 또 기쁘게 해 드릴 생각이고, 피피와 다른 아이들은 교대로 우리 집에 자러 오면 그때 얼마쯤은 보살펴 줄 수 있을 거야."

가엾은 캐디는 매우 사랑이 많은 성격이었습니다. 그렇게 말하면서 점점 태도가 부드러워지더니, 평소에는 보기 힘든 화목한 가정의 정경을 떠올리고서는 격렬하게 울음을 터뜨렸습니다. 피피가 피아노 아래 동굴에서 동화되어 큰 소리로 울부짖으며 뒤로 넘어갔습니다. 나는 피피를 데리고 와서 누나에게 입 맞추게 하고 아까처럼 내 무릎 위에 앉힌 다음, 캐디의 웃는 얼굴을 보여 주었습니다(캐디가 억지로 웃어 보였습니다). 그 덕분에 피피는 겨우 안정을 되찾았지만, 그러고도 한참 동안은 순서대로 우리 모두의 턱을 붙잡고, 온 얼굴을 손으로 쓰다듬어 준 뒤에야 진정되었습니다. 이제는 피피가 피아노 밑으로 갈 기운이 없어졌으므로 그냥 의자에 앉힌 다음 창밖을 바라보게 했습니다. 캐디는 남동생의 한쪽 다리를 붙잡은 채 다시 비밀 이야기를 시작했습니다.

"애초에 시작은 너희가 우리 집에 왔기 때문이야."

당연히 우리는 왜냐고 물었습니다.

"나 자신이 세련되지 못하다는 걸 깨달았거든. 그 점을 고치려고 춤을 배우기로 결심했지. 그래서 엄마에게 내가 창피하면 꼭 춤을 배우게 해 달라고 말했어. 엄마는 여느 때처럼 내가 성에 안 찬다는 듯이 그 거슬리는 눈빛으로 나를 봤지. 하지만 춤을 배우기로 마음을 굳힌 나는 뉴맨 거리에 있는 터비드롭 씨의 춤 교습소를 찾아갔어."

"그럼 거기가……." 내가 입을 열었습니다.

"그래, 거기였어. 그리고 나는 터비드롭 씨와 약혼했지. 터비드롭 씨는 두 명 있어. 아버지와 아들 말이야. 물론 나의 터비드롭 씨는 아들이야. 난 내가 더 좋은 가정교육을 받고 자라서 그 사람에게 더 좋은 아내가 될 수 있었으면 얼마나 좋을까, 그 생각만 해. 그 사람이 정말 좋거든."

"그건 안됐다." 내가 말했습니다. "솔직히 말해서 말이야."

캐디가 다소 걱정스럽게 받아쳤습니다. "왜 안됐다고 하는지는 모르겠지만, 어쨌든 나는 터비드롭 씨와 약혼한 몸이고 그 사람도 날 무척 좋아해. 이 이야기는 그 사람도 아직 비밀로 하고 있어. 이건 터비드롭 씨의 아버지하고도 관계 있는 일이거든. 무심코 말했다가는 아버지가 몹시 슬퍼하시거나 충격을 받으실 지도 몰라. 터비드롭 씨의 아버지는 아주 훌륭한 신사다운 사람이야…… 아주 훌륭한……."

"부인은 이 이야기를 아니?" 에이더가 물었습니다.

"아버지의 부인 말이니, 클레어?" 캐디가 눈을 휘둥그레 뜨고 대답했습니다. "부인은 안 계셔, 돌아가셨어."

피피 때문에 이야기가 이쯤에서 멈추었습니다. 캐디가 강조해서 이야기할 때마다 무심코 남동생의 다리를 종에 달린 줄을 잡아당기듯 잡아당기는 바람에 피피가 아픔을 참지 못하고 힘없는 목소리로 비명을 질렀기 때문입니다. 덕분에 피피는 나의 동정을 얻었고, 나는 이야기를 듣고만 있으면 되었으므로, 캐디 대신 피피의 다리를 잡는 역할을 맡았습니다. 캐디는 피피에게 입 맞추며 "정말 미안하다. 그럴 생각은 없었어" 하고는 이야기를 계속했습니다.

"상황은 지금 말한 대로야. 내가 잘못했다는 생각이 들 때도 있지만, 그래도 역시 엄마의 책임이라고 생각해. 우리는 사정이 허락하는 대로 결혼할 생각이야. 그러면 나는 아빠를 사무실로 찾아가서 엄마한테 편지를 쓸 거야. 엄마는 별로 걱정하지 않을걸. 엄마한테 나는 펜과 잉크에 불과하니까." 캐디가 흐느껴 울며 계속했습니다. "단 한 가지 위로가 되는 건, 결혼하면 두 번 다시 아프리카 이야기를 듣지 않아도 된다는 거야. 터비드롭 씨도 나 때문에 아프리카를 싫어하게 됐어. 아버지는 그런 나라가 있다는 사실만 겨우 아는 정도이고."

"그분은 매우 훌륭한 신사다운 분이랬지?" 내가 말했습니다.

"정말 훌륭한 신사다운 사람이야. 어디서든 예의범절을 잘 지키기로 유명하시지."

"그분도 춤을 가르치시니?" 에이더가 물었습니다.

"아니, 아무것도 안 가르치셔. 하지만 그 예의 바른 몸가짐은 정말 훌륭하단다."

캐디는 내키지 않는다는 듯 다소 머뭇거리다가 말을 이었습니다. 우리에게 알리고 싶고 꼭 말해야 할 것 같은 이야기가 한 가지 더 있는데, 듣고서 기분 나빠하지 말라고 말했습니다. 그 이야기란 캐디가 그 미친 할머니, 즉 플라이트 씨와 친해져서 가끔 아침 일찍이면 할머니 집을 찾아가 식사 전 몇 분 동안— 단 몇 분 동안만—연인과 만난다는 것이었습니다. "다른 때도 그곳에 가지만, 그럴 때 프린스는 오지 않아. 프린스는 터비드롭 씨의 이름이야. 그런 이름이 아니었다면 좋았을 텐데. 꼭 개 같잖아. 물론 자기가 붙인 이름은 아니지만. 아버지가 섭정궁전하²⁾을 기념해서 프린스라는 이름을 붙이신 거야. 아버지는 섭정궁전하가 예의범절에 정통하다는 이유로 전하를 숭배하셨어. 난 너희랑 처음으로 갔던 플라이트 씨의 집에서 그 사람과 만났는데, 기분 나쁘게 생각하지

───

2) 영국의 왕 조지 3세(1760~1820년 재위) 때의 황태자로, 뒷날 조지 4세가 되었다. 유명한 신사.

말아 줘. 너희도 그 사람을 만났다면 분명 호의를 품게 되었을 거야. 적어도 그 사람을 나쁘게 생각하지는 않을 거야. 난 지금부터 그곳으로 춤을 연습하러 갈 거야. 서머슨, 차마 같이 가 달라고는 못하겠지만, 만약 그래 준다면⋯⋯." 캐디가 쭈뼛거리며 진지하게 여기까지 말하고 잠시 뜸을 들인 뒤 다시 말했습니다. "난 정말 기쁠 거야⋯⋯ 정말로."

우연히도 우리는 그날 잔다이스 아저씨와 함께 플라이트 씨의 집으로 갈 예정이었습니다. 전에 우리가 처음으로 그곳을 방문했을 때를 이야기했더니 아저씨도 흥미를 보였지만 늘 무슨 일이 생겨서 그날이 되도록 두 번째 방문을 하지 못하고 있었던 것입니다. 나는 지금 가엾은 캐디가 나에게 스스로 보여 준 신뢰에 충분히 응해준다면, 캐디가 어떤 무모한 행동을 했을 때 틀림없이 내가 설득해서 말릴 수 있으리라는 생각이 들었습니다. 그래서 나는 캐디와 내가 피피를 데리고 먼저 춤 교습소에 다녀온 뒤 플라이트 씨의 집에서—이 사람의 이름은 그때 처음 알았습니다—잔다이스 아저씨와 에이더를 만나면 어떻겠느냐고 제안했습니다. 이 제안은 캐디와 피피가 저녁을 먹으러 다시 이곳으로 돌아온다는 것을 전제로 하고 있었습니다. 이 마지막 조건에 두 사람이 매우 기뻐하며 동의했으므로, 우리는 핀과 비누와 물과 머리빗으로 피피를 깔끔하게 단장시키고 밖으로 나가 뉴맨 거리로 향했습니다. 그곳은 아주 가까웠습니다.

그 춤 교습소는 어느 아치 길 모퉁이, 계단의 창문이란 창문에 흉상이 걸려 있는 허름한 건물 안에 있었습니다. 문패를 보고 추측하건대, 이 건물 안에서는 미술 교사와 석탄 장수(아무리 봐도 석탄을 놓을 공간은 없어 보였지만), 석판 예술가도 활동하는 모양이었습니다. 그런 문패에 비해 크기도 위치도 한층 도드라지는 한 문패에 '미스터 터비드롭'이라고 쓰여 있었습니다. 현관문은 열려 있었습니다. 그랜드 피아노, 하프, 그 밖에 케이스에 든 몇몇 악기가 현관홀을 막고 있었는데, 모두 그곳에서 밖으로 옮겨지는 참이었습니다. 그것들은 환한 햇빛 속에서 멋져 보였습니다. 캐디가 어젯밤에 교습소를 음악회 장소로 빌려 주었었다고 알려 주었습니다.

우리는 위층으로 올라가—이 집은, 깨끗하게 청소해서 새집처럼 유지하는 사람이 있고 하루 종일 집 안에서 담배 연기를 뿜어 대는 사람이 없던 시절에는 아주 훌륭한 집이었습니다—미스터 터비드롭의 넓은 방에 들어갔습니다. 이 방은 뒤쪽 마구간 안까지 터서 천장에 채광창을 낸 것이었습니다. 휑해서 소리가 잘 반사되는 방으로, 마구간 냄새가 났습니다. 벽을 따라 나무줄기로 만든 벤치가 놓여 있고, 벽에는 색칠된 리라와 커트글라스로 만든 나뭇가지 모양 촛대를 가지런히 진열해 놓았습니다. 이 촛대가, 나뭇가지들이 가을에 나뭇잎을 떨어뜨리듯이, 고풍스러운 촛농을 떨어뜨리는 것 같았습니다. 열서넛에서 스물두셋까지 되는 어린 여자 교습생이 몇 명 모여 있었습니다. 내가 그쪽으로 눈을 돌리고 선생님을 찾고 있으려니까 캐디가 내 팔을 꼬집더니 형식적인 소개의 말을 했습니다.

"서머슨 양, 이쪽은 프린스 터비드롭 씨예요!"

내가 인사한 상대는 왜소하고 피부가 희며 파란 눈을 한 젊어 보이는 남자였습니다. 밝은 갈색 머리카락을 정중앙에서 가르고, 그 끝을 머리통 주위로 돌돌 감고 있었습니다. 왼쪽 겨드랑이 밑에는 이전 우리 학교 학생들이 키트라고 부르던 작은 바이올린을 끼고, 왼쪽 손에는 작은 바이올린용 활을 들고 있었습니다. 발에 신은 작은 댄스용 신발은 유난히 작아 보였으며 말투가 천진난만하고 여자처럼 귀여운 것이 사랑스러운 매력을 지닌 사람이었습니다. 이상한 이야기지만 나는 그 사람이 어머니를 닮았는데 그 어머니는 별로 사랑과 관심을 받고 자라지 못한 사람일 것 같다는 인상을 받았습니다.

"젤리비 양의 친구 분을 만나게 되어 무척 반갑습니다." 하고 말하면서 프린스 터비드롭은 허리를 잔뜩 낮추어 내게 인사하고, 수줍게 쭈뼛쭈뼛 말했습니다. "평소 오던 시각이 지났기에 젤리비 양이 오지 않는 것은 아닌가 걱정하던 참이었습니다."

"죄송합니다만 제가 붙들고 있었어요. 용서해 주세요."

"당치 않습니다!"

내가 부탁했습니다. "이 이상 저 때문에 시간을 허비하지 마세요."

그렇게 사과하고 나는 피피와 비판적일 것 같은 얼굴을 한 노부인 사이로 가서 앉았습니다(이런 상황에 익숙한 피피는 벌써 구석 자리로 기어 올라가 있었습니다). 두 조카를 데리고 온 그 부인은 피피의 장화에 매우 분개하고 있었습니다. 프린스 터비드롭이 바이올린의 줄을 손끝으로 탁 튕기자, 교습생들이 일어나서 춤출 준비를 했습니다. 바로 그때 옆문이 열리더니 아버지 터비드롭 씨가 아주 점잖게 나타났습니다.

터비드롭 씨는 뚱뚱한 노신사로, 백분을 바르고 틀니를 끼고 가짜 수염을 붙이고 가발을 쓰고 있었습니다. 옷깃에는 털을 붙이고, 윗옷 가슴팍에는 패드를 빵빵하게 넣었습니다. 별모양의 휘장이나 폭넓은 파란 리본[3]을 달지 않은 것이 옥에 티였습니다. 몸은 가능한 한 꼭 조이고, 부풀리고, 늘리고, 옥죄어 놓았고, 목에는 엄청나게 커다란 넥타이를(눈이 휘둥그레질 만큼) 꼭 졸라매어 턱이, 아니 귀까지 완전히 묻혀 버렸습니다. 만약 넥타이를 풀기라도 했다면 몸이 두 동강이 나 버리고 말았을 것입니다. 겨드랑에 낀 엄청나게 커다랗고 무거운 모자는 꼭대기부터 가장자리까지 완만한 경사를 이루고 있었는데, 터비드롭 씨는 어깨를 곧게 펴고 팔꿈치를 구부린 뭐라 말하기 어려운 우아한 자세를 하고 한쪽 다리로 서서는 손에 든 흰 장갑으로 모자를 찰싹찰싹 때리는 것이었습니다. 터비드롭 씨는 지팡이를 들고, 코안경을 쓰고, 코담배갑을 들고, 반지를 끼고, 커프스를 잠그고 있는 등 인간으로 태어나 갖출 수 있는 것은 뭐든지 지니고 있었습니다. 또한 젊은이 같지도 않고 늙은이 같지도 않은, 그저 예의범절의 표본과도 같은 사람이었습니다.

"아버지! 손님이 오셨어요. 이쪽은 젤리비 양의 친구이신 서머슨 양이에요."

"잘 오셨습니다, 서머슨 양." 그가 그렇게 갑갑한 차림으로 내게 절했을 때, 나는 정말이지 그가 자기 바지의 주름으로 그 눈의 흰자를 찌르는 것이 아닐까 생각했습니다.

아들이 아버지에 대한 애처로울 정도의 신뢰를 담아 작은 목소리로 내게 말했습니다. "우리 아버지는 명사이십니다. 아버지는 크나큰 존경을 받지요."

"계속해라, 프린스! 계속해!" 터비드롭 씨가 난롯불을 등지고 서서, 은혜를 베풀듯이 장갑을 흔들며 말했습니다. "계속해라, 아들아!"

이 명령이라 해야 할지 관대한 허가라 해야 할지 모를 말이 나오자 수업이 계속되었습니다. 프린스 터비드롭은 춤을 추면서 바이올린을 켜고, 서서 피아노를 치고, 가녀린 목소리를 쥐어짜서 노래를 흥얼거리면서 교습생들의 잘못을

---

3) 영국 최고의 가터 훈장을 빗댄 것. 가터 훈장은 파란 리본(단, 이것은 다리에 단다) 외에도 특별한 망토, 겉옷, 별모양 휘장, 목깃 따위의 부속품이 있다.

고쳐 주었으며, 그러는 동안에도 줄곧 정중하게 초보들의 스텝과 몸짓에 맞춰 춤을 추는 등 잠시도 쉬지 않았습니다. 한편, 유명한 아버지는 아무것도 안 하고, 예의범절의 표본답게 불 앞에 서 있었습니다.

"저 사람은 그저 저러고 있다우." 내 옆에 있던 비판적일 것 같은 얼굴을 한 노부인이 말했습니다. "그런데도 어이없게도 문패에는 자기 이름을 떡 하니 써 놓았다니까."

"아들도 같은 이름이잖아요."

"저 사람은 그럴 수만 있다면 아들한테서 이름까지 빼앗을걸." 노부인이 대꾸했습니다. "아들이 입은 옷 좀 보라고요!" 과연 단출한 차림이었습니다—다 헤져서 볼썽사납다고까지 말해도 좋을 정도였습니다. "그런데도 자기는 잔뜩 멋을 부리고 꾸미지 않으면 배기질 못한다니까. 예의범절을 지키기 위해서 말이우. 저런 남자는 유형이나 보내 버렸으면 좋겠어! 추방해야 한다고요!"

나는 이 남자를 더 알고 싶다는 호기심이 일어서 물었습니다. "지금 저 사람이 예의범절을 가르치고 있나요?"

"지금이라니!" 노부인이 쌀쌀맞게 대답했습니다. "그런 건 단 한 번도 해본 일이 없다고요."

나는 잠시 생각한 뒤에 "아마 저 사람은 펜싱이라도 하고 온 게 아닐까요?" 하고 말했습니다.

"펜싱 같은 건 하지도 못할걸요."

나는 놀라움과 호기심을 얼굴에 드러냈습니다. 이야기가 깊이 들어감에 따라 노부인은 차츰 더 이 예의범절의 대가에게 화를 냈습니다. 그녀는 몇 번이나 "이건 사실보다 줄여서 하는 얘기인데" 하고 강조하면서, 터비드롭 씨의 경력을 자세하게 설명해 주었습니다.

터비드롭 씨는 왜소하고 순종적인 춤 선생과 결혼했으며, 자신의 지위를 유지하는 데 꼭 필요한 비용을 마련하기 위해 아내를 혹사시켜서 죽여 버렸어요. 혹은 좋게 말해서 아내가 몸을 혹사해서 죽는 것을 방관했죠. 남편은 자신의 고상한 행동거지를 예의범절의 최고 표본으로 만들기 위해 사람들에게 보여주고, 자신의 눈앞에도 끊임없이 그런 본보기를 두기 위해 돈 많은 상류층 인사가 모이는 자리에 뻔질나게 드나들었어요. 상류 인사가 모이는 계절에 브라이튼[4] 같은 유람지에 모습을 드러내고, 아주 멋들어진 옷을 입고 즐기면서 살아야 한다고 생각했지요. 남편이 그런 생활을 할 수 있도록, 애정 깊은 이 작은 춤 선생은 몸이 부서져라 일했지요. 체력이 뒷받침해 줬더라면 죽을 때까지 그렇게 일했을 거예요. 그렇게 된 주된 이유는, 이기적인 남편이 아내의 노고를 돌아보지 않았음에도 아내는 (이 남자의 예의범절에 마음을 홀딱 빼앗겨서) 끝까지 남편을 믿었다는 거죠. 임종 자리에서 아내는 아주 애처로운 말로 자기 아들에게 남편을 부탁했어요. 아버지는 너에게 없어지지 않는 권리를 가진 사람이니까 아무리 아버지를 자랑스럽게 여기고 존경해도 지나칠 것 없다고 말이에요. 어머니에게서 아버지에 대한 믿음을 물려받고 그 예의범절을 코앞에서 보고 자란 아들은 어머니와 같은 믿음을 품고 자랐고, 서른 살이 된 지금은 아버지를 위해 하루에 열두 시간 일하면서 아버지를 우러러보고 있답니다.

"저 잘난 척하는 꼴 좀 보라지!" 내게 이야기를 들려준 노부인이 말로 표현할 수 없는 분노를 담아 터비드롭 씨를 향해 손을 내저었습니다. 그러나 손에 꼭 끼는 장갑을 끼려던 터비드롭 씨는 물론 이 찬사를 듣지 못했습니다. "자기가 진짜 귀족인 줄 안다니까요! 아들의 등골을 빼먹고 있는 주제에 아주 은혜로운 사람인 양 행동하니까 사람들은 저 사람을 나무랄 데 없는 훌륭한 부모인 줄 알아요. 이!" 갑자기 노부인이 격한 감정을 더뜨리며 더비드롭 씨를 향해 말했습니다. "씹어 먹어도 시원찮을 사람!"

나는 노부인의 말을 심각하게 끝까지 듣긴 했지만, 아무래도 이상한 생각이 들었습니다. 이 부자를 눈앞에서 보고 있으니 부인의 말을 의심할 수는 없었습니다. 부인의 말을 듣지 않았다면 과연 이 두 사람을 어떻게 생각했을까, 또 두 사람을 보지 않았다면 부인의 말을 어떻게 생각했을까, 그건 뭐라고도 말할 수 없었습니다. 그렇지만 전체적으로 볼 때 아무래도 진실인 것만 같았습니다.

내가 실로 열심히 일하고 있는 아들에서 실로 훌륭한 예의범절을 보여 주고 있는 아버지 쪽으로 시선을 천천히 옮기려고 할 때, 아버지가 거만한 걸음걸이로 내 쪽으로 와서 이야기를 시작했습니다.

먼저 터비드롭 씨는 나더러 런던에서 살면서 이곳에 어떤 매력을 느꼈느냐

---

4) 잉글랜드 동남부 해안에 있는 영국 최대의 해수욕장지.

고 물었습니다. 나는 어디에 살든 그런 매력을 느끼는 사람이 아니라고 대답할 필요는 없다고 생각하면서 그냥 내가 사는 곳의 주소만 가르쳐 주었습니다.

"당신처럼 정숙하고 교양이 있는 분이라면……" 하고 터비드롭 씨는 말하면서 오른쪽 장갑에 입을 맞춘 다음 교습생들을 향해 내밀었습니다. "이곳의 수많은 부족한 점을 찾아내셨겠지요. 우리는 온 힘을 다해 다듬고…… 다듬고…… 다듬고 있답니다!"

터비드롭 씨는 자기가 본보기로 삼고 있는 소파 위 고귀한 사람들의 초상화를 흉내 내면서(나에게는 그렇게 보였습니다), 굳이 우리가 앉은 벤치에 앉으려고 낑낑대고 나서야 내 옆에 앉았습니다. 그 모습은 분명 초상화 속의 인물과 똑같았습니다.

"다듬고…… 다듬고…… 다듬고 있답니다!" 같은 말을 되풀이하면서 터비드롭 씨는 코담배를 한 줌 들이마시고는 아주 기품 있게 손가락을 탁탁 털었습니다. "하지만 우리는—당신처럼 출신도 좋고 교양도 있는 정숙한 분에게 이런 말을 하기는 좀 뭣하지만—" 하고 어깨를 한껏 추켜올렸는데, 그렇게 하려니 저절로 눈썹을 치켜떠지고 눈이 감기는 것 같았습니다. "우리는 예의범절에 관한 한 예전과는 다르지요."

"그래요?"

"우리는 타락해 버렸습니다." 대답하면서 터비드롭 씨는 손을 내저었지만, 넥타이 때문에 마음대로 흔들지 못했습니다. "평등주의 시대는 예의범절에 바람직하다고 할 수 없지요. 모든 것이 천박해지니까요. 아마 제 말에 얼마간 동조하는 사람도 있을 겁니다. 제 입으로 말하기는 뭣하지만, 벌써 몇 년 전부터 나는 '신사 터비드롭'이라고 불리고 있고, 섭정궁전하께서 브라이튼의 별장⁵⁾에서 (그 훌륭한 건물에서 말입니다) 마차로 여행을 나오셨을 때는 제가 모자를 벗었더니 황송하옵게도 전하께서 '저자는 대체 누군가? 왜 내가 저자를 모르지? 왜 저자는 3만 파운드의 연금을 받지 않나?' 하고 하문하셨습니다. 하지만 이런 사소한 일화는—상류층 사이에서는 지금도 가끔 화제에 오르지요."

"그런가요?"

---

5) 18세기에 지어지고, 1817년에 유명한 건축가 존 내쉬가 그 무렵 황태자(뒷날 조지 4세)를 위해 동양풍으로 개축한 호화 별장.

터비드롭 씨는 대답 대신 어깨를 똑바로 편 채 머리를 숙였습니다. 그리고 덧붙였습니다. "다듬고 있다고는 하나 우리나라 예의범절은 아직도 상류층 사이에만 남아 있습니다. 영국은—슬프도다, 조국이여!—완전히 타락해 버렸습니다. 날이 갈수록 타락하고 있지요. 이제 이 나라에 신사는 그다지 남지 않았습니다. 우리는 얼마 안 돼요. 우리의 뒤를 이을 사람이라고는 직물직공들의 친구들뿐이지요."

"이 나라 신사분들의 친구들이 영원했으면 좋겠군요."

"그 호의, 정말 감사합니다." 터비드롭 씨가 다시 어깨를 똑바로 세우고 고개를 숙이며 빙그레 웃었습니다. "과분한 말씀을 들어 몸 둘 바를 모르겠습니다. 하지만 안됐습니다…… 안됐어요! 나는 우리 아들놈에게 그런 교양을 심어 주지 못했습니다. 아, 귀여운 아들을 나쁘게 말하는 건 절대로 아닙니다. 결단코 아니에요. 하지만 저 애는…… 예의범절을 몰라요."

"훌륭한 선생님으로 보이는데요." 내가 말했습니다.

"잘 들어 보세요, 아가씨. 확실히 아들은 훌륭한 교사입니다. 배울 수 있는 모든 것을 배웠죠. 가르칠 수 있는 모든 것을 가르칠 수 있고요. 하지만 사실 세상에는 별의별 일이 다 일어납니다……" 터비드롭 씨는 다시 코담배를 한 줌 빨아들이고, 다시 한 번 고개 숙여 절했습니다. 마치 "이를테면 이런 일 말이지요"라고 덧붙이는 듯이.

방 한가운데쯤을 흘끗 보니 캐디의 연인은 개인교수를 하는 중으로, 전과 다를 바 없이 낑낑대고 있었습니다.

"귀여운 아들." 터비드롭 씨가 넥타이를 고쳐 매면서 중얼거렸습니다.

"아드님께서 지치지도 않고 참 열정적이시네요." 내가 말했습니다.

"그렇게 말씀해 주시니 저도 힘이 나는군요. 제 아들은 여러 면에서 죽은 어미를 꼭 닮았죠. 저 애 엄마는 헌신적이었습니다. 하지만 여자였죠, 아주 사랑스러운 여자." 터비드롭 씨가 아주 질 나쁜 한량 같은 투로 말했습니다.

나는 일어나서, 모자를 쓰고 있던 캐디의 곁으로 갔습니다. 정해진 수업시간을 훌쩍 넘어서 모두 돌아가려고 모자를 쓰는 중이었습니다. 캐디와 불쌍한 프린스가 언제 시간을 내어 약혼하게 되었는지 모르겠지만, 확실히 이때는 짧은 대화를 나눌 시간조차 전혀 없어 보였습니다.

"얘야." 터비드롭 씨가 아들에게 다정하게 말했습니다. "지금이 몇 시인 줄 아느냐?"

"아니요, 아버지." 아들은 시계가 없었습니다. 금으로 만든 멋진 회중시계를 갖고 있는 아버지는 전 세계 사람의 모범이 될 만한 동작으로 그것을 꺼냈습니다.

"아들아, 두 시다. 켄싱턴의 교습소가 세 시에 시작한다는 걸 잊지 마라."

"그렇다면 시간은 충분해요, 아버지. 서서 간단히 식사하고 갈 시간은 있어요."

"얘야, 빨리 서둘러야 한다. 탁자 위에 찬 양고기를 내 놓았다."

"고맙습니다. 아버지도 지금 나가세요?"

"그래, 나갈 거다." 터비드롭 씨가 두 눈을 감고 양쪽 어깨를 높이 치켜들고 말했습니다. "늘 하던 대로 런던 시민들에게 내 모습을 보여 주어야 할 테니까."

"밖에서 기분 좋게 식사라도 하세요."

"아들아, 나도 그럴 생각이다. 오페라 극장의 주랑에 있는 프랑스 요리점에서 간단히 먹을까 한다."

"좋은 생각이에요. 안녕히 가세요, 아버지!" 프린스가 악수하며 말했습니다.

"잘 있어라, 아들아. 하느님의 은총이 있기를!"

터비드롭 씨가 아주 경건하게 그렇게 말하자 아들은 무척 기뻤는지, 헤어지면서 아버지에게 아주 만족하며 순종했고 아버지를 자랑스러워했습니다. 나는 이 아버지를 맹목적으로 믿어 주지 않으면 아들에게 미안한 마음이 들 것만 같았습니다. 프린스가 우리 두 사람에게 작별인사를 하는 몇 초 사이에 나는 프린스의 어린아이와도 같은 인품에 더욱더 호감을 느꼈습니다. 프린스가 작은 바이올린을 주머니에 넣고 찬 양고기와 켄싱턴 교습소 쪽으로 기분 좋게 떠났을 때 나는 프린스에게 호감과 연민이 동시에 들어, 아까 그 비판적인 노부인 못지않게 이 아버지에게 분노를 느꼈습니다.

아버지는 우리를 위해 방문을 열고, 과연 저 귀하신 섭정궁전하를 본보기로 삼는 사람다운 태도로(이 점은 인정하지 않을 수 없습니다) 절하면서 우리를 배웅해 주었습니다. 그러고는 곧 똑같은 태도로 거리 반대편을 걸어 우리를 앞질러, 상류층 사람들이 모이는 쪽을 향해, 예의범절을 간직하고 있는 소수의 신사들에게 자신의 모습을 보이러 가 버렸습니다. 한동안 나는 뉴맨 거리의 춤 교습소에서 보고 들은 것을 다시 생각하는 데 정신을 쏟느라 캐디에게 말도 붙이지 못했습니다. 아니, 캐디가 나에게 뭐라고 말하는 것조차 듣지 못했습니다. 특히 이런 현상이 심했던 것은, 춤을 직업으로 삼지 않은 다른 신사들 중에 자신의 교양 하나만으로 먹고살고 명성을 쌓는 사람이 과연 있을까 하는 생각을 할 때였습니다. 나는 그 생각에 머리가 완전히 혼란스러워졌습니다. 터비드롭 씨 같은 사람이 많이 있을지도 모른다는 생각까지 들었습니다. 그래서 "에스더, 이런 생각은 깨끗이 잊고 캐디에게 신경 써야 해"하고 나 자신을 타일렀습니다. 그리고 그다음부터 링컨 법조원까지는 둘이서 수다를 떨며 갔습니다.

캐디가 이야기해 준 바에 따르면, 이제껏 제대로 된 교육을 받지 못한 탓에 캐디의 연인이 쓴 편지는 잘 알아보기 어려웠습니다. 철자에 지나치게 신경 쓰지 않고 깨끗이 쓰려는 노력을 조금만 덜 하면 더 잘 쓸 수 있을 텐데 짧은 문장에 불필요한 글자를 잔뜩 붙여서 전혀 영어 같이 보이지 않는다고 캐디는 말했습니다. "그게 성심성의껏 쓴 것이기는 하지만 그렇게 공들인 보람이 없다니까, 불쌍한 사람!" 캐디는 이렇게 의견을 덧붙인 뒤 말을 이었습니다. "줄곧 춤 교습소에서만 살았는데 그 사람이 어떻게 읽고 쓰기를 제대로 하겠어. 아침 점심 저녁으로 정신없이 일하고 가르치고, 가르치고 정신없이 일하고만 하는걸! 하지만 그런 건 아무려면 어때? 엄청 고생하며 익힌 것이긴 하지만, 대신 내가 두 사람 몫의 편지를 거뜬히 쓸 수 있고, 나로서는 그 사람이 학식이 풍부한 것보다 마음씨가 착하다는 사실이 훨씬 좋은데. 더구나 나도 잘난 체할 자격이 있는 교양 있는 여자가 아닌걸. 엄마 덕분에 무지렁이나 다름없으니까!"

캐디가 말을 이었습니다. "우리끼리만 됐으니까 한 가지 더 말할까 해. 이건 네가 프린스와 만나지 않았다면 말하고 싶지 않았을 이야기야, 서머슨. 넌 우리 집이 어떤 집인지 알지? 프린스의 아내가 되었을 때 알고 있으면 좋을 법한 지식을 우리 집에서 배우기란 전혀 무리야. 우리 집은 엉망진창이라 그런 일은 바랄 수도 없어. 지금까지도 그러려고 할 때마다 실망만 해 왔지. 그래서 난 연습을 좀 하고 있어. 누구 집에서 할 것 같아? 그 불쌍한 플라이트 씨네서야! 아침 일찍 그 사람을 도와 방을 청소하고, 새를 씻겨 주고, 커피를 끓여 주지 (물론 그 사람에게 방식을 배웠어). 이젠 나도 제법 잘 끓이게 되었어. 프린스가 그러더라고. 이렇게 맛있는 커피는 처음 마셔 본다고, 아버지에게 드리면 정말 기뻐하실 거라고. 그 사람의 아버지는 커피 맛에 아주 까다롭거든. 그리고 난 작은 푸딩도 만들 줄 알고, 양의 목살이며 차, 설탕, 버터, 온갖 일용품 등도 어떤 걸 사야 할지 알아. 바느질은 아직 서툴지만⋯⋯." 캐디는 피피의 옷의 기운 부분을 흘끔 보았습니다. "하지만 분명 곧 능숙하게 될 거야. 프린스와 약혼한 뒤 이런 것들을 배우고 나서 성격도 누그러져서(난 그렇게 생각해) 엄마한테도 너그러워졌어. 오늘 아침 너와 클레어가 아주 기품 있고 아름다운 걸 보고 피피와 내가 부끄러워졌을 때 처음에는 화가 좀 났지만 대체적으로 이전보다 성격도 온화해졌고, 엄마한테도 관대해졌다고 생각해."

가엾은 이 아이가 열심히 노력하고 진심으로 그렇게 말했으므로 나는 감동했습니다. "캐디, 나 네가 무척 좋아졌어. 우리 친구하자." 내가 말했습니다.

"정말?" 캐디가 큰 소리를 질렀습니다. "그렇게 된다면 얼마나 기쁠까!"

"캐디, 우리 이제부터 친구하자. 그리고 가끔 이런 문제로 이야기를 나누고, 가장 좋은 해결책을 찾도록 노력하자." 캐디는 무척 기뻐했습니다. 나는 내 나름의 구식 방법으로 최대한 캐디를 위로해 주고, 격려가 될 만한 말을 해 주었습니다. 이날이었다면 터비드롭 씨 아버지에게도, 캐디가 시집갔을 때 나눠 줄 재산 문제보다 하찮은 문제에 대해서라면 아무런 불평도 하지 않았을 겁니다.

그러는 사이에 크룩 씨의 헌 옷 가게 앞에 도착했습니다. 집 쪽 문은 열려 있었습니다. 문설주에 "3층 세놓음"이라고 쓴 종이가 붙어 있었습니다. 그것을 보고 생각이 난 캐디가 계단을 올라가면서, 이 방에서 급사한 사람이 있었다는 것, 사인 규명이 이루어졌다는 것, 이제부터 찾아갈 우리의 친구는 극심한 공포에 사로잡혀 있다는 것을 이야기해 주었습니다. 그 빈방의 문과 창문이 열려 있었으므로 우리는 안을 들여다보았습니다. 그곳은 지난번 내가 이곳에 왔을 때 플라이트 씨가 몰래 주의를 주었던 그 검은 문이 달린 방이 있습니다. 황폐하고 을씨년스러운 곳으로, 너무도 처량 맞고 음울했으므로 나는 애처로움과 공포가 뒤섞인 이상한 기분이 들었습니다. "너 얼굴이 새파래." 우리가 밖으로 나오자 캐디가 말했습니다. "그리고 추워 보이는데!" 나는 이 방 때문에 온몸이 얼어붙어 버린 기분이었습니다.

우리는 이야기하면서 천천히 걸어갔습니다. 잔다이스 아저씨와 에이더가 플라이트 씨의 다락방에 먼저 도착해 있었습니다. 두 사람은 새들을 구경하고 있었고, 벽난로 옆에서는 플라이트 씨를 매우 걱정하며 정성껏 진찰해 주었던 의사가 플라이트 씨와 쾌활하게 이야기하고 있었습니다.

"왕진이 이제 막 끝났습니다." 의사가 앞으로 나와서 말했습니다. "플라이트 씨는 아주 좋아졌으니 내일은 재판소에 출두할 수 있을 겁니다(머릿속에 그 생각뿐이랍니다). 플라이트 씨가 보이지 않아 그곳에서도 매우 허전해한다고 들었어요."

플라이트 씨는 만족스럽게 이 공치사를 받아들이고 우리에게 고개 숙여 인사했습니다.

"잔다이스 사건의 피후견인 여러분을 다시 뵙게 되어 정말 영광입니다! 이 갑갑한 지붕 밑에서 황폐한 집의 잔다이스를 맞이하게 되다니, 이루 말할 수 없이 기뻐요!" 그러면서 특별히 정중하게 절했습니다. "오, 피츠 잔다이스.[6] 그녀는 캐디에게 그런 이름을 붙였는지 늘 그렇게 불렀습니다. "잘 왔어요, 잘 왔어!"

"상태가 아주 안 좋았나요?" 잔다이스 씨가 플라이트 씨 옆에 있던 의사에게 물었습니다. 작은 목소리로 질문했지만 곧 플라이트 씨가 직접 대답했습니다.

"네, 아주 심각했죠! 네, 정말로 심각했답니다!" 플라이트 씨가 마음을 열고 비밀을 털어놓는 사람처럼 말했습니다. "통증이 아니라…… 고통이죠. 몸이 아니라 신경이, 신경이 말이에요! 실은―" 목소리를 낮추고 몸서리치며 말했습니다. "여기서 시체가 나왔어요. 이 집에 독약이 있었던 거예요. 난 그런 것에 아주 민감해서 겁을 먹고 말았답니다. 얼마나 겁을 먹었는지는 우드코트 선생님밖에 모르지만. 이쪽은 제 주치의 우드코트 선생님입니다!" 그녀는 매우 위엄 있게 소개했습니다. "이쪽은 잔다이스 사건의 피후견인 여러분 곧 황폐한 집의 잔다이스와 피츠 잔다이스고요!"

"플라이트 씨는……" 우드코트 씨는 우리에게 하는 말인데도 플라이트 씨에게 말하는 것처럼 진지한 목소리로, 그리고 자신의 손을 플라이트 씨의 가슴 위에 얹고 말했습니다. "플라이트 씨는 평소처럼 정확히 자신의 증상을 말하

---

6) '피츠(Fitz)'는 본디 '아들'이라는 뜻. 아버지나 조상의 성 앞에 붙여 그 사람의 아들 또는 자손임을 나타낸다. 특히 왕족의 서자의 성에 쓰였다.

고 있습니다. 더 건강한 사람이라도 깜짝 놀랄 만한 사건이 이 집에서 일어나서 놀란 나머지 그 심적 피로와 흥분 때문에 병이 난 겁니다. 사건이 발견되고 처음에 큰 소동이 일어났을 때, 플라이트 씨가 저를 이곳으로 데리고 왔지요. 이미 손쓸 시간이 지나 그 불행한 희생자에게 아무런 도움도 되지 못했지만요. 그 실망감을 보상하려고 그 뒤 이곳에 와서 다소나마 플라이트 씨에게 도움이 되어 드리고 있답니다."

"이 나라 의사 중에서 가장 친절한 선생님이지요." 플라이트 씨가 내게 속삭였습니다. "곧 판결이 날 거예요. 심판의 날에. 그러면 재산을 나눠 드릴 생각이랍니다."

우드코트 씨가 신중한 미소를 지으며 노부인을 바라보며 말했습니다. "하루 이틀 지나면 플라이트 씨는 더는 좋아질 수 없을 수준까지 회복할 겁니다. 다시 말해, 완쾌할 겁니다. 여러분은 이분이 행운을 만났던 이야기를 들으셨습니까?"

"정말 신기하지 뭐예요!" 플라이트 씨가 환한 미소를 지으며 말했습니다. "이런 이야기 들어본 적 있어요? 일요일마다 수다쟁이 켄지나 거피가(수다쟁이 K의 사무소 직원 말이에요) 나한테 실링 은화가 든 종이봉투를 준답니다. 실링 은화 말이에요. 정말이라니까요! 봉투 안에는 늘 같은 수가 들어 있어요. 매주 하루에 한 닢씩. 여러분, 거짓말이 아니에요! 하루에 한 닢, 딱 적당한 액수지 않아요? 그렇다니까요! 그 봉투가 어디서 난 거냐고요? 물론 문제는 그거죠. 제 생각을 말해 볼까요? 제 생각으로는……" 그녀는 아주 날카로운 표정이 되어 뒤로 물러나 매우 의미심장하게 집게손가락을 흔들며 말했습니다. "대법관님이 대봉인을 해제한 이래 세월이 얼마나 지났는지 깨닫고(아주 오래전에 해제되었으니까요!) 이 은화를 보내 주고 있는 거예요. 내가 확신하는 재판 결과가 나올 때까지 말이죠. 정말 훌륭한 방법이죠. 자신의 일처리 방식이 살아 있는 사람들에게는 너무 느리다는 걸 그런 식으로 자백하다니 말이에요. 정말 섬세해요! 지난번 법정에 출석했을 때—나는 규칙적으로 출석하고 있지요—서류를 가지고 말이에요—대법관님을 꾸짖었더니 거의 털어놓더라고요. 즉, 내가 내 자리에서 대법관님을 향해 히죽 웃자 대법관님도 자기 자리에서 나를 향해 히죽 웃는 거예요. 하지만 이건 대단한 행운 아닌가요? 게다가 피츠 잔다이스는 이 돈을 나를 위해 아주 유용하게 쓰죠. 네, 정말로 유용하게요!"

나는 플라이트 씨에게 (플라이트 씨는 지금까지 나를 보고 말했습니다) 그런 식으로 운 좋게 수입이 불어난 것을 축하해 주고, 그 행운이 오래갔으면 좋겠다고 말했습니다. 나는 그 돈이 어디서 나오는지 추측하거나 누가 그렇게 인간미 넘치는 배려를 해 주고 있는지 생각하지 않았습니다. 잔다이스 아저씨가 내 눈앞에서 새를 줄곧 바라보고 있었으므로, 아저씨 아닌 다른 사람을 쳐다볼 필요가 없었던 것입니다.

"그런데 이 작은 친구들은 뭐라고 부릅니까?" 아저씨가 쾌활한 목소리로 물었습니다. "이름이 있나요?"

"제가 플라이트 씨 대신 대답할 수 있어요. 이름이 있답니다." 내가 말했습니다. "플라이트 씨가 어떤 이름인지 가르쳐 주시기로 약속하셨거든요. 에이더도 기억하지?"

에이더도 똑똑히 기억하고 있었습니다.

"그랬던가?" 플라이트 씨가 말했습니다. "거기 문 앞에 있는 사람, 누구야? 무엇 때문에 문에서 엿듣고 있는 거지, 크룩?"

이 가게의 늙은 주인이 문을 열고 모습을 드러냈습니다. 한 손에 털모자를 들고, 비로 뒤에는 고양이를 데리고 있었습니다.

"엿듣던 게 아니에요, 플라이트 씨. 문을 두드리려던 참인데, 당신도 참 귀가 밝구려!"

"고양이는 밑으로 내려 보내. 쫓아 버리라고!" 노부인이 신경질적으로 외쳤습니다.

"워, 워! 조금도 위험하지 않아요, 여러분." 크룩 씨가 그렇게 말하고, 날카로운 눈으로 우리를 한 사람 한 사람 천천히 둘러보았습니다. "제가 여기 있으면 이 녀석은 새를 해치지 않을 겁니다. 공격하라고 시키지 않는 한은 말이죠."

"이 집 주인을 용서하세요." 노부인이 엄숙하게 말했습니다. "미치광이거든요! 내 손님이 오셨는데 무슨 용건이야, 크룩?"

"네! 당신도 알다시피 난 대법관이에요."

"그래서? 그게 뭐 어쨌다는 거야?"

늙은 주인이 킥킥거리며 말했습니다. "대법관이 잔다이스 일족과 친하지 않다는 건 이상하잖아요, 플라이트 씨? 양해 좀 구하겠습니다. 처음 뵙겠습니다, 나리. 전 잔다이스 대 잔다이스 사건이라면 나리 못지않게 빠삭하죠. 전 지주인 톰 잔다이스랑 아는 사이였죠, 나리. 그런데 나리는 지금껏 한 번도 뵙지 못한 것 같군요, 법정에서도요. 저는 그곳에 평균적으로 일 년에 수도 없이 가지만 말입니다."

"난 절대로 가지 않습니다." 잔다이스 씨가 말했습니다(아저씨는 무슨 일이 있어도 결코 가지 않았습니다). "거기 갈 바에는 차라리…… 어디든지 아무 데나 가겠습니다."

"그런가요?" 크룩이 히죽 웃으며 대답했습니다. "나리는 제 박학하고 고귀한 형제[7]를 몹시 깎아내리시는군요. 하지만 잔다이스 일족이시니 그럴 만도 하지요. 화상 입은 어린애[8] 아닙니까, 나리! 아, 이 할멈의 새를 보고 계시는군요, 잔다이스 씨?" 슬금슬금 방 안으로 들어오던 늙은 가게 주인은 이때 이미 팔꿈치가 아저씨에게 닿을 만큼 가까이 와 있었습니다. 그가 안경을 걸친 두 눈을 들고 아저씨의 얼굴을 빤히 들여다보았습니다. "이 할멈은 자기 새들에게 모두 이름을 붙여 주었지만, 부득이한 경우가 아니면 절대로 이름을 가르쳐 주지 않는 이상한 버릇이 있지요." 그가 속삭였습니다. "내가 이름을 얼른 가르쳐 드릴까, 플라이트?" 그는 큰 소리로 말하고 나서 우리를 둘러보더니, 플라이트 씨가 벽난로의 철 격자를 청소하는 척하며 뒤를 돌자 그 등을 가리켰습니다.

"그러고 싶으면 그러시우." 플라이트 씨가 허둥지둥 대답했습니다.

늙은 주인이 다시 한 번 우리를 보고는 새장을 올려다보면서 새의 이름을 모두 불렀습니다.

"희망, 기쁨, 청춘, 평화, 안식, 생명, 먼지, 재, 쓰레기, 결핍, 파멸, 절망, 광기, 죽음, 해학, 어리석음, 단어, 가발, 잡동사니, 양피지, 강탈, 선례, 은어, 헛소리, 시금치. 내 박식하고 고귀한 형제 때문에 새장에 한꺼번에 처넣어진 놈들은 이게 답니다."

"이거 지독한 바람이구먼!" 아저씨가 중얼거렸습니다.

---

7) 대법관을 부를 때 쓰던 존경이 담긴 애칭.
8) "화상 입은 아이는 불을 무서워한다"는 영국 속담은 한국 속담으로 "자라 보고 놀란 가슴 솥뚜껑 보고 놀란다"에 해당한다.

"내 박식하고 고귀한 형제가 심판을 내릴 때 이놈들은 자유를 얻게 되어 있지요." 크룩이 다시 우리를 둘러보았습니다. "하지만 정말 그런 일이 일어난다면—일어날 리 없지만—그때는 새장에 갇힌 적 없는 새들이 이놈들을 죽여버릴 겁니다." 그는 히죽 웃으며 나지막하게 덧붙였습니다.

아저씨가 풍향계를 찾는 척 창밖을 내다보면서 말했습니다. "만일 동풍이라는 것이 있다면 오늘에야말로 동풍이 불 것 같구먼!"

우리는 좀처럼 그 집을 떠날 수가 없었습니다. 우리를 붙드는 것은 플라이트 씨가 아니었습니다. 플라이트 씨는 타인을 배려한다는 점에서는 더없이 분별력 있는 사람이었습니다. 우리를 붙잡는 건 크룩 씨였습니다. 이 사람은 잔다이스 아저씨의 곁을 떠날 수 없는 모양이었습니다. 아저씨와 끈으로 묶여 있다 해도 그보다 찰싹 붙어 있지는 못했을 것입니다. 그는 자신의 대법관 법정과 그 안에 모아 놓은 기괴한 물건들을 모두 보여 주겠다고 했습니다. 하지만 우리가 견학하는 내내 (이 사람 때문에 기나긴 견학이 되었습니다) 잔다이스 씨 옆에 바짝 붙어서, 이따금 우리가 앞질러 버릴 때까지 이런저런 핑계로 그를 붙잡아 두었습니다. 뭔가 비밀 이야기를 하고 싶어 죽겠는데 차마 입이 떨어지지 않는다는 태도였습니다. 그날의 크룩 씨만큼 표정과 태도에 신중함과 모호함과 차마 용기가 나지 않는 일을 하고자 하는 끊임없는 충동이 이상하리만큼 드러난 사람을 나는 떠올릴 수가 없습니다. 크룩 씨는 줄곧 아저씨를 감시했습니다. 아저씨의 눈에서 눈을 떼는 법도 없었습니다. 나란히 걸어가면 늙은 백여우처럼 교활한 눈빛으로 살폈습니다. 앞을 걸어가면 뒤를 돌아보았습니다. 모두 멈춰 서면 아저씨와 마주 보고 서서, 멍하니 벌린 입을 몇 번이나 손으로 비비고 눈을 위로 들고 그 눈이 감기는 게 아닌가 싶을 만큼 백발 섞인 눈썹을 내린 묘하게 거만한 표정으로 아저씨의 얼굴을 구석구석 뜯어보는 것이었습니다.

마침내 온 집 안을 돌아다니며(고양이는 계속 따라다녔습니다) 온갖 잡동사니를(확실히 진기한 물건들이었습니다) 모두 구경한 끝에 가게 안쪽으로 갔습니다. 그곳에는 거꾸로 세운 빈 나무 술통 위에 잉크병, 오래 쓴 펜 몇 자루, 더러운 연극 전단지 몇 장이 있었습니다. 벽에는 각각 알아보기 쉬운 서체로 인쇄한 커다란 알파벳표가 몇 장 붙어 있었습니다.

"이곳에서 무엇을 하지요?" 아저씨가 물었습니다.

"읽기 쓰기를 혼자 익혀 보려고요." 크룩 씨가 말했습니다.

"그래, 좀 익혔습니까?"

"잘 안 돼요." 늙은 주인이 답답하다는 듯이 말했습니다. "내 나이에는 만만한 일이 아니죠."

"누구한테 배우는 편이 편하지 않겠어요?"

"네. 하지만 엉터리로 가르쳐 줄지도 모르잖아요!" 늙은 주인이 의심으로 가득한 눈을 빛내면서 대답했습니다. "진작 배워 두지 않아서 얼마나 손해인지 모릅니다. 이왕 이렇게 된 거 엉터리로 배워서 손해 보기는 싫어요."

"엉터리요?" 아저씨가 그 푸근한 웃음을 지으며 말했습니다. "누가 엉터리로 가르친다는 겁니까?"

"그야 모르죠, 황폐한 집의 잔다이스 씨!" 늙은 주인이 안경을 이마로 밀어올리고 만족스럽게 두 손을 비비면서 대답했습니다. "뭐, 누가 엉터리를 가르치겠습니까. 하지만 저는 남보다는 저를 믿어요!"

이런 대답과 늙은 주인의 태도가 너무도 이상해서, 우리가 나란히 링컨 법조원을 가로질러 돌아갈 때 아저씨는 우드코트 씨에게, 크룩 씨가 하숙인인 플라이트 씨가 말한 것처럼 정말로 정신이 이상한 것은 아닌지 물었습니다. 이 젊은 의사는 그렇게 생각할 이유는 찾지 못했다고 대답했습니다. 크룩 씨는 무식한 사람들이 흔히 그렇듯 아주 의심이 많으며, 물을 섞지 않은 진을 대량으로 마셔서 늘 술 냄새를 풍기지만 현재로서는 미쳤다고 생각되지 않는다는 것이었습니다.

집으로 돌아가는 도중에 나는 피피에게 풍차와 밀가루 두 포대를 사 주었습니다. 피피는 무척 기뻐서 나 말고 다른 사람에게는 모자와 장갑을 맡기지 않았으며, 저녁 식사 때는 내 옆이 아니면 앉으려고 하지 않았습니다. 캐디는 내 맞은편에 에이더와 나란히 앉았습니다. 우리는 집으로 돌아오자마자 에이더에게 캐디가 약혼하게 된 경위를 모두 들려주었습니다. 우리는 캐디와 피피를 잘 대접했으므로 캐디는 무척 쾌활해졌고 잔다이스 아저씨도 우리만큼이나 유쾌해 하셔서 우리는 모두 즐거웠습니다. 밤이 되자 캐디는 삯마차를 타고 집으로 돌아갔습니다. 피피는 곤히 잠들었으면서도 풍차를 손에 꼭 쥐고 놓지 않았습니다.

깜빡 잊고 쓰지 않았는데 우드코트 씨는 배저 씨 댁에서 만난 그 까무잡잡한 젊은 외과의사와 같은 인물이었습니다. 그날 잔다이스 씨는 우드코트 씨를 저녁 식사에 초대했고, 우드코트 씨는 우리 집으로 왔습니다. 모두 돌아간 뒤 내가 에이더에게 "자, 이제 리처드 얘기 좀 할까요!" 했더니 에이더는 웃으며 뭐라고 말했습니다.

하지만 에이더가 한 말은 별 의미가 없는 것 같습니다. 에이더는 언제나 쾌활하니까요.

# 제15장 벨 야드

우리가 런던에 있는 동안 잔다이스 씨는 전에 우리를 몹시 놀라게 했던 그 흥분 잘하는 신사숙녀들에게 끊임없이 둘러싸여 있었습니다. 퀘일 씨는 우리가 도착한 직후에 나타났는데, 이 사람은 그런 흥분을 불러일으키는 모든 일에 관계하고 있었습니다. 그의 번들거리는 혹 같은 양쪽 관자놀이는 온갖 사업에 몰두하고 있는 듯하고, 머리카락은 더욱더 뒤로 빗어 넘겨져서 박애정신으로 불타올라 당장에라도 송두리째 머리에서 날아오를 것만 같았습니다. 퀘일 씨는 어떤 일이든 비슷비슷하게 생각해서 아무것도 두려워하지 않았지만, 특히 추천장이라면 누구에게든 또 어떤 종류든 언제나 기꺼이 써 주었습니다. 이 사람의 뛰어난 재능은 무턱대고 남을 칭찬하는 재능이었습니다. 그는 누구 할 것 없이 세상을 빛낸 사람들의 빛으로 그의 관자놀이를 비추면서 몇 시간이고 즐겁게 앉아 있곤 했습니다. 전에 처음 봤을 때 나는 퀘일 씨가 젤리비 부인을 입에 침이 마르도록 칭찬하는 것을 봤으므로, 부인이야말로 그의 헌신의 대상인 줄만 알았습니다. 하지만 오래지 않아 그것은 착각이며, 퀘일 씨는 꽤 많은 사람의 이른바 옷자락을 들어주는 시종이라는 사실을 깨달았습니다.

어느 날 미시즈 패딩글이 어떤 기부를 부탁하러 왔는데, 퀘일 씨도 부인과 함께 왔습니다. 퀘일 씨는 부인이 하는 말을 일일이 우리에게 되풀이하고, 전에 젤리비 부인을 부추겨서 말하게 했을 때와 똑같은 방법으로 패딩글 부인으로 하여금 말하게 했습니다. 부인은 자신의 달변가 친구인 거셔 씨에게 소개장을 써주었습니다. 거셔 씨가 그 소개장을 가지고 잔다이스 씨를 만나러 왔을 때에도 퀘일 씨가 모습을 드러냈습니다. 거셔 씨는 피둥피둥 살찌고, 살갗이 축축하며, 보름달 같은 얼굴에 비해 눈이 너무 작아 본디는 다른 사람의 눈이지 않았을까 싶을 만큼 얼핏 호감이 가지 않는 사람이었습니다. 거셔 씨가 채 자리에 앉기도 전에 퀘일 씨는 그다지 목소리도 낮추지 않고 에이더와 나에게 질문했습니다. 거셔 씨가 거물 아니냐—살찐 체형으로 보자면 확실히 그랬지만, 퀘일 씨는 지적인 아름다움을 말한 것이었습니다—그의 넓은 이마에 감탄하지 않았느냐 하는 것이었습니다. 간단히 말해서 우리는 이런 사람들 사이에서 이루어지는 다양한 활동에 관해 들었는데, 대체 그것이 어떤 활동인지 전혀 알 수 없었습니다. 다만 퀘일 씨가 하는 활동이란 자기를 제외한 모든 사람의 활동에 도취하는 것으로, 가장 인기 있는 활동이라는 사실만큼은 분명히 알았습니다.

잔다이스 씨는 힘이 닿는 한 착한 일을 하고자 하는 마음이 있었기에 이런 사람들과 교제하게 된 것이지만, 우리에게 솔직하게 말했던 대로, 이 사람들에게는 바람직하지 않은 면이 무척 많다고 생각했습니다. 이런 사람들 사이에서는 박애가 발작과도 같이 일어난다고 잔다이스 씨는 말했습니다. 목청 높여 대의명분을 주창하는 사람이나 싸구려 평판을 노리는 투기꾼들이 자선을 제복으로 입고 입으로는 열렬히 떠들어대면서 실행에 옮기지는 않는다는 것이었습니다. 그들은 높은 사람들에게는 굽실거리고 자기네끼리는 서로 추종한다고 했습니다. 그러나 힘없는 사람들이 쓰러져 버린 다음에 호들갑스럽게 우쭐대면서 그들을 일으켜 주기보다는 쓰러지기 전에 묵묵히 손을 내밀어 주려고 애쓰는 사람들에게 이런 사람들은 참을 수 없는 존재라고 했습니다. 거셔 씨가 퀘일 씨를 위해 추천장을 써 주었을 때와(거셔 씨는 이미 퀘일 씨에게 추천장을 받았습니다) 거셔 씨가 두 자선학교의 어린 남녀 학생이 참석한 자리에서 한 시간 반이나 강연하면서 특히 홀아비[1]의 헌금을 강조한 뒤 "여러분, 주님의 뜻에 따라 반 페니 동화를 기부하세요"라고 말했을 때는 동풍이 3주는 불었을 것입니다.

이런 것을 언급하는 이유는 다시 스킴폴 씨가 등장하기 때문입니다. 지금 말한 사람들에 비하면 스킴폴 씨는 자기가 유치하고 경솔하다고 인정하는 사람이므로 잔다이스 아저씨로서는 스킴폴 씨를 대할 때가 훨씬 더 마음이 편했을 것입니다. 꿍꿍이나 비밀이 있는 사람들 가운데서 그와 정반대되는 사람을 발견하면 기쁜 게 당연하니 더욱더 그를 믿을 마음이 생겼던 것 같습니다. 그런

1) 신약성서 〈마가복음〉 12장 42~43절에 나오는 과부의 헌금을 빗댄 것.

것을 간파하고 스킴폴 씨가 책략을 쓴 거라는 식으로 생각하면 곤란합니다만, 사실 나도 스킴폴이라는 사람의 실체를 잘 모르므로 뭐라고 말할 수는 없습니다. 어쨌든 아저씨를 대할 때든 다른 사람들을 대할 때든 이 사람의 태도는 전혀 변함이 없었습니다.

스킴폴 씨는 런던에 있었지만 몸 상태가 그다지 좋지 않아 그때까지 우리는 한 번도 그를 볼 수 없었습니다. 그런데 어느 아침 그가 유쾌하고 변함없이 쾌활한 모습으로 나타났습니다.

그러고는 "자, 왔습니다!" 하며 이야기를 시작했습니다. 최근 담즙증에 걸렸는데, 담즙증은 부자가 잘 걸리는 병이므로 자기 자신에게 "너는 자산가다"라고 말했다고 합니다. 어떤 의미에서는 맞는 말이었습니다. 병원비를 내고자 하는 그의 넘치는 의지면에서 보면 말입니다. 그는 아주 호탕하게 주치의를 부자로 만들어 주었습니다. 언제나 치료비를 두 배로 내고, 때로는 네 배까지 냈습니다. 그리고 의사에게 이렇게 설명하는 것이었습니다. "그런데 선생, 선생이 나를 공짜로 진찰해 주고 있다는 생각은 터무니없는 착각이오. 나는 선생이 난처할 만큼 많은 돈을 내고 있소—병원비를 내고자 하는 내 넘치는 의지라는 면에서는 말이지—그걸 모르겠소?" 사실 그는 (자기 입으로 한 말이지만) 치료비를 후하게 치러 줄 마음이 있었으므로 실제로 후하게 치른 것이나 마찬가지라고 생각했습니다. 인류가 매우 중요하게 생각하는 금속 조각이나 얇은 종잇조각을 의사 손에 쥐어 줄 수 있을 만큼 가지고 있었다면 기꺼이 쥐어 주었을 겁니다. 하지만 갖고 있지 않았기에 행위와 의지를 교환한 것이죠.

"내가 돈의 가치를 전혀 모르는 탓도 있겠지." 스킴폴 씨가 말했습니다. "하지만 나한테는 무척 합리적인 사고라고 생각되는걸! 푸줏간 주인은 나한테 물건값을 조금만 치러 달라고 말하지. 언제나 '조금만'이라는 부분에는—우리 쌍방에게 계산하기 쉽다는 인상을 주기 위해서이지만—그의 바람직한 시적 성향이 조금 나타나 있어. 나는 이렇게 대답한다네. '자네는 모르겠지만 계산은 이미 끝났네. 값을 조금만 치러 달라고 말하러 힘들게 찾아오지 않아도 된단 말이지. 계산은 끝났어. 나는 그렇게 생각하네.'"

아저씨가 웃으면서 말했습니다. "하지만 푸줏간 주인이 고기를 주지도 않고 줬다고 우기면 어떨까?"

"이보게, 잔다이스. 자넨 정말 놀랍구먼. 푸줏간 주인과 똑같은 의견이니 말이야. 전에 내가 다니던 푸줏간 주인이랑 똑같은 의견이야. 그 주인은 '나리, 왜 나리는 1파운드에 18펜스짜리 어린 양고기를 드셨습니까?' 하는 거야. '왜 내가 1파운드에 18펜스짜리 어린 양고기를 먹었냐고?' 당연히 나는 그 질문에 깜짝 놀라서 대답했지. '어린 양고기를 좋아하니까 먹었지!' 그런데 이 대답으로는 납득하지 않더군. '나리, 저도 나리가 돈을 내신 셈 치는 것처럼 고기를 판 셈 칠 걸 그랬습니다!' 나는 이렇게 말해 주었네. '이보게, 우리 이성적인 동물답게 따져 보세. 자네 말 같은 일이 어떻게 일어날 수 있다는 거지? 그런 일은 불가능해. 자네한테는 새끼 양고기가 있었고, 나한테는 돈이 없었어. 자네는 고기를 내놓지 않고도 낸 셈 칠 수 없었다는 말이야. 하지만 나는 돈을 내지 않고도 낸 셈 칠 수 있었고, 실제로 그렇게 했지!' 푸줏간 주인은 한마디도 안 하더군. 그걸로 이 문제는 끝이야."

"푸줏간 주인이 소송을 걸지 않던가?" 아저씨가 물었습니다.

"웬걸, 걸었지. 하지만 그건 격정에 휩싸여서지 이성에 따른 게 아니야. 격정이라고 하니 보이손이 떠오르는군. 그의 편지에 따르면, 자네와 이 아가씨들은 링컨셔에 있는 그 독신남의 집에 잠시 놀러 갈 거라던데."

"보이손이 우리 집 아가씨들에게 꽤 인기가 있어서 말이야." 잔다이스 씨가 말했습니다. "그래서 이 아가씨들을 위해 놀러 가기로 약속했지."

"자연의 여신이 그 남자를 변화시키는 걸 잊은 모양이군요." 스킴폴 씨가 에이더와 나에게 말했습니다. "좀 거친 남자죠……? 바다처럼 말이에요. 좀 격정적이죠……? 어떤 색깔이든 죄 빨간색이라고 믿는 황소처럼 말이죠. 하지만 그 남자에게는 큰 망치를 내리치는 것과 같은 가치가 있다고 나는 생각합니다!"

보이손 씨는 무슨 일이든 매우 중요하게 여기고, 스킴폴 씨는 어떤 일이든 몹시 가볍게 여기는 성격이었으므로, 만약 이 두 사람이 서로 진심으로 존경할 수 있었다면 나는 놀랐을 것입니다. 존경은커녕 이전에 스킴폴 씨가 화제에 올랐을 때 보이손 씨가 몇 번이나 독설을 퍼부으려는 것을 나는 목격했습니다. 그래서 나는 에이더와 함께, 우리는 보이손 씨가 마음에 들었다고 짤막하게 말했습니다.

"나도 그에게서 초대를 받았지요." 스킴폴 씨가 말했습니다. "만일 그런 남자

손에 아이를 맡겨도 안전하다면—그 아이는 상냥한 두 천사가 마음을 합쳐 지켜 주고 있으니까 그래도 된다고 격려받지요—나는 갈 겁니다. 왕복 여비는 자기가 내준대요. 그러려면 분명 돈이 들겠죠? 아마 몇 실링쯤 되겠죠. 아니면 몇 파운드려나? 아니면 상당히 많이? 그런데 코빈세스 말입니다. 우리의 친구 코빈세스를 기억하겠죠, 서머슨 양?"

화제가 머리에 떠오르는 대로 스킴폴 씨는 조금도 계면쩍은 기색 없이 기품 있는 태도로 기운차게 물었습니다.

"네, 기억하고말고요!"

"코빈세스는 집행관 두목[2]에게 붙잡혔습니다. 다시는 햇빛을 보지 못할 거예요."

그 말을 듣고 나는 진심으로 놀랐습니다. 그런 줄은 꿈에도 모른 채, 그날 밤 소파에 앉아 머리를 쓰다듬고 있던 채무자 구치소 직원의 모습을 떠올리고 있었기 때문입니다.

"후임 관리한테 어제 들었지요. 지금 그 직원이 우리 집에 있어요—이른바 압류라고 하지요. 어제 우리 파란 눈을 한 딸애 생일에 찾아왔더라고요. 나는 직원에게 의견을 구했습니다. '이건 부당하고 불쾌한 일이오. 당신한테 파란 눈의 딸이 있는데, 내가 그 애 생일에 초대받지도 않고 들이닥친다면 싫지 않겠소?' 하지만 직원은 돌아가지 않았어요."

스킴폴 씨는 이 유쾌하고도 불합리한 사건을 재밌다고 웃고는, 자기 자리 가까이에 있던 피아노를 경쾌하게 연주하기 시작했습니다.

"그러고는 나한테 이런 이야기를 하더군요." 그가 피아노를 치면서, 지금부터 내가 마침표로 구분하는 것처럼 말했습니다. "코빈세스는 세 명의 아이를. 남기고 죽었습니다. 그 아이들에게는, 어머니가 없어요. 코빈세스의 직업은. 사람들에게 미움을 받으니까. 젊은 코빈세스들은. 매우 곤란한 처지죠."

잔다이스 씨가 머리를 문지르며 일어나 서성거리기 시작했습니다. 스킴폴 씨가 에이더가 좋아하는 노래를 연주했습니다. 에이더와 나는 잔다이스 씨를 바라보았습니다. 우리는 잔다이스 씨가 지금 무슨 생각을 하는지 알 것 같았습

---

2) 여기서는 죽음의 신을 뜻함.

니다.

아저씨는 거닐다가 섰다가 이따금 머리 문지르는 것을 그만두었다가 다시 문지르고 하더니 피아노 건반 위에 한 손을 올려 스킴폴 씨의 연주를 중단시켰습니다. "이건 마음에 들지 않네, 스킴폴." 아저씨가 생각에 잠겨 말했습니다.

이미 방금 전 이야기를 까맣게 잊은 스킴폴 씨가 놀라서 얼굴을 들었습니다. "그 남자는 필요한 사람이었어." 아저씨가 말을 이으며 피아노와 방 사이의 매우 좁은 공간을 왔다 갔다 했습니다. 그러면서 뒤통수의 머리카락을 격렬한 동풍을 맞은 것처럼 쓸어 올렸습니다. "우리의 잘못이나 어리석은 행동 때문에, 또는 부족한 경험이나 불운 때문에 부득이하게 그런 사람들이 필요하다면, 우리는 그런 사람들에게 복수해서는 안 돼. 그 남자의 직업에는 죄가 없네. 그에게는 자식이 있었지 않나. 그 점을 더 자세히 알고 싶구먼."

"아! 코빈세스 말인가?" 아저씨가 무슨 얘기를 하려는지 겨우 이해한 스킴폴 씨가 큰 소리로 말했습니다. "그거야 쉽지. 코빈세스의 본부로 가면, 자네가 원하는 걸 알 수 있을 걸세."

잔다이스 씨가 우리를 향해 고개를 끄덕였습니다. 우리는 그 신호를 기다리고 있었습니다. "자! 그리로 가자, 얘들아. 물론 그곳에 가는 게 최우선이지!" 우리는 서둘러 준비하고 집을 나섰습니다. 스킴폴 씨도 따라왔습니다. 그는 이 탐험을 매우 즐거워했습니다. "채무자 구치소가 나에게 볼일이 있는 것이 아니라 내가 구치소에 볼일이 있다니, 이런 일은 처음이야. 정말 기분이 좋은걸!" 하는 것이었습니다.

먼저 스킴폴 씨는 우리를 챈서리 래인 커스터 거리로 데리고 갔는데, 이곳에는 창문에 쇠살을 끼운 집이 있었습니다. 그 집이 '코빈세스의 성'이라고 스킴폴 씨가 말해 주었습니다. 대문으로 들어가 초인종을 누르니 사무실 같은 곳에서 지독하게 못생긴 소년이 나와, 방범용 대못이 박힌 출입문 너머로 우리를 바라보았습니다.

"무슨 일이죠?" 소년이 두 개의 못 사이에 턱을 대고서 말했습니다.

"이곳 하인이나 직원 가운데 죽은 사람이 있는데……." 잔다이스 씨가 말했습니다.

"그런데요?"

"그 사람 이름 좀 알 수 있을까?"

"네킷이에요."

"주소는?"

"벨 야드. 왼쪽에 있는 블라인더라는 잡화점이죠."

"그 사람은…… 어떤 식으로 질문해야 할지 모르겠군……." 아저씨가 중얼거렸습니다. "부지런했니?"

"네킷이요? 그럼요, 아주 부지런했죠. 지치지도 않고 망을 보았는걸요. 마음만 먹으면 길모퉁이 기둥 위에 여덟 시간이나 열 시간쯤 죽치고 앉아 있었죠."

"더했을 것 같은데." 아저씨가 혼잣말처럼 말하는 것이 들렸습니다. "더하려다가 못했는지도 모르지. 고맙다. 용건은 이것뿐이다."

고개를 갸웃하고서 문 위에 두 팔을 올린 채 대못을 문지르고 빨고 하는 소년을 놔두고 우리는 링컨 법조원으로 돌아왔습니다. 스킴폴 씨가 그 이상 채무자 구치소에 다가가는 것을 꺼려서 그곳에서 기다리고 있었기 때문입니다. 우리는 다 같이 벨 야드로 갔습니다. 그곳은 얼마 떨어지지 않은 곳에 있는 좁은 골목이었습니다. 잡화점은 금방 발견했습니다. 가게에는 수종증이나 천식, 또는 둘 다 걸린 듯한 푸근한 인상의 할머니가 있었습니다.

"네킷의 아이들이요?" 할머니가 내 물음에 답했습니다. "네, 있지요, 아가씨. 4층에요. 계단 바로 정면 방이랍니다." 그러고서 할머니는 판매대 너머로 내게 열쇠를 건네주었습니다.

나는 열쇠를 흘끔 보고 곧 할머니에게 시선을 돌렸습니다. 할머니는 당연히 내가 그 열쇠를 어디다 써야 할지 알고 있으리라고 믿고 있었습니다. 나는 그것이 아이들 방 열쇠라고밖에는 생각할 수 없었으므로 아무것도 묻지 않고 그곳에서 나와 앞장서서 어두운 계단을 올라갔습니다. 최대한 조용히 걸었지만 일행이 네 명이나 되었으므로, 낡은 계단 널빤지가 삐거덕거렸습니다. 그 소리가 시끄러웠는지, 3층에 이르자 한 남자가 방에서 밖을 내다보고 있었습니다.

"그리들리를 찾아왔소?" 그가 신경질적으로 우리를 노려보며 말했습니다.

"아니요, 더 올라갈 거예요." 내가 말했습니다.

그 사람은 에이더, 잔다이스 씨, 스킴폴 씨 순서로 세 사람이 내 뒤를 따라 지나가는 것을 내게 그랬던 것처럼 신경질적으로 노려보았습니다. 잔다이스 씨가 "안녕하세요" 하고 인사했습니다. 그도 무뚝뚝하고 거칠게 "안녕하시오!"라고 말했습니다. 키가 크고 혈색이 나빴으며, 머리카락은 거의 남지 않은 근심에 지친 머리와 주름이 깊게 팬 얼굴에 눈은 퉁방울눈이었습니다. 싸움을 좋아할 것 같은 표정, 툭하면 화낼 것 같은 신경질적인 태도, 거기에 그 몸집—한눈에 봐도 건강이 안 좋은 듯했지만, 아직 커다랗고 단단해 보였습니다—을 보고 나는 꽤나 걱정스러워졌습니다. 손에는 펜을 들고 있었습니다. 지나가면서 방 안을 힐끔 보니 서류가 방 안 가득 어지럽게 널려 있더군요.

그 사람을 그곳에 남기고 우리는 맨 위층 방으로 올라갔습니다. 내가 문을 두드리자 안에서 귀엽고 새된 목소리가 들렸습니다. "우린 갇혔어요. 블라이더 할머니가 열쇠를 갖고 있어요!"

그 말을 듣고 나는 아까 받은 열쇠로 문을 열었습니다. 천장이 비스듬하고 가구다운 것이라고는 하나 없는 초라한 방에 대여섯 살쯤 된 조그만 사내아이가 18개월 된 무거운 갓난아기를 안고 재우는 참이었습니다. 날씨가 추운데도 불기가 전혀 없고, 그 대신 아이들은 둘 다 볼품없는 숄과 망토로 몸을 둘둘 감고 있었습니다. 그러나 옷이 너무 부실해 둘 다 코가 빨갛고, 작은 몸뚱이는 잔뜩 오그라들었습니다. 그런 꼴로 사내아이는 어깨에 갓난아기의 머리를 올리고 왔다 갔다 하면서 아기를 재우고 있었습니다.

"누가 너희를 단 둘만 이곳에 가뒀니?" 당연히 우리가 물었습니다.

"찰리." 사내아이가 멈춰 서서 우리를 물끄러미 바라보며 말했습니다.

"찰리가 네 형이니?"

"아니요. 누나인 샬럿이 찰리예요. 아빠가 찰리라고 불렀거든요."

"찰리 말고 형제는 없니?"

사내아이가 갓난아기에게 씌운 커다란 부인용 모자를 쓰다듬으며 말했습니다. "나랑 엠마, 그리고 찰리예요."

"찰리는 지금 어디 있는데?"

"빨래하러 갔어요." 다시 사내아이는 왔다 갔다 하기 시작했습니다. 동시에 우리를 힐끔거리느라 침대에 너무 가까이 다가가는 바람에 갓난아기의 무명 모자가 침대틀에 부딪칠 뻔했습니다.

우리가 두 아이를 바라보고 있을 때, 외모는 어린애인데 얼굴은 자못 영리해 보이고 나이보다 성숙한—그리고 예쁘장한 얼굴을 한—아주 작은 소녀가 어른 것으로 짐작되는 커다란 부인용 모자를 쓰고, 어른 것으로 보이는 앞치마를 하고, 다 드러난 양팔을 닦으면서 들어왔습니다. 손가락은 빨래를 하느라 퉁퉁 불어서 쭈글쭈글하고, 팔에서 닦아 낸 비누 거품은 아직 꺼지지 않았습니다. 그런 구석만 없었다면, 빨래놀이를 하는 아이가 날카로운 관찰력으로 실제 빨래하는 모습을 관찰했다가 가난한 여자 노동자의 흉내를 내는 것처럼 보였을 것입니다.

소녀는 어느 이웃집에서 한달음에 달려온 것이었습니다. 그 때문에, 몸무게는 가벼웠지만 숨이 차서, 처음에 선 채로 숨을 몰아쉬고 팔을 닦으며 조용히 우리를 바라보는 동안에는 말을 하지 못했습니다.

"아, 찰리가 왔다!" 사내아이가 말했습니다.

사내아이가 안고 있던 아이가 찰리에게 안기려고 두 팔을 뻗으며 울기 시작했습니다. 소녀가 어른 같은 동작으로 갓난아기를 받아 안고, 부드럽게 자기에게 매달린 그 무거운 짐 너머로 우리를 쳐다보았습니다.

우리가 이 작은 아이를 위해 의자를 가져와 그 짐을 안은 채로 앉히자 사내아이가 가까이 다가와 앞치마를 붙잡았습니다. 아저씨가 속삭였습니다. "말도 안 돼, 이 아이가 다른 아이들을 위해 일을 하고 있다니! 이걸 좀 봐! 이걸 좀 보라고!"

아닌 게 아니라 볼 만한 광경이었습니다. 세 아이가 붙어 있고, 그중 두 아이가 한 아이를 의지하고 있었는데, 그 한 아이는 아주 어렸지만 이상하게도 아이다운 외양에 아주 잘 어울리는 어른스러운 침착한 태도를 갖추고 있었습니다.

"찰리, 찰리!" 아저씨가 말했습니다. "너 몇 살이니?"

"열세 살이 조금 지났어요."

"아! 나이깨나 먹었구나! 나이깨나 먹었어, 찰리!"

아저씨가 찰리에게 반은 장난스럽게, 그러나 그만큼 더욱 연민을 담아 고통스럽게 말했을 때의 그 다정함을 나는 말로 표현할 수가 없습니다.

"그래, 여기서 이 아이들과 셋이서 살고 있느냐, 찰리?"

"네." 소녀가 아저씨의 얼굴을 올려다보며 자신 있게 대답했습니다. "아버지가 돌아가신 뒤로 쭉이요."

"그래, 어떻게 먹고사니, 찰리? 아! 찰리." 아저씨가 순간 얼굴을 돌리면서 말했습니다. "어떻게 먹고살아?"

"아버지가 돌아가신 뒤로 저는 일하러 다녀요. 오늘은 빨래하러 갔어요."

"가엾은 찰리! 네 키로는 빨래통에 손이 닿지 않을 텐데!"

"나막신을 신으면 닿아요." 찰리가 냉큼 대답했습니다. "엄마가 신던 높은 나막신이 있거든요."

"어머니는 언제 돌아가셨니? 가엾은 어머니구나."

"엄마는 엠마가 태어나자마자 돌아가셨어요." 찰리가 품에 안은 아기의 얼굴을 흘끗 바라보며 말했습니다. "그러자 아버지는 저에게 엠마를 위해 최대한 좋은 엄마가 되어 주라고 말씀하셨죠. 그래서 전 그러려고 노력했어요. 그래서 밖으로 일하러 나가기 전에는 오랫동안 집에서 청소와 아기 돌보기와 빨래를 하죠. 그래서 전 어떻게 일해야 하는지 잘 알아요. 아시겠죠?"

"밖에는 자주 일하러 나가니?"

"될 수 있으면 나가요." 찰리가 눈을 동그랗게 뜨고 방긋 웃으며 말했습니다. "6펜스 은화랑 1실링 은화를 벌기 위해서요!"

"밖으로 일하러 나갈 때는 늘 동생들을 가둬 두니?"

"위험하지 말라고 그러는 거예요. 아시잖아요? 블라인더 아줌마가 올라오기도 하고, 그리들리 씨가 오기도 하고, 저도 가끔 달려오고요. 그러니까 얘네들은 충분히 놀 수 있어요. 게다가 톰은 갇혀도 무서워하지 않거든요. 그렇지, 톰?"

"응!" 톰이 씩씩하게 대답했습니다.

"저녁이 되면 아래 골목에 가스등이 켜져서 빛이 들어오니까 이곳은 아주 밝아요. 눈이 부실 정도라니까요. 그렇지, 톰?"

"응, 찰리, 눈이 부실 정도야."

"그리고 얘는 아주 얌전해요." 소녀가 말했습니다—아! 진짜 엄마처럼, 어른처럼! "게다가 엠마가 피곤해하면 얘가 재워 주죠. 자기가 피곤하면 혼자 자고요. 그러다가 제가 집으로 돌아와서 촛불을 켜고 저녁을 먹으면 다시 일어나서 저랑 같이 먹어요. 그렇지, 톰?"

"응, 맞아, 찰리! 난 그래!" 톰이 말했습니다. 그리고 지금 이야기로 자기 삶의 멋진 즐거움을 살짝 과시했기 때문인지, 자기에게 그 무엇과도 바꿀 수 없는 찰리에 대한 감사와 애정 때문인지, 톰은 찰리의 원피스에 잡힌 빈약한 주름에 얼굴을 묻었습니다. 그 아이의 웃음이 울음으로 바뀌었습니다.

우리가 오고 나서 아이들이 눈물을 흘린 것은 그때가 처음이었습니다. 고아 소녀는 아버지와 어머니에 관해 말했지만 용기를 내지 않으면 안 되는 상황 탓에, 집안의 가장으로서 아직 어리지만 중요한 위치에 있는 탓에, 날마다 바쁘게 일하러 다니는 탓에, 부모를 잃은 슬픔은 철저하게 억누르는 것 같았습니다. 그러나 톰이 울음을 터트리자, 매우 침착하게 우리를 조용히 바라보며 꼼짝도 하지 않고 머리카락 한 올 흐트러지지 않던 찰리에게서 소리 없는 눈물 두 줄기가 뺨을 타고 흘러내리는 것을 나는 보았습니다.

나는 에이더와 함께 창가에 서서 집들의 지붕과 시커멓게 변한 난로의 굴뚝과 빈약한 초목과 이웃들이 기르는 새장 안의 새들을 바라보는 척했습니다. 문득 정신을 차리고 보니, 아래층 가게에서 블라인더 할머니가 찾아와서(아마 4층까지 올라오는 데 지금까지 시간이 걸렸던 것이겠지요) 아저씨에게 이야기하고 있었습니다.

"이 애들한테 방값을 받지 않는 건 일도 아니에요. 누가 그런 걸 받겠어요!"

"그렇군요!" 아저씨가 우리 두 사람에게 말했습니다. "그게 실은 아주 큰일이었다는 걸 이 착한 할머니가 깨닫는 날이 온다면 그걸로 된 거지. 특히 그렇게 해준 상대가 저 보잘것없는 사람들[3]이었으니까……! 이 아이가……." 아저씨가 잠시 뜸을 들였다가 덧붙였습니다. "이런 생활을 계속할 수 있을까요?"

"분명 그럴 수 있을 거예요." 블라인더 할머니가 힘겹게 점점 괴로운 듯이 가쁜 숨을 쉬면서 말했습니다. "이만큼 야무진 애도 없죠. 엄마가 죽은 뒤에 동생들을 어찌나 잘 돌보는지 이 동네에 소문이 자자하다니까요! 아빠가 병에 걸린 뒤에 이 애가 간병하는 모습을 보고는 아주 감동해 버렸답니다! 이 애 아빠가 저한테 했던 마지막 말은—저기 누워서 말이죠—이거였어요. '아주머니, 아주머니. 내 직업이 뭐였든 간에 나는 어젯밤 이 방에서 천사가 내 딸과 나란히

---

3) "너희가 여기 있는 형제 가운데 가장 보잘것없는 사람에게 해 준 것이 바로 나에게 해준 것이다."(신약성서 〈마태복음〉 제25장 40절)

앉아 있는 걸 봤습니다. 난 저 애를 하늘에 계신 아버지께 맡기겠습니다!'"

"이 애 아버지한테 다른 직업은 없었지요?"

"네. 그저 채무자 구치소 직원으로만 일했죠. 처음에 그 사람이 여기 와서 방을 빌렸을 때는 무슨 일을 하는 사람인지 몰랐지만, 사실대로 말하자면, 직업을 알고 나서는 방을 빼 달라고 요구했답니다. 그 직업은 이 동네에서 미움을 받으니까요. 다른 세입자들도 좋게 생각하지 않았어요. 고상한 직업도 아니고, 실제로 사람들 대부분은 반감을 갖고 있지요. 그리들리 씨는 무척 강한 반감을 갖고 있었지만, 그래도 그이는 훌륭한 세입자랍니다. 워낙 아주 분통터지는 일들만 당해 와서 그래요."

"그래서 그 사람한테 방을 빼 달라고 했단 말이죠?" 아저씨가 말했습니다.

"그래서 그 사람한테 방을 빼 달라고 했지요." 블라인더 할머니가 말했습니다. "하지만 막상 그 기한이 다가오고 그 사람한테는 아무런 잘못도 없다는 걸 알았을 때는 저도 난처했어요. 시간도 잘 지키고, 성실하게 일하고, 자기가 해야 할 일은 완벽하게 했고요." 할머니가 무의식중에 스킴폴 씨를 빤히 쳐다보며 말했습니다. "그것만 해도 여간 힘든 일이 아니죠."

"그래서 결국 그 사람을 그냥 살게 했군요?"

"당연하지요. 나는 이렇게 말했지요. 그리들리 씨랑 합의를 보면 다른 세입자들한테는 내가 이야기할 거고, 이웃 사람들이 좋아하든 싫어하든 신경 쓰지 않겠다고요. 그리들리 씨는 퉁명스럽게 승낙해 주었어요. 하지만 승낙은 승낙이죠. 그 사람한테는 언제나 퉁명스러웠지만, 그 뒤로 아이들한테는 친절히 대해 주고 있답니다. 사람은 역시 겪어 봐야 안다니까요."

"얼마나 많은 사람이 아이한테 친절하게 해 줍니까?" 잔다이스 씨가 물었습니다.

"그렇게 많진 않아요. 혹시 애들 아빠가 다른 직업을 가졌더라면 더 있었겠죠. 소장인 코빈세스 씨가 1기니를 주고, 전 직장 동료들이 조금씩 위로금을 모아 주었어요. 이웃들 가운데에서도 그 사람이 지나가면 놀려 대며 어깨를 치던 사람들도 기부금을 조금 가져왔고, 그리고…… 대체로 그렇게 많진 않답니다. 샬럿도 비슷해요. 이 애가 구치소 직원의 아이였다는 이유로 써 주지 않으려는 사람도 있고, 고용해 놓고 이 애한테 부모에 대한 욕을 퍼붓는 사람들도 있지요. 이렇게 부모에 대한 약점이나 다른 결점이 있는 애를 써 준다는 것을 과시하면서 돈은 적게 주고 일은 잔뜩 시키는 사람도 있어요. 하지만 이 애는 다른 사람보다 인내심이 강하고 영리하고, 늘 씩씩하게, 아니 그보다 더 열심히 일하지요. 그러니까 지금은 대체로 그렇게 많지 않지만 더 많아져도 좋을 텐데 말이에요."

블라인더 할머니는 턱까지 차올랐던 숨이 회복되기 전에 이렇게 긴 이야기를 하는 바람에 다시 숨이 차올라 빨리 가라앉히려고 의자에 앉았습니다. 잔다이스 씨가 우리에게 뭐라고 말하기 위해 이쪽으로 몸을 돌렸습니다. 그때, 지금 이야기에도 등장하고 우리가 이곳으로 올라오는 도중에도 만났던 그리들리 씨가 느닷없이 방으로 들어오는 바람에 잔다이스 씨는 그쪽으로 주의를 빼앗겼습니다.

"신사숙녀 여러분, 여러분이 대체 여기서 뭘 하는지는 모르겠지만……" 그는 우리가 여기 있어서 화가 난다는 듯이 말했습니다. "상당히 거슬리네요. 난 남한테 내 방을 힐끔거리라고 이 집에 들어온 게 아닙니다. 아, 찰리! 톰! 꼬마 아가씨! 잘들 지내냐?"

그 사람은 한데 뭉쳐 있는 아이들 위로 다정스럽게 몸을 굽혔습니다. 그 얼굴은 여전히 험상궂었고 우리를 대하는 태도도 무례하기 짝이 없었지만, 아이들이 그를 친구처럼 바라보는 것은 한눈에 보였습니다. 그것을 눈치챈 아저씨는 그를 비난하지 않았습니다.

"설마 방이나 힐끔거리자고 이곳을 찾아오는 사람이 있겠소?" 아저씨가 온화하게 말했습니다.

"암요, 그렇고말고요." 상대가 대답하고는 톰을 무릎 위에 앉히더니 아저씨를 향해 신경질적으로 손을 저었습니다. "난 신사숙녀들과 논의하고 싶지 않습니다. 논의라면 죽을 때까지 할 양을 다 해 버렸으니까요."

잔다이스 씨가 말했습니다. "아마 당신은 그럴 만한 이유가 있어서 화도 내고 짜증도……"

"이것 보라지!" 상대가 맹렬히 화내며 고함을 질렀습니다. "난 싸우기 좋아하는 성미지. 걸핏하면 화내고 예의도 몰라!"

"별로 그래 보이지 않는데요."

"당신!" 그리들리가 아이를 내려놓고는 아저씨를 한 대 치려는 것처럼 옆으로 바짝 다가왔습니다. "당신은 형평법 재판소라는 곳을 조금은 아시오?"

"슬프게도 알 걸요."

"슬프게도?" 하더니 상대는 잠깐 화를 멈추었습니다. "그렇다면 용서하세요. 난 원체 무례해서……. 나도 잘 압니다. 용서하세요!" 그러고는 다시 격렬한 투로 말했습니다. "난 요 25년간, 달궈진 쇠 위로 끌려왔어요. 부드러운 벨벳 위를 걷는 습관은 사라져 버렸죠. 저기 있는 대법관 법정에 가서, 그와 사람들을 위로해 주는 농담 가운데 어떤 것이 있는지 물어보세요. 가장 걸작은 슈롭셔 출신의 남자라고 가르쳐 줄 겁니다." 그가 격정을 못 이겨 한 손으로 다른 손을 탁탁 치면서 말했습니다. "내가 바로 그 슈롭셔 출신의 남자죠."

"나와 내 일족도 그 엄숙한 기관에 즐거움을 제공해 왔지요." 아저씨가 침착하게 말했습니다. "당신도 들었을지 모르지만, 내 이름은 잔다이스요."

"잔다이스 씨." 그리들리가 무례하게 인사하며 말했습니다. "당신은 부당한 판결도 순순히 받아들이지만, 나는 그럴 수 없습니다. 나는 내가 받은 부당한 판결에 지금하고 다른 태도를 취했다면 미치고 말았을 겁니다! 부당한 판결에 분개하고, 마음속으로 복수하고, 이제까지 받아본 적이 없는 정당한 판결을 이렇게 화내면서 요구하니까 제정신으로 있을 수 있는 거예요. 이렇게 하니까 말이에요!" 그리들리는 시골 사람다운 소박한 투로 매우 열띠게 말했습니다. "당신은 나더러 지나치게 흥분했다고 할지도 모르죠. 하지만 내 대답은, 부당한 판결을 받는다면 지나치게 흥분하는 게 내 천성이라 그러지 않고는 배기지 못한다는 겁니다. 그렇게 하거나, 늘 법정에 들락거리는 저 불쌍한 미친 할멈처럼 되어서 히죽거리거나, 길은 둘 가운데 하나밖에 없습니다. 일단 부당한 판결을 받는다면 난 천치가 될 거예요."

이 사람이 보인 격노와 흥분, 얼굴의 경련, 말에 곁들인 격렬한 몸짓은 보기에도 고통스러웠습니다.

"잔다이스 씨, 내 이야기를 곰곰이 듣고 판단해 보세요. 하느님께 맹세코 거짓말 없이 내 이야기는 이렇습니다. 나는 형제가 하나 있습니다. 아버지는(농사를 지으셨죠) 유언장을 써서 농장과 가축 등을 어머니에게 넘기셨어요. 어머니가 살아 계신 동안이라는 조건을 붙여서 말이죠. 어머니가 돌아가시면 모두 내가 물려받고, 거기서 300파운드만 동생에게 떼어 주기로 되어 있었습니다. 어머니가 돌아가셨습니다. 그러자 얼마 안 있어 동생이 자기 몫의 유산을 요구하더군요. 나와 몇몇 친척은 동생이 식사와 집과 그 밖의 것을 제공받고 있으니 이미 유산의 일부를 받고 있는 셈이라고 말했습니다. 여기서 잘 들어 주세요! 문제는 바로 그것이었습니다. 누가 유언에 의문을 품은 게 아니에요. 그저 유산의 일부가 이미 지급되었느냐 아니냐에 의문을 가진 거죠. 이 문제를 해결하기 위해 동생은 재판소에 소송을 냈고, 나는 이 꼴 보기 싫은 대법관 법정에 출두하지 않으면 안 되게 되었죠. 법률에 묶여서, 어디를 가려 해도 갈 방도가 없었으니까요. 그 간단한 소송 때문에 열일곱이나 되는 사람이 피고가 되었습니다! 처음 공판이 있었던 건 2년 전입니다. 그 뒤 2년간 중지되었는데, 그 사이에 재판소 주사가 (그놈 얼굴이 확 썩어 버렸으면 좋겠네!) 나더러 내가 우리 아버지의 아들이 맞느냐고 묻는 겁니다. 아무도 그런 것에는 일말의 의심도 품지 않았는데 말이죠. 그러더니 주사는 아직도 피고가 부족하다며—아시겠습니까? 아직 고작 열일곱 명이었으니 말이죠!—, 잊고 있던 한 명을 반드시 추가해서 처음부터 다시 시작해야 한다는 겁니다. 그 시점에 소송 비용은—아직 재판이 시작되기도 전에—동생에게 줄 유산의 세 배가 되어 있었습니다. 동생은 그 이상 비용이 들어가지 않도록 하기 위해서라면 기꺼이 유산을 포기했을 겁니다. 아버지의 유언으로 내가 물려받은 전 재산은 소송비용으로 다 사라지고 말았어요. 소송은 아직 미해결인 채로 다른 것들과 함께 뒤죽박죽 섞여서 절망 상태에 빠져 버렸습니다. 그래서 내가 오늘날 이곳에 있는 거지요! 그런데 잔다이스 씨, 당신 소송에는 수천 명이 엮여 있지만, 내 소송에는 수백 명입니다. 내 소송이 견디기 쉬울까요, 견디기 어려울까요? 거기에 걸렸던 나의 모든 삶이 이렇게 한심하게 모두 날아가 버렸는데 말이죠?"

잔다이스 씨가 "진심으로 유감입니다, 나도 나만 이 불합리한 제도 때문에 부당한 대우를 받고 있다고 주장하는 건 아닙니다."라고 말했습니다.

"그것 보세요!" 그리들리 씨의 격렬한 분노는 조금도 가라앉지 않았습니다. "제도라! 어딜 가도 문제는 제도라고들 하죠. 개인에게 짐을 지워서는 안 돼요. 문제는 제도죠. 법정에 가서 '대법관님, 대법관님의 입으로 듣고 싶습니다. 이게 정당합니까, 부당합니까? 대법관님은 태연한 얼굴로 저에게 너는 정당한 판결을 받았으니 물러가라고 말하시렵니까?'라고 말해서는 안 돼요. 대법관은 그런 행동을 용납하지 않지요. 그는 그곳에 앉아 제도를 감독하시는 겁니다. 링컨 법조원 광장에 있는 털킹혼 변호사를 찾아가서, 그가 자못 만족스럽게 차가운 태도로 이쪽을 격분시켜도—그들은 모두 그렇지요. 그들은 그걸로 돈을 버니까요, 안 그래요?—변호사에게 '나를 파멸시킨 놈에게 무슨 일이 있어도 반드시 복수하겠다!' 하고 말해서는 안 돼요. 그에게는 책임이 없죠. 문제는 제도라니까요. 나도 여기서는 그런 사람들에게 발악하지 않겠지만—할지도 모르죠! 참다 참다 못 견딜 만큼 화가 치밀어 오르면 그럴지도 몰라요!—하느님의 대법정에 나갔을 때는 그런 제도를 움직여서 나를 괴롭힌 개인을 그놈 면전에서 고발할 겁니다!"

그리들리 씨의 분노는 하늘을 찌를 듯했습니다. 실제로 직접 목격하지 않았다면, 이 세상에 그렇게 불같은 분노가 있다고 믿지 못할 정도였습니다.

"안 그래도 이미 그랬죠!" 그리들리 씨가 의자에 앉아 얼굴을 훔치며 말했습니다. "잔다이스 씨, 나는 이미 그랬어요! 난 난폭한 사람이에요, 나도 잘 알죠. 또 알아야 하고요. 난 법정모독죄로 구류된 적이 있습니다. 변호사 협박죄로 구류된 적도 있지요. 그 밖에도 이런저런 소동을 일으켰고, 앞으로도 일으킬 섭니다. 나는 유명한 슈롭셔 출신의 남자예요. 때로는 그들에게 즐거움을 제공하는 것 이상의 일을 하기도 하죠. 내가 구금되거나 구금된 채 재판에 나가면 놈들은 그걸 즐거움으로 여기죠. 그리고 나한테 좀 자제하라고 말해요. 하지만 자제 따위를 하는 날엔 천치가 되어 버릴 거라고요. 예전에는 나도 꽤나 얌전한 사람이었습니다. 우리 고향 사람들은 그런 모습을 아직도 기억한대요. 하지만 지금은 이렇게 권리를 침해당했다는 기분에서 벗어나지 못하고 있지요. 어떻게든 탈출구를 찾아야 해요. 안 그러면 제정신으로 살 수 없을 겁니다. 지난주에 대법관이 이러더군요. '그리들리 씨, 이런 곳에서 아까운 시간 보내지 말고 슈롭셔의 시골에서 유익한 일을 하는 편이 훨씬 도움이 되지 않겠어요?' 나는 말했습니다. '대법관님, 저도 압니다. 대법관님의 고귀한 직함 따위는 들을 일이 없었던 편이 훨씬 신상에 좋았겠죠. 하지만 불행하게도 저는 과거를 되돌릴 수가 없습니다. 과거가 저를 이곳으로 내몰고 있지요.'" 그리들리 씨가 갑자기 벼락같은 고함을 지르며 덧붙였습니다. "이게 다가 아니에요! 난 놈들에게 창피를 줄 겁니다. 끝까지 그곳에 모습을 드러내서 대법관 법정의 체면을 짓밟아 놓겠어요. 내가 죽을 날이 다가왔다는 걸 알고, 그곳에 실려 갈 수 있다면, 그리고 입을 열 힘이 남아 있다면 이렇게 말하면서 그곳에서 죽을 겁니다. '지금까지 당신들은 몇 번이나 나를 이곳에 데리고 왔다가 다시 내보냈소. 이번에는 발부터 끌어내 주시오!'

그리들리 씨의 얼굴은 벌써 몇 년이나 전투적인 표정으로 굳어진 탓에, 마음이 가라앉았을 때조차도 낯빛은 누그러지지 않았습니다.

"내가 이 방에 찾아온 것은 이 젖먹이를 한 시간쯤 아래층 내 방으로 데리고 가서……" 그리들리 씨가 말하면서 다시 갓난아기에게 다가갔습니다. "놀아 주고 싶어서였습니다. 이런 이야기를 늘어놓을 생각은 아니었어요. 별 이야기도 아니고요. 넌 내가 무섭지 않지, 톰?"

"네! 아저씨는 나한테는 화를 안 내니까요."

"그래, 얘야. 넌 다시 나갈 거지, 찰리? 그렇지? 자, 이리 오렴, 아가야!" 그리들리 씨가 막내를 팔에 올리자 아기가 알아서 안겼습니다. "아래층에는 분명 생강이 든 케이크 병사가 있을 거다. 자, 찾으러 가 볼까!"

그리들리 씨는 잔다이스 씨에게 아까처럼 거친 인사를 했지만, 그 태도에는 어딘가 아저씨에 대한 경의가 담겨 있는 듯했습니다. 그는 우리에게도 가볍게 고개 숙여 인사하고 아래층 자기 방으로 내려갔습니다.

그러자 우리가 이곳에 오고 나서 처음으로 스킴폴 씨가 평소처럼 쾌활하게 떠들기 시작했습니다. "허허, 세상만사가 느릿느릿하면서도 각각 목적에 맞게 돌아간다는 사실을 알게 되어서 정말로 기쁘군. 이를테면 이곳에 사는 그리들리 씨말이야. 굳건한 의지와 놀라운 정력을 가진 사람이지. 지성으로 말하자면 미친 대장장이[4] 같은 존재지만. 난 쉽게 상상할 수 있네. 몇 년 전에 그리들리가 자신의 넘치는 투쟁심을 쏟아부을 곳을 찾아 방황했다는 것을 말이야. 그때 대법관 법정이 앞길을 가로막고 그가 간절하게 원하던 것을 제공해 준 거야. 그날 이후로 양쪽은 균형을 유지해 왔어. 그렇지 않았다면 그는 유명한 장군이 되어 온갖 도시를 폭파했을지도 모르고, 어쩌면 대정치가가 되어 온갖 의

---

4) 헨델의 곡이라고 해서 그 무렵 유명했던 (사실은 다른 사람이 작곡했다) 하프시코드를 위한 소곡 〈유쾌한 대장장이〉를 비꼰 것.

회 수사학을 구사했을지도 몰라. 하지만 이렇게 되는 바람에 그와 대법관 법정은 서로 매우 즐겁게 공격을 퍼부었어. 아무도 크게 다치는 사람 없이. 이후 그리들리는 이른바 아무런 부족함 없이 살고 있지. 다음엔 코빈세스를 봐! 불쌍한 코빈세스가 (이 매력적인 아이들의 아버지 말이야) 똑같은 원리를 얼마나 잘 증명하고 있는지! 난 가끔 코빈세스의 존재를 원망하네. 그가 거치적거리니까. 난 코빈세스 따위가 없어도 됐을 거야. 이런 생각을 한 적도 있네. 내가 터키 황제인데 어느 날 아침 총리대신이 나한테 '노예 놈에게 무엇을 가져오라고 할까요?'라고 하면 '코빈세스의 목을 가져와!'라고 대답했을지도 모른다고 말이야. 하지만 사정을 알고 보니 어땠지? 나는 줄곧 그 훌륭한 남자에게 일자리를 주고 있던 그의 은인이었어. 그가 이 매력적인 아이들을 이렇게 훌륭하게 키우고 이런 사회적 미덕을 함양할 수 있도록 한 건 사실 바로 나란 말이야! 그러니까 지금 가슴이 벅차고 눈물이 나오는 건 방을 둘러보고 이런 생각이 들었기 때문이네. '나는 코빈세스의 대후원자다. 그에게 작은 위로를 준 사람은 바로 나다!'"

이런 공상적인 이야기를 하는 스킴폴 씨에게는 무척이나 마음을 사로잡는 매력이 있었고 또 조금 전에 모두가 본 진지한 아이와 비교하면 스킴폴 씨는 아주 유쾌한 아이였으므로, 그때 블라인더 할머니와 나누던 비밀 이야기를 멈추고 우리 쪽으로 얼굴을 돌린 아저씨마저 빙그레 웃고 있었습니다. 우리는 찰리에게 입 맞추고 나란히 아래층으로 내려가 현관에 서서, 찰리가 깡충깡충 일하러 가는 모습을 지켜보았습니다. 어디로 가는지는 모르지만, 어른 것으로 보이는 부인용 모자를 쓰고 어른 것으로 보이는 앞치마를 두른 채 작디작은 찰리가 달려가는 모습을 바라보았습니다. 찰리는 골목 맨 끝에 있는 지붕 달린 통로를 지나 도시의 갈등과 소란 속으로, 망망대해에 떨어진 한 방울의 이슬처럼 사라져 갔습니다.

# 제16장 톰 올 얼론스

데들록 부인은 바쁘다. 몹시 바쁘다. 놀란 사교계 참새들은 어디로 가야 부인을 만날 수 있을지 거의 모른다. 오늘은 체스니 월드, 어제는 런던의 저택, 아마도 내일은 외국에 있겠지만, 사교계 참새들의 정보를 동원해도 분명히 예측할 수 없다. 부인에게 다정한 레스터 데들록 경조차 부인과 보조를 맞추기 위해 고군분투한다. 실은 더 애써야 하지만, 공교롭게도 좋은 쪽으로든 나쁜 쪽으로든 오랫동안 경과 운명을 함께한 또 한 명의 반려자—통풍—이 체스니 월드의 낡은 떡갈나무 침대로 날아와 경의 두 다리를 짓누르고 있다.

레스터 경은 통풍은 성가신 악마지만 동시에 귀족적인 악마라고 믿는다. 데들록 가문의 모든 직계 남자는, 인간의 기억이 거슬러 올라갈 수 있는 모든 세월에 걸쳐 통풍을 앓아 왔다. 이는 증명할 수 있다. 다른 사람들의 조상은 류머티즘으로 죽거나 병에 걸린 평민들의 더러운 혈통에서 비천한 질병을 물려받을지 모르지만, 데들록 가문 사람들은 조상 대대로 내려오는 통풍으로 죽음으로써, 모든 인간을 평등하게 하는 죽음에조차 특권적인 색깔을 입혀 왔다. 이 명문가에서는 링컨셔의 저택이나 초상화나 은 식기처럼 통풍이 대대로 전해 내려왔다. 데들록 가문에 위엄을 부여하는 한 요소인 것이다. 지금까지 말로 표현한 적은 없지만, 레스터 경은 자기가 죽어서 죽음의 천사가 영혼을 여러분 빼내갈 때는 아마도 천사가 저승에 사는 귀족들의 영혼을 향해 "나리들, 데들록 가문의 주인 또 한 명이 조상 대대로 내려오는 통풍에 걸려 이곳으로 왔으니 소개하겠습니다" 하고 말하리라 내심 생각하고 있을 것이다.

그래서 레스터 경은 조상 대대로 물려받은 두 다리를 조상 대대로 물려받은 병에 맡기고 있다. 자기가 가문의 명예와 재산을 유지할 수 있는 것이 봉건시대부터 내려오는 그런 조건 덕분이라는 듯이. 그는 데들록 가문의 일원으로서 똑바로 드러누워 극심한 고통에 몸을 떨며 아파하는 것은 다른 가문 사람들에게만 허락된 방종이라 여기고, 이렇게 생각한다. '우리는 이 병에 몸을 맡겨 왔다. 이것은 우리의 병이다. 물론 수백 년 동안 우리 가문은 이것이 아닌 다른 수치스러운 병으로 죽어서 저 사냥터 안 납골당을 호기심의 표적으로 만드는 일은 없어야 한다고 알고 있다. 나는 이 타협에 동의한다.'

그래서 레스터 경은 일렬로 죽 늘어선 창을 통과한 폭넓은 햇빛 줄기가 부드러운 부조 같은 그림자와 교차하면서 길게 드리워진 대응접실 한가운데, 그가 좋아하는 부인의 초상화 앞에 진홍색과 금색으로 얼굴을 물들인 채 침대에 누워 아주 훌륭한 모습을 보여 주고 있다. 창밖에서는 아직 한 번도 가래 날이 들어간 적 없는 푸른 땅에 당당한 떡갈나무들이 수백 년 동안이나 뿌리를 내리고서 레스터 경의 위대함을 증명하고 있다. 이곳은 옛날 국왕들이 칼과 방패를 들고 싸우러 말을 달리고, 화살을 들고 사냥을 나가던 시절에도 지금과 같은 사냥터였다. 방 안에는 조상들이 벽에서 그를 내려다보며 "우리는 이곳에서 찰나의 생명을 얻었다가 저마다 이 색칠된 잔영을 남긴 채, 지금 너를 재워 주는 떼까마귀의 아득한 목소리와 같이 꿈결 같은 추억 속으로 사라져 버렸다"고 말한다. 이것도 그의 위대함을 증명해 준다. 사실 오늘의 그는 정말이지 위대하다. 그와 1인치의 땅을 다투려는 보이손과 그 밖의 건방진 녀석들에게 재앙이 있으리!

지금 데들록 부인의 초상화는 레스터 경의 곁에서 부인의 대리 역할을 하고 있다. 부인은 런던에 갔지만 곧 이리로 돌아와 사교계 참새들을 당혹스럽게 할 것이다. 런던의 저택은 부인을 맞이할 준비가 되어 있지 않다. 가구류에는 천이 덮여 있으며, 자못 을씨년스럽다. 링컨셔의 영지와 런던의 저택, 머리에 분을 뿌린 종복 머큐리와 묘지 계단을 쓸 때 희미한 한 줄기 빛을 받은 부랑아 조의 행적, 이들 사이에는 대체 어떤 관계가 있을까? 깊은 바다의 서로 다른 쪽에 있으면서 신기하게도 우연히 만나게 되는 세계 역사상의 수많은 인물들 사이에는 대체 어떤 관계가 있을까!

거기에 어떤 연관성이 있든 조는 전혀 개의치 않고 종일 건널목을 청소한다. 그의 지적 상태를 간략히 나타내 주는 것은 무슨 질문을 받았을 때 대답하는 "난 아무것도 몰라요"라는 말이다. 그는 우중충한 날씨에 도로의 진흙을 청소하는 것이 얼마나 힘들며, 도로를 청소하며 생계를 꾸리기란 얼마나 힘든 일인지를 잘 안다. 이 간단한 사실조차 누구에게 배운 것이 아니라 스스로 터득한 것이다.

조는 동료들 사이에서 톰 올 얼론스라는 이름으로 알려진 폐허 같은 곳에 산다. 다시 말해, 그런 곳에서 살아도 아직 죽지 않고 살아 있다는 뜻이다. 그 곳은 점잖은 사람이라면 모두 피해 가는 어두컴컴하고 지저분한 거리다. 삐거 덕거리는 집들의 노후가 심해졌을 때 몇몇 대담한 부랑자가 그런 집들을 점거 하고 눌러앉더니 이번에는 세를 놓기 시작했다. 지금은 밤이 되면 그런 쓰러 져 가는 셋방에 가난한 사람들이 득시글댄다. 불쌍한 인간의 썩은 몸에 해충 이 꼬이듯이, 이 썩어 빠진 셋집에는 불결한 사람들이 번식한다. 그들은 빗물이 뚝뚝 떨어지는 곳에 구더기처럼 우글거리며 잠을 청하고, 들락거리면서 열병을 옮기고, 발자국이 남은 모든 곳에 온갖 재앙의 씨를 뿌린다. 그것을 원상태로 돌리려면 쿠들 경, 토머스 두들 경, 푸들 공작을 비롯한 모든 각료에서 주들에 이르는 모든 사람을 통틀어도 오백 년은 걸릴 것이다.

최근 톰 올 얼론스 거리에서는 광산이 폭발했을 때와 같은 굉음이 나고 먼 지가 자욱하게 피어오르는 일이 두 번 있었으며, 그때마다 집이 한 채씩 쓰러 졌다. 이 사고는 신문의 한 페이지를 장식했으며, 가장 가까운 병원의 침대 한 두 개를 채웠다. 갈라진 틈들은 그대로 남아 있고, 쓰레기 더미 사이에서도 인 기 없는 숙소가 없을 정도다. 다른 집 몇 채도 쓰러지기 일보 직전이므로, 이다 음에 톰 올 얼론스 거리에서 붕괴가 있다면 틀림없이 상당한 규모가 될 것이다.

물론 이 바람직한 부동산은 대법관부에서 소송 중이다. 좀 아는 축에 속하 는 사람에게 이렇게 말하는 것은 그 사람의 판단력에 대한 모욕이 될 것이다. '톰'이 잔다이스 대 잔다이스 사건의 최초 원고 또는 피고의 저 명성 높은 대리 인인지 아닌지, 소송으로 이 거리가 어수선해졌을 때 다른 이주자들이 와서 이 웃이 되기 전까지 혼자 이곳에 살던 사람인지 아닌지, 아마 아무도 모를 것이 다. 아니면 이 전설적인 거리 이름이 정상적인 사람들에게서 떨어져 나와 희망 의 권역 밖으로 내쫓긴 사람들의 은신처를 가리키는 넓은 의미의 이름인지 아 닌지는 아마 아무도 모를 것이다. 물론 조도 모른다.

조가 말한다. "난 아무것도 모르는걸요."

분명 기묘한 일이다, 조 같은 상태로 산다는 것은! 발을 질질 끌며 길거리를 걸으면서도 가게 위나 길모퉁이나 대문 위나 창문에 실로 어마어마하게 있는 저 불가사의한 기호의 모양도 잘 모르고 그 의미를 전혀 이해하지 못한다는 것은! 사람들이 읽고 쓰는 모습을 보고 우편배달부가 편지를 배달하는 모습을 봐도 그 단어들을 전혀 모른다는 것은! 훌륭한 사람들이 일요일에 손에 책을 들고 교회에 가는 모습을 보고는 이게 무슨 의미일까, 이게 누군가에게 어떤 의미를 지닌다면 왜 내겐 아무런 의미도 없는 것일까 하고 생각할 때는(아마 조도 가끔은 생각이란 걸 할 거다) 참으로 어리둥절할 것이다. 사람들에게 이리 밀리고 저리 밀리면서도 자기가 이곳이나 저곳 혹은 그 어디에서도 아무런 볼일이 없다고 느낄 때는 참으로 당혹스러울 것이다. 사람들에게 너는 사람도 아니라는 말을 들을 뿐만 아니라 자기 자신도 평생 그렇게 느낀다는 것은 분명 기묘한 상태일 것이다. 말이나 개나 소가 지나가는 것을 보고, 무지하다는 점에서는 자기도 저들의 친구지 자기와 같은 모습을 한 고등동물의 친구가 아니라고 의식하는 것 또한 기묘한 상태일 것이다. 형사재판이랄지 재판관이랄지 교회 주교랄지 정부랄지 조에게 헤아릴 수 없이 귀중한 보물인(그는 도저히 이해하지 못하지만) 저 헌법 등에 관한 그의 생각은 분명 기묘한 것일 것이다! 그의 물질적 및 비물질적인 생활은 모두 놀랍도록 기묘하며, 그의 죽음은 그야말로 기묘하기 짝이 없다.

조는 톰 올 얼론스 거리에서 나와, 이곳에서는 언제나 늦게 비추는 게으른 아침 햇살을 맞으며 걸어가면서 더러운 빵 조각을 우적우적 씹는다. 언제나 거리를 지나가야 한다. 집들은 아직 문을 열지 않았으므로 조는 복음해외전도회 입구 계단에 앉아 아침 식사를 하고, 식사를 마친 뒤에는 장소를 빌려 준 보답의 표시로 계단을 빗자루로 쓸어 준다. 그는 건물의 크기에 감탄하며, 대체 무엇을 하는 곳일까 생각한다. 가엾게도 조는 태평양 산호초의 영적인 빈곤함이라든지 야자나무와 빵나무[1] 열매 사이에서 인간의 귀중한 영혼을 찾는 것이 얼마나 돈이 드는 사업인지 꿈에도 모른다.

그는 자기 구역인 건널목으로 가서, 그날 청소할 구획을 정하기 시작한다. 런던이 잠에서 깨어난다. 이 거대한 팽이는 하루 동안 회전할 준비를 한다. 몇 시

---

1) 남양제도에 서식하는 식물로, 그 열매의 맛이 빵과 비슷해서 이런 이름이 붙었다.

간 동안 멈췄던 저 불가사의한 읽기 쓰기가 다시 시작된다. 조를 비롯한 하등 동물은 영문을 알 수 없는 실수를 거듭하며 끈기 있게 노력한다. 오늘은 장날이다. 눈가리개를 한 황소들은 고삐로 인도되지 않고 막대기에 쿡쿡 찔려 자꾸만 엉뚱한 곳으로 갔다가 난폭하게 쫓겨난다. 그들은 충혈된 눈으로 거품을 뿜으면서 돌담을 향해 돌진하고, 이따금 죄 없는 사람들을 크게 다치게 하고, 가끔 자기도 크게 다친다. 조와 그 동류를 매우 닮았다, 실로 매우 닮았다!

악대가 와서 연주를 시작한다. 조는 귀를 기울인다. 개들도 귀를 기울인다—시장에 양을 팔러 온 주인을 푸줏간 앞에서 기다리는 개들은 지금껏 몇 시간이나 신경을 곤두세운 채 무사히 몰고 온 양들을 생각하는 기색이 역력하다. 그중 서너 마리 때문에 당황하고 있는 듯이 보인다. 어디다 두고 왔는지 생각나지 않아 거리를 이리저리 둘러보다가, 문득 귀를 쫑긋 세우고 경위를 떠올려 본다. 하등한 친구들이 있는 곳과 술집에 드나들던 몹시 불량해 보이는 개가 있다. 한 번 휘파람을 불면 양의 등에 펄쩍 올라타서 털을 물어뜯어 뽑아 버리는, 양에게는 무시무시한 개지만, 잘 훈련되고 길들여졌으며 자기 직무를 잘 배워서 자기의 할 일을 아는 개다. 이 개와 조는 아마 비슷한 정도의 동물적 만족을 느끼면서 음악에 귀를 기울이고 있을 것이다. 일깨워진 연상이나 욕망, 미련, 감각을 넘어서는 것들과 관련된 기쁨에 대해서도 아마 둘은 대동소이할 것이다. 그러나 그 밖의 점에서는 귀를 기울이고 있는 인간보다 짐승 쪽이 훨씬 낫다!

이 개의 자손을 조처럼 방치해 보라. 몇 년 내에 완전히 퇴화하여 짖는 방법조차 잊어버릴 것이다—물론 씹는 방법은 잊지 않겠지만.

시간이 지나면서 날씨가 바뀌어 주위가 어두컴컴해지더니 이슬비가 내리기 시작한다. 조는 자기가 맡은 구역의 진흙과 수레바퀴, 말, 채찍, 우산 사이에서 끝까지 분투하고, 톰 올 얼론스 거리의 저 음침한 하숙집에 치러 줄 몇 푼을 손에 쥔다. 해 질 녘이 가까워 가게마다 가스등이 켜지고, 가로등에 불을 붙이는 인부들이 사다리를 들쳐 메고 보도 가장자리를 달려간다. 꾸물꾸물한 저녁이 다가오기 시작한다.

털킹혼 변호사는 자기 방에 앉아, 내일 아침 근처 치안판사에게 제출할 영장을 작성하고 있다. 소송에 불만이 있는 그리들리라는 남자가 오늘 이곳으로 찾아와 경고를 하고 갔다. 우리는 신변에 위협을 느껴서는 안 된다. 그 질 나쁜 남자를 구금시켜야 한다. 원근법을 써서 천장에 그린 풍자화 속 로마인이 삼손 같은 팔로(관절이 빠진 기묘한 팔이다) 창문 쪽을 가리킨다. 그러나 특별한 이유도 없는데 털킹혼 씨가 창밖을 내다볼 이유가 어디 있으랴? 로마인의 손은 언제나 창문을 가리키고 있지 않은가? 그러므로 털킹혼 씨는 창밖을 내다보지 않는다.

내다봤다 한들, 한 여자가 지나가는 광경을 보고 무엇이 달라지랴? 세상에 여자는 많다고 털킹혼 씨는 생각한다. 지나치게 많을 정도다. 세상의 모든 잘못에는 여자가 숨어 있다. 그런 점에서는 여자가 변호사에게 일을 만들어 주는 셈이다. 그러나 한 여자가 지나가는 광경을 본다 한들 무엇이 달라지랴? 예컨대 그 여자가 비밀을 품은 듯이 걸어간다 해도 말이다. 모든 여자에게는 비밀이 있다. 털킹혼 씨는 그런 것쯤 충분히 알고 있다.

그러나 세상의 일반적인 여자는 지금 털킹혼 씨와 그의 집을 뒤로 하고 사라져 가는 여자와 반드시 동류는 아니다. 이 여자의 소박한 옷과 우아한 태도 사이에는 어딘가 몹시 어울리지 않는 구석이 있다. 복장으로 보면 상위급 하녀인데, 익숙하지 않은 걸음으로 흙탕길을 걸어가면서 꾸밀 수 있는 데까지 허둥대며 꾸미고는 있지만, 태도나 걸음걸이가 귀부인 같다. 베일로 얼굴을 가리고 있지만 저절로 정체가 드러나서, 지나가는 사람들은 한 사람도 빠짐없이 고개를 돌리고 그녀를 쳐다본다.

여자는 결코 뒤를 돌아보지 않는다. 귀부인이든 하녀든 간에 그녀는 뭔가 목적을 품고 있으며, 그 목적을 이룰 수 있는 것이다. 한 번도 한눈을 팔지 않은 채 여자는 이윽고 조가 열심히 비질을 하는 건널목에 다다른다. 조는 여자와 함께 길을 가로지르면서 구걸을 한다. 그러나 여자는 눈길도 주지 않고 맞은편으로 건너가 버린다. 그런 뒤 그에게 살짝 손짓하며 "이쪽으로 와!"라고 말한다.

조가 여자를 따라 조용한 골목으로 한두 걸음 들어간다.

"네가 신문에 나온 애니?" 여자가 베일 속에서 묻는다.

조가 베일을 바라보며 퉁명스럽게 말한다. "난 신문 같은 거 몰라요. 난 아무것도 몰라요."

"너 사인 규명에 나가서 조사를 받았지?"

"난 몰라요. 그…… 제가 교구 직원을 따라갔던 곳 말인가요? 그 사인 규명인지 뭔지에 나간 애가 조라는 이름이었나요?"

"그래."

"그 애가 나예요!"

"이쪽으로 더 가까이 와라."

"그 사람 때문에 그러세요?" 조가 뒤를 따라가며 묻는다. "죽은 그 사람이요?"

"쉿! 목소리를 낮춰! 그래. 그 사람이 살아 있을 때 많이 아프고 가난했니?"

"네, 그럼요!"

"그 사람이…… 너 같지는 않았지?" 여자가 혐오스럽다는 듯이 묻는다.

"네, 나 정도는 아니었죠. 나는 집도 없는 진짜 거진데요, 뭐! 그런데 그 사람하고 아는 사이 아니죠?"

"아는 사이였느냐니, 무례한 질문이구나."

"미안합니다, 마님."

"난 마님이 아니야. 하녀야."

"참 멋진 하녀도 다 있네요!" 조는 무례한 말이라는 자각도 없이, 그저 칭찬할 셈으로 이렇게 말한다.

"잠자코 듣기나 해. 나한테 말 걸지 말고 저만큼 떨어져 있어. 너, 신문 기사에 실린 곳을 모두 안내해 줄 수 있겠니? 그 사람한테 대서를 맡긴 곳, 죽은 곳, 네가 교구 직원을 따라갔던 곳, 그 사람이 묻힌 곳 말이야. 너, 그 사람이 어디에 묻혔는지 아니?"

여자가 장소를 말할 때마다 고개를 끄덕여 대답하던 조가 이 마지막 물음에도 고개를 끄덕인다.

"앞장서서 그 끔찍한 곳들을 모두 안내해 줘. 그 장소들에 도착해서는 그쪽을 보고 멈춰 서서, 내가 먼저 말 걸 때까지 내게 말 걸지 마. 뒤를 돌아봐서도 안 돼! 내가 시키는 대로 하면 큰돈을 주겠다."

조는 여자의 말을 주의 깊게 들었으나 말이 너무 어려워 빗자루 위에서 단어를 골라내 천천히 의미를 생각하다가 만족스러운 생각이 들자 더벅머리를 끄덕인다.

조가 말한다. "난 민첩하지만 사기라면 질색이에요! 그냥 내빼면 안 돼요!"

"얘가 뭐라는 거야!" 하녀는 뒤로 물러나며 고함을 지른다.

"튀지 말라고요, 알았어요?"

"무슨 말을 하는지 모르겠네. 앞장서서 걷기나 해! 지금껏 구경도 못했을 엄청난 돈을 줄 테니까."

조가 입술을 쌜쭉 내밀고서 휘파람을 불고는 더벅머리를 쓱 문지르고 빗자루를 옆구리에 낀 채 앞장서서 간다. 맨발로 딱딱한 돌이며 진흙탕 속을 솜씨 좋게 빠져나간다.

쿡스 코트. 조가 멈춰 선다. 잠시 침묵이 흐른다.

"여기에 누가 사니?"

"그 사람한테 대서를 맡긴 사람이요. 나한테 5실링 은화를 준 사람." 조가 뒤를 돌아보지 않고 속삭인다.

"다음 장소로 안내해."

크룩의 가게. 조가 멈춰 선다. 아까보다 긴 침묵.

"여기는 누가 사니?"

"그 사람이 여기 살았어요." 조가 아까처럼 대답한다.

잠시 침묵이 흐른 뒤 여자가 묻는다. "어느 방이지?"

"저 꼭대기 다락방이요. 이 모퉁이에서 창문이 보여요. 저 위, 저기요! 저기서 그 사람이 죽어 있는 걸 이 눈으로 똑똑히 봤어요. 여기가 내가 따라갔던 술집이에요."

"다음 장소로 안내해!"

다음 장소까지는 지금까지보다 긴 시간을 들여서 가야 했다. 그러나 최초의 의혹이 풀렸으므로 조는 여자가 시킨 대로 약속을 잘 지켜 뒤를 돌아보지 않는다. 두 사람은 온갖 악취를 풍기는 구불구불한 길을 수없이 지나 작은 터널 같은 골목과 가스등(지금은 불이 켜져 있다)과 철문이 있는 곳에 다다른다.

"그 사람은 저기에 묻혔어요." 조가 철창살을 붙잡고 안을 들여다보며 말한다.

"어디에? 세상에, 정말 끔찍한 곳이야!"

"저기요!" 조가 손가락으로 가리키며 말한다. "저쪽이요. 저 집 부엌 창문 바로 옆에 있는 저 뼈 무더기 속에 말이에요! 저 꼭대기 가까운 곳에 묻혔어요. 시체가 밖으로 나오지 못하도록 발로 꾹꾹 밟아야 했지요. 문이 열려 있었으면 내가 빗자루로 파내 줄 수 있었을 텐데. 그러지 말라고 문을 잠가 놓은 거겠죠" 조는 문을 흔들며 말한다. "이렇게 늘 잠겨 있어요. 저 쥐 좀 봐요!" 조가 흥분해서 소리를 지른다. "야! 여기 좀 봐라! 야, 어디 가냐! 야! 땅속으로 기어들어 갔다!"

겁먹은 여자가 독한 재로 옷이 더러워지는 것도 아랑곳하지 않고 구석으로, 그 무시무시한 아치형 통로의 구석으로 물러났다. 그리고 두 손을 내밀고 조에게 다가오지 말라고(조가 혐오스러워서 견딜 수 없었으므로) 몇 번이나 거듭 말하고는 잠시 그대로 서 있다. 조가 눈을 동그랗게 뜨고 여자를 바라본다. 여자가 진정한 다음에도 조는 계속 쳐다보고 있다.

"이 혐오스러운 곳이 축성 받은 곳[2]이니?"

"그게 뭔데요?" 조가 눈을 더욱 휘둥그레 뜨며 말한다.

"여기가 신성한 곳이야?"

"어디가요?" 조가 극도로 놀라며 묻는다.

"여기가 신성한 곳이냔 말이야."

"난 그런 거 모르는데." 조가 더욱 눈을 동그랗게 뜨며 말한다. "하지만 아마 그렇겠죠. 신성한 곳?" 그가 다소 걱정스럽게 되풀이하면서 말한다. "혹시 그렇다 해도 별 효과는 없었는데요. 신성한 곳? 아마 그 반대일 거예요. 하지만 난 아무것도 몰라요!"

하녀는 자기가 말했던 것에 그다지 신경 쓰지 않는 것처럼 조가 말하는 것에도 거의 신경 쓰지 않는다. 그녀는 장갑을 벗고 지갑에서 돈을 꺼내려고 한다. 그 작고 하얀 손을 본 조는, 이렇게 번쩍거리는 반지를 낀 걸 보니 분명 지위가 높은 하녀인가 보다 하고 잠자코 유심히 지켜본다.

두 사람의 손이 가까워지자 하녀가 몸서리친다. 하녀는 조의 손에 닿지 않도록 조심하면서 그의 손바닥 위에 동전 한 닢을 떨어뜨린다. 그리고 덧붙인다. "그곳을 한 번만 더 알려 줘!"

---

2) consecrated ground, '공동묘지'를 일컬음.

조가 빗자루를 문의 철창살에 끼우고 최대한 자세히 그곳을 가르쳐 준다. 마지막으로, 잘 알았느냐고 물으러 뒤를 돌아보자 자기 외에는 아무도 없다.

그는 받은 돈을 가스등에 비춰보고, 그것이 노란색 동전, 즉 금화임을 알자 얼이 빠진다. 다음으로 그것이 진짜인지 확인하기 위해 한쪽 귀퉁이를 깨물어 본다. 그다음에는 떨어뜨리지 않도록 금화를 입 안에 넣고서 돌계단과 입구를 꼼꼼히 청소한다. 그 일이 끝나자 톰 올 얼론스 거리를 향해 출발한다. 가스등이 켜져 있는 곳에 이를 때마다 몇 번이고 멈춰 서서 금화를 꺼내 다시 귀퉁이를 물어 보고 진짜가 틀림없음을 확인한다.

오늘밤은 마님이 성대한 연회와 무도회 서너 군데에 참석하기에 머리에 분을 뿌린 머큐리도 친구들을 많이 만날 수 있다. 멀리 체스니 월드에서 통풍 외에는 좋은 상대가 없어 편히 쉬지 못하는 레스터 경은 비가 테라스 위로 떨어지며 내는 단조로운 소리 탓에 아늑한 자신의 옷 방 난롯가에 있어도 신문을 읽을 수가 없다고 가정부 미시즈 라운스웰에게 투덜거린다.

"반대쪽 방에 계시면 될 텐데 말이야." 미시즈 라운스웰이 로사에게 말한다. "나리의 옷 방은 마님 방 쪽에 있거든. 오랜 세월 동안 유령의 오솔길에서 그 발소리가 오늘밤처럼 또렷이 들리는 건 처음이야!"

# 제17장 에스더의 이야기

우리가 런던에 머무는 동안 리처드는 수시로 놀러 와서(편지를 보내는 일은 곧 중단해 버렸다) 그의 기동력과 원기 왕성함, 유쾌함, 쾌활함, 젊음으로 우리를 늘 즐겁게 해 주었습니다. 나는 알면 알수록 리처드가 좋아졌지만, 그가 주의를 집중해서 성실하게 노력하는 습관을 기르지 않았다는 사실에는 매우 안타까운 마음이 들었습니다. 성격도 능력도 제각각인 백 명의 학생과 똑같은 교육을 받으며 리처드는 과제를 훌륭하게 해낼 수 있었습니다. 그러나 그가 과제를 수행하는 방식은 그가 지닌 좋은 자질들에 훈련이 조금 필요함을 확인시켜 주었습니다. 확실히 그가 지닌 자질들은 매우 훌륭했지만, 그러나 불이나 물처럼 훌륭한 하인은 되어도 좋은 주인은 될 수 없는 그런 자질들이었습니다. 리처드가 자신의 그런 자질들을 지배했다면 그 자질들이 그의 친구가 되었겠지만, 거꾸로 리처드가 지배를 받는 꼴이었으므로 그 자질들은 그의 적이 되고 말았습니다.

내가 이런 의견을 말하는 것은 이 일뿐만 아니라 다른 모든 일에 대해서도 내가 생각하고 행한 모든 것을 솔직하게 말해 두고 싶기 때문입니다. 리처드에 대한 나의 생각은 이런 식이었습니다.

어느 날 오후, 나의 후견인 아저씨가 안 계실 때 베이엄 배저 의사 부부가 찾아왔습니다. 그들과 대화를 나누며 당연히 나는 리처드의 소식을 물었습니다.

부인이 말했습니다. "카스톤 씨는 아주 잘 지내고 있어요. 정말이지 그 사람은 우리 세계의 보물이랍니다. 스워서 대위는 가끔 나에 대해 이렇게 말하곤 했지요. 내가 모든 세계의 보물이라고. 확실히 카스톤 씨에게도 이와 똑같은 칭찬을 할 수 있지요. 하지만 나로서는…… 벌써부터 이런 말을 하기는 이르다고 생각하시진 않겠죠?"

나는 그렇지 않다고 말했습니다. 배저 부인의 말투로 미루어 왠지 그렇게 대답해야 할 것 같았기 때문입니다.

"클레어 양은요?" 부인이 상냥하게 말했습니다.

에이더는 마찬가지라고 말하고, 걱정스러운 표정이 되었습니다.

"보시다시피, 귀여운 여러분," 배저 부인이 말했습니다. "……여러분을 이렇게 불러도 되겠죠?"

우리는 배저 부인에게 그런 말을 하지 말아 달라고 부탁했습니다.

부인이 말을 이었습니다. "무례한 호칭인 줄은 알지만, 정말로 매력적이니까요. 보시다시피, 귀여운 여러분, 나는 아직 젊지만…… 아, 우리 그이가 나 듣기 좋으라고 젊다고 말해 주지요."

"아니야, 전혀 그렇지 않아." 배저 씨가 공개 모임에서 반박할 때처럼 큰 소리를 질렀습니다. "절대로 듣기 좋으라고 하는 말이 아니야!"

"알았어요." 부인이 방긋 웃으며 말했습니다. "그럼 우리가 아직 젊다고 말하지요."

"그렇지." 배저 씨가 말했습니다.

"귀여운 여러분, 난 아직 젊지만, 지금까지 젊은 남자를 관찰할 기회는 많이 있었어요. 크리플러호에는 그런 사람들이 잔뜩 있었죠. 정말로요. 스워스 대위와 지중해에 갔을 때는 기회가 날 때마다 대위의 부하인 사관생도들과 인사하고 지냈어요. 당신들은 모르겠지만 생도들은 '젊은 신사'라고 불리지요. 아, 그들이 매주 파이프 클레이로 표백한다고 말해도 당신들은 무슨 뜻인지 모르겠지요? 주말 결산한다는 뜻이에요. 하지만 난 달라요. 푸른 바다가 이제껏 내 두 번째 집이었고, 이래 봬도 난 어엿한 선원이니까요. 딩고 교수와 결혼한 뒤에도 말이에요."

"그 온 유럽에 이름을 날렸던 사람 말입니다." 배저 씨가 중얼거렸습니다.

"난 첫 번째 연인을 잃고 두 번째 연인의 아내가 된 뒤에도……" 배저 부인이 전남편들을 셔레이드[1]의 배역 취급을 하면서 말했다. "젊은 사람들을 관찰할 기회가 많았어요. 딩고 교수의 강의에 출석한 학생은 거구였죠. 그게 제 자

---

1) 단체 놀이의 하나. 각 음절이 각각 독립된 단어로서 의미를 갖는 2음절 이상의 단어를 말하고, 그 단어와 각 음절의 의미를 각각 수수께끼 형식으로(또는 몸짓으로) 제시하여 맞추는 놀이.

랑거리였어요. 훌륭한 학자의 아내로서 학문이 줄 수 있는 최대한의 위로를 얻고 싶었던 나는 학생들에게 우리 집을 개방하면서 자랑스러웠어요. 매주 화요일 저녁이면 레모네이드와 비스킷을, 원하는 모든 사람에게 대접했지요. 그 자리는 학구열이 흘러 넘쳤답니다."

"서머슨 양, 그것은 아주 훌륭한 모임이었답니다." 배저 씨가 겸허하게 말했습니다. "그런 사람이 후원한 모임이니 분명 그 자리에는 지적인 마찰이 크게 일어났을 거예요!"

"그리고 세 번째 연인의 아내가 된 지금도 나는 스워서 대위가 살아 있는 동안 생겨났고 또 딩고 교수가 살아 있는 동안 뜻하지 않은 새 목표에 적용했던 관찰 습관을 여전히 간직하고 있지요. 그러니까 나는 카스톤 씨를 초보자로 생각하지 않아요. 그래서 말인데 아무리 봐도 그는 신중히 생각해서 자기 직업을 선택한 사람으로는 보이지 않아요."

에이더는 무척 불안한 표정이 되었습니다. 내가 부인에게 그렇게 생각하는 이유가 뭔지 물었기 때문입니다.

"서머슨 양, 카스톤 씨의 성격과 행동 말인데요. 그는 아주 느긋한 성격이라 실제로 자기가 어떻게 느끼는지 남에게 말해 봤자 소용없다고 생각하고, 또 직업에 대해서도 적극적인 관심을 갖고 있지 않죠. 만일 자신의 직업에 대해 뭔가 분명한 인상을 갖고 있다면, 그건 아마 지루하게 파고들어야 하는 분야라는 걸 거예요. 그건 바람직하지 않아요. 앨런 우드코트 씨처럼 자기 분야에 강한 관심을 갖고 있는 젊은 남자들은 오랜 세월 엄청난 고생과 실망을 거듭한 뒤 결국 그 노고에 대한 보상을 받게 되죠. 하지만 카스톤 씨는 그렇지 않을 것 같군요."

"배저 선생님도 그렇게 생각하시나요?" 에이더가 쭈뼛거리며 물었습니다.

"글쎄요." 배저 씨가 말했습니다. "클레어 양, 사실 이런 의견은 제 아내가 말하기 전까지 제 머릿속에 없었습니다. 하지만 그런 말을 듣고 저도 곰곰이 생각해 봤죠. 아내는 타고난 장점에다가, 스워서 해군 대위와 딩고 교수라는 아주 훌륭한(명성이 높다고 표현해도 좋겠죠) 두 공인을 통해 습득한 보기 드문 장점까지 지녔답니다. 그래서 제가 다다른 결론은⋯⋯ 간단히 말하자면, 아내의 결론과 같습니다."

부인이 말했습니다. "이건 스워서 대위가 해군식으로 말했던 격언인데, 널빤지 한 장을 걸레질하더라도 바다의 악마에게 쫓기는 마음으로 해야 한답니다. 이 격언은 해군이라는 직업뿐만 아니라 의사에게도 적용되는 것 같아요."

"모든 직업에 적용되는 격언이지요." 배저 씨가 말했습니다. "역시 스워서 대위의 말은 훌륭했어요, 아주 훌륭한 말이었어요."

"내가 딩고 교수와 결혼하고 데번주 북부에서 살았을 때, 교수는 온갖 건물을 지질학적 망치로 조금씩 부숴 파손한다는 비난을 받았어요. 하지만 교수는 자기는 '학문의 전당' 외에는 아는 건물이 없다고 대답하곤 했죠. 같은 원리 아닐까요?"

"같은 원리지. 훌륭한 말이야! 서머슨 양, 교수는 마지막 병에 걸렸을 때도 같은 말을 했습니다. 그때는(이미 정신이 왔다 갔다 했지만) 그 작은 망치를 베개 밑에 두었다가, 간호해 주는 사람들의 얼굴을 으깨 버리겠다고 억지를 부렸어요. 대단한 집념이지요!"

배저 부부의 장황한 이야기는 더 듣고 싶지 않았지만, 우리 두 사람은 그 부부가 자신들의 의견을 객관적으로 말한 만큼 그들의 의견이 옳을 수도 있겠다고 생각했습니다. 우리는 리처드에게 이야기하기 전까지 잔다이스 씨에게는 아무 말도 하지 않기로 했습니다. 다음 날 저녁에는 리처드가 올 예정이었으므로 그때 리처드와 셋이서 진지하게 이야기하기로 했습니다.

마침내 리처드가 도착했습니다. 잠시 에이더와 단둘이 있을 시간을 준 뒤 내가 방으로 들어가자, 나의 사랑하는 에이더는(난 그렇게 될 줄 알았습니다만) 리처드의 말이 모두 옳다고 생각할 준비가 되어 있었습니다.

"어떻게 지내요, 리처드?" 내가 물었습니다. 나는 늘 리처드와 마주 앉았습니다. 리처드는 나를 완전히 남매처럼 대해 주었습니다.

"아! 아주 잘 지내죠!"

"아주 잘 지낸대, 에스더. 그 사람이 더 할 말이 있겠니?" 나의 귀염둥이가 자랑스럽게 큰 소리로 말했습니다.

나는 자못 심각한 얼굴로 나의 귀여운 에이더를 바라보려고 했지만, 물론 그럴 수 없었습니다.

"잘 지낸다고요?" 내가 되물었습니다.

"네, 잘 지내요. 좀 울퉁불퉁한 길을 빨리 걷는 것처럼 지루하지만, 뭐가 됐든 마찬가지죠!"

"아, 리처드! 무슨 그런 말을!" 내가 말했습니다.

"왜요?"

"뭐든 마찬가지라니요!"

"나도 그 말이 뭐가 잘못인지 모르겠는데, 더든 아주머니." 리처드의 맞은편에서 에이더가 신뢰를 가득 담아 나를 보며 말했습니다. "무슨 일을 하든 마찬가지라면 만사형통일 테니까."

"그래요, 그렇고말고요. 꼭 그랬으면 좋겠군요." 리처드가 대답하면서 머리를 마구 흔들어 이마에 흐트러진 머리카락을 뒤로 넘겼습니다. "결국 요즘은 수습 의사로서, 조만간 우리의 소송이…… 아, 잊고 있었다. 소송 이야기를 해서는 안 되는데. 금기였는데! 아, 다른 이야기를 하죠."

에이더는 기꺼이 그러고 싶었을 것입니다. 그렇지만 나는 거기서 이야기를 그만두면 헛일이 된다고 생각해서 다시 이야기를 꺼냈습니다.

"안 돼요, 리처드. 내 사랑 에이더도! 리처드, 당신의 마음을 사촌에게 솔직하게 말해 주는 것이 당신들 두 사람에게 얼마나 중요한 일인지를 잘 생각해 주세요. 정말이지 우린 이 이야기를 꼭 해야 해, 에이더. 너무 늦기 전에 말이야."

"맞아! 그래야지!" 에이더가 말했습니다. "하지만 난 리처드가 말한 대로라고 생각해."

나는 현명한 표정을 지으려고 했지만 아무런 도움도 되지 않았습니다. 에이더가 너무도 사랑스럽고 너무도 매력이고 너무도 리처드에게 푹 빠져 있었기 때문입니다!

"리처드, 배저 씨 부부가 어제 이 집에 오셨는데……" 내가 말했습니다. "그들은 당신이 의사라는 직업에 별 관심이 없다고 생각하더군요."

"그래요? 아! 그렇다면 사정이 달라지는데. 난 그 사람들이 그렇게 생각하는 줄도 모르고 실수를 할 뻔했네요. 실은 말이죠, 난 별로 관심이 없어요. 하지만 그런 건 아무래도 좋습니다! 뭘 하든 마찬가지니까!"

"에이더, 리처드 말 좀 들어 봐!" 내가 말했습니다.

리처드가 진심 반 농담 반으로 말을 이었습니다. "사실 난 그 직업과 맞지 않습니다. 아무래도 좋아할 수가 없어요. 게다가 배저 부인의 첫 번째 남편과 두 번째 남편 이야기를 너무 많이 들어서 말이죠."

"그게 당연하지!" 에이더가 화색을 띠며 큰 소리로 말했습니다. "어제 우리 둘이 한 말하고 똑같잖아. 에스더!"

"그리고 의사 일은 단조롭고요. 오늘은 어제랑 비슷하고, 내일은 오늘이랑 너무 비슷하죠."

내가 말했습니다. "하지만 그렇게 따지면, 성실하게 노력하는 모든 일이—살아가는 것 자체가—특별한 상황을 제외하고는 다 싫다는 것 아닌가요?"

"그렇게 생각해요?" 리처드가 다시 사색에 잠기며 대답했습니다. "그럴지도 모르죠!" 그러더니 갑자기 쾌활해져서 말했습니다. "아! 그러면 그런 틀에서 벗어나, 내가 방금 했던 말을 하지요. 뭘 하든 마찬가지예요. 아, 이제 됐군요! 우리 이제 다른 이야기를 해요."

그러나 에이더의 애정 어린 얼굴조차도 리처드의 말에 고개를 저으며 심각해지는 듯이 보였습니다. 내가 11월의 그 기억할 만한 안개 속에서 그녀의 얼굴을 처음 보았을 때 천진난만하고 남을 의심할 줄 모르는 것처럼 보였다면, 내가 그녀의 순수함과 남을 믿는 마음을 진정으로 알고 난 지금 그녀는 더욱더 순수하고 남을 의심할 줄 모르는 여인으로 보였습니다. 그래서 나는 이번이 리처드에게 조언할 좋은 기회라고 생각하고 가끔 그가 스스로에 대해 진지하게 생각하지 않는 건 아니냐고 물었습니다. 또 에이더에 대해서는 매우 진지하리라고 믿지만, 그래도 어쨌든 두 사람의 삶에 영향을 끼치는 중대한 한 걸음을 소홀히 하지 않는 편이 그녀에 대한 애정 어린 배려일 거라고 말했습니다. 이 말을 듣자 리처드는 거의 진지해졌습니다.

"허버드 아주머니, 바로 그겁니다! 지금까지 나는 그런 생각을 하면서 몇 번이나 아주 진지해지려고 했지만…… 어쩐지…… 실제로는 그렇게 되지 않아서 나 자신에게 화가 나기 시작했죠. 왜 그렇게 되는지 알 수 없어요. 나는 이런저런 것들을 바랐지만 결국 제자리를 맴돌 뿐이었나 봅니다. 나는 당신은 상상도 할 수 없을 만큼 에이더를 좋아해요(내 사랑스러운 사촌 동생, 난 너를 정말로 사랑해!). 그런데도 다른 일에는 조금도 전념할 수가 없어요. 그건 아주 힘겨운 싸움이고, 시간이 많이 걸리죠!" 리처드가 답답하다는 듯이 말했습니다.

"그건 당신 자신이 선택한 일을 좋아하지 않기 때문인지도 몰라요." 내가 암시해 주었습니다.

"가엾은 사람!" 에이더가 말했습니다. "좋아하지 않는 것도 무리가 아니죠!"

나는 지적이고 현명한 표정을 지으려고 했지만 헛수고였습니다. 한 번 더 해보았지만, 역시 실패했습니다. 혹 그런 표정을 짓고 있었다고 해도 아무런 효과도 없었을 것입니다. 에이더는 마주 잡은 두 손을 리처드의 어깨에 올려놓았고, 리처드는 에이더의 다정한 푸른 눈을 바라보았으며 에이더의 상냥한 눈은 리처드를 바라보고 있었기 때문입니다!

"나의 소중한 사람." 리처드가 말하고 에이더의 구불구불한 금발을 자기 손가락으로 빗어내리며 말했습니다. "어쩌면 난 너무 서둘렀거나 내 취향을 오해했는지 몰라요. 내 취향은 그런 방면은 아닌 것 같아요. 시험해 보기 전까지는 몰랐지요. 그런데 문제는 지금까지 해온 것을 모조리 멈출 가치가 있느냐는 겁니다. 전혀 특별하지도 않은 일에 호들갑을 떨었던 것 같아요."

"리처드." 내가 말했습니다. "어떻게 그걸 전혀 특별하지 않은 일이라고 표현할 수 있죠?"

"문자 그대로의 뜻으로 한 말이 아닙니다. 전혀 원하지 않는 일이니 하찮은 일일지도 모른다는 의미예요."

에이더와 나는 그에 대한 대답으로서, 지금까지 해온 일을 그만둘 가치가 물론 있을 뿐 아니라 아예 시작하지 말았어야 한다고 충고했습니다. 그러고서 나는 리처드에게 그보다 더 성격에 맞는 일을 찾을 생각을 해보았는지 물었습니다.

"맙소사, 미시즈 시프턴, 당신은 급소를 찔렀어요. 네, 생각해 냈지요. 법률이야말로 내게 잘 맞는 분야가 아닐까 해요."

"법률을!" 에이더가 놀랐다는 듯이 따라 말했다.

"켄지 변호사 사무실에 들어가서 그 사람의 실습생이 되면 나는 그…… 으흠!…… 그 금기세계……에서 눈을 떼지 않고 연구해서 부지런히 익히고, 모든 것이 방치되지 않고 제대로 처리되고 있는지 확인할 수 있어요. 그러면 에이더의 이익과 나의 이익을(그게 그거죠!) 지킬 수 있고, 블랙스톤[2] 같은 사람들에게

---

2) 윌리엄 블랙스톤 경(1723~1780년), 영국 재판관. 옥스퍼드 대학 교수. 저서 《영국법 주해》는 영국법의 체계적 저작으로서 영미 뿐 아니라 대륙에서도 읽혔다.

열중할 수도 있어요."

나는 이 이야기를 결코 심각하게 믿지 않았으며, 리처드가 막연한 일을 동경한다는 사실을 알고서 에이더의 얼굴에 그림자가 드리워지는 것을 보았습니다. 그렇지만 나는 리처드에게는 끊임없는 노력을 쏟아부을 일이라면 어떤 일이든 권하는 것이 최선이라는 생각에, 지금 결심이 섰는지 스스로 잘 확인해 보라고만 충고했습니다.

리처드가 말했습니다. "미네르바 여신[3]님, 나는 당신 못지않게 야무집니다. 한 번은 실수했지만, 인간이라면 누구나 실수를 하는 법이잖아요. 두 번은 실수하지 않고, 웬만해서는 보기 어려운 변호사가 되어 보이겠습니다. 무슨 말이냐 하면……" 리처드가 다시 의문에 빠져 말했습니다. "……하찮은 일에 이렇게 호들갑을 떨 가치가 정말로 있을까요?"

이렇게 해서 우리는 지금까지 했던 이야기를 다시 아주 진지하게 이야기하게 되었고, 결국 전과 거의 같은 결론에 다다랐습니다. 그러나 우리는 리처드에게 한시도 늦추지 말고 잔다이스 씨에게 숨김없이 솔직하게 이야기하라고 강력하게 권했습니다. 리처드도 본디 뭔가를 숨기는 것을 꽤 싫어하는 성격인지라 당장(우리를 데리고) 잔다이스 씨를 찾아가서 사정을 설명했습니다. "릭," 아저씨가 리처드의 밀을 주의 깊게 들은 뒤에 말했습니다. "명예로운 퇴각은 해도 좋은 것이니 그리도록 하자. 하지만 두 번 다시 그런 잘못을 저지르지 않도록 주의해야 해—우리의 사촌 동생을 위해서 말이다, 릭, 우리의 사촌 동생을 위해서 말이야. 그러니까 법률 건에 관해서는 결정하기 전에 충분히 시험해 보자. 돌다리도 두들겨 보고 건너야지. 그것도 충분히 시간을 들여서 말이다."

원기왕성해서 성급하고 충동적으로 움직이는 리처드는 당장 켄지 씨의 사무실을 찾아가 그 자리에서 실습생 계약을 맺고 싶어 좀이 쑤셨을 것입니다. 그러나 필요한 사람이 되라는 경고에 얌전히 따랐습니다. 그는 매우 들뜬 태도로 우리 사이에 앉아, 지금 머릿속을 가득 채운 법률가에 대한 동경이 어린 시절부터 변함없이 이어져 온 인생의 유일한 목표였다는 듯이 말하며 만족했습니다. 아저씨는 리처드에게 매우 다정했으며 진심으로 허물없이 대해 주셨지만

---

3) 로마 신화에서 학술, 공예, 전술, 지혜의 여신.

퍽 진지했기에, 리처드가 돌아가고 우리도 잠자리에 들러 위층으로 올라가려고 했을 때 에이더가 이렇게 물었습니다.

"존 아저씨, 리처드를 나쁘게 생각하지 않으시죠?"

"그래, 그렇지 않다."

"직업을 결정하기란 무척 어려우니까 리처드가 실수한 것도 정말이지 무리는 아니에요. 그건 흔한 일이라고요."

"암, 그렇다마다. 그렇게 슬픈 표정 짓지 마라."

"어머나, 전 슬프지 않아요, 아저씨!" 에이더가 이렇게 말하고, 조금 전 밤 인사를 하며 아저씨 손에 올렸던 한쪽 손을 떼지 않은 채 환하게 웃었습니다. "하지만 아저씨가 리처드를 조금이라도 나쁘게 생각하셨다면 전 조금 슬퍼질 거예요."

"얘야." 잔다이스 씨가 말했습니다. "릭 때문에 네가 조금이라도 슬퍼할 때야말로 내가 릭을 나쁘게 생각할 때일 거다. 그렇게 된다면 가엾은 릭보다는 나 자신을 질책하게 되겠지. 너희를 만나게 해준 사람은 바로 나니까. 하지만 에잇, 이런 말은 다 필요 없다! 릭은 앞날이 창창하고, 이제부터 인생의 행로를 달릴 나이야. 내가 릭을 나쁘게 생각한다고? 천만의 말씀. 내가 왜 릭을 나쁘게 생각하겠니, 내 귀여운 사촌동생아! 물론 너도 그렇고!"

"그럼요, 존 아저씨. 전 세계가 리처드를 나쁘게 생각한다 해도 저만은 그렇지 않아요. 전 세계가 리처드를 나쁘게 생각할 때 저는 그 어떤 때보다도 그에 대해 좋게 생각하겠어요!"

에이더는 아저씨의 어깨에 손을—그때는 두 손이었습니다—얹고 '성실' 그 자체 같은 얼굴을 들고서 아저씨의 얼굴을 들여다보며 매우 조용하고 진지하게 말했습니다.

아저씨가 진지한 에이더를 바라보며 말했습니다. "아버지의 죄뿐만 아니라 어머니의 덕도 아이들에게 그대로 전해진다는 글을 어딘가에서 읽었던 것 같구나. 잘 자렴, 내 장미 꽃봉오리야. 잘 자렴, 작은 아주머니. 즐겁게 잠들렴! 행복한 꿈을 꾸기를!"

이때 처음으로 나는 아저씨가 자애로운 눈에 어딘가 어두운 그림자를 드리운 채 에이더를 바라보고 있는 것을 발견했습니다. 나는 전에 에이더가 난롯불을 받으며 노래했을 때 에이더와 리처드를 물끄러미 바라보던 아저씨의 눈빛을 똑똑히 기억합니다. 그때는 두 사람이 햇살이 비치는 방을 빠져나가 그늘로 사라지는 모습을 아저씨가 지켜봤을 때로부터 얼마 지나지 않았을 때였지요. 그렇지만 아저씨의 눈빛은 달라져 있었습니다. 심지어 나를 볼 때의 그 신뢰로 가득한 눈빛도 예전처럼 희망적이고 평안하기만 한 것은 아니었습니다.

그날 밤 에이더는 웬일로 리처드를 그 어느 때보다도 입에 침이 마르도록 칭찬했습니다. 그리고 리처드에게서 받은 작은 팔찌를 찬 채로 잠들었습니다. 에이더가 잠든 뒤 한 시간쯤 지나서 내가 그 볼에 입을 맞추고 그 만족스러운 평온한 얼굴을 바라보고 있을 때 문득 그녀가 꿈에서 리처드를 보았나 보다 하는 생각이 들었습니다.

그날 밤 나는 잠을 이룰 수 없어서 깨어 일하고 있었습니다. 이런 것은 굳이 이야기할 필요도 없는 일이지만, 사실은 잠도 오지 않고 얼마간 침울했기 때문입니다. 왜인지는 모르겠습니다.

어쨌든 나는 침울할 틈마저 없도록 뭔가에 몰두해야겠다고 생각했습니다. 당연히 "에이더! 네가 침울해하다니, 네가!"라고 나 자신을 설득했고, 실제로 그렇게 말해야 할 때였습니다. 왜냐하면 거울 속의 내가 당장에라도 울음을 터트릴 듯한 얼굴을 하고 있었기 때문입니다. "즐거운 일뿐인데 어째서 슬픈 일을 당한 것 같은 얼굴이니, 이 배은망덕한 것!" 하고 나는 말했습니다.

어떻게 해서든 잠들 수 있었다면 당장에라도 그렇게 했지만 도저히 그렇게 되지가 않아, 나는 우리 집(황폐한 집)을 꾸미려고 그 무렵 열심히 만들던 장식물을 바구니에서 꺼내어 마음을 단단히 잡고 앉아 일을 시작했습니다. 바느질 땀 수를 모두 세어야 했으므로, 눈을 뜨고 있을 수 없을 때까지 일을 계속하다가 자기로 했습니다.

나는 곧 일에 몰두할 수 있었습니다. 그러나 아래층 임시 '분노의 방'에 있는 재봉틀 서랍에 견사를 놓고 온 것이 생각나, 바느질을 멈추고 양초를 들고 조심스럽게 가지러 내려갔습니다. 방에 들어가자 놀랍게도 아저씨가 아직 그곳 의자에 앉은 채 난로의 재를 바라보고 있었습니다. 옆에 책을 펼쳐 놓은 채 가만히 생각에 잠겨 있었습니다. 은빛이 나는 회색 머리카락은 정신없이 생각에 빠져들면서 무의식중에 손으로 헝클어 놓은 듯이 이마 위에 아무렇게나 흐트러져 있었고, 얼굴은 여위어 보였습니다. 전혀 뜻밖에 아저씨의 모습을 보자 나는 너무 놀라 순간 멈춰 섰습니다. 아저씨가 다시 무의식중에 머리카락에 손을 대다가 나를 발견하고 깜짝 놀라지 않았더라면 나는 아무 말 없이 물러났을 것입니다.

"에스더!"

나는 내가 온 연유를 설명했습니다.

"이렇게 늦은 시각까지 일을 했니?"

"오늘 밤에 늦게까지 일하고 있는 건 잠이 오지 않아서 피곤해지려고 그러는 거예요. 그런데 아저씨, 아저씨는 이 시각까지 뭐하셨어요? 피곤해 보이시는데요. 무슨 걱정이 있어서 깨어 계신 건 아니죠?"

"그래, 작은 아주머니, 네가 정말 이해할 만한 걱정거리는 전혀 없단다."

처음 듣는 유감스러운 말투로 아저씨가 그렇게 말했으므로, 나는 그 의미를 이해할 단서라도 된다는 듯이 '내가 이해할 만한 걱정거리!'라고 마음속으로 되풀이했습니다.

"조금만 있다 가렴, 에스더." 아저씨가 말했습니다. "너에 대해 생각하고 있었단다."

"제가 그 걱정거리는 아니겠지요, 아저씨?"

아저씨는 가볍게 손을 흔들고 평소 태도로 되돌아왔습니다. 그 태도 변화가 너무도 심해서 아저씨가 대단한 자제심으로 그렇게 행동하는 것처럼 보였기 때문에 나는 그만 다시 속으로 이렇게 되풀이했습니다. '내가 정말로 이해할 만한 걱정거리는 아무것도 없는 거야!'

"작은 아주머니, 내가 생각하고 있는 것은, 즉 여기 앉아서 쭉 생각하고 있었던 것은, 너 자신의 내력에 대해 내가 알고 있는 전부를 너도 알아야 한다는 거다. 그리 긴 얘긴 아니야, 거의 아무것도 없는 거나 마찬가지지."

"아저씨." 내가 대답했습니다. "전에 아저씨가 그 문제에 관해 제게 말씀하셨을 때……"

아저씨가 내가 무슨 말을 하려는지 눈치채고 무겁게 말을 가로막았습니다. "하지만 그 뒤로 난 네가 나한테 할 모든 질문과 내가 너에게 해줄 말이 다른 문제라고 생각해 왔다, 에스더. 적긴 하지만 내가 아는 사실을 너에게 말해 주는 것이 내 의무일 것 같구나."

"아저씨가 그렇게 생각하신다면 그게 맞겠죠."

"난 그렇게 생각한다." 아저씨가 매우 다정하고 친절하게, 그리고 아주 분명하게 대답했습니다. "얘야, 지금으로서는 그렇게 생각한다. 고려해볼 만한 가치가 있는 어떤 사람들이든, 그들이 마음속으로 네 처지에 어떤 현실적인 불명예의 꼬리가 붙어 있을 거라고 여기더라도, 적어도 너는 네 처지에 대한 막연한 인상으로 그것을 스스로 확대해서 보는 일은 절대로 하지 말아야 한다."

나는 의자에 앉아 최대한 마음을 가라앉히려고 노력한 뒤에 말했습니다. "아저씨, 저의 가장 오래된 기억 속에 있는 말들 가운데 하나는 이런 말이에요. '에스더, 네 엄마는 너의 수치고, 너는 엄마의 수치다. 그때가, 네가 이것을 더 잘 이해하고, 또한 여자가 아니면 누구도 느낄 수 없는 식으로 느낄 때가 곧 올 것이다.' 이 말을 했을 때 나는 얼굴을 두 손으로 가리고 있었지만, 곧 더 나은 종류의 수치심을 느끼며 손을 치우고, 내가 어릴 때부터 지금까지 결코, 결코 느끼지 못했던 축복을 아저씨 덕분에 받았다고 말했습니다. 아저씨가 내 말을 가로막듯이 한 손을 들었습니다. 나는 아저씨에게 절대로 감사 인사를 해서는 안 된다는 사실을 잘 알고 있었기에 그 이상은 아무 말도 하지 않았습니다.

"얘야, 벌써 9년 전 일이다만, 나는 세상과 담을 쌓고 사는 어떤 부인에게서 편지를 받았다. 그 불같은 분노와 힘이 담긴 말투는 지금까지 읽은 어떤 편지와도 달랐지. 내게 그런 편지를 보낸 이유는(안에는 분명히 그렇게 씌어 있었다만), 그 부인의 특이한 성벽으로 인해 나를 믿기 때문이고, 나의 특이한 성벽으로 인해 그런 신뢰가 타당하다는 것을 보여줄 것이기 때문이라고 했다. 편지에는 어떤 아이, 그 무렵 열두 살이었던 어느 고아 소녀의 이야기가 네 기억에 남아 있는 것 같은 그런 잔혹한 말들로 씌어 있었단다. 그 부인은 소녀를 태어난 순간부터 비밀리에 키우고 있는데, 그 아이가 살아 있다는 흔적을 모조리 없애버렸으니, 혹시 소녀가 성인이 되기 전에 부인이 죽는다면 소녀는 오갈 데 없고 이름도 없고 세상에 그녀를 아는 사람이라곤 한 명도 없는 처지가 될 거라고 했어. 그래서 그런 상황이 오면, 자기가 시작한 일을 내가 대신해줄 수 있는지 생각해 달라고 부탁해 온 거야."

나는 잠자코 귀를 기울이며 아저씨를 집중해서 바라봤습니다.

"네가 어렸을 때의 일을 기억한다면, 이 모든 상황을 예측하고 쓰인 그 음울한 편지와, 죄와는 전혀 무관한 소녀로 하여금 속죄하게 할 필요가 있다는 망상으로 부인의 정신을 물들인 왜곡된 신앙심을 짐작할 수 있겠지. 나는 어두운 삶을 살고 있는 그 어린아이가 걱정스러워서 답장을 보냈단다."

나는 아저씨의 손을 잡고 입을 맞추었습니다.

"부인의 편지에는 부인이 오랜 세월 동안 세상과 모든 교류를 끊고 살아왔기에 내가 그녀를 만나서는 안 되지만, 내가 믿을 만한 대리인을 지정해 준다면 그 대리인과는 만나겠다고 쓰여 있었다. 나는 켄지 변호사에게 위임장을 써 주고 만나러 가게 했어. 부인은 켄지 씨가 묻기도 전에 자발적으로 자기 이름이 가명이라고 고백했지. 그리고 그런 처지에 혈연이 있다면 자기가 그 아이의 백모에 해당한다고 말했어. 그러고는 그 이상은 어떤 인간적인 이유가 있어도 절대로 말할 수 없다고 했지(그 결심이 얼마나 확고한지는 켄지 씨도 분명히 알았단다). 얘야, 이야기는 이게 전부다."

나는 한동안 아저씨의 손을 꼭 쥐고 있었습니다.

아저씨가 아무 일도 없었다는 듯이 밝은 투로 덧붙였습니다. "그녀가 나를 보는 것보다는 내가 나의 피보호자를 보는 일이 더 자주 있었단다. 나는 소녀가 사랑을 받고 모두에게 도움을 주며 행복하게 지낸다는 것을 언제나 알고 있었지. 그 애는 매일 매시간, 내가 해 준 것의 2만 배, 아니 그것의 20배는 더 많이 보답하고 있지!"

"그보다 훨씬 자주 그 소녀는 자기 아버지나 다름없는 후견인 아저씨에게 하느님의 은총이 있기를 기도하지요!"

아버지라는 말을 듣고서는 아저씨의 얼굴에 아까처럼 근심이 서렸습니다. 그 표정은 전처럼 억눌려서 순식간에 사라지긴 했지만 분명히 나타났습니다. 또 내 말을 듣자마자 갑자기 나타났기에 나는 내 말이 아저씨에게 충격을 준 것 같다고 느꼈습니다. 나는 의아해하면서 다시금 마음속으로 되풀이했습니다. '내가 정말 이해할 만한 걱정거리. 내가 금방 알 만한 걱정거리는 아무것도 없다!' 네, 그랬습니다. 나는 이해하지 못했습니다. 그로부터 정말 오랫동안.

"아버지 같은 밤 인사를 받으렴." 아저씨가 내 이마에 입 맞추고 말했습니다. "그리고 자렴. 바느질이나 생각을 하기에는 너무 늦었다. 무엇보다 너는 종일 우리 모두를 위해 그러고 있잖니, 사랑스러운 주부!"

그날 밤 나는 바느질도 생각도 그만두었습니다. 하느님께 감사의 마음을 고백하고, 나에 대한 섭리와 배려에 감사하며 잠들었습니다.

이튿날 한 손님이 우리를 찾아왔습니다. 앨런 우드코트 씨가 온 것입니다. 우리에게 작별 인사를 하러 온 것인데, 이전부터 그렇게 하기로 이미 약속이 되어 있던 터였습니다. 그는 여객선의 의사가 되어 중국과 인도에 나가게 되었습니다. 그는 아주 오래 떠나 있을 예정이었습니다.

우드코트 씨는 부유하지 않았습니다. 적어도 내가 알기로는 그렇습니다. 홀로 된 어머니가 저축해 두었던 돈은 전부 그가 의사자격증을 따는 데 들어갔습니다. 런던에서 인맥이 없는 젊은 개업의는 돈을 벌기 쉽지 않았습니다. 밤낮으로 가난한 사람들을 세심하게 돌봤지만 돈은 거의 벌지 못했습니다. 그는 나보다 일곱 살 연상이었습니다. 하기야 이런 사실은 아무 관계도 없으니 말할 필요도 없습니다.

개업한 지 3~4년이 되었는데, 다시 3~4년을 이어 갈 희망이 보였다면, 예정된 항해에 나가지 않았을 것입니다. 이건 우드코트 씨가 우리에게 한 말입니다. 그러나 자산도 수입도 없었으므로 멀리 떠나는 것이었습니다. 그때까지 우리 집에는 몇 차례 방문했습니다. 우드코트 씨가 멀리 떠나게 되자 우리는 아쉬워했습니다. 그는 의술을 잘 아는 사람들 가운데에서도 기술이 뛰어났고, 분야의 대가들 속에서도 그를 높이 평가하는 사람이 몇 명쯤 있었기 때문입니다.

우리에게 이별을 고하러 왔을 때, 우드코트 씨는 처음으로 어머니를 모시고 왔습니다. 어머니는 커다랗고 까만 눈을 한 아름다운 노부인으로, 자존심이 세 보였습니다. 웨일스 출신으로, 아주 오랜 조상 가운데—김렛이라고 발음되는 땅에—모건 앱 케리그라는 이름의 위인이 있다고 했습니다. 이 사람은 매우 걸출한 인물로, 그의 친척은 모두 왕족이었습니다. 그는 언제나 산속으로 들어가 누군가와 싸움을 하며 평생을 보냈으며, 내가 얼핏 듣기로는, 크림린월린워라고 발음되는 이름의 음유시인이 〈뮤린윌린워드〉라든가 아무튼 그와 비슷하게 불리는 시에서 이 사람의 무훈을 칭송했다고 합니다.

우드코트 부인은 그녀의 친척 일가의 명성에 관해 자세히 설명한 다음에, 아들 앨런은 어디를 가든 틀림없이 자신의 가문을 잊지 않고 무슨 일이 있어

도 제 혈통보다 비천한 여자와는 결혼하지 않을 거라고 말했습니다. 그러고
는 우드코트 씨에게, 인도에는 투자를 하러 나간 영국 미인들이 많으니 재산
이 많은 사람도 골라잡을 수 있을 거라고 말하면서도, 매력이나 재산이 있어도
가문이 없으면 그런 가계를 이을 후손에게 충분하지 않을 것이므로 가문이 우
선적인 고려 대상이 되어야 한다고 당부했습니다. 어머니가 출생에 대해 수없
이 언급하는 바람에, 나는 잠시 얼토당토않은 생각이 들어 고통스러웠습니다.
하지만 그녀가 내 출생이 어떤지를 생각하거나 관심이 있을 것이라고 생각하
는 것이야말로 얼마나 터무니없는 상상인지요!

우드코트 씨는 어머니의 끈질긴 이야기에 다소 당혹한 듯했지만, 마음이 넓
은 사람이었으므로 그런 기색은 전혀 보이지 않고 화제를 교묘하게 돌렸습니
다. 그는 아저씨의 따뜻한 대접과 지금까지 몇 번인가 우리 집을 방문했던 아
주 즐거웠던 추억—아주 즐거운 방문이었다고 했습니다—에 감사하다고 인
사를 했습니다. 그리고 그가 어디를 가든 그 시간에 대한 기억이 함께할 것이
며 늘 소중히 간직될 것이라고 했습니다. 우리는 차례차례 우드코트 씨와 악수
를 했습니다. 우드코트 씨는 에이더의 손에 입 맞추고 내 손에도 입 맞춘 다음
길고 긴 항해를 떠났습니다!

나는 온 종일 정말로 바쁘게 황폐한 집의 하인들에게 이런저런 지시를 내리
고, 아저씨의 편지를 대필하고, 아저씨의 책과 서류의 먼지를 털고, 가사용 열
쇠를 이곳저곳에 짤랑거리며 다녔습니다. 저녁이 되어서도 창가에서 노래하거
나 바느질을 하며 바쁘게 보내고 있는데, 갑자기 누군가가 방으로 들어왔습니
다. 보게 될 것이라고 기대도 하지 않았던 캐디였습니다!

"어머나, 캐디!" 내가 말했습니다. "정말 아름다운 꽃이구나!"

캐디는 아주 예쁘고 앙증맞은 꽃다발을 들고 있었습니다.

"나도 그렇게 생각해, 에스더. 이렇게 예쁜 꽃은 처음이야."

"프린스가 준 거니?" 내가 목소리를 낮추고 물었습니다.

"아니." 캐디는 고개를 저으며 내 쪽으로 꽃을 내밀어 향기를 맡게 해 주었습
니다. "프린스한테 받은 게 아니야."

"그렇다면, 캐디! 넌 애인이 두 명인 게 분명해!"

"뭐라고? 이 꽃이 그런 종류로 보여?" 캐디가 말했다.

"이 꽃이 그렇게 보이냐고?" 나는 캐디의 뺨을 꼬집으며 거듭 말했습니다.

캐디는 대답 대신 웃을 뿐이었습니다. 그리고 딱 30분만 있으려고 왔다며, 그 시간이 끝날 무렵 프린스가 길모퉁이에서 기다리고 있을 거라고 했습니다. 그녀는 창문 앞에서 나와 에이더와 함께 앉아 수다를 떨며 이따금 내게 그 꽃다발을 건네거나 내 머리에 꽃을 가져다 대보았습니다. 마침내 돌아갈 시간이 되자 그녀는 나를 내 방으로 데리고 가서 꽃다발을 옷에 꽂아 주었습니다.

"이 꽃다발을 나한테 주는 거야?" 내가 놀라서 물었습니다.

"응." 캐디가 말하고 입을 맞추었습니다. "누군가가 두고 간 거야."

"두고 가다니?"

"불쌍한 플라이트 씨네 집에 두고 갔어. 플라이트 씨한테 매우 잘해 줬던 어떤 사람이 배에 오른다며 한 시간 전에 서둘러 돌아가면서 이 꽃을 놓고 갔지. 안 돼, 안 돼! 떼어내지 마. 예쁜 꽃이 여기에 있게 그냥 둬!" 캐디가 조심스러운 손길로 꽃을 매만졌습니다. "나도 거기 있었기 때문에 누군가 일부러 놓고 간 걸 알아!"

"이 꽃이 그런 종류로 보이냐고?" 에이더가 웃으며 내 뒤로 돌아가 유쾌하게 내 허리를 끌어안았습니다. "응, 정말로 그렇게 보여, 더든 아주머니! 이 꽃은 아주, 아주 그렇게 보여. 진정으로 아주 그린 꽃으로 보인다니까, 내 귀염둥이야!"

# 제18장 데들록 부인

리처드가 켄지 씨의 법률사무소에서 수습으로 일하는 문제는 처음 생각했던 만큼 그리 간단하지 않았습니다. 가장 큰 걸림돌은 당사자인 리처드였습니다. 리처드는 배저 씨의 병원을 언제든지 그만두어도 좋을 힘을 지니자마자, 자기가 배저 씨를 떠나고 싶어 하는지 어떤지 몰라 갈팡질팡하기 시작했습니다. 사실 모르겠다고 리처드는 말했습니다. 그것은 나쁜 직업이 아니며, 그가 싫어하는 직업이라고 단언할 수도 없다는 것이었습니다. 어쩌면 다른 어떤 직업에 뒤지지 않을 만큼 좋아하는지도 모른다고, 다시 한 번 시도해보는 것도 나쁘지 않을 것 같다고 했습니다. 그러더니 리처드는 몇 주 동안 여러 권의 책과 뼈의 표본과 씨름하며 꽤 많은 분량의 지식을 매우 빠른 속도로 습득했습니다. 그 열의는 한 달쯤 이어진 뒤 식기 시작했고, 완전히 식어 버리자 다시 뜨거워지기 시작했습니다. 법률과 의학 사이에서의 갈등이 매우 오래 이어진 탓에, 리처드가 배저 씨와 완전히 인연을 끊고 켄지 앤드 카보이 법률사무소에서 수습 생활을 시작하기까지는 여름도 절반 가까이 지나 있었습니다. 그럼에도 리처드는 '이번에는' 성실히 해볼 작정이라며 의기양양한 얼굴이었습니다. 게다가 늘 무척 유쾌하고 무척 원기왕성하고 무척 에이더를 좋아했으므로, 리처드를 보면 즐거울 수밖에 없었습니다.

잔다이스 아저씨는 이 무렵 특히나 동풍이 극성스럽게 분다는 이야기를 했습니다. 리처드는 내게 이렇게 말하곤 했습니다. "잔다이스 씨는 이 세상에서 가장 훌륭한 분이에요, 에스더! 난 오직 그분을 기쁘게 하기 위해서라도 이번 일을 신중하게 잘 해내야 해요."

리처드가 웃는 얼굴과 부주의한 태도로 신중하게 일에 전념하다니, 생각만 해도 우습고 이례적인 일이었습니다. 그렇지만 그는 가끔 우리에게 머리가 하얗게 세지 않을까 싶을 만큼 열심히 한다고 말했습니다.

그런 와중에도 리처드는 돈에 관해서는 전에 예를 들어 설명했던 대로였습니다. 그는 돈을 쓰는 데 있어서 아낌이 없고 부주의한데도 자기는 퍽 꼼꼼히 따져서 신중하게 쓴다고 믿었습니다. 리처드가 켄지 씨의 사무실에 가게 되었을 때 내가 에이더에게 농담 반 진담 반으로 리처드는 돈을 가볍게 여기므로 포르투나투스[1]의 지갑이 필요할 거라고 말하자, 리처드가 이렇게 말했습니다.

"나의 소중한 에이더, 이 할머니의 말을 들었죠! 어째서 저런 말을 하는 걸까요? 그건 이삼일 전에 내가 단추 달린 멋진 조끼를 8파운드 남짓에(정확히 얼마였더라?) 샀기 때문이죠. 하지만 아직 배저 씨 밑에 있었다면 수업료로 한꺼번에 12파운드나 내야 했겠지요. 그러니까 나는 그 조끼를 사는 거래를 해서…… 대충…… 4파운드나 번 셈이라고요!"

리처드가 법률사무소의 수습생으로 일하는 동안 런던 어디에서 지내야 할지 하는 문제는 리처드와 아저씨 둘이서 한참을 의논했습니다. 우리는 벌써 오래전에 황폐한 집으로 돌아와 있었는데, 이곳은 리처드로서는 너무 멀어서 일주일에 한 번 이상 오기 어려웠기 때문입니다. 아저씨는 나에게 만약 리처드가 켄지 씨 사무실에서 자리를 잡고 아파트나 방을 빌리게 된다면 우리도 가끔 런던을 방문할 때 며칠 동안 묵을 수 있을 거라 하시고는 매우 의미심장하게 미리를 문지르며 이렇게 덧붙였습니다. "하지만 작은 아주머니, 아직 리처드는 그곳에서 자리를 잡은 게 아니니까 말이야!"

의논 결과, 퀸 광장 근처에 있는 오래되고 조용한 집의 가구가 딸린 아담한 방에서 월세를 살게 되었습니다. 리처드는 이 하숙집에 놓을 괴상망측한 작은 장식품과 사치품들을 산다며 돈을 펑펑 써대기 시작했습니다. 특히 비싸고 쓸모없는 물건을 살 때 에이더와 내가 말리면 번번이, 그 대금에 상당하는 액수를 자신의 수입으로 생각하고 더 싼 다른 물건을 사면 그 차액만큼 돈을 버는 셈이라고 말하는 것이었습니다.

이런 문제가 아직 결정되지 않은 동안에는 보이손 씨의 집을 방문하는 일은 미뤄졌습니다. 하지만 마침내 리처드가 하숙집으로 이사를 가자 우리의 출발을 가로막는 것은 아무것도 없었습니다. 물론 그때는 리처드도 함께 갈 수 있

---

1) 중세 전설로, 운명의 여신에게서 영원히 비지 않는 지갑을 받고 파멸한 늙은 거지.

었지만, 그는 새로운 일자리가 신기해서 견딜 수 없는 시기에 있었던 데다 저 불길한 소송의 수수께끼를 해결하고자 정력적으로 공부하고 있었습니다. 그래서 우리는 리처드를 떼 놓고 갔는데, 사랑스러운 에이더는 리처드가 그렇게 열심히 일하는 모습에 몹시 기뻐하며 칭찬했습니다.

우리는 승합마차로 머나먼 링컨셔를 향해 즐거운 여행을 떠났습니다. 스킴폴 씨가 유쾌한 길동무가 되어 주었습니다. 스킴폴 씨의 가구는 파란 눈의 딸 생일에 압류하러 온 남자가 모두 가지고 갔다고 했는데, 스킴폴 씨는 가구가 없어져서 오히려 홀가분해 보였습니다. 스킴폴 씨는 의자나 탁자 같은 것은 따분한 물체라고 말했습니다. "의자와 탁자는 단순한 관념이야. 표현에 아무 다양성도 없지. 가구들이 나를 뚫어지게 쳐다보면 나는 무안해지고 내가 쳐다보면 가구들이 무안해져. 그러니 늘 특별한 의자와 탁자에 연연하지 말고 빌린 가구들 사이를 나비처럼 훨훨 날아다니는 거야. 자단[2]에서 마호가니로, 마호가니에서 호두나무로, 이런 형태의 가구에서 저런 형태의 가구로 마음 내키는 대로 날아다닐 수 있다면 얼마나 즐거울까!"

스킴폴 씨가 재미있어하며 말했습니다. "그런데 우스운 것은 말이야, 내 의자와 탁자는 아직 대금을 치르지 않은 것인데 우리 집주인은 아주 태연하게 가져가 버리는 거야. 얼마나 우습던지! 얼마나 어이없는 일이냐 말이야. 의자랑 탁자를 판 가구점 주인은 내 집세를 내주겠다고 약속하지 않았는데 대체 왜 집주인이 가구점 주인이랑 싸워야 되지? 내 코에 집주인의 독특한 심미관에 맞지 않는 여드름이 있는데, 집주인이 가구점 주인의 코를 할퀸다면 그게 말이 돼? 가구점 주인의 코에는 여드름도 없는데 말이야. 집주인의 논리에는 결함이 있는 것 같아!"

아저씨가 유쾌하게 말했습니다. "어쨌거나 누구든 그 의자와 탁자의 보증인이 되어 준 사람이 대금을 치러야 하는 건 확실해."

"바로 그걸세!" 스킴폴 씨가 대답했습니다. "그게 이 거래에서 최고로 불합리한 점이지! 난 집주인에게 말해 줬어. '주인 양반, 당신은 모르겠지만, 당신이 그렇게 조심성 없이 빼앗아 가는 물건의 대금은 나의 훌륭한 친구인 잔다이스

---

2) 紫檀. 열대 상록 활엽 교목. 암갈색 재목이 단단하고 향이 좋아 고급 가구 재료로 쓰임.

군이 치러야 하오. 그의 물건인데도 당신은 참작해 주지 않을 거요?' 그런데도 집주인은 조금도 참작해 주지 않았지."

"그리고 모든 제안을 거절한 거군." 나의 후견인 아저씨가 말했습니다.

"모든 제안을 거절했지." 스킴폴 씨가 대답했습니다. "난 거래를 제안했어. 집주인을 내 방으로 데리고 와서 이렇게 말했지. '당신은 분명 장사꾼이지요?' 그랬더니 이렇게 대답하더군. '그렇습니다.' '좋소.' 내가 말했네. '그럼 사무적으로 처리합시다. 여기 잉크스탠드가 있소. 여기 펜과 종이가 있소. 여기 봉함지가 있소. 당신의 요구는 뭐요? 나는 당신 집에서 꽤 오랫동안 서로 만족스럽게 살아 왔소. 내가 믿는 한은 이 불쾌한 오해가 생기기 전까지 말이오. 그러니까 우호적이고 사무적으로 처리합시다. 당신의 요구가 대체 뭐요?' 그러자 집주인이 비유적인 표현을 써서 대답했는데, 어쩐지 동유럽적인 느낌이 나는 문구였지. 그의 말 표현으로 보면 아직 한 번도 내 돈의 색깔을 구경하지 못했다는 식이었어. 내가 말했지. '주인 양반, 난 돈은 한 푼도 없소. 돈 따위는 전혀 모른다오.' 집주인이 말했네. '그럼 만일 제가 기일을 연기해 드린다면 어떻게 하시겠습니까?' '난 시간 관념 따위는 전혀 없지만 당신은 당신 스스로 장사꾼이라고 말했으니 당신이 펜과 잉크, 종이로…… 그리고 봉함지로…… 사무적으로 처리하사고 세안하면 뭐든 기꺼이 하셨소. 남을 희생시켜서 당신 개인적으로 이용하지 말고(그런 건 어리석은 짓이오) 사무적으로 하라고요!' 하지만 집주인이 거절하는 바람에 그걸로 끝났지 뭐."

스킴폴 씨는 어린아이다운 태도로 인해 불편을 겪는 일들이 있었다면, 그로 인해 득을 보는 일도 분명 있었습니다. 여행 중에 파는 음식에(온실에서 키워 바구니에 담아 파는 상등품 복숭아까지 포함해서) 스킴폴 씨는 왕성한 식욕을 보였지만, 어느 것 하나에도 대금을 치르려고는 하지 않았습니다. 승합마차의 마부가 요금을 받으러 오면 "요금은 얼마면 충분한가? 넉넉히 쳐서 말이야" 하고 묻고, 마부가 일인분에 2실링 반이라고 대답하면, 이런저런 점을 고려할 때 아주 싼 값이라고 하며 잔다이스 씨에게 대신 내도록 하는 것이었습니다.

매우 상쾌한 날씨였습니다. 푸릇푸릇한 보리가 매우 아름답게 물결치고, 종달새는 아주 즐겁게 노래하고, 산울타리에는 야생화가 흐드러지게 피고, 나무들은 푸른 잎을 울창하게 피우고, 콩밭 위를 살랑바람이 지나가고, 주위에는 아주 향기로운 냄새가 가득했습니다! 오후 늦게 시장이 있는 마을에 도착했습니다. 그곳은 작고 활기 없는 마을로, 도시의 첨탑이 있고, 시장과 시장의 십자가가 있었습니다. 또한 강한 햇살이 비치는 거리가 하나 있고, 한 마리 늙은 말이 물에 발을 담그고 더위를 식히는 연못이 있었습니다. 좁고 작은 나무그늘에는 몇몇 사람이 서 있거나 드러누워 있었습니다. 길을 따라 늘어서 있는 나무들과 파도치는 보리 이삭을 보니, 이곳이 영국에 있을 법한 작고 조용한 마을로 보였습니다.

여관으로 가자, 말에 올라 탄 보이손 씨가 몇 마일은 떨어진 곳에 있는 집으로 우리를 데리고 가기 위해 무개마차와 함께 기다리고 있었습니다. 그는 우리를 보자 반색하며 말에서 폴짝 뛰어내렸습니다.

보이손 씨가 우리에게 예의 바르게 인사한 뒤에 말했습니다. "하늘에 맹세코 말하는데, 정말이지 몹쓸 마차야! 이놈은 지금까지 지구의 표면을 덮은 가증스러운 승합마차 가운데에서도 가장 악질이라고. 오늘 오후는 25분 늦었어. 마부를 사형에 처해야 해!"

"저 마부가 정말로 늦었나?" 보이손 씨의 시선을 받은 스킴폴 씨가 말했습니다.

"25분이야! 25분!" 보이손 씨가 시계를 들여다보며 대꾸했습니다. "숙녀가 두 명이나 타고 있는데, 저 악당은 일부러 25분이나 늦게 도착했어. 일부러 그런 거라고! 이게 우연일 리 없지! 저자의 아비는―그리고 숙부도―가장 방탕한 마부였다니까."

보이손 씨가 극도로 분개한 투로 그렇게 말하면서도 한편으로는 더없이 다정한 태도로 우리에게 손을 내밀어 우리를 소형 이두마차에 태워 주었습니다. 그러고는 활짝 웃으며 말하는 것이었습니다.

"유감이지만, 아가씨들." 모든 준비가 끝나자 보이손 씨가 모자를 벗고 마차 문 옆에 서서 말했습니다. "2마일쯤 돌아가야 합니다. 곧장 가는 길은 레스터데들록 경의 사냥터를 지나가게 돼 있어서요. 나는 살아서 숨을 쉬는 한은 그와의 소송이 결판날 때까지 그의 땅에는 절대로 발을, 아니 내 말의 발조차도 들여놓지 않기로 맹세했지요!" 여기까지 말하고 아저씨와 눈이 마주치자 보이손 씨는 느닷없이 너털웃음을 터트렸으므로, 조용한 이 작은 읍내 마을마저 진동하는 것 같았습니다.

"지금 데들록 부부가 있나, 로렌스?" 우리가 마차를 달리고 보이손 씨는 길가의 푸른 잔디 위를 말을 타고 달리는 도중에 아저씨가 가끔 물었습니다.

"'오만방자 바보 경'이 와 있지." 보이손 씨가 대답했습니다. "하하하! '오만방자' 경은 와 있지만, 기쁘게도 이곳에 온 이래로 잡혀서 투옥되어 있어. 부인을—" 보이손 씨는 부인의 이름을 말할 때마다 마치 싸움의 어느 편에서도 부인을 특별히 제외시켜 준다는 듯이 언제나 공손한 몸짓을 했습니다. "언제나 볼 수 있을지 날마다 기다리는 것 같네. 부인이 최대한 길게 귀가를 미루는 건 전혀 놀랄 일이 아니야. 그 훌륭한 부인이 도대체 어째서 그런 얼간이 같은 준남작이랑 결혼했는지 몰라, 그 불가사의한 수수께끼를 인간적으로 물어보봤자 당황할 뿐일세. 하하하!"

나의 후견인 아저씨가 웃으면서 말했습니다. "아마 우리는 이곳에 있는 동안 그 사냥터에 들어가도 되겠지? 자네의 금지령이 우리한테까지 적용되는 건 아니잖아?"

"내 손님에게 금지령을 내릴 수야 없지요." 보이손 씨가 그로서는 아주 고상하게 보이는 온화함을 보이며 에이더와 내게 머리를 숙였습니다. "그렇지만 유감스럽게도 저는 여러분을 따라 체스니 월드 사냥터로 들어갈 수 없습니다. 그곳은 아주 훌륭한 곳이지만 말이에요! 하지만 올여름 햇빛을 걸고 맹세하는데, 잔다이스, 만일 자네가 우리 집에 머무는 동안 그곳 주인을 방문해도 차가운 대접은 받지 않을 걸세. 그는 언제고 여드레를 가는 시계[3]처럼 굴지. 다시 말해 호화로운 보관함에 보관되어 있으면서 한 번도 움직인 적이 없는 여드레짜리 시계들끼리 경주할 때 그중 하나같이 군다네. 하하하! 하지만 그의 친구이자 이웃인 보이손이 자신의 친구들을 소개하면 틀림없이 더더욱 뻣뻣하게 굴거야, 내 보장하지!"

"내가 그를 시험해 보는 일은 없을 걸세. 그 사람이 나와 가까워지기를 바라지 않고 무심한 것처럼, 나도 그 사람과 가까워지기를 바라지 않으니까. 그 땅의 공기와, 아마도 어떤 관광객도 볼 수 있을 그 저택의 경치만으로도 나는 만

---

3) 8일에 한 번 태엽을 감는 시계.

족하네."

"오호! 그렇다면 됐네. 그러는 편이 더 잘 보호받으니까 말이야. 이 근방에서 나는 번개에 도전하는 제2의 아약스[4]라고 불린다네. 하하하! 일요일에 내가 이 마을 작은 교회에 들어가면, 얼마 안 되는 신도 가운데 상당수는 내가 데들록의 역정을 사서 까맣게 불탄 채 돌바닥 위에 쓰러져 있는 꼴을 보려고 기다리고 있지. 하하하! 분명 데들록은 내가 쓰러지지 않아 깜짝 놀랐을 거야. 왜냐고? 하느님께 맹세해도 좋아! 그는 자기만족과 천박함, 사치로는 이겨 낼 자가 없고, 게다가 지혜라고는 찾으려야 찾을 수 없는 멍청이니까!"

언덕의 꼭대기에 다다르자 보이손 씨는 대화에 나왔던 그 체스니 월드를 손가락으로 우리에게 가리켜 보일 수 있었으므로, 그곳 주인의 일은 머리에서 사라져 버렸습니다.

나무가 울창한 멋진 사냥터 안에 있는, 그림 같은 오래된 집이 보였습니다. 그 저택에서 멀지 않은 곳 나무들 사이에 있는, 방금 전의 이야기에 나왔던 작은 교회의 첨탑을 보이손 씨는 손가락으로 가리켰습니다. 아, 천사의 날개가 여름의 공기를 가르며 숲을 쓸고 가는 것처럼 빛과 그림자가 순식간에 그 위를 지나가는 엄숙한 숲, 완만하고 푸른 언덕, 반짝반짝 빛나는 강물, 풍성한 색깔의 꽃들이 무리를 이루며 조화롭게 배치된 정원 등이 정말 아름다웠습니다! 집에는 박공, 벽돌로 만든 굴뚝, 탑, 옆에 붙은 작은 탑, 어두침침한 출입구, 테라스의 폭넓은 산책로가 있었습니다. 그곳 난간에 감겨 있거나 꽃병에 풍성하게 꽂힌 채로 붉은 장미가 한가득 피어 있었습니다. 이 집은 빛과 고요, 평온한 정적에 휩싸여 거의 비현실적으로 보였습니다. 에이더와 나에게는 이런 분위기가 무엇보다 강한 영향력을 지녔습니다. 저택, 정원, 테라스, 푸른 언덕, 강물, 해묵은 오크나무, 고사리, 이끼, 그리고 온 숲 위에서도, 이 풍경의 사이사이를 넘어 저 멀리 보랏빛을 띠며 드넓게 펼쳐진 저 아득한 곳에서조차도, 이 방해받지 않는 휴식이 보였습니다.

---

4) 그리스 전설로, 트로이 전쟁 때 그리스의 오만불손한 영웅. 그리스 이름은 아이아스. 살라미스 왕인 아약스와 구별하여 작은 아약스라고 불린다. 아테네 여신의 미움을 사서 바다에 빠진 뒤 바다의 신 포세이돈에게 구출되지만, 자기 힘으로 살았다고 자만하면서 번개에게 자기를 쓰러뜨릴 테면 쓰러뜨려 보라고 도전하다가 곧 바다에 빠져 죽는다.

우리 일행이 작은 마을로 들어서서, 가게 정면 도로에 데들록 암스라는 간판을 내건 작은 여관 앞을 지나갈 때 보이손 씨가 가게 앞 벤치에 앉아 있는 젊은 남자와 인사를 나누었습니다. 그 사람 옆에는 낚시도구가 놓여 있었습니다.

"저 사람은 데들록 집안의 가정부로 일하는 여자의 손자예요. 이름은 라운스웰이라고 하지요." 보이손 씨가 말했습니다. "그는 그 저택에서 일하는 예쁜 하녀한테 반해 있어요. 데들록 부인은 그녀를 매우 아껴서 가까이에 두고 있지요. 라운스웰은 그것을 조금도 고맙게 생각하지 않지만요. 하지만 라운스웰은 당분간 결혼할 수 없어요. 예컨대 그의 어여쁜 그녀가 그럴 마음이 있다 해도 말이죠. 그래서 라운스웰은 기쁜 마음으로 꾹 참고 있지요. 아무튼 이곳에는 꽤 자주 찾아온답니다. 낚시하러 말이에요. 하하하!"

"저 사람하고 그 예쁜 아가씨는 약혼한 사이인가요, 보이손 씨?" 에이더가 물었습니다.

"그건 말이죠, 클레어 양, 아마 서로 이해하고 있을 거예요. 하지만 조만간 두 사람을 만나게 되실 테니, 그 점에 관해서는 아가씨가 내게 가르쳐 주셔야 합니다. 내가 아가씨한테 가르쳐 드리는 게 아니라 말이죠."

에이더는 얼굴을 붉혔습니다. 보이손 씨는 아름다운 점박이 말에 걸터앉은 채 종종걸음으로 앞장서 가더니 자기 집 입구에서 내렸습니다. 그러고는 우리가 도착하면 환영해 주려고 한 팔을 내밀고 모자를 벗고서 기다리고 있었습니다.

보이손 씨는 이전에 목사관이었던 예쁜 집에 살고 있었습니다. 집 앞에는 잔디가, 옆쪽에는 화려한 화원이, 뒤에는 다양한 나무가 심어진 과수원과 채소밭이 있었으며, 이른바 잘 자라서 자연스럽게 붉은빛을 띠게 된 녹슨 담장이 이것들을 둘러싸고 있었습니다. 담장뿐만이 아니라, 이 집에 있는 모든 것이 성숙과 풍요의 정취를 갖추고 있었습니다. 오래된 보리수가 양쪽에 늘어선 길은 녹색 회랑처럼 보였고, 앵두나무와 사과나무는 그 그늘에서조차 열매를 잔뜩 달고 있었습니다. 벚나무에는 열매가 하도 많이 달려서 가지가 활처럼 휘어 땅에 닿았고, 딸기와 나무딸기도 풍성하게 열렸으며, 복숭아는 담장 위에서 일광욕을 즐기고 있었습니다. 펼쳐 놓은 그물과 햇빛에 반짝거리는 유리 온실 사이에는 축 늘어진 꼬투리 콩, 호박, 오이가 산더미처럼 굴러다녀서 땅이란 땅은 모두 채소를 쌓아 둔 보물창고 같았고, 향긋한 약초와 몸에 좋은 여러 식물의 냄새가 (목초를 베어 건초장으로 옮겨 놓은 옆 목장 냄새는 말할 것도 없고) 주변 공기를 꽃다발처럼 향기롭게 만들어 주었습니다. 붉고 오래된 담장 안쪽은 고요와 평온이 군림하고 있어서, 새를 쫓으려고 걸어 놓은 깃털 장식조차도 거의 움직임이 없었습니다. 또한 그 담장에는 사물을 숙성시키는 힘이 흘러넘쳤으므로, 그 높은 곳 여기저기에 달린 쓸모없는 못과 가느다란 천 조각이, 변해가는 계절과 함께 부드럽게 숙성하다가 평범한 공통의 운명을 거쳐 녹슬어 썩어버린다는 사실은 쉽게 짐작이 갔습니다.

집은 정원에 비하면 다소 어수선했습니다. 그러나 이것도 매우 오래된 집으로, 바닥을 벽돌로 깐 부엌의 난로 근처에는 고풍스러운 긴 의자가 있고, 천장에는 커다란 대들보가 가로 놓여 있었습니다. 집 한쪽에는 소송 중인 그 끔찍한 땅이 있었습니다. 보이손 씨는 그곳에 밤낮으로 농부 차림의 파수병을 세워 놓았는데, 그의 임무는 침략을 받는 즉시, 그곳에 일부러 달아 놓은 커다란 종을 울리고, 동맹군으로서 개집에 들어가 있는 커다란 불도그의 목줄을 풀어 주고, 그 밖에 전체적으로 적에게 타격을 가하는 것이라고 했습니다. 이런 경계만으로는 만족하지 못하고, 보이손 씨는 자기 이름을 적고 페인트칠을 한 판자에 다음과 같은 엄숙한 경고문을 써서 그곳에 세워 놓았습니다. "불도그 조심. 엄청나게 사나움. 로렌스 보이손" "나팔 총에 장전 완료. 로렌스 보이손" "사람 잡는 덫과 용수철 총이 이곳에 24시간 내내 설치되어 있음. 로렌스 보이손" "주의. 누구든지 부주의하게 이 땅에 무단침입 하는 자는 가장 엄격한 사적 제재에 따라 처벌받을 것이며, 가장 가혹한 법률에 따라 고소당할 것임. 로렌스 보이손" 애완용 새가 자기 머리 위를 폴짝폴짝 뛰어다니는 동안 이 경고 문구들을 응접실 창문으로 가리켜 보여 주면서, 보이손 씨는 "하하하! 하하하!" 하고 몸이 다치지나 않을까 싶을 만큼 우렁차게 웃었습니다.

"하지만 이 모든 일은 사람을 힘들게 할 뿐이야." 스킴폴 씨가 가벼운 어투로 말했습니다. "자네가 진지하지 않다면 말일세."

"내가 진지하지 않다고!" 보이손 씨가 이루 말할 수 없을 만큼 흥분하며 대답했습니다. "진지하지 않다니! 만약 사자를 조련할 수만 있다면 저 개 대신 사자를 한 마리 사서 풀어, 대담하게도 처음으로 내 권리를 침해한 도둑놈을 물어뜯게 했을 텐데도! 레스터 데들록 경이 밖으로 나와, 한 번의 싸움으로 이 문제를 해결하자는 데 동의한다면, 나는 어느 시대 어느 나라의 무기든 가리지 않고 인간이 아는 모든 무기를 손에 들고서 그자를 상대할 테야. 난 이만큼 진지하다고!"

우리가 보이손 씨의 집에 온 것은 토요일이었습니다. 일요일 아침에는 모두 데들록 가문의 사냥터 안에 있는 작은 교회까지 걸어갔습니다. 소송 중인 땅 바로 옆을 통해 사냥터로 들어가, 푸르른 잔디와 아름다운 나무들 사이로 굽이굽이 뻗어 있는 상쾌한 숲길을 걷다 보니 교회 현관이 나왔습니다.

신자는 매우 적었으며, 데들록 저택에서 온 수많은 하인들을 제외하곤 모두들 시골 사람들답게 소박했습니다. 데들록 저택의 하인들은 이미 자리에 앉아 있거나 지금 막 들어오는 중이었습니다. 그중에는 위풍당당한 종복들도 있었고, 늙은 마부의 전형 같은 남자도 한 명 있었습니다. 그는 지금껏 자기 마차에 태웠던 존귀하고 허영심 강한 사람들의 공식 대표자 같은 모습을 하고 있었습니다. 젊은 여자들의 아름다운 모습도 보였습니다. 하지만 유난히 눈에 띄는 것은 나이 지긋한 가정부의 단정한 얼굴과 당당한 체구였습니다. 보이손 씨가 말했던 예쁜 처녀는 가정부 옆에 있었습니다. 아주 예쁜 사람이었으므로, 그 젊은 낚시꾼(나는 그가 그리 멀시 않은 곳에 있는 것을 보았습니다)의 눈을 의식해서 얼굴이 붉어진 모습이 아니었더라도 그 미모로 금방 그 사람인 줄 알았을 것입니다. 어떤 하나의 얼굴이, 얼굴 생김새는 단정하지만 어쩐지 기분 나쁘게 심술궂은 표정을 하고서, 이 예쁜 처녀를, 아니 교회의 모든 사람과 모든 사물을 뚫어지게 쳐다보고 있었습니다. 프랑스 여자의 얼굴이었습니다.

아직 종이 울리고 있었고 중요 인물들은 아직 오지 않았으므로, 나는 그 틈에 무덤처럼 흙냄새 나는 교회 안을 한 바퀴 둘러보았습니다. 정말이지 어둡고 오래되고 엄숙한 작은 교회구나 하는 생각이 들었습니다. 창문이 나무 그림자로 덮여 빛이 조금 밖에 들어오지 않는 탓에 주위 사람들의 얼굴은 창백하게 보였고 돌바닥과 오래되고 습기를 먹어 상하기 시작한 기념상에 달린 놋쇠 명판은 시커멓게 보인 반면 종지기가 단조롭게 종을 치고 있는 작은 현관으로 비쳐드는 햇빛은 뭐라 말할 수 없을 만큼 밝아 보였습니다. 갑자기 그쪽이 술렁거리기 시작하고, 무리 지어 있는 시골 사람들의 얼굴에 일제히 경외의 빛이 떠올랐습니다. 보이손 씨 편에서 누군가의 존재를 단호하게 의식하지 않으려고 약간 사나운 태도를 취하는 것으로 보아, 중요 인물들이 들어올 것이며 예배가 시작되리라는 것을 알 수 있었습니다.

"'이 종을 재판에 붙이지 말아 주소서. 살아 있는 사람치고 당신 앞에서 죄 없는 자 없사옵니다…….'"[5]

일어서면서 시선이 마주친 얼굴 때문에 내 가슴이 갑자기 두방망이질하는 것을 어떻게 잊을 수 있을까요? 그 잘생기고 거만한 눈이 한순간 나른함을 떨치고 나와 내 눈길을 사로잡는 듯했던 그 모습을 어떻게 잊을 수 있을까요? 단지 한순간이 지난 뒤 나는 책으로 시선을 떨어뜨렸습니다. 그러나 그 짧은 순간에 나는 그 아름다운 얼굴을 생생하게 파악했습니다.

정말 이상하게도 의붓어머니 집에서 보낸 외로운 날들을 떠올리게 하는 무언가가 내 속에서 되살아나고 있었습니다. 더구나 그 기억은 내가 인형에 옷을 입힌 뒤 까치발로 작은 거울 앞에 서서 내 옷을 입었던 그 오랜 옛날까지 거슬러 올라갔습니다. 그러나 나는 태어나서 지금껏 한 번도 그 귀부인의 얼굴을 본 적이 없었습니다.

그 귀부인과 똑같은 커다란 가족전용석에 앉은, 통풍기가 있고 몹시 딱딱한 태도의 백발 신사가 레스터 데들록 경이고, 그 귀부인이 부인이라는 것을 단박에 알 수 있었습니다. 그렇지만 왜 부인의 얼굴이 혼란스럽게 보였는지 모르겠습니다. 마치 내 오래된 기억의 단편들이 비친 깨진 거울을 보는 듯했습니다. 그리고 부인을 아무 생각 없이 바라본 것만으로 어째서 내 마음이 그토록 흔들렸는지(내 마음은 아직도 가라앉지 않았습니다) 나는 알 수 없었습니다.

그렇게 된 것은 내 연약함 때문이라는 생각에 나는 낭독되고 있는 성서 구절에 정신을 쏟으며 그것을 잊으려 애썼습니다. 그러자 아주 이상하게도, 나는 그 말을 낭독자의 목소리가 아니라 뚜렷이 기억되는 의붓어머니의 목소리로 듣는 것 같았습니다. 그래서 나는 부인의 얼굴이 의붓어머니의 얼굴과 비슷한지 생각해 보았습니다. 조금은 비슷한 것도 같았습니다. 그러나 표정은 너무나 달랐고, 내 눈앞에 있는 부인의 얼굴에는 의붓어머니의 얼굴에서 보던 것과 같

---

5) 구약성서 〈시편〉 제143편 제2절.

은 단호한 엄격함이 전혀 없었으므로, 의붓어머니와 부인이 닮아서 내가 충격을 받은 것은 아니었습니다. 게다가 부인의 얼굴에서 보이는 교만함과 오만함은 다른 누구에게서도 결코 본 적이 없었습니다. 그런데도 지금껏 한 번도 본 적이 없다는 생각이 들 뿐만 아니라, 바로 그 순간까지 전혀 만난 적 없다는 사실을 충분히 알고 있는 이 사교계의 귀부인이 지닌 어떤 힘에 의해 내가—그러니까 세상과 동떨어져 살며 생일에 아무런 축하도 받지 못했던 어린 에스더 서머슨이—과거에서 불려나와 나 자신의 눈앞에 되살아난 듯한 기분이 들었습니다.

나는 이런 설명할 수 없는 혼란에 빠지는 바람에 몸이 너무나 떨렸습니다. 아까 언급한 프랑스인 하녀가 교회에 들어온 순간부터 여기저기 사방팔방을 뚫어지게 살피고 있다는 것을 알고 있으면서도, 내가 주목의 대상이 되자 그런 것조차 신경 쓰이기 시작했습니다. 그러나 무척 힘들기는 했지만 마침내 이 이상한 감정을 조금씩 억누를 수 있었습니다. 한참 뒤 나는 다시 부인을 바라보았습니다. 설교 전에 모두가 찬송가를 부를 준비를 할 때였습니다. 부인은 나 따위엔 신경조차 쓰지 않고 있었고, 내 마음의 동요도 가라앉았습니다. 그 뒤 부인이 에이더와 나를 안경 쓴 눈으로 한두 번 힐끔 바라봤을 때도 아주 잠깐 동요했을 뿐이었습니다.

예배가 끝나자 레스터 경은 매우 기품 있고 정중하게 부인에게 팔을 빌려 주고—비록 두꺼운 지팡이에 의지해 걸어야 했지만—교회에서 나와, 올 때 타고 왔던, 작은 말이 끄는 마차까지 호위해 주었습니다. 하인들이 흩어지고 신도들도 흩어졌는데, 그동안 줄곧 레스터 경은 신도들을 천국의 대지주 같은 얼굴로(라고 스킴폴 씨가 말해서 보이손 씨를 매우 즐겁게 해 주었습니다) 조용히 바라보았습니다.

"그는 자신이 천국의 대지주라고 믿고 있는 걸세!" 보이손 씨가 말했습니다. "확신하고 있어. 그의 아버지도, 할아버지도, 증조할아버지도 그랬지!"

스킴폴 씨가 불쑥 보이손 씨를 향해 말을 이었습니다. "내가 저런 사람들을 보면 즐거워진다는 것을 아나?"

"그런가?" 보이손 씨가 말했습니다.

"저 사람이 내 후원자가 되고 싶다면 어떨까? 난 환영이야! 난 이견이 없어."

"난 이견이 있네!" 보이손 씨가 씩씩거리며 말했습니다.

"정말인가?" 스킴폴 씨가 쾌활하게 말했습니다. "하지만 그건 확실히 고생스러운 일이지. 뭣 하러 그런 고생을 하겠나? 난 이대로 만사를 흘러가는 대로 어린아이처럼 모두 받아들이는 데에 만족하네. 나는 이곳에 내려와서, 존경의 표시를 요구하는 강력한 지배자를 찾았네. 좋아! 나는 이렇게 말하겠네. '강력한 지배자여, 여기 나의 존경의 표시를 받으소서! 존경의 표시를 자제하기보다는 바치는 편이 쉬운 일이죠. 보세요, 보시다시피 이렇게 바칩니다. 나리께서 제가 마음에 들어 할 만한 것을 보여 주신다면 기쁘게 볼 테고, 제가 마음에 들어 할 만한 것을 주신다면 기쁘게 받겠습니다.' 그러면 강력한 지배자는 이렇게 말하겠지. '참으로 분별력이 있는 자로구나. 내 맘에 맞는 자야. 이 사람이랑 있으면 고슴도치처럼 가시를 곤두세울 일은 없겠는걸. 이 사람과 함께라면 뭐든 자유롭게 할 수 있을 것 같아. 그건 우리 둘 다에게 좋은 일이야.' 이것이 어린아이 같은 내 의견일세!"

보이손 씨가 말했습니다. "하지만 자네가 내일 어디 다른 곳으로 갔다고 침세. 그곳에 그와 정반대의 사람이 있다면 그때는 어떻게 하겠나?"

"어떻게 하다니?" 스킴폴 씨가 아주 순진한 얼굴로 말했습니다. "다를 것 없지! 아마 이렇게 말할 걸세. '존경하는 보이손 씨.'—자네를 우리의 가공의 친구라고 생각하고 말하겠네—'당신은 그 강력한 지배자에게 반대하는 것이지요? 좋습니다. 저도 그래요. 저는 사회조직 안에서 제가 할 일이 다른 사람들과 잘 어울리는 것이라고 생각합니다. 사람은 누구나 다른 사람들과 조화를 이루면서 살아가야 하지요. 한마디로 말해서 사회조직은 조화의 조직입니다. 그러니까 당신이 반대한다면 저도 반대합니다. 자, 대단한 보이손 씨, 그만 식사하러 가시지요!'"

"하지만 그 대단한 보이손 씨는 이렇게 말할지도 모르지." 보이손 가문의 주인이 시뻘게진 얼굴로 대답했습니다. "나는 절대로—"

"알고 있네. 그는 분명 그렇게 할 걸세."

"—내가 식사하러 가겠다면!" 보이손 씨는 지팡이로 땅바닥을 내리치며 말했습니다. "보이손 씨는 분명 이렇게 덧붙일 걸세. '대체 이 세상에 원칙이라는게 있을까요, 해럴드 스킴폴 씨?'"

"거기에 해럴드 스킴폴은 이렇게 대답할 걸세." 스킴폴 씨가 아주 천진난만한 미소를 지으며 실로 쾌활하게 대답했습니다. "솔직히 말해서 전혀 모르겠습니다! 당신이 원칙이라는 이름으로 부르는 것이 무엇이며 어디에 있는지 저는 몰라요. 만일 당신이 원칙을 갖고 계시고 그것을 편안하게 여기신다면 전 매우 기쁘고 진심으로 당신을 축하합니다만, 정말로 저는 그 원칙을 전혀 모르겠어요. 전 그저 어린아이고, 그런 원칙을 요구할 권리도 없는 데다 갖고 싶지도 않으니까요!' 그래서 무척 뛰어난 보이손 씨와 나는 결국 식사를 하러 가게 될 걸세!"

이것은 보이손 씨와 스킴폴 씨가 가끔 나누던 수많은 짧은 대화 가운데 하나로, 나는 늘 이런 대화들이 금방 끝났으면 하고 바랐습니다. 이런 대화들은 자칫 보이손 씨가 화를 폭발시키는 것으로 끝났을 수도 있었습니다. 그러나 보이손 씨는 접대하는 쪽의 주인으로서, 자신에게 손님을 극진히 대접할 책임이 있다는 사실을 잘 알고 있었고, 잔다이스 아저씨는 스킴폴 씨를 종일 비눗방울을 불었다가 터트리는 어린아이처럼 보고 진심으로 같이 웃어넘기고 말았으므로, 사태가 더 심각해지는 일은 없었습니다. 자기가 아슬아슬한 순간까지 갔다는 것을 전혀 눈치채지 못하는 스킴폴 씨는 대화가 끝나면 사냥터로 가서 한 번도 완성한 적 없는 스케치를 하기 시작하거나, 피아노를 한 소절 치거나, 노래를 몇 소절 부르거나, 나무 밑에 벌렁 드러누워 하늘을 바라보곤 했습니다.

"난 진취적인 기상과 분투 정신이 좋아요." 하고 스킴폴 씨는(벌렁 누운 채) 자주 우리에게 말했습니다. "분명 나는 진정한 세계인입니다. 진취적인 기상과 분투 정신, 난 이것들에서 가장 깊은 공감을 느낍니다. 이런 나무그늘에 누워, 북극으로 떠나거나 열대 밀림으로 들어가는 모험심 강한 사람들을 생각하면서 그들을 찬양하지요. 타산적인 사람들은 '북극에 가는 게 무슨 쓸모지? 그게 어디에 도움이 돼?' 라고 묻습니다. 나도 모릅니다. 하지만 적어도 이렇게는 말할 수 있을 것 같군요. 그들은—본인 자신들은 모르고 있지만—이곳에 누워 있는 나의 사색에 소재가 되어준다고요. 극단적인 예를 생각해 보세요. 미국 농원에 있는 노예를 생각해 봐요. 그들은 아마도 대체적으로 혹사당하고 있고, 아마도 그것을 좋아하지 않으며, 아마도 모두 불쾌한 경험을 맛보고 있을 겁니다. 하지만 그들은 나에게 풍요로운 풍경을 보여 주고, 풍경에 시를 더해 줘요. 아마 이것이 그들 인생의 보다 즐거운 목표들 가운데 하나일 겁니다."

이럴 때면 나는 스킴폴 씨는 부인이나 아이들을 생각할 때가 있기나 할까, 세계인인 스킴폴 씨는 자신과 가족을 어떻게 생각할까 하고 생각했습니다. 내가 아는 한 그는 가족들을 생각하는 적이 거의 없었습니다.

내가 교회에서 마음의 동요를 느꼈을 때로부터 며칠이 흘러 토요일이 되었습니다. 날마다 매우 쾌청한 날씨가 이어졌습니다. 우리는 햇빛이 투명한 나뭇잎 사이로 비쳐들어 아름답게 뒤엉킨 나무그늘에서 반짝이는 것을 바라보거나, 새들이 노래하고 벌레들이 붕붕거리는 소리를 들으며 무척 즐겁게 보냈습니다. 숲속에는 이끼와 낙엽으로 뒤덮인, 우리가 가장 좋아하는 장소가 있었습니다. 그곳에는 껍질이 벗겨진 나무가 몇 그루 쓰러져 있었습니다. 우리는 그 사이에 앉아 하얘진 나무줄기들 너머로 아득히 먼 경치를 보았습니다. 그곳은 우리가 앉아 있는 나무그늘과 대비되어 눈부시게 밝았고, 아치 모양의 전경 때문에 한결 정취가 있어 보였습니다. 그 토요일에 잔다이스 씨와 에이더와 내가 그곳에 앉아 있는데, 이윽고 멀리서 천둥 치는 소리가 들리더니 굵은 빗방울이 떨어졌습니다.

그 주는 내내 몹시 무더웠지만, 이 뇌우는 너무나 갑작스러웠습니다. 적어도 그 나무그늘에 있던 우리에게는요. 숲을 채 벗어나기도 전에 몇 번이나 천둥이 울리고 번개가 번쩍였습니다. '나뭇잎 사이로 커다란 납구슬 같은 빗방울이 떨어졌습니다. 나무들 사이에 서 있을 때가 아니었으므로 우리는 숲에서 뛰어나와, 이끼가 낀 계단을 오르내리며 농장 울타리를 넘었습니다. 울타리를 타 넘자 관리인의 오두막이 있어서 그곳으로 갔습니다. 그동안 몇 번이나 우리는 황혼녘의 나무들 사이에 서 있는 이 오두막의 어두운 아름다움과 오두막 건물에 담쟁이덩굴이 얽혀 있는 모습에 넋을 빼앗기곤 했습니다.

이미 하늘이 온통 흐려서 오두막 안은 캄캄했습니다. 또렷이 보이는 것이라고는 그곳에서 비를 피할 때 문간으로 나와서 에이더와 나에게 의자를 내어 주었던 남자뿐이었습니다. 덧문은 모두 활짝 열려 있었고, 우리는 대문 바로 안쪽에 앉아 폭풍우를 지켜보았습니다. 바람이 일어나 나무들을 때렸습니다. 비를 연기처럼 흩뿌리며 몰고 가는 구름을 보고, 묵직한 천둥소리를 듣고, 번개를 보고 있자니 웅장했습니다. 우리의 작은 목숨을 에워싸고 있는 다양한 힘의 위력에 두려움을 느끼면서도, 한편으로는 그것이 얼마나 은혜로운지, 그리고 얼핏 분노로 보이는 이 힘이 어떻게 가장 작은 꽃 한 줄기와 이파리 하나에도 생기를 불어넣었는지 하는 생각을 하니 정말 감동적이었습니다.

"그렇게 비가 들이치는 곳에 있으면 위험하지 않아요?"

"어머, 그렇지 않아, 에스더!" 에이더가 조용히 말했습니다.

에이더는 내게 대답했지만 질문을 한 사람은 내가 아니었습니다.

또다시 심장이 두근거리기 시작했습니다. 얼굴을 본 적 없듯이 목소리를 들은 적도 없지만 그 목소리는 전과 같은 이상한 방식으로 내게 영향을 끼쳤습니다. 또다시 마음속에 나 자신의 수많은 영상이 떠올랐습니다.

우리가 오기 전부터 이 사냥터 오두막에서 비를 피하고 있던 데들록 부인이 어두운 오두막 안에서 나왔습니다. 그녀는 우리 뒤에 서서 의자에 손을 얹었습니다. 내가 뒤를 돌아보자 내 어깨 근처에 손을 얹고 있는 부인이 보였습니다.

"내가 깜짝 놀라게 했군요?" 부인이 말했습니다.

아니요, 전 깜짝 놀라지 않았어요. 깜짝 놀랄 이유가 어디 있겠어요?

부인이 나의 후견인 아저씨에게 말했습니다. "잔다이스 씨죠?"

"기억해 주셔서 영광입니다, 부인."

"일요일에 교회에서 뵙고 당신인 줄 알았어요. 이 땅에서 진행 중인 저희 남편과의 분쟁 때문에—하지만 남편도 좋아서 소송을 일으킨 건 아니랍니다—당신을 대접하기 어렵다는 점이 유감스러워요, 어리석은 말이지만요."

"사정은 충분히 들어 압니다." 아저씨가 싱긋 웃으면서 말했습니다. "말씀만 들어도 고맙습니다."

부인은 몸에 밴 듯한 무관심한 태도로 벌써 아저씨와 악수를 마치고, 매우 듣기 좋은 목소리이긴 하지만 마찬가지로 무관심한 투로 말했습니다. 그녀는 아름다운 만큼 기품이 있고 아주 침착했으며, 마음만 먹으면 누구라도 매혹하고 관심을 끌 수 있을 것 같았습니다. 관리인이 의자를 가져왔으므로 부인은 현관 한가운데, 에이더와 나 사이에 앉았습니다.

"전에 남편이 편지를 받고도 아무런 도움이 되어 드리지 못했던 그 젊은 남자분은 장래가 정해졌나요?" 부인이 아저씨를 돌아보며 말했습니다.

"그런 것 같습니다."

부인은 아저씨를 존경하는 것 같았고, 아저씨의 기분을 상하지 않게 하려고 애쓰는 것처럼 보이기까지 했습니다. 그녀의 오만한 태도에는 어딘지 사람을 끌어당기는 구석이 있었으며, 아저씨를 보고 이야기를 하는 동안 딱딱함은 차츰 누그러졌습니다—마음을 열기 시작했다고 쓰고 싶지만, 거기까지는 아니었습니다.

"여기 계신 분이 또 다른 피후견인인 클레어 양이죠?"

아저씨가 에이더를 정식으로 소개했습니다.

"당신이 이런 미인의 고생을 덜어준다면" 부인이 다시 잔다이스 씨를 돌아보며 말했습니다. "돈키호테다운 사심 없는 면모를 잃게 되겠는데요. 그런데……" 하고 부인은 나를 똑바로 응시했습니다. "이쪽 아가씨에게도 나를 소개시켜 주세요!"

"서머슨 양이야말로 사실상 제 피후견인이라고 하겠습니다. 서머슨 양의 경우에는 대법관님과 상관이 없거든요."

"서머슨 양은 부모님이 안 계시는군요?" 부인이 말했습니다.

"네."

"훌륭한 후견인이 생겨서 다행이에요."

데들록 부인이 나를 쳐다보아서 나도 부인을 보면서 정말 그렇다고 말했습니다. 그러자 갑자기 부인은 불쾌함이나 혐오감이라도 나타내는 듯이 황급히 얼굴을 돌리고 다시 아저씨에게 말을 걸었습니다.

"우리도 자주 만나던 때가 있었는데, 벌써 몇 년이 흘렀군요, 잔다이스 씨."

"오래전이지요. 최소한, 지난 일요일에 당신을 보기 전까지는 오랜 시간이 지났다고 생각했습니다."

"어머나! 당신도 아첨할 줄 아는군요. 아니면 나한테는 그래야 한다고 생각하시는 건가요?" 부인이 다소 경멸의 빛을 띠며 말했습니다. "제가 그런 평판을 얻었답니다."

"데들록 부인, 당신은 아주 많은 것을 이루었기에 약간의 대가를 치르고 있는 것 같군요, 그러나 제게는 그럴 필요 없습니다."

"아주 많다고요!" 부인이 피식 웃으며 되풀이했습니다. "그런 셈이지요!"

훨씬 뛰어나고 힘 있고 매력적인 태도를 지닌 그녀는 에이더와 나를 어린애 이상으로 여기는 것 같지 않았습니다. 그래서 그녀는 피식 웃었을 때나 나중에 비를 보며 앉아 있을 때도, 마치 혼자 있는 듯 침착하게 자신만의 생각에 빠져 있는 것처럼 보였습니다.

"우리가 외국에 함께 갔을 때 당신은 나보다 언니하고 잘 아는 사이였죠?" 부인이 아저씨를 보면서 다시 말했습니다.

"네, 언니를 더 자주 뵈었죠." 아저씨가 대답했습니다.

"우리는 각자 다른 길을 갔어요." 부인이 말했습니다. "서로 이해할 수 없다고 단념하기 이전부터 공통점이라고는 거의 없었죠. 유감이지만, 어쩔 수 없었어요."

데들록 부인은 비를 바라보며 다시 앉았습니다. 곧 폭풍우가 그치기 시작했습니다. 빗발은 약해지고, 번개도 그쳤으며, 천둥은 먼 언덕 사이에서 울리고, 햇빛이 젖은 나뭇잎과 내리는 비에 반사되어 반짝반짝 빛났습니다. 우리가 잠자코 거기에 앉아 있는데, 작은 말이 끄는 작은 사륜마차가 경쾌한 발걸음으로 이쪽으로 오는 것이 보였습니다.

"부인, 전령이 마차를 몰고 돌아왔습니다." 오두막지기가 말했습니다.

마차가 가까이 오자 안에 타고 있는 두 사람이 보였습니다. 외투와 망토를 들고 먼저 마차에서 내린 사람은 교회에서 봤던 프랑스 여자였고, 뒤에 내린 여자는 예쁜 소녀였습니다. 프랑스 여자는 자신감 넘치는 태도였고, 예쁜 하녀는 당혹스러운 얼굴로 머뭇거리고 있었습니다.

"무슨 일이지?" 부인이 말했습니다. "둘이 같이 오다니!"

"부인, 지금은 제가 부인의 몸종이에요." 프랑스 여자가 말했습니다. "전갈은 같이 온 하녀 앞으로 왔지만요."

"혹시 저일지도 모른다고 생각했어요, 부인." 예쁜 소녀가 말했습니다.

"그래, 너였다." 부인이 차분하게 대답했습니다. "그 숄을 걸쳐 다오."

부인이 숄을 입으려고 어깨를 조금 앞으로 숙이자 예쁜 하녀가 맵시 있게 숄을 떨어트려 주었습니다. 무시당한 프랑스 여자는 입을 굳게 다물고 지켜보았습니다.

데들록 부인이 잔다이스 씨에게 말했습니다. "유감스럽지만 이제 헤어져야 하겠군요. 당신의 두 피후견인을 위해 제가 마차를 다시 보내 드려도 되겠지요. 여기로 곧장 올 거예요."

그러나 아저씨가 끝내 이 제안을 받아들이려 하지 않았으므로 부인은 우아하게 에이더와 작별인사 한 다음—나에게는 아무 말도 없었습니다—아저씨가 내민 팔을 붙잡고 휘장 달린 마차에 올라탔습니다. 작고 낮은 사냥용 마차였습니다.

"얘야, 타라." 부인이 예쁜 하녀에게 말했습니다. "네가 같이 가면 좋겠구나."

마차가 덜컹거리며 사라졌습니다. 프랑스 여자는 가져온 망토를 팔에 걸친 채, 아까 내렸던 곳에 우두커니 서 있었습니다.

아마 자존심이 가장 참을 수 없는 것은 자존심 그 자체인 것 같습니다. 그리고 아마도 이 프랑스 여자는 자신의 도도하고 고압적인 태도 때문에 벌을 받은 것이었습니다. 프랑스 여자의 복수는 나로서는 상상도 못하게 해괴했습니다. 그녀는 꼼짝도 않고 가만히 서 있다가, 이윽고 마차가 제 속도를 내기 시작하자, 불안한 기색도 없이 구두를 벗더니, 가장 흠뻑 젖은 풀밭을 따라 조심조심 걸어갔습니다.

"미친 여잔가?" 나의 후견인 아저씨가 말했습니다.

"천만에요, 나리!" 아내와 함께 프랑스 여자의 뒷모습을 지켜보던 오두막 관리인이 말했습니다. "오르탕스는 미치지 않았습니다. 어떤 영리한 사람에게도 지지 않을 만큼 머리가 좋은 여자죠. 하지만 저 여자는 몹시 오만하고 신경질적이에요. 몹시 오만하고 신경질적이죠. 게다가 쫓아낸다는 소리도 들은 데다가 다른 사람이 자기보다 귀여움을 받자 요즘 심경이 불편하답니다."

"그런데 왜 구두도 신지 않고 저 빗속을 걸어가는 거지?" 아저씨가 말했습니다.

"이런, 참, 열을 식히려는 것만 아니면 좋겠군!" 오두막의 관리인이 말했습니다.

"저 여자가 혈통 때문이라고 상상하지만 않아도 좋겠어요!" 아주머니가 말했습니다. "저 여자는 피가 솟구칠 때도 그렇지만 다른 일로도 곧장 빗속을 걷거든요!"

몇 분 뒤 우리는 데들록 저택에서 그리 멀지 않은 곳을 지나갔습니다. 처음 봤을 때 저택은 평온해 보였지만, 지금은 다이아몬드 같은 물방울이 온 저택을 반짝반짝 빛내고, 새들은 더는 침묵하지 않고 힘차게 노래했습니다. 모든 것이 아까 내린 비로 활기를 얻었고, 현관에는 그 작은 마차가 은으로 만든 요정 나라의 마차처럼 빛나고 있는 것이 아까보다 더 평온한 광경이었습니다. 이 풍경 속에 있던 또 다른 평온한 사람 그림자는, 저택을 향해 조용하고 확고한 발걸음으로 젖은 풀밭을 구두도 신지 않은 채 걸어가는 마드무아젤 오르탕스였습니다.

# 제19장 멈춰 있지 마

챈서리 레인 주변 일대는 장기휴가 기간이다. 이른바 '보통법과 형평법'이라는 우수한 배는 티크로 선체를 만들고 동으로 바닥을 깔고 철로 고정하고 놋쇠를 입힌 배로,[1] 결코 쾌속이라 할 수 없었는데, 평소처럼 정박해 있었다. '나는 네덜란드인'이라는 배는 만나는 사람마다 붙들고서 서류를 열람해 달라고 간청하는 사람들을 태운 채 어딘지 모를 곳으로 떠나고 없었다. 재판소는 모두 문을 닫았고, 관청은 무더운 잠에 빠져 있었다. 나이팅게일이 노래할 것만 같은 어두운 고독에 잠긴 웨스트민스터 홀[2]에는 평소에는 볼 수 없는 보다 다정한 부류의 소송자들[3]이 산책하러 찾아온다.

템플, 챈서리 래인, 서전트 법학예비원,[4] 링컨 법조원을 비롯해 링컨 법조원 광장까지도 썰물 속 항구 같았다. 이곳에서는 몇 가지 행사들이 열리고 있고, 이동 사무소들이 정박해 있었으며, 게으른 승무원들은 한쪽으로 기울어진 의자에서 느긋하게 잡담을 나누고 있었다. 그들은 조류기간이 되어서야 수평을 되찾을 수 있는 것이다. 수십 개나 되는 재판관의 방문은 닫히고, 수위실에는 편지와 소포가 산더미처럼 쌓여 있다. 링컨 법조원 대법관 법정 밖의 석조 포장바닥 틈새들 사이로 잔디풀들이 자라나 있었으나, 나무그늘에 앉아 있는 것 외에는 할 일이 없는 짐꾼들이 파리를 쫓기 위해 흰 앞치마를 머리에 쓰고 그 잔디풀들을 뿌리째 뽑아내며, 생각에 잠긴 얼굴로 풀을 씹고 있었다.

지금 런던 시내에는 재판관이 한 사람밖에 없다. 그 재판관조차 일주일에 두

---

1) 이 구절에는 '철면피'라는 뜻이 있다.
2) 본디 웨스트민스터 궁전의 일부였던 의회 부속 회관으로, 보통법 및 형평법상 주요 재판소가 이곳에서 개정되었다. 단, 대법관 법정은 뒷날 링컨 법조원으로 옮겼다.
3) suitors. suitor라는 단어에는 '구혼자', '연인'이라는 뜻도 있다.
4) 템플 바로 동북쪽 끝에 있다. 본디 상급법정 변호사 구성을 위한 법조원이었다.

번 자기 방에서 사건을 심리할 뿐이다. 지금 그의 모습을 지방 순회재판구 마을 사람들이 봤다면 어땠을까! 뒤로 넓게 퍼진 가발[5]도, 빨간 페티코트도, 호위 창병도, 하얀 재판관 지팡이도 없다. 흰 바지에 흰 모자를 쓰고 깔끔하게 면도한 한 명의 신사에 지나지 않는 그의 법관다운 얼굴은 바다 같은 청동색으로 그을고, 코는 햇빛에 껍질이 조금 벗겨졌다. 그는 오는 길에 조개요리 전문점에 들러, 얼음으로 식힌 진저비어를 한 잔 마신다!

영국의 변호사는 전 세계에 흩어져 있다. 기나긴 넉 달의 여름 동안 영국이 변호사 없이 버틸 수 있느냐 하는 것은 문제가 되지 않는다. 상대가 자기 의뢰인의 감정을 유례없이 언짢게 했다며 언제나 불같이 화를 내는 어느 박학한 신사[6]는 지금 스위스에서는 상상도 못 할 만큼 활기차게 지내고 있다. 평소 적을 위축시키기 잘하고 상대를 가리지 않고 비아냥거려서 기를 꺾는 박학한 신사는 프랑스의 해수욕장에서 잔뜩 신이 나 있다. 조금만 화내도 1파인트나 되는 눈물을 흘리는 박학한 신사는 지난 6주간 눈물 한 방울 흘리지 않았다. 타고난 불같은 성미를 지금껏 법률의 연못과 샘으로 식힌 결과 드디어 복잡한 논의에도 오래 참여할 수 있게 된 아주 박학한 어떤 신사는 보통 개정기에는 졸음이 쏟아지는 법정에서, 초심자는 물론이요 그 분야에 정통한 대다수 사람조차 전혀 이해하지 못하는 법률상의 '야유'를 해서 모두를 난처하게 하지만, 지금은 콘스탄티노플 부근을 거닐며 자못 인품에 걸맞게 건조한 풍토를 즐기고 있다. 이외에 영국에서 세계 각지로 작은 조각들처럼 흩어져 나간 위대한 수호자들은 베니스의 운하에서도 볼 수 있고, 나일강에서 두 번째로 큰 폭포에서도 볼 수 있으며, 독일의 온천에서도 볼 수 있고, 영국 해안의 모래사장에도 곳곳에 섞여 있다. 그러나 외따로 있는 챈서리 레인 지역에는 거의 아무도 보이지 않는다. 가끔, 이 황야로 변한 일대를 일행에서 떨어진 변호사가 바삐 지나가다가, 불안의 근원인 이 땅을 차마 떠나지 못해 배회하는 어떤 소송자와 마주치면 서로 흠칫 놀라 서로 반대 방향의 그늘로 내빼 버린다.

---

5) 재판관이 지방을 순회하며 재판할 때 착용하는 정식 복식품 가운데 하나. 나머지 세 가지도 당시 복장과 수행원 및 부속품.

6) 변호사를 가리킴. '박학한'은 법률에 정통했다는 뜻으로, 흔히 변호사 자격증을 가진 사람에게 경의를 담아 사용하는 말.

올해는 수년 만에 오는 최고로 더운 장기휴가 기간이다. 변호사 사무소의 젊은 사무원들은 모두 사랑에 빠져 있어서, 저마다 열기의 정도에 따라 연인과 단둘이 마게이트[7]나 램즈게이트[8], 그레이브젠드[9]에서 보낼 즐거울 시간을 꿈꾼다. 중년 사무원들은 자기 집에는 자식들이 너무 많다고 생각한다. 법조원 안으로 어슬렁어슬렁 들어와 계단이나 그 밖의 마른 곳을 헉헉대고 돌아다니며 물을 찾는 개들은 목이 말라서 짧게 짖어 댄다. 길을 걸어가는 맹인 안내견들은 주인을 펌프에 부딪치게 하거나 양동이에 발이 걸리게도 한다. 차양을 씌우고 포장도로에 물을 뿌리고 창문에 금붕어와 은붕어가 든 어항을 놓은 가게는 피난처처럼 보인다. 템플 바가 완전히 뜨겁게 달아올라서 인근의 스트랜드 거리와 플리트 거리는 화침[10]을 넣은 주전자처럼 밤새 부글부글 끓는다.

아무리 따분해도 시원하면 그만이라는 곳이 있다면, 법조원 부근의 사무소들 가운데 그런 곳이 있을지도 모른다. 그러나 세상과 동떨어진 그런 곳 바로 바깥에 있는 좁은 거리는 펄펄 끓고 있다. 크룩 씨가 사는 골목은 너무 더워서 동네 사람들은 집 안과 밖을 바꿔서 아예 포장도로에 의자를 내놓고 앉아 있다. 크룩 씨도 그중 한 사람으로, 그는 고양이(고양이는 절대로 너무 뜨거워지지 않는다)를 옆에 앉혀 놓고 공부하고 있다. '솔스 암스'는 그 여름 동안에 '음악 모임'을 그만두었고, 리틀 스윌스는 템스강변 하류에 있는 '패스터럴 가든스'에 고용되었다. 이곳에서는 가수들이 아주 천진난만하게 등장해서 어린이를 위한 익살스러운 노래를 부르는데, 이런 노래는(전단지에 쓰여 있는 바로는) 아무리 까다로운 사람이라도 불쾌해하지 않도록 다듬어졌다고 한다.

장기휴가 기간의 따분함과 우울함이 챈서리 레인 일대를 커다랗고 곰팡이 슨 천막이나 거대한 거미줄처럼 뒤덮고 있다. 쿡스 코트의 법률가 용 문구점 주인인 스낙스비 씨는 이 보이지 않는 힘을 감지하고 있다. 그것도 감응력 뛰어나고 묵상적인 사람으로서 마음속으로 느낄 뿐만 아니라, 앞서 언급한 대로 문구점 주인으로서 영업상으로도 느끼고 있다. 장기휴가 기간에는 다른 계절보

---

7) 잉글랜드 켄트주 북쪽 끝에 있는 영국 유수의 해수욕장.

8) 켄트주에 있으며, 마게이트에서 정남쪽 끝에 있는 해수욕장.

9) 켄트주 템스강 하구에 있으며, 예부터 런던에 귀빈이 방문했을 때 공식 접대장소로 쓰였다.

10) 옛날에 일종의 히터로 썼던 쇳조각. 이것을 달궈서 구식 다리미나 주전자에 넣는다.

다는 스테이플 법학예비원이나 기록보관소의 안뜰에서 명상에 잠길 여유가 있어서, 그는 가게의 두 도제에게, 이렇게 더운 날씨에 푸른 바다에 둘러싸인 섬에 산다고 상상하는 것은 참으로 멋지지 않은가 하고 말한다.

장기휴가 기간 중에 있는 이날 오후, 스낙스비 씨 부부가 손님 맞을 생각을 하고 있을 때 거스터는 작은 응접실에서 바쁘게 일하고 있다. 방문하기로 한 손님은 채드밴드 씨 부부뿐이므로 인원수가 많다기보다는 선별된 귀빈인 셈이다. 채드밴드 씨는 말로 할 때나 글로 쓸 때나 자기를 가리켜 그릇[11]이라고 표현한다. 그래서 모르는 사람은 가끔 그를 항해와 관련된 사람으로 착각하지만,[12] 그의 표현을 빌리자면 "성직"에 몸담고 있다. 채드밴드 씨는 특정 교단에 속하지 않았다. 그를 핍박하는 사람들에 따르면, 그는 이 문제에 대해 특별히 할 말 없었다. 하지만 그에게는 추종자도 있으며 스낙스비 씨의 아내도 그중 하나다. 그녀는 최근 채드밴드호로 천국에 다녀온 참인데, 더위에 지쳐 있을 때 이 최우수 소형 범선에 마음이 끌린 것이었다.

스낙스비 씨는 스테이플 법조예비원의 참새들에게 말한다. "우리 마나님은 신앙심도 격렬해야 좋아하지요."

채드밴드가 네 시간이나 쉬지 않고 장광설을 늘어놓는 타고난 재능의 소유자라는 사실을 아는 거스터는, 지금은 사기가 그의 시녀라고 생각하고 크게 감격하며 작은 응접실에다 차를 준비한다. 가구란 가구는 모두 흔들어 털어 먼지를 깨끗이 닦았고, 스낙스비 씨 부부의 초상화는 젖은 걸레로 닦고 윤을 냈다. 가장 좋은 찻잔 세트를 준비하고, 갓 구운 맛있는 빵, 껍질이 딱딱한 꼬인 모양의 빵, 차갑고 신선한 버터, 얇게 자른 햄, 독일식 소시지, 보기 좋게 배열한 작은 파슬리와 그 안에 나란히 늘어놓은 안초비, 갓 낳은 달걀(이것은 냅킨에 싸서 따뜻할 때 가지고 들어온다)과 버터를 발라 구운 뜨거운 토스트 같은 음식을 내놓는다. 채드밴드는 엄청나게 큰 그릇으로—박해자들은 그를 게걸스럽게 먹을 만한 그릇이라고 말한다—나이프와 포크 같은 인간적인 무기를 아주 잘 다룬다.

---

11) 'vessel'은 성경에서 비유적으로 어떠한 정신적 특질을 넣는 용기로서의 '인간'이라는 뜻을 지닌다.

12) 'vessel'에는 배, 특히 바다를 항해하거나 커다란 강 등을 왕복하는 배라는 뜻도 있다.

가장 좋은 겉옷을 입은 스낙스비 씨는 준비가 끝나자 일일이 점검하고, 입에 손을 대고 경의를 표하듯 헛기침하면서 아내에게 말한다. "채드밴드 씨 부부가 몇 시에 오실 것 같지, 여보?"

"여섯 시요." 아내가 말한다.

스낙스비 씨가 온화한 목소리로 불쑥 말한다. "벌써 지났는데."

"두 분이 오시지도 않았는데 당신은 벌써 시작하고 싶은 거로군요?" 아내가 비난조로 말한다.

실제로 스낙스비 씨는 무척 그러고 싶다는 표정이지만, 온화한 기침을 하면서 말한다. "아니야. 그냥 시간을 물은 거잖아."

"영원에 비하면 시간 따위가 뭐라고."

"사실 그래, 여보. 하지만 사람을 차 시간에 초대하기 위해 음식을 준비했을 때는…… 아마도…… 괜히 더 시간을 신경 쓰게 되지. 게다가 차 마실 시간을 정해 놨으면 그 시간에 시작할 수 있도록 나타나는 게 좋잖아."

"시간에 맞춰 시작한다고요!" 아내가 되풀이하며 격렬하게 말한다. "시간에 맞춰서! 채드밴드 목사님이 권투선수인 것처럼 그래야 한단 말인가요?"

"그런 말이 아니야, 여보." 스낙스비 씨가 말했다.

그때, 여태 침실 창문에서 밖을 내다보던 거스터가 유령처럼 삐걱삐걱 소리를 내면서 작은 계단을 내려와 응접실로 허둥지둥 들어온다. 그녀가 채드밴드 씨 부부가 쿡스 코트에 나타났다고 알리자마자 복도 입구의 종이 울린다. 스낙스비 씨의 아내는 거스터를 꾸짖고서, 정식으로 고하지 않으면 당장 너를 수호성인에게 돌려보내겠다고 으름장을 놓는다. 이 위협에 거스터는 온 신경이 곤두서서 (처음에는 가장 좋은 상태였지만) 그만 이렇게 말하고 만다. "치즈밍 목사님과 사모님, 아, 뭐 그런 이름이시겠지요, 저, 다시 말하면, 이름이 뭐시더라!" 그러고는 양심이 켕겨서 그 자리에서 물러난다.

채드밴드 씨는 얼굴빛이 노랗고 몸집이 커다란 남자로, 느끼한 미소를 띠고 있으며, 전체적으로 온몸에 꽤 많은 양의 고래 기름을 저장하고 있는 것처럼 보인다. 부인은 깐깐한 얼굴에 엄숙해 보이며 말 수 적은 여자다. 채드밴드 씨는 조용조용하고 어색하게 움직이는 것이 어딘지 모르게 서서 걷는 법을 배운 곰과 같다. 두 팔이 거치적거려서 치워 버리고 싶다는 듯이 팔을 어디에 둘지 몰라 하고, 머리에는 땀을 비 오듯 흘리며, 말할 때는 듣는 이에게 이제부터 설교를 시작하겠다고 신호하는 것처럼 반드시 먼저 한쪽 손을 든다.

"여러분." 채드밴드 씨가 말한다. "이 집에 평화가 있기를! 이 집의 주인에게도, 그의 아내와 따님들에게도, 아드님들에게도 평화가 있기를! 여러분, 저는 왜 평화를 기원할까요? 평화란 뭘까요? 전쟁일까요? 아닙니다. 다툼일까요? 아닙니다. 그것은 사랑스럽고 상냥하고 아름답고 즐겁고 조용하고 기쁜 것일까요? 네, 그렇습니다! 여러분, 그렇기에 저는 여러분과 여러분의 가족들에게 평화가 있기를 기도합니다."

아내가 심오한 교훈을 얻었다는 표정을 짓자 스낙스비 씨는 지금이 아멘이라고 말할 때라고 생각했으며, 그렇게 말해서 모두에게 환영받는다.

"그런데 여러분." 채드밴드 씨가 말을 잇는다. "제가 이 주제를⋯⋯"

거스터가 나타난다. 스낙스비 씨의 아내는 채드밴드 씨에게서 눈을 떼지 않고, 유령처럼 나지막한 목소리로 말한다. "저리 가 있어!"

"그런데 여러분, 제가 이 주제를 다루며 부족하나마 제 나름대로 방향을⋯⋯"

거스터가 "천 칠백 팔십 이" 하고 영문 모를 소리를 중얼거리는 것이 모두의 귀에 들린다. 조금 전 유령 같은 목소리가 좀 더 엄숙하게 되풀이된다. "저리 가 있으란 말이야!"

"자, 여러분." 채드밴드 씨가 말한다. "사랑의 마음으로 묻겠습니다⋯⋯"

그러나 거스터는 거듭 말한다. "천 칠백 팔십 이."

채드밴드 씨가 핍박에 익숙한 사람답게 단념하고 이야기를 멈춘다. 그러고는 활기 없이 턱에 주름이 잡히도록 느끼한 미소를 지으며 말한다. "이 아가씨의 이야기를 들어 봅시다! 이야기하세요, 아가씨!"

"죄송합니다만, 천 칠백 팔십이예요. 손님이 실링이 무엇에 대한 값이냐고 가르쳐 달래요." 거스터가 헐떡거리며 말한다.

"값?" 채드밴드 부인이 말한다. "승객 요금이야!"

"그 사람은 1실링 8펜스를 내놓지 않을 거면 모두를 불러 오라며 막무가내예요." 거스터가 대답한다. 스낙스비 씨의 아내와 채드밴드 부인이 분개하여 소리를 지르려는데 채드밴드 씨가 한 손을 들어 소동을 가라앉히며 말한다.

"여러분, 저는 어제 어떤 의무를 다하지 않았다는 사실이 생각났습니다. 그러

니 저로서는 벌을 받아 마땅하지요. 불복할 일이 아닙니다. 레이첼, 8펜스를 내
줘!"

스낙스비 부인이 "당신도 이 사도의 말씀을 들었죠?"라고 말하듯이 숨을 들
이마시며 스낙스비 씨를 빤히 쳐다보고, 채드밴드 씨가 겸허함과 고래 기름으
로 불타는 듯이 얼굴을 빛내는 사이에 채드밴드 부인이 돈을 치러 준다.

채드밴드 씨가 말한다.

"여러분, 8펜스는 많은 액수가 아닙니다. 그 액수는 두 배였을 수도 있고, 세
배였을 수도 있습니다. 아, 기뻐합시다! 아, 기뻐합시다!"

채드밴드 씨는 말투로 보아 아무래도 시에서 인용한 듯한 이 말을 하면서
식탁 쪽으로 성큼성큼 다가가서는 의자에 앉기 전에 훈계조로 한 손을 쳐든다.

"여러분, 지금 우리 눈에 보이는 이 식탁 위에 놓인 것은 무엇입니까? 가벼운
식사거리입니다. 그럼 우리에게 가벼운 식사가 필요한가요? 필요합니다. 왜 필
요합니까, 여러분? 우리는 죽어야 할 존재에 지나지 않고, 죄 많은 존재일 뿐이
며, 지상의 존재이지 천상의 존재가 아니기 때문입니다. 우리가 날 수 있습니까,
여러분? 날지 못합니다. 왜 우리는 날 수 없습니까, 여러분?"

조금 전 발언의 성공으로 고무된 스낙스비 씨가 이번에는 쾌활하고 다소 잘
난 체하는 투로 과감하게 자신의 의견을 말한다. "날개가 없기 때문이죠." 그러
나 곧 아내의 무서운 얼굴에 압도된다.

"여러분." 채드밴드 씨가 스낙스비 씨의 의견을 완전히 무시하고 말을 잇는다.
"왜 우리는 날지 못합니까? 우리가 걷도록 만들어졌기 때문입니까? 그렇습니
다. 여러분, 우리는 힘이 없어지면 걷지 못하게 될까요? 걷지 못합니다. 힘이 없
으면 우리는 어떻게 할까요, 여러분? 다리가 우리를 운반하기를 거부하고, 무
릎이 꺾이고, 발꿈치가 뒤집어져서 우리는 땅에 쓰러지겠죠. 그럼 인간적인 견
지에서 우리는 어디에서 이 팔다리에 필요한 힘을 얻을까요?" 채드밴드 씨가
식탁 위를 흘끔 바라보고 말한다. "다양한 모양의 빵에서, 소가 우리에게 주는
우유로 만들어진 버터에서, 닭이 낳은 알에서, 햄에서, 소시지에서인가요? 그렇
습니다. 그렇다면 우리 앞에 놓인 이 귀한 음식들을 드시지 않겠습니까!"

이렇게 계단을 뛰어 올라가듯 말을 차례차례 쌓아 가는 채드밴드 씨의 설교
에서 그 어떤 번뜩이는 재능도 보이지 않는다고 그의 박해자들은 말했다. 그러

나 그것은 박해를 가하려는 그들의 결의를 나타내는 증거라고밖에 보이지 않는다. 채드밴드 식의 웅변이 널리 인정되고 크게 칭송받는다는 사실을 모든 사람이 다 알기 때문이다.

그렇지만 채드밴드 씨는 일단 말이 끝나자 스낙스비의 식탁에 앉아 엄청난 공격을 퍼붓는다. 영양분이 기름으로 바뀌는 과정은 이미 먹고 마시기 시작한 이 모범적인 그릇의 체질과는 불가분의 관계에 있는 것으로 보인다. 그는 거대한 정유 공장과도 같다. 커스터 거리의 쿡스 코트에서는 장기휴가 중의 이날 저녁에 그가 혼신의 힘을 다해 일에 몰두하므로, 일이 끝날 무렵에는 창고가 그득해 보였다.

거스터는 연회가 여기까지 진행되었을 때, 아직 첫 번째 실패에서 회복하지 못하고, 가능한 수단이든 불가능한 수단이든 모두 동원해서 스낙스비 가문과 자신의 수치를 계속해서 드러내다가—예컨대 채드밴드 씨의 머리 위에서 접시를 서로 부딪쳐 느닷없이 요란한 군악대의 연주를 시작하거나 그에게 빵으로 된 관을 씌워 주는 등—스낙스비 씨에게 급한 일이 생겼다고 귓속말을 한다.

"볼일이 생겨서 이제부터 가게에 좀 가보겠습니다!" 스낙스비 씨가 말하고 일어선다. "삼깐 실례합니다."

스낙스비 씨가 아래층으로 내려가 보니, 가게 종업원 둘이 경찰관을 뚫어지게 바라보고 있고 경찰관은 누더기를 입은 소년의 팔을 붙잡고 있다.

"어이쿠." 스낙스비 씨가 말한다. "이게 무슨 일입니까?"

경찰이 말한다. "이 아이에게 몇 번이나 가라고 말했지만 영 말을 듣지 않아서……."

"나는 절대로 멈춰 있지 않아요, 경찰 아저씨." 소년이 악을 쓰며 땟국 같은 눈물을 팔로 쓱 닦는다. "태어나서 지금까지 걷고 걷고 또 걸었다고요. 이 이상 어디로 가란 말이에요!"

"몇 번이나 주의를 주었지만," 경찰이 침착하게 말하더니, 뻣뻣한 깃 장식을 맨 목을 자못 경찰관답게 가볍게 흔들어 고쳐 세우며 말한다. "버티고 서 있으니 어쩔 수 없이 구류해야 합니다. 꼬맹이 주제에 이렇게 고집스러운 좀도둑은 처음 봐요. 끝까지 버티고 서 있더라니까요."

"아, 미치겠네! 나더러 어디로 가라는 거예요!" 소년이 외치면서 머리카락을 쥐어뜯고, 스낙스비 씨의 집 복도 바닥에 맨발을 구른다.

"그런 짓은 그만둬. 그렇지 않으면 당장 혼쭐을 내주겠다!" 경찰이 말하고 소년을 잡아 흔든다. "내가 어서 움직이라고 명령했잖아. 벌써 오백 번은 말했겠다."

"하지만 어디로 가란 말이에요?" 소년이 버럭 소리를 지른다.

"그렇군! 경찰 양반, 그 말이 맞아요." 스낙스비 씨가 생각에 잠긴 채 입에 손을 대고 당혹스럽다는 듯 헛기침하고 말한다. "확실히 그게 문제군요. 도대체 어디로 가란 말입니까?"

"거기까지는 명령 안 합니다." 경찰이 대답한다. "저 사내애 보고 멈춰 있지 말고 냉큼 움직이라고 명령하는 거지요."

듣고 있냐, 조? 요 몇 년 동안, 의회의 높으신 양반들은 이 문제에 관해 너에게 모범을 보여 주지 못했지만, 너도 그렇고 다른 사람들도 그렇고 전혀 아무렇지도 않았다. 너한테는 좋은 특효약이—심오한 철학적 처방전이—, 이 지상에서 네 기괴한 삶의 모든 결말이 딱 하나 남아 있다. 움직여서 옮겨갈 것! 조, 너는 결코 멈춰 있지 않겠지. 높으신 분들도 그 점에 관해서는 전혀 찬성하지 않을 테니까. 어서 가!

스낙스비 씨는 아무 말도 하지 않고 기침만 해댄다. 이미 이때는 언쟁을 듣고 채드밴드 씨 부부와 스낙스비 씨 부인이 계단 위에 모습을 드러내고 있었다. 거스터는 아까부터 복도 끝에 있었으므로, 집안에 있는 모든 사람들이 모인 셈이다.

"다만 문제는 당신이 이 아이를 아느냐 모르느냐입니다." 경찰이 말한다. "이 아이 말로는 당신을 알고 있다던데."

스낙스비 부인이 곧바로 높은 곳에서 큰 소리로 말한다. "아니요, 몰라요!"

"여보!" 스낙스비 씨가 계단을 올려다보면서 말한다. "제발 조금만 참아 줘, 응? 나는 분명히 이 아이를 조금 알고, 내가 아는 한 이 아이에게 나쁜 구석이 있다고는 말할 수 없군요. 아마 그 반대일지도 모르고요, 경찰 양반." 문구점 주인은 경찰에게 그의 딱한 경험에 대해 말한다. 반크라운 은화 사건을 숨기면서.

"그렇군요. 이제까지 이 녀석 말에 근거가 있었던 것 같아요. 이 녀석은 홀번에서 붙잡혔을 때 당신을 안다고 했었죠. 그러자 구경꾼들 사이에 있던 젊은 남자가 자기가 당신을 아는데, 당신은 훌륭한 가정을 가진 남자이며, 만일 당신을 찾아가서 조사할 거라면 자기도 출두하겠다고 말하더군요. 그 젊은 남자는 약속을 지킬 마음이 없어 보였지만…… 아, 진짜로 그 남자가 왔어요!"

등장한 사람은 거피 군이다. 그는 스낙스비 씨에게 고개를 끄덕이고, 계단에 있는 숙녀들에게는 변호사 사무소 직원의 기사도 정신을 발휘하여 모자에 손을 대고 인사한다.

"조금 전에 사무실에서 느긋하게 돌아오는 도중에 그 소동을 보았죠." 거피 군이 법률가용 문구점 주인에게 말한다. "당신 이름이 나오기에 이 사건을 조사해야겠다 싶었어요."

"아주 친절하시군요. 고맙습니다." 이렇게 말하고 스낙스비 씨는 다시 자기 경험을 말하지만, 이번에도 반크라운 은화 사건은 숨긴다.

"이제 네가 어디 사는지 알았다." 이야기가 끝나자 경찰이 조에게 말한다. "톰올 얼론스 거리에 살고 있구나. 아주 훌륭하고 깨끗한 곳 아니냐?"

"그보다 훌륭한 곳에서는 살 수 없지요, 나리. 제가 아무리 훌륭하고 깨끗한 곳에 살려 가려 해봤자 아무도 상대해 주지 않아요. 나 같은 평범한 사람힌테 누가 훌륭하고 깨끗한 방을 빌려 주겠어요?"

"너 지독한 가난뱅이지, 그렇지?" 경찰이 묻는다.

"그래요. 대체로 언제나 지독한 가난뱅이죠, 나리."

"그럼 여러분의 판단에 맡기지요! 제가 이 녀석 몸을 살짝 흔들자 이 반크라운 은화가 두 닢 떨어졌습니다!" 경찰이 일동에게 은화를 꺼내 보여 준다.

"스낙스비 나리, 그건 베일을 쓴 여자가 저한테 준 금화를 쓰고 남은 돈이에요. 그 여자는 하녀라고 했어요. 어느 날 밤, 그 하녀가 제가 청소하는 도로로 와서 이 가게와 나리가 대서를 맡긴 사람이 죽은 곳과 그가 묻힌 무덤을 가르쳐 달라고 부탁했어요. 하녀가 저한테 '내가 사인 규명에 나갔던 아이지?'라고 묻기에 제가 '네' 했더니 '그곳들을 모두 가르쳐 줄 수 있겠니?'라고 해서 제가 그럴 수 있다고 말했어요. 그랬더니 '안내하렴' 하기에 제가 안내했더니 소버린 금화[13] 한 닢을 주고 사라졌어요. 하지만 이젠 얼마 남지 않았어요." 조가 더러운 눈물을 글썽이며 말한다. "톰 올 얼론스에 있는 여관에 방값을 내고 거스름돈을 받기 전에 5실링을 내야 했고, 또 5실링은 자는 사이에 젊은 남자한테 도둑맞았고, 다른 남자아이한테 9펜스를 도둑맞았고, 모두에게 한 잔씩 돌렸는데 여관 주인이 바가지를 씌웠거든요."

"설마 그 여자와 소버린 금화 이야기를 믿어 줄 사람이 있다고 기대하는 건 아니겠지?" 경찰이 이루 말할 수 없이 경멸스러운 표정으로 조를 노려본다.

"전 그런 건 몰라요, 나리. 전 무슨 일에든지 별 기대 안 해요. 하지만 이건 거짓말이 아니에요."

"보시다시피 이 아이는 이런 놈입니다!" 경찰이 청중에게 말한다. "스낙스비 씨, 이번에 이 아이를 구류하지 않는다면 당신이 이 아이를 어디론가 가게 하겠다고 약속하시겠습니까?"

"안 돼요!" 스낙스비 씨의 아내가 계단 위에서 소리 지른다.

"여보!" 남편이 애원한다. "경찰 양반, 이 아이는 분명히 옮겨갈 겁니다. 얘야, 진짜로 그래야 한다."

"알겠어요, 나리." 불행한 조가 말한다.

"그래야지." 경찰이 말한다. "어떻게 해야 하는지 알지? 냉큼 가! 이다음 번에는 이렇게 쉽게 떠나지 않겠다고 꼭 기억해야 한다. 네 돈을 가져가. 자, 5마일 밖으로 썩 꺼져. 빨리 떠날수록 모두에게 득이다."

경찰은 조가 냉큼 사라질 곳이 대충 노을 지는 방향이라고 생각하고 그쪽을 손가락으로 가리킨다. 그러고는 방청했던 사람들에게 작별인사를 하고, 철심이 들어간 모자를 한 손으로 들어 머리에 바람을 쐬어 주면서 쿡스 코트에 부드러운 메아리 반주를 울리며 그늘 쪽을 골라 걸어서 사라진다.

한편 일동은 하녀와 금화에 관한 조의 터무니없는 이야기에 저마다 다소간 호기심이 생긴다. 본디 증거 문제를 캐내기 좋아하는 성격인 데다 장기휴가 기간의 무료함을 달래지 못하던 거피 군은 이 사건에 대단한 흥미를 느끼고 증인에게 짜증스러운 심문을 시작한다. 숙녀들이 그것을 무척 재미있어 해서, 스낙스비 부인은 거피 군에게 괜찮으시다면 2층으로 올라가 차라도 한 잔 하는

---

13) 1파운드 금화. 즉, 20실링.

게 어떻겠느냐고 정중하게 권한다. 거피 군이 제안에 응했으므로, 조는 시키는 대로 그 뒤를 따라 응접실로 들어간다. 거피 군은 이 증인의 담당자로서, 버터 만드는 남자가 버터를 다루듯이 이 모양 저 모양, 또 다른 모양으로 잡아 늘리고 줄이고 하며 조를 괴롭힌다. 이 심문은 다른 많은 경우와 마찬가지로 아무 것도 이끌어내지 못하고 장황하게 늘어질 뿐이다. 왜냐하면 거피 군은 자기 능력을 의식해서 의욕만 앞서고 있고, 스낙스비 부인은 꼬치꼬치 캐묻는 것을 좋아할 뿐 아니라 법조계에서 남편의 지위도 높아진 기분이기 때문이다. 심문이 이어지는 동안, 채드밴드호는 오로지 기름 거래에 종사하다가 다시 떠올라 흘러가기를 기다린다.

"어이쿠!" 거피 군이 말한다. "이 녀석이 끝까지 잡아떼네. 아니면 이 사건은 내가 켄지 앤드 카보이 사무소에서 다룬 적 없는 기묘한 사건인지도 모르겠군요."

채드밴드 부인이 스낙스비 부인에게 뭐라고 귓속말하자 스낙스비 부인이 큰 소리로 말한다. "어머나, 정말요?"

"벌써 몇 년째라고요!" 채드밴드 부인이 대답한다.

"켄지 앤드 카보이 사무소를 벌써 몇 년째 알고 계시대요." 스낙스비 부인이 득의양양하게 거피 군에게 설명한다. "채드밴드 부인이 말이에요―여기 계신 분의 아내죠―채드밴드 목사님의 아내요."

"오, 그렇군요!" 거피 군이 말한다.

"지금 남편과 결혼하기 전부터 알고 있었지요." 채드밴드 부인이 말한다.

"소송에 연루 되었나요, 부인?" 거피 군이 반대심문의 상대를 바꿔 묻는다.

"아니요."

"소송에 연루되지 않았나요, 부인?"

채드밴드 부인이 연루되지 않았다며 고개를 젓는다.

"그럼 소송에 연루된 누군가와 아는 사이였군요, 부인?" 범죄과학 수사 투로 말하기를 무척 좋아하는 거피 군이 묻는다.

"그렇지도 않아요." 채드밴드 부인이 험상궂은 미소를 지으며 말한다.

"그렇지도 않군요!" 거피 군이 되풀이한다. "그럼 부인, 그 사람은 켄지 앤드 카보이 사무소와 무슨 교섭이(어떤 교섭인지 지금은 말하지 않겠습니다) 있었던 아는 부인이었습니까, 아는 신사였습니까? 천천히 생각해 보십시오, 부인. 곧 생각날 겁니다. 남자였습니까, 여자였습니까, 부인?"

"어느 쪽도 아니에요." 채드밴드 부인이 아까 같은 태도로 대답한다.

"아! 아이 때문이었군요!" 거피 씨가 영국 배심원에게 변호사가 던지는 자못 현인다운 눈길로 말한다. "부인, 어떤 아이였는지 설명해 주시겠습니까?"

"드디어 맞추셨군요." 채드밴드 부인이 다시 험상궂은 미소를 지으며 말한다. "그래요, 당신의 외모로 볼 때 그건 분명 당신이 사회생활을 하기 전의 일이었어요. 내가 기르던 에스더 서머슨이라는 아이를 켄지 앤드 카보이 사무소가 맡아 세상에 내보내 주었죠."

"서머슨 양이라고요, 부인!" 거피 군이 흥분한 나머지 소리를 지른다.

"난 그 여자애를 에스더 서머슨이라고 부르죠." 채드밴드 부인이 엄한 목소리로 말한다. "내가 기를 때는 '양' 같은 건 붙이지 않았어요. 그냥 에스더였지요. '에스더, 이거 해라! 에스더, 저거 해라!' 하면 이것저것 하곤 했어요."

"이럴 수가, 부인." 거피 군이 좁은 방 안을 가로질러 와서 말한다. "지금 당신과 말하고 있는 바로 제가, 그 아가씨가 처음 런던에 왔을 때 마중 나갔던 사람입니다. 죄송하지만 악수를 허락해 주시겠습니까?"

이때 드디어 기회를 발견한 채드밴드 씨가 김이 나는 머리를 손수건으로 닦으며 일어난다. 스낙스비 부인이 나지막한 목소리로 "쉿!" 한다.

"여러분," 채드밴드가 말한다. "우리는 이 집에서 환대를 받았습니다. 이 집에 이 땅의 기름진 것들이 가득하기를,[14] 이 집에 오곡이 풍성하고 술이 넘쳐나기를,[15] 이 집이 번창하고 번영하고 진보하고 전진하고 앞으로 나아가기를! 그런데 여러분, 우리는 그것 말고 또 받은 게 있습니까? 있습니다. 여러분, 무엇을 받았습니까? 영적인 이익입니까? 그렇습니다. 정신적인 이익을 어디로부터 받았습니까? 나의 젊은 친구여, 앞으로 나오세요!"

갑자기 그렇게 불리자 조는 고개를 푹 수그린 채 뒤로 물러섰다가 앞으로 나왔다가 좌우로 비켜섰다가 하다가 유창하게 웅변하는 채드밴드와 마주 서지

---

14) 나라에서 가장 좋은 음식을 먹으며 호화롭게 산다는 뜻. 구약성서 〈창세기〉 제45장 18절 참조.
15) 구약성서 〈창세기〉 제27장 28절 참조.

만, 상대방의 의중을 전혀 짐작하지 못하는 기색이 역력하다.

"조, 내 젊은 친구여," 채드밴드가 말한다. "당신은 우리에게 진주가 될 운명이오, 다이아몬드가 될 운명이며, 보물, 보석이 될 운명이오, 왜일까요, 나의 젊은 친구여?"

"난 몰라요." 조가 대답한다. "난 아무것도 몰라요."

"내 젊은 친구여." 채드밴드가 말한다. "당신이 우리에게 보물이자 보석이라는 사실을 당신이 전혀 알지 못하기 때문입니다. 당신은 무엇입니까, 내 젊은 친구여? 당신은 들짐승입니까? 아닙니다. 하늘의 새입니까? 아닙니다. 바다나 강의 물고기입니까? 아닙니다. 당신은 인간 소년입니다. 인간 소년. 오, 영광스러운 인간 소년이여! 그런데 왜 영광인가요, 내 젊은 친구여? 당신은 지혜의 가르침을 받을 수 있기 때문입니다. 당신을 위해 지금 내가 하고 있는 이 설교를 통해 유익을 얻을 수 있기 때문입니다. 당신은 막대기나 지팡이나 그루터기나 돌이나 말뚝이나 기둥이 아니기 때문입니다.

> 눈부신 기쁨이 뿜어져 나오는 강줄기여
> 인간 소년이 되려는구나!

그런데 지금 당신은 그 강물에서 몸을 식히고 있습니까, 내 젊은 친구여? 아닙니다. 왜 지금 당신은 그 강물에서 자기 몸을 식히지 않습니까? 당신은 암흑 상태에 있기 때문입니다. 흐릿한 상태에 있기 때문입니다. 죄의 상태에 있기 때문입니다. 속박된 상태에 있기 때문입니다. 내 젊은 친구여, 속박된 상태란 대체 어떤 상태입니까? 우리, 사랑의 마음으로 물어봅시다."

설교가 여기에 이르자 조는 머리가 서서히 혼란스러워지기 시작했는지, 오른 팔로 얼굴을 문지르고 입이 찢어져라 하품한다. 스낙스비 부인이 화가 나서 이 아이는 사탄의 한쪽 날개가 틀림없다고 말한다.

"여러분," 채드밴드 씨가 일동을 둘러보며, 늘 박해받는 아래턱을 접어 느끼한 미소로 말한다. "나는 겸손해야 합니다. 나는 고난 받아야 합니다. 나는 굴욕을 당해야 합니다. 나는 벌을 받아야 합니다. 지난번 안식일에 세 시간에 걸친 좋은 설교를 마치고 긍지를 느꼈을 때 나는 비틀거렸습니다. 이제 균형이 맞습니다. 이제 나의 채권자인 주님이 내 마음을 받아주셨거든요. 오, 우리 기뻐하세, 기뻐하세! 오, 우리 기뻐하세!"

스낙스비 부인이 감동을 받은 기색이다.

"여러분." 채드밴드 씨가 주위를 둘러보며 맺음말을 한다. "지금은 내 젊은 친구와 함께 나아가지 않겠습니다. 내 젊은 친구여, 내일 다시 와서, 내가 당신에게 어디서 설교할 것인지 이 선한 부인에게 그 장소를 물어보겠습니까? 그리고 그다음 날도, 또 그다음 날도, 또 그다음 날도, 며칠이고, 목마른 제비처럼 설교를 들으러 오겠습니까?"

조는 먼저 그 자리를 벗어나고 싶어 무조건 고개를 끄덕인다. 거피 군은 조에게 1페니 동화를 던져 주고, 스낙스비 부인은 거스터를 불러 그를 집 밖으로 내보내게 한다. 그러나 조가 계단을 내려가기 전 스낙스비 씨가 식탁에 남은 고기를 잔뜩 주었으므로, 그는 두 팔 가득 고기를 안고서 돌아간다.

채드밴드 씨는 설교를 마치고—그의 박해자들은 그가 그런 터무니없는 말들을 얼마든지 장황하게 늘어놓을 수 있다는 사실이 놀라운 게 아니라, 한 번 시작한 설교를 중도에 끝낼 수 있다는 사실이 놀라운 것이라고 말한다—다시 개인적인 시간을 갖게 되었는데, 이 시간은 그가 저녁 식사라고 하는 약간의 자본을 기름 거래에 투자할 때까지 이어진다. 조는 장기휴가 기간 중인 시내를 지나 블랙프라이어스 다리까지 재빨리 걸어 내려가 뜨거운 돌바닥 구석을 발견하곤 거기 주저앉아 식사를 시작한다.

그는 거기에 주저앉아 우적우적 음식을 먹고, 자색 매연 구름 위에서 번쩍거리는 세인트 폴 대성당의 십자가를 올려다본다. 이 소년의 얼굴을 보면, 그의 눈에는 이 성스러운 상징이 그의 손이 닿지 않는 저 아득한 곳에 그렇게나 짙은 황금빛으로 그렇게나 높이 서 있는 모습이야말로 이 혼돈스러운 대도시의 혼돈의 극치로 비치고 있다고 추측이 된다. 해가 저물어 가고, 템스강이 빠르게 흐르고, 인파가 두 갈래로 나뉘어 옆을 지나가는 가운데—모든 것이 어떠한 목적과 단 하나의 결말 쪽으로 멈추지 않고 빠르게 나아가는 가운데—조는 앉아 있다가 경찰에게서 "어서 움직여서 옮겨가라"는 명령을 받는다.

# 제20장 새 하숙인

　게으른 강이 평탄한 지역을 느긋하게 흘러 바다로 가듯이, 장기휴가는 유유히 개정기를 향해 간다. 이에 발맞추어 거피 군도 느긋하게 지낸다. 그는 자기 책상 여기저기에 펜나이프를 폭폭 꽂아 날을 무디게 한 뒤 끝을 부러뜨려 버렸다. 딱히 책상과 원수를 진 것은 아니지만, 무엇이든 해야 했고, 그것도 자극이 강하지 않아 체력과 지력에 그다지 부담을 주지 않는 일이어야 했다. 의자를 다리 하나로 돌리고, 책상에 칼을 꽂고, 멍하니 입을 벌리고 있는 것이 지금 기분에 가장 걸맞다고 깨달은 것이다.

　켄지와 카보이 두 변호사는 이 도시에서 사라졌고, 수습 사무원은 사냥 허가증을 받아 시골 친척집으로 가 버렸으며, 거피 군의 두 동료인 유급치안판사들은 휴가를 얻어 외출했다. 거피 군과 리처드 카스톤 두 사람만이 사무소의 권위를 함께하는 셈이다. 그러나 당분간 카스톤 군이 켄지 변호사의 방을 차지하고 앉았으므로 거피 군은 그것이 아니꼽다. 아니꼬워 견딜 수가 없어서 올드 스트리트 거리에 있는 집에서 어머니와 함께 저녁 식사로 바닷가재와 양상추를 먹으며 비밀 이야기를 시작한다. "아마 허영꾼이라면 우리 사무소를 좋아하지 않을 거예요. 허영꾼이 오는 줄 알았으면 페인트를 새로 깨끗하게 칠해 두었을 텐데."

　거피 군은 켄지 앤드 카보이 사무소의 사무원으로 들어오는 사람이면 으레 자기에 대한 음모를 꾸미고 있다고 생각한다. 그는 그들이 자기를 내보내고 싶어 한다는 사실을 충분히 알고 있다. 왜, 언제, 어떻게, 무슨 이유로 라고 물으면 그는 한쪽 눈을 감은 채 고개를 가로젓는다. 이런 심오한 관점에서, 그는 음모 같은 것들이 없을 때는 음모를 꾸미는 데 공을 들인다. 적수가 아무도 없는 체스게임을 하듯 가장 속이 깊은 게임을 벌이는 것이다. 그래서 거피 군은 새로 들어온 사무원이 끊임없이 잔다이스 사건을 되풀이해서 자세히 조사할 때면 크게 만족감을 느끼곤 했다. 신입 사무원의 조사로부터는 혼동과 실패밖에는 아무것도 나올 수 없음을 잘 알고 있기 때문이다. 거피 군의 만족감은 장기 휴가를 유유히 보내고 있는 켄지 앤드 카보이 사무소의 제3의 인물, 즉 영 스몰위드를 통해서도 충족된다.

영 스몰위드(별명은 스몰, 또는 농담으로 병아리를 빗대어 치크 위드[1]라고 한다)가 과연 아이였던 적이 있을까 하는 것은 링컨 법조원에서 매우 의문시되고 있다. 그는 현재 열다섯 살에 조금 못 미치지만, 법조계의 오래된 한쪽 날개이다. 모두가 우스갯소리로 믿는 바에 따르면, 그는 챈서리 레인 근처의 담뱃가게 여자에게 빠져 있으며, 이 여자 때문에 몇 년 전에 약혼했던 다른 여자와 파혼해 버렸다고 한다. 몸집이 작고 외모가 시들어빠진 도시 청년이지만, 운두가 높은 모자를 쓰고 있어서 멀리서도 그 모습이 보인다. 거피 군과 같은 사람이 되는 것이 그의 큰 소망이어서, 자기를 눈여겨 봐 주는 거피 군을 흉내 내어 입고 말하고 걸으며 모두 거피 군을 본보기 삼아 자신을 꾸민다. 또한 거피 군에게 각별한 신뢰를 얻고 있으므로, 자신의 경험에 기초하여 이따금 거피 군에게 사생활 상의 문제점에 관해 조언해 준다.

거피 군은 사무실 의자를 하나하나 살피며 아늑한 의자가 하나도 없다는 사실을 확인하고 쇠 금고에 몇 번이나 머리를 집어넣어 식히고 하다가 오전 내내 창문에 힘없이 기대어 바깥을 내다보았다. 스몰위드 군은 탄산음료를 사러 두 번 심부름을 갔으며, 사무실 컵 두 개에 두 번 따라 자로 저었다. 거피 군은 마시면 마실수록 목이 마른 것은 왜냐고 물으며 지루해서 견딜 수가 없다는 듯 창틀 위에 머리를 기댄다.

그렇게 링컨 법조원 광장의 응달을 바라보고 벽돌과 모르타르를 바라보는 사이에 거피 군은 아래 회랑에 아주 남성적인 구레나룻이 나타나 자신의 얼굴 쪽으로 걸어오는 것을 눈치챈다. 동시에 나지막한 휘파람이 바람을 타고 법조원 안까지 들려오더니, 숨죽인 목소리가 "이봐! 거—피!" 하고 외친다.

"설마 저건!" 거피 군이 정신을 차리고 말한다. "스몰! 조블링이 왔어!" 스몰도 창문으로 머리를 내밀고 조블링 쪽으로 고개를 끄덕인다.

---

1) '치크(Chick)'는 '병아리' '아이'라는 뜻이고, '치크위드'는 작은 잡초인 '별꽃'을 가리킨다.

"대체 어디서 갑자기 나타난 거야?" 거피 군이 묻는다.

"뎃퍼드[2] 근교의 채소 농원에서지. 이제 그런 건 지긋지긋해. 난 무슨 일이 있어도 군대에 들어가고 싶어. 이봐! 반크라운만 빌려 줘. 배가 고파 죽을 지경이야."

조블링은 배고픈 얼굴도 하고 있고, 뎃퍼드 근교의 채소 농원에서 파산한 것 같은 꼴도 하고 있다.

"이봐! 여유가 있다면 반크라운만 던져 줘. 저녁을 먹고 싶어."

"나랑 같이 가지." 거피 군이 말하고 반크라운 은화를 던지자 조블링 군이 멋지게 받아 낸다.

"얼마동안이나 참고 있어야 하는데?" 조블링이 말한다.

"삼십 분도 안 걸려. 적이 가 버릴 때까지만 여기서 기다리고 있어주면 돼." 거피 군이 대답하면서 사무소 안쪽으로 머리를 쑥 들이민다.

"어떤 적인데?"

"새로운 적이지. 이제부터 수습으로 일할 녀석이야. 기다려 줄 테야?"

"그때까지 뭐 읽을 것 좀 주겠어?" 조블링 군이 말한다.

스몰위드가 《법조인 명부》를 권한다. 그러나 조블링 군은 매우 진지하게 쏘아붙인다. "그런 건 질색이야."

"신문을 주지. 이 사람에게 들려 보낼게. 하지만 남의 눈에 띄지 않도록 조심하게. 우리 사무소 계단에 앉아서 읽어. 조용한 곳이야."

조블링이 알겠다는 표시로 고개를 끄덕인다. 영리한 스몰위드는 신문을 갖다 주고, 조블링이 기다리다가 먼저 가 버리지 못하도록 이따금 층계참에서 밑을 감시한다. 마침내 적이 퇴각하자 스몰위드가 조블링 군을 위로 데려 온다.

"여어, 잘 지냈나?" 거피 군이 악수하면서 말한다.

"그러저럭. 자네는?"

거피 군이 별 일 없다고 대답하자, 조블링 군이 대담하게도 "그녀는?" 하고 묻는다. 그 말을 들은 거피 군이 실례라고 쏘아붙이며 "조블링, 사람의 가슴속에는 심금이라는 것이 있어." 하고 말한다. 조블링이 사과한다.

---

2) 런던 동남부, 템스강 남쪽을 따라 있는 자치구.

"그 이야기만큼은 그만두세!" 거피 군이 우울한 기분으로 그 상처를 즐기며 말한다. "분명히 심금이라는 게 있어, 조블링."

조블링 군은 사과를 한다.

이 짧은 대화가 오가는 동안, 활동적인 스몰위드는 자기도 식사 자리에 끼어야 하므로 재빨리 종이쪽지에 "금방 돌아옵니다"라고 법률서체로 썼다. 그리고 모든 관계자들을 위해 쓴 이 통지를 우편함에 꽂고, 모자를 거피 군과 똑같은 각도로 비스듬히 쓴 다음, 이제 사무실을 비워도 된다고 선배에게 고한다.

그들은 근처 식당으로 간다. 이곳의 여종업원은 마흔 살의 말괄량이로, 감수성이 풍부한 스몰위드의 마음을 얼마쯤 뒤흔들고 있다는 느낌이 든다. 스몰위드라는 남자는 나이나 햇수 따위는 전혀 개의치 않는다. 조숙한 그는 수백 년의 세월을 경험한 부엉이[3] 같은 현자다. 갓난아기 때 요람에서 잠잔 적이 있다면 분명 연미복을 입고 잤을 것이다. 자못 노인 같은 눈빛을 하고 있으며, 원숭이 같은 모습으로 술을 마시고 담배를 피운다. 목에 깃을 달고 뻣뻣하게 있으며, 누구에게 절대로 속는 법이 없고, 하나부터 열까지 알고 있다. 요컨대 어렸을 때부터 오로지 보통법과 형평법에 의해 자라난 탓에, 작은 악마의 화석처럼 되어 버렸다. 또한 각 관청에서는 이런 인간이 지구상에 있는 이유를 설명하기 위해, 그의 아버지는 존 도우[4]이고 어머니는 로우[5]의 일족 가운데 유일한 여성이며, 그가 처음으로 입은 배내옷은 변호사의 푸른 가죽 서류 가방으로 만들어졌다는 소문이 돈다.

식당 창에 사람을 유혹하듯이 진열한, 하얀 꽃양배추와 닭고기와 꼬투리 완두를 담은 녹색 바구니, 싱싱한 오이, 커다란 구이용 살코기에 스몰위드는 조금도 마음을 빼앗기지 않고 앞장서서 식당 안으로 들어간다. 그를 잘 아는 식당 종업원들이 공손하게 맞이한다. 그는 애용하는 박스석이 있으며, 신문을 모두 예약해 놓아서, 머리가 벗어진 연장자들이라도 십 분 넘게 신문을 보고 있으면 싫어한다. 빵을 내놓을 때 큰 것이 아니면 용납하지 않고, 고기를 권할 때 최상급이 아니면 아무리 권해도 소용이 없다. 고기 요리에 뿌리는 소스에 관

---

3) 비유적인 뜻으로, 현명해 보이지만 어리석은 사람을 말한다.
4) 옛날 부동산 회복소송에서 소송의 번잡함을 없애기 위해 법정에서 쓴 원고의 가상적 이름.
5) 부동산 회복소송 등에서 쓴 피고의 가상적 이름.

해서는 절대로 남의 말을 듣지 않는다.

　스몰위드의 요정 같은 마력을 알고 있고 그의 대단한 경험도 익히 아는 거피 군은 여종업원이 차림표를 거듭해서 읽자 스몰위드를 호소하는 눈빛으로 바라보며 "칙, 너 뭐 먹을래?" 하고 오늘의 연회로 무엇을 먹을지 의논한다. 칙이 자신의 깊은 지식에 근거하여 "송아지 고기랑 햄이랑 강낭콩…… 그리고 거기에 싸 먹을 속 재료를 잊지 마, 폴리" 하자 거피 군과 조블링 군도 같은 음식을 주문한다. 거기에 추가로 하프 앤드 하프[6]를 3인분 주문한다. 여종업원은 곧 얼핏 바벨탑처럼 보이는 것을 들고 돌아오는데, 사실 그것은 접시를 쌓아 올린 더미와 주석으로 만든 납작한 접시 덮개들이다. 스몰위드 군은 자기 앞에 놓인 요리가 마음에 들어 얼굴을 들고, 노숙한 눈에 부드럽고 의미심장한 빛을 띠고서 그녀에게 눈을 찡긋한다. 사람들이 끊임없이 드나드는 발소리와 도기가 댕그랑댕그랑 부딪히는 소리, 조리장에서 최고급 고기 요리를 나르는 승강기가 오르내리며 덜컹거리는 소리, 전성관으로 추가 주문하는 커다란 목소리, 다 먹은 최고급 고기 요리를 계산하는 우렁찬 목소리, 뜨거운 살코기와 갈빗살이 사방에 내뿜는 열기와 증기, 더러운 나이프와 식탁보가 자연스럽게 기름방울이며 맥주 얼룩을 뿜어내는 듯이 보이는 후끈한 가게 분위기 속에서 이 세 법조인은 식욕을 채운다.

　조블링 군은 단순한 멋내기 이상의 필요에서 옷에 단추를 꼼꼼히 채우고 있다. 모자는 챙 부분이 마치 달팽이가 즐겨 찾는 산책로처럼 이상하게 반질거린다. 같은 현상은 겉옷에도 몇 군데 있는데, 특히 솔기 부분에서 보인다. 그는 얼굴이 초췌하며, 색이 옅은 구레나룻조차 얼마간 초라해 보인다.

　조블링 군은 매우 왕성한 식욕을 보이며, 요즘 한동안 쪼들리는 생활을 했다는 사실을 암시한다. 송아지 고기와 햄을 게 눈 감추듯 해치우고, 일행이 절반도 채 먹기 전에 자기 몫을 다 먹어 버렸으므로, 거피 군이 추가로 주문하겠느냐고 묻는다. "고맙네, 거피." 조블링 군이 말한다. "잘 모르겠지만 더 먹어 보지."

　음식이 새로 나오자 그는 허겁지겁 먹기 시작한다.

---

6) 보통 맥주와 스타우트를 반반씩 섞은 것.

거피 군은 아무 말 없이 이따금 그를 주시한다. 이윽고 그는 두 번째 접시를 해치우자 먹기를 멈추더니 하프 앤드 하프를(이것도 추가로 주문한 것이다) 한 모금 마시고 두 다리를 뻗고 두 손을 비빈다. 그가 이렇게 만족스러운 행복함에 젖어 있는 것을 보고 거피 군이 말한다.

"다시 사람답게 되었군, 토니!"

"아니, 아직 부족해. 아직은 갓 태어난 젖먹이 수준이라고."

"다른 채소를 좀 먹겠나? 완두콩? 여름 양배추?"

"고맙네, 거피. 잘은 모르겠지만 여름 양배추를 먹어 보지."

요리를 주문함과 동시에, "민달팽이는 필요 없어, 폴리!" 하는 빈정대는 추가 주문이(스몰위드 군에게서) 날아간다. 그리고 양배추가 나온다.

"난 점점 자라고 있어, 거피." 조블링 군이 쉬지 않고 나이프와 포크를 움직이며 아주 기쁘다는 듯이 말한다.

"잘됐군."

"실은 지금 막 십 대가 된 참이야."

조블링 군은 더는 아무 말도 하지 않고 먹기에만 집중한다. 거피와 스몰위드는 동시에 끝냈지만, 그는 아주 훌륭한 솜씨로 송아지고기와 햄, 양배추를 먹는다.

"그런데 스몰," 거피 군이 말한다. "페이스트리 빵에는 뭐가 좋을까?"

"호박 푸딩이요." 스몰위드 군이 이내 대답한다.

"응, 그게 좋겠군!" 조블링 군이 얕보는 듯한 표정을 지으며 큰 소리로 말한다. "자네도 그걸로? 고맙네, 거피 군. 난 호박 푸딩을 먹어보지."

호박 푸딩 3인분이 나오자 조블링 군은 신이 나서, 점점 성년이 되어 가고 있다고 덧붙인다. 푸딩 다음에는 스몰위드의 지시에 따라 '체셔 치즈 3인분'과 '럼주 3인분'이 나온다. 그리하여 기분이 몹시 좋아지자 조블링 군이 벽에 기댄 채 융단이 깔린 의자에 두 다리를 올리고 말한다. "난 이제 성인이 되었어, 거피. 성숙해졌지."

"지금은 어떻게 생각하나? 아까…… 스몰위드가 신경 쓰이진 않지?"

"그럼, 물론이야. 스몰위드 군의 건강을 기원하며 내가 건배하지."

"당신을 위해 건배!" 스몰위드 군이 말한다.

"지금은 어떻게 생각하나?" 거피 군이 말을 잇는다. "아까 그 군대 지원 건 말이야."

"오, 거피." 조블링 군이 대답한다. "식사 후와 식사 전은 생각이 다르지. 하지만 식사 후에도 나는 앞으로 무엇을 하며 어떻게 살아갈지 자문하고 있다네. 인간은 먹어야 하니까." 조블링 군이 이 '먹다'라는 단어를 영국 마구간의 붙박이 도구[7]처럼 발음하며 말한다. "인간은 먹어야 한다. 이건 프랑스 속담인데, 먹는 행위는 프랑스인에게 필요한 만큼이나 나한테도 필요하다네. 어쩌면 그들 이상일지도 모르지."

스몰위드 군이 단호한 의견을 말한다. "훨씬 많이 필요하죠."

"자네와 내가 바로 요전에 링컨셔에 놀러 가서 마차를 타고 그 캐슬 월드 저택을 견학하러 갔을 때……."

스몰위드 군이 체스니 월드라고 수정해 준다.

"그래, 체스니 월드. 그때 만일 누군가가 나한테 이렇게 나의 처지가 문자 그대로 궁핍한 처지일 거라고 말했다면 분명 나는…… 그래, 그놈에게 달려들어……." 여기까지 말하고 조블링 군은 체념한 태도로 럼주를 조금 마신 뒤 말을 잇는다. "머리통을 갈겨 줬을 텐데."

"하지만 토니, 그때 자네는 우편물의 안쪽 면을 들여다보고 있지 않았나?" 거피 군이 이의를 제기한다. "마차 안에서 그 이야기만 했잖아."

"거피, 그 점은 부정하지 않겠네. 그랬지. 하지만 만사가 둥글어지리라고 믿었어."

이렇듯 흔히 사람들은 납작한 것[8]이 둥글어지리라고 믿는다! 어떤 미친 사람이 지구가 삼각형이 되리라고 믿는 것처럼!

"난 만사가 둥글어져서 네모나게 되는 거라 굳게 믿었어." 조블링 군은 다소 흐리터분한 표현을 쓰고 있는데, 아마 의미도 그럴 것이다. "하지만 기대는 빗나갔지. 예상대로 되지 않았어. 채권자들이 사무소로 쳐들어와 말싸움을 벌이고, 사무소와 거래하던 사람들이 빚 문제로 불평을 늘어놨지. 나는 일을 그만두고 농장 근처에서 돈이 적게 드는 생활을 했어. 하지만 아무리 그래도 돈을

---

7) 영어의 '구유'와 프랑스어의 '먹다'는 모두 'manger'로 철자가 같다.
8) 원어 'flat'에는 '처지가 좋지 않다'는 뜻도 있다.

벌지 못하는데 무슨 소용이 있겠어? 그러니 군대에 지원할 수밖에. 그것 말고 또 무슨 수가 있겠어?"

거피 군이 무슨 수가 있는지 자기 의견을 말하려고 아까보다 적극적으로 이야기를 시작한다. 그의 태도는 아직 사랑의 고민 이외에는 인생을 걸 만한 경험을 해 보지 못한 사람답게 자신감 넘치고 엄숙하다.

"조블링." 거피 군이 말한다. "나랑 우리 서로의 친구인 스몰위드는……"

스몰위드 군이 겸손하게 "두 분을 위해!" 하며 잔을 든다.

"이 문제에 관해 의견을 자주 나누었네. 자네가 그때……" 거피 군이 말을 이었다.

"해고당한 뒤에 말이군!" 조블링 군이 쓸쓸하게 외친다.

"아, 아니에요! 링컨 법조원을 떠난 뒤예요." 스몰위드 군이 말한다.

"자네가 링컨 법조원을 떠난 뒤를 말하는 거야, 조블링. 나는 자네에게 제안하려고 최근 생각한 계획을 우리 공통의 친구인 스몰위드에게 말했네. 자네도 법률가용 문구점 주인인 스낙스비를 알지?" 거피가 말했다.

"그런 문구점이 있다는 건 아네. 하지만 그는 우리 사무소하고는 거래하지 않았으니까 안다고는 할 수 없어." 조블링이 대답한다.

"스낙스비는 우리 사무소와 거래하고 있고, 나하고는 아는 사이야." 거피 군이 말을 받는다. "그런데 말이야, 나는 최근 우연한 일로 스낙스비의 집을 방문했다가 그와 더욱 친해졌어. 그게 어떤 사정인지는 굳이 말할 필요가 없겠지. 그건 내 생활에 어두운 그림자를 던졌을지도 모르는 어떤 문제와 관련이 있을지도 몰라…… 아닐지도 모르고."

거피 군이 다시 되풀이한다. "그럴지도 모르고 아닐지도 몰라. 이건 지금부터 내가 말하려는 것과는 상관이 없어. 필요한 부분만 말하겠네. 스낙스비 부부는 나를 위해 온 힘을 다하고 싶어 한다네. 그런데 스낙스비는 바쁠 때는 대서 일을 꽤 많이 하청으로 넘기지. 털킹혼 쪽의 대서 업무를 도맡고 있는 데다 다른 일도 산더미처럼 많아. 이 점에 대해서는 우리 공통의 친구인 스몰위드가 증인이 되어 줄걸세."

스몰위드 군은 고개를 끄덕인다. 선서하고 증인석에 서고 싶어 좀이 쑤시는 모양이다.

"그런데 배심원 여러분." 거피 군이 말한다. "……아니, 그러니까 조블링……자네는 이런 일이 무슨 전망이 있겠느냐고 말할지도 모르네. 물론 그렇지. 하지만 아무것도 안 하는 것보다야 낫고, 군대에 지원하는 것보다도 낫지. 자네한테는 시간이 필요해. 최근에 겪은 일들로부터 벗어나 안정을 찾기까지는 시간이 필요하다네. 자칫 잘못하면 스낙스비의 가게에서 대서를 하는 것보다 더 좋지 않은 일을 하게 될 수도 있어."

조블링 군이 말을 끊으려고 하자 영리한 스몰위드가 헛기침을 하며 이렇게 말한다. "으흠! 셰익스피어처럼 말씀을 잘하시는데요!"

"내가 하고 싶은 말은 두 가지네, 조블링." 거피 군이 말한다. "지금 말한 게 한 가지고, 이번에 말할 게 또 한 가지지, 자네도 챈서리 레인 맞은편에 사는 크룩 대법관을 알지? 어떤가, 조블링?" 거피 군이 상대의 발언을 재촉하는 반대심문조로 말한다. "챈서리 레인 맞은편에 사는 크룩 대법관을 알지?"

"얼굴은 알지."

"얼굴은 아는군. 아주 좋아. 그리고 왜소한 체구의 플라이트도 알지?"

"그녀라면 모르는 사람이 없지."

"그녀라면 모르는 사람이 없지. 아주 좋아. 그 플라이트에게 매주 일정한 돈을 주는 것이 내가 요즘에 맡은 직무 가운데 하나라네. 그녀가 보는 앞에서 크룩에게 그녀의 방세를 치르고 그 나머지를 그녀에게 주지(그렇게 하라는 지시를 받았거든). 그렇게 크룩과도 서로 말을 하고 지내게 되어서 나는 그의 집이며 습관을 알게 되었네. 크룩의 집에는 셋방이 하나 있어. 거기 가면 자네는 싼 값에 방을 빌릴 수도 있네. 굳이 본명을 밝힐 필요도 없으니 100마일은 떨어진 곳에 간 것처럼 조용히 지낼 수 있을 거야. 크룩은 이것저것 캐묻는 성격이 아니니, 자네한테 그럴 마음만 있다면 내 한마디로 방을 빌려줄 걸세―방이 아직 나가지 않았다면 말이지. 이야기가 한 가지 더 있네, 조블링." 거피 군이 갑자기 목소리를 낮추고 친근한 태도로 돌아간다. "그는 평범한 노인이 아니야. 언제나 서류 뭉치를 뒤지며 뭔가를 찾고, 혼자서 읽기 쓰기를 공부하지. 늘 제자리걸음이지만. 아무튼 평범한 노인은 아니야."

"자네는 설마 그가……" 조블링이 무슨 말을 하려고 한다.

"내 말은……" 거피 군이 어깨를 움츠리며 대답한다. "난 그를 이해하지 못하겠다는 거야. 내가 그를 이해하지 못한다는 말을 그가 들었는지 아닌지는 우리 공통의 친구인 스몰위드 군이 증언해줄 걸세."

스몰위드 군이 "몇 번 들었지요!" 하고 간결하게 증언한다.

"토니, 나는 지금까지 동종업계에 종사하는 사람들과 세상을 보아 오면서 어떤 사람의 정체를 전혀 알 수 없었던 적은 거의 없었어. 하지만 크룩처럼 교활하고 비밀이 많은 노인은(비록 정신이 말짱한 적은 별로 없을 테지만) 본 적이 없네. 그가 엄청난 부자라는 소문도 있지. 나는 그가 밀수업자나 무면허 전당포업자 또는 대부업자일 수도 있다는 생각도 해보았지만, 그런 생각을 해보았자 머리만 아프다네."

조블링 군과 거피 군, 스몰위드 군은 모두 식탁에 팔꿈치를 괴고 턱을 얹고서 천장을 바라본다. 얼마 뒤 일동은 술을 마시고, 몸을 뒤로 벌렁 젖히고서, 두 손을 주머니에 넣고 서로 얼굴을 바라본다.

"예전처럼 기운이 넘쳤으면 좋겠어, 토니!" 거피 군이 한숨을 쉬고 말한다. "하지만 인간의 가슴속에는 심금이라는 게 있어서……."

그 뒤의 허전한 마음은 물을 탄 럼주로 달래고, 거피 군은 조블링에게 일이 바쁘지 않은 휴정기 동안에는 "3, 4파운드쯤, 아니 5파운드라도 기꺼이" 내줄 수 있다고 말하고 힘주어 덧붙인다. "윌리엄 거피가 친구를 버리다니 절대로 있을 수 없는 일이야!"

거피 군의 이 제안은 실로 적절한 발언이었으므로 조블링 군은 감격해서 말한다. "거피, 손을 이리 주게!" 거피 군이 손을 내밀고 말한다. "조블링, 여기 있네!" 조블링 군이 말한다. "거피, 우리는 오랜 친구지!" 거피 군이 대꾸한다. "조블링, 당연하지."

두 사람이 악수하자 조블링 군은 감동해서 이렇게 덧붙인다. "고맙네, 거피. 잘 모르지만, 아무튼 오랜 우정을 기념해서 한 잔 더 마셔 보지."

"지금껏 크룩의 셋방에서 살았던 사람은 그곳에서 죽었네." 거피 군이 은근슬쩍 알린다. "사인규명 결과는 사고사였어. 자네는 그런 사건에는 신경 안 쓰지?"

"응, 신경 안 써. 그래도 그는 다른 어딘가에서 죽었을 수도 있겠지. 굳이 '나의' 지역에서 죽다니!" 조블링 군이 화를 내며 몇 번이나 같은 주제로 돌아가서

"죽을 곳이야 얼마든지 있을 텐데!"라든가 "내가 '그의' 지역에서 죽었다면 그도 싫었을걸!" 한다.

그러나 이미 약속은 성립된 거나 다름없었으므로, 거피 군은 지금 크룩이 집에 있다면 당장 교섭을 끝낼 생각에, 심복인 스몰위드를 파견해서 크룩이 집에 있는지 여부를 확인하자고 제안한다. 조블링 군이 찬성했으므로 스몰위드는 운두가 높은 모자를 머리에 얹고서 거피의 걸음걸이로 식당에서 나간다. 곧 그가 돌아와, 크룩은 집에 있으며 가게 입구에서 들여다보니 안쪽 의자에 앉아서 졸고 있다고 고한다.

거피 군이 말한다. "그럼 내가 계산할 테니 만나러 가세. 스몰, 얼마지?"

스몰위드 군이 눈썹을 치켜올리고 여종업원을 부른 뒤 곧 다음과 같이 대답한다. "송아지고기와 햄 4인분이 3실링, 감자 4인분이 3실링 4펜스, 여름 양배추 1인분이 3실링 6펜스, 호박 푸딩 3인분이 4실링 6펜스, 빵 6인분이 5실링, 체서 치즈 3인분이 5실링 3펜스, 하프 앤드 하프 4인분이 6실링 3펜스, 럼주 4인분이 8실링 3펜스, 폴리에게 줄 팁 3인분이 8실링 6펜스. 반파운드 금화로 8실링 6펜스야, 폴리, 거스름돈은 18펜스!"[9]

이 엄청난 금액에도 흔들리지 않고 스몰위드는 냉정하게 머리를 까딱 숙여 인사하며 친구들을 보낸 다음, 자기는 뒤에 남아 틈만 나면 폴리에게 힐끔힐끔 찬양의 눈길을 보내면서 신문을 읽는다. 모자를 벗은 그의 몸집에 비해 신문이 너무 커서, 〈타임스〉를 들고 지면을 읽는 그 모습은 마치 침대로 기어들어가 이불 속으로 모습을 감춰 버린 것처럼 보인다.

거피 군과 조블링 군이 고물상에 닿았을 때도 크룩은 여전히 졸고 있다. 즉, 턱을 가슴에 붙인 채 드르렁거리며, 외부의 소음 따위는 의식하지 못할 뿐만 아니라 몸을 흔들어도 눈썹 하나 꿈쩍하지 않는다. 변함없이 쓰레기로 가득한 옆 탁자에는 빈 진(Jin) 병 하나와 술잔 하나가 놓여 있다. 탁한 공기에 술 냄새가 가득하다. 선반 위에서 손님을 내려다보는 고양이의 흐릿하게 빛나는 녹색 눈마저 취한 듯이 보인다.

"일어나 보세요!" 거피 군이 축 늘어진 노인의 몸을 다시 한 번 흔든다. "크룩

---

9) 영국의 화폐 단위로 1파운드는 20실링, 1실링은 12펜스.

씨! 여보세요!"

그러나 알코올의 열기가 폴폴 피어오르는 헌 옷 꾸러미에 활기를 띠게 하는 편이 차라리 쉬울 것 같다. "술과 잠 사이에서 이렇게 인사불성인 사람을 자넨 본 적이 있나?" 거피 군이 말한다.

조블링이 다소 놀라며 대답한다. "보통 이런 식으로 잠든다면 하루는 족히 기나긴 잠에 빠질 것 같군."

"이 노인의 잠은 낮잠이라기보다는 졸도에 가깝지." 거피 군이 이렇게 말하고 다시 흔든다. "여보세요, 대법관님! 이런, 이래서는 강도를 오십 번쯤 당한다 해도 모르겠어! 눈 좀 떠 봐요!"

한바탕 소동 끝에 그는 눈을 뜨지만, 손님이 눈에 들어오지 않는다. 그는 팔짱을 끼고 다리를 꼬고 바싹 마른 입술을 몇 번 뻐끔뻐끔 해 보지만, 실제로는 여전히 무감각한 듯하다.

"어쨌거나 살아는 있군." 거피 군이 말한다. "안녕하세요, 대법관님? 용건이 좀 있어서 친구를 데리고 왔어요."

노인은 여전히 의자에 앉은 채, 바싹 마른 입술을 뻐끔거리며 몇 번인가 혀를 차지만 조금도 의식이 없다. 몇 분이 지나자 그는 일어서려고 한다. 두 사람이 부축하자 비틀거리며 벽에 기대어 두 사람을 빤히 쳐다본다.

"안녕하세요, 크룩 씨." 거피 군이 다소 당황하며 말한다. "안녕하세요. 건강해 보이시네요, 크룩 씨. 잘 지내시죠?"

노인이 거피 군을 목표로, 또는 별다른 목표물도 없이 주먹을 휘두르며 힘없이 빙그르르 돌아 얼굴이 벽에 맞닿았다. 그리고 잠시 벽에 기댄 채 축 늘어져 있다가 이번에는 비틀거리며 가게를 가로질러 바깥 입구로 간다. 바깥 공기 때문인지, 골목의 소음 때문인지, 시간이 지나서인지, 아니면 그 모두가 작용해서인지 그는 의식을 되찾는다. 그는 머리의 털모자를 고쳐 쓰고 두 손님을 날카로운 눈초리로 바라보며 꽤 분명한 걸음걸이로 돌아온다.

"안녕하시오, 신사분들. 깜빡 졸고 있었소. 가끔 난 잘 못 깨어나지요!"

"정말 대단하던데요." 거피 군이 대꾸한다.

"뭐라고? 날 깨우려 했단 말인가요?" 의심 많은 크룩이 말한다.

"아주 조금요." 거피 군이 둘러댄다.

노인은 빈 술병에 눈길이 멎자 그것을 집어 들어 살피더니 천천히 기울인다. "이런 제기랄!" 그가 옛날이야기에 나오는 요괴 같은 비명을 지른다. "누가 이 방에 와서 멋대로 다 마셨어!"

"우리가 왔을 때도 빈 병이었어요." 거피 군이 말한다. "괜찮으시면 제가 새 술을 사 와도 될까요?"

"암요, 물론 되지요!" 크룩이 기뻐서 외친다. "되다마다요! 맘대로 하시오! 옆 집에서…… '솔스 암스'에서…… 새 술을 받아 오세요…… 대법관의 14펜스짜리 로요. 그들은 나를 알지요!"

노인이 자꾸만 빈 병을 들이미는 탓에 거피 군은 조블링 군에게 신호를 보 낸 뒤 밖으로 달려 나가 한 병 가득 술을 받아서 다시 달려온다. 노인이 귀여운 손자를 맞이하듯이 병을 받아 안고 다정하게 쓰다듬는다.

"이게 뭐야!" 그가 한 모금 맛보더니 눈을 가늘게 뜨고 낮은 목소리로 말한 다. "이건 대법관이 애용하는 14펜스짜리가 아니잖아. 18펜스짜리야!

"그걸 더 좋아하시지 않을까 해서요." 거피 군이 말한다.

"당신은 귀족이로군요." 크룩이 한 모금 더 마시고 대답한다. 그러자 그의 뜨 거운 숨결이 불길처럼 두 사람 쪽으로 확 끼쳐온다. "지방 호족이에요."

이때를 놓치지 않고 거피 군은 조블링을 즉흥적으로 위블이라는 이름으로 소개하고, 이 방문의 목적을 설명한다. 크룩은 술병을 옆구리에 끼면서(그는 어 떤 한도 이상으로는 취기가 오르는 법도, 깨는 법도 없다) 추천받은 하숙인을 천천히 시간을 들여 뜯어보고는 만족스럽다는 듯 말한다. "방을 구경하시겠죠, 젊은 양반? 아주 좋은 방이죠! 석회를 바르고, 물비누와 소다로 청소했답니다! 방값 의 두 배 가치는 있어요. 덤으로 말상대가 필요하면 나도 있고, 또 쥐를 쫓아 줄 훌륭한 고양이도 있고요."

이렇게 방을 추천하면서 노인은 두 사람을 위층으로 데리고 간다. 아닌 게 아니라 방은 이전보다 깨끗해졌고, 가게에 있는 산더미 같은 잡동사니에서 발 굴해 낸 가구도 몇 개 놓여 있다. 거래는 쉽사리 성사되었고—거피는 켄지 앤 드 카보이 사무소의 직원으로서 잔다이스 대 잔다이스 사건을 비롯한 몇몇 유 명한 사건과 관련이 있었기에 대법관도 바가지를 씌울 수 없었던 것이다—, 위 블 군은 다음 날 이사 오기로 정해졌다. 그런 다음 위블 군과 거피 군은 커스터 거리 쿡스 코트로 갔다. 위블 군은 스낙스비에게 소개되었으며, (그보다 더 중요한 일은) 스낙스비 부인의 전폭적인 지원을 얻었다. 두 사람은 걸출한 스몰위드가 굳이 모자를 쓰고 거피를 기다리는 사무실로 가서 경과를 보고한 뒤 헤어진다.

다음 날, 아직 환한 저녁에 위블 군은 귀찮은 짐 따위는 없이 단출한 차림으로 크룩의 가게 앞에 나타나 새 하숙방에 자리 잡는다. 방의 덧문에 뚫린 두 개의 눈은 잠든 그를 놀랍다는 듯이 줄곧 응시한다. 그다음 날, 아무짝에도 쓸모 없이 이리저리 옮겨다니는 젊은 위블 군은 플라이트 양에게서는 바늘과 실을, 집 주인에게서는 망치를 빌려 선반을 달고 창문에 커튼을 단다. 그리고 난파선의 선원이 나름대로 최선을 다하듯이 찻잔 두 개와 우유 끓이는 주전자, 잡다한 그릇들을 값싼 고리들에 걸어놓는다.

그러나 얼마 안 되는 소지품 가운데에서 위블 군이(그의 구레나룻 다음으로) 가장 아끼는 것은 실로 국민적인 책 《앨비언의 여신 ; 영국 미녀집》[10]에서 골라 낸 동판화 모음이다. 이 《영국 미녀집》은 온갖 능글맞은 웃음을 띤 상류사회 귀부인들을 그린 화집이다. 이 화려한 초상화들은 위블 군이 농장 근처에 살 때는 아쉽게도 모자 상자 안에 갇혀 있었지만, 이제는 방 안을 꾸미고 있다. 영국 미녀들은 온갖 종류의 화려한 의상을 입고 온갖 종류의 악기를 연주하고 온갖 종류의 개를 쓰다듬고 온갖 종류의 화분과 난간에 기대어 있으므로, 그 결과는 실로 인상적이었다.

토니 조블링이 그랬듯이 위블 군도 상류사회에 사족을 못 쓴다. 저녁에 '솔스 암스'에서 하루 지난 신문을 빌려, 상류사회의 하늘을 종횡으로 날아가는 유난히 빛나는 유성들의 기사를 읽으면 이루 말할 수 없는 위안을 얻는다. 유난히 빛나는 어떤 모임의 누가 어제 이 하늘에 오르는 유난히 빛나는 위업을 이루었는지 알거나, 내일 이 하늘을 떠나는 그 못지않게 유난히 빛나는 위업을 이룰지를 생각하면 기쁨으로 온몸이 떨린다. 영국 미녀들이 무엇을 하고 있으며 무엇을 하려고 하는지, 또 어떤 미녀의 결혼이 문제가 되었고 어떤 미녀들의 소문이 퍼져 있는지 아는 것은 가장 눈부시게 아름다운 사람들의 운명을

---

10) 앨비언은 그레이트브리튼섬의 옛 명칭으로, 나중에는 잉글랜드를 가리키는 시적 용어.

아는 것이다. 위블 군은 이런 소식을 접한 뒤 미녀들의 초상화로 돌아오면 그들을 가까이에서 알고 친밀해진 기분이 든다.

위블 군은 앞서 말했듯이 손재주와 임기응변에 능하고, 목공일은 물론이요 요리와 청소도 스스로 할 줄 알며, 해가 떨어지면 사교성을 발휘하는 얌전한 하숙인이다. 거피 군이나 모자 쓴 작은 현자가 찾아오지 않을 때는 따분한 자기 방—이 방에 있던, 잉크 비가 내린 황야 같은 송판으로 만든 책상을 그는 쓰고 있다—에서 나와 크룩에게 말을 붙이거나, 말상대를 원하는 사람과 (이 골목 사람들이 그를 칭찬할 때의 표현을 빌리자면) '아주 허물없이' 시간을 보낸다. 이 골목의 여자 우두머리 격인 파이퍼 아주머니는 퍼킨스 아주머니에게 두 가지를 말하지 않을 수 없다. 첫째는 만일 자기 아들 조니가 구레나룻을 기른다면 저 젊은이 같이 기르는 게 좋겠다는 것이고, 둘째는 이것이다. "미시즈 퍼킨스, 내 말 듣고 놀라지 마. 어쩌면 조만간 저 젊은이가 크룩 영감의 돈을 받게 될지도 몰라!"

# 제21장 스몰위드의 식구들

　스몰위드가 사는 마을은, 근처의 고개들 가운데 하나에 '마운트 플레전트(기쁨의 언덕)'라는 이름이 붙어 있지만 사람들이 싫어하고 재미도 없는 마을이다. 스몰위드의 이름은 바솔로뮤고, 집에서는 바트라고 불린다. 그의 집은 좁고 작은 골목에 있다. 이곳은 언제나 인적이 드물고, 해가 비치지 않으며, 쓸쓸하고, 무덤처럼 사방이 벽돌로 답답하게 둘러싸여 있다. 그러나 예전에 숲을 이루었던 자리에 아직 남아 있는 나무 그루터기의 향기만큼은 스몰위드의 젊음 못지않게 싱그럽다.

　요 몇 대째 스몰위드 가문에는 어린아이가 한 명밖에 없었다. 키가 쪼그라든 할아버지나 할머니는 몇 명이나 있지만, 어린아이라고는 지금도 살아 있는 스몰위드의 할머니가 노망이 나서 어린아이 상태가 되기 전까지는 한 명도 없었다. 관찰력과 기억력, 이해력이 전혀 없고, 난롯불을 쬐고 있으면 어김없이 졸다가 고개를 숙이는 이 할머니의 아이 같은 매력은 확실히 스몰위드 일가를 밝게 해 주었다.

　스몰위드의 할아버지도 그런 사람들 가운데 한 명이다. 다리는 전혀 쓰지 못하고 팔도 거의 마찬가지지만 정신은 멀쩡하다. 더하기 빼기와 곱하기 나누기를 할 수 있으며, 얼마 안 되긴 하지만 가장 어려운 사실들 몇 가지를 정확히 기억한다. 상상력과 존경심, 경외감 및 그 밖에 골상학에서 다루는 여러 성질도 이전에 비해 조금도 쇠퇴하지 않았다. 스몰위드의 할아버지가 머릿속에 저장한 모든 것은 시종일관 이른바 애벌레 상태 그대로로서, 여태까지 나비가 된 것은 한 마리도 없다.

　'마운트 플레전트' 근처에 사는 이 유쾌한 할아버지의 아버지는 껍질이 딱딱하고 다리가 두 개 달린, 돈을 붙잡는 거미라고 할 수 있었다. 그는 멍청한 파리들을 붙잡기 위해 거미줄을 만들어 두고 그들이 그물에 걸릴 때까지 구멍에 숨어 있었다. 이 늙은 이교도의 신은 '복리(複利)'라는 이름이었다. 그는 이 신을 위해 살고, 이 신과 결혼했으며, 이 신 때문에 죽었다. 손해를 모두 상대에게 덮어씌우는 정직한 작은 사업에 손을 댔다가 큰 손해를 입고 어딘가를 다쳐서—살아가는 데 꼭 필요한 부분을 다쳤으므로 마음을 다쳤을 리는 없다—생애를 마감했다. 그는 인격이 훌륭하지는 않았으며, 어렸을 때 자선 학교에서 저 고대 민족 아모리인[1]과 히타이트인에 관해 문답을 통해 단단히 주입식 교육을 받은 탓에, 교육의 실패 사례로서 가끔 인용되었다.

그의 기질은 아들에게 뚜렷이 나타났다. 늘 아들에게 일찍 세상에 '나가라'고 내몰던 아버지가 열두 살 난 아들을 약삭빠른 금융 중개인의 사무실 직원으로 들였기 때문이다. 아들은 머리가 나쁘고 소심했지만 이 사무실에서 단련된 결과, 아버지에게서 물려받은 재능을 키우고 차츰 출세하여 어음 중개인이 되었다. 그는 아버지와 마찬가지로 일찍 세상에 나가고 늦게 결혼하여, 역시 머리가 나쁘고 소심한 아들을 두었는데, 이번에는 이 아들이 일찍 세상에 나가고 늦게 결혼하여 바솔로뮤와 주디라는 쌍둥이 남매의 아버지가 되었다. 이런 가계가 서서히 발전해 가는 동안, 스몰위드 가문은 늘 일찍 세상에 나가고 늦게 결혼해 버릇했으며, 일가의 현실적인 특성을 다지고, 온갖 오락과 이야기책, 옛날이야기, 소설, 우화를 밀리하고, 온갖 경박한 행위를 일소해 버렸다. 그 결과 경사스럽게도 이 일가에서 아이는 태어나지 않았다. 태어난 것은 남자나 여자나 몸집은 작지만 근심걱정을 가득 끌어안은 늙은 원숭이와 비슷했다.

지금은 거리의 지면보다 몇 피트나 낮게 있는 작고 어두운 응접실에서는—황량하고 살풍경한 곳으로, 있는 것이라고는 아주 조잡한 모직 테이블보와 아주 딱딱한 철제 차 쟁반뿐이다—스몰위드 노인 부부가 난로 양쪽에 한 개씩 놓인 검은 짐꾼용 의자에 앉아 여유로운 한때를 보내고 있다. 난로 위에는 주전자나 냄비를 거는 삼발이가 두 개 놓여 있다. 그것들을 돌보는 것이 스몰위드 노인의 평소 일이다. 난로 선반 위에 두 삼발이 사이로 튀어 나와 있는 놋쇠 교수대 같은 고기 구이용 고리를 쓸 때는 이것도 그가 감독한다. 덕망 있는 스몰위드 노인의 의자 아래쪽에 달린 서랍을 그의 연약하고 긴 다리가 보호하고

---

1) 이스라엘인이 이주하기 전에 가나안에 살았던 고대 민족으로, 이스라엘인의 적.

있다. 거기에는 믿을 수 없을 만큼 많은 돈이 들어 있다는 소문이다. 그 옆에는 예비용 쿠션이 하나 있다. 늘 그것을 준비하는 이유는 그의 늙은 반려자가 돈—이 이야기에 그는 특히 민감하다—이야기를 꺼낼 때마다 집어던지기 위해서이다.

"바트는 어디 있지?" 스몰위드 노인이 바트와 쌍둥이인 주디에게 묻는다.

"아직 안 왔어요." 주디가 말한다.

"벌써 그 애가 차 마실 시간이잖아, 아니야?"

"아직요."

"그럼 얼마나 남았다는 거야?"

"십 분이요."

"뭐?"

"십 분이요." (주디가 고함을 지른다.)

"그래?" 스몰위드 노인이 말한다. "십 분이라."

뭐라고 중얼거리며 삼발이 쪽으로 고개를 젓고 있던 스몰위드 노인의 아내는 숫자 소리가 들리자 그것을 돈과 연관 지어서, 날개털이 다 빠진 보기 흉한 늙은 앵무새처럼 소리를 꽥 지른다. "10파운드 지폐 열 장!"

스몰위드 노인이 곧장 쿠션을 아내에게 집어던진다.

"제기랄, 조용히 해!" 이 마음씨 좋은 노인이 말한다.

쿠션을 집어던진 것은 두 가지 작용을 한다. 먼저 스몰위드 노인의 아내는 쿠션에 맞아 반으로 꺾인 머리를 그녀의 짐꾼용 의자 한쪽에 부딪쳐서, 손녀가 부축해 일으켰을 때는 매우 어울리지 않는 모양새가 되어 있었다. 그뿐만이 아니다. 스몰위드 노인도 쿠션을 집어던진 반동으로, 고장 난 꼭두각시 인형처럼, 자기 의자 등받이에서 크게 튕긴다. 이럴 때 이 마음씨 좋은 노인은 마치 세탁물 꼭대기에 검은 베레모를 얹은 것 같은 모습으로 있다가, 이윽고 손녀에게 두 가지 응급 처치를 받고서야 겨우 활기를 되찾는다. 손녀는 커다란 유리병이라도 다루듯 그의 몸을 흔들고, 커다란 베개 받침이라도 다루듯 그를 찌르고 두드린다. 그리하여 그의 목에서 몇 마디 말소리가 흘러나오고, 그와 그의 늙은 반려자는 죽음의 신의 명령으로 배치된 채 오랫동안 잊혀 버린 한 쌍의 보초처럼, 두 개의 짐꾼용 의자에 다시 마주 앉아 있다.

쌍둥이 동생 주디는 이 부부의 상대로서 아주 적합한 존재다. 그녀와 바트 스몰위드 군을 합쳐서 한 사람으로 만들어도 도저히 보통의 균형 잡힌 몸매를 지닌 아이는 되지 못했을 것이다. 주디는 앞서 말했다시피 가문 대대로 전해 오는 원숭이와 비슷한 특징을 지녔으므로, 반짝거리는 장식을 잔뜩 박은 의상과 모자를 착용하면 손풍금 위를 돌아다닌다 해도 아무도 이상하게 여기지 않았을 것이다. 그러나 요즘은 갈색 천으로 만든 검소한 옷을 입는다.

주디는 여태껏 인형을 가져본 적도, 신데렐라 이야기를 들어본 적도, 놀이를 해본 적도 없었다. 열 살 때쯤 한두 번 아이들과 어울린 적이 있지만, 아이들은 주디와 친해지지 못했고 주디도 그들과 친해지지 못했다. 과연 주디가 웃는 법을 알고는 있을지 무척 의심스럽다. 지금까지 그녀는 남들이 웃는 모습을 좀처럼 본 적이 없으니 십중팔구는 웃는 법을 알지 못할 것이다. 그녀는 분명히 싱그러운 웃음 따위는 알지 못할 것이다. 시험 삼아 웃어 본다면, 이가 걸리적거린다는 사실을 깨닫는 것이 고작이리라.

그녀의 쌍둥이 오빠는 삶의 팽이를 돌려 본 적이 없다. 그는 별에 사는 사람을 모르듯이, 거인을 물리친 잭[2]이나 뱃사공 신드바드를 모른다. 귀뚜라미나 개구리로 변신할 수 없듯이, 개구리 뛰기나 크리켓[3]도 할 줄 모를 것이다. 그러나 동생보다 훨씬 운이 좋아서 그의 무미건조하고 좁은 세계에도 넓은 곳으로 진출할 수 있는 기회가 열렸다.

주디가 징처럼 시끄러운 소리를 내며 철제 쟁반을 탁자 위에 올리고 찻잔과 받침 접시를 놓는다. 빵을 철제 바구니에 담아 내놓고, 백랍으로 만든 작은 접시에 버터를(많은 양은 아니지만) 덜어 낸다. 그녀가 차 마실 준비를 하는 것을 지켜보던 할아버지가 그 여자 애는 어디 있느냐고 묻는다.

"찰리 말이에요?" 주디가 말한다.

"응?" 할아버지가 말한다.

"찰리 말이에요?"

---

2) 영국의 유명한 동화 속 주인공. 투명 망토, 나는 구두, 마법의 검을 손에 넣어 거인을 물리친 소년.

3) 야구와 비슷한 야외 운동. 영국의 국기(國技)로 알려져 있다. 귀뚜라미와 크리켓은 모두 'cricket'.

이 이름이 스몰위드 할머니의 마음에 와닿자, 그녀는 여느 때처럼 삼발이 쪽으로 혼자 빙그레 웃으며 큰 소리를 지른다. "물가에 있지! 찰리는 물가에 있어, 찰리는 물가에 있다고. 물가에서 찰리에게, 찰리는 물가에 있어. 물가에서 찰리에게!" 스몰위드 노인은 쿠션 쪽을 쳐다보지만, 조금 전 분투에서 아직 몸이 충분히 회복되지 않았다.

"아하!" 고함이 잦아들자 할아버지가 말한다. "그게 그 여자애 이름이었구나. 그 애는 많이 먹지. 그 애한테 먹을 걸 주렴."

주디가 오빠처럼 윙크하면서 고개를 저은 뒤 소리 없이 '안 돼요' 하는 입모양을 한다.

"안 돼? 어째서?" 노인이 대답한다.

"그 애는 하루에 6펜스씩을 달라고 하지만, 먹을 걸 주는 게 더 싸게 먹히거든요." 주디가 말한다.

"정말 그러냐?"

주디가 대답 대신 매우 의미심장하게 고개를 끄덕인 뒤 버터를 빵 덩어리에 알뜰하게 발라 얇게 자르며 말한다. "찰리, 너 어디 있니?" 이 부름에 조악한 앞치마에 커다란 성인용 모자를 쓴 작은 소녀가 비누 거품이 잔뜩 묻은 손을 한 채 한쪽 손에는 세탁 솔을 들고 나타나 꾸벅 절한다.

"뭘 하고 있었어?" 주디가 잔소리쟁이 노파처럼 찰리를 추궁한다.

"2층 뒷방을 청소하고 있었어요." 찰리가 대답한다.

"꾸물거리지 말고 부지런히 움직여. 게으름을 부려 봤자 나한테는 안 통해. 어서 움직여! 썩 물러나라니까!" 주디가 소리 지르며 바닥에 발을 쿵 구른다. "너희 계집애들은 쓸모도 없으면서 성가시기만 하다니까."

이 엄격한 주부가 다시 버터를 발라 빵을 자르고 있는데, 창문으로 집 안을 들여다보는 오빠의 그림자가 그녀의 위로 떨어진다. 나이프와 빵 덩어리를 손에 든 채, 그녀는 거리 쪽으로 난 문을 열어 준다.

"오, 바트!" 스몰위드 노인이 말한다. "왔느냐?"

"다녀왔어요." 바트가 말한다.

"또 그 친구랑 함께였느냐, 바트?"

스몰이 고개를 끄덕인다.

"점심은 친구한테 얻어먹고 왔느냐, 바트?"

스몰이 다시 고개를 끄덕인다.

"그래. 최대한 얻어먹고, 친구의 멍청함을 너의 교훈으로 삼아라. 그런 친구는 그렇게 써먹는 거야. 유일하게 써먹을 점이지." 이 늙은 현자가 말한다.

손자는 이 유익한 충고를 겸손하게 받아들이지 않고 가볍게 눈짓만 하고는 고개를 수그리고서 탁자 앞에 앉는다. 네 개의 늙은 얼굴이 핼쑥한 케루빔[4] 무리처럼 찻잔 위에서 움직이고, 할머니는 끊임없이 머리를 경련하며 실룩거리고는 삼발이를 향해 뭐라고 말하고, 할아버지는 커다란 검은 물약 병처럼 자꾸만 몸을 잡아 흔들어서 깨워달라고 말한다.

"그렇지, 그렇지." 할아버지가 다시 심오한 교훈으로 돌아온다. "네 아빠도 나 같은 충고를 했겠지, 바트. 넌 한 번도 아빠 얼굴을 본 적이 없다. 그런 만큼 더 안쓰러워. 너의 아빠는 진정한 내 아들이었지." 진정한 아들이었기에 특별히 좋은 인상을 하고 있었다는 의미인지는 알 수 없다.

"그 애는 진정한 내 아들이었어." 스몰위드 노인이 무릎 위에서 버터 바른 빵을 두 조각으로 나누며 되풀이한다. "훌륭한 회계사로, 십오 년 전에 죽었지."

스몰위드 노인의 아내가 또다시 본능적으로 느닷없는 소리를 지른다. "천오백 파운드. 천오백 파운드가 검은 상자 안에 있어. 천오백 파운드가 잠긴 상자 안에 있어. 천오백 파운드를 넣고 잠가 놨어!" 노인이 버터 바른 빵을 옆에 내려놓기가 무섭게 쿠션을 아내에게 집어던져 아내를 의자 한쪽으로 쓰러뜨리고, 자기도 의자 뒤로 벌렁 나가떨어진다. 아내에게 이런 경고를 한 뒤의 그의 모습은 실로 인상적이지만, 크게 호감을 주지는 않는다. 왜냐하면 첫째, 검은 베레모가 삐뚤어지면서 방탕한 도깨비 모습을 하고 있고, 둘째, 아내에게 줄곧 맹렬한 욕설을 퍼붓고 있고, 셋째, 그 험악한 표정과 비실비실한 몸이 대조를 이루어서, 악해지려고 마음만 먹으면 무척 사악해질 수 있는 노인을 연상시켰기 때문이다. 그러나 이 모든 일은 스몰위드 가문에서는 일상다반사이므로 아무런 감명도 주지 않는다. 노인은 몸이 흔들리기만 했는데 그 내장의 털들이 모두 호되게 얻어맞았다. 그리고 쿠션은 평소에 놓이는 그의 옆자리로 돌아왔

---

4) 하느님의 지혜와 정의를 나타내는 천사. 보통 사랑스러운 어린아이의 모습으로 그려진다.

으며, 아내는 그대로 다시 의자에 앉아 아홉 개 볼링 핀처럼 쓰러지기를 기다린다.

잠시 시간이 흐른 뒤 드디어 노인이 훈화를 계속할 만큼 냉정해지지만, 이때도 이야기 속에 교훈적인 욕설을 섞어 가며, 난로 위 삼발이를 제외하고는 그 어떤 것과도 말하지 않는 노망난 아내를 저주한다. 이를테면 이런 식이다.

"바트, 네 아빠는 오래 살았다면 엄청난 부자가 되었을 거다…… 넌 독설만 나불대는 수다쟁이야!…… 하지만 네 아빠가 오랜 세월에 걸쳐 초석을 놓고 가문의 이름을 부흥시키기 시작했던 바로 그때…… 넌 까치같이 말라빠진 말, 갈까마귀, 앵무새야, 입 닫고 있어!…… 그때 네 아빠는 병에 걸려서 죽고 말았지. 일 때문에 고생하느라 언제나 인색하고 말라 있었어…… 당신한테는 쿠션이 아니라 고양이라도 집어던지고 싶군. 그렇게 바보 같이 굴면 진짜로 고양이를 던져 버리겠어!…… 그리고 네 엄마는 장작개비처럼 바싹 마른[5] 판단력 좋은 여자였는데, 너와 주디를 낳고 나서는 부싯깃처럼 삐쩍 말라 버렸지…… 이 늙은 돼, 돼지 같은 할망구 같으니라고! 이 돼지 대가리야!"

벌써 몇 번이나 들은 이런 말에 흥미가 없는 주디는 어린 하녀에게 저녁 식사를 만들어 주기 위해 찻잔과 받침 접시 바닥에서 다양한 찻물 줄기들을 그릇에 모아 담는다. 하녀가 저녁 식사 때 마시려던 찻주전자 바닥의 찻물도 모아 담는다. 마찬가지로, 지독한 절약을 가훈으로 하는 이 집 사람들이 남긴 빵 껍질이며 다 해진 구두 뒤축 같은 부스러기를 철제 빵 바구니에 싹싹 긁어모은다.

"하지만 네 아빠와 나는 함께 일했단다, 바트. 그리고 내가 죽고 나면 이 집의 재산은 모두 너와 주디의 것이 될 거야. 너희가 일찍 세상에 나가서—주디는 꽃 가게를, 너는 법률을—일을 하게 된 것은 너희 둘에게 진기한 일이야. 너희는 재산을 쓰고 싶지 않을 거다. 재산을 쓰지 말고 살림을 꾸려 가며 더욱 불려라. 내가 죽고 나면 주디는 꽃집으로 돌아가고 너는 법률을 계속해."

주디의 외모는 꽃보다는 가시를 파는 사람처럼 보이지만, 한때 그녀는 조화 만드는 기술을 익혀 도제로 일한 적이 있다. 관찰력이 날카로운 사람이라면,

---

5) 비유적으로 '무미건조하다'는 뜻의 어구.

할아버지가 자신이 죽은 다음의 이야기를 할 때 그녀의 눈에도 오빠의 눈에도 언제 할아버지가 돌아가실지 궁금해 죽겠다는 초조함과 벌써 돌아가시고도 남았을 나이라고 생각하는 분개의 빛이 다소 어렸다는 사실을 눈치챘을 것이다.

준비를 마친 주디가 말한다. "다들 먹었으면 그 애한테 와서 차를 마시라고 하겠어요. 부엌에서 혼자 마시게 하면 언제까지고 마실 테니까 말이에요."

찰리는 도로 불려와, 주디의 두 눈에서 나오는 맹렬한 포화를 받으면서, 차가 담긴 그릇과 드루이드 수도사의 유적[6] 같은 버터 바른 빵이 놓인 자리에 앉는다. 주디 스몰위드는 이 어린 여자애를 직접 감독할 때 완전히 지질학적 나이에 이르러, 태고에 태어난 사람처럼 보인다. 트집거리가 있건 없건 무조건 이 아이를 조직적으로 공격하고 급습하는 그녀의 방식은 정말로 놀랍다. 그녀는 노련하기 그지없는 전문가에게서조차도 좀처럼 찾아볼 수 없는 하녀 조종술의 비법을 알고 있다.

"언제까지 한눈을 팔 거야?" 찰리가 그릇에 차가 얼마나 담겼는지 눈으로 깊이를 재자, 주디가 머리를 흔들고 발을 쿵쿵 구르면서 고함친다. "빨리 먹고 다시 일하란 말이야."

"네, 스몰위드 양." 찰리가 말한다.

"'네'라고 하지 마." 스몰위드 양이 쏘아붙인다. "난 너희 같은 계집애들을 잘 알지. 그런 말은 그만두고 실행에 옮기란 말이야. 그럼 믿어 주지."

찰리가 명령에 따랐다는 증거로 차를 벌컥벌컥 들이켜고 드루이드 수도사의 유적을 사방에 흘리자, 스몰위드 양이 게걸스럽게 먹지 말라고 소리치면서 그것이 "너희 같은 계집애들"의 비천한 특징이라고 비평한다. 그녀를 만족시키려면 찰리는 좀 더 노력해야 할 듯하지만, 그때 누군가 문을 두드리는 소리가 난다.

"누가 왔는지 보고 와. 문을 열어 줄 때 입술을 오물거리지 말고!" 주디가 큰 소리로 말한다.

스몰위드 양은 주의 깊게 지켜보고 있던 식탁을 치우며, 이 기회에 남은 버

---

6) 드루이드교는 고대 켈트족의 종교로, 큰 돌을 원형으로 배열한 '스톤헨지' 등이 드루이드교의 유적이라고 여겨진다.

터 빵을 긁어모아 뒤섞고, 커다란 찻물 볼에서 썰물처럼 빠져나가고 남은 찻물 속에 찻잔을 두세 개 처박음으로써 이제 식사가 끝났음을 암시한다.

"애, 누구니? 무슨 일이야?" 주디가 딱딱거린다.

손님은 '조지 씨'라는 사람인 듯하다. 그 이상의 정보도 인사도 없이 조지 씨가 방으로 들어온다.

"어이쿠!" 조지 씨가 말한다. "무척 덥군요. 늘 불을 때나요? 아, 그렇게 익숙해지도록 두는 게 옳지요!" 이 마지막 말은 스몰위드 노인에게 꾸벅 인사하면서 조지 씨가 한 혼잣말이다.

"오호라! 당신이었군요!" 노인이 큰 소리로 말한다. "잘 지냈소? 잘 지냈어요?"

"그럭저럭 지냈지요." 조지 씨가 대답하고 의자에 앉는다. "영광스럽게도 당신의 손녀와 만난 적이 있어요. 잘 부탁합니다, 스몰위드 양."

"이쪽이 그 애 오빠이자 내 손자죠. 당신은 처음 보지요? 법률 일을 하느라 집에는 별로 없답니다."

"잘 부탁합니다! 동생분과 닮았군요. 아주 닮았어요. 정말 닮았어요." 조지 씨는 닮았다는 말을 강조하지만, 딱히 칭찬은 아니다.

"그래, 경기는 좀 어떻소, 조지 씨?" 스몰위드 노인이 두 다리를 천천히 문지르며 묻는다.

"크게 다를 것 없지요. 풋볼처럼 말이에요."

조지 씨는 햇볕에 까맣게 탄 쉰 살의 남자로, 균형 잡힌 몸매에 단정한 얼굴, 푸석푸석한 검은 머리, 맑은 눈, 떡 벌어진 가슴팍을 가졌다. 얼굴 못지않게 햇볕에 탄 근육질의 두 손을 보면, 그가 지금껏 얼마나 고생하고 살았는지 한눈에 알 수 있다. 보통 사람들과 달리 의자 앞쪽에 앉는데, 옷이나 장신구를 모조리 벗어던질 여유 공간을 만드는 오랜 습관처럼 보인다. 걸을 때도 보조를 맞추어 딱딱하게 걷는 모양이 꼭 철걱철걱 소리가 나는 무거운 박차 소리와 어울릴 법하다. 지금은 얼굴을 깔끔하게 면도했지만, 오랫동안 코 밑에 커다란 수염을 기르고 있었는지 윗입술이 그런 모양에 익숙해진 모양이었고, 솥뚜껑만 한 갈색 손을 펼쳐 이따금 손바닥을 윗입술에 갖다 대는 동작도 같은 인상을 준다. 대체로 조지 씨는 옛날에 기병이었던 것으로 추측된다.

조지 씨는 스몰위드 집안사람들과 놀랍도록 대조적이다. 어떤 기병도 이토록 어울리지 않는 가정에서 숙영한 역사가 없다. 마치 날이 넓은 칼과 굴 껍질을 까는 칼을 나란히 보는 듯한 느낌이다. 그의 떡 벌어진 체구와 그들의 왜소한 몸집, 한 쪽의 호방함이 뚝뚝 묻어나는 태도와 다른 한쪽의 좀스럽고 주눅든 태도, 이쪽의 쩌렁쩌렁한 목소리와 저쪽의 빈약한 목소리는 몹시 두드러지는 기묘한 대조를 보여 준다. 살풍경한 응접실 한가운데에, 그가 의자의 앞쪽에 앉아 두 손을 허벅지 위에 올리고 팔꿈치를 쭉 펴고 있는 모습은 마치 이 일가의 사람들과 방 네 칸짜리 집, 증축한 뒤쪽 부엌을 비롯한 모든 것을 빨아들일 것만 같은 인상을 준다.

"인생을 다리에 새겨두려고 다리를 문지르는 겁니까?" 조지 씨가 방 안을 둘러보며 스몰위드 노인에게 묻는다.

"반은 버릇이고…… 저…… 반은 혈액순환을 위해서요, 조지 씨."

"혈—액—순환이요!" 조지 씨가 되풀이하면서 팔짱을 낀다. 그의 몸이 두 배는 커진 것처럼 보인다. "별 효과는 없을 것 같은데요."

"난 늙었소. 하지만 나이에 질 수는 없지. 나이는 내가 저 여편네보다 많지만……" 노인이 아내를 턱으로 가리키며 말한다. "저 여편네 꼴을 좀 보라고! ……당신은 독가스를 내뿜는 수다쟁이야!" 갑자기 그가 아까처럼 적의를 불태운다.

"노부인이 가엾기도 하지!" 조지 씨가 노인의 아내를 바라보고 말한다. "부인을 야단치지 마세요. 이걸 보세요. 가엾게도 모자는 반쯤 벗겨지고 머리카락은 엉망진창이에요. 정신 차리세요, 부인. 이제 됐습니다. 보세요, 이제 끝났어요! 스몰위드 씨, 당신의 어머니를 생각해 보세요." 조지 씨가 노인의 아내의 매무새를 고쳐 주고 자기 자리로 돌아와서 말한다. "부인만으로 부족하다면 말이지요."

"당신은 아주 효자였나 보군요, 조지 씨?" 노인은 심술궂은 눈빛이 된다.

조지 씨는 다소 얼굴을 붉히면서 대답한다. "당치 않아요, 아닙니다."

"그거 놀라운데요."

"저도 놀랍습니다. 효도는 마땅히 해야 했고, 할 생각도 있었어요. 하지만 하지 못했죠. 요컨대 저는 지독한 불효자였습니다. 모두의 얼굴에 먹칠만 하고 다녔죠."

"그거 놀랍군요!" 노인이 큰 소리로 말한다.

조지 씨가 말을 잇는다. "하지만 이런 이야기는 하지 않을수록 좋죠. 자! 약속을 기억하시죠? 두 달 치 이자를 낼 때마다 파이프 담배 한 대입니다! (담뱃대를 가져오게 하셔도 걱정 없어요. 보세요, 여기 새 어음과 두 달 치 이자입니다. 저 같은 일을 하는 사람은 이 만한 돈을 마련하는 데도 죽도록 긁어모아야 하지요.)"

조지 씨가 이 일가 사람들과 응접실을 송두리째 집어삼킬 듯이 의자에 앉아서 팔짱을 끼고 있자, 스몰위드 노인은 주디의 부축을 받아, 잠겨 있던 커다란 책상의 서랍에서 검은 가죽 보관함을 두 개 꺼내어 그중 하나에다 방금 받은 증서를 넣어두고 다른 비슷한 보관함에서는 똑같이 생긴 다른 증서를 꺼내어 조지 씨에게 건넨다. 조지 씨는 그 증서를 담뱃대에 불을 붙일 용도로 비틀어 꼰다. 노인은 두 개 증서를 검은 가죽 감옥에서 풀어주기 전에 안경을 쓰고 증서의 글자를 하나하나 꼼꼼히 살피고, 주디에게 한 마디 한 마디 적어도 두 번씩 복창시키고, 자기도 몸을 부들부들 떨면서 되도록 천천히 말하고 행동했으므로, 이 거래는 시간이 꽤 오래 걸렸다. 거래가 끝나자 비로소 그는 탐욕스러운 눈과 손가락을 일에서 떼고 조지 씨의 마지막 말에 대답한다. "담뱃대를 가져오게 할까봐 걱정되나? 신사 양반, 우리는 돈 버는 데만 관심 있지는 않소. 주디, 담뱃대와 브랜디를 당장 조지 씨에게 가져다 드려라."

검은 가죽 보관함에 마음을 빼앗겼을 때를 빼고는 줄곧 한눈을 팔지 않고 눈앞의 광경을 바라보던 쾌활한 쌍둥이 남매는 내심 이 손님을 경멸하면서도 마치 두 마리 새끼 곰이 나그네를 어미 곰에게 맡기듯이 그 손님을 스몰위드 노인에게 맡긴 뒤 나란히 물러간다.

"그런데 당신은 종일 그곳에 앉아 계십니까?" 조지 씨가 팔짱을 낀 채로 말한다.

"물론 그렇소, 물론." 노인이 고개를 주억거린다.

"아무것도 안 하고요?"

"난롯불을 지키지…… 주전자도 지키고, 고기를 굽기도 하고……"

"그런 일이 있을 때는 말이지요?" 조지 씨가 매우 의미심장하게 말한다.

"그렇소. 그런 일이 있을 때는 그렇지."

"책을 읽거나, 읽어 주는 걸 듣지는 않습니까?"

노인이 자못 교활하고 자랑스럽게 고개를 젓는다. "절대로. 우리 집에서는 책 같은 건 읽지 않소. 평생에 도움이 안 되니까. 바보 같고 시시하고 한심하지. 쓸데없는 짓이오!"

"당신들 둘은 크게 다르지 않군요." 손님이 노인과 그의 아내를 번갈아 바라보면서, 노인의 둔한 귀에는 들리지 않을 만큼 나지막한 목소리로 말하고, 이어서 말한다. "그렇지요?"

"듣고 있소."

"제가 하루라도 돈을 밀렸다면 당신은 나를 경매에 부쳤겠지요?"

"나의 친애하는 친구여!" 스몰위드 노인이 큰 소리로 말하며 두 손을 내밀어 그를 껴안으려고 한다. "당치 않아! 당치 않소, 나의 친애하는 친구여! 하지만 내 중개로 당신에게 마지못해 돈을 빌려 준 나의 친구는…… 그 사람이라면 그렇게 했을지도 모르지!"

"아! 그 사람은 보장 못하는군요?" 조지 씨는 이렇게 말한 뒤 마지막으로 목소리를 낮추어 말한다. "이 늙은 거짓말쟁이!"

"그 사람은 믿을 만한 사람이 못 되오. 나 같으면 그 사람을 믿지 않겠소. 그는 증서대로 할 사람이니까."

찰리가 담뱃대와 담배를 말을 조그만 종이와 브랜디를 올린 쟁반을 든 채 나타나자 조지 씨가 찰리에게 묻는다. "네가 왜 여기 있느냐? 이 집 가족들과는 얼굴 생김새가 다른데?"

"전 일하러 왔어요." 찰리가 대답한다.

기병이(만약 이 손님이 기병이거나 기병이었다면) 매우 다부진 손에 어울리지 않게 날렵한 손놀림으로 찰리의 모자를 벗기고 머리를 쓰다듬는다. "네 덕분에 이 집도 건강해 보이는구나. 이 집에는 신선한 공기만큼이나 젊음이 좀 필요해." 그러더니 그는 찰리를 물러가게 하고 담뱃대에 불을 붙인다. 그리고 스몰위드 씨의 재계 친구를 위해 건배를 한다.

"그럼 당신은 그 친구가 날 난처한 지경에 빠뜨릴지도 모른다고 생각하시는군요?"

"그럴지도 모르지…… 그럴 염려가 있어. 그런 예를 스무 번이나 보아 왔거든." 스몰위드 노인이 아무렇게나 내뱉는다.

그의 늙은 아내가 아까부터 난로 앞에서 꾸벅꾸벅 졸다가 갑자기 눈을 뜨고 재빠르게 주절거리고 있었기 때문이다. "2만 파운드, 2만 파운드 지폐 스무 장이 금고에 들어 있지. 20기니, 20퍼센트가 2천 장, 20······." 그다음은 날아온 쿠션 때문에 멈추고, 그녀는 이전 같은 자세로 쓰러진다. 이 기묘한 경험이 익숙하지 않은 조지 씨는 그녀의 얼굴에서 얼른 쿠션을 치운다.

"이 망할 놈의 할망구. 이 전갈 같은 할망구····· 이 전갈 같은 할망구! 이 축축한 두꺼비. 주절주절 시끄럽게 지껄이는 빗자루 탄 마녀, 불에 타 죽어라!" 노인이 의자에 납작 엎드린 채 헐떡거리며 말한다. "이보시오, 나 좀 흔들어서 정신 들게 깨워 주시겠소?"

멍하니 노인과 그의 아내를 번갈아 바라보던 조지 씨가 노인의 목을 붙잡고 인형 다루듯이 번쩍 일으켜 세우고는 마구 흔든다. 이대로 영원히 노인에게서 쿠션 던질 힘을 빼앗아 무덤으로 보내 버릴까 말까 망설이는 듯하다. 그러나 이 유혹이 가라앉자 노인의 몸을 격렬하게 흔들어 그 머리를 어릿광대처럼 돌린 뒤에 재빨리 의자에 앉히고, 노인의 베레모를 비비적거려 고쳐 씌우자 노인은 1분쯤 뒤 두 눈을 깜빡거린다.

"아!" 스몰위드 씨가 헐떡거리며 말한다. "그만하면 됐소. 고맙소, 이제 됐어요. 아, 숨이 차는구먼, 아!" 이렇게 말하면서도 스몰위드 씨는 눈앞에 떡하니 서서 어느 때보다도 더 크게 떠올라 자기를 내려다보고 있는 이 친구를 분명히 감지하고 있는 듯하다.

그러나 이 위협적인 거구는 천천히 의자에 앉더니 느긋하게 담배를 피우며, 달관한 듯이 이런 생각으로 마음을 가라앉힌다. '이 노인의 재계 친구의 이름은 D로 시작하지.[7] 그러니까 그는 증서대로 할 사람이라는 노인의 말이 맞을 거야.'

"뭐라고 말했소, 조지 씨?" 노인이 묻는다.

기병은 고개를 내젓고는, 몸을 앞으로 수그려 오른쪽 무릎에 오른쪽 팔꿈치를 괴고 그 손으로 담뱃대를 받친 다음, 다른 한 손을 왼쪽 허벅지 위에 올려 군인답게 왼쪽 팔꿈치를 똑바로 펴고서 담배를 계속 피운다. 그러면서도 스몰

---

7) Devil(악마)라는 뜻.

위드 노인의 얼굴이 똑똑히 보이도록, 모락모락 피어오르는 담배 연기를 이따금 걷으며 그를 유심히 살핀다.

"이 세상에서(아니, 저승에서도)……" 조지 씨가 말하면서 술잔을 금방 입으로 가져가기 편하도록 자세를 조금 바꾼다. "당신한테서 파이프 담배 한 대 가격에 해당하는 대접을 받는 사람은 아마 나 정도 아닐까요?"

"글쎄! 확실히 나는 사람들과 잘 어울리지 않고 남에게 대접을 하지도 않소, 조지 씨. 그럴 만한 여유가 없거든. 하지만 당신이 자못 당신답게 기쁜 마음으로 담배 한 대를 얻어 피우는 것을 조건으로……"

"아, 그건 액수가 목적이 아닙니다. 그건 대단하지 않아요. 그저 당신한테 얻어 피우고 싶은 거지요. 이자를 내는 대신 뭐라도 얻어내고 싶어서요."

"허어! 당신 참 신중하구려, 참으로 신중해!" 스몰위드 노인이 두 다리를 비비면서 큰 소리로 말한다.

"당연하죠. 전 언제나 그랬습니다." 조지 씨는 담배를 한 모금 피운다. "애초에 댁을 방문한 것이 신중하다는 증거지요." 다시 한 모금. "그래서 오늘날의 제가 신중한 사람으로 잘 알려진 거고요." 조지 씨는 침착하게 담배를 피운다. "난 그런 식으로 출세한 겁니다."

"기운 내시오. 당신은 더 출세할 수도 있소."

조지 씨가 웃으며 브랜디를 마신다.

"당신, 친척은 아무도 없소?" 스몰위드 노인이 눈을 빛내며 묻는다. "이 얼마 안 되는 원금을 다 갚아 주거나 당신한테 훌륭한 이름 한두 개쯤 빌려 줄만 한 유명한 친척이 없느냐 이거요. 그래야 내가 도시에 있는 친구를 설득해서 돈을 더 빌려 주라고 할 수도 있는데. 좋은 명의가 둘이면 도시에 있는 내 친구도 승낙할 거요. 그런 친척이 아무도 없소, 조지 씨?"

조지 씨가 여전히 침착하게 담배를 피우며 대답한다. "있다고 해도 친척에게 폐를 끼치고 싶지는 않습니다. 전 젊어서부터 가족들에게 폐만 끼쳤어요. 일생에서 가장 좋은 시기를 쓸모없이 보낸 건달이 자기 때문에 창피만 당한 건실한 가족에게 돌아가 다시 가족을 봉으로 삼는다는 건 아주 훌륭한 회개일지도 모르지만, 제 성격에는 맞지 않습니다. 그러니까 제 생각에, 집을 버린 데에 대한 가장 좋은 죗값은 집에 얼씬도 하지 않는 거예요."

"하지만 육친의 정이라는 게 있잖소." 스몰위드 노인이 떠본다.

"이름을 널리 알린 두 친척에 대한 육친의 정 말인가요?" 조지 씨가 머리를 내젓고서 여전히 침착하게 담배를 피우며 말한다. "안 될 말이지요. 그것도 제 성격과 맞지 않습니다."

스몰위드 노인은 아까 부축을 받았을 때부터 몸이 점점 미끄러지기 시작하더니 이제는 아예 의자 위에 쓰러져 버려서, 옷 꾸러미 속에서 목소리가 나오듯 주디를 부른다. 이 천국의 미녀가 나타나 평소처럼 할아버지의 몸을 흔들어 일깨우자, 노인은 그녀에게 곁에서 떠나지 말라고 명령한다. 손님이 다시 아까와 같은 곤란을 겪을까봐 조심하는 듯하다.

"아!" 노인이 다시 똑바로 앉아서 입을 연다. "당신이 그 대위를 찾아냈더라면 당신도 도움을 받았을 거요. 당신이 우리가 낸 신문광고를 보고―여기서 '우리'란 재계에 있는 내 친구와, 그 친구 방식으로 자금을 투자하는 또 다른 친구 한두 명을 말하는 거요―만약 당신이 그 광고를 보고 처음에 여길 찾아왔을 때 우리를 원조해 주었더라면 당신 삶도 도움을 받았을 텐데요, 조지 씨."

"당신 말대로 '도움을 받고 어울리기'를 나도 무척 바랐지요," 이렇게 말하며 조지 씨는 담배를 피우지만, 아까처럼 침착하지 못하다. 왜냐하면 주디가 방으로 들어온 뒤로, 그는 노인의 옆에 서 있는 그 손녀에게 매혹되어 그녀를 쳐다보지 않을 수 없었기 때문이다.

"하지만 대체적으로 지금은 그렇지 않아 다행이라고 생각합니다."

"어째서지요, 조지 씨? 도대체…… 저 악마의 이름을 걸고 묻는데, 왜니까?" 스몰위드 노인이 노한 표정을 숨김없이 드러내며 묻는다. (악마라고 한 것은, 꾸벅꾸벅 졸고 있는 아내에게 우연히 시선이 멎었기 때문이다.)

"두 가지 이유가 있습니다."

"그 두 가지 이유란 게 뭐요, 조지 씨? 도대체, 누구 뒤에 숨어서……."

"우리들의 친구 뒤에 숨어서라는 건가요?" 조지 씨가 침착하게 술잔을 기울이며 말한다.

"음, 그렇게 말한다면 그래도 좋소. 두 가지 이유란 게 뭐요?"

"첫째로……" 조지 씨는 주디가 몹시 나이가 많고 할아버지랑 똑같아서 누구에게 말을 걸어도 마찬가지라는 듯이 여전히 시선을 주디에게 향하고서 말한다. "당신하고 당신 친구는 나를 끌어들였습니다. 그 광고에는 호든 씨에게(당신이 '한 번 대위는 영원한 대위'라는 속담[8]에 집착한다면 호든 대위라고 불러 드리죠) 솔깃한 이야기를 전하고 싶다고 쓰여 있었어요."

"그래서?" 노인이 날카롭게 대꾸한다.

"그래서……" 조지 씨가 담배를 피우며 말한다. "그가 런던의 모든 어음 심사 거래 때문에 감옥에 갇혔다면 그건 그에게 그다지 도움이 되지 않았겠죠."

"그런 걸 어떻게 알지? 대위의 부자 친척 가운데 부채를 갚아 주거나 당사자들끼리 해결할 수 있게 도와줄 사람이 있었을지도 모르는데. 게다가 그는 우리를 끌어들였소. 우리 모두에게 엄청난 빚을 지고 있었으니까. 난 돈을 돌려받지 못한다면 차라리 그를 목 졸라 죽이는 편이 낫다고 생각했다니까." 노인이 앙상한 열 개의 손가락을 내밀며 외친다. "여기 앉아서 그를 생각하면 지금도 죽이고 싶다고." 그러더니 갑자기 미친 듯이 펄펄 뛰며, 아무 죄 없는 아내에게 쿠션을 집어던진다. 그러나 쿠션은 무사히 그녀의 의자 옆을 스친다.

"이야기를 들을 필요도 없이……" 여기까지 말한 다음 기병은 잠시 입에서 담뱃대를 떼고, 쿠션의 행방을 지켜보던 눈을 조용히 불타는 담뱃대의 재로 돌리고서 말한다. "그는 고된 행진을 계속하다 파멸했어요. 그가 전속력으로 말을 달려 파멸을 향해 돌진하고 있을 때, 나는 며칠이나 그 오른편에 있었죠. 그가 병에 걸렸을 때도 건강할 때도, 여유로웠을 때도 가난해졌을 때도 한결같이요. 모든 것을 탕진하고 모든 것이 부서진 다음…… 그가 권총을 머리에 댔을 때 나는 이 손으로 대위님을 붙잡았어요."

"그자가 방아쇠를 당겼더라면 좋았을걸!" 자비심 많은 노인이 말한다. "그래서 빌린 금화 수만큼 머리가 조각났으면 좋았을걸!"

"그랬다면 산산조각이 났을 겁니다." 기병이 태연하게 대꾸한다. "아무튼 한때는 대위님도 젊고 희망에 불타던 미남이었습니다. 제가 그를 못 찾아서 그가 이익을 보았다니 다행이에요. 이게 제가 도움 받고 어울리기를 피하는 첫 번째 이유입니다."

"두 번째 이유도 그에 못지않게 훌륭한 이유겠지?" 노인이 고함친다.

---

8) "한 번 악당은 영원한 악당"이라는 속담을 섞은 것.

"아니요. 이건 더 개인적인 이유입니다. 만약 그를 찾아냈다면, 나는 저승까지 찾으러 가야 했을 겁니다. 그는 이미 저승에 가 있었으니까요."

"저승에 가 있었다는 걸 어떻게 알지?"

"이승에 없었으니까요."

"이승에 없었던 건 어떻게 알고?"

"돈뿐만이 아니라 평정심도 잃지 않도록 하세요." 이렇게 말하면서 조지 씨는 조용히 담뱃대의 재를 턴다. "그는 오래전에 익사했어요. 전 그렇게 믿습니다. 배에서 떨어졌지요. 의도적인 것이었는지 사고였는지는 모릅니다. 아마 도시에 있는 당신의 재계 친구는 알 겁니다. 이 노래를 아십니까, 스몰위드 씨?" 그가 말을 멈추고, 빈 담뱃대로 탁자를 탁탁 두드려 반주하며 휘파람을 불고 나서 그렇게 덧붙인다.

"노래? 아니, 우리 집은 노래 따위 듣지 않네."

"'사울'9) 가운데 장송곡이지요. 군인을 묻을 때 연주하는 곡입니다. 그러니 이것으로 이 이야기는 끝인 셈입니다. 이쪽에 계신 아름다운 손녀께서—죄송합니다, 주디 양—이 담뱃대를 두 달만 맡아 주신다면 다음에 담뱃대 값을 아낄 수 있을 겁니다. 안녕히 계세요, 스몰위드 씨!"

"그럼 잘 가시오!" 노인은 두 손을 내밀어 악수를 한다.

"혹시 제 이자가 밀린다면 제가 당신의 재계 친구에게 쓴맛을 보게 되겠군요?" 기병이 거인처럼 노인을 내려다보며 말한다.

"그럴 거요." 노인이 난쟁이처럼 기병을 올려다보며 대답한다.

조지 씨가 껄껄 웃고 스몰위드 씨를 할끔 바라본 뒤, 경멸스럽다는 얼굴을 한 주디에게 작별인사를 하고, 있지도 않은 칼과 부속 금장신구를 철컥철컥 울리기라도 하는 듯한 걸음걸이로 성큼성큼 응접실에서 나간다.

"저 악당!" 노인이 그가 닫은 문에 대고 험상궂게 얼굴을 찡그려 보인다. "본때를 보여 주겠다, 개자식, 본때를 보여 주겠어!"

이렇게 쾌활하게 막말을 하면서 노인의 마음은 교육받은 대로 매혹적인 반성의 지역으로 솟아오른다. 그래서 다시금 스몰위드 부부는, 아까 말했듯이, 오

---

9) 독일 출신 영국인 작곡가 헨델(1685~1759)의 오라토리오. 사울은 기원전 11세기 이스라엘 초대 왕. 구약성서 〈사무엘상〉 9~31장 참조.

랫동안 잊힌 한 쌍의 보초처럼 장밋빛 시간을 즐긴다.

두 사람이 충실하게 자리를 지키는 사이 조지 씨는 몹시 굳은 표정으로 거리를 쿵쿵 지나간다. 시각은 벌써 여덟 시다. 밤이 빠른 속도로 밀려온다. 그는 워털루 다리 옆에 멈춰 서서 연극 광고지를 읽고, 애슬리 극장으로 가기로 한다. 안으로 들어가 말과 검투를 보자 기분이 무척 좋아진다. 무기를 하나하나 꼼꼼히 뜯어보고, 서투른 칼솜씨에 불만을 느끼지만, 그 분위기에 흠뻑 빠져든다. 마지막 장면에서 타타르의 황제가 전차를 타고, 경사스럽게 맺어진 연인들의 머리 위로 영국 국기를 흔들며 두 사람을 축복할 때는 감동한 나머지 눈물까지 찔끔 흘린다.

연극이 끝나자 조지 씨는 다시 템스강을 건너 헤이마켓과 레스터 광장 외곽에 있는 그 기묘한 지역으로 향한다. 이 주변은 외국인 여관과 외국인, 라켓 경기장, 검술가, 근위보병, 오래된 자기, 도박장, 전시물 등을 볼 수 있는 매력적인 중심지다. 그는 이 지역 깊숙이 들어간 다음, 어느 골목과 하얗게 회칠한 기다란 통로를 지나 어느 커다란 벽돌 건물에 다다른다. 칠하지 않은 벽, 바닥, 지붕의 서까래, 천장으로 이루어진 이 건물 정면에는 (이 건물에도 정면이 있다면) '조지 사격연습장' 어쩌고 하는 글씨가 페인트로 쓰여 있다.

그가 조지 사격연습장에 들어서자, 안에는 가스등(그 일부는 이미 꺼졌다), 하얗게 칠한 소총용 표적 두 개, 궁술용 설비, 펜싱 용구, 영국식 권투의 모든 필수품들이 있다. 오늘 밤 조지 사격연습장에는 이러한 경기와 연습이 하나도 없어서 아무도 없는 가운데, 어떤 머리 크고 기괴한 작은 사나이가 장내를 독차지하고 바닥에서 자고 있다.

이 작은 남자는 녹색 모직 앞치마와 챙 없는 모자 차림을 하여 총기 제작자 같은 복장이다. 얼굴과 손은 화약투성이고, 언제나 총에 총알을 넣는 탓에 묵은 때가 끼어 있다. 그는 번쩍번쩍 빛나는 하얀 표적 앞에서 등불 빛을 받으며 자고 있어서 몸의 검은 부분이 빛을 반사하고 있다. 그리 멀지 않은 곳에 단단하고 거칠게 깎은 구식 탁자가 있고, 그 위에 공구가 놓여 있었다. 얼굴이 완전히 찌그러지고 한쪽 볼이 푸르스름하니 얼룩덜룩한 것으로 보아, 이 작은 남자는 예전에 일을 하다가 화약에 맞은 적이 있는 듯하다.

"필!" 기병이 조용히 말한다.

"네!" 필이 큰 소리를 지르며 버둥버둥 일어선다.

"손님이 좀 있었나?"

"영 재미없어요. 소총이 다섯 다스, 권총이 한 다스 나갔죠. 하지만 조준 솜씨하고는!" 필이 기억해 내면서 법석을 떨고 말한다.

"가게를 닫아, 필!"

이 명령을 완수하려고 돌아다니는 필을 보면, 매우 민첩하기는 하지만 절름발이 같다. 얼룩덜룩한 쪽의 얼굴에는 전혀 눈썹이 없고 반대쪽에는 시커멓고 굵은 눈썹이 자라 있어서, 좌우가 불균형한 탓에 몹시 이상하고 다소 음침해 보인다. 손가락은 열 개 다 만족스럽게 남아는 있으나, 산전수전을 겪었는지 톱날 같이 갈라지고 찢어진 흉터가 남아 있고 쭈글쭈글하다. 매우 힘센 남자로 보이는 그는 무거움이란 것을 모르는 듯이 무거운 벤치를 번쩍 들고 나른다. 뭔가를 가지러 갈 때는 목표물 쪽으로 곧장 가지 않고 벽에 어깨를 대고 절뚝거리면서 장내를 한 바퀴 돈 다음 목표물 쪽으로 가는 이상한 버릇 때문에 사방 벽에는 '필의 자국'이라고 불리는 얼룩이 남아 있다.

조지가 없는 동안 이 남자는 사격장을 관리한다. 몇 개의 커다란 문을 잠그고 가스등을 끄고 희미한 불빛 하나만을 남긴 다음 한쪽 구석에 있는 목조 오두막에서 매트리스 두 개와 침구류를 꺼냄으로써 일을 마친다. 그가 침구를 장내 반대 편 양쪽으로 나르자, 기병은 자기 잠자리를 깔고 필은 필대로 자기 잠자리를 깐다.

"필!" 겉옷과 조끼를 벗자 더욱 군인처럼 보이는 사격장 주인이 필 쪽으로 걸어와서 말한다. "너는 집 대문에 버려져 있었다고 했지?"

"홈통에요. 야경꾼이 저한테 걸려 넘어졌었죠."

"그럼 너한테는 방랑생활이 처음부터 자연스러운 거였구나."

"최대한 자연스러웠죠."

"잘 자라!"

"안녕히 주무세요."

필은 잠자리까지 똑바로 가지도 못하므로, 사격장 벽에 어깨를 붙이고 두 벽면을 돈 다음 자기 매트리스에 눕는다. 기병은 소총 사격장 안을 한두 바퀴 돌아보고, 이따금 천장에 난 채광창을 통해 비치는 달을 올려다본 뒤에 필보다

지름길을 잡아 자기 침대 쪽으로 성큼성큼 걸어가 잠자리에 든다.

# 제22장 버킷 경감

무더운 저녁이지만 링컨 법조원 광장에 있는 털킹혼 변호사 사무소의 풍자화 속 인물은 퍽 시원해 보인다. 창문 두 개가 모두 다 활짝 열려 있는 데다 방 안은 천장이 매우 높아서 세찬 바람이 불어 닥치고, 어두컴컴하기 때문이다. 안개와 진눈깨비를 동반하고 오는 11월이나 얼음과 눈의 1월이라면 이런 풍경들이 못마땅한 특색이겠지만, 후텁지근한 장기휴가 기간 중의 날씨로는 나름대로 가치가 있다. 그리하여, 풍자화 속 인물은 복숭아 같은 뺨에 꽃다발 같은 무릎을 하고 종아리는 장밋빛으로 통통하고 팔은 근육이 붙었지만 오늘 밤은 어지간히 시원해 보인다.

털킹혼 씨의 방 창문으로 엄청난 먼지가 들어와 가구며 서류 사이에 엄청나게 쌓인다. 어디를 봐도 두껍게 쌓여 있다. 시골에서 올라온 산들바람이 길을 잃고 겁을 집어먹고 허둥지둥 달아나면서 풍자화 속 인물의 눈에 먼지를 집어던져넣고 간다. 마치 법률이―또는 가장 믿을 만한 법률 대리인 가운데 하나인 털킹혼 씨가―문외한의 눈에 먼지를 넣고 갈 때처럼.

이 어두침침한 먼지 창고 속에서 지금 털킹혼 씨는 활짝 열린 창가에 앉아 오래된 포트와인을 즐기고 있다. 그는 입이 무겁고 무뚝뚝하고 말없고 완고하면서도 일류 명사와 함께 오래된 포도주를 즐길 줄도 아는 남자다. 이것은 그의 수많은 비밀 가운데 하나인데, 광장에 있는 이 집 지하에는 정교한 술 창고와 값을 매길 수 없을 만큼 귀중한 포도주를 보관한 선반이 있다. 오늘처럼 자기 방에서 저녁을 먹으려고 식당에서 생선이나 비프스테이크, 닭고기 요리를 주문할 때는 촛불을 들고, 이 사람 없는 저택 지하에 있는 메아리치는 술 창고로 내려가 이윽고 천둥 같은 문소리가 멀리서 울려 퍼지면 흙냄새를 풍기며 포도주 병을 들고 엄숙한 표정으로 돌아온다. 그런 다음 50년의 세월을 거쳐 온 빛나는 과실주를 잔에 따르면, 술은 자기가 그렇게 유명해졌다는 사실을 알고 얼굴을 붉히고서 방 안 가득 남국의 포도 향기를 풍긴다.

털킹혼 씨는 노을 지는 창가에 앉아 포도주를 즐긴다. 포도주를 마시면, 그 50년에 걸친 침묵과 은둔을 은밀히 알게 된 것처럼, 그는 더더욱 입을 굳게 다물어 버린다. 평소보다 한층 읽을 수 없는 얼굴로 앉아 술잔을 기울이며, 이른바 포도주처럼 조용히 성숙하면서 이 황혼녘에 시골의 어두워지는 숲과 런던의 대저택에 대하여 자기가 아는 모든 비밀을 이것저것 묵상하고, 자신의 신상이며 일가의 내력, 자신의 재산과 유산—이 모든 것은 모든 사람에게 수수께끼다—그리고 자기와 똑같은 성격을 가지고 똑같이 변호사이기도 한 독신 친구에 대해서도 조금은 생각한다. 이 친구는 일흔 살이 될 때까지 그와 똑같은 생활을 하다가 갑자기 극심한 무료함을 느끼고(사람들은 그렇게 생각한다), 어느 여름 저녁 단골 이발사에게 자신의 금시계를 준 다음, 템플에 있는 자기 집으로 천천히 돌아가서 목을 매고 말았다.

그러나 오늘 밤 털킹혼 씨는 여느 때처럼 혼자 오랫동안 묵상에 잠겨 있는 것이 아니다. 대머리를 번쩍이는 얌전해 보이는 남자가 불편하게 의자를 조금 뒤로 뺀 채 같은 탁자에 앉아 있다. 변호사가 잔에 술을 따르라고 말하자 이 남자는 입에 손을 대고 공손히 기침한다.

"스낵스비." 털킹혼 씨가 말한다. "이 묘한 이야기를 한 번 더 확인하겠네."

"네."

"자네 말에 따르면, 지난밤 여기 왔을 때……."

"그 점에 관해서는, 혹시 제가 주제넘게 행동한 것이 있다면 죄송합니다만, 전에 선생님께서 그 자에게 흥미를 느끼셨다고 기억하고 있는데, 어쩌면 선생님의…… 희망에…… 조금…… 보탬이 되지 않을까 싶습니다……."

털킹혼 변호사는 스낵스비 씨가 결론을 내리도록 돕거나, 자기가 할 만한 것, 생각할 만한 것을 인정하는 남자가 아니다. 그래서 스낵스비 씨의 목소리는 점점 끊기다가 결국 멋쩍은 기침과 함께 말한다. "정말로 죄송합니다."

"아, 그런 건 신경 쓰지 않네. 자네 말에 따르면, 자네는 아내에게는 아무것도 알리지 않고 모자를 쓰고서 이곳으로 왔다고, 스낵스비? 그건 잘한 짓이야. 꼭 알려야 할 만큼 중요한 일은 아니니까."

"이건 꼭 말씀드려야 하는데, 우리 마나님은…… 꼬치꼬치 캐묻는 성격이랍니다. ……꼬치꼬치 캐물어요. 불쌍하게도 아내는 자주 발작을 일으켜서 무엇에든지 주의를 돌리는 편이 몸에 좋거든요. 그래서 아내는 자기에게 관계 있는 일이든 없는 일이든 상관없이 모든 사생활에—특히 관계없는 일에—주의를 집중한답니다. 우리 마나님은 정말로 호기심이 왕성한 여자예요."

스낙스비 씨가 포트와인을 마시고, 입에 손을 대고서 찬탄의 기침을 하면서 중얼거린다. "어이쿠, 정말이지 훌륭한 포도주군요!"

"그래, 지난밤 여기 찾아온 일을 아무에게도 말하지 않았지? 오늘 밤에도?"

"네, 오늘밤에도요. 우리 마나님은 지금 이 순간…… 솔직히 말해서…… 신앙심에 넘쳐서, 아, 본인도 그렇게 생각하고 있어요, 채드밴드라는 목사님의 '저녁의 의무'(그런 이름으로 통하지요)에 참석 중이랍니다. 확실히 이분은 말솜씨가 꽤 좋은 분이지만, 저는 그 말투를 그다지 좋아하지 않아요. 이런 건 아무래도 좋은 이야기지요. 우리 마나님이 그러고 있어서 저는 몰래 이리로 올 수 있었습니다."

털킹혼 씨가 고개를 끄덕인다. "자네 술잔을 채우게, 스낙스비."

"정말 고맙습니다." 문구점 주인이 비굴한 기침을 하며 대답한다. "이건 정말이지 훌륭한 포도주예요!"

"요즘은 보기 드문 술이지. 50년이나 된 거야." 털킹혼 씨가 말한다.

"그렇습니까? 하긴 50년이라 해도 전혀 놀랍지 않을 정도군요. 아마…… 그보다 훨씬 더 묵었다고 해도 좋을 지경입니다." 포트와인에 이렇게 후한 칭찬을 바친 뒤, 조심성 많은 스낙스비 씨는 입에 손을 대고, 그토록 귀중한 술을 마시게 해 준 데 대해 감사하다며 얌전하게 기침을 한다.

"그 사내아이가 한 말을 다시 한 번 간략하게 말해 주겠나?" 부탁하면서 털킹혼 씨는 빛 바랜 반바지 주머니에 두 손을 넣고 조용히 의자 등받이에 기댄다.

"기꺼이 그러지요."

법률가용 문구점 주인은 자기 집에 모인 손님들에게 조가 이야기했던 것을 다소 장황하지만 충실하게 되풀이한다. 이야기가 끝나갈 무렵 그는 흠칫 놀라더니 이 말을 남긴 채 말을 끊는다—"앗, 다른 신사분이 오실 줄은 몰랐는데요!"

스낙스비 씨는 탁자에서 조금 떨어져 있는 자기와 변호사 사이에서 어떤 사람이 모자와 지팡이를 들고 서 있는 것을 보고 소스라치게 놀란다. 이 남자는 스낙스비 씨가 들어왔을 때는 그곳에 없었고, 그 뒤 문이나 창문으로 들어온 것도 아니다. 방 안에는 옷장이 있지만 옷장의 경첩이 삐걱거리는 소리는 들리지 않았고, 바닥을 걷는 발소리도 전혀 들리지 않았다. 그런데도 이 제삼자는 그곳에 서서 진지한 얼굴로 모자와 지팡이를 손에 들고서 뒷짐을 진 채 침착하고 조용하게 귀를 기울이고 있다. 살찐 몸, 안정된 풍모, 날카로운 눈을 하고, 검은 옷을 입었으며, 나이는 대충 중년이다. 초상화라도 그리려는 눈빛으로 스낙스비 씨를 바라보고 있다는 점을 빼면, 얼핏 특별히 눈에 띄는 점은 없다.

"이 신사분은 신경 쓰지 않아도 되네." 털킹혼 씨가 예의 조용한 투로 말한다. "그냥 버킷 군일 뿐이야."

"그렇습니까?" 문구점 주인은 대답하지만, 헛기침을 한 번 하며 도대체 버킷 군이 어떤 사람인지 전혀 모르겠다는 표시를 한다.

"지금 이야기를 버킷 군도 들었으면 했다네. 왜냐하면 나는 (사정이 좀 있어서) 그 이야기를 더 자세히 알고 싶었고, 버킷 군은 이런 일에 관해서는 아주 총명하고 수완이 좋거든. 이 사건에 관해 자네 의견은 어떤가, 버킷?" 변호사가 말한다.

"아주 평범합니다. 저희 부하가 그 소년에게 멈춰 있지 말고 걸으라고 말해서 쫓아 버렸으니 이제 본디 있던 자리에 없잖아요, 만약 스낙스비 씨가 이견 없이 톰 올 얼론스 거리까지 같이 가셔서 소년의 얼굴만 확인해 주시면 두 시간도 안 돼서 그 소년을 이리로 데리고 올 수 있습니다. 물론 스낙스비 씨가 동행해 주시지 않아도 저 혼자 할 수 있지만, 그게 가장 빠른 방법이지요."

"버킷 군은 경찰 수사관이네." 변호사가 설명한다.

"그렇습니까?" 스낙스비 씨는 당장에라도 머리카락이 쭈뼛 설 것만 같은 투이다.

변호사가 말을 잇는다. "정말로 자네가 문제의 장소까지 버킷 군과 동행하는데 이견이 없다면, 그렇게 해 주면 고맙겠네."

스낙스비 씨가 잠시 머뭇거리자, 버킷이 말한다.

"그 소년에게 피해를 주지나 않을까 하는 걱정은 하지 않아도 됩니다. 그런 일은 없습니다. 소년에게는 아무 일 없을 겁니다. 그냥 이리로 데리고 온 다음, 한두 가지 질문에만 답하면 수고비를 줘서 돌려보낼 겁니다. 그 애한테는 좋은 돈벌이지요. 사나이로서 약속하는데, 꼭 무사히 돌려보내겠습니다. 그런 걱정은 하지 마세요."

"알겠습니다, 털킹혼 선생님!" 안심한 스낙스비 씨가 기운찬 목소리로 말한다. "정 그러시다면······."

"암요! 스낙스비 씨," 버킷이 말을 이으면서 스낙스비 씨의 팔을 붙잡고 한쪽으로 끌고 가서 친근하게 그의 가슴을 가볍게 톡톡 두드리며, 비밀을 털어놓는 투로 말한다. "당신은 세상물정에 훤하지요? 사업가에다가 분별력도 있어요. '당신'은 그런 사람이죠."

"칭찬해 주셔서 정말 고맙습니다." 문구점 주인이 얌전하게 기침을 하면서 대답한다. "하지만······."

"당신은 바로 그런 사람이에요. 당신처럼 그런 장사를 하는 사람한테는 새삼 말할 것도 없지만―그건 책임감이 필요한 사업이잖아요. 빈틈없이 주의를 쏟고 꼼꼼하게 일처리를 해야 하지요(우리 숙부도 이전에 당신과 같은 일을 했었죠)―이런 시시한 사건이라도 비밀로 해서 나쁠 건 없고 그게 가장 현명한 방법입니다. 아시죠? 비밀입니다!"

"물론이죠, 물론이죠." 상대가 대답한다.

버킷이 사람을 끌어당기는 솔직한 태도로 말한다. "당신한테는 말해도 괜찮을 것 같아서 말하는데, 내가 아는 한 그 죽은 사람한테는 재산을 받을 권리가 없지 않았을까, 그 여자가 그 재산을 손에 넣으려고 꿍꿍이를 꾸민 것이 아닐까, 하는 의혹이 있는 것 같습니다. 아시죠?"

"오!" 스낙스비 씨는 말하지만, 그다지 확실히 아는 것 같지는 않다.

버킷이 스낙스비 씨의 마음을 안심시키려는 듯 다시 그의 가슴을 가볍게 톡톡 두드리면서 말을 잇는다. "그런데 당신은 누구나 정의에 따라 자기 권리를 얻기를 바라죠? 그게 당신이 바라는 겁니다, 그렇죠?"

"그렇지요." 스낙스비 씨가 고개를 끄덕이며 대답한다.

"그렇기도 하고, 동시에 뭐랄까······ 당신은 사업상 손님이라고 부릅니까, 의뢰인이라고 부릅니까? 제 숙부가 뭐라고 불렀는지 잊어버렸어요. 아무튼 그 사람들을 도우려 하는 거죠?"

"음, 전 보통 손님이라고 부르죠." 스낙스비 씨가 대답한다.

"맞아요!" 버킷 씨가 대꾸하고, 우정을 담아 그와 악수한다. "……그렇기도 하고, 동시에 진정으로 훌륭한 손님을 도와주기 위해 당신은 나와 함께 은밀히 톰 올 얼론스 거리로 갈 거지요? 그런 다음 계속 모든 일을 비밀에 부치고 누구에게도 말하지 않을 거고요? 제가 오해한 게 아니라면 대충 이런 생각이시죠?"

"그렇습니다. 그 말이 맞아요."

"그럼 여기 당신 모자가 있으니까……." 스낙스비 씨의 새 친구가 마치 자기가 만든 모자인 양 친근하게 말한다. "당신만 준비하면 됩니다. 난 벌써 준비가 되어 있으니까요."

두 사람은 도저히 짐작할 수 없는 저의를 가슴에 숨긴 채 겉으로는 아무런 기색도 드러내지 않고 오래된 포트와인을 마시고 있는 털킹혼 씨를 남겨 두고 거리로 나간다.

"그리들리라는 이름을 가진 아주 착한 남자를 모르시죠?" 두 사람이 나란히 계단을 내려갈 때 버킷이 친근하게 이야기를 건넨다.

"네," 스낙스비 씨가 조금 생각한 뒤에 말한다. "그런 이름을 가진 사람은 모릅니다. 그건 왜요?"

"아무것도 아닙니다. 그 남자는 훌륭한 사람들을 협박한 죄로 체포영장이 발부되자 도망 다니고 있어요. 분별력 있는 사람이 그런 짓을 하다니 정말 유감이죠."

나란히 걸어가는 동안 스낙스비 씨는 이상한 점을 깨닫는다. 즉, 두 사람이 아무리 빨리 걸어도 옆의 이 남자는 변함없이 여유로운 걸음걸이인 듯이 보이고, 오른쪽이나 왼쪽으로 돌려고 할 때면 곧장 전진하려고 굳게 마음먹은 척하다가 마지막 순간에 갑자기 옆으로 빠지는 것이었다. 가끔 순찰 중인 경찰 옆을 지나갈 때, 스낙스비 씨는 그의 안내자인 버킷 씨와 경찰관이 서로 못 본 척 하며 허공을 응시하는 낌새를 눈치챘다. 몇 번은 버킷 씨가, 번쩍번쩍 빛나는 모자를 쓰고 윤기 나는 머리카락을 머리 양쪽 옆면에 꼬아 붙인 자그마한 젊은 남자의 뒤를 따라 걸으면서 거의 그에게 눈길도 주지 않고 지팡이로

툭 쳤는데, 그 젊은이는 뒤를 돌아보기가 무섭게 사라져 버렸다. 대개 버킷 씨는 어떤 사물에도 눈길을 주지만, 그러면서 조금도 표정을 바꾸지 않는다.

마침내 두 사람이 톰 올 얼론스 거리에 도착하자 버킷 씨는 길모퉁이에 잠시 멈춰 서더니, 그곳을 지키고 있는 경찰한테서 등불을 받아 든다. 경찰은 자기 각등을 허리에서 빼서 건네주고 그들과 동행한다. 스낙스비 씨는 두 안내자 사이에 끼어서, 몹시 지저분한 거리 한복판을 걷는다. 다른 도로는 말라 있지만, 이곳은 배수가 잘 안 되고 바람이 통하지 않아서 검은 진창과 썩은 물이 고여 지독한 악취를 풍긴다. 태어나서 지금까지 런던에서만 살았던 스낙스비 씨조차 자신의 눈과 코를 믿지 못할 정도다. 이 거리와 쓰러져가는 집들에서 갈라져 나온 다른 거리나 골목의 불쾌함에 스낙스비 씨는 몸도 마음도 아파오기 시작한다. 매 순간 지옥 구덩이에 잠겨 들어가는 기분이다.

"잠깐 이쪽으로 바짝 오세요, 스낙스비 씨." 초라한 가마 같은 것이 웅성대는 군중에 둘러싸여 자신들 쪽으로 오자 버킷이 말한다. "열병환자가 거리로 나왔습니다!"

모습이 보이지 않는 불쌍한 환자가 옆을 지나가자 군중은 지금까지 눈을 떼지 않고 구경하던 환자의 곁을 떠나 세 방문자를 둘러싼다. 그들은 꿈에서나 보았을 법한 무시무시한 얼굴로 돌아다니다가 골목이며 다 쓰러진 집 안이며 담장 뒤로 사라진다. 나머지는 간간이 고함을 지르거나 날카로운 경고의 휘파람을 불면서, 세 사람이 이곳을 다 지나갈 때까지 근처를 뛰어다닌다.

"저게 열병 환자가 나온 집인가, 다비[1]?" 버킷 씨가 나란히 늘어선 다 쓰러져가는 집들을 등불로 비추며 태연하게 묻는다.

다비가 "저 집들이 다 그렇다"고 대답하고, 그 집들에서는 지금까지 몇 달 동안 "수십 명이 병에 걸려서" 죽은 사람, 죽어가는 사람이 "디스토마에 걸린 양처럼" 실려 나왔다고 덧붙인다. 다시 셋에서 나란히 걸을 때, 버킷 씨가 스낙스비 씨에게 낯빛이 좀 안 좋은데 왜냐고 묻자, 스낙스비 씨는 이렇게 끔찍한 공기는 들이마시고 싶지 않다고 대답한다.

그들이 집집마다 다니며 조라는 이름의 소년을 만나고 싶다고 말했으나, 톰

---

1) 수갑을 뜻하는 은어. 여기서는 경찰의 별명으로 쓰였다.

올 얼론스 거리에는 본명을 쓰는 사람이 거의 없었으므로 스낙스비 씨는 그게 '당근'이냐 '대령'이냐 '교수대'냐 '작은 끝'이냐 '테리어 팁'이냐 '키다리'냐 '벽돌'이냐 하고 질문공세를 받는다. 그는 몇 번이나 되풀이해서 소년의 인상을 설명한다. 그가 설명한 인상착의에 대해 갖가지 다른 의견이 쏟아져 나온다. '당근'이 틀림없다는 사람도 있고, '벽돌'이라는 사람도 있다. '대령'을 데리고 오지만, 비슷하지도 않다. 스낙스비 씨와 안내자들이 멈춰 설 때마다 군중이 슬금슬금 주위로 모여들고, 지저분한 인파 속에서 버킷 씨에게 비굴한 조언이 날아온다. 그들이 움직이고 화난 등불이 번쩍이며 노려볼 때마다 군중은 흩어져서 아까처럼 골목이며 다 쓰러져가는 집이며 담벼락 뒤에 숨어 근처를 맴돈다.

드디어 '악당' 또는 '골칫덩어리'가 밤에 묵는다는 곳이 발견된다. 일행은 그 '악당'이 조지가 아닐까 생각한다. 스낙스비 씨와 여관 안주인—개집 같은 자기 방바닥 위에서 누더기를 둘둘 감고, 검은 천으로 감싼 술 취한 얼굴을 찔끔 내밀고 있는—의 대화를 대조하자 그런 결론이 틀림없음을 알게 된다. '악당'은 병에 걸린 어떤 여자의 약을 타러 의사를 찾아갔는데 곧 돌아올 거라고 한다.

"그런데 오늘 밤은 여기에 누가 있지?" 말하며 버킷 씨가 다른 문을 열고 등불로 안을 환하게 비춘다. "술 취한 남자가 두 명인가? 그리고 여자가 두 명? 남자들은 아주 건강해." 자는 남자들의 팔을 얼굴에서 치우고 한 사람씩 들여다본다. "이 사람들이 당신들 남편인가?"

"네." 한 여자가 대답한다. "저희 남편이에요."

"벽돌공이지?"

"네."

"당신들은 이곳에서 뭘 하지? 런던 사람이 아니잖아."

"네. 하트퍼드셔 사람이에요."

"하트퍼드셔가 어디지?"

"세인트 앨번스요."

"걸어서 왔나?"

"어제 걸어서 왔습니다. 지금 시골에는 일이 없는데, 여기와도 별 뾰족한 수는 없었고, 앞으로도 그렇겠지요."

"그런 방법은 별 도움이 안 돼." 버킷 씨는 바닥에서 정신없이 자는 남자들 쪽으로 얼굴을 돌린다.

"정말 그래요." 여자가 한숨을 내쉬며 대답한다. "제니랑 저도 그건 잘 알죠."

그 방은 문보다 이삼 피트 높지만, 방문자 세 사람 가운데 가장 키 큰 사람이 똑바로 서면 시커메진 천장에 머리가 닿을 만큼 낮다. 몹시 으스스한 방으로, 그 불결한 공기 속에서는 굵은 양초조차 창백하게 힘없이 타고 있다. 방 안에는 벤치 두 개와 그보다 높은 벤치 하나가 식탁 대용으로 놓여 있다. 남자들은 발이 걸려서 쓰러진 곳에서 그대로 자고 있고, 여자들은 촛불 옆에 앉아 있다. 지금 말한 여자의 팔에는 매우 어린 아이가 안겨 있다.

"그 아기는 몇 살인가?" 버킷이 말한다. "어제 태어난 아기같이 보이는데." 그런 그의 말투는 결코 난폭하지 않다. 그가 그 갓난아기를 다정하게 비추자 이상하게도 스낙스비 씨는 지금까지 여러 그림에서 보았던 후광에 둘러싸인 다른 갓난아기[2]가 머리에 떠오른다.

"아직 석 달도 안 됐어요." 여자가 말한다.

"자네 아긴가?"

"네, 제 아기예요."

그들이 들어왔을 때 갓난아기 위로 몸을 굽히고 있던 또 다른 여자는 다시 몸을 굽히고는 자는 아기에게 입을 맞춘다.

"자네는 꼭 자기가 엄마인 것처럼 이 아기를 귀여워하는군." 버킷 씨가 말한다.

"저도 이 애랑 똑같은 아기의 엄마였지만 아기가 죽어 버렸어요, 나리."

"아, 제니, 제니!" 또 다른 여자가 그녀에게 말한다. "차라리 그 편이 나아. 살아 있는 아기보다 죽은 아기를 생각하는 편이 훨씬 나아, 제니! 훨씬 낫다고!"

"설마 자기 아기가 차라리 죽어 버렸으면 하고 생각할 만큼 비정한 여자는 아니겠지?" 버킷이 엄하게 대꾸한다.

"그럼요, 나리. 그건 하느님께 맹세할 수 있어요." 여자가 대답한다. "저는 그런 여자가 아니에요. 전 그 어떤 귀부인 못지않게 충실히 이 아이를 죽음의 신

---

2) 마리아가 안은 어린 그리스도를 가리킨다.

으로부터 지킬 겁니다. 가능하다면 제 목숨을 던져서라도요."

"그렇다면 그런 어리석은 말은 하지 말게." 버킷 씨가 다시 온화한 투로 말한다. "도대체 왜 그런 말을 하나?"

여자가 눈물을 그렁그렁하며 대답한다. "이렇게 자고 있는 아기를 보면 그런 생각이 들어요. 이 애가 두 번 다시 눈을 뜨지 않는다면 나리는 제가 미쳤다고 생각하실 거예요. 제가 그만큼 슬퍼할 테니까요. 저도 잘 알아요. 제니의 아기가 죽었을 때 저도 옆에 있었는데…… 그렇지, 제니?…… 제니가 얼마나 슬퍼했는지 잘 알죠. 하지만 이 집 안을 좀 보세요. 저 사람들을 좀 보세요." 여자가 바닥에서 자고 있는 남자들을 힐끔 보고 말한다. "나리들이 기다리시는 그 남자아이를 보세요. 저한테 친절을 베풀어 주기 위해 밖으로 나간 그 아이를요. 나리께서 직업상 몇 번이고 몇 번이고 붙잡아서 어떻게 커 가는지 보고 계신 아이들을 생각해 보라고요!"

"그건 그렇다 치고, 자네가 그 아기를 잘 키운다면 그 아기가 위로도 되어 줄 거고 노후에도 보살펴 줄 거야."

"그야 열심히 할 생각이랍니다." 여자가 눈을 훔치며 대꾸한다. "하지만 오늘 밤은 너무 피곤하고 말라리아 때문에 몸이 안 좋아서, 앞으로 이 아이의 장래에 어떤 걸림돌이 있을지 이것저것 생각하고 있었죠. 우리 그이는 교육을 반대할 테고, 이 아이는 얻어맞을 테고, 또 제가 얻어맞는 걸 보고 자기 집을 무서워하다가 아마도 타락하고 말겠죠. 제가 아이를 위해 아무리 죽어라 일한들 도와줄 사람은 없을 테죠. 또 제가 젖 먹던 힘을 다한다 해도 만에 하나 이 아이가 잘못되거나 지금과 달리 무정해진 이 아이가 자는 옆에 제가 앉아 있게 되는 때가 온다면, 지금 이 무릎에서 자고 있는 아기 생각을 하며, 제니의 아기가 죽었듯이 이 아이도 죽는 편이 낫다고 생각하더라도 이상할 것 없잖아요!"

"얘, 리즈!" 제니가 말한다. "넌 지치고 병들었어. 그 아기를 나한테 줘."

제니가 아기를 받아들 때 어머니의 옷을 들추었다가는, 아기가 자고 있던 가슴에 남아 있는 얻어맞은 자국과 멍 자국을 황급히 가려 버린다.

제니가 아기를 안고 어르며 말한다. "제가 이 아기를 이렇게 귀여워하는 건 죽은 제 아기 때문이에요. 리즈가 이 아기를 그토록 진심으로 사랑하고 차라리 그녀의 품에서 데려가 버리기를 바라는 것도 제 죽은 아기 때문이고요. 리즈는 그렇게 생각하지만, 저는 제 사랑스러운 아기가 다시 살아날 수만 있다면 어떤 재산이라도 바칠 생각이에요. 표현할 수는 없지만, 결국 우리가 말하고 싶은 건 같아요. 우리 두 엄마는 이 불쌍한 가슴으로 둘이 똑같이 말할 수 있답니다!"

스낙스비 씨가 코를 풀고 동정의 기침을 하고 있는데 밖에서 발소리가 들린다. 버킷 씨가 등불로 대문을 비추며 스낙스비 씨에게 말한다. "'악당'을 어떻게 생각하십니까? 이 아이인가요?"

"저 애가 조 맞습니다." 스낙스비 씨가 말한다.

조는 환등기 화면에 비친 누더기 입은 인물처럼 동그란 빛 속에서 멍하니 선 채, 자기가 멀리 사라지지 않아 법률 위반인 모양이라고 생각하고 부들부들 떨고 있다. 그러나 스낙스비 씨가 "돈이 되는 일만 해 주면 된다, 조"라고 안심시키자 평정심을 되찾는다. 그리고 사적으로 간단히 부탁할 게 있다는 버킷 씨에게 이끌려 밖으로 나가서 그 사건에 대해 숨을 헐떡거리면서도 충분히 설명한다.

"조에게 확인했습니다." 버킷 씨가 돌아와서 말한다. "틀림없습니다. 자, 스낙스비 씨, 이제 당신 차례입니다."

먼저 조는 선의의 임무를 완수해야 하므로 받아 온 약을 건네며 "당장 이걸 다 드세요"라고 간단히 일러 준다. 다음으로 스낙스비 씨는 언제든지 통하는 만병통치약인 반 크라운 은화 한 닢을 탁자 위에 놓아야 한다. 세 번째로 버킷 씨는 조의 팔꿈치 조금 위를 잡고 격려해 주어야 한다. 이 관습을 지키지 않으면 '골칫거리'든 어떤 다른 '문젯거리'든 링컨 법조원까지 연행해 갈 수 없다. 이런 준비가 끝나자 일동은 여자들에게 잘 자라고 말하고 다시 검고 불결한 톰올 얼론스 거리로 나온다.

그들은 아까 떨어졌던 그 나락처럼 끔찍한 길을 지나, 군중이 주위를 뛰어다니고 휘파람을 불며 숨어 있는 사이를 걸어서 점차 나락을 벗어난다. 드디어 거리 경계까지 오자 다비 순사에게 각등을 돌려준다. 이곳에서 사람들은 유폐된 악마의 무리처럼 울부짖으며 돌아가서는 두 번 다시 나타나지 않는다. 일행은 지금까지보다 밝고 상쾌한 거리를 (스낙스비 씨는 이때만큼 밝고 상쾌한 기분을 느낀 적이 없다) 걷고 마차를 타고 하여 이윽고 털킹혼 씨의 대문에 다다른다.

나란히 어두운 계단을 오르는 도중에(털킹혼 변호사의 사무소는 2층에 있다),

버킷 씨는 자기 주머니에 현관 열쇠가 있으니 초인종을 누르지 않아도 된다고 말한다. 문을 열 때, 이런 일에는 아주 익숙하면서도 그는 꽤 진땀을 흘리고 철 컥철컥 요란한 소리까지 낸다.

그러나 마침내 일행은 등불이 켜진 현관 홀로 들어가서, 털킹혼 씨의 방으로—오늘 밤 오래된 포트와인을 마시던 방으로—향한다. 그는 그곳에 없지만, 고풍스러운 촛대가 두 개나 있어서 방은 퍽 밝다.

스낙스비 씨가 보니, 버킷 씨는 아직도 조의 팔을 전문가답게 꼭 붙든 채, 무수한 눈을 가진 듯한 태도로 방 안으로 몇 걸음 들어간다. 조가 흠칫 놀라며 멈춰 선다.

"왜 그러지?" 버킷이 속삭인다.

"저기에 그 여자가 있어요!" 조가 외친다.

"누구?"

"그 부인이요!"

베일로 얼굴을 꽁꽁 감싼 한 여자가 방 한가운데에 빛을 받으며 서 있다. 그 인물은 멈춘 채 목소리도 내지 않는다. 일행 쪽을 향하고 있지만, 그들이 들어왔는데도 눈길조차 주지 않고 조각상처럼 우두커니 서 있다.

버킷이 큰 소리로 말한다. "저 사람이 그 부인이라는 걸 어떻게 알지?"

조가 뚫어지게 바라보며 대답한다. "저 베일이랑 모자랑 가운을 보면 알지요."

"자세히 살펴봐라." 버킷이 조를 유심히 살피며 말한다. "다시 한 번 봐."

"열심히 보고 있어요." 조가 눈알이 튀어나올 듯이 휘둥그레 뜨고서 말한다. "저 베일에, 모자에, 가운……."

"네가 말한 반지는 어디 있지?"

"이쯤에서 나란히 번쩍거리고 있었어요." 조가 서 있는 여자에게서 눈을 떼지 않고 오른손 손가락의 관절을 왼손 손가락으로 문지르며 말한다.

여자가 오른손의 장갑을 벗어서 손을 보여 준다.

"저걸 어떻게 생각하나?" 버킷이 묻는다.

조가 고개를 젓는다. "저런 반지랑은 전혀 달라요. 저런 손이 아니에요."

"도대체 무슨 말이야?" 버킷은 이렇게 말하지만, 무척 기뻐하는 듯하다.

"훨씬 더 하얗고 훨씬 가늘고 훨씬 작은 손이었어요." 조가 대답한다.

"맙소사, 다음에는 내가 내 어머니라고 말할 판이구나." 버킷 씨가 말한다. "그 부인의 목소리를 기억하니?"

"기억할 거예요."

서 있는 여자가 입을 연다. "이 목소리랑 비슷한 구석이 있었니? 잘 모르겠으면, 만족할 때까지 말하마. 이 목소리였니? 아니면 이 목소리랑 조금이라도 닮았어?"

조가 깜짝 놀라며 버킷 씨를 쳐다본다. "조금도 비슷하지 않아요!"

버킷이 서 있는 여자를 가리키며 날카롭게 쏘아붙인다. "그럼 왜 그 부인이라고 한 거지?"

"왜냐하면……." 말하고 조는 당황한 채 눈을 휘둥그레 뜨고 있지만, 여전히 확신하며 말한다. "저건 그 사람의 베일과 모자와 가운인걸. 이 사람은 그 사람이면서 그 사람이 아니에요. 그 사람의 손도, 그 사람의 반지도, 그 사람의 목소리도 아니에요. 하지만 저건 그 사람의 베일이고 모자이며 가운이에요. 그 사람이 했던 것처럼 쓰고 있고, 이 사람의 키는 그 사람 만해요. 그 사람은 저한테 소버린 금화 한 닢을 주고 도망쳤다고요."

"그러냐!" 버킷 씨가 대충 말한다. "넌 별로 우리에게 도움이 되지 않았다. 하지만 어쨌든 5실링을 주마. 조심해서 쓰고, 경찰한테 호출당하지 않도록 해라." 버킷이 게임 패라도 다루듯이 소리도 내지 않고 1실링 은화를 한쪽 손에서 다른 쪽 손으로 세어서—이것은 그의 버릇인데, 그에게 동전은 주로 이런 마술을 하기 위해 필요한 물건이다—겹친 다음 상대의 손에 쥐어 주고, 소년을 문밖으로 데리고 간다. 뒤에 남은 스낵스비 씨는 이런 불확실한 상황에서 그 베일을 쓴 인물과 단둘이 되자 대단히 마음이 불편하다. 그러나 털킹혼 씨가 방으로 들어오자 이 인물은 베일을 벗는데, 그 밑에서 표정이 강렬하기는 하지만 미모가 출중한 프랑스 여자가 나타난다.

"고맙습니다, 마드무아젤 오르탕스." 털킹혼 씨가 여느 때처럼 차분하게 말한다. "더 이상 이 작은 도박에 당신을 끌어들이지 않겠습니다."

"선생님," 마드무아젤이 말한다. "제가 지금 일을 하고 있지 않다는 사실을 잊지 않으셨겠죠?"

"물론이죠, 잊지 않았습니다!"

"그리고 선생님의 추천도 받을 수 있겠죠?"

"그럼요, 마드무아젤 오르탕스."

"털킹혼 선생님의 말씀이라면 정말 큰 힘이 될 거예요."

"반드시 추천해 드리겠습니다, 마드무아젤."

"정말로 고맙습니다."

"안녕히 가세요."

마드무아젤은 천성적인 기품을 보이며 방에서 나간다. 버킷 씨는 정중한 관심을 잃지 않고 그녀를 계단까지 배웅해 준다.

"어떤가, 버킷?" 그가 돌아오자 털킹혼 씨가 묻는다.

"그 이야기는 모두 확인했습니다. 제가 직접 확인했어요. 아까 그 여자의 옷을 다른 여자가 입고 있었던 것은 틀림없는 사실입니다. 색깔이나 다른 모든 사항에 대해 그 소년은 정확히 기억하고 있었어요. 스낙스비 씨, 내가 그 아이를 틀림없이 돌려보낸다고 약속했죠? 약속을 지키지 않았다는 말은 하지 않기 바랍니다!"

"당신은 약속을 지켜 주셨습니다." 문구점 주인 스낙스비 씨가 대답한다. "털킹혼 선생님, 이세 세가 더 도와드릴 일이 없으면, 우리 마나님이 걱정하고 있을 테니 저는⋯⋯."

"고맙네, 스낙스비. 이제 더 도울 일은 없네. 지금까지 수고해 줘서 정말 고맙네."

"천만의 말씀을요. 그럼 쉬십시오."

"스낙스비 씨." 버킷은 문까지 그를 따라간다. "제가 당신을 좋아하는 이유는, 당신은 아무리 떠 봐도 넘어오지 않는 사람이기 때문입니다. 당신은 그런 사람이에요. 자기가 올바른 일을 했다고 생각하면 만사를 가슴에 묻고 모든 것을 덮어 두지요. 그게 당신의 방식입니다."

"확실히 저는 그러려고 애쓰고 있습니다." 스낙스비 씨가 대답한다.

"그런 표현으로는 부족합니다. 그러려고 애쓰고 있는 게 아니죠."라고 말한 버킷 씨는 그와 악수한 다음 다정하게 축복하면서 말한다. "실제로 그러고 계시니까요. 당신 같은 장사꾼에게 제가 탄복하는 건 바로 그 점입니다."

스낙스비 씨는 적당한 대답을 하고 집으로 향한다. 오늘 밤 일로 머리가 혼란스러워, 자기가 깨어 있는지—걷고 있는 거리가 진짜인지—머리 위에서 빛나는 달이 진짜인지 그 자신도 잘 알 수가 없다. 그러나 곧 그의 아내가 머리카락을 마는 종이들을 벌집처럼 머리에 달고 취침용 모자를 쓰고 자지도 않고 깨어 있는, 의심할 수 없는 현실을 보자 이런 의혹은 사라진다. 아내는 남편이 실종됐다고 거스터를 경찰에 보내 정식으로 신고하고, 지금까지 두 시간 동안 매우 정숙한 모습으로 기절에 기절을 거듭하고 있었다. 그러나 그녀 자신도 감격해서 말하듯이 마나님은 진심 어린 감사인사를 받는다!

# 제23장 에스더의 이야기

우리는 보이손 씨의 집에서 즐거운 6주를 보낸 뒤 집으로 돌아왔습니다. 보이손 씨의 집에 머무는 동안에는 가끔 데들록 집안 사냥터와 숲으로 놀러 나갔습니다. 그리고 전에 비를 피하던 오두막 옆을 지날 때마다 오두막에 들러 오두막지기 아주머니와 이야기를 나누곤 했습니다. 데들록 부인은 일요일 교회에서 말고는 찾아볼 수가 없었습니다. 체스니 월드에는 손님이 와 있었기에 부인은 늘 아름다운 사람들에 둘러싸여 있었습니다. 하지만 부인의 얼굴을 보면 여전히 나는 처음 부인을 봤을 때와 같은 감정을 느꼈습니다. 그것이 괴로움이었는지 기쁨이었는지 매혹이었는지 두려움이었는지 지금도 잘 모르겠습니다. 어떤 공포를 느끼면서도 부인을 숭배했던 것 같습니다. 이분을 눈앞에서 보면 내 마음은 처음 부인을 봤을 때처럼 나도 모르게 그 어린 옛 시절로 돌아가곤 했습니다.

그런 일요일이면 나는 이 귀부인과 나의 이토록 기묘한 관계를 부인도 느끼고 있지 않을까—즉, 부인이 내게 동요를 주었듯이 나도 부인을, 다소 차이는 있을지언정, 심란하게 하고 있지는 않을까 하고 문득문득 생각했습니다. 그렇지만 부인의 차분하고 낯설고 범접할 수 없는 모습을 훔쳐보면, 그런 생각은 어리석고 유약한 마음이 시키는 것 같은 생각이 들었습니다. 더 나아가 부인에 대한 내 감정은 모두 분별력 없고 어리석게만 느껴져서, 되도록 그런 생각은 하지 말자고 반성했습니다.

보이손 씨의 집을 떠나기 전에 일어난 사건 한 가지를 이쯤에서 밝혀 두는 편이 좋을 듯합니다.

에이더와 둘이 정원을 산책할 때, 나를 만나러 온 사람이 있다는 전갈을 받았습니다. 그 사람이 기다리는 아침 식사 방으로 들어가 보니, 그 사람은 뇌우가 몰아치던 날 신발을 벗고 젖은 풀숲을 걸어갔던 그 프랑스인 하녀였습니다.

"마드무아젤." 그녀가 입을 떼면서 나를 빤히 바라보았습니다. 그 점만 빼면 좋은 인상을 주었고, 말투도 특별히 거만하다거나 비굴하지 않았습니다. "갑자기 찾아와서 실례인 줄 압니다만, 상냥한 아가씨이신 만큼 용서해 주시리라 생각합니다, 마드무아젤."

"그런 걱정은 하지 마세요." 내가 대답했습니다. "제게 할 말이 있어서 오신 거라면 말이죠."

"네, 그게 제 바람이랍니다. 용서해 주셔서 정말 고맙습니다. 그럼 말씀드려도 될까요?" 하녀가 꾸밈없는 투로 말했습니다.

"물론이죠."

"마드무아젤, 정말 친절하시군요! 그럼 죄송합니다만 들어주시기 바랍니다. 전 마님한테서 떠나왔어요. 서로 의견이 맞지 않았거든요. 마님은 매우 높은 분이시죠. 아주, 아주 높아요. 용서하세요! 마드무아젤, 하지만 그게 사실이에요!" 영리한 하녀는 내가 무슨 말을 할까 생각을 막 시작한 찰나에 선수를 쳐서 이렇게 말했습니다. "이 댁에 찾아와서 마님에 대해서 불평을 늘어놓다니 정말 불손한 짓이죠. 하지만 정말로 그 마님은 수준이 정말 높아요. 아주, 아주 말이죠. 이제 거기에 대해서는 더 이상 말하지 않을게요. 온 세상이 다 아는 얘기니까요."

"계속하세요." 내가 말했습니다.

"알겠습니다. 그 친절함에 감사드려요. 마드무아젤, 사실 저는 상냥하고 교양이 넘치고 아름다운 아가씨를 모시고 싶어서 견딜 수가 없답니다. 아가씨는 천사처럼 상냥하고 교양이 넘치고 아름다운 분이세요. 아, 저를 하녀로 삼아 주신다면 얼마나 좋을까요!"

"안됐지만……." 내가 입을 열었습니다.

"그렇게 섣불리 거절하지 마세요, 마드무아젤!" 하녀가 말하면서, 무의식적으로 그 예쁘고 검은 눈썹을 감추었습니다. "조금만 더 희망을 주세요! 마드무아젤, 아가씨를 모시는 게 그 부인을 모시는 것보다 소박하리라는 걸 알아요. 네! 저도 그걸 바라요. 아가씨를 모시는 게 마님을 모시는 것보다 덜 화려하다는 걸 안답니다. 네! 그게 제가 바라는 바예요. 아가씨를 모시면 급료도 적게 받아야 한다는 걸 알아요. 괜찮아요. 만족해요."

"분명히 말할게요." 나는 시중을 들어줄 사람이 생긴다는 생각만으로도 몹시 당황스러웠습니다. "난 몸종은 두지 않아요."

"오, 마드무아젤, 왜죠? 아가씨에게 헌신할 몸종을 고용할 수 있는데요! 아가씨를 모실 수 있다면 정말 기쁠 텐데, 날마다 정말 최선의 노력을 다해 충실히 모실 텐데요! 마드무아젤, 전 진심으로 아가씨를 모시고 싶어요. 돈 문제는 지금은 언급하지 마세요. 저를 이대로 고용해 주세요. 공짜로요!"

그녀가 이상하게 진지했으므로 나는 거의 두려울 지경이었습니다. 상대는 전혀 눈치채지 못하고 더욱 열심히 나를 설득하려고 했습니다. 뭐라 형용하기 어려운 정숙함과 예의는 끝까지 잃지 않았지만, 가라앉은 목소리로 빠르게 말했습니다.

"마드무아젤, 저는 남국 출신이어서 성미가 급하고 좋고 싫고가 딱 부려져요. 그 부인은 제가 모시기에 지나치게 콧대가 높았고, 전 부인이 부리기에 지나치게 거만했어요. 이제 그런 관계는 끝났죠······ 끝났어요······ 정리됐다고요! 저를 아가씨의 몸종으로 삼아 주세요. 그러면 성심성의껏 일하겠어요. 지금 아가씨로서는 상상도 못할 만큼 헌신할게요. 아, 답답해라! 마드무아젤, 저는······ 아무것도 아닙니다. 만사에 최선의 노력을 다할게요. 저를 고용하신다면 후회하실 일은 없을 기예요. 미드무아젤, 후회하실 일은 없어요. 훌륭하게 봉사할 테니까요. 아가씨는 짐작도 못할 만큼 훌륭하게요!"

그녀를 고용할 수가 없다고(실은 고용하기 싫다고 말하고 싶었지만, 그렇게까지 할 필요는 없을 것 같아서) 설명하는 나를 바라보는 프랑스 여자의 얼굴에 험악한 기운이 떠올랐습니다. 나는 어쩐지 대혁명의 공포시대에 파리의 거리에 있던 여자가 눈앞에 나타난 것만 같았습니다. 상대는 말을 가로막지 않고 끝까지 듣더니 예쁜 억양으로, 그리고 어느 때보다도 온화한 목소리로 이렇게 말했습니다.

"마드무아젤, 대답은 잘 들었습니다! 유감이에요. 하지만 어디 다른 곳으로 가서 일자리를 구해야지요. 당신 손에 입 맞추게 허락해 주시겠어요?"

하녀가 내 손을 잡더니 아까보다 한층 골똘히 나를 바라보았습니다. 입술을 순간적으로 갖다 댔을 뿐인데 모든 혈관이 집중된 듯했습니다. "아가씨, 그 뇌우가 있던 날 혹시 저한테 깜짝 놀라셨나요?" 그녀는 작별 인사를 하며 말했습니다.

나는 나뿐만이 아니라 모두가 놀랐다고 솔직하게 말했습니다.

"마드무아젤, 전 어떤 맹세를 했어요." 그녀가 미소를 지으며 말했습니다. "그리고 그 맹세를 충실히 지킬 수 있도록 마음에 각인시키기를 바랐어요. 전 그 맹세를 지킬 거예요! 그럼 안녕히 계세요, 마드무아젤!"

대화는 이렇게 끝났고, 나는 안도했습니다. 아마 프랑스 여자는 마을을 떠났을 것이라고 짐작했습니다. 다시는 볼 수 없었으니까요. 이 사건 말고 우리의 조용하고 즐거운 여름을 방해하는 사건은 일어나지 않은 채 6주가 흘러, 아까 처음에 말했던 대로 우리는 집으로 돌아왔습니다.

이때도, 그로부터 몇 주 뒤에도, 리처드는 끊임없이 우리를 방문했습니다. 매주 토요일에 와서 월요일 아침까지 머물렀을 뿐만 아니라, 때로는 말을 타고 훌쩍 찾아와서 하룻밤을 함께 보낸 뒤에 이튿날 아침 일찍 돌아갔습니다. 여전히 씩씩하게 자기는 열심히 일하고 있다고 말했지만, 나는 안심이 되지 않았습니다. 리처드의 공부는 모두 잘못된 방향을 향해 있는 듯했습니다. 내가 아는 한, 그렇게 공부한 결과 리처드는 이미 그토록 많은 불행과 파멸의 원인이 되는 해로운 소송에 헛된 기대만 걸게 되었을 뿐이었습니다. 리처드의 이야기를 들어 보면, 자기는 이 불가사의한 소송의 핵심을 파악하고 있으므로, 만약 대법관 법정에 조금이라도 양식과 정의가 있다면─아, 하지만 이 '만약'이라는 가정이 내 귀에는 얼마나 허무맹랑한 '만약'으로 들렸던지요─자기와 에이더가 몇 천 파운드일지 모르는 엄청난 재산을 받게 될 유언의 효력이 반드시 최종 확정을 받을 것이 분명하다고 했습니다. 그리고 경사스러운 대단원을 맞이할 때까지 그리 오래 걸릴 리 없다고 했습니다. 리처드는 자기들 측의 지긋지긋하게 많은 변론을 일일이 연구하고 확인하고 읽을 때마다 이런 생각을 더욱더 확고히 하고서, 이미 대법관 법정을 드나들기 시작했던 것입니다. 리처드의 말에 따르면, 그는 날마다 법정에서 플라이트 양과 만나 이야기를 주고받고 조그만 도움을 주었으며, 어떤 면에서는 그녀를 비웃기도 하지만 진심으로 동정했습니다. 그러나 그때 리처드는 자신의 싱그러운 청춘과 그녀의 시들어빠진 노년, 자신의 자유로운 희망과 그녀의 새장 속 새, 그녀의 굶주린 다락방, 그녀의 방황하는 마음 사이에 어떤 운명이 맺어지고 있는지를 단 한 번도 곰곰이 생각하지 않았습니다―가엾은, 내 친애하는 명랑한 리처드, 그때 그토록 수많은 행복을 손에 넣을 수 있었고, 앞날에는 그토록 많은 행운이 기다리고 있었는데!

리처드를 무척 사랑하는 에이더는 리처드의 모든 말과 행동을 그다지 의심하지 않았고, 잔다이스 아저씨는 동풍이 분다고 가끔 투덜대면서 '분노의 방'에 틀어박혀 독서하는 일이 평소보다 많아졌지만 이 문제에 대해서는 굳게 침묵을 지켰습니다. 그래서 나는 캐디 젤리비의 간청으로 런던에 가는 날, 리처드를 승합마차 역으로 오라고 해서 단둘이 대화를 좀 해야겠다고 생각했습니다. 역에 도착하자 리처드는 이미 와 있었습니다. 우리는 팔짱을 끼고 걷기 시작했습니다.

"그런데 리처드." 나는 진지한 표정으로 리처드를 바라볼 수 있게 되자 즉시 말을 꺼냈습니다. "이제 전보다 안정이 됐나요?"

"그럼요! 난 아주 잘 지내요."

"안정이 되었어요?"

"안정이 되었느냐니, 그게 무슨 뜻이죠?" 리처드가 쾌활하게 웃으며 되물었습니다.

"안정적으로 법률을 배우고 있느냐는 말이에요."

"아, 그럼요." 리처드가 대답했습니다. "문제없어요."

"전에도 그렇게 말했잖아요, 리처드."

"그럼 대답이 되지 않았다는 말이군요? 그렇군! 그렇겠네요. 안정이 되었냐? 즉, 안정적으로 자리를 잡았다는 기분이 드느냐는 뜻이죠?"

"그래요."

"그렇다면 아니군요. 안정적으로 자리를 잡았다고는 할 수 없어요." 리처드는 그렇게 말하기가 아주 곤란하다는 듯이 '자리를 잡았다'는 부분을 강조해서 말했습니다. "이 문제가 해결되지 않는 한 나도 안정적으로 자리를 잡을 수가 없어요. 이 문제란 물론 그…… 금기어 말입니다."

"그 문제가 해결되리라고 생각하세요?"

"그 점은 의심할 여지가 없지요." 리처드가 대답했습니다.

우리는 아무 말 없이 잠시 걸었습니다. 곧 리처드가 아주 솔직하게 진심을 담아 말을 붙여 왔습니다.

"에스더, 당신이 무슨 말을 하려는지 알아요. 나는 정말이지 내가 더 성실한 남자였으면 얼마나 좋을까 생각한답니다. 에이더에게 성실했으면 좋겠다는 뜻이 아니에요. 나는 그녀를 진심으로 사랑하니까…… 날이 갈수록 더더욱 말이죠…… 그런 게 아니라, 나에게 성실했으면 좋겠어요. (그게 어떤 의미인지 나도 잘 설명할 수 없지만, 당신이라면 짐작할 겁니다.) 내가 더 성실한 남자였다면 배저 선생의 병원이나 켄지 앤드 카보이 사무소에 완전히 자리를 잡아 지금쯤은 안정적이고 체계적으로 돈을 벌어 빚 따위도 지지 않았을 텐데……"

"빚이 있어요, 리처드?"

"네, 조금요. 게다가 당구 같은 것에 좀 미쳐 있었죠. 앗, 비밀이 밝혀졌네. 날 경멸하죠, 에스더?"

"그렇지 않아요."

"당신은 배려 있는 사람이군요. 나도 내가 질릴 때가 많아요." 리처드가 대답했습니다. "에스더, 난 이렇게 불안정하고 불행한 놈이지만, 어떻게 지금보다 안정적일 수가 있겠어요? 당신도 아직 미완성인 집에서 산다면 안정적으로 자리를 잡을 수 없을 거예요. 하는 일마다 미완성인 채로 그만둘 운명으로 태어났다면, 당신도 한 가지 일에 몰두하기가 얼마나 어려운지 깨달을 걸요. 불행하게도 내가 그런 사람이에요. 나는 이 끝나지 않는 분쟁 때문에 생기는 모든 기회들과 변화들 속에서 태어나서, 법률 소송(suit)과 양복 슈트(suit)의 차이를 알기도 전부터 불안정해지기 시작했고, 그 이래 줄곧 안정을 빼앗긴 끝에 지금은 나를 철석같이 믿는 사촌 에이더를 사랑할 자격조차 없는 남자가 되었다고 가끔 깨닫곤 해요."

우리는 인적 없는 곳에 있었으므로, 리처드는 두 손을 눈에 대고 말하며 흐느껴 울었습니다.

"리처드, 그렇게 흥분하지 말아요. 당신은 고결한 영혼을 가졌고, 에이더의 사랑으로 하루하루 훌륭해지고 있잖아요."

리처드가 내 팔을 꼭 잡으면서 말했습니다. "그건 나도 잘 압니다. 걱정하지 마세요. 난 요새 툭하면 눈물을 흘린답니다. 오랫동안 이 모든 것이 마음에 걸려 몇 번이나 당신한테 이야기하려고 했지만, 어떤 때는 기회가 없고 어떤 때는 용기가 없었어요. 에이더를 생각하면 당연히 정신을 차려야 할 텐데 그게 잘 안 돼요. 마음이 불안정해서 말이죠. 난 진심으로 에이더를 사랑하면서도, 나 자신에게 계속해서 죄를 짓고 있으니 에이더에게도 날마다 매시간 죄를 짓는 셈이에요. 하지만 영원히 이럴 수야 없죠. 조만간 최종 심리가 열려 유리한 판결이 나올 거예요. 그러면 내가 진짜로 어떤 사람이 될 수 있는지 당신과 에이더에게 보여 줄게요!"

리처드의 흐느껴 우는 소리를 듣고 그 손가락 사이로 눈물이 주르륵 흐르는 것을 보고서 나도 마음이 아팠습니다. 그러나 희망에 불타서 씩씩하게 그렇게 말한 리처드의 괴로움과 비교하면 아무것도 아니었습니다.

"나는 줄곧 여러 서류를 비교했습니다. 에스더…… 난 몇 달이나 조사에 몰두했어요." 리처드가 곧 쾌활함을 되찾고 말을 이었습니다. "안심해도 돼요, 우리가 이길 겁니다. 사건이 몇 해 동안 질질 늘어지는 점에서는 정말이지 더 이상 걸릴 수 없을 정도였어요! 하지만 그런 만큼 이제 우리가 이 소송을 서둘러 종결시킬 가능성이 큰 셈입니다. 가능성은 이제 서류에 있지요. 마지막에는 잘 풀릴 거예요. 그렇게 되면 어떤 일이 벌어질지 지켜보시라고요!"

아까 리처드가 켄지 앤드 카보이 법률사무소를 배저 선생님의 병원과 같은 부류로 취급했던 생각이 나서 나는 리처드에게 언제 링컨 법조원의 연수변호사가 될 생각인지 물었습니다.

"아, 또 그 소리! 난 전혀 그럴 마음이 없어요, 에스더." 리처드가 어렵게 대답했습니다. "이젠 지긋지긋해요. 난 잔다이스 대 잔다이스 사건에 노예처럼 힘을 쏟아 법률에 대한 열정을 만족시켰지요. 덕분에 이젠 법률을 하고 싶지 않다는 확신이 생겼어요. 그뿐만 아니라, 그렇게 늘 현장에 있으면 차츰 더 불안정해지리라는 걸 깨달았지요. 그래서 말인데……" 리처드가 자신감을 되찾고서 말했습니다. "이번에 내가 되고 싶은 건 뭘까요?"

"상상도 안 가는데요."

"그렇게 심각한 표정 하지 말아요." 리처드가 대답했습니다. "그게 나한테는 가장 좋으니까요. 에스더, 정말이에요. 난 평생 계속할 수 있는 전문 직업은 필요없다고 생각돼요. 곧 이 소송이 끝나면 난 혼자 살아갈 수 있어요. 그러니 그럴 필요는 없지요. 그러니까 이번 직업은 그 성질상 다소 불안정해서 내 일시적인 지금 생활에 적합한—최적이라고 해도 좋은—직업이라고 봅니다. 이번에 내가 마땅히 지망하는 것이 뭘까요?"

나는 리처드를 보며 고개를 저었습니다.

"바로……" 리처드가 확신에 찬 투로 말했습니다. "육군입니다!"

"육군이요?"

"네, 육군이요. 내가 먼저 할 일은 장교로 임명되는 겁니다. 그리고…… 보세요, 이렇습니다!"

이렇게 말하고 리처드가 수첩에 적힌 자세한 계산을 증거로 설명한 바에 따르면, 지금까지 육군에 들어가지 않은 동안 대체로 반년에 2백 파운드씩 빚을 졌지만, 육군에 들어가서 같은 기간 동안 전혀 빚을 지지 않는다면—이 점은 굳은 결심을 했으니까 안심하라고 말했습니다—1년에 4백 파운드, 또는 5년에 2천 파운드를 저금할 수 있으며, 이 금액은 꽤 큰 금액이라고 했습니다. 당분간 에이더와 떨어져 지내는 것은 큰 희생이지만, 에이더의 사랑에 보답하고, 그 행복을 확보하고, 자신의 결점을 극복하고, 꿋꿋한 성격을 기르기를 열망하는 마음을—리처드가 늘 마음속으로 그렇게 바랐다는 사실을 나는 충분히 알고 있었습니다—매우 솔직하고 열정적으로 말했으므로, 나는 가슴이 아파 견딜 수가 없었습니다. 하는 일마다 망하게 하는 그 치명적인 병 탓에 리처드의 남자다운 장점이 모조리 사라질 것이 뻔한 상황에서 리처드의 이번 직업은 어떤 결말을 예고할까, 도대체 어떤 결말을 예고하는 것일까 하는 생각이 들었기 때문입니다!

나는 모든 열의를 담아, 그렇게 기대하지는 않았지만 어쨌든 에이더를 위해 최대한 열망을 담아, 리처드에게 대법관부를 너무 믿지 말라고 애원했습니다. 리처드는 내 모든 말에 기꺼이 응했지만, 역시나 태평스럽게 재판소와 그 밖의 모든 이야기는 무시한 채, 자기가 조만간 안정을 찾고 어떤 사람이 될지를 몹시 낙관적으로 이야기했습니다. 그런데 그가 안정을 찾을 때란 그 탄식이 절로 나오는 소송에서 벗어났을 때라는 것이었습니다! 우리는 오랫동안 이야기했지만, 대체로 이야기는 늘 그 대목으로 돌아왔습니다.

마침내 우리는 소호 광장까지 와 버렸습니다. 이곳은 뉴맨 거리 부근에 있는 조용한 구역이니 여기서 만나자고 캐디 젤리비가 말했던 곳이었습니다. 광장

한가운데에 있는 정원에 캐디가 있었습니다. 내가 나타나자 캐디가 총총히 달려 나왔습니다. 리처드는 씩씩하게 몇 마디를 건넨 뒤 우리 둘만 남겨 놓고 가 버렸습니다.

"프린스는 도로 건너편 자택에서 학생을 가르치고 있어, 에스더." 캐디가 말했습니다. "그래서 우리를 위해 이 정원 열쇠를 빌려주었지. 그러니까 네가 나랑 같이 이곳을 거닐어 준다면, 정원을 잠그고 내가 왜 너의 그리운 얼굴을 보고 싶어 했었는지 그 이유를 침착하게 설명해 줄게."

"좋아. 그게 가장 좋겠네." 내가 말했습니다. 캐디는 지금 자기 입으로 말한 '그리운 얼굴'을 다정하게 감싸 안은 다음 문을 잠그고 내 팔을 잡았습니다. 우리는 즐겁게 정원 안을 거닐기 시작했습니다.

"에스더," 캐디는 이런 비밀 이야기를 진심으로 즐겼습니다. "엄마한테 알리지 않고 결혼을 한다면 옳지 않고, 아니 결혼은커녕 약혼일지라도 오랫동안 엄마에게 비밀로 해둔다면 좋지 않다고 네가 내게 말했지. 그 뒤부터—하지만 사실 엄마는 나 같은 건 어떻게 돼도 관심 없을걸—난 너의 그런 의견을 프린스에게 말해야겠다고 생각했어. 무엇보다도 네 말은 뭐든지 따르고 싶고, 둘째로 프린스한테는 어떤 것도 숨기지 말아야 하니까."

"프린스도 동의했시, 캐디?"

"어머나! 네 말이라면 뭐든지 동의해 줄 거야. 그 사람이 널 얼마나 좋게 생각하는지 넌 조금도 모르는구나."

"설마!"

"에스더, 나니까 망정이지, 다른 사람들이었으면 틀림없이 질투했을 거야." 캐디는 웃고 고개를 내저으며 말했습니다. "하지만 난 정말로 기뻐. 넌 나의 첫 번째 친구고, 이보다 좋은 친구는 생기지 않을 테니까. 누가 아무리 널 존경하고 사랑한다 해도 모자랄 만큼 난 기뻐."

"캐디, 너희가 날 기쁘게 해 주려고 말을 맞추었구나? 그래서 어떻게 됐는데?"

"응! 지금 이야기할게." 캐디는 친근하게 두 손을 내 팔 위에서 깍지 끼고 말했습니다. "그래서 우리는 그 일에 관해 여러모로 상의했어. 내가 프린스에게 말했지. '프린스, 서머슨 양은……'"

"'서머슨 양'이라고는 안 했겠지?"

"그래, 그러지 않았어!" 캐디가 자못 만족스럽다는 듯이 밝은 표정을 지으며 큰 소리로 말했습니다. "'에스더'라고 했어. 난 프린스에게 이렇게 말했어. '프린스, 에스더는 나한테 단호하게 그렇게 말했었고, 편지에서도, 왜 내가 읽어 주면 당신이 아주 기쁘게 들어 주었던 편지 있죠. 그 다정한 편지에서도 언제나 그런 의견을 내비치고 있어요. 그래서 난 당신이 적당하다고 생각할 때면 언제든 엄마한테 사실을 털어놓기로 했어요. 그리고 내 생각에는 프린스, 에스더는 당신이 아버지한테도 그와 똑같이 털어놓는다면 내가 더 훌륭하고 더 올바르고 더 부끄럽지 않은 위치에 설 거라고 생각하고 있어요.'"

"그래." 내가 말했습니다. "에스더는 바로 그렇게 생각하고 있어."

"그럼 내 말이 맞았구나!" 캐디가 외쳤습니다. "그런데 프린스는 이 일로 퍽 고민했단다. 그렇다고 어떤 의심을 품은 게 아니라, 아버지인 터비드롭 씨의 기분을 여러모로 생각해서 그랬던 거야. 그런 사실을 고백하면 터비드롭 씨는 가슴이 갈가리 찢어지거나 기절하거나 심한 충격으로 쓰러질지도 모른다고 걱정한 거지. 다시 말해서, 그런 행동은 불효고, 견딜 수 없는 충격을 주지나 않을까 걱정한 거야. 터비드롭 씨는 아주 우아하고 아주 감수성이 예민한 분이니까."

"그럴까?"

"어머, 얼마나 감수성이 풍부하다고. 프린스가 그랬어. 그래서 우리 귀여운 아가는…… 네 앞에서 이런 호칭을 쓰고 싶지는 않았는데……." 캐디가 얼굴을 새빨갛게 하고서 변명했습니다. "하지만 난 대개 프린스를 우리 귀여운 아가라고 불러."

내가 웃자 캐디도 웃으며 얼굴을 붉혔습니다. 그런 다음 이야기를 계속했습니다.

"그래서 에스더, 그 사람은……."

"누구?"

"어머, 짓궂기는!" 캐디가 예쁘장한 얼굴을 새빨갛게 물들이고 웃으면서 말했습니다. "말하라면 말하지, 내 귀여운 아가 말이야! 그래서 그 사람은 몇 주일이나 불안 속에서 걱정하면서 하루하루 미뤄 왔던 거야. 그러다가 마침내 나한테 이렇게 말했어. '캐디, 서머슨 양은 우리 아버지를 아주 좋아하니까, 혹시 서머슨 양을 설득해서 동석시킬 수 있다면 내가 아버지한테 이 사실을 털어놓을 수 있을 것 같아요.' 그래서 난 너한테 부탁하겠다고 약속했지. 그뿐만이 아니라 한 가지 결심도 했어." 캐디가 기대에 차면서도 걱정스러운 눈으로 나를 바라보고 말했습니다. "네가 동의해 주면 그다음에 부탁하려던 건데, 나랑 같이 엄마 집에 가 주지 않을래? 이 요청이 요전 편지에서 꼭 조력과 지원을 부탁한다고 썼던 거야. 그렇게 해줄 수 있다고 허락한다면 우린 진심으로 고마울 거야, 에스더."

"잠깐만, 캐디." 나는 짐짓 고민하는 척하면서 말했습니다. "화급을 다투는 일이라면 그보다 더 중요한 부탁이라도 들어줄게. 너와 나의 귀여운 아가 두 사람이 언제든 괜찮은 때에 뭐든지 말만 해."

나의 이 대답에 캐디는 완전히 들떴습니다. 분명 이 세상에서 가장 마음씨 착한 사람이라도 따라오지 못할 만큼, 캐디가 아주 작은 친절이나 격려에 민감한 아이였기 때문이었을 것입니다. 우리는 다시 정원을 한두 바퀴 거닐었고, 그동안 캐디는 새로 산 장갑을 끼고 아주 공들여 몸단장을 했습니다. 우리는 예의범절의 대가인 터비드롭 씨의 체면을 손상하지 않도록 최대한 주의하면서 곧장 뉴맨 거리로 향했습니다.

물론 프린스는 춤 교습 중이었습니다. 상대는 그다지 가망이 없어 보이는 학생이었는데―뾰루퉁한 얼굴에 두꺼운 목소리를 가진 소녀로, 활기 없고 불만스러워 보이는 엄마가 따라와 있었습니다―, 우리의 출현으로 선생은 허둥지둥거리는데 학생은 변함없이 가망이 없었습니다. 몹시 삐걱거리며 진행되던 레슨도 드디어 끝나고, 소녀는 신발을 갈아 신고 흰 모슬린 옷을 숄로 둘둘 감싼 다음 엄마를 따라 돌아갔습니다. 우리는 잠시 의논한 다음 터비드롭 씨를 찾으러 갔습니다. 그는 자기 방―이곳이 그 집에서 유일하게 아늑한 방이었습니다―소파 위에 예의범절의 표본답게 모자와 장갑과 함께 나란히 앉아 있었습니다. 가벼운 식사를 하면서 천천히 몸단장을 했는지, 주위에는 화장도구 상자며 빗 등 하나같이 우아하게 생긴 물건들이 어질러져 있었습니다.

"아버지, 서머슨 양과 젤리비 양이에요."

"어서 오시오! 잘 오셨소!" 터비드롭 씨가 일어서서 어깨를 으쓱 치켜올린 채 꾸벅 인사하고 말했습니다. 그런 다음 의자를 내밀고 "실례!", 자기 왼손 손가락에 입 맞추면서 "어서 앉으세요!", 눈을 감거나 뒤룩뒤룩 굴리면서 "정말 반갑습니다!", 그리고 "제 누추한 집이 천국으로 바뀌었군요" 하더니, 자못 섭정궁 전하에 이은 유럽 제2의 신사답게 다시 소파에 앉았습니다.

"서머슨 양, 보시다시피 우리는 예의범절을 익히려고 노력하고 있습니다! 또다시 이렇게 아름다운 모습을 보여 주시니, 우리도 분발한 보람이 있군요. 예의범절이 아직 직공들에게 짓밟히지 않았다는 사실을 아는 것은 아주 좋은 일입니다(저 섭정궁 전하의 시대 이래로 우리는 완전히 타락해 버렸습니다). 예의범절이 아직도 미인의 미소를 입을 수 있을 줄이야!"

나는 아무 말도 하지 않았습니다. 그것이 그런 말에 어울리는 대답이라고 생각했기 때문입니다. 터비드롭 씨는 코담배를 한 모금 피웠습니다.

"아들아." 터비드롭 씨가 말했습니다. "너 오늘 오후에는 교습소를 네 군데 가야 한다. 서둘러 샌드위치라도 먹는 편이 좋을 거야."

"고맙습니다, 아버지." 프린스가 대답했습니다. "늦지 않도록 주의할게요. 아버지, 드릴 말씀이 있는데 마음의 준비를 해 주시겠어요?"

"맙소사!" 프린스와 캐디가 손을 맞잡고 자기 앞으로 와서 몸을 숙이자 예의범절의 귀감이 깜짝 놀라 창백해지며 절규했습니다. "이게 무슨 일이냐! 미치기라도 한 거야? 도대체 무슨 일이야!"

"아버지," 프린스가 매우 순종적으로 대답했습니다. "전 이 아가씨를 사랑해요. 우리는 약혼했습니다."

"약혼이라니!" 터비드롭 씨가 소파에 기대어 한 손으로 눈을 가리고 큰 소리를 질렀습니다. "내 아들 손으로 머리통에 화살을 맞을 줄이야!"

"약혼한지는 좀 됐어요." 프린스가 우물쭈물 말했습니다. "서머슨 양이 그 소식을 듣고, 아버지에게 정식으로 알리라고 충고해서 오늘 이렇게 같이 온 겁니다. 젤리비 양은 아버지를 진심으로 존경해요, 아버지."

터비드롭 씨가 신음했습니다.

"안 돼요, 그러지 마세요! 제발 그러지 마세요, 아버지." 아들이 간청했습니다. "젤리비 양은 아버지를 진심으로 존경하고, 우리의 가장 큰 바람은 아버지를 편안하게 모시는 거예요."

터비드롭 씨가 흐느껴 울었습니다.

"안 돼요, 그러지 마세요, 아버지!" 아들이 외쳤습니다.

"아들아, 네 엄마가 이 고통을 모른 채 하늘나라로 가서 다행이다. 오, 하느님, 깊은 고통을 달게 받겠나이다."

"제발 그런 말씀 하지 마세요, 아버지." 프린스가 울면서 애원했습니다. "가슴이 아프잖아요. 정말이에요, 아버지. 저희의 가장 큰 소망과 계획은 아버지를 편하게 모시는 거예요. 캐롤라인과 저는 저희의 의무를 잊지 않아요—둘이서 가끔 이야기했는데, 제 의무는 동시에 캐롤라인의 의무이기도 해요—아버지의 동의와 허락만 얻는다면, 우리는 아버지를 편안하게 모시는 데 헌신할 생각이에요."

"깊은 고통을," 터비드롭 씨가 중얼거렸습니다. "깊은 고통을!"

그러나 터비드롭 씨는 귀를 기울이고 듣고 있는 것처럼도 보였습니다.

"아버지," 프린스가 대꾸했습니다. "우리는 아버지가 아주 작은 안락함에 익숙해 계시다는 것도, 그럴 만한 권리가 있다는 것도 충분히 알아요. 그러니까 무엇보다 아버지를 편안하게 해 드리는 것을 언제나 우리의 의무와 긍지로 삼을 거예요. 아버지한테 동의와 허락을 얻지 못한다면, 아버지가 원하실 때까지 우리는 결혼하지 않을 생각이에요. 실제로 결혼했을 때는 물론 언제나 아버지를 가장 먼저 생각하고 행동하고요. 이 집에서는 언제나 아버지가 가장이셔야 하고, 그런 사실을 모르거나 아버지를 만족시키기 위한 최선의 노력을 하지 않는다면 그건 인간으로서의 도리가 아니라고 우리는 생각해요."

터비드롭 씨는 마음속의 격렬한 갈등을 꾹 참고, 양쪽 뺨을 딱딱한 넥타이 위로 부풀린 채 다시 소파에 고쳐 앉았습니다. 그 자세는 부모의 행동으로서 나무랄 데 없는 표본이었습니다.

"아들아!" 터비드롭 씨가 말했습니다. "내 아이들아! 어떻게 너희의 바람을 거스를 수 있겠니? 행복하게 살아라!"

터비드롭 씨가 아들의 미래의 아내를 일으켜 세우고, 한 손을 아들에게 내밀었습니다. 그때의 자상함이란(그 손에 아들은 존경과 감사를 담아 다정하게 입 맞추었습니다) 난생처음 보는 혼란스러운 광경이었습니다.

"내 아이들아." 터비드롭 씨가 자기 옆에 앉은 캐디를 자못 아버지답게 왼팔로 감싸 안고 오른손을 기품 있게 자신의 엉덩이 위에 올리고서 말했습니다. "아들과 딸아, 앞으로는 너희의 행복이 내가 배려해야 할 대상이다. 내가 너희를 지켜 주마. 너희는 언제나 나와 함께 살 거야." 물론 이 말은, 그가 언제나 그들과 같이 살 거라는 뜻이었습니다. "앞으로 이 집은 내 집인 동시에 너희의 집이다. 나와 함께 이 집에서 오래오래 장수하길 바란다!"

터비드롭 씨의 예의범절의 위력은 대단했습니다. 그래서 두 사람은 아버지를 자기들 집에서 모신다기보다 거꾸로 아버지한테서 기꺼이 희생을 감수하겠다는 말을 들은 것처럼 완전히 감격하고 말았습니다.

"아이들아." 터비드롭 씨가 말했습니다. "나는 노란 고엽[1]이 되기 시작했고, 지금 겨우 마지막 흔적만 남은 신사의 예의범절도 이제는 이 기계 방직의 시대에 과연 언제까지 살아남을 수 있을지 알 수가 없다. 하지만 그 예절이 살아 있는 한, 나는 사회에 대한 내 의무를 다할 테고, 언제나처럼 마을을 걸으며 이 모습을 보여 줄 생각이다. 내가 원하는 것은 매우 적고 간소해. 이 작은 방, 절대로 빼놓을 수 없는 몇 가지 화장 도구, 소박한 아침 식사, 그리고 작은 만찬이면 충분하다. 이 정도 필수품에 대한 걱정은 너희 효도에 맡기겠다. 나머지는 모두 내가 알아서 하마."

터비드롭 씨의 이 크나큰 관대함에 두 사람은 다시금 감격했습니다.

"아들아." 터비드롭 씨가 말했습니다. "너에게 부족한 몇 가지 하찮은 점에 대해서는…… 인간이 가지고 태어나는 우아한 태도 말이야, 이것은 수련으로 향상시킬 수는 있어도 새로 발명할 수는 절대로 없단다…… 그러니까 그건 그냥 나한테 맡기면 된다. 섭정궁 전하 시대 이래로 나는 내 의무를 충실히 지켜 왔고, 지금도 그것을 버릴 마음이 없다. 거짓말이 아니야. 아버지의 이 작은 역할을 자랑스럽게 생각한 적이 있다면 안심해도 좋다. 아버지는 결코 이 역할을 더럽힐 마음이 없으니까. 그런데 프린스, 넌 나와 성격이 다르니까(우리가 모두 똑같아 질 수 없고, 그렇게 되는 것도 올바르지 않다) 너는 일하고, 부지런히 노력하고, 돈을 벌고, 최대한 사업을 넓혀라."

"꼭 열심히 노력할게요, 아버지." 프린스가 대답했습니다.

---

1) 노령이라는 뜻. 셰익스피어 《맥베스》 5막 3장 23행 참조.

"그 점은 나도 괜찮으리라 생각한다. 아들아, 네 재능은 눈부시지는 않지만, 착실하고 쓸모 있는 면이 있어. 사랑하는 아이들아, 나는 하늘나라에 있는 어떤 여자의 인생 행로에 '어떤' 빛을 던져 주었다고 믿는다. 그리고 그 여자의 마음으로 이렇게만 말하겠다. 우리의 가정을 돌보고, 내가 원하는 소박한 것들을 챙겨 주렴. 난 너희 두 사람을 축복하겠다!"

그런 다음 터비드롭 씨는 이날을 축하하며 매우 정중하게 내 비위를 맞추기 시작했으므로 나는 캐디에게 일러주기를, 만일 오늘 세이비 법학예비원에 갈 셈이라면 지금 떠나야 한다고 했습니다. 그리하여 캐디와 그의 약혼자 프린스가 매우 애틋한 작별인사를 하고 났을 때, 우리는 그 집에서 나왔습니다. 가는 도중에 캐디가 무척 들떠서 터비드롭 씨를 입에 침이 마르도록 칭찬했기에 나는 도저히 그를 비난하는 말을 할 수가 없었습니다.

세이비 법학예비원에 있는 젤리비 씨의 집은 창에 월세 공고가 붙어 있어서 이전보다 더 지저분하고 음울하고 을씨년스러워 보였습니다. 불과 하루이틀 전에 딱하게도 젤리비 씨의 이름이 파산자 명부에 오른 탓에, 젤리비 씨는 두 남자와 변호사용 파란 서류 가방, 회계 장부, 서류 더미와 함께 식당에 틀어박혀서 자신의 재정 상태를 이해하려고 필사적으로 노력하고 있었습니다. 그렇지만 전혀 이해하지 못하는 듯이 보였습니다. 캐디가 실수로 나를 식당으로 데리고 들어갔을 때 보니, 안경을 쓴 젤리비 씨가 홀로 외롭게 한쪽 구석에서 커다란 식탁과 두 남자에 둘러싸여 있었습니다. 젤리비 씨는 모든 것을 포기하고 입을 열 기력조차도 없이 무기력한 상태에 빠져 있는 듯 보였습니다.

2층 부인 방으로 가 보니(아이들은 부엌에서 쇳소리를 지르고 있고, 하인은 한 명도 보이지 않았습니다), 부인은 어마어마하게 많은 우편물들에 둘러싸여, 찢어진 봉투를 바닥에 산더미처럼 쌓아 놓은 채 편지를 펼쳐 읽고 분류하고 있었습니다. 부인은 앉은 채, 그 먼 산을 보는 듯한 묘하고 맑은 눈으로 나를 쳐다봤지만, 작업에 완전히 몰두해 있어서 처음에는 내가 누구인지 알아보지 못했습니다.

"어머! 서머슨 양!" 부인이 마침내 말했습니다. "전혀 딴 생각을 하고 있었지 뭐예요! 별일 없죠? 잘 왔어요. 잔다이스 씨랑 클레어 양도 잘 있나요?"

나는 대답 대신, 남편인 젤리비 씨는 어떠시냐고 물었습니다.

"그렇게 잘 지내지 못해요." 미시즈 젤리비가 아주 침착하게 말했습니다. "요즘 사업에 실패해서 정신이 좀 빠져 있거든요. 난 다행히도 무척 바빠서 그런 걸 생각할 겨를이 없답니다. 지금 우리는 백칠십 가족을 돌보고 있는데, 한 가족이 평균 다섯 식구예요, 서머슨 양. 니제르강 왼쪽 기슭으로 이주시켰거나 이주시키려는 참이죠."

나는 우리 바로 가까이에 있던 어떤 가족을 떠올리고, 어째서 부인은 이렇게 태연할 수 있을까 궁금해졌습니다. 그 가족은 니제르강 왼쪽 강둑 쪽으로 가지도 않았고 가려 하지도 않았습니다.

"캐디를 데리고 와 주셨군요." 미시즈 젤리비가 딸을 힐끔 쳐다보며 말했습니다. "요즘 집에서 캐디를 통 볼 수가 없어요. 저 애가 이전에 하던 일을 거의 내팽개쳐 버리는 바람에 난 정말로 사내아이를 고용해야 했답니다."

"설마 엄마는……." 캐디가 입을 열었습니다.

"캐디," 어머니가 부드럽게 말을 가로막았습니다. "넌 엄마가 실제로 사내아이를 고용했다는 사실을 알잖니? 지금 그 애는 식사하러 갔지만. 네가 무슨 낯으로 반박을 해?"

"반박하려던 게 아니에요, 엄마." 캐디가 대답했습니다. "그저 이렇게 말하려고 했어요. 설마 엄마는 평생 나한테 시시한 고역을 시킬 셈은 아니겠죠? 라고요."

"캐디," 미시즈 젤리비가 여전히 편지를 차례차례 뜯고, 미소를 띤 채 편지 내용을 맑은 눈으로 살피고, 낱낱이 분류하면서 말했습니다. "분명 이 엄마가 그런 일의 선례가 되리라고 생각한다. 그뿐만이 아니야. 시시한 고역이라고? 네가 인류의 운명을 동정한다면 그런 식으로 생각하진 않을 텐데. 하지만 넌 동정심이 없나 보구나. 지금까지 가끔 말했듯이, 넌 전혀 그런 동정심이 없는 애야, 캐디."

"아프리카에 대해서라면, 엄마, 난 동정하지 않아요."

"물론 그렇겠지. 서머슨 양, 내가 이렇게 바쁘니까 망정이지 그러지 않았다면……." 여기까지 말하고 미시즈 젤리비는 잠시 나를 부드러운 눈길로 바라보았고, 지금 막 뜯은 편지를 어디에 둘지 생각하면서 말을 이었습니다. "슬프고 몹시 실망했을 거예요. 캐디가 이런 식이니 말이에요. 하지만 보리오불라 가 일로 생각해야 할 게 잔뜩 있는 데다 신경을 집중해야 하는 까닭에 슬픔을 잊을 수 있답니다."

캐디가 내게 탄원의 시선을 할끔 보냈습니다. 미시즈 젤리비의 시선은 내 모자와 머리를 관통해서 저 멀리 아프리카를 바라보고 있었으므로, 나는 지금이야말로 방문 목적을 꺼내어 미시즈 젤리비의 주의를 끌 좋은 기회라고 생각했습니다.

내가 입을 열었습니다. "아마 부인은 왜 제가 댁을 방문했는지 궁금하시겠죠."

"서머슨 양을 보는 일이라면 언제든지 환영이에요." 미시즈 젤리비가 부드러운 미소를 지으며 말했습니다. "하지만 보리오불라 가의 이주 계획에 관심을 가져 주셨으면 해요."

"제가 캐디와 함께 이렇게 찾아온 것은, 캐디가 어머니에게 비밀이 있어서는 안 된다는 훌륭한 생각에서 자기 비밀을 털어놓을 수 있도록 제게 격려와 도움을 부탁했기 때문이에요. (전 어떻게 해야 할지 도저히 모르겠지만.)"

"캐디," 미시즈 젤리비가 일을 잠시 멈췄다가 고개를 가로젓고 다시 조용히 일을 계속하면서 말했습니다. "시시한 이야기를 할 셈이로구나."

캐디가 턱 끈을 풀어 모자를 벗고 그 끈을 붙잡은 채 모사를 바닥에 늘어뜨리더니 울음을 터트리면서 말했습니다. "엄마, 나 약혼했어요."

"세상에, 이상한 애도 다 있네!" 미시즈 젤리비가 지금 막 뜯은 속달 편지를 훑어보면서 건성으로 말했습니다. "너 왜 그렇게 어리석니?"

"엄마." 캐디가 흑흑 흐느끼며 말했습니다. "나, 춤 교습소를 운영하는 터비드롭 씨의 아들과 약혼했어요. 아버지인 터비드롭 씨는 (진정한 신사시죠) 허락해 주셨어요. 그러니까 엄마, 진심으로 부탁해요. 엄마도 허락해 주세요. 허락해 주시지 않으면 난 도저히 행복해질 수 없어요. 도저히!" 캐디는 모든 불만을 잊고 오로지 자식으로서의 자연스러운 애정에 가슴이 벅차서 흐느껴 울었습니다.

"보세요, 서머슨 양," 미시즈 젤리비가 침착하게 말했습니다. "나처럼 이렇게 바쁘고 일에 집중해야 하는 사람이 얼마나 행복한지를 말이에요. 그런데 캐디는 춤 선생의 아들이랑 약혼이나 하다니⋯⋯인류의 운명에는 이 아이처럼 아무런 동정심도 없는 사람들도 섞여 있다고요! 그리고 이 시대 최고의 자선사업가 퀘일 씨가 이 애한테 진심으로 마음이 있다고 바로 얼마 전에 내게 말했는데!"

"엄마, 난 언제나 퀘일 씨가 끔찍하게 싫었어요!" 캐디가 흐느껴 울었습니다.

"캐디, 캐디!" 미시즈 젤리비가 자못 만족스럽게 다시 편지를 펼치며 대꾸했습니다. "그야 그랬겠지. 그럴 수밖에 없지 않았겠니? 그분의 넘치는 인류애가 너한테는 전혀 없으니까 말이다! 내 사회적인 임무가 내게 사랑스러운 아이가 되어주지 않았더라면, 내가 여러 가지 커다란 계획에 대대적으로 관여하지 않았더라면, 이런 하찮은 일에 얼마나 마음을 썼겠어요, 서머슨 양. 하지만 캐디의 어리석은 행동 때문에(이 애한테는 나도 그 정도밖에 기대하지 않는답니다) 나와 아프리카 대륙의 사이가 멀어지는 일은 있을 수 없지요! 아무렴요, 있을 수 없고말고요." 미시즈 젤리비가 편지를 몇 통이나 더 뜯어보고 분류하면서 부드러운 웃음을 띠고 조용하고 맑은 목소리로 되풀이했습니다. "정말이지 그런 일은 용납할 수 없어요."

어쩌면 나는 이렇게 냉정하기 그지없는 대응을 예상할 수 있었을지도 모르지만, 실제로는 전혀 예기치 못했으므로 뭐라고 말해야 좋을지 몰랐습니다. 캐디도 당혹스러워 보였습니다. 미시즈 젤리비는 여전히 편지를 뜯어서 분류하고, 이따금 침착한 미소를 지으며 무척 아름다운 목소리로 "정말이지 그런 일은 용납할 수 없어요"를 되풀이했습니다.

"엄마," 캐디가 마침내 흐느껴 울면서 말했습니다. "설마 화난 건 아니죠?"

"세상에, 캐디, 넌 정말 바보 같은 아이구나." 미시즈 젤리비가 대답했습니다. "내 머리가 어떤 일로 꽉 차 있는지 조금 전에 얘기했는데 그런 질문을 하다니."

"그리고 엄마, 우리의 결혼을 허락하고 행복을 빌어 주시겠죠?"

"그런 짓을 저지르다니, 너도 참 바보다. 사회적인 대사업에 헌신할 수도 있었는데, 정말 악에 물들은 어린아이야. 하지만 이미 저지른 일이고, 난 사내아이를 고용했으니까 이 이상은 말하지 않으마. 앗, 그만둬, 캐디!"—캐디가 미시즈 젤리비에게 입 맞추려고 했던 것입니다—"내 일을 방해하지 말고, 오후 우편물이 도착하기 전에 이 무거운 편지 더미나 정리해 줘!"

나는 그만 돌아가는 편이 좋겠다고 생각했지만, 캐디의 말에 잠시 멈칫했습니다.

"그 사람을 데리고 와서 소개해도 되죠, 엄마?"

"맙소사, 캐디." 다시 먼 나라 생각에 잠겼던 미시즈 젤리비가 큰 소리로 말했습니다. "또 시작이니? 누굴 데려 온다는 거야?"

"그 사람이요, 엄마."

"오, 이런 캐디!" 그런 하찮은 일에 질려 버린 미시즈 젤리비가 말했습니다. "그렇다면 부모회나 지부회, 분회가 없는 저녁에 데리고 와라. 내 시간에 맞춰서 방문하도록 해. 서머슨 양, 이 어리석고 건방진 계집아이를 도와주러 와 주셔서 정말 고맙습니다. 안녕히 가세요! 사실 오늘 아침에 아프리카 원주민 교화와 커피 재배에 대해 자세히 알고 싶어 하는 제조업자들의 가족들로부터 편지가 일흔다섯 통이나 와 있다고 말씀드리면, 제가 정말로 시간이 없다는 걸 굳이 사과하지 않아도 되겠죠?"

캐디는 계단을 내려갈 때 몹시 침울해 있었습니다. 그녀는 내 목에 매달려 흐느껴 울고는 그토록 무관심한 대접을 받으니 차라리 혼나는 편이 훨씬 낫다고 말했습니다. 또 옷이 너무 없어서 도대체 어떻게 해야 부끄럽지 않은 결혼식을 치를 수 있을지 모르겠다고 털어놓았습니다. 나는 캐디가 자기 가정을 가지게 되면 불행한 아버지나 피피를 위해 어떤 일들을 해줄 수 있는지 세세하게 이야기해줌으로써 그녀의 기운을 북돋워 주었습니다. 마침내 눅눅하고 어두운 부엌으로 내려가자 그곳에는 피피를 비롯한 어린 남동생들이 돌바닥 위를 기어다니고 있었습니다. 우리는 아이들과 신나게 놀았습니다. 마침내 나는 온 몸이 너덜너덜하게 찢어질 지경이 될까 봐 옛날이야기에 도움을 청해야 했습니다. 위층 응접실에서는 이따금 커다란 목소리와 가구가 쓰러지는 요란한 소리가 들렸습니다. 그다음에 들린 소리는 가엾게도 남편인 젤리비 씨가 사업 현황을 다시 이해해 보려고 할 때마다 갑자기 식탁을 떠나 지하 뒷문으로 뛰어내리려고 창문 쪽으로 돌진하는 소리 같았습니다.

하루의 소동이 끝난 뒤 밤에 마차를 타고 조용히 집으로 돌아오면서 나는 캐디의 약혼에 대해 이런저런 생각을 했습니다. 캐디가 결혼으로 인해 더욱 즐겁고 행복하게 되리라는 기대는(터비드롭 씨 문제는 있지만) 차츰 강해졌습니다. 그리고 그 예의범절의 대가가 실제로 어떤 사람인지 캐디와 그녀의 남편이 눈치챌 가능성이 거의 없다고 해도 결국 그것이 가장 좋은 길일 겁니다. 두 사람이 그 이상 영리해지기를 누가 바라겠습니까? 나는 두 사람이 그 이상 영리해지기를 절대로 바라지 않았고, 그 사람을 완전히 믿지 못하는 나 자신이 다소 부끄러웠습니다. 나는 하늘의 별을 올려다보고, 먼 나라로 떠나는 사람들과 그들이 바라보는 별을 생각한 다음, 나도 늘 은총을 얻어 나름대로 누군가의 도움이 될 수 있기를 바랐습니다.

집으로 돌아오자 언제나처럼 모두 나를 보고 무척 반겨 주었으므로, 모두에게 불쾌감을 주지만 않는다면 주저앉아서 기쁨의 눈물을 흘리고 싶을 정도였습니다. 가장 높은 사람에서 가장 낮은 사람까지 온 집안사람이 환한 얼굴로 나를 반겨 주고, 명랑하게 말을 걸어 주고, 뭐든지 기쁘게 해 주었습니다. 아마 세상에서 나만큼 행복한 사람은 없을 것입니다.

에이더와 나의 후견인 아저씨가 나를 구슬려서 캐디에 관한 이야기를 낱낱이 털어놓게 했으므로, 그날 밤은 셋 다 캐디 이야기에 심취해 버렸고 나는 오랫동안 장황하게 떠들었습니다. 마지막에는 내 방으로 물러가, 내가 얼마나 지껄여 댔는지 생각하고는 얼굴이 새빨개져 있는데, 그때 방문을 부드럽게 두드리는 소리가 났습니다. "들어오세요!" 하자, 상복을 단정하게 차려입은 귀여운 소녀가 들어와 꾸벅 절했습니다.

"실례합니다." 소녀가 부드러운 목소리로 말했습니다. "찰리예요."

"어머, 정말이구나." 내가 놀라서 몸을 굽히고 소녀에게 입 맞추며 말했습니다. "정말 잘 와 주었다, 찰리!"

찰리가 역시 부드러운 목소리로 말을 이었습니다. "괜찮으시다면 아가씨, 전 당신의 하녀예요."

"찰리?"

"괜찮으시다면, 전 잔다이스 씨가 당신께 진심을 담아 보내신 선물이에요."

나는 찰리의 목덜미에 손을 얹고 의자에 앉힌 뒤 찰리를 바라보았습니다.

"그리고, 아, 아가씨!" 찰리가 보조개가 팬 두 뺨에 눈물을 흘리면서 박수를 친 뒤 이렇게 말했습니다. "톰은 학교 기숙사에 들어가서 아주 열심히 공부하고 있어요! 갓난아기 엠마는 블라인더 아주머니께서 데리고 가서 정성껏 돌봐 주고 계시고요! 생각보다 훨씬 일찍 톰은 기숙사에 들어갔을 수도 있었고 엠마는 블라인더 아주머니 댁에 맡겨지고 저는 이 집에 올 수도 있었던 건데, 다만 잔다이스 씨는 톰과 엠마와 제가 처음으로 뿔뿔이 흩어져 사는 데 조금 익숙해져야 할 거라고 하셨어요. 우리는 다 어리니까요. 울지 마세요. 부탁이에요, 아가씨!"

"어떻게 울지 않을 수 있겠니, 찰리."

"네, 저도 그래요. 그리고 잔다이스 씨가 말했는데, 아가씨가 가끔 저에게 공부를 가르쳐 주고 싶어 할 거라고 하셨어요. 그리고 죄송합니다만 톰과 엠마와 저는 한 달에 한 번 만나게 되어 있어요. 그리고 전 무척 기쁘고 무척 고마워서……." 찰리가 숨을 들이켜 가슴을 부풀리며 큰 소리로 말했습니다. "아주 착한 하녀가 될 작정이에요!"

"아, 찰리, 이 모두가 누구 덕분인지 잊어선 안 된다!"

"네, 절대로 잊지 않아요. 톰도 이 일을 잊지 않을 거고, 엠마도 그럴 거예요. 모두 아가씨 덕분이에요."

"난 아무것도 몰랐어. 잔다이스 씨 덕분이야, 찰리."

"네, 하지만 모두 아가씨를 위해 해 주신 거니까 아가씨가 제 주인이세요. 괜찮으시다면 전 잔다이스 씨의 진심 어린 작은 선물이고, 이 선물은 다 아가씨를 위해 해 주신 거예요. 저와 톰은 그 사실을 꼭 기억하기로 했어요."

찰리는 눈가를 훔치고 자기 일을 시작했습니다. 어린 주부처럼 방 안 여기저기를 돌아다니며 손에 닿는 모든 것을 깔끔하게 정돈했습니다. 이윽고 찰리가 내 옆으로 살그머니 돌아와 이렇게 말했습니다.

"오, 울지 마세요. 부탁이에요, 아가씨."

그래서 나는 다시 말했습니다. "어떻게 울지 않을 수 있겠니, 찰리."

그러자 찰리가 다시 말했습니다. "네, 저도 그래요." 결국 나는 정말로 기쁨의 눈물을 흘렸고, 찰리도 그랬습니다.

# 제24장 항소 사실 기재서

앞서 언급했던 대화를 찰리와 내가 나눈 뒤에 리처드는 곧바로 잔다이스 씨에게 자기 생각을 말했습니다. 아저씨는 설명을 듣고 크나큰 불안과 실망을 느꼈지만, 전혀 예상하지 못했던 바는 아니었을 겁니다. 아저씨와 리처드는 늦은 밤이나 아침 일찍 가끔 밀담을 나누고, 몇 번은 런던에서 하루 종일 보내고, 켄지 변호사와 여러 차례 면회하고, 내키지 않는 용건들을 고생해서 처리했습니다. 두 사람이 이런 일들로 바쁜 동안, 아저씨는 풍향이 바뀐 탓에 기분이 언짢아 줄곧 머리를 문질러대서 머리카락은 한 올 남김없이 수세미가 되었지만, 에이더와 나에게는 다른 때와 조금도 다름없이 다정하게 대해 주셨습니다. 그러나 일이 어떻게 돌아가는지에 관해서는 굳게 침묵을 지켰습니다. 우리가 아무리 노력해도 당사자인 리처드에게서 들을 수 있는 말이라고는 만사가 순조롭게 풀려서 이제 거의 아무 문제 없다는 막연한 대답뿐이었으므로, 우리의 걱정은 그다지 해소되지 않았습니다.

그러나 시간이 지나면서 알게 된 사실인데, 미성년자이자 피후견인이자, 나는 잘 모르지만 어쩌고저쩌고 하는 수식어가 붙은 리처드의 이름으로 대법관님에게 새로운 신청서가 제출되고, 다양한 협의가 열리고, 대법관님이 공개 법정에서 리처드를 성가시고 변덕스러운 미성년자[1]라고 일컫고, 이 비소송 사건은 휴정되고, 다시 휴정되고, 중재인 심사에 위탁되고, 심사보고서가 제출되고, 구제를 요청하는 청원이 이루어져서, 마침내 리처드는 (우리에게 이야기해 주었습니다) 설사 자기가 육군에 입대한다 해도 그건 일흔 살이나 여든 살의 노병으로서가 아닐까 의심하기 시작했습니다. 그러나 드디어 리처드는 다시 대법관님과 면회할 날짜와 시간을 지정받았고, 대법관님은 리처드가 시간을 헛되이 보

---

1) 원문 'infant'는 보통 일곱 살 이하의 유아를 가리킴.

내며 갈팡질팡하는 것을 매우 엄하게 꾸짖었습니다. 그리고 마침내 리처드의 입대 신청을 허가한다는 결정이 내려졌습니다. 리처드의 이름은 소위 임관 지원자로서 근위기병대에 등록되었고, 장교직 구매 대금이 대리인 사무소에 기탁되었습니다. 그리고 리처드는 그답게 곧바로 육군 교과 과정을 맹렬하게 공부하기 시작했으며, 매일 아침 다섯 시에 일어나 검술을 연습했습니다.

재판소 개정기가 지나가고 휴가기간이 되었으며, 휴가기간이 끝나고 개정기가 되었습니다. 가끔 우리는 잔다이스 대 잔다이스 사건이 신문에 실렸다는 이야기를 듣거나 논의 중이라는 소문을 들었고, 사건에 대한 이야기는 나타났다가는 이내 사라져 갔습니다. 리처드는 런던에 있는 교수의 집으로 들어갔으므로 이전처럼 자주 우리와 있을 수 없게 되었고, 아저씨는 전과 다름없이 침묵을 지켰습니다. 이렇게 시간이 흐르는 사이에 어느덧 리처드는 소위로 임명되었고, 그와 동시에 아일랜드에 있는 연대에 입대하라는 명령을 받았습니다.

어느 날 저녁, 리처드가 이 소식을 듣고 황급히 달려와 아저씨와 한참을 의논했습니다. 한 시간도 더 지나서 아저씨가 에이더와 내가 있는 방으로 들어와서 "너희도 이리 들어오렴!" 하고 말했습니다. 우리가 들어가자, 지난번에 봤을 때는 기운이 넘쳤던 리처드가 분해 죽겠다는 표정으로 벽난로 선반에 기대어 있었습니다.

"에이더," 잔다이스 씨가 말했습니다. "릭과 나는 아무래도 의견이 맞지 않는구나. 릭, 용기 있게 좀 참아라!"

"아저씨는 저한테 너무 가혹하세요." 리처드가 말했습니다. "이번 일은 너무나도 가혹해요. 지금까지는 모든 일에 무척 친절하게 대해 주시고, 뭐라 고맙다고 표현할 길도 없는 친절을 베풀어 주셨지만 말이에요. 아저씨가 안 계셨더라면 전 절대로 제 잘못을 바로잡을 수 없었겠죠."

"얘야! 나는 널 더 올바른 길로 인도하고 싶다. 널 더 올바른 길로 인도해 주고 싶어."

리처드가 과격하지만 정중한 투로 대꾸했습니다. "무례한 말이지만, 저는 제가 가장 잘 알아요."

잔다이스 씨가 더없이 쾌활하고 유쾌하게 말했습니다. "무례한 말이지만, 릭, 너로서는 당연히 그렇게 생각하겠지만 난 그렇게 생각하지 않는다. 릭, 나는 내 의무를 다해야 해. 안 그러면 넌 내게 호의를 느끼지 못하겠지. 난 네가 냉정할 때나 흥분해 있을 때나 변함없이 내게 호의를 느껴 주었으면 한다."

에이더의 안색이 창백해지자 아저씨는 자신의 독서용 의자에 에이더를 앉히고 자신도 그 옆에 앉았습니다.

"아무 일도 아니다, 에이더, 아무 일도 아니야. 릭과 내가 의견이 서로 다른데, 그걸 너한테 말해야겠어. 바로 네 이야기이기 때문이지. 어떤 내용인지 걱정스럽겠지?"

"걱정 같은 건 하지 않아요, 존 아저씨." 에이더가 방긋 웃으며 대답했습니다. "아저씨가 말씀하신다면 말이에요."

"고맙다. 1분 동안만 릭을 보지 말고 조용히 내 말을 들어주렴. 그리고 작은 아주머니, 너도 그렇게 해 주렴." 아저씨가 안락의자 팔걸이에 올려진 에이더의 손에 자기 손을 포개고서 말했습니다. "에이더, 너는 작은 아주머니가 깜찍한 사랑 이야기를 내게 들려주었을 때 우리가, 이 네 사람이 무슨 이야기를 나누었는지 기억하지?"

"그날 아저씨께서 보여 주신 호의를 리처드나 제가 어떻게 잊을 수 있겠어요, 존 아저씨."

"절대로 잊을 수 없죠." 리처드가 말했습니다.

"절대로 잊을 수 없어요." 에이더가 말했습니다.

"그렇다면 난 더욱 말하기 편하고, 우리의 의견도 더욱 일치하기 쉽겠구나." 아저씨가 다정함과 고결함을 얼굴 한가득 담고서 대답했습니다. "에이더, 너도 알아 둬야 하는데, 이번에 리처드는 마지막으로 새 직업을 골랐다. 그 준비를 완벽하게 마치자면, 확실히 릭의 몫이 될 재산을 모두 써 버리게 돼. 릭은 지금 가진 재산을 다 써 버려서, 앞으로는 말하자면 자기가 심은 나무에 매여 살게 되는 셈이다."

"제가 지금 가진 재산을 몽땅 써 버린 건 분명 사실이고, 그 사실을 알았어도 아무 불만 없어요. 하지만 확실히 제 것이 될 재산은 지금 가진 재산이 다가 아니죠."

"릭, 릭!" 아저씨가 별안간 화들짝 놀라서 목소리까지 바뀌더니, 귀를 틀어막기라도 하려는 듯이 두 손을 들고서 큰 소리로 말했습니다. "제발 우리 가족의 저주에 희망이나 기대를 걸지 마라! 묘지 이편에서는 무슨 짓을 해도 좋지만, 오랫동안 우리 앞에 나타난 무서운 유령에게 미련이 담긴 눈길을 보내는 짓만 큼은 절대로 하지 마. 차라리 빚을 지거나, 구걸을 하거나, 죽는 편이 더 낫다!"

이 과격한 경고에 우리는 모두 깜짝 놀라고 말았습니다. 리처드는 입술을 질끈 깨물고 숨을 멈춘 채 우리를 할끔 바라보았습니다. 그런 경고가 자기에게 간절히 필요하며 자기도 동감한다는 사실을 깨달았다는 듯이.

"에이더," 잔다이스 씨가 평소처럼 다시 쾌활하게 말했습니다. "지금 말은 조금 지나친 충고였지만, 나는 황폐한 집에 살면서 많은 일을 보아 왔다. 그런 일은 이제 지긋지긋해. 리처드는 인생이라는 경주를 시작하는 데 모든 걸 걸었어. 그래서 리처드를 위해, 그리고 너를 위해 너희 둘에게 충고하는데, 너희 둘 사이에는 아무런 계약도 맺어져 있지 않다는 사실을 이해하고 리처드를 출발시키는 게 좋겠다. 더 분명히 말해야겠구나. 너희 두 사람에게는 솔직하게 말하마. 너희는 나에게 뭐든지 허심탄회하게 털어놓게 되어 있으니, 나도 너희에게 허심탄회하게 털어놓겠다. 당분간 너희는 사촌지간이라는 관계 외에는 모든 관계를 버리도록 해라."

리처드가 대꾸했습니다. "아저씨가 저에 대한 믿음을 다 버렸고 에이더에게도 똑같이 하라고 충고한다고 말씀하시지 그러세요."

"그런 식으로 말하지 마라, 릭. 그런 말이 아니야."

"아저씨는 제가 출발을 잘못했다고 생각하고 계세요." 리처드가 반박했습니다. "틀림없이 그래요. 전 압니다."

"내가 네가 어떤 식으로 출발하고 어떤 식으로 전진하기를 바랐는지는 요전에 이런 문제로 의논했을 때 이야기했지." 잔다이스 씨가 진심을 담아 격려하듯이 말했습니다. "넌 아직 그 출발을 하기 전이지만, 모든 일에는 때가 있고 네 때는 아직 지나가지 않았다—오히려 지금이 그 적기지. 완전히 새로운 출발을 해라. 너희 두 사람은 (아주 어린) 사촌 남매야. 지금으로서는 그뿐이다. 그 이상의 관계는 노력했을 때 비로소 이루어질 거다."

"아저씨는 제게 너무 가혹하세요. 설마 이렇게까지 가혹하실 줄은 생각도 못했어요."

"얘야, 난 너한테 고통을 주어야 할 때는 너보다 나 자신에게 더 가혹하게 대한단다. 너를 구하는 길은 네 손바닥 안에 있어. 에이더, 릭은 자유로워져야 해. 너와 어린 나이에 약혼하는 일은 바람직하지 않다. 릭, 그 편이 에이더를 위해서도 좋다, 훨씬 좋아. 넌 에이더를 위해서 그렇게 해야 할 의무가 있어. 자! 너희는 저마다 상대를 위해 가장 좋은 일을 해 주는 거다. 그것이 자기 자신에게는 가장 좋은 일이 아니라고 해도.”

“왜 그게 가장 좋은 일인데요?” 리처드가 즉시 반박했습니다. “저희가 아저씨께 속마음을 털어놓았을 때는 그렇지 않았잖아요. 그때 아저씨는 그렇게 말씀하시지 않았어요.”

“그 뒤로 경험한 바가 있었으니까. 널 비난하는 게 아니다, 릭……. 하지만 그 이후에 경험을 해서 알 수 있어.”

“저에 대한 경험을 가리키시는 거군요.”

“글쎄다! 너희 둘을 가리키는 거지.” 잔다이스 씨가 다정하게 말했습니다. “너희가 서로 마음을 맹세해도 좋을 시기는 아직 오지 않았다. 그러니 그래서는 안 되고, 나로서는 인정해 줄 수 없어. 자 자, 젊은이들, 새로 시작하는 거다! 과거는 과거로서 물에 흘려보내. 그러면 너희의 인생을 적을 새로운 페이지가 열릴 거다.”

리처드는 불만스럽게 에이더를 흘끔 쳐다보았지만 아무 말도 하지 않았습니다.

“지금까지는 되도록 숨김없이 모두가 대등하게 이야기할 수 있도록 너희 둘 모두에게, 그리고 에스더에게도 딱 한 가지 말하지 않은 것이 있었다. 즉, 너희 두 사람에게 애정을 담아 충고하고 아주 진지하게 부탁하겠는데, 여기 처음 왔을 때의 그 상태로 돌아가기 바란다. 다른 일은 모두 시간과 진실함, 변함없는 마음에 맡기고. 그러지 않으면 너희는 죄를 짓게 될 거고, 애초에 너희를 만나게 한 나도 죄를 짓게 될 거야.”

그 뒤 긴 침묵이 이어졌습니다.

이윽고 에이더가 리처드를 그 푸른 눈으로 다정하게 올려다보며 말했습니다. “리처드, 존 아저씨가 저렇게 말씀하시니 우리로서는 다른 선택의 길이 없어요. 하지만 당신도 나에 대해서는 안심하시겠죠? 아저씨가 나를 계속 맡아 주실 거고, 나도 흠 잡힐 짓을 하지 않으리라는 걸―아저씨의 충고에 따라 산다면 틀림없이 그렇지요―믿어 주실 테니까요. 리처드, 나는…… 나는…….” 에이더가 다소 수줍어하며 말했습니다. “당신이 날 무척 좋아한다는 걸 의심하지 않고, 당신이…… 당신이 다른 사람을 사랑하게 될 거라고도 생각하지 않아요. 하지만 이 점도 잘 생각해 주었으면 해요, 무슨 일을 하건 당신이 행복해지길 바라니까요. 난 믿어도 괜찮아요, 리처드. 난 절대로 쉽게 변하는 성격이 아니지만, 당신한테도 그러라고 강요할 수 없는 거니까, 무슨 일이 생기더라도 당신을 비난하지 않을게요. 사촌 간이라 해도 이별은 역시 슬픈 것이고, 실제로 나는 아주 아주 슬프답니다. 리처드, 그게 당신의 행복을 위한 길이라는 걸 알지만 말이에요. 언제나 당신을 그리워하며 가끔 에스더와 당신의 이야기를 할게요. 당신도 가끔 나를 조금은 떠올려 주시겠지요, 리처드?” 에이더가 리처드에게 다가가 떨리는 손을 내밀고 말했습니다. “자, 이제 우리는 다시 단순한 사촌 지간이 되었어요, 리처드……. 아마 당분간이겠지만……. 내 사랑하는 사촌이 어디에 있든지 축복이 함께하기를 기도하겠어요!”

이상하게도 리처드는 전에 내 앞에서 매우 격렬한 말로 자기 자신을 비평한 주제에, 그와 똑같은 의견을 가진 잔다이스 씨는 용서하지 못하는 것이었습니다. 그러나 어쨌든 이것은 분명한 사실이었습니다. 이때 이래로 리처드가 이전만큼 잔다이스 씨에게 솔직하게 털어놓는 일이 없어졌다는 사실을 깨닫고 나는 무척 유감스러웠습니다. 솔직하게 털어놓아야 할 충분한 이유가 있으면서도 리처드는 그러지 않았습니다. 그리하여 오로지 리처드 쪽에서 두 사람 사이에 서먹함이 생겨났습니다.

얼마 안 있어 리처드는 입대 준비에 바빠져서 에이더와 헤어진 슬픔조차 잊고 말았습니다. 에이더는 리처드와 잔다이스 씨와 내가 일주일 동안 런던에 가 있는 동안 황폐한 집에 남았습니다. 리처드는 가끔 생각났다는 듯이 에이더를 떠올리고 와락 울음을 터트리기도 했는데, 그럴 때면 나를 상대로 심하게 자책하곤 했습니다. 그러나 몇 분쯤 지나면 막연한 계획을 마구잡이로 생각해 내고는, 에이더와 자기가 부자가 되어 오래오래 행복하게 살 생각에 더없이 기분이 좋아지는 것이었습니다.

그 일주일은 몹시 바빴습니다. 나는 리처드와 함께 종일 뛰어다니며 여러 가지 필요한 물건을 샀습니다. 리처드가 하고 싶은 대로 내버려 두었다면 어마어마하게 많은 물건을 샀을 테지만, 거기에 대해서는 아무 말도 하지 않겠습니다. 리처드가 내게 아주 솔직하게 자신의 결점과 굳은 결심에 관해 무척 분별력 있는 태도로 진지하게 이야기하고, 이런 대화로 얼마나 힘을 얻는가를 자세히 말했으므로, 나는 피곤하고 싶어도 피곤할 수 없을 정도였습니다.

그 한 주일 동안, 전직 기병이었던 사람이 리처드와 검술을 하러 우리 숙소를 자주 들렀습니다. 그는 사람 좋은 허풍스러운 풍모에 소박한 태도의 사람으로, 몇 달 간 리처드에게 검술을 가르쳐 주었습니다. 이 사람에 관해서는 리처드에게서만이 아니라 아저씨에게서도 자주 들었으므로, 어느 아침 식사가 끝나고 이 사람이 찾아왔을 때 나는 뜨개질을 하며 일부러 그 방에 있었습니다.

"안녕하세요, 조지 씨." 마침 나와 단둘이 있던 아저씨가 말했습니다. "카스톤 군은 곧 올 겁니다. 그동안 서머슨 양이 기꺼이 말상대가 되어 드릴 겁니다. 자, 앉으세요."

그 사람은 의자에 앉았는데, 내가 있어서 다소 당황했는지, 햇볕에 탄 묵직해 보이는 손으로 윗입술을 연신 문질렀습니다.

"당신은 태양처럼 시간이 정확하군요." 잔다이스 씨가 말했습니다.

"군대식 시간이죠." 상대가 대답했습니다. "습관의 힘입니다. 저의 경우는 그냥 습관이에요. 전 결코 사무적인 사람이 아닙니다."

"하지만 큰 가게도 갖고 계시다고 들었는데?" 잔다이스 씨가 말했습니다.

"대단한 건 아닙니다. 사격연습장을 운영하는데, 별것 아니에요."

"그런데 카스톤 군의 사격 솜씨는 어떻습니까? 검술은요?"

"아주 좋습니다." 조지 씨가 대답하고, 떡 벌어진 가슴께에서 팔짱을 꼈습니다. 그러자 몸집이 아주 커다랗게 보였습니다. "카스톤 군은 연습에 전념한다면 상당한 실력자가 될 거예요."

"그렇지만 전념하지 않는다는 뜻이군요?"

"처음에는 몰두했지만 나중에는 영 꽝이었습니다. 아마 다른 데 정신이 팔려 있는 것 같아요—아마 젊은 숙녀 생각을 하는 거겠죠." 조지 씨의 부리부리한 검은 눈이 처음으로 흘깃 나를 향했습니다.

"그분은 저를 생각하는 게 아니에요. 정말이에요, 조지 씨." 내가 웃으며 말했습니다. "당신은 절 의심하시는 것 같지만 말이죠."

조지 씨가 갈색 얼굴을 다소 붉히며 내게 기병식 경례를 했습니다. "화내지 마세요, 아가씨. 제가 경솔했습니다."

"천만에요. 칭찬으로 받아들일게요."

그전까지는 나를 보지 않았던 조지 씨가 이번에는 연달아 서너 번쯤 재빨리 내게 시선을 던졌습니다. "실례지만, 잔다이스 씨," 조지 씨가 남성적인 수줍음을 보이며 아저씨에게 말했습니다. "아까 고맙게도 이 아가씨의 이름을 뭐라고 말해주셨던 것 같은데……."

"서머슨 양입니다."

"서머슨 양," 조지 씨가 되풀이하고 나를 다시 바라보았습니다.

"이 이름을 아세요?" 내가 물었습니다.

"아니요. 제가 아는 한은 처음 듣습니다. 그저 어디선가 당신을 뵌 것 같아서요."

"그럴 리가 없을 텐데요." 대답하면서 나는 뜨개질거리에서 눈을 들고 조지 씨를 바라보았는데, 그런 기회가 기쁘게 생각될 만큼 이 사람의 말투와 태도에는 성실한 구석이 있었습니다. "전 사람들의 얼굴을 아주 잘 기억하거든요."

"저도 그렇습니다!" 조지 씨가 풍부한 검은 눈과 넓은 이마로 내 시선을 마주하면서 대답했습니다. "으흠! 도대체 누구를 떠올리고 그런 생각을 한 걸까!"

조지 씨가 다시 한 번 갈색 얼굴을 붉히고서, 누구를 생각했는지 떠올리려고 허둥거리며 애쓰자 아저씨가 그를 구해 주었습니다.

"제자는 많으세요, 조지 씨?"

"인원은 일정하지 않습니다. 보통 겨우 입에 풀칠할 정도라고나 할까요."

"제자 말고는 어떤 사람들이 연습하러 오나요?"

"다양하지요. 영국인들도 있고 외국인들도 있고요. 신사에서 도제까지 아주 다양하답니다. 한번은 프랑스 여자들이 찾아와서 권총 묘기를 보여 주기도 했지요. 물론 미치광이는 수도 없이 많아요. 하기야 이 사람들은 문이 열린 곳이라면 어디든지 들어오지만."

"거기서 연습해 살아 있는 표적을 쏠 속셈으로 오는 사람은 없겠죠?" 아저씨가 싱글싱글 웃으며 말했습니다.

"있기야 있지만 그렇게 많지는 않습니다. 대다수 사람은 실력을 갈고닦으러 오지요, 아니면 시간을 때우러 오거나요. 실력을 쌓으러 오는 사람이 여섯 명, 시간 때우기로 오는 사람이 반 다스일까요." 조지 씨가 의자에 기댔던 몸을 긴장시키며 곧게 펴고 무릎 위에서 두 팔꿈치를 똑바로 펴고서 말했습니다. "실례합니다만, 제가 들은 이야기가 사실이라면, 당신은 대법관 법정에서 소송 중이라지요?"

"유감스럽게도 그렇습니다."

"전에 제 연습실에 당신의 동료 한 사람이 온 적이 있어요."

"대법관부 소송인 말이군요?" 아저씨가 대답했습니다. "어땠죠?"

"그 남자는 여기저기 불려 다니고 몹시 시달리고 걱정하고 고통을 당한 탓에 반은 미쳐 있었어요. 사람을 쏠 생각은 없었던 것 같지만, 화가 머리끝까지 난 상태에서 자주 연습실을 찾아와 총알을 오십 발쯤 사서 마구 쏘아 대다가 흥분 상태에 빠지곤 했죠. 어느 날 옆에 아무도 없자 그 남자는 지금까지 당한 부당한 대우에 대해 울분을 토하며 들려주었어요. 그때 저는 이렇게 말해 주었죠. '전우여, 이 사격이 울분을 토해 내는 수단이 된다면 어쩔 수 없지만, 그런 기분으로 사격에 열중하는 것은 그다지 바람직하지 않습니다. 차라리 다른 수단을 찾아보세요.' 그 남자는 불같은 성격인지라, 저는 한 방 맞지나 않을지 걱정했습니다. 하지만 제 말을 흔쾌히 받아들이고 곧바로 그만두더군요. 우리는 악수함으로써 일종의 우정을 맺었습니다."

"어떤 사람이었죠?" 아저씨는 흥미가 생겼는지 말투를 바꾸어 물었습니다.

"글쎄요, 재판관들 사이에서 미끼를 단 황소 같은 표적이 되기 전에는 슈롭셔에서 작은 농장을 경영했대요."

"혹시 그리들리라는 사람이었나요?"

"맞습니다."

아저씨와 내가 이 우연의 일치에 놀라 한두 마디 나누고 있자 다시 조지 씨가 그 맑은 눈을 재빨리 내게 돌렸으므로, 나는 그 사람의 이름을 알게 된 사정을 설명해 주었습니다. 조지 씨가 내 정중한 설명에 대한 감사의 뜻으로 다시 군대식 경례를 해 주었습니다.

조지 씨가 나를 보면서 말했습니다. "누굴 떠올렸는지 저도 잘 모르겠지만, 다시…… 맙소사…… 내가 왜 이러지! 머리가 어떻게 됐나 보군!" 그러더니, 드문드문한 기억을 머릿속에서 치워 버리려는 듯이 묵직한 손으로 곱슬곱슬한 검은 머리카락을 문지르고, 한 손을 허리에 대고, 다른 손을 다리에 올리고, 몸을 앞으로 조금 숙이고, 멍하니 생각에 잠긴 채 바닥을 바라보았습니다.

"유감스럽게도 그리들리는 바로 그런 흥분 상태에 빠져서 다시 발작을 일으킨 끝에 모습을 감추고야 말았습니다." 아저씨가 말했습니다.

"저도 들었습니다." 조지 씨가 계속 생각에 잠겨 바닥을 바라보며 대답했습니다. "저도 들었어요."

"어디로 숨어 버렸는지 모르시죠?"

"네," 기병이 눈을 들고 상념에서 깨어나 대답했습니다. "그 사람에 관해서는 아무것도 모릅니다. 아마 곧 몸도 마음도 지쳐서 못쓰게 되겠지요. 강인한 인간의 마음을 으깨는 데는 꽤 오랜 세월이 필요하지만, 마지막은 갑자기 찾아오는 법이니까요."

리처드가 들어옴으로써 대화는 멈추었습니다. 조지 씨는 일어나서 우리에게 다시 한 번 군대식으로 경례하고 아저씨에게 작별인사를 한 다음 성큼성큼 방을 나섰습니다.

리처드가 출발하기로 한 날 아침이었습니다. 필요한 물건은 모두 다 사 두었고 리처드의 짐은 내가 오후에 일찌감치 꾸려 두었으므로, 리처드가 저녁에 리버풀을 거쳐서 홀리헤드[2]로 가기까지는 시간이 있었습니다. 그날은 다시 잔다이스 대 잔다이스 사건의 공판이 예정되어 있었는데, 리처드는 재판소로 가서 방청하겠다고 말했습니다. 리처드는 마지막 날이기도 해서 가고 싶어 했고, 나는 한 번도 가본 적이 없어서 같이 가기로 했으므로, 우리는 당시 대법관 법정이 개정되었던 웨스트민스터까지 걸어갔습니다. 우리는 앞으로 리처드가 내게 보낼 편지와 내가 리처드에게 보낼 편지에 대한 약속이며 희망에 찬 여러 계획 이야기로 가는 동안 지루함을 달랬습니다. 잔다이스 아저씨는 우리가 어디에 가는지 알고 동행하지 않았습니다.

대법관님은—전에 링컨 법조원의 대법관실에서 뵈었던 분과 같은 사람이었습니다—재판장석에 엄숙하게 앉아 있었습니다. 그보다 한 층 낮은 붉은 탁자

---

2) 영국 웨일즈에 있는 항구. 이곳에서 아일랜드의 더블린으로 이어지는 항로가 있다.

위에 대법관의 지팡이와 도장이 놓여 있고, 작은 정원처럼 화려하고 커다랗고 납작한 꽃다발이 장식되어 있었는데, 그 향기가 법정 전체에 그득했습니다. 붉은 탁자보다 한 층 더 낮은 곳에는 사무변호사들이 저마다 발치 부근의 양탄자 위에 서류 더미를 쌓아 놓고 일렬로 길게 앉아 있었습니다. 가발을 쓰고 법복을 입은 법정변호사들도 있었습니다. 눈을 뜨고 있는 사람도 있고 자는 사람도 있었습니다. 말하는 사람도 한 명 보였는데, 그의 말에 집중하는 사람은 아무도 없었습니다. 대법관님은 아주 안락한 팔걸이의자에 앉은 채, 쿠션이 놓인 의자 팔걸이에 팔꿈치를 대고 그 손에 이마를 기대고 있었습니다. 방청인 가운데에는 조는 사람, 신문을 읽는 사람, 돌아다니는 사람, 삼삼오오 모여 속닥거리는 사람이 있었는데, 하나같이 아주 느긋하고 절대로 서두르지 않고 매우 차분하며 편안해 보였습니다.

만사가 이렇게 태평스럽게 진행되는 것을 보고, 소송자들의 혹독한 삶과 죽음을 생각하고, 대법관님 이하의 그 완전한 예장(禮裝)과 의례를 보고, 이런 사람들이 대리하는 소송자들의 영락과 곤궁과 지독한 궁핍함을 생각하고, 한쪽으로는 실로 많은 사람의 마음속에 희망의 지연으로 병이 생기는데 이곳에서는 이렇게 예의 바른 쇼가 날마다 해마다 실로 질서 정연하고 평온하게 행해지고 있다는 사실을 생각하고, 또한 대법관님과 그 밑에 있는 모든 변호사는 서로 얼굴을 마주 보거나 방청인을 보고 있지만, 자신들이 이곳에 모인 이유인 법률 자체가 영국 전역에서 조소의 대상이 되고 세상 사람들의 공포와 경멸과 분노의 표적이 되며 기적에 가까운 일이라도 일어나지 않는 한 누구에게도 도움이 되지 않는 독극물로 정평이 나 있다는 사실을 아무도 들은 적이 없다는 얼굴을 하고 있는 모습을 바라보자, 지금까지 이런 것에 경험이 없는 나로서는 정말이지 기묘한 자기모순처럼 생각되어서 처음에는 전혀 믿을 수도 이해할 수도 없었습니다. 나는 리처드가 데리고 간 자리에 앉아서, 재판을 경청하기 전에 주위를 둘러보았습니다. 그러나 저 불쌍한 미친 플라이트 양이 벤치 위에 서서 장내 전체를 향해 고개를 끄덕이는 모습을 제외하고는 온 법정이 비현실적으로 보였습니다.

플라이트 양이 이내 우리를 발견하고 옆으로 왔습니다. 자기 구역에 내가 온 것을 반갑게 환영해 주고, 매우 만족스럽고 자랑스럽게 장내의 주요 명물을 가리켜 보여 주었습니다. 켄지 씨도 인사하러 와서, 이곳 주인처럼 부드럽고 겸손하게, 플라이트 양과 거의 비슷한 접대를 해 주었습니다. 켄지 씨는 이날은 참관하기에 그리 적당하지 않아서 자기라면 개정기 첫날에 왔을 거라고 말했습니다.

우리가 들어간 지 30분쯤 지나자, 진행 중인 소송은 어떤 성과도 거두지 못한 채 그 소송 자체의 시시함 때문에 사멸해 버린 것 같았습니다. 대법관님이 자기 책상 위에서 서류 한 뭉치를 밑에 있는 사무변호사들 쪽으로 던지자, 누군가가 "잔다이스 대 잔다이스 사건"이라고 말했습니다. 그 말을 듣자 술렁임과 웃음소리가 일더니 방청인이 모두 물러나고, 엄청난 서류 더미와 서류가 가득 든 가방이 잔뜩 들어왔습니다.

이 심리가 열린 것은 "더 많은 지시를 내리기 위해서"였던 것 같습니다. 그 지시는 어떤 소송비용서에 관한 것이었는데, 잘 알 수는 없지만 내가 이해한 한은 그렇다는 것입니다. 그러나 내가 세어 본 바로는 스물세 명의 가발 쓴 법정변호사도 자기는 '그것과 관련이 있다'고 말하면서도 누구 하나 나보다 잘 이해하고 있어 보이지는 않았습니다. 그 사람들은 대법관님과 의제에 관해 편안한 대화를 나누고, 자기들끼리 반박하거나 변명했습니다. 이렇다고 말하는 사람도 있고 저렇다고 말하는 사람도 있었습니다. 개중에는 매우 두꺼운 신서진술서를 몇 권 읽으라고 장난스럽게 제의하는 사람도 있는 등 관계자 전원이 빈둥빈둥 즐겼는데, 누구도 전혀 이해하지 못했습니다. 그런 일이 한 시간쯤 이어지고 꽤 많은 변론이 시작됐다가는 갑자기 멈춘 끝에, 켄지 씨의 말에 따르면, 의제는 '당분간 중재인에게 다시 위탁되었고', 사무원들이 아직 관계서류를 채 다 들여놓기도 전에 서류는 다시 묶였습니다.

이런 가망 없는 재판이 끝났을 때 리처드를 힐끔 쳐다본 나는 그 젊고 잘 생긴 얼굴이 지쳐 있는 기색을 보고 깜짝 놀랐습니다. "이런 일이 영원할 리 없어요, 더든 아주머니. 이다음에는 더 순조롭게 진행되기를!" 리처드는 그 말밖에 하지 않았습니다.

그전에 나는 거피 씨가 서류를 들고 들어 와서 켄지 씨를 위해 정리하는 모습을 보았는데, 거피 씨도 나를 보고 쓸쓸하게 꾸벅 인사했습니다. 그러자 나는 그만 법정에서 나가 버리고 싶어졌습니다. 내가 리처드의 팔을 잡고 돌아가려고 하자 거피 씨가 다가왔습니다.

"실례합니다, 카스톤 씨." 거피 씨가 작은 목소리로 속삭였습니다. "서머슨 양도요. 이 자리에 어떤 여자분이 와 계시는데, 제 친구죠. 서머슨 양을 알고 계시니 인사시켜 드리겠습니다." 거피 씨가 그렇게 말할 때 앞을 보자, 내 기억 속에서 사람이 튀어나온 듯이, 대모님 댁에 있던 미시즈 레이첼이 서 있었습니다.

"안녕하세요, 에스더." 미시즈 레이첼이 말했습니다. "날 기억하겠어요?"

나는 악수하고, "네, 별로 변하지 않으셨네요" 하고 말했습니다.

"그 시절을 잊지 않았다니 정말 놀랍군요, 에스더." 미시즈 레이첼이 옛날처럼 거친 말투로 대꾸했습니다. "세상은 많이 변했는데. 어쨌든 만나서 반가워요. 그리고 당신이 거만해져서 나를 모른다고 말하지 않아서 좋아요." 그러나 실제로는 실망한 눈치였습니다.

"거만해지다니요, 미시즈 레이첼!" 내가 항의했습니다.

"난 결혼했어요, 에스더." 미시즈 레이첼은 이렇게 말한 뒤 내 말실수를 쌀쌀맞게 고쳐 주었습니다. "지금은 미시즈 채드밴드지요. 그럼 잘 지내요!"

이 짧은 대화를 가만히 지켜보던 거피 씨가 내 귓전에서 조용히 한숨을 내쉬었습니다. 우리는 다음 재판을 위해 법정으로 들어오는 사람, 나가는 사람이 엉켜 있는 한복판에 있었으므로, 거피 씨는 미시즈 레이첼을 데리고 그 작은 인파를 헤치고 나갔습니다. 리처드와 나란히 내가 조금 전의 그 뜻하지 않은 무미건조한 대면에서 헤어 나오지 못한 채 같은 인파 속을 걸어가는데, 조지 씨가 우리를 발견하지 못하고 이쪽으로 오는 모습이 보였습니다. 그는 주위 사람들은 아랑곳하지 않고 모두의 머리 너머로 법정 중심부를 노려보며 쿵쿵 걸어오고 있었습니다.

"조지!" 내가 리처드에게 알려 주자 리처드가 말했습니다.

"마침 잘 만났습니다." 조지 씨가 말했습니다. "아가씨도요. 만나고 싶은 사람이 있는데, 누군지 가리켜 주시겠습니까? 이런 곳에는 익숙지 않아서요."

그렇게 말하면서 조지 씨는 몸을 돌려 우리가 편하게 걸을 수 있도록 길을 비켜 주었습니다. 우리는 복잡한 곳을 빠져나와, 붉고 커다란 커튼 뒤 한쪽 구석에 멈춰 섰습니다.

조지 씨가 말을 꺼냈습니다. "몸집이 작고 미친 할머니를 만나고 싶은데, 그 사람은…….”

나는 손가락을 들어 말을 가로막았습니다. 플라이트 양이 내 옆에 있었기 때문입니다. 플라이트 양은 줄곧 내 옆을 따라다니며, 자기가 아는 소송 관계자를 만날 때마다 “쉿! 내 왼쪽에 있는 사람이 피츠 잔다이스라우!” 하고 귓전에 속삭여 (우연히 그 소리를 듣고 나는 당황했습니다만) 내 정체를 가르쳐 주었습니다!

“에헴!” 조지 씨가 말했습니다. “아가씨, 오늘 아침 우리가 어떤 남자에 관해 이야기했던 것을 기억하시지요? 그리들리 말입니다.” 그는 입에 손을 대고 목소리를 낮추었습니다.

“네.”

“그 남자는 내 집에 숨어 있습니다. 아까는 말하지 않았지요. 허가를 받지 못했으니까요. 지금 그 남자는 마지막 진군 중이라 그 할머니를 만나고 싶어 해요. 두 사람은 분명 서로 동정하는 사이로, 할머니는 지금까지 이 법정에서 그 남자를 거의 친구처럼 친절하게 대해 주었다고 합니다. 내가 이곳으로 할머니를 찾으러 온 이유는, 오늘 오후 그 남자 옆에 앉아 있을 때, 천을 씌운 큰북³⁾ 소리를 들은 것 같기 때문입니다.”

“플라이트 양에게 알릴까요?” 내가 말했습니다.

“그래 주시겠습니까?” 조지 씨가 다소 불안한 눈빛으로 플라이트 양을 힐끔 보면서 대답했습니다. “아가씨를 만난 건 신의 섭리군요. 제가 그 부인을 직접 만난다면 일이 성사되었을지 아닐지 장담할 수 없어요.” 그리고 내가 조지 씨의 용건을 플라이트 양에게 은밀히 속삭이는 동안, 조지 씨는 한 손을 가슴 안쪽에 넣고 군인식으로 부동자세를 취하고 있었습니다.

“슈롭셔 출신의 그 화 잘 내는 친구! 나만큼이나 유명한!” 플라이트 양이 큰 소리로 말했습니다. “정말이요? 당연히 기쁜 마음으로 가지요.”

“그분은 조지 씨의 집에 숨어 있어요. 쉿! 이쪽이 조지 씨예요.” 내가 말했습니다.

“그…… 그래요? 영광입니다! 육군이군요. 훌륭한 장군이에요!” 플라이트 양

---

3) 군악대는 장례식 때 큰북을 검은 천으로 감싸서 소리를 낮춘다.

이 내게 속삭였습니다.

가엾게도 플라이트 양은 군대에 경의를 표하기 위해 아주 공손하고 정중하게 행동하고 몇 번이나 절해야 한다고 생각했으므로, 그녀를 법정 밖으로 데리고 나오기란 여간 어려운 일이 아니었습니다. 마침내 밖으로 데리고 나오자 이번에는 조지 씨를 "장군님"이라 부르며 자기 팔을 내밀더니 붙잡으라고 하는 것이었습니다. 구경하던 한가한 사람들은 무척 재미있어했지만, 조지 씨는 매우 당황해서 내게 정중하게 "절 버리지 말아 주십시오" 하고 애원했으므로 그를 버리고 갈 수는 없었습니다. 특히 플라이트 양은 나와 함께 있을 때는 늘 유순한 데다 "피츠 잔다이스, 당연히 나와 같이 있어 주겠지요?"라고 말했으므로 더더욱 그랬습니다. 리처드는 두 사람을 목적지까지 무사히 바래다주기가 싫지 않은 듯했고, 심지어 바래다주고 싶어서 좀이 쑤시는 듯이 보였으므로 우리도 동의했습니다. 그리들리는 조지 씨와 잔다이스 씨가 아침나절에 대면했다는 이야기를 들은 뒤로 줄곧 잔다이스 씨를 생각했다고 합니다. 조지 씨는 우리에게 알려주었으므로, 나는 서둘러 잔다이스 아저씨에게 우리가 어디 있는지와 그 이유를 알리는 편지를 연필로 썼습니다. 내용이 보이지 않도록 조지 씨가 커피점에서 봉인하고 통운회사 인부에게 배달시켰습니다.

그런 뒤 삯마차를 잡아타고 레스터 광장 근처로 갔습니다. 우리는 좁은 뒷골목을 몇 개 걸어 곧 사격연습장에 도착했는데, 문이 잠겨 있었습니다. 조지 씨는 골목을 헤매게 하여 미안하다며 사과했습니다. 조지 씨가 사격연습장 입구 문설주에 사슬로 달아 놓은 종의 손잡이를 잡아당겼을 때, 안경을 쓴 백발의 훌륭한 노신사가 짧은 외투와 각반, 챙이 넓은 모자 차림으로 금 손잡이가 달린 지팡이를 짚고 다가와서 말을 걸었습니다.

"실례합니다만, 여기가 조지 사격연습장입니까?"

"그런데요." 조지 씨가 석회 벽에 쓴 커다란 가게 이름을 힐끗 올려다보고 대답했습니다.

"아! 역시 그랬군요!" 노신사가 상대의 시선을 좇으며 말했습니다. "정말 고맙습니다. 지금 종을 치셨나요?"

"네 제가 종을 쳤습니다. 제 이름은 조지입니다."

"아, 그렇습니까? 당신이 조지 씨군요? 그렇다면 내가 당신 못지않게 일찍 도착한 셈이군요. 물론 아까는 당신이 데리러 와 주신 거죠?"

"아니요. 무슨 말씀이신지……."

"아, 그렇습니까? 그렇다면 나를 데리러 온 사람은 여기서 일하는 젊은이였군요. 난 의사인데, 조지 사격연습장으로 왕진을 와 달라는 부탁을 받았습니다. 5분 전에요."

"천을 씌운 큰북 때문이군." 조지 씨가 리처드와 나를 돌아다보고 무겁게 고개를 저으며 말했습니다. "네, 맞습니다, 선생님. 어서 들어가시지요."

바로 그때, 녹색의 챙 없는 모직 모자를 쓰고 앞치마를 두르고 얼굴도 손도 옷도 온통 꼬질꼬질한 매우 이상한 모습의 작은 남자가 대문을 열어 주었습니다. 우리는 살풍경한 복도를 지나, 아무것도 칠하지 않은 벽돌 벽으로 둘러싸인 커다란 건물 안으로 들어갔습니다. 거기에는 표적과 총, 칼 및 그 밖에 비슷한 종류의 것들이 놓여 있었습니다. 의사가 멈춰 서서 모자를 벗었습니다. 그러자 지금까지 있던 사람은 온데간데없고 전혀 다른 사람이 서 있는 게 아니겠습니까.

"이봐, 조지!" 그 사람이 갑자기 조지 씨 쪽으로 몸을 확 돌리고 달려들더니 커다란 집게손가락으로 상대의 가슴을 쿡쿡 찔렀습니다. "자네는 나를 알고, 나도 자네를 아네. 자네는 세상 물정에 밝은 사람이고, 나도 세상 물정에 밝은 사람이지. 자네도 알다시피 내 이름은 버킷이고, 그리들리에 대한 체포영장을 갖고 있어. 자네는 오랫동안 그 남자를 교묘하게 숨겨 주었어. 그 점은 인정하지."

조지 씨는 그를 뚫어지게 쳐다본 채 입술을 꽉 깨물고 고개를 저었습니다.

"이봐, 조지," 상대가 조지 씨의 곁을 떠나지 않고 말했습니다. "자네는 분별력도 있고 행실이 발라. 확실히 자네는 그런 사람이지. 그리고 난 자네에게 평범한 사람으로서 이야기하는 게 아니야. 자네는 나라를 위해 헌신해 왔고, 의무가 요구될 때는 복종해야 한다는 사실을 아니까. 그래서 자네는 절대로 문제를 일으키고 싶어 하지 않지. 내가 도움을 요청한다면 자네는 도와줄 거야. 자네라면 그렇게 할 거야. 필 스퀘드, 그렇게 게처럼 옆걸음으로 사격장 안을 돌아다니지 말게." 그 지저분한 작은 남자가 위협적인 눈길로 이 침입자에게서 눈을 떼지 않은 채 벽에 어깨를 붙이고, 발을 질질 끌며 돌아다니고 있었던 것입니다. "난 자네를 아니까 그런 짓 하지 마."

"필!" 조지 씨가 말했습니다.

"네, 주인님."

"조용히 해."

작은 남자가 낮은 목소리로 신음하며 우뚝 멈춰 섰습니다.

"신사 숙녀 여러분," 버킷 씨가 말했습니다. "이 건으로 불쾌하셨다면 모두 제가 사과하겠습니다. 전 형사부의 버킷 경감으로, 임무를 수행하러 왔습니다. 조지, 난 그리들리가 어디 있는지 알아. 어젯밤 지붕으로 올라가 천창을 통해 그를 보았으니까. 자네가 함께 있는 장면도. 저 안에 있지?" 그 손가락으로 가리키며 말했습니다. "그리들리는 저기 있어—소파에. 이제 그를 만나서 그만 자수하라고 말해야겠네. 자네는 나라는 사람을 잘 알고 있으니까 내가 불쾌한 수단은 쓰고 싶지 않아 한다는 것도 알겠지. 서로 사나이로서(고참 군인으로서!) 신의를 지키겠다고 약속해 주게. 그러면 나도 자네를 위해 최선의 노력을 다하지."

"약속합니다." 조지 씨가 대답했습니다. "하지만 이건 당당한 방법이 아니었어요, 버킷 씨."

"맙소사, 조지! 당당하지 않았다고?" 버킷 씨가 상대의 떡 벌어진 가슴팍을 다시 쿡쿡 찌르고는 그와 악수하며 말했습니다. "나는 그리들리를 숨겨 준 자네의 방식이 당당하지 않았다고는 하지 않는데? 여보게, 그만 기분을 풀어 주게! 윌리엄 텔 군, 근위기병 쇼 군! 아, 여러분, 이 사람은 영국 육군의 귀감입니다. 이렇게 당당한 풍채가 될 수 있다면 50파운드를 주겠어요!"

사건이 이처럼 마지막 단계에 접어들자 조지 씨는 잠시 생각에 잠긴 뒤, 먼저 플라이트 양을 전우(그리들리 씨를 그렇게 불렀습니다)가 있는 곳으로 데리고 가겠다고 말했습니다. 버킷 씨가 허락하자 두 사람은 총이 수두룩하게 놓여 있는 탁자 옆에 저마다 서 있거나 앉아 있는 우리를 남겨 놓고 사격장 저쪽 끝으로 사라졌습니다. 버킷 씨가 이 기회를 이용해서 가벼운 잡담을 시작했습니다. 나한테는 대개 여자들은 총을 무서워하는데 나도 그러냐고 묻고, 리처드에게는 사격을 잘하느냐고 물었습니다. 필 스쿼드에게는 여기 있는 소총 가운데 어느 것이 가장 좋으며, 새 총은 얼마나 하는지 따위를 묻더니, 아까는 화를 내서 미안했다며 사실 자기는 젊은 아가씨처럼 품성이 곱다고 이야기하며 모두를 마음 편하게 대해 주었습니다.

잠시 뒤 버킷 씨가 우리를 따라 사격장 안쪽까지 들어갔습니다. 리처드와 내가 조용히 돌아가려고 하자 조지 씨가 우리를 쫓아 나왔습니다. 우리가 자기의 전우를 만나겠다면 우리의 방문을 받아들이겠다는 것이었습니다. 조지 씨의 입에서 그 말이 나오자마자 종이 울리더니 나의 후견인 잔다이스 아저씨가 나타나서 짤막하게 말했습니다. "그와 같은 불행에 휘말린 불행한 남자를 위해 뭐든 조금이라도 해줄 것이 있을까 싶어서 왔습니다." 우리 네 사람은 함께 발길을 돌려, 그리들리가 있는 곳으로 들어갔습니다.

그곳은 페인트 칠을 하지 않은 널빤지로 사격장과 구분된 휑한 방이었습니다. 칸막이는 높이가 고작 7~8피트로, 사방만 둘러쳤을 뿐 천장이 없어서, 사격장의 높은 지붕 서까래와 버킷 씨가 내려다보았던 천창이 머리 위로 보였습니다. 해가 기울어서—일몰이 가까웠습니다—불그스름한 햇빛이 위쪽에서 비쳐들었지만, 바닥까지는 닿지 않았습니다. 천으로 된 소박한 소파 위에 그 슈롭셔 출신의 사람이 누워 있었습니다. 요전에 봤을 때와 거의 같은 복장이었지만, 얼굴에 핏기가 없어서 처음에는 다른 사람인가 착각할 정도였습니다.

그는 이 은신처에서도 몇 시간이나 들여 갖은 고생담을 자세히 적고 있었습니다. 탁자와 몇 개의 선반 위에는 원고며 닳은 펜과 같은 물건들이 가득 놓여 있었습니다. 그리들리와 미친 할머니는 어찌나 꼭 붙어 있는지, 마치 한 몸이 된 것 같았습니다. 플라이트 양은 앉은 채 그리들리의 손을 꼭 잡고 있었습니다. 우리는 누구 하나 두 사람 곁에 다가가지 못했습니다.

그리들리의 예전 표정과 체력, 분노, 목소리는 끝내 이 사람을 굴복시켜 버린 온갖 학대에 대한 저항력과 함께 쇠약해져 버렸습니다. 형태와 색깔로 충만했던 것이 흔적도 없이 쇠퇴한 모습이 바로, 이전에 우리와 대화를 나누었던 슈롭셔 출신 남자의 그 무렵 모습이었습니다.

그리들리가 리처드와 나 쪽으로 고개를 기울이고 아저씨에게 말했습니다.

"잔다이스 씨, 만나러 와 주셔서 고맙습니다. 앞으로는 오랫동안 만나지 못할 겁니다. 당신과 악수해서 무척 기쁩니다. 당신은 부정에 굴하지 않는 좋은 사람이에요. 하느님께 맹세코, 정말이지 나는 당신을 존경합니다."

두 사람은 진심으로 악수했고, 아저씨는 그에게 위로의 말을 건넸습니다.

그리들리 씨가 말했습니다. "이상하게 생각하실지 모르지만, 이것이 우리의 첫 대면이었다면 난 당신을 만나고 싶지 않았을 겁니다. 하지만 당신은 알고 있어요. 내가 열심히 싸웠다는 걸. 그들 전부를 상대로 이 팔 하나로 저항했다는 걸, 그들에게 마지막까지 진실을 알리고, 그들의 정체를, 그들이 내게 한 짓을 알려 주었다는 걸. 그러니까 난 당신이 나를, 이 망가진 잔해를 보아도 아무렇지도 않습니다."

"당신은 몇 번이나 그 사람들을 상대로 용감하게 싸웠습니다." 아저씨가 대답했습니다.

"지금까지 그래 왔죠." 그리들리가 힘없이 웃으며 말했습니다. "싸움을 그만두면 어떤 일이 벌어질지 요전에 말씀드렸죠. 이쪽을 보세요! 우리 둘을 보세요—우리 둘을!" 그리들리가 플라이트 양의 팔에 잡혀 있던 손을 빼고 플라이트 양에게 좀 더 바짝 다가앉았습니다.

"이게 그 결말입니다. 내 모든 오랜 친구들 중에서, 내가 오랫동안 추구해 온 모든 일과 희망 중에서, 모든 살아 있는 세계와 죽은 세계 중에서, 오로지 이 불쌍한 사람만이 내게 어울리는 사람입니다. 우리 둘은 오랜 세월에 걸친 고난의 인연으로 이어져 있고, 이 인연이야말로 내가 이 세상에서 맺은 여러 인연 중에서 대법관 법정이 끊을 수 없었던 유일한 인연입니다."

"내 축복의 기도를 받아 줘요, 그리들리." 플라이트 양이 눈물을 흘리며 말했습니다. "내 축복의 기도를 받아 줘요!"

"나는 그들이 내 가슴을 갈가리 찢을 수는 없다고 생각했습니다, 잔다이스 씨. 절대로 그렇게 놔두지 않겠다고 결심했죠. 나는 내 몸이 병들어 죽을 때까지, 조롱거리일 뿐이었던 그놈들을 고소할 수 있고 실제로 그러겠다고 생각했습니다. 하지만 난 지쳐 버렸어요. 언제부터 이렇게 됐는지는 모르겠지만, 당장에라도 죽을 것만 같아요. 그들에게 이런 꼴을 절대로 알리고 싶지 않습니다. 내가 지금까지 오랫동안 그래 왔듯이 끝까지 그들에게 맞서며 죽어 갔다고, 여기 계신 여러분께서 그들에게 말해 주세요."

문 옆 구석에 앉아 있던 버킷 씨가 자기가 할 수 있는 범위에서 친절하게 위로의 말을 건넸습니다.

"자자!" 버킷 씨가 구석에서 입을 열었습니다. "그런 말은 하는 게 아닙니다, 그리들리 씨. 당신은 기운이 없을 뿐이에요. 인간은 누구나 기운이 좀 없을 때가 있죠. 나도 그래요. 그러니 그런 말은 그만두세요! 조만간 당신은 다시 몇 번이고 그들 모두를 상대로 화를 낼 거고, 운이 좋다면, 나는 스무 번이나 영장을 가지고 당신을 체포할 겁니다."

그리들리는 그저 고개를 가로저을 뿐이었습니다.

"머리를 가로젓지 말고 끄덕이세요. 당신이 그러는 걸 보고 싶군요. 우리는 함께 정말 많은 경험을 했습니다! 당신이 모독죄로 플리트 감옥에 들어갔을 때도 몇 번이나 봤잖아요? 당신이 불도그처럼 대법관을 꾸짖는 장면을 보고 싶어서 내가 스무날이나 오후 법정에 나갔잖아요? 기억하세요? 당신이 처음 변호사들을 협박했을 때, 보호를 요청한 사람이 일주일에 두서넛이나 있었던 것을? 거기 있는 할머니한테 물어보세요. 그 할머니가 지금까지 언제나 함께해 주었으니까. 그러니까 그리들리 씨, 그런 말은 그만두세요!"

"이 사람을 어쩔 셈입니까?" 조지가 나지막하게 물었습니다.

"아직 모르겠네." 버킷 씨도 나지막하게 말했습니다. 그런 다음 목소리를 높여 격려를 계속했습니다.

"지쳤다고요, 그리들리 씨? 요 몇 주 동안이나 날 따돌려서, 나를 수고양이처럼 이곳 지붕에 기어 올라오게 하고 의사로 변장해 찾아오게 해 놓고서? 도저히 지친 사람으로는 보이지 않는데요. 자, 어떻게 하면 될지 알려드리죠. 당신을 기운 나게 하려면 자극제가 필요해요. 그게 당신한테 필요한 것이죠. 나도 그랬어요. 자, 좋아요. 링컨 법조원 광장에 있는 털킹혼 변호사가 받은 체포 영장이 여기 있습니다. 뒤에는 여섯 개 주에서 집행할 수 있다는 조항이 쓰여 있죠. 이 영장에 따라 나와 함께 가서 치안판사 양반들 앞에서 신나게 격론을 펼치면 어떻습니까? 당신에게 좋은 효과가 있을 겁니다. 그 일로 당신은 기운도 나고, 대법관과 다시 한 판 붙을 연습도 되고요. 항복이라고요? 맙소사, 당신 같은 정력가의 입에서 항복이라는 단어를 듣게 될 줄이야! 그런 말씀은 하지 마세요. 대법관 법정에 가는 재미 중 절반은 당신한테 있습니다. 조지, 그리들리 씨를 부축해서, 누워 있는 것보다 일어나 있는 편이 좋지 않을지 좀 살펴주게."

"아주 쇠약해져 있어요." 기병이 나지막한 목소리로 말했습니다.

"그런가?" 버킷이 걱정스럽게 말했습니다. "난 힘을 북돋워 주고 싶을 뿐이네. 오랜 친구가 이렇게 포기하고 누워 있는 모습을 보고 싶지 않아. 나한테 조금 화를 내게 유도하면 기운이 날 텐데. 때리고 싶어지면 얼마든지 때리라고 해. 오른쪽이든 왼쪽이든 좋을 대로. 절대로 그걸 트집 잡지는 않을 테니."

플라이트 양의 찢어지는 비명이 지붕을 울렸습니다. 그 목소리는 지금도 내 귓가에 맴돕니다.

"안 돼, 그리들리!" 그리들리가 소리도 없이 풀썩 쓰러지는 것을 보고 플라이트 양이 소리쳤습니다. "내 기도도 받지 않고! 그렇게 오랜 세월을 함께 보냈는데!"

해가 저물고 어느새 햇빛이 서서히 지붕에서 물러나 그림자가 지기 시작했습니다. 그러나 내게는 그 두 사람의, 한 사람은 살아 있고 한 사람은 죽어 버린 그 두 사람의 그림자가 가장 어두운 밤보다 더 무겁게 리처드의 출발 위에 떨어지는 것처럼 시작했습니다. 리처드의 이별의 말속에서도 죽은 사람의 말이 메아리치는 듯했습니다.

"내 모든 오랜 친구들 중에서, 내가 오랫동안 추구해 온 모든 일과 희망 중에서, 모든 살아 있는 세계와 죽은 세계 중에서, 오로지 이 불쌍한 사람만이 내게 어울리는 사람입니다. 우리 둘은 오랜 세월에 걸친 고난의 인연으로 이어져 있고, 이 인연이야말로 내가 이 세상에서 맺은 여러 인연 중에서 대법관 법정이 끊을 수 없었던 유일한 인연입니다!"

# 제25장 스낙스비 부인, 모든 것을 꿰뚫어 보다

커시터 거리 쿡스 코트에 불안이 감돈다. 그 평화로운 지역에 어두운 의혹이 숨어 있다. 쿡스 코트의 주민들은 좋지도 나쁘지도 않은 평소와 다름없는 기분이지만, 스낙스비 씨는 그렇지 않다. 그의 귀여운 마나님이 그것을 눈치챈다.

톰 올 얼론스 거리와 링컨 법조원 광장이 통제되지 않는 두 마리의 사나운 말처럼 스낙스비 씨의 상상력의 마차를 제멋대로 끌고 다닌다. 버킷 씨를 마부로, 조와 털킹혼 씨를 승객으로 태우고 모든 장비를 갖춘 이 마차가 스물네 시간 내내 엄청난 속도로 스낙스비 법률가용 문구점 안을 휘젓고 다닌다. 식구들이 식사하는 바깥쪽 좁은 부엌 안에서도, 스낙스비 씨가 감자를 넣고 삶은 양의 다리고기를 자르기 시작하던 손을 멈추고 벽을 물끄러미 바라보면, 마차를 덜커덕거리며 말이 발에 땀이 날 정도로 빠르게 식탁에서 사라진다.

스낙스비 씨는 자신이 도대체 어떤 일에 휘말린 것인지 짐작조차 가지 않는다. 뭔가 심상치 않은 일이 어디선가 일어났는데, 그것이 도대체 어떤 심상치 않은 일인지, 그 결과가 무엇이고, 누구에게, 언제, 어떤 생각지도 못한 방식으로 나타날지 하는 것이 그를 고민하게 하는 난제 중의 난제다. 털킹혼 씨의 사무실에 한가득 쌓여 있는 먼지 속에서 번쩍이던 관복과 코로네트,<sup>1)</sup> 별 장식과 가터<sup>2)</sup>에 관한 어렴풋한 인상, 모든 법조원, 모든 챈서리 래인, 모든 법조 지구만큼이나 경외시 되는, 그의 가장 막역한 그 단골손님이 지배하는 수많은 비밀에 대한 존경심, 집게손가락을 흔들거나 매우 친근하게 굴어서 피할 수도 거부할 수도 없는 버킷 경감에 대한 기억, 이런 점들을 종합해 볼 때 스낙스비 씨는 자기가 아무것도 모르는 채 위험한 비밀에 얽혀 버렸다고 확신한다. 이런 사태가 더욱 무서운 이유는 평범하게 생활할 때든, 가게 문이 열려 있을 때든, 초

---

1) 귀족 신분을 나타내는 작은 관.
2) (스타킹·양말을 내려오지 않게 하는) 밴드.

인종이 울렸을 때든, 심부름꾼이 들어왔을 때든, 편지가 배달되었을 때든, 언제 어느 때 비밀이 새어 나가 발화하고 파열하고 폭발해—누가 폭발할지는 버킷 경감밖에 모른다—버릴지도 모르기 때문이다.

따라서 낯선 사람이 가게로 들어와(낯선 사람들이 많이 그렇듯이) "스낙스비 씨 계십니까?" 하고 물을 때마다 스낙스비 씨는 공연히 심장이 벌렁거린다. 그런 질문을 받으면 몹시 불안해지기 때문에, 사내아이들이 물으면 그 보복으로 계산대 너머로 상대의 귀를 손가락으로 튕기면서, 그게 무슨 의미냐, 왜 곧장 용건을 말하지 않느냐고 되묻는다. 그보다 다루기 힘든 사내들이나 소년들은 스낙스비 씨의 잠 속으로 집요하게 파고 들어가서 영문을 알 수 없는 질문들을 던져 그를 기겁하게 했으므로, 새벽녘 커시터 거리 작은 우유 가게의 수탉이 요란하게 화를 칠 무렵, 가끔 귀여운 마나님이 흔들어 깨우며 "이이가 왜 이렇게 정신을 못 차릴까!" 하면 스낙스비 씨는 자기가 악몽을 꾸고 있음을 깨닫는다.

이 귀여운 마나님 자체가 그에게는 적잖은 고민거리다. 어떤 상황에서도 아내에게 이를테면 이 욱신거리는 덧니를 감추고 철저하게 비밀을 숨겨야 하는데, 민감한 아내가 언제라도 남편의 머릿속에서 그것을 뽑아내려 하기에 스낙스비 씨는 이 치과의사 앞에서 마치 주인에게 어떤 사실을 숨기기 위해 주인을 똑바로 보지 못하고 계속 눈길을 돌리는 개처럼 행동한다.

귀여운 마나님이 눈치챈 이런 다양한 증세와 징조가 그녀에게 아무런 영향을 주지 않은 것이 아니다. 그렇기 때문에 그녀는 "스낙스비는 뭔가 걱정거리를 가지고 있어!" 같은 말을 하게 된다. 그리하여 커시터 거리 쿡스 코트에 의혹이 살그머니 스민다. 의혹에서 질투로 가는 길은 쿡스 코트에서 챈서리 래인으로 가는 길만큼이나 자연스럽고 가깝다는 사실을 스낙스비 부인은 알고 있다. 그리하여 커시터 거리 쿡스 코트에 질투가 스며든다. 질투는 한 번 스며들자(게다가 이것은 언제나 그 근방에 숨어 있다) 부인의 가슴속에서 엄청나게 빠른 속도로 활동을 시작하여 그녀로 하여금 남편의 주머니를 밤마다 조사하게 하고, 편지를 몰래 통독하게 하고, 당좌 장부와 원장을, 급기야는 돈궤와 쇠 금고까지 몰래 뒤지게 하고, 창가에서 몰래 지켜보게 하고, 문 뒤에 서서 엿듣게 한다.

스낙스비 부인이 언제나 쉴 새 없이 경계하는 탓에 마룻바닥이 삐걱거리는 소리와 옷자락이 스쳐 바스락거리는 소리로 집 안은 유령의 집처럼 변한다. 가게 종업원들은 옛날에 이 집에서 살인이 벌어졌다고 생각한다. 거스터는 흰 턱수염을 기른 노인이 지하실 아래에 묻힌 돈을 지키고 있는데, 이 노인은 주기도문을 거꾸로 외운 탓에 7천 년 동안이나 그곳에서 나오지 못하고 있다는 허무맹랑한 생각을 한다(투팅 탁아소에서 고아들 사이에 퍼져 있던 생각을 떠올린 것이다).

'님로드[3)]가 누구였더라?' 스낙스비 부인이 계속해서 자문한다. '그 귀부인이…… 그 여자가 누구였더라? 또 그 남자애는 누구였더라?' 님로드는 스낙스비 부인에게 이름을 차용당한 위대한 사냥꾼과 마찬가지로 죽어 버렸고 귀부인은 도저히 떠올릴 수가 없었으므로, 그녀는 경계심을 두 배로 하며 당분간은 소년에게 주의를 집중한다. 아내는 천한 번째 질문을 한다. '그래서 그 남자애는 누구였더라? 그 남자애는……!' 순간 그녀는 영감이 떠오른다.

그 애는 채드밴드 목사님을 전혀 존경하지 않아. 그래, 확실히 그래. 물론 그렇겠지. 그렇게 악에 물들기 쉬운 환경에 있으면 그런 게 당연하지. 목사님이 그 애한테 다시 여기로 와서, 목사님이 어디서 설교할지를 듣고 그리로 와서 설교를 들으라고 하셨는데……. 그래, 내가 이 귀로 똑똑히 들었어…… 그런데 오지 않았어! 왜 안 왔을까? 오지 말라는 소리를 들었기 때문이지. 누가 오지 말라고 했을까? 누가? 하하! 이 스낙스비 부인이 모든 걸 다 알고 있지.

하지만 다행히(이 대목에서 스낙스비 부인은 고개를 세차게 가로젓고 억지로 미소 짓는다) 채드밴드 목사님은 어제 그 애를 시내에서 보고는 그 애를 붙잡고 내일 밤에 쿡스 코트에 나타나지 않으면 경찰에 넘기겠다고 으름장을 놓은 거야. 어느 선별된 신도들에게 영적인 기쁨을 주기 위해 말하려고 생각하셨던 설교 주제로서는 그 애가 안성맞춤이니까. '네가 어디 사는지 말해, 그리고 내일 밤 쿡스 코트로 오겠다고 약속해, 그 약속을 지키지 않는다면 경찰에 넘기겠다고 말이지. '내일…… 밤…….' 스낙스비 부인은 단순히 강조를 위해 그렇게 되풀이하며 다시 한 번 고개를 세차게 내젓고 억지 미소를 짓는다. 그러니 내일 밤에

---

3) 제11장 주 3 및 본문 참조.

그 애가 이리로 올 거야. 내일 밤에는 그 애랑 다른 어떤 사람에게서도 눈을 떼지 말아야지. 아, 당신은 오랫동안 비밀을 만들고 숨겨 왔을지 모르지만(그녀는 오만한 경멸을 담아서 말한다) 내 이 눈은 절대 못 속여!

스낵스비 부인은 이 생각을 누구에게도 알리지 않고 조용히 결심을 간직한 채 침묵을 지킨다. 내일이 오고, 기름진 음식을 준비할 시각이 오고, 저녁이 온다. 검은 외투를 입은 스낵스비 씨가 오고, 채드밴드 부부가 오고, (탐욕스러운 '그릇'이 배가 부르자) 피가 되고 살이 되는 설교를 들으러 가게 종업원들과 거스터가 온다. 마지막으로, 이제부터 채드밴드 씨의 설교 주제가 될 구제불능 골칫덩이 조가 머리를 앞으로 숙이고, 다리를 뒤에서 질질 끌고, 앞에서 질질 끌고, 오른쪽에서 질질 끌고, 왼쪽에서 질질 끌고, 진흙 범벅이 된 손에 작은 털모자를 들고, 마치 피부병에 걸린 듯한 새를 붙잡은 뒤 털을 뽑아 산 채로 먹으려는 것처럼 모자의 보푸라기를 잡아 뜯으며 온다.

거스터에게 이끌려 조가 작은 응접실로 들어오자 스낵스비 부인이 눈을 가느다랗게 뜨고 흘끔 경계의 시선을 조에게 던진다. 방에 들어가자마자 조는 스낵스비 씨를 바라본다. 아하! 조가 왜 스낵스비 씨를 쳐다볼까? 스낵스비 씨도 조를 본다. 아내에게 모든 것을 들킨 게 아니라면 왜 그런 행동을 할까? 그런 게 아니라면 어째서 두 사람은 그런 식으로 얼굴을 마주 보는 걸까? 왜 스낵스비 씨는 당황해서 손에 입을 대고 기침을 해서 신호를 보내는 것일까? 스낵스비 씨가 그 애의 아버지임이 틀림없다.

"여러분," 채드밴드 씨가 일어나, 존엄한 얼굴에 배어 나온 기름을 닦으며 말한다. "평화가 우리와 함께하기를! 여러분, 제가 왜 우리와 함께하기를 바란다고 말했을까요?" 그는 느끼한 미소를 띠고 말한다. "평화가 우리를 거스를 리 없기 때문입니다. 평화가 우리 편이 되어 줄 것이 틀림없기 때문입니다. 평화는 사람의 마음을 딱딱하게 하지 않고 부드럽게 해 주기 때문입니다. 평화는 매처럼 싸움을 걸지 않고 비둘기처럼 우리 곁으로 돌아오기 때문입니다. 그러므로 여러분, 평화가 우리와 함께하기를! 소년이여, 앞으로 나오세요!"

채드밴드 씨는 축 늘어진 손을 뻗어 조의 팔에 걸치고, 이 소년을 어디에 앉힐지 생각한다. 조는 이 존엄한 신사의 의도가 매우 의심쩍어 실제로 고통스러운 처지가 될지도 모른다는 생각에 이렇게 중얼거린다. "날 내버려 둬. 나도 당신한테 아무 짓도 안 했잖아. 날 내버려 둬."

"안 되지요, 젊은 친구." 채드밴드 씨가 막힘없이 말한다. "난 당신을 내버려 두지 않을 겁니다. 왜일까요? 내가 수확에 열정을 쏟는 농부이기 때문입니다. 피 나는 노력을 하는 사람이기 때문입니다. 당신이 내게 넘겨져 내 손바닥 안에서 귀중한 도구가 되었기 때문입니다. 여러분, 이 도구를 여러분의 이익을 위해, 유익을 위해, 편의를 위해, 복지를 위해, 복리증진을 위해, 제가 쓸 수 있게 되기를! 내 젊은 친구여, 이 의자에 앉으세요!"

조는 이 존엄한 신사가 그의 머리카락을 밀어버리고 싶어 한다고 단단히 착각하고서 두 팔로 머리를 감싸고 몸부림치며 반항한 끝에 강제로 그 의자에 앉혀진다.

마침내 채드밴드 씨는 조의 자세를 바로잡더니 식탁 뒤로 물러나 곰 같은 손을 들고 말한다. "여러분!" 이것은 청중에게 조용히 하라고 보내는 신호다. 종업원들이 키득키득 웃으며 서로 쿡쿡 찌른다. 거스터는 채드밴드 씨에게서 받은 정신이 아득해지는 듯한 감동과, 오갈 데 없는 부랑아에게서 받은 깊은 연민이 뒤섞여 눈만 멍하니 뜨고 있다. 스낙스비 부인은 입을 꾹 다문 채 화약의 도화선을 설치한다. 채드밴드 부인은 웅변을 들으려면 따뜻해야 한다고 생각하며 난로 앞에 임숙히 앉아 무릎을 데운다.

채드밴드 씨는 설교단상에 오를 때면 습관대로 아무나 한 사람을 빤히 바라보며 열변을 토한다. 상대는 마땅히 감격해서 이따금 마음의 감동을 표현하는 신음 소리나 헐떡이는 소리를 내고, 옆에 앉은 중년 부인은 그 소리들을 똑같이 되풀이한다. 그리하여 그 소리들은 거기에 앉아 쉽게 감동하는 죄인들 사이에 벌칙 게임처럼 퍼져서, 의회식의 고상한 격려 목적에 맞게 채드밴드 씨의 기운을 북돋워 준다. 채드밴드 씨는 "여러분!" 하는 순간 그저 습관상 스낙스비 씨를 바라보며, 그것만으로도 당황해서 어쩔 줄 몰라 하는 이 팔자 사나운 문구점 주인을 직접적인 설교의 표적으로 삼기 시작한다.

"여러분," 채드밴드가 말한다. "지금 우리 중에는 이방인이자 이교도, 톰 올 얼론스 거리의 천막에 사는 사람이자, 이 지구상의 지면에 멈춰 서서는 안 되는 사람이 있습니다." 이다음부터 채드밴드 씨는 이 논점을 더러운 엄지손톱으로 풀면서 스낙스비 씨에게 느끼한 웃음을 던진다. 그것은 이래도 네가 쓰러지지 않는다면 곧 논쟁술의 백폴[4]을 맛보게 해 주겠다는 뜻이다. "여러분, 지금 우리 중에는 형제이자 소년인 사람이 있습니다. 부모님을 잃고, 친척을 잃고, 양떼와 소떼를 잃고, 금과 은과 보석을 잃은 사람이 있습니다. 그런데 여러분, 저는 왜 그가 이 소유물들을 잃었다고 하는 걸까요? 왜일까요? 왜 그는 그것들을 잃었을까요?" 채드밴드 씨는 스낙스비 씨에게 대단히 독창적이고 가치 있는 수수께끼를 던지고 포기하지 말고 풀어 달라고 애원이라도 하는 듯한 태도로 이 질문을 한다.

스낙스비 씨는 조금 전에—채드밴드 씨가 부모님이라는 단어를 말했을 때—자신의 귀여운 마나님으로부터 묘한 시선을 받고 몹시 당황한 터라 "전 모르겠습니다, 정말이에요." 하고 조심스러운 대답을 한다. 그러자 채드밴드 부인은 그를 매섭게 노려보고, 스낙스비 부인은 "부끄러운 줄 알아요!" 하고 말한다.

"저한테는 목소리가 들립니다." 채드밴드가 말한다. "그 목소리는 세미한 소리[5]일까요, 여러분? 그렇지 않을 겁니다. 그렇지 않기를 저는 간절히 바랍니다……."

"아…… 아!" 스낙스비 부인의 소리다.

"그 목소리는 모른다고 말합니다. 그럼 제가 여러분께 왜 그런지를 설명하지요. 지금 우리들 중에 있는 이 형제는 부모님을 잃고, 친척을 잃고, 양떼와 소떼를 잃고, 금과 은과 보석을 잃은 자라고 제가 말했습니다. 이 형제는 우리들 중 몇 사람 위에 비치는 빛을 잃었기 때문입니다. 그 빛은 무엇일까요? 그것은 무엇일까요? 저는 여러분께 그 빛이 무엇이냐고 묻는 겁니다."

채드밴드 씨는 말을 멈추고 머리를 뒤로 젖힌 채 기다리지만, 스낙스비 씨는 또다시 파멸을 부르려고 하지 않는다. 채드밴드 씨가 식탁 위로 몸을 내밀고, 아까 말한 그 엄지손톱으로 그다음 이야기를 곧장 스낙스비 씨에게 찔러 넣는다.

채드밴드 씨가 말한다. "그것은 광명 중의 광명, 태양 중의 태양, 달 중의 달, 별 중의 별입니다. 그것은 진리의 빛입니다."

---

4) Back-fall. 레슬링에서 상대를 쓰러뜨려 양 어깨를 매트에 닿게 하여 이기는 기술.
5) 신 또는 양심의 목소리. 구약성서 〈열왕기상〉 제19장 12절 참조.

채드밴드 씨는 다시 똑바로 서서, 지금 말을 들은 스낙스비 씨가 어떤 기분인지 말해 주었으면 좋겠다는 듯이 의기양양하게 스낙스비 씨를 바라본다.

"진리의 빛입니다." 채드밴드 씨가 말한다. "저한테 그것이 등불 중의 등불이 아니라고 말하지 마십시오. 여러분께 말하건대, 분명히 등불 중의 등불입니다. 백만 번 되풀이해서 여러분께 말하건대, 분명히 그렇습니다! 여러분께서 좋아하시든 말든 저는 그 점을 분명히 선언합니다. 아니, 여러분께서 싫어하면 싫어할수록 더더욱 나는 그 점을 선언합니다. 확성기를 들고서 말이지요! 여러분께 말하건대, 여러분께서 그 점에 반대하신다면 여러분은 쓰러질 것입니다. 상처 입고, 강타당할 것입니다. 몸에 무수한 금이 갈 것입니다. 산산조각으로 부서질 것입니다."

이 격앙된 웅변은—그 전체적인 힘을 채드밴드 씨의 신봉자들은 크게 칭찬하지만—채드밴드 씨를 불쾌하리만큼 흥분시킬 뿐만 아니라 죄 없는 스낙스비 씨를 철면피에 무정한 사람으로 보이게 하는 효과를 가져왔으므로, 이 불행한 상인은 차츰 당황해서 극도로 의기소침해짐과 동시에 아주 불편한 처지로 내몰리고 만다. 그때 뜻하지 않게 채드밴드 씨가 그의 숨통을 끊어 놓는다.

"여러분," 그가 잠시 느끼한 얼굴을 가볍게 두드린 뒤에 다시 시작한다—그의 머리에서 김이 모락모락 피어올라, 그의 손수건에 불이 붙는 게 아닐까 싶을 만큼 진한 연기가 된다. 머리를 두드릴 때마다 손수건에서도 연기가 난다—"우리가 보잘것없는 재능으로 힘써 말하고자 하는 주제를 계속하기 위해, 제가 지금 언급한 진리가 어떠한 것인지 사랑의 정신으로 살펴보지 않겠습니까? 즉, 내 젊은 친구들이여," 그가 갑자기 종업원들과 거스터에게 말하자 그들은 소스라치게 놀란다. "만일 의사가 나한테 내 몸에는 감홍과 아주까리기름이 좋다고 한다면 당연히 나는 감홍이 무엇인지, 아주까리기름이 무엇인지 의사에게 묻겠죠. 난 그중 하나 둘 다를 복용하기 전에 그것들에 관해 알고 싶어 할 겁니다. 자, 그럼 내 젊은 친구들이여, 진리는 어떤 것일까요? 먼저 (사랑의 정신에서) 평범한 종류의 진리란 어떤 것일까요? 그것은 속임수일까요?"

"아…… 아!" 스낙스비 부인의 목소리다.

"그것은 억제일까요?"

스낙스비 부인의 부정하는 몸짓.

"그것은 숨김일까요?"

스낙스비 부인이 고개를 가로젓는다—매우 세차게, 매우 오랫동안.

"아닙니다. 내 친구들이여, 진리는 지금 말한 그 어느 것도 아닙니다. 지금 말한 것들은 모두 진리에 속하지 않습니다. 지금 우리 중에 있는 이 젊은 이도교가— 내 친구들이여, 그는 무관심과 겁벌[6]의 상징이 눈꺼풀에 붙어서 자고 있습니다. 하지만 깨우지 마십시오. 그를 위해 제가 고투하고 투쟁하고 분투하고 정복해야 옳은 일이니까요—이 젊은 이교도가 수탉과 황소 이야기[7]나 귀부인과 금화 이야기를 했을 때, 그것은 진리였을까요? 아닙니다. 혹 부분적으로는 진리였다 쳐도 전체적으로도 진리였을까요? 아닙니다. 내 친구들이여, 아닙니다!"

이때 스낙스비 씨가 그의 영혼의 창, 즉 그의 눈으로 들어와 그 안을 뒤지고 다니는 아내의 시선을 견뎌냈다고 하면, 그것은 그의 성품에 맞지 않는 일이리라. 그는 움츠러들고 고개를 숙인다.

"내 젊은 친구들이여," 채드밴드 씨가 그렇게 말하고, 그들이 이해할 수 있는 수준까지 내려간다. 일부러 이만큼 아래까지 내려왔다는 듯이 온화한 미소를 띠고 말한다. "이 집 주인이 시내에서 장어를 보고 돌아와서는 이 집 안주인을 불러 놓고 '사라, 나와 같이 기뻐해 줘. 난 코끼리를 보고 왔어!' 한다면, 그게 진리일까요?"

스낙스비 부인이 눈물을 흘린다.

"코끼리를 보고 와서 '여보, 시내는 시시해. 장어밖에 없던걸' 한다면, 그게 진리일까요?"

스낙스비 부인이 소리 내어 흐느낀다.

"아니면 젊은 친구들이여." 채드밴드 씨가 그 흐느낌에 자극받아서 말한다. "이 졸고 있는 이교도의 무정한 부모님이—젊은 친구들이여, 물론 이 아이에게는 부모가 있었습니다—이 아이를 늑대와 대머리독수리와 들개와 새끼 산양과 뱀한테 던져 주고 집으로 돌아와 담배를 피우거나 요리를 먹거나 피리를 불거나 춤을 추거나 맥주를 마시거나 새나 짐승의 고기를 먹었다고 한다면 그

---

6) (죽은 뒤에) 영원히 계속되는 벌, 지옥에 떨어지는 벌.

7) 엉터리 이야기라는 뜻.

게 진리일까요?"

스낙스비 부인은 대답 대신 발작을 일으키는데, 크게 울부짖는 바람에 쿡스 코트에 그 째지는 목소리가 울려 퍼진다. 마침내는 강직증을 일으켜, 좁은 계단 위로 그랜드 피아노처럼 실어 날라야 한다. 그녀는 이루 말할 수 없이 괴로워하며 모두의 간담을 서늘하게 한 뒤(침실에서 온 급보에 따르면) 녹초가 되긴 했지만 고통은 없는 듯하다. 스낙스비 씨는 조금 전 피아노를 나를 때 짓밟히고 짜부라져서 몹시 겁먹고 지쳤지만 용기를 내서 응접실 문 뒤에서 나타난다.

그러는 내내 조는 눈을 뜬 장소에 우두커니 서서 줄곧 모자의 털을 잡아 뜯어서는 입에다 넣었다. 지금 그는 몹시 후회스럽다는 듯이 털 뭉치를 토해 낸다. 자신은 나면서부터 하느님에게 버려진 개선의 여지가 없는 사람이며, 자기는 아무것도 모르니까 아무리 눈을 뜨고 있으려고 노력해 봤자 헛수고라고 느끼기 때문이다. 그럴지도 모르지만, 조, 어느 역사책에는 이 지상에서 보통 사람들을 위해 행해진 온갖 행위가 쓰여 있는데, 이 책은 너같이 짐승에 가까운 사람들에게조차 대단한 흥미와 감동을 주니까, 만약 채드밴드 부부가 네게 빛을 보여 주기만 한다면 그 빛이 너의 눈을 뜨게 할 텐데, 너는 거기서 더 많은 것을 배울 텐데!

조는 그런 책에 관해서는 한 번도 들은 적이 없었다. 그 책을 엮은 사람들도 채드밴드 목사도 그에게는 마찬가지다. 다른 점이 있다면, 채드밴드 목사라면 그가 아는 사람이고, 그의 말을 5분 동안 들을 바에는 1시간 동안 피신해 있는 편이 좋다고 생각한다는 점이다. '이 이상 여기서 기다려 봤자 소용없어.' 하고 조는 생각한다. '스낙스비 아저씨는 오늘 밤 나한테 어떤 얘기도 해 주지 않을 거야.' 그리하여 그는 다리를 끌면서 아래층으로 내려간다.

아래층에서는 자비로운 거스터가 부엌 계단 난간을 붙잡고서, 스낙스비 부인의 비명으로 유발된 지병의 발작을 가라앉히려고 하지만 마음대로 되지 않는 듯하다. 그녀는 조에게 주려고 자신의 저녁 식사인 빵과 치즈를 가지고 왔지만, 이때 처음으로 용기를 내어 조와 한두 마디 나눈다.

"이걸 먹으렴, 불쌍하기도 하지." 거스터가 말한다.

"고맙습니다, 아주머니." 조가 말한다.

"배고프지?"

"엄청 배고파요!"

"엄마 아빠는 어디 계시니?"

조는 와구와구 씹다 말고 화석이 된 듯 꼼짝도 하지 않는다. 투팅에 무덤이 있는 어느 그리스도교 성인 밑에서 자란 이 여자 고아가 그의 어깨를 쓰다듬 었기 때문이다. 그는 그런 따뜻한 손길을 받는 것이 난생처음이다.

"엄마 아빠에 관해서는 아무것도 몰라요."

"나도 그렇단다." 거스터가 큰 소리로 외친다. 그리고 발작의 징후를 억누르려 는 사이에 뭔가에 놀랐는지 황급히 계단에서 내려가 사라져 버린다.

"조," 조가 계단을 떠나려는데 가게 주인이 조용히 속삭인다.

"여기 있어요, 스낙스비 아저씨!"

"네가 나간 줄 몰랐다…… 자, 이번에도 반크라운 은화를 주마, 조. 요전날 밤 에 나와 함께 나갔을 때 그 여자에 관해 아무 말도 하지 않은 건 정말 잘한 일 이었다. 그건 퍽 성가신 일이 될지도 몰라. 비밀에 부쳐서 나쁠 것 하나 없다, 조."

"저를 믿으세요, 아저씨!"

"그럼 잘 가라."

주름 장식이 달린 침실용 모자를 쓴 유령 같은 그림자가 가게 주인의 뒤를 따라, 아까 그가 나왔던 방까지 갔다가 더 위층으로 소리도 없이 올라간다. 그 뒤 스낙스비 씨가 어디를 가든지, 그의 그림자와는 다른 또 다른 그림자가 그 의 그림자만큼이나 충실하고 조용하게 그를 따라다니기 시작한다. 스낙스비 씨의 그림자가 어떤 비밀스러운 환경에 들어가든 그 비밀과 관련된 사람들 은 늘 조심하는 게 좋다! 그곳에는 빈틈없이 지켜보는 그의 아내도 있을 테니 까—그의 뼈 중의 뼈, 그의 살 중의 살, 그의 그림자 중의 그림자로서.[8]

---

8) 아내를 뜻함. 아담이 이브를 자신의 뼈와 살로 만들었음을 빗댄 것. 구약성서 〈창세기〉 제2장 23절 참조.

# 제26장 저격병들

겨울 아침이 무딘 눈과 누런 얼굴로 레스터 광장 부근을 내려다본다. 주민들은 아직 잠자리에서 나오고 싶어 하지 않는다. 그중 대다수는 해가 중천에 떴을 즈음에 잠자리에 들었다가 별이 빛날 즈음에 눈을 번쩍 뜨고 사냥감을 찾는 야행성 새들이기 때문에, 가장 화창한 계절에도 일찍 일어나지 않는다. 집집마다 위층과 다락방의 거무칙칙한 블라인드와 커튼 뒤는 가짜 이름, 가짜 머리카락, 가짜 직함, 가짜 보석, 가짜 경력으로 많건 적건 정체를 숨긴 약탈자들의 무리가 잠든 곳이다. 그들은 외국 갤리선[1]이나 국내 트레드밀[2]의 경험담을 이야기할 법한 트럼프 사기꾼, 끊임없이 공포에 떠는 유약하고 불쌍한 강국의 스파이, 싸움에서 진 배신자, 겁쟁이, 불량배, 도박사, 야바위꾼, 사기꾼들이다. 머리를 땋아 내리고 죄과를 이야기하는, 낙인 자국이 있는 사람도 있다. 하나같이 네로 황제 이상으로 진인하고 뉴게이트 감옥[3]에 있는 사람들의 모든 죄를 합친 것보다도 많은 죄를 저질렀다. 악마란 녀석은 능직 무명옷이나 농부의 작업복을 입었을 때 사악해지지만(분명 둘 가운데 어느 경우든 대단히 사악해진다), 와이셔츠 가슴에 장식 핀을 꽂고 신사라 칭하며 트럼프나 룰렛 내기를 하고, 당구를 한두 판 치고, 증권과 약속어음을 조금 알았을 때야말로 어떤 모습을 했을 때보다 음흉하고 냉혹하고 참을 수 없는 존재가 된다. 버킷 경감이 악마를 찾고자 한다면, 아직도 레스터 광장으로 통하는 좁은 골목들에 이런 모습을 한 악마가 스며 있다는 사실을 깨달을 것이다.

그러나 겨울 아침은 그런 사람들은 깨우지 않고 사격연습장 주인인 조지 씨

---

1) 옛날 지중해에서 쓰였던 배. 노를 갖춘 대형 범선으로, 대개 노예와 범죄자가 벌로서 노를 젓는다.
2) 옛날 감옥 안에서 죄인에게 징벌로서 발로 밟아 돌리게 했던 기구.
3) 15세기 이전부터 20세기 초까지 런던 시내에 있던 감옥. 영국에서 가장 큰 감옥으로 유명.

와 그의 친구를 흔들어 깨운다. 두 사람은 일어나서 매트리스를 둥글게 말아 보관한다. 조지 씨는 작은 거울 앞에서 수염을 깎은 뒤 모자를 쓰지 않고 가슴팍을 다 드러낸 채 좁은 안뜰에 있는 펌프까지 척척 걸어갔다가, 냉수마찰을 하고 노란 비누와 차가운 물로 몸을 씻은 뒤 빗속에서 몸을 빛내며 돌아온다. 그는 물 위로 막 떠오른 잠수병처럼 숨을 크게 몰아쉬면서 긴 수건으로 몸을 닦는다. 햇볕에 그은 양쪽 관자놀이 위에 늘어진 뻣뻣한 머리카락을 문지르자 머리카락은 더욱더 뻣뻣하게 꼬부라져, 쇠갈퀴나 말의 털을 빗겨 주는 빗만큼 강제력이 있는 도구라도 쓰지 않으면 도저히 빗어질 것 같지 않다. 조지 씨는 두 다리로 물이 떨어지지 않도록 상체를 충분히 앞으로 구부리고는 머리를 좌우로 돌려가며 물기를 닦는다. 그러나 필은 무릎을 꿇고 불을 피우면서 그쪽으로 고개를 돌린 다음 그런 조지의 모습을 구경하는 것만으로 자기도 몸을 씻은 셈이며, 주인이 내던진 넘치는 활력을 들이마시는 것만으로 하루의 원기를 회복하는 데 충분하다고 말하고 싶은 얼굴이다.

조지 씨는 몸을 말린 뒤 빗 두 개를 함께 써서 인정사정없이 머리를 빗는다. 사격연습장 벽에 어깨를 대고 빙 돌면서 청소하던 필은 그런 그를 바라보며 동정을 표한다. 머리를 다 빗자 조지 씨의 치장은 금방 끝난다. 그는 담뱃대에 담배를 채우고 불을 붙인 뒤, 평소 습관대로 피우며 박자에 맞추어 방 안을 서성인다. 한편 필은 뜨거운 롤빵과 진한 커피 향기를 풍기며 아침 식사를 준비한다. 조지 씨는 진지한 얼굴로 담배를 피우고, 느릿느릿한 속도로 행진한다. 오늘 아침의 담배는 무덤 안에 있는 그리들리의 영혼에 바치는 모양이다.

"필," 사격연습장 주인인 조지가 말없이 몇 번쯤 오간 뒤에 말한다. "어젯밤에 시골 꿈을 꿨다고 했지?"

참고로 말하자면, 필은 잠자리에서 나오며 그런 말을 했던 것이다.

"네, 주인님."

"시골은 어땠지?"

"어땠는지 잘 모르겠어요, 주인님." 필이 생각하면서 말한다.

"시골이라는 걸 어떻게 알았지?"

"풀이 자라 있어서 그런 것 같아요. 풀밭에는 백조가 있었고요." 필이 계속 생각하면서 말한다.

"백조가 풀밭에서 뭘 하던?"

"풀을 먹고 있었을걸요." 필이 말한다.

주인은 다시 행진하고, 하인은 다시 아침 식사를 준비한다. 준비라고 하지만 매우 간단한 아침 식사 도구를 2인분 늘어놓고, 난로의 녹슨 쇠살대에서 얇은 베이컨 조각을 구울 뿐이다. 뭐든지 필요한 물건을 가져와야 할 때는 사격장 벽을 따라 꽤 먼 거리를 옆으로 걸어야 하는 필은 한 번에 두 가지 물건을 가지고 오는 법이 없으므로 시간이 걸린다. 드디어 아침 식사가 준비된다. 필이 식사할 시간임을 알리자, 조지 씨는 쇠살대 옆 선반에 담뱃대를 두드려 재를 떨고 담뱃대는 난로 구석 위에 세워 놓고서 식사 자리에 앉는다. 조지 씨가 먹기 시작하자 필도 작은 직사각형 식탁 끄트머리에 앉아 접시를 무릎 위에 놓고 먹는다. 겸손을 떨기 위해서였든지, 시커멓고 지저분한 손을 감추기 위해서였든지, 아니면 그것이 먹을 때의 자연스러운 자세라서였든지, 이유는 셋 가운데 하나다.

조지 씨가 쉴 새 없이 나이프와 포크를 움직이며 말한다. "시골이라고는 하지만 넌 아직 시골을 본 적이 없잖아, 필?"

"습지는 한 번 봤어요." 필이 자기 몫을 만족스럽게 먹으며 말한다.

"어떤 습지였지?"

"그 습시 말이에요, 대장님." 필이 대답한다.

"어디에 있는 습지인데?"

"어디에 있는지는 모르지만, 전 봤어요, 주인님. 평평했어요. 안개가 끼어 있었고요."

주인님과 대장님은 필에게 서로 맞바꿔 쓸 수 있는 말로, 똑같이 존경과 복종의 뜻을 나타내며, 오직 조지 씨에게만 쓰는 호칭이다.

"난 시골에서 태어났어, 필."

"정말이세요, 대장님?"

"응. 그리고 시골에서 자랐지."

필은 한 쪽 눈썹을 들어올리고 꽤 흥미롭다는 표현을 하기 위해 공손하게 주인의 얼굴을 바라본 다음 커피를 꿀꺽 마신다. 눈은 여전히 주인을 쳐다보고 있다.

"난 새소리에 대해서라면 모르는 게 없지. 수많은 영국의 나뭇잎과 열매 중

내가 이름을 모르는 것은 거의 없어. 어떤 나무든지 올라가라면 당장에라도 올라갈 수 있지. 옛날에 난 거의 시골 아이였어. 우리 어머니는 시골에서 사셨지.”

“분명 훌륭한 어머니였을 거예요, 주인님.”

“물론이지! 게다가 35년 전에는 그다지 할머니도 아니었지. 하지만 분명 아흔 살에 나만큼이나 허리가 꼿꼿하고 나만큼이나 가슴을 펴고 다니셨을 거야.”

“아흔 살에 돌아가셨어요, 주인님?” 필이 묻는다.

“아니야! 내 어머니를 편히 쉬게 해 드려. 하느님의 은총이 있기를!” 기병이 말한다. “어쩌다 내가 시골 소년이라는 둥 집을 나왔다는 둥 하는 시시한 이야기를 하게 됐지? 아, 너 때문이구나. 그런데 넌 꿈에서 본 것과 습지 말고는 아직 시골을 보지 못했지?”

필이 고개를 끄덕인다.

“시골을 보고 싶으냐?”

“아, 아니요. 특별히 보고 싶은지 아닌지 모르겠어요.” 필이 말한다.

“넌 도시로 충분하지, 응?”

“글쎄요, 대장님. 전 도시 이외의 다른 곳은 전혀 모르고, 낯선 곳에 가기엔 너무 나이가 많은 것 같아요.”

“네가 몇 살이지, 필?” 기병이 김이 모락모락 나는 커피를 받침 접시째 입으로 가져가는 동안 잠깐 말을 멈췄다가 묻는다.

“몇 살인지 아무튼 그 안에 여덟이 들어가는 나이예요.” 필이 말한다. “여든일 리는 없죠. 열여덟일 리도 없어요. 그사이 어디쯤일 거예요.”

조지 씨가 그 안에 든 것을 마시지 않고 받침 접시를 천천히 내려놓고서 웃으며 말한다. “맙소사, 필⋯⋯.” 그는 무슨 말을 말하려다 필이 더러운 손가락을 꺾어 가며 헤아리는 것을 보고 도중에 멈춘다.

“교구 계산법에 따르면, 전 정확히 여덟 살 때 땜장이와 함께 떠났어요. 심부름을 갔다가 오래된 건물 밑에서 불을 독차지하고 무척 기분 좋게 앉아 있는 땜장이를 봤는데, 그 사람이 ‘얘야, 나랑 같이 가고 싶니?’ 하기에 ‘네’ 했던 거죠. 그래서 땜장이와 저는 불을 가지고 클러큰웰[4]에 있는 집으로 갔어요. 그때

---

4) 링컨 법조원에서 북쪽으로 반마일쯤 떨어진 곳.

가 만우절이었어요. 전 십까지 셀 수 있었는데, 다시 만우절이 돌아왔을 때 생각했죠. '네 나이는 이제 하나하고 여덟이 되었다.' 그다음 만우절에는 '네 나이는 이제 둘하고 여덟이 되었다.' 하고 생각했고요. 세월이 흐르는 사이에 저는 십하고 여덟이 되었고, 십 두 개하고 여덟이 되었어요. 나이가 무지하게 많아지자 손으로 셀 수 없게 되었지만, 그래도 이렇게 해서 제 나이에는 여덟이 들어간다는 사실을 늘 알고 있지요."

"오호라!" 조지 씨가 다시 아침을 먹으며 말한다. "그래, 그 땜장이는 지금 어디 있지?"

"술 때문에 병원에 끌려갔어요, 주인님. 병원에서…… 유리 상자 안에 집어넣어졌다고 들은 적이 있어요." 필이 알아듣기 어려운 대답을 한다.[5]

"그래서 넌 승진했지? 가게를 물려받았지, 필?"

"네, 대장님. 제가 가게를 물려받았죠. 하지만 대단한 기반도 없었어요. 사프론 힐이나 해튼 가든, 클러큰웰, 스미필드 등지와 같은, 주전자가 닳고 닳아 도저히 쓸 수 없게 될 때까지 수리를 맡기지 않는 가난한 구역에서 일했으니까요. 떠돌이 땜장이들은 대개 우리 가게로 묵으러 왔는데, 그들이 제 스승님의 주요 수입원이었어요. 하지만 나는 찾아오지 않게 되었죠. 난 스승님하고는 달랐으니까요. 스승님은 그 사람들한데 멋진 노래를 들려주었거든요. 진 그러지 못했어요! 스승님은 뭐든지, 깡통이라도 철이나 놋쇠로 된 것이면 다 두드려서 음악을 연주할 줄 알았죠. 전 냄비나 깡통을 가지고 수리하거나 손잡이를 다는 게 다였어요―음악의 '음'자도 몰랐으니까요. 그뿐만이 아니에요. 제 몰골이 하도 추해서 그 땜장이들의 부인들은 저를 싫어했어요."

"여자들은 쓸데없이 까다로우니까. 넌 무난하게 검열을 통과할 정도야, 필!" 기병이 환하게 웃으며 말한다.

"아니요, 주인님." 필이 고개를 가로저으며 대답한다. "안 될 거예요. 전 통과하지 못할 거예요. 땜장이 스승님과 함께 갔을 때는 그럭저럭 합격이었어요. 그때도 자랑할 만한 몰골은 아니었지만 말이에요. 하지만 어려서 입으로 불을

---

5) 여기서 말하는 '병원'이란 돈이나 의지할 곳 없는 사람을 수용하는 자선병원을 말한다. 전혀 오갈 데 없는 병자가 죽으면 그 시체를 의대생의 해부실습에 쓰고, 마지막에는 뼈를 유리 상자에 넣어서 교재로 전시했었다.

불다가 얼굴 피부를 엉망으로 만들고, 머리카락을 태워먹고, 연기를 들이마셨죠. 거기다 운도 지지리도 없어서 뜨거운 쇠 주전자에 부딪쳐 화상 흉터를 만들었고요. 나이가 들고 나서는 스승님이 술에 취했을 때면—거의 언제나 그런 상태였지만—대개 둘이서 치고받고 했어요. 아주 이상했어요. 그때도 이미 그랬었지요. 그때부터 저는 장인들이 시시덕거리는 어두운 대장간에서 12년을 일하고, 가스 공장에서 사고를 당해 불에 타고, 폭죽 공장에서 화약을 채울 때 창문 밖으로 날아가고 하면서 이런 추한 몰골이 되어 구경거리가 되었지요!"

그런 자신의 모습에 만족하는 듯한 태도로 필은 커피를 한 잔 더 청한다. 그것을 마시며 그가 말한다.

"제가 대장님을 처음 만난 건 그 화약 폭발이 있은 다음이었어요, 대장님. 기억하세요?"

"기억하지, 필. 넌 햇볕 아래에서 걷고 있었잖아."

"기고 있었죠, 주인님. 담벼락에서……."

"맞아, 필…… 어깨를 붙이고서……."

"취침용 모자를 쓰고서!" 필이 흥분한 나머지 소리를 지른다.

"취침용 모자를 쓰고서……."

"절뚝거리며 지팡이를 두 개 짚고 있었어요!" 필이 더욱 흥분해서 외친다.

"지팡이를 두 개 짚고 있었지. 그때……."

"그때 대장님이 멈춰 섰죠." 필은 찻잔과 받침 접시를 내려놓은 다음, 요리 접시를 얼른 무릎에서 치우고 말한다. "그리고 저한테 이렇게 말했어요. '무슨 일인가, 전우! 전쟁터에서 돌아온 모양이군!' 대장님, 그때 전 대장님께 그다지 많은 말을 하지 않았어요. 너무 놀랐거든요. 대장님처럼 강하고 건강하고 배짱 좋은 사람이 저같이 뼈와 가죽만 남은 절뚝발이에게 멈춰 서서 말을 걸어 주시다니. 하지만 대장님은 진심으로 저를 따뜻하게 대해 주셨어요. 뜨거운 술처럼 말이에요. '무슨 사고를 당한 거지? 부상이 심각한데. 무슨 일이야? 기운을 내! 그리고 까닭을 설명해 보게!' 그 순간 전 기운이 펄펄 났어요. 제가 대장님께 이야기하자 대장님은 저한테 더 많이 말씀하셨고, 제가 더 많이 말하자 대장님은 더더욱 많이 말씀하셨어요. 그렇게 해서 저는 이곳에 오게 되었지요, 대장님! 전 이곳에 왔어요, 대장님!" 필은 의자에서 일어나, 영문은 알 수 없지만 예의 그 게걸음으로 걷기 시작한다. "만약 표적이 필요하다면, 그래서 가게가 번창한다면, 손님들이 저를 표적으로 삼아도 좋아요. 그들은 제 외모를 망칠 수 없어요. 만약 그들이 권투 상대가 필요하다면 저를 치라고 하세요, 제 머리통을 맘껏 때리라고 하세요, 전 아무렇지도 않으니까요. 콘월 형이든 데본셔 형이든 랭커셔 형[6]이든 연습용으로 집어던질 경량급 선수가 필요하다면 저를 집어던지라고 하세요. 그들은 저를 다치게 하지 못할 거예요!"

필 스쿼드는 이 뜻밖의 열변을 토함과 동시에 지금 자신이 언급한 다양한 경기의 동작을 흉내 내면서 사격연습장 벽에 어깨를 대고서 삼 면을 돌더니 갑자기 조지 대장 쪽으로 방향을 튼 다음 대장의 머리를 들이받는다. 그로써 헌신적인 충성심을 보여 주려는 것이다. 그런 다음 필은 아침 식탁을 치우기 시작한다.

조지 씨는 껄껄 웃으며 필의 어깨를 다독여 주고, 식탁을 치우는 것과 사격연습장 문 여는 것을 도와준다. 그러고는 아령으로 한바탕 체조한 다음, 체중을 재고 '살이 좀 쪘군' 생각하고서, 날이 넓은 검을 휘두르며 몹시 진지한 얼굴로 혼자 검술 연습에 열을 올린다. 그 사이에 필은 늘 앉는 탁자에서 작업을 시작한다. 총을 꺼내 나사를 조이고, 나사를 풀고, 청소하고, 줄질을 하고, 작은 구멍에 입김을 불어넣으며 점점 몸을 시커멓게 더럽힌다. 요컨대 총에다 대고 할 수 있는 모든 일과 할 수 없는 모든 일을 하거나 하지 않는 듯하다.

그러는 사이에 낯선 손님 일행이 찾아왔는지 낯선 발소리가 입구 복도에서 들린다. 마침내 주인과 하인은 그 소리에 저마다 행동을 멈춘다. 발소리가 차츰 사격연습장 쪽으로 다가오더니 웬 사람들이 안으로 들어온다. 얼핏 보기에 11월 5일[7]이 아니면 1년 중 어느 날도 어울리지 않을 사람들이다.

일행은 의자에 앉은 채 두 남자에게 실려 들어온 다리를 못 쓰는 못생긴 인물과 경직된 가면 같은 얼굴을 한 빼빼 마른 여성이다. 그녀는 의자가 내려지

---

6) 모두 레슬링의 형식.

7) 1605년 11월 5일, 영국 가톨릭교도들이 의회를 폭파하고 제임스 1세를 시해하려는 음모를 꾸몄으나 사전에 발각되었다. 이때 폭파를 맡은 군인의 이름을 따서 11월 5일을 '가이 폭스의 날'이라고 부르며, 해마다 이날이 되면 가이 폭스를 닮은 기괴한 인형을 불태우는 행사가 열린다.

자 입술을 굳게 다무는데, 그러고 있지만 않는다면 영국을 산 채로 폭파하려던 날을 기념하는 시를 당장에라도 읊을까 기대되는 인상이다. 그때 의자에 앉은 인물이 "아, 하느님! 아이고, 나 죽네! 몸이 기우네!" 하고 헐떡거리며 말한 뒤 "잘 지내시오? 응? 잘 지내시오?" 하고 덧붙인다. 그제야 조지 씨는 존경스러운 스몰위드 노인이 손녀 주디를 호위로 내세워 바람을 쐬러 나왔음을 깨닫는다.

"내 친구, 조지 씨," 스몰위드 노인은 동행인들 가운데 부축하던 한 명의 목을 조르고 있던 오른팔을 푼다. 남자는 여기까지 오는 동안 질식하기 일보 직전이었다. "잘 지내시오? 내가 찾아와서 놀란 모양이군. 응?"

"도시에 있는 당신의 재계 친구가 찾아왔다고 해도 이만큼 놀라지는 않았을 겁니다." 조지 씨가 대답한다.

"난 좀처럼 외출하지 않으니까." 스몰위드 노인이 헐떡거리면서 말한다. "벌써 몇 달 동안이나 하지 않았지. 난 밖으로 나오면 불편해서 말이야. 돈도 들고. 하지만 당신을 만나고 싶어 견딜 수가 없었소, 조지 씨. 건강은 좀 어떻소?"

"점점 더 좋아지고 있죠. 당신도 마찬가지겠죠?"

"아무리 건강해도 지나친 법은 없지." 스몰위드 노인이 조지 씨의 두 손을 꼭 쥔다. "오늘은 손녀 주디를 데리고 왔소. 이 애를 두고 올 수가 있어야지. 주디는 당신을 만나고 싶어서 좀이 쑤셨을 거요."

"흠! 그런 것치고는 너무 태연한데!" 조지 씨가 중얼거린다.

"그래서 삯마차를 불러 의자를 실었지. 난 이 길모퉁이를 돌자마자 마차에서 들어 내려져 의자에 앉았고, 여기까지 실려 들어온 것이오. 친구인 당신을 당신 집에서 만나고 싶어서 말이지!" 스몰위드 노인이 하마터면 목이 졸려 죽을 위기에서 살아나 목을 문지르고 있는 남자를 가리키며 말한다. "이 사람은 마부인데, 할증료는 한 푼도 안 받기로 약속이 돼 있다오. 또 이 사람은……" 그는 다른 한 사람을 가리키며 말한다. "길거리에서 맥주 한 잔 값으로 고용했지. 주디, 이 사람한테 2펜스를 주거라. 이 집에 일꾼이 있을지 없을지 확실히 몰라서 말이야. 안 그러면 이 사람을 쓰지 않았을 텐데."

스몰위드 노인이 그런 식으로 필을 언급하며, 그에게 몹시 겁먹은 시선과 반쯤 숨죽인 "아, 하느님! 아이고, 나 죽네!" 하는 비명을 던진다. 겉으로 보면 노인의 불안에도 아주 이유가 없는 것은 아니다. 아직 이 검은 벨벳 모자를 쓴 이상한 인물을 본 적 없는 필은 소총을 손에 든 채 우뚝 멈춰 섰는데, 그 모습은 사격의 명수가 스몰위드 노인을 추악한 늙은 까마귀로 착각하고서 단숨에 쏘아 죽이려는 듯이 보였기 때문이다.

"얘야, 주디," 스몰위드 노인이 말한다. "이 사람에게 2펜스를 줘라. 이만한 수고의 대가치고는 비싸지만 말이야."

그 사람은 런던 서쪽의 여러 마을에서 자연히 자라나는 희귀종 인간 곰팡이류로, 낡고 붉은 재킷을 입고서 대기하고 말을 붙잡고 마차를 호출하는 것을 '사명'으로 삼는다. 그는 2펜스를 받아들고 기뻐하기는커녕 공중에 집어던지더니 손을 높이 쳐들어 도로 받고는 사라진다.

"조지 씨," 스몰위드 노인이 말한다. "날 불 옆으로 옮겨 주겠소? 난 늘 불을 쬐는 데다 늙어서 몸이 금방 차가워진다오. 아이고, 나 죽네!"

노인이 느닷없이 이 마지막 비명을 지른 것은 스쿼드 군이 무슨 요정처럼 의자째로 그를 번쩍 들어 올렸다가 벽난로 바닥돌에 내려놓았기 때문이다.

"아, 하느님!" 스몰위드 노인이 헐떡거리며 말한다. "아이고, 나 죽네! 기겁을 했네! 당신네 일꾼은 힘이 장사구려―게다가 아주 민첩해. 아, 하느님, 이 사람은 정말이지 민첩해! 주디, 날 뒤로 좀 빼 줘. 다리가 타고 있어." 사실이었다. 그의 털신에서 나는 냄새를 그 자리에 있는 모든 사람이 맡을 수 있었다.

상냥한 주디가 할아버지를 불 앞에서 조금 뒤로 빼 주고, 여느 때처럼 그의 몸을 흔들어 깨워 주고, 눈 위까지 덮어 버린 검은 벨벳 소화 기구[8]를 들어 올려 준다. 스몰위드 노인은 다시 "아이고, 나 죽네! 아, 하느님!"을 되풀이하고 주위를 둘러보다가, 조지 씨가 자기를 쳐다보고 있는 것을 보자 두 손을 내민다.

"이렇게 만나게 되어 반갑소! 그래, 여기가 당신 집이오? 아늑한 집이구려. 꼭 그림 같아! 설마 이곳에서 뭔가가 우연히 폭발하는 일은 없겠지?" 스몰위드 노인이 심각하게 덧붙인다.

"그럼요. 그럴 염려는 없습니다."

"그리고 저 일꾼 말인데,―아이고, 나 죽네!―설마 그럴 마음도 없으면서 총

---

8) 옛날, 불붙은 촛불 따위에 씌워서 불을 끄는 데 썼던 원통형 금속 또는 도기를 이 노인의 모자에 비유한 것.

을 잘못 쏘는 일은 없겠지?"

"저 사람은 자기 자신 말고는 다른 사람에게 상처를 입히지 않습니다." 조지 씨가 생글생글 웃으며 말한다.

"하지만 그럴지도 모르잖아. 자기에게 큰 상처를 입힌다면 다른 사람에게도 상처를 입힐지 모르지." 노신사가 대꾸한다. "자기는 그럴 마음이 없을지도 모르지만……아니, 그럴 마음이 있을지도 모를 일이지. 조지 씨, 저 사람한테 기분 나쁜 총일랑 내려놓고 저쪽으로 가 있으라고 명령해 주지 않겠소?"

기병의 신호에 따라 필은 빈손으로 사격연습장 끄트머리로 물러난다. 스몰위드 노인이 안심하고 두 다리를 문지르기 시작한다.

"그래, 사업은 잘 되고 있소, 조지 씨?" 그는 날이 넓은 칼을 든 채 자기 쪽을 똑바로 보고 있는 기병에게 말한다. "아무 문제없이 번창하고 있겠지요?"

조지 씨가 차갑게 고개만 끄덕여 대답하고는 덧붙인다. "그다음 이야기를 해 보세요. 그런 걸 물으려고 오시진 않았겠죠."

"당신은 정말로 활력 넘치는 사람이오, 조지 씨." 덕망 있는 노인이 대꾸한다. "유쾌한 친구지."

"하하! 어서 용건을 말씀해 보라니까요!"

"오! 그런데 그 칼은 번쩍번쩍 한 것이 아주 잘 들게 생겼구먼. 자칫하다간 누가 다치고 말겠어. 보고 있자니 몸서리가 쳐지는군요, 조지 씨!" 이 선량한 노신사는 기병이 그 검을 놓으려 한두 발짝 저쪽으로 가자 옆의 주디에게 말한다. "저 녀석은 나한테 빚이 있으니까, 이 살인 연습장에서 묵은 빚을 갚겠다는 마음을 먹을지도 몰라. 네 빌어먹을 할머니가 여기서 저놈한테 머리가 댕강 베어지면 좋을 텐데."

조지 씨가 돌아와서 팔짱을 낀다. 그는 의자에 앉은 노인의 몸이 계속 옆으로 기우는 모습을 내려다보며 조용히 말한다. "그럼 시작할까요!"

"호오!" 스몰위드 노인이 큰 소리로 말하고는 교활한 미소를 지으며 두 손을 비빈다. "자, 그럼 지금이 기회요. 그런데 뭘 시작하지요, 내 친구?"

"담배를 피우는 거지요." 조지 씨는 벽난로 구석에 자기 의자를 차분히 갖다 놓고 앉아, 난로에 세워 두었던 담뱃대를 꺼내 느긋하게 담배를 피우기 시작한다.

이때 스몰위드 노인은 몹시 당황하는 모습을 보인다. 자신의 목적을 이루기가 어렵게 되었기 때문이다. 몹시 화가 난 그는 은밀히 허공을 할퀴어 댐으로써 조지 씨의 얼굴을 마구 할퀴어 찢어 주고 싶은 열망을 표현한다. 이 선량한 노신사는 손톱이 길고 납빛이며, 손은 빼빼 말라서 정맥이 도드라지고, 녹색 눈에는 눈물이 어려 있고, 허공을 할퀴어 대는 동안에도 의자에 앉은 몸은 계속 기울어 볼썽사나운 모습으로 쓰러진다. 평소 익숙한 주디의 눈에도 꼴사납게 비쳤으므로, 이 처녀는 뜨거운 가족애 이상의 감정에서 노인에게 달려들어 격렬하게 흔들어 깨우고 몸 여기저기를, 특히 호신술[9]에서 말하는 명치를 줄기차게 치고 문지르고 한다. 노인은 고통스러운 나머지, 도로 공사 인부가 땅에 구멍을 뚫을 때 쓰는 기계 같은 소리를 낸다.

이런 방법으로 주디는 핏기 없는 얼굴에 서리가 내린 듯한 하얀 코를 한(그러고도 계속 허공을 할퀴고 있는) 스몰위드 노인을 다시 의자에 일으켜 앉히고는 쭈글쭈글한 집게손가락을 뻗어 조지 씨의 등을 쿡 찌른다. 기병이 고개를 들자 그녀는 늙은 할아버지도 쿡 찔러 둘이 같이 있게 한 다음 난롯불을 바라본다.

"아아, 아아! 호오, 호오! 우…… 우…… 우…… 우후!" 스몰위드 노인이 격렬한 분노를 애써 삼키고는 툭 내뱉는다. "이보시오!"

"한마디만 해 두죠." 조지 씨가 말한다. "저랑 할 이야기가 있으면 분명히 말씀하세요. 저는 성질이 급해서 빙 돌려 말하는 걸 못하거든요. 그런 재주는 부릴 줄 모릅니다. 그렇게 영리하지 않아서요. 그런 건 제 성격과 맞지 않습니다." 기병이 담뱃대를 다시 입에 물고서 말한다. "누가 빙빙 돌려서 말하는 걸 들으면 전 목이 졸리는 기분이거든요!"

그러고서 그는 목이 졸리지 않았다는 사실을 확인하려는 듯, 떡 벌어진 가슴팍을 크게 부풀린다.

조지 씨가 계속한다. "친구로서 방문해 주셨다면 고맙게 생각합니다. 잘 지내시는지요? 혹시 이 집에 무슨 재산이 있나 살피러 오셨다면 마음껏 보세요. 잘 오셨습니다. 무슨 할 말이 있으시다면 확실히 말씀하세요!"

주디가 불에서 눈을 떼지 않고 유령처럼 할아버지를 쿡 찌른다.

---

9) 권투를 뜻함.

"어떻습니까! 손녀분도 같은 의견인데요." 조지 씨가 주디를 유심히 바라보며 말한다. "그런데 이 아가씨는 왜 보통 사람처럼 의자에 앉지 않는지 저로서는 이해가 안 가는군요."

"이 애는 날 보살피려고 곁을 떠나지 않는 거요. 난 늙은이에요, 조지 씨. 그래서 얼마쯤 보살핌을 받아야 하죠. 난 늙었어도 건강해요. 빌어먹을 앵무새와는 다르죠." (으르렁대면서 그렇게 말하고 무의식중에 쿠션을 찾는다) "하지만 보살핌이 필요해요."

"그렇군요!" 기병이 대답하고 의자를 돌려서 노인과 마주 앉는다. "그런데요?"

"조지 씨, 내 재계 친구가 당신의 제자와 조그만 거래를 했습니다."

"그런가요? 안됐군요."

"그래요." 스몰위드 노인이 다리를 문지른다. "조지 씨, 그 제자는 카스톤이라는 이름의 훌륭한 젊은 군인입니다. 친구들이 나서서 모든 빚을 갚아 주었지요."

"친구들이 그랬습니까?" 조지 씨가 대꾸한다. "당신 생각으로는, 당신의 재계 친구가 충고를 듣고 싶어 하는 것 같나요?"

"그런 것 같소. 당신의 의견을 말이지요."

"그럼 당신의 재계 친구에게 충고하는데, 이제 그 젊은이와는 거래하지 말라고 하십시오. 더는 안 돼요. 내가 아는 한 그 젊은이는 완전히 막다른 곳에 몰려 있으니까요."

"아니, 아닙니다. 아니에요, 조지 씨. 아니에요, 아니에요. 절대로 아니에요." 스몰위드 노인이 앙상한 다리를 교활하게 비비며 반대한다. "아직 완전히 막다른 곳에 몰리진 않았을 겁니다. 좋은 친구도 많고, 봉급도 있고, 장교 수당도 있고, 소송에서 이길 확률도 있고, 부인을 얻을 가능성도 있고, 그리고…… 아, 조지 씨, 내 친구는 그 젊은이한테 아직도 뭔가 가능성이 있다고 생각합니다만?" 스몰위드 노인은 벨벳 모자를 들어 올린 뒤 원숭이처럼 귀를 긁는다.

담뱃대를 옆에 내려놓고 의자 등받이에 한 팔을 올린 채로 앉아 있던 조지 씨가 이야기의 전개가 못마땅한지 오른 발로 바닥을 탁탁 두드린다.

"화제를 바꿔 볼까요?" 스몰위드 노인이 다시 말한다. "농담을 좋아하는 어떤 사람이 말하듯이, 이야기를 진급시켜 볼까요, 조지 씨? 소위에서 대위로 옮겨 볼까요?"

"도대체 무슨 말입니까?" 조지 씨가 얼굴을 찡그리면서 구레나룻을 쓰다듬던 손을 멈추고 묻는다. "무슨 대위요?"

"우리의 대위죠. 우리가 아는 그 대위요. 호든 대위 말입니다."

"아! 그 말이었군요?" 할아버지와 손녀가 둘 다 불편하게도 자기를 빤히 쳐다본다고 깨닫자 조지 씨가 나지막하게 휘파람을 불고서[10] 말한다. "그런데 그게 어쨌다는 겁니까? 이제 더 이상 목 졸리고 싶지 않아요. 어서 말씀하세요!"

"조지 씨," 노인이 대답한다. "나는 말이에요, 어제…… 주디, 몸 좀 흔들어서 깨워 줘…… 어제 대위에 대한 질문을 받았는데, 지금도 난 대위가 죽지 않았다고 생각해요."

"설마!" 조지 씨가 말한다.

"지금 뭐랬나요, 친구?" 노인이 귀에 손을 대고 듣는다.

"설마!"

"호오! 조지 씨, 내 의견이 틀렸는지 아닌지는 내가 받은 질문과 그런 질문을 받은 이유에 비추어 직접 판단하는 게 좋을 겁니다. 아무튼, 이 사건을 조사하는 변호사가 바라는 게 무엇일 것 같소?"

"일이요."

"그린 게 아니오!"

"그렇다면 변호사가 아니겠죠." 조지 씨가 결심을 굳힌 듯 팔짱을 끼고 말한다.

"그 사람은 변호사요, 유명한 변호사. 그 변호사는 호든 대위가 쓴 종이쪽지를 보고 싶어 했습니다. 자기가 갖겠다는 게 아니에요. 그걸 자기가 보관하고 있는 서류의 글씨와 비교하고 싶다는 거죠."

"그래서요?"

"그래서요, 조지 씨. 그 변호사는 호든 대위에 대한 광고와 그에 대한 정보가 문득 떠올라서 그 광고를 찾아보다가 날 찾아왔소. 내 소중한 친구, 당신처럼 말이지요. 나와 악수해 주겠소? 그날 당신이 찾아와서 정말 다행이오! 오지 않았더라면 이렇게 친한 교우를 맺을 기회를 놓쳤을 테니까!"

---

10) 놀라움을 나타낸다.

"그래서요, 스몰위드 씨?" 조지 씨가 다소 어색하게 악수 의례를 마친 다음 다시 묻는다.

"난 그런 건 갖고 있지 않았소. 내가 갖고 있는 건 대위의 서명뿐이지. 역병, 악성 유행병과 기근, 싸움과 살해와 급사가 그를 덮치기를!" 노인이 자기가 외우고 있는 얼마 안 되는 기도 중 하나[11]를 주문처럼 바꾸어 말하고, 분노를 주체하지 못하는 두 손으로 벨벳 모자를 들어 올린다. "그의 서명이라면 오십만 개는 갖고 있을 거요!" 주디가 모자를 볼링공처럼 머리에 다시 씌워 주자 노인이 헐떡거리면서 얌전한 말투로 돌아와 말한다. "그런데 조지 씨, 당신은 도움이 될 만한 편지나 서류를 갖고 있을 것 같아서 말이지요. 그 사람 손으로 쓴 것이라면 뭐든지 도움이 될 거요."

기병이 곰곰이 생각하면서 말한다. "그 사람 손으로 쓴 글씨라면 갖고 있을 지도 모르겠네요."

"오, 조지 씨!"

"갖고 있지 않을지도 모르고요."

"호오!" 스몰위드 노인이 낙담해서 말한다.

"하지만 산더미처럼 갖고 있다 한들, 이유를 모르고서는 탄약 한 알 만큼이라도 보여드릴 수 없습니다."

"이보시오, 이유는 벌써 얘기했잖소. 조지 씨, 이유는 아까 얘기했잖아요."

"그것으로는 모자라죠. 더 듣고 동의할 만한 이유가 아니라면 안 됩니다."

"그럼 변호사를 찾아가 보겠소? 그 사람을 만나러 가 주시오." 스몰위드 노인이 재촉하며, 다리뼈 같은 바늘이 달린 낡은 은시계를 주머니에서 꺼낸다. "오늘 오전 10시부터 11시 사이에 찾아갈 거라고 말해 두었는데 지금이 10시 반이오. 그 신사를 만나러 가 주겠소, 조지 씨?"

"흠!" 그가 진지한 얼굴로 말한다. "그건 상관없습니다. 당신이 이 일하고 왜 그렇게 심각하게 관계가 있는지는 모르겠지만."

"대위에 관해 조금이라도 밝힐 가능성이 있는 일이라면 나하고 뭐든지 관계가 있지요. 대위는 우리 모두를 속이지 않았소? 우리 모두에게 엄청난 빚을 지

---

11) 영국국교회의 〈기도서〉에 있는 구절은 "선한 주여, 우리를 번개와 폭풍으로부터, 역병, 악성 유행병, 기근으로부터, 싸움과 살해로부터, 급사로부터 구해 주소서."

게 했잖아요? 나하고 관계가 있느냐고요? 나만큼 대위하고 관계있는 사람이 어디 있겠소?" 스몰위드 노인이 목소리를 낮추어 말한다. "당신한테 배신하라는 게 아니오. 그건 얼토당토않은 말이지요. 나갈 준비가 되었소?"

"네! 곧 가겠습니다. 단, 다른 약속은 하지 않겠습니다."

"그래요, 조지 씨. 알았소."

"그런데, 어딘지는 모르겠지만, 거기까지 공짜로 마차를 태워 주는 곳이 있다죠?" 조지 씨가 모자와 사슴 가죽 장갑을 꺼내면서 묻는다. 스몰위드 노인이 이 농담을 매우 재미있어하며 난로 앞에서 낮고 길게 웃는다. 그러나 웃는 동안에도, 마비된 어깨 너머로 줄곧 조지 씨를 힐끔거리며 그를 유심히 지켜본다. 조지 씨는 사격연습장 저 안쪽에 있는 소박한 장롱의 자물쇠를 열고, 높은 선반을 여기저기 찾다가 마침내 바스락거리는 종이 소리를 내며 뭔가를 꺼내더니 접어서 가슴 안주머니에 넣는다. 주디가 스몰위드 노인을 쿡 찌르고, 스몰위드 노인도 주디를 쿡 찌른다.

"준비가 다 되었습니다." 기병이 돌아와서 말한다. "필, 이 노인을 마차까지 모셔다 드릴 수 있지?"

"아이고, 나 죽네! 아, 하느님! 잠깐 기다려요!" 스몰위드 노인이 말한다. "이 남자는 너무 빨라! 자네, 정말로 조심해야 하네."

필은 아무 대꾸 없이 의자와 그 위에 앉은 짐을 통째로 붙잡는다. 스몰위드 노인은 찍소리도 못하고서 바짝 매달려 있다. 필은 이 노신사를 가까운 화산까지 운반하는 멋진 임무라도 수행하듯이 게걸음으로 복도 벽을 따라 내달린다. 그러나 필의 짧은 임무는 삯마차가 서 있는 곳에서 끝나고, 그는 노신사를 마차 위로 올린다. 아름다운 주디가 그 옆자리에 앉고, 의자는 지붕의 장식이 되며, 조지 씨는 마부석 빈자리에 앉는다.

조지 씨는 이따금 바로 등 뒤의 창을 통해 승객석을 살필 때마다 눈에 비치는 광경에 매우 당황한다. 주디는 줄곧 꼼짝도 않고 앉아 있고, 한쪽 눈 위로 모자가 흘러내린 노신사는 줄곧 자리에서 짚더미 속으로 미끄러지며 마차가 덜거덕거려 감당하지 못하겠다는 표정을 한 채 다른 쪽 눈으로 조지 씨를 올려다보고 있었기 때문이다.

# 제27장 노병은 한 명이 아니다

목적지는 링컨 법조원 광장이므로 조지 씨는 마부석에서 팔짱을 낀 채 그리 먼 길을 달리지는 않는다. 마부가 말을 멈추자 조지 씨가 마차에서 내려 창 안을 들여다보고 말한다.

"당신이 말한 사람이 털킹혼 씨였습니까?"

"그렇소. 그를 아시오, 조지 씨?"

"소문으로 좀 들었습니다. 본 적도 있고요. 하지만 그를 아는 건 아닙니다. 그쪽도 절 모르고요."

이어서 스몰위드 노인을 2층으로 실어 날라야 하는데, 이 일은 기병이 도와주어서 어렵지 않게 끝난다. 노인은 털킹혼 씨의 넓은 방으로 옮겨지고, 난로 앞 터키 양탄자 위에 놓인다. 털킹혼 씨는 지금은 없지만 곧 돌아올 예정이다. 현관 의자에 앉아 있던 남자가 그 말만 하고는 세 손님에게 불을 피워 주고 물러간다.

조지 씨는 그 방에 강한 호기심을 느낀다. 그림이 그려져 있는 천장을 올려다보고, 낡은 법률서를 구경하고, 고귀한 의뢰인들의 초상화를 감상하고, 여러 서류 상자의 이름을 큰 소리로 읽는다.

"'준남작 레스터 데들록 경.'" 조지 씨가 생각에 잠기면서 읽는다. "아하! '체스니 월드 저택'이라. 흠!" 조지 씨는 서류 상자를―그림이라도 감상하듯이―오랫동안 서서 바라보다가 불 옆으로 돌아와서 다시 말한다. "준남작 레스터 데들록 경과 체스니 월드 별장이라?"

"거액의 재산가죠, 조지 씨!" 스몰위드 노인이 두 다리를 문지르며 속삭인다. "대단한 부자예요!"

"누가요? 여기서 일하는 노신사요, 준남작이요?"

"여기서 일하는 노신사 말이오."

"그런 이야기는 나도 들은 적이 있어요. 이곳은 썩 괜찮은 곳이군요." 조지가 다시 주위를 둘러보며 말한다. "저기 있는 금고를 보세요!"

대화는 털킹혼 씨의 도착으로 갑자기 중단된다. 물론 그는 조금도 변하지 않았다. 후줄근한 옷을 입고, 한 손에 안경을 들고 있으며, 안경집마저 다 해졌다. 입은 무겁고 태도는 쌀쌀맞다. 쉰 목소리는 나지막하다. 감시를 게을리하지 않는 얼굴은 습관적으로 대단히 비판적이고 경멸적인 빛을 띠고 있다. 사실이 모두 밝혀진다면 결국 털킹혼 씨에게보다는 귀족들 쪽에 열렬한 숭배자가 생길 것이다.

"안녕하시오, 스몰위드 씨. 좋은 아침입니다!" 그가 방으로 들어오면서 말한다. "그 중사를 데리고 왔군요. 앉으시오, 중사."

털킹혼 씨가 장갑을 벗어 모자 안에 넣으면서, 기병이 서 있는 방 건너편을 실눈으로 쳐다본다. 어쩌면 마음속으로 이렇게 말하리라. '당신으로 충분하겠지!'

"앉으시오, 중사." 그가 난로 한쪽 옆에 놓인 자기 탁자 쪽으로 걸어와 안락의자에 앉은 뒤 다시 한 번 말한다. "오늘 아침은 춥고 냉랭하군, 아주 춥고 냉랭해!" 털킹혼 씨가 난로의 쇠살 앞에서 손바닥과 손등을 교대로 녹이며, 자기 앞에 작은 반원으로 앉은 세 사람을 바라본다.

"이제야 살겠군!" (아마도 두 가지 의미에서 그러리라) "스몰위드 씨 우리의 좋은 친구인 중사를 데리고 와 주었군요."

"네, 선생님." 스몰위드 노인이 변호사의 부와 세력에 굽실거리면서 대답한다. "그래, 이번 사건에 관한 중사의 의견은 어떻지요?"

"조지 씨," 스몰위드 노인이 시들어 빠진 손을 부들부들 휘두르면서 말한다. "이쪽은 털킹혼 씨라오."

조지 씨는 그 신사에게 경례하지만, 그다음부터는 윗몸을 꼿꼿이 세운 채 입을 꾹 다물고—야외 연습 날에 다는 모든 부속품을 몸에 달고 있는 것처럼 의자 끄트머리에—앉아 있다.

털킹혼 씨가 이어서 말한다. "조지? ……자네 이름이 조지였지?"

"그렇습니다."

"자네 의견은 어떤가, 조지?"

기병이 대답한다. "실례합니다만, 당신 의견은 어떤지 묻고 싶습니다."

"보수에 관해서인가?"

"모든 점에 관해서입니다."

이 대답이 스몰위드 노인의 심기를 크게 건드린다. 그가 느닷없이 큰 소리로 "이런 빌어먹을!" 하고 소리치더니 별안간 털킹혼 씨에게 사죄하고, 이 실언을 둘러대기 위해 주디를 향해 말한다. "얘야, 갑자기 네 할머니 생각이 나서 말이야."

"중사," 털킹혼 씨가 의자 한 쪽에 기대어 다리를 꼬고 말을 잇는다. "스몰위드 씨한테 설명을 들었겠지? 얘기는 매우 간단하네. 즉, 자네가 한때 호든 대위를 부하로서 섬기고, 대위가 병에 걸렸을 때는 간호도 해 주고 충성을 바쳐서 대위의 신임을 꽤 얻었었다는 이야기네. 그렇지 않은가?"

"네, 그렇습니다." 조지 씨가 군인답게 짧게 말한다.

"그러니까 어쩌면 자네는 뭔가—뭐든 상관없네—계산서, 훈령, 명령, 편지 할 것 없이 뭐든지—호든 대위가 쓴 것을 갖고 있을지도 몰라. 그걸 내가 갖고 있는 것과 비교해 보고 싶네. 그런 기회를 준다면, 자네의 노고에 보답하겠네. 3기니나 4기니, 5기니라면 충분한 액수 아닌가?"[1]

"정말 훌륭하십니다!" 스몰위드 노인이 눈을 가늘게 뜨고서 외친다. "충분하지 않다면 군인으로서 자네의 양심을 걸고 얼마든지 더 요구해도 좋아. 그 종이를 손에서 놓고 싶지 않다면 놓을 필요는 없지. 물론 난 받고 싶지만."

조지 씨는 아까와 똑같은 곧은 자세로 앉아서, 그림이 그려진 천장을 바라보며 한마디도 하지 않는다. 성미 급한 스몰위드 노인이 허공을 할퀸다.

털킹혼 씨가 논리적이고 나지막하고 무관심한 투로 말한다. "문제는 첫째로, 자네가 호든 대위가 쓴 것을 갖고 있느냐 아니냐네."

"첫째로, 제가 호든 대위님이 쓴 것을 갖고 있느냐 아니냐 입니다." 조지 씨가 복창한다.

"둘째로, 수고를 아끼지 않고 그것을 제공해 주는 자네에게 어떻게 보상하느냐네."

---

1) 1기니는 21실링 상당의 옛날 금화.

"둘째로, 수고를 아끼지 않고 그것을 제공해 드리는 저에게 어떻게 보상하느냐입니다."

"셋째로, 이건 자네가 스스로 판단할 수 있는 문제인데, 자네가 갖고 있는 종이에 씌어 있는 글씨가 이 글씨와 비슷하냐 아니냐네." 털킹혼 씨는 갑자기 글자가 쓰인 종이 몇 장을 조지 씨에게 내민다.

"그 글씨가 이 글씨와 비슷하냐 아니냐군요."

조지 씨가 똑바로 털킹혼 씨를 보면서 그 세 문장을 모두 기계처럼 복창하고, 살펴보라며 건네준 잔다이스 대 잔다이스 사건의 선서진술서에는 (손에 쥐고는 있지만) 눈길도 주지 않은 채, 어쩔 줄 몰라 생각에 잠긴 듯 가만히 변호사의 얼굴을 들여다본다.

털킹혼 씨가 말한다. "그래, 자네 의견은 어떤가?"

"그래서 말입니다," 조지 씨가 스윽 일어나 거대한 몸집으로 대답한다. "실례합니다만, 어느 쪽인가 하면, 전 이 사건에 얽히고 싶지 않습니다."

털킹혼 씨가 얼핏 아무런 동요도 보이지 않은 채 묻는다. "왜지?"

기병이 대답한다. "전 군인으로서 어쩔 수 없는 경우가 아니면 실무에 손을 대지 않기 때문입니다. 일반인들 사이에 있으면 전 스코틀랜드인이 말하는 아무짝에도 쓸모없는 인간이지요. 스스로 서류를 볼 줄 아는 머리가 없습니다. 어떤 십자포화도 견딜 수 있지만, 반대심문의 일제사격에만큼은 젬병이에요. 불과 한 시간 전에 스몰위드 씨한테도 말했는데, 전 이런 사건에 휘말리면 숨통이 끊어지는 기분이 든답니다." 조지 씨가 일동을 둘러보고 말한다. "그리고 그게 지금 제 기분입니다."

이렇게 말함과 동시에 그는 큰 보폭으로 세 걸음 나아가 변호사의 탁자 위에 서류를 내려놓은 뒤 다시 큰 보폭으로 세 걸음 물러나 본디 자리로 돌아와 똑바로 선다. 다른 서류를 건네받기는 절대 사양이라는 듯이 두 손을 뒷짐 진 채 바닥을 내려다보거나 그림이 그려진 천장을 올려다보거나 한다.

이렇게 되자 화가 난 스몰위드 노인은 애용하는 욕지거리가 입 밖으로 튀어나오려고 한다. 그는 "이보시오" 하는 말을 "이봐"로 시작하는 바람에 첫마디가 "이봐시오"로 바뀌고 말아 언어장애라도 일으킨 것처럼 보인다. 그러나 한번 이 난관을 통과하자, 그는 친구 조지 씨에게 더없이 다정한 태도로 변호사의 요구를 들어주라고, 그건 잘못된 일이 아닐 뿐만 아니라 돈이 되는 일이라고 줄기차게 권유한다. 털킹혼 씨는 가끔 "자네에게 뭐가 이롭고 해로운지는 자네가 가장 잘 알겠지, 중사"라든가 "이번 일로 피해를 입지 않도록 주의하게"라든가 "자네 하고 싶은 대로 하게, 맘대로 해"라고만 말한다. 털킹혼 씨는 이런 말을 탁자 위의 서류를 훑어보고 편지 쓸 준비를 하면서 한다.

조지 씨는 미심쩍은 얼굴로 그림이 그려진 천장에서 바닥으로, 바닥에서 스몰위드 씨에게로, 스몰위드 씨에게서 털킹혼 씨에게로, 털킹혼 씨에게서 다시 그림이 그려진 천장으로 시선을 옮기며, 이따금 당혹감에 발을 바꾸어 몸의 중심을 이동한다.

조지 씨가 말한다. "정말이지 무례한 말씀은 드리고 싶지 않지만, 실제로 당신과 스몰위드 씨 두 사람은 오십 번쯤 연달아 제 숨통을 조이고 있습니다. 당신들 신사에게는 당할 수가 없어요. 실례합니다만, 뭣 좀 물어도 되겠습니까? 제가 대위님의 필체가 담긴 종이를 찾았다고 가정했을 때, 도대체 당신은 왜 그걸 보고 싶어 하는 겁니까?"

털킹혼 씨가 조용히 고개를 젓는다. "가르쳐 줄 수 없네. 자네가 사업가라면 그 이유를 들을 필요도 없이 알겠지만 말이야, 중사. 나 같은 일을 하다 보면, 그 자체는 딱히 어떻다 할 것 없지만 비밀로 해야만 하는 경우가 더러 있기 마련이야. 하지만 자네가 혹든 대위에게 피해가 갈까 걱정해서 그러는 거라면 그 점은 안심해도 좋네."

"네! 대위님은 이미 돌아가셨습니다."

"정말인가?" 털킹혼 씨는 편지를 쓰기 위해 조용히 앉는다.

"네." 기병이 우물쭈물하다가 다시 잠시 침묵한 뒤에 모자 안을 들여다보며 말한다. "별로 도움을 드리지 못해서 죄송합니다. 두 분이 양해해주신다면, 저보다 사무 일에 밝은 한 친구와 먼저 상담을 하고 나서 말씀드리고 싶군요. 이 사건에 얽히고 싶지 않다는 제 의견을 어떤 친구가 확인해 주고 여러분께서도 다소나마 납득해 주신다면, 전 기쁜 마음으로 상담할 생각입니다. 그 친구는 오래된 군인이지요. 저는…… 저는 사실 지금 숨통이 완전히 조여 와서……" 조지 씨는 절망한 듯이 이마를 한 손으로 문지른다. "어떻게 해야 할지 잘 모르겠습니다."

그의 상담자가 늙은 군인이라는 말을 듣자 스몰위드 노인은 그 군인의 의견을 들으라고, 그리고 특히 이것은 5기니나 그 이상이 걸린 문제임을 알려 주라고 줄기차게 설득한다. 결국 조지 씨는 만나러 가겠다고 약속한다. 털킹혼 씨는 누구에게도 아무 말이 없다.

"그럼 이만 물러나서 친구와 의논하겠습니다." 기병이 말한다. "그리고 오늘 중에 아무 때나 마지막 대답을 가지고 돌아오겠습니다. 스몰위드 씨, 아래층으로 내려가고 싶으시면—"

"조금만 더 기다려 주시오, 조금만 더. 그 전에 이 신사와 비밀 이야기를 좀 나누게 해 주겠소?"

"좋습니다, 천천히 하십시오." 기병은 방 끄트머리로 물러나 금고며 그 밖의 서류 상자를 다시 호기심 어린 눈으로 살펴보기 시작한다.

스몰위드 노인이 변호사 겉옷의 접은 옷깃을 붙잡아 상대를 자기 눈높이까지 끌어내리고서, 분개한 두 눈에 절반은 사라진 녹색 빛을 번뜩이며 속삭인다. "제가 우리 집의 빌어먹을 갓난애처럼 약해지지 않았다면 저 사람한테서 서류를 억지로 빼앗았을 텐데요. 서류는 가슴 안주머니에 있습니다. 저 사람이 거기에 넣는 걸 봤어요. 주디도 봤지요. 주디, 왜 스테이크 가게의 간판처럼 심술궂은 얼굴을 하고 그러냐? 자, 저 사람이 안주머니에 서류를 넣는 걸 봤다고 큰 소리로 말해!"

이 맹렬한 주문과 함께 노인이 손녀를 떠다밀지만, 힘이 과해서 털킹혼 씨를 붙잡은 채 의자에서 떨어지자 주디가 붙들어서 마구 흔들어댄다.

털킹혼 씨가 냉정하게 말한다. "나는 폭력을 싫어해요."

"네, 네. 압니다, 알아요. 하지만 부아가 치밀고 복장이 터져 견딜 수가 있어야죠—주절주절 고시랑고시랑 지껄이는 까치 같은 네 할머니보다 더!" 태연히 있는 주디에게 말하지만, 그녀는 그저 불을 바라볼 뿐이다. "그가 우리가 원하는 걸 갖고 있으면서 내놓지 않는 걸 알잖나. 그가 그걸 내놓지 않다니! 그가! 떠돌이 녀석 같으니! 하지만 상관없습니다, 상관없어요. 그 사람이 제멋대로 구는 것도 잘해야 잠깐입니다. 전 그 사람의 목을 정기적으로 조르고 있지요. 그의 모가지를 비틀어 놓겠습니다. 쥐어짜 주겠어요. 선뜻 내놓지 않는다면 억지로라도 내놓게 해 보이겠습니다! 저, 조지 씨." 스몰위드 노인이 변호사를 붙잡았던 손을 놓아 주며 그에게 눈짓한다. "그럼 당신의 친절한 손을 빌려 볼까요, 친구!"

털킹혼 씨는 냉정한 가운데 다소 흥분한 기미로 불을 등진 채 난로 앞 양탄자 위에 서서, 사라지는 스몰위드 씨의 모습을 지켜보고, 기병의 작별인사에 고개를 가볍게 끄덕여 응답한다.

스몰위드 노인을 아래층으로 나르는 것보다 노인에게서 벗어나는 것이 어렵다는 사실을 조지 씨는 깨닫는다. 노인이 마차 안으로 돌아오자, 사례금인 기니에 대해서 열변을 토하며 그의 단추를 아주 사랑스럽다는 듯이 움켜쥐고 놔주지 않았기 때문에—실은 앞섶을 열고 서류를 반드시 훔쳐 내려는 꿍꿍이에서—기병은 노인과 헤어지기 위해 어느 정도 힘을 써야 했던 것이다. 드디어 헤어지는 데 성공하자 기병은 혼자서 상담자를 찾으러 떠난다.

수도원 같은 분위기의 템플을 지나고, 화이트프라이어스 거리를 지나고(거기서 해킹 소드 앨리를 잠깐 들른다. 그의 사업과 다소 관계가 있는 곳인 듯하다), 블랙프라이어스 다리와 블랙프라이어스 가도를 지나서, 조지 씨는 켄트주와 서리 주에서 오는 가도며 런던의 몇몇 다리에서 오는 가도가 '엘리펀트'[2]라는 유명한 곳으로 집중하는 저 교통의 중추[3]와 가깝고 작은 가게가 즐비한 어느 거리 쪽으로 유유히 걸어간다. 최근 이 코끼리(엘리펀트)는 사두마차 천 대로 이루어진 자신의 성(캐슬)[4]을 잃고 말았다. 언제라도 코끼리를 다진 고기로 만들어 버리려고 벼르고 있는 더 강대한 철로 된 괴물[5] 때문이다. 지금 도착한 거리에 즐비한 작은 가게 가운데 진열장에 바이올린 몇 대, 목신의 피리[6] 몇 개, 탬버린 한 개, 트라이앵글 한 개, 길고 가느다란 악보가 몇 개 놓여 있는 악기점 쪽으로 조지 씨는 묵직한 발걸음을 옮긴다. 가게 몇 발자국 앞에서 군인 같은 차림

---

2) 옛날부터 있었던 'Elephant&castle'이라는 술집을 일컬음. 셰익스피어의 《십이야》에도 나온다. 주 4 참조.

3) 런던 템스강 남쪽 서더크 자치구에 있는 여섯 개의 가도가 만나는 곳. 역마차 시대부터 교통이 복잡하고 주 2의 술집이 있어서 그 이름이 이곳의 지명이 되었다.

4) 옛날 전차로 썼던 코끼리의 등에 병사를 태우기 위해 달았던 전루를 '캐슬'이라고 했다.

5) 기차를 가리킴.

6) 그리스 신화에 나오는 목신(牧神) 팬이 썼다고 하는 악기. 길이가 저마다 다른 피리를 긴 순서대로 뗏목 모양으로 엮은 모양을 하고 있으며, 입으로 분다.

을 한 여자가 치맛자락을 걷어붙인 채 안에서 작은 나무통을 가지고 나오더니 포장도로 가에서 물을 튀겨 가면서 통 안을 휘젓기 시작하는 것을 보고 조지 씨는 속으로 생각한다. '저 여자는 여전히 채소를 씻고 있군. 짐마차에 타고 있을 때를 빼고는 내가 볼 적마다 채소를 씻고 있어!'

이런 상상의 대상이 된 인물은 채소 씻기에 열중하느라 조지 씨가 다가오는 것을 모르고 있다가, 이윽고 물을 도랑에 버린 다음 나무통을 들고 일어서고 나서야 그가 옆에 서 있다는 사실을 깨닫는다. 그녀는 입에 발린 말로 그를 맞이하지 않는다.

"조지, 난 당신을 볼 때마다, 당신이 백 마일은 밖에 떨어져 있었으면 좋겠다고 생각해요!"

기병이 이 환영의 말에는 아무 대꾸도 하지 않고 그녀의 뒤를 따라 악기점으로 들어가자, 부인은 계산대에 채소 통을 올려놓고 그와 악수한 뒤 계산대 위에서 팔을 짚는다.

"조지, 난 당신이 매튜 백넷 가까이에 있으면 단 일 분도 안심할 수 없어요. 당신이란 사람은 정말이지 한시도 가만히 있지 못하고 만날 방랑만 하니까……."

"네! 그건 저도 압니다, 백넷 부인. 저도 알아요."

"당신도 안다고요!" 백넷의 아내가 말한다. "그걸 안다고 달라지는 게 뭐죠? 당신은 왜 그 모양이에요?"

"아마 인간이 지니고 있는 동물적 본능 때문이겠죠." 기병이 쾌활하게 대꾸한다.

"맙소사!" 백넷 부인이 다소 격앙된 목소리로 외친다. "하지만 그 동물적 본능이 저한테 무슨 만족감을 줄까요? 동물적 본능 때문에 나의 매트[7]가 음악 일을 그만두고 뉴질랜드나 호주로 떠나겠다는 마음이라도 먹으면?"

백넷 씨의 아내는 전혀 못생긴 여자가 아니다. 뼈대가 굵고, 살결이 다소 거칠고, 이마 위의 머리카락을 그을게 한 태양과 바람 탓에 주근깨가 앉았지만, 건강하고 건전하고 눈빛이 반짝거린다. 나이는 마흔다섯에서 쉰쯤으로 보이며,

7) 매튜의 애칭.

튼튼하고 부지런하고 활발한 데다 정직한 얼굴을 하고 있다. 청결하고, 고생을 마다하지 않고, 매우 검소한 차림을 하고 있어서(갖출 것은 다 갖춰 입지만) 가진 장식품이라고는 결혼반지밖에 없는 것처럼 보이는데, 그것을 끼고 나서 주위 손가락이 퉁퉁하게 두꺼워져 버려서 그 반지가 그녀의 유골과 하나가 될 때까지 반지가 빠질 일은 절대로 없을 것이다.

"부인," 기병이 말한다. "전 당신에게 약속합니다. 매튜가 저 때문에 피해를 입는 일은 없어요. 거기까지는 믿으셔도 좋습니다."

"아, 그렇겠지요. 하지만 당신의 얼굴을 보기만 해도 전 불안해진다고요. 아, 조지, 조지! 조 파우치가 북아메리카에서 죽었을 때 당신이 정착해서 조의 미망인과 결혼만 했더라면 그녀가 당신의 머리를 빗어주었을 텐데."

"확실히 그건 저에게 좋은 기회였습니다." 기병이 반은 웃으며 반은 진지하게 대답한다. "하지만 지금에 와서 제가 정착해서 점잖은 사람이 되는 일은 없을 거예요. 조 파우치의 미망인은 저에게 도움이 되었을지도 모르죠—그녀에게는 퍽 좋은 면이 있었어요—게다가 그녀는 어느 정도……하지만 전 결심이 서지 않았습니다. 매트가 찾은 아내처럼 좋은 아내를 운 좋게 만날 수 있었다면 얼마나 좋았을까, 하고 생각했지요."

훌륭한 남성에게는 허물없이 대하는 정숙한 유부녀인 동시에 그녀 자신이 훌륭한 여성인 백넷 부인은 조지 씨의 칭찬을 듣자 채소 끝으로 그의 머리를 가볍게 때리고는 통을 들고 가게 뒤의 작은 방으로 들어가 버린다.

"오, 퀘벡, 우리 귀염둥이." 조지 씨가 그녀의 뒤를 따라 그 방으로 들어가서 말한다. "물론 말타도! 이리 와서 너희의 '허세 아저씨'에게 입 맞춰 주렴!"

이 소녀들은—지금 불린 이름은 실제 이름이 아니지만, 그 두 도시의 병영에서 태어났다는 이유로, 태어나서 줄곧 가족 사이에서 그렇게 불린다—저마다 다리가 세 개뿐인 의자에 앉아 있다. 동생은 (약 대여섯 살) 싸구려 초보자용 읽기 교본으로 글자를 익히고, 언니는 (아마도 여덟아홉 살) 동생에게 글자를 가르쳐 주면서 바느질에 심취해 있다. 둘 다 조지 씨의 오랜 친구로 그를 반갑게 맞이하여 한동안 입을 맞추고 방방 뛰게 한 뒤 다음 자신들의 의자를 그의 옆으로 갖다 놓는다.

"울리치 군도 잘 지내죠?" 조지 씨가 묻는다.

"아! 글쎄요!" 백넷 부인은 빨갛게 상기된 얼굴로 스튜 냄비에서(점심을 만드는 중이었으므로) 고개를 돌린다. "믿기 힘들겠지만 그 애는 아빠와 함께 극장에 고용되어 군악 파이프[8]를 연주하고 있답니다."

"내 대자가 해냈군요!" 조지 씨가 허벅지를 찰싹 때리며 말한다.

"사실이에요! 그 애는 영국인이죠. 영국인이고말고요!"[9]

"그리고 매트는 바순[10]을 열심히 불고 있고요." 조지 씨가 말한다. "당신들은 모두 훌륭한 시민이죠. 가정적인 사람들이에요. 아이들은 성장하고요. 스코틀랜드에 있는 매트의 늙으신 아버지나 어딘가에 있는 당신의 늙으신 어머니와도 편지를 교환하고, 조금이나마 용돈을 보내 드리고 있죠. 그리고…… 오! 제가 백 마일은 멀리 떨어져 있으면 좋겠다고 생각하는 것도 무리가 아니에요. 그런 건 다 나와 별로 관계없는 일이니까!"

조지 씨는 물석회를 하얗게 바른 방의 벽난로 앞에 앉아서 사색에 잠기기 시작한다. 방바닥에는 모래가 곱게 깔려 있고,[11] 병영의 냄새가 났다. 쓸데없는 물건은 한 개도 없고, 퀘벡과 말타의 얼굴을 비롯해 찬장 위에서 번쩍거리는 주석 주전자들, 작은 접시들 따위에 이르기까지 먼지 한 톨 보이지 않는다. 조지 씨가 거기에 앉아 사색에 잠기기 시작하고 백넷 부인은 바쁘게 돌아다니며 일하고 있는데 마침 백넷 씨와 아들 울리치가 돌아온다. 백넷 씨는 포병 출신으로, 자세가 곧고, 키가 크고, 눈썹이 송충이처럼 짙고, 코코넛의 털 같은 구레나룻을 기르고, 머리에는 머리카락이 한 올도 없고, 얼굴은 햇볕에 시커멓게 탔다. 짧고 굵고 낮게 울리는 목소리는 자기가 열렬히 사랑하는 악기의 소리와 매우 닮았다. 사실 그에게서는 인간 교향악단 속의 바순처럼, 전체적으로 어떤 일에도 굴하거나 양보하지 않는 융통성 없는 분위기가 보인다. 아들 울리치는 전형적이고 모범적인 소년 고수(鼓手)처럼 보인다.

아버지와 아들은 기병에게 진심으로 인사를 한다. 적당한 기회를 봐서 기병

---

8) fife. 작은 플루트처럼 생긴 악기.

9) 울리치도 출생지에서 따온 호칭. 울리치는 템스강 남쪽에 있는 자치구. 이곳에는 공병·포병의 옛 육군사관학교와 그 밖의 군대 시설이 많다.

10) 목관악기의 하나. 저음을 낸다.

11) 옛날에는 부엌 등 집 안의 벽돌바닥 위에 모래를 뿌려 놓는 습관이 있었다.

이 의논할 일이 있어서 왔다고 말하자, 백넷 씨는 식사가 끝나기 전까지는 용건 따위 듣고 싶지 않으며, 돼지고기와 채소를 함께 삶은 요리를 먹기 전에 고민거리를 먹기 싫다는 따뜻한 환대의 말을 내뱉는다. 기병이 이 권유에 따랐으므로, 그와 백넷 씨는 식사 준비를 방해하지 않도록 작은 거리를 산책하러 나가서, 성벽 위라도 거닐듯 팔짱을 끼고 보조를 맞춰 가며 산책한다.

"조지," 백넷 씨가 말한다. "난 자네가 아는 대로야. 충고는 우리 마누라가 하지. 우리 마누라는 머리가 좋아. 하지만 난 마누라 앞에서는 절대로 그렇게 말하지 않아. 규율을 유지해야 하니까. 마누라 머릿속에서 채소 생각이 떠날 때까지 기다려. 그런 다음에 의논하자고. 마누라가 무슨 말을 하든 그대로 실행…… 실행하자고!"

"나도 그럴 생각이야, 매트." 상대가 대답한다. "난 대학의 의견보다 그녀의 의견을 따르지."

"대학이라," 백넷 씨가 바슨처럼 말을 짧게 끊어 가며 대답한다. "어떤 대학을 나올 수 있다는 거지? ……외국에서…… 회색 망토와 우산만 달랑 들고 유럽으로 돌아오는 마당에? 우리 마누라라면 내일이라도 당장 떠나 보이겠지만 말이야. 실제로 예전에 그런 적이 있었지!"

"자네 말이 맞아."

백넷 씨가 말을 잇는다. "어떤 대학이 먹고살게 해준다는 거지? ……집에 남은 거라고는 석회 2펜스어치와…… 산성백토 1페니어치와…… 모래 반페니어치와…… 금 6펜스밖에 없는데? 우리 마누라는 그것만으로도 시작했지, 지금 사업을 말이야."

"사업이 번창하는 것 같아서 기쁘네, 매트."

백넷 씨가 그 말을 묵묵히 인정하며 말한다. "우리 마누라는 지금도 해. 어딘가에 스타킹을 감춰 두었어. 안에 돈을 넣어서 말이야. 난 본 적이 없지만 마누라가 그러고 있다는 걸 알지. 마누라 머릿속에서 푸른 채소 생각이 사라질 때까지 기다리게나. 그러면 그 여자가 자네를 먹고살게 해줄 걸세."

"그녀는 보물단지야!" 조지 씨가 큰 소리로 말한다.

"그 이상이지. 하지만 마누라 앞에서는 절대로 그렇게 말하지 않아. 규율을 유지해야 하니까. 내 음악적 재능을 이끌어내 준 사람은 우리 마누라야. 마누라가 없었다면 난 지금도 포병으로 있을걸. 난 바이올린을 6년이나 열심히 연주했네. 플루트는 10년. 그런데 마누라가 영 꽝이라고 했지. 의도는 좋지만 유연성이 없다며 바순을 해 보라고 했지. 마누라가 소총연대의 악장에게서 바순을 빌려다 주었어. 난 참호 안에서 연습했는데 일이 잘 풀려서 다른 바순을 얻게 되었고, 그걸로 먹고살고 있는 거야!"

조지가 그녀는 장미처럼 싱그럽고 사과처럼 건강해 보인다고 말한다.

"우리 마누라는 아주 예뻐. 그래서 아주 훌륭한 귀부인처럼 보이지. 나이를 먹으면서 더욱더 훌륭해지고 있지. 난 우리 마누라보다 더 잘난 여자를 본 적이 없어. 하지만 마누라 앞에서는 절대로 그렇게 말하지 않지. 규율을 유지해야 하니까!"

두 사람은 그다지 중요하지 않은 화제로 옮기면서 박자와 보폭을 맞추며 작은 골목을 왔다 갔다 한다. 그러는 사이에 퀘벡과 말타가 부르러 온다. 돼지고기와 채소를 넣은 요리를 먹으러 가자, 백넷 부인이 종군목사처럼 요리를 향해 짧은 식전 기도를 올린다. 요리를 나눠 줄 때도, 다른 모든 집안일과 마찬가지로 백넷 부인은 정밀한 방식을 고수한다. 모든 접시들을 자기 앞에 놓은 다음 돼지고기마다 1인분의 고기 국물, 채소, 감자, 겨자까지 모두 완벽하게 나누어 없는 것이다. 같은 방식으로 맥주병에서 맥주를 따르고 필요한 모든 것을 사람들에게 나눠 주고 나서야 그녀는 자신의 식욕을 채우기 시작하는데, 식욕은 매우 왕성하다. 식사 장비(식탁의 비품을 이렇게 부를 수 있다면)는 세계 각지에서 임무를 마치고 온 주석과 뿔로 만든 도구가 대부분이다. 특히 울리치의 나이프는 굴 껍데기를 깨는 나이프로, 한번 접으면 뻑뻑하니 열리지 않는 특징이 있어서 젊은 악사의 식욕을 방해하는 일이 많지만, 외국 근무를 두루 거쳐 쓰인 나이프라고 전해진다.

식사가 끝나자 백넷 부인은 먼저 난로를 청소하여 백넷 씨와 손님이 담배를 제때 피울 수 있게 해준 다음, 젊은 사람들의 손을 빌려(그들은 자기 컵과 접시, 나이프와 포크를 닦는다) 모든 식사 장비를 전처럼 반짝반짝하게 닦아 보관한다. 이런 집안일을 하기 위해 나막신이 뒤뜰을 쉴 새 없이 오가고 물통이 자주 쓰이는데, 마지막으로 이 물통은 영광스럽게도 백넷 부인의 몸이 깨끗해지도록 돕는다. 이윽고 부인이 완전히 싱그러워진 모습으로 나타나 바느질을 시작하자—이제야 머릿속에서 채소 생각이 깡그리 사라졌다고 생각해도 좋으므로—백넷 씨는 기병에게 그의 용건을 말해 보라고 한다.

조지 씨는 백넷 씨에게 매우 신중하게 용건을 말하는 것처럼 보이지만, 백넷 씨와 마찬가지로 시선은 줄곧 부인에게 쏠려 있다. 그녀 또한 신중하게 바느질에 몰두한다. 조지 씨가 용건을 다 말하자 백넷 씨는 규율을 유지하기 위해 책략을 쓴다.

"그게 다야, 조지?" 그가 말한다.

"그게 다지."

"내 의견에 따를 거지?"

"전적으로 따르겠네." 조지가 대답한다.

"여보, 내 의견을 조지에게 말해 줘. 당신은 알잖아. 어떤 의견인지 말해 줘."

그 의견이란 이런 것이다. 즉, 감당하기 어려울 정도로 음흉한 사람들과는 되도록 얽히지 않는 것이 좋으며, 자기가 이해하지 못하는 일에는 참견하지 않는 것이 옳다. 어떤 일이든지 모르는 일은 하지 말고 비밀스러운 일이나 꺼림칙한 일에는 끼어들지 않으며 동기가 불명확한 일에는 손을 대지 말라는 간단명료한 원칙을 지켜야 한다. 요컨대, 아내를 통해 말한 백넷 씨의 의견은 그렇다. 조지 씨는 이 의견을 듣자 자기 의견이 확고해지고 의혹이 말끔히 사라져 매우 마음이 놓였으므로, 이 드문 기회에 담배를 한 대 더 피우며 마음을 가라앉히고, 백넷의 식구 모두를 상대로 저마다 인생 경험에 맞는 옛날이야기를 한다.

그 때문에 조지 씨가 다시 응접실에서 일어선 때는 영국의 관객이 극장에서 바순과 파이프를 기다리는 시각이 거의 다 되어서이다. 그러나 이때도 조지 씨는 '허세 아저씨'라는 별명에 걸맞은 가정적인 사람으로서 퀘벡과 말타에게 작별인사를 하고 대자의 출세를 축복하면서 울리치의 주머니에 1실링 은화를 몰래 집어넣어 주느라 시간을 끈다. 결국 조지 씨가 다시 링컨 법조원 광장으로 향했을 때는 주위가 캄캄해진 다음이다.

그는 묵직한 발걸음을 옮기며 생각에 잠긴다. '아무리 식구가 적은 가정이라 해도 가정은 나 같은 사람을 외로워 보이게 해. 하지만 저렇게 결혼해서 아이를 낳지 않길 잘했어. 나하고는 맞지 않았을 테니까. 이 나이가 돼서도 난 조금쯤 방랑벽이 있으니까. 집시처럼 가정에서 캠프를 한다면 또 모를까 날마다 가정에 얽매여야 한다면 나는 한 달도 사격연습장을 유지할 수 없을 거야. 그래! 난 남을 모욕하거나 방해하지 않아. 고마운 일이지. 오랜 세월 살면서 그런 적은 한 번도 없어!'

그는 휘파람을 불어 이런 생각을 날려버리고, 묵직한 발걸음으로 계속해서 걷는다.

그는 링컨 법조원 광장에 다다라 털킹혼 씨의 사무실 계단을 오른다. 문이 닫혀 있었지만, 원래 문을 열어 놓는지 닫아 놓는지 잘 모르는 데다 계단이 어두워서, 초인종 줄을 찾아 헤맨다. 그때 털킹혼 씨가 2층으로 올라와서(물론 조용히) 신경질적으로 묻는다.

"누구시오? 거기서 뭐하시오?"

"실례합니다. 조지입니다. 조지 중사요."

"조지 중사는 내가 사무실 문을 잠가 놓는다는 사실을 모르나?"

"아, 네. 몰랐습니다. 잘 보이지 않아서요." 기병이 다소 짜증스럽게 말한다.

"생각을 바꿨나? 아니면 아까와 같은 생각인가?" 털킹혼 씨가 추궁한다. 그러나 그는 한눈에 대답을 알고 있다.

"같은 생각입니다."

"그럴 줄 알았네. 뭐, 괜찮네. 그만 돌아가게." 털킹혼 씨가 열쇠로 문을 따고서 말한다. "그럼 자네의 거처에 그리들리 씨가 숨어들었었던 거로군?"

"네, 그렇습니다." 기병이 두 세 계단 내려가다가 멈춰 서서 말한다. "그게 왜요?"

"그게 왜냐고? 난 자네의 동료들을 좋아하지 않네. 자네가 그리들리를 숨겨준 줄 알았다면 오늘 아침 이 집에 들여놓지 않았을 거야. 그리들리는 상습 협박범에 살인도 마다하지 않는 위험인물이지."

변호사는 드물게 격앙된 목소리로 그렇게 말함과 동시에 방으로 들어가서는 천둥 같은 소리를 내며 문을 닫는다.

조지 씨는 이 문전박대에 크게 분개한다. 특히, 바로 그때 계단을 올라오는 사무원이 마지막 말을 듣고 조지 씨에게 경멸의 시선을 보내자 더욱더 분개한다. "웃기는 작자군," 기병이 성큼성큼 계단을 내려가면서 욕지거리를 한다. "상습 협박범에 살인도 마다하지 않는 위험인물이라니!" 하고 말하고 위를 올려다

보자, 사무원이 등불 옆을 지나가는 그를 흉하다는 듯 내려다보고 있다. 그것이 그의 분노를 더욱 부추겼으므로 그는 오 분 동안 불쾌한 기분이다. 그러나 그런 기분도 휘파람을 불어 날려 버리고, 사격연습장 쪽으로 걸음을 옮긴다.

# 제28장 철기 제조업자

요즘 레스터 데들록 경은 일가에 내려오는 통풍이 가라앉아, 비유적으로 뿐만 아니라 문자 그대로 똑바로 서 있다. 그는 링컨셔의 저택에 있는데, 다시 저지대에 홍수가 나서 추위와 습기가 충분한 방비를 갖춘 체스니 월드 저택 안뿐만 아니라 레스터 경의 뼛속까지 파고든다. 장작 한 단과 석탄─데들록 집안의 수목림과 태곳적부터의 숲에서 나오는─의 이글대는 불이 넓고 커다란 난로에서 타오르고, 해 질 녘이 되면 나무들이 산 재물이 되는 데에 화가 나 음울하게 얼굴을 찌푸리는 숲들을 향해 눈을 깜빡여 신호하지만, 그 불로도 추위와 습기라는 이 적들은 쫓아낼 수 없다. 온 집에 뻗어 있는 열탕 관, 틈새를 메운 문과 창문, 칸막이와 커튼도 불의 결함을 보충하여 레스터 경의 요구를 만족시키지 못한다. 그리하여 어느 날 아침, 사교계의 정보요원들은 귀를 쫑긋 세우고 있는 온 세계를 향하여 데들록 부인이 곧 몇 주일 동안 도시로 돌아가 있을 예정이라고 공표한다.

고귀한 사람들에게도 가난한 친척이 있다는 것은 우울한 사실이다. 그뿐만 아니라, 고귀한 사람들에게는 가난한 친척이 부당하리만큼 잔뜩 있는 경우가 많다. 명문가의 매우 붉은 피는 불법적으로 살해당한 비천한 사람들의 피처럼 크게 울부짖어 그 울음소리가 들리는 법이다. "알려지게 되어 있다"는 점에서, 레스터 경의 먼 사촌들은 살인과 닮았다.[1] 그런 사촌 중에는 찢어지게 가난한 사람도 있어서, 데들록 일족이 지닌 기다란 금 사슬의 도금한 고리가 되지 말고 차라리 처음부터 평범한 쇠로 태어나 비천한 일을 했던 편이 행복했을 텐데 하는 생각마저 들게 한다.

그러나 데들록 일족의 품위가 달린 문제이므로 그들은 일하지 않는다(고상

---

1) 영어 속담 "살인은 알려지게 되어 있다(murders will out)"는 나쁜 짓은 탄로 나게 되어 있다는 뜻.

하지만 돈이 되지 않는 몇 가지 예외를 제외하면). 그리고 자기들보다 유복한 친척을 찾아가서 빌릴 수 있을 때는 돈을 빌리고, 그럴 수 없을 때는 초라한 생활을 하며, 마차를 빌려 타고 달려서, 자기들이 주최한 것도 아닌 잔치를 쫓아다니며 상류생활을 즐긴다. 그들은 부유한 일족의 총액을 몇 번이나 나누었는데, 그 돈은 그것으로 무엇을 해야 할지 모를 만큼의 액수였다.

레스터 데들록 경의 처지와 생각을 지지하는 모든 사람은 많든 적든 그의 사촌으로 봐도 무방하다. 부들 경부터 시작해 푸들 후작을 거쳐 마침내는 누들에 이르기까지, 레스터 경은 영광스러운 거미처럼 친척이라는 거미줄을 가지고 있다. 레스터 경은 그런 모든 사촌 사이에서 위엄을 보이지만, 또한 친절하고 너그럽다. 요즘 그는 체스니 월드를 찾아온 몇몇 사촌이 돌아갈 때까지 순교자처럼 충실히 어울려 주고 있다.

이 사촌들 가운데 가장 우위를 차지하고 있는 사람은 볼룸니아 데들록이라는 젊은 숙녀(예순 살)로, 외가 쪽에서 보면 다른 명문가의 가난한 친척에도 해당되므로 이중으로 고귀한 신분이다. 볼룸니아 양은 젊어서부터 색지를 접거나 기타에 맞춰 스페인어로 노래하거나, 시골 호족의 저택에서 프랑스어 수수께끼를 자랑하는 데 귀여운 재능을 발휘하여 스무 살부터 마흔 살까지 20년을 충분히 유쾌하게 보냈다. 그 뒤로는 시대에 뒤처져서, 스페인어 성악으로 인류를 지루하게 하는 여자라는 평가를 받기에 이르렀으므로 배스[2]로 은퇴했으며, 레스터 경이 해마다 보내는 선물로 근근이 생활하며 이따금 사촌들의 시골 저택으로 부활하러 온다. 배스에서는 가느다란 다리에 무명 바지를 입은 끔찍한 노신사들과 널리 교제하여 그 따분한 마을에서 높은 위치에 있다. 그러나 볼썽사나울 정도로 볼을 빨갛게 칠하고, 작은 새의 알로 만든 묵주 같은 구식 진주 목걸이를 언제나 차고 있는 탓에, 다른 곳에서는 다소 두려움의 대상이다.

건전한 나라에 있다면 볼룸니아는 명백히 연금수급자일 것이다. 그녀를 위해 지금까지 갖은 노력이 행해졌으며, 윌리엄 버피가 입각했을 때는 그녀 명의로 1년에 2백 파운드의 연금은 틀림없다고 기대되었다. 그러나 어찌 된 영문인지 윌리엄 버피는 모든 사람의 기대와 달리 지금은 그럴 수 있는 시대가 아님

---

2) 잉글랜드 서남쪽에 있는 온천지. 예부터 있어 왔으며, 16세기부터는 환락가로서 유명해짐.

을 알았다. 이는 레스터 데들록 경이 그에게 말한 대로 이 나라가 난장판이 되고 있음을 알려주는 최초의 징후였다.

같은 예로 밥 스테이블스 각하를 들 수 있다. 그는 말에게 줄 따뜻한 먹이를 수의사처럼 훌륭하게 만들 줄 알고, 대다수 사냥터지기들을 능가하는 사격 솜씨를 지닌 인물이다. 오래전부터 그는 보수가 좋고 분쟁이나 책임이 따르지 않는 지위에 앉아, 나라를 위해 봉사하기를 열망했다. 상류사회와 매우 연고가 깊은 혈기왕성한 젊은 신사의 이 당연한 소망을 잘 통제된 국가에서라면 즉시 들어줄 수 있었겠지만, 어찌 된 영문인지 윌리엄 버피는 그 당시가 그런 사소한 편의도 봐줄 수 없는 시대임을 깨달았다. 이는 레스터 데들록 경이 그에게 말한 대로 이 나라가 난장판이 되어 가고 있음을 알려주는 두 번째 징후였다.

그 밖의 사촌들은 나이도 능력도 저마다 다른 신사숙녀로, 대부분은 성품이 온화하고 분별력이 있어서, 명문가와의 친척 관계를 극복할 수만 있다면 더욱더 훌륭한 인생을 보내리라 보인다. 그러나 실제로는 거의 모두가 이 친척 관계를 극복하지 못해서 정처 없이 내키지 않는 길을 헤매고 있으며, 남들이 그들을 감당하지 못하는 것처럼 그들도 그들 자신을 감당하지 못하는 듯하다.

이 자리에서도 다른 자리에서도 레스터 부인이 최고 지배자다. 아름답고 우아하고 교양이 있으며 자신의 작은 세계(상류사회가 북극에서 남극까지 다 퍼져 있는 것은 아니다)에서 세력을 떨치고 있으므로, 그녀가 아무리 오만하고 무관심한 태도를 취해도 레스터 경의 저택에서는 그녀의 영향력이 이 저택을 크게 발전시키고 세련되게 만든다. 사촌들은, 레스터 경이 그녀와 결혼했을 때 망연자실했던 나이 든 사촌들조차도, 그녀에게 봉건시대의 신하의 예를 다하며, 날마다 아침 식사와 점심 식사 사이에 밥 스테이블스 각하는 신에게 선택받은 몇몇 사람[3]을 향해, 부인이야말로 모든 무리 가운데에서 가장 옷단장을 잘한 여자라고 거듭 말한다.[4]

'유령의 오솔길'을 걷는 발소리가(여기서는 들리지 않지만) 추운 바깥으로 쫓겨난, 지금은 세상에 없는 사촌의 발소리처럼 들리는 이 음침한 밤, 체스니 월드

---

3) 원어는 그리스도교에서 하느님에게 선택받아 구원과 영생을 얻은 사람들을 가리키는 말이지만, 여기서는 상류사회 엘리트라는 뜻으로 썼다.

4) 제2장 주 3 참조.

의 기다란 대응접실에 있는 손님은 이런 사람들이다. 시각은 취침 시각에 가깝다. 온 집 안 침실에 난롯불이 활활 타올라 음침한 가구의 망령들을 벽과 천장으로 불러낸다. 침실용 촛대가 저 멀리 문 옆 탁자 위에 즐비하게 서 있고, 사촌들은 긴 의자에서 하품한다. 사촌들 중에는 피아노 옆에 있는 사람들도 있고, 소다수 쟁반 옆에 있는 사람들도 있으며, 카드놀이 탁자에서 일어서는 사람들과 불 주위에 모여 있는 사람들도 있다. 레스터 경은 자기 전용 난로(난로는 두 개다) 한쪽 옆에 서 있고, 데들록 부인은 넓은 난로 반대편에서 탁자를 향해 있다. 그리고 볼룸니아는 둘 사이의 호화로운 의자에 앉는 특전을 누린다. 레스터 경은 불만스러운 듯이 그녀의 볼연지와 진주 목걸이를 힐끔 쳐다본다.

"내 방 앞 계단에서 가끔 마주치는……" 볼룸니아는 거들먹거리며 느릿느릿 말하지만, 두서없는 수다로 긴 밤을 보낸 탓에 아마도 마음은 이미 그 계단을 뛰어올라 침대로 향하고 있을 것이다. "난생처음 보는 예쁜 여자아이가 있더라고요."

"집사람이 아끼는 아이입니다." 레스터 경이 말한다.

"그럴 줄 알았어요. 틀림없이 특별한 안목을 가진 분이 그 아이를 발견했을 거라고 생각했답니다. 정말로 훌륭해요. 인형처럼 아름답지 뭐예요." 볼룸니아 양이 자신과 같은 부류에 대해 계속 얘기한다. "인형이라 해도 믿을 정도예요. 그렇게 활짝 핀 꽃다운 여자를 난 본 적이 없답니다!"

레스터 경은 그녀의 볼연지에 불만스러운 시선을 던지며 같은 말을 하는 듯하다.

부인이 나른하게 말한다. "사실 그 특별한 안목을 가진 사람이 있다고 하면, 그 사람은 미시즈 라운스웰이지 제가 아니에요. 로사는 그녀가 발견했지요."

"부인의 하녀 말이지요?"

"아니요. 꼭 하녀라고만 말할 수는 없어요. 나의 귀염둥이이기도 하고 비서이기도 하고 전령이기도 하지요."

"부인께서 그 애를 곁에 두고 싶은 건 꽃이나 새, 그림, 푸들…… 아니, 푸들은 아니에요…… 그 밖에 뭐든지 그처럼 아름다운 것을 두고 싶은 마음에서죠?" 볼룸니아가 공감하면서 말한다. "그래요, 정말이지 어쩌나 매력적으로 보이는지! 그리고 그 기분 좋은 미시즈 라운스웰은 정말 건강해 보이지요. 나이도 꽤 먹었을 텐데 그 애 못지않게 활발하고 아름다워요! 정말이지 그녀는 저의 가장 친한 친구랍니다!"

레스터 경은 모름지기 체스니 월드의 가정부라면 아내와 어울리게 훌륭한 사람이어야 한다고 생각한다. 이런 생각은 별개로 치더라도 그는 미시즈 라운스웰에게 진심으로 호감을 갖고 있으며, 그녀의 칭찬을 듣기 좋아한다. 그래서 "당신 말이 맞습니다, 볼룸니아" 하자, 볼룸니아는 매우 기뻐한다.

"그녀에겐 딸이 없죠?"

"미시즈 라운스웰이요? 네, 볼룸니아. 아들이 한 명 있지요. 아, 사실은 두 명 있었습니다."

오늘 밤 볼룸니아 때문에 지병인 권태병이 심하게 도진 데들록 부인은 촛대 쪽을 나른하게 힐끔 쳐다보고서 한숨을 폭 내쉰다.

레스터 경이 위엄 있는 우울함을 보이면서 말한다. "그리고 이건 지금 세상이 혼란에 빠졌다는, 다시 말해 경계가 사라지고 수문이 열렸음을 보여주는 두드러진 예인데, 최근 털킹혼 군이 알린 바에 따르면, 미시즈 라운스웰의 아들이 국회의원에 출마하라는 권유를 받았다는군요."

볼룸니아 양이 조그만 비명을 지른다.

"네, 그래요," 레스터 경이 되풀이한다. "국회의원에요."

"그런 이야기는 들은 적이 없어요! 세상에, 그 아들, 직업이 뭔데요?" 볼룸니아가 외친다.

"그 사람은…… 확실히…… 철기 제조업자일 겁니다." 레스터 경이 미시즈 라운스웰의 아들이 철기 제조업자가 맞는지 아니면 다른 금속과 관계가 있는 다른 정확한 이름이 있는지 분명하지 않은 듯 망설이며 느릿느릿한 투로 엄숙하게 말한다.

볼룸니아가 다시 작은 비명을 지른다.

"털킹혼 군이 전한 소식이 맞다면 말이지요. 틀림없이 맞을 테지만. 털킹혼 군은 언제나 올바르고 정확하니까요. 미시즈 라운스웰의 아들은 그 제안을 거절했다고 하지만, 그렇다고 해서, 그렇다고 해서 그런 경우의 해괴함이 줄어들지는 않지요. 제가 보기에 거기에는 기괴한 사고방식이…… 엄청나게 기괴한 사고방식이 가득해요."

볼룸니아 양이 촛대 쪽을 바라보면서 일어섰으므로 레스터 경은 매우 정중하게 응접실을 한 바퀴 돌아 촛대를 가지고 와서 부인 앞에 있는 갓등에 불을 붙여 준다.

그러면서 그가 말한다. "부인, 미안하지만 잠시 있어 줘요. 지금 말한 남자가 오늘 저녁 만찬 조금 전에 찾아와서 부탁이 있다며…… 매우 정중한 편지를 주고 갔소." 레스터 경이 사실을 존중하는 평소 습관대로 편지를 강조한다. "확실히 아주 정중하고 정성 들인 문장이라고 하지 않을 수 없어요……. 그 처녀 일로 당신과 나를 좀 만나고 싶다더군요. 미시즈 라운스웰의 아들이 오늘 밤에 돌아가고 싶어 하는 것 같기에 가기 전에 보자는 답장을 해 두었소."

볼룸니아 양이 세 번째 작은 비명을 지르더니 주인 부부에게 "맙소사…… 뭐라고요?…… 철기 제조업자를…… 잘 정리하시기 바라요!" 하더니 뛰어나간다.

그 자리에 있는 다른 사촌들도 곧 한 명도 빠짐없이 흩어진다. 레스터 경이 종을 울린다. "가정부 방에 있는 라운스웰 씨에게 우리가 지금 만나고 싶어 한다고 전해."

얼핏 이 모든 상황을 거의 무심하게 듣는 것 같던 부인이 라운스웰 씨가 들어오자 그에게 시선을 돌린다. 그는 쉰 살을 조금 넘은 듯하다. 어머니를 닮아 체격이 좋고, 목소리는 맑으며, 검은 머리카락이 벗어진 넓은 이마에, 솔직하기는 하지만 빈틈없는 얼굴을 하고 있다. 검은 옷을 입은 믿음직한 신사로, 상당히 뚱뚱하지만 활동적이고 건장하다. 태도는 가식이나 딱딱한 구석이 전혀 없으며, 이 고귀한 사람들 앞에서도 전혀 기죽지 않는다.

"레스터 경, 그리고 부인, 두 분의 시간을 방해한 점 진심으로 송구하며, 최대한 짧게 말씀드리는 것이 좋으리라 생각합니다. 고맙습니다, 레스터 경."

데들록 가문의 가장이 자기와 부인 사이에 있는 소파를 손으로 가리킨다. 라운스웰 씨가 거기에 조용히 앉는다.

"대단히 많은 대사업이 진행 중입니다. 이렇게 바쁜 때 저 같은 사람들은 무척 많은 직공들과 많은 일터를 갖고 있기에 언제나 바쁘게 뛰어다니고 있지요."

이곳에서는 조금도 서두를 필요가 없다고 철기 제조업자가 느끼고 있으므로 레스터 경은 몹시 흡족하다. 이곳이란 즉 이 오래된 집을 말하는데, 이 저택은 저 호젓한 사냥터에 뿌리를 내리고 있고, 사냥터에서는 덩굴과 이끼가 천천히 성숙하고, 울퉁불퉁한 옹이투성이의 느릅나무와 그늘이 우거진 떡갈나무가 백 년을 거친 고사리와 낙엽이 두껍게 쌓인 속에서 우뚝 자라나고, 테라스 위의 해시계는 몇 세기 동안이나 묵묵히 '시간'을 기록해 왔으며, 이 '시간' 자체가 저택이나 토지처럼 대대로 데들록 집안 주인의—살아 있는 한—소유이기 때문이다. 레스터 경은 안락의자에 앉아서 철기 제조업자들의 분주함에 자신과 체스니 월드의 휴식으로 맞선다.

라운스웰 씨가 부인에게 공손한 시선을 던지고 꾸벅 절한 다음 이야기를 시작한다. "부인께서는 친절하게도 로사라는 아름다운 아가씨를 곁에 두어 주셨습니다. 그런데 제 아들놈이 로사를 마음에 두고, 저에게 로사에게 결혼을 신청해서 만약 허락받으면—저는 아마 허락받으리라 생각합니다만—약혼하고 싶으니 동의해 달라고 하더군요. 전 지금껏 한 번도 로사를 본 적이 없지만, 아들의 분별력을—사랑에 빠졌을 때조차도—매우 신뢰합니다. 제가 판단하는 한 그 아가씨는 제 아들이 말한 대로일 것입니다. 우리 어머니도 로사를 매우 칭찬하셨지요."

"그 애는 모든 면에서 그런 칭찬을 받을 만하지요." 부인이 말한다.

"부인, 그렇게 말씀해 주셔서 정말로 기쁩니다. 부인의 그런 칭찬이 제게 얼마나 귀중한지는 말할 필요도 없겠지요."

철기 제조업자의 입이 다소 가볍다고 생각한 레스터 경이 뭐라 말할 수 없는 위엄을 보이면서 말한다. "확실히 그럴 필요는 전혀 없지."

"그럴 필요는 전혀 없습니다, 레스터 경. 아무튼 제 아들은 매우 젊고 로사도 매우 젊습니다. 제가 스스로 제 길을 개척하고 걸어왔듯이 아들도 스스로 제 길을 개척하고 걸어야 하는데, 지금 당장 결혼하겠다는 것은 어불성설입니다. 하지만 그 아가씨에게 제 아들과 결혼할 의사가 있고 제가 두 사람의 약혼에 찬성한다면, 이건 지금 이 자리에서 말씀드리는 편이 솔직하리라고 생각합니다만—레스터 경, 그리고 부인, 제 말을 이해해 주시고 용서해 주십시오—전 로사가 체스니 월드에 머물지 않는 것을 조건으로 하고 싶습니다. 그러니까 아들과 연락하기 전에 실례를 무릅쓰고 말씀드리건대, 혹 로사를 데리고 가는 데 어떤 이견이나 폐가 될 만한 점이 있다면, 이 문제는 적당한 기한까지 지금 상태로 놔두고자 합니다."

체스니 월드에 머물지 않는 것을 조건으로 한다! 와트 타일러와 횃불을 들고 제멋대로 날뛰는 철공업 지방 사람들에 관한 레스터 경의 모든 오랜 불안감[5]이 소나기처럼 그의 머릿속에 내려, 멋진 반백의 머리와 구레나룻이 실제로 분노에 부들부들 떨린다.

"내 앞에서……" 레스터 경이 말한다. "그리고 아내 앞에서……" 특히 아내를 들먹이는 까닭은 첫째로는 아내에 대한 존중심에서이며, 둘째로는 아내의 양식을 믿기에 나오는 사려 분별에서이다. "그 애가 체스니 월드에 과분한 사람이고 이곳에 머물러 있어서 이로울 점이 하나도 없다고 말하는 건가요, 라운스웰 씨?"

"물론 그렇지 않습니다, 레스터 경."

"그 말을 들으니 안심이 되는군요." 레스터 경이 매우 거만하게 대꾸한다.

"라운스웰 씨," 부인이 아름다운 손을 가볍게 들어, 파리라도 쫓듯이 레스터 경의 발언을 가로막은 뒤에 말한다. "그 말의 의미를 저한테 설명해 주세요."

"기꺼이 그러지요, 부인. 그거야말로 제가 바라던 바입니다."

부인은 자신의 침착한 얼굴을(그러나 거기에는 평소 아무리 무관심함을 가장해도 감춰지지 않는 민감하고 활발한 지력이 저절로 나타나 있다) 결단력과 인내심의 화신과도 같은 이 손님의 앵글로색슨 인다운 다부진 얼굴로 향한 채, 열심히 귀를 기울이며 이따금 가볍게 머리를 숙인다.

"부인, 저는 이 집 가정부의 아들로서 이 저택 근처에서 어린 시절을 보냈습니다. 어머니는 오십 년 동안 이 집에서 사셨고, 분명 이 집에서 돌아가실 겁니다. 어머니는 영국이 자랑스럽게 여길 수 있는 그런 나라의 애정과 애착심과 충성심을 나타내는 하나의 예—아마도 영국이 자랑으로 삼기에 부족함 없는 모범—입니다. 그리고 영국이 자랑스럽게 여길 수 있는 그런 나라에서는 그 어떤 계급도 긍지와 공적을 독차지할 수 없습니다. 어머니 같은 사람이 나온다는 것은 양쪽이, 즉 고귀한 분들은 물론이요 비천한 사람들도 그에 못지않게 훌륭하다는 것을 보여 주니까요."

레스터 경은 이런 식의 논리를 듣고는 콧방귀를 뀌지만, 진실을 존중하고 사

5) 제7장 주 2 참조.

랑하므로 속으로는 철기 제조업자의 말이 옳다고 인정한다.

"이렇게 뻔한 이야기를 해서 정말 죄송합니다만, 성급히 짐작하실까 봐 말씀 드리는데," 철기 제조업자는 레스터 경 쪽으로 살짝만 시선을 돌리고서 말한다. "저는 어머니의 신분이 부끄럽지 않고, 체스니 월드와 이 가문에 대한 존경심이 부족하지도 않습니다. 물론 이전에는…… 물론 이전에는, 부인…… 어머니께서 오랜 가정부 일을 끝낸 뒤 여생을 저와 함께 보내시기를 바란 적이 있을지도 모릅니다. 하지만 이 가문과의 질긴 인연을 끊는다는 것은 어머니의 마음을 찢는 일이라는 것을 깨닫고 아주 오래전부터 그런 생각은 버렸지요."

미시즈 라운스웰이 이 집에서 나가 철기 제조업자 곁에서 여생을 보낼 수도 있었다는 생각을 하자 레스터 경은 다시금 몹시 엄숙해진다.

방문객이 조심스럽지만 분명하게 이야기를 계속한다. "지금까지 저는 도제와 직공으로 일해 왔습니다. 오랫동안 직공의 품삯으로 살아왔기에 어느 시점부터는 독학을 해야 했습니다. 아내는 공장 감독의 딸로, 검소하게 자랐습니다. 우리에게는 지금 말한 아들 말고도 딸이 셋 더 있는데, 다행히 우리 부부가 자랄 때와는 달리 훨씬 여유롭게 자랄 수 있었습니다. 그 아이들은 충분한 교육을 받았지요. 우리의 큰 걱정과 즐거움 가운데 하나는 아이들을 어떤 신분에도 어울리게 키우는 것이었습니다."

이 대목에서 그의 아버지다운 목소리에는 마음속으로 "체스니 월드 같은 신분에도 어울리게"라고 덧붙이기라도 한 듯한 긍지가 배어 있다. 이 때문에 레스터 경은 더더욱 엄숙해진다.

"부인, 이 모든 일은 제가 사는 지방이나 제가 속한 계급에서는 흔히 있는 일이라서 제가 속한 곳에서는 이른바 신분이 다른 결혼도 그리 드문 일이 아닙니다. 가끔은 아들이 아버지에게 공장에 다니는 아가씨와 사랑에 빠졌다고 털어놓는 일이 있습니다. 일찍이 공장에서 일한 경험이 있는 아버지는 처음에는 다소 실망하겠지요. 어쩌면 아들에게 전혀 다른 기대를 걸고 있었는지도 모릅니다. 하지만 그 아가씨가 순수한 사람이라는 사실을 확인하면 십중팔구는 아들에게 이렇게 말합니다. '네가 진심인지 아닌지 확인해야겠다. 이건 너희 두 사람에게 중요한 일이다. 그러니 이 아가씨를 2년 동안 교육받게 하겠다.' 경우에 따라서는 이렇게 말할지도 모릅니다. '이 아가씨를 네 누이들과 같은 학교에 입

학시킬 테니, 그동안 너는 이 아가씨와 그저 자주 보는 이상으로는 만나지 않겠다고 네 명예를 걸고 내게 약속해라. 그 기간이 끝났을 때, 그동안 받은 교육 덕분에 이 아가씨가 대충 너와 비슷해지고 너희 둘의 마음이 변치 않았다면 난 너희가 행복해지도록 내가 할 수 있는 모든 것을 하겠다.' 부인, 저는 지금 언급한 것과 비슷한 예를 몇 가지나 알고 있고, 그것이 저의 부끄러운 방침을 나타내 주는 사례들이라고 생각합니다."

레스터 경의 위엄이 폭발한다. 조용히, 그러나 무서우리만큼.

"라운스웰 씨," 레스터 경이 푸른 상의 가슴에 오른손을 넣고—복도에 있는 그의 초상화에 그려진 것과 같은 당당한 자세다—말한다. "당신은 체스니 월드와……" 여기서 그는 숨이 막히는 것을 애써 참는다. "공장의 유사점을 비교하는 건가요?"

"레스터 경, 이 두 장소가 대단히 다르다고 말할 필요도 없지만, 이런 목적을 위해서는 양쪽의 비슷한 점을 비교해도 지장이 없으리라 생각합니다."

레스터 경은 위엄 있는 눈으로 기다란 응접실의 한쪽을 흘끔 보고 반대쪽을 흘끔 보고서야 자기가 꿈을 꾸고 있는 게 아니라는 것을 확실히 깨닫는다.

"당신은 내 아내가……내 아내가……몸종으로 부리는 그 아이가 이 저택 문밖에 있는 마을의 학교에서 자랐다는 사실을 아나요?"

"레스터 경, 잘 알고 있습니다. 이 집안으로부터 후한 지원을 받고 있는 아주 좋은 학교지요."

"그렇다면 당신이 지금 이야기를 어째서 이 아이에게 적용하는지 나로서는 전혀 모르겠는데요."

"레스터 경," 철기 제조업자가 다소 얼굴을 붉히고서 말한다. "제가 그 마을 학교에서 제 아들의 신붓감이 꼭 알았으면 하는 모든 지식을 가르쳤으리라고는 생각하지 않는다고 말씀드린다면 더 잘 이해하시겠습니까?"

데들록의 마음은 체스니 월드 영내 마을 학교에서 사회 체계 전체로 옮겨가고, 거기서 다시 교리문답 따위와는 상관없이[6] 자신들에게 주어진—레스터 경

---

6) 영국국교회가 제정한 기도서 중에 그리스도교의 교리를 문답식으로 풀이한 '교리문답'이 있는데, 거기에서는 "이웃에 대한 내 의무는……하느님이 나에게 명하신 신분에서 내 의무를 다하는 것이다"라고 가르친다.

의 논리에 따르면 필연적이고 영구적으로 주어진—신분, 즉 자신들이 타고난 신분에서 벗어나고자 하는 사람들(철기 제조업자나 납 제조업자 같은)로 말미암아 균열을 일으킨 사회 체계로 옮겨 간다. 그리고 거기서 다시 다른 사람들이 타고난 신분에서 벗어나도록, 그리하여 경계를 지우고, 수문을 열고, 그 밖의 모든 것을 열도록 교육시키는 사람들에게로 옮겨간다.

"부인, 실례하겠소. 잠깐만 말하게 해 주시오!" 부인이 입을 떼려는 기색을 보이자 레스터 경은 이렇게 말한 뒤 다시 라운스웰 씨에게로 향한다. "라운스웰 씨, 우리의 의무관, 우리의 신분관, 우리의 교육관, 우리의…… 그러니까 우리의 모든 견해는…… 완전히 정반대로군요. 그러니 이 이야기를 이 이상 계속하면 당신도 불쾌할 테고 나도 마찬가지일 겁니다. 지금 그 아이는 아내의 각별한 보살핌과 총애를 받고 있어요. 그 아이가 아내의 보살핌과 총애에서 벗어나고 싶다면, 또는 아내의 보살핌과 총애에서 벗어나도록 유도하는 이상한 견해를 가진 사람—미안하지만 이상한 견해라고 표현하겠소. 물론 그런 견해를 갖고 있다 해도 딱히 나한테 책임을 느낄 필요가 없다는 것은 기꺼이 인정하지만 말이오—의 감화를 받을 마음이라면 언제든지 그리해도 좋아요, 당신이 솔직하게 말해 준 점에 대해서는 나도 고맙게 생각합니다. 솔직하게 말했다고 해서 앞으로 그 아이가 이 집에서 차지하는 지위가 바뀌는 일은 없을 기예요. 우리로서는 이 이상 이야기를 계속할 수 없으니 부디 이쯤에서—괜찮다면—그만두기로 합시다."

방문객은 부인에게 발언 기회를 주기 위해 잠시 기다리지만, 그녀는 아무 말도 하지 않는다. 그래서 그는 일어나서 대꾸한다.

"레스터 경, 그리고 부인, 정중한 상담에 감사합니다. 한 말씀만 더 드리자면, 아들에게는 지금 품은 희망을 포기하라고 열심히 충고하겠습니다. 그럼 안녕히 주무십시오!"

"라운스웰 씨," 레스터 경이 최대한 신사다움을 발휘해서 말한다. "시간도 늦었고 길도 어두워요. 아내와 나는 최소한 오늘 밤만이라도 당신을 체스니 월드에서 묵어가게 하고 싶군요."

"저도 그러길 바라요." 부인이 거든다.

"정말 고맙고 행복합니다만, 저는 밤새 여행해서 내일 아침 약속 시각까지 먼

곳에 도착해야 합니다."

그렇게 말하고 철기 제조업자가 떠나자 레스터 경은 종을 울리고, 그가 방에서 나가자마자 부인은 벌떡 일어난다.

자기 방으로 돌아간 부인은 가만히 생각에 잠긴 채 난롯불 앞에 앉아서, '유령의 오솔길'에는 귀도 기울이지 않은 채 부인의 방에서 책을 읽고 있는 로사를 바라보다가 한참 뒤에 말을 건다.

"로사, 이리 오렴. 진실을 말해 봐. 너 사랑에 빠졌니?"

"어머나! 마님!"

부인이 고개를 수그린 채 부끄러워하는 얼굴을 바라보며 방긋 웃고 말한다.

"누군데? 미시즈 라운스웰의 손자니?"

"네, 마님. 하지만 전 그 사람을 사랑하는지 아닌지 잘 모르겠어요…… 아직이요."

"아직이라니, 너 정말 바보구나! 그 사람이 널 사랑한다는 건 아니?"

"그 사람은 절 조금 좋아해요." 그렇게 말하고 로사는 갑자기 울음을 터트린다.

시골 처녀 옆에 서서 그 검은 머리카락을 어머니 같은 손길로 쓰다듬고 깊은 관심이 어린 사색에 잠긴 눈길로 그녀를 지켜보는 이 사람이 데들록 부인일까? 그렇다, 분명히 그렇다.

"잘 들으렴, 얘야. 넌 젊고 성실하고 진심으로 날 사랑하는구나."

"그럼요, 정말이에요, 마님. 그걸 증명할 수 있다면 무슨 일이든지 하겠어요."

"그리고 연인 곁으로 가게 되더라도 아직은 내 곁을 떠나고 싶지 않고, 로사?"

"네, 마님! 네, 가지 않을 거예요!" 로사는 그 생각에 깜짝 놀라 처음으로 얼굴을 든다.

"날 믿으렴, 무서워할 것 없어. 난 네가 행복했으면 좋겠고, 그렇게 해줄 거야…… 나한테 이 세상에서 한 사람이라도 행복하게 해 줄 수 있는 능력이 있다면 말이야."

로사는 다시 눈물을 뚝뚝 흘리면서 부인의 발치에 무릎 꿇고 그 손에 입을 맞춘다. 부인은 자신의 손을 잡은 그 손을 양손으로 부여잡고 있다가 어느새 놓아버린다.

부인이 다소 멍하니 있는 모습을 보고 로사는 조용히 물러나지만, 부인의 눈은 여전히 불을 바라보고 있다.

무엇을 찾는 걸까? 지금은 이미 없는 손을? 이 세상에 태어난 적도 없는 손을 찾고 있는 걸까? 그녀의 삶을 마법처럼 뒤바꿔 줬을지도 모를 어떤 감촉을 찾고 있는 걸까? 아니면 '유령의 오솔길'에 귀를 기울이면서 어떤 발소리와 가장 닮았는지를 생각하는 걸까? 남자 발소리를 닮았을까, 여자 발소리를 닮았을까? 아니면 작은 어린아이의 발이 아장아장 계속해서 가까이로⋯⋯ 가까이로 걸어오는 소리를 닮았을까? 그녀는 뭔가 음울한 생각에 사로잡혀 있다. 그렇지 않다면 어째서 저리도 자존심 센 귀부인이 문을 닫고 홀로 난로 앞에서 이토록 쓸쓸하게 앉아 있으랴?

볼룸니아는 다음 날 떠나고, 사촌들은 모두 만찬 전에 흩어져 버린다. 사촌들 가운데 아침 식사 때 레스터 경에게서 미시즈 라운스웰의 아들이 한 이야기, 즉 경계를 허물고 수문을 개방하고 사회 체계에 균열을 일으키는 이야기를 듣고 놀라지 않은 사람은 아무도 없다. 사촌들 가운데 진심으로 분개하고 이 일을 윌리엄 버피가 입각해 있던 시절의 무기력함과 연결 지어, 국경의 말뚝 하나를—또는 연금수급자 명단을—사기와 권리 침해에 빼앗겼다고 진심으로 통감하지 않는 사람은 한 명도 없다. 볼룸니아는 레스터 경의 손을 잡아끌고 중앙 계단을 내려가면서, 잉글랜드 북부 일대에 그녀의 볼연지와 진주 목걸이를 빼앗으려는 대반란이라도 일어났다는 듯이, 이 화제에 관해 열변을 토한다. 그리하여 하녀와 시종꾼들의 쑥덕거림과 함께—레스터 경의 사촌들은 자기 몸 하나 건사하기가 아무리 힘들어도 하녀와 시종꾼은 반드시 두어야 한다—사촌들은 바람 가는 대로 흩어져 가고, 오늘 부는 겨울바람은 인적 없는 저택 가까이의 나무들을 흔들며 소낙비를 뿌린다. 사촌들이 모두 나뭇잎으로 변하기라도 한 것처럼.

# 제29장 젊은 남자

체스니 월드는 문이 닫히고, 양탄자는 쓸쓸한 방구석마다 커다란 두루마리처럼 말렸다. 화려한 다마스크 천은 갈색 삼베를 입고서 참회하고, 조각과 도금은 고행하며, 데들록 가문의 조상들은 한낮의 빛을 보지 못하게 되었다. 나뭇잎이 저택 주위를 몇 겹이나 감싸며 두껍게 흩어져 깔린다. 빙글빙글 돌면서 매우 가볍게, 마치 죽은 것처럼 음울하게 천천히 떨어져 내린다. 정원사가 아무리 잔디밭을 청소하며 손수레에 가득 치워 날라도 낙엽은 여전히 복사뼈가 묻힐만큼 쌓여 있다. 날카로운 소리를 지닌 바람이 체스니 월드 주위에서 울부짖으면 살을 에는 비가 내리치고, 창문이 덜컹거리고, 굴뚝이 으르렁거린다. 안개가 가로수 길에 숨어서 시야를 가리고, 장례 행렬처럼 고지대를 가로질러 간다. 이 큰 저택 안은 작은 교회의 냄새 비슷한(그러나 좀 더 메마른) 차고 공허한 내음이 풍긴다. 그 냄새를 맡으면, 죽어서 묻힌 데들록 가문의 사람들이 기나긴 밤사이에 그곳을 걸으며 무덤의 냄새를 남기고 갔음을 알 수 있다.

그러나 데들록 가문의 사람이 죽었을 때 말고는 런던의 저택이 체스니 월드와 같은 시기에 같은 기분에 젖는 일은 좀처럼 없다. 한쪽이 기뻐할 때 다른 쪽이 기뻐하거나, 한쪽이 슬퍼할 때 다른 쪽이 슬퍼하는 일은 없으므로, 런던의 저택은 잠에서 깨어 밝게 빛나고 있다. 사치가 허락하는 한 따뜻하고 눈부시게, 온실에서 자란 꽃들로 호화롭게 꾸민 것처럼, 겨울의 기척은 조금도 드러내지 않은 채 향기를 내뿜으며 적막에 휩싸인다. 방의 정적을 깨는 것이라고는 째깍거리는 시계 소리와 난로에서 탁탁 타오르는 불 소리뿐인 이 저택은 뼛속까지 차가운 레스터 경의 몸을 무지개 색 털실로 감싸 주는 것만 같다. 그리하여 레스터 경은 서재의 커다란 벽난로 앞에서 엄숙한 얼굴로 만족스럽게 쉬면서 거들먹대며 책표지를 읽거나 미술품을 감상하며 고개를 끄덕인다. 그는 고금의 회화를 소장하고 있다. 미술계에도 가끔 등장하는 가장무도회 파의 그림으로서, 아마도 목록을 만든다면 경매에 내놓은 자질구레한 물품들처럼 쓰는 것이 가장 좋으리라. 이를테면 "등받이가 높은 의자 세 점, 식탁과 식탁보 각 한 점, 목이 긴 병(안에 포도주가 들어 있음) 한 점, 통 모양 병 한 점, 스페인 식 여성복 한 점, 조그 양을 그린 사분의 삼면 초상화, 돈키호테 갑옷 한 벌"이라든가 "돌로 만든 테라스(균열 있음) 하나, 멀리 있는 곤돌라 한 대, 베니스 상원의원의 복장 한 벌, 조그 양을 그린 옆얼굴 초상화와 호화로운 바느질이 된 하얀 새틴 의상, 보석 장식 손잡이가 달린 언월도(偃月刀) 한 점, 정교한 무어인 복장(희귀품)과 오셀로."[1] 하는 식으로 말이다.

털킹혼 씨는 재산 관련 사무와 토지 임대차 계약 갱신으로 처리할 일이 있어서 가끔 드나든다. 데들록 부인과도 가끔 만나지만, 그와 부인은 여전히 무관심하고 서로 신경 쓰지 않는다. 그러나 어쩌면 부인은 털킹혼 씨를 두려워하고 있으며, 그도 그 사실을 알고 있을지 모른다. 아니면 그는 아무런 거리낌도 회한도 연민도 느끼지 않은 채 고집스럽게 부인의 뒤를 캐고 있는지도 모른다. 또는 부인의 미모, 그녀를 둘러싼 모든 위세와 광채가 그가 지향하는 목적에 더욱더 격렬한 흥미를 주고 그 결심을 굳게 하는지도 모른다. 그가 잔인무도하든 아니든, 자기 임무와 결심을 끝까지 밀어붙이든 멈추든, 권세욕에 취해 있든 아니든, 평생 온갖 비밀을 캐내 온 자신의 지반에 숨어 있는 것이 하나도 없게 하려고 결심했든 안 했든, 혁혁한 공을 세운 사람들의 말석에서 그 아득한 빛을 받으면서도 속으로는 그들을 경멸하든 안 하든, 호사스러운 의뢰인들의 친근한 태도 속에 숨어 있는 모욕과 무례를 언제나 가슴에 품고 있든 아니든—이들 중 하나든 모두이든, 어쨌든 부인으로서는 이 작은 넥타이와 무릎 부분을 가느다란 끈으로 동여 맨 반바지 차림의 후줄근한 변호사의 시선을 받으니 상류 인사 만 명의 의심쩍은 경계의 눈길을 받는 편이 나을지도 모른다.

레스터 경은 부인의 방—전에 털킹혼 씨가 잔다이스 대 잔다이스 사건의 선서진술서를 읽었던 방—에 매우 만족스럽게 앉아 있다. 부인은 그날처럼 불기운을 막아 주는 부채를 들고서 난로 앞에 앉아 있다. 레스터 경이 매우 만족스러운 까닭은 수문의 개방과 사회체계에 대한, 자신과 같은 의견을 신문에서

---

1) 셰익스피어의 4대 비극 가운데 하나인 《오셀로》의 주인공은 무어인.

발견했기 때문이다. 이 의견이 바로 얼마 전 사례에 매우 적절하게 들어맞아서 레스터 경은 서재에서 부인의 방으로 일부러 그 기사를 읽어 주러 온 참이다. "이 기사를 사람은……" 그가 그 사람에게 산꼭대기에서 고개를 끄덕여 주는 것처럼 불을 내려다보고 고개를 끄덕이며 운을 뗀다. "상식적인 사람이야."

그 사람은 확실히 매우 상식적인 사람인지, 부인은 몹시 지루해져 버린다. 처음에는 귀를 기울이려고 노력했지만, 아니 나른하게 포기하고 귀를 기울이는 척했지만 이내 머리가 혼란스러워져서, 거기서 타고 있는 불이 체스니 월드의 자기 방 불인 듯 불꽃을 보며 명상에 잠긴다. 레스터 경은 전혀 아랑곳하지 않고 코안경 너머로 기사를 계속 읽다가 가끔 멈추고는 안경을 벗고서 "이 말이 사실이지 뭐야", "아주 지당한 말이야", "나도 가끔 같은 의견을 말하곤 했지"와 같은 찬성의 뜻을 표하지만, 그런 감상을 말할 때마다 어디까지 읽었는지 잊어버리고서 기사를 위아래로 훑어보며 다시 찾는다.

레스터 경이 몹시 엄숙하게 위엄을 보이면서 읽고 있는데 문이 열리더니, 머리에 분을 뿌린 머큐리가 이상한 손님이 오셨다고 알린다.

"마님, 거피라는 이름의 젊은 남자가 왔습니다."

레스터 경이 읽기를 멈추고 뚫어지게 쳐다보다가 끔찍한 목소리로 상대의 말을 되풀이한다.

"거피라는 이름의 젊은 남자?"

그가 고개를 돌리자, 태도도 풍채도 딱히 두드러진 인상을 주지 않는 거피라는 낯선 남자가 몹시 당혹스러워하며 서 있는 것이 보인다.

"이봐," 레스터 경이 머큐리에게 말한다. "이렇게 불쑥 거피라는 이름의 젊은 남자를 안내해 오다니, 무슨 생각이야?"

"죄송합니다만, 나리, 마님께서 이 젊은이가 찾아오면 언제든지 만나시겠다고 하셨습니다. 나리께서 여기 계신 줄은 몰랐습니다."

이렇게 둘러대면서 머큐리는 경멸과 분개의 시선을 거피라는 이름의 젊은 남자에게 향한다. 그 눈은 명백히 "왜 이 집을 찾아와서 나를 소란에 끌어들여?"라고 말하고 있다.

"그래요. 내가 머큐리한테 그렇게 지시했어요," 부인이 말한다. "이 젊은이한테 잠깐 기다리라고 하세요."

"그럴 수는 없소, 부인. 이 남자는 당신한테 오라는 명령을 받고 온 자이니 내가 방해할 수야 없지." 레스터 경은 평소처럼 예의 바르게 물러나지만, 나갈 때 젊은이의 인사에 대답도 제대로 하지 않는다. 엄숙한 얼굴로 그를 주제넘은 구두장이쯤으로 생각한다.

하인이 방에서 나가자 데들록 부인이 거만한 태도로 손님에게 눈을 돌리고 머리끝부터 발끝까지 훑어본다. 그리고 불편한 마음으로 손님을 문 옆에 세워 둔 채 무슨 용건인지 묻는다.

"부인과 얘기를 좀 하고 싶습니다." 거피 군이 당황하면서 대답한다.

"당신이 몇 번이나 편지를 보낸 사람이지요?"

"여러 번입니다. 부인의 자상한 답장을 받을 때까지 여러 번이나 보냈죠."

"직접 만나지 않고 편지로 이야기할 수는 없었나요? 편지로는 안 됐어요?"

거피 군이 조용히 "네!" 하는 입모양만 해 보이고는 고개를 끄덕인다.

"당신은 이상하게도 끈질기게 졸라댔죠. 하지만 그 이야기가 결국 나와 관계 없다면—도대체 어떻게 관계가 있을지도 모르겠고, 관계가 있으리라고 기대하지도 않아요—실례를 무릅쓰고 도중에 이야기를 자르겠어요. 자, 그럼 이야기 해 보세요."

부인이 부채를 마구 세웠다 눕혔다 하며, 거피라는 이름의 젊은 남자에게는 거의 등을 돌린 채 다시 불을 바라본다.

"그럼 용건을 말씀드리겠습니다. 에헴! 저는 처음에 보낸 편지에서도 말씀드렸다시피 법률 일을 하고 있습니다. 법률 일을 하는 탓에 문서로는 자세한 내용을 말하지 않는 습관이 들어서, 제가 일하는 사무소의 이름도 부인께 말씀드리지 않았지만, 거기서는 꽤 좋은 지위를…… 그리고 수입을…… 확보하고 있습니다. 이건 비밀로 해도 상관없지만, 사무소 이름은 링컨 법조원 안에 있는 켄지 앤드 카보이 법률사무소로, 이 사무소는 대법관부의 잔다이스 대 잔다이스 사건과 관련하여 부인께서도 전혀 모르는 이름이 아니리라 생각합니다."

부인이 조금 관심을 보이기 시작한다. 어느새 부채질을 멈추고 귀를 기울이는 자세로 부채를 쥐고 있다.

"그럼 곧바로 본론으로 들어가겠습니다." 거피 군이 조금 대담해져서 말한다.

"제가 부인과 그토록 이야기하고 싶었던 것은 잔다이스 대 잔다이스 사건이 아닙니다. 그런데도 잔다이스 대 잔다이스 사건에 대해 할 말이 있는 것처럼 군 것은 중뿔난 행동으로…… 아니, 불한당이나 하는 것처럼 느끼셨을 겁니다." 거피 군은 절대로 그렇지 않다는 등의 말을 잠시 기다리지만 아무 대답도 돌아오지 않자 그냥 말을 잇는다. "만약 이것이 잔다이스 대 잔다이스 사건과 관련한 일이라면 링컨 법조원 광장에 있는 부인의 변호사 털킹혼 씨를 곧장 찾아갔을 것입니다. 전 털킹혼 씨를 압니다…… 적어도 서로 만났을 때 인사하는 사이지요…… 그러니 만약 그런 종류의 용건이었다면 그 사람을 찾아갔을 겁니다."

부인이 이쪽으로 조금 고개를 돌리고서 말한다. "좀 앉지 그래요?"

"고맙습니다." 거피 군이 그렇게 한다. "그런데 부인," 하고서 거피 군은 자신의 변론 방침을 간결하게 적은 작은 종이쪽지를 참고하는데, 그것을 볼 때마다 방침이 아주 모호한 상태로 변해 버리는 모양이다. "저의…… 아, 그렇지! …… 저의 온몸은 완전히 부인 손안에 달려 있습니다. 부인께서 켄지 앤드 카보이 사무소나 털킹혼 씨에게 제가 방문한 것에 대해 불평하신다면 저는 매우 곤란한 상황에 처하게 될 겁니다. 그 점은 저도 솔직히 인정합니다. 따라서 저는 부인의 신의를 믿는 바입니다."

부인이 부채를 쥔 손을 자못 경멸스럽게 흔들며, 그런 불평은 하지 않겠다고 보증한다.

"고맙습니다. 만족합니다. 그런데…… 저는…… 제기랄!…… 사실 저는 언급하려던 항목의 순서를 이 종이에 한두 가지 적어 왔는데 너무 간단하게 쓰는 바람에 뭐가 뭔지 잘 모르겠습니다. 이것을 아주 잠시만 창가로 가지고 가도 괜찮다면 저는……."

거피 군은 창가로 가지만, 허둥대다가 잉꼬 한 쌍에게 부딪쳐 당황한 나머지 새들에게 "정말이지 실례했습니다"라고 말한다. 그 때문에 창가로 가도 쪽지는 쉬 읽히지 않는다. 그는 흥분하여 상기된 채 종이쪽지를 눈앞에 바짝 가져왔다가 멀리 떼었다가 하면서 "C.S.가 무슨 뜻이지? 아! 'E.S.'군! 아! 알았다! 응, 틀림없어!" 하고 중얼거린다. 그런 다음 그 뜻을 분명히 파악하고 창가에서 돌아온다.

거피 군이 부인과 자기 의자 중간쯤에 서서 말한다. "전 모르지만, 혹시 부인께서는 에스더 서머슨이라는 이름의 젊은 여성분에 관해서 듣거나 만나신 적이 있습니까?"

부인의 눈이 그를 똑바로 본다. "얼마 전에 그런 이름의 젊은 여성을 만난 적이 있어요. 올해 가을이었죠."

"그때 그분이 누구를 닮았다는 생각은 들지 않으셨습니까?" 거피 군이 팔짱을 끼고 고개를 갸웃하고 입가를 쪽지로 긁으며 묻는다.

부인은 이제 그에게서 눈을 떼지 않는다.

"아니요."

"부인의 가족과 닮지 않았습니까?"

"아니요."

"부인은 서머슨 양의 얼굴을 거의 기억 못하고 계시군요."

"똑똑히 기억해요. 그게 나랑 무슨 관계가 있다는 거죠?"

"부인, 사실을 말하자면 제 가슴에는 서머슨 양의 얼굴이 새겨져 있습니다. 그래서 친구와 함께 링컨셔에 잠시 놀러 간 김에 체스니 월드의 저택을 구경했을 때, 에스더 서머슨 양과 부인의 초상이 꽤 닮았다는 사실을 깨닫고 몹시 놀랐지요. 얼마나 놀랐던지, 그땐 제가 뭣 때문에 놀랐는지조차 몰랐을 정도였습니다. 그런데 지금 이렇게 가까이서 부인을 뵙고 나니(아마 부인은 눈치채지 못하셨을 테지만, 그 뒤로 저는 실례를 무릅쓰고, 부인께서 마차로 사냥터를 지나가실 때마다 부인을 훔쳐보았습니다. 하지만 이렇게 가까이서 본 적은 처음이지요) 제가 생각했던 것 이상으로 정말 깜짝 놀랄 만큼 닮았군요."

거피라는 이름의 젊은 남자여! 귀부인들이 성채 안에서 살고, 그녀들이 부르면 대답할 만큼 가까운 거리에 수행원들이 대기하던 시절이 있었음을, 지금 그대를 바라보는 아름다운 눈동자와 눈이 마주치면 그대의 가련한 목숨 따위는 단 일 분도 무사하지 못했을 시대가 있었음을 알아야 한다.

부인이 천천히 부채질하면서, 그의 초상화에 대한 감상이 자기와 무슨 상관이 있느냐고 묻는다.

"부인," 거피 군이 다시 종이쪽지를 참고하면서 대답한다. "지금 그 점을 말씀드리겠습니다. 제기랄, 이놈의 쪽지! 아! '채드밴드 부인'이군." 거피 군이 의자를 조금 앞으로 끌어서 다시 앉는다. 부인은 평소와 비교하면 다소 정숙한 태도를 잃었지만 그래도 침착하게 의자에 기댄 채 그에게서 조금도 눈길을 떼지 않는다. "아…… 하지만, 잠깐만 기다려 주십시오!" 거피 군이 다시 종이쪽지를 참고한다. "E.S. 가 두 번? 아, 그렇군! 네, 이제 다 알았습니다."

그 종이쪽지를 둥글게 말아 연설을 강조하는 도구로 쓰면서 거피 군이 말을 잇는다.

"부인, 에스더 서머슨 양의 출생과 성장에는 수수께끼가 있습니다. 제가 그 진실을 안 것은…… 이것은 비밀입니다만…… 켄지 앤드 카보이 사무소에서 일하는 덕분입니다. 그런데 이미 부인께 말씀드렸다시피 제 가슴에는 서머슨 양의 얼굴이 새겨져 있습니다. 제가 그녀를 위해 그녀의 출생과 성장에 얽힌 수수께끼를 밝히거나, 그녀가 명문가와 친인척 관계라는 사실을 증명하거나, 영광스럽게도 그녀가 부인 일가와 먼 친척뻘이라는 이유로 잔다이스 대 잔다이스 사건의 소송 당사자가 될 권리를 가지고 있었다는 사실을 발견할 수 있다면, 네, 저는 서머슨 양에게 지금까지와는 다른 더 호의적인 눈으로 제 청혼을 검토해 주기를 요구할 어떤 권리를 가질 수 있을지도 모릅니다. 사실 지금까지 그녀는 제 청혼에 전혀 호의를 보여 주지 않았습니다."

부인의 얼굴에 분노가 깃든 미소 같은 것이 얼핏 어리기 시작한다.

"그런데 부인, 세상에는 참 신기한 인연이 있지요." 거피 군이 말한다. "그리고 이런 인연이 우리 법률 전문가들에게 실제로 생겨납니다─저를 법률 전문가라고 자칭해도 무방하리라 생각합니다. 아직 자격증은 없지만, 켄지 앤드 카보이 사무소에서 사무수습생으로서 연간 계약서를 받았으니까요. 어머니가 어머니의 얼마 안 되는 수입에서 인지대를 대신 내 주셨기 때문이지요. 이 인지대는 커다란 부담입니다─그런 신기한 인연으로, 최근에 저는 잔다이스 씨가 서머슨 양을 데려오기 전에 그녀를 키워 준 부인의 집에서 하인으로 일했던 사람과 우연히 만났습니다. 그 사람은 미스 바버리라는 사람입니다, 부인."

부인의 시체 같은 낯빛은 그녀가 위로 쳐든 손안에 잊힌 듯이 쥐어져 있는 녹색 비단부채가 반사되어서일까, 아니면 갑자기 무서우리만큼 핏기를 잃었기 때문일까?

"혹시 부인은 미스 바버리에 관해 들으신 적이 있습니까?"

"글쎄요. 있는 것도 같군요."

"미스 바버리는 부인의 일족과 무슨 관계가 있습니까?"

부인의 입술이 달싹이지만 말은 나오지 않는다. 그녀는 고개를 가로젓는다.

"관계가 없다고요? 이런! 부인이 아는 한은 없다는 말씀이시군요? 아! 하지만 있을지도 모르죠?" 이 질문들 사이사이마다 부인은 고개를 끄덕인다. "알겠습니다! 그런데 이 미스 바버리는 아주 입이 무거운 사람이에요…… 여성치고는 깜짝 놀랄 만큼 입이 무거웠던 것 같습니다. 여자란 보통 (적어도 평범한 생활에서는) 매우 수다스럽지만 말이에요…… 그래서 제 증인은 그녀에게 친척이 한 명이라도 있는지 아닌지조차 몰랐습니다. 언젠가 한 번 그녀가 제 증인에게 딱 한 가지를 고백한 모양입니다. 그때 그 소녀의 본명이 에스터 서머슨이 아니라 에스터 호든이라고 말이죠."

"오, 하느님!"

거피 군이 빤히 쳐다본다. 그의 앞에 앉은 데들록 부인은 눈으로는 그를 줄곧 보면서 아까처럼 흙빛 얼굴을 하고 부채도 아까처럼 쥐고 입술은 조금 벌리고 이맛살은 조금 찌푸리고 있지만, 잠시 죽어 있다. 그는 부인의 의식이 돌아오는 것을 본다. 잔물결이 수면을 건너오듯이 온몸에 진저리가 퍼지는 것을 본다. 입술이 떨리는 것을 본다. 겨우 입술을 진정시키는 것을 본다. 그가 거기 있다는 사실, 그가 지금 말한 사실을 억지로 떠올리는 것을 본다. 이 모든 일이 아주 신속하게 이루어졌으므로, 부인의 비명과 죽은 듯한 상태는 무덤 속에 오래도록 보존되어 있다가 밖으로 꺼내진 시체의 이목구비가 공기에 닿아 단숨에 사라지는 것처럼 순식간에 사라진 듯 보인다.

"부인은 호든이라는 성을 아십니까?"

"전에 들은 적이 있어요."

"부인 일족의 분가나 먼 친척의 성인가요?"

"아니에요."

"그럼 부인, 이제 문제의 마지막 항목으로 들어가겠습니다. 문제는 아직도 계속되고 있고, 진행될수록 제가 차츰 자세히 정리하겠습니다. 부인께서 꼭 알아두셔야 할 게 있는데…… 아직 모르신다면…… 얼마 전 챈서리 래인 가까이에 있는 크룩이라는 남자의 집에서 몹시 쪼들리게 살던 대서인이 죽었습니다. 이 대서인의 사인 규명이 이루어졌는데, 대서인은 익명의 인물로, 본명은 알 수 없었습니다. 하지만 부인, 저는 아주 최근에 이 대서인의 이름이 호든이라는 사실을 발견했습니다."

"그게 나와 무슨 상관이라는 거예요?"

"네, 부인, 그게 문제죠! 그런데 부인, 그 남자가 죽은 뒤에 묘한 일이 일어났습니다. 어떤 귀부인이 느닷없이 나타난 겁니다. 부인, 어느 변장한 귀부인이 그 현장을 보러 가고, 그 남자의 무덤을 보러 갔습니다. 그 귀부인은 도로 청소를 하는 소년에게 돈을 주고 그곳들을 안내하게 했습니다. 그 소년을 불러 제 주장을 입증하라고 하신다면 언제든지 그 소년을 데리고 올 수도 있습니다."

그런 비참한 소년은 부인과 아무 상관이 없었으므로 부인은 소년을 데려오라고 하지 않는다.

"부인, 정말이지 묘한 사건이지 않습니까? 그 귀부인이 장갑을 벗었을 때 손가락에서 빛나던 반지 이야기를 그 소년에게서 들으신다면, 정말로 낭만적이라고 생각하실 겁니다."

부채를 쥔 손에 다이아몬드 몇 알이 반짝이고 있다. 부인은 부채를 펄럭여 다이아몬드를 더욱더 빛나게 하고, 지금이 옛날이었다면 이 거피라는 이름의 젊은 남자로서는 매우 위험하다고 느꼈을 법한 표정을 짓는다.

"부인, 그 대서인은 자기 신분이 노출될 만한 옷 조각이나 종잇조각은 하나도 남기지 않았다고 합니다. 하지만 실은 편지를 한 다발 남기고 갔어요."

부채는 여전히 움직이고 있다. 이러는 사이에 부인의 눈길은 한 번도 그에게서 떠나지 않는다.

"그 편지는 수거되어 감춰졌습니다. 그리고 내일 밤 제 손에 들어오게 되어 있죠."

"한 번 더 묻겠는데, 그게 나랑 무슨 상관이에요?"

"부인, 그 점을 말씀드리며 제 말을 마치겠습니다." 거피 군이 일어선다. "지금까지 언급했던 여러 사건…… 그 젊은 여성이 의심할 여지없이 부인과 매우 닮았다는 점, 이것은 배심원에게 명백한 사실입니다…… 그 젊은 여성이 미스 바버리의 손에서 자랐다는 점…… 미스 바버리가 서머슨 양의 본명이 호든이라고 말했다는 점…… 부인이 이 두 성을 모두 잘 알고 계시다는 점…… 호든이 그렇게 죽었다는 점…… 부인께서 이 모든 정황을 종합해본 뒤 이 문제를 더 깊게 조사해 보실 마음이 든다면 제가 그 서류를 댁으로 가지고 오지요. 그것이 오래된 편지라는 사실 말고는 어떤 내용인지 저는 모릅니다. 아직 손에 넣은 게 아니니까요. 손에 넣는 대로 곧장 댁으로 가지고 와서 부인과 함께 처음으로 자세히 조사해 볼 생각입니다. 이제 제 방문 목적을 말했습니다. 아까 말했다시피, 여기에 대해 불평을 제기하신다면 저는 아주 곤란한 상황에 처하게 될 테니 이 모두를 극비로 해 주십시오."

이것이 거피라는 이름의 젊은 남자가 찾아온 목적의 전부일까, 아니면 또 다른 목적이 있었을까? 그의 말은 자기가 이곳에 찾아온 목적과 의혹을 모두, 전부 다 털어놓은 것일까? 그렇지 않다면 무언가를 숨기고 있을까? 속마음을 드러내지 않는 점에 있어서는 그도 부인에게 뒤지지 않는다. 아무리 부인이 그를 쳐다봐도 그는 탁자만 바라볼 뿐, 그의 무표정한 얼굴은 아무 말도 하지 않는다.

"갖고 오세요." 부인이 말한다. "만약 그러고 싶다면."

"그다지 내키지 않아 하는 말투군요." 거피 군이 다소 불쾌해하며 말한다.

"갖고 오세요." 부인이 같은 투로 되풀이한다. "만약…… 그러고 싶다면."

"그러죠. 부인, 그럼 안녕히 계십시오."

부인 옆의 탁자 위에 오래된 금고처럼 빗장과 걸쇠가 달린, 호화로운 장식품 같은 작은 상자가 있다. 그녀는 그를 계속 응시한 채 그 상자를 끌어당겨 걸쇠를 푼다.

"아! 부인, 전 그런 걸 바라고 온 게 아닙니다." 거피 군이 말한다. "그런 건 일절 받을 수 없습니다. 그만 실례하겠습니다."

젊은 남자는 꾸벅 절한 뒤 계단을 내려간다. 건방진 머큐리는 현관 난로 옆에 있는 자신의 올림포스산[2]을 떠나 그 젊은 남자를 배웅하러 나갈 필요는 없다고 생각한다.

레스터 경이 서재에서 기분 좋게 난롯불을 쬐면서 신문을 읽으며 꾸벅꾸벅 졸 때, 이 저택 안에는 그를 놀라게 할 만한—체스니 월드의 나무들마저 옹이진 팔을 휘두르게 하고, 조상들의 초상화마저 눈썹을 찌푸리게 하고, 갑옷마저

---

2) 언제나 앉아 있는 의자를 가리킴. 본디는 그리스 신화의 신들이 산다고 하는 산. 머큐리라는 이름은 그리스 신화 중 헤르메스 신에 해당한다.

움직이게 하지는 못할지라도—어떤 힘이 있지 않을까?

그런 것은 없다. 말, 흐느낌, 외침은 공기로 빠져나가고, 이 공기는 런던의 저택 안에 갇혀 있어서, 레스터 경의 귀에 최소한 희미한 울림이라도 닿게 하려면 자기 방에 있는 부인은 나팔처럼 목소리를 내질러야 한다. 그러나 저택 안에서는 외침이 울린다. 제정신이 아닌 듯한 한 사람이 무릎을 꿇고 이렇게 외치고 있다.

"아, 내 아가, 내 아가! 무자비한 언니가 내게 말한 것처럼 너는 태어나서 곧바로 죽지 않고, 언니가 나와 내 성을 버린 뒤에 언니의 손에 엄하게 길러졌구나! 아, 내 아가, 아, 내 아가!"

# 제30장 에스더의 이야기

리처드가 집을 떠나고 얼마 안 있어 우리 집에 한 손님이 며칠 묵을 예정으로 찾아오셨습니다. 손님은 중년의 부인이었습니다. 앨런 우드코트 씨의 어머니로, 베이엄 배저 씨의 부인과 함께 지내러 웨일즈에서 오셨습니다. 그녀가 "아들 앨런의 부탁으로" 이 편지를 써서 아들이 건강하게 잘 지내며 "여러분께도 안부 전해 달라"고 했다고 전해오자 아저씨가 우드코트 부인을 황폐한 집으로 놀러 오라고 초대하신 것이었습니다. 우드코트 부인은 우리 집에서 3주 가까이 머물렀습니다. 나에게 매우 친절하게 대해 주시고 매우 솔직한 이야기도 들려주셨지만, 지나치게 솔직해서 이따금 나는 불쾌감에 가까운 기분을 느꼈습니다. 그녀가 나를 신뢰해서 그런 것이니 불쾌하게 생각해서는 안 된다는 것쯤은 나도 잘 알았고, 그런 식으로 생각하는 것은 불합리하다고도 생각했지만, 아무리 지제해도 저절로 그렇게 되었습니다.

앨런의 어머니인 우드코트 부인은 매우 예민한 분인 데다, 자주 두 손을 깍지 끼고 의자에 앉아 내게 말하는 동안에도 줄곧 빈틈없이 지켜보는 습관이 있었으므로, 어쩌면 나는 그런 면이 싫었는지도 모릅니다. 또는 매우 꼿꼿한 자세로 깔끔한 체하는 탓인지도 모르지만, 나는 그런 태도가 독특해서 좋다고 생각했으므로 그 때문은 아닐 것 같습니다. 얼굴의 전체적인 표정 때문도 아니었습니다. 나이 든 사람치고는 매우 생기 넘치고 예쁜 얼굴이었기 때문입니다. 도대체 그 이유가 뭔지 나도 잘 모르겠습니다. 혹은 적어도 지금은 알지도 모르지만 그때는 모른다고 생각했습니다. 아니면 적어도…… 하지만 이런 것은 그다지 중요하지 않습니다.

밤에 내가 2층으로 가서 자려고 하면 우드코트 부인은 나를 방으로 불러 놓고 난로 앞 커다란 의자에 앉아 놀랍게도 모건 앱 케링의 이야기를 내가 완전히 지쳐 떨어질 때까지 장황하게 들려주곤 했습니다. 어떤 때는 크림린윌린워와 뮤린윌린우드(이것이 정확한 이름이라면. 하지만 아마 아닐 겁니다)의 몇 구절을 외워서 들려주고, 거기에 나타난 정서에 깊이 감격하는 것이었습니다. 그러나 나는 모건 앱 케링의 혈통을 입에 침이 마르도록 칭찬한다는 점 말고 그 구절들에 어떤 정서가 나타나 있는지 전혀 알 수 없었습니다(무엇보다도 웨일즈어로 된 시였으므로).

"서머슨 양," 우드코트 부인은 거드름을 피우며 의기양양하게 말하곤 했습니다. "당신도 알다시피 이게 우리 아들이 물려받은 재산이라우. 그 애는 어딜 가든 자기가 앱 케링의 일족이라는 사실을 주장할 수 있지요. 돈은 없을지 몰라도 훨씬 좋은 걸 갖고 있어요…… 가문이지요."

인도나 중국에서 모건 앱 케링을 얼마나 존경해 줄지 나는 의문스러웠지만, 물론 그런 말은 입 밖에도 꺼내지 않았습니다. 그런 명문가의 핏줄을 받으셨다니 정말 훌륭하네요, 라고 대답하는 것이 보통이었습니다.

"정말 훌륭하지요." 우드코트 부인은 대답하는 것이었습니다. "거기에는 불편한 점도 있어요. 예를 들어, 아들의 신붓감을 고를 수 있는 범위가 한정되지요. 하지만 왕실에서 배우자를 고를 때도 대개 비슷한 제한이 있잖아요."

그리고 나서 우드코트 부인은 우리 사이에는 격차가 있지만 자기는 나를 괜찮게 생각한다고 말하는 듯이 내 팔을 다독거리고 옷의 주름을 펴 주었습니다.

"죽은 내 남편은……" 고귀한 가계의 후손이면서도 따뜻한 마음씨를 지닌 우드코트 부인은 이렇게 말하고 눈물을 글썽였습니다. "하이랜드[1]의 명문, 맥코트의 맥코트 가문 출신이었죠. 영국의 하이랜드 연대 장교로서 국왕 폐하와 나라를 섬기다 전장에서 죽었어요. 우리 아들은 두 명문가의 마지막 후계자 가운데 한 명인 셈이죠. 하느님의 가호로 아들은 두 집안을 부흥시키고 다시 다른 명문가와 인연을 맺을 거예요."

나는 늘 화제를 바꾸려고 했지만 헛수고였습니다. 화제를 바꾸려고 한 까닭은 단지 새로운 이야기가 하고 싶었기 때문입니다. 아니, 어쩌면 그 이유는…… 하지만 그런 하찮은 이유를 밝힐 필요는 없습니다. 우드코트 부인은 언제나 화제를 바꾸게 허락하지 않았습니다.

---

1) 스코틀랜드 북남부의 고지대로, 이곳 출신의 육군부대는 영국 최강으로 여겨졌다.

어느 날 밤 우드코트 부인이 말했습니다. "당신은 대단히 분별력이 있고 조용하고 침착하게 세상을 바라볼 줄 알아요. 그래서 난 당신과 우리 집안 이야기를 하는 게 즐겁답니다. 당신은 우리 아들을 아주 잘은 모르지만, 어떤 아이인지 정도는 기억하시겠죠?"

"네, 부인. 기억해요."

"그렇겠죠. 그런데 난 당신이 사람을 보는 눈이 있는 분이라고 생각해요. 그래서 말인데, 그 애에 대한 당신의 의견을 좀 들려주시겠어요?"

"어머나, 우드코트 부인! 그건 너무 어려운 일인데요."

"뭐가 그렇게 어렵죠?" 부인이 반박했습니다. "이해가 안 되는군요."

"의견이라고 하시면……."

"하긴 안 지 얼마 되지도 않았으니까 뭐, 무리도 아니네요."

나는 그런 의도가 아니었습니다. 우드코트 부인의 아들은 우리 집에 퍽 많이 놀러 와서 잔다이스 아저씨와 매우 친해졌기 때문입니다. 나는 그 사실을 말하고, 거기에 덧붙여 "아드님의 의술은 매우 훌륭한 것 같아요…… 우리 식구는 모두 그렇게 생각한답니다…… 플라이트 양을 따뜻하고 친절하게 보살펴주신 일은 정말로 훌륭해서 뭐라 칭찬해야 할지 모를 지경이랍니다."라고 말했습니다.

"맞아요!" 우드코트 부인은 이렇게 말하며 내 손을 꼭 쥐었습니다. "당신 말이 맞아요. 앨런은 착한 아이고, 의술은 나무랄 데가 없지요. 엄마인 내가 말하기는 뭣하지만. 그래도 솔직히 말해 그 애도 전혀 결점이 없지는 않답니다."

"누구나 그렇지요." 내가 말했습니다.

"아! 하지만 사실 그 애의 결점은 고치려고만 들면 고칠 수 있고, 또 고쳐야만 하는 결점이에요." 이 민감한 노부인이 격렬하게 머리를 흔들며 대꾸했습니다. "난 당신이 매우 좋고 아주 공평한 제삼자라고 생각해서 이런 비밀이야기를 털어놓는 건데, 그 애는 정말 변덕이 심해요."

나는 그분의 평판으로 미루어 짐작하건대, 일에 충실하고 오로지 일에만 전념해 온 분이라는 생각밖에 들지 않는다고 말했습니다.

우드코트 부인이 반박했습니다. "그 점도 물론 당신이 말한 대로지만, 난 일에 관해서 말하는 게 아니랍니다."

"아, 그래요?"

"그래요. 내가 말한 건 그 애의 인간관계예요. 그 애는 언제나 젊은 여자들에게 쓸데없이 친절하게 굴지요. 열여덟 살 때부터 쭉 그 모양이에요. 하지만 그런 여자들한테 진심으로 마음이 있는 건 아니고, 악의가 있어서 이런 친절을 베푸는 것도 아니에요. 그저 예의 바르고 마음씨가 착해서 그러지요. 하지만 좋은 행동은 아니잖아요?"

"네." 상대가 대답을 기다리는 것 같기에 나는 그렇게 대답했습니다.

"게다가 괜한 오해를 살지도 모르고요."

나는 그럴지도 모른다고 말했습니다.

"그래서 나는 그 애한테 몇 번이나 말했죠. 본인이나 그 아가씨들이나 서로 의심을 사지 않도록 정말로 더 조심해야 한다고 말이에요. 그러면 늘 이렇게 대답하는 거예요. '어머니, 조심할게요. 하지만 어머니는 제게 악의가 없다는 것을 누구보다도 잘 아시잖아요…… 다시 말해 특별한 마음이 있어서 그러는 게 아니라는 걸 말이에요.' 그야 분명 그렇지만, 그렇다고 해서 그런 행동이 옳다고는 할 수 없겠지요. 그렇지만 이미 그 애는 저 멀리 떠나 언제 돌아올지도 모르고, 좋은 기회를 만나 좋은 사람들을 소개받을 테니까 이런 건 다 지나간 이야기라고 생각해야겠죠. 그런데 친애하는 서머슨 양," 노부인은 연신 고개를 끄덕이고 생글생글 웃으며 말했습니다. "당신은 어때요?"

"제가 뭘요, 부인?"

"언제나 내 생각만 해서, 내 아들이 행복하기를 바라고 신붓감을 찾으러 다녔다는 이야기를 했는데, 그런 이야기는 이제 다 관두고…… 당신은 언제 자신의 행복을 바라거나 신랑감을 찾을 생각이죠, 서머슨 양? 어머, 당신도 참! 얼굴이 붉어졌잖아요!"

나는 얼굴을 붉히지 않았다고 생각합니다. 아무튼 얼굴을 붉혔다 해도 별다른 일은 아니었습니다. 나는 현재의 행복에 매우 만족하기 때문에 이 행복을 바꾸고 싶지 않다고 말했습니다.

"내가 당신과 앞으로 당신에게 찾아올 행복을 어떤 식으로 생각하는지 말해볼까요?"

"정말로 예언을 잘하신다면요."

"그럼 말하죠. 당신은 아주 부유하고 아주 훌륭하고 아주 나이 많은…… 당신보다 한 스물다섯 살쯤 많은…… 사람과 결혼할 거예요. 그리고 훌륭한 부인이 되어서 아주 사랑받으며 아주 행복해질 거예요."

"정말 행복한 예언이네요. 하지만 어째서 그렇다는 거죠?"

"그게 당신한테 어울리니까요……. 당신은 아주 부지런하고, 아주 깔끔하고, 전체적으로 아주 특별한 처지에 있으니까 그런 운명이 어울리고 또 조만간 그렇게 될 거예요. 그리고 그런 결혼이 성사되기를 나만큼 진심으로 바라는 사람은 아마 없을 거예요."

그런 말이 나를 불쾌하게 한다는 것은 이상한 이야기지만, 나는 불쾌해졌던 것 같습니다. 이런 이야기를 듣고서 그날 밤 나는 나의 어리석음이 너무 부끄러워서 에이더에게조차 그 감정을 털어놓고 싶지 않았고, 그 때문에 더더욱 불쾌해졌습니다. 어떻게든 이 쾌활한 노부인의 신뢰를 받지 않을 수만 있다면 그러고 싶다고 생각할 정도였습니다. 그 결과 부인에 대해 어긋나는 생각을 갖게 됐습니다. 때로는 수다쟁이라고 생각했다가, 때로는 성실 그 자체라고 생각했습니다. 교활한 사람이라고 의심하는가 하면, 다음 순간에는 이 정직한 웨일즈 부인은 정말이지 순진무구한 사람이라고 믿었습니다. 나는 뭐가 그렇게 신경 쓰였던 걸까요? 또 그 이유는 무엇이었을까요? 어째서 나는 열쇠가 든 바구니를 들고 침실로 가는 도중에 부인 방에 들러 난로 앞에 앉아 잠시 부인에게, 적어도 다른 사람을 상대할 때처럼, 장단을 맞춰가며 그녀가 하는 무해한 이야기를 들어주지 못했을까요? 어째서 나는 부인이 나를 좋아해주기를 바라고 또 실제로 그녀가 나를 좋아해주어서 몹시 기뻤으면서도 나중에는 부인의 말 한마디 한마디를 그토록 고통스럽게 되뇌면서 스무 번도 넘게 생각했을까요? 왠지 부인이 다른 집에 있기보다는 우리 집에 있는 편이 좋고 안전하다고 생각했으면서도, 막상 부인이 우리 집에 와서 밤마다 솔직한 이야기를 들려주자 왜 그토록 신경이 쓰였던 걸까요? 이런 당혹감과 모순들을 나는 설명할 길이 없었습니다. 적어도 설명할 수 있었다면…… 하지만 여기에 대해서는 나중에 모두 이야기하기로 하겠습니다.

이런 연유로, 부인이 돌아갔을 때 나는 부인의 빈자리가 아쉬운 동시에 안도감도 들었습니다. 그리고 곧 캐디 젤리비가 집안 소식을 잔뜩 들고서 런던에서 찾아왔으므로 우리는 할 일이 많아졌습니다.

먼저 캐디는 내가 이 세상에서 가장 좋은 상담자라고 말했습니다(그리고 처음에는 이 말 외에 아무 말도 하지 않으려고 했습니다). 그러나 에이더는 이 말이 조금도 새로운 소식이 아니라고 말했으며, 나는 물론 그런 건 말도 안 되는 이야기라고 말했습니다. 그러자 캐디는 자기가 한 달 뒤에 결혼하기로 했는데 에이더와 내가 들러리가 되어 주면 세상에서 가장 행복한 신부가 될 거라고 말했습니다. 이건 분명 처음 듣는 소식이었고, 나는 우리가 이 이야기로 끝도 없이 수다를 떨 거라고 생각했습니다. 우리는 캐디에게 수만 가지 질문이 있었고, 캐디는 우리에게 들려줄 수만 가지 이야기가 있었기 때문입니다.

캐디의 불행한 아빠는 채권자들의 너그러움과 동정 덕분에 파산에서 재기했는지—캐디는 터널이라도 빠져나간 듯이 "파산에서 빠져나갔다"고 표현했습니다—, 돌아가는 상황을 전혀 이해하지 못한 채 업무를 정리하고 가진 물건을 모조리 넘김으로써(가구 상태로 보아 아마도 대단한 값어치는 없었을 테지만), 가엾게도 이 이상 할 수 있는 일은 없다고 관계자 모두를 납득시킨 듯했습니다. 그렇게 해서 그는 원만하게 '사무실'로 돌아와 처음부터 삶을 다시 시작했습니다. 사무실에서 무슨 일을 하는지 나는 전혀 알 수 없었지만, 캐디의 말에 따르면, 아버지는 '세관 및 일반 대리인'이라고 했습니다. 그 일에 관해 내가 아는 거라고는, 평소보다 돈이 많이 필요할 때는 선창으로 돈을 찾으러 가지만 손에 넣은 적은 거의 없다는 사실뿐이었습니다.

캐디의 아빠가 이렇게 털 깎인 양[2] 신세가 되어 의기소침해지고 일가가 해튼 가든에 있는 가구 딸린 하숙집으로 이사하자마자(나중에 그 하숙집에 가 보니, 아이들은 의자 시트를 갈기갈기 찢어 그 안에 든 말의 털을 마시고 질식 직전에 있었습니다) 캐디는 아빠와 신랑감인 프린스의 아버지 터비드롭 씨의 상견례자리를 마련했는데, 가엾게도 아주 겸손하고 얌전한 젤리비 씨는 터비드롭 씨의 예의범절에 고스란히 말려들었고 두 사람은 매우 가까워졌습니다. 이렇게 아들의 결혼을 생각하는 데도 익숙해지기 시작한 터비드롭 씨는 차츰 부성애가 일어서 결혼식이 코앞에 닥쳤다고 생각하게 되었고, 마침내 젊은 두 사람이 원할

---

2) 영국 속담에 "털을 깎인 양에게는 신도 순풍을 내린다."는 말이 있다.

때 뉴맨 거리에 있는 춤 교습소에 신접살림을 차려도 좋다는 은혜로운 허락을 내렸습니다.

"너희 아빠는, 캐디, 뭐라고 말씀하셨니?"

"아!" 캐디가 말했습니다. "가엾게도 아빠는 울기만 했어. 아빠 엄마보다 더 사이좋게 살라고 하시면서. 프린스 앞에서는 말하지 않고 내 앞에서만. 이런 말씀도 하셨어. '가엾게도 너는 남편을 위해 어떻게 가정을 꾸려야 하는지 별로 배우지 못했는데, 진심으로 가정을 꾸릴 마음이 없다면 결혼하기보다는 차라리 남편을 죽이는 게 나아…… 진심으로 남편을 사랑한다면 말이야.'"

"그래서 넌 어떻게 아빠를 안심시켜 드렸니, 캐디?"

"응, 아빠가 그렇게 의기소침한 걸 보고, 또 그렇게 무서운 말을 하는 걸 보고 난 너무나 안타까워서 울지 않을 수 없었어. 하지만 이렇게 말했지. 난 진심으로 마음을 담아 그럴 생각이고, 우리 집을 아빠가 저녁에 위로를 받으러 올 수 있는 곳으로 만들고 싶다고. 우리 집에 있는 것보다 시댁에서 사는 편이 아빠에게 좋은 딸이 될 수 있을 것 같고, 그렇게 되기를 바란다고. 그리고 피피를 불러 우리 집에서 재우겠다고 하자 아빠는 다시 울면서, 우리 집 애들은 인디언이라고 하셨어."

"인디언?"

"응, 사나운 인디언 말이야. 아빠는 이러셨어."—딱하게도 여기서 캐디는 세상에서 가장 행복한 사람답지 않게 흐느끼기 시작했습니다—"정말이지 그들이 몽땅 살해당하는 편이 가장 좋다고 말이야."

에이더가 젤리비 씨의 그런 파괴적인 의견은 진심이 아니니 안심하라고 말했습니다.

"응, 아빠도 자기 자식이 피투성이가 되어 몸부림치기를 바라지 않는다는 건 물론 나도 알아. 하지만 아빠의 말은 애들이 엄마의 자식으로 태어난 일이 불행이고, 아빠 자신이 엄마의 남편이 된 일이 불행이라는 뜻이야. 그런 말은 부모자식 간에 할 소리가 아니지만, 사실은 사실이라고 생각해."

나는 캐디에게 젤리비 부인은 캐디의 결혼 날이 정해진 걸 아느냐고 물었습니다.

"맙소사! 넌 엄마가 어떤 사람인지 알잖아, 에스더." 캐디가 대답했습니다. "엄마가 그걸 아는지 모르는지 나도 몰라. 엄마한테는 몇 번이나 말했지만, 그럴 때마다 엄마는 차분한 눈으로 나를 물끄러미 바라볼 뿐이야. 내가 마치…… 저 멀리 있는 뾰족탑이라도 되는 것처럼." 캐디가 갑자기 생각난 듯이 말했습니다. "그러고는 '아, 캐디, 캐디, 넌 정말 시끄러운 애구나!'라고 말하고서 보리오불라 가에 편지 쓰는 일을 계속하셔."

"웨딩드레스는 어쩔 셈이야, 캐디?" 내가 말했습니다. 캐디는 우리를 아무 스스럼없이 대했기 때문입니다.

"에스더, 그건 어쩔 수 없어." 캐디가 눈물을 훔치면서 대답했습니다. "난 최대한 노력해서, 프린스가 나를 볼품없는 차림으로 시집온 여자라고 생각하지 않도록 해야 해. 엄마는 보리오불라 가로 떠날 준비라면 뭐든지 알고 있고, 온 정성을 쏟아서 준비해 주시겠지. 하지만 이런 일에 대해서는 아무것도 모르고, 걱정도 하지 않아."

캐디는 결코 엄마에 대한 애정이 없는 아이가 아니었지만, 이 부정할 수 없는 사실은 눈물을 흘리면서 말했습니다. 이 가엾은 착한 소녀가 너무도 딱하고, 그런 불리한 환경에서도 살아남은 착한 기질 속에 감탄스러운 점이 많이 있다는 사실을 알고 있는 우리가(에이더와 나) 곧 자그마한 계획을 제안하자 캐디는 무척 기뻐했습니다. 그 계획이란, 캐디가 우리 집에서 3주 동안 머물고 내가 캐디의 집에서 일주일 동안 머물면서 다 같이 디자인을 생각하고, 재단하고, 만들고, 꿰매고, 캐디가 가진 물건을 최대한 이용하여 웨딩드레스를 만드는 것이었습니다. 잔다이스 아저씨가 이 생각을 캐디 못지않게 기뻐해 주셨으므로, 우리는 계획을 실행에 옮기기 위해 다음날 캐디를 집으로 데리고 돌아가서 캐디의 옷상자와, 젤리비 씨가 아마도 선창에서 얻어온 듯하지만 어쨌든 캐디에게 주신 10파운드 지폐로 최대한 사 모은 물건들을 가지고 의기양양하게 캐디를 다시 데리고 나왔습니다. 잔다이스 아저씨에게 부탁했다면 무엇이든지 해 주셨을지 모르지만, 우리는 웨딩드레스와 모자 값 말고는 부탁하지 않는 편이 좋겠다고 생각했습니다. 아저씨도 이 절충안에 찬성해 주셨는데, 캐디가 태어나서 처음으로 행복하다고 느낀 적이 있다면 그건 우리가 앉아서 바느질을 시작했을 때였습니다.

안쓰럽게도 캐디는 바느질이 서툴러, 손가락을 잉크로 더럽혔던 예전만큼이나 자주 바늘에 찔렸습니다. 그 고통과 그보다 솜씨 좋게 바느질하지 못한다는 답답함에서 이따금 캐디는 얼굴이 벌겋게 상기됐지만 곧 그것을 극복하고 빠르게 능숙해졌습니다. 그렇게 날마다 캐디와 에이더와 나의 사랑스러운 하녀 찰리와 런던에서 온 여성용 모자 재단사와 나는 아주 즐겁게 바느질을 했습니다.

그뿐만이 아니라 캐디는 줄곧, 자기가 말하는 '살림 공부'를 하고 싶어 했습니다. 나는 무척 놀랐습니다. 캐디가 나처럼 경험이 풍부한 사람한테 살림을 배우고 싶다고 말했기 때문입니다. 그런 그녀의 생각이 너무 어처구니없게 느껴져서, 캐디가 그런 제안을 했을 때 나는 얼굴이 빨개지도록 웃고, 우스울 정도로 당황하고 말았습니다. 그렇지만 "캐디, 나한테서도 뭔가 배울 게 있다면 진짜 뭐든지 배우도록 해" 하고 내 장부와 작성법, 내 서툰 방식을 모두 보여 주었습니다. 캐디가 그것을 공부하는 광경을 본 사람이 있다면, 내가 그녀에게 대단한 발명품을 보여주었다고 생각했을 것입니다. 아침에 내가 살림에 쓰는 열쇠를 짤랑거릴 때마다 캐디가 잠자리에서 일어나 나를 따라다니는 광경을 봤다면, 분명 캐디 젤리비 같이 맹신적인 수하를 거느린 나처럼 지독한 사기꾼은 없다고 생각했을 것입니다.

이렇게 바느질과 살림을 하고, 칠리의 공부를 봐주고, 저녁에 아저씨와 백개 먼[3]을 하고, 에이더와 이중창을 하며 지내는 사이에 3주가 훌쩍 지나갔습니다. 그다음 나는 캐디와 함께 집으로 돌아가 내가 어떤 일을 도울 수 있는지 살펴보았고, 에이더와 찰리는 집에 남아서 아저씨의 시중을 들었습니다.

캐디와 함께 돌아간 집이란, 해튼 가든에 있는 가구 딸린 셋방을 말합니다. 우리는 뉴맨 거리에 있는 집에도 두세 번 가 봤는데, 이곳에서도 여러 가지 준비가 진행되고 있었습니다. 자세히 보니 대부분은 터비드롭 씨가 더욱 안락하게 지낼 수 있도록, 그러면서도 신혼부부에게는 돈이 들지 않도록, 두 사람을 집 꼭대기로 쫓아내는 준비가 슬슬 진행되는 중이었습니다. 그러나 우리의 주요 목적은 해튼 가든의 셋방을 결혼피로연을 열 수 있도록 품위 있게 정리하는 일과 젤리비 부인에게 이번 혼례에 대해 미리 다소나마 이해시키는 일이었

---

3) 실내에서 두 사람이 하는 서양식 주사위 놀이.

습니다.

그중에서도 어려운 일은 후자였습니다. 부인과 아파 보이는 소년이 바깥 응접실을 점령하고 있었는데(안쪽 응접실은 아주 작은 방이었습니다), 방 안에는 지저분한 마구간에 지푸라기가 마구 널려있는 것처럼 종이부스러기와 보리오불라 가의 서류가 어지럽게 널려 있었기 때문입니다. 부인은 종일 거기 앉아서 진한 커피를 마시고, 편지를 받아 적게 하고, 약속을 정해서 보리오불라 가와 관련된 사람들을 만났습니다. 그 아파 보이는 소년은 폐병 초기 같았는데, 식사는 밖에서 했습니다. 젤리비 씨가 돌아오면 소년은 언제나 불만스럽게 끙끙대며 부엌으로 내려갔습니다. 거기서 하녀가 뭐든 음식을 주면 먹은 뒤에, 자기가 방해가 된다는 것을 알았으므로 밖으로 나가 비 내리는 해튼 가든을 이리저리 쏘다녔습니다. 딱하게도 아이들은 지금껏 그래왔듯이 집 안을 기어 올라갔다가 굴러 떨어지곤 했습니다.

이 불행한 어린 희생자들을 일주일 사이에 남 앞에 선보일 만한 모습으로 바꾸기란 불가능했으므로 나는 캐디에게 말해서 결혼식 날 아침에 아이들은 그들이 침실로 쓰는 다락방에서 최대한 즐겁게 지낼 수 있게 해 주고, 우리는 캐디의 엄마를 신부 어머니답게 꾸미고 엄마의 방을 정돈하고 피로연의 청결한 식사를 준비하는 데에만 전력을 다하기로 했습니다. 아닌 게 아니라 젤리비 부인은 대단히 손이 많이 갔습니다. 내가 처음 만났을 때와 비교하면, 등을 조이는 코르셋 끈이 퍽 많이 벌어져서 등이 훤히 드러났고, 머리카락은 청소부의 말갈기처럼 변해 있었기 때문입니다.

이 이야기는 캐디의 웨딩드레스를 보여줄 때 꺼내야 가장 좋으리라고 생각했으므로, 아파 보이는 소년이 저녁에 돌아간 뒤에 나는 부인에게 캐디의 침대 위에 펼쳐 놓은 웨딩드레스를 보러 오라고 권했습니다.

"서머슨 양," 부인이 책상에서 일어나 평소처럼 다정하게 말했습니다. "이런 준비를 하다니 정말 우스꽝스러워요. 물론 당신이 도와준 것은 무엇보다도 당신이 친절하다는 증거겠지만. 캐디가 결혼한다고 생각하면 난 뭐라 말할 수 없을 만큼 우스운 생각이 든답니다! 아, 캐디, 넌 정말 어리석고도 어리석은 계집애야!"

그래도 부인은 우리와 같이 2층으로 와서 먼 곳을 바라보는 눈길로 옷을 구경했습니다. 그러다가 어떤 한 가지 생각을 떠올리고는 침착한 미소를 띠고 고개를 가로저으며 이렇게 말했습니다. "서머슨 양, 이 절반의 비용으로 이 어리석은 애가 아프리카로 갈 수 있도록 준비해줄 수 있었을지도 몰라요!"

우리가 다시 아래층으로 내려가자 부인은 내게 이 귀찮은 일이 정말로 다음 주 수요일에 있느냐고 물었습니다. 그리고 내가 그렇다고 대답하자 이렇게 말했습니다. "그때 내 방이 필요한가요, 서머슨 양? 난 도저히 서류를 정리할 수 없는데요."

나는 미안하지만 부인의 방이 필요하니 서류를 어딘가에 정리해 주셨으면 한다고 말했습니다. "어쩔 수 없어요, 서머슨 양." 부인이 대답했습니다. "아마 당신이 가장 잘 알 텐데요. 하지만 내가 공적인 일로 힘들어하는데 캐디는 내게 사내아이를 고용하게 만들어서 내 입을 아예 다물게 해 버렸으니 이젠 어찌 해야 좋을지 모르겠어요. 게다가 수요일 오후에는 분회 모임도 있고요."

"이런 일이 두 번 있지는 않을 거예요." 내가 미소 지으면서 말했습니다. "분명 캐디는 한 번밖에 결혼하지 않을 테니까요."

"그렇군요." 부인이 대답했습니다. "그 말이 맞아요. 그렇다면 참는 수밖에요!"

다음 문제는 혼례 때 젤리비 부인에게 어떤 옷을 입게 하느냐였습니다. 캐디와 내가 이 문제를 의논하는 동안 부인이 책상에서 조용히 우리를 바라보았습니다. 우리가 시시한 이야기를 하고 있고 자기는 그것을 애써 참는 고상한 사람이라도 된다는 듯이 반쯤은 비난하는 미소를 지으며 이따금 우리를 향해 고개를 가로젓고 있는 모습을 보니 정말이지 묘한 기분이 들었습니다.

부인이 가진 옷이 끔찍하기도 했거니와 놀랄 만큼 아무렇게나 보관되어 있기도 해서, 대단히 불필요한 시간이 걸리고 말았지만, 캐디와 나는 보통 결혼식 때 엄마들이 입는 옷의 디자인을 어렵게 연구해 냈습니다. 재봉사가 시키는 대로 가봉하는 부인의 무성의한 태도도, 또 그 일이 끝나자 내게 당신이 아프리카를 걱정하지 않아 유감이라고 줄기차게 말하는 다정한 말투도, 부인의 그 외 다른 행동에 매우 잘 어울렸습니다.

이 셋방은 꽤 좁고 답답했지만, 세인트 폴 대성당이나 산 피에트로 대성당[4]

---

4) 로마에 있는 가톨릭교 성당으로, 그리스도교 국가에서 가장 큰 성당.

에 젤리비 일가만 세를 들어 산다고 해도 면적이 넓을수록 그만큼 어질러 놓을 장소가 넓어져서 좋았을 뿐일 겁니다. 이런 캐디의 결혼 준비 기간 동안 이 집 물건 중에서 부술 수 있는 것은 모조리 부서지고, 조금이라도 상처 낼 수 있는 물건은 모조리 상처가 나고, 아이들의 무릎에서 입구 문패에 이르기까지 더럽힐 수 있는 것은 모조리 더럽혀진 것 같습니다.

평소 말수가 적고, 집에 있을 때는 거의 머리를 벽에 기댄 채 앉아 있는 불쌍한 젤리비 씨는 캐디와 내가 이렇게 난장판이 된 집 안을 조금이나마 정돈하려는 것을 보더니 흥미를 일으켜 겉옷을 벗어던지고 도우러 왔습니다. 그렇지만 사방의 장롱을 열자 놀랄 만한 물건들—곰팡이 핀 파이 조각, 쉰 내 나는 병, 부인의 모자, 편지, 홍차, 포크, 아이들의 짝짝이 스타킹과 구두, 장작, 과자, 스튜 냄비 뚜껑, 온갖 종이봉투 끄트머리에 든 눅눅한 설탕, 발판, 염색용 빗, 빵, 부인의 보닛,[5] 장정 부분에 버터가 묻은 책, 부서진 촛대 때문에 고꾸라져서 흘러내린 양초 조각, 호두껍데기, 새우의 머리와 꼬리, 식탁 깔개, 장갑, 커피 찌꺼기, 우산—이 쏟아져 나왔습니다. 이 광경에 기겁을 했는지 젤리비 씨는 도움의 손길을 멈췄습니다. 그렇지만 저녁마다 찾아와서 겉옷을 벗고 벽에 머리를 기댄 채, 어떻게 도와야 할지 알기만 한다면 얼마든지 도울 의향이 있다는 태도로 앉아 있었습니다.

"불쌍한 아빠!" 캐디가 결혼식 전날 밤 우리끼리 가까스로 정리를 얼마간 마쳤을 때 말했습니다. "아빠를 버리고 간다니 너무 매정하다는 생각이 들어, 에스더. 하지만 내가 남아 있어 봤자 뭘 할 수 있겠어! 널 처음 알고부터 지금까지 나는 몇 번이나 정돈을 계속했지만 헛수고였어. 엄마랑 아프리카가 한통속이 되어 집 안을 금방 엉망진창으로 만드는걸. 우리 집에 오는 하인 가운데 술을 마시지 않는 사람은 한 명도 없어. 엄마는 모든 걸 망쳐 놓고 있어."

캐디의 이야기는 젤리비 씨에게 들리지 않았지만, 젤리비 씨는 몹시 울적했는지 눈물을 흘린 듯했습니다.

"아빠를 생각하면 정말 마음이 아파!" 캐디가 흐느껴 울었습니다. "에스더, 오늘 밤은 아무래도 이런 생각이 들어. 난 프린스와 행복하게 살기를 진심으로

---

5) 아기들이나 예전에 여자들이 쓰던 모자로 끈을 턱 밑에서 묶게 되어 있음.

바라고 있고, 아빠는 엄마랑 행복하게 살기를 진심으로 바랐을 거라고. 이 얼마나 기대와 다른 인생이니!"

"오, 사랑하는 캐디!" 젤리비 씨가 벽에서 천천히 이쪽으로 돌아앉으면서 말했습니다. 젤리비 씨가 잇따라 세 마디나 하는 것을 들은 적은 이때가 처음이었습니다.

"네, 아빠!" 캐디가 큰 소리로 대답하며 아버지에게 다가가서 그를 다정하게 껴안았습니다.

"캐디, 절대로 해서는 안 될 일이다……."

"결혼해서는 안 된다고요, 아빠?" 캐디가 망설이면서 말했습니다. "프린스와 결혼하지 말라고요?"

"그건 상관없다. 프린스와 결혼해도 괜찮고말고. 하지만 절대로 해서는 안 되는 일이 있지……."

우리가 세이비 법학예비원에 있는 젤리비 씨의 집에 처음으로 갔던 때의 이야기를 쓴 부분에서 리처드가 젤리비 씨는 저녁 식사 뒤에 가끔 입을 열기는 열지만 아무 말도 하지 않는다고 했다고 나는 말했습니다. 그것이 젤리비 씨의 버릇이었습니다. 지금 젤리비 씨는 몇 번이나 입을 열고 슬픈 듯이 고개를 가로저었습니다.

"저더러 어쩌라는 거예요? 뭘 하지 말라는 거예요, 아빠?" 캐디가 아버지의 목을 두 팔로 껴안고 달래면서 물었습니다.

"절대로 해서는 안 된다, 전도 사업 말이야."

젤리비 씨는 신음하듯이 그렇게 말하더니 다시 벽에 머리를 기대 버렸습니다. 젤리비 씨가 보리오불라 가 문제에 대해 감정을 표현한 적은 이번이 처음이었습니다. 그도 한때는 말수도 많고 기운도 넘쳤겠지만, 내가 그를 알기 훨씬 전에 이미 완전히 지쳐 버린 듯했습니다.

그날 밤 젤리비 부인은 태연히 서류를 훑어본 뒤에 진한 커피를 마시는 동작을 언제까지고 계속하지나 않을까 생각되었습니다. 부인이 겨우 방을 비워 주었을 때는 이미 열두 시가 가까웠습니다. 지금부터 방을 정리해야 한다고 생각하니 기가 막혔습니다. 캐디는 거의 녹초가 되어 방 한가운데 앉아 울음을 터트렸지만 곧 기운을 차렸습니다. 우리는 자기 전까지 둘이서 깜짝 놀랄 만큼 깨끗하게 치웠습니다.

아침이 되어 물과 비누로 청소를 하고 꽃으로 장식을 하자 방은 무척 환해졌습니다. 소박한 피로연 아침 식사는 즐거웠고, 캐디는 매우 매력적이었습니다. 그러나 나의 사랑스러운 에이더가 왔을 때는 나의 이 아름답고 소중한 사람만큼 예쁜 얼굴을 한 사람은 본 적이 없다고 생각했습니다—지금도 그렇게 생각합니다.

우리는 아이들을 위해 위층에 조그만 연회를 열어 주고, 피피를 테이블의 앞자리에 앉히고, 신부 차림을 한 캐디를 그들에게 선보이고, 모두에게 갈채를 받았습니다. 캐디는 곧 이 아이들 곁을 떠난다는 생각에 울면서 모두를 계속해서 껴안아 주었습니다. 결국 우리는 프린스를 불러서 캐디를 데리고 가게 했습니다. 그러자 가엾게도 프린스는 피피에게 물려 버렸습니다. 아래층으로 내려가자 터비드롭 씨가 뭐라 형용할 수 없는 예의범절로 무장하고서 캐디를 자애롭게 축복하고, 잔다이스 아저씨에게 아들을 행복하게 하는 것이 자신의 부모 된 도리이니 자기 한 몸을 희생해서라도 아들의 행복을 보장해 줄 작정이라고 말했습니다. "여러분," 터비드롭 씨가 말했습니다. "이 젊은이들은 저와 함께 살게 됩니다. 제 집은 두 사람이 불편을 느끼지 않을 만큼 넓습니다. 따라서 두 사람을 저희 집에서 살지 않게 하는 일은 없을 겁니다. 저로서는…… 이렇게 말해도 당신은 알아들으시리라 생각합니다, 잔다이스 씨. 당신은 저의 고명한 보호자였던 저 섭정궁을 기억하실 테니까요…… 저로서는 아들이 더 예의범절을 철저히 지키는 집으로 장가가기를 바랄 수도 있었지만, 하늘의 뜻은 이루어졌습니다!"

패딩글 씨 부부도 피로연 손님으로 왔습니다. 패딩글 씨는 커다란 조끼를 입고 머리카락을 삐죽 세운 완고해 보이는 사람으로, 줄곧 커다랗고 낮은 목소리로 자기와 부인과 다섯 아이의 자그마한 정성에 관해서 말하고 있었습니다. 퀘일 씨도 여느 때처럼 머리카락을 뒤로 모두 빗어 넘기고, 혹처럼 툭 튀어나온 양쪽 관자놀이를 번쩍번쩍 빛내면서 참석했는데, 실연한 애인으로서가 아니라 어느 젊은—적어도 미혼의—여성이 결혼을 허락한 애인으로서였습니다. 그녀는 위스크 양으로, 그 여성도 왔습니다. 아저씨가 말씀하시길, 위스크 양의 사명은 세상 사람들에게 다음과 같은 것, 즉 여성의 사명도 남성의 사명과 마찬가지며, 남녀 모두에게 유일하고 올바른 사명은 공개 회합에 나가 세상사에 대해 열정적인 결의안을 끊임없이 제시하는 것임을 보여주는 일이라고 했습니다. 내빈은 얼마 없었지만, 젤리비 부인의 집에서 열리는 연회라면 누구라도 예상하듯이, 모두들 사회적인 목적에만 헌신하는 사람들이었습니다. 지금 언급한 사람들 말고도 헐렁한 모자를 쓰고 가격표가 그대로 붙은 옷을 입은 매우 지저분한 여자가 한 명 더 있었습니다. 캐디가 말해 준 바에 따르면, 이 사람의 집은 무관심하게 방치되어 불결한 황야처럼 변했는데도 이 사람의 교회는 장신구 시장 같다는 것이었습니다. 말 싸움을 대단히 좋아하는 어떤 신사는 자신의 사명은 만인의 형제가 되는 것이라고 말했지만, 정작 자신의 대식구와는 서먹한 관계처럼 보였습니다. 이 신사 덕에 파티는 완벽하게 끝이 났습니다.

이런 축하 자리와 이만큼 거리가 먼 사람들을 모으기도 불가능했을 겁니다. 이들 사이에서 가정적인 사명 같은 비천한 사명은 가장 참을 수 없는 것이었습니다. 아니 더 나아가, 우리가 연회 자리에 앉기 전에 위스크 양이 대단히 분개하면서 말했듯이, 여성의 사명이 주로 가정이라는 좁은 영역에 있다는 생각은 폭군인 남성의 어처구니없는 중상이었습니다. 한 가지 더 기묘한 사실은, 사명을 가진 사람들은 모두—퀘일 씨만은 예외로, 이 사람의 사명이란 앞서 내가 말했듯이 만인의 사명에 열중하는 깃이었습니다—타인의 사명에는 전혀 관심이 없다는 점이었습니다. 패딩글 부인이 절대로 실수 없는 유일한 방식은 가난한 사람들을 갑자기 덮쳐서 막무가내로 구속복을 입히듯이 박애를 강요하는 방식이라고 확신하듯이, 위스크 양은 세상 사람들에게 유익한 유일한 방법은 폭군인 남성의 구속에서 여성을 해방시키는 일이라고 믿었습니다. 그리고 젤리비 부인은 보리오불라 가를 조금도 보지 못하는 좁은 시야를 시종 비웃으며 앉아 있었습니다.

그러나 나는 지금 캐디의 결혼식보다는 우리가 황폐한 집으로 돌아가는 도중에 나눌 대화에 더 큰 기대를 걸고 있습니다. 우리는 모두 교회로 갔고, 젤리비 씨가 캐디를 신랑에게 인도했습니다. 터비드롭 씨가 얼마나 거들먹거리며 왼쪽 겨드랑이 밑에 모자를 끼고(그 안쪽을 대포처럼 목사님 쪽으로 향하고서) 가발 안으로 감춰질 만큼 눈을 찡그린 채 결혼식 내내 뻣뻣하게 서서 어깨를 추켜올리고, 들러리인 우리들 뒤에 서 있다가 우리에게 인사했는지에 대해서는 아무리 자세히 설명하려 해도 다하지 못할 정도입니다. 절대로 좋은 인상이라고는 할 수 없고 태도도 딱딱한 위스크 양은 얼굴에 경멸의 빛을 띠고서 결혼식이 진행되는 것을 조용히 지켜보았습니다. 맑은 눈으로 차분한 미소를 짓고 있는 젤리비 부인은 그들 중 가장 무관심해 보였습니다.

우리는 시간에 맞춰 피로연 자리로 돌아왔고, 젤리비 부인이 테이블 앞자리에, 젤리비 씨가 말석에 앉았습니다. 캐디는 그에 앞서 몰래 다락방으로 올라가 한 번 더 아이들을 껴안아 주고, 자신의 성이 터비드롭으로 바뀌었다고 알려 주었습니다. 그러나 이 소식에 피피는 놀라고 기뻐하기는커녕 벌렁 드러누워 슬픔을 못 이기고 발길질을 해댔으므로, 나는 그를 연회 식탁에 앉히고 싶다는 캐디의 제안에 응하는 수밖에 없었습니다. 피피가 아래로 내려와 내 무릎에 앉자, 젤리비 부인은 피피의 긴 앞치마 꼴을 보고 "맙소사, 정말 못 말리겠구나, 피피. 넌 어쩜 그렇게 지저분하니!"라고만 할 뿐 그다음은 아주 태연하게 있었습니다. 피피는 아주 얌전했습니다. 다만 (모두 교회로 가기 전에 내가 준 장난감 방주 안에서) 노아를 꺼내 와서 그것을 머리부터 손님들의 포도주 잔에 담갔다가 자기 입에 넣곤 했습니다.

잔다이스 아저씨는 그 따뜻한 기질과 날카로운 이해력과 푸근한 인상으로, 서로 전혀 어울리지 않는 이 모임의 사람들조차도 얼마간 즐겁게 해 주었습니다. 손님들은 누구나 다 자기가 가진 유일한 화제에 관해서밖에 말할 줄 모르는 것 같았고, 게다가 그런 화제들을 이 세상의 다양한 화제들 가운데 일부분으로서 다룰 줄 모르는 것 같았습니다. 하지만 아저씨는 그런 화제들을 캐디에게 기운과 기쁨을 주고 이 혼례를 경사스럽게 하는 화제로 바꾸어 주셨고, 덕분에 우리는 피로연을 멋지게 마칠 수 있었습니다. 아저씨가 안 계셨더라면 우리는 도대체 어떻게 했을까 하는 생각이 듭니다. 왜냐하면 모든 손님이 신랑 신부와 터비드롭 씨를 경멸해서—터비드롭 씨는 예의범절의 대가라는 이유로 손님들보다도 자기를 훨씬 대단하게 생각했으므로—피로연의 성공은 전혀 바랄 수 없었기 때문입니다.

드디어 불쌍한 캐디의 출발 시각, 즉 전 재산을 전세 이두마차에 싣고 남편과 함께 그레이브젠드로 신혼여행을 떠날 시각이 왔습니다. 그때 캐디가 자신의 비참한 집에 애착을 느끼고 어머니의 목에 더없이 다정하게 매달리는 모습을 보고 우리는 마음이 몹시 아팠습니다.

"엄마, 편지 받아쓰기를 계속하지 못해서 죄송했어요." 캐디가 흐느껴 울면서 말했습니다. "그만 저를 용서해 주시겠죠?"

"오, 캐디, 캐디! 몇 번이나 말했잖니. 난 사내아이를 고용했다고. 그 얘긴 그걸로 끝났단다."

"정말로 나한테 조금도 화난 거 아니죠, 엄마? 내가 떠나기 전에 그렇다고 말씀해 주세요, 엄마."

"캐디, 너 정말 바보구나." 부인이 대답했습니다. "내가 화난 걸로 보이니? 나한테 화내고 싶은 마음이나 화낼 시간이 있어 보여? 어떻게 그런 질문을 다 하니?"

"제가 없는 동안 아빠를 잘 보살펴 주세요, 엄마!"

이 부탁을 들은 부인이 깔깔 웃더니 "참 낭만적인 애구나" 하고 캐디의 등을 토닥여 주었습니다. "그만 가라, 넌 정말 좋은 친구였어. 잘 가렴, 캐디. 정말로 행복하게 살아라!"

캐디는 아버지에게 매달려, 마치 괴로워하는 아이에게 하듯이 자기 뺨을 아버지의 뺨에 갖다 댔습니다. 이 모든 일은 현관에서 일어났습니다. 아버지는 캐디를 떼어 놓고 손수건을 꺼낸 다음 계단에 앉아서 머리를 벽에 기댔습니다. 나는 그가 그 벽에서 위안을 찾았기를 바랍니다. 아니, 틀림없이 찾았으리라 생각합니다.

프린스가 캐디의 팔을 잡고 크나큰 감동과 경의를 담아 자기 아버지 쪽을 바라보았는데, 그 순간 아버지의 예의범절에 맞는 몸짓은 사람을 압도할 정도였습니다.

"거듭 말하지만 정말 고맙습니다, 아버지!" 프린스가 아버지 손에 입 맞추고 말했습니다. "저희들의 결혼을 친절하게 배려해 주셔서 진심으로 감사드리고, 캐디도 그래요."

"정말로……" 캐디가 흐느끼면서 말했습니다. "정말로 고맙습니다!"

"사랑하는 아들아," 터비드롭 씨가 말했습니다. "그리고 사랑하는 딸아, 나는 내 의무를 다했다. 지금은 천국에 있는 한 여인의 영혼이 우리 위를 떠돌며 오늘 결혼식을 지켜봐 준다면, 그것으로, 그리고 너희의 충실한 사랑으로 나는 보상받은 거나 다름없다. 나의 아들과 딸아, 너희도 너희의 의무를 절대 게을리하지 않겠지?"

"아버지, 그런 일은 절대로 없어요!" 프린스가 큰 소리로 말했습니다.

"절대로, 절대로 없어요, 아버님!" 캐디가 말했습니다.

"충분히 있을 수 있는 일이지. 아이들아, 내 가정은 너희 것이다. 내 마음은 너희 것이다. 내 모든 것은 너희 것이다. 나는 절대로 너희들을 버리지 않아. 우리를 떼어놓을 수 있는 것은 죽음뿐이다. 아들아, 넌 일주일 동안 집을 비울 예정이지?"

"일주일이에요, 아버지. 저희는 다음 주 오늘에 돌아올 거예요."

"이렇게 특별한 때라도 날짜를 꼭 지켜 주기 바란다. 서로 연락하고 지내는 게 중요하지. 학생들은 조금이라도 소홀한 대접을 받으면 금방 기분 나빠 하거든."

"다음 주 오늘 저녁 식사 전까지 반드시 돌아올게요, 아버지."

"좋아! 캐롤라인, 그때는 너희 방에 불이 지펴져 있을 테고, 저녁 식사는 내 집에 준비되어 있을 거다. 괜찮다, 괜찮아, 프린스!" 헌신적인 제안을 하려는 아들의 말을 거들먹거리는 태도로 가로막고서 터비드롭 씨가 말했습니다. "너와 우리 캐롤라인은 그 꼭대기 방이 아직 익숙지 않을 테니 그날은 내 집에서 저녁을 먹어라. 너희에게 하느님의 은총이 함께 하기를!"

두 사람은 마차를 타고 떠났습니다. 내가 젤리비 부인과 터비드롭 씨 둘 중 어느 쪽에 더 놀랐는지는 나도 잘 모르겠습니다. 에이더와 아저씨도 마찬가지였습니다. 우리도 마차를 타고 떠나려는데 나는 전혀 뜻밖의 칭찬을 젤리비 씨에게서 들었습니다. 젤리비 씨가 현관 앞까지 와서 내 두 손을 진지하게 꼭 쥐더니 입을 두 번 벌렸습니다. 난 그 의미를 분명히 알 수 있었으므로[6] 당황해서 말했습니다. "천만에요. 그런 말씀 마세요!"

"이 결혼이 최선이겠죠, 아저씨?" 우리 세 사람이 집으로 돌아갈 때 내가 말했습니다.

---

[6] "Thank you"라는 입모양.

"그러기를 바라고 있단다, 작은 아주머니. 느긋하게 기다리자꾸나. 곧 알게 될 테니."

"오늘은 동풍인가요?" 내가 조심스럽게 아저씨에게 물었습니다.

아저씨가 껄껄 웃으며 대답했습니다. "아니."

"하지만 오늘 아침에는 분명 동풍이었을 거예요."

아저씨가 다시 "아니" 하시자, 이번에는 나의 사랑하는 에이더도 "아니야" 하고 자신 있게 대답하고 어여쁜 머리를 가로저었습니다. 활짝 핀 꽃을 금빛 머리카락에 꽂은 그 머리는 봄의 화신과도 같았습니다. "동풍에 대해 잘도 아는군요, 내 못생긴 귀염둥이 씨," 내가 말하고 그 아름다움에 감탄하며 에이더에게 입 맞추었습니다—그러지 않고는 배길 수 없었습니다.

두 사람이 나를 진심으로 사랑해 주었기 때문이었습니다. 벌써 오래전의 이야기이지만 나는 그것을 잘 압니다. 이 글을 지운다 해도 나는 다시 쓸 수밖에 없습니다. 쓰는 것이 무척 즐겁기 때문입니다. 두 사람은 '누군가'가 있는 곳에는 동풍이 불 리 없으며, 특히 더든 아주머니가 가는 곳에는 해가 비치고 여름의 산들바람이 분다고 말해 주었습니다.

# 제31장 간병인과 병자

집으로 돌아오고 얼마 지나지 않은 어느 저녁, 나는 2층 내 방으로 가서 찰리의 어깨 너머로 습자 연습을 지켜보았습니다. 찰리에게 글씨 연습은 괴로운 일이었습니다. 찰리는 펜을 쓰는 능력을 전혀 갖고 태어나지 않았는지, 그 애 손에만 닿으면 어떤 펜이든 고집스러운 동물이 되어 나귀처럼 길을 잘못 들고, 똑바로 걷지 못하고, 멈춰 서고, 펄쩍 뛰고, 구석으로 비스듬히 나아가 버리는 것 같았습니다. 어린 찰리가 써놓은 글자를 보니 실로 이상한 기분이었습니다. 글자는 노인이 쓴 것처럼 꼬불꼬불하고 힘없이 비틀거리는데 찰리의 어린 손은 오동통하고 동글동글했기 때문입니다. 그러나 다른 일을 시키면 찰리는 솜씨 좋게 해냈고, 그 작은 손가락은 누구 못지않게 민첩했습니다.

"찰리," 찰리가 O자를 네모, 세모, 표주박 모양, 그 밖의 온갖 찌그러진 모양으로 쓰는 것을 보고 내가 말했습니다. "실력이 늘었구나. 이제 둥글게 쓰기만 하면 나무랄 데가 없겠다, 찰리."

내가 한 번 시범을 보이고 찰리가 다시 한 번 썼지만, 펜은 좀처럼 찰리의 O를 깔끔하게 이어 주지 않고 끈의 매듭처럼 꼬아버렸습니다.

"신경 쓰지 마, 찰리, 곧 잘 쓰게 될 거야."

찰리는 글씨 연습이 끝나자 펜을 놓고, 굳은 작은 손을 폈다 쥐었다 하면서 반은 자랑스럽게 반은 자신 없는 듯이 연습장을 진지한 얼굴로 바라본 다음 일어서서 내게 꾸벅 인사했습니다.

"고맙습니다. 실례지만 아가씨, 제니라는 이름의 불쌍한 사람을 아세요?"

"벽돌공의 아내지, 찰리? 알아."

"조금 전에 제가 밖에 나갔을 때 그 사람이 저한테 오더니 아가씨를 안다고 했어요. 저한테 네가 그 아가씨의 하녀냐고 물었죠. 그래서 전 그렇다고 했어요."

"그 사람은 벌써 이 부근에서 떠난 줄 알았는데."

"맞아요. 하지만 전에 살았던 곳으로 돌아왔죠. 리즈 아주머니와 함께요. 아가씨는 리즈라는 또 다른 불쌍한 사람을 아세요?"

"이름은 모르지만 그 사람도 알 것 같구나, 찰리."

"그 사람도 그렇게 말했어요!" 찰리가 대답했습니다. "둘 다 돌아와서는 여기 저기 돌아다니고 있었어요."

"여기저기 돌아다니고 있었다고, 찰리?"

"네, 아가씨." 찰리가 그렇게 말하고 내 얼굴을 들여다볼 때 그녀의 눈처럼 둥근 O자를 쓸 수만 있었다면 완벽한 O자였을 텐데 하는 생각이 들었습니다. "그리고 그 사람은 아가씨를 한번 뵙고 싶다고…… 그것만이 소원이라고 했어요……. 요 사나흘 동안 우리 집 근처에 왔었는데 아가씨가 안 계셨대요. 그 사람이 나와 만났을 때요," 찰리가 아주 기쁘고 자랑스러운 듯이 쿡쿡 웃고 말했습니다. "제가 걷는 모습을 보고 아가씨의 하녀인 줄 안 거예요!"

"정말이니, 찰리?" 내가 말했습니다.

"네, 아가씨! 진짜예요." 찰리는 다시 한번 진심으로 기쁜 듯이 쿡쿡 웃더니 다시 눈을 동그랗게 뜨고 내 하녀에 어울리는 진지한 표정이 되었습니다. 찰리가 그 높은 지위에 만족한 채 앳된 얼굴과 모습, 침착한 태도로 이따금 아이다운 환희를 기분 좋게 드러내면서 내 눈앞에 서 있으면 나는 아무리 봐도 질리지 않는 기분이 들었습니다.

"그래, 어디서 그 사람을 만났지, 찰리?"

"병원 옆에서요." 대답하는 내 귀여운 하녀의 낯빛이 흐려졌습니다. 찰리는 아직 검은 드레스를 입고 있었기 때문입니다.

나는 벽돌공의 아내가 병에 걸렸느냐고 물었지만, 찰리는 아니라고 했습니다. 병자는 다른 사람이었습니다. 벽돌공의 집에 있는 소년으로, 세인트 앨번스에서 왔는데 잘 알지도 못하는 곳을 정처 없이 떠돌아다닌다고 했습니다. 찰리는 그가 불쌍한 소년이라고, 아버지도 어머니도 없다고 했습니다. "아버지가 돌아가신 뒤에 엠마랑 내가 죽으면 톰도 그렇게 되겠죠." 찰리가 동그란 두 눈에 눈물을 가득 담고서 말했습니다.

"그래서 그 벽돌공의 아내가 그 아이를 위해 약을 받으러 왔었다는 말이구나?"

"아주머니가 그 애도 전에 아주머니를 위해 그렇게 해 주었다고 했어요."

내 어린 하녀는 무척 진지한 표정으로 나를 바라보면서 두 손을 꼭 맞잡고 있었으므로, 찰리의 생각을 읽기는 그리 어렵지 않았습니다. "그래, 찰리," 내가 말했습니다. "나랑 같이 제니의 집으로 가서 무슨 사정인지 살펴보자꾸나."

찰리는 내 모자와 베일을 냉큼 가져와서 나를 꾸며 준 다음, 자기는 숄을 덮어 쓰고 이상한 모양으로 핀을 꽂아 작은 할머니 같은 모습이 되었지만, 그 동작의 민첩함이 찰리의 열의를 충분히 말해 주었습니다. 찰리와 나는 누구에게든 아무 말도 하지 않고 밖으로 나왔습니다.

춥고 스산한 밤으로, 나무들은 바람에 떨고 있었습니다. 종일 비가 억수로 내리고, 그 뒤로도 며칠간 거의 끊임없이 내렸습니다. 그렇지만 그때는 비가 전혀 내리지 않았습니다. 하늘은 일부분 개었지만 몹시 흐렸습니다. 우리들의 머리 바로 위마저 어둑어둑했습니다. 별들이 몇 개 빛나고 있었지만. 세 시간 전에 해가 진 서북쪽과 북쪽에는 매우 아름답고 푸르스름하고 무딘 빛이 보이고, 그 속에서 길고 음울하게 이어진 구름이 마치 부풀었다가 그 채로 갑자기 움직임을 멈춘 바다처럼 일렁이고 있었습니다. 런던 방향으로는 광활하고 시커먼 황야 같은 하늘 가득 으스스하고 눈부신 빛이 걸려 있었는데, 그 두 빛을 비교하다가 붉은 쪽 빛을 보고서, 더욱 붉은 이 빛이 기이한 불빛을 일으켜서 저 도시의 보이지 않는 건물과 놀란 주민들의 몇 천 개나 되는 얼굴 위에서 이글댄다고 공상하니 실로 엄숙한 기분이 들었습니다.

그날 밤 나는 곧 나에게 무슨 일이 벌어질지 따위는 생각도—정말로 눈곱만큼도—하지 못했습니다. 그 이래로는 늘 잊지 않고 기억해 왔지만, 우리가 정원 문 앞에 멈춰 서서 하늘을 올려다보다가 다시 발걸음을 떼었을 때, 나는 순간 내가 그 시절의 나와 어딘가 다른 존재가 된 듯한, 뭐라 말할 수 없는 기분을 느꼈습니다. 그렇게 느낀 것은 분명 그때 그곳에서였습니다. 그 이래 줄곧 나는 그 느낌을 그 장소와 그 시간과 이 둘에 관계한 모든 것(세인트 앨번스의 아득한 사람 목소리, 어딘가에서 개가 짖는 소리, 질척한 언덕을 내려가는 마차바퀴 소리에 이르기까지)과 연관 지어 생각해 왔습니다.

그것은 토요일 밤으로, 우리가 찾아가는 동네의 사람들은 대개 밖에서 술을 마셨습니다. 가 보니, 전에 봤을 때만큼이나 비참한 꼴이었지만 전보다는 조용했습니다. 벽돌 가마가 활활 타고 있고, 숨 막히게 피어오르는 증기가 창백하게 푸르스름한 빛을 띠고 우리 쪽으로 흘러 왔습니다.

그 집에 도착해서 보니, 엉성하게 손질한 창 안으로 희미한 촛불이 켜져 있었습니다. 우리는 문을 두드리고 안으로 들어갔습니다. 전에 갓난아기를 잃은 아주머니가 침대 옆 약한 난롯불 한쪽에 놓인 의자에 앉아 있고, 누추한 몰골을 한 소년이 그 맞은편 벽난로에 기댄 채 바닥에 웅크리고 앉아 있었습니다. 겨드랑이 밑에 찢어진 털모자를 작은 보퉁이처럼 껴안고서 몸을 따뜻하게 하려고, 삐거덕거리는 문과 창문이 흔들리도록 몸을 흔들어 대고 있었습니다. 방은 전보다 갑갑하고, 퀴퀴하니 이상한 냄새가 났습니다.

나는 처음에 아주머니에게 말을 걸었을 때 아직 베일을 걷어올리지 않고 있었습니다. 안으로 들어가자 소년이 비틀비틀 일어나 놀라움과 두려움이 뒤섞인 묘한 표정으로 나를 바라보았습니다.

소년의 동작이 너무나도 재빨랐고 내가 그 원인이라는 것이 너무나도 명백했으므로, 나는 가까이 다가가지 않고 그 자리에 멈추었습니다.

"난 이제 무덤에 가지 않을 거예요." 소년이 중얼거렸습니다. "난 가지 않을 거예요. 진짜로요!"

내가 베일을 들어올리고 아주머니에게 말을 걸자 그녀가 나지막하게 말했습니다. "이 애는 신경 쓰지 마세요. 곧 제정신으로 돌아올 테니까요." 그러고는 소년에게 말했습니다. "조, 조, 왜 그러니?"

"저 사람이 뭘 하러 왔는지 난 다 알아요!" 소년이 소리를 질렀습니다.

"누구?"

"저기 있는 부인 말이에요. 저 사람은 날 무덤으로 데려가려고 온 거예요. 하지만 난 그런 데 안 가요. 무덤이라는 이름이 맘에 들지 않아요. 날 무덤에 묻어 버리려 가는지도 모르잖아요." 소년이 다시 몸을 와들와들 떨기 시작했습니다. 몸을 벽에 기대니 마구간 같은 낡은 집이 흔들렸습니다.

"이 애는 하루 종일 저런 말을 했다가 멈췄다가 그래요." 제니가 상냥하게 말했습니다. "맙소사, 왜 그렇게 뚫어지게 쳐다보니? 이분은 내가 아는 아가씨야, 조."

"그래요?" 소년이 불타는 눈길 위로 한쪽 팔을 쭉 뻗고서 나를 바라보며 미심쩍다는 듯이 대답했습니다. "내 눈에는 다른 부인처럼 보이는데. 모자 때문도, 가운 때문도 아니지만, 내 눈에는 다른 부인처럼 보여요."

나이에 걸맞지 않게 병과 근심에 풍부한 경험을 갖고 있는 사랑스러운 찰리는 모자와 솔을 벗은 뒤 의자를 들고 조용히 소년에게 다가가 노련한 간병인처럼 소년을 거기에 앉혔습니다. 물론 그런 수행인으로 간 사람이 찰리의 앳된 얼굴을 하고 있을 수는 없었습니다. 그래서 소년의 신뢰를 얻은 듯했습니다.

"얘야!" 소년이 말했습니다. "넌 가르쳐 주겠지? 이 부인이 다른 부인 아냐?"

찰리가 소년의 누더기 옷을 매만져 따뜻하게 몸을 감싸 주면서 고개를 저었습니다.

"오!" 소년이 중얼거렸습니다. "그럼 다른 부인은 아닌 거로군."

"난 널 도울 일이 없을까 해서 왔어." 내가 말했습니다. "어디가 아프니?"

소년이 실성한 듯한 눈을 크게 뜨고 나를 멍하니 보면서 쉰 목소리로 대답했습니다. "난 한 시간에도 몇 번씩 몸이 얼음장처럼 차가워졌다가 불덩이처럼 뜨거워졌다 하죠. 머리는 엄청나게 졸리고요…… 목이 몹시 마르고…… 뼈는 마디마다 고통 그 자체예요."

"이 사내애가 언제 이 집에 왔죠?" 내가 아주머니에게 물었습니다.

"오늘 아침에 제가 길모퉁이에서 발견했어요. 런던에서 알게 된 사이죠. 그렇지, 조?"

"톰 올 얼론스 거리에서." 소년이 대답했습니다.

소년이 관심을 집중하거나 시선을 고정시킬 때는 아주 잠시뿐이었습니다. 그는 이내 머리를 다시 떨어뜨리고 무겁게 흔들면서 몽롱하게 말했습니다.

"이 애는 언제 런던에서 왔죠?"

"어제 왔어요." 소년이 뜨겁게 달아오른 뺨을 하고 대답했습니다. "이제 다시 어디로 갈 거예요."

"이 애가 어디로 간다는 거지요?"

"어딘가로요." 소년이 아까보다 더 큰 목소리로 되풀이했습니다. "난 다른 부인에게 금화를 받은 다음부터는 그전보다 더더욱 멈추지 않고 쭉 걷고 있죠. 스낙스비 부인은 늘 나를 감시하며 쫓아내요—내가 그 부인한테 도대체 무슨 짓을 했다고?—다른 사람들도 나를 감시하고 쫓아내지요. 내가 잠에서 깨기도 전부터 잠들기 전까지 한 사람도 빠짐없이 모두들 그래요. 그래서 난 어딘가로 가지요. 그게 내가 갈 길이에요. 이 아주머니가 톰 올 얼론스 거리에서 자기가 세인트 앨번스 출생이라고 하기에 난 세인트 앨번스 가도를 걸어왔죠. 어딜 가든 마찬가지야."

소년은 말끝마다 찰리를 보고 말했습니다.

"이 애를 어떻게 할 셈이에요?" 나는 아주머니를 한쪽으로 데리고 가서 말했습니다. "이 애가 명확한 목적이 있고 자기가 어디로 가는지 알고 있다고 해도 이 몸 상태로는 여행할 수 없어요!"

"아가씨, 저도 모르겠어요." 아주머니가 측은한 눈빛으로 소년을 흘끔 보면서 대답했습니다. "시체에 입이 있다면 차라리 시체들이 더 잘 알지도 모르죠. 전 이 애가 불쌍해서 종일 데리고 있으면서 수프와 약을 주었고, 지금 리즈가 이 애를 재워 줄 사람이 혹시 있을지 찾으러 갔어요(보세요, 이 침대에 제 아기가—리즈의 아기지만 제 아이라고 부른답니다—자고 있어요). 저 애를 이 집에 오래 둘 수는 없어요. 우리 남편이 돌아와서 이 애가 있는 걸 보면 막무가내로 내쫓다가 다치게 할지도 모르니까요. 쉿! 리즈가 돌아왔어요!"

아주머니가 말하는 사이에 또 다른 여자가 허겁지겁 들어오자, 소년은 몽롱한 머리로 자기가 나가야 한다는 사실을 깨닫기라도 한 듯 일어섰습니다. 언제 갓난아기가 잠에서 깼고, 언제 어떻게 찰리가 그리로 가서 침대에서 안아 올려 돌아다니면서 어르기 시작했는지 모르겠지만, 문득 정신을 차리고 보니 찰리는 그러고 있었습니다. 다시 블라인더 아주머니의 다락방에서 톰과 엠마와 함께 살고 있는 것처럼.

제니의 친구는 이리저리 헤매다니다가 나갔을 때와 같은 모습으로 돌아왔습니다. 처음에는 이 소년을 적당한 보호소에 넣기에는 너무 이르다는 말을 들었고, 나중에는 너무 늦었다는 말을 들었습니다. 어떤 관청 직원이 리즈를 다른 직원에게 보내면 이 직원은 다시 처음 직원에게 보내는 식이었습니다. 마침내는 둘 다 직무를 수행하기보다는 회피하는 능력이 있어서 그 자리에 앉은 것처럼 생각될 정도였습니다. 결국 리즈는 숨을 헐떡거리며(뛰어서 돌아온 데다 겁을 먹어서) 이렇게 말하는 것이었습니다. "제니, 네 남편이 돌아오고 있고, 우리 남편도 곧 돌아올 거야. 하느님, 이 애를 살려 주세요. 이제 우리가 할 수 있는 일은 다 했습니다!" 두 사람이 반펜스 동화를 몇 닢 모아서 소년의 손에 쥐어 주자, 소년은 반은 감사하고 반은 무감각한 태도로 다리를 질질 끌면서 집을 빠져 나갔습니다.

"아기를 이리 다오!" 아기 엄마가 찰리에게 말했습니다. "정말 고맙다! 제니, 잘 자! 아가씨, 저 애는 대개 벽돌 가마에 있으니까, 이따가 남편이 시비를 걸지 않으면 그리로 보러 갈게요. 내일도요!" 리즈는 허둥지둥 사라졌습니다. 곧 우리는 리즈가 자기 집 대문에서 갓난아기를 어르고 노래를 불러 주며, 술 취한 남편이 언제 돌아올지 불안스레 길 건너를 바라보는 옆을 지나갔습니다.

너무 오래 머물며 아주머니와 이야기하다가는 두 사람에게 피해를 끼치게 될까 봐 걱정이었습니다. 그러나 나는 찰리에게 소년을 그냥 놔뒀다가는 죽고 말 것이라고 말했습니다. 어떻게 해야 좋을지 나보다 잘 알고 있고 침착한 동시에 기민한 찰리는 앞장서서 척척 걸어가 곧 벽돌 가마 바로 앞에서 조를 따라 잡았습니다.

조는 작은 보퉁이를 옆구리에 끼고 길을 떠났다가 도중에 도둑을 맞았든지 아니면 잃어버린 게 틀림없습니다. 그는 줄기차게 내리는 빗속을 맨머리로 걷고 있으면서도 여전히 그 찢어지고 볼품없는 털모자를 보퉁이처럼 옆구리에 끼고 있었기 때문입니다. 우리가 부르자 조가 멈춰 섰습니다. 그리고 내가 다가가자 다시 나에 대한 두려움을 드러내면서, 몸을 떠는 것조차 멈춘 채 이글거리는 눈길로 나를 응시했습니다.

나는 소년에게 우리를 따라온다면 오늘 밤 묵을 곳을 찾아 주겠다고 말했습니다.

"묵을 곳 따위는 필요 없어요. 따뜻한 벽돌 가운데서 자면 되니까."

"하지만 그런 데서 자다가는 죽어. 몰라서 그래?" 찰리가 대꾸했습니다.

"어디서 있든지 죽어." 소년이 말했습니다. "내 하숙방에 있어도 죽지…… 이 여자가 내 하숙집을 알아. 내가 안내해 줬거든…… 그리고 톰 올 얼론스 거리에서는 죽어가는 사람이 산더미처럼 많아. 내가 보기에는 살아 있는 사람보다 죽은 사람이 많아." 그러고서 소년은 쉰 목소리로 찰리에게 속삭였습니다. "이 여자는 자기가 다른 부인이 아니라고 하니까, 그 외국 여자도 아니야. 그렇다면 여자가 세 명 있다는 건가?"

찰리가 조금 겁에 질려서 나를 쳐다보았습니다. 소년이 나를 가만히 노려봤을 때, 나는 나 자신에 대해 얼마간 무서운 생각이 들었습니다.

그러나 손짓으로 부르니 소년은 돌아서서 나를 따라왔습니다. 내가 소년에 대해 그런 힘을 갖고 있다는 것을 알았으므로 나는 앞장서서 곧장 집으로 향했습니다. 집까지는 그리 멀지 않고, 언덕 꼭대기까지만 가면 되었습니다. 도중에 한 남자와 스친 게 다였습니다. 소년의 걸음이 매우 불안정하고 비틀거려서, 부축해 주지 않고도 집에 무사히 다다를 수 있을지 의심스러웠습니다. 그러나 소년은 불평 한마디 하지 않았고, 매우 이상한 이야기지만, 자기 자신에게는 이상하리만큼 무관심했습니다.

현관에 들어서자 소년이 창가 의자에 털썩 주저앉더니, 도저히 경탄의 눈빛이라고는 할 수 없는 무관심한 눈으로 안락하고 밝은 집 안을 둘러보았습니다. 나는 그를 잠시 내버려 두고, 잔다이스 아저씨와 이야기하러 응접실로 들어갔습니다. 스킴폴 씨가 와 있었습니다. 그는 예고도 없이 승합마차를 타고 찾아와서는 필요한 물건은 언제나 모조리 빌려서 쓰곤 했습니다.

두 사람은 나와 함께 곧장 소년을 보러 나왔습니다. 현관에는 이미 하인들도 모여 있었습니다. 소년은 수챗구멍에서 건저 올린 상처 입은 짐승처럼 몸을 부들부들 떨고 있고, 그 옆에는 찰리가 서 있었습니다.

"이건 슬픈 사건이야." 잔다이스 아저씨가 소년에게 한두 가지 질문하고 그를 툭 건드리고 눈을 살펴본 뒤에 말했습니다. "자네 의견은 어떤가, 헤럴드?"

"내쫓아," 스킴폴 씨가 말했습니다.

"어떻게 그런 말을!" 잔다이스 아저씨가 엄숙할 만큼 차갑게 말했습니다.

"잔다이스, 내가 어떤 사람인지 알잖나. 난 어린애야. 나한테 화가 난다면 얼마든지 화를 내게. 하지만 난 원래 이런 일에 반대야. 의사로 일할 때도 반대했지. 이 애는 위험하네. 이 애는 몹쓸 열병에 걸렸어."

스킴폴 씨는 현관에서 다시 응접실로 들어가서는 우리 옆에 놓인 피아노 의자에 앉아 가벼운 투로 그렇게 말했습니다.

"자네는 어린애 같은 소리라고 하겠지." 스킴폴 씨가 우리를 쾌활하게 바라보며 말했습니다. "아마 그럴지도 몰라. 하지만 난 실제로 어린애고, 결코 그 이외

다른 사람인 척하지는 않네. 저 애를 길거리로 내쫓는다 해도, 본디 있던 곳으로 내보내는 것뿐이야. 전보다 나빠지는 일은 없을 거라고. 물론 그러고 싶다면 더 잘해 줘도 괜찮지. 6펜스든 5실링이든 5파운드 10실링이든 돈을 줘서—자네들은 산수에 능하지만 난 잘 모르겠네—저 애를 내쫓아 버려!"

"그러면 저 애가 어떻게 될 것 같나?" 아저씨가 물었습니다.

스킴폴 씨가 어깨를 으쓱거리며 말했습니다. "맹세코, 그러면 저 애가 어떻게 될지 나는 전혀 모르지. 하지만 분명 어떻게든 할 거야."

"생각해 보면 어불성설 아닌가?" 내가 두 아주머니의 노력이 헛수고로 끝난 이야기를 얼른 설명하자 아저씨가 이렇게 말했습니다. "생각해 보면 어불성설 아니야?" 이리저리 서성이고 머리카락을 쥐어뜯으면서 말했습니다. "이 불쌍한 애가 유죄 판결을 받은 죄인이었다면 병원으로 당당히 옮겨져서, 이 나라의 병에 걸린 어떤 아이 못지않게 보살핌을 받을 텐데."

"잔다이스, 이런 무식한 질문을 용서해 주겠지? 본디 세상만사란 무식한 사람의 입에서 나오는 법이니까……. 그럼 묻겠는데, 그렇다면 이 애는 왜 죄인이 되지 않는 거지?"

아저씨는 멈춰 서서 의구심과 분노가 뒤섞인 기묘한 표정으로 스킴폴 씨를 바라보았습니다.

"난 우리의 젊은 저 친구에게 섬세한 면이 있으리라고는 생각하지 않네." 스킴폴 씨가 부끄러운 기색도 없이 태연하게 말했습니다. "저 친구가 감옥에 들어갈 만한 그릇된 에너지를 발산해 준다면, 그 편이 더 현명할 뿐만 아니라 어떤 의미에서는 더 훌륭하다고 생각되는데. 그 편이 더 모험심이 넘치고, 따라서 어떤 시적 정신도 더 풍부할 거야."

아저씨가 다시 불편한 걸음을 옮기면서 대답했습니다. "확실히 자네를 능가하는 어린애는 이 지구상에 없을 거야."

"정말 그렇게 생각하나? 아마 그럴 거야. 솔직히 말해서 왜 저 친구가 시적 정신을 익히려고 하지 않는지 난 이해할 수가 없어. 분명 저 친구는 식욕을 갖고 태어났을 거야…… 아무런 걱정 없는 건강한 상태에서는 십중팔구 왕성한 식욕을 보이겠지. 평범한 식사 시간에, 아마도 정오쯤, 저 친구는 사회를 향해 이런 말을 할 거야. '배가 고파 죽겠습니다. 부디 숟가락을 꺼내 저에게 음식을 먹여 주시지 않겠습니까?' 사회는 온갖 숟가락을 배분할 의무를 지니고 있고 저 친구 몫의 숟가락도 갖고 있지만 그 숟가락을 내밀지 않네. 그래서 친구는 말하지. '정말 죄송합니다만, 제가 숟가락을 강탈하겠습니다.' 난 바로 이걸 그릇된 에너지의 실례라고 생각하지만, 거기에는 어느 정도 정당한 이유와 어느 정도 낭만이 있어서, 나는 저 친구를 단순히 불쌍한 부랑자가 아니라—그런 사람은 누구라도 될 수 있으니까—그런 에너지를 보여 주는 실례로 보는 편이 흥미로울 것 같네."

내가 용기 내어 입을 열었습니다. "그러고 계신 동안 저 애는 점점 더 나빠지고 있어요."

스킴폴 씨가 우렁차게 말했습니다. "상식적인 서머슨 양이 말한 대로, 그러는 동안 저 애는 점점 더 나빠지고 있네. 따라서 난 저 애가 더 나빠지기 전에 내쫓으라고 자네에게 권하는 바이네."

스킴폴 씨가 그렇게 말하면서 지은 정감 있는 얼굴을 나는 결코 잊을 수 없을 것입니다.

"작은 아주머니," 아저씨가 나를 돌아보고 말했습니다. "물론 나는 적당한 곳을 찾아가서, 저 애를 수용해 달라고 강력하게 주장하고 반드시 허락을 받아 낼 거다. 저 애가 저런 병에 걸렸는데 고작 그런 일밖에 할 수 없다니, 정말 몹쓸 세상이구나. 하지만 이미 밤이 깊었고, 저 애는 지쳐 있다. 마구간 옆에 있는 몸에 좋은 건초 창고에 침대가 하나 있으니 저 애를 아침까지 그곳에 있게 하는 게 좋겠다. 그러면 옷도 충분히 입혀서 데리고 갈 수 있어. 그렇게 하자."

"아!" 우리가 자리를 뜨려고 하자 스킴폴 씨가 양손을 피아노 건반 위에 얹고 말했습니다. "저 친구에게 가려는 건가?"

"그렇다네." 아저씨가 말했습니다.

"정말이지 자네의 기질이 부럽구먼, 잔다이스!" 스킴폴 씨가 장난스럽게 감탄하면서 대답했습니다. "자네는 이런 일을 마다하지 않고, 서머슨 양도 그래. 자네는 늘 어디든지 가고 뭐든지 기꺼이 하려고 하지. 의지란 그런 거야! 난 뭔가를 하려는 의지가 전혀 없지…… 하지 않을 마음도 없고…… 그저 뭐든지 할 수 없을 뿐이야."

"저 애를 위해 아무것도 권고해 줄 수 없겠지?" 아저씨는 어깨 너머로 돌아보고 반쯤 화가 나서 말했지만, 반쯤 화가 났을 뿐이었습니다. 평소에도 스킴 폴 씨를 책임감 있는 사람이라고는 생각하지 않았기 때문입니다.

"잔다이스, 저 애 주머니에 해열제 병이 들어 있는 걸 봤는데, 저 애는 그걸 먹는 게 가장 좋네. 저 애가 잘 곳에 식초를 조금 뿌리고, 방은 적당히 시원하게 하고, 몸은 적당히 따뜻하게 해 주라고 하인들에게 말해 둬. 하지만 내가 권고를 하다니, 정말 주제넘은 짓인데. 자세한 사항은 서머슨 양이 잘 알 거고 감독할 능력도 있으니 모든 건 서머슨 양이 시키는 대로 하면 되네."

우리는 현관으로 돌아가서, 우리가 계획한 일을 조에게 설명해 주었고, 그것을 찰리가 다시 조에게 설명해 주었습니다. 조는 내가 아까도 눈치챘듯이, 느긋하고 무관심하게 설명을 들었습니다. 마치 이제까지 행해진 일들이 남을 위한 일들이었다는 듯이 지친 모습이었습니다. 하인들이 조의 처지를 동정하여 열심히 도와준 덕분에 곧 건초 창고에 잠자리가 마련되었습니다. 집 안팎에 있던 남자들이 몸을 충분히 감싼 조를 비에 젖은 안뜰을 가로질러 옮겼습니다. 모두가 조에게 얼마나 친절하게 대해 주는지 보거나, 가끔 "얘야" 하고 말을 건넴으로써 조의 기운을 북돋워주는 모습을 보는 것은 기쁜 일이었습니다. 찰리는 일을 감독하고, 건초 창고와 집을 오가며, 조에게 줘도 괜찮다고 우리가 생각한 각성제 조금과 음식을 가져다주었습니다. 잔다이스 아저씨는 조를 보러 갔다가 이 아이를 돌봐 달라고 부탁하는 편지를 쓰러 '분노의 방'으로 돌아왔을 때(편지는 이튿날 새벽에 가지고 가라고 심부름꾼에게 맡겼습니다), 조가 아까보다 좋아 보이고 졸려하는 것 같더라고 내게 알려 주었습니다. 고열이 났을 때를 대비해서 문은 밖에서 잠갔지만, 조가 무슨 소리를 내면 반드시 들릴 수 있도록 해 놓았다고 했습니다.

에이더는 감기에 걸려서 우리 방에 있었으므로, 이런 일이 벌어지는 동안 스킴폴 씨는 홀로 심심함을 달래려 구슬픈 곡을 한 소절씩 연주하고 이따금 그에 맞춰 매우 풍부한 표정과 감정으로 노래했습니다(멀리 있는 우리의 귀에도 들렸습니다). 우리가 응접실로 가서 다시 어울려 주자, "우리의 젊은 친구를 보고" 떠올린 짧은 민요를 소개한다며 농사꾼 소년의 노래를 매우 멋들어지게 불러 주었습니다.

부모를 잃고 집을 잃고 넓은 세상에 버려져
헤매고 다니는 이 신세.

노래가 무척 아름다웠으며 스킴폴 씨는 이 노래를 들으면 어김없이 눈물이 난다고 말했습니다.

저녁 내내 스킴폴 씨는 매우 쾌활했습니다. "얼마나 실행력 있는 사람들에 둘러싸여 있는가 생각하니 몹시 기뻐서 노래가 절로 나오지 뭔가." 이것이 스킴폴 씨의 기쁨에 찬 말이었습니다. 그는 니거스[1] 잔을 들고 "우리 젊은 친구의 건강이 회복되기를!" 하고 건배하고는, 자기는 휘팅턴[2]처럼 이윽고 런던의 시장이 될 몸이라고 생각한다며 이야기를 쾌활하게 늘어놓았습니다. 시장이 되면 물론 잔다이스 회관과 서머슨 양로원과 해마다 세인트 앨번스를 방문할 순례단을 만들 작정이라는 것이었습니다. 그는 말하기를, 우리의 젊은 친구도 나름 대로 훌륭한 소년이지만 그 애의 갈 길과 해럴드 스킴폴이 갈 길은 다르다, 해럴드 스킴폴 자신이 어떤 사람인지는 이 해럴드 스킴폴이 발견하고 퍽 놀랐는데, 그것은 자기가 처음으로 자신을 알게 되었을 때의 일이라고 했습니다. 그래서 결점투성이인 자신을 있는 그대로 받아들이기로 했으니 우리도 그렇게 해 주길 바란다고 말했습니다. 그리고 그는 우리도 마찬가지이기를 바랐다고 말했습니다.

찰리의 마지막 보고에 따르면, 조는 조용히 있다고 했습니다. 내 방 창에서 보니, 조를 위해 놓아 둔 각등이 조용히 빛나고 있었습니다. 이 소년이 묵을 곳을 찾았다는 생각에 나는 무척 기쁜 마음으로 잠자리에 들었습니다.

동 트기 조금 전에 어쩐 일인지 분주한 인기척과 말소리가 들렸으므로 나는 눈을 떴습니다. 옷을 입으며 창으로 얼굴을 내밀고, 어젯밤 조를 동정하여 열심히 일해 준 한 하인에게 집에 무슨 일이 생겼느냐고 물었습니다. 건초 창고 창에서는 여전히 각등이 빛나고 있었습니다.

"그 사내아이 때문입니다." 하인이 말했습니다.

"건강이 안 좋아졌나요?" 내가 물었습니다.

---

1) 포도주에 설탕, 향료, 레몬을 넣어 따뜻한 물에 탄 음료.
2) 제6장 주 1 참조.

"가 버렸어요."

"죽었다고요!"

"죽었냐고요? 아니요. 어딘가로 사라져 버렸습니다."

밤사이에 언제 어떻게 왜 사라졌는지 감조차 잡지 못하는 듯했습니다. 문은 잠긴 상태 그대로였고 각등은 창가에 놓여 있었으므로, 밖으로 나왔다면, 텅 빈 아래층 짐마차 헛간으로 통하는 다락방 바닥의 작은 문으로 나갔다고밖에 생각할 수 없었습니다. 그러나 그곳으로 나갔다 해도 소년은 다시 그 문을 닫아 버렸으므로, 문을 열었던 흔적은 찾을 수 없었습니다. 이런 사실이 뚜렷해지자, 우리 모두는 마침내 소년이 밤새 열에 시달리다 무슨 환영에 홀렸거나 어떤 무서운 환각에 쫓겨 전혀 손쓸 수 없는 그 상태로 휘적휘적 나가 버린 거라고, 가슴 아프지만 믿을 수밖에 없었습니다―우리 모두라고 해도 스킴폴 씨는 예외였습니다. 이 사람은 평소의 부담 없고 가벼운 말투로, 우리의 젊은 친구는 자기가 몹쓸 열병에 걸린 채 이 집에 머무르면 이 집 사람들이 위험하다고 생각한 끝에 타고난 예의 바른 품성을 발휘해 나갔다고 거듭 말했습니다.

가능한 모든 조사를 하고 모든 곳을 찾아보았습니다. 사방의 벽돌 가마를 찾아보고, 벽돌공들의 집을 방문하고, 특히 그 두 아주머니에게 여러모로 물어 보았지만 두 사람은 아무것도 몰랐습니다. 이들이 얼마나 놀라고 솔직하게 대답했는지는 누가 봐도 의심할 수 없었습니다. 벌써 며칠이나 비는 세차게 내렸고 그날 밤도 폭우였으므로 발자국을 따라 찾기란 도저히 불가능했습니다. 울타리, 하수구, 도랑, 짚과 건초를 쌓아 둔 곳 따위에 그 애가 정신을 잃거나 죽어 있는 것은 아닌지 우리 하인들이 멀리까지 돌아다니며 그런 곳을 뒤졌지만, 조가 들렀던 흔적은 전혀 보이지 않았습니다. 그는 우리 집 건초 창고의 높은 다락방으로 들어간 다음부터 모습을 감춰 버린 것입니다.

수색은 닷새 동안 이어졌습니다. 그 뒤에는 찾기를 그만두었다는 뜻은 아닙니다. 그때부터 내 주의는 잊으려 해도 잊히지 않는 쪽으로 쏠렸다는 말입니다.

저녁에 찰리가 다시 내 방에서 글씨 쓰기를 연습하고 내가 마주 앉아서 바느질을 하고 있을 때, 탁자가 흔들리는 느낌이 들었습니다. 얼굴을 들어서 보니, 사랑스러운 하녀가 머리끝부터 발끝까지 바들바들 떨고 있었습니다.

"찰리, 그렇게 춥니?"

"그런 것 같아요. 왜 그런지 모르겠어요. 몸을 어떻게 가눌 수가 없어요. 어제 이 시각에도 그랬어요. 걱정하지 마세요. 병이 났나 봐요."

밖에서 에이더의 목소리가 들렸으므로 나는 내 방에서 우리 둘의 예쁜 응접실로 통하는 문으로 재빨리 가서 문을 잠갔습니다. 내 손이 아직 걸쇠에 닿아 있을 때 마침 에이더가 문을 두드렸기 때문입니다.

에이더가 들여보내 달라고 하기에 내가 말했습니다. "오늘은 안 돼요. 방에 가 있으렴. 아무 일도 아니야, 곧 그리로 갈게." 아! 사랑스러운 그녀와 내가 다시 함께하기까지는 길고 긴 시간이 걸렸습니다.

찰리는 병에 걸렸습니다. 반나절이 지나자 상태가 몹시 악화했습니다. 나는 찰리를 내 방으로 옮기고 내 침대에 누인 다음 조용히 앉아 간호했습니다. 아저씨에게는 이 모든 사실과, 내가 다른 사람에게서 떨어져 있어야 하는 이유와, 특히 사랑하는 에이더와 만날 수 없는 이유를 설명했습니다. 처음에 에이더는 몇 번이나 문 앞으로 와서 나를 부르고 흐느끼면서 나를 원망하기까지 했습니다. 그러나 나는 긴 편지를 써서 그녀가 그런 행동을 하면 나는 걱정스럽고 슬프다고 말하고, 그녀가 나를 사랑하고 내가 안심하기를 바라는 만큼 정원까지만 오고 절대로 안쪽으로는 오지 말라고 신신당부했습니다. 그 뒤로 에이더는 내 방문 앞에 올 때보다도 빈번히 창문 아래로 왔습니다. 나는 우리가 거의 한시도 떨어지지 않았던 시절부터 에이더의 사랑스럽고 아름다운 목소리가 좋았지만, 이렇게 창의 커튼 뒤에 서서 귀를 기울이고 대답은 하지만 밖을 내다볼 수조차 없어지고 나자 그 목소리가 얼마나 애틋하게 느껴졌는지 모릅니다. 나중에 그보다 괴로운 시기가 찾아왔을 때 그 목소리가 얼마나 애틋해지던지요!

나는 우리 둘의 응접실에 침대를 들여놓았고, 에이더가 이미 자기 방을 비우고 나갔으므로, 경계에 있는 문을 활짝 열고 두 방을 하나로 터서 쾌적하고 시원하게 만들었습니다. 집 안팎의 하인들은 모두 무척 친절했으므로 내가 부르면 조금도 무서워하거나 싫어하는 기색 없이 밤낮을 가리지 않고 언제든 기꺼이 와 주었겠지만, 나는 그중 강직한 하녀를 골라 에이더와 절대로 만나지 말고 최대한 조심스럽게 내 방에 드나들게 하면 좋겠다고 생각했습니다. 그 하녀 덕분에 나는 에이더와 마주칠 염려가 없을 때 밖으로 나가 아저씨와 함께 산책할 수 있었고, 간병이나 다른 모든 면에서도 불편하지 않게 지낼 수 있었습니다.

　이렇게 불쌍한 찰리는 병에 걸리고, 상태가 나빠지고, 위독해지고, 아주 오 랫동안 중태에 빠져 있었습니다. 그렇지만 무척 참을성 강하고 조금도 불평하지 않고 불굴의 의지를 보여 주었으므로, 나는 가끔 곁에 앉아서 찰리의 머리를 팔에 안고서―다른 자세는 불편해 하는데 이렇게 하면 편안해했기 때문에―이 어린 동생이 가르쳐 준 모범을 잊지 않게 해 달라고 하늘에 계신 아버지께 묵묵히 기도를 올렸습니다.

　찰리가 완쾌하더라도 그 예쁘장한 얼굴이 흉하게 변하는 게 아닌가 생각하면―얼굴에 보조개가 있는 아주 귀여운 아이였습니다―몹시 슬퍼졌지만, 그런 걱정은 더 중대한 위험에 묻혀 대부분 잊혀 버렸습니다. 찰리는 상태가 아주 나빠져서 돌아가신 아버지를 병구완했던 일과 어린 동생들에 관해 두서없는 소리를 늘어놓았을 때도 거기 있는 사람이 나라는 사실을 알고는 조용히 내 품에 안겨서 전보다 차분하게 헛소리를 중얼거렸습니다. 그럴 때 나는 어린 두 동생에게 엄마 역할을 해온 찰리가 죽으면 그 남겨진 동생들에게 뭐라고 말해야 좋을지 생각하곤 했습니다!

　찰리는 상대가 나라는 사실을 알고서 말을 건네 오는 때가 많았습니다. 자기는 톰과 엠마에게 사랑의 말을 전했으며, 톰은 틀림없이 훌륭한 사람이 될 거라고 말했습니다. 그리고 자기가 전에 아버지를 위로하려고 열심히 읽어 주었던 이야기라며, 과부 어머니의 외아들로서 무덤에 묻히기 위해 실려 나온 젊은 남자의 이야기[3]와 자비로우신 분의 손에 의해 죽음에서 부활한 회당장의 딸 이야기[4]를 내게 들려주었습니다. 찰리는 이렇게 말하곤 했습니다. "아버지가 돌아가셨을 때 슬픔이 너무 커서 무릎을 꿇고 이 사람들처럼 아버지를 부활시켜 불쌍한 동생들에게 돌려보내 달라고 기도했는데, 만약에 나도 완쾌하지 못하고 죽어 버린다면 아마 톰도 나를 위해 같은 기도를 할 거예요. 그럼 아가씨가 톰에게 가르쳐 주시겠어요? 그들이 부활한 것은 오직 우리의 소망이 천국에 있음을 알게 하기 위함이라고요.

---

3) 신약성서 〈누가복음〉 제7장 11~18절. 그리스도가 부활시켜 준 과부의 아들 이야기.
4) 신약성서 〈누가복음〉 제8장 41~42절, 49~50절. 그리스도가 회당장 이야로의 딸을 부활시킨 이야기. 이 이야기는 〈마태복음〉 제9장 18~26절 및 〈마가복음〉 제5장 22~23절에도 나온다.

찰리는 병을 앓는 중 어떤 경우에도 내가 이야기한 다정한 품성을 잃는 법이 없었습니다. 그래서 나는 사람들이 경멸했던 찰리의 불쌍한 아버지가 딸 곁에 수호천사가 앉아 있는 것을 보았다고 임종 때의 고귀한 확신과, 딸을 하느님께 맡긴다고 했던 임종 때의 더욱 고귀한 믿음을 밤새 생각하는 일이 몇 번이나 있었습니다. 찰리는 죽지 않았습니다. 오랫동안 생사를 넘나든 끝에 비틀거리면서도 천천히 되돌아와서 좋아지기 시작했습니다. 찰리의 얼굴이 그 이상 찰리답게 될 가망성은 처음부터 없었지만 곧 희망을 갖게 되었고, 아니 그뿐만 아니라 확실해졌고, 날이 갈수록 앳된 이전의 얼굴을 되찾아갔습니다.

정원으로 나온 에이더에게 이 모든 사실을 알릴 수 있었던 아침은 정말로 멋진 아침이었습니다. 드디어 찰리와 내가 옆방에서 함께 차를 마신 저녁은 정말로 멋진 저녁이었습니다. 그러나 바로 그 저녁, 나는 확 나이를 먹은 기분이 들었습니다. 찰리의 병이 옮았다고 처음 생각한 것은, 우리 둘 모두에게 다행스럽게도 찰리가 전혀 눈치채지 못하고 다시 침대로 들어가 편안히 잠든 뒤였습니다. 차를 마실 때 느꼈던 기분을 나는 어렵잖게 감춰 왔지만 이제는 그럴 수 없어졌습니다. 나는 내가 찰리와 같은 길을 빠르게 가고 있음을 깨달았습니다.

그렇지만 아침 일찍 일어나 나의 사랑하는 에이더가 정원에서 건네는 축복의 말에 대답하고 평소만큼 오래 대화를 나눌 만한 기운은 있었습니다. 그러나 전날 밤 내가 어디에 있었는지 알면서도 어쩐지 그 두 개의 이어진 방을 조금 흥분해서 돌아다녔던 것 같은 기분이 들기도 했고, 가끔은 머리가 혼란스러웠습니다. 몸 전체가 비대해진 것 같은 기묘한 기분이 들었기 때문입니다.

저녁이 되자 상태는 더 나빠졌으므로 나는 찰리에게 각오하라는 뜻으로 이렇게 말했습니다. "찰리, 너 이제 다 나았지?"

"네!"

"그럼 비밀을 말해 줘도 괜찮겠지, 찰리?"

"네, 괜찮아요, 아가씨!" 찰리가 큰 소리로 말했습니다. 그러나 내 얼굴에서 그 비밀을 발견하자 찰리는 낯빛이 흐려지더니 커다란 의자에서 일어나 내 가슴에 쓰러져서는 "아, 아가씨, 저 때문이에요! 저 때문이에요!"라고 말했고, 그 외에도 고마움과 진심을 담아 더 많은 말을 했습니다.

"찰리," 잠시 찰리를 말하게 내버려 둔 뒤에 내가 말했습니다. "내가 병에 걸리면, 하느님과는 별개로 너를 많이 의지하게 될 거야. 그러니까 지금까지 너 자신을 위해 침착하고 냉정하게 행동했듯이 나를 위해서도 그렇게 해 주렴."

"잠시만 울게 해 주시면 그렇게 할게요! 아, 아가씨, 아가씨! 잠시만 울게 해 주세요, 아가씨!"—내 목에 매달리면서 찰리가 이 말을 얼마나 애정을 담아 헌신적으로 했는지 떠올리면 눈물이 절로 납니다—"그러면 얌전해질게요."

잠시 찰리를 더 울게 놔두자 우리 모두에게 좋은 효과가 있었습니다.

"그럼 이제 저를 의지하세요." 찰리가 침착하게 말했습니다. "아가씨 말씀이라면 뭐든지 따를게요."

"지금은 할 일이 별로 없어, 찰리. 오늘 밤 의사선생님한테 내 상태가 좋지 않아서 앞으로 네가 병간호할 거라고 전해라."

그러자 가엾게도 찰리는 진심으로 내게 감사했습니다.

"그리고 아침에 정원에서 에이더의 목소리가 들리면 평소처럼 창의 커튼까지 가기가 어려우니, 네가 가서 내가 자고 있다고 말하렴. 좀 피곤해서 자고 있다고 말이야. 이 방은 평소와 같은 상태로 유지하고 누구도 들이지 마, 찰리."

찰리가 약속했으므로 나는 누웠습니다. 몸이 몹시 나른했습니다. 그날 밤 의사를 만나서 내 병에 대해 아직 집안사람들에게 아무 말도 하지 말아 달라고 부탁했습니다. 그 밤이 어느새 낮으로 바뀌고, 낮이 다시 어느새 밤으로 바뀌었던 것에 대해서는 아주 어렴풋한 기억밖에 없지만, 첫날 아침은 겨우겨우 창가로 가서 사랑하는 에이더에게 말을 건넬 수 있었습니다.

두 번째 날 아침, 밖에서 에이더의 그리운 목소리가—아, 그때는 얼마나 그립게 들리던지요!—들렸으므로 나는 있는 힘을 쥐어짜서(말하기가 고통스러웠으므로) 찰리에게 내가 잔다고 말한 뒤 오라고 부탁했습니다. 에이더가 상냥하게 "그래 찰리, 그대로 자게 놔둬!" 하는 말이 들렸습니다.

"내 자랑스러운 아가씨는 어떤 얼굴을 하고 있지, 찰리?" 내가 물었습니다.

"실망하셨어요." 찰리가 커튼 사이로 들여다보면서 말했습니다.

"하지만 난 에이더가 오늘 아침에 무척 아름답다는 걸 알겠다."

"맞아요," 찰리가 내다보면서 대답했습니다. "아직 창을 올려다보고 계세요."

눈이 맑고 파래서(그 눈에 하느님의 은총이 있기를!) 그렇게 위를 볼 때는 언제나 매력적이었습니다!

나는 찰리를 곁으로 불러 마지막 지시를 내렸습니다.

"찰리, 내가 병에 걸렸다는 걸 알면 에이더는 이 방으로 들어오려고 할 거야. 네가 진짜로 내게 호의를 갖고 있다면 끝까지 아가씨를 들여보내서는 안 돼, 찰리! 한 번이라도 안에 들어서 여기에 누워 있는 나를 한순간이라도 보게 한다면, 난 죽어 버릴 거야!"

"절대로 그러지 않을 거예요! 절대로 그러지 않을 거예요!" 찰리가 약속했습니다.

"그 말을 믿으마, 귀여운 찰리. 그럼 내 곁에 잠시 앉아서 날 좀 쓰다듬어 줘. 난 네가 보이지 않아, 찰리. 눈이 보이지 않게 되었어."

# 제32장 약속의 시간

링컨 법조원—소송인들이 거의 햇빛을 못 보는, 법률에 가려진 고난의 골짜기[1]—은 밤의 장막에 싸이고, 원내 사무실들에서는 사무원들이 굵은 양초의 심을 잘라 불을 끄고 금이 간 나무 계단을 삐걱거리며 내려와 사방으로 흩어졌다. 아홉 시를 알리는 종이 뎅그렁뎅그렁 구슬프면서도 요란하게 울리자 문이 닫히고, 무섭도록 잘 자는 거만한 야간 문지기가 수위실에서 감시한다. 계단 창가의 남포등이 형평법의 눈처럼 빛난다. 거인 아르고스의 흐려진 눈알처럼 별들을 향해 희미하게 반짝거린다. 여기저기 때 묻은 위쪽 여닫이창에 점점이 희미한 촛불이 켜져 있어서, 아직 방 안에 약삭빠른 법률 서류 초안 작성자나 부동산 양도 취급인이 토지를 양피지 덫에 걸리게 하려고(토지 1에이커 당 대략 양 열두 마리 분량을 써서) 애쓰고 있음을 알 수 있다. 그들은 날마다 마지막에는 어느 정도 포획물을 확보하려고 하므로, 근무시간이 지나도 꿀벌처럼 부지런히 일한다.

고물상 대법관이 사는 근처 골목에서는 모두가 맥주와 야식을 즐기려고 한다. 파이퍼 아주머니와 퍼킨스 아주머니의 아들들은 친구들과 술래잡기를 한다. 지금까지 몇 시간 동안 챈서리 래인의 온갖 골목에 숨고 그 널따란 거리를 뛰어다니며 행인들을 귀찮게 했지만, 이제 두 아주머니는 아이들이 잠자리에 든 것을 서로 기뻐하며 잠시 작별인사를 나누기 위해 현관문 돌계단 위를 떠나지 못하고 있다. 고물상 주인 크룩 씨와 그의 하숙인, 크룩 씨가 "만날 술에 취해 있다"는 사실, 젊은 하숙인의 유산상속 가능성이 두 아주머니의 주요 이야깃거리다. 그러나 술집 솔스 암스에서 열리는 '음악 모임'에 대해서도 두 사람은 할 말이 있다. 그때 솔스 암스의 살짝 열린 창문으로 흘러나온 피아노 소리가

---

[1] 구약성서 〈시편〉 제23편 중 "사망의 음침한 골짜기"를 빗댄 구절.

이 골목을 울리고, 리틀 스윌스가 진짜 요릭[2]처럼 음악애호가들을 연거푸 박 장대소하게 하더니 이번에는 합창곡의 높은 부분을 부르며 "들어라, 들어라, 폭 포의 노래를!" 하고 애호가들에게 호소하듯 내는 가련한 목소리가 들린다. 퍼 킨스 아주머니와 파이퍼 아주머니는, '음악 모임'에도 참가하고 창문에 써 붙인 광고의 한 칸도 독점하고 있는 그 분야 전문가인 묘령의 여성에 관해 의견을 나눈다. 퍼킨스 아주머니의 정보에 따르면, 이 여성은 광고에 저 유명한 미성의 여성 가수 M. 멜빈슨 양이라고 쓰여 있지만 사실 결혼한 지 1년 반이 넘었고, 밤마다 솔스 암스에 갓난아기를 몰래 데리고 와서 연주 중에 천연 음료를 먹 여준다고 한다. 퍼킨스 아주머니는 "나라면 차라리 성냥을 팔아서 먹고살겠어" 한다. 파이퍼 아주머니도 의리 있게 이에 동감하여, 사람들 입에 오르내리느니 조용히 사는 편이 낫다고 생각한다고 말하고, 자신의(그리고 은근히 퍼킨스 아주 머니의) 훌륭한 신분에 대해 하느님께 감사한다. 이때 솔스 암스의 종업원이 그 녀가 주문한 멋진 야식용 거품 맥주를 가지고 나타났으므로, 파이퍼 아주머니 는 그 맥주잔을 받아들고 퍼킨스 아주머니에게 잘 자라고 인사한 다음 집으로 들어간다. 퍼킨스 아주머니도 아들이 자기 전에 같은 가게에서 가져다준 자신 의 맥주를 들고 있었다. 이제 골목에는 가게 덧문이 닫히는 소리가 들리고, 담 배 냄새가 풍기고, 별똥별이 집들 꼭대기 창마다 보이므로, 사람들이 잠자리에 들 시각이 되었음을 더욱 뚜렷이 알 수 있다. 경찰도 대문마다 밀어 보며 문단 속하고, 꾸러미가 있으면 조사하고, 누구든지 도둑질하거나 도둑맞고 있을 거 라고 생각하면서 자기 구역을 순찰하기 시작한다.

눅눅하고 찬 공기가 뼈에 사무치지만 울적한 밤으로, 대기에는 안개가 낮게 깔려 있다. 오늘밤은 도살장, 비위생적인 거래, 하수, 썩은 물, 묘지가 많이 이용 되고 사망등록 담당 직원에게 추가로 더 일이 생길 듯한 습기 많고 멋진 밤이 다. 날씨 탓인지—공기 중에는 온갖 것이 떠돌아다닌다—자기 몸속이 잘못 된 탓인지 알 수 없으나 위블 군, 즉 조블링은 편안치 못해서 안절부절못한다. 자기 방과 활짝 열린 현관문 사이를 한 시간에 스무 번은 왕복한다. 주위가 캄 캄해지고 나서 계속 그러고 있다. 고물상 대법관은 오늘밤 아주 일찍 가게를

---

2) Yorick. 셰익스피어 《햄릿》 5막 1장에 나오는 어릿광대.

닳았지만, 위블 군은 그때부터 더욱더 뻔질나게 (머리에 꼭 맞는 싸구려 벨벳 모자를 쓰고, 구레나룻과 전혀 어울리지 않는 표정으로) 왔다 갔다 거듭하고 있다.

스낙스비 씨도 안절부절못하지만, 이것은 별로 드문 현상이 아니다. 비밀 때문에 고민하느라 언제나 다소는 안절부절못하기 때문이다. 스낙스비 씨는 자기가 일부 관계되어 있는 저 수수께끼를 생각하느라 사건의 원천으로 여겨지는 곳—골목에 있는 고물상—을 뻔질나게 드나든다. 이 고물상에는 저항하기 어려운 흡인력이 있다. 스낙스비 씨는 그 골목을 지나오려고 솔스 암스를 빙 돌아 챈서리 래인 끄트머리로 나온 다음, 예정에도 없던 야식 뒤의 산책을 왕복 십 분 간 하고 난 뒤 지금 막 고물상으로 다가왔다.

"아, 위블 씨?" 문구점 주인이 멈춰 서서 말한다. "거기 당신입니까?"

"네! 접니다, 스낙스비 씨."

"나처럼 자기 전에 바깥바람을 쐬고 있었나요?"

"아니요. 여긴 거의 바람도 없고 시원한 바람도 안 불어요." 위블이 거리의 양쪽을 둘러보며 대답한다.

"그렇군요. 그런데 혹시 눈치채지 못했나요?" 스낙스비 씨가 말을 멈추고 코를 킁킁대면서 공기 냄새를 잠시 맡아 본다. "위블 씨, 모르시겠어요? 이 집은…… 솔직히 말하자면…… 기름 냄새가 좀 심하지 않나요?"

"네, 저도 오늘밤은 유독 이상한 냄새가 난다고 생각하던 참입니다. 아마 솔스 암스에서 고기 굽는 냄새 때문이겠죠."

"고기 굽는 냄새요? 아하! 고기 굽는 냄새 말이군요?" 스낙스비 씨가 다시 냄새를 맡아 본다. "과연 그런 것 같군요. 하지만 솔스 암스의 주방장은 좀 감독할 필요가 있을 것 같습니다. 그 여자가 고기를 태웠어요! 그리고 아무래도……" 스낙스비 씨가 다시 코를 킁킁댄 뒤 침을 뱉고 입을 닦는다. "아무래도…… 솔직히 말하면, 석쇠에 올릴 때부터 별로 신선하지 않은 고기였던 모양이에요."

"그럴 겁니다. 음식이 상하기 쉬운 날씨니까요."

"정말이지 음식이 상하기 쉬운 날씨예요. 기분까지 으스스하기도 하고."

"정말입니다! 전 그래서 소름이 끼치고 무서워요." 위블 군이 대답한다.

"그건 당신이 사연이 있는 방에서 혼자 외롭게 살기 때문이에요." 스낙스비 씨가 상대의 어깨 너머로 고물상의 어두운 복도를 들여다본 다음 한 발짝 물러서서 집을 올려다본다. "나 같으면 그런 방에서 절대로 혼자 못 살 거예요. 저녁에는 겁이 나서 그 방에 있지 못할 테니, 방에 앉아 있지 말고 차라리 밖으로 나와서 여기 서 있으세요. 하긴 내가 그 방에서 본 것을 당신은 보지 못했으니 그런 차이는 있지만."

"당신이 무엇을 봤는지 나도 압니다." 토니가 대답한다.

"썩 기분 좋은 것은 아니죠?" 스낙스비 씨가 말을 이으면서 입에 손을 대고, 온화하게 설교할 때 하는 헛기침을 한다. "월세를 받을 때도 크룩 씨는 그 점을 참작해 줘야 해요. 분명 그러고 있겠지만."

"그래 주었으면 좋겠군요. 하지만 어떨지 모르겠어요."

"월세가 너무 비싸죠? 아닌 게 아니라 이 동네는 월세가 너무 비싸요. 정확하게는 모르지만, 아무래도 법률과 관련이 깊은 동네라서 비싸지는 것 같아요." 스낙스비 씨가 변명의 뜻으로 헛기침하면서 덧붙인다. "내가 그 덕분에 먹고사는 직업을 비난할 마음은 없지만."

위블 군이 다시 골목 양끝을 둘러본 다음 문구점 주인을 쳐다본다. 스낙스비 씨는 상대가 쳐다봐도 딴생각을 하며 하늘을 올려다보고 별을 찾는다. 그리고 어떻게 이 대화에서 벗어날 수 있을까 하는 의미에서 헛기침을 한 번 한다.

"참 이상한 일이지요." 스낙스비 씨가 두 손을 천천히 비비면서 말한다. "그 사람이……."

"그 사람이라니요?" 위블 군이 말을 가로막는다.

"그 죽은 사람 말입니다." 스낙스비 씨는 고물상 계단 쪽으로 머리와 오른쪽 눈썹을 향하고 상대의 옷 단추를 탁탁 친다.

"아하!" 위블 군이 그 주제가 그다지 내키지 않는다는 듯이 대답한다. "그 사람 이야기는 끝난 줄 알았는데요."

"그리 중요한 이야기는 아니지만, 참 이상한 일이에요. 그 사람은 여기로 와서 살다가 내 대서인이 되었고, 당신도 여기로 와서 살다가 내 대서인이 되었으니까요. 아, 절대로 깔보는 건 아닙니다. 절대로 그렇지 않아요." 스낙스비 씨는 자기가 무례하게 위블 군을 자신의 소유물 취급을 하지나 않았나 걱정되어 갑자기 이야기를 끊는다. "내가 아는 대서인 중에는 양조장에 들어가서 아주 훌륭하게 일하는 사람도 몇 있지요. 아주 훌륭하게 일하고 있어요." 스낙스비 씨는 화제가 자연스럽게 돌려 졌을까 걱정하면서 이렇게 덧붙인다.

"말씀하신 대로 신기하게도 공통점이 있군요." 위블 군이 다시 한 번 골목 양 끝을 둘러보면서 대답한다.

"이런 걸 운명이라고 하죠?" 스낙스비 씨가 말한다.

"그런 것 같군요."

"그렇고말고요." 문구점 주인이 말하고, 확인의 뜻으로 헛기침한다. "그게 운명이지 뭐예요. 암, 운명이고말고요. 그럼 위블 씨, 유감스럽지만 전 실례해야겠습니다." 스낙스비 씨는 멈춰 서서 이야기를 시작한 이래로 벗어날 방법만 궁리했으면서도 자못 떠나기가 아쉽다는 투로 말한다. "안 그러면 우리 귀여운 마나님이 찾으러 올 테니까요. 그럼 편히 쉬세요!"

스낙스비 씨가 귀가를 서두르는 것이 귀여운 마나님의 수고를 덜어 주려는 배려라고 한다면, 그 점은 안심해도 좋으리라. 귀여운 마나님은 솔스 암스 근처에서 내내 그를 감시하다가 이번에는 손수건으로 얼굴을 감싸고 소리 없이 그의 뒤를 밟으며, 지나가는 길에 위블 군과 하숙집 대문에 날카로운 시선을 던진다.

'아줌마, 조만간 내가 누군지 알게 될 거야.' 위블 군이 마음속으로 말한다. '당신이 누구이든, 그렇게 얼굴을 가리고 있으니 썩 보기 좋은 모습은 아니군. 그런데 이 녀석은 안 올 생각인가?'

그가 이렇게 생각하는 동안 그 녀석이 다가온다. 위블 군은 조용히 손가락을 들어 상대를 복도로 끌어들이고 현관문을 닫는다. 둘은 계단을 올라간다. 위블 군은 무거운 발걸음이고, 거피 군은(그 녀석이란 바로 그다) 자못 가벼운 발걸음이다. 두 사람은 뒷방에 틀어박혀 나지막한 목소리로 이야기를 시작한다.

"여기로 오지 않고 지옥에라도 가 버린 게 아닐까 생각했어." 토니가 말한다.

"뭐야, 열 시 경에 온다고 했잖아."

"열 시 경에 온다고 했지." 토니가 상대의 말을 따라한다. "응, 분명히 자넨 열 시쯤에 온다고 했어. 하지만 내 시계로는 벌써 열 시의 열 배야…… 백 시란 말이야. 이렇게 짜증나는 밤은 난생처음이라고!"

"무슨 일 있었어?"

"그게 이상해." 토니가 말한다. "아무 문제도 없었단 말이지. 그런데도 난 이 허름한 방에서 안절부절못하는 사이에 계속 소름이 끼치는 거야. 저것 봐, 저기 저 으스스하게 생긴 촛불을!" 토니가 말하고, 탁자 위에서 윗부분을 양배추처럼 부풀린 채 길게 촛농을 떨어뜨리면서 타는 가느다란 양초를 가리킨다.

"저건 간단히 고칠 수 있어." 거피 군이 양초의 심을 자르는 가위를 집어든다.

"정말? 자네가 생각하는 것만큼 간단하지 않다고. 저 촛불은 불을 켠 이래로 계속 저런 식으로 탄다니까."

"도대체 뭐가 문제야, 토니?" 거피 군이 가위를 든 채 친구가 탁자에 팔꿈치를 짚은 채 의자에 앉아 있는 모습을 바라보면서 묻는다.

"윌리엄 거피, 난 울적해. 이 참을 수 없을 만큼 답답하고 자살충동을 일으키는 방…… 그리고 아래층에 있는 귀신 같은 할아범 때문이겠지, 아마." 위블 군은 가위 상자를 우울하게 팔꿈치로 저만치 밀고, 머리를 손에 기대고, 두 발을 난로 주위의 격자에 올리고서 불을 바라본다. 거피 군은 친구의 모습을 살피며 머리를 가볍게 뒤로 젖히고는[3] 천진난만한 태도로 탁자 반대편 의자에 앉는다.

"자네랑 얘기하던 사람이 스낙스비였지, 토니?"

"응, 그런데 그 사람…… 응, 스낙스비였어." 위블 군이 도중에 말을 바꾸어 대답한다.

"일 얘기였어?"

"아니. 일 얘기는 아니야. 산책하다가 잠깐 멈춰 서서 얘기한 것뿐이야."

"스낙스비 같기에 들키지 않는 편이 좋을 것 같아서 그가 갈 때까지 기다렸어." 거피 군이 말한다.

"또 시작이군, 윌리엄. G!" 순간 토니가 얼굴을 들고 소리를 지른다. "몰래 숨어서 속닥속닥! 우리가 살인을 계획한다 해도 이보다 비밀스러울 수는 없을 거야!"

거피 군이 웃음으로 얼버무리면서, 화제를 바꾸기 위해 방 안을 둘러보고,

---

3) 경멸, 또는 답답한 마음을 나타낼 때의 몸짓.

장식되어 있는 《영국 미녀집》을 진심에서인지 일부러 그러는 건지 감탄의 눈길로 감상하고, 마지막으로 벽난로 선반 위에 걸려 있는 데들록 부인의 초상화를 바라본다. 그림 속의 부인은 테라스에 있는데, 테라스 위에는 받침대가 있고, 받침대 위에는 꽃병이, 꽃병 위에는 부인의 숄이, 숄 위에는 멋지고 커다란 털가죽이, 그 멋지고 커다란 털가죽 위에는 부인의 팔이, 부인의 팔 위에는 팔찌가 있다.

"데들록 부인과 꼭 닮은 그림이군." 거피 군이 말한다. "당장에라도 말을 할 것만 같은 초상화야."

"그렇다면 얼마나 좋겠어." 토니가 자세를 바꾸지 않고 화난 목소리로 말한다. "그렇다면 난 부인과 사교계식 대화를 할 텐데."

이제 거피 군은 그 어떤 입에 발린 말로도 상대를 진정시킬 수 없다고 깨닫고 전술을 바꾸어 세상 사람들이 흔히 쓰는 수법을 써서 위블 군에게 설교한다.

"토니, 난 누가 울적해할 때는 다 이해하고 그러려니 하지. 그럴 때 어떤 기분인지를 나만큼 잘 아는 사람도 없고, 그 기분을 이해할 자격이 가장 충분한 사람은 아마 나처럼 짝사랑하는 사람의 얼굴을 가슴에 새기고 있는 사람일 테니까. 하지만 괜한 분풀이를 당하면 그러려니 하는 데도 한계가 있어. 분명히 말하지, 토니. 지금 자네의 태도는 손님을 대접하는 태도도 아니고 그리 신사적이라고도 할 수 없어."

"그거 참 가차 없는 인사말인데, 윌리엄 거피." 위블 군이 대꾸한다.

"그럴지도 모르지," 윌리엄 거피 군이 받아친다. "하지만 내가 가차 없는 인사를 할 때는 가차 없는 기분이 되었을 때야."

위블 군은 자기 잘못을 인정하고, 그 이야기는 그만 잊어 달라고 윌리엄 거피 군에게 부탁한다. 그러나 유리한 위치에 선 윌리엄 거피 군은 좀 더 거세게 항의하지 않고는 배길 수가 없다. 이 신사가 말한다.

"싫어! 제기랄, 토니. 정말이지 자네는 짝사랑하는 사람의 얼굴을 가슴에 새기고 있는 남자의 감정에 얼마나 상처를 주고 있는지 몰라. 토니, 자네는 여성의 눈을 매혹하고 잡아끄는 모든 것을 갖추었네. 자네는 꽃 한 송이 주위만을 맴도는 성격이 아니야. 나도 그러면 좋을 텐데. 화원 전체가 자네가 오기를 기다리고, 자네는 가벼운 날개로 그곳을 구석구석 날아다니지. 하지만 토니, 난 그런 자네에게조차 까닭 없이 감정을 해치는 일은 절대로 하지 않아!"

토니는 힘주어 "윌리엄 거피, 그만하라니까!" 하고, 그만 다른 화제로 돌리자고 다시금 애원한다. 거피 군은 순순히 따르며 "내가 꺼낸 주제는 아니야" 한다.

토니가 불을 뒤적이면서 말한다. "그 편지 이야기를 하지. 크룩이 그 편지를 내게 양도할 시간을 오늘밤 열두 시로 정한 건 이상하지 않은가?"

"이상하다마다. 무슨 목적으로 그랬을까?"

"무슨 목적으로 그랬을까? 그 남자는 그런 건 몰라. 오늘이 자기 생일이니까 오늘밤 열두 시에 준다는 거야. 그때까지는 고주망태가 되어 있겠지. 아침부터 퍼마시고 있으니까."

"약속을 잊진 않았겠지?"

"잊어? 그 점은 문제없어. 그 남자는 절대로 뭘 잊는 법이 없지. 오늘 저녁 여덟 시쯤에 그를 만났는데—가게 문을 닫는 걸 도와주었지—그때는 그 털모자 속에 편지가 들어 있었어. 모자를 벗고 그걸 보여 주었지. 가게 문을 닫자 모자에서 그 편지를 꺼내고 모자는 의자 등받이에 걸쳐 두고서 불 앞에 서서 편지를 살펴봤어. 그리고 조금 뒤에 그 남자가 바람 같은 소리를 내면서 자기가 아는 유일한 노래를 불렀는데, 그게 이 마룻바닥을 통해서 들렸어—비보와 카론[4] 영감에 관한 노래인데, 비보는 죽었을 때 술에 취해 있었다나, 뭐 그런 가사였지. 그 뒤로는 오랫동안 구멍에 들어가서 잠에 곯아떨어진 늙은 쥐처럼 조용했어."

"그래서 열두 시에 아래층으로 내려갈 거야?"

"열두 시에. 그래서 자네가 왔을 때는 정말 백 시처럼 느껴졌다니까."

"토니," 거피 군이 다리를 꼰 채 잠시 생각에 잠기고 난 뒤 입을 연다. "그 남자는 아직 글자를 못 읽지?"

"글자를 읽다니! 절대로 읽을 수 있게 되지 않을걸. 알파벳을 하나하나 따로 쓸 수는 있고, 눈으로 봐도 대충은 알아봐. 나한테 배운 덕에 거기까지는 실력

_____

4) 그리스 신화에서 죽은 사람의 영혼이 죽은 사람의 나라로 들어갈 때 건너는 강의 뱃사공.

이 향상됐지만, 그 글자를 하나하나 이어붙일 줄을 모르지. 그 요령을 익히기에는 너무 늙었어. 게다가 알코올 중독이니 말이야."

"토니," 거피 군이 두 다리를 풀었다 다시 꼬았다 하면서 말한다. "자네는 그 남자가 호든(Hawdon)이라는 성을 어떻게 읽었다고 생각하나?"

"읽은 게 아니야. 그 남자가 정말 이상한 눈을 갖고 있어서 한 번 보고도 충분히 여러 가지를 베껴 쓸 줄 안다는 걸 자네도 알잖아. 그래서 그 성을 베껴 가지고 와서는—물론 편지봉투에서 보고—나한테 그게 무슨 뜻이냐고 물은 거야."

"토니," 거피 군이 다시 다리를 풀었다 꼬았다 하면서 말한다. "자네 생각에 편지 원본의 필체가 남자의 것인가 여자의 것인가?"

"여자. 아마도 귀부인이 쓴 것 같아. 꽤 기울어진 글자체로 'n'의 끝을 길게 늘이고, 서둘러 쓴 티가 나지."

이 문답을 하는 내내 거피 군은 엄지손톱을 깨물고, 꼰 다리를 바꿀 때마다 엄지도 바꾸었다. 지금도 또 그러려다가 우연히 겉옷 소매를 바라본다. 소매가 그의 주의를 끈다. 그는 놀라서 소매를 쳐다본다.

"맙소사, 토니, 대체 이 집에서 오늘 밤 무슨 일이 일어난 거야? 굴뚝에 불이라도 때고 있나?"

"굴뚝에 불을 때다니?"

"아! 보라고. 재가 엄청 많이 떨어졌잖아. 내 팔을 좀 봐! 이 탁자 위도! 제기랄, 아무리 불어도 떨어지질 않네. 시커먼 기름처럼 들러붙어 있어!"

두 사람은 얼굴을 마주 본다. 토니가 귀를 쫑긋 세우면서 문 쪽으로 달려가 계단을 조금 오르락내리락해 본다. 돌아와서는 아무런 이상이 없다고 전하고, 아까 스낙스비 씨에게 솔스 암스에서 고기를 굽고 있다고 한 자신의 말을 되풀이한다.

거피 군이 다시 겉옷 소매를 아주 불쾌한 눈길로 바라보면서 입을 연다. 두 사람은 불 앞 탁자에 마주 앉아서 머리를 맞대고 이야기를 계속한다. "그때 크룩이 자네한테 그가 그 편지 다발을 죽은 하숙인의 여행 가방에서 꺼냈다고 말했지?"

"그때 그랬지," 토니가 흐트러진 구레나룻을 정리하면서 대답한다. "그래서 내가 우리 친애하는 윌리엄 거피님께 편지를 올려 오늘밤 약속을 전하고, 그 시각 전에는 연락하지 말라고 충고한 거지. 그 교활한 늙은이에게 연락하지 말라고 말이야."

위블 군은 평소 자신이 쓰는 이 경쾌 발랄한 사교계 말투가 아무래도 오늘밤에는 마음에 들지 않아서, 말 없이 구레나룻을 쓰다듬던 손길도 멈추고 어깨너머로 뒤를 돌아본 뒤 다시 공포에 사로잡히는 것 같다.

"편지 꾸러미를 자네 방으로 가져와서, 내용을 모두 크룩에게 말해 줄 수 있도록 편지를 읽고 비교하기로 되어 있지? 그런 약속을 하지 않았나, 토니?" 거피 군이 신경질적으로 엄지손톱을 깨물면서 묻는다.

"목소리 좀 낮춰. 그래. 크룩과 그렇게 약속했어."

"좋은 생각이 있어, 토니."

"목소리 좀 낮추라니까." 토니가 다시 한 번 말한다. 거피 군은 영리한 머리를 끄덕이고는 다시 머리를 가까이 들이밀고서 속삭인다.

"좋은 생각이 있어. 먼저 진짜 꾸러미랑 똑같은 가짜 꾸러미를 만드는 거야. 그러면 내가 진짜를 갖고 있는 동안 크룩이 그걸 보고 싶다고 해도 자네가 가짜를 보여 주면 돼."

"그 남지기 꾸러미를 보자마자 가짜라는 걸 눈치채면 어떡해? 그자는 나사못처럼 날카로운 눈을 갖고 있으니까 그럴 가능성이 오백 배는 많다고." 토니가 말한다.

"그렇게 되면 끝까지 우겨야지. 그 편지 꾸러미는 크룩 것이 아니야, 처음부터 크룩 것이 아니었다고. 자네도 그걸 알고 편지의 안전을 위해 내 손에…… 자네 친구이자 법률가인 내 손에 맡겼어. 그가 죽어도 편지를 내놓으라고 한다면 내놓으면 그만이잖아."

"그…… 그래." 위블 군이 마지못해 인정한다.

"이봐, 토니," 그의 친구가 항의한다. "왜 그런 눈으로 보는 거야! 설마 윌리엄 거피를 의심하는 건 아니겠지? 내가 꿍꿍이를 꾸민다고 생각하는 건 아니겠지?"

"나는 내가 아는 것만 생각할 뿐, 그 이상은 의심하지 않아, 윌리엄." 상대방이 진지한 얼굴로 대답한다.

"아는 게 뭔데?" 거피 군이 다소 목청을 높여 대답을 재촉한다. 그러나 그의 친구가 다시 "이봐, 목소리 좀 낮추라니까"라고 주의하자 이번에는 전혀 소리를 내지 않고 입술만 달싹이며 질문을 되풀이한다. "아는 게 뭐야?"

"그건 세 가지네. 첫째, 우리는 여기서 비밀이야기를 속닥거리고 있어, 음모자 둘이서."

"그렇군! 하지만 그러지 않았다간 뒤통수를 얻어맞을 테니, 둘이서 바보가 되느니 그 편이 낫지. 그게 우리의 소망을 이룰 유일한 길이니까 말이야. 두 번째는?" 거피 군이 말한다.

"둘째, 이런 짓을 해서 결국 내게 무슨 득이 될지 모르겠어."

거피 군이 벽난로 선반 위에 걸린 레스터 데들록 부인의 초상화를 한 번 바라본 다음 대답한다. "토니, 그건 자네 친구의 명예에 맡겨 줘. 이건 자네 친구의 마음을 편안하게 해 주는 일이야…… 지금 그 이유를 설명해서 이 가슴을 괴롭게 할 이유는 없지만…… 그뿐만이 아니네. 자네 친구는 결코 바보가 아니야. 저건 뭐지?"

"세인트 폴 대성당의 종이 열한 시를 치고 있군. 귀 기울여 봐, 온 런던의 종이 울리는 게 들릴 거야."

두 사람은 입을 다물고, 높고 낮은 탑들에서 그 높낮이만큼이나 다양한 음색을 내며 울려 퍼지는 멀고 가까운 금속성 소리에 귀를 기울인다. 드디어 소리가 멎자 모든 것이 아까보다 더 기이한 고요함을 띠는 듯하다. 목소리를 죽여 비밀이야기를 속삭이고 나면 으레 기분이 좋지 않은데, 그것은 사방이 온통 고요한 가운데 유령 같은 여러 소리—쩍쩍 갈라지고 똑딱똑딱 하는 이상한 소리, 옷 스치는 소리, 모래사장이나 눈 위에서도 흔적을 남기지 않을 것 같은 무서운 발소리—를 부르는 기분이 들기 때문이다. 두 사람은 신경이 날카로워져서, 이런 유령이 사방에 득실거리는 기분이 든다. 그래서 약속이나 한 듯 뒤를 돌아보고 문이 닫혀 있는지 확인한다.

"그래서 토니?" 거피 군이 말하면서 불 앞으로 다가가 떨리는 엄지손톱을 깨문다. "아까 자네가 말하려던 세 번째는 뭐야?"

"죽은 사람을 가지고, 그 죽은 방에서 음모를 꾸미는 건 결코 기분 좋은 일이 아니야. 특히 그 방에 사는 사람 입장에서 생각해 보라고."

"하지만 딱히 그 사람한테 나쁜 짓을 하려는 건 아니잖아, 토니."

"그야 그럴지도 모르지만, 난 내키지 않아. 여기서 자네가 혼자 산다고 생각해봐. 그러면 얼마나 내키지 않는지 이해할 테니까."

거피 군이 대답을 얼버무리면서 말을 잇는다. "토니, 죽은 사람이라고는 하지만, 사람이 죽지 않은 방은 거의 없어."

"그건 알아. 하지만 대부분의 방에 사는 사람은 그곳에서 죽은 사람 따위는 신경 쓰지 않고 그냥 내버려 둬, 그리고…… 그리고 그쪽도 이쪽을 그냥 내버려두지." 토니가 대꾸한다.

다시 두 사람은 얼굴을 마주 본다. 거피 군은 자신들이 하는 일이 고인에게도 득이 되리라 생각한다고 황급히 말한다. 무거운 침묵이 이어지는 가운데 위블 군이 갑자기 불을 휘저었는데, 거피 군은 자기 심장이 휘저어지기라도 한 것처럼 깜짝 놀란다.

"아! 또 저 재수 없는 재가 날리기 시작하는군." 그가 말한다. "잠깐 창문을 열고 바깥공기를 마시지 않겠나? 숨이 턱턱 막혀."

그가 창문을 들어올린다. 두 사람 모두 상체를 내밀고 창틀에 기댄다. 집들이 다닥다닥 붙어 있어서 고개를 쭉 빼고 위를 올려다보지 않으면 하늘이 보이지 않지만, 사방의 지저분한 창에 비치는 불빛이며 저 멀리로 달리는 마차 소리며, 사람들이 아직 깨어 있음을 새삼 알려 주는 이러한 증거를 보고 그들은 기분이 밝아진다. 거피 군이 소리를 내지 않고 창틀을 가볍게 두드리며 경쾌한 코믹극 어조로 다시 속삭이기 시작한다.

"그건 그렇고, 토니, 스몰위드를 잊지 마. 난 아직 스몰위드한테 이 이야기를 하지 않았어. 그의 할아버지는 눈치가 빠르니까. 그게 그 가족의 특징이지."

"기억하고 있어. 걱정 마."

"그리고 크룩 말인데, 자네들 둘이 아주 친해져서 크룩이 자네한테 자기가 그것 말고도 다른 중요 서류를 갖고 있다고 자랑했다고 했지? 자네는 그게 진짜라고 생각하나?"

토니가 고개를 내젓는다. "모르겠어, 짐작이 안 가. 우리가 크룩의 의심을 사지 않고 이번 일을 잘 해내면 분명 더 확실하게 알 수 있겠지. 그 중요 서류라는 걸 보지 않고 무슨 수로 알겠어? 크룩도 모르는걸. 그는 그 서류에 있는 글자를 하나하나 탁자나 가게 벽에 분필로 적어 놓고 이건 뭐냐 저건 뭐냐 묻는데, 아마 그 서류란 처음부터 끝까지 그가 사 모은 종이 부스러기에 지나지 않을까? 그는 자기가 중요 서류를 손에 넣었다고 믿고 있어. 그가 그러는데 자기는 최근 이십오 년 동안 그걸 읽는 공부를 하려 했다는군."

"그런데 애초에 어떻게 그런 생각을 했을까? 그게 문제지." 거피 군이 법정변론을 하듯 잠시 묵묵히 생각한 뒤에 입을 뗀다. "그는 서류 따위는 섞여 있지도 않으리라 생각했던 매입품 속에서 서류를 발견했을지도 몰라. 그리고 숨겨져 있던 장소와 방식을 보고 그게 상당히 중요한 거라고 그 약삭빠른 머리로 생각한 거지."

"아니면 사기를 한 방 크게 당했는지도 모르지. 아니면 자기가 손에 넣은 물건을 그렇게 오랫동안 줄곧 바라보고, 술에 취해 대법관 법정 주위를 어슬렁거리면서 날마다 서류 이야기를 듣는 사이에 머리가 완전히 돌아버렸거나." 위블 군이 대꾸한다.

거피 군은 창틀 위에 앉아 혼자서 고개를 끄덕거린다. 이런 다양한 가능성을 비교 검토하면서 생각에 잠긴 채 창틀을 톡톡 두드렸다가 붙잡았다가 손으로 길이를 쟀다가 하다가 이윽고 기겁하며 손을 거둔다.

"제기랄, 이게 뭐야!" 그가 말한다. "내 손가락 좀 봐!"

누렇고 찐득한 액체가 그의 손가락을 더럽히고 있다. 손으로 만져도 눈으로 봐도 역겹지만, 냄새를 맡으면 더욱더 역겹다. 탁하고 구역질 나는 기름으로, 속을 메스껍게 하는 성분이 있어서 두 사람 모두 진저리를 친다.

"도대체 여기서 뭘 한 거야? 창밖으로 뭘 버린 거지?"

"내가 창밖으로 뭘 버렸다고? 절대로 그런 적 없어. 이 방에서 산 뒤로 단 한 번도!" 방 주인이 외친다.

하지만 이걸 보라…… 그리고 이쪽을 보라! 그가 촛불을 들고 오자, 창틀 구석에서 기름이 천천히 떨어져 벽돌을 타고 흘러내리고 있고, 이쪽에는 악취를 풍기는 짙은 웅덩이를 이루며 고여 있다.

"여긴 기분 나쁜 집이야." 거피 군이 창문을 닫으며 말한다. "물을 줘, 안 그러면 이 손을 잘라 버리겠어."

그는 손을 박박 문질러 닦고 냄새를 맡았다가 다시 씻고는 브랜디를 한 잔

마시고서야 정신을 차리고 아무 말 없이 난로 앞에 선다. 곧 세인트 폴 대성당의 종이 열두 시를 치고, 런던의 다른 종들도 어두운 하늘로 우뚝 솟은 크고 작은 탑들에서 갖가지 음색으로 열두 시를 친다. 모든 것이 다시 조용해지자 이 방의 하숙인이 말한다.

"드디어 약속 시간이군. 그만 가 볼까?"

거피 군이 고개를 끄덕이고 '행운을 기원'하며 그의 등에 손을 대지만, 씻은 손이 오른손인데도 오른손을 쓰지는 않는다.

토니가 아래층으로 내려가자 거피 군은 오랫동안 기다릴 요량으로 난로 앞에 앉으려고 한다. 그러나 몇 분 지나지 않아 계단을 삐걱삐걱 울리면서 토니가 허겁지겁 돌아온다.

"편지는 갖고 왔어?"

"갖고 왔지! 그런데 영감은 거기 없었어."

토니가 그 짧은 시간에 겁에 질려 벌벌 떨고 있자 그의 공포가 거피 군에게도 전염된다. 거피 군이 그에게 달려들어 큰 소리로 묻는다. "무슨 일이야?"

"아무리 불러도 대답이 없기에 조용히 문을 열고 안을 들여다봤지. 그랬더니 방에서 뭔가 타는 냄새가 나고…… 그을음이 가득하고, 기름이 흐르고 있었어…… 그리고 영감은 없었지!" 토니가 말을 마치고 신음한다.

거피 군이 등불을 든다. 두 사람은 정신없이 아래층으로 내려가 서로 손을 꼭 쥔 채 가게 문을 밀어서 연다. 문 앞까지 피신해 있던 고양이가 서서 으르렁댄다. 두 사람을 향해서가 아니라, 난로 앞 바닥에 있는 어떤 것을 향해서. 난로 바닥에는 불씨가 아주 조금밖에 남아 있지 않지만, 실내에는 숨이 막힐 정도로 연기가 자욱하고, 사방 벽과 천장에는 온통 시커먼 기름이 들러붙어 있다. 탁자와 의자, 그리고 거의 늘 탁자 위에 있는 술병은 원래 위치에 그대로 있다. 한 의자의 등에는 늙은 주인의 털모자와 겉옷이 걸려 있다.

"저길 봐!" 토니가 속삭이면서 떨리는 손가락으로 거피 군의 주의를 그런 물건들로 향하게 한다. "내가 말한 대로지. 어제 내가 만났을 때 영감은 모자를 벗고 오래된 편지 다발을 꺼내 놓고 의자에 기대앉아 있었어―겉옷은 이미 저기에 있었지. 가게 덧문을 닫으러 가기 전부터 벗어 놓았던 거니까―그러니까 난 영감이 저 시커먼 가루 같은 것이 떨어진 바닥에 서서 편지를 들여다보고 있을 때 나간 셈이야."

늙은 주인은 어딘가에 대롱대롱 목을 달고 있는 것일까? 두 사람은 위를 올려다본다. 그러나 그렇지 않다.

"봐!" 토니가 속삭인다. "저 의자 다리 부근에 펜을 다발로 묶을 때 쓰는 빨간 끈이 있어. 저걸로 편지를 묶었던 거야. 영감은 편지를 살펴보기 전에 심술궂게 나를 곁눈질하고 웃으면서 끈을 풀어서 저기에 던졌지. 난 끈이 떨어지는 걸 봤어."

"저 고양이는 왜 저러지?" 거피 군이 말한다. "고양이 좀 봐!"

"미쳤나 보지. 이렇게 으스스한 곳에 있으니 그럴 만도 해."

두 사람은 그런 모든 광경을 둘러보면서 슬금슬금 앞으로 걸어간다. 고양이는 두 사람이 아까 봤을 때 있던 자리에서 떠나지 않고, 난로 앞 바닥 두 의자 사이에 있는 정체 모를 무언가를 향해 여전히 으르렁대고 있다. 저게 뭐지? 불을 비춰 보자.

여기는 마룻바닥이 일부분 불타 있고, 여기에는 불에 탄 작은 종이 다발로 만든 부싯깃이 있지만 어떤 액체에 젖은 것 같다. 보통 부싯깃만큼 가볍지 않고, 게다가, 여기에는…… 저건 시커멓게 타서 부러진 작은 통나무 장작이 재를 덮어쓰고 있는 것인가, 아니면, 석탄인가? 아, 끔찍해라, 그가 여기에 있다! 하지만 우리가 부싯깃으로 불을 붙이고 서로 밀치락달치락 옥신각신하면서 잔뜩 겁먹은 채 거리로 뛰쳐나가 달아나는 모습이 지금의 그를 나타낼 뿐이다.

도와줘요, 도와줘요, 도와줘요! 이 집으로 들어와 봐요!

수많은 사람이 들어오지만, 누구 하나 도와줄 수가 없다. 골목의 대법관은 마지막 순간에 자신의 직함에 걸맞은 죽음을 맞이했다. 위선과 불공정 행위들이 행해지는 모든 곳의 모든 권력자들과 모든 재판소 대법관들과 같은 죽음을 맞이한 것이다. 그 죽음을 뭐라고 부르고 누구 탓으로 돌리든, 그리고 어떻게 방지할 수 있었으리라고 말한들 그것은 영원히 똑같은 죽음이다. 즉, 모든 죽음 가운데 그것은 '자연 연소[5]' 이외에는 그 아무것도 아니다.

---

5) 인간이 독한 술을 오랫동안 많이 마시면 혈액 내 알코올 농도가 극도로 높아져서 마침내는 자연적으로 연소하기도 한다는 '자연 연소'설이 그 무렵 널리 믿어졌다. 디킨스도 이 설을 믿었다고 추정된다.

# 제33장 침입자

　지난번 '솔스 암스'에서 이루어진 검시관의 심문에 출석했던 셔츠 소맷부리가 지저분한 두 신사가 또다시 순식간에 이 부근에 나타나(실은 민첩하고 총명한 교구 직원에게 이끌려 숨을 헐떡거리며 왔다) 쿡스 코트를 면밀히 살펴보고 '솔스 암스' 특별실로 들이닥쳐 글자에 굶주린 작은 펜으로 박엽지에 기사를 작성한다. 두 사람은 어젯밤 자정 무렵 일어난 다음과 같은 놀라운 사건이 날이 밝기도 전에 챈서리 래인 일대에 알려지면서 그 일대가 공포와 흥분의 도가니에 빠졌다고 쓴다. 독자들도 기억하겠지만, 예전에 크룩이라는 이름의 괴팍한 주정뱅이 노인이 운영하는 고물상 겸 고선구점 2층에서 아편 복용에 의한 변사사건이 일어나 세상이 떠들썩했던 적이 있으며, 그때 고물상 바로 왼쪽에 있는 신망 높은 제임스 조지 복스비가 운영하는 '솔스 암스'라는 번듯한 술집에서 사인을 심문했는데, 우연히도 그때 크룩이 변사체의 사인에 관해 심문을 받은 점을 주목해야 한다고 적는다. 그리고 두 사람이 설명하길(되도록 장황한 표현으로) 이 기사에서 설명하는 참사가 일어난 쿡스 코트의 주민들은 어젯밤 몇 시간 동안 매우 이상한 냄새를 맡았고, 한때는 그 냄새가 어찌나 지독한지, J.G. 복스비 씨가 전문가로 고용한 코믹 가수 스월스 씨는 M. 멜빌슨 양에게—멜빌슨 양은 스월스 씨와 마찬가지로 J.G. 복스비 씨가 고용한 사람으로 조지 2세 법령에 따라 복스비 씨의 감독하에 '솔스 암스'에서 열리는 '음악 모임' 또는 '음악회'라 칭하는 연속 콘서트에서 노래하며, 자신의 음악적 재능을 무척 높이 사는 여성이다—공기가 탁해 자신(스월스 씨)의 목소리가 망가져버렸다고 하며 이렇게 이렇게 익살을 떨었다고 한다. "우리는 텅 빈 우체국과 같아. 나한텐 편지 한 통 없거든." 스월스 씨의 이 말을 역시 쿡스 코트에 사는 미시즈 파이퍼와 미시즈 퍼킨스라는 두 인텔리 기혼여성이 확인해준다. 그리고 두 부인 모두 코를 찌르는 그 냄새를 맡았으며 비명횡사한 크룩의 집에서 냄새가 나는 줄 알았다고 말했다는 설명을 덧붙인다. 이 참혹한 비극을 전하기 위해 우호관계를 맺은 두 신사는 이 사건 외에도 많은 사건을 앉은 자리에서 기록하고, 쿡스코트의 사내아이들은 (순식간에 침대에서 빠져나와) '솔스 암스'의 특별실 덧문으로 우르르 기어올라 일하는 두 신사의 머리 꼭대기를 들여다보려 한다.

그날 밤에는 아이들뿐 아니라 어른들도 모두 한잠도 자지 못하고, 많은 사람들이 머리를 싸매고 그 불길한 집 이야기를 하며 서로 쳐다보기만 한다. 플라이트 양은 마치 그녀의 방에서 불이 나기라도 한 것처럼 훌륭하게 구출되어 '솔스 암스'의 침대에 누워 있다. '솔스 암스'는 밤새 가스등을 켜고 출입문을 활짝 열어놓았는데, 무슨 일이건 사건이 일어나면 술집이 번창하고 사람들은 위안을 얻는다. 지난번에 검시관이 심문을 한 이래로 '솔스 암스'에서 육계주와 데운 브랜디가 이토록 많이 팔린 일은 없다. 한밤중에 일어난 사건을 듣자마자 술집 종업원은 셔츠 소매를 어깨까지 걷어붙이고 말했다. "가게가 만원이겠군!" 첫 번째 비명소리가 들리자 미시즈 파이퍼의 아들은 소방펌프차가 있는 곳으로 달려가 피닉스[1] 위에 높이 올라타고 소방관 헬멧과 횃불에 둘러싸여 이리저리 흔들리는 이 전설의 새에 필사적으로 매달렸다가 득의양양한 표정으로 돌아온다. 한 소방수가 사건이 일어난 집을 샅샅이 조사하고 뒤에 남아 마찬가지로 그곳을 관리하는 두 경찰 가운데 한 사람과 천천히 보조를 맞춰 걸으며 집 앞을 왔다 갔다 했다. 6펜스를 가진 온 거리의 사람들은 모두 이 세 사람에게 거하게 술을 대접하고 싶어서 몸이 근질거린다.

위블 군과 그의 친구 거피 군은 '솔스 암스'의 바에 있는데, '솔스 암스'로서는 두 사람이 가게에 머물러주기만 한다면 바에 있는 술을 모조리 내주어도 아깝지 않다. "오늘 밤에는 돈 걱정은 마세요." 주인 복스비 씨가 말하며 카운터 너머로 그들을 주의 깊게 살핀다. "두 분은 마음껏 주문하세요. 원하는 것은 무엇이든 드셔도 좋으니까요."

이러한 간곡한 부탁을 받고 두 사람(특히 위블)은 시간이 흐를수록 매우 다

---

1) 피닉스는 이집트 신화에 나오는 전설의 새로 오백 년마다 신단에서 스스로 불타 죽고 그 재에서 다시 태어난다고 한다. 그 이름을 딴 피닉스 화재보험회사는 그 무렵 런던에서 두 번째로 큰 화재보험회사였다. 1866년까지 런던에는 공설소방대가 없었으며, 각 화재보험회사가 소방차에 회사 마크를 단 사설 소방대를 운영했다.

양한 술을 주문하고 마침내는 어느 것 하나 제대로 주문하지 못하게 되지만 그래도 변함없이 새로 온 손님들에게 두 사람이 그날 밤 체험하고 말하고 생각하고 본 것을 이야기한다. 그러는 와중에도 한 경찰이 이따금 입구 근처를 순찰하며 팔을 쭉 뻗어 문을 조금 열고 바깥의 어둠 속에서 술집 안을 들여다본다. 딱히 의심스러워서가 아니라 두 사람이 술집에서 무엇을 하는지 알아두는 편이 낫다고 생각해서이다.

이렇게 밤이 납덩이처럼 무거운 걸음을 옮기고, 사람들은 평소와 달리 늦은 시간까지 자지 않고 술을 주거니 받거니 하면서 생각지도 못한 유산이라도 굴러들어온 사람들처럼 행동한다. 마침내 밤이 느릿느릿 물러가고 가로등 점등부가 다니며 폭군의 목을 비트는 망나니처럼 어둠을 없애려고 애쓰던 가스등의 머리를 모조리 잘라 버린다. 어김없이 아침이 찾아온다.

아침은 런던 특유의 흐릿한 눈으로도 쿡스 코트가 밤새 깨어 있었음을 알아챈다. 탁자마다 졸린 듯이 엎드려 있는 사람들의 얼굴과 침대가 아닌 딱딱한 바닥에 엎어져 있는 다리뿐 아니라, 거리의 벽돌과 모르타르로 만들어진 외관까지도 피로에 절어있는 듯하다. 온 거리가 깨어나고 사람들이 어젯밤에 일어난 사건을 수군거리며 옷도 제대로 갖춰입기 전에 소식을 들으러 계속 들이닥치자 두 경관과 헬멧을 쓴 소방수는(보아하건대 그들은 거리 사람들보다도 훨씬 감수성이 부족한 것 같다) 고물상 입구를 감시하느라 바쁘다.

"이야, 여러분, 깜짝 놀랐지 뭡니까!" 스낙스비 씨가 다가오며 말한다. "소문은 들었는데, 이게 대체 무슨 일이랍니까?"

"다 사실이오." 한 경찰이 대답한다. "소문으로 들은 대로의 일이 일어났소. 여기 서 있으면 안 됩니다. 저리 가시오!"

"이야, 진짜 놀랐어요." 순식간에 뒤로 밀려난 스낙스비 씨가 말한다. "난 어젯밤 열 시부터 열한 시 사이에 이 집 입구에 서서 여기에 하숙하는 젊은이와 이야기를 나눴어요."

"그래요? 저 옆으로 가면 그 젊은이가 있을 겁니다. 이봐요, 여러분, 여기 있으면 안 돼요."

"다치진 않았겠죠?" 스낙스비 씨가 묻는다.

"다쳤냐고요? 아니오. 그 사람이 왜 다친단 말이오?"

스낙스비 씨는 이 물음은 물론 어떤 물음에도 대답할 수 없어 불안한 마음에 '솔스 암스'로 가보니, 기운 없이 홍차를 마시며 빵을 먹고 있는 위블 군의 얼굴에 흥분과 담배 연기가 가신 듯한 표정이 또렷하게 떠올라 있다.

"거피 씨도 계셨군요!" 스낙스비 씨가 말한다. "이런, 이런! 어쩐지 꼭 운명 같군요! 그런데 우리……"

'우리 집사람'이라고 말하려던 스낙스비 씨가 말할 기운을 잃고 만다. 기분이 언짢은 그 여인이 아침부터 '솔스 암스'에 들어와 맥주 펌프 앞에 서서 죄를 묻는 유령처럼 그를 바라보는 모습을 보자 스낙스비 씨는 낙담하여 말을 잇지 못한다.

"여보." 스낙스비 씨가 딱딱하게 굳은 혀를 겨우 움직인다. "뭘 좀 마시겠소? 시럽²⁾을 조금 마시겠소?"

"아뇨." 스낙스비 부인이 말한다.

"당신, 이 두 사람을 알지?"

"네!" 스낙스비 부인은 격식을 차려 두 사람에게 인사하지만 눈으로는 여전히 스낙스비 씨를 보고 있다.

아내를 무척 사랑하는 스낙스비 씨는 이런 대접을 참지 못한다. 그는 아내의 손을 잡아끌고 맥주통이 있는 근처로 데리고 간다.

"여보, 왜 그런 눈으로 날 보는 거요? 제발 그러지 마시오."

"어쩔 수 없어요. 어쩔 수 있다고 해도 그만두지 않을 거고요."

스낙스비 씨는 가볍게 기침하며 "그래요?"라고 대답하며 생각에 잠긴다. 그리고 불안스레 기침하고 "것 참 알 수 없군." 하고 말하지만 그의 마음은 아내의 눈빛 때문에 여전히 혼란스럽다.

"도저히 알 수 없죠." 아내는 고개를 가로저으며 대답한다.

"여보." 스낙스비 씨는 끈질기게 설득한다. "제발 그런 야속한 말을 하거나 추궁하는 눈으로 날 보지 마시오! 부탁이니 그러지 말아요. 아, 설마 내가 사람을 자연 발화시켜 죽이고 다닌다고 생각하는 건 아니겠지요?"

"전 말할 수 없어요." 아내가 대답한다.

---

2) 럼주 등에 오렌지 또는 레몬 주스, 설탕을 넣은 음료.

스낙스비 씨도 자신의 불우한 처지를 재빨리 곱씹어 보고 말한다. "말할 수 없겠지." 그는 자신이 그 일에 관여했을지도 모른다는 사실을 부정할 생각은 없다. 전부터 수상한 일에 여러 모로 관여해 왔으니—어떻게 관여해 왔는지는 모르지만—이번 사건에도 모르는 사이에 휩쓸렸을지도 모른다. 그는 손수건으로 힘없이 이마를 훔치고 숨을 헐떡인다.

"사랑하는 여보." 처량한 문구점 주인이 말한다. "당신은 평소에는 주변 사람들의 시선을 의식하고 신중하게 행동하면서 오늘은 왜 이른 아침부터 술집에 왔는지 설명해 주겠소?"

"그러는 당신은 왜 왔는데요?" 아내가 묻는다.

"그야 노인이 불타 죽은 사건의 진상을 알기 위해서요. 단지 그뿐이오." 스낙스비 씨는 신음소리를 내지 않으려고 잠시 말을 멈춘다. "그리고 당신이 만든 빵으로 아침 식사를 하며 당신에게 진상을 이야기해줄 생각이었소."

"그렇겠죠! 당신은 뭐든지 나한테 얘기하니까요."

"뭐든지, 여보……."

"여보, 내 말대로 해요." 스낙스비 부인은 잔인한 미소를 띠며 스낙스비 씨가 점점 당황하는 모습을 물끄러미 바라본다. "나와 함께 집으로 돌아가요. 당신은 집에 있는 게 가장 인진해요."

"그래, 그럴지도 모르지. 갑시다."

스낙스비 씨는 쓸쓸하게 술집을 둘러보고 위블과 거피에게 작별 인사를 하며 두 사람이 다치지 않아 다행이라고 말한 뒤 아내와 함께 '솔스 암스'를 떠난다.

주변 일대에 소문이 자자한 참사에 자신이 생각지도 못한 역할을 했을지도 모른다는 스낙스비 씨의 의심은, 아내가 끊임없이 의심 어린 눈초리로 바라보자 날이 저물기도 전에 거의 확신으로 바뀌고 만다. 그는 끝없이 번민하며 자수하여 죄가 없다면 결백을 입증받고 죄가 있다면 법률에 따라 가장 심한 처벌을 받아야겠다는 등 온갖 생각에 시달린다.

위블 군과 거피 군은 아침을 먹고 링컨 법조원 구내로 들어가 뜰을 가볍게 거닐며 그 짧은 시간 동안 우울한 기분을 되도록 날려버리려 한다.

"토니, 지금이 절호의 기회야." 두 사람이 깊은 생각에 잠겨 뜰을 한 바퀴 돌자 거피 군이 말한다. "우리가 당장 결정해야 할 사항들에 대해 입을 맞춰 두세."

"잘 듣게, 윌리엄 G!" 상대는 충혈된 눈으로 친구를 물끄러미 보며 대답한다. "또 계략을 꾸밀 거면 말하지 말게. 계략은 이미 충분히 꾸몄으니 더는 이을 생각이 없네. 이번에는 자네가 발화하든지 쾅 하고 폭발할 차례야."

거피 군은 그 장면을 떠올려 보고 기분이 매우 나빠져서 떨리는 목소리로 설교한다. "토니, 자네는 어젯밤 일을 겪고도 앞으로는 남의 일에 끼어들지 말아야 한다는 깨달음을 얻지 못했나?" 위블 군이 대답한다. "윌리엄, 자네야말로 앞으로는 계략을 꾸미지 말아야 한다고 깨닫지 못했나?" 거피 군이 말한다. "누가 계략을 꾸민다는 건가?" 조블링 군이 대답한다. "바로 자네지!" 거피 군이 되받아친다. "아니, 난 안 그랬네." 조블링 군이 다시 맞받아친다. "아니지, 자네는 그랬어!" 거피 군이 대꾸한다. "누가 그러던가?" 조블링 군이 맞받아친다. "내가 증언하네." 거피 군이 대꾸한다. "아, 그런가?" 조블링 군이 말한다. "암, 그렇고말고!" 두 사람은 펄펄 성을 내며 한동안 말없이 걷자 다시 화가 가라앉는다.

"토니!" 거피 군이 말한다. "친구한테 덤벼들지 말고 이야기를 끝까지 들으면 이해할 텐데. 하지만 자네는 성질이 급하고 이해심이 없어. 토니, 자네는 남들이 보기에 매력적인 장점을 모두 갖추고 있으면서……."

"관둬! 남들이 어떻게 보든 관심 없어!" 위블 군이 소리치며 친구의 말허리를 자른다. "하고 싶은 말이 뭐야?"

친구의 기분이 상한 것을 보고 거피 군은 퉁명스러운 말투로만 자신의 감정을 표현하며 말을 잇는다.

"토니, 우리가 서둘러 결정할 사항이 있다고 내가 말했을 때는 그것이 아무리 순수한 것일지라도 계략과는 전혀 관계가 없어. 자네도 알다시피 어떤 사건이건 심리할 때는 증인들이 어떤 사실을 증명할 것인지 미리 전문적으로 준비를 해 두어야 해. 그 늙고 불쌍한 대…… 신사(거피 군은 대법관이라고 말하려다 이 경우에는 신사가 더 적합하다고 생각한다)의 사인을 조사할 때 우리가 어떤 사실을 입증해야 하는지를 알고 있어야 하지 않겠나?"

"어떤 사실이냐고? 당연히 있는 그대로의 사실이지."

"그 조사와 관련된 있는 그대로의 사실일세." 거피 군은 그러한 사실을 손가락으로 꼽았다. "우리가 알고 있는 그 신사의 습관, 자네가 마지막으로 그와 만난 시각, 그때 그의 상태가 어땠으며 우리가 사건을 발견한 사실과 그 방법 말일세."

"그래. 대체로 그것이 있는 그대로의 사실이야."

"우리가 사건을 발견한 건 그 사람이 특이하게도 밤 열두 시에 자네와 만날 약속을 했기 때문이며 그 시각에 자네는 전에도 가끔 그랬던 것처럼 그에게 어떤 문서를 설명해주기로 했는데 그건 그가 글자를 읽지 못하기 때문이네. 나는 그날 밤 자네를 만나러 왔다가 부르는 소리를 듣고 아래로 내려왔지. 그리고 그 뒤에 일이 벌어졌어. 이 조사는 고인의 죽음과 관련된 내막을 조사하는 것이니 이러한 사실 이외의 범위까지 살펴볼 필요는 없어. 자네도 동의하지?"

"그래!" 위블이 대답한다. "그럴 필요는 없네."

"이걸 계략이라고 할 순 없지 않나?" 기분이 상한 거피가 말한다.

"그래. 단지 그뿐이라면 아까 내가 한 말은 취소하겠네."

"이보게, 토니." 거피 군이 다시 위블 군의 팔을 잡아끌면서 산책을 계속한다. "친구로서 궁금해서 그러네만 자네가 앞으로도 계속 그 집에서 산다면 여러 모로 도움이 많이 될 텐데, 그 점은 생각해 보았나?"

"무슨 말인가?" 토니가 걸음을 멈춘다.

"자네가 앞으로도 그 집에서 산다면 여러 모로 도움이 될 텐데 그 점을 생각해 보았느냔 말일세." 거피 군이 다시 물으며 그를 잡아끌었다.

"어느 집? 저 집말인가?" 토니가 집이 있는 방향을 가리킨다.

거피가 고개를 끄덕인다.

"이봐, 자네가 아무리 보수를 후하게 쳐준다 해도 난 저 집에 단 하룻밤도 더 머물고 싶지 않네." 위블 군이 정신이 나간 듯한 눈초리로 응시한다.

"진심인가, 토니?"

"진심이냐고? 내가 진심인 것 같은가? 난 그런 것 같네. 아무렴." 위블 군은 진심을 담아 말한다.

"그럼 이 세상에 친척 하나 없어 보이던 고독한 노인이 얼마 전까지 소유했던 그 재산을 자네가 가져도 아마, 아니 십중팔구 아무도 방해하지 않고, 또 그 노인이 실제로 그 집에 무엇을 감춰두었는지 반드시 알게 되는데도 자네는 어젯 밤 사건 때문에 그런 것에 관심이 없단 거로군, 토니? 내가 제대로 이해했나?" 거피 군은 부아가 나서 엄지손가락을 깨물며 말한다.

"관심 없네. 어떻게 그렇게 태연한 얼굴로 그 집에 사람이 사는 이야기를 할 수 있나?" 위블 군이 벌컥 성을 내며 소리 지른다. "그러면 자네가 한 번 살아 보든가."

"아! 내가 말인가, 토니!" 거피 군이 상대를 진정시키며 말한다. "나는 그곳에 서 살았던 적이 없으니 살고 싶어도 이제는 방을 빌리지 못하네. 하지만 자네 는 이미 그 집에 세 들어 살고 있지 않나."

"그 방은 자네 마음대로 쓰게." 토니가 대답한다. "거기서―젠장, 속이 울렁 거리는군―편하게 지내게나."

"그럼 자네는 정말로 손을 완전히 떼겠다는 건가? 내가 제대로 이해했나, 토 니?"

"자네가 평생 한 말 중에 방금 한 말보다 더 정확하게 이해한 말은 없네. 난 완전히 손을 떼겠어!" 토니는 의심할 여지가 없는 단호한 태도로 대답한다.

두 사람이 이야기를 나누고 있을 때 임대 마차 한 대가 뜰 안으로 돌진해 온 다. 마부석에 있는 운두가 높은 모자가 유난히 눈에 띈다. 주변 사람들에게는 잘 보이지 않지만(마차가 거피 군 바로 옆에 와서 멈췄으므로 두 사람에게는 아주 잘 보였다) 마차 안에는 스몰위드 노부부가 손녀 주디와 함께 타고 있다.

마차를 타고 온 일행은 흥분하여 정신이 없어 보였고, 모자(그 아래에 손자 스 몰위드 군이 있다)가 마차에서 내리자 스몰위드 노인이 창문으로 고개를 내밀더 니 거피 군에게 큰 소리로 말한다. "잘 지내셨소! 잘 지내셨소!"

"치크 일가가 아침부터 무슨 일로 이런 곳까지 오셨습니까?" 거피 군은 친구 에게 가볍게 고개를 끄덕이며 인사한다.

"선생." 스몰위드 노인이 소리친다. "부탁 하나 해도 되겠소? 바트와 누이가 할멈을 데려가는 동안 선생과 친구분께서 나를 쿡스 코트에 있는 술집까지 떠 메고 가주면 안 되겠소? 이 늙은이한테 친절을 좀 베풀어 주시구려."

"쿡스 코트의 술집으로요?" 거피 군은 수상쩍다는 듯이 되묻고는 친구를 본 다. 그리고 두 사람은 그 케케묵은 짐 덩이를 '솔스 암스'로 옮길 준비를 한다.

"마차 삯이오." 늙은 가장이 마부에게 씩 웃어 보이고 기운 없는 주먹을 흔들어 보이며 "한 푼이라도 더 달라고 했다간 법으로 되갚아 줄 거야. 젊은 양반들, 나한테는 신경 쓰지 마시오. 선생들 목을 꼭 붙들고는 필요 이상으로 조이지도 않을 테니. 아이고, 하느님! 아이고, 나 죽네! 아이고, 뼈마디야!"

위블 군은 절반도 채 가기 전에 벌써 졸도할 것만 같았으므로 '솔스 암스'가 멀지 않아 다행이라고 생각한다. 그가 씩씩거리고 신음소리만 몇 마디 겨우 내면서 그 이상 증상을 악화시키지 않고 가마꾼의 책임을 완수하자 인정 많은 노인은 자신이 바라는 대로 '솔스 암스' 특별실에 도착한다.

"아이고, 하느님!" 스몰위드 노인은 숨을 헐떡이며 안락의자에 앉아 주위를 둘러보며 신음한다. "아이고, 나 죽네! 아야, 뼈마디랑 등이 쿡쿡 쑤시네! 아이고, 아파 죽네! 좀 가만히 있어, 앵무새처럼 춤추고 뛰고 뒤뚱거리고 기어오르지 말고 가만히 앉아 있으라고!"

노인이 그의 아내에게 갑자기 이런 말을 퍼붓은 이유는, 그 불행한 노부인은 서 있을 때면 늘 마녀가 춤추듯 비틀비틀 걸으며 무생물을 상대로 쉴 새 없이 습관적으로 조잘거리기 때문이다. 이러한 감정 표시는 노부인의 다른 여러 어리석은 목적과 마찬가지로 아마도 신경질환 때문이겠지만, 이때는 스몰위드 노인이 앉아 있는 윈저 양식의 안락의자를 상대로 유난히 열심히 떠들다가 손자 손녀에게 이끌려 의자에 앉은 뒤에야 겨우 조용해진다. 노인은 그동안에도 "고집 센 돼지 머리 까마귀"라는 애칭을 아내에게 몇 차례나 퍼붓는다.

"선생." 부인에게 한 차례 퍼붓고 나서 스몰위드 노인이 거피 군에게 말한다. "여기서 큰 사건이 벌어졌다지요. 두 분도 들으셨소?"

"들었냐고요? 바로 우리가 그 사건을 발견했답니다."

"선생들이 발견했다고요! 두 선생께서 발견했다니! 바트, 이분들이 발견했는구나!"

두 발견자가 스몰위드 노인과 손자를 바라보자 그들도 두 사람을 물끄러미 바라본다.

"선생들." 스몰위드 노인이 두 팔을 내밀고 불쌍한 목소리로 말한다. "처남의 유골을 발견하는 우울한 역할을 해주셔서 정말 감사합니다."

"뭐라고요?" 거피 군이 말한다.

"그는 집사람의 동생이에요. 유일한 피붙이죠. 우리는 사이가 좋지 않았어요. 지금으로서는 그저 슬픈 일이지만 처남은 도무지 우리와 어울리려 하지 않았어요. 우릴 싫어했거든요. 좀 이상한 사람이었지, 아주 이상한 사람이었어요. 처남이 유언장을 남기지 않았다면(남겼을 리 없겠지만) 법정에 유언관리장을 내야 해요. 지금 나는 처남의 집을 관리하러 온 겁니다. 출입을 막고 보호해야 하니까요." 노인은 한 번 더 말하고 열손가락으로 공기를 손안으로 끌어 모으는 시늉을 한다. "나는 집을 관리하러 온 거요."

"이봐, 스몰." 풀 죽은 거피 군이 말한다. "크룩 영감이 자네 외삼촌할아버지라고 왜 말하지 않았나."

"두 사람이 외삼촌할아버지에 대해 언급하는 것을 꺼리기에 나도 말하지 않는 게 좋겠다고 생각했어요." 조숙하고 조심성 많은 스몰위드가 남몰래 눈을 빛내며 대답한다. "딱히 자랑할 만한 인물도 아니잖아요."

"게다가 외삼촌할아버지든 아니든 당신과는 상관없는 일이니까요." 주디도 남몰래 눈을 빛내며 말한다.

"그분은 나한테 한 번도 잘해준 적이 없었어요. 내가 그분을 소개한다니 있을 수 없는 일이에요!" 스몰이 말한다.

"가슴 아픈 일이지만 처남은 우리와 편지 한 통도 주고받은 적이 없어요." 스몰위드 노인이 불쑥 끼어든다. "하지만 지금 나는 처남의 재산을 관리하러 왔소. 서류를 살펴보고 집을 살펴볼 거요. 우리는 우리 권리를 챙길 겁니다. 권리증은 변호사가 가지고 있소. 저 길 맞은편에 있는 링컨 법조원 광장의 털킹혼 선생이 우리 변호사인데, 그 선생이라면 빈틈없이 일을 처리해줄 겁니다. 크룩은 집사람의 유일한 동생이었소. 집사람한테는 크룩 말고는 피붙이가 없었고 크룩에게도 집사람이 유일한 가족이었소. 야, 이 바퀴벌레야, 지금 당신의 일흔여섯 살짜리 동생 이야기를 하고 있다고."

스몰위드 노부인은 고개를 저으며 소리를 지른다. "76파운드 7실링 7펜스! 돈 7만6천 자루! 지폐 7백6십만 뭉치!"

"누가 나한테 1쿼터³⁾짜리 병 좀 주시겠소?" 격노한 남편은 마음대로 따라주

---

3) 약 1.14리터.

지 않는 몸으로 주위를 둘러보았지만 손 닿는 곳에 던질 만한 것이 하나도 보이지 않자 큰 소리로 말한다. "미안하지만 누가 가래 그릇 좀 주시오. 뭐든 좋으니 이 할망구를 후려칠 만한 단단한 것 좀 줘요. 이 할망구, 고양이나 개새끼처럼 시끄럽게 짖어대기만 하고!" 자신의 웅변에 극도로 흥분한 스몰위드 노인은 손에 잡히는 물건이 없자 주디를 할머니에게 던지려고 온 힘을 짜내어 젊은 아가씨를 노부인에게 냅다 밀었지만 이내 자기가 의자에 나뒹굴고 만다.

"누가 나 좀 흔들어서 일으켜 주시오." 노인이 쓰러지자 가냘프게 바르작거리는 옷더미 사이에서 목소리가 들렸다. "나는 내 재산을 살피러 왔소. 날 좀 일으켜주고 옆집에서 보초를 서고 있는 경찰을 불러 주시오. 그 집에 대해 설명해줘야겠소. 이제 곧 내 변호사가 집을 보호하러 이리로 올 것이오. 그 집에 손을 대는 놈은 누구든 귀양을 보내거나 교수대로 보내버릴 거요!" 충실한 손자 손녀가 숨을 헐떡거리는 노인을 똑바로 일으켜 흔들고 두드리며 치료를 해주자 노인은 또다시 메아리처럼 같은 말을 되풀이한다. "내 재산이야! 내 재산! 내 재산이라고!"

위블 군은 이제 완전히 포기하고 싶다는 표정으로, 거피 군은 아직 미련을 버리지 못해 당황한 표정으로 서로 마주 본다. 하지만 스몰위드 가의 권리에 맞설 수 있는 방법은 어디에도 없다. 털킹혼 씨 사무소의 사무원이 집을 감시하는 경찰에게 와서, 스몰위드 노인은 크룩의 상속인이 틀림없음을 털킹혼 변호사가 보증하며 서류와 재산은 합당한 절차에 따라 시일이 지나면 정식으로 소유하게 될 것이라고 전한다. 그로써 스몰위드 노인은 그 절대적인 권리를 주장할 자격을 단번에 얻고 사람들에게 업혀 옆집을 방문한다. 위층의 플라이트 양이 쓰던 빈방으로 들어가자 노인은 마치 플라이트 양의 새장에 새로 들어온 흉악한 맹금류처럼 보인다.

난데없이 상속인이 나타났다는 소문이 쿡스 코트에 퍼지자 이번에도 '솔스 암스'가 북적이고 온 거리에 활기가 생긴다. 미지즈 파이퍼와 미지즈 퍼킨스는 정말로 유언장이 없다면 하숙하던 젊은이는 처지가 딱해진다고 말하고 그에게 유산에서 얼마라도 떼어 주어 보답하는 것이 당연하다고 말한다. 파이퍼의 아들과 퍼킨스의 아들은 챈서리 래인을 걸어 다니는 사람들을 공포에 떨게 하는 개구쟁이들로, 온종일 펌프 뒤나 아치 밑 통로에서 재를 뒤집어쓰고 놀며, 다른 아이들은 두 소년의 몰골에 열광적인 환호와 야유를 보낸다. 리틀 스윌스와 M. 멜빌슨 양은 친한 사람들과 편하게 이야기를 나누며 이처럼 이상한 사건이 일어나면 비전문가와 전문가를 구분할 수 있다고 생각한다. 복스비 씨는 '음악 모임'의 이번 주 공연을 소개한 전단지—"유행가 '죽음의 제왕!' 참석하신 모든 분들의 코러스까지"—를 붙이고 "J.G. 복스비는 여러분의 성원에 힘입어 얼마 전 충격을 몰고 온 불행한 사건에 애도하는 뜻으로 상당한 경비를 들여 이 행사를 열게 되었습니다"라고 알린다. 쿡스 코트 사람들은 죽은 크룩에 대하여 한 가지 걱정거리가 있다. 등신대 관에 넣기에는 안에 넣을 것이 너무 작지만 어쨌든 형식은 지켜주기를 바라는 것이다. 그날 '솔스 암스' 바에서 장의사가 '신장 6피트 용'을 만들라는 주문을 받았다고 이야기하자 사람들은 한숨 놓으며 스몰위드 노인이 훌륭한 결정을 내렸다고 생각한다.

쿡스 코트를 벗어난 꽤 먼 곳까지도 이 사건 때문에 제법 시끌시끌했다. 과학자와 철학자들이 견학하러 오고, 역시 같은 목적으로 온 의사들이 거리 모퉁이에서 마차를 세우고 내리자 쿡스 코트 사람들은 상상해 본 적도 없는 가연 가스며 인화수소에 대한 학문적 대화가 오간다. 이러한 권위자들(당연히 최고 권위자다) 가운데 누군가는 소문으로 들은 방식으로 죽을 권리가 크룩에게는 없었다고 주장하며 분개한다. 그 말을 들은 다른 권위자들은《영국학사원회보》제6권에 실려 있는 그러한 죽음에 대한 증거를 조사한 논문 한 편과, 꽤 유명한 영국 법의학서 한 권과 그 무렵 제법 유능하다고 이름난 베로나의 성직자 비앙키니라는 인물이 자세히 설명한, 이탈리아에서 있었던 코르넬리아 바우디 백작부인의 사례와, 이 문제를 조사하겠다고 나섰던 시끄러운 두 프랑스인, 포드레 씨와 메르 씨의 증언과 그 증언을 확증한 르 샤 씨의 증언까지도 떠올린다. 르 샤 씨는 한때 매우 유명한 외과의였으며 그러한 사망자가 나온 집에 살며 그에 대한 책을 쓴 사람이다. 하지만 역시 이 권위자들은 말하자면 그러한 지름길을 지나 이 세상에서 빠져나간 고(故) 크룩 씨의 옹고집을 아주 괘씸해 하며 개인적으로 불쾌하게 여긴다. 그들이 무슨 소리를 하는지 모르면 모를수록 쿡스 코트 사람들은 더욱더 좋아하며 '솔스 암스'의 재고품을 즐긴다. 그리고 한 신문 삽화가가 이미 전경과 모양을 그려서 어떤 그림에도(콘월 해안의 난파선이며 하이드 파크 공원의 관병식은 물론 맨체스터의 노동자 집회에 이르기까지)

어울리도록 준비한 화폭을 들고 쿡스 코트로 와 미시즈 퍼킨스의 방(그 뒤로 이 곳은 영원히 기념할 만한 방이 된다)에서 곧바로 크룩 씨의 집을 실물 못지않은 크기로—실은 실물보다 훨씬 커서 마치 신전으로 착각할 만큼 훌륭하다—그린다. 화가는 그 불행한 사건이 일어난 방을 입구에서 들여다볼 수 있게 되자 길이 4분의 3 마일, 높이 50야드의 크기로 똑같이 그리는데, 사람들은 이 그림에 각별한 매력을 느낀다. 그동안에도 거피 군과 위블 군은 집집마다 다니며 철학을 논하고—온갖 곳에 가서 온갖 사람들의 이야기에 귀를 기울이고—언제나 '솔스 암스' 특별실로 달려가 글자에 굶주린 작은 펜으로 박엽지에 기사를 쓴다.

마침내 전처럼 검시관 심문이 진행되지만 이번에는 전과 다르게 검시관이 이 이상한 사건을 중요히 여기며 배심원들에게 개인적으로 말한다. "옆집은 재수가 옴 붙은 집인가 봅니다. 피할 수 없는 숙명이지요, 여러분. 하지만 이따금 그러한 일이 일어나고 우리는 그러한 신비를 설명하지 못합니다!"

심문이 진행되는 내내 거피 군은 자신이 증언할 때 외에는 아주 하찮은 역할밖에 하지 않으므로 다른 사람들처럼 머물러 있으면 안 된다는 말을 듣고 밖에 나와 그 비밀의 집 근처를 어슬렁거리다 집 안에서 스몰위드 노인이 문에 자물쇠를 채우는 것을 보고 자신이 쫓겨난 듯한 느낌을 받는다. 하지만 이 심문이 끝나기 전, 즉 참사가 일어난 다음날 밤에 거피 군은 데들록 부인에게 이야기할 것이 있다.

우울함과, '솔스 암스'에 있을 때는 마음속에 숨어 있던 두려움과 경계심에서 생겨난 불길한 감정을 느끼며 거피 군은 저녁 7시 무렵 데들록 가의 런던 저택으로 찾아가 부인을 만나고 싶다고 한다. 하인 머큐리가 마님은 곧 만찬 모임에 나가실 예정이며, 문 앞에 있는 마차가 보이지 않느냐고 대답한다. 문 앞에는 틀림없이 마차가 서 있었지만 거피 군도 마님을 꼭 만나야 한다.

머큐리는 같은 하인들에게 하듯 '이 젊은이를 혼내주고' 싶지만 마님의 명령은 절대적이다. 그는 기분 나쁜 표정으로 젊은이에게 서재에서 기다리라고 말한다. 머큐리는 그를 어둡고 큰 방에 혼자 남겨두고 손님이 온 소식을 알리러 간다.

거피 군이 사방의 그림자를 기웃거리자 곳곳에 다 타서 하얗게 변한 석탄과 조그만 장작더미가 보인다. 머지않아 옷자락 스치는 소리가 들린다. 저 소리는 뭐지? 아니다, 유령이 아니라 눈부시게 치장한 아름다운 사람이다.

"정말 죄송합니다, 마님." 거피 군은 풀이 죽은 채 웅얼거린다. "이런 시간에 찾아와서⋯⋯."

"언제든 상관없다고 전에 말씀드렸잖아요." 부인은 지난번처럼 그를 똑바로 바라보며 의자에 앉는다.

"다정하신 말씀 감사합니다."

"앉으세요." 부인의 말투는 그다지 다정하지 않다.

"앉아서 마님의 시간을 뺏을 만한 일일지 모르겠습니다만, 실은 저, 제가 지난번에 부인을 찾아뵙고 말씀드린 편지를 구하지 못했습니다."

"단지 그 말을 하러 오셨습니까?"

"단지 이 말씀만 올리러 왔습니다." 거피 군은 실망하여 불안한 데다 부인이 눈부시게 아름다워 더욱 안절부절못했다. 부인은 자신의 미모가 발휘하는 위력을 잘 알고 있고 지금까지 잘 이용해 왔으므로 상대가 누구든 그 효과를 조금이라도 잃지 않았다. 부인이 거피 군을 차갑게 바라보자, 거피 군은 부인이 무슨 생각을 하는지 도무지 종잡을 수 없는 데다 순식간에 자신이 부인에게서 자꾸만 멀어진다고 깨닫는다.

부인은 입을 열 생각이 없다. 따라서 그가 말해야 한다.

"간단히 말씀드리겠습니다, 마님." 거피 군은 마음을 고쳐먹은 도둑처럼 말한다. "제가 편지를 건네받기로 되어 있던 사람이 갑자기 죽는 바람에⋯⋯." 그는 말을 끊는다. 데들록 마님이 침착하게 뒷말을 잇는다.

"그래서 편지도 그 사람과 함께 사라졌다는 말인가요?"

거피 군은 할 수만 있다면 "아니요"라고 말하고 싶은 마음을 숨기지 못한다.

"그런 것 같습니다, 마님."

순간 부인의 얼굴에 안도의 빛이 스친 것을 그가 볼 수 있었다면 어떨까? 하지만 그는 보지 못한다. 부인의 대담한 얼굴에 기가 죽어 얼굴 너머와 그 주변을 보지 못한 것이다.

거피 군은 자신의 실패에 대한 궁색한 변명을 한 두 마디 더듬더듬 말한다.

"하고 싶은 말은 그게 단가요?" 데들록 부인은 그가 끝까지—더듬거리며 거의 끝날 때까지—이야기하는 것을 듣고 묻는다.

거피 군은 그렇다고 대답한다.

"더 할 말이 있는지 잘 생각해 보세요. 이게 당신의 마지막 기회니까요."

거피 군은 틀림없다고 말한다. 지금 당장은 더 말하고 싶은 마음조차 전혀 없었다.

"알겠습니다. 변명할 수고를 덜어드리죠. 안녕히 가세요!" 말이 끝나자 부인은 종을 울려 머큐리를 부르고 거피라는 젊은이를 돌려보내라고 말한다.

그런데 그때 그 집에는 우연히도 털킹혼이라는 중년 남자가 와 있다. 이 중년 남자는 발소리를 내지 않고 서재까지 조용히 걸어와 문손잡이를 잡고 안으로 들어가려다 마침 밖으로 나오는 젊은이와 마주친다.

중년 남자와 부인이 눈빛을 주고받는다. 순간 늘 얼굴을 가리고 있던 블라인드가 갑자기 올라간다. 날카롭고 격렬한 의심이 경계의 눈을 떴다가 다음 순간 다시 감는다.

"죄송합니다, 마님. 깊이 사과드립니다. 이런 시각에 마님이 이런 곳에 계시리라고는 생각지도 못했습니다. 서재가 비어 있는 줄 알았습니다. 정말 죄송합니다!"

"기다리세요!" 부인이 태연하게 그를 다시 부른다. "들어오세요. 나는 만찬 모임에 가는 길이에요. 이 젊은 분과는 용건이 끝났어요."

당황한 젊은이가 방을 나가며 고개를 숙이고 털킹혼 씨에게 인사한다. "안녕하세요?"

"그래, 응?" 변호사는 두 번 볼 필요가 없는데도—거피에게는 그럴 가치가 없다—인상을 쓰고 거피를 보며 말한다. "분명히 켄지 앤드 카보이 법률사무소에서 봤던 것 같은데?"

"켄지 앤드 카보이 법률사무소에서 일하고 있습니다, 털킹혼 씨. 거피라고 합니다."

"그래, 그랬지. 고맙네, 거피 군, 나는 잘 지내고 있다네!"

"그러시군요. 법조계를 위해서라도 선생님께서 더더욱 잘되시길 빕니다."

"고맙네, 거피 군!"

거피 군은 도망치듯 자리를 뜬다. 부인의 손을 잡고 계단을 내려가 마차까지

배웅하는 털킹혼 씨의 칙칙하고 검은 옷이 데들록 부인의 눈부신 아름다움을
더욱 돋보이게 한다. 털킹혼 씨는 턱을 쓰다듬으며 되돌아온 뒤 그날 밤에도
수없이 턱을 쓰다듬는다.

# 제34장 조이기

"이게 뭐지?" 조지 씨가 말한다. "공포탄인가, 실탄인가? 헛방인가, 진짜 발사된 건가?"

기병은 개봉된 편지 한 통 때문에 골머리를 앓고 있다. 기병은 편지를 멀찍이 두고 보거나 코앞에 대고 보기도 하고 왼손으로 잡았다가 오른손으로 잡아도 보며, 고개를 이리저리 갸웃거리고 어깨를 움츠리거나 으쓱거리며 읽어 보았지만 이해하기 또한 어렵다. 편지를 탁자 위에 올리고 두툼한 손바닥으로 펼치고 생각에 잠긴 채 사격장을 왔다 갔다 하다가 이따금 그 앞에 멈춰 서서 새로운 눈으로 다시 살펴본다. 그래도 알 수 없다. 조지는 말없이 더욱 깊이 생각에 잠긴다.

"공포탄인가, 실탄인가?"

필 스쿼드는 솔과 페인트 통을 들고 저 멀리서 과녁을 하얗게 칠하며 뒤에 남겨두고 온 처녀 곁으로 돌아가리라, 반드시 돌아가리라고 다짐하며 빠르게 행진하는 고적대처럼 조용히 휘파람을 분다.

"필!" 기병이 손짓하며 그를 부른다.

필은 늘 그렇듯이 처음에는 목적 없는 사람처럼 옆으로 걸어가서 돌격하듯 대장에게 온다. 지저분한 얼굴에는 하얀 페인트가 튄 자국 몇 개가 또렷하게 찍혀 있다. 필은 한쪽 눈썹 위에 튄 페인트 자국을 솔 손잡이로 문질러 지운다.

"필, 차렷! 잘 듣게!"

"진정하세요, 주인님, 진정하세요."

"실례를 무릅쓰고 당부 말씀드립니다. 매튜 바그넷 씨가 귀하에게 발행하고 귀하께서 인수하신 97파운드 4실링 9펜스의 2개월짜리 어음이 내일 만기되오니 내일까지 완제해주시기 바랍니다. 조슈아 스몰위드' 어떻게 생각하나, 필?"

"큰일이네요, 주인님."

"왜지?"

"제가 볼 땐 말입니다." 필은 깊은 생각에 잠겨 솔 손잡이로 이마에 십자 주름을 그리며 대답한다. "돈을 청구할 때는 그 사람 마음속에 반드시 무슨 꿍꿍이가 있거든요."

"잘 듣게, 필." 기병이 탁자 위에 앉으며 말한다. "나는 이자니 뭐니 하는 명목으로 원금의 절반은 이미 갚았단 말일세."

필은 그렇다 하더라도 이 어음 문제가 해결되지는 않을 것이라는 뜻을 에둘러 표현하기 위해 본디 비뚤어진 얼굴을 더욱 일그러뜨리며 옆으로 한두 걸음 물러난다.

"어디 그뿐인 줄 아나, 필?" 기병은 한손을 휘저으며 서둘러 내린 결론을 지운다. "이 어음은 늘 연기어음이었어. 지금까지 몇 번이나 날짜를 연기해 왔네. 자넨 어떻게 생각하는가?"

"제 생각엔 몇 번씩 연기한 것이 결국 바닥을 친 것 같네요."

"그래? 흥! 내 생각도 그래."

"조슈아 스몰위드가 의자에 실려서 온 그놈입니까?"

"그래."

"주인님." 필이 매우 진지하게 말한다. "그놈은 사람 피를 빨아먹는 거머리 같은 놈이에요. 뱀처럼 칭칭 휘감고 나사 돌리듯 숨통을 콱콱 조이는 데다 그 손톱은 게 집게발 같죠."

스쿼드 군은 풍부한 표현력으로 그의 생각을 말하고 더 듣고 싶어 하는지 아닌지를 확인하기 위해 잠시 말을 멈췄다가 왔던 그대로 다시 과녁으로 돌아가 아까처럼 휘파람을 불며 그 이상적인 처녀의 곁으로 돌아가리라, 반드시 돌아가리라고 기운차게 노래한다. 조지는 편지를 접으며 그쪽으로 걸어간다.

"주인님, 이 문제를 풀 방법이 있어요." 필은 교활한 표정으로 기병을 본다.

"돈을 갚는 것이겠지? 안 그래? 그럴 수만 있다면 무슨 문제가 있겠나."

필은 고개를 젓는다. "아뇨, 주인님, 그렇지 않아요. 그렇게 나쁜 방법이 아니에요. 진짜 해결할 수 있다니까요." 필은 매우 예술적으로 솔을 움직이며 말한다. "내가 지금 하고 있는 이 방법이에요."

"하얗게 칠한다는 거군."[1]

필이 끄덕인다.

"꽤 좋은 해결법이군! 그렇게 되면 바그넷 일가가 어떻게 되는지 알고 있나? 내 묵은 빚을 갚기 위해 그 일가가 파산한단 걸 알고는 있냐고! 자넨 도덕적인 사람이야." 화가 잔뜩 난 기병은 평소의 당당한 태도로 필을 본다. "정말 그래, 필!"

필은 과녁 쪽을 향해 한쪽 무릎을 꿇은 채 솔로 페인트를 바르거나 엄지손가락으로 과녁의 하얀 표면 가장자리를 매만지는 행동을 몇 번이나 거듭하면서 진지한 표정으로, 어음을 발행한 바그넷 씨의 책임을 깜빡 잊긴 했지만 그 훌륭한 가족을 머리털 한 올이라도 다치게 할 생각은 털끝만큼도 없다고 둘러댄다. 그때 바깥의 긴 복도에서 발소리와 함께 조지를 찾는 쾌활한 목소리가 들린다. 필이 주인을 보며 절뚝절뚝 일어나 말한다. "주인님은 여기 계십니다, 바그넷 부인! 여기예요." 바그넷 부인이 남편과 함께 나타난다.

바그넷 부인이 외출복 차림으로 나타날 때는 계절과 상관없이 언제나 수수하고 낡긴 했어도 매우 깨끗한 회색 망토를 두르고 있는데, 이것은 부인과 양산과 함께 다른 대륙에서 유럽으로 돌아왔기 때문에 바그넷 씨가 무척 아끼는 그 망토가 틀림없다. 충실한 동반자인 양산도 바그넷 부인이 외출할 때는 언제나 손에서 떠나지 않았다. 색깔은 말로 설명하기 어려운 색이고, 물결무늬가 새겨진 나무 손잡이가 달렸으며, 꼭지에는 부채꼴 창문의 작은 모형이나 타원형 안경알 같은 형태의 금속이 박혀 있는데, 이 장식은 예부터 영국 육군과 관계가 깊은 어떤 것[2]이 지녀야 하는, 자기 부서를 고수하는 끈질긴 능력이 부족하다. 이 양산은 허리께가 느슨하여 코르셋이 필요해 보이는데, 그렇게 된 것은 아마도 오랜 세월 동안 집안에서는 선반으로 쓰이고 여행지에서는 여행 가방 역할을 해왔기 때문일 것이다. 바그넷 부인은 큼직한 모자가 달린 그 든든한 망토를 전폭적으로 신뢰했으므로 한 번도 양산을 쓴 일이 없으며, 보통 그것은 장을 볼 때 커다란 고깃덩이나 채소를 가리키거나 상인들을 가볍게 슬쩍 찔러 이쪽을 돌아보게 하는 지팡으로 쓰인다. 그리고 부인은 바깥에 나갈 때는 언

---

1) 원어 'whitewash'에는 '(지불능령이 없는 채무자가) 파산하여 변제 책임을 면제받다'는 뜻이 있다.
2) 군인을 말한다.

제나 늘어진 뚜껑이 두 개 달린 우물처럼 생긴 버들바구니를 가지고 간다. 바 그넷 부인은 이런 믿음직한 길동무를 거느리고 소박한 밀짚 보닛을 쓴 볕에 그 을린 성실한 얼굴을 환하고 싱그럽게 빛내며 지금 조지의 사격연습장에 도착 한다.

"조지, 잘 지냈어요?" 부인이 말한다. "아침 해가 이렇게 눈부신데, 어떻게 지 내요?"

조지와 반갑게 악수하고 부인은 걸어온 뒤라 숨을 돌리고 휴식을 즐기기 위 해 의자에 앉는다. 부인은 어디서나 편하게 쉴 수 있는 능력을 단련시켜 왔으 므로 거칠거칠한 벤치에 앉아 모자 끈을 풀어 모자를 뒤로 넘긴 채 팔짱을 낀 모습도 더없이 편해 보인다.

바그넷 씨가 옛 전우와 필과 악수를 하는 동안 부인도 필을 보고 친절하게 고개를 끄덕이고 방긋 웃는다.

"조지." 바그넷 부인이 활기차게 말한다. "리그넘과 내가 왔어요." 부인은 남편 을 곧잘 이렇게 부르는데, 오래전 두 사람이 처음 만났을 때 군인이던 그는 표 정이 매우 딱딱하고 완고하여 '리그넘 바이티'[3]라는 별명으로 불렸기 때문이다. "늘 그래왔듯이 그 증서를 확실히 해두려고 잠깐 들렀어요. 조지, 새 어음을 이 이에게 주고 서명해달라고 하세요. 틀림없이 서명해줄 테니까요."

"오늘 아침에 댁으로 찾아갈 생각이었어요."

"그래요, 오늘쯤 당신이 찾아올 거라고 생각했어요. 하지만 우리가 일찍감치 나와서 울리지에게(그 애보다 착한 애는 없을 거예요) 동생들을 돌보라고 맡겨놓 고 당신한테 온 거예요. 보시는 바와 같이 말이에요! 요즘 리그넘이 일에만 파 묻혀 있느라 운동도 거의 안 하니 산책이라도 하면 건강에도 좋잖아요. 그런데 왜 그래요, 조지?" 부인이 활기차게 말하다가 멈추고 묻는다. "평소의 당신 같 지 않군요."

"평소 같진 않죠." 기병이 대답한다. "조금 난처한 일이 생겼거든요, 부인."

부인의 날카롭고 서늘한 눈매가 곧바로 상대를 꿰뚫어 본다. 부인이 집게손 가락을 들며 말한다. "조지! 리그넘의 증서 때문에 안 좋은 일이 생겼다고는 하

---

3) 남미에서 자라는 열대상록수인 유창목을 말함. 매우 단단하고 무거운 나무로 귀하게 여겨진 다.

지 말아줘요! 아이들을 위해서라도 그 말만은 하지 말아요, 조지!"

기병이 부인을 걱정스럽게 바라본다.

바그넷 부인은 두 팔을 써서 힘주어 말하고 이따금 활짝 편 두 손을 무릎 위에 올리며 말한다. "조지, 당신이 리그넘의 그 증서 때문에 안 좋은 일을 일으켜 이이를 옴짝달싹 못 하게 만들고 우리 재산을 경매에 넘어가게 만든다면—당신 얼굴에 경매에 넘어갈 거라고 분명히 쓰여 있어요, 조지—당신은 우리를 무자비하게 배신한 파렴치한이나 다름없어요. 정말로 잔인해요, 조지. 안 그래요?"

바그넷 씨는 그의 대머리에 샤워 물줄기가 떨어지는 것을 막듯이 큼직한 오른손을 정수리에 올리고 펌프나 가로등 기둥처럼 꼼짝도 하지 않은 채 매우 불안한 눈빛으로 부인을 바라본다.

"조지!" 바그넷 부인이 말한다. "정말 너무하는군요! 조지, 부끄러운 줄 아세요! 조지, 당신이 그런 짓을 하다니 도저히 믿어지지가 않아요! 당신이 한 가지 일을 진득하게 하지 못하고 재산도 모으지 못하는 사람이란 건 알고 있었지만 바그넷과 아이들이 의지하는 얼마 안 되는 재산까지 모조리 빼앗아버리는 사람이라고는 꿈에도 생각 못 했어요. 이이가 얼마나 근면하고 건실한 사람인지 당신도 알잖아요. 퀘벡과 밀타와 울리지가 어떤 아이들인지 잘 알잖아요. 당신이 우리한테 그런 짓을 할 마음을 품고 있다고는, 그런 마음을 품을 수 있다고는 꿈에도 몰랐어요. 아, 조지!" 바그넷 부인은 망토를 그러모으며 조금도 거짓 없는 태도로 눈물을 닦는다. "당신이 어떻게 그럴 수 있어요?"

아내가 말을 멈추자 바그넷 씨는 샤워 물줄기가 멈춘 것처럼 머리에서 손을 내리고 안타까워하며 조지를 보았지만, 조지는 하얗게 질린 채 회색 망토와 밀짚 보닛을 고통스럽게 바라본다.

"매튜." 기병은 목소리를 낮추고 바그넷 씨에게 말했지만 눈은 여전히 부인을 보고 있다. "자네를 슬프게 해서 미안하네. 하지만 나는 상황이 그렇게 심각해지진 않을 거라고 진심으로 믿네. 오늘 아침에 이 편지를 받았어." 기병은 큰 목소리로 편지를 읽는다. "하지만 아직은 잘 해결할 수 있을 거라고 믿어. 자네 말대로 나는 이 일 저 일 기웃거리며 한 가지 일을 진득하게 못 하는 사람이네. 실제로 나는 한곳에 가만히 있질 못해. 하지만 그래서 사람들한테 피해를 준 일은 단 한 번도 없었어. 방랑벽이 있는 옛 전우 중에 나만큼 자네 부인과 아이들을 좋아하는 사람은 아마 없을 걸세, 매튜. 그러니 나는 자네가 되도록 너그럽게 날 봐주리라 믿네. 내가 자네에게 숨겼다고는 생각지 말게. 이 편지를 받은 건 불과 5분 전이니까."

"여보." 바그넷 씨는 잠시 침묵한 뒤 중얼거린다. "내 생각을 조지에게 말해 주시오."

바그넷 부인이 한편으로는 웃고 한편으로는 울며 말한다. "아! 왜 이 사람은 북아메리카에서 조 파우치의 미망인과 결혼하지 않았을까요? 그 미망인과 결혼만 했어도 이런 일은 일어나지 않았을 텐데."

"집사람 말이 맞네. 자네는 왜 결혼하지 않았나?"

"지금쯤이면 그 사람도 더 훌륭한 남편을 구했을 걸세." 기병은 대답한다. "어쨌든 지금 나는 보다시피 조 파우치의 미망인과 결혼하지 않았네. 내가 어떻게 하면 좋겠나? 내가 가진 전 재산은 이게 달세. 이건 내 것이 아니라 자네 것이야. 그러니 자네가 명령만 내리면 모조리 팔아버릴 걸세. 그렇게 해서 필요한 돈을 만들 수만 있다면 진작 팔아치웠을 거야. 내가 자네와 자네 가족을 궁지로 내몰 거라고는 생각하지 말아주게, 매튜. 그러느니 차라리 내 몸부터 팔 거야." 기병은 경멸하듯 자기 가슴을 한 대 치며 말한다. "다만 이런 고물을 사 주는 사람이 있으면 좋겠는데."

"여보." 바그넷 씨가 속삭인다. "내 마음을 조지에게 전해 줘요."

"조지, 생각해 보면 그건 당신 잘못이 아니에요. 자산도 없으면서 이런 장사를 시작한 점만 빼면 말이에요."

"하지만 그 점이 나다웠지요." 기병은 후회하며 고개를 젓는다. "확실히 나다웠어요."

"조용히 하게! 집사람 말이 맞아―집사람은 내 뜻을 전달할 뿐이지만. 내 말을 끝까지 듣게!"

"이런 장사를 시작했으면 리그넘에게 빚보증을 서달라고 하지 말았어야 했고, 아무리 생각해도 보증을 받지 말았어야 했는데도, 조지, 당신은 그렇게 했어요. 하지만 이미 지나간 일은 되돌릴 수 없어요. 당신은 좀 경솔하긴 하지만 자신의 힘이 닿는 한 명예를 중시하고 나쁜 짓을 하지 않는 사람이에요. 하지만 당신은 우리가 그런 빚을 떠안고 있으면 불안을 느끼는 게 당연하다는 점을 인정하지 못하는군요. 그러니 없던 일로 하고 그냥 넘어가요, 조지. 다 잊고 넘어가요!"

바그넷 부인이 성실한 손을 조지에게 내밀고 다른 손을 남편에게 내밀자 조지 씨도 두 사람에게 손을 내밀고 그들의 손을 힘껏 잡으면서 말한다.

"두 사람한테 맹세할게요, 난 무슨 일이 있어도 이 채무를 반드시 갚을 겁니다. 하지만 얼마 안 되긴 해도 내가 그러모은 돈은 모두 원금을 유지하느라 2개월마다 사라져 버렸어요. 필과 나는 이곳에서 아주 간소하게 살아왔어요. 하지만 사격장 일이 생각만큼 풀리지 않아요. 그러니까 돈이 안 돼요. 내가 이 일을 시작한 것 자체가 실수였다고 했지요? 그 말이 맞아요. 하지만 말하자면 나는 홀린 듯이 사격장을 열었고 이로써 나도 한 곳에 정착할 수 있으리라고 생각했어요. 내가 그런 기대를 걸었다는 점은 당신들도 너그럽게 봐줄 거라 생각해요. 나는 진심으로 당신들에게 감사하고 스스로가 부끄럽습니다." 조지 씨는 말을 마치자 잡고 있던 두 사람의 손을 놓고, 마지막 참회를 마치고 지금 당장 군장(軍葬)의 예우를 갖춰 총살당하는 사람처럼 가슴을 넓게 펴고 몸을 꼿꼿이 세우고 한두 걸음 뒤로 물러난다.

"조지, 내 말을 끝까지 듣게!" 바그넷 씨는 부인을 곁눈으로 보며 말한다. "여보, 계속해요!"

바그넷 씨는 이런 이상한 방법으로 이야기를 마치고, 한시라도 빨리 그 편지를 해결해야 하므로 당장 조지와 그가 직접 스몰위드 노인을 찾아가야 하며, 가장 중요한 목적은 돈 한 푼 없는 바그넷을 무사히 구출하는 것이라고 말한다. 조지 씨는 전적으로 찬성하고 모자를 쓰며 바그넷 씨와 함께 적지로 진격할 채비를 한다.

"여자인 내가 한 마디 해도 당신은 화내지 않겠죠, 조지?" 바그넷 부인이 그의 어깨를 가볍게 두드리며 말한다. "리그넘을 잘 부탁해요. 꼭 이이가 이 어려움을 무사히 이겨낼 수 있게 해주세요."

기병은 그렇게 말해주어 고맙다며 반드시 무사히 헤쳐나올 수 있게 하겠다고 대답한다. 바그넷 부인은 망토를 입고 장바구니와 양산을 들고 다시 눈부신 햇빛 속으로 나가 아이들이 기다리는 집으로 돌아가고 두 전우는 용기를 북돋으며 스몰위드 노인의 심기를 달래기 위해 나선다.

조지 씨와 매튜 바그넷 씨만큼 스몰위드 노인과 교섭하여 성공을 거둘 가능성이 낮은 사람이 과연 영국에 또 있을지 참으로 의심스럽다. 게다가 아무리 풍채가 군인답고 어깨가 각지고 넓으며 걸음걸이가 듬직하다고 해도 그 두 사람만큼 스몰위드 노인이 다루는 인생 문제에 무지하고 서투른 아이들이 과연 영국에 또 있을까. 두 사람이 거리거리를 지나 마운트 플레전트 지역으로 가는 동안 바그넷 씨는 친구가 생각에 잠긴 것을 보고 조금 전에 아내가 흥분한 까닭을 설명하는 것이 친구의 도리라고 생각한다.

"조지, 자네도 우리 집사람을 잘 알겠지만, 집사람은 정말로 다정하고 얌전한 여자야. 하지만 누가 자식들을—또는 나를—건드리기만 하면 화약처럼 폭발한다네."

"정말 훌륭한 부인이야, 매튜!"

"조지." 바그넷 씨는 앞을 똑바로 바라보며 말한다. "우리 집사람은—집사람이 하는 일은—다 훌륭해. 대체로 다 그래. 하지만 집사람한테는 절대 그렇게 말하지 않지. 규율을 잡아야 하거든."

"부인은 천금을 줘도 아깝지 않은 사람이야."

"금이라고? 좋은 걸 가르쳐주지. 집사람의 몸무게는 12스톤 6파운드[4]인데, 집사람 대신 그 무게만큼 금이나 은을 준다면 내가 받을 것 같은가? 난 절대 안 받을 걸세. 왜냐고? 집사람은 어떤 귀금속보다도 더 귀중한 금속이기 때문이야. 게다가 집사람은 온몸이 귀금속이라고!"

"자네 말이 옳아, 매튜!"

"집사람이 내 아내로서 결혼반지를 받았을 때 난 몸과 마음을 다 바쳐 집사람과 아이들의 휘하에 종신 입대했네. 집사람은 매우 성실하고 충실해서 우리한테 손가락 하나라도 대면 당장 출격해서 무기를 겨누고 전투태세를 잡지. 가끔 집사람이 의무감에 사로잡혀 엉뚱한 곳에 총을 쏘더라도 용서해 주게, 조지. 집사람은 아주 충직한 사람이야!"

"그러지, 부인에게 하느님이 은총이 있길 비네, 매튜!" 기병이 대답한다. "나

---

4) 사람 몸무게를 재는 단위로, 1스톤은 40파운드.

또한 그런 성격을 잘 알기 때문에 부인을 높이 산다네!"

"자네 말이 맞아." 바그넷 씨는 더할 나위 없이 감격하면서도 온몸의 긴장을 늦추지 않는다. "우리 집사람을 지브롤터의 바위산[5]만큼 높이 산다고 해도 그 장점을 다 사지 못해. 하지만 집사람 앞에서는 이런 말을 입도 벙긋하지 않아. 규율을 잡아야 하거든."

그들은 입에 침이 마르게 바그넷 부인을 칭찬하면서 마운트 플레전트에 있는 스몰위드 노인의 집으로 간다. 경험 많은 주디가 현관문을 열어주고 친절함을 보이기는커녕 비웃으며 두 사람을 머리끝부터 발끝까지 훑어보고는 현관에 그대로 세워 두고 집안으로 발걸음을 돌려 안으로 들여도 될지 안 될지 신탁을 들으러 간다. "들어오실 거면 들어오세요." 벌꿀같이 달콤한 말을 전하러 돌아온 것으로 보아 신탁이 좋게 나왔나 보다. 이 은혜를 입은 두 사람이 안으로 들어오자 스몰위드 노인은 마치 종이로 만든 작은 대야에 발을 담그고 있는 사람처럼 그가 앉아 있는 의자에 매단 서랍에 두 발을 찔러 넣고 있고, 그의 아내는 울지 못하는 새처럼 쿠션에 파묻혀 있다.

"어서 오게, 친구." 스몰위드 노인이 무척 반가워하며 가냘픈 두 팔을 내민다. "잘 지냈나? 몸은 괜찮고? 같이 온 사람은 누군가?"

조지는 처음부터 상대에게 아첨할 마음은 없다. "이쪽은 우리 사이의 그 일로 제가 신세를 지고 있는 매튜 바그넷입니다."

"아! 바그넷 씨? 그렇군요!" 노인은 한손을 들고 바그넷 씨를 본다.

"안녕하시오, 바그넷 씨? 훌륭한 사람이야, 조지. 어디로 보나 영락없는 군인이야!"

노인이 의자를 권하지 않자 조지 씨는 자기 것과 바그넷 씨가 앉을 의자를 하나씩 가지고 온다. 두 사람이 의자에 앉는데, 바그넷 씨는 엉덩이 끝으로밖에 몸을 굽히지 못하는 사람처럼 앉는다.

"주디." 스몰위드 씨가 말한다. "파이프 담배를 가지고 오너라."

"글쎄요." 조지 씨가 입을 연다. "손녀분께서 굳이 수고할 필요는 없을 것 같습니다. 사실 오늘은 담배가 그다지 안 당기는군요."

---

5) 지브롤터 해협의 지중해 쪽, 에스파냐 남단 가까이에 있는 426미터 높이의 바위산.

"그런가?" 노인이 대답한다. "주디, 파이프 담배를 가져오너라."

"스몰위드 씨." 조지가 이야기를 계속한다. "솔직히 말씀드리면 조금 불쾌합니다. 아무래도 스몰위드 씨의 재계 친구가 장난을 치는 것 같군요."

"설마, 그럴 리가! 그 사람은 절대 그런 짓을 하지 않아!"

"그래요? 그 말을 들으니 마음이 좀 놓입니다. 그 사람이 한 짓인지 모른다고 생각했거든요. 제가 말하는 건 이겁니다. 이 편지 말이에요."

조지 씨가 눈에 익은 편지를 내밀자 스몰위드 노인이 추악한 웃음을 짓는다. "이게 무슨 뜻입니까?" 조지 씨가 묻는다.

"주디, 파이프를 가져 왔느냐? 이리 주렴. 그게 무슨 뜻이냐고 물었나?"

"그렇습니다. 제 얘기 좀 들어 보십시오, 스몰위드 씨." 기병은 한손으로 편지를 펼쳐들고 다른 손은 주먹을 쥐어 허벅지 위에 올려놓은 채 되도록 다정하고 친절하게 말하려고 애쓰며 이야기한다. "우리는 꽤 큰돈을 주고받아왔으므로 지금 이렇게 마주 앉아 이야기하고 있고, 우리 둘 다 지금까지 성실히 지켜온 합의 내용도 잘 알고 있습니다. 저는 지금까지처럼 정해진 날짜마다 꼬박꼬박 찾아와서 이 거래를 계속할 작정입니다. 이제껏 한 번도 스몰위드 씨에게서 이런 편지를 받은 적이 없는데 오늘 아침 이걸 보고 기분이 좀 상했습니다. 왜냐하면 여기 있는 내 친구 매튜 바그넷은 돈이 한 푼도 없는지라……."

"난 모르는 얘기요." 노인이 조용히 말한다.

"뭐라고요, 아니, 이 얘기 말입니다, 제가 지금 말하고 있지 않습니까?"

"그래, 그래요, 당신이 얘기하고 있지요." 스몰위드 노인이 대답한다. "하지만 난 모르는 얘기요."

"알겠소!" 기병이 끓어오르는 분노를 참으며 말한다. "하지만 나는 알고 있소."

스몰위드 노인이 유쾌하게 대답한다. "아! 그건 다른 문제요! 하지만 상관없소. 어쨌든 바그넷 씨네 사정은 내 알 바 아니니까요."

불쌍한 조지는 어떻게든 이야기를 원만하게 끌고 가며 상대의 주장을 근거로 그를 구슬리려 한다.

"제 말이 바로 그겁니다. 스몰위드 씨 말씀대로 여기 있는 매튜 바그넷은 궁지에 빠질 수밖에 없습니다. 잘 아시겠지만 그렇게 되면 바그넷 부인이 무척 상심할 테고 저 또한 그렇습니다. 저처럼 얻는 것 없이 헛수고만 하기 마련인 무모한 건달패와 달리 이 사람은 건실한 가장이기 때문이에요. 아시겠습니까? 하지만, 스몰위드 씨." 기병은 군인답게 교섭을 진행할수록 자신감을 얻는다. "선생과 저는 어떻게 보면 아주 절친한 친구지만, 그래도 제 입으로 선생에게 친구 바그넷의 책임을 완전히 면제해 달라고 할 수 없다는 점은 충분히 알고 있습니다."

"오호, 참말로 조심성도 많구려. 뭐든 부탁만 하시오, 조지 씨."(오늘 스몰위드 노인은 마치 익살맞은 식인귀 같다.)

"어차피 거절할 생각이니 상관없다는 겁니까? 아니면 당신이 아니라 당신의 재계 친구가 거절할까요? 하하하!"

"하하하!" 스몰위드 노인이 덩달아 웃는다. 그 웃음이 너무도 차갑고 스몰위드 씨의 눈이 이상할 만큼 녹색으로 빛나서, 노인을 물끄러미 쳐다보는 사이에 안 그래도 딱딱한 바그넷 씨의 표정이 더욱 딱딱해진다.

"자, 자!" 쾌활한 조지가 말한다. "저는 이 이야기를 좋게 끝내고 싶으니 서로 기분을 푸는 게 좋겠습니다. 바그넷이 여기 와 있고 저도 이렇게 와 있습니다. 스몰위드 씨, 늘 하던 대로 일을 재빨리 해치웁시다. 그리고 우리가 어떤 합의를 했는지를 이 친구에게도 말해주면 이 친구와 그 가족들도 마음을 놓을 겁니다."

이때 유령이 째지는 목소리로 비웃듯이 외친다. "어머나! 어쩌면 좋아!" 하지만 이 소리를 낸 사람은 장난치기 좋아하는 주디이다. 깜짝 놀란 손님들이 주위를 두리번거리자 주디는 가만히 있었지만 그들을 조롱하고 경멸하기 위해 조금 전에 턱을 휙 치켜든 참이다. 바그넷 씨의 표정이 더욱 굳어진다.

"당신은 나한테 이렇게 물었지요, 조지 씨?" 계속 파이프를 들고 있던 스몰위드 노인이 입을 연다. "당신은 나한테 이 편지가 무슨 뜻이냐고 물었지요?"

"그렇습니다, 그렇게 물었습니다." 기병은 별 뜻 없이 대답한다. "하지만 모든 일이 이상 없이 원만하게 해결된다면 딱히 그 의미가 궁금하진 않습니다."

스몰위드 노인은 일부러 기병의 머리에 파이프를 던지는 척하며 바닥으로 던져 산산조각을 낸다.

"이게 바로 편지의 뜻이오, 친구. 나는 당신을 부수고 무너뜨릴 거야. 산산조각 내주겠어. 뒈져버려!"

두 친구는 의자에서 일어나 서로 마주 본다. 바그넷 씨의 딱딱한 표정이 정점에 다다른다.

"뒈져버려!"노인이 되풀이한다. "네놈이 담배 피우면서 거들먹거리는 꼴을 더는 못 참아. 알겠어? 게다가 네놈은 그 자존심 센 용기병이라지? 다음엔 내 변호사한테 가서(어딘지 알겠지? 전에 가 봤으니) 그 잘난 자존심을 보여 주겠나? 응, 이봐, 친구, 좋은 기회잖나. 주디, 현관문을 열고 이 잘나신 양반들을 쫓아내 버려! 안 나간다고 버티면 사람을 부르고. 놈들을 냉큼 쫓아 버려!"

노인이 너무나 크게 소리를 질러대는 통에 바그넷 씨가 여전히 얼이 빠져 있는 전우의 어깨를 잡고 현관 밖으로 데리고 나온다. 뒤에서 주디가 우쭐대며 곧바로 문을 쾅 닫는다. 당황한 조지 씨는 한동안 선 채로 문손잡이를 바라보고 있다. 바그넷 씨는 더욱더 딱딱하게 굳은 표정으로 보초처럼 왔다 갔다 하며 스몰위드 가의 작은 거실 앞을 지날 때마다 안을 들여다보는데 온갖 생각이 뒤엉켜 머릿속이 무척 복잡한 듯하다.

"이보게, 매튜." 마음이 가라앉자 조지 씨가 말한다. "그 변호사에게 부탁해 봐야겠네. 자네는 여기 있는 이 악당을 어떻게 생각하나?"

바그넷 씨는 걸음을 멈추고 아쉬운 눈빛으로 거실을 들여다보며 집안을 향해 고개를 가로저으며 대답한다. "만약 조금 전에 우리 집사람이 여기 있었다면, 그 악당에게 내 생각을 얘기해줬을 텐데!" 아까부터 생각하던 내용을 털어놓고 나자 그는 기병과 나란히 서서 발맞추어 물러간다.

두 사람이 링컨 법조원 광장 변호사 사무소에 나타나자 털킹혼 씨는 바빠서 만나지 못한다고 한다. 만날 생각이 전혀 없는 것이다. 꼬박 한 시간을 기다리게 한 뒤, 종이 울려 안으로 불려간 사무원이 간 김에 그들 이야기를 해도 털킹혼 씨는 두 사람과 할 이야기가 없으니 돌아가라는 신통치 않은 대답만 전할 뿐이다. 하지만 두 사람이 군대 전술에도 있는 불요불굴의 정신으로 끈질기게 기다리자 마침내 또다시 종이 울리고 털킹혼 씨를 독차지하고 있던 의뢰인이 그의 방에서 나온다.

그 의뢰인은 아름다운 노부인으로, 다름 아닌 체스니 월드 저택의 가정부 미시즈 라운스웰이다. 노부인은 다소곳이 고풍스럽게 인사한 뒤 그 성스러운 안쪽 방에서 나와 조용히 문을 닫는다. 이곳에서 노부인은 매우 정중한 대접을 받는 듯이 보인다. 사무원이 자리에서 일어나 그녀를 배웅한다. 노부인은 사무원의 세심한 배려에 인사를 할 때 기다리고 있는 노병들을 본다.

"실례지만 저분들은 군인들이 아닌가요?"

사무원이 이 질문을 눈짓으로 두 사람에게 전하지만, 난로 위에 있는 달력을 보느라 조지 씨가 돌아보지 않자 바그넷 씨가 대답한다. "네, 부인. 전에는 그랬습니다."

"그럴 줄 알았어요. 틀림없다고 생각했어요. 여러분을 보고 있으니 그리운 옛 기억이 떠오르는군요. 이런 분들을 보면 늘 그래요. 여러분에게 하느님의 축복이 있으시길! 늙은이의 실례를 용서해 주세요. 옛날에 나한테는 군대에 들어간 아들이 있었답니다. 잘 생긴 훌륭한 젊은이로 무모한 면이 있어도 착한 아이였어요. 물론 이 불쌍한 어미한테 그 아이의 흉을 보는 사람은 아무도 없겠지만 말이에요. 방해해서 미안해요. 여러분에게 하느님의 은총이 있으시길 빌어요!"

"부인에게도 하느님의 은총이 있으시길!" 바그넷 씨는 마음에서 우러나는 호의를 보이며 대답한다.

노부인의 진심 어린 목소리와 늙은 몸을 살짝 떠는 몸짓에는 심금을 울리는 무엇인가가 있다. 하지만 조지 씨는 난로 위에 놓인 달력에 아에 정신이 팔려 (아마도 앞으로 다가올 몇 개월을 세고 있는 듯하다) 노부인이 떠나고 문이 닫힐 때까지 돌아보지 않는다.

"조지." 그가 마침내 달력에서 눈을 떼고 돌아보자 바그넷 씨가 쉰 목소리로 속삭인다. "상심하지 말게! '군인이여, 왜 우리가 풀이 죽어야 하는가, 안 그래?' 기운 내게, 친구!"

또다시 사무원이 두 사람이 여전히 기다린다고 전하러 가자 털킹혼 씨가 화를 버럭 내며 말한다. "그럼 들어오라고 해!" 두 사람이 천장에 벽화가 그려진 큰 방으로 들어가자 털킹혼 씨가 난롯불 앞에 서 있다.

"자네들이 무슨 일인가? 이봐, 자네, 지난번에 만났을 때 이곳에 다시는 나타나지 말라고 말하지 않았나."

기병은—그 방으로 들어가는 몇 분 사이에 평소의 말투와 태도를 완전히 잃고—이 편지를 받고 스몰위드 씨를 찾아갔더니 이리로 가라고 했다고 말했다.

"자네에게 할 말은 없네. 빚을 졌으면 갚든가 아니면 그 결과에 책임을 져야지. 고작 그런 걸 배우자고 여기까지 와야겠나?"

기병은 안타깝게도 돈이 없다고 말한다.

"좋아! 그럼 자네들 둘이서 갚든가 아니면 둘 다 소송을 당하고 쓴 맛을 봐야지. 돈을 빌렸으면 갚아야 해. 1파운드, 1실링, 1페니라도 남의 돈을 제 주머니에 넣고 입을 닦으면 안 되지."

변호사는 안락의자에 앉아 난롯불을 쑤신다. 조지 씨는 그가 조금이라도 아량을 베풀어주기를 바란다.

"잘 듣게, 자네와는 할 말이 없네. 난 자네 친구들을 좋아하지 않고 자네가 여기 오는 것도 싫네. 이런 문제를 다루는 것은 내 업무가 아니고 책임도 없네. 스몰위드 씨는 친절하게도 이 사건을 나에게 맡겨주었지만 난 전문가가 아니야. 클리포드 법학예비원에 있는 멜키세덱 법률사무소로 가보게."

"내키지 않는 일을 억지로 부탁드려서 정말 죄송하지만―그리고 이 점은 저 자신도 선생님 못지않게 내키지 않지만―내밀히 이야기를 좀 해도 될까요?"

털킹혼 씨는 두 손을 주머니에 넣은 채 일어나 창가로 걸어간다. "빨리 끝내게! 낭비할 시간이 없으니." 무관심을 가장하면서도 털킹혼 씨는 빛을 등지고 서서 상대의 얼굴에 빛이 비치도록 주의하며 날카롭게 상대를 쳐다본다.

"저와 함께 온 저 남자가 이 불행한 사건에 휩쓸린 또 다른 당사자인데―단지 명의만, 명의만 빌려줬을 뿐입니다―제 유일한 목적은 저 때문에 그가 벌을 받지 않도록 하는 것입니다. 그는 처자식을 거느린 매우 훌륭한 인물로 이전에는 근위포병연대에 있었고……."

"이보게, 난 근위포병이라는 조직 전체에―장교든 군인이든 운반차든 운송마차든 대포든 탄약이든―눈곱만큼도 관심이 없네."

"그러실 줄 압니다. 하지만 저한테는 바그넷과 그 처자식이 저 때문에 손해를 입지 않도록 하는 일이 매우 중요합니다. 그래서 말인데, 바그넷 일가를 이 사건에서 빼주기만 한다면 다른 조건 없이 지난번에 선생님이 원하시던 물건을 모두 내드려도 좋습니다."

"지금 가지고 왔나?"

"여기 있습니다."

"이봐." 그 어떤 섬뜩한 모습도 변호사의 무뚝뚝하고 쌀쌀맞은 모습보다 진땀나지는 않을 것이다. "이번이 마지막 기회니 내가 말하는 동안 완전히 마음을 굳히게. 말이 끝나면 이 문제는 여기서 접고 다시는 거론하지 않겠네. 잘 생각해. 자네가 바란다면 지금 가지고 왔다는 그 물건을 이곳에 놓고 가게. 싫으면 당장 가지고 가게. 놓고 가겠다면 이 문제를 전과 같은 조건으로 되돌리고, 바그넷은 자네가 소송을 당하기 직전까지 어떤 피해도 입지 않을 것이며 자네 재산이 바닥나기 전에는 채권자가 바그넷의 재산에 손을 댈 수 없다는 증서를 써 주겠네. 결심했나?"

기병은 한손을 품 안에 넣고 한숨을 쉬며 대답한다. "꼭 그렇게 해주셔야 합니다."

털킹혼 씨가 안경을 쓰고 허리를 굽혀 증서를 쓴 뒤 그것을 바그넷에게 천천히 읽으며 설명해 준다. 바그넷은 줄곧 천장을 바라보며, 새로운 말들이 폭포수처럼 쏟아지는 가운데 벗어진 머리에 손을 올리고 자기 의견을 대신 말해줄 아내를 절실하게 필요로 하는 듯하다. 설명이 끝난 뒤 기병은 반듯하게 접은 서류를 안주머니에서 꺼내 내키지 않는다는 듯 변호사 근처에 내려놓는다. "이건 명령 통지일 뿐입니다. 그분에게서 받은 마지막 편지예요."

편지를 읽는 털킹혼 씨의 표정이 순식간에 바뀐다. 털킹혼 씨는 편지를 다시 접어서 송장처럼 딱딱한 표정으로 책상 서랍 안에 넣는다.

그는 더 이상 할 말도, 할 일도 없었으므로 여전히 쌀쌀하고 무례한 태도로 고개를 끄덕이고 짧게 말한다. "이만 돌아가게. 이봐, 이들을 돌려보내!" 두 사람은 사무실에서 쫓겨나자 식사를 하러 바그넷 씨의 집으로 향한다.

지난번 저녁에 먹은 돼지고기 야채찜 대신 오늘 저녁은 소고기 야채찜이다. 바그넷 부인은 똑같은 방법으로 요리를 나눠주고 유쾌한 기분을 조미료로 넣어 요리에 풍미를 더한다. 그녀는 매우 훌륭한 아내로, 좋은 것이 손에 들어오면 아무렇지도 않게 더 좋은 것으로 바꾸어 내고, 주변의 아무리 작은 어둠에서도 빛을 만들어 낸다.

이날의 어둠은 조지 씨 이마의 그늘이다. 그는 평소와 다르게 생각이 많고 울적해 보인다. 바그넷 부인은 처음에는 퀘벡과 말타의 애교로 그를 평소 모습으로 되돌리려 했으나 어린 딸들은 오늘의 '허풍쟁이 아저씨'는 평소의 유쾌한 친구 '허풍쟁이 아저씨'가 아니라고 깨닫자, 눈짓으로 경보병대를 움직여 조지 씨를 널찍한 난롯가에 천천히 늘어뜨려 배치하려 한다.

하지만 그는 늘어지지 않는다. 밀집대형을 유지한 채 침울하게 그늘져 있다. 부인이 나막신을 신고 설거지를 하는 긴 시간동안 조지 씨와 바그넷 씨는 파이프를 피웠지만, 그는 저녁 식사 때의 모습 그대로이다. 담배를 빨 생각은 않고 불만 물끄러미 바라보다가 파이프를 떨어뜨린다. 담배를 즐기려는 기색이 전혀 보이지 않자 바그넷 씨는 불안하고 당황스러워 견딜 수 없다.

마침내 바그넷 부인이 설거지를 마친 뒤 얼굴에 홍조를 띠고 나타나 의자에 앉아 바느질을 시작하자 바그넷 씨는 "여보!"하고 낮게 부르며 왜 그러는지 알아보라는 눈짓을 한다.

"조지." 바그넷 부인은 조용히 바늘에 실을 꿰며 말한다. "기운이 없어 보여요!"

"그래요? 재미없는 손님인가요? 그럴지도 모르죠."

"아저씨는 전혀 '허풍쟁이 아저씨' 같지 않아요, 어머니!" 어린 말타가 소리친다.

"기분이 좋지 않아서 그럴 거야." 퀘벡이 끼어든다.

"'허풍쟁이 아저씨' 같지 않은 건 좋은 징조가 아니지!" 두 소녀에게 키스하며 기병이 대답한다. "하지만 정말이야." 한숨을 쉰다. "정말로 그런 것 같아. 이 아이들 말은 언제나 옳다니까!"

"조지." 바그넷 부인이 일손을 바지런히 놀리며 말한다. "늙은 군인의 시끄러운 아내가 오늘 아침에 한 말 때문에 기분이 언짢았다면—그 아내는 나중에 혀를 콱 깨물어버리고 싶은 기분이었고 실제로 그렇게 해야 했어요—정말 죄송해요."

"정말 친절하시군요." 기병이 대답한다. "그 일은 조금도 신경 쓰지 않아요."

"조지, 내가 말하고자 한 내용은, 당신에게 리그넘을 맡기면서 틀림없이 이이를 도와줄 거라고 믿는다는 거였어요. 당신은 정말로 이이를 아주 훌륭하게 도와주었죠."

"고맙습니다. 부인." 조지는 말한다. "그렇게 친절하게 말씀해주시니 정말 고맙습니다."

바느질감을 들고 있는 바그넷 부인의 손을 다정하게 잡으며—부인은 그의 옆에 앉아 있었다—기병은 부인의 얼굴을 주의 깊게 본다. 바늘을 부지런히 움직이는 그녀의 손을 한참 바라본 뒤 구석의 의자에 앉아 있는 울리지 소년을 돌아보고 휘파람을 불어 곁으로 오라고 부른다.

"애야, 잘 보렴." 조지는 어머니의 머리칼을 손으로 살짝 쓰다듬으며 말한다. "저 자애롭고 다정한 이마는 네 것이란다! 너에 대한 애정이 이마 전체에 반짝이고 있지. 네 아버지를 따라다니며 널 돌보느라 태양과 기후에 시달린 흔적이 조금 남아 있지만 나무에서 잘 영근 사과처럼 싱싱하고 건강하단다."

바그넷 씨가 무표정한 얼굴로 열심히 동의한다는 뜻을 나타낸다.

"애야, 언젠가 네 어머니의 머리칼이 하얗게 세고 저 이마가 주름투성이가 되면—그때는 훌륭한 할머니가 되실 거야. 너는 어릴 때부터 노력해서 그때가 오면 '나는 어머니의 머리칼 한 올도 하얗게 만들지 않았고 어머니의 얼굴에 슬픔 어린 주름살 하나 생기게 한 적이 없다!'라고 생각할 수 있도록 해라. 네가 어른이 되어서 하게 될 그 어떤 수많은 생각들보다 그 생각이 가장 훌륭하단다, 울리지."

조지 씨는 마지막으로 소년을 어머니 옆에 앉힌 뒤 조금 허둥거리며 밖에 나가 담배를 한 대 피고 오겠다고 말한다.

# 제35장 에스더의 이야기

몇 주 동안 아파서 누워 지내다 보니 평범한 일상생활이 마치 옛 기억처럼 흐릿해졌습니다. 하지만 그것은 시간의 영향이라기보다는 병실에서 하는 일 없이 가만히 누워 있기 때문에 생긴 생활 습관의 변화로 인한 것입니다. 병에 걸린 지 얼마 안 되었을 때는 병 이외의 모든 것이 아득한 저편으로 멀어져간 것 같았고, 살아오는 동안 일어난 여러 일들은 실제로는 꽤나 긴 간격을 두고 일어났음에도 거의 한꺼번에 일어난 것 같았습니다. 병에 걸려 어두운 호수를 떠돌며 이제까지의 모든 체험을 건강의 기슭에 놓아두고 멀리까지 흘러온 탓에 모든 것이 하나로 뒤엉켜 있는 것처럼 보였습니다.

처음에는 집안일을 하지 못해 걱정이 되었지만 머지않아 집안일도 그린리프에서 있었던 옛일처럼, 혹은 가방을 옆구리에 끼고 작은 그림자와 함께 학교에서 대모님의 집으로 돌아온 어느 여름날 오후처럼 아득히 멀어졌습니다. 사람의 인생이 실로 짧으며 마음이 아주 작은 공간에 자리한다는 것을 이때 처음 알았습니다.

병세가 심각했을 때는 이처럼 시간 구별이 되지 않아 무척 괴로웠습니다. 동시에 어린아이이자 소녀이자 너무나 행복하게 지냈던 작은 아주머니로서 나는 그때그때의 상황에 따른 걱정과 골치 아픈 일로 괴로워했을 뿐 아니라 어떻게든 그러한 일들의 앞뒤를 맞춰보려고 끝도 없이 고심했습니다. 그런 경험을 직접 해 보지 않은 분들은 내가 무슨 말을 하는지, 그리고 이런 원인으로 인해 얼마나 큰 불안이 솟구치는지 이해하지 못할 것입니다.

같은 이유로 나는 병을 앓는 동안—아주 긴 하룻밤처럼 여겨지지만 밤과 낮이 틀림없이 있었을 것입니다—있었던 일을 이야기하기가 두렵습니다. 나는 턱없이 높은 계단을 헐떡거리며 올라가 꼭대기까지 가려고 하지만 뜰의 오솔길에서 징그러운 벌레를 보았을 때처럼 언제나 방해를 받고 되돌아와 다시

오르기 시작합니다. 내가 침대에 누워 있다는 사실은 어렴풋이 알고 있었으며, 분명히 깨달을 때는 아주 드물었습니다. 나는 찰리와 이야기를 했으며, 찰리의 손길을 느꼈고, 그녀가 있다는 것을 잘 알고 있었지만 정신이 들고 보면 이렇게 중얼거리고 있었습니다. "찰리, 이 기나긴 계단은 끝없이 이어져서 하늘까지 닿을 거야, 틀림없어!" 그리고 또다시 숨을 헐떡거리며 계단을 오르기 시작합니다.

병세가 더 심해졌을 때는 이야기할 기운도 없었습니다. 새카맣고 커다란 허공 어딘가에 불꽃처럼 타오르는 목걸이인지 반지인지 모를 어떤 둥그런 별 같은 것이 걸려 있는데, 그 구슬 하나가 바로 나입니다. 내 유일한 소원은 그곳에서 벗어나는 것이고, 그런 무시무시한 것의 한 부분이 되는 것이 말할 수 없이 비참하고 괴로웠습니다.

병에 걸렸을 때의 경험은 설명하면 설명할수록 지루하고 한심해 보이지요. 이런 이야기를 하는 것은 다른 사람들을 불행하게 만들고 싶어서도 아니고, 그 기억을 떠올리며 위로를 받고 싶어서도 아닙니다. 이러한 신비한 고통을 잘 이해할수록 그 고통을 누그러뜨릴 수 있기 때문인지도 모릅니다.

악몽이 끝난 뒤에는 안식과 길고 포근한 잠, 행복한 휴식이 이어졌습니다. 너무 쇠약해진 나머지 감정이 평온해져 걱정을 느끼지도 않았고 내가 위독하다는 누군가의 목소리를 들을(지금 다시 생각해보면 기분 탓인지도 모릅니다) 여유도 없었습니다. 남겨진 사람들에게 연민 어린 애정을 느낄 뿐, 다른 감정은 없었습니다. 이런 감정은 아마도 많은 분들이 이해하시리라고 생각합니다. 이런 상태에 있을 때 나는 다시 한 번 더 반짝이는 빛을 느끼고 처음에는 두려움에 떨기도 했지만 그 뒤에 이루 형언할 수 없는 기쁨을 느끼며 다시 눈이 보이게 되었음을 알았습니다.

밤낮없이 문 밖에서 에이더 우는 소리가 들렸습니다. "잔인한 사람, 날 사랑하지 않는 거야"라고 그녀가 울부짖는 소리가 들렸습니다. "들어가게 해줘, 간병하고 위로해주고 싶어, 머리맡에서 절대 떨어지지 않을 거야"라고 애원하는 소리가 들렸습니다. 하지만 에이더의 목소리가 들리면 나는 "안 돼, 들어오면 안 돼!"라고 말했습니다. 나는 몇 번이나 찰리에게 내가 죽든 살든 절대 에이더를 방에 들이지 말라고 못 박았습니다. 찰리는 이 중대한 문제 앞에서는 나를 배신하지 않고 그 가녀린 손과 강한 애정으로 문을 지켜주었습니다.

그런데 이제는 눈이 조금씩 잘 보이게 되었습니다. 그 눈부신 빛이 날이 갈수록 환하게 빛났으므로 매일 아침저녁으로 상냥한 에이더가 보내준 편지를 읽고 그것을 입술과 볼에 부비며 이 정도로는 에이더에게 병이 옮지 않는다고 생각하게 되었습니다. 내 친절하고 귀여운 하녀가 부지런히 두 방을 다니며 방을 정돈하거나 열린 창문으로 에이더에게 명랑한 목소리로 말을 거는 모습을 볼 수 있었습니다. 저택이 고요한 것은 언제나 나에게 친절하셨던 분들이 배려해주신 증거임을 알았습니다. 기쁨과 행복으로 가슴이 벅차올라 눈물이 흘렀습니다. 몸은 쇠약해졌지만 건강하던 때와 똑같은 행복을 느꼈습니다.

머지않아 몸에도 힘이 붙기 시작했습니다. 이상할 정도로 침착하게 누워서, 나를 위해 해주는 일들을 마치 내가 속으로 불쌍히 여기는 다른 누군가를 위한 것인 양 바라만 보는 대신, 그 일을 쉽게 하도록 좀 거들어주다가 차츰 더 많이 거들어주게 되었고, 마침내 나는 스스로에게 도움이 될 정도가 되었으며, 또다시 삶에 흥미와 애착이 생겼습니다.

처음으로 베개를 받치고 침대에서 일어나 앉아 찰리와 차를 마신 그 멋진 오후를 지금도 또렷이 기억합니다! 조그만 찰리―약하고 아픈 사람을 돕기 위해 이 세상에 내려온 천사가 틀림없습니다―는 무척 기뻐하며 부지런히 차를 마실 준비를 하면서도 자꾸만 손을 멈추고 내 가슴에 머리를 파묻고 나를 끌어안으며 "기뻐요, 정말 기뻐요!"라고 말하며 울고 웃는 통에 나는 결국 "찰리, 자꾸 그러면 난 다시 자리에 누워야 해. 생각보다 몸이 많이 약해졌거든!"이라고 말해야 했습니다. 그러자 찰리는 갑자기 얌전해져서는 두 방을 이리저리 다니며 그늘진 곳과 눈부신 햇빛 아래를 부지런히 왔다 갔다 했습니다. 나는 평온한 마음으로 그 모습을 가만히 바라보았습니다. 준비가 다 끝난 뒤 예쁜 차탁에 식탁보를 깔고 꽃을 장식하며 내가 좋아하는 과자와 아래층에서 에이더가 날 위해 매우 꼼꼼히 챙겨준 것들을 내 침대 옆으로 날라 왔을 때 나는 전부터 말하고 싶던 것을 지금이라면 찰리에게 물어봐도 괜찮다고 생각할 만큼 마음이 차분해져 있었습니다.

먼저 찰리에게 방 정돈을 잘한다고 칭찬했습니다. 공기가 정말 상쾌하고 먼지 하나 없이 깨끗해서 내가 여기서 그렇게 오랫동안 누워 있었다는 게 믿기지 않았습니다. 이 말이 찰리를 기쁘게 해서 그녀의 얼굴은 전보다 밝아졌습니다. 나는 주위를 둘러보며 말했습니다. "찰리, 그런데 늘 보이던 것 하나가 보이지 않는구나."

가여운 찰리도 주위를 둘러보더니, 마치 없어진 것이 전혀 없다는 듯이 고개를 갸웃거리는 시늉을 했습니다.

"내 그림 액자는 다 그대로 있니?" 내가 물었습니다.

"네, 다 있어요."

"가구는?"

"공간을 넓히려고 배치를 좀 바꿨어요."

"그런데 늘 보던 것 중에 하나가 보이지 않아. 아, 그거야, 찰리! 거울이 없어." 나는 말했습니다.

찰리는 무엇인가를 깜빡 잊은 척하며 자리에서 일어나 옆방으로 가버렸습니다. 옆방에서 흐느끼는 소리가 들렸습니다.

이제껏 수없이 생각했던 것이 이로써 분명해졌습니다. 그 사실을 알고도 충격을 받지 않은 것을 하느님에게 감사했습니다. 나는 찰리를 다시 불렀고, 그녀가 다가오자—처음에는 억지로 웃으려 했지만 가까이 다가올수록 얼굴이 점점 더 슬퍼졌습니다—두 팔로 끌어안고 말했습니다. "찰리, 괜찮아. 난 얼굴이 전과 같지 않아도 잘 지낼 수 있을 거야."

머지않아 나는 안락의자에 앉을 수 있을 만큼 건강해졌고, 조금 어지럽기는 해도 찰리에게 기대어 옆방까지 걸을 수 있게 되었습니다. 그 방에도 거울이 사라져 있었습니다. 하지만 그로 인해 마음이 더 괴롭지는 않았습니다.

잔다이스 씨도 내가 앓는 동안 줄곧 살펴보러 오고 싶어 하셨는데, 이제는 오지 못하게 막을 필요가 없었습니다. 잔다이스 씨는 어느 날 아침 처음 오셨을 때 나를 꼭 끌어안고 말씀하셨습니다. "건강해져서 정말 다행이구나!" 나는 잔다이스 씨의 마음속에 끝없이 깊은 애정과 온정의 샘이 있음을 전부터 알고 있었습니다—누구보다도 잘 알고 있었습니다. 내 보잘것없는 고통과 완전히 달라져버린 얼굴은 그 샘에 잠길 자격이 없지 않을까요? '그래!' 나는 생각했습니다. '내 얼굴을 보시고 전보다 더 나를 사랑해주시는 거야. 내 얼굴을 보시고 오히려 더 나를 사랑해주시는 거야. 그러니 내가 슬퍼할 이유가 어디 있겠어!'

잔다이스 씨는 소파 옆자리에 앉아 나를 팔로 받쳐주시며 한동안 자기 얼굴에 손을 대고 계셨는데, 그 손을 떼자 다시 평소의 모습으로 돌아왔습니다. 늘 그렇듯이 더없이 쾌활한 모습이었습니다.

"작은 아주머니, 많이 힘들었지? 하지만 처음부터 끝까지 꿋꿋하게 잘 버텨주었다."

"힘든 일 뒤에는 좋은 일이 찾아올 거예요." 내가 말했습니다.

"좋은 일이라고?" 잔다이스 씨가 다정한 눈길로 보았습니다. "아무렴, 좋은 일이 생기다마다. 하지만 에이더와 나는 무척 쓸쓸하고 무서웠고, 네 친구 캐디는 수시로 찾아왔고, 이 저택 근처의 사람들은 너나 할 것 없이 맥이 빠졌고, 불쌍한 릭도 널 걱정하며 편지를 보내왔단다. 다른 사람도 아닌 나한테 말이야!"

"캐디의 소식은 에이더의 편지로 알고 있었지만 리처드에 대해서는 듣지 못했어요."

"그렇겠다. 그 일은 에이더에게 말하지 않는 게 좋겠다고 생각했거든."

"하지만 리처드가 다른 사람도 아닌 아저씨에게 편지를 보냈다고 하셨잖아요." 나도 같은 곳을 강조하며 아저씨의 말을 따라했습니다. "아저씨에게 편지를 보낸 게 이상하다는 듯이 말씀하시는군요. 마치 편지를 보내기에 더 좋은 친구가 따로 있는 것처럼."

"그 애는 그렇게 생각한단다. 더 좋은 친구가 많다고 생각하는 모양이야. 사실대로 말하면 그 애는 너한테 편지를 보내도 답장을 받지 못하기 때문에 나한테 항의하는 뜻으로 편지를 보낸 거야. 차갑고 퉁명스럽고 화가 난 말투의 편지를. 하지만 우린 그 애를 용서해야 한단다. 그 애 잘못이 아니야. 잔다이스 대 잔다이스 소송사건이 그 애의 성격을 일그러뜨리고 나를 보는 눈을 비틀어버렸으니 말이다. 난 그 소송 때문에 그런 나쁜, 아니 훨씬 더 나쁜 영향을 받은 경우를 많이 봐왔단다. 그 사건에 말려들면 천사도 성격이 완전히 변하고 말 거다."

"하지만 아저씨는 변하지 않으셨군요."

"아니, 변했단다." 아저씨는 웃으며 말씀하셨습니다. "남풍에서 동풍으로 얼마나 자주 바뀌었는지 헤아릴 수 없을 정도야. 릭은 나를 의심과 불신에 찬 눈으로 본단다. 변호사는 릭에게 나를 의심하고 믿지 말라고 가르치지. 나와 그의 이해관계가 어긋나며 내가 그의 권리와 어긋나는 권리를 주장한다는 식의 말을 한단다. 하지만 내 불행한 이름이 그토록 오랫동안 거론되어 온 이 요란한 소동에서 벗어날 수만 있다면(가능할 리 없지만), 내가 가진 권리를 포기함으로써 그 소동을 가라앉힐 수만 있다면(이것 또한 불가능하단다. 일이 이 지경까지 온 이상 사람의 힘으로는 되돌리지 못한단다) 난 당장이라도 그렇게 할 거다. 대법관 법정이라는 차에 치여 영혼과 마음이 갈기갈기 찢겨 죽은 소송인들이 어이없이 경리국 장관에게 남긴 돈—그 돈은 대법관 법정의 천장까지 가득 찬 해악을 영원히 기념하는 피라미드를 짓고도 남을 거다—을 받느니 불쌍한 릭을 원래대로 되돌리는 쪽을 택할 거야."

"리처드가 아저씨를 의심하다니 어떻게 그럴 수 있죠?" 나는 깜짝 놀라 물었습니다.

"이런 종류의 해악은 본인도 모르는 사이에 서서히 몸을 잠식한단다. 그의 피에 독이 섞여, 보이는 모든 것이 있는 그대로 보이지 않는 거야. 이건 그 애의 잘못이 아니란다."

"하지만 무척 딱한 일이에요."

"애당초 잔다이스 대 잔다이스 사건의 소용돌이에 휩쓸려버린 것 자체가 엄청난 불행이지. 이보다 더 불행한 일은 없단다. 그는 썩은 갈대[1]를 믿도록 서서히 길들여져서 그 부패한 균의 일부가 그의 주위에 있는 모든 것으로 퍼져 나가는 거야. 하지만 우리는 불쌍한 릭을 참을성 있게 지켜봐줘야 해. 그를 탓하면 안 된다. 나는 그 애와 같이 훌륭한 정신을 가진 젊은이가 그와 똑같이 망가져버린 사례를 지금까지 수도 없이 봤단다!"

잔다이스 씨와 같이 욕심 없고 자애로운 분의 선량한 마음이 결실을 맺지 못하는 것을 보고 나는 놀라움과 슬픔의 말을 금할 수 없었습니다.

"그런 말 하면 못 써요, 더든 아주머니." 아저씨는 쾌활한 목소리로 말했습니다. "에이더가 행복진다면 그걸로 충분하단다. 나와 그 둘이 서로 의심을 거두고 친구가 되어 소송의 독기를 날려버리고 승리를 거두는 방법이 없을까 고민

---

1) 미덥지 않은 것을 뜻하는 '부러진 갈대'라는 말이 성서에 자주 나온다. 〈이사야〉 36장 6절 등 참조.

한 적도 있었지만 그건 너무 뻔한 희망이었어. 잔다이스 대 잔다이스 소송사건은 젊은 릭의 눈을 완전히 가려 버렸단다."

"하지만 조금 겪고 나면 그것이 얼마나 허망하고 잔인한지 깨닫지 않을까요?"

"그러길 바란단다, 에스더. 너무 늦기 전에 깨달으면 좋으련만. 어쨌든 난 그 애를 나무랄 수 없어. 세상 이치를 잘 아는 훌륭한 어른이라도 이 소송사건에 휘말리면 십중팔구는 3년, 아니 2년, 아니 1년도 되기 전에 성격이 완전히 달라지고 타락하고 말 거야. 불쌍한 릭은 그토록 젊으니 말할 것도 없지." 아저씨는 목소리를 낮추고 혼잣말하듯 말했습니다. "어느 누구도 처음에는 대법관 법정의 실정을 믿지 못할 거야. 기대에 잔뜩 부풀어 자신에게 도움이 되는 내용을 주장하며 상속을 받으려고 아득바득 기를 쓰지만 소송이 길어지면서 실망과 고통에 빠지고 밝은 희망과 인내도 점점 시들어버린단다. 그런데도 여전히 기대를 버리지 못하고 목을 매다가 온 세상에 불신과 환멸을 느끼게 되지. 참 못할 짓이지! 너무도 끔찍한 일이야!"

아저씨는 처음부터 끝까지 나를 받쳐 주었습니다. 그 자애로운 마음씨가 사무치게 전해져와 나도 아저씨의 어깨에 머리를 기대고 아버지를 대하는 듯한 애정을 느꼈습니다. 말이 잠깐 끊어진 사이 나는 건강을 되찾으면 반드시 리처드를 찾아가 그의 눈을 뜨게 해주어야겠다고 마음을 굳혔습니다.

"오늘은 에스더가 회복된 경사스러운 날이니 좀 더 즐거운 이야기를 하자꾸나. 가장 먼저 물어봐 달라고 부탁받은 게 있단다. 에이더는 언제쯤 만나러 와도 되겠니?"

나도 그 생각을 하던 참이었습니다. 거울이 사라진 것과 관련이 있었지만 그다지 많이 신경이 쓰이지는 않았습니다. 상냥한 에이더는 내 얼굴이 달라졌다고 해서 결코 태도를 바꿀 사람이 아니란 것을 잘 알기 때문입니다.

"글쎄요." 내가 대답했습니다. "오랫동안 에이더를 못 오게 했으니…… 하지만 사실은, 사실은 에이더는 저한테 빛과 같은 사람이에요."

"나도 잘 알아요, 더든 아주머니."

잔다이스 씨는 정말로 인정이 많으신 분이라, 자애와 연민으로 넘치는 그분의 품에 안겨 부드럽게 울리는 목소리에 귀를 기울이다 보니 나는 한동안 말을 할 수 없었습니다. "그래, 이제 피곤하겠다." 아저씨가 말했습니다. "좀 쉬렴."

얼마 뒤 나는 다시 말을 꺼냈습니다. "오랫동안 에이더를 못 오게 했으니 조금 더 제 고집대로 하고 싶어요. 에이더와 만나기 전에 여기서 나가는 게 좋을 것 같아요. 제가 여행할 수 있을 만큼 몸이 회복되면 찰리와 어느 시골에 집을 빌려 일주일쯤 머물면서 신선한 공기를 마시며 몸과 마음의 건강을 되찾아 에이더를 다시 볼 날을 고대하다가 만나는 쪽이 우리 둘 다에게 좋을 거예요."

내가 그토록 만나고 싶어 하던 사랑스러운 사람과 얼굴을 마주하기 전에 완전히 변해버린 내 모습에 조금 더 익숙해지기를 바라는 것은 결코 한심한 일이 아니라고 생각하지만 어쨌든 그것이 솔직한 내 마음이었습니다. 나는 그렇게 하고 싶다고 부탁했습니다. 아저씨는 분명 내 마음을 헤아려주셨을 것입니다. 하지만 나는 그 문제로 걱정하지는 않았습니다. 한심한 일이라고 해도 아저씨는 그 문제로 나무라지 않으실 테니까요.

"어리광쟁이 아주머니니까 고집을 부려도 용서해 주지. 누군가는 아래층에서 눈물짓겠지만. 아, 그렇지! 기사도 정신으로 똘똘 뭉친 보이손에게서 편지가 왔단다. 네가 그의 집으로 와서 편히 지내주지 않는다면 그는 이미 그 집에서 나왔으니 집을 철거하고 벽돌 하나 남기지 않겠다며 전에 없이 강경하게 나오더구나!"

아저씨가 편지를 건네주었습니다. "잔다이스에게"라든가 "잘 있었나?"와 같은 평범한 인사도 없이 느닷없이 본문이 시작되었습니다. "서머슨 양이 오면 머물 수 있도록 오늘 오후 한 시에 집에서 나왔다네. 만일 서머슨 양이 내 집에 와 주지 않는다면……." 우리는 그 편지를 읽고 배를 잡고 웃었지만 보이손 씨의 호의는 무척 감사히 받아들였습니다. 우리는 내일 당장 감사 편지를 보내고 초대에 응하기로 했습니다. 보이손 씨가 초대해주어 무척 기뻤습니다. 내가 아는 곳 가운데 체스니 월드만큼 가보고 싶은 곳은 없기 때문입니다.

"자, 작은 아주머니." 아저씨는 시계를 보며 말했습니다. "이 방에 오기 전에 시간을 정확히 정해 두었단다. 네가 너무 힘들면 안 되니까 말이야. 예정된 시간이 벌써 다 됐구나. 한 가지만 더 부탁하마. 플라이트 양이 네가 아프다는 얘기를 듣고 널 보려고 20마일이나 되는 먼 길을 걸어서—딱하게도 댄스용 구두를 신고서—오셨단다. 우리가 집에 있어서 천만다행이었지. 아니면 또 그 길을 걸어서 돌아가셔야 하잖니."

나를 행복하게 해주려고 모두 작당을 하신 모양입니다! 너나 할 것 없이 모두 그 일에 가담하신 것 같습니다!

"보이손이 아끼는 집을 파괴될 운명에서 구원하기 전에 한번 만나주면 플라이트 양은 무척 기뻐하고 자랑스러워하실 거야."

잔다이스 씨는 불쌍한 플라이트 양의 순수한 모습을 보면 내 마음에 도움이 될 어떤 가르침을 얻을 수 있으리라는 것을 알고 계셨던 게 틀림없습니다. 아저씨의 말을 들으면서 나는 그렇게 느꼈습니다. 나는 기쁜 마음으로 만나기로 했습니다. 늘 플라이트 양을 딱하게 여겨왔지만 그때만큼 뼈저리게 느낀 적은 없었습니다. 어려움에 처한 플라이트 양을 위로해줄 수 있어 늘 기쁘게 생각했지만 그때만큼 기뻤던 적은 없었습니다.

플라이트 양을 마차로 모셔와 함께 이른 점심을 먹기로 약속했습니다. 잔다이스 씨가 돌아간 뒤 나는 긴 의자 쪽으로 돌아앉아, 주변 사람들이 나를 이토록 아껴주는데 내가 작은 괴로움을 부풀려 생각하고 있다면 부디 용서해 달라고 기도했습니다. 어린 시절 생일날에 근면하고 만족할 줄 알고 친절한 사람이 되어 남에게 봉사할 것이며 가능하다면 남들에게서 사랑받고 싶다고 기도한 기억이 떠오르면서, 그 뒤로 이토록 행복해지고 많은 사람들에게서 사랑받게 되어 오히려 송구한 마음이 들었습니다. 내가 지금 마음이 약해져 있다면 이러한 자비를 받아도 소용이 없지 않겠습니까? 나는 어릴 때 한 기도를 그때와 똑같은 말로 읊조리고 다시 옛날처럼 마음이 평온해졌습니다.

잔다이스 씨는 날마다 찾아오셨습니다. 일주일이 지나자 나는 방 안을 거닐 수 있게 되었고, 커튼 뒤에서 에이더와 오랫동안 수다를 떨 수 있게 되었습니다. 하지만 에이더를 보지는 않았습니다. 그녀는 나를 보지 못하게 하면서 나는 그녀를 볼 수도 있었지만 아직 용기가 나지 않았습니다.

약속한 날에 플라이트 양이 찾아왔습니다. 평소의 당당한 태도는 온데간데없고 내 방으로 달려오자마자 진심 어린 목소리로 "아, 피츠 잔다이스!"라고 외치더니 내 목을 끌어안고 몇 번이나 키스했습니다.

"아, 어쩌면 좋아!" 플라이트 양은 가방에 손을 넣으며 말했습니다. "여기엔 재판 서류밖에 없네요. 손수건 좀 빌려줘요."

찰리가 손수건을 건네자 플라이트 양은 그 손수건을 무척 쓸모 있게 썼습니다. 무려 십 분 동안 두 손으로 손수건을 눈에 꼭 대고 눈물을 흘렸던 것입니다.

"기뻐서 우는 거예요, 피츠 잔다이스!" 플라이트 양이 굳이 설명했습니다. "슬퍼서 우는 게 아니에요. 다시 만나서 정말 기뻐요. 이렇게 만나줘서 정말 고마워요. 난 대법관님보다 당신이 훨씬 더 좋아요. 물론 법정에 꼬박꼬박 나가긴 하지만. 그런데 손수건을 보니 생각나는데……."

플라이트 양은 마차역까지 마중을 나갔던 찰리를 보았습니다. 찰리는 나를 흘낏 보았는데, 화제를 다른 데로 돌리고 싶은 모양이었습니다.

"맞아요, 맞아." 플라이트 양이 말했습니다. "바로 그래요. 내가 그런 말을 꺼내다니 경솔했어요. 그런데 피츠 잔다이스, 난 가끔씩(이건 비밀인데, 당신은 그렇게 생각하지 않나요?) ……그러니까 여기가 이상해질 때가 있어요." 플라이트 양은 이마를 가리켰습니다. "그뿐이에요."

"무슨 말씀을 하려고 하셨어요?" 나는 웃으며 물었습니다. 플라이트 양이 이야기를 계속하고 싶어 하는 것처럼 보였기 때문입니다. "이미 내 호기심을 자극했으니 얘기해 주세요."

플라이트 양은 이 중대한 위기에 맞닥뜨리자 어떻게 하면 좋으냐는 눈빛으로 찰리를 보았습니다. "그럼 말씀드리는 게 좋을 거예요." 찰리가 이렇게 말해주자 플라이트 양은 무척 기뻐했습니다.

"똑똑한 아가씨네요." 플라이트 양은 나에게 의미심장하게 말했습니다. "몸집은 작지만 아주 똑똑해요! 대수로운 일은 아니에요. 하지만 멋지다고 생각해요. 마차에서 내리고 보니 우리 뒤를 따라온 초라한 모자를 쓴 여자가……."

"아가씨, 제니예요." 찰리가 설명했습니다.

"그래요, 맞아요!" 플라이트 양이 맞장구쳤습니다. "제니였어요, 맞아요! 제니가 이 젊은 아가씨에게 뭐라고 했냐면, 피츠 잔다이스의 몸 상태를 물으러 베일을 쓴 아름다운 부인이 그 여자의 집으로 찾아왔는데 피츠 잔다이스의 손수건이 있다는 말을 듣고 기념으로 가져갔대요! 베일을 쓴 아름다운 부인이라니 정말 멋지지 않아요?"

내가 조금 놀라 찰리를 보자 찰리가 말했습니다. "제니 말로는, 제니의 아기가 죽었을 때 아가씨가 그 집에 손수건을 놓고 가셨대요. 제니는 아기 유품이랑 그 손수건을 같이 보관하고 있었대요. 그 이유는 첫째는 손수건이 아가씨

것이기 때문이고, 둘째는 아기 얼굴을 덮었던 것이기 때문일 거예요.”

플라이트 양은 찰리의 똑똑함에 감탄한 듯이 이마를 가리키며 작은 소리로 중얼거렸습니다. “몸집은 작지만 아주, 아주 똑똑하네요! 정말로 명쾌한 설명이에요! 법률가한테서도 이토록 명쾌한 설명을 들어본 적이 없어요!”

“그래, 나도 기억해, 찰리. 그래서?” 내가 재촉했습니다.

“그 아름다운 부인이 손수건을 가지고 갔대요. 제니는 돈을 아무리 많이 준대도 내주고 싶지 않았지만 그 부인이 돈을 놓고 그냥 가져갔단 걸 아가씨한테 알리고 싶었대요. 제니는 전혀 모르는 사람이었대요.”

“그래, 대체 누굴까?” 내가 말했습니다.

“아가씨.” 플라이트 양이 의미심장하게 내 귓가에 대고 속삭였습니다. “내 생각엔—이건 저 조그만 아가씨한테 말하면 안 돼요—그 부인은 대법관님의 부인이에요. 대법관님한테는 부인이 있는데 성격이 무척 포악하대요. 남편이 보석 값을 내주지 않으면 그의 법률 서류를 모조리 불 질러 버린대요!”

나는 이때는 그 부인에 대해 깊이 생각하지 않았습니다. 캐디일지 모른다고 생각했기 때문입니다. 그리고 마차를 타고 오느라 춥고 배고파 보이는 손님을 먼저 생각해야 했습니다. 게다가 식사가 나오자 손님이 서둘러 종이꾸러미에서 매우 낡은 스카프와 여기저기 기운 장갑을 꺼내 식사할 준비를 하는 바람에 거들어주어야 했습니다. 또한 나는 식사를 대접하는 입장에서 생선요리와 구운 새고기, 스위트브레드,[2] 채소, 푸딩, 마데이라 포도주 등을 권해야 했습니다. 플라이트 양이 당당하고 위엄 있는 태도로 너무도 맛있게 먹어주어 보고만 있어도 웃음이 저절로 떠올라, 다른 일은 머릿속에서 이내 사라졌습니다.

식사가 끝나자 후식이 나왔습니다. 상냥한 에이더가 장식을 해주었는데, 그녀는 나를 위해 음식을 낼 때는 절대로 다른 사람 손에 맡기지 않습니다. 플라이트 양은 무척 행복해하며 쉴 새 없이 수다를 떨었고, 나는 늘 자기 이야기를 하기 좋아하는 그녀가 신상 이야기를 하도록 이끌었습니다. 나는 이렇게 운을 뗐습니다. “플라이트 양은 벌써 여러 해 동안 대법관님을 만나러 가셨죠?”

“그래요, 이젠 몇 년째인지 셀 수도 없다우. 판결을 기다리고 있는데 곧 끝날 거

---

2) 송아지나 새끼 양의 췌장.

예요."

곧 끝나리라고 희망을 걸면서도 무척 불안해 보였으므로 그 화제를 꺼낸 것은 실수라고 생각했습니다. 이 문제는 이 이상 언급하지 말아야겠다고 다짐했습니다.

"아버지도 판결을 기다리고 있었어요." 플라이트 양이 이야기를 계속했습니다. "오빠도, 언니도, 다 같이 판결을 기다렸어요. 나처럼 말이에요."

"그분들은 지금……."

"맞아요. 다 죽었어요."

플라이트 양이 이야기를 계속하고 싶어 했으므로 나는 화제를 돌리기보다 맞장구를 쳐주는 쪽이 그녀를 위한 일이라 생각했습니다.

"차라리 판결을 포기하는 게 현명하지 않을까요?" 내가 말했습니다.

"그야 그렇지요!" 플라이트 양이 곧바로 대답했습니다.

"법정에도 그만 가는 게 좋지 않을까요?"

"그것도 그렇지요. 피츠 잔다이스, 오지도 않는 놈을 밑도 끝도 없이 기다리기만 하면 진이 다 빠져요. 정말로 뼛속까지 녹아내리는 것 같다니까요!"

플라이트 양은 팔을 살짝 보여주었습니다. 정말로 놀랄 만큼 앙상했습니다.

"하지만 말이에요." 플라이트 양이 의미심장하게 말을 이었습니다. "그곳에는 사람을 빨아들이는 무언가가 있어요. 쉿! 저 작은 친구가 와도 그런 이야기는 하면 안 돼요. 무서워할지도 모르니까요. 무리도 아니죠. 그곳에는 인정사정없이 사람을 빨아들이는 무언가가 있어요. 도저히 벗어나지 못해요. 판결을 기다리지 않고는 견딜 수 없답니다."

나는 그럴 리 없다고 설득하려 했습니다. 플라이트 양은 웃으며 내 이야기를 끝까지 들은 뒤 곧바로 대답했습니다.

"그래요, 아무렴 그렇지요! 당신은 그렇게 생각할 거예요. 내가 좀 이상하잖아요. 정신이 나간 거예요. 머리가 어떻게 된 거죠. 안 그래요? 그렇고말고요. 하지만 몇 년 씩이나 법정에 다니며 깨달았어요. 바로 대법관의 테이블 위에 있는 대법관 지팡이와 도장[3]이 문제라는 걸.

---

3) 대법관이 지니는 권위의 상징.

그게 왜요? 나는 조용히 물었습니다.

"그게 빨아들이는 거예요. 사람들을 빨아들여요. 사람들의 평정심을 빨아들 인다고요. 정기를 빨아들여요. 좋은 얼굴빛과 좋은 성격과 그리고 밤이면 내 편안한 잠마저 빨아들이는 것 같아요. 그 차갑고 반짝반짝 빛나는 악마가!"

플라이트 양은 내 팔을 몇 차례 두드리더니 우울한 목소리로 이런 무시무시 한 비밀을 털어놓았지만, 무서워할 필요 없다고 타이르듯 기분 좋게 고개를 끄 덕였습니다.

"내가 살아온 이야기를 할게요." 플라이트 양이 말했습니다. "대법관 지팡이 와 도장에 빨려들기 전에는—그런 것을 보기 전에는—난 뭘 하고 있었을까 요? 탬버린을 연주했을까요? 아니에요. 탬부어 자수를 놓았어요. 나와 언니는 탬부어 자수를 놓는 일을 했어요. 아버지와 오빠는 목수였고요. 다 같이 한집 에 살았어요. 꽤 잘 살았죠. 처음에 아버지가 빨려들었어요. 아주 천천히. 아버 지와 함께 가정도 빨려들었죠. 몇 년 지나자 아버지는 파산했고, 오만상을 쓰 고 신경질을 부리며 그 누구에게도 다정한 말 한 마디 건네지 않고 다정한 표 정 한 번 짓지 않게 되었어요. 완전히 다른 사람이 되었답니다, 피츠 잔다이스. 채무자 구치소로 빨려들어가 그곳에서 돌아가셨어요. 그다음엔 오빠가 빨려들 어갔어요. 순식간에 술과 넝마와 죽음으로 빨려들어갔죠. 다음은 언니 차례였 어요. 쉿! 어디로 빨려들어갔냐고 묻지 말아주세요. 그리고 나는 병에 걸려 비 참해졌어요. 전에도 그랬지만 이건 다 대법관 법정 짓이에요. 병이 낫자 난 그 괴물을 보러 갔어요. 그 정체를 알고 나자 이번엔 내가 빨려들어가 벗어나지 못하게 됐어요."

그때의 충격이 아직도 생생하게 느껴지는지 플라이트 양은 낮고 긴장된 목 소리로 살아온 이야기를 짧게 끝낸 뒤 평소의 붙임성 있는 모습으로 다시 돌 아왔습니다.

"아마 내 말을 믿지 못하실 거예요. 그래요, 당연해요! 하지만 언젠가는 믿으 실 날이 올 거예요. 나는 좀 이상하잖아요. 하지만 난 알았어요. 지난 몇 년 동 안 새로운 얼굴들이 그 사실을 전혀 모른 채 차례차례 지팡이와 도장의 마력 에 빨려 들어가는 걸 내 눈으로 직접 봐 왔어요. 우리 아버지처럼. 오빠처럼. 언 니처럼. 그리고 나처럼. 나는 수다쟁이 켄지와 그 일당들이 새로운 사람들에게 말하는 걸 들었어요. '이분은 플라이트 양이에요. 당신은 새로 오셨군요. 그럼 플라이트 양을 만나보셔야지요.' '좋아요. 만나서 반가워요!' 이렇게 말하고 우리는 크게 웃지요. 하지만 난 앞으로 어떻게 될지 잘 알아요. 그 일당들보다 훨씬 더 잘 알아요. 언제 빨려들기 시작하는지를. 나는 그 징후를 볼 수 있어요. 그리들리 때에도 그 징후가 나타나는 걸 똑똑히 봤어요. 그 종말도 봤지요, 피츠 잔다이스." 플라이트 양은 목소리를 낮추었습니다. "우리 친구 잔다이스의 피후견인[4]에게 그 징후가 나타나기 시작했어요. 누가 그 사람을 좀 말려야 해요. 그렇지 않으면 파멸의 구렁텅이에 빠지고 말 거예요."

플라이트 양은 한동안 나를 물끄러미 바라보다가 웃음을 지었습니다. 너무 우울해져서 또다시 머리가 이상해질 것만 같은 기분이 들었는지, 플라이트 양은 포도주를 홀짝이며 정중하게 말했습니다. "맞아요. 아까도 말했듯이 난 판결을 기다리고 있어요. 이제 곧 나올 거예요. 그때는 새들을 전부 풀어주고 재산을 증여할 거예요."

플라이트 양이 리처드에 대해 이야기한 것이 무척 신경 쓰였습니다. 그 말의 의미가 그녀의 불쌍하고 초췌한 모습에 그대로 나타나 있었으므로 말의 앞뒤는 맞지 않아도 충분히 이해할 수 있었습니다. 하지만 다행히도 플라이트 양은 다시 쾌활해져서 싱글벙글 웃으며 고개를 계속 끄덕였습니다.

플라이트 양은 또다시 내 손을 잡고 명랑하게 말했습니다. "당신은 아직 한 번도 내 의사선생님을 칭찬하지 않았죠. 한 번도 칭찬하지 않았어요!"

"무슨 말이에요?" 나는 물었습니다.

"내 의사선생님, 나한테 무척 친절하셨던 우드코트 선생님 말이에요. 선생님은 나를 무료로 치료해주셨지요. 마지막 심판의 날까지. 내가 말하는 '심판'이란 대법관 지팡이와 도장의 마력에서 벗어나는 그 심판이에요."

"우드코트 선생님은 이미 멀리 떠나셔서 칭찬해드리기엔 너무 늦은걸요." 내가 대답했습니다.

"그럼 무슨 일이 일어났는지 모르세요?"

"몰라요."

---

4) 리처드를 말함.

"모두가 그 이야기를 하는데도요?"

"네. 내가 오랫동안 방안에만 누워 있었던 걸 잊으셨군요."

"그랬죠! 최근엔 계속 그랬죠. 내가 멍청한 소릴 했네요. 아까 말한 그것들 때문에 하나에서부터 열까지, 내 기억까지도 몽땅 빨려들어가 버렸나 봐요. 엄청난 마력이죠? 그러니까, 인도양에서 끔찍한 난파 사건이······."

"우드코트 씨의 배가 난파했나요?"

"진정하세요. 선생님은 무사해요. 끔찍한 일이었죠. 사람이 많이 죽었어요. 몇 백 명이 죽거나 깊은 상처를 입었어요. 화재가 나고 어둠 속에서 폭풍우가 몰아쳤죠. 어둠. 배가 좌초돼서 많은 사람들이 빠져 죽을 뻔했어요. 그때 우리 의사선생님이 영웅처럼 활약하셨죠. 시종일관 침착하고 용감하셨어요. 수많은 생명을 구하고 굶주림과 갈증 속에서도 불평 한 마디 하지 않았고, 선생님의 옷으로 벌거벗은 사람을 감싸주었고, 먼저 나서서 모범을 보이고 사람들을 지휘하고 환자를 간호하고 죽은 사람을 묻어주고 마지막에는 산 사람들을 무사히 육지로 이끄셨어요! 사람들은 피골이 상접해 있었지만 선생님을 신처럼 받들었어요. 마침내 육지에 발을 들이자 그들은 선생님 발밑에 엎드려 감사 인사를 올렸어요. 온 영국이 그 뉴스로 들끓고 있답니다. 잠깐 기다려 보세요! 내 서류 가방이 어디 있지? 아, 여기 있네. 자요, 읽어 보세요. 꼭 읽어보셔야 해요!"

나는 그 감격스러운 기사를 읽었습니다. 눈앞이 차츰 부예지면서 글자가 보이지 않고 눈물이 나서 플라이트 양이 오려 낸 그 긴 신문기사를 몇 차례나 내려놓아야 했습니다. 이토록 자애롭고 용기 있는 일을 하신 분을 안다는 사실이 무척 자랑스러웠습니다. 그분의 이름이 전국에 울려 퍼졌다고 생각하자 기뻐서 얼굴이 화끈거렸습니다. 그분의 행동에 감격했습니다. 나도 그 난파선에 탄 사람들과 함께 생명을 구해준 은인의 발밑에 엎드려 감사하고 싶었습니다. 그러면 나도 이렇게 멀리 떨어져 있지만 무릎 꿇고 감사하며 그분의 참된 자애와 용기에 감격할 수 있었을 것이기 때문입니다. 어느 누구도―어머니도 누이도 아내도―나보다 그분을 존경하는 사람은 없을 것 같았습니다. 정말로 그렇게 생각했습니다!

손님은 그 신문기사를 나에게 주었습니다. 저녁 무렵이 되어 돌아가는 마차 시간에 맞춰 자리에서 일어날 때까지 줄곧 난파 사건에 대한 이야기만 했는데, 나는 여전히 흥분한 상태라 자세한 이야기는 전혀 귀에 들어오지 않았습니다.

플라이트 양은 조심스럽게 스카프와 장갑을 개며 말했습니다. "선생님에게는 마땅히 작위를 수여해야 해요. 꼭 받으실 수 있을 거예요. 안 그래요?"

"당연히 그래야 한다고 생각하지만 실제로 받지는 못하실 거예요."

"왜 못 받아요?" 플라이트 양이 조금 화난 목소리로 물었습니다.

나는 대답했습니다. "영국에서는 공적이 아무리 훌륭해도 일반적으로 평화 시에는 작위를 내리지 않아요.

"이상한 말씀을 하시네요! 학문, 예술, 자선 같은 다른 여러 고매한 분야에서 영국 최고의 공적을 쌓은 사람들이 모두 귀족 칭호를 받은 건 누구나 다 아는 사실이잖아요! 주위를 둘러보고 잘 생각해 봐요. 그렇기 때문에 우리나라에선 작위를 불멸의 명예로 여기는걸요. 그것도 모르다니 이번엔 당신이 좀 이상한가 봐요!"

플라이트 양은 끝까지 자신의 생각이 옳다고 믿는 눈치였습니다. 그러고 보면 이따금 정말로 머리가 이상해질 때가 있나 봅니다.

이제 나는 줄곧 비밀로 간직할 생각이었던 작은 비밀을 털어놓아야 합니다. 때때로 나는 우드코트 씨가 나를 사랑한다고 생각했습니다. 그리고 만일 그분이 형편이 더 좋았더라면 멀리 떠나기 전에 사랑한다는 말을 했을 것이라고 생각했었습니다. 만약 그렇게 말씀해주셨다면 나는 정말 기뻤겠지요. 하지만 지금으로서는 그렇게 되지 않아서 참 다행입니다! 만일 내가 그분에게 편지를 써서, 그분이 내 얼굴로 알던 그 가여운 얼굴은 사라져버렸으며, 한 번도 본 적 없는 사람에게 얽매어 있는 그분을 기꺼이 놓아주겠다고 말해야만 했더라면 내 마음이 얼마나 괴롭겠습니까!

그러니 지금 이대로가 훨씬 더 낫습니다! 나는 그분이 몸소 그렇게 찬란하게 모범을 보여준 그런 사람이 되겠다던 어린 시절의 기도를 마음속에 되살릴 수 있었습니다. 원래대로 되돌려야 할 것이 있는 것도 아니었고, 내가 끊어버려야 할 사슬도, 그분이 끌고가야 할 사슬도 없었습니다. 나는 의무의 길을 얌전히 걸으면 되고, 그분은 더 눈부시고 숭고한 길을 갈 수 있습니다. 비록 우리는 저마다의 길을 가지만 그 길의 끝에서, 그분이 나에 대한 어떤 호감을 가지고 있던 그 시절의 내 모습보다 더 나은 모습으로 그분을 다시 만나게 되기를 바랍니다.

# 제36장 체스니 월드

링컨셔주로 출발한 사람은 찰리와 나뿐만이 아니었습니다. 내가 보이손 씨 집에 무사히 도착할 때까지 지켜보겠다며 잔다이스 씨가 우리와 함께 길을 나섰습니다. 가는 길은 이틀 걸렸지요. 바람과 향기와 꽃과 나뭇잎, 풀, 흘러가는 구름을 비롯한 모든 자연이 전에 보았을 때보다 훨씬 아름답고 완벽해 보였습니다. 병에 걸려 다행이라는 생각이 든 것은 이때가 아마 처음이었습니다. 이 드넓은 세상에 이토록 기쁨의 씨앗이 충만하니 불평을 할 이유가 어디 있겠습니까.

잔다이스 씨는 곧바로 돌아가실 생각이었으므로 우리는 가면서 언제 에이더를 부르면 좋을지를 의논했습니다. 나는 에이더에게 편지를 썼는데, 이것을 잔다이스 씨가 전해주기로 했습니다. 기분 좋은 초여름의 어느 날 저녁 무렵 목적지에 도착하자 30분도 지나기 전에 아지씨는 집으로 돌아가셨습니다.

친절한 요정이 마법의 지팡이로 날 위해 집을 지어주고 내가 그 요정의 사랑스러운 대녀이자 여왕이 된다고 해도 내가 보이손 씨 집에서 받은 것보다 더 훌륭한 대접은 받지 못했을 것입니다. 날 위해 온갖 것들이 세심하게 준비되어 있고, 내 사소한 취향과 기호까지도 친절하게 기억해주셔서, 나는 방을 반도 채 돌아보기 전에 가슴이 벅차 몇 번이나 주저앉을 것 같았습니다. 하지만 그런 연약한 모습은 보이지 않았고, 대신 찰리에게 방을 안내해주었습니다. 찰리가 뛸 듯이 기뻐하는 모습을 보고 내 마음이 조금 가라앉았습니다. 둘이서 뜰을 산책하고 찰리의 감탄사도 전부 바닥날 무렵 나는 더할 나위 없이 편안하고 행복해졌습니다. 차를 마시고 스스로에게 이렇게 말할 수 있다니 무척 기뻤습니다. "에스더, 이제 얌전히 앉아서 집주인에게 감사의 편지를 써야 해." 보이손 씨는 내 앞으로 환영의 편지를 남겨주셨는데, 그분의 얼굴과 마찬가지로 편지에도 눈부신 빛이 가득했습니다. 새를 잘 돌봐주라고 쓰여 있었는데, 이는 보이손 씨의 완전한 믿음을 나타내는 증표임을 나는 잘 알고 있었습니다. 나는 런던에 있는 보이손 씨에게, 보이손 씨가 아끼는 식물과 나무는 건강하며, 그 놀라운 새는 매우 예의 바르게 환영 인사를 하며 내 어깨 위에서 노래를 불러 내 작은 하녀를 기쁘게 하고는 늘 머무는 새장 구석에 있는 화로 돌아갔는데 꿈을 꾸고 있는지 아닌지는 잘 모르겠다고 썼습니다. 편지를 써서 보낸 뒤에는 짐을 풀고 정리하느라 바빴습니다. 나는 찰리에게 오늘밤은 더 할 일이 없으니 일찍 자라고 말했습니다.

나는 아직 거울을 보지 않았고 내 거울을 돌려달라는 말도 하지 않았습니다. 스스로도 이런 나약한 마음을 극복해야 한다는 것을 잘 알고는 있었지만, 지금 있는 이 집에 오면 새로운 몸과 마음으로 재출발하자고 계속 다짐해 왔기 때문에 나는 혼자 있고 싶었습니다. 방에 혼자 남은 지금, 나는 말했습니다. "에스더, 네가 행복해지고 싶다면, 스스로를 속이지 않고 충실하게 살고 싶다면 약속을 지켜야 해." 나는 약속을 지키기로 마음을 굳혔습니다. 하지만 먼저 잠시 앉은 채로 내 행복에 대해 깊이 생각해 보았습니다. 그런 다음 기도를 하고 다시 잠깐 생각에 잠겼습니다.

나는 병을 앓는 동안 머리칼을 잘라야 하는 위급한 상황까지 간 적이 여러 번 있었지만 다행히 자르지는 않았습니다. 내 머리칼은 길고 숱이 많았습니다. 나는 머리칼을 풀고 화장대 위에 있는 거울 앞으로 다가갔습니다. 거울은 모슬린 천으로 덮여 있었습니다. 천을 벗겼습니다. 얼마 동안은 머리칼이 눈앞을 가리고 있어 머리칼밖에 보이지 않았습니다. 나는 머리칼을 넘기고 거울에 비친 얼굴을 보았습니다. 그 얼굴이 차분하게 나를 바라보자 용기가 났습니다. 나는 완전히 달라져 있었습니다—아, 완전히 달라져 있었습니다. 처음에는 전혀 다른 사람 같아서 아까 말한 용기가 솟아오르지 않았다면 손으로 얼굴을 가리고 달아나 버렸을 것입니다. 하지만 곧 처음보다는 조금 익숙해졌습니다. 얼굴이 얼마나 달라졌는지 처음보다는 잘 보였습니다. 예상했던 것과 같지는 않았습니다. 하지만 구체적으로 예상한 것은 아니었기에 내 얼굴이 어떻게 변했든 역시 뜻밖의 놀라움을 느꼈을 것입니다.

나는 전부터 미인이 아니었고 스스로 미인이라고 생각한 적도 없었습니다. 하지만 전에는 얼굴이 이렇지 않았습니다. 옛 모습은 완전히 사라져 버렸습니다. 하느님의 자비 덕분에 나는 눈물—하지만 쓰디쓴 눈물은 아닙니다—만 몇 방울 흘리고 정말 다행이라 생각하며 머리를 빗고 잘 준비를 했습니다.

한 가지 신경 쓰이는 것이 있어 잠들기 전에 오랫동안 생각했습니다. 나는 우드코트 씨가 주신 꽃다발을 줄곧 간직하고 있었습니다. 꽃이 시든 뒤에는 말려서 좋아하는 책 사이에 끼워 두었습니다. 이 일은 누구에게도, 에이더에게조차 이야기하지 않았습니다. 완전히 다른 사람이었던 옛날의 나에게 주신 것을 그대로 가지고 있어도 괜찮을까, 그분에게 실례가 되지 않을까 하는 생각이 들었습니다. 그분이 결코 알 수 없는 내 마음속 비밀스러운 곳에서도 그분에게 좋지 않은 일은 하고 싶지 않았습니다. 나는 이렇게 되지만 않았다면 그분을 사랑하고 싶었고, 그분에게 몸과 마음을 다 바치고 싶었기 때문입니다. 마침내 나는 간직해도 괜찮다는 결론에 이르렀습니다. 이제는 되돌릴 수 없는 지나간 추억으로서 소중히 간직해두고 앞으로 그 이상의 미련을 느끼지 않는다면 괜찮다고 생각했습니다. 이 결심이 하찮다고는 생각지 않습니다. 나는 진지하게 고민했습니다.

이튿날 아침에는 일찍 일어나 찰리가 까치발로 조심조심 들어오기 전에 거울 앞에 앉아 있기로 했습니다.

"어머, 아기씨!" 찰리가 깜짝 놀라 소리쳤습니다. "여기 계셨어요?"

"그래, 찰리." 나는 차분히 머리를 틀며 말했습니다. "오늘 아침은 무척 기분이 좋고 행복해."

찰리는 눈에 띄게 안심한 모습이었습니다. 하지만 찰리보다 내가 더 안심했습니다. 나는 최악의 상황을 마주하고 차분히 대처하고 있었기 때문입니다. 앞으로도 내 나약함을 이기지 못할 때에는 숨김없이 그대로 쓸 생각입니다. 하지만 내 나약함은 언제나 곧바로 사라져 버리고 전보다 더 큰 행복이 내 마음속에 충실히 자리 잡았습니다.

에이더가 오기 전에 충분히 몸과 마음의 건강을 되찾고 싶어 나는 찰리와 함께 온종일 신선한 바깥공기를 마실 수 있도록 계획을 세웠습니다. 아침 식사 전에 집 밖을 산책하고, 점심도 일찌감치 끝내고 외출은 그 앞뒤로 하고, 차를 마신 뒤에는 뜰을 산책하고 일찌감치 잠자리에 들기로 했습니다. 근처에 있는 언덕과 길과 들판은 남김없이 탐험하기로 했습니다. 보이손 씨의 친절한 하녀가 강장제며 영양이 풍부한 음식 등 먹고 마실 무언가를 늘 가져다줍니다. 집 안뜰에서 쉴 때도 언제나 바구니를 들고 환한 얼굴로 웃으며 영양가 있는 음식을 먹어야 한다고 설교하며 찾아옵니다. 내 전용 조랑말까지 있었습니다. 투실투실하게 살찐 조랑말은 목이 짧고 갈기가 눈 위까지 내려와 있고, 빠른 속도로 거뜬하게 달릴 수도 있는—말이 달리고 싶을 때만—아주 훌륭한 조랑말이었습니다. 며칠 지나자 내가 뜰에서 이름을 부르면 다가와 손에서 먹이를 받아먹고 내 뒤를 따라다니게 되었습니다. 나와 조랑말은 마음이 서로 통하는 친구가 되었으므로, 조랑말이 나를 태우고 나무 그림자가 드리워진 길을 걸을 때 어슬렁거리거나 발걸음이 무거워지면 나는 말의 목을 부드럽게 두드려 줍니다. "스텁스, 내가 달리는 걸 좋아하는 줄 알면서 왜 달리지 않니? 날 위해 좀 달려 주렴. 안 그럼 넌 점점 멍해져서 잠들어버리잖아." 그러면 말은 머리를 우스꽝스럽게 한두 번 흔들고 곧바로 달리기 시작합니다. 멈춰 서서 그 모습을 보는 찰리가 재미있어 웃음을 터뜨리면 그 웃음소리가 음악처럼 울려 퍼졌습니다. 누가 스텁스[1]라고 이름을 지었는지는 모르지만 그보다 딱 맞는 이름은 없을 것 같았습니다. 어느 날 우리는 작은 이륜마차를 끌고 의기양양하게 숲속 오솔길을 5마일쯤 달렸습니다. 그런데 우리가 입에 침이 마르도록 조랑말을 칭찬하던 그때, 조랑말은 귓가에서 줄곧 원을 그리며 날아다니는 성가신 등에 무리 때문에 갑자기 화가 나는지 걸음을 멈추고 생각에 잠겼습니다. 절대 참을 수 없다고 결심한 듯했습니다. 스텁스는 한 걸음도 움직이지 않았습니다. 결국 나는 고삐를 찰리에게 넘기고 내려서 걷기 시작했습니다. 그러자 말은 내 팔 밑으로 머리를 밀어 넣고 소매에 귀를 문지르며 단호하지만 기분 좋게 나를 따라 왔습니다. "스텁스, 넌 착한 아이니까 날 마차에 태우고 조금만 달려주겠니?" 내가 아무리 말해도 소용없었습니다. 내가 말의 곁에서 떠나기만 하면 또 다시 멈춰서는 바람에 하는 수 없이 나는 그대로 말을 이끌고 걸었습니다. 집으로 돌아오는 길에 마을 사람들이 그 모습을 보고 배꼽이 빠지게 웃었습니다.

찰리와 나는 마을 사람들과 금방 친해졌습니다. 일주일이 지나자 마을 사람들은 우리가 하루에 몇 번씩 지나가도 집집마다 고개를 내밀고 인사해주었습

---

1) 그루터기, 땅딸막하다는 뜻. 또는 말 그림으로 유명했던 조지 스텁스(1724~1806)라는 화가의 이름에서 따왔는지도 모른다.

니다. 그 무렵 수많은 어른들은 물론 온 마을의 거의 모든 아이들과도 친구가 되었습니다. 마을 교회 탑까지도 친절하고 상냥한 표정을 짓고 있는 것 같았습니다. 친해진 친구들 가운데 할머니 한 분이 계셨습니다. 할머니는 하얀 벽에 밀짚으로 지붕을 엮은 작은 집, 창문에 달린 덧문을 양쪽으로 활짝 열면 정면의 벽이 보이지 않을 만큼 작은 집에 살고 있었습니다. 할머니에게는 해군 손자가 하나 있는데, 나는 그 손자에게 보내는 할머니의 편지를 대필해 주었습니다. 그리고 편지지에 손자가 자란 집 화롯가와 지금도 예전의 자리를 지키고 있는 손자의 의자를 그려 넣었습니다. 이 그림을 본 마을 사람들은 세상에서 가장 훌륭한 명화라고 말했습니다. 그리고 머나먼 플리머스[2]에 있는 손자에게서 지금 이 그림을 가지고 미국으로 떠나며, 미국에 닿으면 다시 편지를 쓰겠다는 답장이 왔을 때에는 온 마을 사람들이 나는 칭찬했습니다. 하지만 생각해 보면 칭찬받아 마땅한 것은 우편제도가 아니겠습니까.

이처럼 나는 집 밖으로 나가 많은 아이들과 놀거나 많은 어른들과 이야기하고 많은 집들의 초대를 받고 찰리를 가르치고 날마다 에이더에게 장문의 편지를 쓰느라 바빠서 완전히 변해버린 내 얼굴을 생각할 틈이 없다 보니 대체로 늘 명랑하게 지냈습니다. 어느 날 한 아이가 말했습니다. "어머니, 저 아가씨는 왜 옛날처럼 예쁘지 않아요?" 나도 모르게 가슴이 욱신거렸습니다. 하지만 아이는 전처럼 나를 따르며, 가여워하고 고쳐주고 싶은 것처럼 보드라운 손으로 내 얼굴을 쓰다듬어주었으므로 나는 곧바로 마음을 추슬렀습니다. 이밖에도 불쌍한 사람을 동정하고 자비를 베푸는 것이 다정한 인간의 본성이라는 사실을 가르쳐주는 사건을 여러 번 겪으면서 나는 큰 위안을 얻었습니다. 이러한 사건 가운데 특히 감동받은 일이 있었습니다. 우연히 작은 교회에 갔을 때 마침 결혼식이 거의 끝나가고 젊은 부부가 결혼등록부에 서명하려던 참이었습니다.

먼저 펜을 건네받은 신랑은 글자를 쓸 줄 모르는지 삐뚤빼뚤하게 십자가를 그렸습니다. 신부도 서명을 했습니다. 나는 전에 교회에 왔을 때 그녀에 대한 소문을 들어 알고 있었습니다. 그녀는 교구에서 으뜸가는 미인일 뿐만 아니라

---

2) 영국 남서부 끄트머리에 있는 항구마을.

교회 학교에서 가장 우수한 학생이라고 했습니다. 따라서 나는 깜짝 놀라 그녀를 보지 않을 수 없었습니다. 그녀는 나를 향해 다가와 내게 속삭였습니다. 반짝반짝 빛나는 눈에는 소박한 사랑과 감사의 눈물이 흘러넘쳤습니다. "저이는 무척 좋은 사람이에요. 하지만 아직 글을 쓸 줄 몰라요. 앞으로 나에게 배우기로 했는데, 절대로 저이가 부끄럽다고 느끼게 하진 않을 거예요!" 농부 처녀의 마음속에도 이토록 고귀한 영혼이 깃들어 있습니다. 그러니 내가 무엇을 두려워할 필요가 있겠습니까!

바람은 옛날과 똑같이 상쾌하게 불며 기운을 북돋워주었고, 내 새로운 얼굴에도 전과 같이 건강한 혈색이 돌아왔습니다. 찰리도 눈에 띄게 귀여워져서 장밋빛 얼굴에서 눈부신 빛이 쏟아지는 것 같았습니다. 우리 둘 다 하루를 즐겁게 보내고 밤에도 푹 잠들었습니다.

체스니 월드의 사냥숲에 내가 좋아하는 장소가 있었습니다. 조금 높이 솟아 있어 전망이 매우 훌륭하고 의자까지 놓여 있었습니다. 전망을 좋게 하기 위해 숲을 베어 낸 곳이라, 화창한 날에는 햇빛에 반짝이는 풍경이 드넓게 펼쳐져 있어 무척 아름다웠으므로 적어도 하루에 한 번은 그곳에서 휴식을 취했습니다. 영주의 장원 가운데에서도 특히 아름다운 곳인 '유령의 오솔길'이라 불리는 곳이 이곳에서 무척 잘 보였습니다. 이 무서운 이름과 데들록 가문에 얽힌 오래된 전설은 보이손 씨가 설명해주어 알고 있었으므로 본디 아름다운 경치에 또 다른 신비로운 매력까지 더해졌습니다. 바로 근처에 제방도 있는데 제비꽃이 아름답기로 유명했습니다. 찰리는 들꽃을 꺾는 것을 무척 좋아했으므로 그녀도 나처럼 이곳을 좋아했습니다.

데들록 가의 저택 가까이나 그 안으로 들어가지 않은 것은 다른 뜻이 있어서가 아닙니다. 가족들은 지금 집에 없으며 당분간은 돌아오지 않을 것이라고 들었기 때문입니다. 저택 건물에 흥미와 호기심이 없진 않았습니다. 따라서 이곳에 앉아 있으면, 방은 어떻게 되어 있는지, 지금도 전설처럼 쓸쓸한 '유령의 오솔길'에 이따금 발소리가 들린다는 소문이 사실인지 따위의 생각을 곧잘 하곤 했습니다. 데들록 부인을 만났을 때 느낀 어떤 말할 수 없는 감정 때문에 부인이 안 계실 때조차도 그 저택을 멀리하게 되었는지도 모르겠습니다. 저택을 보고 부인의 얼굴과 모습을 떠올리는 것은 당연한 일이지만, 그 얼굴과 모습을 떠올리고 저택을 멀리하는 것은 아닙니다. 하지만 멀리하고 싶어지는 무엇인가가 있었습니다. 이유가 무엇이든, 아니면 이유가 없더라도 나는 앞으로 이야기할 그날까지 한 번도 저택에 가까이 가지 않았습니다.

그날 오랫동안 산책한 뒤 내가 좋아하는 그곳에서 쉬고 있었습니다. 찰리는 조금 떨어진 곳에서 제비꽃을 꺾고 있었습니다. 내가 멀리 떨어진 석조 건물 그늘에 있는 '유령의 오솔길'을 바라보며 그곳에 나타난다는 여자의 모습을 상상하고 있을 때 숲을 지나 누군가가 이쪽으로 다가오는 기척을 느꼈습니다. 숲속에 난 길은 먼 곳까지 똑바로 뻗어 있지만 나무 그늘에 가려 어둑하고 나뭇가지 그림자가 땅에 복잡한 무늬를 그리고 있었으므로 처음에는 그 사람이 누구인지 분명히 알지 못했습니다. 그러나 차츰 그 사람이 여자이며 데들록 부인이라는 사실을 알게 되었습니다. 수행인도 없이 혼자 평소보다 훨씬 빠른 걸음걸이로 내가 앉아 있는 곳으로 다가오는 모습을 보고 나는 깜짝 놀랐습니다.

부인이 예상치 못한 만큼 가까이 다가오는 것을 보자(내가 부인을 알아보았을 때는 이미 목소리가 들리는 곳까지 와 있었습니다) 나는 심장이 빨라지는 것을 느끼고 의자에서 일어나 산책을 계속하려 했습니다. 그런데 일어설 기운이 없었습니다. 몸을 움직일 수 없었습니다. 부인이 당황하며 간청하는 몸짓을 했기 때문이 아닙니다. 손을 벌리고 서두르며 왔기 때문도 아닙니다. 평소와 모습이 달라서도 아닙니다. 평소 고상하고 자신을 단단히 억누르는 태도가 사라져서도 아닙니다. 내가 어릴 때 꿈에서까지 그리던 무언가가, 다른 사람에게서는 결코 보지 못했고 부인에게서도 전에는 보이지 않았던 무언가가 부인의 얼굴에 나타나 있었기 때문입니다.

너무 두려워 정신이 아득해지는 것 같아 나는 찰리를 불렀습니다. 그러자 그 순간 부인이 걸음을 멈추고 내가 평소에 알던 부인으로 돌아갔습니다.

"서머슨 양. 놀란 것 같군요." 이번에는 천천히 다가오며 말했습니다. "아직 몸이 완전히 회복되지 않은 모양이군요. 그동안 많이 아팠다지요. 그 말을 듣고 무척 걱정했어요."

나는 앉아 있던 벤치에 얼어붙은 채 하얗게 질린 부인의 얼굴에서 눈을 돌리지 못했습니다. 부인이 손을 내밀었습니다. 죽은 사람처럼 차가운 그 손은 억지로 침착함을 가장한 부인의 얼굴과는 너무도 딴판이라 나는 점점 더 얼떨떨

했습니다. 머릿속이 빙빙 돌아 무슨 생각을 했는지도 기억나지 않습니다.

"순조롭게 회복되고 있나요?" 부인이 부드러운 목소리로 물었습니다.

"네, 부인, 조금 전까지만 해도 전혀 문제없었어요."

"이분은 당신 일행인가요?"

"네."

"일행을 먼저 보내고 나와 함께 집으로 가지 않을래요?"

"찰리, 꽃을 가지고 집으로 돌아가렴. 나도 금방 갈게."

찰리는 아주 정중하게 인사를 하고 새빨개진 얼굴로 모자를 쓰고 돌아갔습니다. 그 모습이 사라지자 부인이 내 옆에 앉았습니다.

내가 예전에 죽은 아기의 얼굴을 덮어주었던 손수건을 부인이 가지고 있는 것을 보고 어떤 심정이었는지 도저히 말로는 표현하지 못합니다.

나는 부인을 보았지만 부인의 얼굴도 보이지 않고 목소리도 들리지 않고 숨도 쉴 수 없었습니다. 심장이 미칠 듯이 쿵쾅거리며 터질 것 같았습니다. 하지만 부인이 나를 가슴에 꼭 끌어안고 입을 맞추고 울음을 터뜨리며 연민 어린 말을 건네어 내가 제정신을 차렸을 때―무릎 꿇고 "아아, 내 딸아, 내 딸아, 내가 너의 죄 많고 불행한 어미란다. 제발 날 용서해주렴!"이라고 울부짖었을 때―괴로워하며 내 앞에 무릎 꿇고 있는 모습을 보았을 때 내 마음은 천 갈래 만 갈래로 흐트러졌지만 고마운 하느님의 섭리에 크게 감동했습니다. 얼굴이 완전히 달라져 버렸으니 생김새가 닮았다는 사실로 어머니에게 수치심을 안겨드릴 일도 없었기 때문입니다. 지금은 나와 어머니를 나란히 견주어 보아도 어느 누구도 우리가 서로 관계가 있으리라고는 생각도 못 할 것입니다.

나는 어머니에게 제발 그토록 괴로워하며 내 앞에 무릎 꿇지 말아달라고 애원하며 어머니를 일으켰습니다. 하지만 나도 목이 잠겨 목소리가 뚝뚝 끊어지는 바람에 제대로 말을 잇지 못했습니다. 무척 당황한 데다, 어머니가 내 발밑에 무릎 꿇는 것을 보고 두려움에 휩싸였기 때문입니다. 나는 자식인 내가 어머니를 용서할 자격이 있다면 이미 수년 전에 용서했다고 말했습니다―아니, 어떻게든 말하려고 애썼습니다. 내 가슴은 어머니에 대한 사랑으로 가득하고, 그것은 자식으로서 당연한 애정이며 과거에 어떤 일이 있었다 해도 변하지 않고 변할 수 없다고 말했습니다. 태어나 처음으로 어머니의 품에 안겨 있는 내가, 나를 이 세상에 낳아주신 어머니를 어떻게 원망할 수 있겠습니까. 어머니에게 감사하고, 온 세상 사람이 어머니에게 등을 돌리더라도 나는 어머니를 받아들여야 하지 않겠습니까. 나는 어머니를, 어머니는 나를 힘껏 끌어안았습니다. 여름날의 고요한 숲속에서 오직 우리 두 사람의 어지러운 마음만이 평정을 잃은 것 같았습니다.

"감사하는 마음으로 날 받아주는구나." 어머니는 신음하듯 말했습니다. "하지만 그러기엔 너무 늦었단다. 나는 내 어두운 길을 혼자 걸어야 해. 그 끝에 무엇이 기다리고 있는지는 나도 몰라. 날마다, 아니 매 시간마다 내 죄 많은 발밑에서 길이 사라진단다. 그것이 이승에서 내가 받아야 할 벌이야. 난 아무도 모르게 그 벌을 짊어지고 가야 해."

어머니는 당신이 짊어진 벌을 생각할 때조차 베일을 쓴 것처럼 늘 그렇듯이 기품 있고 무심해 보였습니다. 하지만 머지않아 또다시 그러한 태도를 벗어던졌습니다.

"나는 무슨 수를 써서든 그 일을 되도록 비밀로 묻어둬야 해. 날 위해서만이 아니야! 한심하고 파렴치한 이 어미한테는 남편이 있단다!"

이렇게 말하는 어머니의 목소리는 절망의 외침을 억누르고 있는 듯하여 비명보다도 더욱 끔찍하게 들렸습니다. 어머니는 두 손으로 얼굴을 감싸고 나한테 안겨 있으면서도 나를 만지고 싶지 않은 사람처럼 몸을 빼내려 했습니다. 나는 필사적으로 어머니를 달래고 위로하려 했지만 아무리 해도 어머니를 일으켜 세울 수가 없었습니다. 안 돼, 안 돼—어머니는 오직 이 말만을 되풀이할 뿐이었습니다. 다른 곳에서는 어디에서나 그토록 우아하게 주위 사람들을 내려다보던 어머니도 여기서는 태어나 처음으로 인간으로서 당연한 모정을 느끼고 부끄러워 스스로를 낮추고 있는 것입니다.

불행한 어머니는 내가 아픈 동안 미칠 것 같았다고 말했습니다. 어머니는 그때 처음으로 당신의 자식이 살아 있다는 사실을 알았습니다. 그전에는 내가 친딸이라고 꿈에도 생각지 못했습니다. 내 뒤를 쫓아 여기까지 온 것은 평생에 단 한번만이라도 나와 이야기를 나누고 싶었기 때문입니다. 우리는 서로 알고 지내거나 편지를 주고받기는커녕 앞으로 다시는 대화를 주고받을 일도 없을 것입니다. 어머니는 나에게 편지를 한 통 주었습니다. 그리고 이렇게 말했습니다.

"너에게만 주려고 썼으니 읽고 나면 이내 태워 버려라. 날 위해서가 아니야. 날 위해서 무슨 부탁을 하겠니. 내 남편과 널 위해서란다. 앞으로는 내가 죽었다고 생각하렴. 괴로워하는 날 보고 내가 어미로서 널 사랑한다는 사실을 믿을 수 있겠거든 제발 믿어주렴. 그러면 내 괴로움을 이해하고 날 더욱 동정할 수 있지 않겠니. 난 이미 어떤 희망이나 구원도 얻을 수 없는 곳까지 와 버렸어. 내 비밀을 죽을 때까지 지키든, 발각되어 내 집안 이름에 먹칠을 하든 나 혼자 그 괴로움을 짊어져야 해. 가까이 있는 누구에게도 사랑받지 못하고 구원의 손길을 뻗어주는 사람도 없어."

"어머니, 지금까지는 그 비밀이 안전했나요?" 나는 물었습니다. "지금도 안전한가요?"

"아니. 발각되기 직전까지 간 적이 있었단다. 그때는 우연히 곤경에서 벗어났지만 언제 또 위험해질지 몰라. 어쩌면 내일 당장이라도."

"누군가 특별히 두려운 사람이 있나요?"

"쉿! 나 때문에 두려움에 떨거나 눈물 흘리지 말렴. 나한텐 그럴 가치가 없단다." 어머니는 내 손에 입을 맞추었습니다. "아주 두려운 사람이 딱 한 사람 있단다."

"적인가요?"

"내 편은 아니야. 적이 되든가 아군이 되든가 할 만큼의 열정이 없는 사람. 레스터 데들록 경의 고문변호사야. 아무 애정도 없이 단지 기계적으로 충실히 직무를 수행하고 명문가의 비밀을 움켜쥐고 이익과 특권과 명성을 얻기에만 급급한 사람이지."

"그가 의심하고 있나요?"

"그래, 여러 가지로."

"설마 어머니 일도요?" 나는 두려워졌습니다.

"그래! 늘 눈을 빛내며 내 근처에 있는 사람이야. 어느 정도까지는 못 오게 할 수 있지만 쫓아내진 못해."

"그 정도로 연민도 양심도 가책도 없는 사람인가요?"

"전혀 없는 사람이야. 분노도 느끼지 않아. 직업 이외에는 어떤 관심도 없어.

그 직업이라는 것도, 다른 사람의 비밀을 쥐고는 절대 거스를 수 없는 권력을 독차지하는 것이지."

"믿을 수 있는 사람인가요?"

"믿을 수 있다고는 생각도 안 해. 내가 여러 해 동안 걸어온 어두운 길의 끝은 운명에 맡길 뿐이니까 그 끝에 무엇이 있든 마지막까지 혼자 갈 생각이야. 그 마지막은 가까이 있을지도 모르고 멀리 있을지도 몰라. 하지만 길이 이어지는 한 난 계속 걸을 뿐이야."

"어머니, 이미 결심하셨나요?"

"결심했어. 난 지금까지 어리석음에 어리석음을 더하고, 자존심에 자존심을 더하고, 경멸에 경멸을 더하고, 자만에 자만을 더하고, 큰 허영에 더욱 큰 허영을 덧칠하며 살아왔어. 할 수 있다면 이 위기도 잘 극복해 죽을 때까지 무사할지도 몰라. 난 위험에 둘러싸여 있어. 체스니 월드가 이 깊은 숲에 둘러싸여 있듯이. 하지만 난 언제까지나 그 안을 걸을 거야. 내가 걸을 길은 오직 하나, 단 하나밖에 없단다."

"잔다이스 씨가……." 내가 말하려 하자 어머니가 황급히 물었습니다.

"그 사람이 눈치챘니?"

"아뇨, 그렇진 않아요! 절대 그렇지 않아요!" 나는 잔다이스 씨가 내 출생에 대해 알고 있는 점을 모두 이야기해 주셨다고 말하고 이렇게 덧붙였습니다. "그분은 무척 사려가 깊고 분별이 뛰어나신 분이니 사정을 이야기하면……."

이때까지 자세를 조금도 바꾸지 않던 어머니는 갑자기 내 입술에 손가락을 대더니 더 말하지 못하게 했습니다.

"그 사람에게는 다 얘기해도 돼." 얼마 뒤 어머니가 말했습니다. "내가 허락할게—나 같은 어미가 불쌍한 자식에게 해 줄 수 있는 건 그것밖에 없으니까—하지만 나한테는 얘기했다고 말하지 말아다오. 상황까지 이렇더라도 나한테는 여전히 일말의 자존심은 있단다."

나는 어머니의 그 익숙지 않은 음울한 목소리로 이야기해준 한 마디 한 마디를 평생 잊지 못하겠지만, 그 때 내 슬픔과 흥분이 너무 크다 보니 스스로도 내가 무슨 말을 했는지 알지 못했습니다. 어머니에게 잔다이스 씨는 나에게 아버지와 같은 분이니 틀림없이 어머니에게 어떤 충고나 도움을 줄 것이라고 설명했습니다. 혹은 설명하려고 애썼습니다. 하지만 어머니는 누구도 어머니를 도울 수 없을 거라고 대답하셨습니다. 눈앞에 펼쳐진 사막을 혼자 걸어가야 한다고 말씀하셨습니다.

"우리 딸, 우리 딸!" 어머니는 말했습니다. "이게 막지막이야! 이게 마지막 키스야! 마지막 포옹이야! 다시는 만나지 못할 테니까. 내가 하고 싶은 대로 하려면 전과 변함없는 태도를 취해야 해. 그것이 내 응보, 내 운명이야. 눈부시고 화려하며 숭배자들에게 둘러싸인 데들록 부인의 소문을 듣거든 그 가면 아래에 양심의 가책에 시달리는 불쌍한 네 어미가 있다고 생각해다오! 괴로움과 후회에 어쩔 줄 모르며 가슴속에 간직한 유일한 사랑과 진실을 죽이는 여자가 진짜 모습이라고 알아다오! 그런 나를 용서할 수 있다면 용서해 다오. 하느님께 용서를 빌어 다오. 결코 용서받진 못하겠지만!"

우리는 한동안 서로 끌어안고 있었습니다. 하지만 어머니의 결심은 확고하여 내 손을 풀어 내 가슴에 대고 꼭 잡으며 마지막 키스를 하고는 손을 놓은 뒤 숲속으로 사라졌습니다. 나는 홀로 남았습니다. 눈 아래에는 고풍스러운 저택의 테라스와 첨탑이 햇빛을 받으며 조용히 서 있었습니다. 맨 처음 저택을 보았을 때는 그곳이 평온한 둥지처럼 보였는데 지금은 내 어머니의 불행을 냉혹하게 바라보고 있는 것만 같았습니다.

나는 망연자실하여 처음에는 병에 걸려 앓아누웠을 때처럼 맥이 풀려 어찌할 바를 몰랐지만, 사실이 드러나지 않도록, 일말의 의혹도 생기지 않도록 조심해야 한다고 생각한 것이 그나마 다행이었습니다. 나는 눈물을 흘린 흔적을 찰리에게 들키지 않도록 조심했습니다. 주의를 기울이며 침착하게 있는 것이 자식으로서 어머니에게 할 수 있는 가장 큰 효도라고 스스로를 열심히 타일렀습니다. 너무 슬퍼서 오열을 삼키는 것조차 쉽지 않았지만 한두 시간 지나자 다시 마음이 진정되어 돌아가도 괜찮을 것 같았습니다. 천천히 집으로 돌아가 문 앞에서 기다리고 있는 찰리에게, 데들록 부인과 헤어진 뒤 산책을 더 하고 싶어 이리저리 다니느라 녹초가 되어 쉬고 싶다고 말하고 무사히 방으로 들어가 편지를 읽었습니다. 편지를 읽고 나는 어머니에게 버림받은 아이가 아니라는 사실을 알았습니다—그때는 그 사실이 무척 큰 위로가 되었습니다. 어머니의 하나뿐인 언니—어릴 때 날 키워준 대모님입니다만—는 죽은 줄 알고 방치되어 있던 내가 아직 숨이 붙어 있는 것을 보고는 내가 오래 사는 것을 바라지 않으면서도 엄격한 의무감에서 아무에게도 말하지 않고 나를 길렀고, 내가 태어난 몇 시간 뒤부터 다시는 여동생과 만나지 않았습니다. 이리하여 나는 이 세상에서 매우 이상한 위치에 놓이게 되었고, 얼마 전까지만 해도 어머니는 내가 숨 한 번 쉬지 못하고 매장되었으며 생명을 얻지 못하고 이름도 얻지 못한 줄 알고 있었습니다. 어머니는 교회에서 처음으로 나를 보고 깜짝 놀라며 만약 그 아이가 살아 있다면 저런 모습일 것이라고 생각은 했지만 그때는 그 이상 깊이 생각하지 않았다고 합니다.

편지 내용을 여기서 모두 말할 필요는 없을 것입니다. 나중에 자연스럽게 다시 이야기할 기회가 있겠지요.

내가 가장 신경 쓴 일은 어머니의 편지를 불태우고 그 재까지 흩어버리는 것이었습니다. 그리고 이것은 인간 본성에 반하는 생각인지도 모르지만 내가 자라서 이렇게 컸다는 사실이 무척 슬펐습니다. 차라리 그때 죽었더라면 많은 사람들이 행복했을 것이라는 생각까지 들었습니다. 낳아주신 어머니와 긍지 높은 가문의 이름을 위태롭게 하거나 먹칠을 하게 될까 봐 스스로가 너무 두려웠습니다. 머릿속이 지독히 혼란스러워 나는 태어나자마자 죽었어야 했고, 그것이 하느님의 뜻이었으며, 공연히 살아난 것이 실수였다고 믿게 되었습니다.

정말로 그렇게 생각했습니다. 나는 축 늘어져 잠이 들었습니다. 눈을 떴을 때 내가 다른 사람을 불행하게 하는 운명을 짊어지고 다시 이 세상에 돌아왔다고 생각하자 또다시 눈물이 났습니다. 어머니를 위험으로 몰아넣는 증인이나 다름없는 나 자신과 체스니 월드의 영주를 생각하고 옛날에 듣던 말이 새로이 무시무시한 의미를 지니고 바닷가에 밀어닥치는 커다란 파도 소리처럼 귓속에서 울려 퍼지자 나는 전보다 더 내가 두려워졌습니다. "에스더, 네 어미는 네 얼굴에 먹칠을 했고 넌 네 어미 얼굴에 먹칠을 했어. 언젠가—얼마 안 남았어—너도 그 뜻을 이해하고 뼈저리게 느낄 날이 올 게다." 다른 말도 생각났습니다. "남의 죄가 너 자신에게 화로 돌아오지 않도록 날마다 기도해라." 나는 죄악과 치욕이 모두 나에게 있으며 죄가 나에게 화로 돌아온 것만 같았습니다.

날이 저물고 구름이 낮게 깔린 쓸쓸하고 우울한 저녁이 찾아왔지만 나는 여전히 비탄에 잠겨 있었습니다. 나는 밖으로 나가 잠시 데들록 저택의 영지를 거닐었습니다. 나무마다 땅거미가 내려앉는 모습과 이따금 스칠 듯이 내 곁을 푸드덕거리며 날아가는 박쥐를 바라보며 처음으로 저택 가까이 가 보고 싶은 욕망이 생겼습니다. 내가 좀 더 침착했더라면 그런 일은 없었을지도 모릅니다. 하지만 나는 저택 바로 옆에 난 길로 걸어갔습니다.

도저히 멈춰 서서 올려다볼 용기가 나지 않았습니다. 향기로운 테라스 정원과 널따란 길, 잘 관리된 화단과 가지런하게 다듬어진 잔디밭 앞을 지날 때 보니 매우 아름답고 장중하고 오래된 돌난간이 세월과 비바람에 갈라져 있었습니다. 그 주변과 돌로 된 낡은 해시계 받침은 이끼와 담쟁이덩굴로 뒤덮여 있었습니다. 분수가 떨어지는 소리가 들렸습니다. 길은 길게 이어진 어두운 창문 밑을 지나갑니다. 곳곳에 뾰족한 작은 탑과 이상하게 생긴 포치가 있고, 낡은 돌 사자와 기괴하게 생긴 괴물이 어둑한 집 바깥에서 방패 모양의 문장 너머로 땅거미를 노려보고 있었습니다. 그곳에서 길이 굽으며 포치 아래를 지나고 정면 현관이 있는 안뜰(그곳은 서둘러 지나갔습니다)을 지나 마구간 곁으로 빠져나갔습니다. 그곳에서 굵직한 목소리가 들렸는데 그것이 과연 붉은 벽돌로 된 높은 벽에 달라붙어 있는 담쟁이덩굴 사이를 빠져나가는 바람소리인지, 아니면 풍향계에 달린 새가 나직이 중얼거리는 소리인지, 아니면 개가 짖는 소리인지, 시계가 느릿하게 시간을 알리는 소리인지 잘 모르겠습니다. 곧이어 사락사락 나뭇잎 스치는 소리가 들리는 라임 나무의 향기가 나는 곳에서 길이 휘어지며 저택 남쪽 정면으로 나왔습니다. 그러자 내 머리 위쪽으로 '유령의 오솔길'의 난간이 보이고 유일하게 불이 켜진 창문이 보였는데, 어쩌면 어머니의 방인지도 모릅니다.

이 주변의 길은 머리 위의 테라스처럼 돌바닥으로 되어 있어 이제까지 조용하던 내 발걸음 소리가 여기서는 사방으로 메아리쳤습니다. 걸음을 멈추고 무의식적으로 주위를 둘러보고는 다시 걸음을 재촉하여 이제 막 불이 켜진 창가를 지나려는데 갑자기 메아리치는 발소리를 들으며 문득, '유령의 오솔길' 전설에는 무서운 진실이 깃들어 있고 다름 아닌 내가 이 장엄한 저택에 재난을 불러들이려 하고 있으며 내 발소리가 지금 그 불길한 경고를 보내고 있다는 생각이 들었습니다. 스스로가 더욱 두려워지자 온몸에 소름이 쫙 끼쳐서 나는 아무 생각도 못하고 왔던 길을 되돌아 사냥터 입구의 문지기 오두막까지 정신없이 달려와, 화가 난 듯 새카만 데들록 가의 사냥터에서 벗어날 때까지 숨도 쉬지 못했습니다.

내 방으로 돌아와 혼자 다시 불행하고 우울한 기분에 빠졌을 때 그제야 나는 이래서는 안 된다는 것을 깨달았습니다. 그런데 내일 도착할 예정인 사랑스러운 에이더에게서 반가운 편지가 와 있었습니다. 내일이 기다려져서 참을 수 없다는 다정한 말로 가득한 그 편지를 읽고 감동하지 않았다면 내 마음이 대리석이겠지요. 잔다이스 씨도 편지를 보냈습니다. 아저씨는 혹시 어디서 더든 아주머니를 만나게 되면 아주머니가 안 계시니 이곳은 집안 꼴이 엉망이고 열쇠를 다룰 수 있는 사람이 아무도 없어 집 안팎의 사람들 모두 마치 다른 사람 집에 와 있는 것 같다며 아주머니가 돌아오지 않으면 반란이라도 일으킬 기세라고 전해달라고 했습니다. 두 사람의 편지를 읽자 나는 많은 사람들이 나를 실제 이상으로 생각해주고 사랑해주니 행복한 줄 알아야 한다고 생각했습니다. 또한 이제까지의 내 삶을 생각해 보더라도 더 빨리 기운을 차렸어야 했다고 깨달았습니다.

하느님은 내가 죽기를 바라지 않는다는 사실을 절실히 깨달았기 때문입니다. 그렇기에 나는 지금까지 살아왔고 이토록 행복한 삶을 누릴 수 있었던 것입니다. 수많은 일들이 뒤얽혀 날 위해 행복을 빚어주었고, 때로는 아버지의 죄가 자식에게 화로 돌아온다고 해도 그것은 오늘 아침 내가 걱정하던 형태는 아니라고 분명히 이해했습니다. 여왕이 자신의 출생에 대해 그렇듯이 나 또한 내 출생에 아무 책임이 없습니다. 하늘에 계시는 아버지 앞에서는, 나는 태어났다는 이유로 벌을 받지 않고, 여왕도 그 태생으로 인해 상을 받지 않습니다. 오늘 큰 충격을 받은 덕분에 생각하기에 따라서는 변해버린 내 얼굴에서 벌써부터 위안을 얻을 수도 있다는 경험을 했습니다. 나는 다시 한 번 결심을 새로이 굳히고 좌절하지 않게 해달라고 기도했습니다. 나와 불행한 어머니 일로 하느님에게 전적으로 의지하자 오늘 아침의 짙은 먹구름이 걷히는 기분이었습니다. 잠들 때도 그로 인해 악몽에 시달리지 않았고 이튿날 눈을 떴을 때는 기분이 완전히 밝아졌습니다.

사랑스러운 에이더는 오늘 오후 다섯 시에 도착할 예정입니다. 그때까지 마음을 가라앉히려면 에이더가 지나올 길을 따라 거니는 것이 가장 좋겠다고 생각하고 나와 찰리와 스텁스는—그때 있었던 사건 뒤로 스텁스에게 마차를 끌게 할 생각은 버렸으므로 오늘은 안장을 얹었습니다—그 길을 따라 소풍을 나갔다가 돌아왔습니다. 돌아오는 길에 저택과 정원을 멀리서 바라보니 어느 곳 하나 빠짐없이 웅장하고 새들조차 저택의 중요한 일원인 것처럼 저택 위를 날고 있었습니다.

집으로 돌아왔지만 아직 에이더가 오려면 두 시간은 꼬박 남았으므로 길고도 긴 그 시간 동안, 솔직히 말하면 나는 내 변해버린 얼굴을 생각하며 안절부절못했습니다. 에이더의 마음을 잘 알다 보니 나보다 그녀가 더 걱정스러웠습니다. 나는 여러 가지로 한탄하기는 했어도 이처럼 안절부절못한 적은 없었습니다. 하지만 에이더는 마음의 준비가 되었을까요? 내 얼굴을 처음 보고는 놀라고 실망하지 않을까요? 에스더를 만나러 왔건만 옛 얼굴은 흔적도 없다고 생각하지 않을까요? 달라진 나와 친해지기 위해 다시 처음부터 새로 시작해야 할까요?

나는 에이더의 여러 표정을 잘 알고 있는데, 그녀의 얼굴은 귀여우면서도 매우 정직하므로 나를 처음 보면 표정을 숨기지 못할 게 분명했습니다. 만약 에이더의 얼굴이 놀랍고 실망한 표정을 드러낸다면(매우 있음 직한 이야기니까요) 내가 평정을 유지할 수 있을까요?

'그래, 틀림없이 평정을 유지할 거야, 어젯밤 이후로 평정을 유지할 수 있어' 하고 나는 생각했습니다. 하지만 이리저리 생각하고 안달하고 고민하며 초조하게 기다리려니 참을 수 없어 한 번 더 밖으로 나가 중간까지 마중하러 가기로 결심했습니다.

나는 찰리에게 말했습니다. "찰리, 에이더가 올 때까지 혼자 거닐고 올게." 찰리는 내가 좋아하는 일은 무조건 찬성이었으므로, 나는 찰리를 남겨두고 집 밖으로 나왔습니다.

그런데 2마일도 채 못 가 멀리서 흙먼지가 피어오르는 것을 보자 심장이 쿵쾅거려(저 마차에 에이더가 타고 있을 리 없다는 사실을 알고 있었음에도) 집으로 돌아가기로 했습니다. 오른쪽으로 몸을 돌리자 마차가 바로 등 뒤까지 쫓아온 듯하여(그렇지 않다고, 그럴 리 없다고 충분히 알고 있었지만) 서둘러 집을 향해 달렸습니다.

집에 무사히 도착하자 나는 생각했습니다. '아, 몰골이 말이 아니구나!' 그러자 몸 안이 확 달아오르고 점점 더 마음이 싱숭생숭했습니다.

도착하려면 아직 십오 분은 더 있어야 한다고 생각하던 때였습니다. 뜰에서 와들와들 떨고 있는데 갑자기 찰리가 큰 소리로 불렀습니다. "아가씨, 오셨어요! 도착하셨어요!"

나는 그럴 생각은 없었지만 이층 내 방으로 달려가 문 뒤에 숨어 버렸습니다. 문 뒤에서 떨고 있는데 계단을 올라오는 사랑스러운 에이더의 목소리가 들렸습니다. "에스더, 사랑스러운 에스더, 어디 있어? 작은 아주머니, 더든 아주머니!"

에이더는 방으로 달려 들어왔다가 다시 나가려는 순간 나를 발견했습니다. 아아, 내 천사! 옛날과 조금도 다름없이 다정하고 사랑이 넘치는 표정이었습니다. 어떻게 잊을 수 있을까요—옛날 그대로의 그 표정을!

아, 나는 정말로 행복했습니다! 내가 바닥에 쓰러지듯 주저앉자 귀엽고 다정한 에이더도 바닥에 쭈그리고 앉아 변해버린 내 얼굴에 그녀의 아름다운 볼을 부비고 눈물과 키스 세례를 퍼부으며 나를 아기처럼 흔들고, 생각나는 다정한 이름을 총동원하여 나를 부르며 그 성실한 가슴으로 나를 꼭 안아주었습니다.

# 제37장 잔다이스 대 잔다이스 사건

　내가 지켜야 할 비밀이 오로지 나만의 것이었다면 에이더를 만난 뒤 곧바로 털어놓았을 것입니다. 하지만 그것은 내 비밀이 아니므로 필요한 경우가 아니면 잔다이스 씨에게도 말하면 안 될 것 같았습니다. 혼자 가슴에 묻어두기에는 그 비밀이 너무 무거웠지만 그렇게 하는 것이 자식 된 도리임을 잘 알고 있었고, 에이더가 다정하게 대해주어 행복했으므로 다른 곳에서 힘을 빌려오지 않아도 괜찮았습니다. 에이더가 잠들고 집안이 조용해지면 어머니 생각에 잠을 이루지 못하고 밤이 서글프게 느껴질 때가 가끔 있었지만 그 이외의 시간은 괴롭지 않았습니다. 따라서 에스더의 눈에 나는 본디의 나와 다름없어 보였습니다.

　에이더와 함께 보낸 첫날 밤, 뜨개질을 하면서 그녀가 저택에 레스터 경 내외가 계시냐고 묻는 바람에 "응, 그런가 봐, 어제 부인과 숲에서 만나 얘기를 나눴거든" 하고 대답해야 했을 때 나는 도저히 침착함을 유지할 수 없었습니다. 에이더가 "부인이 뭐라고 하셨어?"라고 묻자 "친절하게도 날 걱정해 주셨어" 하고 대답하고, 에이더가 다시 "부인이 아름답고 단정하신 건 사실이지만 오만하고 고압적이고 냉정한 분이야" 하고 말하자 나는 더욱 진정할 수 없었습니다. 그때 찰리가 무의식적으로 나를 도와주었습니다. 부인은 런던에서 옆 주(州)의 어느 귀족 저택을 방문하는 길에 이틀 밤 정도 들렀을 뿐이라 우리가 그 전망대(우리는 그 장소를 이렇게 부릅니다)에서 만난 다음날 아침 일찍 떠나셨다고 가르쳐주었습니다. 찰리는 작은 물병에 관한 속담[1]처럼, 내가 한 달 걸려도 듣지 못하는 수많은 이야기를 단 하루 만에 듣는 재주가 있습니다.

　우리는 보이손 씨 집에 한 달 머물 예정이었습니다. 에이더가 온 뒤로 화창한

---

1) "작은 물병에는 큰 귀가 달려 있다." 소문을 잘 듣는다는 뜻.

일주일(기억에 따르면 그렇습니다)이 지난 어느 저녁, 온종일 정원사를 도와 꽃에 물을 준 뒤 막 촛불을 밝혔을 때, 찰리가 어쩐지 의기양양하게 에이더의 의자 뒤쪽으로 다가와 나를 손짓하여 부르더니 방 밖으로 데리고 나갔습니다.

"있잖아요, 아가씨." 찰리는 눈을 동그랗게 뜨고 속삭였습니다. "어떤 분이 데들록 암스에서 만나자고 하세요."

"응, 뭐라고? 누가 날 술집으로 오라고 했는데?"

"누군지 몰라요." 찰리가 대답하며 고개를 내밀고 작은 앞치마 끈 위에서 두 손을 단단히 마주 잡았습니다. 이는 찰리가 비밀 이야기를 하려고 흥분해 있을 때면 언제나 나오는 버릇입니다. "남자분이에요. 아무 말 하지 말고 당장 와달라고 전했어요."

"전했다니, 누가?"

"그 남자분이요."

"찰리, 그런데 어쩌다 그분의 심부름을 하게 됐니?"

"저한테 부탁하지 않았어요, 아가씨. W. 그러블한테 했죠."

"W. 그러블은 누군데?"

"그러블 씨 말이에요, 아가씨. 모르세요? 데들록 암스, 경영자 W. 그러블." 찰리는 간판 글자를 읽듯이 말했습니다.

"그래. 그 술집의 주인이구나?"

"네, 맞아요. 부인은 무척 미인인데, 발목을 삔 게 좀처럼 나을 기미가 안 보여요. 부인의 톱장이 남동생은 유치장에 감금되었어요. 사람들은 그가 결국에는 맥주를 너무 많이 마셔서 목숨을 단축할 거래요."

무슨 소린지 모르지만 그 무렵에는 무슨 일만 생기면 걱정부터 일었으므로, 나는 나 혼자 나가보는 것이 좋겠다고 생각했습니다. 찰리에게 서둘러 모자와 베일과 숄을 가지고 오라고 해서 외출 채비를 마치고 보이손 씨의 안뜰처럼 훤히 알고 있는 작은 언덕 위의 마을로 갔습니다.

그러블 씨는 웃옷을 벗은 채 작고 깔끔한 술집 앞에 서서 나를 기다리고 있었습니다. 나를 보고 그는 두 손으로 모자를 벗어 마치 무쇠그릇처럼(그만큼 무거운 듯이 보였습니다) 두 손으로 안아들고 앞장서서 모래를 뿌린 복도를 지나 가장 좋은 객실로 안내했습니다. 융단이 깔린 아담한 객실에는 거치적거릴 만큼 화분이 많이 놓여 있고, 캐롤라인 왕비[2]의 색판 인쇄 초상화가 한 장 걸려 있고, 조개껍데기 몇 개와 차 쟁반 여러 개, 유리 상자에 든 물고기 박제 두 개, 그리고 이상한 알인지 호박인지 모를 무언가(어느 쪽인지 도저히 알 수 없었습니다. 아마 아는 사람은 그다지 많지 않을 것입니다)가 천장에 매달려 있었습니다. 그 러블 씨가 가게 앞에 서 있는 모습을 가끔 보았으므로 얼굴은 잘 알고 있었습니다. 표정이 유쾌하고 조금 통통한 중년 남자로, 모자를 쓰고 큼지막한 장화를 신지 않으면 집안 난롯가에서 쉬지 못한다고 합니다. 그런데 교회에 갈 때 외에는 웃옷을 입은 적이 없습니다.

그는 양초 심지를 자르고 조금 뒤로 물러나 촛불이 타는 상태를 바라보고는 그대로 뒷걸음질 치며 방 밖으로 나갔습니다. 그 모습은 뜻밖이었습니다. 누가 전언을 부탁했는지 물어보려던 참이었기 때문입니다. 맞은편 객실 문이 열리고 익숙한(익숙하다고 생각했습니다) 목소리가 하던 이야기를 멈추었습니다. 가벼운 발소리가 내가 있는 객실로 다가오더니, 다름 아닌 리처드가 내 앞에 서 있지 않겠습니까!

"에스더! 보고 싶었어요!" 리처드가 진짜 형제라도 되는 것처럼 진심을 담아 다정하게 말했습니다. 나는 너무 놀랍고 기쁜 나머지 처음에는 숨이 멎을 것 같았지만 에이더는 잘 있다고 겨우 말했습니다.

"내가 생각하던 것을 말해주다니⋯⋯당신은 변함없이 세심하군요." 리처드가 말하며 나를 의자에 앉힌 뒤 그도 나란히 앉았습니다.

나는 베일을 걷어 올렸지만 끝까지 올리지는 않았습니다.

"당신은 늘 변함이 없어요!" 리처드가 여전히 명랑하게 말했습니다.

나는 베일을 끝까지 올리고 리처드의 옷소매를 잡고 그의 얼굴을 바라보며 말했습니다. 이토록 친절하게 맞아주셔서 정말 감사해요. 그리고 당신을 만나서 정말 기뻐요. 특히 병을 앓는 중에 어떤 결심을 했기 때문에 더욱 만나서 기뻐요. 나는 이렇게 말하고 내 결심을 그에게 전했습니다.

"당신보다 이야기를 나누고 싶은 사람은 어디에도 없어요. 당신이 내 마음을 알아주었으면 하니까요."

---

2) 1768~1821년. 영국 왕 조지 4세의 왕비.

"리처드." 나는 고개를 저으며 말했습니다. "저도 당신이 다른 분의 마음을 알아주었으면 해요."

"다짜고짜 존 잔다이스 얘기를 꺼내는군요. 당신이 말하는 사람이 그 사람이지요?"

"네, 그래요."

"그럼 나 또한 단도직입적으로 말하자면, 좋습니다. 내 마음을 알아주었으면 한다는 것도 그 문제 때문이니까요. 난 당신이, 바로 당신이 알아주길 바라요! 잔다이스 씨나 다른 아무개 씨 문제는 내 알 바 아닙니다."

리처드가 그런 식으로 말하자 나는 슬퍼졌습니다. 리처드가 내 기분을 눈치 채고 덧붙였습니다.

"자, 자, 지금은 그 얘기는 하지 말아요. 난 당신과 팔짱을 끼고 당신의 별장에 슬쩍 나타나 내 귀여운 사촌을 놀라게 해주고 싶어요. 당신이 아무리 존 잔다이스에게 충성을 맹세했다고 해도 그 정도는 허락해 주겠죠?"

"리처드, 잔다이스 씨 집에서도 따뜻하게 맞아줄 거란 걸 잘 알잖아요. 당신 만 원한다면 그곳은 당신의 집이니까요. 이곳에서도 똑같이 반갑게 맞이할 거고요!"

"과연 세상에서 가장 친절한 작은 아주머니예요!" 리처드가 명랑하게 말했습니다.

나는 그에게 이번 직업은 마음에 드느냐고 물었습니다.

"네, 무척 마음에 들어요! 더 바랄 게 없죠. 지금은 그걸로 충분해요. 재산만 받으면 그런 건 아무래도 상관없으니까요. 그러면 돈을 내고 제대할 수 있고, 또……하지만 지금은 그런 귀찮은 일은 신경 쓰지 말아요."

젊고 잘생기고 어느 모로 보나 플라이트 양과 완전히 정반대인데도, 그의 얼굴을 먹구름처럼 뒤덮은, 무언가를 정신없이 추구하는 그 표정은 무서울 만큼 플라이트 양과 닮아 있었습니다!

"난 지금 휴가를 받아 런던으로 나왔어요." 리처드가 말했습니다.

"어머, 그래요?"

"그래요, 장기휴정기가 시작되기 전에 내……내 소송문제를 훑어보려고요." 리처드는 억지로 소탈한 웃음을 지어 보이며 말했습니다. "옛날부터 끌어온 그 소송사건을 마침내 척척 처리해 나갈 거예요. 이번엔 틀림없어요."

내가 고개를 젓는 것도 이상한 일이 아닙니다!

"당신 말대로 그다지 유쾌한 이야기가 아니죠." 리처드가 말하자 아까와 같은 어두운 그림자가 또다시 얼굴을 스쳤습니다. "오늘밤엔 그런 문제들은 바람에 날려버립시다—휘이! 내가 지금 누구와 함께 있는지 알아요?"

"스킴폴 씨의 목소리가 들린 것 같던데요?"

"맞아요! 그는 누구보다도 내게 도움이 되요. 정말 매력적인 아이에요!"

리처드에게 두 분이 함께 여행한다는 사실을 또 누가 알고 있느냐고 묻자, 그는 아무도 모른다고 대답했습니다. 그가 말하길, 그 귀여운 늙은 아이—스킴폴 씨를 그렇게 불렀습니다—를 찾아갔더니 우리가 이곳에 있다고 가르쳐 주었다고 합니다. 그래서 그 귀여운 늙은 아이에게 리처드가 무슨 일이 있어도 우리를 만나러 갈 생각이라고 말하자 귀여운 늙은 아이가 이내 자신도 함께 가겠다며 따라나섰다고 합니다. 리처드가 말했습니다. "게다가 그는 몸무게의 세 배나 되는 금을 받을 만한 가치가 있어요. 그는 정말 유쾌한 사람이에요. 속세의 때가 전혀 묻지 않았으며 맑고 신선한 마음을 가졌어요!"

스킴폴 씨가 리처드에게 생활비를 내게 하는 것이 속세의 때가 묻지 않은 증거라고는 도저히 생각할 수 없었지만 나는 아무 말도 하지 않았습니다. 스킴폴 씨가 들어왔기 때문입니다. 그가 말했습니다. "아가씨를 만나서 기쁩니다, 지난 여섯 주 동안 아가씨를 위해 동정과 기쁨의 눈물을 번갈아가며 흘렸다니까요. 아가씨의 병세가 많이 나아졌다고 들었을 때보다 기뻤던 적은 없을 거예요. 지금 생각해 보면 이 세상에는 불행과 행복이 뒤섞여 있나 봐요. 우리는 다른 누군가가 병에 걸렸다는 말을 들으면 자신의 건강을 감사하게 여기죠. 그러니까 A 씨가 사팔뜨기가 되면 B 씨는 자기 눈은 정상이라 다행이라고 생각하고, C 씨가 의족을 달고 있으면 D 씨는 피가 통하는 다리에 비단 양말을 신는 만족감이 더욱 커지듯, 세상만사가 다 그런 거지요.

스킴폴 씨가 말을 이었습니다. "서머슨 양, 여기 있는 우리 친구 리처드는 대법관 법정의 어둠 속에서 눈부신 미래에 대한 희망을 이끌어내고 있어요. 참으로 기쁘고 밝은 시구와 같은 일 아닙니까! 옛날에는 쓸쓸한 숲에 사는 목신 판과 요정들이 피리를 불고 춤을 추어 양치기를 기쁘게 했다지요. 오늘날의 양치기인 목가적인 리처드 군은 판사석에서 흘러나오는 판결의 경쾌한 곡조를 타고 행운의 신과 그 시종들을 뛰놀게 함으로써, 그 음침한 법조원 내부를 환하게 밝혀줍니다. 참으로 즐거운 일 아닙니까! 누군가가 못마땅한 얼굴로 내게 말할지도 모르죠. '이런 불법적이고 불공평한 재판제도가 무슨 소용이 있지? 잘도 저런 것을 변호하는군?' 나는 대답합니다. '우거지상을 한 친구, 나는 딱히 그것을 변호하지 않습니다. 단지 유쾌할 뿐이죠. 여기 있는 우리 젊은 양치기가 재판제도를, 이 단순하고 소박한 내가 무척 좋아하는 무엇인가로 바꿔 준답니다. 재판제도가 그 때문에 존재한다고는 말하지 않겠어요—난 당신들처럼 세속적이고 불평만 하는 사람들과는 다른 단순한 어린아이에 지나지 않으니 나에 대해서든 당신들에 대해서든 일일이 논리를 세워가며 설명할 필요는 없으니까요—하지만 어쩌면 그럴지도 몰라요.'"

나는 진심으로 이런 사람과 어울리면 리처드에게 해가 될 뿐이라고 생각했습니다. 지금이야말로 리처드에게 올바른 방침과 목적이 가장 필요한 때인데, 이처럼 매력적이지만 야무지지 못하고 무슨 일이건 방치하기만 하는 사람, 어떠한 방침과 목적도 없는 경망스러운 사람과 함께 있는 것을 보자 그가 걱정스러웠습니다. 세상 물정을 잘 알고 가족 내의 분쟁이며 도저히 해결될 기미가 보이지 않는 골치 아픈 문제로 질리도록 고민해 온 산다이스 씨와 같은 분이, 스킴폴 씨처럼 자신의 약점을 천연덕스럽게 드러내는 사람을 보고 안정감을 느끼는 것을 이해할 수 있을 것 같았습니다. 하지만 나는 스킴폴 씨가 보이는 것만큼 순진하다고 생각할 수 없었습니다. 순진해 보이는 태도를 가장하는 것이, 스킴폴 씨의 나태한 성격상 가장 쉬웠을 것이라는 생각이 들었습니다.

두 사람이 나를 집까지 데려다주었습니다. 스킴폴 씨와는 문 앞에서 헤어지고, 리처드와 함께 집안으로 조용히 들어가 말했습니다. "에이더, 너를 찾아온 남자 손님을 모셔왔어." 깜짝 놀라며 볼을 붉히는 그녀의 얼굴색을 읽어내는 일은 이토록 쉬웠습니다. 에이더는 리처드를 매우 사랑했고, 리처드도 그 사실을 알고 있었습니다. 나도 알고 있었습니다. 사촌끼리 얼굴을 마주했으니 이는 아무도 숨길 필요 없는 공공연한 일입니다.

나는 좋지 않은 의심에 사로잡힌 탓인지, 정말로 리처드가 에이더를 진심으로 사랑하는지 아닌지 의심하게 되었습니다. 그는 확실히 그녀를 존경했고—

그 누구도 에이더를 존경하지 않을 수는 없을 것입니다—어릴 때 맺은 결혼 약속을 다시 한 번 맺기를 자부심을 가지고 열렬히 바랐을 것입니다. 하지만 에이더가 아저씨와 한 약속을 존중할 생각이라는 사실도 리처드는 알고 있었습니다. 게다가 소송이 그에게 미친 영향이 이 문제에까지 번져, 잔다이스 대 잔다이스 소송사건이 마무리될 때까지는 다른 모든 문제와 마찬가지로 이 문제도 진지하고 성실하게 고민할 생각이 없는 것이 아닐까 하는 생각에 나는 무척 괴로웠습니다. 아! 그 해악에 물들지만 않았더라면 리처드가 이렇게 변하지 않았을 텐데!

리처드는 에이더에게, 그녀가 잔다이스 씨와 한 약속을 몰래 깨뜨리게 하려고 온 것이 아니라, 당당하게 에이더와 나를 만나 그와 잔다이스 씨의 관계를 이해받기 위해 왔다고, 평소 솔직한 태도로 말했습니다. 그 귀여운 늙은 아이가 곧 오기로 했으니, 그전에 나와 내일 아침에 만나기로 약속을 정하고, 서로 허심탄회하게 이야기하여 입장을 분명히 알아주길 바란다고 했습니다. 나는 그렇다면 내일 아침 일곱 시에 함께 산책을 나가자고 말했습니다. 이윽고 스킴폴 씨가 왔고, 한 시간쯤 우리와 즐겁게 이야기를 나누었습니다. 그는 특히 코빈세스의 딸(찰리를 말합니다)을 만나고 싶어 했으며, 그녀를 만나 자못 아버지다운 태도로 이렇게 말했습니다. "나는 당신 아버지가 살아계실 때 충분히 활약할 수 있는 환경을 만들어 드렸어요. 당신 남동생들 가운데 누군가가 그와 같은 일을 하려고 서두른다면 이번에도 대활약할 수 있는 여지가 남아 있을 겁니다."

"왜냐하면 난 언제나 그 그물에 걸려 있으니까요." 물에 희석한 포도주를 마시며 스킴폴 씨는 미소 띤 얼굴로 우리를 바라보았습니다. "난 언제나 보증인에게 빚을 지고 대신 갚아달라고 하지요. 언제든 누군가가 날 대신해서 해 줍니다. 난 누군가의 덕분에 나올 수 있죠. 찌르레기와는 다르니 난 나올 수 있습니다. 그 '누군가'가 누구냐고요? 아니, 그건 절대 말할 수 없습니다. 그 '누군가'를 위해, 건배! '누군가'의 건강을 기원하며!"

리처드는 이튿날 아침 조금 늦긴 했지만 오래 기다리게 하지는 않았습니다. 우리는 데들록 장원의 사냥숲으로 들어갔습니다. 하늘은 구름 한 점 없이 화창하고, 숲에는 아침이슬이 잔뜩 맺혀 있었습니다. 새들이 즐겁게 노래하고 고

사리와 풀잎과 나뭇잎에 맺힌 반짝이는 이슬이 무척 아름다웠습니다. 어제에 비해 숲이 스무 배는 울창해진 것 같았습니다. 마치 묵직하고 고요하게 잠든 밤에 자연이 평소보다 꼼꼼하게 이튿날을 맞이할 채비를 하고 풀잎 하나하나까지 아름답게 손질한 것 같았습니다.

"멋진 곳이군요!" 리처드가 주위를 둘러보며 말했습니다. "이곳에서는 소송과 관련된 불쾌한 일로 마음 고생할 필요가 없어요!"

하지만 이곳에는 다른 고뇌가 있습니다.

"좋은 생각이 났어요." 리처드가 말했습니다. "재산 문제가 해결되면 난 이곳에서 휴식을 취하겠어요."

"휴식은 지금 취하는 게 낫지 않을까요?" 내가 물었습니다.

"지금은 휴식을 취하기도 어렵고, 분명하게 행동을 하기도 어려워요. 불가능해요. 적어도 난 그럴 수 없어요."

"왜죠?"

"에스더도 잘 알잖아요. 아직 완성되지 않은 집에 살면서 언제 지붕이 생길지 사라질지 모르고—지붕부터 토대까지 언제 부서질지 완성될지 모르며—그날이 내일일지, 모레일지, 다음 주일지, 다음 달일지, 내년일지 짐작도 할 수 없는데 느긋하게 앉아 휴식이나 취할 수 있겠어요? 나도 마찬가지예요. '지금'이라니, 우리처럼 소송과 관련된 사람들은 '지금'은 생각할 수도 없어요."

어젯밤의 그 검은 그림자가 또다시 그의 얼굴을 스치는 것을 보자, 정신이 이상해진 불쌍한 플라이트 양이 장황하게 말한, 빨아들이는 힘이라는 것을 정말로 믿고 싶은 마음이 들기 시작했습니다. 생각만 해도 끔찍하지만 죽은 그 불쌍한 사람[3]의 얼굴에도 똑같이 어두운 그림자가 드리워져 있었습니다.

"리처드." 내가 말했습니다. "우리의 이야기를 이런 식으로 시작하는 건 좋지 않아요."

"더든 아주머니는 그렇게 말할 줄 알았어요."

"나만 그렇게 생각하는 게 아니에요. 한 가문에 내린 저주에 희망과 기대를 걸면 안 된다고 일찍이 주의를 주신 분은 내가 아니었어요."

---

3) 그리들리 씨를 말한다.

"또 존 잔다이스 얘기군요!" 리처드는 짜증스럽게 말했습니다. "어차피 내 얘기의 주제는 그 사람이니 차라리 지금 당장 이야기하는 게 낫겠어요. 에스더, 모르겠어요? 그 사람도 소송의 이해관계자 가운데 한 사람이에요. 그러니 나한테 소송 관련 일은 알려주지 않고 내 관심을 다른 곳으로 돌리는 게 그에게는 유리할지도 모르죠. 하지만 그게 나한테도 유리할까요?"

"세상에, 리처드!" 나는 말했습니다. "당신은 지금까지 그분을 보고 그분의 말씀을 듣고 한 지붕 아래 살면서 그분을 잘 알고 있을 텐데, 아무리 듣는 사람 없는 외진 곳이라고 해서, 우리밖에 없다고 해서 어떻게 그런 근거 없는 중상모략을 할 수 있죠!"

리처드는 타고난 고귀한 성격이 양심의 가책을 받은 것처럼 얼굴을 붉히며 한동안 아무 말도 하지 않다가 이윽고 나직한 목소리로 말했습니다.

"에스더, 내가 비열한 인간이 아니란 건 알죠? 나도 나 같은 젊은 사람이 남을 의심하는 건 바람직하지 않은 줄 알아요."

"당신의 성격은 잘 알아요. 누구보다도 잘 알아요."

"역시 에스더예요! 그 말을 들으니 나도 안심이에요. 말할 필요도 없지만, 이 소송문제는 아무리 순조롭게 풀린다 해도 역시 찝찝한 문제다 보니 어떻게 해서든 조금이라도 안심하고 싶었어요."

"알겠어요, 리처드. 당신은 천성적으로 그런─뭐라고 했죠?─그런 오해를 할 수 있는 성격이 아니란 걸 스스로도 알겠지만 나 또한 잘 알아요. 그리고 무엇이 당신의 타고난 성격을 그렇게 바꿔버렸는지도요."

"이제 됐어요, 됐어." 리처드가 기운을 조금 되찾으며 말했습니다. "적어도 당신은 날 공평하게 봐주는군요. 내가 소송사건 때문에 불행해지고 성격이 바뀌었다면 그 사람도 마찬가지일 거예요. 소송 때문에 내 마음이 조금 비뚤어졌다면 그 사람 또한 조금은 비뚤어졌을지도 몰라요. 그가 훌륭한 사람이라 이런 가망 없고 성가시기만 한 일에 초연한 점은 인정해요. 틀림없이 그렇다고 생각해요. 하지만 이 소송사건은 모든 사람을 중독시켜요. 그건 에스더도 알 거예요. 그 사람도 몇 번이나 그렇게 말한 걸 들었잖아요. 그렇다면 왜 그 사람만 중독되지 않죠?"

"그건 그분이 범상치 않는 인격자시고, 사건의 소용돌이에 휘말리지 않겠다고 단호하게 결심하셨기 때문이에요."

"그래요, 내가 졌어요, 졌어." 리처드는 익살스레 말했습니다. "난 잘 모르겠지만 어쩌면 그렇게 겉으로는 무관심한 척하는 게 가장 현명할지도 모르죠. 그런 태도를 보면 이해가 얽힌 다른 사람들은 자신의 이해관계에 흥이 식을지도 몰라요. 그래서 사람들이 죽은 뒤에도 불쾌한 기억이 남지 않고, 풍파를 일으키지 않고도 자기한테 유리한 일이 잔뜩 일어날지도 모르잖아요."

나는 리처드가 너무도 불쌍해서 이 이상 그를 나무라기는커녕 그런 표정을 지을 마음조차 생기지 않았습니다. 그가 잘못해도 조금도 화내지 않고 다정한 마음으로 감싸주시는 잔다이스 씨가 생각났습니다.

"에스더." 리처드가 다시 입을 열었습니다. "설마 내가 존 잔다이스의 험담을 하러 왔다고는 생각지 않겠죠? 난 내 입장을 알아줬으면 해서 왔어요. 즉 내가 하고 싶은 말은, 내가 어려서 이 소송에 대해 아무것도 모를 때는 우리 사이도 아무 문제가 없었지만 내가 사건에 관심을 가지고 주의를 기울이게 되자 사정이 완전히 달라졌단 거예요. 그러자 존 잔다이스는 에이더와 내가 혼약을 파기해야 하며, 내가 발칙한 행동을 고치지 않는 한 에이더와 결혼할 자격이 없다고 했어요. 난 절대 그 발칙한 행동을 고칠 생각이 없어요, 에스더. 존 잔다이스는 이런 불공평한 교환 조건을 들이밀 권리는 없으며 나 또한 그의 환심을 살 생각은 조금도 없어요. 그의 마음에 들건 말건 난 내 권리와 에이더의 권리를 주장해야 해요. 이게 내가 그동안 깊이 고심해서 다다른 결론이에요."

불쌍한 리처드! 확실히 깊이 고심한 흔적이 보였습니다. 그의 표정과 목소리와 태도를 보면 뚜렷이 알 수 있었습니다.

"그래서 그에게 당당히 말했어요(이 문제로 그에게 편지를 썼거든요). 우리는 서로 의견이 맞지 않으니, 맞지 않는다고 뒤에서 투덜거리지 말고 공공연히 드러내는 게 좋습니다. 당신의 호의와 나를 지켜주시려는 마음은 감사하지만 당신은 당신의 길을, 나는 내 길을 걷고 있습니다. 분명히 말해, 우리는 같은 곳을 향하고 있지 않습니다. 한 유언장에 따르면 내가 당신보다도 더 많은 재산을 상속받을 수 있습니다. 그것이 완전히 정당하다고 아직 확인되진 않았지만 그런 유언장도 있으니 앞일은 알 수 없는 겁니다, 하고 말이죠."

"리처드, 당신이 말하지 않아도 편지에 대한 것은 이미 알고 있어요. 나에게 그 편지 이야기를 해주신 분은 화를 내거나 하지 않으셨어요."

"아, 그래요?" 리처드의 마음이 누그러졌습니다. "아까 내가 그는 훌륭한 사람이라 이런 불쾌한 일에 초연하다고 말하긴 했지만, 정말로 그렇군요. 제대로 말해서 다행이에요. 난 늘 그렇게 말했고, 지금까지도 그렇게 믿어 왔어요. 에스더, 당신한테는 내 생각이 불쾌할 테고, 당신이 우리가 나눈 이야기를 에이더에게 전해주면 틀림없이 에이더도 그렇게 생각하겠죠. 하지만 당신들이 나처럼 이 사건에 고개를 들이밀고 켄지 법률사무소에서 서류와 씨름하며 조사하거나 그와 관계된 산더미 같은 소송과 맞소송, 혐의와 무혐의를 알게 된다면, 내가 그렇게 심한 것은 아니라고 생각할 거예요."

"그렇겠죠. 하지만 리처드, 그 산더미 같은 서류 속에 수많은 진실과 정의가 묻혀 있을 거라고 생각해요?"

"어딘가에는 진실과 정의가 있을 거예요."

"그렇다기보다는 옛날엔 있었다고 해야겠죠." 내가 말했습니다.

"아니, 지금도 있어요—맞아요—반드시 있을 거예요." 리처드가 거칠게 말했습니다. "무슨 일이 있어도 그 정의와 진실을 파내야 해요. 에이더를 뇌물이나 입막음용으로 이용한들 정의는 파낼 수 없어요. 소송 때문에 내가 변했다고 했죠? 존 잔다이스도 사건과 이해관계가 얽힌 사람들은 옛날이나 지금이나 앞으로도 모두 사람이 달라진다고 말했어요. 그렇다면 더더욱 내가 지금 하고 있는 게 옳아요. 난 단호하게 이 사건을 마무리 지으려고 최선을 다하고 있으니까요."

"최선을 다한다고요? 이제까지 여러 해 동안 다른 사람들은 최선을 다하지 않았단 건가요? 이제까지 그토록 많은 사람이 실패한 덕분에 그만큼 일이 쉬워졌단 건가요?"

"영원히 계속될 리는 없잖아요." 리처드가 화를 벌컥 내는 모습을 보자 다른 불쌍한 사람들이 떠올라 슬퍼졌습니다. "난 아직 젊고 아주 진지해요. 힘과 근성으로 기적을 일궈낸 사례는 얼마든지 있잖아요. 다른 사람들은 어중간하게 힘을 쏟아서 그래요. 난 온 힘을 다 쏟으며 내 평생의 업이라고 여기고 있어요."

"아, 리처드, 그래서 더 안 된다는 거예요. 그래서 더 걱정이라고요!"

"그렇지 않아요, 괜찮아요, 걱정하지 말아요." 리처드는 다정하게 말했습니다.

"당신은 정말로 다정하고 친절하고 현명하고 착하고 좋은 사람이에요. 하지만 편견에 사로잡혀 있어요. 그래서 또 존 잔다이스 얘기를 하게 되는데, 에스더, 잘 들어요, 그와 내가, 그가 원하는 대로 지내던 때의 우리 관계는 부자연스러웠어요."

"그럼 각자의 길을 걸으며 반감을 갖는 것이 자연스러운 관계인가요?"

"아니, 그건 아니에요. 내 말은, 이 사건과 자연스러운 관계는 공존할 수 없기 때문에 일단 소송에 휘말리고 나면 부자연스러운 관계가 될 수밖에 없단 거예요. 그것이 서둘러 이 사건을 해결해야 하는 또 다른 이유죠! 해결되고 나면, 존 잔다이스를 오해했다고 깨달을지도 모르죠. 소송에서 벗어나 내 머릿속이 맑아지면 당신이 오늘 한 말에 찬성할지도 몰라요. 좋아요. 그렇게 된다면 난 순순히 그 사실을 인정하고 그에게 배상을 하겠어요."

리처드는 하나같이 불투명하기만 한 미래의 해결책을 기대하고 있는 것입니다! 그전에는 모든 것을 어중간한 혼돈 상태로 놔두려는 것입니다!

"당신한텐 내 속마음을 솔직히 얘기했어요." 리처드가 말했습니다. "딱히 존 잔다이스를 헐뜯거나 변덕스러운 치기를 부리는 것이 아니고, 내가 이러는 데는 분명한 목표와 이유가 있다는 걸 에이더가 알아주면 좋겠어요. 에이더는 존 아저씨를 무척 존경하니까 당신을 통해 나라는 사람을 봐주면 좋겠어요. 당신은 내 행동을 찬성하진 않아도 너그럽게 봐줄 테니까요. 그러니까……." 리처드는 조금 머뭇거렸습니다. "나는……다시 말해, 에이더는 남의 말을 잘 믿는 성격이라, 그녀에게 나의 이 소송을 좋아하고 툭하면 싸우려 들고 의심 많은 성격을 보이고 싶지 않아요."

"이 마지막 말은 오늘 아침에 당신이 한 어떤 말보다 가장 당신답고 솔직함이 느껴져요." 내가 말했습니다.

"그럴지도 몰라요." 리처드도 인정했습니다. "내가 봐도 그런 것 같아요. 하지만 나도 머지않아 스스로를 공정하게 보는 눈을 갖게 될 거예요. 그러면 난 본디대로 돌아올 테니 걱정 말아요."

"에이더에게 전하고 싶은 말은 이뿐인가요?" 내가 물었습니다.

"더 있어요. 존 잔다이스가 보낸 답장의 내용도 알려줘야 해요. 언제나와 다름없는 말투로 날 '친애하는 릭'이라고 불렀어요. 어떻게든 나를 설득해서 마음을 돌리게 하려고 자기는 여전히 대수롭게 여기지 않는다고 썼어요(물론 그럴지도 몰라요. 하지만 그렇다고 해서 사건의 추이가 달라지는 건 아니에요). 그리고 이 말도 에이더에게 전해줘요. 요즘 에이더와 자주 만나지 못하는 건 나쁜 아니라 에이더의 이해 문제에 대해서도 연구하고 있기 때문이니—우리 두 사람은 말 그대로 운명을 함께하고 있으니까요—만일 내가 경박하다는 등의 소문을 듣더라도 믿지 말라고요. 오히려 난 언제나 재판 문제가 해결되길 바라며 대책을 고심한다고 말이에요. 난 이제 성년이고, 이렇게 행동하기로 결정한 이상 존 잔다이스에게 얽매일 필요는 없다고 생각하지만, 에이더는 아직 법정후견인이 필요한 몸이니 난 아직은 그녀에게 결혼해 달라고 하지 않을 거예요. 그녀가 독립할 수 있게 되면 나 또한 다시 원래대로 돌아가고, 둘이서 지금과 달리 행복하게 살 수 있을 거예요. 이런 내용을 당신의 그 따뜻한 말솜씨로 에이더에게 전해 주면 정말 고맙겠어요. 더 힘을 내서 잔다이스 대 잔다이스 소송 문제를 처리할 거예요. 물론 내가 말한 내용을 황폐한 집에 비밀로 해달라고는 하지 않을 거예요."

"리처드, 나에게 말해줘서 고마워요. 하지만 내가 충고해도 들어주지 않을 거죠?"

"이 문제와 관련된 것이라면 좀 어렵겠어요. 하지만 다른 일이라면 기꺼이 들을게요."

다른 일에 관심이 있는 사람으로는 도저히 보이지 않건만! 그의 모든 삶과 성격이 한 가지 색으로 물들어 버렸건만!

"리처드, 그래도 질문 정도는 해도 되겠죠?"

"그럼요." 리처드는 웃으며 대답했습니다. "당신한테 안 된다고 하면 누구한테 된다고 할 수 있겠어요?"

"당신은 스스로도 안정된 생활을 할 수 없다고 말했었죠."

"안정적인 게 하나도 없는데 어떻게 안정된 생활을 할 수 있겠어요?"

"여전히 빚을 지고 있나요?"

"당연하죠." 리처드는 내가 단도직입적으로 묻자 깜짝 놀랐습니다.

"빚을 지는 게 당연한 일인가요?"

"그럼요. 한 가지 목표에 몰두하면 비용이 드는 게 당연하잖아요. 당신이 깜빡 잊었는지, 아니면 잘 모르는지 몰라도 어느 유언장을 따르든 나와 에이더는 얼마의 돈을 받을 수 있어요. 액수가 많고 적고의 차이밖에 없죠. 어쨌든 나는 최소한 적게 어림잡고 있어요." 리처드는 내 물음을 매우 재미있어하며 말했습니다. "난 괜찮아질 거예요! 어려운 상황을 헤쳐 나가기 위해 열심히 노력할 테니까요!"

나는 그가 처한 위험을 뼈저리게 느꼈으므로, 에이더를 위해, 잔다이스 씨를 위해, 나를 위해 생각나는 모든 방법을 다하여 그가 단념할 수 있도록 그의 실수를 일깨워주려 했습니다. 그는 내 말 한 마디 한 마디를 인내심을 가지고 다정하게 들어주었지만 결국 아무 효과도 없이 튕겨낼 뿐이었습니다. 어쩔 수 없다고 생각했습니다. 처음부터 그는 편견을 가지고 잔다이스 씨의 편지를 삐딱하게 받아들인 뒤였으니까요. 나는 에이더에게 설득을 부탁하기로 결심했습니다.

마을로 돌아온 나는 아침을 먹기 위해 집으로 돌아와서 먼저 에이더에게 리처드와의 대화 내용을 말해주고, 그가 신세를 망치고 일생을 망칠지도 모르는 이유를 정확하게 설명해주었습니다. 당연히 에이더는 슬퍼했습니다. 하지만 에이더는 나보다도 그의 잘못을 바로잡을 자신이 있었으므로—그녀의 애정을 생각하면 당연하지만—곧바로 그에게 편지를 썼습니다.

친애하는 사촌 리처드에게

오늘 아침에 한 이야기는 에스더에게 전부 들었어요. 내가 이 편지를 쓰는 까닭은, 에스더가 당신에게 한 말을 한 번 더 그대로 되풀이해주고 싶기 때문이에요. 언젠가는 당신도 우리의 존 아저씨가 충실하고 성실하며 선의의 귀감이라는 사실을 알고, 아저씨를 오해한(그럴 생각은 없었겠지만) 일을 깊이 반성할 거예요.

내가 지금부터 말하고자 하는 내용을 어떻게 글로 옮겨야 좋을지 모르겠지만, 당신은 내 의도를 잘 이해해주시리라 믿어요. 당신이 스스로를 그토록 불행하게 만드는 까닭은—당신 스스로를 불행하게 만드는 건 나까지 불행하게 만드는 거예요—무엇보다 날 위해서 그러는 것이라고 생각하는데, 정말로 그렇다면, 당신이 나를 생각하여 그런 것이라면 부디 그 일을 멈춰 주기를 간절히 바랍니다. 내 행복을 위해서라면 우리가 태어날 때부터 짊어지고 있는 그림자에 등을 돌리는 게 나로서는 가장 기쁜 일이에요. 내가 이런 말을 한다고 화내진 말아줘요. 리처드, 부디 나와 당신을 위해, 우리가 이토록 어린 나이에 고아가 된 원인을 제공한 그 불행을 미워하는 마음은 당연히 있을 줄 알지만, 제발, 제발 부탁이니 소송 따위는 영원히 잊어주세요. 그런 일에는 아무런 이익도 희망도 없고 오직 슬픔이 있을 뿐이란 걸 충분히 알 거라고 믿어요.

친애하는 리처드, 말할 필요도 없지만 당신은 완전한 자유의 몸이니 머지않아 한순간의 변덕이 아니라 진정으로 깊이 사랑하는 누군가가 나타날지도 몰라요. 그때 당신이 선택한 사람은, 몇 년씩이나 오래도록 희망과 걱정에 시달려온 삶을 보상받고 당신과 함께 부자가 되기를 바라거나 정말로 부자가 되기(그런 일은 생기지 않겠지만)보다는, 오히려 아무리 가난하고 조촐해도 스스로 선택한 길을 걷고 자신의 의무를 다하며 행복을 찾은 당신과 언제까지나 함께하고 싶다고 생각할 거예요. 세상 물정도 잘 모르면서 자신만만하게 이야기하는 나를 보고 놀랄지도 모르겠지만, 난 진심으로 그렇다고 믿어요.

당신을 향한 애정으로 가득한<br>에이더가

이 편지를 받고 리처드가 곧바로 우리를 찾아왔습니다. 하지만 그의 마음은 조금도 달라지지 않았습니다. 그는 말했습니다. "어느 쪽이 옳고 어느 쪽이 그른지는 곧 알게 될 거예요!" 그는 에이더의 상냥한 마음씨가 기뻐서인지 몸에서 힘이 마구 솟아났습니다. 하지만 나는 그가 그 편지를 다시 한 번 잘 읽어보고 다른 감동을 느끼기를 바라며 한숨을 쉬었습니다.

그날은 두 사람이 우리 집에 머물고 이튿날 아침 마차로 돌아갈 준비가 다되어 있었으므로, 나는 기회를 엿보아 스킴폴 씨에게 한 마디 해야겠다고 생각했습니다. 우리는 종종 집 밖에서 지냈으므로, 그 기회는 곧바로 찾아왔습니다. 나는 실례가 되지 않도록 에둘러서, 리처드를 부추기려면 책임을 져야 한다고 말했습니다.

"서머슨 양, 책임을 져야 한다고요?" 그는 더없이 환하게 웃으며 덧붙였습니다. "난 책임 따위 질 수 없는 사람이에요. 태어나서 지금까지 책임이란 걸 져본 적이 없는 걸요. 그건 불가능해요.”

“하지만 누구든 책임은 져야 해요.” 나는 주뼛거리며 대답했습니다. 스킴폴 씨는 나보다 훨씬 나이도 많고 현명한 사람이니까요.

“아니, 그렇진 않아요.” 그는 내 말을 듣고 매우 유쾌해하며 장난스럽게 놀라는 시늉을 했습니다. “모든 사람이 빚을 갚아야 하는 건 아니잖아요? 난 갚지 않아요. 빚을 갚은 적은 한 번도 없어요. 서머슨 양, 이걸 보세요.” 스킴폴 씨는 호주머니에서 동전을 한 줌 꺼냈습니다. “돈이 이만큼 있어요. 얼마나 되는지는 나도 몰라요. 난 계산을 할 줄 모르거든요. 4실링 9펜스여도 상관없고 4파운드 9실링이어도 상관없어요. 내 빚은 더 많대요. 그럴지도 몰라요. 난 맘씨 좋은 분들이 빌려주는 만큼 빚을 지겠죠. 상대가 계속 빌려준다면 나 역시 계속 빌리지 않을 이유가 없잖아요? 이것이 바로 해럴드 스킴폴이 살아가는 방법이에요. 이것이 책임을 지는 것이라면 난 책임을 지고 있는 거죠.”

그렇게 말하며 매우 자연스러운 태도로 돈을 다시 주머니에 집어넣고 우아한 얼굴로 웃으며, 마치 다른 누군가의 이상한 점에 대해 이야기하는 것처럼 나를 보았으므로, 나도 하마터면 그는 관계없다고 생각할 뻔했습니다.

“책임에 대해 말하니 생각났어요.” 스킴폴 씨가 다시 말했습니다. “나는 당신처럼 순순히 책임을 지는 사람을 이세까지 본 적이 없어요. 내가 볼 때 당신은 정말로 책임감의 표본이에요. 서머슨 양을 중심으로 한 질서를 완전히 확립하기 위해 당신이 열심히 애쓰는 모습을 볼 때마다 나는 곧잘 이렇게 말하고 싶어집니다—아니, 정말로 혼잣말을 할 때가 종종 있어요—저것이 바로 책임감이다!”

이런 말을 듣자 나는 하고자 한 말을 설명하기가 거북했지만 어떻게든 힘을 내서, 제발 리처드가 지금 품고 있는 낙천적인 생각을 부추기지 말고 말려 달라고 부탁했습니다.

“기꺼이 그러지요.” 그는 대답했습니다. “내가 할 수만 있다면 기꺼이 하겠어요. 하지만 서머슨 양, 난 사실을 숨기거나 술수를 부리지 못하는 사람이에요. 리처드가 내 손을 잡고 내 앞에 서서 행운의 여신을 뒤쫓아 웨스트민스터 홀 법정으로 신명 나게 달려간다면 나도 따라갈 수밖에 없어요. 그가 나에게 ‘스킴폴, 같이 춤춰요!’라고 말하면 나는 같이 춤출 수밖에 없어요. 상식적으로 생각하면 틀림없이 이상하겠지요. 하지만 나한텐 상식이 전혀 없답니다."

"리처드가 불행해질 거예요." 내가 말했습니다.

"그렇게 생각해요? 그럴 리가요, 말도 안 돼요! 리처드가 그 상식이라는 녀석과 친해진다고요?—그 녀석은 훌륭한 영감이에요—주름이 자글자글하고—매우 실제적이고—주머니란 주머니에는 지폐 십 파운드 상당의 동전을 넣고 다니고—손에는 장부를 들고—즉 대략적으로 말하면 세무서 직원 같아요. 낙천적이고 열심이고, 장애물에도 끄떡 않고, 젊은 봉오리처럼 시(詩)로 충만한 우리 친구 리처드가 아주 성실한 그 친구에게 말합니다. '미래가 황금색으로 보여. 밝고 아름답고 유쾌해. 봐, 난 산과 들을 지나 저곳으로 갈 거야!' 그러면 그 성실한 친구는 장부로 그를 후려치며 말 그대로 산문적인 투로 말합니다. '어디에 그런 게 있다는 거야, 눈에 보이는 거라곤 수수료와 사기와 말갈기로 만든 가발과 시커먼 가운뿐이야.' 봐요, 이러면 너무 비참하잖아요. 물론 더할 나위 없이 상식적이긴 하지만 조금도 유쾌하지 않아요. 난 싫습니다. 난 장부 따윈 가지고 있지도 않고 세무서 직원 같은 구석이라곤 눈곱만큼도 없어요. 난 조금도 성실하지 않고, 그리고 싶지도 않아요. 당신이 보기엔 이상할지 몰라도 난 그래요!"

더는 말해도 소용이 없었습니다. 나는 조금 앞서 걸어가는 에이더와 리처드와 함께 걷자고 스킴폴 씨에게 말하고, 그에 대해서는 완전히 포기했습니다. 그는 그날 오전에 데들록 저택으로 가서 홀에 걸려 있는 조상들의 초상화를 보고 왔는데, 산책하면서 재미있게 설명해 주었습니다. 역대 데들록 부인 가운데에는 양치기와 똑같이 생긴 부인들이 있는데, 평화로운 목양 지팡이도 그 사람들이 들면 위험한 공격용 무기가 되고, 옷깃에 딱딱하게 풀을 먹이고 가발에 분을 뿌리고 반창고를 붙인 요란한 차림새로 양 떼를 돌보며 서민들을 두려움에 떨게 하는 모습이 마치 한 토착민 추장이 몸에 물감을 바르고 전투에 나서는 모습 같았다고 합니다. 또한 데들록 경의 초상화 가운데에는 타고 있는 말의 뒷다리 사이에 전쟁, 폭발하는 지뢰, 뭉게뭉게 피어오르는 연기, 번쩍이는 번개, 불타오르는 도시, 폭풍우 몰아치는 요새 등이 그려져 있는데, 그것으로 보아 데들록 가는 이런 시시한 광란과 노호는 조금도 문제 삼지 않는 것 같다고 말했습니다. 요컨대 스킴폴 씨의 설명에 따르면, 그 가족들은 모두 박제인

형이었던 듯합니다. 유리로 된 눈동자를 하고 다양한 가지나 홰 위에서 실물과 똑같이 그럴듯한 자세를 잡고 있지만 생기가 전혀 없고 늘 유리 상자 안에 갇혀 일렬로 늘어서 있다는 것입니다.

데들록이라는 이름이 입에 오르는 동안 나는 불안해서 견딜 수가 없었으므로, 리처드가 큰 소리를 내며 아까부터 이쪽으로 천천히 걸어오고 있던 어떤 모르는 사람을 맞으러 달려갔을 때에는 솔직히 안도의 한숨을 쉬었습니다.

"이게 누군가! 볼스 아닌가!" 스킴폴 씨가 말했습니다.

"리처드의 친구인가요?" 우리가 물었습니다.

"친구이자 고문변호사지요." 스킴폴 씨가 대답했습니다. "자, 서머슨 양, 상식과 책임과 성실로 똘똘 뭉친 사람을 보고 싶으면—모범적인 인물을 보고 싶다면—볼스를 보십시오!"

"리처드가 그런 이름을 가진 사람에게 고문을 부탁한 줄은 몰랐어요." 우리가 말했습니다.

"리처드가 성년이 되었을 때 우리 수다쟁이 친구 켄지와 결별하고 볼스와 손을 잡았다고 생각해요. 사실 나는 그 내막을 알고 있어요. 리처드를 볼스에게 소개해 준 사람이 바로 나거든요."

"오래 아시던 사이인가요?" 에이더가 물었습니다.

"볼스요? 난 그와 같은 직업을 가진 사람들을 몇몇 알고 있는데 볼스도 그 정도로 아는 사이예요. 그가 나에게 어떤 유쾌하고 친절한 일을 해 주었지요—수속을 밟는다고 하죠, 아마—그 결과 그가 나를 취하는 수속을 밟게 된 거죠. 누군가가 친절하게도 찾아와서 돈을 주었지요—금액은 얼마 하고 4펜스였습니다. 몇 파운드 몇 실링이었는지는 잊어버렸지만 마지막 자릿수는 4펜스였어요. 내가 누군가에게 4펜스를 빌리다니 이상하다고 생각한 기억이 있거든요—그리고 내가 두 사람을 소개해준 겁니다. 볼스가 소개해 달라고 부탁하기에 해 줬지요." 스킴폴 씨는 무엇인가가 생각난 것처럼 평소의 솔직하기 그지없는 미소를 지으며 우리를 보았습니다. "지금 생각해 보니 볼스가 내게 뇌물을 썼는지도 모르겠군요. 내게 무언가를 주며 수수료라고 했어요. 5파운드짜리 지폐였던가? 맞아요, 틀림없이 5파운드짜리 지폐였던 것 같아요!"

스킴폴 씨는 계속 생각하고 싶었던 모양이지만, 그때 리처드가 흥분하며 돌아와 서둘러 볼스 변호사를 소개했습니다. 그는 안색이 창백하고 무척 차가워 보이는 입술을 꾹 다물고 있었으며, 얼굴 곳곳에 붉은 뾰루지가 솟아 있고, 마르고 키가 크며 나이는 쉰 정도에 어깨가 높고 등이 굽어 있었습니다. 검은 장갑을 끼고 검은 상의 단추를 옷깃까지 채웠으며, 특히 인상적인 점은, 생기라고는 전혀 없는 태도와 리처드를 물끄러미 바라보는 눈빛이었습니다.

"아가씨들을 방해한 게 아니면 좋겠군요." 볼스 변호사가 말했습니다. 이때 깨달은 또 한 가지 인상적인 점은, 입안에서 우물거리는 듯한 말투였습니다. "저는 카스톤 씨와의 약속에 따라, 그의 소송장이 대법관에게 넘어갔을 때에는 반드시 그 사실을 알리기로 되어 있습니다. 그런데 어젯밤 우편 발송이 마감된 이후에 내 서기 하나가 느닷없이 소송장이 내일 상정될 예정이라고 하기에 오늘 아침 일찍 마차를 타고 상의하기 위해 달려온 겁니다."

"바로 그래!" 리처드는 우쭐거리며 상기된 얼굴로 에이더와 나를 보았습니다. "우리는 옛날처럼 느릿느릿 일을 처리하지 않아. 지금은 제꺽제꺽 처리하고 있지! 볼스 씨, 어떻게든 마차를 구해서 우편마차가 출발하는 마을까지 가야 해요. 그리고 오늘밤 급행 우편마차로 런던으로 돌아가야 해요!"

"원하시는 대로 하겠습니다." 볼스 변호사가 대답했습니다. "언제든 말씀만 하십시오."

리처드는 시계를 보며 말했습니다. "어디 보자, 서둘러 숙소로 돌아가 짐을 꾸리고 이륜마차든 뭐든 손에 잡히는 대로 마차를 빌리면 출발하기까지 한 시간쯤 여유가 있겠군. 에이더, 차를 마시러 돌아올 테니 내가 없는 동안 에스터와 함께 볼스 씨의 말상대를 좀 해줘."

리처드는 흥분하여 서둘러 가버렸고 머지않아 그 모습은 땅거미 속으로 사라졌습니다. 남겨진 우리는 집으로 향했습니다.

"내일은 카스톤 씨가 꼭 법정에 출두해야 하나요?" 내가 물었습니다. "그러면 뭔가 도움이 되나요?"

"아닙니다, 아가씨. 그런다고 도움이 되지는 않을 겁니다." 변호사가 대답했습니다.

에이더와 나는 "그렇다면 단지 실망을 얻으러 나가는 셈이잖아요."라고 안타까워하며 말했습니다.

"카스톤 씨가 소송 과정을 눈으로 직접 확인하고 싶다고 강력히 주장하셨습니다." 변호사는 말했습니다. "의뢰인이 스스로 강력히 주장하고 그 주장이 그릇되지 않는 한, 제게는 의뢰인의 요구를 따를 의무가 있습니다. 저는 업무만큼은 정확하고 공식적으로 추진하고 싶습니다. 전 아내를 여의고 딸만 셋이 있는데—엠마, 제인, 캐롤라인—제 바람은 살아 있는 동안 의무를 충실히 수행하여 죽은 뒤 딸들에게 좋은 이름을 남겨주는 것뿐입니다. 그런데 이곳은 정말 아름다운 곳이군요, 아가씨."

내가 변호사의 바로 옆에서 나란히 걷고 있었으므로 그 말은 나에게 한 말이라고 생각했습니다. 나는 그의 말에 동의하며 이런저런 매력적인 풍경을 이야기해주었습니다.

"그렇군요." 볼스 변호사가 말했습니다. "전 연로하신 아버지를 톤턴 협곡—아버지의 고향입니다—에서 모시고 있습니다. 그곳도 무척 아름답지만, 이곳이 이토록 빼어날 줄은 생각도 못했습니다."

말허리를 끊지 않기 위해 나는 볼스 씨에게 시골에서 살고 싶으시냐고 물었습니다.

"그렇습니다. 정말 좋은 물음입니다. 저는 건강이 좋지 않아(소화불량이 심각하지요) 제 생각만 해도 된다면 시골로 놀아가고 싶습니다. 특히 업무 관계상 일반 사람들, 특히 부인들과 어울리는 일이(실은 무척 좋아하지만) 쉽지 않거든요. 하지만 세 딸인 엠마, 제인, 캐롤라인과 연로하신 아버지를 책임져야 하니 하고 싶은 대로 하는 사치를 누릴 여유가 없습니다. 할머니가 102세의 연세로 돌아가셔서 이제는 모시지 않아도 되지만 아직은 생활을 꾸려나갈 의무가 상당히 남아 있지요."

우물거리는 말투와 생기 없는 태도 때문에 변호사의 말을 들으려면 열심히 귀를 기울여야 했습니다.

"딸들 얘기만 해서 죄송하지만 전 그 애들과 관련된 일이라면 눈에 보이는 게 없어요. 저는 불쌍한 딸들에게 명성뿐 아니라 몇 푼이라도 좋으니 재산을 남겨주고 싶습니다."

우리가 보이손 씨의 집으로 돌아오자 마침 차를 마실 준비가 다 되어 있었습니다. 곧이어 리처드가 조급하게 허둥거리며 들어와 볼스 변호사의 의자 위로 몸을 기울이고 귓가에 몇 마디 속삭였습니다. 변호사는 큰 소리로—크다기 보다는 지금까지 낸 적이 없는 목소리로—대답했습니다.

"저를 마차에 태워주시겠다고요? 저야 아무래도 상관없습니다만. 원하시는 대로 하겠습니다."

그 뒤의 이야기에 따르면, 스킴폴 씨는 이튿날 아침까지 남아 이미 삯을 치른 두 사람분의 마차 좌석을 차지하고 돌아갔다고 합니다. 에이더와 나는 리처드가 걱정되어 이런 식으로 그와 헤어지게 되자 기분이 무척 우울했으므로, 되도록 정중하게 스킴폴 씨에게 데들록 암스로 돌아가 달라고 부탁하고 밤길을 떠나는 손님을 배웅한 뒤 곧바로 잠을 청하기로 했습니다.

리처드의 활기는 아무도 꺾지 못할 정도였습니다. 우리가 이륜마차를 대기시켜 놓은 마을 위의 언덕 꼭대기까지 함께 배웅하러 가자 마차를 끄는 앙상하고 푸르스름한 말[4] 앞에 휴대용 석유등을 든 한 남자가 서 있었습니다.

석유등 불빛을 받으며 두 사람이 나란히 앉아 있는 모습은 평생 잊을 수가 없습니다. 고삐를 쥔 리처드는 무척 흥분하여 기운이 넘치고 웃음이 입가에서 떠나지 않았습니다. 검은 장갑을 끼고 옷깃까지 단추를 채운 볼스 변호사는 가만히 앉은 채 마치 자신의 사냥감에 주문을 거는 눈빛으로 리처드를 보고 있었습니다. 그 뜨뜻미지근하고 어두운 밤 풍경이 지금도 눈앞에 선명히 떠오릅니다. 여름날의 번개, 산울타리와 키 큰 나무 사이에 긴 먼지 날리는 좁은 길, 귀를 쫑긋 세운 앙상하고 푸르스름한 말에 이끌려 잔다이스 대 잔다이스 소송을 위해 바람처럼 달리는 마차.

그날 밤 다정한 에이더가 나에게 말했습니다. "앞으로 리처드가 부자가 되든 파산하든, 친구들에게 둘러싸이든 버림받든 결국에는 변함없는 진심을 가진 사람의 사랑을 필요로 한다면, 그 변함없는 진심을 가진 사람은 그를 더욱더 사랑해줘야 해. 지금 그릇된 길에서 방황하면서도 리처드는 나를 생각해주는 걸. 그러니까 나도 언제나 그를 생각해줄 거야. 그에게 몸과 마음을 모두 바칠 수만 있다면 난 어떻게 되든 상관없어. 그의 행복에 도움이 된다면 내 행복 따

4) 〈요한계시록〉 6장 8절. "내가 보매 청황색 말이 나오는데 그 탄 자의 이름은 사망이니 음부가 그 뒤를 따르더라 그들이 땅 사분의 일의 권세를 얻어 검과 흉년과 사망과 땅의 짐승들로써 죽이더라."

원 아무래도 좋아."

　그리고 에이더는 이 맹세를 끝까지 지켰습니다!

　눈앞에 뻗어 있는 길을 바라보자 머지않아 여로의 끝이 점차 분명히 보이기 시작합니다. 대법관부 소송의 죽음의 바다와 그 기슭에 켜켜이 쌓인 죽음의 과일[5] 꼭대기에 내 귀여운 에이더의 선량하고 충실한 모습이 보이는 것 같습니다.

---

5) '사해의 과일' 또는 '소돔의 사과'라는 말이 있다. 사해 주변에는 매우 맛있어 보이는 과일이 열리지만 정작 입에 넣어 보면 골회(骨灰) 같은 맛이 난다고 한다. 실망과 죽음이 연상된다.

# 제38장 고투

우리는 예정한 날에 딱 맞춰 황폐한 집으로 돌아왔으므로 열렬한 환영을 받았습니다. 나는 건강을 완전히 되찾았습니다. 내 방에는 가사용 열쇠꾸러미가 기다리고 있다가 마치 새해를 알리는 종소리처럼 떠들썩하고 즐거운 소리를 내며 나를 맞이해주었습니다. "에스더, 다시 일을, 일을 시작해야지." 나는 스스로에게 말했습니다. "일을 하는 것이 기쁘지 않다면, 어떤 일도 만족스럽지 않고 기운이 나지 않는다면, 그렇게 되도록 노력해야 해. 내가 해줄 말은 그것뿐이야!"

집에 도착한 처음 며칠 동안은 너무 바빠서, 가계부를 확인하고 '분노의 방'과 다른 방들을 몇 번이나 왔다 갔다 하며 서랍장과 찬장을 다시 정리하는 등 이런저런 일들에 쫓기다 보니 한시도 쉴 틈이 없었습니다. 정리가 끝나고 모든 일이 말끔히 마무리되자 런던으로 누구를 만나러 갔습니다. 체스니 월드에서 태워버린 편지에 적혀 있던 어떤 일과 관련된 한 가지 일을 반드시 처리해야 한다고 결심했기 때문입니다.

캐디 젤리비—그녀가 결혼하기 전의 이름이 너무 익숙해져서 여전히 그렇게 불렀습니다—를 이번 방문의 구실로 삼았습니다. 미리 편지를 써서 작은 볼일이 있으니 함께 있어 달라고 말해 두었습니다. 아침 일찍 집에서 떠나 런던까지 마차로 왔으므로 뉴맨 거리에 닿았을 때는 아직 이른 오전이었습니다.

캐디와는 그 결혼식 이래 처음 만났으므로 그녀는 무척 기뻐하며 다정하게 맞아 주었습니다. 남편이 질투하지 않을지 반쯤 걱정스러울 정도였습니다. 하지만 캐디의 남편 또한 구제불능이라—즉 매우 친절하여, 마침내 옛날과 똑같이 아무도 나에게 기특한 일을 할 만한 여지를 주지 않았습니다.

터비드롭 씨의 아버지는 아직 위층에서 자고 있고, 캐디는 그의 초콜릿을 갈고 있었습니다. 그 옆에 있는 작고 음침한 소년은 도제(徒弟)로—춤 선생에게

도제가 있다니 이상한 이야기지만—초콜릿을 이층으로 가지고 가는 일을 했습니다. 캐디의 말에 따르면 시아버지는 매우 친절하고 사려 깊으며 아주 행복한 삶을 누리고 있다고 합니다(캐디가 말하는 '삶'이란, 시아버지가 좋은 것과 좋은 방을 모조리 독차지하여 그녀와 남편은 마구간 위 구석에 있는 두 방으로 밀려나 어렵사리 살아가고 있다는 뜻입니다).

"어머니는 건강하시니?" 내가 물었습니다.

"엄마 소식은 아빠를 통해 듣고 있어. 엄마와는 거의 만나지 않거든. 나랑 엄마는 사이가 무척 좋지만 엄마는 내가 춤 선생과 결혼하는 건 한심한 일이라고 생각하셔. 한심한 일이 당신한테까지 전염될까 봐 두려우신 거야."

자신이 한심하게 보일 것을 걱정하기 전에 먼저 자신의 의무를 다해야 하며, 망원경으로 머나먼 지평선 끝에서 굴러다니는 의무를 찾는 일은 그만두어야 한다고 나는 생각했지만, 그런 생각은 마음속에 묻어두었습니다.

"아버지는 건강하셔?"

"아빠는 매일 저녁마다 이리로 오셔. 저 구석에 앉아 계시는 걸 무척 좋아하셔. 난 그 모습을 보고만 있어도 너무 기뻐."

그 구석을 보니, 벽에 젤리비 씨의 머리 자국이 선명하게 찍혀 있었습니다. 젤리비 씨가 이처럼 머리를 쉴 장소를 발견했다는 말에 기분이 무척 편안해졌습니다.

"캐디, 넌 틀림없이 늘 바쁘겠지?"

"응, 무척 바빠. 큰 비밀을 가르쳐줄까? 나 요즘 춤 선생 면허를 따려고 준비하고 있어. 프린스는 몸이 약하니까 내가 도와주려고. 학교에서 가르친 뒤 여기서 또 가르치고 개인교습까지 하는 데다 도제까지 들이는 바람에 불쌍한 그이는 쉴 틈이 없어!"

도제라니 아무리 생각해도 이상해서, 도제가 많으냐고 캐디에게 물었습니다.

"모두 넷이야." 캐디가 대답했습니다. "하나는 이 집에서 같이 살고, 나머지 셋은 자기 집에서 다녀. 착한 애들이야. 하지만—아직 어리다 보니—넷이 함께 모이면 연습은 하지 않고 놀려고만 해. 그래서 아까 본 그 애는 아무도 없는 부엌에서 혼자 왈츠를 춘 거야. 나머지 셋은 되도록 따로 떨어뜨려서 집안 어딘가에 흩어 둔단다.”

“물론 스텝 연습만 하겠지?” 내가 물었습니다.

“스텝 연습만 해. 그런 식으로 무슨 스텝이든 좋으니 한 번에 몇 시간씩 연습하는 거야. 춤은 학원에서 배워. 요즘 시기라면 피겨 연습은 매일 아침 다섯 시부터 해.

“무척 힘든 일이구나!”

“집에서 오는 애들이 아침에 초인종을 울리면(시아버지를 깨우면 안 되니까 초인종은 우리 방으로 이어져 있어) 내가 창문을 열고 밖을 내다 봐. 그러면 애들이 조그만 댄스 구두를 옆구리에 끼고 현관 계단에 서 있어. 아무리 봐도 늘 굴뚝 청소하는 애들 같다니까.” 캐디가 웃으며 말했습니다.

이런 이야기를 듣자 나는 무용이 아주 이상한 예술 같다는 생각을 떨칠 수 없었습니다. 내가 놀라자 캐디는 무척 기뻐하며 명랑한 목소리로 자신이 어떻게 공부하는지를 자세히 이야기해주었습니다.

“비용을 아끼려면 피아노와 키트[1]도 조금 칠 줄 알아야 해. 엄마가 다른 엄마들 같았다면 나도 음악의 기초 정도는 알았겠지만 난 전혀 모르거든. 그래서 솔직히 말하자면 처음에는 음악 공부가 썩 내키지 않았어. 하지만 난 귀가 좋고, 싫은 일을 억지로 하는 데에도 익숙하잖아—적어도 이 점만큼은 엄마에게 감사해야겠지—게다가 정신일도 하사불성이라잖아.” 캐디는 웃으며 작은 스탠드 피아노 앞에 서서 무척 경쾌하게 카드리유 춤곡을 치기 시작했습니다. 얼굴을 새빨갛게 붉히며 말합니다. “웃으면 안 돼!”

나는 오히려 울고 싶은 기분이었지만 울지도 웃지도 않았습니다. 나는 진심으로 캐디를 칭찬하고 격려했습니다. 그녀는 평범한 춤 선생의 아내이며 자신도 춤 선생이 되는 것이 작은 꿈이지만, 그 건전한 인정과 애정에서 생긴 근면과 인내만큼은 미개지로 떠나는 선교사 못지않다고 진심으로 생각했기 때문입니다.

“에스더, 그렇게 말해주니 뭐라 말할 수 없는 기운이 마구 솟아나는 것 같아.” 캐디가 말했습니다. “정말로 너한테는 감사해야 할 일이 한두 가지가 아니

---

[1) 소형 바이올린.

야. 내 작은 세상에도 제법 많은 변화가 있었잖아! 우리가 처음 만난 날 밤, 내가 잉크 범벅이 돼서 너한테 실례되는 말을 했던 때를 기억해? 그때 내가 앞으로 사람들에게 춤을 가르치든 뭐든 할 거라고 생각한 사람이 어디 있었겠니!"

우리가 이렇게 수다를 떠는 동안 모습이 보이지 않던 캐디의 남편이 돌아오자, 이제 무용실에서 도제들에게 춤을 가르칠 시간이라며 외출하자고 캐디가 말했습니다. 그러나 캐디를 그렇게 당장 데리고 나오는 건 실례라고 생각했으므로 셋이 함께 도제의 연습장으로 가서 나도 연습을 거들었습니다.

도제들은 아주 이상한 아이들이었습니다. 그 음침한 소년(아무도 없는 부엌에서 혼자 왈츠만 춘 탓에 음침해졌을 리는 없겠지만) 외에 다른 두 소년과 얇은 무명옷을 입은 지저분한 절름발이 소녀가 하나 있었습니다. 무척 당돌한 여자아이로, 볼품없는 모자(이 모자도 얇은 무명천으로 만든 것이었습니다)를 썼으며, 낡아서 해진 벨벳 손가방에 샌들을 넣어 가지고 왔습니다. 사내아이들은 무척 꾀죄죄했고, 춤을 추지 않을 때에는 주머니에 넣어 온 끈이나 구슬이나 양 무릎뼈[2]를 가지고 놀았는데 발이, 특히 뒤꿈치가 무척 더러웠습니다.

나는 캐디에게 저 아이들의 부모는 왜 자식에게 춤을 가르치려 하는지를 물었습니다. 캐디는 잘 모르지만 아마도 춤 선생으로 키우든가 무대에 세울 생각일 것이라고 말했습니다. 부모들은 모두 가난한 사람으로, 그 음침한 아이의 어머니는 진저비어를 파는 가게를 꾸려나가고 있다고 합니다.

우리는 매우 진지하게 한 시간 동안 춤을 추었습니다. 그 음침한 아이는 스텝이 놀랄 만큼 훌륭했습니다. 비록 그 훌륭한 동작이 허리 위쪽까지 이어지는 않았지만 춤이 재미있어 견딜 수 없는 것 같았습니다. 캐디는 남편의 춤을 주의 깊게 보고 흉내 내어 그녀만의 침착하고 우아한 스타일을 만들어냈는데, 그녀의 춤은 그 아름다운 얼굴이나 자태와 어우러져 무척 훌륭했습니다. 아이들의 연습은 남편 대신 캐디가 거의 혼자 맡아서 할 수 있었고, 남편은 피겨에서 자신이 맡을 부분이 있을 때만 해 보이고, 다른 부분은 거의 끼어들지 않았습니다. 그는 주로 음악을 맡았습니다. 무명옷을 입은 여자아이의 뽐내는 모양새와 사내아이의 거드럭거리는 태도가 무척 볼만했습니다. 이렇게 꼬박 한 시

___
2) 경련을 일으키지 않도록 부적으로 가지고 다닌다.

간 동안 우리는 춤을 추었습니다.

연습이 끝나자 캐디의 남편은 교외에 있는 교습소로 춤을 가르치러 갈 준비를 하고, 캐디도 나와 외출할 준비를 하느라 서둘렀습니다. 그동안 나는 무용실에 앉아 도제들을 보았습니다. 집에서 다니는 두 사내아이는 반장화를 신기 위해 계단 쪽으로 갔는데, 아마도 거기서 이 집에 사는 아이가 싫어하는 것으로 보아 그의 머리칼을 잡아당기고 있는 것 같았습니다. 아이들은 윗옷 단추를 채우고 무용화를 그 안에 찔러 넣고 돌아와 차가운 고기 샌드위치 꾸러미를 꺼내 벽에 걸린 그리스 하프 그림 아래 모여 앉았습니다. 무명옷을 입은 여자아이는 샌들을 가방 안에 넣고 낡은 구두로 갈아 신은 뒤 머리를 휙 털더니 볼품없는 모자를 썼습니다. 내가 춤을 좋아하느냐고 묻자 "남자애들과 같이 하는 건 싫어요"라고 대답하더니 모자 끈을 턱 아래에서 질끈 묶고는 업신여기는 태도로 돌아갔습니다.

"아버님이 아직 옷을 갈아입지 못하셔서 네가 가기 전에 인사를 못할 것 같다고, 무척 아쉽다고 말씀하셨어. 아버님은 너를 무척 좋아하셔, 에스더." 캐디가 말했습니다.

나는 감사드린다고 말하기는 했지만, 실은 인사를 하러 나오지 않으셔서 다행이라고 말하려다 말았습니다.

"아버님은 옷을 갈아입으시는데 시간이 무척 오래 걸려. 옷차림에 있어서만큼은 무척 존경받는 분이라 명성을 떨어뜨리고 싶지 않으신 거야. 아버님은 우리 아빠한테도 무척 친절하셔. 밤이면 아빠한테 섭정궁 전하 이야기를 해주셔. 아빠가 남의 이야기를 그렇게 열심히 듣는 모습은 본 적이 없다니까."

터비드롭 씨가 젤리비 씨에게 예의범절을 설교하는 모습은 생각만 해도 재미있을 것 같았습니다. 터비드롭 씨가 아버지와 함께 자주 외출하시느냐고 캐디에게 물었습니다.

"아니. 그렇진 않은 것 같아. 아빠에게 이야기를 들려주셔. 아빠는 아버님을 무척 존경하기 때문에 주의 깊게 들으시며 무척 기뻐하셔. 물론 우리 아빠는 예의범절을 얘기할 자격이 없는 사람이지만 그래도 두 분은 사이가 무척 좋아. 깜짝 놀랄 만큼 마음이 잘 맞으셔. 난 태어나서 한 번도 아빠가 코담배를 피우는 모습을 본 적이 없었어. 그런데 매일 밤 아버님에게서 한 줌씩 받아 콧속에 밀어 넣었다가 빼냈다가 하신다니까."

터비드롭 씨가 어떤 계기로 젤리비 씨를 보리오불라가에서 구출해냈다면 그 것은 이상하지만 아주 유쾌한 일이라 생각했습니다.

"피피 말인데……." 캐디가 조금 망설이며 말했습니다. "난 그 애가 가장 걱정이야─내 아이가 생기면 그쪽으로 마음이 쏠리겠지만─아버님에게 폐를 끼치지나 않을까 싶어서. 아버님은 그 애를 눈에 넣어도 아프지 않을 만큼 예뻐하셔. 아버님이 먼저 보고 싶다고 말씀하신다니까! 잘 때 신문을 가져오는 일을 시키시거나 빵 귀퉁이를 나눠 주시거나 집안일을 시키시거나 심부름 삯 6펜스를 나한테 받으러 가라고 말씀하기도 하셔." 캐디가 명랑하게 말했습니다. "요컨대, 한마디로 난 행복해. 그러니까 감사해야 한다고 생각해. 에스더, 이제 어디로 가는 거야?"

"올드 스트리트 거리야. 법률사무소 서기에게 할 말이 있어. 내가 처음 런던에 와서 널 처음 만난 날 마차 정거장까지 마중 나와 준 사람이야. 아, 그렇지, 우리를 너희 집까지 안내해준 사람이야."

"그럼 내가 같이 가는 게 당연하네." 캐디가 말했습니다.

우리는 올드 스트리트 거리에 있는 거피 부인의 집으로 가서 부인이 계시느냐고 물었습니다. 응접실에 있던 거피 부인은 내가 묻기 전부터 열쇠 구멍으로 바깥을 내다보고 있었던 듯하며, 호기심 때문에 금방이라도 호두껍데기처럼 깨져버릴 것 같은 모습으로 곧바로 나타나 우리를 안으로 들였습니다. 커다란 모자를 쓴 노부인은 코가 조금 붉었고, 눈알을 이리저리 굴리며 얼굴 가득 웃음을 짓고 있었습니다. 부인의 좁은 거실에는 손님 맞을 준비가 되어 있었고, 아들의 초상화가 걸려 있었습니다. 그 초상화는 실물보다도 더 실물 같아 보였습니다. 본인을 단단히 억누르고 절대 놓아주지 않겠다고 말하는 것 같았습니다.

초상화뿐 아니라 실물도 그 방에 있었습니다. 다양한 색깔과 무늬로 장식된 양복을 입고 집게손가락을 이마에 댄 채 탁자 앞에 앉아 법률서류를 읽고 있었습니다.

"서머슨 양." 거피 씨가 일어나며 말했습니다. "정말 오아시스나 다름없군요. 어머니, 다른 손님에게 의자를 내 드리고 입구에서 비켜주시겠어요?"

줄곧 웃고만 있어서 익살스러워 보이는 부인은 아들이 시키는 대로 하고 한쪽 구석에 앉아 마치 찜질이라도 하는 것처럼 두 손으로 손수건을 쥐고 배 위에 대고 있었습니다.

　내가 캐디를 소개하자 거피 씨는 서머슨 양의 친구라면 두 팔 벌려 환영한다고 말했습니다. 나는 용건을 이야기했습니다.

　"실례인 줄은 알지만 편지를 드렸어요." 내가 말했습니다.

　거피 씨는 틀림없이 받았다고 말하는 대신 그 편지를 안주머니에서 꺼내 입을 맞추고 인사를 한 뒤 다시 주머니에 넣었습니다. 부인은 웃으며 고개를 흔들고 팔꿈치로 캐디를 찌르며 말없이 무언가를 재촉했습니다.

　"잠깐 둘이서 얘기하고 싶어요." 내가 말했습니다.

　그때 부인의 모습만큼 우스꽝스러운 광경을 나는 이제껏 본 적이 없습니다. 부인은 소리를 내어 웃지는 않았지만 머리를 전후좌우로 움직이며 입을 손수건으로 막고 팔꿈치며 손이며 어깨로 캐디에게 무엇인가를 재촉했습니다. 그러고는 한참 재미있어하다가 마침내 작은 쌍여닫이문을 열고 캐디를 부인의 침실인 옆방으로 데리고 갔습니다.

　"서머슨 양." 거피 씨가 말했습니다. "어머니의 행동을 용서하십시오. 아들의 행복을 바라는 마음이 너무 강해서 그런 겁니다. 기분 나쁘실지 모르지만 자식을 생각하는 부모 마음이 다 그렇지요."

　내가 베일을 올리자 거피 씨의 얼굴이 갑자기 붉어지더니 태도가 달라졌습니다.

　"켄지 씨의 법률사무소가 아니라 댁으로 찾아뵌 까닭은, 지난번에 당신이 나와 단둘이 말씀을 나누셨을 때 사무소에서는 말하기가 곤란할 거라고 하셨기 때문이에요." 내가 말했습니다.

　실제로 거피 씨는 상태가 많이 안 좋은 것 같았습니다. 이토록 우물거리고 당황하고 허둥거리고 놀라는 사람은 본 적이 없었습니다.

　"서머슨 양, 시, 실례…… 실례지만 펴, 편지에 관해서는 일을 확실히 해둘 필요가 있습니다. 지금 아가씨가 말씀하신 때라는 건 제가…… 그러니까 제가…… 그 신청을……."

　목구멍에 무엇인가가 걸린 것처럼 거피 씨는 손으로 목을 만지며 헛기침을 하고 얼굴을 찡그리며 다시 그것을 삼키려 하다가 또다시 기침을 한 뒤 얼굴을 찡그리며 방 안을 둘러보고 가지고 있던 서류를 파닥거리며 부채질을 했습니다.

"실례했습니다. 잠깐 어지럼증이 나서요. 저는……그러니까, 이따금 그럴 때가 있어요……어험!"

나는 그가 정신 차릴 여유를 조금 주었습니다. 거피 씨는 그동안 이마에 손을 짚었다가, 그 손을 뗐다가, 의자를 뒤쪽 구석으로 빼기도 했습니다.

"제가 하고 싶은 말은……어험!……아무래도 기관지에 문제가 생긴 것 같습니다……어험!……그러니까 아가씨가 그때 제 신청을 거절하셨는데…… 저기, 그 점에 대해서는 이의 없으시지요? 증인이 있었던 건 아니지만 이의 없다고…… 그러니까 저기…… 말씀해 주시면……."

"그 점은 걱정 마세요. 전 아무 조건 없이 당신의 신청을 거절했어요."

"고맙습니다." 거피 씨는 대답하고 나서 떨리는 손으로 탁자의 길이를 재기 시작했습니다. "그 점은 둘 다 이견이 없단 거지요. 말씀 잘 하셨습니다. 그리고……이거 정말로 기관지염인가 보군요……꽤나 진행된 모양입니다……이런 말씀을 드려도 화내지 않으실 줄 알지만……사실 딱히 말씀드리지 않아도 상관없습니다……아가씨를 비롯한 그 누구의 상식으로도 분명히 알 수 있는 일이니까요……즉 내 신청은 그 뒤로 완전히 무효가 되었다고 생각하시지요?"

"그 점도 잘 알고 있습니다."

"아마…… 그…… 형식에 얽매일 필요는 없다고 생각하지만 그 점에도 이의가 없다고 확인해 주시겠습니까?"

"기쁜 마음으로 분명히 인정합니다."

"감사합니다. 정말 훌륭하십니다. 유감스럽지만 저는 피치 못할 여러 사정이 있어 그 신청을 어떠한 형식으로든 다시 갱신할 일은 없으리라고 봅니다. 하지만 우정에 입각하여 되짚어 보고…… 그러니까…… 그…….." 또다시 거피 씨의 기관지가 거들어 주었으므로 탁자 측량은 그만두었습니다.

"제가 용건을 말해도 될까요?" 내가 말했습니다.

"그래주신다면 영광입니다. 아가씨의 식견과 따뜻한 마음씨는 잘 알고 있습니다……결코 부당한 요구를 하지 않는 분이란 것도요. 그러니 먼저 용건을 말쓱해주신다면 무척 감사하겠습니다."

"그때 거피 씨는 말에 함축된 뜻으로……."

"실례지만 말에 함축된 뜻은 제외하는 게 나을 것 같군요. 전 함축된 의미에 관해서는 인정할 수 없습니다."

나는 말했습니다. "거피 씨는 그때 저와 관계된 여러 사실을 밝혀내어 제 입장을 유리하게 만들고 행복을 증진하기 위해 애써주시겠다고 말씀하셨어요. 아마도 제가 고아이기 때문에 잔다이스 씨의 호의에 전면적으로 기대야 하는 입장이라고 생각하셨기 때문이겠지요. 거피 씨, 한 마디로 말씀드리면, 부디 앞으로는 저를 위해 그런 일을 하느라 애쓰지 말아주시기 바랍니다. 전에도 이따금 그렇게 생각했고, 최근에도—병에 걸린 뒤의 일입니다만—그 일에 대해 생각해 봤습니다. 그 결과 혹시라도 거피 씨가 그 결심을 기억하시고 실행에 옮기는 일이 있어서는 안 된다고 생각했기에 그런 생각은 옳지 않음을 알려드려야겠다고 결심한 것입니다. 제게 유용하고도 반가운 사실이 드러나는 일은 없으리라고 봅니다. 전 스스로를 너무나 잘 알고 있기 때문에, 아무리 거피 씨가 그러한 일을 발견하기 위해 애써주셔도 제가 더 행복해지는 일은 없다고 분명히 말씀드릴 수 있습니다. 그 계획을 이미 오래전에 포기하셨을지도 모르지만, 혹시 그렇다면 제가 쓸데없는 참견을 한 무례를 부디 용서하세요. 그렇지 않다면 지금 말씀드렸듯이 앞으로는 그 일을 잊어 주세요. 제가 안심할 수 있도록 부디 그렇게 해주세요."

"아까도 말씀드렸지만, 아가씨의 식견과 따뜻한 마음씨에 조금도 부끄럽지 않은 훌륭한 말씀입니다. 아가씨의 따뜻한 마음씨에 무척 감동했습니다. 조금 전에 제가 아가씨의 마음을 오해했다면 진심으로 사과드립니다. 제가 사과드리는 것은 어디까지나—아가씨의 식견과 따뜻한 마음씨라면 충분히 아시겠지만—지금 상황에 대해서만 사과드리는 것임을 이해해 주십시오."

쿵쿵거리던 거피 씨의 태도가 많이 좋아졌습니다. 내 부탁을 들어줘도 문제가 없음을 알고 안심했는지 부끄러움을 느끼는 것 같았습니다.

"이 문제를 다시는 꺼내지 않아도 되도록 솔직히 말씀드렸습니다." 나는 거피 씨가 무슨 말을 하려는 낌새를 보이자 얼른 덧붙였습니다. "마지막으로 한 마디만 더 할게요. 내가 되도록 눈에 띄지 않게 몰래 이리로 찾아온 것은 전에 거피 씨가 신청하신 일을 비밀로 하길 원하셨기 때문이며, 그 마음은 그때는 물론 지금까지 줄곧 존중해드렸습니다. 아까 제가 병에 걸렸었다고 말씀드렸지요. 심한 병을 앓고 나니 무엇보다도 솔직해지는 것이 중요하다는 생각이 들었습니다. 그래서 그런 부탁을 한 것이니 부디 들어주시기 바랍니다."

거피 씨의 명예를 위해 말해두자면, 거피 씨는 점점 더 부끄러워하며 얼굴이 새빨개지고 목소리는 기어들어갈 듯이 작았지만 진지한 태도로 대답했습니다.

"서머슨 양, 제 명예, 아니 이 목숨을 걸고 말씀하신 대로 하겠습니다! 그 말을 어기는 일은 결코 없을 거예요. 원하신다면 맹세해도 좋습니다." 거피 씨는 늘 듣던 상투적인 말을 읊조리듯 재빨리 덧붙였습니다. "이 일에 대해서 저는 진실을, 전면적인 진실을, 오직 진실만을 말씀드릴 것을 이 자리에서······.[3]"

"그것으로 충분합니다." 나는 자리에서 일어섰습니다. "고맙습니다. 캐디, 이제 다 끝났어!"

거피 씨의 어머니가 캐디와 함께 나오자(이번에는 내가 그 소리 없는 웃음을 받으며 팔꿈치로 찔리는 처지가 되었습니다), 우리는 이만 물러났습니다. 현관까지 배웅하러 나온 거피 씨는 잠이 덜 깼거나 몽유병에 걸린 듯한 모습으로, 돌아가는 우리를 멍하니 바라보고만 있었습니다.

그런데 얼마 뒤 거피 씨가 모자도 쓰지 않고 미리칼을 휘날리며 우리를 쫓아와 열성적으로 말했다.

"서머슨 양, 꼭 들어주셨으면 하는 부탁이 있습니다!"

"네, 뭔가요?" 내가 대답했습니다.

"실례인 줄은 압니다만," 거피 씨는 한쪽 발을 앞으로 내밀어 다가오려고 했으나 다른 쪽 발은 그 자리에서 움직이지 않았습니다. "이쪽 분이 계시니 이분을 증인 삼아 부디(앞으로도 안심할 수 있도록) 다시 한 번 확인해 주시기 바랍니다."

"좋아요. 캐디." 나는 그녀를 보며 말했습니다. "넌 들어도 그다지 놀라지 않겠지만, 이분과······."

"미들섹스주 펜턴빌 펜턴 플레이스의 윌리엄 거피입니다." 거피 씨가 말했습

---

3) 증인이 법정에서 증언을 하기 전에 맹세하는 말.

니다.

"미들섹스주 펜턴빌 펜턴 플레이스의 윌리엄 거피 씨와 나 사이에는 어떠한 약혼⋯⋯."

"어떠한 구혼 및 약혼도." 거피 씨가 정정했습니다.

"어떠한 구혼 및 약혼도 이루어지지 않았음을 증언합니다."

"고맙습니다, 서머슨 양. 이제 됐습니다. 저기⋯⋯실례지만⋯⋯이분의 이름을, 성명을 말씀해 주시겠습니까?"

나는 가르쳐주었습니다.

"결혼하셨지요?" 거피 씨가 말했습니다. "부인이시군요, 알겠습니다. 고맙습니다. 결혼 전에는 캐롤라인 젤리비, 독신, 런던 시티 구내, 세이비 법학예비원 거주. 현주소는 옥스퍼드 거리 외곽의 뉴맨 거리. 감사합니다."

거피 씨는 집으로 달려가는 것 같더니 다시 돌아왔습니다.

"그 일에 대해서는 진심으로 면목 없습니다만, 제게도 여러 가지로 피치 못할 사정이 있어 얼마 전에 완전히 무효가 된 일을 다시 갱신하는 일은 없으리라고 봅니다." 거피 씨가 실망한 듯이 쓸쓸하게 말했습니다. "하지만 어쩔 수 없는 일입니다. 그렇지 않습니까? 아가씨에게 하는 말입니다만."

나는 틀림없이 어쩔 수 없는 일이며 그 점 또한 의문의 여지가 없다고 대답했습니다. 거피 씨는 인사를 한 뒤 다시 어머니의 집으로 달려갔습니다. 아니, 그런 줄 알았는데 다시 뛰어서 돌아왔습니다.

"아가씨의 태도는 정말로 훌륭하십니다." 거피 씨가 말했습니다. "우정의 정원에 성당을 세울 수 있다면⋯⋯아니, 정말입니다, 진심이에요, 전 아가씨를 무척 존경하지만, 그, 연애감정은 별개라!"

거피 씨의 마음속에서 벌어진 고투와, 그 결과로 인한 어머니의 집 현관과 우리 사이를 자꾸만 오가는 왕복운동이 바람 부는 거리에서 매우 눈에 띄었으므로(특히 거피 씨의 머리칼이 길게 자라 있었으므로) 우리는 서둘러 자리를 떠났습니다. 나는 그제야 마음을 놓았지만 마지막으로 돌아보니 거피 씨는 여전히 속이 타는지 왕복운동을 열심히 계속하고 있었습니다.

# 제39장 변호사와 의뢰인

챈서리 래인에 있는 시몬스 법학예비원 건물의 문패에는 '1층, 변호사 볼스'라고 쓰여 있다. 이 건물은 두 개의 칸막이와 체가 달린 커다란 쓰레기통 같으며, 작고 창백하고 눈의 흰자위를 드러낸 서글픈 얼굴을 하고 있다. 마치 시몬스라는 사내가 구두쇠라 오래된 건축재로 집을 짓는 바람에 자재가 마르자마자 썩기 시작한 데다 불경기까지 겹치면서 지저분하고 무너질락 말락 한 채로 가난한 시몬스의 영원한 기념비가 되어 버린 듯하다. 시몬스의 이름을 영원히 남기는 더러운 묘비 일면에 볼스 변호사의 법률사무소가 있다.

볼스 변호사의 소극적인 성격이 반영되어서인지 그 사무소도 안으로 쑥 들어간 구석의 창문도 없는 벽과 마주한 곳에 틀어박혀 있었다. 바닥이 울퉁불퉁한 어두운 복도를 3피트쯤 가면 볼스 변호사 사무소의 새카만 문이 나온다. 그곳은 화창한 한여름 아침에도 시거멓게 그늘진 구석으로, 지하 움막으로 내려가는 계단 벽이 앞쪽으로 시커멓게 튀어나와 있으므로 익숙하지 않은 사람이 밤늦게 그곳을 지날 때면 대체로 머리를 찧기 십상이다. 볼스 변호사 사무소의 방은 하나같이 매우 작아 서기가 자리에서 일어나지 않고도 문을 열 수 있었으며 그 책상 바로 옆에 나란히 앉아 있는 또 다른 서기가 마찬가지로 자리에서 일어나지 않고 난롯불을 들쑤실 수 있다. 병에 걸린 양 냄새 같은 것이 곰팡이와 먼지 냄새와 뒤섞여 있는 까닭은, 밤마다(아니 낮에도 계속) 양 기름으로 만든 초를 켜고, 기름때 묻은 서랍 안에서 법률서식을 적은 양피지를 좀이 서서히 먹어치우고 있기 때문일 것이다. 그 냄새만 아니면 방 안의 공기는 후덥지근하고 가라앉아 있다. 벽을 새로 칠한 것이 언제인지 사람의 기억으로는 알 길이 없고, 두 개의 굴뚝은 새카맣게 그을어 온통 엷은 그을음 막이 쳐져 있다. 무거운 창틀에 끼어 있는 금이 간 납빛 창유리는 모두 힘으로 밀어붙이지 않는 한 절대 깨끗해지지 않고 열리지도 않을 것이라고 결심한 듯하다. 따라서 날이 더워지면 늘 두 창문 가운데 약한 쪽을 장작 다발로 비집어 연다.

볼스 변호사는 매우 성실한 인물이다. 사업이 크게 번창하지는 않았지만 아주 성실한 인물이다. 이미 재산을 모았거나 한창 모으고 있는 거물 변호사들은 그보다 성실한 사람이 없다고 입을 모은다. 그는 업무상 기회가 있으면 절대 놓치지 않는다. 이것이 바로 그가 성실하다는 증거이다. 그는 절대 쾌락에 깊이 빠져들지 않는다. 이것도 그가 성실하다는 증거이다. 말수가 적고 고지식하다. 이것 또한 성실하다는 증거이다. 늘 소화불량에 시달린다. 이것은 매우 성실하다는 증거이다. 세 딸을 위해 언제나 먼 장래를 고민하고, 톤턴에 있는 아버지를 부양하고 있다.

영국 법률의 한 가지 대원칙은 쓸데없는 참견을 하지 말라는 것이다. 이보다 분명하고 확실하며, 이제껏 위태로운 고비를 여러 차례 넘기면서도 변함없이 지켜져 온 원칙은 없다. 이렇게 생각한다면, 법률은 수미일관된 체계이며 일반 사람들이 생각하는 엉망진창인 혼돈이 아니다. 법의 대원칙은 자기 배가 아프더라도 남에게 공연한 참견을 하지 못하도록 하는 것이라고 일반 사람들에게 분명히 알려주면 그들은 틀림없이 더는 불평을 늘어놓지 않을 것이다.

그런데 이 대원칙을 분명히 모르기 때문에—어중간하게밖에 모르므로—일반 사람들은 정신적으로 고통받고 지갑도 홀쭉해지며 속이 풀릴 때까지 불평을 한다. 그럴 때면 변호사들은 볼스 변호사의 이 성실함을 들먹이며 그들을 끽소리도 못하게 만든다. "네, 뭐라고요? 이 법을 폐지하라는 말씀입니까?" 켄지 변호사가 의뢰인에게 말한다. "이것을 폐지하라고요? 안 됩니다. 난 찬성할 수 없어요. 이 법을 개정하라고요? 무턱대고 그런 일을 서둘렀다가 모든 변호사들에게 어떤 영향이 미칠지 아십니까? 예를 들면, 어디 보자, 그렇지, 이 사건의 상대 변호사, 볼스 씨를 비롯한 훌륭한 변호사들 말이에요. 그런 변호사들이 이 땅에서 사라져버릴 겁니다. 당신은—아니, 우리 사회제도 전체는—볼스 씨와 같은 근면하고 착실하고 끈기 있고 수완 좋은 사람을 잃고도 태연할 수는 없을 겁니다. 물론 당신이 현 상황을 어떻게 느끼시는지는 잘 압니다. 이번 사건은 확실히 당신한테는 조금 버거웠던 것이 사실입니다. 하지만 나는 볼스 씨와 같은 사람들을 말살하는 일에는 찬성할 수 없습니다." 볼스 변호사의 성실함은 의회 위원회에서도 사례로 언급되어 상대의 입을 막는다. 예컨대 다음과 같은 고명한 변호사의 증언이 의사록에 기록되어 있다고 하자. "질문(제 517869). 당신의 말에 따르면, 이 제도에서는 어김없이 늦춰진다는 뜻이지요? 답변. 네, 얼마간 늦춰집니다. 질문. 그리고 비용이 많이 들지요? 답변. 당연히 공짜로는 안 되지요. 질문. 그리고 수없이 많은 문제가 생기지요? 답변. 그렇지는 않았습니다. 적어도 나에게는 피해가 오지 않았습니다. 오히려 정반대였죠. 질문. 하지만 이것을 폐지하면 변호사 여러분에게 피해가 간다고 생각하십니까? 답변. 그렇습니다. 질문. 예를 들면 어떤 사람들에게 피해가 갑니까? 실례를 들어주십시오. 답변. 볼스 씨를 예로 들 수 있습니다. 그는 파멸할 겁니다. 질문. 볼스 씨는 변호사로서 성실성을 인정받는 사람입니까? 답변." 이 답변에 따라 이후 십 년 동안 문제는 의문의 여지가 없다는 결론이 났다. "볼스 씨는 매우 성실한 사람이라고 인정받고 있습니다."

따라서 좀 더 일상적인 대화를 나눌 때에도, 이와 같이 세상과 국가를 걱정하는 항간의 논객들이, 세상이 어떻게 돌아가는지 알 수가 없다고 한탄하는 것이다. 그들은 이렇게 말한다. '지금 우리나라는 내리막길을 달리고 있다. 또다시 폐지된 것이 있다. 그러한 변화는 볼스 씨와 같은 사람들에게는 죽음을 뜻한다. 조금 더 깊이 생각해 보라. 볼스의 아버지는 어떻게 하란 말인가? 죽으라는 것인가? 딸들은? 셔츠 공장 재봉사나 가정교사가 되란 말인가?' 볼스 변호사와 그 가족이 식인종의 하급 추장이라고 가정할 때 저들은 식인 풍습을 멈추라는 주장에 비분강개하며 이렇게 변호하는 꼴이다. '식인 풍습을 불법이라고 인정하라고? 그럼 자네는 볼스 가족이 굶어 죽어도 좋단 말인가?'

요컨대 세 딸과 톤턴 협곡의 아버지를 부양하는 볼스 변호사는 썩어서 언제 내려앉을지 모르는 매우 위태로운 토대를 어떻게든 떠받치는 임무를 끊임없이 부여받고 있는 것이다. 대부분의 경우 많은 사람들에게서 나타나듯이, 문제는 폐해를 개선하는 것이 아니라(그런 것은 아주 하찮은 문제이므로) 매우 성실한 볼스와 같은 사람들에게 피해를 입히느냐 이익을 누리게 하느냐 하는 것이다.

대법관은 십 분도 지나기 전에 '폐정'을 명령하고 장기휴정기에 들어간다. 볼스 변호사와 그의 젊은 의뢰인은 뱀이 먹이를 막 삼켰을 때처럼 황급히 마구잡이로 서류를 쑤셔 넣어 둥그렇게 부풀어 오른 푸른 자루와 함께 변호사의 둥지로 돌아온다. 볼스 변호사는 역시나 누구보다 성실한 사람답게 조금도 소란 피우지 않고 차분하게, 마치 손의 허물을 벗듯이 빈틈없이 딱 맞는 검은 장갑을 벗고, 머리의 허물을 벗듯이 꽉 죄는 모자를 벗고 난 뒤 책상 앞에 앉는다. 의뢰인은 모자와 장갑을 마룻바닥에 집어던진다. 어디로 굴러가든 상관없다는 듯이 제대로 보지도 않고 집어던지고는 의자 위에 털썩 주저앉아 한숨인지 신음인지 모를 소리를 내며 지끈지끈한 머리를 손으로 감싼다. 마치 절망의 아들 같은 모양새다.

"이번에도 아무것도 하지 못하다니!" 리처드가 소리친다. "아무것도 하지 못했어!"

"아무것도 하지 못한 건 아니지요." 볼스가 태연하게 말한다. "아무리 그래도 말이 좀 지나치십니다!"

"그럼 대체 뭘 해냈단 말이오?" 리처드가 언짢은 표정으로 그를 본다.

"그것만이 문제가 아닙니다." 볼스가 대답한다. "문제는 무엇을 하고 있느냐, 무엇을 하고 있느냐로 나뉘는지도 몰라요."

"그럼 뭘 하고 있단 말입니까?" 의뢰인이 화난 얼굴로 묻는다.

볼스는 앉은 채 두 팔을 책상 위에 올리고 조용히 양쪽 다섯 손가락 끝을 서로 맞붙인 뒤 다시 조용히 떼고 천천히 의뢰인을 쳐다보며 대답한다.

"많은 일을 하고 있지요. 우리는 온 힘을 다해 수레를 밀고 있는 겁니다, 카스톤 씨. 수레바퀴는 틀림없이 돌아가고 있어요."

"수레는 수레라도 지옥의 불 수레예요. 앞으로 네다섯 달을 어떻게 견딘단 말입니까!" 젊은이는 소리치며 의자에서 일어나 방 안을 걸어 다닌다.

"카스톤 씨." 볼스가 그를 가만히 눈으로 좇으며 말한다. "당신은 혈기가 너무 왕성해요. 당신한테는 딱한 일이라고 생각합니다. 미안하지만 너무 안달하거나 조바심 내면서 마음 졸이지 말고 좀 더 인내심을 가져야 해요. 좀 더 끈기 있게 기다려 보세요."

"볼스 씨를 본받아야 한다는 말이군요?" 리처드는 다시 자리에 앉아 초조한 듯이 웃으며 아무 무늬 없는 양탄자를 발로 조급하게 두드려댄다.

"아닙니다." 볼스는 대답하고, 그의 직업적인 집게손가락과 눈을 모두 사용하여 천천히 상대를 집어삼키듯 물끄러미 바라본다. "아닙니다." 핏기 없이 차분하게 볼스가 우물거리며 대답한다. "저는 당신에게나 그 누구에게도 저를 모범으로 삼아 본받으라는 주제넘은 말은 하지 않습니다. 전 세 딸에게 훌륭한 이름을 남겨줄 수만 있다면 그것으로 충분합니다. 저는 거만한 사람이 아닙니다. 하지만 당신이 그토록 분명하게 저를 콕 집어 말씀하셨으니 저도 있는 그대로 말씀드리자면, 당신에게 제—글쎄요, 당신이라면 무감동이라고 말씀하고 싶으시겠지요. 괜찮습니다, 저도 그렇게 생각하니까요—무감동을, 제 무감동을 조금 나눠드리고 싶군요."

"볼스 씨." 의뢰인이 얼굴을 살짝 붉히며 변호한다. "당신이 무감동하다고 나무랄 생각은 없었습니다."

"아니요, 무의식적으로 그랬다고 생각합니다." 볼스는 태연하게 말한다. "당연합니다. 당신의 이해를 냉정하게 보호하는 것이 내 직무이다 보니, 당신이 흥분한 상태에서 보면 가끔, 예를 들면 지금과 같은 경우 제가 무감동한 사람으로 보이는 것이 어쩌면 당연하겠지요. 하지만 제 딸들은 그렇게 생각하지 않습니다. 연로하신 제 아버지도 그런 식으로는 생각하지 않습니다. 하지만 그들은 당신보다도 훨씬 오래전부터 저를 알아 왔고, 믿음과 애정이 어린 눈과 업무상의 불신이 어린 눈은 다르니까요. 업무상으로 저를 믿지 않으신다고 해서 불평을 하는 것은 아닙니다. 오히려 그 반대입니다. 당신의 이해를 지키는 저를 모든 각도에서 비판하고 검토해 주십시오. 그렇게 하셔야 합니다. 전 의심 어린 눈초리로 보는 것을 환영합니다. 하지만 당신의 이해를 위해서라면 전 냉정하고 논리적이어야 합니다. 저로서는 그럴 수밖에 없습니다. 그 점이 당신 마음에 들지 않는다고 해도 어쩔 수 없는 일입니다."

볼스 변호사가 끈질기게 쥐구멍을 감시하고 있는, 사무소의 일원이나 다름없는 고양이를 힐끗 보고는, 다시 젊은 의뢰인을 지그시 바라보며 윗옷 단추를 꼭꼭 채운 것처럼 반밖에 들리지 않는 목소리로 말한다. 마치 그의 몸속에 불결한 요정이 숨어 살며 밖으로 나오지도 않고 큰 소리도 내지 않는 것 같다.

"휴정기 동안 뭘 해야 하냐고 물으셨지요. 당신과 같은 군인들은 마음만 먹으면 즐길 수 있는 방법이 얼마든지 있다고 생각합니다. 하지만 휴정기 동안 제가 무슨 일을 하느냐고 물으신다면 대답은 훨씬 더 간단합니다. 전 당신의 이해를 지킵니다. 전 날마다 여기서 당신의 이해를 지킬 겁니다. 카스톤 씨, 그것이 제 직무입니다. 개정기간이든 휴정기간이든 저한테는 다를 것이 없습니다.

당신의 이해 문제로 상담할 것이 있다면 언제든지 찾아오십시오. 다른 직원들은 휴정기에 시골로 내려가지만 전 여기 있을 겁니다. 물론 다른 사람들을 비난할 마음은 없습니다. 단지 전 가지 않는다고 말씀드리는 것뿐입니다. 이 책상이 바로 당신의 반석[1]이니까요!"

볼스 변호사가 책상을 내려치자 마치 텅 빈 관과 같은 공허한 소리가 난다. 하지만 리처드의 귀에는 그렇게 들리지 않는다. 그에게는 듬직한 소리로 들린다. 아마도 볼스 변호사는 그 사실을 알고 있을 것이다.

"볼스 씨." 리처드가 조금 전보다 기운을 차리고 친근하게 말한다. "당신은 이 세상에서 누구보다도 믿음직한 사람이고, 당신에게 일을 맡기는 것은 절대로 눈속임이 통하지 않는 실무자에게 맡기는 것임을 나는 잘 알고 있어요. 하지만 내 입장도 좀 생각해 봐요. 이 난장판 같은 생활에 질질 끌려 다니며 날마다 헤어나기 힘든 구렁텅이에 빠지고, 희망과 실망의 연속이고, 스스로가 차츰 안 좋은 쪽으로 기우는 데다 호전될 성싶은 것은 하나도 없는 상황이에요. 당신도 나처럼 가끔은 이 소송이 절망적인 사건이라고 생각할 때가 있을 거예요."

"아시다시피 전 절대 희망적인 관측은 하지 않습니다. 처음부터 말씀드렸다시피 절망적인 관측도 절대 하지 않습니다. 특히 이처럼 소송비용을 대부분 그 자산에서 조달해야 하는 소송의 경우에는 희망적인 관측을 하면 제 명성을 짓밟는 꼴이 될 겁니다. 제 목적이 오직 소송비용에 있다고 생각하실지도 모르니까요. 그런데 아까 상황이 호전될 가망이 전혀 없다고 말씀하셨는데, 그것이 흔들리지 않는 사실이라고 생각하신다면 꼭 그렇지는 않다고 말씀드려야겠군요."

"그래요?" 리처드의 얼굴이 밝아진다. "어떻게 아십니까?"

"카스톤 씨, 당신의 법정대리인은……."

"당신이 조금 전에 말한 대로 반석이죠."

"그렇습니다." 볼스 변호사는 느릿하게 고개를 저으며 텅 빈 책상을 두드리자 재 위에 재가, 먼지 위에 먼지[2]가 떨어져 쌓이는 소리가 난다. "반석이지요. 이것은 매우 중요한 문제입니다. 당신에게는 다른 사람들과는 차별화된 대리인

---

1) '안정적이고 의지할 수 있는 곳'이라는 뜻. 신약성서 〈마태오의 복음서〉 7장 24절 참조.
2) '재'와 '먼지'는 모두 '시신', '유해'라는 뜻으로 장례식에서 읊는 기도문에 나오는 구절이다.

이 있으니 더는 다른 사람들의 이해관계 속에 파묻혀 있다고 볼 수 없어요. 그건 아주 중요한 문제입니다. 소송사건은 잠들어 있지 않아요. 우리가 그것을 깨우고 공기를 주입시키고 걸음을 걷게 하는 겁니다. 이 점도 아주 중요한 문제지요. 명목상으로든 사실상으로든 전부가 잔다이스의 소송사건은 아닙니다. 이점도 아주 중요해요. 지금은 하고 싶은 대로 하려고 해도 아무도 그러지 못합니다. 이 점 또한 아주 중요한 문제지요."

리처드는 갑자기 얼굴을 새빨갛게 붉히며 주먹으로 책상을 내려쳤다.

"볼스 씨! 내가 처음 존 잔다이스의 집으로 갔을 때 누군가가 내게 그는 겉으로 보이는 것만큼 욕심 없는 아군이 아니라고, 나중에 차츰 정체를 드러내는 걸 보면 알 거라고 말했다면 난 얼마든지 거친 말을 써가며 그 비방을 물리치고, 그를 위해 얼마든지 열심히 변호했을 겁니다. 난 세상 물정을 전혀 몰랐어요! 하지만 지금은 분명히 말하지만, 그는 나한테는 소송의 화신이나 다름없어요. 이 소송사건은 추상적인 것이 아니라 존 잔다이스 자체예요. 난 힘들어지면 힘들어질수록 더 그에게 이를 갑니다. 소송이 하루씩 늦어질수록, 실망이 차곡차곡 쌓일수록 존 잔다이스에게서 받은 손해가 커지는 셈입니다."

"그런 말씀은 바람직하지 않군요." 볼스가 말한다. "우리는 모두 인내심을 길러야 해요. 게다가 나는 절대로 다른 사람의 험담은 하지 않기로 맹세했습니다. 절대로 남의 험담은 하지 않기로 결심했습니다."

"볼스 씨." 의뢰인이 화를 벌컥 내며 되받아친다. "그 사람이 되도록이면 이소송사건을 흐지부지 끝내려 한다는 것은 당신도 나 못지않게 잘 알고 있지 않습니까?"

"그분은 소송사건에 열성을 보이지 않습니다." 볼스는 내키지 않는다는 표정으로 인정했다. "확실히 그분은 열성을 보이지 않지요. 하지만, 하지만 말입니다, 어쩌면 그분도 선의에서 그러셨는지 모릅니다. 사람의 속마음은 좀처럼 알수 없으니까요."

"당신이라면 알 겁니다."

"저 말입니까?"

"그 사람의 참뜻이 무엇이었는지 알 겁니다. 그 사람과 나의 이해는 서로 어긋나니까요. 그렇지 않습니까? 어디—분명히—말해 보십시오." 리처드는 마지막 세 마디 말에 반주를 넣듯 믿음직한 반석을 세 번 툭툭 친다.

"카스톤 씨." 볼스는 조금도 당황하지 않고, 굶주린 눈을 깜빡이지도 않고 대답한다. "제가 당신의 이해와 잔다이스 씨의 이해를 같게 대표했다면 전 당신의 법률고문이라는 직무를 게을리 하고 당신의 이해를 충실히 지키지 않은 셈이 됩니다. 하지만 그런 일은 없습니다. 전 절대로 다른 사람의 동기를 억측하진 않습니다. 전 아버지를 모시고 있고 저 자신도 세 딸의 아비이지만 절대로 다른 사람의 동기를 억측하진 않습니다. 하지만 변호사로서의 직무라면 설사 가족 간에 불화의 씨앗을 뿌릴 우려가 있는 일이라 해도 망설이지 않습니다. 당신은 지금 당신의 이해와 관련된 문제로 고문변호사인 내게 상담을 하고 있다고 이해해도 되겠습니까? 틀림없지요? 그렇다면 대답해 드리겠습니다. 당신의 이해와 잔다이스 씨의 이해는 같지 않습니다."

"나도 알아요!" 리처드가 소리친다. "당신은 그 사실을 전부터 줄곧 알고 있었습니다."

"카스톤 씨, 제삼자에 대해서는 필요 이상으로 말하고 싶지 않습니다. 전 더럽혀지지 않는 제 이름을, 은근과 끈기를 통해 얻을 수 있을지도 모르는 소소한 재산과 함께 제 딸들, 엠마, 제인, 캐롤라인에게 남겨주고 싶습니다. 그리고 동료 법률가들과도 사이좋게 지내고 싶습니다. 스킴폴 씨가 수고롭게도 당신과 저를 처음 이 사무실에서 만나게 해주셨을 때—영광을 입었다는 식의 말은 하지 않겠습니다. 전 절대로 비굴하게 아첨하진 않으니까요—이렇게 말씀드렸지요. 당신이 소송 문제를 이미 다른 동업자에게 맡기셨다면 전 그에 관하여 어떠한 의견이나 충고도 해드릴 수 없다고 말입니다. 그리고 유명한 켄지 앤드 카보이 법률사무소에 대해 제가 해드릴 수 있는 한도에서 의견을 말씀드렸습니다. 당신은 당신의 소송 대행을 그 사무소에서 내게로 넘기는 것이 좋겠다고 판단하셨습니다. 당신이 뒤탈 없도록 말끔히 정리하신 뒤 제게 넘기셨으므로 저도 그런 줄 알고 받아들였습니다. 따라서 현재 이 사무소에서는 당신의 소송문제가 가장 중요한 사안입니다. 이미 아시고 계신지도 모르지만 저는 소화기관이 그다지 튼튼하지 않습니다. 쉬면 좋아질지도 모르죠. 하지만 제가 당신의 대리인으로 있는 동안은 쉴 수 없습니다. 볼일이 있으시면 언제든지 사무실로 오십시오. 그리고 어디로든 불러 주십시오. 반드시 찾아가겠습니다. 장기

휴정기간 동안 전 분초를 아끼며 당신의 소송 문제를 더욱더 면밀히 검토하여, 미클머스 개정기가 되면 하늘과 땅을(그 안에는 당연히 대법관님도 포함되어 있습니다) 뒤흔들 수 있도록 준비하겠습니다. 마지막에," 결단력이 강한 사람처럼 단호한 태도로 볼스 변호사가 말한다. "마지막에, 당신이 유산을 물려받게 된 사실을 진심으로 축하하게 될 때—아직 훗날의 일일지도 모르지만 전 절대로 희망적인 관측은 하지 않습니다—당신은 유산에서 공제한 비용에 포함되지 않는 변호사와 의뢰인 사이의 필수 경비 미불금이 조금이라도 남아 있을 경우 그것만 지불해 주시면 그 이상은 어떠한 인사도 할 필요가 없습니다. 카스톤 씨, 저 또한 생색을 내거나 하진 않을 겁니다. 다만 제가 직무를 기쁘고 능률적으로—관습적으로 질질 끌면서가 아닙니다. 그 점만은 인정해 주시기 바랍니다—이행한 점을 만족스럽게 여겨주시면 됩니다. 제 직무가 잘 마무리되었을 때 우리 두 사람의 관계도 완전히 끝나는 것입니다."

볼스는 이처럼 그의 일반적인 방침을 밝힌 뒤 마지막으로 덧붙였다. "카스톤 씨는 이제 연대로 돌아가실 텐데, 죄송하지만 20파운드를 약속어음으로 지불해주시겠습니까?"

"요즘 여러 차례 자잘한 상담이나 출장이 있었으니까요." 볼스는 장부를 뒤적거리며 말한다. "이런 수수료가 제법 많이 쌓여 있습니다. 전 빈말로라도 자산가라고는 할 수 없는 사람입니다. 우리가 처음 현재의 계약을 맺었을 때 전 아무것도 숨기지 않고 공개적으로—변호사와 의뢰인 사이는 얼마든지 공개적이어야 한다는 것이 제 지론입니다—전 자산가가 아니니 자산가를 원하시면 켄지 법률사무소에 그대로 맡겨 두시라고 분명히 말씀드렸습니다. 카스톤 씨, 이 사무소에는 자산가가 없으므로 그에 따른 유리한 점도 없거니와 불리한 점 또한 없습니다." 볼스는 또다시 책상을 두드리며 공허한 소리를 낸다. "이것은 당신의 반석입니다. 그 이상은 빈말로라도 말씀드릴 생각이 없습니다."

의뢰인은 실망이 조금이나마 누그러지고 다시 막연한 희망이 솟아올랐는지, 펜에 잉크를 찍어 약속어음을 쓴다. 결제일을 언제로 할지, 교환소에서 얼마나 신용을 얻을 수 있을지를 곤란한 얼굴로 이리저리 생각하는 모양새다. 그동안 볼스는 몸도 마음도 완전히 둘둘 말아 단추를 꼭꼭 채운 사람처럼 그 모습을 물끄러미 바라본다. 그동안 볼스 사무소의 가족이나 다름없는 고양이가 가만히 쥐구멍을 감시하고 있다.

마지막으로 의뢰인은 볼스 변호사와 악수를 하며, 제발 부탁이니 자기를 위해 온 힘으로 대법관 재판소의 소송을 "어떻게든 헤쳐나가 달라"고 부탁한다. 절대로 낙관적인 전망은 말하지 않는 볼스 변호사는 의뢰인의 어깨에 손바닥을 올리고 웃으며 대답한다. "전 언제나 여기 있을 겁니다. 온 힘을 다해 수레를 밀고 있으니 볼일이 있으시면 편지를 보내시거나 직접 찾아오셔도 좋습니다." 이리하여 두 사람은 헤어지고, 혼자 남은 볼스는 장부에 적어 놓은 자잘한 일들을 어음기입장에 옮겨 적는다. 세 딸의 장래를 위해서이다. 근면한 여우나 곰은 이러한 방법으로 자식을 위해 사냥한 병아리와 길 잃은 여행자의 사냥감을 장부에 기재한다. 그리고 이렇게 말한다고 해서 케닝턴[3] 습지대의 마당 구멍에서 아버지 볼스와 함께 사는, 앙상한 얼굴과 호리호리한 몸집에 단추를 끝까지 채우고 있는 세 딸들에게 실례가 되지는 않을 것이다.

리처드는 시몬스 법학예비원의 음침한 그늘에서 밝은 햇빛이 비치는 챈서리래인—우연히 이날은 그곳에도 햇빛이 비치고 있었다—으로 나와 상념에 잠긴 채 계속 걸으며 링컨 법조원으로 꺾어 그곳 정원의 나무그늘을 지난다. 정처 없이 거니는 통행인 위로 얼룩덜룩한 나무 그림자가 떨어진다. 아래로 푹 숙인 고개, 물어뜯은 손톱, 언제나 바닥만 보고 있는 눈, 무거운 발걸음, 목적 없이 꿈속을 헤매는 듯한 사람에게 인생은 쓴 맛으로 가득하고, 선한 마음은 조금씩 침식된다. 지금 이곳을 헤매는 남자는 아직 몰락하지는 않았다. 하지만 머지않아 그렇게 될지도 모른다. 선례 외에 어떠한 지혜도 솟지 않는 대법관 법정에서는 이러한 선례를 질리도록 볼 수 있었다. 그런데 어떻게 그 한 사람만이 다른 수만 명의 운명을 피할 수 있으랴.

하지만 리처드의 경우, 그가 아직 몰락한 것은 아니므로 앞으로 몇 개월 동안 벗어나고 싶지 않은 이곳을 방황하며 결국은 그의 사례만이 놀랄 만큼 별다르다고 생각하고 있는지도 모른다. 마음을 좀먹는 걱정, 불안, 불신, 의혹으로 침울해지면서도, 한편 자신이 처음 이곳에 왔을 때 자신의 마음이 지금과 얼마나 달랐던가를 생각하며 놀라움과 슬픔에 잠겨 있는지도 모른다. 하지만

___
3) 런던 남부에 있는 가난한 지역.

끊임없이 부당한 대우에 시달리면 자신도 남을 부당하게 대하고 싶은 마음이 들기 마련이다. 실체가 보이지 않는 그림자와 싸우다 지면 분명히 눈에 보이는 적을 만들어내지 않고는 견딜 수 없는 것이다. 실체 없는 공소 사건보다 분명히 눈에 보이는 한 친구—그를 파멸에서 구해주고자 한 친구—를 적으로 돌려야만 우울한 와중에서도 마음이 후련해지는 것이다. 앞서 리처드가 볼스에게 한 말은 솔직히 있는 그대로의 일이었다. 그의 마음이 단단해지든 부드러워지든, 어느 쪽이든 상관없이 그는 피해를 입고 있다고 생각한다. 자신이 결정한 목적을 방해받았다고 말이다. 하지만 그가 결정한 목적이라는 것은, 그의 일생을 걸고자 한 소송 문제에 지나지 않았고, 게다가 분명한 형체가 있는 어떤 적이 있을 때, 그는 스스로의 입장을 정당화하게 된다.

이러한 리처드가 비인간적인 것일까—아니면 이러한 선례는 기록천사가 손으로 가리키기만 하면 챈서리 래인에는 빗자루로 쓸어버리고도 남을 만큼 많은 것일까?

그가 손톱을 물어뜯으며 생각에 잠겨 정원을 가로지르고 남쪽 문 그림자 속으로 빨려 들어가는 뒷모습을 그다지 별스러울 것도 없다는 듯이 바라보는 눈동자가 네 개 있다. 그 눈의 주인은 거피 군과 위블 군으로, 두 사람은 나무 그늘 밑에 있는 나지막한 돌난간에 기대어 이야기를 나누고 있다. 리처드는 두 사람 바로 곁을 지나쳤지만 땅만 바라보느라 몰랐던 것이다.

"윌리엄." 위블 군이 구레나룻을 만지작거리며 말한다. "발화약이 저기 가는군! 저건 자연발화가 아니라 그을음만 나는 발화야."

"아, 저 사람은 잔다이스 소송 사건에서 도저히 빠져나올 생각을 하지 않아." 거피 군이 말한다. "이미 빚 때문에 꼼짝도 못할 거야. 저 사람에 대해선 잘 몰라. 우리 사무소에서 수습사원으로 일할 때는 마치 기념탑[4]처럼 의기가 하늘을 찔렀지. 사무원으로서든 의뢰인으로서든 제 발로 나가줘서 얼마나 다행인지 몰라! 그런데 토니, 아까도 말했지만 결국 그렇게 된 거야."

거피 군은 팔짱을 고쳐 끼고 난간에 기대어 흥미진진한 이야기를 계속한다.

"결국 아직도 재고품을 정리하고 서류를 찾고 잡동사니더미나 뒤지고 있지.

---

4) 런던 대화재를 기념하여 시내에 높이 약 60미터의 탑을 설치했다.

지금 상태로 보면 7년은 걸릴 거야."

"스몰도 돕고 있나?"

"스몰은 일주일 전에 고지하고는 우리 사무소를 그만뒀어. 할아버지의 일이 노인이 하기엔 벅차다며 자기가 도와야겠다고 켄지에게 하더군. 스몰은 숨기는 게 너무 많아 처음엔 나와 잘 맞지 않았어. 하지만 그 녀석은 자네와 내가 시작한 일이라고 하더군. 그 녀석에게 한 방 먹고—사실 그 녀석이 말한 대로니까—다시 화해해서 아까 한 얘기도 듣게 된 거야."

"자넨 아직도 그 집에 전혀 가지 않는가?"

"토니." 거피 군이 조금 당황한다. "자네니까 솔직히 말하는데, 난 자네와 함께라면 몰라도 혼자선 그 집에 가긴 싫네. 그래서 아직 안 갔고, 자네 짐을 옮기러 가자고 상의한 걸세. 아, 또 한 시간이 지났군! 토니." 거피 군은 어떤 의미심장한 투로 감상에 젖어 말한다. "자네에게 다시 한 번 분명히 말해 두는데, 어쩔 수 없는 사정 때문에 내가 소중히 품어 온 계획이, 그리고 내가 일방적으로 마음을 쓰던 어떤 사람의 모습이 덧없이 변해 버렸네. 그 모습이 산산조각 나고, 우상이 무너져 버렸어. 친절한 자네의 도움을 빌려 그곳에서 추구했던 계획에서 이제 손을 떼고 망각의 심연으로 가라앉길 바라고 있네. 자네는 어떻게 생각하나? (난 친구로서 토니 자네에게 묻고 싶네) 그 자연발화의 희생자가 된 영감의 변덕스럽고 정체 모를 성격을 알고 있는 자네가 보기에는, 자네가 아직 살아있던 영감을 만난 뒤에 영감이 생각을 고쳐먹고 그 편지를 어디 다른 곳에 숨기는 바람에 편지가 불에 타지 않고 남아 있을 가능성이 있다고 보나?"

위블 군은 한동안 생각에 잠긴다. 고개를 젓는다. 그런 일은 절대 없을 거야.

"토니." 거피 군은 친구와 함께 쿡스 코트로 걸음을 옮긴다. "한 번 더, 친구로서 내가 하는 말을 이해해 주게. 이 이상 구구하게 설명하지 않겠네만 한 번만 더 말하자면, 내 우상은 무너져 버렸어. 지금은 아무 목적도 없어. 단지 망각의 심연으로 가라앉고 싶을 뿐이야. 그렇게 하기로 난 맹세했어. 날 위해서, 그 산산조각 난 우상을 위해서, 그리고 도저히 어찌할 수 없는 사정 때문에라도 그렇게 하지 않을 수 없네. 예컨대 자네가 문제의 서류와 아주 비슷한 종이가 자네 하숙집 어딘가에 떨어져 있다고 눈짓 몸짓으로 가르쳐주어도, 난 내 책임에 따라 그것을 불에 태워 버릴 생각이네."

위블 군이 고개를 끄덕인다. 거피 군은 법정에서 변론이라도 하는 것처럼 로 맨틱하게 열변을 토했으므로—이 신사는 모든 말을 심문하는 투나 법정에서 최종 요약 진술을 하는 투로 하고 싶어 한다—스스로 사나이의 체면을 세웠다고 생각하고 당당하게 크룩이 살던 거리로 향한다.

쿡스 코트에는 그 거리가 생겨난 이래, 포르투나투스 영감의 지갑[5]처럼 가십거리가 끊이지 않는다. 매일 아침 8시가 되면 어김없이 스몰위드 노인이 스몰위드 부인과 주디와 바트를 데리고 와 집안으로 들어가서는 밤 9시까지 온종일 그곳에서 일을 한다. 휴식이라고는 근처의 저렴한 요리점에서 배달한 얼마 안 되는 양의 초라한 식사를 할 때뿐으로, 끊임없이 고인의 보물산을 뒤적이고 파헤치고 쑤셔댄다. 대체 그 보물이 무엇인지는 그들이 비밀에 부치고 있으므로 쿡스 코트 사람들은 거의 미칠 지경이다. 찻주전자에서 기니 은화가 튀어나오진 않을까, 펀치 그릇에서 크라운 은화가 흘러넘치진 않을까, 낡은 의자나 매트리스에 영국은행에서 발행한 지폐가 숨겨져 있지는 않을까 하는 등의 터무니없는 억측을 한다. 다니엘 댄서 씨 남매와 서퍽 주의 엘위스 씨[6]에 대해 쓴 6펜스짜리 책(극채색의 삽화가 든)을 가지고 있으므로, 이처럼 사실을 의심할 여지가 없는 이야기 내용을 전부 크룩 씨의 경우에 적용시켜 버리는 것이다. 고물 장수가 두 번이나 불려 와 오래된 종이 나발, 고물, 깨신 병 등을 몇 수레 가득 실어 나가자 쿡스 코트 사람들이 우르르 몰려와 집안을 들여다본다. 글자에 굶주린 작은 펜으로 박엽지에 글을 갈겨쓰며 근처를 어슬렁거리는 두 신사의 모습이 여러 차례 보인다. 그들은 최근까지 공동으로 기사를 작성했지만 싸우고 난 뒤 각자의 길을 가기로 했는지, 지금은 서로를 멀리했다. 솔스 암스에서는 사람들이 많이 몰려드는 틈을 타서 '음악 모임'을 연다. 리틀 스윌스는 예능인들 사이에서 '패터[7]'라 불리는 노래를 불러 갈채를 받고 여기에 완전히 맛을 들여 개그로도 쓴다. M. 멜빌슨 양도 요즘 다시 인기를 모으고 있는 스코틀랜드 민요 〈서로 끄덕이며〉의 멜로디를 써서 "개는 브루[8]를 좋아해"라고 노래

---

5) 제18장 주1 참조.
6) 둘 다 18세기의 유명한 수전노로 집안에 금을 숨겨두고 있었다.
7) 익살스러운 가사를 속사포처럼 쏟아내는 노래.
8) 스코틀랜드 사람들이 먹는 고깃국.

하는데, 이때 그녀의 옆집을 엿보는 듯한 익살스러운 몸짓을 보면 "스몰위드 씨는 돈 찾기를 좋아해"라는 뜻임이 너무도 분명하므로 매일 밤 몇 차례나 앙코르를 받는다. 이만큼 큰 소동이 벌어졌지만, 이웃 사람들은 아무것도 발견하지 못한다. 파이퍼 아주머니와 퍼킨스 아주머니가 일찍이 하숙인(그가 모습을 나타냈으므로 전원 집합이라는 비상소집이 이루어졌다)에게 말했듯이, 기어코, 아니 그 이상으로 발견하고자 하는 열망이 식지 않고 끝없이 이어진다.

위블 군과 거피 군은 쿡스 코트의 모든 주민의 시선을 한 몸에 받으며, 마을 최고의 인기인이 되어 닫힌 고인의 방문을 두드린다. 그런데 대부분의 구경꾼들의 예상을 뒤엎고 집안으로 들어갔기 때문에 순식간에 인기를 잃고, 아무런 도움이 안 된다는 평판을 얻게 된다.

집 안의 덧창이 대부분 닫혀 있으므로 1층은 어두워 촛불을 켜야 할 정도이다. 두 사람은 스몰위드 소년에게 안내를 받아 밝은 태양 아래에서 갑자기 가게 안으로 들어가는 바람에 처음에는 어둠과 사람 그림자밖에 보이지 않는다. 하지만 이윽고 종이쪼가리가 우물이나 무덤처럼 쌓여 있는 곳 끄트머리에서 의자에 앉아 있는 스몰위드 노인의 모습이 보이기 시작한다. 그리고 무덤 파는 여자처럼 종이쪼가리 무덤 속을 손으로 뒤적이고 있는 숙녀 주디와, 그 옆의 바닥에 앉아 하루 만에 쏟아져 온 팬레터더미 같은 종이쪼가리의 산에 묻혀 있는 스몰위드 부인의 모습도 보인다. 스몰을 포함하여 모두가 먼지와 진흙으로 시커멓게 물들어 악귀 같다. 방 안은 옛날보다 잡동사니 더미가 늘었고, 옛날에도 지저분했지만 지금은 한층 더 지저분하다. 벽에 분필로 적은 글자처럼 죽은 옛 주인을 떠올리게 하는 것이 눈에 들어오기라도 하면 어쩐지 으스스한 기분이 든다.

손님이 들어오자마자 스몰위드 노인과 주디는 종이쪼가리를 찾던 손을 멈추고 팔짱을 낀다.

"이보게!" 노인이 쉰 목소리로 말한다. "자네들, 잘 지냈나? 위블 군, 짐을 가지러 왔구먼? 좋아, 좋아. 하! 하! 하! 계속 여기다 두었다간 창고료를 내기 위해 저걸 경매에 내놔야 할 지경이었어. 오랜만에 집에 돌아온 느낌이겠지만, 안 그래? 아니, 잘 왔네, 잘 왔어!"

위블 군은 인사를 하고 주위를 둘러본다. 거피 군도 그를 따라 눈을 굴린다.

위블 군의 눈은 새로운 것을 발견하지 못한다. 거피 군도 마찬가지다. 그는 스몰위드 씨와 눈이 마주친다. 이 매력적인 노인은 태엽을 감은 오르골이 저절로 느릿해지는 것처럼 여전히 중얼거리고 있다. "잘 지냈소—잘 지냈—잘—." 그리고 태엽이 다 돌자 말없이 싱글거리며 웃기만 한다. 그때 거피 군은 반대쪽 어둠 속에서 뒷짐을 지고 서 있는 털킹혼 변호사의 모습을 보고 흠칫 놀란다.

"저분이 내 고문변호사가 돼 주셨지." 스몰위드 노인이 말한다. "나는 도저히 저렇게 유명한 선생님의 의뢰인이 될 만한 사람이 아닌데 선생께서 친절하게도 허락해 주셨어!"

거피 군이 친구의 팔꿈치를 찔러 주의를 주고 털킹혼 변호사에게 인사를 꾸벅 하자 선생이 의젓하게 고개를 끄덕인다. 선생은 달리 할 일이 없어서 진귀한 구경을 하며 기분 전환을 하고 있다는 투다.

"이곳엔 물건들이 무척 많군요." 거피 군이 스몰위드 노인에게 말한다.

"대부분이 넝마와 잡동사니뿐이라우. 넝마와 잡동사니라고! 나와 바트와 손녀 주디도 팔 만한 물건이라도 있나 싶어 정리하는 중이라오. 그런데 아직 변변한 게 나오지 않아요. 아직—변변한 게—나오지 않—아요!"

여기서 다시 스몰위드 노인은 태엽이 풀려 버린다. 위블 군은 거피 군과 함께 방 안을 한 바퀴 둘러본 뒤 이렇게 말한다.

"알겠습니다. 우리는 이 이상 방해하지 않고 이층으로 올라가겠습니다."

"그래요, 어서 가 봐요. 눈치 볼 것 없어요, 어서요!"

계단을 오르며 거피 군은 눈썹을 치켜올리고선 토니에게 묻는다. 토니는 고개를 젓는다. 옛날 방은 어두컴컴하고 음침하며 그 잊을 수 없는 밤에 타오르던 난롯불 재가 아직 녹슨 쇠살판에 쌓여 있다. 짐에 손을 대는 것도 꺼림칙하여 먼저 조심스럽게 먼지를 불어서 털어낸다. 오래 있을 필요가 없다는 듯이 되도록 빨리 두세 가지 물건을 싸며 비밀스럽게 수군거린다.

"앗! 그 재수 없는 고양이가 들어왔잖아!" 토니가 말하며 꽁무니를 뺀다.

거피 군도 의자 뒤로 물러난다. "스몰의 말로는, 이 녀석은 그날 밤 마치 악마처럼 뛰고 튀어 오르고 날뛰며, 옥상 위로 올라가 이주 동안이나 매달려 있다가 앙상하게 살이 빠져서 굴뚝을 통해 아래로 내려왔다고 하더군. 이렇게 불쾌한 동물을 본 적이 있나? 마치 진상을 전부 알고 있다는 듯한 얼굴을 하고 있잖아. 크룩과 똑같이 생겼어. 훠이, 훠이! 저리 가, 이 괴물 같은 놈!"

문가에 서 있는 레이디 제인은 두 귀를 쫑긋 세우고 꼬리를 막대기처럼 세운 채 으르렁거리며 좀처럼 말을 들으려 하지 않는다. 그런데 털킹혼 변호사의 발이 고양이에게 닿자 녀석은 변호사의 녹 묻은 발에 침을 튀기며 서슬 퍼렇게 위협하며 울어대고는 계단을 올라가 버린다. 또다시 지붕 위를 어슬렁거리다가 기둥을 타고 돌아올 생각일 것이다.

"거피 군, 할 말이 있네." 털킹혼 변호사가 말한다.

거피 군은 벽에 붙어 있는 〈영국 미녀 명화집〉을 모아 그 예술작품집을 낡고 흉측한 상자에 정리해 넣으려다가 얼굴을 붉히며 대답한다.

"네, 선생님. 전 법조계에 종사하시는 분이라면 누구에게나 존경하는 마음으로 봉사할 자세가 되어 있습니다. 특히 선생님과 같은 유명한, 아니 매우 고명한 분이라면 말할 나위도 없지요. 하지만 선생님, 한 가지 조건이 있는데, 제게 하실 말씀이 있으시다면 부디 제 친구도 함께 있는 자리에서 이야기해 주시기 바랍니다."

"그런가?" 털킹혼 씨가 말한다.

"그렇습니다. 그 이유는 결코 사적인 것은 아니지만 제게는 충분한 이유가 있습니다."

"암, 그렇겠지." 털킹혼 씨는 조용히 난롯가로 가다가 난로의 돌처럼 태연자약하게 말한다. "내 얘기는 일부러 조건을 달 만큼 중요한 용건이 아닐세. 거피 군." 그는 말을 멈추고 히죽 웃는다. 그의 웃음은 그가 입고 있는 바지처럼 뻣뻣하다. "자네에게 축하한단 말을 하고 싶었네. 자넨 운이 좋은 젊은이야, 거피 군."

"저도 그렇게 생각합니다, 선생님. 전 푸념은 하지 않습니다."

"푸념이라고? 훌륭한 친구가 있고, 명문가의 저택에 자유로이 드나들 수 있고 고귀한 귀부인을 뵐 수도 있지 않은가! 아무렴, 거피 군, 이 런던에는 자네를 대신하고 싶어 좀이 쑤시는 사람들이 수없이 많다네."

거피 군은 귀까지 새빨개지며, 자기야말로 그런 사람이 되고 싶어 좀이 쑤신다는 모습을 강조하며 대답한다. "선생님, 제가 업무상 켄지 앤드 카보이 법률사무소를 위해 필요한 일을 할 때에는 제 친구라고 해도 눈에 들어오지 않습니다. 법조계 분들이라도, 예컨대 링컨 법조원의 털킹혼 선생님이라도 마찬가지입니다. 전 이 이상 설명할 의무가 없다고 생각합니다. 실례인 줄은 알지만……."

"……아니, 그렇지 않네."

"……이 이상 설명드릴 수는 없습니다."

"잘 알았네." 털킹혼 씨는 천천히 고개를 끄덕인다. "이제 됐네. 그런데 그 그림으로 짐작해 보자면, 자네는 사교계 명사에게 관심이 아주 많은가 보군?"

이러한 질문을 받은 토니는 화들짝 놀라며 그 가벼운 문책을 인정했다.

"영국인이라면 누구나 그렇겠지." 그을음투성이인 난로를 등지고 서 있던 털킹혼 변호사는 이렇게 말한 뒤 갑자기 안경을 쓰며 돌아섰다. "이 사람은 누군가? '데들록 부인'이라. 그래! 닮긴 했지만 의지가 강한 성격이 드러나지 않았군. 아차, 여러분, 실례했소. 그럼 안녕히 계시오!"

변호사가 나가자 식은땀 흘리던 거피 군은 기운을 찰리고 〈미녀 명화집〉을 서둘러 정리하고, 마지막으로 데들록 부인의 그림을 챙겨 넣는다.

"토니," 거피 군은 간담이 서늘해진 친구에게 조급하게 말한다. "어서 짐을 정리해 여기서 나가세. 자네에게 솔직히 말하자면, 나와 지금 내가 들고 있는 그림 속의 귀부인은 서로 몰래 만나거나 편지를 주고받는 사이일세. 할 수만 있다면 자네에게도 털어놓고 싶었네. 하지만 앞으로도 밝힐 수는 없네. 내가 한 맹세와 무너진 우상, 그리고 피치 못할 사정이라는 세 가지 이유 때문에 모든 일은 망각의 심연으로 가라앉아야 하네. 친구인 자네에게 부탁하네. 사교계의 사정에 자네가 기울인 관심과, 이제까지 내가 자네에게 빌려준 얼마 안 되는 가불금을 생각해서 내 부탁을 들어주게. 제발 한 마디도 묻지 말고 잊어주게!"

정신이 나간 듯한 변설을 쏟아붓는 친구의 말을 듣고 위블 군은 얼이 빠져 머리털을 쥐어뜯다가 정성스럽게 모양을 잡은 구레나룻까지 쥐어뜯고 만다.

# 제40장 국가의 문제와 가정의 문제

지난 몇 주 사이에 온 영국이 끔찍한 위기에 봉착한다. 쿠들 각하는 정권을 내팽개치고 토머스 두들 경도 입각(入閣)하지 않는다. 쿠들과 두들 외에 달리 꼽을 만한 사람은 대영제국에 한 사람도 없으므로, 정치는 활동이 멈춰버린다. 이 두 거물의 적개심에 불타는 얼굴이 서로를 마주하는 것이 때로는 피할 수 없는 일처럼 보이지만 마침내 막을 수 있었던 것이 그나마 다행이다. 두 사람의 권총이 과녁에 맞아, 쿠들과 두들이 서로 죽고 죽이게 되면, 현재 아기 옷을 입고 긴 양말을 신은 쿠들과 두들 두 사람의 자제가 다 자랄 때까지 영국 정치의 키를 잡을 사람이 아무도 없을 것이기 때문이다. 하지만 그러한 국가적인 불행은 피했다. 쿠들 각하가, 설령 자기가 격렬한 논쟁 끝에 토머스 두들 경의 천박한 정치 활동을 조금도 문제 삼지 않는다고 말했다 해도, 그 말은, 비록 당파가 다르다 해도 자신은 깊은 존경을 표시하는 데 인색하지 않다는 뜻일 뿐이라고 시기적절하게 발언했기 때문이다. 또한 우연히 토마스 두들 경도 쿠들 각하야말로 명예와 미덕의 귀감으로서 후세에 남을 만한 인물이라고 마음속으로 생각하고 있었음이 판명되었기 때문이다. 그럼에도 영국은 지난 몇 주 동안 (레스터 데들록 경의 적절한 표현을 빌리면) 키잡이를 잃은 위기에 봉착해 있었다. 더욱 놀라운 일은, 온 영국의 사람들이 이 위기를 그다지 걱정하지 않고, 옛날 노아의 대홍수가 일어나기 직전처럼 평화롭게 먹고 마시고 결혼하고 했다는 것이다. 하지만 쿠들과 두들은 그 위험을 간파하고 각 당의 당원들도 그 위험을 분명히 인식하고 있었다. 마침내 토머스 두들 경은 정권을 유지하기로 동의했을 뿐만 아니라 매우 훌륭한 태도를 보인다. 즉 조카와 사촌과 의형제들을 모두 데리고 내각에 입각한 것이다. 그리하여 영국이라는 낡고 큰 배는 아직 무사하다고 볼 수 있다.

두들은 온 나라에 자신의 존재를 알려야 한다고 생각한다 — 주로 금화와 맥주[1]의 형태로. 이렇게 모습을 바꾸면 그는 수많은 곳에, 국내 대부분의 장소에 동시에 모습을 나타낼 수 있다. 온 영국 국민은 금화 형태를 한 두들을 열심히 주머니에 집어 넣고, 맥주 형태를 한 두들을 마시며 진지한 얼굴로 자신은 그러한 일은 절대 하지 않는다고 맹세하므로—그것이 영국의 영광을 드높이고 도덕성을 함양하는 일이다—런던 사교계도 갑자기 막을 내리고 만다. 모든 두들 당과 모든 쿠들 당이 전국으로 흩어져 이 종교의식에 아낌없이 협력하고 있기 때문이다.

따라서 체스니 월드의 가정부 미시즈 라운스웰은 아직 별다른 명령을 받지 않았지만, 머지않아 나리 가족이 국가적 대행사에 협력할 많은 친척들과 추종자들을 데리고 이 저택으로 오실 것이라고 예상하고 있다. 그래서 이 당당한 노부인은 집 안팎의 회랑이며 통로며 각 방마다 손님 맞을 채비를 한다. 반들반들 윤이 나게 바닥을 닦고, 카펫을 깔고, 커튼의 먼지를 털고, 침대를 정돈하고, 식료품 저장고와 부엌을 언제든지 쓸 수 있도록 준비한다. 데들록 가의 위엄이 손상되지 않도록 말이다.

지금, 해가 뉘엿뉘엿 저물어가는 여름 저녁, 모든 준비를 마치고 어쩐지 적적한 듯하면서도 당당하게 서 있는 오래된 저택에는 거주하기 위한 설비는 다양하게 갖춰져 있지만 실제로 사는 사람이라고는 벽에 걸린 조상들의 초상화뿐이다. 그 가운데 어느 데들록 가의 주인은 회장을 지나며 이렇게 생각했는지도 모른다. '이와 같이 이들은 왔다 갔다. 그들도 나처럼 고요한 회랑을 보며 자신이 사라진 뒤 어떤 공백이 남을지를 생각했다. 나처럼 자신이 없는 저택은 상상할 수도 없었다. 내가 그들의 세계에서 떠나듯, 그들도 내 세계에서 떠난다. 소리가 울리는 문을 닫고, 뒤에 서글픈 공백을 남기지 않고 죽는다.'

이 일몰 때, 밖에서 보면 음산한 회색 돌이 아니라 황금으로 만들어진 것처럼 보이는 눈부신 건물에 끼워져 있는, 붉게 타오르는 창유리를 통해, 다른 덧문이 닫힌 창에서 쫓겨난 햇빛이 자못 여름처럼 넘치도록 담뿍 들어온다. 그러자 얼어붙은 듯한 역대 데들록들의 얼굴이 녹아내린다. 그들의 얼굴 위에 마치 나뭇잎 그림자가 한들거리는 듯한 기묘한 움직임이 나타난다. 구석에 있는 둔

---

1) 정권을 획득하기 위해 뇌물인 돈과 술로 매수하는 것을 말한다.

해 보이는 얼굴의 판사가 무심코 윙크를 한다. 영국문장원 원장의 지팡이를 쥐고 엄격한 얼굴로 노려보는 준남작의 턱에 보조개가 생긴다. 양치기 옷을 입은 돌덩이 같은 미인의 앞가슴에 온기와 빛이 스며들어 그것이 백 년 전이었다면 좋았을 것이라는 아쉬움을 남긴다. 볼룸니아와 꼭 닮았으며 굽이 높은 구두를 신은 한 여성은 등에서 후광이 내비치는 성녀가 된다. 찰스 2세 궁정의 시녀였던, 눈이 크고 동그란 미녀는 주홍색으로 빛나는 물속에서 목욕을 하는 것처럼 보인다.

하지만 태양의 불꽃은 사라져간다. 이제 바닥이 어둑해지고 그림자가 천천히 벽을 기어올라 데들록 일족에게 노년과 죽음을 가져온다. 커다란 난로 위에 걸려 있는 현재의 데들록 부인의 초상화 위로 어느 고목의 불길한 그림자가 드리운다. 그 그림자는 초상화의 주인공을 파리하게 만들고 뒤흔들어 놓는다. 마치 베일이나 두건을 든 누군가의 커다란 팔이 얼굴을 뒤덮을 기회를 엿보고 있는 것 같다. 그림자가 벽을 기어오르자 차츰 어두워진다. 천장이 갑자기 검붉어지는 듯하더니 태양의 불꽃이 사라져버린다.

테라스에서 보면 조금 전까지 그토록 가까워 보였던 풍경이 천천히 멀어지고 형태가 바뀌며 아렴풋하고 먼 환상이 된다. 그토록 가까워 보이면서 순식간에 변해 버리는 아름다운 것들에게 흔히 있는 일이다. 엷은 안개가 피어오르고 이슬이 맺히며, 뜰에 심어져 있는 식물의 방향이 자욱하게 어린다. 가로수가 한 가지 색깔로 바뀌어 가로로 기다란 한 그루 나무처럼 된다. 달이 떠오르자 다시 저마다 다른 나무로 보이며, 사방의 가지 너머로 수평선이 있는 것처럼 반짝이고, 가로수 길은 무너져서 이상하게 일그러진 대성당의 아치 밑 빛의 포장도로처럼 보인다.

달이 높이 떠오른다. 큰 저택은 전보다도 더욱 그 안에 사는 사람을 원하는 생명 없는 육체 같다. 죽은 사람은 물론 혼자 침실에서 자고 있던 살아있는 사람들을 생각하면 소름이 오싹 돋는다. 그림자들을 위한 시간이 된다. 집 안 구석구석은 무덤처럼 새카맣고, 아래로 내려가는 계단은 끝없는 구덩이 같다. 스테인드글라스가 바닥 위에 아스라이 창백한 빛을 드리우고, 계단을 지탱하는 묵직한 들보는 온갖 터무니없는 형태로 보인다. 장식된 갑옷이 흐릿하게 빛나며 남몰래 움직이는 것 같고, 장식용 투구는 안에 머리가 들어있는 것 같아 보는 사람을 오싹하게 만든다. 하지만 체스니 월드로 살며시 다가오는 온갖 그림자 가운데 크고 긴 응접실에 걸려 있는 부인의 초상화 위로 드리워진 그림자가 가장 먼저 나타나 마지막까지 남는다. 이 시각에 이 빛을 통해 보면 그림자는 마치 누군가가 손을 올려 그 단정하고 아름다운 얼굴을 위협하고 있는 것처럼 느껴진다.

"마님은 기분이 좋지 않으십니다." 미시즈 라운스웰의 접견실에서 하인이 말한다.

"마님의 기분이 좋지 않으시다니! 무슨 일이 있으신 걸까?"

"마님은 지난번에 오셨을 때부터—나리와 함께 오셨을 때가 아니라 마치 철새처럼 훌쩍 들르셨을 때 말이에요—상태가 좋지 않으세요. 마님답지 않게 외출도 안 하시고 방에만 계십니다."

"토머스." 가정부가 거만하게 대답한다. "체스니 월드에 오시면 다시 기운을 찾으실 거예요! 여기보다 공기 좋고 건강한 땅은 세상 어디에도 없으니까요!"

토머스는 이 일에 대해 개인적인 의견이 있는지 반들반들한 머리를 목 뒤부터 관자놀이까지 쓰다듬으며 무심한 듯이 말을 꺼내지만 그 이상은 입에 올리지 않고 고용인용 방으로 돌아와 차가운 미트 파이를 먹고 맥주를 마신다.

이 하인은 말하자면 높으신 분이 한 발 앞서 보낸 선령이다. 이튿날 저녁 레스터 경 부부가 수행원들과 함께 오고, 그의 친척과 지인들이 사방팔방에서 찾아올 예정이다. 그리고 앞으로 몇 주 동안 그다지 알려진 이름도 없는 정체 모를 사람들이 사방으로 뛰어다니며 두들 경이 현재 금과 맥주의 비가 되어 쏟아지는 지역을 정신없이 쫓아다닐 터인데, 이러한 자들은 좀처럼 가만히 있지 못하는 성격이라 이곳저곳을 돌아다니지만 어디에 가더라도 크게 도움이 되지는 않는다.

레스터 경은 이러한 국가적인 거사가 있을 때에는 사촌들이 꽤나 유용하다고 생각한다. '몰이'를 위한 만찬회 때에는 국회의원 밥 스테이블스 선생이 더없이 적당한 인물이다. 곳곳의 투표장과 연설회장에서 영국 애국당의 본때를 꺾는 데에는 다른 사촌들보다 적임자가 없다. 볼룸니아도 영향력이 조금 약해지기는 했지만 혈통 있는 일족의 일원이므로 그녀의 세심한 대화와 몇 세기 전의 것인지 모를 케케묵은 프랑스어 수수께끼를 듣고 감탄해줄 사람들이 얼마든지 있으며, 이 아름다운 데들록 양과 함께 만찬회에 참석하거나 무도회에서 춤 상대를 해줄 사람도 있다. 이러한 국가적인 거사가 있을 때에는 춤도 나라를 위한 봉사이므로 볼룸니아는 언제나 자신에게 연금 한 푼 주지 않는 배은망덕한 국가를 위해 열심히 춤을 춘다.

마님은 많은 빈객을 환대하는 일에는 그다지 열성을 보이지 않는다. 그리고 여전히 기분이 좋지 않으므로, 저녁이 되기 전에는 얼굴을 보이지 않는다. 하지만 음침한 만찬회와 께느른한 오찬회와 괴물들만 가득한 무도회와 그 밖의 음울한 행사에 마님이 얼굴을 내비치면 일동은 구원받는다. 레스터 경은 영광스럽게도 그의 저택에 초대받은 손님은 어떠한 불평불만도 있을 리 없다고 철석같이 믿고 있으므로, 스스로도 무척 만족하며 거대한 냉동고처럼 사람들 사이를 걸어 다닌다.

사촌들이 날마다 먼지를 휘날리며 길가의 잔디밭 위에서 말을 달리고(시골로 갈 때는 생가죽으로 만든 장갑에 사냥용 채찍을 들고, 도시로 갈 때에는 새끼양가죽 장갑과 승마용 지팡이를 든다), 투표장과 연설회장으로 가서 날마다 보고할 내용을 가지고 돌아오면, 레스터 경은 그 내용을 토대로 만찬 뒤에 일장 연설을 한다. 직업도 없어 안정된 생활을 꾸리지 못하는 사람들이 날마다 바쁜 척을 한다. 볼룸니아는 국가 정세에 대해 레스터 경과 날마다 이야기를 나누는데, 그 결과 레스터 경은 볼룸니아도 생각보다 제대로 사고할 줄 아는 여성이라고 생각하게 된다.

"정세가 어떤가요?" 볼룸니아는 두 손을 마주 잡으며 말한다. "우리 당은 괜찮은가요?"

중대한 행사는 이미 막바지를 향하고 있으며, 두들은 앞으로 며칠 동안만 자신의 존재를 알리면 된다. 레스터 경은 만찬을 마치고 조금 전에 대응접실로 들어와 구름 같은 사촌들에게 둘러싸인다.

"볼룸니아." 손에 명부를 들고 있는 레스터 경이 대답한다. "우리는 제법 잘해나가고 있어요!"

"겨우 '제법'일 뿐인가요!"

여름이라도 레스터 경은 언제나 밤이면 자기 난로에 불을 지폈다. 늘 앉는 난롯가의 의자에 앉자, 단호하지만 기분이 조금 언짢은 투로, 자신은 일반 평민과는 다르므로 그가 말하는 '제법'은 일반 평민들에게는 '엄청나게'라는 뜻이라는 듯이 다시 한 번 말한다. "우리는 제법 잘해 나가고 있어요!"

"적어도 당신에게 반대하는 파는 없을 거예요." 볼룸니아는 확신에 차서 말한다.

"물론이지요. 안타깝게도 이 나라는 최근 여러 면에서 제정신을 차리지 못하고 있지만⋯⋯."

"그렇게까지 심각하지는 않다는 말씀이시군요. 다행이에요!"

볼룸니아가 뒷말을 이어주자 레스터 경은 무척 흡족했다. 경은 우아하게 고개를 기울이며 혼잣말을 한다. "볼룸니아는 대체로 분별 있는 여자야. 가끔 성급한 말을 하긴 해도."

사실 반대파 문제에 대해서는 아름다운 데들록 양이 굳이 말할 필요도 없었다. 이러한 행사 때면 데들록 경은 자신의 선거구에서 시원시원하게 대량 주문을 하여 곧바로 물건을 납품하게 하며, 그의 입김이 미친 다른 두 의석은 그다지 중요하지 않다고 생각한다. 따라서 사람을 보내 상인에게 이렇게 지시하기만 하면 된다. "이 재료로 의원을 둘 만들어서, 다 되면 보내 주시오."

"볼룸니아, 참으로 유감이지만 요즘 들어 곳곳에서 위험한 사상이 만연하고 성부에 반대하는 행동이 퍼지고 있어요."

"어쩜 그렇게 한심할 수가!" 볼룸니아가 말한다.

"이제까지 여당이 불온분자를 억눌러 온 많은 선거구, 아니, 대부분의 선거구에서⋯⋯." 레스터 경은 주변의 긴 의자와 소파에 늘어져 있는 사촌들을 보며 말을 잇는다.

(참고로, 두들 당에게 쿠들 당은 언제나 '불온분자'이며, 쿠들 당에게도 두들 당은 언제나 같은 이름으로 불린다.)

"⋯⋯이런 말을 하면 영국 국민의 명예에 금이 가겠지만, 그러한 선거구에서조차 우리 당은 막대한 지출을 한 끝에 겨우 승리를 거두었다고 보아야 합니다." 레스터 경은 사촌들을 보며 조금씩 위엄과 분노가 높아진다. "몇 십만 파운드나 지출해야 했어요!"

볼룸니아에게 결점이 있다면 지나치게 순진하다는 점일 것이다. 장식 띠와 모슬린 천을 두르는 일반 시민들이라면 몰라도, 립스틱을 바르고 진주 목걸이를 두른 귀족들에게는 조금 어울리지 않는 순진함이다. 어쨌든 순진하게 볼룸니아가 묻는다.

"왜죠?"

"볼룸니아." 레스터 경은 더없이 엄격하게 나무란다. "볼룸니아!"

"아차, 무심코 다른 말이 튀어나왔어요." 예의 새된 소리를 지르며 볼룸니아가 소리친다. "나답지 않게 한심하기도 하지! '정말 유감이에요!'라고 말할 생각이었어요."

"그럼 됐소."

볼룸니아는 황급히, 그런 사람들은 배신자로서 재판에 회부하여 우리 당의 지지자로 전향시켜야 한다고 덧붙인다.

"볼룸니아, 그러면 됐소." 레스터 경은 상대의 변명은 들은 체도 않고 말한다. "확실히 유감스러운 일이오. 선거인의 수치예요. 하지만 당신이 지금, 물론 진지한 질문이 아니라 무심코 말이 헛나왔다고 생각하지만, '왜죠?'라고 물은 말에 대답하겠소. 필요한 경비를 위해서입니다. 볼룸니아, 당신의 양식을 믿고 말해두는데, 그런 말은 여기는 물론 다른 데서도 입에 올리지 않는 게 좋아요."

레스터 경은 볼룸니아에게 불문곡직하고 단호한 태도를 보여야 한다고 생각한 것이다. 항간에 떠도는 소문에 의하면, 그 필요한 경비는 뇌물이라는 불쾌한 말과 결부되고, 그 결과 영국국교회 예배식에서 의회고등법정[2]을 위한 기도를 빼고 대신 건강하지 않은 658명[3]의 신사를 위한 집회 기도를 넣으라는 천박한 농담을 하는 자가 있기 때문이다.

잠시 뒤 다시 기운을 차린 볼룸니아가 말한다.

"아마 털킹혼 씨는 피곤해서 죽을 지경일 거예요."

"왜 털킹혼 군이 죽을 만큼 피곤하죠?" 레스터 경이 눈을 뜨며 묻는다. "털킹혼 군에게 무슨 일이 있습니까? 그는 후보자가 아니에요."

볼룸니아는 그분에게도 한몫하게 해주셨더라면 좋았을 것이라고 말한다. 레스터 경은 누가 왜 그에게 일을 맡겨야 하느냐고 묻는다. 볼룸니아는 또다시

---

2) 선거와 관련된 소송은 선거가 끝난 뒤 21일 이내에 접수되며, 그 무렵에는 의회 내에서 열린 법정에서 판결을 내렸다. 현재는 일반 법정에서 재판이 이루어진다.

3) 그 무렵 하원 수.

부끄러워하며 누군가가 여러 가지 절차를 준비하거나 충고를 듣기 위해서라고 대답한다. 레스터 경은 털킹혼 군의 의뢰인 가운데 그의 도움을 필요로 하는 자는 없었던 것으로 안다고 말한다.

데들록 부인은 열려 있는 창가에 앉아 쿠션이 놓인 창턱에 팔을 올리고 정원에 저녁 그림자가 드리우는 모습을 바라보고 있다가, 변호사의 이름이 나오자 신경이 쓰이는 모습을 보인다.

콧수염을 기르고 말을 심하게 더듬는 한 사촌이 긴 의자에 앉아 말한다. "어제 털킹혼이 철의 마을에 갔다고 하니 오늘 선거전이 끝나면 쿠들 당 대패의 소식을 가져오면 좋을 텐데."

커피를 내 온 하인 머큐리가 레스터 경에게, 조금 전 털킹혼 씨가 오셔서 지금 식사를 하고 있다고 알린다. 마님은 방 안을 힐끗 둘러본 뒤 곧바로 다시 문 밖을 바라본다.

볼룸니아는 그 멋진 분이 와서 잘 됐다고 말한다. "그는 매우 특이하고 차분하며 뭐든지 알고 있으면서 아무 말도 하지 않아요! 틀림없이 그는 프리메이슨일 거예요. 지부회장이 분명하며, 짧은 앞치마를 두르고 촛대와 인두를 들고는 모두에게서 우상으로 숭배 받을 거예요." 아름다운 볼룸니아는 매우 명랑한 투로 이러한 말을 활기차게 쏟아내며 눈썹을 찡그린다.

"제가 여기 온 뒤로 그분을 한 번도 뵙지 못했어요." 그녀가 덧붙인다. "그 불성실한 사람 때문에 심장이 터지는 줄 알았던 적도 있는데, 차라리 그 사람이 죽어 버렸으면 좋겠다는 생각까지 할 뻔했어요."

차츰 다가오는 어둠 때문인지도 모르고, 그보다 더 어두운 마음속의 그림자 때문인지도 모른다. 하지만 어쨌든 마님의 얼굴이 갑자기 흐려진다. 마치 '나도 그 사람이 죽어 버렸으면 좋겠어!'라고 생각하는 것처럼.

"털킹혼 군이라면 언제든지 환영이지요. 그는 어디서나 늘 신중한 사람이오." 레스터 경이 말한다. "훌륭한 인물로서 마땅히 받아야 할 존경을 받고 있지요."

말더듬이 사촌이 말한다. "그 사람 엄청난 부자겠지."

"국가적인 사건에도 관여하고 있으니 당연히 높은 보수를 받고 있지요." 레스터 경이 말한다. "최고의 지위에 있는 사람들과도 대등하게 사귀지요."

일동이 깜짝 놀란다. 바로 옆에서 총성이 난 것이다.

"어머, 저게 뭐죠!" 볼룸니아나 조금 쉰 목소리로 날카롭게 소리친다.

"쥐예요." 마님이 말한다. "쥐를 쏜 거예요."

털킹혼 변호사가 램프와 촛대를 든 하인을 데리고 들어온다.

"아니, 아니야." 레스터 경이 말한다. "그렇지 않아. 여보, 어둠이 싫소?"

"아뇨, 오히려 어둠이 더 나아요." 마님이 대답한다.

"볼룸니아는 어떻소?"

"아, 어둠 속에 앉아 있는 것보다 멋진 일은 없어요." 볼룸니아가 대답한다.

"그럼 불은 가져가게." 레스터 경이 말한다. "털킹혼 군, 실례했네. 잘 지냈나?"

털킹혼 변호사는 평소처럼 차분한 걸음걸이로 다가와 마님 곁을 지나면서 마님에게 인사를 하고 레스터 경과 악수한 뒤, 준남작의 작은 신문 탁자 반대편에 있는, 어쩐지 이야기를 하기 편해 보이는 의자에 앉는다. 레스터 경이 심기가 불편해 보이는 부인에게 창가에 있다가 감기에 걸리기라도 하면 큰일이라고 말하자 마님은 고맙지만 여기 앉아서 바람을 쐬고 싶다고 대답한다. 레스터 경은 일어나 부인의 숄을 바로잡아 준 다음 다시 자리로 돌아온다. 그동안 털킹혼 변호사는 코담배를 한 줌 집어 피운다.

"그럼," 레스터 경이 말한다. "선거전 결과는 어떤가?"

"아, 처음부터 불리했어요. 승산이 전혀 보이지 않았습니다. 상대편은 둘 다 선출됐고 각하 쪽은 참패했습니다. 3대 1입니다."

어떠한 정치적 의견도 갖지 않는 것이 털킹혼 변호사의 교묘한 정책 가운데 하나이다. 그에게는 정치적 의견이 전혀 없다. 따라서 그는 '각하'가 졌다고 말할 뿐, '우리'라고는 말하지 않는다.

레스터 경은 위엄 있게 분노한다. 볼룸니아는 그런 이야기를 들어보지 못했다고 말한다. 말더듬이 사촌은 어리석은 백성들에게—선거권을 주면—그렇게 되는 게 마땅하다—고 말한다.

"아시겠지만," 모두가 잠잠해지자 차츰 짙어지는 어둠 속에서 털킹혼 씨가 말을 잇는다. "미시즈 라운스웰의 아들을 내보내려고 했던 선거구입니다."

"그때 자네가 내게 정확히 가르쳐 준 바에 따르면 그는 마땅히 갖춰야 할 감성과 명석한 두뇌를 지녔지. 라운스웰 군이 이 방에서 삼십 분 동안 말한 의견은 도저히 내가 찬성할 수 있는 것이 아니었지만, 그의 결심은 예절과 일치한다고 감탄했었네."

"그랬지요." 털킹혼 변호사가 말한다. "하지만 그는 아무렇지 않게 이번 선거에서 열심히 일했습니다."

레스터 경의 신음소리가 분명히 들린다. "뭐라고? 라운스웰 군이 이번 선거에서 열심히 일했다고?"

"매우 열심히 일했습니다."

"내……."

"그렇습니다, 각하의 적으로서 말입니다. 그는 화술이 뛰어납니다. 부드러운 말로 강하게 청중을 사로잡습니다. 그는 치명적인 무기를 쓴 것입니다. 그의 말은 큰 영향력을 발휘하지요. 업무 면에서는 그가 하는 일 가운데 불가능한 일은 없습니다."

아무도 레스터 경의 얼굴을 똑바로 바라보지 못하지만, 경이 눈을 휘둥그레 뜨고 있다는 것은 분명히 알 수 있다.

"게다가 그에게는 아들이 큰 힘을 보태주었습니다." 마지막으로 털킹혼 변호사가 말한다.

"그의 아들이라고?"

"그렇습니다."

"데들록 부인을 모시는 하녀와 결혼하고 싶어 하는 그 아들 말인가?"

"그 아들입니다. 그에게는 아들이 하나밖에 없습니다."

"이게 무슨 일인가." 레스터 경은 한동안 무겁게 침묵했고, 그동안 거칠게 콧김을 뿜으며 얼이 빠진 채 눈을 휘둥그레 뜨고 있는 것이 느껴진다. 레스터 경은 곧이어 말한다. "내 명예, 목숨, 명성, 원칙을 걸고 말하는데, 사회의 수문이 떠내려가고 거친 물살이 만물의 연대 기구를 파괴해 버렸어!"

친척들이 일제히 분노를 터뜨린다. 볼룸니아는 지금이야말로 힘 있는 누군가가 일어나 단호한 조치를 취해야 할 때라고 소리치고, 말더듬이 사촌은—이 나라는—이제 곧장—지옥으로 향하게 되었다고 말한다.

"여러분." 레스터 경이 신음하며 말한다. "이 문제는 이제 그만 내려놓읍시다. 무슨 말을 해도 이젠 늦었소. 그리고 여보, 그 하녀 말인데……."

"난 그 애를 내보낼 생각은 없어요." 부인이 창가에서 낮고 또렷이 말한다.

"아니, 그게 아니오." 레스터 경이 말한다. "그렇게 말해주니 나도 기쁘오. 내가 하려던 말은 이거요. 당신이 그 하녀를 눈여겨 볼만하다고 생각한다면, 그 애를 이런 위험한 인물의 마수에서 지켜주고 힘이 되어 주시오. 그런 놈들과 사귀면 그 애의 의무와 처세 방침에 생각지도 못한 위험이 미친다는 것을 가르쳐주시오. 그 애한테는 더 행복한 미래를 안겨주시오. 적당한 때가 오면 체스니 월드에서……" 레스터 경은 잠시 생각한 뒤 말한다. "그녀의 조상들이 보기에 부끄럽지 않은 남편감을 찾아주겠다고 말해 주시오."

평소에 레스터 경이 마님에게 말할 때와 다르지 않은 정중하고 존경 어린 말투이다. 마님은 단지 고개만 움직여 대답한다. 달이 떠오르고 있다. 마님이 앉아 있는 곳 주변에 차갑고 창백한 빛이 비치고, 그 안에서 마님의 머리가 보인다.

"하지만 그들도 그들 나름대로 높은 긍지를 가지고 있다고 할 수 있을 것입니다." 털킹혼 변호사가 말한다.

"긍지라고?" 레스터 경이 자기 귀를 의심한다.

"그 처녀가 지금과 같은 상황에서 체스니 월드에 머문다면 처녀가 그들을 상대하지 않는 것이 아니라, 그들이—그렇습니다, 연인을 포함한 모두가—먼저 처녀를 상대하지 않게 되었다고 해도 이상하지 않다고 생각합니다."

"이거 놀랍군!" 레스터 경의 목소리가 떨린다. "참으로 놀라워! 하지만 털킹혼 군, 자네가 하는 말이니 틀리지 않겠지. 자넨 그놈들을 계속 상대해 왔으니."

"그렇습니다, 각하." 변호사가 대답한다. "전 사실을 말하고 있을 뿐입니다. 좋습니다, 마님이 허락해 주신다면. 한 가지 이야기를 해 드리지요."

마님은 허락한다는 뜻으로 끄덕인다. 볼룸니아는 완전히 흥분하여 가슴이 두근거린다. "이야기! 마침내 저 사람이 이야기를 해주는군요! 유령이 나오는 이야기라면 더 좋을 텐데!"

"아닙니다. 살아 있는 사람의 이야깁니다." 털킹혼 씨는 입을 잠깐 다물고 평소의 단조로운 말투에 살짝 힘을 주어 다시 한 번 말한다. "살아 있는 사람의 이야깁니다. 아주 짧지만 조금 전에 제가 한 말을 뒷받침해주죠. 단, 이름은 당분간 말씀드릴 수 없습니다. 마님, 실례를 용서해 주시겠지요?"

가늘게 타오르는 난로 불빛에 비친 그는 달빛 쪽을 바라보고 있다. 달빛에 비친 부인은 꼼짝도 하지 않는다.

"라운스웰 씨와 같은 시에 사는 남자로, 제가 듣기론 같은 신분의 사내라고 하는데, 다행히 그의 딸이 어떤 고귀한 부인의 눈에 들었습니다. 제가 말하는 분은 정말로 고귀한 부인으로, 그 사내가 보기에 고귀할 뿐 아니라, 레스터 준남작 각하와 신분이 같은 분의 부인이십니다."

레스터 경은 의젓하게 "그렇군"이라고 했는데, 그 속에는, 그 부인은 철강 공장의 주인의 눈으로 보면 도덕적으로 매우 훌륭한 인물로 보였을 것이라는 뜻이 담겨 있다.

"그 부인은 부자이고 아름다운 분으로, 그 처녀가 마음에 들어 늘 친절하게 대해 주시고 언제나 가까이 두셨습니다. 이 부인은 귀족인데도 몇 년 전부터 한 가지 비밀을 간직하고 계셨습니다. 실은 젊은 시절 한 방탕한 젊은이와 약혼했던 것입니다. 그 젊은이는 육군 대위였지만 무엇 하나 제대로 해보지도 못하고 끝났습니다. 결국 부인은 그 젊은이와 결혼하지 않았지만 젊은이의 아이를 낳았습니다."

난로 불빛에 비친 그는 달빛 쪽을 바라보고 있다. 달빛에 비친 부인은 꼼짝도 하지 않는다.

"그 대위는 죽었으므로 부인은 이제 자신은 안전하다고 생각했습니다. 그런데 여기서 시시콜콜 이야기할 필요는 없지만 어떤 일련의 사정으로 인해 그 일이 들킨 것입니다. 제가 들은 바에 따르면 그 일이 드러난 계기는, 어느 날 그 부인이 허를 찔려 무심코 경솔한 행동을 했기 때문입니다. 이 사건으로 알 수 있듯이, 아무리 빈틈없는 사람이라도(그 부인은 무척 야무진 분이었습니다) 언제나 신경을 곤두세우고 있을 수는 없는 법입니다. 온 식구가 놀라고, 집안에 큰 혼란이 생겼음을 상상하실 수 있을 겁니다. 준남작 각하, 남편의 슬픔이 얼마나 컸는지는 각하의 상상에 맡기겠습니다. 하지만 내가 이야기하고자 하는 것은 그 점이 아닙니다. 라운스웰 씨와 같은 시내에 사는 남자는 이 이야기를 듣고 딸이 자기 눈앞에서 몹쓸 짓을 당했다고 느끼고, 딸이 계속 그 집에 있는 것을 참을 수 없었습니다. 자존심이 무척 센 남자라, 딸이 세상 사람들에게 손가락질 당하고 욕을 먹는 것 같아 화가 나서 딸을 데리고 가 버렸습니다. 그 부인의 눈에 든 것이, 자신과 딸에게 명예로운 일이라고는 조금도 생각하지 않았습니다. 그 부인이 일개 하층서민이라도 되는 것처럼 딸의 처지에 화를 냈습니다. 이것으로 이야기는 끝입니다. 부인, 슬픈 이야기한 것을 용서해주십시오."

이 이야기의 재미에 대해 여러 의견이 오고갔지만, 대체로 볼룸니아의 의견과는 정반대이다. 아름다운 아가씨는 세상에 그런 부인이 어디 있느냐며 이 이야기를 믿지 않는다. 대부분의 사람들은 말더듬이 사촌의 감상—라운스웰과 같은 마을에 사는 놈의 사정 따위 알 게 뭐야—에 찬성한다. 레스터 경은 또다시 막연하게 워트 타일러[4]를 떠올리고, 자신의 의견에 따라 여러 사건들의 인과관계를 따져본다.

모두들 거의 대화를 하지 않는다. 선거에 필요한 경비가 나온 이후로 체스니 월드에서는 날마다 늦은 밤까지 연회가 계속되었으며, 오늘에야 가까스로 식구들끼리만 오붓하게 지낼 수 있게 되었기 때문이다. 열 시가 지나자 레스터 경은 털킹혼 변호사에게 종을 울려 양초를 가져오라고 말해 달라고 부탁한다. 달빛 어린 시냇물이 호수처럼 커진다. 부인은 비로소 몸을 움직이며 일어나 물을 마시기 위해 탁자로 다가간다. 박쥐처럼 촛불 때문에 눈을 껌뻑이던 사촌들이 우르르 일어나 물컵을 내민다. 볼룸니아도(손에 들어오는 것이라면 언제나 더 좋은 것을 원하는 성격이라) 컵을 하나 받지만 거드름을 피우며 물을 한 모금 홀짝이고는 그만이다. 우아하고 차분한 데들록 부인은 사람들이 감탄 어린 눈동자로 지켜보는 가운데 천천히 긴 방 저편으로 물러간다. 물의 요정 조각상 곁을 지날 때에도, 결코 그 조각상에 뒤지지 않는다.

---

4) 1381년 영국에서 일어난 대농민봉기의 주모자.

# 제41장 털킹혼 씨의 방에서

털킹혼 씨가 저택의 작은 탑에 있는 자기 방에 도착하자, 천천히 올라왔는데도 숨이 조금 찼다. 그의 얼굴에는 자신의 마음속에 풀리지 않은 채로 남아 있던 어떤 중대한 일이 마무리되어, 말이 없는 가운데 만족을 느끼고 있는 그러한 표정이 떠올라 있었다. 늘 자기 마음을 엄격하게 억제하고 있는 사람에 대해 '의기양양하다'와 같은 형용사를 사용한다면, 그것은 사모하는 마음이나 감상 등 로맨틱한 약점에 사로잡혀 있는 것이 아닌가 하고 잘못 추측하는 것과 마찬가지로 매우 실례가 되는 일일 것이다, 그는 냉정한 만족의 표정을 짓고 있다. 아마도 여느 때 이상으로 자기 힘의 강점을 맛보고 있는 것이리라. 그는 한 손으로 다른 손의 혈관이 돋아난 손목을 잡고 등 뒤로 돌려 방 안을 소리 없이 이리저리 걷는다.

방 안에는 큰 책상이 있고, 그 위에 서류가 그득하게 쌓여 있다. 녹색 램프에는 불이 켜져 있고, 그의 독서용 안경은 책상 위에 놓여 있다. 바퀴가 달린 안락의자가 책상 앞에 가까이 있는 것으로 보아, 아무래도 자기 전에 한 시간 정도 이들 서류를 훑어볼 생각인 것 같다. 그런데 지금은 그런 일을 할 마음이 내키지 않는 것이다. 그는 그가 검토해 주기를 기다리고 있는 서류를 흘끗 바라보고 나서—이 노인은 밤이 되면 읽고 쓰는 시력이 둔해지므로, 책상 위에 얼굴을 누르듯이 가까이 댄다—프랑스 식 창을 열고 지붕 위 베란다로 나간다. 거기를 같은 자세로 천천히 오가며 아까 아래층에서 이야기하던 때의 흥분을 가라앉히려고—그처럼 차가운 사람에게도 가라앉히려고 하는 흥분이 있는지는 의문이지만—한다.

옛날 옛적에 털킹혼 씨와 같은 만물박사가, 별이 반짝이는 밤에 탑의 지붕을 걸으면서 하늘을 올려다보고 운명을 판독하려고 한 일이 있었다. 오늘 밤에는 달의 환한 빛 때문에 약간 그림자가 엷어지기는 했지만, 무수한 별이 보인다. 그가 침착한 걸음으로 지붕 위를 거닐면서 자기의 별을 찾고 있다면, 그것은 지상에 나타나는 빛바랜 별밖에 되지 않을 것이다. 스스로의 운명을 알아보려 한다면, 그것은 좀 더 가까이에 다른 글자로 쓰여 있는지 모른다.

그가 높은 곳을 바라보면서 지상의 훨씬 높은 곳에 서 있는 양, 기분도 마찬가지로 들뜬 상태가 되어 창가를 지날 때, 언뜻 두 눈과 눈이 서로 마주쳐 갑자기 발을 멈춘다. 그의 방 천장은 낮은 편으로, 창을 마주 보고 있는 문 윗부분은 유리로 되어 있다. 그 안쪽에 또 하나 커튼이 쳐져 있는 문이 있는데, 오늘밤은 따뜻한 탓에 그가 들어올 때 닫지 않고 그대로 두었던 것이다. 그의 눈과 마주친 두 개의 눈은 바깥 복도에서 유리 너머로 들여다보고 있다. 그는 그것이 누구의 눈인지 알고 있다. 데들록 부인의 것이다. 그 사실을 알았을 때 그의 얼굴에는 순간적으로 핏기가 솟아올라 빨개진다.

그가 방안으로 들어오자 마님도 들어와서 두 개의 문을 닫는다. 그녀의 눈에는 무엇인가 거칠게 흩어진 빛―공포인가? 노여움인가?―이 보인다. 태도나 그 밖의 점은 두 시간 전에 아래층 방에 있었을 때와 같다.

공포인가? 노여움인가? 그는 확실히는 모른다. 어느 쪽이든 그 감정이 너무 격렬해서 얼굴까지 창백하다.

"마님이셨습니까?"

그녀는 입을 열지 않는다. 테이블 옆 안락의자에 천천히 앉으며 아무 말도 하지 않는다, 두 사람은 마치 두 장의 그림처럼 마주하고 있다.

"어째서 당신은 그렇게 많은 사람 앞에서 제 이야기를 했죠?"

"제가 그 이야기를 알고 있다는 것을 알릴 필요가 있었기 때문이죠,"

"언제부터 일고 게셨나요?"

"훨씬 이전부터 짐작은 하고 있었지만 모든 것을 안 것은 극히 최근의 일입니다."

"수개월 전?"

"수일 전이죠."

그는 한 손을 의자 등받이에 놓고, 다른 한 손을 낡은 조끼와 셔츠의 주름 장식 사이에 넣고 마님 앞에 서 있다. 마님이 시집 온 이래 그가 그녀 앞에 설 때는 언제나 이러한 자세를 취했다. 늘 똑같이, 딱딱할 만큼 정중하게. 거기에는 도전이라고 해도 좋을 만큼 침착한 경의가 깃들어 있다. 그의 전 존재가 언제나 같은 거리를 사이에 둔, 음험하고 냉혹한 덩어리 같았다.

"그 가엾은 소녀에 대한 이야기는 정말인가요?"

그는 고개를 조금 갸웃거리며, 질문의 뜻을 알 수 없다는 듯한 태도를 보인다.

"당신이 한 이야기를 알고 있죠? 그것은 정말인가요? 그 애의 친구들도 내 이야기를 알고 있나요? 이미 세간에 퍼졌나요? 벽에 낙서가 되고 거리에서 소곤대고 있나요?"

그렇다! 노여움과 공포와 치욕. 이 세 가지 감정이 앞을 다투고 있다. 불타오르는 이 세 가지 감정을 꾹 누르다니, 이 여자는 얼마나 강한 정신력의 소유자인가! 마님의 시선을 받으면서, 흰털이 섞인 눈썹을 여느 때보다도 더 가까이 모으고 그녀를 바라보고 있는 동안 털킹혼 씨는 이런 생각을 하고 있다.

"아닙니다, 마님. 그것은 가정을 했을 경우입니다. 준남작 각하가 무의식적으로 일을 고압적으로 진행시켰을 때의 일입니다. 하지만 우리 두 사람이 알고 있는 일이 모두에게 알려지면, 기정사실이 될 것입니다."

"그럼 아직 알려진 것은 아니군요."

"네."

"모두에게 알려지기 전에, 저 가엾은 애를 불명예로부터 구출해 낼 수 있습니까?"

"글쎄요, 마님. 그 점에 대해서는 딱 부러진 대답을 드릴 수가 없군요."

호기심 가득한 털킹혼 씨는 마님 마음속의 갈등을 들여다보며 생각한다. '이 여자의 정신력과 강한 의지에는 놀랐는걸!'

"그렇다면," 마님은 분명히 말할 수 있도록, 한순간 온 힘을 다해 입술을 꽉 다물지 않으면 안 되었다. "좀 더 분명히 말하죠, 나는 당신이 말하는 가정의 경우에 대해서는 이렇다 저렇다 말하지 않겠습니다. 라운스웰 씨가 여기에 왔다는 것을 알았을 때부터 그것은 이미 짐작하고 있었습니다. 만약에 라운스웰 씨가 나의 정체를 알게 된다면 그는 그 가여운 아이가 잠시 동안이나마 나의 총애를 받았다는 이유로—비록 그 아이에게는 죄가 없다고 해도—그 아이를 안 좋게 생각할 것입니다. 그것도 잘 알고 있었습니다. 하지만 나는 그 아이에게 관심이 있습니다. 아니 이제는 이 집 아이가 아니니까 '있었다'고 말해야겠죠. 그러니까 이 점을 기억하셔서, 당신 앞에 고개를 들지 못하는 여자를 배려해 주신다면, 그 여자로서는 당신의 신세를 지는 일이 될 것입니다."

털킹혼 씨는 그 말에 유심히 귀를 기울이면서 '천만에요'라고 말하려는 듯이 어깨를 움츠릴 뿐, 상대를 하지 않는다. 그리고 눈썹을 한층 찌푸린다.

"당신은 나의 정체가 발각될 것을 미리 경고해 주셨습니다. 그 점에 대해서는 감사의 말씀을 드립니다. 저에게 무엇인가 요구하실 일이 있습니까? 당신의 요구를 받아들임으로써 남편에게 오명이 되지 않도록 할 수가 있을까요? 나는 당신이 부르는 대로 지금 여기에서 무엇이든지 받아쓸 준비가 되어 있습니다."

변호사는 마님이 펜을 드는 침착한 손을 바라보면서 '정말로 그럴 생각이구나!' 하고 생각한다.

"마님, 그렇게 하실 필요는 없습니다. 제발 마음을 놓으십시오,"

"나는 훨씬 이전부터 이 일을 각오하고 있었습니다. 나는 나 자신을 안심시킬 생각도, 다른 사람을 안심하게 할 생각도 없습니다. 당신이 이제까지 하신 일 이상으로, 내가 무서워하거나 두려워할 일은 이제 아무것도 없습니다. 이제 그 다음 일을 해 주세요."

"마님, 이제 제가 할 일이라고는 없습니다. 마님이 말씀을 다 하셨다면, 제가 좀 이야기하는 것을 양해해 주시기 바랍니다."

이제 두 사람은 서로 바라볼 필요가 없었지만 아직도 두 사람은 서로 바라보고 있다. 그리고 하늘의 별이 열린 창으로부터 두 사람을 바라보고 있다. 달빛이 비친 저 멀리에 조용한 숲이 보이고, 넓은 저택 안은 작은 한 채의 집처럼 조용하다. 좁은 한 채의 집이라니! 이 조용한 밤에, 털킹혼의 가슴속에 담겨진 많은 비밀 주머니에 마지막 큰 비밀을 더하려고 누군가가 어딘가에서 부지런히 삽을 들고 구멍을 파고 있는가? 이미 구멍 파는 작업은 시작되었을까? 여름날 밤, 물끄러미 바라보고 있는 하늘의 별 아래에서 이런 일을 묻는 것도 이상한 일이지만, 그렇다고 묻지 않는 것은 더 기묘한 일이 아닐까?

"후회의 마음이나 양심의 가책에 관해서라면," 하고 마님은 이윽고 말을 잇는다. "저는 한 마디도 할 말이 없습니다. 예컨대 할 말이 있다고 해도, 당신에게는 이야기하지 않겠습니다. 그러니까 그 이야기는 이제 그만둡시다. 당신과 이야기할 일이 아니니까요."

그는 무엇인가 항의하려는 듯한 동작을 하지만, 마님은 멸시하듯 손을 흔들어 무시한다.

"전혀 다른 일에 대해서 이야기할 생각으로 왔습니다. 나의 보석류는 모두 있어야 할 자리에 정리해 두었습니다. 내 옷도 마찬가지입니다. 귀중품들도 마찬가지입니다. 현금은 얼마간 몸에 지니고 있지만, 그리 큰 액수는 아닙니다. 나는 남의 눈에 띄는 것을 피하기 위해 내 옷을 입지 않고 나갑니다. 내가 이곳을 떠났다고 모두에게 알려주세요. 부탁할 일은 이것뿐입니다."

"마님, 실례지만," 하고 털킹혼 씨는 매우 침착한 투로 말한다. "하시는 말씀의 뜻을 잘 모르겠는데요. 이곳을 떠나시다뇨?"

"여기에 있는 사람들로부터 몸을 숨기기 위해서입니다. 나는 오늘 밤 체스니월드를 나갑니다. 지금 바로."

털킹혼 씨는 고개를 젓는다. 마님은 일어선다. 그러나 그는 의자 등받이에 걸친 손도, 낡은 조끼와 셔츠의 주름 장식에 넣은 손도 움직이지 않고 단지 고개만 흔든다.

"뭐라고요? 나가서는 안 된다고 하시는 겁니까?"

"안 됩니다, 마님." 매우 조용한 투로 그는 대답한다.

"내가 모습을 감추는 것이 도움이 되는 사람이 있다는 것을 모르세요? 이 저택에 붙여진 오점을 잊으셨나요? 누구에게 붙여지고 누가 붙였는가를."

"안 됩니다, 마님. 절대로 안 됩니다."

마님은 이 말에 대답도 하지 않고 안쪽 문으로 가서 손잡이를 잡는다. 변호사는 손발도 움직이지 않고 낮은 목소리로 말한다.

"마님, 제발 기다려 주십시오. 그리고 제가 하는 말을 들어보십시오. 들어주시지 않으면 마님이 계단을 다 내려가시기 전에 비상벨을 울려서 집안사람들을 모두 깨울 것입니다. 그렇게 되면 집안사람들 모두에게, 손님이나 하인들 앞에서, 진상을 말하지 않으면 안 될 겁니다."

그의 승리다. 마님은 한순간 망설이다가 몸을 부르르 떨고 당황한 듯이 손을 머리로 올린다. 다른 사람의 눈에 이것은 하찮은 몸짓으로 보일 테지만, 털킹혼 씨와 같은 사람의 숙달된 눈으로 보자면, 이와 같은 한순간의 망설임도 매우 중요한 것이라는 것을 잘 알 수 있다.

그는 지체하지 않고 덮어씌우듯이 말한다. "마님, 제발 제 말씀 좀 들어보세요." 그러고 나서 방금 일어선 의자 쪽으로 손짓을 한다. 마님은 망설이지만 그가 다시 손짓을 하자 의자에 앉는다.

"마님과 저의 관계는 매우 유감스러운 것이기는 하지만, 제가 그렇게 한 것은 아니므로 사과는 할 수가 없습니다. 레스터 경에 대한 저의 역할이 어떠한 것인가는 마님도 잘 아실 테니까, 제가 불원간 이 문제를 알게 되리라는 것도 당연한 일이라고 이미 생각하고 계실 겁니다."

"나는" 하고 마님은 바닥을 물끄러미 바라본 채 눈을 들지도 않고 말한다. "나가 버리는 것이 좋았어요. 나를 붙잡지 말았어야 했는데……. 나는 이제 아무 할 말도 없으니까요."

"실례지만 제가 하는 말을 더 들으셔야 합니다."

"그럼 창 쪽으로 가서 듣도록 하지요. 여기는 숨이 막힐 것 같으니까요."

마님이 창 쪽으로 걸어가는 것을 물끄러미 바라보고 있던 털킹혼 씨는 한순간 마님이 뛰어내려 차양 등에 몸을 부딪치며 아래의 테라스에 떨어져서 죽을 작정이 아닌가 하고 걱정했으나, 창가에 기대지도 않고 밖의 별을 우울한 표정으로 바라보고 서 있는 마님을 흘끗 보더니 이내 안심을 한다. 그는 창가로 가까이 가는 마님을 눈으로 좇다가 벌떡 일어서서 마님 바로 뒤까지 다가간다.

"마님, 앞으로의 일에 대해 저 자신도 만족할 만한 결심이 서 있지 않습니다. 어떻게 하면 좋은지, 다음에 어떻게 일을 진행시켜야 하는지 잘 모릅니다. 그러니까 잠시 동안, 이제까지 오랫동안 그리해 오신 것처럼 마님의 비밀을 지켜주십시오. 저도 또한 그 비밀을 지킬 작정입니다."

그는 말을 멈추지만 마님은 대답을 하지 않는다.

"실례입니다만 마님, 이것은 중대한 일입니다. 제가 하는 말을 잘 듣고 계신가요?"

"네."

"고맙습니다. 마님의 정신력이 강하다는 것은 이제까지의 일로 봐서 충분히 알고 있습니다. 나는 이야기를 진행할 때면 언제나 하나하나 확인을 해 가는 버릇이 있지요. 이 불행한 사태로 말미암아 신중하게 생각할 유일한 점은 레스터 경에 관한 일입니다."

"그럼 그 때문에 나를 이 저택에 붙들어놓으려고 하는 것인가요?" 마님은 먼 하늘의 별을 바라보고 있는 우울한 표정에 아무런 변화를 주지 않은 채 낮은 목소리로 묻는다.

"준남작 각하에 대한 일을 어떤 일이 있더라도 생각하지 않으면 안 되기 때문입니다. 말씀드릴 필요도 없는 일이지만 레스터 경은 매우 긍지가 높으신 분이십니다. 그분은 마님을 철석같이 믿고 계십니다. 만일 마님이 레스터 경의 부인이라고 하는 높은 자리에서 떨어지는 일이라도 생기면, 하늘에서 저 달이 떨어지는 것 이상으로 레스터 경은 망연자실하실 겁니다."

마님은 숨결도 거칠게, 그러나 많은 고귀한 사람들에 둘러싸여 있을 때와 마찬가지로 조금도 기가 죽은 빛을 보이지 않고 서 있다.

"마님, 분명히 말씀드리지만 지금의 사태 이외의 경우라면, 마님에 대한 준남작 각하의 신뢰를 흔들기 위해 나는 나의 이 힘과 손을 사용해서 저택의 가장 오래된 고목을 뿌리째 뽑아 버리고 싶은 심정입니다. 그런데 이 사태를 당해서는 현재에도 망설이고 있는 것입니다. 각하께서 신용하시지 않는다고 해서가 아닙니다(그것은 아무리 각하라 하시더라도 있을 수 없는 일입니다). 어떻게 해서 이 충격적인 사건을 각하에게 알려야 할지 모르기 때문입니다."

"내가 없어져도 그렇다는 건가요? 그 점을 다시 한 번 생각해 주세요."

"마님께서 모습을 감추시면 모든 진상이 엄청 부풀려져서 퍼지고 맙니다. 그렇게 되면 집안의 명예를 단 하루라도 유지할 수가 없을 겁니다. 그건 도저히 생각할 수 없는 일입니다."

그의 대답은 조용한 어조 속에 단호한 결심이 깃들어 있어서, 도저히 반박을 허용하지 않는 그 무엇이 있었다.

"제가 신중하게 생각해야 할 단 한 가지 점은 레스터 경에 대한 일이라고 말씀드렸는데, 각하와 집안의 명예는 하나입니다. 각하와 준남작의 작위, 각하와 체스니 월드, 각하와 조상님들, 세습재산은" 여기에서 털킹혼 씨는 몹시 쌀쌀한 어조가 된다. "말씀드릴 필요도 없는 일이지만 불가분의 것입니다."

"그래서요?"

"그러므로," 털킹혼 씨는 예의 꺼질 듯한 투로 이어간다. "저는 잘 생각해야 합니다. 가능하다면 이 문제는 여기서 덮는 편이 좋습니다. 만일 래스터 경이 제정신을 잃거나 돌아가시기라도 한다면 어떻게 해서 이 일을 덮을 수 있을까요? 만약에 내일 아침 제가 각하에게 이 일을 말씀드려 충격이라도 받으시게 한다면 각하의 변화된 모습을 어떻게 설명을 해야 할까요? 곧 온 마을에 소문이 퍼지게 될 테고, 그 때문에 해를 입는 것은 마님 한 사람뿐이 아닙니다. 마님의 남편이신 레스터 경 또한 해를 입습니다."

이야기가 진행됨에 따라 그의 말은 점차 명쾌해져 가지만, 이 경우에도 열띤 어조가 되는 일은 없다.

"이 문제에는 또 하나의 관점이 있습니다." 하고 그는 말을 잇는다. "레스터 경은 마님을 맹목적이라고 해도 좋을 만큼 몹시 사랑하고 계십니다. 설사 그분이 진상을 아시더라도 마님에 대한 사랑을 억누를 수는 없을 것입니다. 저는 극단적인 경우를 말씀드리고 있는 것입니다만, 그런 경우 아마도 그렇게 될 것입니다. 그렇다면 각하께서는 아무것도 알지 못하시는 것이 좋습니다. 상식을 위해서나 각하를 위해서, 또 저를 위해서도 그 편이 좋습니다. 저는 이 모든 점을 고려하지 않으면 안 되는데, 그렇게 되면 좀처럼 결심을 굳힐 수가 없게 됩니다."

마님은 선 채로 한 마디 말도 없이 같은 별을 바라보고 있다. 별은 차츰 흐려진다. 차가운 별 때문에 마님이 마치 얼어붙은 것 같다.

"제 경험이 가르치는 바에 의하면," 털킹혼 씨는 이제는 호주머니에 손을 넣고, 마치 기계처럼 사무적으로 문제를 생각하면서 말을 잇는다. "제가 경험한 바에 의하면 마님, 제가 알고 있는 많은 분들은 결혼을 하지 않았으면 좋았습니다. 귀찮은 일의 4분의 3은 결혼이 원인으로 되어 있으니까요. 레스터 경께서 결혼을 하셨을 때에도 저는 그렇게 생각했고, 그 뒤에도 줄곧 그렇게 생각해 왔습니다. 그 점에 대해서는 이 이상 말씀드리지 않겠습니다. 앞으로 저는 상황에 입각해서 행동을 하지 않으면 안 됩니다. 마님, 앞으로 얼마 동안은 비밀을 지켜주셔야 합니다. 그렇게 해 주신다면 저도 비밀을 지키겠습니다."

"앞으로 매일매일 지금과 같은 생활을 이어가며 고통을 견디어내야 한단 말인가요?" 마님은 여전히 먼 하늘을 바라본 채 묻는다.

"그렇습니다, 유감스럽지만……."

"나를 말뚝에 묶어둘 필요가 있다고 생각하시는군요."

"제가 말씀드린 일이 절대로 필요할 거라고 생각합니다."

"이제까지 내가 오랫동안 처량할 정도의 거짓 연기를 해온 이 서먹한 무대 위에 계속 서 있어야 하고, 당신의 신호 하나로 무대가 찌그러져 떨어지도록 되어 있군요."

"마님, 그때는 예고를 하겠습니다. 경고 없이 일을 저지르는 일은 하지 않습니다."

마님은 마치 외운 대사를 되풀이하는 것처럼, 또는 자면서 말을 하는 듯한 투로 질문을 계속한다.

"우리는 이제까지 해왔던 것처럼 얼굴을 마주 대하지 않으면 안 되는 건가요?"

"그렇게 해주실 것을 부탁드립니다."

"이제까지 여러 해 동안 계속해 온 것처럼, 나의 죄를 감추지 않으면 안 되는 건가요?"

"이제까지 여러 해 동안 계속해 오신 것처럼 말입니다. 제 쪽에서 언급할 일은 아니라고 생각하지만, 마님의 비밀은 이제까지 보다 더 무거워지지 않았습니다. 이전에 비해서 더 편하지도 괴롭지도 않습니다. 그것은 분명합니다. 하지만 우리는 이제까지 서로 마음으로부터 믿지는 못했던 것 같군요."

마님은 잠시 동안 여전히 얼어붙은 것처럼 서 있다가 이윽고 이렇게 묻는다.

"오늘 밤 달리 또 할 이야기가 있나요?"

"글쎄요." 털킹혼 씨는 살며시 두 손을 비비며 한 치의 틈도 주지 않는 투로 대답한다. "제가 결정한 일에 대한 분명한 대답을 듣고 싶습니다."

"알았어요. 말씀하신 대로 하지요."

"좋습니다. 그럼 마지막으로, 레스터 경과 이야기하실 때 상기하실 필요가 있을지도 모르니까 말씀드리는 것이지만, 조금 전에도 말씀드렸다시피 제가 고려해야 할 단 한 가지 점은 레스터 경의 감정과 평판, 그리고 집안의 명예입니다. 상황이 허락한다면 마님의 명예를 맨 먼저 생각하고 싶은 마음이 간절하지만, 유감스럽게도 상황이 이를 허락하지 않습니다."

"당신의 충성심은 잘 알고 있어요,"

마님은 미동도 하지 않고 이렇게 말한 뒤 타고난 침착성을 잃지 않고 문 쪽으로 걷기 시작한다. 털킹혼 씨는 어제와 같은, 아니 10년 전과 똑같은 태도로 양쪽 문을 열어주고 예스러운 인사로 마님을 배웅한다. 마님의 단정한 얼굴이 어둠 속에 사라지기 전에 보인 눈짓은 여느 때와 다르고, 그의 인사에 대응하는 동작도, 거의 움직임이라고 할 수 없는 것이었지만, 역시 여느 때와는 다른 점이 있었다. 혼자 남은 그는 머릿속으로 생각한다. '그 여자가 자신을 억누르고 있는 의지의 힘은 예사롭지가 않아.'

만약에 그가, 뒤로 젖힌 얼굴에 머리카락을 흐트러뜨리고 머리 뒤에 손을 깍지 끼고 마치 고통을 견디지 못하는 것처럼 몸을 비꼬면서 방 안을 돌아다니고 있는 이 여자의 모습을 보았다면, 한층 그러한 기분이 강해졌을 것이다. 만약 그가, 피로도 모르고 한시도 발을 멈추는 일 없이 몇 시간이고 빠른 걸음으로 돌아다니고 있는 이 여자 뒤에서 그녀의 충실한 발소리가 '유령의 오솔길'에 반향을 일으키고 있는 모습을 보았다면, 그러한 기분이 한층 강해졌을 것이다. 그러나 그는 이제 차갑게 식은 밤공기를 창으로 차단하고 커튼을 내린 뒤 침대로 들어가 잠이 들어버린다. 별이 사라지고 희미한 새벽빛이 작은 탑의 방으로 스며들어 그의 늙고 쇠약한 얼굴을 비칠 때 그 얼굴은 마치 구덩이를 파는 인부와 삽은 준비되어 있고 이제 곧 일이 시작될 것이라고 말하는 듯했다.

그것과 똑같은 희미한 빛이, 회한에 잠긴 영국을 용서하는 꿈을 꾸고 있는 레스터 경의 잠자는 얼굴을 들여다본다. 여러 직장에 몸담으면서 월급을 받는 꿈을 꾸고 있는 사촌들의 얼굴도 들여다본다. 그리고 배스에서는 찬탄의 대상이지만 그 이외의 마을에서는 공포의 대상인, 피아노 건반처럼 가지런한 의치를 한 늙은 장군에 오만 파운드의 지참금을 가지고 온 정숙한 처녀 볼룸니아의 잠자는 얼굴을 들여다본다. 그 빛은 다락방이나 안마당에 면한 마구간 위의 작은 방에도 비치는데, 그곳에서는 하인들이 조촐한 꿈, 문지기 오두막의 주인이 되기도 하고, 월이나 샐리와 성스러운 결혼식을 올리기도 하는 꿈을 꾸고 있다. 눈부신 아침 해가 솟고, 그와 함께 여러 가지 것이 보이기 시작한다—월이나 샐리의 친구들, 땅 위를 기는 듯한 안개, 시든 잎이나 꽃, 새나 짐승이나 파충류, 이슬에 젖은 잔디를 쓰는 정원사들, 큰 부엌의 아궁이로부터 똑바로 높은 하늘로 경쾌하게 올라가는 연기 등이 보인다. 그리고 마지막으로, 아직 자고 있는 털킹혼 씨의 머리 위로 깃발이 올라가는 모습이 보인다. 레스터 경 부부가 링컨셔의 행복한 저택에 돌아와 손님들을 맞이하고 있음을 알리는 깃발이다.[1]

---

[1] 왕궁이나 귀족 저택에서는 주인이 있는 동안에 그곳의 문장(紋章)이 달린 깃발을 세우기로 되어 있다.

# 제42장 털킹혼 씨의 사무실에서

데들록 가(家) 저택의 녹색이 짙은 가지를 펼친 오크나무로부터 털킹혼 씨는 런던의 무미건조한 더위와 먼지 속으로 자리를 옮긴다. 이 두 장소를 오갈 때의 태도는 그의 불가사의한 점의 하나이기도 하다. 그는 마치 체스니 월드가 사무실 바로 옆에 있기라도 한 것처럼 체스니 월드로 나가고, 사무실로 돌아올 때에는 마치 링컨 법조원으로부터 한 발짝도 나가지 않은 것 같은 얼굴로 돌아온다. 여행을 떠나기 전에 옷을 갈아입는 일도 없고, 돌아와서 여행에 대한 이야기를 하는 것도 아니다. 오늘 아침, 작은 탑에 있는 자기 방에서 연기처럼 사라졌는가 싶더니 황혼녘에는 홀연히 사무실에 나타난다.

이 법조원 구내의 즐거운 초원에서는 양들은 모두 양피지가 되고, 산양은 모두 가발이 되고, 목초는 모두 왕겨[1]가 되어 버리지만, 거기에서 사는 새 중에서도 한층 더러워진 런던 특유의 새처럼 보이는 것이 이 변호사이다. 그는 인간 세상에 살고는 있지만 사람들과 교제를 하지는 않고 마음이 따뜻한 청춘시대를 경험한 일도 없이 나이를 먹었으며, 오랫동안 인간본성의 한 귀퉁이에서 낡은 둥지를 틀어 버릇해서 보다 넓은 세상이 있다는 것을 잊어버리고 말았다. 그는 어슬렁어슬렁 집으로 돌아오는 도중, 도로의 뜨거운 포석과 뜨거운 건물로 인해 여느 때보다도 더 바싹 구워졌다. 그러나 그의 메마른 가슴속에는 오십 년이나 지난 포트와인이 숙성되고 있었다.

신비에 싸인 이 대제사장이 법조원 구내의 음산한 안마당에 도착했을 때에는 가로등 점등원이 털킹혼 씨 사무실 가까운 곳에서 사닥다리를 오르내리면서 일을 하고 있었다. 입구 계단을 올라와 어두컴컴한 현관 안으로 쑥 들어가려던 털킹혼 씨는 맨 윗 계단에서 꾸벅 인사를 하는 작은 사나이를 만난다.

---

[1] 노련한 새는 왕겨 먹이에 걸리지 않는다는 속담이 있다.

"스낙스비인가?"

"네, 그렇습니다. 건강하시죠? 오늘 밤은 안 계시리라 생각하고 막 돌아가려던 참이었습니다."

"그래? 어떻게 된 거야? 무슨 일이지?"

"네," 하고 스낙스비는 최고의 단골에 대한 경의를 표하며 비스듬히 쓴 모자에 손을 얹는다. "잠깐 할 이야기가 있어서요."

"여기서 말할 수 있나?"

"물론이죠."

"그럼 말해 보게." 변호사는 돌아서더니 계단 맨 위의 쇠 난간에 두 팔을 기대고, 안마당의 가로등에 불을 켜고 있는 점등원을 바라본다.

"실은 저……." 스낙스비 씨는 수수께끼 같은 낮은 목소리로 말한다. "실은 어떤 외국인에 대한 이야기입니다만……."

털킹혼 씨는 깜짝 놀라서 상대방 얼굴을 바라본다. "어떤 외국인 말인가?"

"제 생각이 맞다면 아마 프랑스 여자일 겁니다. 저는 프랑스 말을 모르지만 그녀의 태도로 보아 프랑스 사람인 것 같아요. 여하간 외국인임에 틀림없습니다. 그날 밤 버킷 경감과 제가 도로를 청소하는 아이와 함께 선생님 댁을 찾아뵈었을 때 이층 방에 있던 그 여자 말입니다."

"아, 알았네. 마드무아젤 오르탕스로군."

"그렇습니까?" 스낙스비 씨는 모자 뒤에서 그렇지요, 잘 알겠다는 의미의 기침을 한다. "저는 외국인의 이름은 잘 모르지만, 분명히 그런 이름이었다고 생각합니다." 스낙스비 씨는 그 여자의 이름을 발음하려다가 생각을 고쳐먹고 기침만 한다.

"그래서, 스낙스비 군." 털킹혼 씨가 묻는다. "그녀가 어쨌다는 말인가?"

"그것이 말입니다." 문구점 주인은 입을 모자로 가리면서 대답한다. "약간 난처한 일이 생겼습니다. 저의 가정은 더할 나위 없이 행복하지만 우리 마나님에게는 약간의 질투심이 있습니다. 솔직히 말씀드리면 질투심이 매우 강하죠. 그래서 그렇게 우아한 몸치장을 한 외국 여자가 가게에 와서 이것저것 둘러보면……저는 가능하면 노골적 표현은 하고 싶지 않지만, 그 골목길을 서성이면……뭐라고 할까요……아시겠죠? 그것은 선생님 때문이라고밖에 여겨지지 않거든요, 네."

스낵스비 씨는 호소하듯 말하고 말이 끊어진 대목에서는 어느 때라도 쓸 수 있는 기침으로 대용한다.

"뭐라고? 그게 무슨 말인가?"

"그렇습니다. 선생님도 제 기분을 이해해주실 거예요. 그리고 우리 마님의 질투를 고려하면 제가 이런 말씀을 드리는 것을 양해하여 주실 것으로 생각합니다. 그 여자—선생님이 마치 프랑스 사람처럼 그 이름을 발음하신—는 몹시 머리가 잘 돌아가는 여자로, 그날 밤 스낵스비라는 이름을 알아듣고 누군가에게 길을 물어 저녁 시간에 저희 집에 왔습니다. 저희 집에 있는 소심하고 곧잘 발작을 일으키는 하녀 거스터는 이 외국 여자의 사나운 얼굴과 말할 때의 이를 가는 듯한 모습을 보고 놀라 부엌 계단에서 굴러 떨어져서, 다른 어느 집에서도 볼 수 없는 끔찍한 발작을 일으키고 말았습니다. 그런 사정이어서 아내는 간병을 하게 되었고, 손님 접대를 할 사람은 저 한 사람밖에 없었습니다. 그 여자가 말하기로는, 털킹혼 선생님에게로 가면 언제나 고용주(아마도 서기를 그렇게 생각하는 모양입니다)의 명에 따라 그녀를 만나주지 않으므로 자기는 여기에 들어오게 허락을 받을 때까지 계속 여기에 올 작정이라는 것입니다. 그 뒤로 그 여자는, 아까도 말씀드린 바와 같이, 계속해서 이 골목을 서성대고 있는 것입니다." 스낵스비 씨는 어이가 없다는 투로 되풀이한다. "그 결과가 어떻게 될지 아무도 모릅니다. 우리 마님은 물론이고 이 근처 사람들도 어이없는 오해를 하고 있을지 모릅니다. 그러나 신께 맹세코 말씀드리지만." 스낵스비 씨는 고개를 흔들며 말한다. "저는 외국 여자라곤 옛날 여자 중에서는 빗자루 다발과 갓난아이와 연관이 있는 여자, 요즘 여자 중에서는 탬버린과 귀고리와 연관이 있는 여자밖에 모릅니다. 정말입니다."

털킹혼 씨는 이 호소에 대해서 신중하게 듣고 있다가 문구점 주인의 이야기가 끝나자 묻는다. "그래, 스낵스비 군, 그뿐인가?"

"네, 그것뿐입니다." 스낵스비 씨는 이렇게 말하고 나서 기침과 함께 다시 말을 덧붙인다. "이것으로 충분합니다."

"나는 마드무아젤 오르탕스가 무엇을 원하고 어떤 생각을 하고 있는지 전혀 모르겠네. 설마 미친 것은 아니겠지만……" 하고 변호사가 말한다.

"이를테면 그 사람이 미쳐서 우리 가족에게 외국의 단도라도 들이대면 난처하거든요."

"하기야 그렇지. 알았네! 그만두게 해야지. 자네에게 폐를 끼쳐서 미안하네. 이번에 오면 나에게로 보내주게."

스낙스비 씨는 안심이 되는 듯 머리를 숙이고 인사를 한 뒤, 마치 변명이라도 하듯 기침을 하면서 돌아간다. 털킹혼 씨는 이층으로 올라가며 혼잣말을 한다. "여자란 인종은 이 세상에 폐를 끼치기 위해 생겨난 것 같아. 마님 가지고는 모자라서 이번에는 하녀인가? 하지만 적어도 이쪽 여자는 빨리 처리를 해야지!"

이렇게 말하면서 문 자물쇠를 열고 손을 더듬으면서 곰팡내 나는 방으로 들어가자, 초에 불을 켜고 주위를 둘러본다. 너무 어두워서 천장의 그림은 잘 보이지 않지만, 언제나 구름으로부터 비틀거리며 나와 손가락질을 하고 있는 잘난 체하는 로마인은 매우 뚜렷하게 보인다. 털킹혼 씨는 그것에는 별로 주의를 하지 않고 주머니에서 열쇠를 꺼내 서랍을 연다. 서랍 안에 또 하나의 열쇠가 들어 있는데, 그것으로 손궤를 열자 그 안에 또 열쇠가 들어 있다. 이런 식으로 해서 지하실 열쇠가 나오자 그것을 가지고 오래된 포도주 저장고로 내려가려고, 촛대를 손에 들고 문으로 가려고 했을 때, 노크 소리가 들렸다.

"누구요? 아, 아가씨, 아가씨였어요? 마침 잘 와 주었습니다. 당신 이야기를 막 들은 참이었습니다. 그런데 무슨 용무시죠?"

털킹혼 씨는 이와 같은 환영사를 마드무아젤 오르탕스에게 건네면서 촛대를 서기방의 난로 선반 위에 놓고 기름기가 없는 뺨을 열쇠로 두드린다. 고양이 같은 여성은 입술을 꽉 깨물고 곁눈으로 상대방을 흘끗 보면서 살며시 문을 닫고서 대답한다.

"선생님을 찾는 데에 시간이 꽤 걸렸어요."

"그래요?"

"여기에 여러 차례 왔었어요. 하지만 그때마다 자리를 비웠네 작업 중이네 해서 만날 수가 없다는 거였어요."

"맞는 말입니다."

"아니, 거짓말이에요!" 가끔 마드무아젤 오르탕스는 갑자기 상대방에게 덤벼들 것 같은 몸짓을 해서, 깜짝 놀란 상대방이 뒤로 물러나는 일이 있다. 지금은 털킹혼이 그 상대자가 된 셈인데, 마드무아젤 오르탕스는 눈을 반쯤 뜨고 (그러나 여전히 곁눈으로 바라보면서) 비웃는 듯한 웃음을 띤 채 머리를 흔들고 있을 뿐이다.

"그런데 아가씨," 하고 변호사는 열쇠로 난로 선반을 두드리며 말한다. "할 말이 있으면 어서 이야기해 보세요."

"선생님은 저를 심하게 대했어요. 당신은 고약해요, 인색해요."

"고약하고 인색하다고?" 변호사는 열쇠로 코를 두드리면서 앵무새처럼 되풀이한다.

"그래요. 그렇게 말했어요. 당신도 알고 계실 겁니다. 저를 함정에 빠뜨렸으니까요. 그날 밤에 마님이 입고 있었던 저의 옷을 보여 달라고 했어요. 그리고 그 아이를 만나러 여기에 와 달라고 저에게 부탁했죠. 안 그래요?" 마드무아젤 오르탕스는 다시 덤빌 것 같은 기색을 보인다.

'이 여자는 늙은 여우다. 교활한 여자다.' 털킹혼 씨는 귀찮다는 듯이 여자를 바라보면서 마음속으로 이렇게 생각하는 듯했다. 그러고 나서 입을 열고 대답한다. "그래요, 그래요. 하지만 사례는 했어요."

"사례를 했다고요?" 마드무아젤 오르탕스는 얕잡아보는 감정을 노골적으로 나타내며 외친다. "겨우 이 파운드였죠! 아직 쓰지 않고 가지고 있어요. 그런 거 필요 없으니 되돌려 드리겠어요." 그녀는 이렇게 말하고 나서 주머니에서 돈을 꺼내 힘껏 내던진다. 동전이 튕겨서 번쩍 빛나더니 방구석 쪽으로 굴러가 잠시 빙빙 돌다 천천히 쓰러진다.

"어때요! 이래도 사례를 했다고 하실 거예요?" 마드무아젤 오르탕스는 다시 그 큰 눈에 험악한 표정을 지으며 말한다. "이래도 사례를 하셨다는 건가요? 참 대단한 사례군요!"

그녀가 비웃는 동안 털킹혼 씨는 열쇠로 코를 문지르고 있다.

"돈을 그런 식으로 내던지는 것을 보니," 그는 침착한 투로 말한다. "아가씨는 엄청난 부자군요."

"큰 부자죠. 미움도 그득하게 가지고 있어요. 저는 마님을 마음속으로부터 미워하고 있어요. 알고 계시죠?"

"알고 있냐고? 어떻게 내가 알 수 있단 말이오?"

"저에게 이야기를 해달라고 부탁하기 전부터, 당신은 이미 알고 있었기 때문이죠. 내가 부, 부, 부, 분노의 불길에 싸여 있다는 것을. 당신은 이미 알고 있으니까 하는 말이에요." 두 손으로 주먹을 쥐고, 이를 악물고, 맹렬한 기세로 이 어려운 단어를 발음하려고 하지만 아무래도 그녀에게는 어려운 모양이다.

"뭐요? 내가 알고 있었다고요?" 털킹혼 씨는 이렇게 말하고 나서 열쇠의 홈을 물끄러미 바라본다.

"그래요. 당연하죠. 저는 장님이 아니에요. 당신은 미리 알고 있었으니까 나를 불러서 확인한 거예요. 당신이 생각한 대로 말이에요! 나는 마님이 싫어." 마드무아젤 오르탕스는 팔짱을 끼고서 마지막 말을 어깨 너머로 그에게 내던진다.

"마드무아젤, 그밖에 또 할 말이 있소?"

"나는 아직 직장이 없어요. 좋은 직장을 구해줘요. 그것을 할 수가 없다면, 그렇게 할 마음이 없다면, 그 여자를 미행해서 창피를 주는 역할을 맡겨줘요. 저라면 쓸모가 있을 거예요. 기꺼이 맡겠어요. 그것이 당신의 생각 아녜요? 나는 알고 있어요."

"당신은 여러 가지 것을 알고 있는 것 같군."

"당연하죠. 내가 그 옷을 입고 여기서 그 사내아이를 만나는 것이 단순히 내기의 결말을 내기 위해서라니, 어린애도 아니고, 그것을 제대로 믿을 만큼 바보라고 생각하나요? 웃기지 말아요, 정말!" 이 대답 중 '생각하나요?'까지는 일부러 정중하고 온건한 투로 말했다. 하지만 그다음 말을 할 때는 검은 눈을 감은 듯했다가 크게 뜨고는 매우 도전적이고 경멸적인 투로 말했다.

"그렇다면," 털킹혼 씨는 열쇠로 턱을 가볍게 친 뒤 태연하게 그녀를 바라보며 말한다. "사태를 검토해 보기로 할까요?"

"그래요. 좋아요," 마드무아젤은 화난 기색으로 몇 번이고 고개를 끄덕인다.

"당신은 지금 말한 것 같은 조촐한 요구를 하러 여기에 왔는데, 그 요구를 들어주지 않으면 다시 오겠지요?"

"그래요, 오고 또 올 거예요." 마드무아젤은 다시 화난 기색으로 몇 번이고 고개를 끄덕인다. "몇 번이고 오겠어요. 언제까지나 말이에요. 아셨죠?"

"그리고 여기뿐만이 아니라 스낙스비 씨 가게에도 갈 생각이겠지요? 만약 안 된다고 하면 다시 또 갈 테고요?"

"그래요, 몇 번이고." 그녀는 병적일 정도로 강경한 투로 되풀이한다. "몇 번 이고 가겠어요. 언제까지나 말이에요."

"좋아요, 그런데 마드무아젤 오르탕스, 당신에게 충고하겠는데, 촛대를 들고 아까 당신이 던진 돈을 주워요. 서기 자리의 칸막이 저쪽에 있을 거요."

마드무아젤은 단지 어깨 너머로 비웃을 뿐, 팔짱을 한 채 서 있다.

"줍지 않을 작정이오?"

"네!"

"그만큼 당신은 가난해지고, 그만큼 나는 부자가 되는 거요! 보세요, 아가씨, 이것은 나의 술 창고 열쇠요. 열쇠가 꽤 크지요. 하지만 감옥의 열쇠는 더 커요. 이 도시에는 감옥이 많고, 그 문은 튼튼하고 무겁지요. 물론 열쇠도 그렇고요. 당신처럼 기운차고 활발한 여자는 일정 기간 동안 감옥에 갇히게 되면 불편을 느끼지 않을까요? 어떻게 생각해요?"

"당신은 시시한 사람이에요." 마드무아젤은 미동도 하지 않은 채 또렷하고 동 정 어린 투로 대답한다.

"그럴지도 모르죠." 털킹혼 씨는 조용히 코를 푼다. "그러나 나를 어떻게 생각 하는지를 묻고 있는 것이 아닙니다. 감옥에 대해서 어떻게 생각하는가를 묻고 있는 거요."

"아무렇지도 않게 생각해요. 그것이 나와 무슨 상관이죠?"

"크게 상관이 있죠, 아가씨." 변호사는 천천히 손수건을 치우고 주름 장식을 가지런히 하면서 말한다. "우리나라에는 매우 횡포한 법률이 있어서, 선량한 시 민이 피해를 입을 경우, 비록 그것이 여인의 방문으로 인한 피해라고 할지라도 법이 개입해서 이를 금지합니다. 그리고 피해를 입는 사람이 제소하면, 법은 그 피해를 입힌 여자를 붙잡아서 감옥에 가두고 열쇠를 굳게 잠가 놓지요." 하고 말하면서 지하실의 열쇠를 보인다.

"어머나 정말이에요?" 마드무아젤은 여전히 명랑한 투로 말한다. "웃기는군 요. 도대체 그것이 나와 무슨 상관이 있다는 거죠?"

"아가씨, 여기나 스낙스비의 가게에 또 와보세요. 그러면 그때 가르쳐 드리지요."

"그때 나를 감옥으로 보낼 생각인가요?"

"아마도요."

마드무아젤이 한편으로는 명랑하고 장난치는 것 같은 태도를 보이면서 다른 한편으로는 입에 거품을 문다.

"간단히 말하자면 아가씨, 무례하게 굴어서 미안하지만, 만약에 당신이 초청을 받지 않았는데 여기—또는 스낙스비 씨의 가게—에 다시 오게 되면 나는 당신을 경찰에 고발할 겁니다. 경찰은 여자에 대해서 매우 친절하고 정중하기는 하지만 피고발자를 연행해 갈 때에는 보기가 좋지 않은 조치를 취하게 됩니다. 판자에 묶게 되죠."

"어디 두고 봐요." 마드무아젤은 손을 뻗으며 작은 목소리로 속삭인다. "감히 그런 일을 할 수 있는지 보자고요."

"그리고 만약에 내가" 변호사는 상대를 하지 않고 말을 잇는다. "당신에게 감옥 구류라고 하는 좋은 직장을 찾아주었을 경우에는, 다시 자유의 몸이 될 때까지 꽤 오랜 시간이 걸리게 됩니다."

"어디 두고 봐요." 마드무아젤은 아까 한 말을 다시 되풀이한다.

"자, 이제 돌아가는 것이 좋을 거요." 여전히 상대를 하지 않는 태도로 변호사는 말을 잇는다. "다음에 여기에 오려면 두서너 번 잘 생각하고 와요."

"당신이야말로 이백, 삼백 번 생각하는 것이 좋을 거예요."

"당신은 제멋대로 행동한 탓에" 입구 계단까지 여자를 보내면서 털킹혼 씨는 말한다. "마님에게 해고를 당한 거요. 지금부터라도 마음을 고쳐먹고 내가 한 말을 잘 들어요. 내가 한 말은 진심으로 한 말이니까. 나는 한다고 하면 정말로 하는 사람이오."

여자는 한 마디 대답도 하지 않고 뒤를 돌아보지도 않고 계단을 내려간다. 여자가 가 버리자 변호사는 지하실로 내려가 거미줄투성이의 술병을 가지고 오더니 천천히 그 내용물을 즐긴다. 의자에 앉은 채 이따금 머리를 뒤로 젖히고는 끈질기게 천장에서 손가락질을 하고 있는 로마인을 흘끗 바라보면서⋯⋯.

# 제43장 에스더의 이야기

자신이 죽었다고 생각해 달라는 어머니에 대해 내가 얼마나 많이 생각했든 그것은 그다지 중요한 일이 아닙니다. 어머니가 처해 있는 입장이 얼마나 위험한지를 생각하고, 또 내 탓으로 그 위험이 더 심해지는 것이 아닌가 하고 신경을 쓰다 보니 도저히 어머니에게 가까이 가거나 편지를 주고받을 마음이 생기지 않았습니다. 나 자신이 살아서 이 세상에 존재한다고 하는 것만으로도 어머니에게 눈에 보이지 않는 위험이 된다는 것을 알고 있었기 때문에, 나는 처음으로 그 비밀을 알았을 때 겪은 나 자신에 대한 공포를 이겨낼 수가 없었습니다. 나는 단 한 순간도 어머니의 이름을 입에 올릴 수 없었습니다. 입에 올리기는커녕 그 이름을 듣는 것조차 무서웠습니다. 따라서 대화가 어머니에 대한 이야기로 흘러갈 것처럼 보이면 나는 늘 듣지 않으려고 노력했습니다—마음속으로 수를 세거나, 내가 알고 있는 말을 되풀이하거나, 방에서 나가거나 했습니다. 지금 생각해 보면 어머니가 화제가 될 염려가 전혀 없는 데도 그렇게 할 때가 많았습니다. 그것은 우연히 어머니의 비밀에 대해 듣게 되거나 나 때문에 어머니의 비밀이 알려지게 되면 큰일이라고 생각했기 때문입니다.

내가 얼마나 자주 어머니의 목소리를 떠올리고 또다시 그 목소리를 들을 수 있을지를 궁금해 했든 그것은 그리 중요한 일이 아닙니다. 그리고 어머니의 목소리가 얼마나 낯설고 쓸쓸하게 여겨졌는지도 그리 중요한 일이 아닙니다. 어머니의 이름이 사람들의 입에 오르내릴까봐 늘 주의를 기울이던 것과 어머니 집의 현관 앞을 몇 번이고 오가던 것, 극장에서 어머니를 보고도 사람들 앞이라 아무 말 못하던 것 등은 지금 생각하면 그리 중요한 일이 아닙니다. 모두가이미 끝난 일이므로 이 대목을 건너뛰고 앞으로 나가도록 하겠습니다. 매우 행복하게도, 나와 관계된 일로 다른 분들이 보여주신 친절에 대한 이야기를 하지 않을 수가 없으니까요.

우리는 집에 돌아왔습니다. 에이더와 나는 리처드의 일에 관해서 잔다이스 씨와 여러 차례 대화를 나눴습니다. 에이더는 리처드가 잔다이스 씨에게 심하게 군 것 때문에 몹시 슬퍼했지만, 그럼에도 리처드를 비난하는 것은 견딜 수 없어할 만큼 그를 사랑했습니다. 잔다이스 씨도 그것을 알기에 릭을 비난하지 않았습니다.

"얘야, 릭은 잘못 생각하고 있는 거야." 하고 아저씨는 말씀하셨습니다. 우리도 잘못 생각할 때가 얼마나 많니? 시간이 지나면 좋아질 거야."

나중에 안 일이지만 아저씨는 시간에 맡겨두기에 앞서 리처드의 눈을 뜨게 하려고 여러 차례 노력하셨습니다. 그에게 편지를 쓰고, 방문을 하고, 서로 이야기를 나누고, 최대한 친절하게 설득하셨습니다. 그런데 가엾은 리처드는 전혀 귀를 기울이지 않았습니다. 그는 언제나 이런 식으로 대답할 뿐이었습니다. '만약 내가 잘못 생각했다면 재판이 다 끝나고 나서 고치도록 하겠습니다. 만약 내가 어둠 속을 더듬고 있다면 이토록 많은 혼란과 암흑을 가져온 먹구름을 없애기 위해 전력을 기울이는 것이 가장 좋은 일이 아니겠습니까? 의혹과 오해가 생긴 것은 소송 때문이라고요? 그렇다면 소송을 처리하고 옳은 답을 내도록 합시다.' 리처드는 잔다이스 대 잔다이스 사건에 온통 정신이 팔려 있었기 때문에, 그에게 어떤 의견을 제시해도 그는 대개 이치에 닿지 않는 이유를 내세워 그것을 자기에게 유리한 쪽으로 해석해버렸습니다. "그렇기 때문에 그 가엾은 아이에게 충고를 하는 것은 그냥 내버려두는 것보다도 더 해로운 일이야." 하고 잔다이스 씨는 언젠가 내게 말씀하셨습니다.

이러한 일이 일어난 어느 때, 나는 잔다이스 씨에게 "스킴폴 씨는 리처드의 좋은 조언자라고 할 수 있을까요?" 하고 물어본 적이 있습니다.

"조언자라고?" 잔다이스 씨는 웃으면서 대답했습니다. "누가 스킴폴의 조언 같은 걸 듣는단 말이야?"

"그럼 격려자라고 하면 좋을까요?"

"격려자라고? 누가 스킴폴에게서 격려를 받을 수 있담?"

"리처드도 격려를 받을 수 없나요?"

"물론이지. 그토록 세상물정 모르고 욕심이 없고, 공중에 뜬 것 같은 사람은 마음을 편하게 해줄 수는 있겠지. 하지만 조언자나 격려자로서는 부적합해. 그 누군가에 대해서 진지한 입장에 설 수 있는 사람이 된다는 것은 스킴폴 같은 어린애에게는 생각할 수 없는 일이야."

"아저씨, 가르쳐 주세요." 에이더가 다가와서 내 어깨 너머로 얼굴을 내밀고 말했습니다. "어떻게 그 사람은 그런 어린애가 되어버렸어요?"

"어떻게 해서 그런 어린애가 되어버렸느냐고?" 잔다이스 씨는 조금 난처하다는 듯이 머리를 긁었습니다.

"네, 그래요."

"글쎄," 잔다이스 씨는 천천히 대답하면서 더욱더 거칠게 머리를 긁었습니다. "그 사나이는 온몸이 감정투성이이고 감수성투성이인 데다 정서투성이이고 상상력투성이야. 그런데 이러한 성격이 어찌 된 일인지 제대로 정리가 되어 있지 않아. 틀림없이 젊었을 때 그의 이러한 성질을 칭찬한 사람들이 그것을 너무 중요하게 보고 거기에 균형을 주는 훈련을 가볍게 했겠지. 그리해서 오늘날과 같은 그가 되어 버린 거야. 안 그래?" 잔다이스 씨는 갑자기 말을 끊고 '안 그래?' 하는 듯이 우리 쪽을 바라보았습니다. "너희들은 어떻게 생각하지?"

에이더는 나를 흘끗 바라보고는 그래도 그 사람 때문에 리처드의 돈 지출이 많아지는 것은 곤란하다고 말했습니다.

"그건 그래." 잔다이스 씨는 빠른 말로 대답했습니다. "그건 곤란하지. 어떻게 해서든 그만두게 해야 해."

나는 그 사람이 리처드를 볼스 변호사에게 소개하고 5파운드의 사례비를 받은 것은 난처한 일이라고 말했습니다.

"그래? 그런 일을 했었나?" 잔다이스 씨의 얼굴에 한순간 불쾌한 빛이 떠올랐습니다. "하지만 그는 원래 그런 사람이야! 그는 대가를 바라고 무슨 일을 하지는 않아. 돈의 가치를 전혀 알지 못하니까 말이야. 아마 릭을 볼스에게 소개했는데, 볼스와 친한 사이이다 보니 그에게서 5파운드를 빌렸을 거야. 그 사람 자신도 아마 그렇게 말했을걸?"

"맞아요." 하고 내가 대답했습니다.

"거 봐!" 잔다이스 씨는 밝은 얼굴로 말씀했습니다. "그런 사람이야! 만약에 어떤 악의가 있다거나 자신이 하는 일에 악의가 개입되어 있음을 의식하고 있었다면 절대로 그런 일은 하지 않았을 거야. 그 사람은 아주 단순해서 자기가 하는 일을 있는 그대로 말해 버리지. 하지만 자기 집에 있을 때의 그를 본다면 그를 좀 더 잘 이해할 수 있을 거야. 모두가 해럴드 스킴폴을 찾아가서 이 점에 대해 주의를 주기로 하자. 그는 정말 어린애 같아서 난처하단 말이야!"

그래서 우리들은 어느 날 아침 일찍, 계획을 실행에 옮기기로 하고 스킴폴 씨의 집 현관으로 갔습니다.

그는 서머즈 타운의 폴리곤이라고 하는 이름의 집에 살고 있었습니다. 거기에는 그 당시 가난한 스페인 망명자들이 많이 살고 있었는데, 그들은 망토를 입고 담배를 피우면서 돌아다니곤 했습니다. 의외로 착실한 세입자였기 때문인지(결국에는 친구인 누군가가 집세를 내주었을 터이므로) 아니면 비즈니스 면에서는 전혀 무능하기 때문에 쫓아내는 것이 특히 어려웠기 때문인지 알 수 없지만 스킴폴 씨는 같은 집에 수년 동안 세 들어 살고 있었습니다. 생각했던 대로 매우 초라한 집이었습니다. 지하의 부엌문으로 내려가는 외부의 계단 난간은 두서너 군데 없어진 곳이 있었고, 빗물 홈통은 부서져 있었고, 노커는 흔들흔들 했습니다. 초인종 끈은 꽤 오래전부터 끊어졌는지 철사에 녹이 슬어 있었습니다. 현관의 계단에 더러운 발자국이 나 있어서, 겨우 사람이 살고 있는 집이라는 것을 알 수 있을 정도였습니다.

우리가 노크를 하자 현관으로 나온 사람은 옷차림이 단성치 못한 작고 통통한 아가씨로 마치 너무 익은 딸기 같았는데, 옷이 찢어진 곳과 구두가 해진 곳이 당장이라도 터질 것 같았습니다. 그녀는 문을 조금 열고 그 사이로 몸을 비집고 들어섰습니다. 잔다이스 씨하고는 낯이 익었기 때문에(에이더도 나와 같은 생각이었는데, 잔다이스 씨의 얼굴을 보자 급료를 받을 수 있다고 생각한 모양입니다) 바로 표정이 부드러워지더니 우리가 지나가게 해 주었습니다. 자물쇠는 부서져 있었기 때문에 잘 움직이지 않는 사슬로 있는 힘을 다해 문을 닫고는 우리를 이층으로 안내해 주었습니다.

우리는 이층으로 올라갔으나 여전히 가구라곤 없이 더러운 발자국이었습니다. 잔다이스 씨가 서슴없이 방으로 들어갔기 때문에 우리도 따라 들어갔습니다. 그곳은 청소가 안 된 지저분한 방인데, 초라하면서도 사치품 같은 묘한 가구가 놓여 있었습니다. 커다란 외발 의자와 쿠션이 많이 얹혀 있는 소파, 베개가 가득 놓여 있는 안락의자, 피아노, 책 몇 권, 그림을 그리는 도구, 악보, 신문, 그리고 몇 가지 그림과 스케치류가 있었습니다. 더러운 창문 유리 한 장이 깨진 곳에는 종이가 발라져 있었습니다. 테이블 위에는 온실에서 재배한 복숭아를 담은 접시가 있고, 다른 접시에는 포도가, 또 다른 접시에는 스펀지 케이크가 담겨 있고, 약한 포도주 병도 있었습니다. 스킴폴 씨는 화장옷을 입고 소파에 누워, 낡은 도자기 잔에 담긴 향이 좋은 커피—정오가 가까웠는데도—를 마시며 발코니에 놓여 있는 계란풀을 보고 있는 참이었습니다.

그는 우리를 보고도 조금도 놀라지 않고, 일어나서 명랑하게 맞아주었습니다.

"저것 보세요!" 대부분의 의자는 부서져 있어, 약간의 곤란을 겪으며 우리가 앉자 그는 말했습니다. "저것 보세요! 저것이 저의 조촐한 아침 식사입니다. 아침 식사로 쇠고기와 양고기 다리를 먹고 싶다는 사람도 있지만, 저는 다릅니다. 저는 복숭아와 커피와 적포도주만 있으면 만족입니다. 구태여 그것이 먹고 싶다는 것은 아닙니다. 다만 그것을 보면 태양을 생각하게 되니까요. 쇠고기와 양고기 다리에는 태양을 생각나게 하는 것이 아무것도 없습니다. 단지 동물적 만족을 느끼게 할 뿐이지요."

"여기가 내 친구의 진찰실(만약에 의사라도 된다면 그렇게 하고 싶은 거지) 겸 사실(私室) 겸 서재란다." 잔다이스 씨가 우리에게 설명을 했습니다.

"맞아요." 스킴폴 씨는 밝은 얼굴로 주위를 둘러보며 말했습니다. "여기는 새장입니다. 새가 살고 노래를 하는 곳이죠. 가끔 털을 뜯기기도 하고 날개가 잘리기도 하지만 그래도 새는 노래를 부른답니다!"

그는 우리에게 포도주를 건네주면서 여느 때와 같은 명랑한 어조로 되풀이했습니다. "노래를 부른답니다! 그다지 자랑할 만한 노래는 아니지만 그래도 역시 노래하는 겁니다."

"이건 훌륭한 포도주군." 잔다이스 씨가 말했습니다. "누군가의 선물인가?"

"아냐, 그렇잖아! 어딘가의 친절한 농원에서 파는 걸세. 그곳 배달 담당이 어젯밤 전하러 왔을 때, '기다렸다가 대금을 받아갈까요?' 하고 묻기에 나는 이렇게 말해 주었지. '아니, 그만 두는 게 좋아. 만약 자네의 시간이 조금이라도 소중하다면 말이야.' 틀림없이 소중했던 모양이야. 돌아갔으니까 말이야."

잔다이스 씨는 웃으면서 우리 쪽을 바라보았습니다. 마치 "이 어린아이에게서 세상적인 지혜 같은 것이 나오리라고 생각하니?" 하고 묻는 것 같았습니다.

"오늘이야말로" 스킴폴 씨는 들떠서 포도주를 조금 컵에 따르면서 말했습니다. "영원히 기념할 날이 될 겁니다. 오늘을 성 클레어와 성 서머슨의 날이라고 부르기로 하죠. 꼭 우리 딸들도 만나 주십시오. 푸른 눈의 딸은 '아름다움의 딸'이고, 또 한 사람은 '감정'의 딸이고 또 한 사람은 '희극의 딸'입니다. 모두를 꼭 만나 주세요. 틀림없이 크게 기뻐할 것입니다."

그가 딸들을 부르려고 하자 잔다이스 씨가 그전에 할 말이 있다고 말했습니다. "좋아," 하고 스킴폴 씨는 기운차게 대답했습니다. "좋을 대로 하게. 여기서는 시간 같은 건 문제가 되지 않으니까. 몇 시인지도 모르고, 시간에 구애받지도 않는다네. 세상을 살아가기 위해서는 그래서는 안 된다고 말하고 싶겠지? 맞아. 그러나 우리는 세상을 살아가지 않아. 세상을 살아가는 체하지 않는다고."

잔다이스 씨는 또 우리를 보더니 "들었어?" 하고 분명히 말했습니다. 그러고 나서 이렇게 말을 이었습니다.

"그런데 해럴드, 내 이야기라는 건 릭에 관한 것일세."

"아아, 나의 가장 친한 친구말이군!" 스킴폴 씨는 진심을 담아 말했습니다. "그는 자네와 사이가 안 좋으니까 나의 가장 친한 친구가 돼서는 안 되겠지만, 그래도 역시 친구라네. 워낙 시정(詩情)이 넘치는 청년이라서 나는 그가 좋아. 자네가 싫어해도 어쩔 수가 없네. 나는 그가 좋으니까."

이렇게 말할 때의 스킴폴 씨의 태도는 매우 솔직하고 매력적이었으므로 잔다이스 씨는 그 말을 듣고 몹시 감동하고 말았습니다. 비록 에이더는 감동하지 않았지만 말입니다.

"릭을 좋아하는 것은 자네의 자유지만," 잔다이스 씨가 대답했습니다. "그러나 우리는 그의 지갑을 구해주지 않으면 안 된다네."

"뭐? 그의 지갑이라고? 그게 무슨 말인가?" 스킴폴 씨는 다시 포도주를 조금 따르고 나서 그 안에 한 조각의 케이크를 적시고 머리를 흔들면서 에이더와 나를 향해서 웃음을 지었으나, 그 모습은 마치 '나를 이해시키려고 해도 소용없어요' 하고 경고하고 있는 것 같았습니다.

"자네가 릭하고 여기저기 다닐 때에는" 하고 잔다이스 씨도 분명히 말했습니다. "그에게 두 사람분의 지불을 하게 해서는 안 돼."

"잔다이스 군," 스킴폴 씨는 그런 일은 생각하기만 해도 우습다는 듯이 호인 같은 얼굴을 빛내면서 말했습니다. "내가 도대체 어떻게 하면 좋지? 릭이 나를 여기저기 데리고 갈 때는 나는 따라가야 해. 그런데 내가 어떻게 해서 돈을 지불할 수 있다는 거야? 나는 한 푼도 가지고 있지 않아. 이를 테면 내가 돈을 가지고 있다고 해도 쓰는 방법을 전혀 몰라. 예컨대 내가 상대방에게 얼마냐고 묻고 상대방이 7실링 6펜스라고 대답했다고 치세. 나는 7실링 6펜스가 무엇을 말하는지 전혀 모르는 거야. 상대방을 조금이라도 생각한다면 이 이상 이야기를 계속할 수가 없지. 바쁜 사람을 상대로 7실링 6펜스를 무어 어(語)로 하면 어떻게 되느냐고 묻고 다닐 수도 없고. 무엇보다도 나 자신이 무슨 말인지 모르니까 말이야."

이 순진한 대답을 듣고 잔다이스 씨는 조금도 화난 기색 없이 "다음번에 자네가 릭하고 함께 갈 때는 말이야, 돈을 나에게서 꾸어서 내고 (여기에 대해서는 한 마디도 하지 말고) 돈 계산은 그에게 맡기게."

"잔다이스 군, 자네가 기뻐하는 일이라면 나는 무엇이든지 할 작정이지만, 아무래도 그것은 헛수고가 아닐까? 게다가 클레어 양과 서머슨 양 두 사람에게 맹세코 말씀드리지만 나는 카스톤 군이 큰 부자인 줄 알았어요. 그 사람이 채권이나 수표나 어음이나 주식에 사인을 하거나, 어딘가의 서류 다발에 무엇인가를 첨가하면 이내 돈이 쏟아지는 것으로 생각하고 있었죠."

"그건 전혀 그렇지 않아요." 하고 에이더가 말했습니다. "그 사람은 가난해요."

"뭐라고요? 설마." 스킴폴 씨는 명랑하게 웃으면서 말했습니다. "그거 의외군요."

"게다가 썩은 갈대를 의지한다고 부자가 되는 것이 아니니까" 잔다이스 씨는 스킴폴 씨의 화장옷 소매를 꼭 잡으면서 말했습니다. '릭이 썩은 갈대를 의지하지 않도록 해 주게."

"자네, 그리고 서머슨 양과 클레어 양, 내가 그런 일을 할 수 있는 사람인가요? 그것은 비즈니스이고, 나는 비즈니스를 모르니까요. 오히려 릭 쪽이 나를 부추깁니다. 그는 비즈니스의 큰 위업을 수행하고는 나를 향해 그의 앞날은 빛나는 장밋빛이라고 설명하고 그것에 감탄해 줄 것을 부탁하는 겁니다. 그래서 나는 감탄하며 그의 앞날은 빛나는 장밋빛이라고 말하지요. 하지만 그 이상은 아무것도 모르고, 그에게도 그렇게 말하고 있습니다."

스킴폴 씨가 이렇게 우리에게 설명할 때의 솔직한 태도와 자신의 순진함에 대해 재미있다는 듯이 말할 때의 쾌활한 태도, 자기가 자기를 변호할 때의 묘한 변명 등은 그가 무엇이든 이야기할 때에 볼 수 있는 자연스러운 태도와 어울려서, 그야말로 잔다이스 씨가 한 말을 뒷받침하고 있었습니다. 그러니까 그의 모습을 보면 볼수록 그가 무슨 일을 꾸미거나 무언가를 감추거나 누군가를 부추기거나 하는 일은 있을 수 없다는 생각이 더욱 강해지는 것입니다. 하지만 그가 없는 곳에서는 그런 생각이 덜 들면서 그가 나한테 소중한 사람들과 관계가 있다는 점이 불쾌하게 여겨지는 것이었습니다.

스킴폴 씨가 '심문'이라고 일컫는 것이 끝나자, 그는 명랑한 얼굴로 딸들을 부르러 방을 나갔습니다. (그의 아들들은 이제까지 여러 기회에 도망가고 없었습니다). 뒤에 남은 잔다이스 씨는 그의 어린애다운 성격에 대해 자기가 한 말이 완전히 뒷받침되었기 때문에 매우 기쁜 듯한 표정이었습니다. 스킴폴 씨는 곧 세 딸과 스킴폴 부인을 데리고 돌아왔습니다. 스킴폴 부인은 이전에는 미인이었을 테지만, 지금은 여러 가지 병을 앓고 있어서 몸이 약하게 보이고 코가 우뚝 솟아 있었습니다.

"이쪽이" 하고 스킴폴 씨가 소개했습니다. "아름다움의 딸 애러투저입니다. 아버지를 닮아서 이런저런 악기를 연주하고 노래를 부를 수 있습니다. 이쪽은 감정의 딸 로라입니다. 악기는 약간 연주할 수 있으나 노래는 부르지 않습니다. 이쪽은 희극의 딸 키티입니다. 노래는 조금 부를 수 있지만 악기는 다루지 않습니다. 우리는 모두 그림을 조금 그릴 수 있고 작곡도 하지만 시간과 돈에 대해서는 아무것도 모릅니다."

스킴폴 부인이 한숨을 쉬었는데, 틀림없이 가족의 재능 중에서 특히 이 점을 강조하고 싶은 것이라고 나는 생각했습니다. 또 그녀는 이 한숨을 특히 잔다이스 씨가 들어주었으면 하는 태도였고, 그 뒤에도 기회가 있을 때마다 한숨을 되풀이하는 것처럼 내게는 여겨졌습니다.

"가족 안에서 볼 수 있는 특징의 자취를 더듬어본다는 것은" 하고 스킴폴 씨는 활기에 찬 눈으로 우리를 교대로 바라보면서 말했습니다. "즐거운 일이기도

하고 흥미로운 일이기도 합니다. 이 가족은 모두가 어린애이고, 그중에서도 내가 가장 어리지요."

아버지를 매우 좋아하는 듯한 딸들은 이 농담을 듣자 재미있다는 듯이 웃었습니다. 특히 희극의 딸이 그러한 것 같았습니다.

"얘들아, 그렇지?" 하고 스킴폴 씨는 말했습니다. "안 그래? 그렇고말고. 틀림없이 그래. 왜냐하면 노래에 나오는 개처럼 '그것이 우리의 천성이니까' 그런데 여기에 계시는 서머슨 양은 가정 관리에 탁월한 재능을 지닌 분으로, 여기에 필요한 지식을 놀랄 만큼 자세히 알고 계십니다. 서머슨 양에게는 매우 묘하게 들릴지도 모르지만, 우리는 집안 살림에 대해서는 아무것도 모릅니다. 정말입니다. 전혀 몰라요. 우리는 요리를 할 줄도 모르고 바늘이나 실을 쓰는 법도 모릅니다. 우리에게는 없는 실제적인 지식을 가지고 계신 분에 대해서는 감탄하지만, 그런 분들과 겨룰 생각은 없습니다. 그런데도 왜 그런 분들과 겨루지 않으면 안 됩니까? 우리는 그들에게 서로 공존해 가야 한다고 말합니다. 당신들은 당신들의 실제적 지혜를 잘 살려서 잘 살아가 주세요. 우리는 당신들을 이용해서 잘 살아가겠습니다!"

그는 웃었지만 여느 때처럼 매우 솔직하게 자기 생각을 말하고 있는 것 같았습니다.

"얘들아," 스킴폴 씨가 말을 이었습니다. "우리는 모든 일에 대해 흥미를 느끼지? 안 그러냐?"

"네, 그래요, 아빠." 세 딸들이 외쳤습니다.

"바로 여기에 우리 가족의 역할이 있습니다. 우리는 곁에서 바라보고 흥미를 느낄 수가 있습니다. 따라서 우리는 실제로 곁에서 바라보고 흥미를 느끼는 것입니다. 그 이상 무엇을 할 수 있단 말입니까? 여기에 있는 아름다움의 딸은 삼년 전에 결혼했습니다. 이 아이가 다른 아이와 결혼해서 다시 두 사람의 아이를 만들었다고 하는 것은 아마도 정치경제학적 견지[1]에서 보자면 완전히 잘못된 일일 것입니다. 그러나 그것은 매우 유쾌한 일이었습니다. 그때 우리는 조촐한 축하 파티를 열고 사교적 의견을 교환했습니다. 어느 날 이 아이는 젊은 남

---

1) 맬서스의 인구론을 가리킨다.

편과 아이들을 데리고 와서 삼층에 둥지를 틀었습니다. 언젠가는 감정의 딸과 희극의 딸도 각기 남편을 집으로 데리고 와서 삼층에 둥지를 틀게 될 것입니다. 그런 식으로 해서 우리는 살아가는 것입니다. 방법은 모르지만 그럭저럭 말입니다."

아름다움의 딸은 두 아이의 어머니치고는 매우 젊게 보였습니다. 나는 그녀도 그녀의 아이들도 가엾게 여기지 않을 수 없었습니다. 세 딸들은 자라면서 아버지가 한가할 때 약간의 교육을 받은 게 교육받은 것의 전부임이 분명했습니다. 그들은 아버지의 미술 취미를 머리 빗는 방법에 반영한 듯했습니다. 아름다움의 딸은 고전적으로 빗고, 감정의 딸은 풍성하게 흘러내리도록 빗었습니다. 그리고 희극의 딸은 아치형으로 빗어서 이마를 넓게 보이게 하고, 눈가에 작은 머리를 말아 붙이고 있었습니다. 세 사람은 비록 말끔하고 단정하지는 않았지만 머리 스타일에 알맞은 옷을 입고 있었습니다.

에이더와 나는 세 딸과 이야기를 했는데, 놀랄 만큼 아버지를 닮았다는 것을 알 수 있었습니다. 그동안에 잔다이스 씨는 한쪽 구석에서 스킴폴 부인과 이야기를 하고 있었는데, 그쪽에서는 돈의 쨍그랑 하는 소리가 들려왔습니다. 스킴폴 씨는 우리와 함께 집에 가겠다며 옷을 갈아입으러 간 상태였습니다.

"너희들, 엄마를 돌봐 드려라." 스킴폴 씨는 돌아오자 말했습니다. "엄마는 오늘 기운이 없는 것 같으니까. 나는 함께 하루나 이틀쯤 잔다이스 군의 집에서 종달새 울음소리를 들으며 마음의 안정을 되찾을 생각이야. 아까는 혼이 났고, 이대로 집에 있다가는 또 그런 일을 당할 것 같으니까 말이야."

"저 악당!" 하고 희극의 딸이 말했습니다.

"공교롭게도 아빠가 아프시고 꽃 옆에서 푸른 하늘을 바라보고 있다는 것을 알고 있는 주제에." 로라가 투덜댔습니다.

"게다가 건초 냄새가 근처에 감돌고 있는 때인데." 애러투저가 말했습니다.

"그 사람에겐 시정(詩情)이 결여되어 있기 때문이지." 스킴폴 씨가 기분이 좋아서 말했습니다. "우리 딸들에겐 인간다운 미묘한 센스가 없어. 정직한 사람에게 화를 내다니."

"정직하지 않아요. 아빠. 어림도 없어요." 세 사람이 입을 모아 항의했습니다.

"그렇다면 어떤 경솔한 사람이라고 할까. 그는 인간 고슴도치라고 할 만한 사람으로 이 근처 빵집 주인인데, 우리는 그에게서 팔걸이의자를 두 개 빌렸습니다. 우리에겐 팔걸이의자 두 개가 필요했기 때문에, 당연한 일이지만 그것을 가지고 있는 사람을 찾아서 그것을 빌린 것입니다. 그 무뚝뚝한 사나이는 의자를 빌려주었고, 우리는 그것을 가져다 잘 썼습니다. 그런데 오랜 사용으로 의자가 많이 닳았을 때쯤 그가 의자를 돌려달라고 했습니다. 우리는 돌려주었지요. 아마 여러분은 그가 그것으로 만족했으리라고 생각하실 겁니다. 하지만 천만에요. 그는 의자가 닳았다고 불평을 했습니다. 나는 그의 생각이 잘못되었음을 지적해주었지요. 이렇게요. '자네는 나이를 그렇게 먹고도 팔걸이의자란 선반 위에 모셔두고 보는 물건이라고 주장할 셈인가? 멀리서 바라보고 감상하는 물건이라고 말할 셈이야? 이 팔걸이의자는 앉기 위해 빌렸다는 것을 모르나?' 그런데 그는 이해를 하지 못하고 심한 말을 내뱉은 것입니다. 나는 그때도 지금과 마찬가지로 꾹 참고 다시 한 번 호소해 보았습니다. '여보게 자네, 우리의 사업적 능력이 어떻게 다르든 우리는 모두 '자연'이라고 하는 위대한 어머니에게서 태어난 아이들이야. 이 화창한 여름날 아침에 바로 자네가 본 대로' (나는 소파에 앉아 있었습니다) '나는 꽃을 앞에 두고 테이블에는 과일을 놓고, 구름 한 점 없는 하늘 아래 향기로운 공기를 마시면서 '자연'을 바라보고 있다네. 이 동일한 어머니로부터 태어난 형제인 자네에게 부탁하는 바인데, 나와 이렇게 숭고한 것 사이에 끼어들지 말아주게.' 그런데 그가 비집고 들어온 것입니다." 스킴폴 씨는 놀란 표정을 지으면서 웃는 눈을 위로 치켜떴습니다. "그 어리석은 모습으로 비집고 들어온 것입니다. 그는 지금도 그렇고 앞으로도 비집고 들어올 것입니다. 그래서 나는 기꺼이 도망쳐서 나의 친구 잔다이스 군의 집으로 가려고 하는 것입니다."

뒤에 남은 스킴폴 부인과 딸들이 빵집 주인을 상대하지 않으면 안 된다는 일은 전혀 생각하고 있지도 않은 것 같았습니다. 하지만 그들도 그런 그의 모습에 익숙해서인지 태연했습니다. 스킴폴 씨는 가볍고 우아한 태도로 가족들에게 작별을 고한 뒤 완전히 마음을 가라앉히고 우리와 함께 마차에 올랐습니다. 돌아갈 때 열려 있는 문틈으로 들여다보니 그의 방은 다른 곳에 비하면 마치 궁전 같았습니다.

그날이 다 가기 전에 어떤 놀라운 일이, 참으로 놀랍고도 오랫동안 기억에 남을 만한 일이 일어나리라고는 미처 예상치 못했습니다. 집으로 돌아가는 도중에 우리의 손님은 매우 기운이 넘쳐서, 나는 그가 하는 말에 귀를 기울이고 물끄러미 바라보고 있을 수밖에 없었습니다. 에이더도 나와 비슷한 상황이었습니다. 잔다이스 씨로 말하자면, 서머즈 타운을 떠날 때에는 동풍에 시달렸으나 거기서 채 2마일도 오지 않아서 풍향이 바뀌어 기분이 좋아졌습니다.

다른 점에서는 어떨지 모르지만 색다른 곳에 가거나 화창한 날씨를 좋아하는 점에서 스킴폴 씨는 그야말로 어린아이 그 자체였습니다. 오는 도중에 그렇게 떠들었음에도 불구하고 그는 피곤한 기색도 보이지 않고 우리 중 그 누구보다도 빨리 응접실로 뛰어 들어갔습니다. 그리고 내가 가사를 돌보고 있는 동안에 피아노 앞에 앉아 이탈리아 어나 독일어로 된 뱃노래나 축배의 노래 등을 불렀습니다.

저녁 식사가 시작되기 조금 전, 우리가 모두 방에 모였을 때에도 그는 여전히 피아노 앞에 앉아서 이것저것 가벼운 노래를 부르다가는 그만두고, 한두 해 전에 그리다가 만 로마시대 유적의 스케치를 마무리 지을 일에 대해 이야기했습니다. 그때 손님이 왔다는 소식과 함께 명함이 전달되었습니다. 잔다이스 씨가 놀란 투로 명함을 읽었습니다.

"레스터 데들록 경!"

손님이 방에 들어왔을 때 나는 꼼짝도 할 수 없었습니다. 마치 방이 내 주위에서 빙빙 돌고 있는 듯했습니다. 만약 내게 움직일 수 있는 힘이 있었다면 급히 달아났을 것입니다. 나는 머리가 빙빙 돌아서 창가에 있는 에이더 옆으로 갈 정도의, 아니 창을 보거나 창이 어디에 있는가 알아차릴 만한 침착성조차 가질 수가 없었습니다. 내 이름을 부르는 소리가 들려서 정신을 차리고 보니 잔다이스 씨가 나를 소개하고 있었습니다.

"레스터 경, 앉으십시오."

"잔다이스 씨," 레스터 경은 인사를 하고 의자에 앉아서 대답했습니다. "이 댁을 방문할 영광을 입은 것은……."

"별말씀을 다 하십니다. 제가 오히려 영광입니다."

"감사합니다. 지금 링컨셔에서 런던으로 가는 중인데, 사과드릴 게 있어서 왔습니다. 어떤 신사—당신도 아시는 분으로, 그분 댁에 당신이 머문 적이 있기 때문에 굳이 이름을 말하지는 않아도 되리라고 생각합니다—에 대해 내가 아무리 불만이 있다고 해도, 그 때문에 체스니 월드에 있는 그림들을 당신과 당신의 보호 아래에 있는 아가씨들이 보시지 못하게 한다면 매우 미안한 처사이므로……."

"참으로 친절하시군요, 레스터 경. 여기에 있는 아가씨들을 대신해서 제가 깊은 감사를 드립니다."

"잔다이스 씨, 그 신사—이미 말씀드린 이유로 해서 이름을 구체적으로 언급하지는 않겠습니다—가 만일 나를 오해해서, 당신으로 하여금 링컨셔에 있는 우리 집에서 환대를 받지 못할 거라는 생각을 갖게 했다면 그것은 사실과 다르다는 것을 알아주십시오."

잔다이스 씨는 말을 하지 않고도 그를 오해하지 않고 있다는 뜻을 전달했습니다.

"잔다이스 씨." 레스터 경은 무거운 투로 말을 이었습니다. "당신과 함께 링컨셔에 오신, 미술에 관한 취미와 교양을 지닌 어떤 신사가, 마찬가지 이유로 체스니 월드에 있는 그림들을 보실 수가 없었다는 것을 가정부로부터 듣고서 나는 진심으로 안타깝게 생각하고 있습니다. 그분의 견식으로 천천히 주의 깊게 보아주셨더라면 아마도 볼만한 그림도 몇 가지 있었을 것이라고 생각합니다." 그런 다음 그는 명함을 꺼내어 엄숙하게, 조금 당황한 듯이 안경 너머로 읽었습니다. "음, 히롤드……아니 헤랄드……아니 헤럴드……스탠플링……스팀플링……아니 실례했습니다……스킴폴 씨."

"이쪽이 해럴드 스킴폴 군입니다." 잔다이스 씨는 조금 놀란 듯이 소개했습니다.

"반갑습니다." 레스터 경은 외쳤습니다. "스킴폴 씨를 만나게 되어 다행입니다. 이 기회에 사과의 말씀을 드립니다. 만약 우리 집에 오실 기회가 있으시면, 그때에는 사양 마시고……."

"레스터 데들록 경, 친절하신 말씀 감사합니다. 말씀에 힘입어 꼭 경의 저택을 다시 한 번 방문하고 싶습니다. 체스니 월드와 같은 저택의 소유주는" 하고 스킴폴 씨는 여느 때처럼 명랑한 투로 말했습니다. "일반 공중의 은인이십니다. 친절하게도 갖가지 귀한 물건을 보존하셔서, 우리와 같은 가난한 사람들을 감동시키고 기쁘게 만들어주시고 있으니까요. 따라서 그러한 기쁨이나 감동을 충분히 맛보지 않는다는 것은 은인의 친절을 배반하는 셈이 됩니다."

레스터 경은 이 말이 매우 마음에 든 것 같았습니다. "당신은 예술가군요."

"아닙니다, 아녜요." 스킴폴 씨가 대답했습니다. "게으름뱅이 아마추어에 지나지 않습니다."

레스터 경은 이 대답이 한층 마음에 들었던 모양으로 이다음에 스킴폴 씨가 링컨셔에 올 때에는 자신도 체스니 월드에 있게 되면 좋을 것이라고 말했습니다. 스킴폴 씨는 그렇게 말씀해 주시니 감사하다고 말했습니다.

"스킴폴 씨가 우리 집 가정부에게 말씀하시기를," 하고 레스터 경은 다시 잔다이스 씨를 향해 설명했습니다.

("그것은 일전에 내가 서머슨 양과 클레어 양을 찾아간 날에 있었던 일이었습니다." 스킴폴 씨가 들뜬 투로 우리에게 설명했습니다.)

"그때 자신과 함께 머물던 분은 잔다이스 씨라고 했습니다." 여기에서 레스터 경은 잔다이스 씨에게 고개를 숙여 보였습니다. "그래서 나는 그때의 상황을 알게 되었습니다. 누구에게나 실례되는 일은 있을 수 있겠지만, 특히 내 아내와 이전부터 알고 지내던 분이나 (아내로부터 들은 바에 의하면) 아내가 매우 존경하는 분에 대해서 이와 같은 실례가 있었다는 것은 참으로 안타까운 일입니다."

"레스터 경, 그 일에 대해서는 더 이상 말씀하지 않으셔도 됩니다." 잔다이스 씨가 대답했습니다. "경의 심정은 저도, 여기에 있는 사람들도 모두 잘 알고 있습니다. 그런데 실수를 한 것은 저의 쪽이었으므로, 저야말로 사과하지 않으면 안 됩니다."

나는 한 번도 눈을 들지 않았습니다. 손님의 모습을 보는 일도 없었고, 대화하는 목소리도 귀에 들어오지 않았습니다. 지금 여기서 그때의 대화를 떠올릴 수 있다는 사실이 놀라울 정도입니다. 그때는 내게 아무런 인상도 주지 않은 것처럼 여겨졌기 때문입니다. 여러 사람이 무엇인가 이야기하고 있는 목소리는 들렸지만, 나는 완전히 혼란에 빠져 본능적으로 손님을 피하고 싶은 기분이 강했기 때문에, 그 자리에 있기가 괴로워지고, 머리가 지끈지끈하고 심장이 두근거려서 뭐가 뭔지 전혀 모르는 상태였습니다.

"아내에게 그 이야기를 했더니." 레스터 경은 일어서면서 말했습니다. "아내는 여러분께서 가까이에 머무는 동안에 우연히 잔다이스 씨와 아가씨들을 만나서 대화를 나눌 수가 있었다고 말했습니다. 잔다이스 씨, 아까 스킴폴 씨에게 한 사과의 말씀을 당신과 아가씨들에게도 다시 한 번 말씀드리고 싶습니다. 여러 가지 사정으로 보이손 씨가 우리 집에 오는 것은 환영할 수 없지만, 그 밖의 분들은 언제든 환영입니다."

"여러분은 옛날에 내가 그를 무엇에 빗대었는지 알고 있겠지요?" 스킴폴 씨가 명랑하게 말했습니다. "모든 빛깔을 새빨갛게 바꾸려고 작심한 붙임성 있는 황소에 비유했답니다."

레스터 데들록 경은 마치 보이손 씨와 관계된 일은 더 이상 한 마디도 듣고 싶지 않다는 듯이 기침을 하고 나서 정중한 태도로 돌아갔습니다. 나는 될 수 있는 대로 빨리 내 방으로 돌아와, 안정을 되찾을 때까지 방안에 있었습니다. 나중에 다시 아래층으로 내려가보니 다행히 사람들은 내가 준남작 앞에서 주눅이 들어 아무 말도 하지 못한 것으로 알고 있었습니다.

나는 마침내 내가 알고 있는 일을 잔다이스 씨에게 털어놓기로 마음먹었습니다. 내가 어머니와 만나거나 어머니의 집에 가게 되지나 않을까, 그리고 비록 나와 가까운 사이는 아니지만 스킴폴 씨가 어머니의 남편으로부터 친절이나 은혜를 받는 일이 있지는 않을까 생각하니 매우 괴로운 기분이 되어, 잔다이스 씨의 도움 없이는 혼자서 해나갈 수가 없을 것 같은 생각이 든 것입니다.

밤이 되어 모두들 침실로 물러났을 때 나는 여느 때처럼 에이더와 이야기를 나눈 후 다시 복도로 나와 잔다이스 씨의 서재로 향했습니다. 아저씨가 늘 이 시각에는 독서를 하고 있다는 것을 알고 있었기 때문입니다. 서재 가까이 가자 독서 램프의 불빛이 복도로 새어 나와 있는 것이 보였습니다.

"아저씨, 들어가도 돼요?"

"좋고 말고. 무슨 일이냐?"

"별일은 아니지만 조용해진 지금 저에 대해서 잠시 할 이야기가 있어서요."

잔다이스 씨는 책을 한쪽 옆으로 치운 뒤 내게 의자를 권하고 상냥한 얼굴로 나를 물끄러미 바라보셨습니다. 그 얼굴에는 언젠가 '네가 곧 알 수 있는 걱정거리는 가지고 있지 않다'고 내게 말씀하셨던 밤과 같은 표정이 나타나 있었습니다.

"에스더, 너에게 관계가 있는 일이라면, 우리 모두에게 관계가 있는 일이므로, 하고 싶은 이야기가 있으면 나도 꼭 듣고 싶구나."

"네. 저도 아저씨의 충고와 조언을 꼭 듣고 싶습니다. 오늘 밤 얼마나 도움을 받고 싶었는지 모르실 거예요!"

나의 태도가 너무나 진지했기 때문에 아저씨는 적이 놀란 듯한 표정이 되었습니다.

"오늘 손님이 오셨을 때부터 줄곧 이야기하고 싶어서 견딜 수가 없었어요!"

"손님이라고? 레스터 데들록 경 말이냐?"

"네."

아저씨는 팔짱을 끼더니 몹시 놀란 표정으로 나를 바라보며 다음 말을 기다리고 있었습니다. 나는 이야기를 어떻게 풀어나가야 좋을지 몰랐습니다.

"에스더," 아저씨는 갑자기 미소를 지으면서 말했습니다. "오늘의 손님과 너사이에 무슨 관계가 있으리라고는 꿈에도 생각지 못했는걸?"

"네, 알고 있습니다. 바로 얼마 전까지만 해도 저도 그랬으니까요."

아저씨의 얼굴에서 미소가 사라지고 보다 진지한 표정이 되었습니다. 아저씨는 문까지 가서 닫혀 있는지 여부를 확인한 뒤에 (나는 신경을 써서 제대로 닫고 왔었습니다) 다시 앉았습니다.

"아저씨, 언젠가 우리가 뇌우를 만났을 때, 데들록 부인이 언니 이야기를 하셨던 일을 기억하고 계세요?"

"물론, 기억하고 있지."

"그리고 부인과 언니의 사이가 나빠져서 각자의 길을 갔다고 한 것도요?"

"물론이지."

"두 사람은 왜 헤어졌어요?"

나를 바라보고 있는 아저씨의 얼굴빛이 달라졌습니다.

"무슨 말이지? 글쎄, 잘 모르겠구나. 당사자인 두 사람 외에는 아무도 모를 거야. 그 아름답고 오만한 두 자매의 비밀 같은 걸 누가 알 수 있단 말이냐. 데들록 부인은 너도 보았겠지만, 만약에 그 언니를 보았다면 언니 또한 동생 못지않게 기가 세고 오만하다는 것을 알 수 있을 게다."

"저는 그 언니를 여러 번 보았습니다."

"그녀를 보았다고?"

아저씨는 입술을 깨물고 잠시 말이 없다가 다시 말을 이었습니다. "그럼 에스더, 전에 내가 보이손에 대해 이야기하면서 그가 한때 결혼 직전까지 갔었고, 상대방 여자는 죽지는 않았지만 그에게는 죽은 것이나 진배없다고 말했을 때 그 상대방 여자가 누구인지 너는 알고 있었니?"

"아뇨." 하고 나는 대답했으나, 무엇인가 두려워하고 있던 일이 점차 확실해지는 것처럼 무서운 마음이 들었습니다. "지금도 모릅니다."

"데들록 부인의 언니란다."

"그럼 어째서," 나는 도저히 물어볼 용기가 나지 않을 정도였습니다. "어째서 그 두 사람은 헤어진 거죠?"

"그것은 여자 쪽에서 결정한 일이었다. 동기는 가슴속 깊숙이 묻어둔 채 말이야. 보이손의 추측에 의하면(어디까지나 추측일 뿐이지만) 그녀는 동생과 다툰 뒤 이루 말할 수 없는 마음의 상처를 입었던 거야. 어쨌든 그녀가 보이손에게 보낸 편지에는 그날 이후로 자신은 그에게 죽은 사람이라고 쓰여 있었지. 그녀는 보이손이 긍지가 드높고 명예를 소중히 여기는 사람이고 자신 또한 그러하기에 그런 결정을 내렸다고 했어. 두 사람의 긍지와 명예를 위해 스스로를 희생하기로 했으며, 희생적인 삶을 살다가 죽겠노라고 했지. 그런데 정말로 그렇게 된 것 같아. 그날 이후로 보이손은 그녀를 본 적도 없고 그녀에 대한 소식을 들은 적도 없으니까."

"아아, 저는 무슨 일을 저질렀단 말인가요!" 나는 슬픔을 억제하지 못하고 외쳤습니다. "몰랐다고는 하지만 얼마나 큰 슬픔의 씨가 되어 버렸는지요?"

"뭐, 슬픔의 씨가 되었다고?"

"그렇습니다. 몰랐다고는 하지만 틀림없이 그렇습니다. 남의 눈을 피해서 모습을 감춘 그 언니야말로 제 기억 속에 남아 있는 최초의 어른입니다."

"뭐라고? 설마." 아저씨가 놀라서 말했습니다.

"그렇습니다! 그리고 그 여동생이라는 분이 나의 어머니입니다!"

나는 어머니의 편지에 대해서도 이야기하려고 했지만, 아저씨가 말렸습니다. 아저씨는 더할 나위 없이 다정하고 분별 있는 말을 들려주었으며 또 내가 막연히 생각하고 바라왔던 것들을 분명하게 말로 표현해주었기 때문에, 그날 밤 나는 그 어느 때보다 더 아저씨에 대한 사랑과 감사의 마음으로 벅차올랐습니다. 이야기가 끝난 뒤 아저씨는 나를 방까지 바래다주고 굿나이트 키스를 해주었습니다. 나는 잠자리에 든 뒤에도 어떻게 하면 나 자신의 일을 잊고 아저씨를 위해 헌신할 수 있을까, 어떻게 하면 다른 사람에게 도움이 되고 아저씨에게 감사와 존경의 마음을 표현할 수 있을까 하는 생각을 했습니다.

# 제44장 편지와 답장

이튿날, 잔다이스 씨가 자기 방으로 나를 불렀기 때문에, 나는 지난밤에 못다한 이야기를 했습니다. 아저씨는 비밀을 지키고 어제와 같은 만남을 피하는 수밖에 없다고 말했습니다. 그분은 내 기분을 잘 알아주시고, 스킴폴 씨에게 더 이상 그 저택으로 가는 것을 삼가게 하겠다고까지 말해주었습니다. 내게 이름을 말할 필요도 없는 어떤 사람을 돕거나 그녀에게 충고하거나 하는 일은 아저씨도 할 수 없는 일이었습니다. 그녀의 그 변호사에 대한 불신이 근거가 있는 것이라면 비밀이 드러날 염려도 있었습니다. 아저씨는 그 변호사를 본 적도 있고 소문을 들은 적도 있어서 아는데 그 변호사는 위험한 인물이 틀림없다고 말했습니다. 아저씨는 내 일에 관심을 보이면서 무슨 일이 있어도 나는 아저씨와 마찬가지로 아무 잘못이 없다고 거듭 강조해서 말해주었습니다. "네가 의심을 사는 일은 없을 거야. 너와의 관계를 문제 삼지 않더라도 의심스러운 점은 얼마든지 있을 테니까."

"변호사에 대한 이야기가 나왔으니 말인데요." 내가 대답했습니다. "저를 불안하게 하는 사람이 둘 있어요." 그러고 나서 나는 거피 씨에 대한 이야기를 했습니다. 거피 씨가 막연하게나마 뭔가를 짐작하고 있을지도 모르며, 하지만 마지막으로 만난 뒤로 아무 말도 없는 것으로 보아 그에게서 무슨 이야기가 새어나올 것 같지는 않다고 말했습니다.

"음, 그렇다면 현재로서는 그 사람 일은 생각하지 않아도 된다는 것이군. 또 한 사람은 누구지?"

"저 프랑스인 하녀가 내게 고용해 주었으면 하고 말한 적이 있었잖아요." 하고 내가 말했습니다.

"아, 그래그래!" 아저씨는 생각에 잠긴 듯이 "그 하녀는 법률사무소 직원보다도 더 경계해야 해. 하지만 결국 그녀는 새로운 일자리를 구하려고 했던 것뿐이 아닐까. 얼마 전에 너와 에이더를 만났으니까 자연스럽게 네 생각이 났을 거야. 그냥 하녀로 고용해 달라고만 했지, 다른 이야기는 없었잖아."

"그래도 태도가 조금 이상했어요."

"맞아. 구두를 벗고 맨발로 걸었을 때는 조금 이상했지. 하지만 이런저런 추측으로 스스로를 괴롭히는 것은 좋지 않아. 그런 식으로 생각하다간 늘 불안한 마음이 들 테니까. 희망을 가지렴. 너는 너일 뿐이야. 비밀을 안 지금도 알기 전과 마찬가지로, 자연스럽게 있어야 해. 그렇게 하는 것이 모두를 위해서도 가장 좋아. 나도 너의 비밀을 알게 되었으니까……."

"그리고 제 짐을 훨씬 가볍게 해 주셨어요."

"그 집안에서 무슨 일이 일어날지 주의해서 지켜보마. 그리고 여기에서조차 이름을 말하지 않는 편이 좋을 그분에게 조금이라도 도움이 될 때가 오면, 그분의 귀여운 따님을 위해서라도 꼭 도움이 되어드릴 생각이야."

나는 진심으로 감사의 말을 전했습니다. 어떻게 그러지 않을 수가 있었겠습니까! 내가 방에서 나가려고 하자 아저씨는 잠깐 기다려달라고 했습니다. 뒤를 돌아보자 아저씨의 얼굴에 또 그때와 마찬가지 표정이 떠올라 있었습니다. 그 순간, 어째서인지 모르겠지만 아저씨의 그 표정이 완전히 새로운 의미로 다가왔습니다.

"에스더, 전부터 너에게 하고 싶었던 이야기가 있는데."

"무슨 이야기인데요?"

"어떻게 말을 꺼내야 할지 모르겠구나. 나는 그 이야기를 진지하고 신중하게 하고 싶고 너 또한 그렇게 받아들여주었으면 좋겠어. 편지로 써도 될까?"

"물론이지요. 제가 어떻게 반대하겠어요?"

"그럼 지금 이 순간," 잔다이스 씨는 밝게 웃으면서 말했습니다. "내가 여느 때처럼 편안하고 솔직하고 고지식해 보이니?"

나는 매우 진지하게 "네" 하고 대답했습니다. 그것은 거짓 없는 솔직한 대답이었습니다. 그러자 아저씨의 순간적인 주저는 (그것은 일분도 채 계속되지 않았습니다) 사라지고 여느 때와 같은 배려심 많고 따뜻한 태도로 돌아왔습니다.

"내가 무언가를 감추고 있다거나 내가 한 말에 무언가 다른 뜻이 있다고 생각되니?" 하고 아저씨는 맑은 눈으로 내 눈을 들여다보면서 물으셨습니다.

나는 절대로 그렇지 않다고 대답했습니다.

"에스더, 내가 하는 말을 전적으로 믿을 수 있니?"

"네, 전적으로요." 나는 진심으로 말했습니다.

"그럼 손을 잡게 해다오."

아저씨는 내 손을 잡고 팔로 나를 가볍게 안더니 여느 때와 다름없는 진심이 담긴 태도—나로 하여금 금세 이 집을 내 집이라고 생각하게 해준, 언제나 변함 없이 배려하는 그 태도—로 나를 내려다보면서 말했습니다. "작은 아주머니, 그 겨울날 역마차 안에서 만난 뒤로 너는 나의 사람됨을 바꾸어주었다. 그때부터 줄곧 내게 여러 가지 좋은 일을 해 주었어."

"당치 않은 말씀이에요. 그때 이래로 아저씨야말로 제게 얼마나 많은 일을 해 주셨는지 몰라요."

"하지만 그것은 지금 생각하지 않기로 하자."

"잊을 수가 없는걸요."

"그래도, 에스더," 아저씨는 상냥하고 진지한 모습으로 "지금은 잊는 것으로 해다오. 잠시 동안 잊어줘. 지금은 네가 알고 있는 이 내가 앞으로 변하지 않을 것이라는 것—이것 하나만 기억해 줘. 알았지?"

"네, 알겠어요."

"그럼 됐다. 하지만 그렇게 말했다고 해서 곧 결정해 버리면 안 돼. 네가 알고 있는 내가 앞으로 변하지 않을 것이라고 네 마음속에 분명한 확신을 갖기 전까지는 나는 이 가슴속으로 생각하고 있는 것을 편지로 쓰지 않을 거야. 네가 조금이라도 의심을 가지고 있는 동안에는 나는 결코 편지를 쓰지 않을 작정이다. 네가 잘 생각해서 확신이 들면 내주의 오늘 밤 찰리에게 말해서 '편지'를 가지러 보내다오. 하지만 만약에 확신을 가질 수 없다고 생각한다면 절대로 보내지 마라. 알았지? 나는 다른 모든 일에서와 마찬가지로 이 일에서도 네가 진실하리라 믿고 있다. 그러니 만약에 확신이 들지 않는다면 찰리를 보내지 말아 줘!"

"아저씨, 이미 확신하는걸요. 아저씨의 저에 대한 생각이 변함없는 것처럼 제 생각 또한 바뀌지 않아요. 저는 편지를 가지러 찰리를 보내겠습니다."

잔다이스 씨는 내 손을 잡더니 더 이상 아무 말도 하지 않았습니다. 그 뒤 1주일 동안, 아저씨도 나도 이 일에 대해서는 한 마디도 꺼내지 않았습니다. 약속한 밤이 와서 나와 찰리만 있게 되자 곧 찰리에게 잔다이스 씨에게 가서 편지를 받아다 달라고 부탁했습니다. 찰리는 계단을 올라갔다 내려와서 복도를 지나—이 오래된 집 안을 오르락내리락하는 게 그날따라 유난히 길게 느껴졌습니다—다시 계단을 내려갔다가 올라와서 편지를 가지고 돌아왔습니다.

"찰리, 테이블 위에 놓고 가렴." 내가 말했습니다. 그래서 찰리는 편지를 테이블 위에 놓고 자러 갔습니다. 나는 그 편지를 그대로 두고 가만히 앉아서 여러 가지 것을 생각했습니다.

먼저 어두운 그림자로 덮인 나의 어린 시절을 생각했습니다. 대모님이 굳은 얼굴로 돌아가시던 날까지의 잔뜩 위축되어 지내던 시절과 이세스 레이첼과 살던 고독한 시절(세상천지에 나 혼자 남겨졌어도 그보다 쓸쓸하진 않았을 겁니다), 친구들에게 둘러싸여 사랑받으며 지내던 행복한 시절, 귀여운 에이더를 만나서 자매처럼 지냄으로써 내 삶에 윤기와 아름다움이 더해졌던 시절을 생각했습니다. 저 춥고 맑게 갠 날 밤, 바로 이 창문에서 우리의 기대에 넘친 얼굴을 향해 빛나던, 그리고 그때 이래 빛을 잃은 적이 없는 환영의 빛을 회상했습니다. 여기서 보낸 행복한 나날을 돌아보았습니다. 내가 병들었다가 회복한 것에 대해 생각했습니다. 내 얼굴은 달라졌지만 주위 사람들은 전혀 달라지지 않았습니다. 그리고 이 모든 행복은 탁자 위에 놓인 편지로 대표되는 한 사람으로부터 비롯되었습니다.

나는 편지를 읽어보았습니다. 나에 대한 애정과 공평무사한 충고, 말 한 마디 한 마디에 드러나 있는 배려 등이 너무 절절해서, 자주 시야가 뿌예지는 바람에 오래 계속해서 읽을 수가 없었습니다. 그래도 나는 처음부터 끝까지 세 번 되풀이해서 읽고 편지를 놓았습니다. 읽기 전부터 그 내용은 이미 알고 있는 생각이 들었는데 그대로였습니다. 아저씨는 내게 '황폐한 집'의 안주인이 되어 주지 않겠느냐고 묻고 있었습니다.

깊은 애정이 깃들어 있었지만 연애편지는 아니었습니다. 평소에 내게 말을 걸어오던 때와 같은 투로 씌어 있었습니다. 그 한 행 한 행에 쓴 사람의 얼굴이 눈앞에 떠오르고 목소리가 귀에 울렸으며, 친절하고 배려하는 태도를 느낄 수가 있었습니다. 마치 우리 입장이 뒤바뀐 것 같은 내용으로, 마치 모든 선행이 내가 한 일이고, 거기에서 잔다이스 씨의 감정이 싹튼 것처럼 씌어 있었습니다.

잔다이스 씨는 이렇게 말했습니다. 나는 아직 젊지만 그는 한창때가 지났으며, 내가 어린아이였을 때 그는 이미 중년에 이르렀다고, 그리고 이제 흰머리가 성성한 상태에서 이 편지를 쓰고 있다고요. 그는 이 모든 것을 알기에 내가 이 문제에 대해 심사숙고하기 바란다고 했습니다. 이 결혼으로 나는 아무것도 얻을 게 없고 거절해도 아무것도 잃을 게 없다고도 했습니다. 왜냐하면 우리 관계가 새롭게 바뀌어도 나에 대한 그의 애정은 지금보다 더 깊어질 수 없기 때문이라고요. 잔다이스 씨는 내가 어떤 쪽으로 결정하든 그것이 옳은 결정임을 확신한다고 했습니다. 그리고 내가 그에게 어떤 행복을 줄 수 있는 사람인지 나는 잘 모르겠지만 여기에 대해서는 말하지 않겠다면서, 나는 그에게 아무런 신세도 지고 있지 않고 오히려 그가 내게 큰 신세를 지고 있다는 것을 기억하라고 했습니다. 그는 가끔 우리의 미래를 생각해볼 때가 있다고, 에이더가 우리를 떠남으로써 현재의 생활양식이 무너질 때가 곧 올 터인데 그때를 대비해서 이 제안을 한다고 했습니다. 그리고 만약 내가 그를 보호자로 삼을 수 있겠다는, 그리하여 그의 여생의 반려자가 되어 행복하게 살아갈 수 있겠다는 생각이 들더라도 지금 당장 답장할 필요는 없으며, 시간을 두고 천천히 생각해보라고 했습니다. 내가 그의 청혼을 받아들이든 받아들이지 않든 나와의 관계나 나에 대한 태도, 나를 부르는 호칭은 변하지 않을 것이며, 영리한 더든 아주머니 또한 늘 한결같을 것이라고 했습니다.

이상이 편지의 내용이었습니다. 전문을 통해 공평하고 품위가 넘쳤으며, 마치 책임 있는 후견인의 입장에서 어떤 친구의 구혼에 대해 성실하게 의견을 말하고 있는 것 같은 내용이었습니다.

하지만 다음과 같은 것들은 언급하지 않았습니다—내가 아프기 전에 얼굴에 예뻤을 때에도 같은 생각을 했지만 그때는 나에 대한 마음을 억눌렀던 것과 내가 얼굴이 변하고 매력이 없어진 뒤에도 예전에 더 예뻤을 때와 마찬가지로 나를 사랑해 주고 있다는 것. 나의 출생 비밀을 알고도 조금도 충격을 받지 않았다는 것, 그의 배려 앞에서는 나의 추한 얼굴도, 태어나면서부터 짊어지고 있는 치욕도 문제가 아니라는 것, 이와 같은 참된 마음이 필요하면 할수록 평생 그를 믿어도 좋다는 것 등등.

이상의 일은 씌어 있지 않았으나 나는 이제 분명히 알았습니다. 내가 받아온 자애의 클라이맥스가 이 제안이었던 것입니다. 나로서 할 일은 단 한 가지밖에 없다고 생각했습니다. 잔다이스 씨를 행복하게 하기 위해 내 생애를 바치는 것이야말로 감사하는 마음의 만분의 일이라도 나타낼 수가 있는 일입니다. 요전날 밤에도 그에게 감사의 마음을 나타내기 위해 이제까지 없었던 새로운 방법은 없을까 하고 그것만 생각하지 않았습니까?

그런데도 나는 몹시 울고 말았습니다. 편지를 읽고 가슴이 벅찼기 때문만은 아닙니다. 잔다이스 씨의 제안이 의외로 여겨졌기 때문—내가 편지 내용을 예측하고 있었다고는 하지만 역시 의외였습니다—만은 아닙니다. 마치 내가 무엇인가, 이름을 붙일 수도, 분명히 머리에 떠올릴 수도 없는 그 무엇인가를 영원히 잃어버린 것 같은 생각이 들었기 때문입니다. 나는 정말로 행복했고, 감사와 희망에 차 있었습니다. 하지만 나는 몹시 울고 말았습니다.

이윽고 나는 낡은 거울을 마주하고 앉았습니다. 눈은 빨갛게 부어 있었습니다. 나는 말했습니다. "어머, 에스더, 에스더, 이게 무슨 꼴이람!" 거울 속의 얼굴은 이렇게 야단을 맞고 또 울 것 같았지만, 내가 손가락을 들이대자 울음을 그쳤습니다.

"그래, 이게 나를 곧잘 위로해 주던 예전의 그 침착한 얼굴이야." 나는 이렇게 말하고는 머리를 풀기 시작했습니다. "네가 황폐한 집의 안주인이 된다면 언제나 새처럼 명랑해야 한다. 늘 명랑해야 해. 그러니까 이번에야말로 제대로 해보자꾸나."

다행히 이번에는 편한 기분이 되어 머리를 계속 빗었습니다. 아직 약간 훌쩍거리고 있기는 했지만 그것은 아까 울었던 탓이고, 지금 울고 있는 것이 아닙니다.

"그래, 에스더. 그래도 너는 평생 행복하게 될 수 있어. 세상에서 가장 좋은 친구에 둘러싸여 가정을 가질 수 있고, 좋은 일을 많이 할 수 있고, 세상에서 가장 훌륭한 남자에게 사랑받을 수 있어."

문득 잔다이스 씨가 누군가 다른 사람과 결혼을 한다면 나는 어떤 기분이 들 것이며 또 어떻게 해야 하나 하는 생각이 들었습니다. 그런 일이 생기면, 나의 입장은 완전히 달라졌을 것입니다! 그렇게 생각하자 나의 생활을 돌아볼 마음이 생겨, 나는 가사에 필요한 열쇠 다발을 짤랑 울리고서 거기에 키스를 한 뒤 다시 바구니에 넣었습니다.

그러고 나서 거울 앞에서 머리를 빗으면서 생각했습니다. '병으로 생긴 깊은 흔적과 출생의 비밀로 인해 나는 더욱 바쁘게 움직여야 하고, 쓸모 있고 다정하며 다른 사람들에게 도움이 되는 존재가 되어야 한다고 얼마나 자주 속으로 되뇌었던가. 그런데 우울하게 주저앉아 울기나 하고 있었다니! 내가 언젠가 황폐한 집의 안주인이 된다고 하는 것이 처음에는(사실은 그렇지 않지만, 만일 그것이 우는 이유였다면), 왜 그렇게 낯설게 여겨진 걸까? 나는 그런 생각을 못했다 하더라도 다른 사람들은 그런 생각을 했었는데.' 나는 거울 속의 나를 향해서 물었습니다. "너의 그 상처가 생기기 전에 우드코트 부인이 네 결혼에 대해 한 말을……."

그 이름 때문에 생각이 났는지도 모릅니다. 저 시든 꽃다발에 대한 일이. 이제 그것은 버리는 것이 좋을 것입니다. 그것은 아주 사라져버린 무엇인가의 추억으로서 이제까지 버리지 않고 둔 것인데, 이제는 버리는 것이 좋을 것입니다.

그것은 책 속에 끼워져 있었는데, 책은 옆방, 즉 에이더의 방과 내 방 사이에 있는 거실에 있었습니다. 나는 촛불을 들고 살며시 거실로 들어가서, 선반에서 책을 꺼냈습니다. 그때 열려 있는 문 너머로 자고 있는 아름다운 에이더의 모습이 보였기 때문에 살며시 다가가서 키스를 했습니다.

내가 심약해서라는 것은 나도 잘 알고 있습니다. 구태여 울 필요는 없었을 것입니다. 하지만 나는 에이더의 사랑스러운 얼굴에 눈물을 떨어뜨리고, 또다시 눈물을 떨어뜨렸습니다. 나는 더욱 심약해져서 시든 꽃을 꺼내어 잠시 동안 그녀의 입술에 댔습니다. 물론 그 꽃은 리처드와는 아무 상관도 없었지만 나는 리처드에 대한 그녀의 애정을 생각했습니다. 그러고 나서 나는 꽃을 내 방으로 가지고 와서 촛불로 태웠습니다. 꽃은 한순간에 재가 되고 말았습니다.


이튿날 식당에 들어가자, 잔다이스 씨는 여느 때처럼 솔직하고 개방적이고 자연스러웠습니다. 어색한 점은 조금도 찾아볼 수 없었습니다. 나의 태도에도 어색한 점은 조금도 없습니다(적어도 나는 그렇게 생각합니다). 오전 내내 집 안이나 밖에서 두 사람만이 있을 때가 여러 차례 있었습니다. 나는 잔다이스 씨가 편지에 대해서 무슨 말을 하지나 않을까 하고 생각했지만 그는 한 마디도 하지 않았습니다.

이튿날도 또 그 이튿날도 마찬가지였습니다. 이렇게 일주일이 지나갔습니다. 그사이 스킴폴 씨는 머무는 기간을 더 연장했습니다. 나는 매일 잔다이스 씨로부터 편지에 대해서 무슨 말을 듣지나 않을까 생각했지만 그는 아무 말도 하지 않았습니다.

그래서 불안해진 나는 답장을 써야겠다고 생각했습니다. 밤에 방으로 돌아와서 몇 번이고 쓰려고 했지만, 답장으로서 어울리는 편지는 아무래도 쓸 수가 없었습니다. 그래서 밤마다 하루만 더 기다려봐야겠다고 생각했습니다. 7일을 더 기다렸지만 잔다이스 씨는 한 마디도 하지 않았습니다.

마침내 스킴폴 씨가 돌아가고, 어느 날 오후 우리 세 사람이 마차를 타고 나가게 되었습니다. 나는 에이더보다 먼저 옷을 입고 아래로 내려갔습니다. 거기에는 잔다이스 씨가 거실 응접실 창가에 서서 등을 돌리고 밖을 내다보고 있었습니다.

내가 들어가는 발소리에 잔다이스 씨는 뒤를 돌아보고 웃으며 "어? 작은 아주머니가 왔구나?" 하고 말하고는 다시 밖을 내다봤습니다.

나는 지금 말해야겠다고 마음먹었습니다. 사실 그것 때문에 일부러 내려온 것입니다. "아저씨," 나는 약간 주저하고 떨면서 말했습니다. "찰리에게 진해준 편지의 답장은 언제 받고 싶으세요?"

"준비가 되면 받으마."

"준비가 된 것 같아요."

"그럼 찰리 편에 보낼 거니?"

"아니에요, 제가 직접 가지고 왔어요."

나는 잔다이스 씨의 목에 팔을 두르고 키스를 했습니다. 잔다이스 씨가 이 사람이 황폐한 집의 안주인이냐고 묻기에 나는 그렇다고 대답했는데, 당장은 그로 인해 달라진 것도 없었습니다. 우리 모두는 함께 밖으로 나갔으며, 나는 내 소중한 귀염둥이에게 아직 아무 말도 하지 않았습니다.

# 제45장 약속

어느 날 아침, 내가 사랑스러운 에이더와 정원을 산책하면서 열쇠가 든 바구니를 짤랑거리고 있을 때 문득 눈을 저택 쪽으로 돌리니, 볼스 변호사와 닮은 키 크고 마른 그림자가 들어가는 것이 보였습니다. 바로 그날 아침에 에이더가 내게 리처드가 소송에 너무 열을 올리는 것이 아닐까 하는 말을 한 터여서, 그녀를 속상하지 않게 하려고 나는 볼스 변호사를 봤다는 이야기를 하지 않았습니다.

곧 찰리가 왔습니다. 나무 덤불 사이로 난 구불구불한 오솔길을 발걸음도 가볍게 오는 사랑스러운 모습은 내 하녀가 아니라 꽃의 여신 플로라의 시녀 같았습니다. "아가씨, 잔다이스 씨가 부르세요!"

이것도 찰리의 특이한 버릇 중 하나인데, 뭔가 말을 전하러 오면 그 상대가 아무리 멀리 있어도 즉시 그 용건을 말해 버리는 것입니다. 그래서 나는 찰리의 모습을 보자마자, 아직 말이 들리기도 전에 그녀의 입 모양을 보고 잔다이스 씨가 부른다는 것을 알았습니다. 찰리의 목소리가 들렸을 때 그녀는 이미 고래고래 고함을 지른 뒤였으므로 숨을 헐떡거렸습니다.

나는 에이더에게 곧 돌아오겠다고 말하고 찰리와 함께 저택 쪽으로 걸어가면서, 어떤 손님이 잔다이스 씨를 찾아오지 않았느냐고 물었습니다. 그러자 찰리는, 부끄러움을 무릅쓰고 고백하자면, 내 교육의 성과를 자랑할 수 없게 만드는 엉터리 문법으로 대답했습니다. "네, 아가씨. 같이 시골로 리처드 씨랑 오신 남자예요."

잔다이스 씨와 볼스 변호사만큼 완벽하게 대조적인 사람은 세상에 또 없을 것입니다. 그런 두 사람이 탁자를 사이에 두고 마주 앉아 있었습니다. 한 사람은 아주 개방적이고, 다른 한 사람은 조개처럼 닫혀 있습니다. 한 사람은 떡 벌어지고 곧은 체격이고, 다른 한 사람은 빼빼 마르고 등이 굽었습니다. 한 사람이 입을 열면 풍부하고 쩌렁쩌렁한 목소리가 흘러나오지만, 다른 한 사람의 목소리는 입 안에서 맴돌고 물고기처럼 차가운 피가 도는 것 같습니다. 이렇게 어울리지 않는 두 사람을 본 것은 난생처음이었습니다.

"볼스 변호사는 알지?" 잔다이스 씨의 말투는 솔직히 말해 그다지 정중하다고 할 수 없었습니다.

볼스 변호사는 여느 때처럼 장갑을 끼고 옷의 단추를 모두 잠그고 있었습니다. 그가 일어섰다가 도로 앉았습니다. 마차 안에서 리처드 옆에 앉았을 때와 같은 행동이었습니다. 그러나 지금은 리처드가 없었으므로 똑바로 앞을 응시한 채였습니다.

불길한 새처럼 온통 검게 차려입은 변호사를 보면서 잔다이스 씨가 말했습니다. "볼스 씨는 불운한 릭에 관해 안 좋은 소식을 가지고 오셨다." '불운한'이라는 단어를 특히 강조한 것은 오히려 볼스 변호사와 얽힌 일임을 뜻하는 것 같았습니다.

나는 두 사람 사이에 앉았습니다. 볼스 변호사는 노란 얼굴에 돋아난 붉은 여드름을 검은 장갑으로 살짝 터트린 것 외에는 꼼짝도 하지 않았습니다.

"릭하고 너하고는 막역한 친구 사이니까 네 의견이 듣고 싶구나. 볼스 씨, 그럼…… 말씀하시지요."

볼스 변호사가 이야기를 시작했습니다.

"서머슨 양, 저는 카스톤 씨의 법률상 조언자로서 현재 카스톤 씨의 재정 상태가 매우 심각하다는 사실에 대해 말씀드리던 중이었습니다. 액수 자체는 그리 크지 않지만, 카스톤 씨가 진 빚의 성격이 특이하여 그것을 어떻게 변제 또는 청산할까가 오히려 문제입니다. 지금까지 저는 카스톤 씨를 위해 몇 번이나 자잘한 어려움을 헤쳐 왔지만 거기에도 한계가 있는 법, 지금은 그 한계에 다다랐습니다. 지금까지 저는 제 주머니에서 얼마쯤 꺼내어 뒤처리를 해 주었는데, 여기에 대해서는 당연히 변제받을 수 있으리라 기대합니다. 저는 빈말로도 자산가라고 할 수 없고, 톤턴 계곡에 사시는 아버지를 부양해야 하는 데다, 집에 있는 귀여운 세 딸자식을 위해 적으나마 지참금을 마련해야 하기 때문이지요. 제가 걱정하는 건, 카스톤 씨의 재정 상태가 이러하다 보니 마침내 그가 군인을 그만두어야 하는 사태가 오지나 않을까 하는 것입니다. 적어도 그 점을 그와 관계있는 분들께 알려 두는 것이 바람직하다고 생각합니다."

말하는 내내 나를 보고 있던 볼스 변호사는 여기서 입을 다물었지만, 본디 짓눌린 듯한 목소리여서 줄곧 입을 다물고 있던 거나 다름없었습니다. 그는 말을 마치자 다시 똑바로 앞을 바라보았습니다.

"지금 가진 돈까지 없어져 버리면 그 불쌍한 녀석이 어떻게 될지 생각해 봐." 잔다이스 씨가 내게 말했습니다. "하지만 내가 뭘 할 수 있지? 릭이 어떤 애인지 너도 알잖니, 에스더? 지금은 내 도움을 절대로 받으려 하지 않을 거야. 도와주겠다고 언질만 주어도 그 앤 얼토당토않은 짓을 저지를 게 뻔해."

이때 볼스 변호사가 나를 보고 말했습니다.

"아가씨, 확실히 잔다이스 씨가 말한 대로여서 그 점이 어렵습니다. 전 어떻게 해야 좋을지 모르겠고, 어떻게 해야 한다고 말하는 것도 아닙니다. 당치도 않지요. 제가 이곳을 비밀리에 찾아온 것은 단지 그 사실을 전하기 위해서입니다. 만사를 공개적으로 처리해서, 나중에 만사를 공개적으로 처리하지 않았다는 말을 듣지 않으려고 말이죠. 제가 바라는 것은 만사를 공개적으로 처리하는 것입니다. 저는 먼 훗날까지 이름을 남기고 싶습니다. 제가 카스톤 씨에 대해 제 이익만을 생각한다면 이곳에 찾아오는 일은 없었을 겁니다. 아시겠지만, 그런 줄 알면 그분은 단호히 반대할 테니까요. 이곳에 온 것은 일 때문이 아닙니다. 그러니까 그 비용을 누구에게 청구할 생각도 없어요. 제가 관심을 갖는 것은 오로지 사회의 일원으로서, 세 딸의 아빠로서…… 그리고 늙으신 아버지의 자식으로서입니다." 이 마지막 말은 깜빡 잊고 하지 않을 뻔했습니다.

볼스 변호사는 리처드가 놓인 처지를 알아야 하는 책임을 분담하기 위해서 우리에게 이런 이야기를 하는 것이겠지만, 그의 말은 틀림없는 진실인 듯했습니다. 내가 할 수 있는 일이라고는 고작해야 리처드가 파견되어 있는 딜[1]로 가서 그를 만나 최악의 사태를 피할 수 있을지 알아보는 것뿐이었습니다. 이 문제에 관해서 나는 볼스 변호사와 의논하지 않고 잔다이스 씨를 따로 불러서 말해 보았습니다. 그동안 볼스 변호사는 빼빼 마른 몸을 난롯가로 옮겨서, 장례식 때 끼는 것 같은 장갑을 불에 쬐고 있었습니다.

---

1) 잉글랜드 동남부의 켄트주에 있는 항구 마을로, 영불해협과 면해 있다.

잔다이스 씨는 곧 그렇게 긴 여행을 했다간 지쳐 버릴 거라고 반대했지만 그 밖의 다른 반대 이유는 없어 보였고 나는 기꺼이 갈 마음이 있었으므로 결국 허락해 주셨습니다. 그다음은 볼스 변호사에게 알려주기만 하면 되었습니다.

잔다이스 씨가 입을 열었습니다. "서머슨 양이 카스톤 군과 연락해 보겠다고 하니 우리로서는 그의 처지가 돌이킬 수 없는 최악의 상태로 떨어지지 않기를 바랄 수밖에 없군요. 어렵게 와 주셨으니 괜찮으시다면 점심이라도 함께하시지요."

"고맙습니다, 잔다이스 씨." 그러나 볼스 변호사는 길고 검은 소매를 뻗어, 아저씨가 종을 울리려는 것을 막았습니다. "하지만 괜찮습니다. 고맙지만 한 입도 먹을 수 없어요. 소화력이 매우 떨어져서 늘 아주 조금밖에 먹지 못하거든요. 이런 시간에 잔뜩 먹었다간 어떤 일이 벌어질지 장담하지 못합니다. 이로써 만사를 공개적으로 처리하게 되었으니 저는 이만 실례하겠습니다."

"그러십시오. 그리고 볼스 씨, 우리가 알고 있는 그 소송 사건에서 그만 실례하고 싶군요." 잔다이스 씨가 씁쓸하게 말했습니다.

머리꼭대기부터 발끝까지 온통 검은색으로 휘감은 볼스 변호사는 난롯불 앞에서 김을 모락모락 내며 악취를 풍기더니 머리를 한쪽으로 기우뚱하고는 천천히 흔들었습니다.

"사람들에게 훌륭한 변호사로 여겨지는 것이 우리의 소망이니까 그저 온 힘을 다해 수레를 밀려고 노력할 따름이지요. 우리는 모두 그렇습니다. 적어도 저는 그래요. 저와 같은 일을 하는 모든 법조인에 대해서도 호의적으로 생각하고 싶습니다. 그리고 아가씨, 카스톤 씨에게 연락할 때 제 이름을 밝혀서는 안 된다는 걸 아시겠지요?"

나는 그러지 않도록 조심하겠다고 말했습니다.

"그래 주셨으면 좋겠군요. 그럼 아가씨, 안녕히 계십시오. 잔다이스 씨, 안녕히 계십시오." 볼스 변호사는 도저히 그 안에 손이 들어 있으리라고는 생각되지 않는 기분 나쁘게 생긴 장갑으로 내 손가락과 잔다이스 씨의 손가락을 차례로 잡은 뒤 키 크고 빼빼마른 그림자를 이끌고 방에서 나갔습니다. 우리 집에서 런던으로 가는 동안 마차 바깥의, 밝은 태양이 비추는 길가에 이 그림자가 드리워지면 그 주변 땅 밑에 있는 작물의 씨앗이 모두 얼어 버리는 것이 아닐까 하는 생각이 들었습니다.

물론 에이더에게는 내가 어디에 가는지, 왜 가는지를 설명해야 했습니다. 그리고 물론 그녀는 걱정하고 마음 아파했습니다. 그러나 그녀는 리처드를 진심으로 굳게 믿기에 연민과 배려가 가득한 말밖에 하지 않았습니다. 그리고 애정 어린 장문의 편지를 써서—정말이지 그녀는 얼마나 헌신적인지요!—내게 맡겼습니다.

나는 혼자 떠나고 싶었지만, 찰리가 따라오게 되었습니다. 우리는 그날 오후 런던으로 떠났고, 급행우편마차에 자리가 있어서 두 사람 몫을 예약했습니다. 평소 같으면 잠들었을 시각에 찰리와 나는 켄트주로 가는 편지들과 함께 바닷가를 향해 달렸습니다.

교통이라고는 마차밖에 없던 시절의 밤 여행이었습니다. 하지만 승객은 우리뿐이 아니어서 그리 지루하지 않았습니다. 이런 여행을 하는 사람이라면 대부분 그렇겠지만, 나 또한 어떨 때는 분명 좋은 성과를 거둘 것만 같고 어떨 때는 전혀 그럴 것 같지 않았습니다. 여행을 떠난 것이 정말 잘한 짓이라는 생각이 들다가도 아주 어리석은 짓처럼 생각되기도 했습니다. 리처드는 어떤 모습일까? 날 보고 뭐라고 할까? 이런 질문들이 머릿속에서 맴돌았습니다. 마차 바퀴가 밤새 되풀이해서 하나의 가락을 연주하고, 그에 맞춰 잔다이스 씨의 편지 문구가 거듭되는 듯한 기분이 들었습니다.

드디어 딜의 좁은 거리에 도착했습니다. 안개 낀 쌀쌀한 아침으로, 몹시 음침한 마을이었습니다. 단조로운 바닷가가 길게 이어지고, 나무며 벽돌로 만든 집이 들쑥날쑥 늘어서 있었습니다. 닻을 감아올리는 기계와 대형 보트, 창고 따위가 있었고, 자갈 사이에서 잡초가 무성하게 자란 버려진 땅도 있었습니다. 난생처음 보는 을씨년스러운 풍경이었습니다. 깊고 뿌연 안개 장막 아래서 바다가 크게 넘실거렸습니다. 움직이는 거라고는 밧줄을 만들고 있는 일찍 일어난 장인 두세 사람뿐. 이 사람들이 실을 몸뚱이에 둘둘 감고 있는 모습은 마치 이승에 싫증이 나서 스스로 밧줄이 된 것 같았습니다.

그러나 우리가 멋진 호텔의 따뜻한 방에서 세수를 하고 옷을 갈아입고 겨우 한숨 돌리면서 이른 아침을 먹었을 때(그때부터 잠자리에 들 수는 없는 노릇이었으므로), 딜은 차츰 밝아지기 시작했습니다. 우리의 작은 방은 선실 같아서 찰리가 무척 좋아했습니다. 안개 장막도 걷히기 시작해서, 그렇게 가까이 있는 줄 몰랐던 수많은 배가 보이기 시작했습니다. 급사가 켄트주 해안에 배가 몇 척쯤 정박해 있는지 가르쳐 주었지만 지금은 잊어버렸습니다. 그중에는 꽤 커다란 배도 있었고, 영국으로 돌아온 지 얼마 안 되는 커다란 인도 왕복선도 한 척 있었습니다. 구름 사이로 햇살이 비쳐들어 어두웠던 바다를 은빛으로 비추자 그 커다란 배들이 빛났다가 그늘졌다가 색깔이 변했다가 했습니다. 바닷가에서 배로, 배에서 바닷가로 작은 거룻배가 바쁘게 움직이기 시작하고, 주위는 활기차고 바쁜 움직임으로 가득했습니다. 무척 아름다운 광경이었습니다.

그 커다란 인도 왕복선은 어젯밤에 항구에 막 들어온 터라 주목의 대상이 되었습니다. 그 주위를 거룻배가 둘러쌌습니다. 우리는 그 배에 타고 있는 사람들이 고향 항구로 돌아와서 얼마나 기쁠까 하고 수다를 떨었습니다. 찰리도 항해와 인도의 더위와 뱀과 호랑이에 대단한 호기심을 보였습니다. 그런 지식은 문법보다 훨씬 기억하기 쉬우므로 나는 내가 아는 모든 이야기를 들려주었습니다. 이렇게 항해하는 사람들은 난파하거나 좌초할 때도 있으며, 그럴 때 한 사람의 용기와 박애 정신으로 모두가 살아나기도 한다고 말해 주었습니다. 찰리가 그런 일이 가능하냐고 하기에 나는 그런 소식을 들었던 이야기를 해 주었습니다.

나는 이곳에 도착했다는 편지를 리처드에게 보낼까 했지만, 그보다는 무작정 찾아가는 편이 좋을 것 같았습니다. 병영에 있는 그를 찾아가는 일이 가능할지 다소 불안했지만, 어쨌든 사정을 알아보려고 호텔을 나섰습니다. 병영 문에서 안을 들여다보니 이른 시각인 만큼 어디고 할 것 없이 고요했습니다. 위병소 입구에 서 있는 군인에게 리처드가 어디 있는지 물으니 한 병사를 안내로 붙여 주었습니다. 그 병사는 허술한 나무 계단을 올라가 어느 문을 두드리더니가 버렸습니다.

"뭐야!" 리처드가 안에서 소리쳤습니다. 나는 찰리를 복도에 세워두고 반쯤 열린 문으로 다가가서 말했습니다. "리처드, 들어가도 돼요? 더든 아주머니예요."

리처드는 탁자에 앉아 뭔가를 쓰고 있었습니다. 주위 바닥에는 옷이며 양철 상자, 책, 긴 양말, 빗, 손가방 따위가 어지럽게 널려 있었습니다. 그는 옷을 반

쫌 입다 말았는데—자세히 보니 제복이 아니라 사복을 입고 있었습니다—, 머리도 방만큼이나 어지럽게 헝클어져 있었습니다. 이런 점들을 눈치챈 것은 내가 진심 어린 따뜻한 환영을 받고 그의 옆 의자에 앉은 뒤였습니다. 내 목소리를 듣자 그가 벌떡 튕기듯 일어나 눈 깜짝할 새에 나를 껴안았기 때문입니다. 사랑하는 리처드! 그는 나를 언제나 한결같은 태도로 대해 주었습니다. 마지막—아, 불쌍한 리처드!—까지 예전의 그 어린애처럼 쾌활한 태도로 나를 반겨 주었습니다.

"깜짝 놀랐네. 여긴 어떻게 왔어요? 당신을 만날 줄은 꿈에도 몰랐어요. 뭐 특별한 일은 없죠? 에이더는 잘 지내나요?"

"아주 잘 지낸답니다. 전보다 더 예뻐졌어."

"아, 불쌍한 에이더!" 그는 의자 등받이에 기대며 말했습니다. "에스더, 마침 당신한테 편지를 쓰던 중이었어요."

한창 혈기왕성한 나이에 수척하고 지친 얼굴로 의자에 기대앉아 빽빽하게 쓴 편지지를 손으로 구기고 있는 그 가슴 아픈 모습이란!

"그렇게 힘들게 쓴 편지를 왜 보여 주지 않는 거죠?" 내가 물었습니다.

절망적인 몸짓을 하며 그가 대답했습니다. "이 방의 꼴을 보면 편지 내용을 짐작할 수 있을 텐데요, 뭐. 군 생활도 이제 끝이에요."

나는 부드러운 투로 그렇게 낙담하지 말라고 위로했습니다. 그리고 그가 곤란한 지경에 처해 있다는 소식을 우연히 듣고 어떻게 하면 좋을지 의논하러 왔다고 설명했습니다.

"에스더, 정말 당신답군요. 하지만 이번만큼은 아무리 당신이라도 어쩔 수 없어요!" 그가 쓸쓸하게 웃으면서 말했습니다. "난 오늘부로 군인을 그만뒀으니까요—아마 한 시간만 더 늦게 왔어도 여기 없었을 거예요—군인을 그만두고 퇴직금으로 빚을 갚으려고요. 괜찮아요! 끝난 일은 끝난 일이죠. 결국 이 직업도 지금까지 했던 다른 일과 같았어요. 차라리 목사가 될걸 그랬나 봐요. 그랬더라면 중요한 직업은 한 번씩 다 해보는 셈이 되었을 텐데."

"리처드, 아직 그렇게 절망적인 상태는 아니죠?"

"에스더, 아주 절망적이에요. 자칫 잘못했다간 불명예를 안게 될 지경이라 윗사람들도 날 포기하고 싶어 할 거예요. 그도 그럴 만도 한 것이, 빚 독촉을 받는 것은 물론이요 애초에 난 이 직업과 맞지 않으니까요. 어떤 한 가지 이외에는 주의력도 없고 머리도 없고 열의도 없거든요." 그는 썼던 편지를 갈기갈기 찢어서 신경질적으로 흩뿌렸습니다. "이런 일이 벌어지지 않았다 해도 어차피 난 해외로 나가지 못했을 거예요. 물론 해외근무를 명령받았겠죠. 하지만 절대로 나가지 못했을 거예요. 소송 사건이 어떻게 돌아가는지 아는 만큼 아무리 볼스라 해도 온전히 믿고 맡길 수 없으니까요."

리처드는 내 얼굴을 보고 내가 무슨 말을 하려는지 눈치챈 듯, 자기 팔에 얹혀 있는 내 손을 들더니 그 손으로 내 입을 막아 버렸습니다.

"안 돼요, 더든 아주머니! 말해서는 안 되는 것이 두 가지 있어요. 절대로 말하면 안 되는 것이. 하나는 존 잔다이스. 또 하나는 말 안 해도 알 거예요. 미친 짓이라고 해도 좋아요. 하지만 이제 와서 그만둘 순 없어요. 그건 내가 추구해야 할 단 하나의 목표예요. 이전에 남의 말에 넘어가 내가 가야 할 길에서 벗어난 게 후회돼요. 어쩌면 지금이라도 포기하는 게 현명할지도 모르지요. 그토록 속을 끓이고 그토록 많은 시간을 허비했으니. 맞아요, 그게 현명한 일일 거예요. 그리고 어떤 사람들에게는 무척 반가운 소식이 될 테고요. 하지만 나는 포기할 수 없어요."

내가 반대할수록 고집만 피우리라는(이미 어찌할 도리가 없을 만큼 고집생이가 되어 있었지만) 생각이 들었으므로 에이더의 편지를 꺼내 리처드에게 건넸습니다.

"여기서 읽으라고요?" 그가 물었습니다.

내가 고개를 끄덕이자 리처드는 편지를 탁자 위에 놓고 팔꿈치를 짚은 자세로 읽기 시작했습니다. 그러고는 곧 머리를 두 손으로 감싸듯 하여 얼굴을 내게서 숨기려 했습니다. 또 조금 지나자 어두워서 읽기 어려운 척하며 일어나서는 창가로 가서 내게 등을 돌리고 끝까지 읽었습니다. 다 읽고 편지를 접은 뒤에도 그것을 손에 든 채로 한동안 서 있었습니다. 이윽고 원래 앉았던 의자로 돌아왔을 때 그의 눈에 눈물이 맺혀 있었습니다.

"에스더. 물론 편지 내용은 알고 있겠죠?" 리처드는 아까보다 부드러운 목소리로 물으면서 편지에 입을 맞추었습니다.

"네."

"조만간 에이더가 상속받게 될 유산이 조금 있는데," 발로 바닥을 구르면서 그가 말을 이었습니다. 나더러 그걸로 빚을 갚고 군인생활을 계속하라고 하는군요."

"에이더의 따뜻한 배려에 따르는 편이 좋을 거예요." 내가 말했습니다. "리처드, 그 얼마나 고상하고 따뜻한 마음씨예요!"

"정말 그래요. 난…… 난 죽어 버리고 싶어요!"

그는 다시 창가로 가서 팔을 창에 대고 머리를 그 위에 얹었습니다. 그 모습을 보고 나도 감동했지만, 분명 이로써 그의 고집도 다소 꺾이리라는 생각에 잠자코 있었습니다. 그러나 내 경험은 아직 얕았습니다. 설마 이렇게까지 감동한 그가 그다음 순간에 다음과 같은 심한 말을 내뱉으리라고는 생각도 못했던 것입니다.

"그런데도 존 잔다이스는—그 사람 이름은 언급하지 않기로 했지만 이번만큼은 참을 수가 없군요—그 고상한 에이더와 나 사이를 이간질하려고 해요." 리처드가 분개해서 말했습니다. "착한 에이더가 내게 이렇게 친절한 제안을 하는 것은 존 잔다이스가 나를 매수하려고 또다시 배후에서 조종하기 때문이에요."

"리처드!" 나는 벌떡 일어나서 말했습니다. "그런 염치없는 말은 듣고 싶지 않아요!" 난생처음으로 나는 그에게 진심으로 화를 내고 말았습니다. 하지만 그건 아주 잠시였습니다. 초췌한 얼굴로 용서를 빌듯 나를 바라보는 그를 보고 나는 그 어깨 위에 손을 얹은 뒤 이렇게 말했습니다. "리처드, 나한테 그런 말을 하면 안 돼요. 잘 생각해 봐요!"

그는 몹시 후회하며 자기가 잘못했다고 거듭 사과했습니다. 나는 웃었지만, 한편으로는 몸이 부들부들 떨렸습니다. 갑자기 흥분한 탓에 평정심을 잃었기 때문입니다.

"에스더," 그가 내 옆에 앉아서 다시 말을 이었습니다. "다시 한 번 사과할게요. 내가 정말 잘못했어요. 하지만 에이더의 제안을 받아들이다니, 난 도저히 그럴 수 없어요. 그리고 여기에 수많은 편지와 서류가 있으니까 보면 알겠지만, 나는 이미 끝났어요. 군생활은 끝났다고요. 정말이에요. 그렇지만 비록 곤경에 빠지긴 했어도 내가 나의 이익만이 아니라 에이더의 이익을 위해 열심히 노력했던 걸 생각하면 얼마간 만족스럽기도 해요. 볼스가 온 힘을 다해 수레를 밀어 주는 덕에 나뿐만이 아니라 에이더를 위해서도 자연히 동분서주하게 되죠."

그는 가슴속의 희망이 끓어올라서 얼굴이 환해지기 시작했지만, 내게는 그런 그의 얼굴이 아까보다 더 가슴 아프게 보였습니다.

"안 되지, 안 돼!" 리처드가 들뜬 투로 외쳤습니다. "에이더의 얼마 안 되는 재산이 모두 내 것이라 해도 그걸로 내 적성에 맞지도 않고 흥미도 없고 지겹기만 한 직업을 계속할 수는 없어. 더 유익한 일, 에이더에게 더 좋은 결과를 가져다줄 일에 그 돈을 써야 해요. 난 걱정하지 말아요! 지금 난 단 한 가지만을 생각하고 있고, 볼스와 함께 그걸 실행에 옮길 거예요. 난 재산이 없지 않아요. 군인을 그만두면 증서 타령만 하는 구두쇠 같은 고리대금업자들하고 담판을 지을 수 있을 거라고 볼스가 그랬어요. 어쨌든 지금보다는 형편이 나아질 거예요. 에스더, 에이더에게 내 편지를 전해 줘요. 그리고 두 사람 다 나를 더 믿어 줘요. 아직 완전히 끝장난 건 아니니까."

내가 리처드에게 무슨 말을 했는지 여기에 쓸 필요는 없을 겁니다. 그것은 지루한 설교로, 결코 현명한 이야기였다고는 할 수 없기 때문입니다. 다만 그것은 내 진심에서 우러나온 말이었습니다. 그는 참을성 있게 내 말에 귀 기울여 주었지만, 나는 그가 입에 담고 싶지 않다고 했던 두 가지에 관해서는 지금 상태에서 아무리 말해 봐야 소용없다는 것을 깨달았습니다. 그를 설득하는 것은 그대로 내버려두는 것보다 해롭다고 했던 잔다이스 씨의 말이 틀리지 않았음을 이번 대화를 통해 뼈저리게 느꼈습니다.

그래서 나는 마침내 리처드에게 그의 말마따나 진짜 모든 게 끝장났다는 것을 확인시켜 달라고 부탁했습니다. 곧 그는 퇴역이 이미 결정되었음을 나타내는 편지를 보여 주었습니다. 그의 말에서 볼스 변호사가 이 편지들의 사본을 가지고 있으며, 지금까지 모든 과정을 상담해 주었다는 사실을 알 수 있었습니다. 그 점을 확인했다는 것과 에이더의 편지를 전달한 것, 그리고 리처드와 함께 런던으로 돌아온(그렇게 하기로 했습니다) 것을 제외하고는 굳이 거기까지 찾아간 보람이 없었던 셈입니다. 나는 내키지 않는 마음으로 그 점을 인정하고는 리처드에게 호텔로 돌아가서 그가 오기를 기다리겠다고 말했습니다. 그는 망토를 어깨에 걸치고 병영 입구까지 배웅해 주었고, 찰리와 나는 바닷가를 따라 돌아갔습니다.

보트에서 육지로 내리려는 상급선원들의 주위를 사람들이 대단한 흥미를 보이며 구름같이 에워싸고 있었습니다. 나는 찰리에게 저건 분명히 커다란 인도 왕복선의 보트일 거라고 말하고 멈춰 서서 구경했습니다.

선원들이 천천히 상륙하면서 동료나 주위 사람들과 기분 좋게 대화하기도 하고, 영국으로 돌아와서 무척 기쁘다는 듯이 주위를 둘러보기도 했습니다. "찰리, 찰리! 빨리 가자!" 내가 그렇게 말하고 서둘러 지나갔으므로 찰리는 깜짝 놀랐습니다.

우리의 선실 같은 방으로 들어가 한숨 돌릴 여유가 생기고 나서야 나는 왜 그렇게 당황했을까 생각하기 시작했습니다. 그 이유는 햇볕에 탄 얼굴들 속에서 앨런 우드코트 씨를 알아보았기 때문입니다. 그분에게 내 모습을 들키면 큰일이라고 생각했기 때문입니다. 내 변해 버린 얼굴을 보이기 싫었기 때문입니다. 그래서 나는 소스라치게 놀라서 허둥거렸던 것입니다.

그러나 그래선 안 된다고 생각을 고쳐먹고 스스로를 타일렀습니다. '에스더, 이럴 이유가 없잖아. 이전보다 지금 너에게 더 나빠진 것이 뭐가 있겠니. 지난 달의 너나 오늘의 너는 똑같아, 더 나빠진 것도 아니고 더 좋아진 것도 아니야. 이런 것은 네 결심과 다르잖아. 생각해 봐, 에스더, 생각해 봐!' 나는 달려온 탓에 온몸이 부들부들 떨렸고, 처음에는 마음이 가라앉지가 않았습니다. 그러나 점점 나아졌고, 나아지는 걸 깨달으면서 몹시 마음이 놓였습니다.

그 일행이 호텔로 왔습니다. 계단에서 이야기하는 소리가 들렸습니다. 그 목소리, 즉 우드코트 씨의 목소리로 그들이 아까 상륙한 사람들이라는 것을 알았습니다. 내가 있다는 사실을 알리지 않고 런던으로 돌아가 버리는 편이 마음이 편했겠지요. 하지만 그러지 않기로 마음먹었습니다. '안 돼, 에스더. 절대로 안 돼!'

나는 보닛을 벗고 베일을 반쯤 들어 올린 다음—반쯤 내렸다는 표현이 맞을지도 모르지만, 어쨌거나 상관없습니다—우연히 리처드 카스톤 씨와 함께 호텔에 와 있다는 카드를 써서 우드코트 씨에게 보냈습니다. 우드코트 씨는 곧 나를 찾아왔습니다. 나는 우연히도 그의 귀환을 반기는 첫 번째 사람이 되어서 기쁘다고 말했습니다. 그가 나를 동정하고 있다는 것을 알 수 있었습니다.

"우드코트 선생님, 외국으로 떠나신 뒤 배가 난파해서 큰일 날 뻔하셨다죠?"
내가 말했습니다. "하지만 그 덕분에 선생님의 용기와 의술이 빛을 발했으니
반드시 불행이라고만은 할 수 없겠지요. 우리는 그 기사를 열심히 읽었답니다.
그 소식을 처음 들은 것은 제가 중병에 걸렸다가 나았을 때인데, 선생님의 옛
환자인 플라이트 양이 가르쳐 주셨지요."

"아, 플라이트 양이요! 여전합니까?"

"네, 그대로예요."

나는 아주 편안해져서 베일을 걷을 수 있었습니다.

"우드코트 선생님, 그 할머니는 선생님에게 아주 많이 고마워하고 있어요. 그
녀는 은혜를 잊지 않는 사람이니까요."

"그…… 그렇습니까? 그거 참…… 고맙군요." 우드코트 씨는 내가 불쌍한 나
머지 말도 제대로 잇지 못했습니다.

"정말이에요. 저한테 그 이야기를 들려주었을 때도 할머니는 아주 기뻐 보였
어요. 보는 저까지 감동하고 말았답니다."

"중병에 걸렸었다니, 안됐습니다."

"네, 아주 심한 병이었죠."

"이제 나 나은 거죠?"

"마음도 몸도 다 나았어요. 잔다이스 씨가 얼마나 친절한 분인지, 또 우리의
일상이 얼마나 행복한지 아시죠? 전 감사로 가득한 하루하루를 보내고 있답니
다. 이 이상 바랄 것이 없어요."

내가 나 자신에게 느끼는 것보다 훨씬 깊은 연민을 우드코트 씨가 나에게 느
끼고 있는 기분이 들었습니다. 내가 도리어 우드코트 씨를 안심시켜줘야겠다는
생각에 내 마음속에 새로운 용기와 평온함이 솟구쳤습니다. 나는 그에게 여행
은 어땠는지, 앞으로의 계획은 무언지, 다시 인도로 돌아갈 건지 따위를 물었습
니다. 잘 모르겠다는 대답이었습니다. 인도에서도 본국에 있을 때와 마찬가지로
그다지 운이 따라 주지 않았다고 합니다. 대화를 나누는 동안 그가 나를 보고
받은 충격(이렇게 표현해도 좋을 것 같습니다)을 완화해 줄 수 있어서 기뻐하고 있
는데 리처드가 들어왔습니다. 그는 이미 아래층에서 나와 함께 있는 사람이 누
군지 들어서 알고 있었으며, 두 사람은 진심으로 재회를 기뻐했습니다.

두 사람이 첫인사를 마치고 리처드의 근황을 이야기하는 사이에 우드코트 씨는 리처드의 일이 잘 풀리고 있지 않다는 사실을 눈치챈 것 같았습니다. 그는 몇 번이나 리처드의 얼굴을 들여다보며 근심스러운 기색이 떠올라 있는지 살폈고 나를 향해 어찌 된 일인지 알고 있느냐고 묻는 듯한 표정을 지어 보였습니다. 그러나 리처드는 평소처럼 낙관적이고 아주 쾌활했습니다. 언제나 좋아했던 우드코트 씨와 재회해서 매우 기뻐하고 있었습니다.

리처드가 다 같이 런던으로 돌아가자고 제안했지만, 우드코트 씨는 배에 잠시 더 남아 있어야 해서 함께 돌아갈 수가 없었습니다. 그러나 우리와 함께 이른 점심을 먹고 한결 더 이전과 같은 태도로 돌아왔으므로, 나는 우드코트 씨의 슬픔을 위로하는 데 성공했다고 생각하고 더욱 마음이 편안해졌습니다. 그렇지만 그는 여전히 리처드가 걱정되는지, 마차가 출발 준비를 거의 마치고 리처드가 짐을 꾸려서 내려갔을 때 나에게 그에 관해 묻는 것이었습니다.

나는 모든 이야기를 털어놓아도 좋을지 알 수 없어서, 리처드가 잔다이스 씨와 사이가 안 좋다는 것, 불행히도 소송 사건에 휘말려서 빠져나오지 못했다는 것 등을 간단히 설명했습니다. 우드코트 씨는 열심히 듣더니 그거 큰일이라고 말했습니다.

"아까 리처드의 얼굴을 뚫어지게 쳐다보시던데, 얼굴이 아주 많이 변했나요?"

"변했더군요." 우드코트 씨는 이렇게 대답하고 고개를 내저었습니다.

나는 처음으로 얼굴에 피가 쏠리는 기분이었습니다. 그러나 그것은 일순간이었습니다. 얼굴을 옆으로 돌리자 곧 원래대로 돌아왔습니다.

"어려 보이느냐 나이 들어 보이느냐, 살이 올랐느냐 내렸느냐, 혈색이 좋으냐 나쁘냐 하는 등의 문제가 아니에요, 그의 얼굴에는 아주 특이한 표정이 떠올라 있었어요. 젊은 나이에 그런 표정이 분명히 드러나는 사람은 처음 봤습니다. 순전히 마음고생 때문만도 아니고 순전히 피로 때문만은 아닌, 그 둘 다가 원인이 되어 나타나는 표정이라고 할까요. 절망의 싹 같은 게 엿보이는……."

"병에 걸린 것처럼 보이나요?"

병은 아닙니다. 몸은 건강해 보여요.

"마음이 평온하지 못해서 그래요. 무리도 아니지만." 나는 말을 이었습니다. "우드코트 선생님, 런던으로 오실 건가요?"

"내일이나 모레쯤 갈 생각입니다."

"리처드에게 필요한 건 무엇보다도 친구예요. 그는 언제나 선생님을 좋아했어요. 부디 런던에 오셔서 그를 만나 주세요. 가능하다면 가끔 만나서 기운을 북돋워 주세요. 그러면 정말 도움이 될 거예요. 에이더와 잔다이스 씨, 그리고 저도 선생님께 진심으로 감사할 거예요!"

"서머슨 양," 여태껏 보지 못했던 감동 어린 모습으로 우드코트 씨가 말했습니다. "하느님께 맹세코 그의 진정한 친구가 되겠습니다. 그를 제게 위탁된 사람으로 받아들일 것이며, 그것은 신성한 임무가 될 것입니다!"

"고맙습니다!" 내 눈에 눈물이 차올랐습니다. 하지만 나 자신을 위한 것이 아닐 때는 울어도 될 것이라고 생각했습니다. "에이더는 그를 사랑해요. 우리 모두도 그를 사랑하지만, 에이더의 사랑은 우리랑은 달라요. 선생님이 지금 하신 말씀을 에이더에게 전할게요. 에이더를 대신해서 감사드립니다!"

우리가 이런 말을 황급히 나누고 나자 리처드가 돌아와서 내게 팔을 내밀고 마차로 안내했습니다.

"우드코트, 런던에서 꼭 만납시다!" 그가 저도 모르게 열의를 담아서 말했습니다.

"만나자고요? 난 런던에 당신 말고는 친구도 없답니다. 어디로 찾아갈까요?"

"글쎄요, 내가 하숙집 같은 데를 구해야 하거든요." 리처드가 생각에 잠겨서 말했습니다. "시몬스 법학예비원에 있는 볼스의 사무실로 하지요."

"좋습니다. 빠른 시일 내에 가겠습니다."

두 사람은 마음을 담아 악수했습니다. 내가 마차에 올라타고 리처드가 아직 길가에 서 있을 때 우드코트 씨가 리처드의 어깨에 친근하게 손을 얹고 나를 바라보았습니다. 난 그의 마음을 이해하고 손을 흔들어 감사의 마음을 표시했습니다.

우리가 마차를 타고 갈 때 본 그의 마지막 표정에서 나를 무척이나 안타깝게 여긴다는 것을 알았습니다. 나는 그것을 보고 기뻤습니다. 나는 죽은 자가 이런 장면을 다시 본다면 느낄 법한 기분을 나의 옛 자아에 대해 느꼈습니다. 나는 애틋하게 기억되고 세심하게 동정받으며 완전히 잊히지는 않는다는 게 기뻤습니다.

# 제46장 그 애를 붙잡아!

어둠이 톰 올 얼론스 거리 위를 뒤덮고 있다. 어젯밤 해가 진 이래로 어둠은 점차 퍼지고 부풀어 올라 마침내 사방의 모든 공간을 채우고 있다. 톰 올 얼론스 거리에도 생명의 빛이 어른거리듯이, 지하 감옥 같은 집들의 불빛이 역겨운 공기 속에서 한동안 어른거리며 수많은 무서운 것을 깜빡깜빡 비추다가 이윽고 꺼져 버렸다. 상공에는 달이 흐릿하고 차가운 눈빛으로 이 톰을 바라보고 있다. 그 눈빛은 마치 '톰 이 녀석, 여기에 나를 흉내 내서 생물이 살 수 없는, 화산불로 황폐해진 사막을 만들었구나'라고 말하는 듯하다. 그러나 달도 이윽고 사라져 간다. 지옥의 악귀가 가져온 듯한 음산한 악몽이 톰 올 얼론스 거리를 덮치고, 톰은 곤히 잠들어 있다.

지금까지 의회 안팎에서 톰을 재생시키려면 어떻게 해야 하나 하는 열띤 논의가 몇 번 진행되었다. 톰을 주요 도로로 만들어야 할지 말아야 할지, 그의 비뚤어진 마음의 칼로 논쟁의 짚 다발을 베게 해야 할지 말아야 할지, 포석을 깨뜨리게 해야 할지 말아야 할지, 그리고 만약 톰을 주요 도로로 만든다면 경관의 도움을 받아야 할지, 교구 직원의 도움을 받아야 할지, 수학의 힘을 빌어야 할지, 올바른 원칙에 의거해서 해야 할지 등등 무수히 많은 것들에 대한 논의가 이루어졌다. 온갖 의견으로 시끌벅적한 가운데 한 가지 분명한 것이 있다. 톰의 재생에 대해 논의하는 자는 있으나 실행하는 자는 없다는 사실이다. 그리고 그러는 사이에 톰은 머리에서부터 지옥을 향해 떨어져 내려간다.

그러나 톰은 복수한다. 바람마저 그의 전령이 되어, 어둠이 지배하는 이 시각에 그를 위해 일한다. 톰의 부패한 피는 그 한 방울 한 방울이 부패균을 전염시키고 주변을 오염시킨다. 그것은 이 밤에 노르만 귀족[1] 집안의 고귀한 핏

---

1) 11세기에 프랑스 북부에서 와서 영국을 지배했던 유서 깊은 화족.

줄(화학자가 그 피를 분석하면 분명 순수하게 고귀하다는 감정서를 붙일 것이다)에 섞여 그 피를 더럽힐 것이고, 이 역겨운 결합에는 고귀한 귀족 나리도 반대할 수 없다. 톰을 둘러싼 진흙탕과 톰이 날마다 호흡하는 유독한 공기, 그의 주변에 있는 오물, 그의 행동에 따라다니는 무지와 연약함, 야만성 하나하나가 가장 영화롭고 가장 고귀한 계층에 이르기까지 모든 사회 계층에 복수를 안겨주고야 만다. 톰은 오염과 약탈과 부패를 통해 복수를 이룬다.

톰 올 얼론스 거리의 낮과 밤 중 어느 쪽이 더 추한가 논의의 여지가 있지만, 눈에 보이는 부분이 많을수록 더 충격적이고, 아무리 상상력을 발휘해도 현실의 참혹함에는 미치지 못한다고 하면 승리는 낮의 차지다. 그리고 지금은 밤이 가고 낮이 되려 하고 있다. 해가 톰 같은 끔찍한 곳에서 떠오르는 것보다는 영국의 다른 지역에서 지는 편이 국위선양을 위해 더 낫지 않을까.

얼굴이 햇볕에 탄 한 신사가 잠들지 못해 베개 위에서 짜증스럽게 시간을 세느니 밖을 거니는 편이 났다고 생각했는지, 이 조용한 시각에 이쪽으로 걸어오고 있다. 이따금 호기심에 멈춰 서서는 골목 여기저기를 둘러본다. 그러나 그것은 단순한 호기심에서가 아니다. 반짝반짝 빛나는 그의 검은 눈동자에는 연민 어린 관심이 깃들어 있다. 여기저기 둘러보는 그는 자못 이 주변의 비참한 상황을 이해하고 있으며 아주 오래전부터 알고 있었던 듯하다.

톰 올 얼론스의 중심도로라고 해야 할 한 줄기 탁한 흙탕물 양 옆으로 보이는 것이라고는 문을 닫은 채 정적에 잠긴 허름한 집들뿐이다. 그 신사를 제외하고 깨어 있는 사람이라고는 건너편 어느 집 현관문에 앉아 있는 한 여자가 전부다. 그는 그쪽으로 걸어간다. 다가서서 보니, 그 여자는 멀리서 걸어왔는지 발에 상처가 있고 진흙과 먼지로 범벅이 되어 있다. 무릎 위에 양 팔꿈치를 올리고 턱을 괴고서 뭔가를 기다리는 듯이 현관 입구에 앉아 있다. 그 옆에 그녀가 들고 온 천으로 된 가방인지 보따리 같은 것이 놓여 있다. 꾸벅꾸벅 졸고 있는지 자기 쪽으로 다가오는 발소리도 눈치채지 못한다.

다 깨진 보도가 너무 좁아서 앨런 우드코트는 여자의 옆을 지나가기 위해 진창투성이인 길 한복판을 지나가야 한다. 여자의 얼굴을 내려다봤을 때 눈과 눈이 마주치자 그가 발걸음을 멈춘다.

"무슨 일 있나요?"

"아무것도 아니에요."

"일어날 수 있겠어요? 집에 들어가고 싶지 않아요?"

"이 집이 아니라 다른 집—하숙집—에 가야 하는데 사람들이 잠에서 깰 때까지 기다리는 중이에요." 여자가 참을성 있게 대답한다. "여기서 기다리는 건 곧 해가 떠올라서 이쪽이 따뜻해질 거라고 생각해서예요."

"피곤해 보이는데 이런 길거리에 앉아 계시다니 안됐군요."

"친절하시기도 하지. 하지만 괜찮아요."

가난뱅이와 이야기할 때처럼 일부러 친절을 가장한 깔보는 말투나 어린애 같은 말투(많은 사람이 즐겨 쓰는 말투. 가난한 사람과 이야기할 때는 초등학교 1학년 국어책 같은 말투를 쓰는 것이 요령인 줄 아는 모양이다)를 쓰지 않으므로, 곧 그는 여자와 허물없이 이야기하게 된다.

"이마를 좀 보여 주세요." 그가 허리를 숙이며 말한다. "전 의사입니다. 걱정하지 마세요. 절대로 아프지 않으니까."

그는 자신의 능숙한 손길로 만져주면 상처가 금방 아물리라는 사실을 알고 있다. 여자는 "괜찮아요." 하고 빼지만, 그가 상처를 손가락으로 만진 순간 얼굴을 밝은 쪽으로 돌린다.

"맙소사! 상처가 심하군요. 살갗이 심하게 찢어졌어요. 많이 아프시죠?"

"조금요." 여자가 대답한다. 뺨으로 눈물이 뚝뚝 떨어지기 시작한다.

"금방 치료해 드리겠습니다. 괜찮아요. 제 손수건으로 건드려도 아프지는 않을 겁니다."

"네!"

그는 상처를 깨끗하게 닦아 말리고 꼼꼼히 살피며 손바닥으로 가볍게 누른 뒤 주머니에서 작은 상자를 꺼내 붕대를 감아 준다. 길바닥에서 외과를 개업한 것이 우스웠는지 껄껄 웃은 뒤에 그는 손을 멈추지 않고 말한다.

"당신 남편은 벽돌 만드는 일을 하죠?"

"어떻게 아셨어요?" 여자가 깜짝 놀라서 묻는다.

"그럴 줄 알았습니다. 당신 가방이나 옷에 묻은 점토 색을 보고요. 벽돌공이 여기저기 다니면서 일을 얻어 한다는 사실도 알고요. 그리고 죄송한 말씀입니다만, 부인께 주먹을 휘두른다는 소문도 들어서 알지요."

여자는 눈을 들고서 그래서 생긴 상처가 아니라고 말하려다가 자기 이마에 상대의 손이 닿는 것을 느끼고 다시 얌전하게 눈을 내리깐다.

"남편분은 지금 어디 계십니까?"

"어제 말썽이 좀 생겨서요. 하지만 하숙집으로 절 찾으러 올 거예요."

"팔을 이런 데 휘두르다가는 곧 더 큰일이 벌어질 겁니다. 하지만 당신이 그런 폭력을 용서해 주고 계시니 저도 더 이상은 말하지 않겠습니다. 남편분이 이렇게 착한 부인의 마음씨에 부끄러움을 느낀다면 좋을 텐데요. 아이는 없나요?"

여자는 고개를 가로젓는다. "제 아이라고 부르는 아이가 있긴 하지만 사실은 리즈의 아이랍니다."

"당신 아이는 죽었죠. 압니다! 불쌍하기도 하지!"

이제 치료가 끝나서 그는 상자를 닫으려고 한다. 여자가 일어나서 공손하게 인사하자, 그는 이런 일쯤 별것 아니라고 말하고 웃으며 이렇게 묻는다. "당신한테도 집이 있죠? 여기서 멉니까?"

"여기서 22, 3마일은 떨어져 있어요. 세인트 앨번스에 있답니다. 세인트 앨번스를 아시나요?"

"네, 조금 압니다. 그럼 이번에는 제가 묻겠습니다만, 여관비는 있습니까?"

"네, 여기요." 여자가 돈을 보여 준다. 여자가 거듭 나지막한 목소리로 고맙다고 말하자, 그는 "천만에요." 하고 말한 뒤 작별 인사를 하고 걸음을 옮긴다. 톰올 얼론스 거리는 다시 잠들고, 깨어 있는 사람은 한 명도 없다.

아니, 있다! 그가 현관 입구에 앉아 있는 여자를 처음 발견한 장소로 돌아오는 도중에, 누더기를 입은 한 사람이 진흙으로 더러워진 담장—이렇게 비참한 사람이라도 이 담장은 피하고 싶은 모양이다—을 따라 손을 앞으로 내밀고 살금살금 걸어가는 것이 보인다. 얼빠진 얼굴에 굶주린 눈을 한 소년이다. 사람 눈에 띄지 않고 지나가는 데 열중한 나머지, 제대로 옷을 갖춰 입은 낯선 사람이 나타나도 고개를 돌리지 않는다. 길 반대편을 지나갈 때 그 아이는 누더기의 팔꿈치로 얼굴을 가리고 손을 앞으로 더듬더듬 내민 자세로, 너덜너덜해서 형태도 알 수 없는 옷을 펄럭거리면서 기듯이 살금살금 나아간다. 무슨 천으로 무엇을 위해 만든 옷인지 도저히 알 수 없을 것 같다. 색깔이나 재질로 보아 어느 늪지대에서 자라나 아주 오래전에 다 썩어 버린 식물의 커다란 잎을 다발지어 놓은 것 같다.

앨런 우드코트가 멈춰 서서 아이의 뒷모습을 바라보면서 이런 생각을 하고 있는데, 전에 어디선가 이 아이를 보았던 것 같은 기분이 든다. 어디서 어떤 상황에서 봤는지는 기억나지 않지만, 그 모습을 보니 뭔가 떠오르는 것이 있다. 어느 병원이나 구빈원에서 본 것 같은데, 어째서 그 소년의 모습만이 이렇게 강하게 기억에 남아 있는지 알 수가 없다.

그가 이런 생각을 하면서 톰 올 얼론스 거리에서 차츰 아침 햇빛 속으로 나아가려는데 뒤에서 누군가 달려오는 발소리가 들려서 돌아보니 그 아이가 전속력으로 이쪽을 향해 달려오고 있고, 그 뒤에서 아까 그 여자가 쫓아오는 것이 보인다.

"그 애를 붙잡아요, 붙잡아 주세요!" 숨을 헐떡거리면서 여자가 소리친다. "그 애를 붙잡아 주세요!"

그는 황급히 길 건너편 아이 쪽으로 달려가지만, 아이는 재빨라서—몸을 살짝 피해 허리를 숙이고 그의 손 밑으로 슬쩍 빠져나가서는 그보다 5, 6야드 앞을 달려간다. 그래도 여자는 "그 애를 붙잡아요, 부탁이에요!" 하고 외치면서 쫓아간다. 아이가 여자의 물건을 훔친 거라고 생각한 앨런은 여자와 함께 쫓아간다. 속도를 높이자 몇 번쯤 붙잡을락 말락 한다. 그러나 번번이 아이는 몸을 살짝 피하며 앞으로 굽혀 빠져나가고는 다시 내달린다. 이럴 때 아이를 때려서 쓰러져서 달리지 못하게 만들 수도 있지만, 추격자는 도저히 그러고 싶지는 않다. 그리하여 이러한 바보 같은 추격전이 이어진다. 마침내 궁지에 몰린 아이는 막다른 골목으로 달아나 버린다. 썩어 문드러진 판자 울타리까지 달아난 아이는 픽 쓰러지더니 추격자의 발치에서 헉헉 숨을 몰아쉰다. 추격자도 멈춰 서서 헉헉거리며 여자가 오기를 기다린다.

"세상에, 조!" 여자가 외친다. "어떻게 된 거니! 겨우 찾았네!"

"조." 앨런도 되풀이하자 아이가 빤히 쳐다본다. "조? 잠깐! 아! 생각났다! 오래전에 이 애는 검시관 앞에 불려왔었지."

"그래요, 전에 사인기명(사인규명이라는 뜻) 때 아저씨를 본 적 있어요." 조가 맥없는 목소리로 말한다. "왜 나처럼 불쌍한 애를 내버려두지 않는 거죠? 아직 아저씨 눈에는 내가 불쌍해 보이지 않아요? 얼마나 불쌍해져야 하나요? 난 일 년 내내 이 사람 저 사람에게 혹사당하고 있어요. 이러다가는 뼈하고 가죽만 남게 될 거예요. 사인기명 때도 난 잘못한 게 없어요. 난 아무것도 안 했다고요. 그 아저씨는 나한테 친절하게 대해 주셨죠. 그 아저씨는요. 내가 길거리를 청소할 때 말벗이 되어 주었던 그 아저씨 말이에요. 그 아저씨가 아니라 내가 사인기명이 됐으면 좋았을걸. 차라리 내가 그런 꼴을 당했으면 좋았을걸. 정말로 요."

아이의 말이 너무도 측은하고, 그 볼을 흐르는 더러운 눈물이 너무도 진실하며, 나무 울타리 구석에 쓰러져 있는 그 모습이 자못 불결과 부주의해서 그곳에 자라난 독버섯처럼 보이기 시작해서 앨런 우드코트는 아이가 가엾게 느껴지기 시작한다. 그가 여자에게 말한다. "불쌍한 이 아이가 무슨 짓을 했습니까?"

여자는 쓰러진 아이를 향해 화가 났다기보다는 놀랍다는 듯이 머리를 흔들면서 이렇게 대답할 뿐이다. "맙소사, 조, 조! 드디어 찾았어!"

"이 애가 무슨 짓을 했나요? 뭘 훔쳤습니까?"

"아니요, 훔치다니 당치도 않아요. 이 애는 저한테 친절만 베풀었어요. 그게 이상하지요."

앨런은 조에게서 여자에게로, 다시 여자에게서 조에게로 눈길을 옮기면서, 둘 중 어느 한 사람이 수수께끼를 풀어 주기를 기다린다.

"이 애는 저와 함께였어요." 여자가 말한다. "조! 그래요, 저와 함께였어요. 세인트 앨번스에서요. 병에 걸렸는데, 저한테 친절을 베풀어주신 한 아가씨가 이 애를 가엾이 여기셔서, 전 도저히 용기가 나지 않았지만, 집으로 데리고 가셔서……."

앨런이 흠칫 놀라며 아이에게서 물러난다.

"그래요. 댁으로 이 애를 데리고 가셔서 치료해 주셨어요. 그런데도 이 애는 배은망덕하게 그날 밤 달아났고, 그 길로 소식이 끊겼지요. 그러다가 조금 전에 드디어 찾은 거예요. 그리고 그 사랑스러운 아가씨에게 이 애의 병이 옮아서 예쁜 얼굴이 다 망가졌어요. 그 천사 같은 마음씨와 기품 있는 태도와 예쁜 목소리가 아니면 딴사람으로 착각할 만큼 변했지요. 알겠니? 이 배은망덕한 녀석! 이게 다 너 때문이야. 아가씨가 너한테 친절하게 대해 주신 탓이라고!" 이렇게 몰아붙이면서 그녀는 그때 생각에 다시 분노가 솟구치는 듯했습니다.

아이는 둔한 머리로도 지금 말을 듣고 깜짝 놀랐는지 더러운 손바닥으로 더러운 이마를 문지르면서 땅바닥을 바라본 채 머리끝부터 발끝까지 덜덜 떨기 시작한다. 그가 기대 있는 다 쓰러져 가는 판자 울타리가 덜거덕거린다.

앨런이 부드럽게, 그러나 완벽하게 그녀를 제지하고 말한다.

"리처드가 그러는데……." 그는 여기서 잠시 망설인다. "다시 말해서 저도 들은 이야기인데…… 잠시만 기다려주세요. 곧 말하겠습니다."

그는 몸을 돌리고 잠시 지붕이 달린 통로를 바라보고 서 있다. 그러다가 다시 돌아섰을 때는 평정심을 되찾았다. 그가 이 아이에게 가까이 다가가고 싶지 않은 마음과 싸우는 것이 역력했으므로 여자는 깜짝 놀란다.

"부인의 말씀을 들었지? 자, 일어서, 일어서!"

조가 부들부들 떨고 중얼거리면서 천천히 일어난다. 그리고 이런 종류의 사람이 난처할 때 흔히 그러듯이, 판자 울타리에 비스듬히 서서 어깨를 기대고 조용히 오른손으로 왼손을 문지르고 왼발로 오른발을 문지른다.

"부인이 하는 말을 들었지? 다 사실이다. 나도 알아. 넌 그때부터 줄곧 이곳에 있었니?"

"오늘 아침에 톰 올 얼론스로 왔어요. 거짓말이면 내 목을 가져가도 좋아요." 조가 쉰 목소리로 대답한다.

"왜 오늘에서야 이곳에 찾아왔지?"

조가 막다른 공터를 한 바퀴 둘러보고는, 질문하는 앨런의 무릎께까지밖에 눈을 들지 못하고 겨우 대답한다.

"어찌해야 좋을지도 모르겠고, 할 것도 없으니까요. 빈털터리에다 병까지 걸렸으니, 아무도 안 볼 때 이곳에 와서 어두워질 때까지 어디 숨어서 자려고요. 어두워지면 스낙스비 씨에게 뭐라도 구걸하러 갈 생각이었어요. 그 아저씨는 언제나 나한테 뭐라도 주거든요. 아줌마는 다른 사람하고 똑같아서 언제나 나한테 잔소리만 늘어놓지만요."

"어디서 왔지?"

조는 다시 공터를 한 바퀴 둘러보고는 질문자의 무릎을 물끄러미 바라보며 마지막으로 포기한 듯이 몸을 옆으로 돌리고 볼을 판자 울타리에 갖다 붙인다.

"내 말 못 들었어? 어디서 왔냐고!"

"구걸했어요."

"얘야, 가르쳐 주렴." 앨런은 애써 혐오감을 억누르고 아이에게 바짝 다가가 친근한 표정으로 윗몸을 숙이고서 말을 잇는다. "가르쳐 줘. 가엾게도 아가씨는 널 딱하다고 생각해서 집으로 데리고 가 주셨는데 어째서 너는 그 집에서 달아난 거야?"

조가 포기한 듯한 태도에서 돌변해 흥분한 투로 여자를 향해 말한다. "난 아가씬지 뭔지 몰라요. 아무것도 못 들었다고요. 그 사람에게 피해를 줄 생각은 없었어요. 그럴 바엔 내가 어떻게 되는 편이 낫죠. 아가씨에게 접근할 바엔 내 목을 잘라 버리는 편이 나아요. 그 아가씨는 매우 친절하게 대해 주셨어요." 서툴기는 하지만 진심인 듯한 이 말을 마치더니 서럽게 흐느낀다.

앨런 우드코트는 거짓이 아님을 깨닫고는 큰마음 먹고 손을 뻗어 아이를 만진다. "조, 가르쳐 주렴."

"싫어요. 무서워요." 조는 다시 판자 울타리에 모로 달라붙어 버린다. "싫어요. 말하고 싶지만 무섭단 말이에요."

"난 꼭 듣고 싶다." 앨런이 밀한다. "어서, 조."

두세 번 재촉받자 조는 다시 얼굴을 들고 주위를 둘러본 다음 나지막한 목소리로 말한다. "네, 가르쳐 드릴게요. 난 그곳에서 끌려 나갔어요."

"끌려 나가다니? 한밤중에?"

"그래요!" 누가 엿들을까 봐 걱정된다는 듯이 조는 주위를 둘러보고, 10피트쯤 위에 있는 판자 울타리 꼭대기를 올려다봤다가 그 갈라진 틈을 들여다봤다가 한다. 그가 두려워하는 상대가 위에서 내려다보고 있거나 맞은편에 숨어 있기라도 한 듯이.

"누구한테 끌려 나갔는데?"

"난 무서워서 말 못해요. 말할 수 없어요."

"난 그 아가씨의 이름을 걸고서라도 알고 싶구나. 날 믿어도 괜찮다. 아무한테도 말하지 않을 거야."

"하지만 그 사람이 어디서 듣고 있을지도 몰라요." 조가 두려움에 고개를 가로저으며 대답한다.

"여긴 아무도 없잖아."

"그렇게 생각해요? 그 사람은 한 번에 여러 곳에도 나타나는데요."

미심쩍게 아이의 얼굴을 들여다보던 앨런은 이 기묘한 대답에 진짜 의미와 진지한 믿음이 깔려 있다는 사실을 깨닫는다. 그는 조가 분명한 대답을 할 때까지 끈기 있게 기다린다. 그가 참을성 있게 기다리자 조는 점점 더 어쩔 줄 몰라 하다가 마침내는 될 대로 되라는 듯이 그의 귀에 누군가의 이름을 속삭인다.

"뭐?" 앨런이 외친다. "너, 무슨 짓을 한 거냐?"

"아무 짓도 안 했어요. 문제가 될 만한 짓은 아무것도 하지 않았다고요. 길에 멈춰 서 있었던 것과 사인기명에 출석한 건 별개지만요. 하지만 이제 난 멈춰 있지 않아요. 묘지 쪽으로 계속 걷고 있지요. 금방 저승사자에게 따라잡힐 게 분명하지만."

"걱정하지 마라. 우리가 그렇게 되지 않게 해 줄게. 그런데 그 남자가 널 어떻게 한 거냐?"

"날 병원에 넣었죠." 조가 조그맣게 대답한다. "그리고 내가 거기서 쫓겨나자 돈을 조금 줬어요. 반 크라운[2]을 네 개 주고는 '썩 꺼져! 넌 이곳에 볼일이 없다'라고 했어요. '꺼져. 구걸하면서 가'라고 했어요. '멈춰 서면 안 된다'라고 했어요. '런던에서 40마일 이내에서는 내 눈에 띄지 마라. 안 그랬다간 후회하게 될 거야.'라고 했어요. 그러니까 그 사람 눈에 띄면 난 후회하게 될 거란 말이에요. 게다가 내가 여기 있으면 그 사람은 분명 날 발견하고 말 거예요." 말을 마치자 조는 다시 신경을 곤두세우고 아까처럼 경계한다.

앨런은 잠시 생각에 잠겼다가 용기를 북돋워 주듯이 조를 바라보면서 여자에게 말한다. "이 애는 당신이 생각하는 것만큼 배은망덕하지 않습니다. 집에서 도망친 건 그럴 만한 사정이 있어서였어요. 납득할 만한 사정이라고는 할 수 없지만."

"고맙습니다, 아저씨." 조가 외친다. "그것 봐요, 아줌마! 나한테 그렇게 심한

---

2) 2실링 6펜스 은화.

말을 하다니! 이 아저씨가 한 말을 그 아가씨한테도 해 주세요. 그러면 날 나쁘게 생각하지 않을 거예요. 아줌마도 나한테 친절하게 대해 줬잖아요. 난 알아요."

"조." 앨런이 아이를 물끄러미 바라보면서 말한다. "나랑 같이 가자. 여기보다 훨씬 자기도 좋고 숨기도 좋은 곳을 찾아 줄 테니까. 남들 눈에 띄지 않게 나는 이쪽에서, 너는 길 건너편에서 걷기로 하자. 하지만 절대로 달아나서는 안 된다. 약속할 수 있지?"

"달아나지 않아요. 그 사람이 오는 게 보이지만 않는다면."

"좋아, 널 믿어 주마. 벌써 런던 사람의 절반은 깼을 거고, 한 시간만 있으면 온 런던 사람이 일어날 거다. 자, 가자. 부인, 안녕히 계십시오."

"안녕히 가세요, 선생님. 여러모로 고맙습니다."

지금까지 가방 위에 앉아서 가만히 두 사람이 대화하는 모습을 지켜보던 여자가 일어나서 가방을 손에 든다. 조가 다시 "그 아가씨한테 피해를 줄 생각은 없었다고 전해 주세요!" 하고 되풀이한 다음 고래를 절레절레 흔들고 발을 질질 끌고 바들바들 떨면서 이마를 문지르고 눈을 끔뻑거리고 우는지 웃는지 모를 얼굴로 여자에게 작별인사를 하고는 앨런 우드코트의 뒤를 따라 길 반대편에서 집에 몸을 밀착시키고서 살금살금 걸어간다. 이렇게 두 사람은 톰 올 얼론스 거리에서 밝은 햇빛과 보다 깨끗한 공기 속으로 나아간다.

# 제47장 조의 유언

앨런 우드코트와 조가 길을 가는 동안 아침 햇살이 비쳐 저 먼 곳의 교회 첨탑마저 가깝고 또렷하게 보인다. 온 마을이 하룻밤 자고 원기를 되찾은 듯하다. 걸어가는 내내 앨런은 마음속으로 조를 어디서 어떻게 재워야 좋을지 여러모로 생각한다. '정말 이상한 이야기군. 이 문명 세계 한복판에서 인간의 형상을 한 이 아이가 떠돌이 개보다도 갈 곳이 없다니' 그러나 아무리 이상해도 역시 사실은 사실이므로, 갈 곳이 없다는 데에는 변함이 없다.

처음에는 그도 가끔 뒤를 돌아보며, 조가 아직도 따라오고 있는지 확인했다. 그러나 언제 봐도 아이는 여전히 그의 뒤에서 길 반대편을 벽돌 하나하나, 문 하나하나를 조심스럽게 더듬고 몇 번이나 앨런을 힐끔거리면서 따라오고 있다. 이내 아이에게 달아날 마음이 전혀 없다는 확신이 든 앨런은 이제 아이를 어떻게 할지 하는 문제만을 생각하면서 계속 걷는다.

길모퉁이에서 아침 식사를 파는 가판대를 발견하자 가장 먼저 할 일이 생각난다. 그는 멈춰 서서 뒤를 돌아보고 조를 손짓하여 부른다. 조가 길을 가로질러 쭈뼛쭈뼛 다리를 끌면서 다가온다. 오른손 주먹으로 움푹 들어간 왼손 손바닥을 천천히 문지르면서—인간 절구와 절굿공이로 찰흙을 이기듯이. 조로서는 훌륭한 식사가 눈앞에 펼쳐진다. 아이는 커피를 마시고, 버터 바른 빵을 씹기 시작한다. 겁먹은 동물처럼, 먹고 마시는 와중에도 걱정스럽게 주위를 둘러본다.

그러나 아이는 안쓰러울 만큼 쇠약해져서 굶주림마저 잊은 듯하다. 조는 이내 음식을 내려놓고 만다. "아까까지는 배가 고파서 죽을 지경이었는데 지금은 이상하게 먹을 것도 마실 것도 당기지 않아요." 그러고는 바들바들 떨면서 이상하다는 얼굴로 아침 식사를 바라보며 서 있다.

앨런 우드코트가 아이의 맥을 짚어 보고 심장 위에 손을 얹는다. "조, 숨을 들이마셔 보렴!" "짐마차처럼 무거워요." 조가 말한다. "짐마차처럼 덜컹거려요." 라고 덧붙여도 좋을 것을 그저 "멈춰 서지 않을 거예요. 계속 걸을 거예요." 라고 중얼거릴 뿐이다.

앨런이 약국을 찾으려고 주위를 둘러본다. 근처에는 약국이 없지만 아쉬운 대로 술집이 있다. 포도주를 사 와서 조심조심 아이에게 조금 먹인다. 입에 들어가기가 무섭게 아이는 기운을 차린다. 그 얼굴을 물끄러미 들여다보다가 앨런이 말한다. "나중에 한 잔 더 주마, 조. 자, 오 분쯤 쉬었으니 다시 가자!"

가판대 벤치에 앉아 철책에 등을 기대고 있는 조를 그대로 두고 앨런 우드 코트는 아침 햇살을 받으며 이곳저곳 서성이면서 이따금 아이의 기색을 살핀다. 조의 몸이 따뜻해지고 원기를 회복했다는 것은 누가 봐도 쉽게 알 수 있다. 그렇게 거무죽죽한 얼굴도 환해질 수 있다면 말이지만, 조의 얼굴은 아까보다 환해진 듯하다. 조는 조금 전에 단념하고 내려놓았던 빵을 깨작깨작 조금씩 먹는다. 그만큼 기운을 차렸으니 됐다 싶어서 앨런은 아이의 입을 열게 하여, 베일을 쓴 여인의 이야기와 그 뒤에 일어난 일들을 듣고는 무척 놀란다. 조는 천천히 이야기하면서 천천히 빵을 먹는다. 이야기가 끝나고 빵도 다 먹자 두 사람은 다시 출발한다.

아이가 당장 묵을 곳을 찾기가 어려워지자 앨런은 예전에 그의 환자였던 플라이트 양과 의논하기로 한다. 그는 그와 조가 처음 만났던 골목으로 아이를 데리고 간다. 그러나 헌 옷과 빈 병을 파는 가게는 완전히 달라졌다. 플라이트 양은 이제 그곳에 하숙하지 않았고, 가게는 닫혀 있으며, 무서운 얼굴을 한 어떤 여자—먼지를 시커멓게 뒤집어쓰고 있으며 나이는 몇 살인지 전혀 알 수 없지만 그녀는 바로 주디스다—가 짧고 퉁명스럽게 대답한다. 그래도 플라이트 양과 그녀의 새들이 벨 야드의 블라인더 아주머니인가 하는 여자의 집에 세 들어 산다는 사실을 알아듣기에는 충분하다. 앨런은 바로 가까이에 있는 그 집을 찾아간다. 플라이트 양이(그녀의 막역한 친구인 대법관이 여는 정의의 집회에 제시간에 도착하려고 일찍 일어난) 계단을 달려 내려와서 팔을 활짝 벌리고 눈물을 흘리면서 반겨 준다.

"맙소사, 선생님 아니세요! 나의 존경스럽고 자애로우시고 훌륭하신 의사 선생님!" 플라이트 양은 이상한 이름으로 부르지만, 제정신이 허락하는 한은—

아니, 오늘 아침은 평소보다 더—진심을 담아 환영해 준다. 앨런은 상대가 들뜬 마음으로 읊어대는 칭찬이 끝날 때까지 가만히 참고 듣고 있다가, 문간에서서 덜덜 떨고 있는 조를 가리키며 이곳에 찾아온 까닭을 설명한다.

"당분간 이 근방에 이 아이를 재울 만한 곳이 없을까요? 당신은 아는 게 많으시니 좋은 충고를 해 주시리라 믿습니다."

이 같은 칭찬에 플라이트 양은 기분이 매우 좋아져서 생각에 잠긴다. 그러나 훌륭한 생각이 떠오르기까지는 꽤 오랜 시간이 걸린다. 그녀는 블라인더 아주머니의 집은 모든 방이 찼고 자기는 저 불쌍한 그리들리가 살던 방에서 산다는 말을 스무 번쯤은 되풀이하고서야 손뼉을 탁 치며 말한다. "그리들리! 그리들리! 그렇지! 그러면 되는걸! 선생님! 조지 장군이 힘이 되어 줄 거예요."

조지 장군이 누군지 아무리 물어봤자 헛수고이리라. 플라이트 양은 꼭 끼는 모자와 멋진 숄과 서류가 든 가방을 가지러 달려 올라갔다가 내려온다. 그러고는 조지 장군은 자기가 자주 방문하는 사람인데, 친구 피츠 잔다이스의 지인이기도 하고 자기와 관계된 모든 것과 매우 관계가 깊은 사람이라는 두서없는 설명을 해 준다. 앨런은 그를 찾아가도 헛걸음은 되지 않으리라는 확신이 든다. 그래서 조에게 이제 조금만 걸으면 된다고 기운을 북돋워 준 뒤에 다 같이 장군의 집으로 떠난다. 다행히도 그곳은 그리 멀지 않은 곳에 있다.

조지 사격연습장의 외관과 기다란 입구, 그 너머로 보이는 살풍경한 내부 등으로 미루어 앨런은 이곳이라면 괜찮으리라고 예감한다. 또한 아침 운동을 하던 조지 씨가 입에 담뱃대를 문 채 얇은 셔츠의 소매 밑으로 검과 아령으로 다져진 울룩불룩한 근육을 자랑하며 성큼성큼 걸어오는 모습을 보고는 아주 믿음직하다는 호감이 생긴다.

"어서 오십시오." 조지 씨가 앨런을 향해 말하고 군대식으로 경례한다. 그런 다음 플라이트 양이 호들갑스러운 태도로 장황하게 소개 의식을 거행하는 동안에 넓은 이마에서부터 짧은 고수머리에 이르기까지 온 얼굴에 유쾌한 웃음을 띠면서 그녀에게 경의를 표한다. 그것이 끝나자 다시 한 번 "잘 오셨습니다" 하고 인사한 다음 다시 한 번 경례한다.

"실례합니다만, 해군에 계시죠?" 조지 씨가 말한다.

"그렇게 보인다면 영광입니다." 앨런이 대답한다. "하지만 사실은 그냥 배에서

의사로 일할 뿐입니다."

"그렇습니까? 전 해군이신 줄로만 알았습니다."

앨런은 불쑥 찾아와서 죄송하다고 사과하고, 특히 조지 씨가 물고 있던 담뱃대를 예의상 입에서 꺼내려고 하자 그대로 피우시라고 말한다.

"친절한 말씀 감사합니다." 기병이 대답한다. "플라이트 양이 담배연기를 개의치 않는다는 건 압니다. 당신도 개의치 않으신다면……." 기병은 여기까지 말하고 다시 담뱃대를 입에 문다. 앨런이 조에 관해 아는 사실을 모조리 말하자 기병은 진지한 얼굴로 귀를 기울인다.

"저 애가 그 앱니까?" 입구 쪽에 서 있는 조를 보면서 그가 묻는다. 아이는 의미도 모르면서 정면 벽에 쓰여 있는 커다란 글자를 유심히 들여다보고 있다.

"네, 그렇습니다." 앨런이 대답한다. "그래서 지금 전 저 애 일로 고민하고 있죠. 당장 병원에 입원시킬 수 있다 해도 전 그러고 싶지 않아요. 억지로 입원시켜도 금방 도망쳐 버릴 게 뻔하니까요. 구빈원도 마찬가집니다. 저 애를 거기에 집어넣으려다가 여기저기서 퇴짜맞고서도 내가 인내심의 한계를 느끼지 않는다 해도 말이지요. 아무튼 그런 시설들은 맘에 들지 않아요."

"누구나 그렇지요." 조지가 말한다.

"어디로 들어가든지 저 애는 금방 날아날 게 뻔합니다. 자기를 쫓아낸 사람을 몹시 두려워하는 데다 무지하기까지 해서 그 사람이 어디든지 있으며 뭐든지 안다고 굳게 믿고 있거든요."

조지 씨가 말한다. "실례합니다만, 그 남자의 이름을 아직 듣지 못했는데, 혹시 비밀인가요?"

"저 애는 비밀이라고 하지만, 버킷이라는 이름입니다."

"버킷 경감이요?"

"네."

"그 사람이라면 저도 압니다." 기병이 담배연기를 구름처럼 내뿜고 가슴을 쭉 펴고서 대답한다. "그 사람이…… 그러니까…… 껄끄럽다는 점에서는 저 애가 말하는 대로입니다." 이렇게 말하면서 조지 씨는 어딘지 매우 의미심장하게 담배를 피우며 잠자코 플라이트 양을 쳐다본다.

"전 잔다이스 씨와 서머슨 양에게 적어도 이 기묘한 말을 하는 조를 발견했다는 사실쯤은 전하고, 원한다면 저 애와 이야기를 나누게 해 주고 싶습니다. 그래서 당분간 저 애를 재워 주겠다는 어느 확실한 분의 값싼 하숙방으로 데리고 가고 싶은데, 조지 씨……" 기병의 눈길을 따라 입구 쪽을 보면서 앨런이 말한다. "보시다시피 조는 여태껏 확실한 분을 만난 적이 별로 없어서 어려움을 겪고 있습니다. 이 근방에서 제가 방값만 대신 내주면 저 애를 잠시 하숙시켜 줄 만한 분을 혹시 아시는지요?"

앨런은 어떤 꾀죄죄한 얼굴을 한 작은 남자가 기병 옆에 서서 얼굴을 이상하게 일그러뜨린 채 조용히 기병의 얼굴을 바라보고 있는 것을 발견한다. 기병이 잠시 담배를 피우다가 곁눈질로 그 남자를 보자 남자가 눈빛으로 뭔가를 전달한다.

조지 씨가 말한다. "분명히 말씀드리는데 저는 서머슨 양을 위해서라면 무슨 일이든지 기꺼이 할 생각입니다. 아무리 하찮은 일이라도 그 아가씨에게 도움이 된다면 영광으로 생각하니까요. 우리는, 다시 말해 저와 필은 여기서 떠돌이 같은 생활을 하고 있습니다. 이 집을 보시면 금방 아실 겁니다. 그래도 좋다고 하시면 이 집의 한 귀퉁이를 기꺼이 저 애에게 제공하지요. 방값만 주신다면 밥값은 됐습니다. 저희는 그다지 넉넉한 형편도 아니고 언제 쫓겨날지도 모르는 신세지만, 이런 곳이라도 괜찮다면 여기서 사는 동안은 기꺼이 도움이 되고 싶습니다."

조지 씨가 집 안의 모든 집기를 자유롭게 써도 좋다는 듯이 담뱃대를 한 번 휘두른다.

"당신은 의사니까 묻겠는데," 그가 덧붙인다. "저 불쌍한 아이에게 전염될 위험은 현재로서 없겠죠?"

앨런은 문제없다고 대답한다.

"전염병은 이제 지긋지긋하거든요." 조지 씨가 서글프게 고개를 흔들면서 말한다.

앨런도 서글픈 투로 동감한다고 말한다. 그러고는 전염될 위험은 없다고 거듭 강조한 뒤에 말한다. "그런데 안타깝게도 저 애는 몹시 쇠약해져 있어요. 어쩌면…… 확실하다고는 할 수 없지만…… 원상태로 돌아가기 어려울지도 모릅니다."

"지금도 그럴 위험이 있다고 생각하십니까?" 기병이 묻는다.

"네."

기병이 단호하게 말한다. "그럼 한시라도 빨리 저 애를 데리고 들어오는 게 좋겠군요. 필! 저 애를 데리고 와!"

스쿼드 씨가 명령을 실행하고자 한쪽으로만 쏠리는 걸음걸이로 입구로 나가자 기병은 다 피운 담뱃대를 옆에 내려놓는다. 조가 들어온다. 그는 패딩글 부인의 토카후포 인도인 아이도 아니고 젤리비 부인의 어린 양도 아니다. 멀리 살고 낯설다는 이유로 동정받는 인종도 아니요, 순수하게 외국에서 자란 야만인도 아니다. 그냥 보통의 영국인으로, 지저분하고 추하고 혐오스러울 뿐이다. 몸은 평범한 길거리의 평범한 부랑아이고 정신은 이교도이다. 국내산 때가 묻고, 국내산 기생충에 좀먹고, 국내산 상처를 입고, 국내산 누더기를 걸쳤다. 영국의 토양과 풍토에서 태어난 영국산 무식꾼으로, 하느님이 주신 그의 불멸성은 멸망하는 짐승[1]보다 비천하고 하등해졌다. 조, 있는 그대로의 깃발을 확실히 올리고 그곳에 서 있어라. 너의 발뒤꿈치에서 머리 꼭대기까지 관심을 잡아끄는 것은 하나도 없으니.

그는 쭈뼛거리며 조지 사격연습장으로 천천히 들어와서는 바닥을 둘러보면서 누더기를 입은 몸을 움츠리고 서 있다. 그 자체를 싫어해서인지 그가 내뿜는 해로움 때문인지는 모르지만 어쨌든 사람들이 자기를 꺼린다는 사실은 아는 듯하다. 그도 사람들을 꺼린다. 그는 그들과 같은 부류의 사람도 아니거니와, 같은 장소에서 함께 어울릴 만한 사람도 아니다. 그는 그 어떤 부류에도 속하지 않으며, 그 어떤 곳에도 속하지 않는다. 동물도 아니요 인간도 아닌 것이다.

"조, 이분은 조지 씨다." 앨런이 말한다.

마룻바닥을 어슬렁거리며 돌아다니던 조가 눈을 살짝 들었다가 다시 내리깐다.

"고맙게도 너를 이곳에 묵게 해주겠다고 하시는구나."

조는 한 손으로 뭔가를 퍼내는 시늉을 하는데, 분명 인사하려는 요량이리라.

---

1) 구약성서 〈시편〉 제49편 12절.

그는 잠시 생각에 잠기면서 뒤로 물러났다가 발을 움직였다가 하더니 모기만 한 목소리로 "고맙습니다" 한다.

"여기 있으면 안심이다. 당분간 여기 있으면서 어른들 말씀 잘 듣고 건강을 회복하도록 해. 그리고 무엇을 하든 늘 진실을 말해 주렴, 조."

"거짓말을 한다면 목을 내놓겠어요." 조는 평소에 즐겨 쓰는 표현을 또 쓴다. "내가 무엇을 했고 어떻게 귀찮은 일에 휘말리게 되었는지는 다 얘기했어요. 다른 문제는 하나도 없어요. 내가 아무것도 모른다는 사실과 배가 고프다는 사실만 빼고요."

"그래, 알았다, 알았어. 이번에는 조지 아저씨의 말을 들어 보거라. 아저씨가 너한테 하실 말씀이 있을 테니."

조지 씨는 놀라울 만큼 분명하고 솔직하게 말한다. "제가 해줄 수 있는 일은 이 애에게 누워서 곤히 잘 수 있는 장소를 가르쳐 주는 것뿐입니다. 자, 이리 오렴." 기병은 두 사람을 사격연습장 맞은편 끝으로 데리고 간 뒤 작은 방문을 연다. "자, 여기다! 이게 이불이야. 여기서 얌전하게 이 선생님…… 아, 실례했습니다." 이렇게 사과하면서 그는 앨런이 준 명함을 보고 다시 말한다. "우드코트 선생님의 말씀대로 편히 쉬어라. 총소리가 들려도 놀라지 마. 표적을 향해 쏘는 거지 널 쏘는 게 아니니까. 그리고 선생님, 또 한 가지 말씀드릴 게 있는데……." 기병은 앨런을 돌아보며 말한 다음 필을 부른다.

필이 평소의 걸음걸이로 서둘러 두 사람에게 달려든다.

"이 사람은 어릴 때 길거리에 버려졌던 사람입니다. 따라서 당연히 저 불쌍한 아이에게 관심이 있을 겁니다. 그렇지, 필?"

"네, 주인님." 필이 대답한다.

"그래서 생각한 건데……." 기병이 전선에서 긴급 소집된 참모회의에서 군사 기밀에 대한 의견을 말할 때 같은 투로 말한다. "이 사람이 저 애를 씻기고, 2, 3실링으로 간소한 옷이나마 사 입히면……."

"조지 씨, 생각이 깊으시군요. 저도 마침 그걸 부탁하려던 참입니다." 앨런이 대답하고 지갑을 꺼낸다.

필 스쿼드와 조가 몸치장을 위해 즉시 외출하자 플라이트 양은 자신의 생각대로 모든 일이 잘 풀렸음을 크게 기뻐하며 의기양양하게 법정으로 향한다. 그러지 않으면 절친한 친구인 대법관이 그녀를 걱정하거나, 그녀가 없는 사이에 학수고대하던 판결을 내려 버릴지도 모르기 때문이다. ("선생님, 장군님, 그렇게 되면 몇 년이나 기다리던 일이 물거품이 되어 버리는 거예요!") 앨런도 따라 나갔다가 약을 사 가지고 돌아온다. 돌아와 보니 기병이 사격연습장 안을 이리저리 서성이고 있다. 앨런도 나란히 걷기 시작한다.

조지 씨가 말한다. "선생님은 서머슨 양을 잘 아시는 것 같더군요."

"네, 뭐."

"친척은 아니시죠?"

"네, 뭐."

"이런 걸 물어 실례입니다만, 서머슨 양이 저 불쌍한 아이한테 관심을 품은 걸 보고 선생님도 저 아이한테 특별한 관심을 보이시는 것은 아닌지요. 이건 어디까지나 저 혼자만의 생각입니다만."

"제 생각도 같습니다, 조지 씨."

중사가 곁눈질로 앨런의 햇볕에 그을린 뺨과 반짝거리는 검은 눈을 힐끗 쳐다보고, 그의 키와 체격을 대충 훑어본다. 그를 인정한 눈치다.

"선생님이 밖으로 나가신 다음에 생각한 건데, 저 애 말 중에서 버킷이 데리고 갔다고 하는 링킨 법조원 광장의 법률사무소는 저도 분명히 아는 곳입니다. 털킹혼 법률사무소죠."

앨런이 그 이름을 앵무새처럼 되풀이하면서 중사의 얼굴을 뚫어지게 바라본다.

"털킹혼이라는 이름이에요. 전 그 사람을 압니다. 그 사람이 전에 자신에게 모욕을 주었던 고인과 관련해서 버킷과 연락을 취했던 일도 알지요. 전 그 사람을 압니다. 유감스럽게도요."

당연히 앨런은 그가 어떤 사람이냐고 묻는다.

"어떤 사람이냐고요? 겉모습 말입니까?"

"겉모습쯤은 저도 압니다. 제 말은 사람 됨됨이가 어떠냐는 뜻이지요. 일반적으로 말해 어떤 사람입니까?"

"그럼 말씀드리죠." 기병이 이렇게 대답하고 우뚝 멈춰 선다. 다부진 가슴팍 위로 팔짱을 끼는데, 자못 화가 난 듯 얼굴이 시뻘겋게 달아올랐다. "그는 엄청난 악당입니다. 아주 천천히 사람을 못살게 굴죠. 저기 있는 녹슨 카빈총처럼 피도 눈물도 없는 사람이에요. 다른 모든 사람들보다 더 많은 걱정과 불안을 내게 안겨 주고 나 자신이 싫어지도록 만드는 자입니다. 털킹혼은 그런 사람이 에요!"

"괜한 질문을 해서 죄송합니다." 앨런이 사과한다.

"괜한 질문이요?" 기병은 두 다리를 넓게 벌리고 커다란 오른쪽 손바닥을 적신 뒤, 있지도 않은 콧수염을 비트는 흉내를 낸다. "아니요, 선생님은 아무 잘못 없습니다. 그저 선생님 판단에 맡길 뿐이지요. 그는 제 약점을 쥐고 있어요. 절 언제든지 이 집에서 쫓아낼 수 있는 사람이죠. 그자는 먹이를 산 채로 잡아먹는 뱀처럼 끝까지 저를 괴롭힙니다. 저를 향해 다가오지도 않고, 그렇다고 놔주지도 않아요. 제가 돈을 내러 가도, 당분간만 기다려 달라고 부탁하러 가도, 그 자에게 무슨 용건이 있어도, 그자는 절 만나 주지 않고 제 말을 들으려고 하지 않아요. 그자는 저한테 클리포드 법학예비원의 멜기세덱을 찾아가라고 하지만, 막상 클리포드 법학예비원엘 찾아가면 멜기세덱은 다시 그를 찾아가라고 하죠. 그자는 내가 자기처럼 돌로 만들어진 사람이라고 생각하는지 저를 빙글빙글 돌리고 있죠. 전 지금까지 반평생을 그자의 사무실 주위를 얼쩡거렸다가 멀어졌다가 하면서 보낸 셈입니다. 그자는 대체 무슨 생각인 걸까요? 사실 아무 생각도 없습니다. 아까 비유했던 녹슨 카빈총하고 똑같죠. 그자는 제가 제 자신을 잊을 때까지 절 못살게 굴고 괴롭히고…… 맙소사! 설마 그럴 리가! 우드코트 선생님," 기병이 다시 서성이기 시작한다. "제가 말씀드리고 싶은 건 이겁니다. 그자는 늙었지만, 저는 명예로운 전쟁터에서 말에 박차를 가해 그자와 한판 붙을 일이 없기를 바랍니다. 그런 일이 생긴다면, 그자 덕분에 이성을 잃은 제가…… 그자를 쓰러뜨려 버릴지도 모르니까요!"

조지 씨는 몹시 흥분하여 셔츠 소매로 이마의 땀을 닦는다. 흥분을 가라앉히려고 휘파람으로 국가를 부는 동안에도 머리를 흔들고 가슴을 부풀리고 한다. 가끔은 숨이 턱 막혀 오는지, 이미 충분히 벌어진 셔츠의 목깃을 두 손으로 허둥지둥 벌리려고까지 한다. 요컨대 앨런 우드코트는 조지 씨가 조금 전의 이야기에 나오는 명예로운 싸움을 할 기회가 있다면 분명 털킹혼 씨를 쓰러뜨리리라고 생각하게 된다.

조와 그의 안내인이 곧 돌아오고, 아이는 사려 깊은 필의 도움으로 잠자리에 눕는다. 앨런은 필에게 약을 건네며 복용법을 알려준다. 그때쯤에는 아침도 꽤 지났으므로, 앨런은 하숙집으로 돌아와 옷을 갈아입고 아침을 먹은 뒤 잠시 쉬지도 않고 잔다이스 씨에게 이 소식을 전하러 간다.

그와 함께 돌아온 잔다이스 씨는 어떤 이유로 인해 이 문제를 비밀로 해 달라고 부탁하며 대단한 관심을 보인다. 조는 잔다이스 씨에게 오늘 아침 이야기한 것과 대체로 크게 다르지 않은 이야기를 되풀이한다. 다만 그의 짐수레는 차츰 더 끌기 무거워지고 갈수록 더 공허한 소리를 낸다.

"절 여기에 그냥 놔두세요. 잔소리는 이제 지긋지긋해요." 조가 불안정한 목소리로 말한다. "누군가 내가 원래 청소하던 곳을 지나가는 사람이 있다면 스낙스비 아저씨에게 말해 줘요. 조는 멈춰 서지 않고 계속 일하고 있다고, 은혜는 잊지 않겠다고요. 나같이 운 없는 아이라도 고맙다는 말은 할 줄 아니까."

조가 하루 이틀 동안 법률가용 문방구점 주인을 계속 언급하자, 친절한 앨런은 잔다이스 씨와 상의한 뒤 쿡스 코트로 가기로 결심한다. 짐수레가 당장에라도 부서질 것 같기 때문이다.

그는 쿡스 코트로 간다. 스낙스비 씨는 평소처럼 회색 사무복에 토시를 긴모습으로 책상에 앉아, 대서인이 지금 막 보내온 몇 장의 양피지에 쓰인 계약서를 검토하고 있다. 법률서체와 양피지의 끝없는 사막 안에도 이곳저곳에 커다란 글자로 쓰인 오아시스가 있어 끔찍한 단조로움을 깨고 나그네를 절망에서 구해 준다. 이러한 오아시스 가운데 한곳에서 야영하던 스낙스비는 으레 일하기 전에 하듯이 헛기침을 하고 나서 손님을 맞이한다.

"스낙스비 씨, 절 기억 못 하시겠어요?"

문구점 주인의 심장이 두근대기 시작한다. 예전부터 하던 걱정이 아직 끝나지 않았기 때문이다. 이렇게 대답하는 것이 고작이다. "네, 기억이 안 나는군요. 아무래도…… 솔직히 말씀드리면…… 뵌 적이 없는 것 같은데요."

"전에 두 번 정도 뵀습니다." 앨런 우드코트가 말한다. "한 번은 어느 가난한 사람의 머리맡에서고, 또 한 번은……"

'드디어 기억났어!' 기억이 퍼뜩 돌아오자 문구점 주인은 고뇌에 차서 생각한다. '머릿속이 터질 것 같아!' 그러나 그도 손님을 작은 안쪽 방으로 안내하고 문을 닫을 만큼의 침착함은 유지하고 있다.

"결혼하셨습니까?"

"아니요."

"독신이시더라도 최대한 목소리를 낮추어 말씀해 주시겠습니까?" 스낙스비 씨가 서글프게 속삭인다. "우리 마나님이 어디선가 엿듣고 있거든요. 목소리를 낮춰 주시지 않으면 전 일을 그만둬야 하는 데다 500파운드의 벌금을 내게 됩니다!"

스낙스비 씨는 완전히 풀이 죽은 듯이 의자에 앉아 등을 책상에 기대면서 계속 둘러댄다.

"전 비밀 같은 거 없습니다. 아무리 생각해도 결혼한 이래 여태껏 우리 마나님을 속이려고 한 기억은 단 한 차례도 없어요. 속이려고 한 적도 없고 감히 속일 수도 없었습니다. 그런데도 비밀과 수수께끼에 둘러싸이는 바람에 전 살아가는 것이 짐이 되어 버렸어요."

손님은 유감이라고 말한 뒤 조라는 아이를 기억하느냐고 묻는다. 스낙스비 씨는 신음이 나오려는 것을 꾹 참고서 대답한다.

"집사람에게 조보다 더 미움을 받는 사람은…… 나를 제외하면…… 이 세상에 단 한 명도 없습니다."

앨런이 왜냐고 묻는다.

"왜냐고요?" 스낙스비가 절망적인 몸짓으로 자신의 대머리 뒤에 남은 몇 올의 머리카락을 움켜쥐고는 되풀이한다. "제가 그걸 어떻게 압니까? 하지만 당신은 독신이시죠. 앞으로는 오랫동안 아내와 함께 산 남자에게 그런 질문은 하지 말기를 바랍니다!"

이렇게 고마운 기원을 해 주더니 스낙스비는 단념했다는 듯이 음침한 헛기침을 한 번 하고 손님의 이야기에 얌전하게 귀 기울인다.

"또 그 일입니까!" 얼굴색이 변한 스낙스비 씨는 심각해지기도 하고 목소리를 낮추기도 한다. "또 그 일이에요! 이번에는 전혀 새로운 방향에서 왔군요! 어떤 분이 저한테 죽는 한이 있어도 조에 관해서는 아무에게도, 심지어 우리 마나님에게도 말하지 말라고 신신당부하셨지요. 그러자 이번에는 다른 분—즉, 당신이—이 오셔서, 다른 사람한테는 몰라도 아까 그분에게는 죽는 한이 있어도 조에 관해서 말하지 말라고 신신당부하는군요. 여긴 꼭 정신병원 같아요! 솔직히 말해서 베들럼[2] 같습니다!"

그러나 결국 그의 생각처럼 심각하지는 않다. 스낙스비 씨의 발밑에서 갱도가 폭발한 것도 아니고, 이미 빠져 있던 구멍이 더 깊어진 것도 아니다. 게다가 스낙스비 씨는 본디 마음이 여린 데다 조의 병세를 듣고 뭉클해져서, 밤이 되어 몰래 빠져나갈 수 있게 되면 최대한 빨리 "병문안을 가겠다"고 자진해서 약속하고 만다. 그리고 밤이 되자 그 말대로 몰래 찾아온다. 그러나 스낙스비 부인도 몰래 와 있을지 모른다.

조는 옛 친구를 만나 무척 기뻐한다. 단둘이 되자 그는 자기 같은 놈을 위해 그렇게 멀리서 일부러 찾아와 주어서 고맙다고 인사한다. 스낙스비 씨는 눈앞의 광경에 감동하여 재빨리 탁자 위에 반 크라운 은화[3]를 놓는다. 이것이 모든 상처를 치유해 줄 그의 마법의 묘약이다.

"그런데 건강은 어떠냐?" 스낙스비 씨가 동정 어린 헛기침을 하고 나서 묻는다.

"아저씨, 전 운이 좋아요. 이제 바라는 것도 없고요. 정신이 나갈 만큼 기분이 좋아요. 아저씨, 그런 짓을 해서 죄송해요. 하지만 나쁜 마음으로 그랬던 건 아니에요."

문구점 주인이 반 크라운 은화를 한 닢 더 올려놓고는, 무엇을 사과하는 거냐고 묻는다.

"아저씨, 전 그 아가씨한테 병을 옮겨 버렸어요. 하지만 그 아가씨는 아무런 불평도 하지 않았어요. 모두들 내게 친절하게 대해 주고, 내가 불쌍해서 아무도 내가 한 짓을 꾸짖지 않아요. 그 아가씨도 어제 병문안을 와서 '아, 조! 이제 너를 못 보는 줄 알았다!'라고 말해 주셨어요. 그리고 방그레 웃으면서 잠자코 앉아 있었죠. 내가 한 짓에 대해 한마디도 꾸짖지 않았고, 싫은 얼굴도 하지 않았어요. 아저씨, 난 벽 쪽으로 돌아누워 버렸어요. 잔다이스 아저씨도 고개를 돌렸죠. 우드코트 선생님도 밤낮으로 저한테 약이 될 만한 것을 주셨어요. 저를 굽어보며 쾌활하게 말했지만, 쳐다보니 눈물을 뚝뚝 흘리고 있었죠."

---

2) 런던에 있는 왕립정신병원.
3) 2실링 6펜스에 해당.

뭉클해진 문구점 주인은 다시 반 크라운 은화를 탁자에 올려놓는다. 이 만병통치약을 꺼내지 않고서는 그의 벅찬 가슴이 가라앉지 않는 것이다.

"아저씨," 조가 말을 잇는다. "제가 생각해 봤는데, 아저씨는 커다란 글자를 쓸 수 있죠?"

"그래, 쓸 수 있다."

"엄청나게 커다란 글자를 쓸 수 있죠?" 조가 진지한 표정으로 묻는다.

"그래, 쓸 수 있다."

조가 기쁜 듯이 웃는다. "그럼 아저씨, 제가 생각해 봤는데, 제가 멀리멀리 가서 막다른 곳에 다다르면, 모두가 볼 수 있게 아주 커다란 글씨로 이렇게 써 주시겠어요? 그런 짓을 해서 죄송하다, 나쁜 마음으로 그런 건 아니다. 난 아무것도 모르지만, 우드코트 선생님이 울었던 건 알고 있고, 안됐다고 생각했다. 꼭 용서받고 싶다. 이렇게 써 주시면 선생님도 분명 용서해 주시겠죠?"

"암, 써주고말고, 조. 아주 크게 써 주마."

조가 다시 웃는다. "고마워요, 아저씨. 정말 고마워요. 이제 전보다 기분이 훨씬 낫네요."

마음 착한 문구점 주인은 드문드문 하던 헛기침을 끝까지 하지 못하고 네 번째 반 크라운 은화를 가만히 올려놓고는—이렇게 많은 은화가 필요한 유언 의뢰인을 이렇게 가까이서 본 적은 없었다—달아나고 싶은 생각이 들기 시작한다. 이것이 조와 그가 이승에서 보는 마지막 순간이다. 마지막인 것이다.

마침내 끌기 버거워진 짐수레가 돌투성이 길을 느릿느릿 지나 종착점에 가까워지고 있기 때문이다. 하루 종일 다 부서진 계단을 힘겹게 올라간 짐수레는 지칠 대로 지쳐 있다. 이제는 해가 떠서 이 짐수레가 헐떡이며 나아가는 모습을 비추는 일도 몇 번 없으리라.

평소처럼 화약 연기로 시커멓게 된 얼굴을 한 필 스퀴드는 간호병과 무기정비병이라는 두 역할을 함께 하고 있다. 그는 자주 병자를 찾아와서는 녹색 나사 모자를 쓴 머리를 끄덕이고 한쪽 어깨를 추켜올리면서 기운을 불어넣어 준다. "기운 내, 조! 기운 내!" 잔다이스 씨도 몇 번이나 찾아왔으며, 앨런 우드코트는 거의 곁을 떠나지 않는다. 이 두 사람도 전혀 다른 세계에 사는 사람들의 삶의 그물에 휘말려 버린 이 초라한 부랑아의 운명에 여러모로 생각에 잠기고 마는 것이다. 기병도 자주 문병 와서는, 출입구를 가득 메워 버릴 만큼 커다란 몸에서 힘과 생명력을 넘칠 듯이 내뿜으면 잠시나마 조에게 활기를 줄 수 있다고 생각한다. 아이는 그에게서 활기 넘치는 말을 들으면 평소보다 힘차게 대답한다.

오늘 조는 자고 있는지 혼수상태인지 알 수 없다. 앨런 우드코트가 찾아와서 아이 옆에 서서는 그 야윈 몸을 내려다보고 있다. 잠시 뒤 그는 아이를 응시한 채 침대 옆에 앉아—그가 대서인의 방에서 앉아 있었을 때처럼—그 가슴께에 손을 얹어 본다. 짐수레는 당장에라도 숨이 끊어질 듯하지만 아직은 힘겹게 느릿느릿 나아가고 있다.

기병은 말없이 꼼짝도 하지 않은 채 문간에 서 있다. 필은 손에 작은 망치를 들고 뚝딱거리던 것을 멈췄다. 우드코트 씨는 심각한 표정을 지은 채 고개를 돌려 의미심장하게 기병을 흘낏 본 다음 필에게 탁자를 밖으로 내 가라고 신호한다. 이 작은 망치가 이다음에 쓰일 때는 분명 녹이 슬어 있을 것이다.

"조! 왜 그러니? 무서워할 것 없다."

조가 흠칫하며 주위를 둘러본다.

"톰 올 얼론스 거리로 돌아온 줄 알았어요. 여긴 선생님밖에 없나요?"

"아무도 없다."

"절 다시 톰 올 얼론스 거리로 데리고 가진 않겠죠? 괜찮겠죠?"

"괜찮다."

조가 눈을 감고 중얼거리듯이 말한다. "고맙습니다."

앨런이 잠시 조를 바라보다가 그 귓전으로 입을 가져가더니 낮고 분명한 목소리로 아이에게 말한다.

"조! 너 기도라고 아니?"

"아무것도 몰라요."

"짧은 기도도?"

"네. 아무것도 몰라요. 채드밴드 목사님이 언젠가 스낙스비 아저씨네 집에서 기도하던 걸 들은 적이 있어요. 하지만 그건 자기 혼자 한 말이지 저한테 한 말이 아닌 것 같았어요. 열심히 기도했지만 전 아무것도 몰랐어요. 또 한 번은 다른 아저씨들이 톰 올 얼론스 거리로 찾아와서 기도해 줬지만, 다들 서로 다른 사람의 기도가 틀렸다고만 할 뿐이었죠. 자기 혼자 떠들거나 다른 사람만 헐뜯지 우리한테 말한 게 아니었어요. 우리는 아무것도 몰랐어요. 난 도대체 무슨 말인지 하나도 알아듣지 못했어요."

이만큼 말하는 데 하도 시간이 걸려서, 여간 주의 깊고 익숙한 귀를 가진 사람이 아니면 잘 알아듣지 못했을 것이고, 알아들었다손 치더라도 이해하지 못했을 것이다. 조는 다시 한참 동안 깊이 잠들었거나 혼수상태에 빠져 있다가 느닷없이 침대에서 뛰쳐나가려고 몸부림친다.

"조, 가만있어! 왜 그러니?"

"드디어 내가 그 묘지로 갈 시간이 왔어요." 그가 섬뜩한 표정으로 대답한다.

"좀 누워라. 조, 도대체 무슨 묘지를 말하는 거니?"

"왜 그 나한테 잘해 주었던, 아주 친절하게 대해 주었던 아저씨가 묻힌 곳이요. 드디어 내가 그 묘지로 가서 아저씨 옆에 묻히게 해 달라고 부탁할 때가 왔어요. 나 거기 가서 묻힐 거예요. 그 아저씨가 나한테 자주 말하곤 했죠. '조, 오늘은 나도 너처럼 빈털터리다.' 이번에는 내가 아저씨한테 '아저씨처럼 저도 빈털터리예요. 그러니까 옆에 눕게 해 주세요'라고 말하고 싶어요."

"곧 그렇게 될 게다, 조. 곧 그렇게 될 게야."

"아, 어쩌면 내가 가 봤자 눕게 허락해 주지 않을지도 모르니까요. 그래도 선생님, 날 거기 그 아저씨 옆에 묻히게 해 달라고 부탁해 주겠다고 약속해 줄래요?"

"그래, 꼭 부탁해 보마."

"고마워요. 고마워요. 거긴 늘 문이 닫혀 있으니까 날 들여보낼 때는 문 열쇠가 필요해요. 그리고 문 앞에 계단이 있는데, 내가 전에 늘 빗자루로 쓸던 곳이죠. 선생님, 주위가 어두워졌는데요. 불빛 좀 갖다 주실래요?"

"조, 금방 오마."

곧 돌아온다. 짐수레는 산산조각으로 부서져 버리고, 울퉁불퉁한 길도 이미 끝이 가까웠다.

"조, 정신 차려!"

"선생님 목소리는 들려요. 어둠 속에서. 하지만 난 더듬고 있어요. 더듬고 있어요. 선생님 손을 쥘 수 있게 해 줘요."

"조, 내 말을 따라할 수 있겠니?"

"선생님 말이라면 뭐든 따라하죠. 선생님 말이라면 분명히 좋은 말일 테니까요."

"하늘에 계신"

"하늘에 계신……이거 좋은데요, 선생님."

"우리 아버지."

"우리 아버지……선생님, 곧 불빛이 오나요?"

"거의 다 왔다. 그 이름이 거룩히 여김을 받으시오며"

"그…… 이름이……."

어두운 길에 불이 켜졌다. 조가 죽은 것이다!

폐하, 신민 한 사람이 죽었습니다. 상하 양원의 의원님들, 신민 한 사람이 죽었습니다. 각파 교회에서 전도하는 유덕하고 무덕한 선생님들, 그리스도교도 한 사람이 죽었습니다. 가슴속에 신과 같은 자비심을 갖고 계신 여러분, 동포 한 사람이 죽었습니다. 그리고 우리 주위에는 매일같이 죽어가는 사람이 있습니다.

# 제48장 닥쳐오는 것

링컨셔에 있는 저택은 다시 그 수많은 눈을 닫고, 런던의 저택이 눈을 뜬다. 링컨셔에서는 과거의 데들록 일족이 초상화 액자 안에서 졸고, 대응접실을 관통하는 바람 소리가 규칙적으로 호흡하는 듯이 낮고 살랑거리는 소리를 낸다. 런던에서는 현재의 데들록 일족이 탄 마차가 불같은 눈을 빛내며 밤의 어둠을 덜컹덜컹 내달리고, 데들록 가문의 종복들은 머리카락에 재(또는 가발에 뿌리는 분)를 묻히고 자못 자신들의 충성심을 드러내듯이 응접실의 작은 창가에서 오전 내내 꾸벅꾸벅 졸고 있다. 거의 사방 5마일에 이르는 거대한 천구 같은 상류 사교계가 당당하게 회전을 계속하므로, 오히려 태양의 운행이 경의를 표하며 정해진 저 먼 곳에서 움직이고 있다.

그 사교계 무리가 더없이 왕성하게 활동하는 곳, 불빛이 더없이 밝게 빛나는 곳, 인간의 감각이 더없는 아름다움과 세련됨으로 가득 찬 곳에 데들록 부인이 있다. 그녀가 끝까지 오른 빛나는 그 높은 자리에서 모습을 감추는 일은 없다. 그녀는 이제 이전처럼 오만의 망토 밑에 원하는 것은 뭐든지 간직할 수 있다는 생각은 하지 않으며, 오늘날 그녀가 그 주변에 보이는 권세를 앞으로도 유지할 수 있으리라는 확신도 없다. 하지만 질투의 눈길을 받을 때 항복하거나 풀이 죽는 일은 그녀의 성격이 용납하지 않는다. 요즘 그녀는 전보다 더 아름다워지고 거만해졌다고 한다. 쇠약한 사촌의 말에 따르면, 그녀는 나무랄 데 없이 아름답지만—여자의 매력을 주제로 전시회를 열 수 있을 만큼—불길한 구석이 있다.

털킹혼 변호사는 아무것도 말하지 않고 아무것도 보지 않는다. 이전처럼 지금도 꾸깃꾸깃한 하얀 깃 장식을 구식으로 작게 맨 그의 모습이 문간에 나타난다. 그는 귀족들의 후원을 받으면서도 그런 티를 내지 않는다. 그 많은 사람 가운데 어느 누구도 그가 부인에게 어떤 힘을 갖고 있으리라고 상상하지 못하고, 그 많은 사람 중 어느 누구도 부인이 그에게 두려움을 품고 있으리라고는 생각지도 못한다.

지난번에 체스니 월드 작은 탑에 있는 그의 방에서 그와 만난 뒤로 데들록 부인은 한 가지 생각이 머리에서 떠나지 않는다. 지금 그녀는 그 한 가지 생각을 떨치기로 결심했다.

지금은 이 멋진 상류사회에서는 아침이고, 인색한 태양의 움직임에 따르면 오후다. 종복들은 창밖을 내다보는 데 지쳐 홀에서 쉬고 있다. 이 호사스러운 차림을 한 사람들은 만개 때가 지난 해바라기처럼 무거운 머리를 숙이고 있다. 레스터 경은 서재에서 의회위원회 보고서를 읽다 말고 나라를 위해 졸고 있다. 부인은 일찍이 거피라는 이름의 청년을 만났던 방에 앉아 있다. 로사는 그 옆에서 편지를 대신 쓰거나 책을 읽어 주다가 지금은 자수인지 예쁜 바느질인지를 하고 있다. 그녀가 바느질감 위에 몸을 굽히고 있는 모습을 부인은 말없이 지켜본다. 오늘 벌써 몇 번째 일이다.

"로사."

귀여운 시골 처녀가 환한 얼굴을 든다. 그리고 부인이 몹시 심각한 표정인 것을 보고 깜짝 놀라 의아스럽다는 표정이 된다.

"문이 닫혀 있는지 좀 보고 오겠니?"

"네, 닫혀 있어요." 그녀는 문까지 갔다가 돌아와서 더욱 놀란 얼굴을 한다.

"지금부터 너한테 비밀이야기를 하려고 한다. 너의 지혜는 잘 모르지만 충성심은 충분히 믿을 수 있으니까. 지금부터 내가 하는 이야기에 관한 한, 적어도 너한테는 무엇 하나 숨기지 않을 생각이야. 너한테는 비밀도 털어놓을 생각이야. 그러니까 우리가 나눈 이야기를 누구에게도 말해선 안 돼."

귀여운 하녀는 겁을 먹은 채, 그러나 진지하게, 그 믿음에 부응하겠노라고 약속한다.

"로사, 넌 아니?" 데들록 부인이 그녀에게 의자를 더 가까이 끌어당겨 앉으라고 손짓하면서 말한다. "내가 널 다른 사람하고는 다른 태도로 대한다는 걸 알아?"

"네, 마님. 훨씬 친절하게 대해 주시죠. 하지만 그게 마님의 진짜 성격이라고 자주 생각해요."

"그게 내 진짜 성격이라고 자주 생각한다고? 맙소사, 로사!"

부인은 자못 경멸스럽다는 투로—로사가 경멸스럽다는 것은 아니다—그렇게 말하고는 생각에 잠긴 채 꿈꾸듯이 그녀를 바라보면서 앉아 있다.

"로사, 네가 나한테 구원이나 위로가 되고 있다고 생각하니? 네가 젊고 인간적이고 내게 호의와 감사를 바치기 때문에 내가 너를 기꺼이 곁에 둔다고 생각해?"

"마님, 전 몰라요. 그런 엄청난 일은 생각도 해본 적 없지만, 마님께서 기쁘게 생각하고 계시기를 진심으로 바라고 있어요."

"기쁘게 생각한다."

순간 귀여운 얼굴이 기쁨으로 붉게 물들려고 하지만, 눈앞의 단정한 얼굴에 떠오른 표정을 보고 그대로 굳는다. 도대체 무슨 일이냐고 조심스럽게 묻는 듯이 상대를 바라본다.

"만약 오늘 내가 너한테 '오늘부로 넌 해고다!'라고 말해야만 한다면 난 얼마나 괴롭고 불안하고 또 얼마나 쓸쓸할까!"

"마님! 제가 무슨 잘못이라도 저질렀나요?"

"아무것도. 이리 오렴."

로사가 부인의 발치에 있는 대쪽으로 고개를 숙이자, 부인은 저 잊을 수 없는 철기 제조업자가 방문했던 밤처럼 어머니 같이 상냥하게 그 밤색 머리카락 위에 손을 얹는다.

"로사, 아까도 말했다시피 난 네가 행복하길 바란다. 이 지상의 누군가를 행복하게 해 줄 수만 있다면 꼭 너를 그렇게 해 주고 싶어. 하지만 난 그렇게 못한다. 너하고는 관계없지만 나는 아는 어떤 이유 때문에 넌 이곳에 없는 편이 좋아. 여기 있어선 안 돼. 널 여기에 두지 않기로 결심했단다. 네 연인의 아버지에게 편지를 썼으니 오늘 이리로 올 거다. 모두 너를 위해서 한 일이야."

소녀는 울면서 부인의 손에 몇 번이나 입 맞추고는, 부인과 헤어지면 자기는 어떻게 하느냐고 거듭 말한다. 부인은 로사의 뺨에 입을 맞출 뿐 다른 대답은 하지 않는다.

"다른 곳에서 행복하게 살렴. 사랑받으면서 행복하게 살아!"

"마님, 전부터 가끔 생각했던 게 있는데—이런 무례한 질문을 하는 걸 용서해 주세요─마님은 불행하시죠?"

"내가?"

"절 내쫓으시면 마님은 더 불행해지시지 않을까요? 제발 부탁이에요. 다시 생각해 주세요. 절 이곳에 좀 더 있게 해 주세요!"

"아까도 말했다시피 나를 위해서가 아니라 널 위해서 한 일이야. 게다가 난 이미 결심했단다. 로사, 네가 보는 나는 지금의 나지 조금 시간이 지난 뒤의 내가 아니야. 이 사실을 잊지 마렴. 그리고 내가 한 말을 다른 사람한테는 말하지 마. 이것만큼은 나를 위해 약속해 주렴. 자, 이제 우리 둘의 관계는 끝이다."

부인은 순진한 하녀를 떠나 방에서 나간다. 그날 오후 늦게 다시 계단에 나타났을 때, 그녀는 더없이 거만하고 차가운 태도로 돌아가 있다. 모든 열정, 감정, 흥미가 고생대에서 모두 소진되어 고대 괴수들과 함께 지상에서 사라져 버린 것처럼 무관심한 태도다.

종복이 라운스웰 씨가 오셨다고 전했기에 부인이 모습을 드러낸 것이다. 라운스웰 씨가 서재로 안내받은 것도 아닌데 부인은 서재로 들어간다. 레스터 경이 거기 있기 때문이다. 부인은 먼저 경에게 할 이야기가 있다.

"레스터, 잠깐 할 이야기가…… 아, 일하던 중이었군요?"

"아니, 괜찮소. 딜킹혼 변호사니까."

언제나 가까이에 있으며, 어디든지 나타났다 사라진다. 이 남자의 눈에서 벗어나 편안히 쉴 수는 없는 것이다.

"실례했습니다, 부인. 전 그만 가 보겠습니다."

부인은 노골적으로 '마음만 먹으면 이곳에 머물러 있을 수 있는 힘을 갖고 있다는 걸 자기도 알면서'라고 말하는 눈빛으로 그를 바라보며 그럴 필요 없다고 말한 뒤 의자 쪽으로 다가간다. 털킹혼 씨는 어색하게 인사한 뒤 의자를 부인 쪽으로 조금 밀어 주고서 맞은편 창가로 물러난다. 부인과 이미 조용해진 길거리에서 비쳐드는 노을빛 사이에 그의 그림자가 끼어들어 부인의 주위를 어둡게 만든다. 그가 부인의 삶에 어두운 그림자를 드리우듯이.

아무리 날씨가 좋아도 길거리는 음침하고, 양쪽에 늘어선 기다란 집들의 행렬은 무서운 얼굴로 서로를 노려본다. 몇 채의 커다란 저택은 본디 돌로 지어진 것이 아닌데 하도 노려봄을 당해서 점점 돌로 변해버린 것 같다.[1] 활기라곤 전혀 찾아볼 수 없는 음산한 거리다. 현관 입구며 창문은 저마다 검은 페인트로 칠해지거나 두껍게 먼지가 쌓여 음울한 위용을 갖추고, 그 뒤에 있는 마구간도 공허한 울림을 내며 마치 고귀한 석상이 타는 돌로 된 준마의 전용 마구간처럼 메마르고 묵직한 모습을 보여 준다. 이 음산한 거리로 난 문의 계단 위에는 철 세공이 들어간 장식이 달려 있는데, 이 석화된 정자에서 시대에 뒤떨어진 등유 램프용 소등기가 벼락출세한 가스등을 향해 성난 고함을 지르고 있다. 여기저기에 작고 무른 쇠고리가 있어서 장난꾸러기들은 친구의 모자를 그곳으로 던지고 싶어 하는데(이것이 현재 이 물건의 유일한 용도이다), 녹슨 이파리들 사이에서 그 고리들은 지금은 죽은 등유의 무덤처럼 보인다. 아니, 등유조차도 지금은 죽지 않고, 굴 같은 손잡이가 달린 작고 괴상한 유리병 속에서 밤이면 가끔 깜빡이다가 신참자인 가스등을 기분 나쁜 듯이 노려보는데, 그 모습은 주인인 메마른 귀족원의 웃전을 꼭 빼닮았다.

이런 연유로, 의자에 앉아 있는 데들록 부인이 털킹혼 변호사가 서 있는 곳의 창밖을 보고자 해도 대단한 풍경은 볼 수 없지만, 그래도 부인은 그쪽을 바라보고 있다. 변호사의 그림자를 떨쳐내는 것이 간절한 바람이기라도 하다는 듯이.

레스터 경이 부인에게 무슨 일이냐고 묻는다.

"라운스웰 씨가 오셨으니(제가 불렀지요) 그 하녀 문제를 매듭짓는 게 좋겠어요. 그 문제는 이제 신물이 나요."

"그래서…… 내가…… 뭘 도와줘야 하지?" 레스터 경이 꽤나 회의적인 태도로 묻는다.

"그 사람을 이리 불러서 매듭짓도록 해요. 이리로 오라고 명령해 주시겠어요?"

"털킹혼, 미안하네만 벨을 울려 주게. 고맙네." 레스터 경이 종복에게 뭐라고 말해야 좋을지 즉시 생각나지 않아서 이렇게 말한다. "그 철공장 손님을 이리로 모셔라."

종복이 철공장 손님을 찾아서 데리고 온다. 레스터 경이 이 철기 제조업자를

---

1) 그리스 신화에 나오는 괴물 고르곤이 노려보면 모든 사물이 돌로 변한다고 한다.

정중하게 맞이한다.

"라운스웰 씨, 그동안 잘 지내셨나요? 좀 앉으시죠. (이쪽은 내 변호사, 털킹혼 씨입니다.)" 레스터 경은 무겁게 손을 내젓고는 교묘하게 부인 쪽으로 화제를 돌린다. "집사람이 할 말이 있다는군요. 으흠!"

"마님이 하시는 말씀이라면 무엇이든지 겸손하게 듣겠습니다." 철공장 손님이 말한다.

부인 쪽으로 몸을 돌린 그는 요전에 만났을 때보다 더 불쾌한 인상을 받는다. 부인의 서먹하고 거만한 태도 탓에 그 주위가 차가운 공기로 휩싸여, 지난번처럼 허심탄회하게 대화할 기분은 도저히 들지 않는다.

"묻고 싶은 게 좀 있어요." 부인이 거만하게 말한다. "당신 아들의 변덕에 관해 아들과 이야기를 좀 해 봤나요?"

이 질문을 하면서 부인은 손님의 얼굴을 보기조차 귀찮다는 듯이 나른한 눈길을 보낸다.

"마님, 제 기억이 정확하다면, 요전에 뵀을 때 저는 제 아들놈에게 그…… 변덕을" 그는 부인이 사용한 말을 조금 강조해서 되풀이한다. "억제하라고 진지하게 충고하겠노라 말씀드렸습니다."

"그래서, 충고했어요?"

"네, 물론 했지요."

레스터 경이 만족스럽게 고개를 끄덕인다. 매우 기쁘다. 철공장 손님이 하겠다고 약속한 일은 할 의무가 있는 것이다. 이 점에서는 하등한 금속이나 귀금속이나 차이가 없기 때문이다. 무척 기쁘다.

"그래, 아드님은 억제했나요?"

"마님, 전 분명히 대답할 수가 없습니다. 아들은 그러지 못한 것 같습니다. 아마 지금도 그러지 못하고 있을 겁니다. 저희의 삶에서는 가끔 목적과 그…… 변덕을 연결 지어야 할 때가 있어서 그렇게 쉽사리 떨쳐낼 수가 없습니다. 내 생각에 오히려 저희가 진지하게 생각하는 일이 많은 것 같습니다."

레스터 경은 이 말의 이면에 워트 타일러 같은 불온한 뜻이 숨어 있는 것이 아닌가 하는 의심에 휩싸여 다소 부아가 치민다. 라운스웰 씨는 매우 기분 좋고 예의 바르지만, 상대가 자신을 어떻게 대우해 주느냐에 따라 이렇게 도를 넘지 않는 수준에서 자신의 태도를 결정한다.

부인이 말을 잇는다. "이런 질문을 하는 것도 지금껏 이 문제를 줄곧 생각한 탓에…… 이젠 질려 버렸기 때문이에요."

"정말 유감입니다."

"이 문제에 관한 레스터의 의견에 나도 전적으로 동감하기 때문이기도 하고요." 레스터 경이 매우 만족스럽다는 뜻을 표시한다. "따라서 당신이 아들의 변덕이 가라앉았다고 분명히 말하지 못한다면 난 그 애를 내쫓는 편이 좋다는 결론에 다다랐어요."

"마님, 그런 건 분명히 말할 성격의 문제가 아닙니다. 도저히 그럴 수는 없어요."

"그럼 그 애를 내쫓아야겠죠."

"잠깐만." 레스터 경이 사려 깊게 끼어든다. "그럼 그 애는 아무런 잘못도 없는데 부당한 벌을 받는 셈 아니오? 잘 생각해 봐요." 레스터 경은 급사가 접시를 나눠 줄 때처럼 오른손으로 이 문제를 무겁게 내밀면서 말한다. "여기 한 소녀가 있는데, 운 좋게도 어느 지체 높은 귀부인의 눈에 들어 총애를 받게 되었고, 그 귀부인의 보호 아래서 살게 되었소. 그런 신분의 소녀로서는 의심할 여지없이 커다란—이 점에 대해서는 확신하는데, 의심할 여지없이 커다란—은혜를 주위로부터 여러모로 받고 있지요. 그런데 문제가 생겼소. 이 소녀가 단순히……" 여기서 레스터 경은 실례를 사과하듯이, 그러나 위엄을 해치지 않고 철기 제조업자 쪽으로 고개를 기울이고서 말한다. "라운스웰 씨의 아들 눈에 들었다는 이유로 이 모든 은혜와 행운을 빼앗겨야 할까요? 이 소녀가 그런 벌을 받을 만한 무슨 죄를 지었지요? 이건 부당한 처사가 아니오? 이런 일이 우리가 전부터 용납하던 일인가요?"

"실례합니다만, 레스터 경." 라운스웰 씨가 끼어든다. "이런 말씀이 실례인 줄은 압니다만, 전 문제를 간단히 생각하고 싶습니다. 부디 지금 언급하신 점은 고려하지 말아 주시기 바랍니다. 이런 시시한 일은 기억하지 못하시겠지만, 제가 이 문제에 대해 가장 먼저 생각한 것은 그 소녀가 이곳에 머물러서는 절대로 안 된다는 것이었습니다."

데들록 일가에게서 받은 사랑을 고려하지 말라니? 어이가 없군! 조상 대대로 물려받은 이 귀를 의심할 수는 없다. 그렇다면 이 철공장 손님의 제안을 의심하는 수밖에.

"두 분 다 그 문제에 끼어들 필요는 없어요." 레스터 경이 어이가 없어서 씩씩거리는 사이에 부인이 차갑게 말한다. "그 애는 아주 괜찮은 애이고, 나는 그 애에 대해 아무런 불만이 없어요. 하지만 그 애는 자기가 받고 있는 여러 은혜와 행운을 전혀 깨닫지 못하고 사랑에 빠진 나머지—혹은 어리석게도 사랑에 빠졌다고 생각한 나머지—그 고마움을 모르고 있어요."

레스터 경이 다시 끼어든다. "그렇다면 이야기는 달라지지요. 부인한테는 그렇게 생각할 만한 충분한 이유와 근거가 분명히 있을 거요. 부인 의견에 전적으로 동의하오. 그 애는 내쫓는 편이 좋겠어."

부인이 여전히 거만한 투로 말을 잇는다. "라운스웰 씨, 레스터가 지난번에 이 문제로 고민했을 때 말했듯이 우리는 당신에게 아무 조건도 제시하지 않겠어요. 현재 그 애가 이곳에 머무는 것은 잘못이에요. 그러니 무조건 내쫓는 편이 좋겠어요. 그 애한테도 이미 말해 뒀어요. 우리가 그 애를 마을까지 데려다 줄까요, 당신이 데리고 돌아갈래요? 아니면 다른 방법이라도?"

"마님, 분명히 말씀드려도 괜찮다면……."

"말씀하세요."

"전 이 댁에 폐를 끼치지 않도록 되도록 빨리 그 애를 데리고 가고 싶습니다."

부인이 여전히 짐짓 거친 태도로 대답한다. "저도 분명히 말씀드리자면, 같은 의견입니다. 그 애를 데리고 돌아가겠다는 거지요?"

철기 제조업자가 고개를 숙여 인사한다.

"레스터 경, 종을 울려 주시겠습니까?" 털킹혼 변호사가 창가에서 나서서 종의 끈을 잡아당긴다. "아, 당신을 잊고 있었군요. 고맙습니다." 그는 여느 때처럼 꾸벅 인사하고 조용히 원래 자리로 돌아간다. 재빨리 부름에 응해 나타난 종복이 누구를 데려오라는 명령을 받고 냉큼 사라졌다가 그 사람을 데려다 놓고 물러난다.

여태껏 울고 있던 로사는 아직 괴로워 보인다. 그녀가 들어오자 철기 제조업자가 의자에서 일어나 그녀의 팔짱을 끼고 떠날 채비를 한다.

부인이 나른하게 말한다. "이분이 널 보살펴 주실 테니 안심하고 돌아갈 수 있을 거야. 아까도 말했다시피 넌 아주 좋은 애다. 그러니까 울 필요 없어."

털킹혼 변호사가 뒷짐을 지고 조금 앞으로 나오면서 말한다. "이 애는 쫓겨나는 게 슬퍼서 우는 모양이군요."

"이 애는 좋은 교육을 받고 자라지 못했으니까요." 라운스웰 씨가 변호사에게 화풀이할 수 있어서 기쁘다는 듯이 재빨리 대꾸한다. "게다가 아직 세상물정을 모르지 않습니까. 이곳에 남는다면 분명 더 괜찮은 아이가 될 텐데."

"분명 그렇겠죠." 털킹혼 씨가 차분하게 대답한다.

로사가 흐느끼면서, 부인을 떠나야 한다니 너무 슬프고, 체스니 월드에서 마님을 모실 수 있어서 정말 행복했다고 말하고, 몇 번이나 거듭 부인에게 감사인사를 한다. "그만 됐다, 이 바보 같은 것!" 철기 제조업자가 나지막하게 꾸짖지만, 화난 눈치는 아니다.

"워트를 사랑한다면 기운 내!" 부인은 무심하게 손을 흔들고 "자, 자, 착한 아이니까 얼른 가거라!"라고 말할 뿐이다. 레스터 경은 근엄하게 이 문제에서 관심을 돌리고 푸른 코트 깊숙이 몸을 묻는다. 이제 불빛이 점점이 밝혀진 어두운 길거리를 등지고 선 털킹혼 변호사의 어렴풋한 모습은 아까보다 한결 커다랗고 시커멓게 부인의 눈앞에 떠오른다.

"레스터 경, 그리고 마님." 라운스웰 씨가 잠시 뜸을 들였다가 말한다. "떠나기 전에, 제가 그러겠다고 한 일이긴 하지만, 이런 시시한 일로 걱정을 끼쳐드린 점을 사과드립니다. 이런 하찮은 일이 마님을 얼마나 성가시게 해드릴지 저는 잘 압니다. 제가 취한 조치에 스스로 불안한 점이 있다면, 그건 제가 처음부터 두 분을 귀찮게 하지 않고 조용히 이 젊은 친구를 데리고 돌아갈 만한 힘을 발휘하지 못했기 때문입니다. 하지만 두 분께 사정을 설명해 드리고 솔직하게 두 분의 의견과 형편을 묻는 편이 예의가 아닐까 생각했습니다. 이런 상류사회의 관습에 익숙하지 않은 저를 부디 용서해 주십시오."

레스터 경은 이 말을 듣고 성소에서 도로 불려 나온 듯 이렇게 대답한다. "라운스웰 씨, 사과할 것 없어요, 어느 쪽도 변명할 필요는 없지요."

"레스터 경, 그렇게 말씀해 주셔서 기쁩니다. 그리고 마지막으로, 제 어머니가 이 저택에서 오랫동안 일하면서 두 분께 큰 은혜를 입었다는 사실을 전에 말씀드린 바 있는데, 실례를 무릅쓰고 그 사실을 다시 한 번 되풀이함으로써 지금

제 팔에 매달려 있는 이 아이야말로 바로 그 좋은 예임을 보여 드리고 싶습니다. 이 아이는 떠나면서 이렇게 따뜻하고 충실한 태도를 보여주었습니다만, 이런 감정을 기르는 데 제 어머니도 얼마간 공헌하지 않았나 싶습니다. 물론 마음에서 우러나는 관심과 따뜻한 친절을 베풀어 주셨던 마님께서 더 큰 공헌을 하신 것은 말할 필요도 없지만요."

만약 라운스웰 씨가 비아냥거리는 뜻으로 말한 거라면, 자기가 생각한 것 이상으로 진실을 말한 셈인지도 모른다. 그러나 그는 부인이 앉아 있는 방의 어두운 쪽을 바라보고는 있었으나 평소의 진지한 말투를 끝까지 유지한다. 레스터 경은 선 채로 그의 작별인사에 대답한다. 털킹혼 씨가 다시 한 번 종을 울리고 종복이 다시 뛰어오자 라운스웰 씨와 로사는 저택을 떠난다.

하인이 불빛을 가져온다. 앉은 채로 있는 부인의 모습과 그 앞에 뒷짐 진 채 창가에 서서 낮에 그랬던 것처럼 창밖 야경을 가로막고 있는 털킹혼 씨의 모습이 비친다. 부인은 낯빛이 창백하다. 그녀가 물러나려고 일어섰을 때, 변호사는 그 얼굴을 보고 '아, 무리도 아니지! 이 여인의 의지는 대단해. 지금껏 쭉 훌륭한 연기를 해냈으니까' 하고 머릿속으로 생각한다. 그러나 그 자신도 한 역할을—언제나 변함없는 한 역할을—해낼 수 있다. 그가 부인을 위해 문을 열어줄 때, 레스터 경보다 오십 배나 날카로운 눈을 가진 오십 명 조상의 초상화라 해도 변호사에게 그 어떤 불평도 하지 못할 것이다.

부인은 오늘은 혼자 자기 방에서 저녁을 먹는다. 레스터 경이 두들당의 교수를 위해 긴급히 의회로 호출되었기 때문이다. 아직 낯빛이 창백한 부인은 식탁에 앉아서 (그 쇠약한 사촌의 말을 전적으로 증명하듯이) 남편은 외출했느냐고 묻는다. 네, 그렇습니다. 털킹혼 씨도 나가셨니? 아니요. 얼마 뒤 부인은 다시 묻는다. 변호사님은 나가셨니? 아니요. 뭘 하고 계시지? 서재에서 편지를 쓰고 계실 거예요, 종복이 대답한다. 부를까요? 아니, 그럴 필요 없다.

그러나 상대방이 부인을 뵙고 싶다고 청해 온다. 몇 분도 지나지 않아 변호사가 "실례합니다, 부인, 식사 후에 잠깐 의논드릴 게 있는데 좀 뵐 수 있을까요?" 하고 말한다. 그러나 지금 당장 봐도 괜찮다는 부인의 대답이 이어진다. 변호사는 허락을 구했음에도 방해해서 죄송하다고 사과하면서, 식탁에 앉은 부인 곁으로 온다. 단둘이 되자 부인은 그런 쓸데없이 정중한 태도는 그만두라는 듯이 손을 내젓는다.

"무슨 일이죠?"

"부인," 변호사는 그녀에게서 조금 떨어진 의자에 앉아서 앙상한 종아리를 천천히, 천천히 위아래로 문지른다. "부인이 취하신 방법에는 다소 놀랐습니다."

"그래요?"

"네. 그렇게 나오실 줄은 몰랐습니다. 이건 우리의 협정에도, 부인의 약속에도 위배되는 일이라고 생각합니다만. 이로써 우리의 처지가 달라졌습니다. 저로서는 그런 일에는 찬성할 수 없다고 말할 수밖에 없군요."

변호사가 다리를 문지르던 것을 멈추고 손을 무릎 위에 올려놓고는 부인을 바라본다. 평소와 다름없이 전혀 흔들리지 않는 태도지만 이번에는 어쩐 일인지 뭐라 말로는 표현하기 어려운 친근감이 엿보였으며, 부인은 그것을 놓치지 않고 포착했다.

"무슨 말씀이신지 잘 모르겠는데요."

"아니요, 아실 겁니다. 잘 아실 거예요. 부인, 시치미 떼거나 얼버무리지 마십시오. 그 애는 부인이 아끼던 아이였죠?"

"그래서요?"

"부인도 아시겠지만—저도 알고 있습니다만—그 애를 내쫓은 것은 부인이 말씀하신 이유에서가 아니죠? 사실은—이런 무례한 말을 용서해 주십시오—자신에게 닥칠 비난과 수치에서 최대한 그 애를 떼어놓기 위해서 아닙니까?"

"그래서요?"

"그래서 말이죠, 부인." 변호사가 다리를 꼬고, 위쪽의 다리를 문지르면서 말한다. "전 여기에 반대합니다. 그런 행동은 위험해요. 하지 않아도 될 일이고, 더구나 저택 내에 억측과 의혹, 풍문 및 그 밖의 여러 문제를 일으킬 겁니다. 게다가 이건 우리의 협정에 위배돼요. 부인께서는 지금까지와 조금도 다르지 않은 태도를 취하셨어야 합니다. 그런데도 오늘 밤 부인은 전과 크게 달라졌다는 사실을 부인도 저도 분명히 알고 있지요. 너무나도 훤하게요!"

"혹시 내가 내 비밀을……" 부인이 말하려는 것을 변호사가 가로막는다.

"부인, 이건 비즈니스 문제인 만큼 전제를 확실히 해둘 필요가 있습니다. 이건 더는 부인의 비밀이 아니에요. 실례지만 부인의 생각은 틀렸습니다. 레스터 경과 가문의 신임을 받고 있는 저의 비밀이지요. 정말 부인의 비밀이라면 우리 두 사람이 여기서 이런 이야기를 나누고 있지는 않을 겁니다."

"맞아요. 그럼 이렇게 말하죠. 이 비밀을 안 내가 저 죄 없는 아이를 (특히 당신이 체스니 월드에 모인 사람들 앞에서 내 이야기를 했을 때 그 애에 관해서도 언급했던 것을 똑똑히 기억하기에) 내게 닥칠 수치로부터 지켜 주기 위해 전력을 다한다면 난 스스로 결정한 결의에 근거해서 행동할 거예요. 이 세상의 그 어떤 것도 이 결심을 흔들거나 바꿀 수는 없어요." 부인은 이상의 말을 단호한 투로 분명히, 변호사와 마찬가지로 전혀 흔들린 기색을 보이지 않고 말한다. 변호사로 말할 것 같으면, 이 문제를 논하는 말투는 매우 논리적이며, 부인도 그 논리 속에서 쓰는 하나의 도구처럼 취급할 뿐이다.

"그렇습니까?" 그가 대꾸한다. "그럼 부인, 전 부인을 믿을 수가 없겠군요. 부인이 그토록 분명히, 글자 그대로 사실에 근거해 말씀하신 거라면 저로서는 부인을 믿을 수가 없어요."

"우리가 체스니 월드에서 밤에 이야기를 나누었을 때, 내가 이 문제에 관해 걱정했던 것을 기억하시죠?"

"네, 기억하죠." 털킹혼 씨는 차분한 태도로 일어나 난로 앞에서 발을 멈춘다. "기억합니다. 부인은 분명 그 아이를 언급했어요. 하지만 그건 우리가 그 협성에 다다르기 전이었습니다. 우리의 협정은 그 단어의 뜻으로 보나 정신으로 보나, 부인이 내가 발견한 것에 근거해 어떤 행동을 취하는 것을 금하는 것이었습니다. 이 점은 의심할 여지가 없지요. 그 애를 지켜 주겠다고 하셨지만, 그 애가 그렇게 소중하고 가치 있습니까? 아, 잠깐만요! 부인, 지금은 가문의 이름에 먹칠을 하느냐 마느냐 하는 중요한 순간입니다. 지금 가야 할 길은 하나밖에 없어요—모든 것을 넘어, 오른쪽으로도 왼쪽으로도 새지 말고, 도중에 그 어떤 것에도 눈길을 주지 말고, 모든 것을 가차 없이 짓밟고 가야 합니다."

부인은 물끄러미 탁자를 바라보다가 눈을 들어 변호사를 본다. 그 얼굴에는 단호한 표정이 떠올라 있고, 아랫입술은 이로 꽉 깨물고 있다. '내 말을 알아들었군.' 그녀가 다시 눈을 내리깔자 변호사가 머릿속으로 생각한다. '자기가 파멸할 걸 알면서 어떻게 다른 여자를 지켜 주겠다는 마음을 먹을 수 있을까?'

잠시 둘 다 말이 없다. 부인은 아까부터 아무것도 먹지 않고 그저 두어 번 정확한 손놀림으로 물을 따라 마셨을 뿐이다. 그녀는 식탁에서 일어나 안락의자에 앉아서 편안히 등을 기대고는 손으로 얼굴에 그늘을 만든다. 그녀의 태도에는 어디에도 연약해 보이는 구석도, 연민을 불러일으키는 구석도 없다. 오로지 무슨 생각에 골똘히 잠긴 우울한 태도다. 털킹혼 씨가 난로 앞에 멈춰 서자 다시 어두운 그림자가 그녀의 눈앞을 가로막는다. '이 여자는 관찰할 가치가 있어.' 하고 털킹혼 씨는 생각한다.

그는 잠시 잠자코 그녀를 유심히 관찰한다. 그녀도 곰곰이 무슨 생각에 잠긴 듯하다. 그녀가 입을 먼저 열 기색은 없다. 한밤중까지 기다려도 저쪽에서 먼저 입을 열 기미가 없자 변호사는 자기가 먼저 침묵을 깰 수밖에 없게 된다.

"부인, 이 문제에 관해 오늘 밤 꼭 이야기해야 할 것, 더구나 가장 말하기 어려운 것이 아직 남아 있지만 비즈니스는 비즈니스입니다. 우리의 협정은 파기되었습니다. 부인처럼 현명하고 의지가 확고한 분이라면 이미 각오하셨으리라 생각합니다만, 전 이 협정을 무효라고 보고 제 자유로운 판단에 따라 행동하겠습니다."

"각오는 되어 있어요."

털킹혼 씨는 머리를 갸웃한다. "부인의 귀를 시끄럽게 할 내용은 이게 답니다."

그가 방에서 나가려는데 그녀가 불러 세워서 묻는다. "지금 하신 말씀이 저에게 보내는 마지막 경고죠? 오해가 없도록 확인하는 겁니다."

"부인, 딱히 마지막 경고는 아닙니다. 경고가 가능하다는 말은 즉 우리 사이에 협정이 아직 유효하다는 뜻이니까요. 하지만 사실상 그런 셈이지요. 사실상 그런 의미예요. 차이는 그저 변호사의 법률적인 생각에 있을 뿐이니까요."

"앞으로는 나한테 경고할 마음이 없다는 거군요?"

"그렇습니다. 더는 않겠습니다."

"오늘 밤 레스터 경에게 말할 작정인가요?"

"또 정곡을 찌르셨군요." 털킹혼 씨가 조금 웃고는 주의 깊게 상대를 향해 고개를 젓는다. "아니요, 오늘 밤은 말하지 않을 겁니다."

"그럼 내일인가요?"

"여러모로 생각을 해 봐야 해서 그 질문에는 대답하지 않는 편이 좋을 듯합니다. 제가 언제 말할 생각인지 정확히 모르겠다고 대답해도 분명 믿지 않으실 테고, 그러면 대답이 되지 않을 테니까요. 내일일지도 모릅니다. 이 이상은 말 씀드릴 수 없군요. 부인께서 각오가 되어 있다고 하시니 전 사실로 확실히 증명 하지 못할 적당한 예상은 피하도록 하겠습니다. 그럼 실례하겠습니다."

부인이 문 쪽으로 조용히 걸어가는 변호사 쪽으로 창백한 얼굴을 돌리고 한 번 더 손을 움직여, 막 문을 열려는 그를 가로막고서 말한다.

"이 집에 계속 있을 셈인가요? 아까는 서재에서 편지를 쓰셨다고 하던데 그 리로 돌아가실 건가요?"

"모자를 가지러 가는 겁니다. 집으로 돌아갈 겁니다."

부인은 머리가 아니라 눈으로 인사하고—보일 듯 말 듯 기묘한 동작이 다―, 털킹혼 씨는 방에서 나간다. 그는 방을 나가서 회중시계를 보지만, 1분 쯤 부정확한 듯하다. 계단 쪽에 멋지고 훌륭한 시계가 있다. 훌륭한 시계치고 는 드물게 부정확하지만 멋진 시계다. "자, 네가 한번 말해 봐라." 털킹혼 씨가 시계에게 상담을 요청한다. "네가 한번 말해 봐."

이때 그 시계가 "집으로 돌아가서는 안 된다!"고 말했다면, 다른 밤은 둘째 치고 특히 이날 밤, 이 시계 앞에 선 다른 늙고 젊은 사람들은 둘째 치고 특히 이 노인에게 "집으로 돌아가서는 안 된다!"고 밀했다면, 이 시계는 그 뒤 얼마 나 멋지고 훌륭한 명성을 얻었으랴! 시계는 맑고 낭랑한 소리로 7시 45분을 치 고는 다시 째깍째깍 움직인다. "이거야 원, 넌 생각보다 엉터리구나." 털킹혼 씨 가 회중시계를 보고 투덜거린다. "2분이나 틀리다니! 이래가지고는 내가 죽을 때까지 못 가겠구먼." 만약 회중시계가 "집으로 돌아가면 안 된다!"고 말했더라 면 문자 그대로 원수를 은혜로 갚았을 텐데.

길거리로 나온 변호사는 죽 늘어선 고래등만 한 저택의 그늘 속을 뒷짐 진 채로 걸어간다. 이 저택들의 갖가지 비밀, 골칫거리, 저당, 온갖 종류의 미묘한 사건은 그의 검고 낡은 새틴 조끼 속에 모두 들어 있다. 집의 벽돌이나 모르타 르까지 그에게 정보를 가르쳐 준다. 높은 굴뚝은 그 집의 비밀을 그에게 알려 준다. 그렇지만 그 일대 1마일 이내에서 "집으로 돌아가면 안 된다!"고 그에게 경고하는 목소리는 전혀 들리지 않는다.

서민이 사는 지저분한 골목길을 헤치고 수많은 마차의 소음과 발소리와 사람 목소리에 둘러싸여 이런저런 가게의 불빛을 받고 서풍을 맞고 인파에 떠밀리면서 그는 거침없이 성큼성큼 걸어간다. 그렇지만 그와 마주치는 것 중 어느 것 하나 "집으로 돌아가면 안 된다!"고 말해 주지 않는다. 그는 어두침침한 자신의 방으로 들어가 양초에 불을 붙이고, 주위를 둘러보고, 천장에서 손가락질하는 로마인의 그림을 올려다본다. 그러나 오늘 밤 로마인의 손에서는 특별히 새로운 의미를 발견할 수 없다. 그 주위에 그려진 다른 그림들도 그에게 "여기로 오면 안 된다!"고 늦으나마 경고해 주지 않는다.

달밤이다. 보름이 지난 달은 런던이라는 대황야 위에 지금 막 뜨려 하고 있다. 별은 체스니 월드의 작은 탑 위에서 빛났던 것처럼 오늘 밤도 빛나고 있다. 그 여자—이 무렵 그는 그렇게 부르게 되었다—는 별이 뜬 하늘을 물끄러미 바라보고 있다. 몹시 심란하고, 진정이 되지 않고, 우울해진다.[2] 넓은 방도 좁고 숨 막히게 느껴진다. 그녀는 그 압박감을 못 이겨 주변 정원을 홀로 거닐고 싶어진다.

늘 변덕스럽고 한번 하겠다면 끝까지 고집을 부리기 때문에 그녀가 무엇을 하든 주위 사람들은 그리 놀라지 않는다. 그녀는 숄을 두르고 달빛 아래로 나간다. 종복이 열쇠를 들고 따라온다. 정원으로 통하는 문을 열자 종복은 그녀의 명령으로 열쇠를 건네주고 저택으로 되돌아간다. 난 잠시 이곳을 산책하면서 두통을 가라앉힐 거야. 한 시간이 걸릴지도 모르고 더 걸릴지도 몰라. 이제 그만 따라와도 돼. 용수철이 달린 문이 덜컹 닫히고, 그녀는 종복을 남겨둔 채 혼자 캄캄한 나무그늘로 들어간다.

밤하늘이 맑게 개어 밝고 커다란 달과 무수한 별이 보인다. 털킹혼 씨는 지하 술 창고로 향할 때, 소리가 울리는 문을 열었다가 닫고서 작은 감옥 같은 안뜰을 가로지르게 된다. 문득 하늘을 올려다보고 생각한다. 이 얼마나 아름다운 밤하늘인가, 이 얼마나 밝고 커다란 달인가, 이 얼마나 무수한 별인가! 그리고 이 얼마나 조용한 밤인가!

아닌 게 아니라 매우 조용한 밤이다. 달이 밝고 환하게 빛나자 고독과 정숙이 거기에서 흘러나온다. 사람들이 밀치락달치락하는 장소마저 그 감화를 받

---

2) 셰익스피어 《햄릿》 제1막 제1장, 유령이 나타나기 전의 대사.

는 듯하다. 고요하고 광활한 시골이 한눈에 보이고, 저 멀리 하늘을 등지고 숲이 분명하게 윤곽을 드러낸다. 회색 꽃이 핀 것처럼 보이는 언덕 꼭대기며 먼지 날리는 가도만이 조용한 밤이 아니다. 정원과 숲, 싱그러운 녹색 목초지 사이, 아늑한 섬, 쏴쏴 소리 내는 둑, 속삭임을 주고받는 수초 사이를 누비고 반짝거리며 흐르는 강만이 조용한 밤이 아니다. 집들이 옹기종기 모여 있는 곳을 흐르고, 물 위에 수많은 다리 그림자를 비추고 선창과 배가 검고 무시무시한 그림자를 드리우는 곳을 흐르고, 그곳에서 휘어져 기슭으로 떠밀려간 해골처럼 기분 나쁜 부표가 서 있는 늪지 사이를 흐르고, 마지막으로 언제나 물결치는 넓은 바다로 들어가는 강의 주변만이 고요한 밤이 아니다. 망망대해만이 고요한 밤이 아니다. 등대지기가 자기한테만 보이는 기분으로, 빛의 길을 가로지르는 배를 바라보는 바닷가만이 고요한 밤이 아니다. 이 런던이라는 낯선 인간의 대황야에도 얼마간의 고요함은 있다. 런던의 교회 탑이나 커다란 돔[3]은 달밤 아래서 한결 신비로워 보인다. 연기로 더러워진 지붕도 창백하게 비치자 그 더러움을 잃고, 길거리에서 피어오르는 소음도 평소보다는 조용하다. 보도를 지나가는 사람들의 발소리도 평소보다 온화하게 들린다. 털킹혼 변호사가 사는 법조원 구내 풀밭에서는 양치기가 쉼 없이 대법관부의 피리를 불고, 울타리 안에 양들을 어떻게든 가둬 놓고, 마시막에는 그 털을 빡빡 밀어 버리는데,[4] 지금 이 달밤에 여기서는 모든 소리가 멀리서 들려오는 탕 하는 하나의 소음에 흡수되어 버린다. 마을 전체가 하나의 커다란 유리컵이 되어 그 안에서 소리가 메아리치는 것처럼.

저게 뭐지? 총이나 권총을 발포한 사람은 누구지? 어디서 들린 소리지?

얼마 되지 않는 행인이 발걸음을 우뚝 멈추고 주위를 둘러본다. 군데군데 창과 대문이 열리고 사람들이 나와서 밖을 내다본다. 커다란 총소리였다. 메아리치며 창을 흔들었다. 한 행인은 집채도 흔들렸다고 말한다. 근처 개들이 모두 눈을 뜨고 맹렬하게 짖어 댄다. 겁먹은 고양이가 허겁지겁 길을 가로질러 도망간다. 개들이 짖고 으르렁대고 하는 와중에—그중 한 마리는 악마 같은 소리

---

3) 세인트 폴 사원의 커다란 돔을 가리킴.
4) 악랄한 법률가를 양치기에, 아무것도 모르는 의뢰인을 양에 비유한 것. 그러나 링컨 법조원의 광장이 18세기까지는 양의 방목장이었던 것은 사실이다.

를 내고 있다—여기저기 교회의 시계들도 깜짝 놀라 눈뜬 듯이 시간을 울리기 시작한다. 거리의 술렁임도 한결 부풀어서 하나의 커다란 비명처럼 들린다. 그러나 곧 그것은 진정된다. 마지막 시계가 열 시를 칠 즈음 주위는 다시 고요하다. 그 시계가 다 치자 맑은 밤하늘과 밝고 커다란 달과 무수한 별은 다시금 거리의 정적에 휩싸인다.

털킹혼 변호사도 잠을 방해받은 것일까? 그의 방 창문은 컴컴하고 조용하며, 문도 닫힌 채다. 그를 평소의 그 조개껍데기에서 밖으로 끌어내리려면 어지간한 일이 일어나지 않고는 안 된다. 그의 모습도 보이지 않고, 그의 목소리도 들리지 않는다. 저 완고한 노인의 흔들림 없는 평정심을 뒤흔들려면 어떤 강력한 대포가 필요할까?

최근 몇 년 동안 저 로마인은 딱히 이렇다 할 의미도 없이 줄곧 천장에서 손가락질을 해 왔다. 오늘 밤만 특별히 새로운 의미를 지녔으리라고는 생각되지 않는다. 한번 손가락질하면 언제까지고 변함없이 계속 손가락질한다. 평범한 로마인, 아니 영국인처럼 어떤 한 가지 생각을 하면서. 그는 밤새 저 괴상한 자세로 딱히 이렇다 할 이유 없이 손가락질을 계속하는 것이다. 달빛, 어둠, 여명, 일출, 아침. 아직도 열심히 손가락질하고 있다. 그것에 주의를 기울이는 사람은 아무도 없다.

날이 밝은 지 한참이 지나서 청소부가 들어온다. 로마인이 지금껏 보여 준 적 없는 뭔가 특별하고 새로운 의미가 보인 것일까, 선두에 섰던 청소부가 미친 것일까? 그는 천장의 내뻗은 손을 올려다보고, 그다음 그 밑에 있는 것을 내려다보더니 꺅 하고 소리 지르며 달아난다. 나중에 들어온 청소부도 똑같이 방 안을 둘러보더니 꺅 하고 외치며 달아나 버린다. 길거리가 소란스러워진다.

대체 무슨 일인가? 컴컴한 방으로 불빛을 들고 들어가는 사람은 없다. 어느 낯선 사람들이 조용하지만 무거운 발걸음으로 뭔가 무거운 것을 들고 침실로 들어가 내려놓는다. 종일 호기심에 속닥거리는 소리가 난다. 집 구석에서 구석까지 뒤진다. 발자국을 꼼꼼히 살핀다. 가구 하나하나의 위치를 꼼꼼히 검토한다. 모두 천장의 로마인을 올려다보며 이구동성으로 중얼거린다. "아, 저자가 목격한 것을 말해 주면 좋으련만!"

그가 가리키는 탁자 위에는 술병 하나(포도주가 거의 가득 들어 있다)와 유리

잔과 켰다가 금방 꺼 버린 양초 두 자루가 있다. 주인 없는 의자와, 의자 앞 책상 위에 있는, 한 손으로 다 가려질 정도로 작은 얼룩도 가리키고 있다. 이것들은 금방 그의 손이 닿을 만한 거리에 있다. 흥분된 상상력을 발휘하면 이것들 중에서 뭔가 끔찍한 것을 느끼고, 천장 그림에 있는 다른 것들, 즉 옆에 그려진 커다란 다리를 가진 젊은이뿐만이 아니라 구름이나 꽃이나 기둥도―요컨대 풍자화의 육체도 정신도, 그리고 그 두뇌 전체도―완전히 미쳐 버린 게 아닌가 하는 생각이 들기 시작한다. 이것은 틀림없는 사실인데, 이 어두침침한 방에 들어와서 이것들을 보면 누구든 어김없이 천장의 로마인을 올려다본다. 그러면 누가 봐도 로마인은 무시무시한 수수께끼에 싸여 있으며, 혀가 굳어서 말을 못하는 목격자처럼 보인다.

그리고 이것도 이후 몇 년에 걸쳐 틀림없는 사실이 될 터인데, 간단히 한 손 안에 감춰지면서도 쉽게 지울 수 없는 저 책상 위의 얼룩에 대한 갖가지 괴담이 떠돌 것이다. 저 로마인은 천장이 먼지와 습기와 거미줄에 덮여 보이지 않게 될 때까지 언제까지고 언제까지고, 털킹혼 변호사가 생전에 가지고 있던 것보다 훨씬 큰 의미를 가지고, 게다가 으스스한 의미를 가지고 손가락질할 것이다. 그렇다, 털킹혼 변호사의 생명의 등은 영원히 꺼진 것이다. 그리고 로마인은 그의 생명을 앗아간 살인자의 손을 가리키고, 심장이 관통당해 바닥에 엎드려 쓰러졌던 변호사를 한밤중부터 아침까지 무기력하게 계속 가리켰던 것이다.

# 제49장 직무와 우정

　전직 포병대원이자 지금은 바순 연주자인 조셉[1] 백넷 씨, 애칭 리그넘 바이티의 가게에 경사스러운 연중행사가 돌아왔다. 잔치이기도 하고 축제이기도 한 이날은 가족 중 누군가의 생일이다.

　백넷 씨의 생일은 아니다. 백넷 씨가 악기상으로 살아가면서 자신의 생일을 특별히 축하하는 일이 있다면, 그것은 아침 식사 전에 아이들에게 해줄 키스에 하나씩 덤을 붙여 주거나, 점심 식사 후에 피우는 담배를 한 대 더 피우거나, 저녁이 되고 나서 아, 불쌍한 우리 어머니는 이날을 어떻게 생각하실까 하고 감개에 젖는—이날이 무한한 감개를 불러일으키는 것도 그의 어머니가 벌써 20년 전에 이 세상을 떠났기 때문이지만—정도다. 아버지 생각으로 이러한 감개에 젖는 사람은 드물다. 사람들은 추억이라는 저금통장 안에서 부모를 생각하는 마음이라는 잔고를 모두 어머니 명의로 바꿔 버리는 모양이다. 백넷 씨도 그런 사람 중 하나로, 아마 자기 부인의 훌륭함을 찬양하는 나머지 언제나 선량함이라는 명사를 여성명사로 착각해 버리는 것이리라.

　그의 세 아이 중 누군가의 생일도 아니다. 아이들의 생일에는 좀 더 특별한 행사가 있지만, 그것도 축하한다는 말과 푸딩 정도지 그 이상 무슨 일이 있는 일은 드물다. 울리치의 지난번 생일에는 확실히 그 이상까지 갔다. 백넷 씨가 "많이 컸구나, 여러모로 똑똑해졌구나" 하고 말하고, 세월이 가져다준 변화에 깊은 감개에 젖으면서, 세례 때 하는 교리문답을 자기 자식에게 시험한 것이다. 첫 번째 질문과 두 번째 질문, 즉 "네 이름은 무엇이냐?" "너에게 그 이름을 준 사람은 누구냐?"까지는 매우 정확하게 질문했지만, 세 번째 질문이 되자 기억이 모호해져서 "너는 그 이름이 마음이 드느냐?"로 대체해 버렸다. 그러나 매

---

1) 백넷 씨의 이름은 조셉이 아니라 매튜이다(제27장 등 참조). 작가의 실수.

우 중대한 질문이라는 말투였고 그 물음 자체가 교화훈육에 크게 도움이 되는 것이었으므로 이 물음은 매우 정통성 있게 들렸다. 그렇지만 이런 특별 행사는 그런 생일 때만 벌어지는 것일 뿐 평소에 하지는 않는다.

바로 아내의 생일이다. 이날은 백넷 씨의 달력 중에서도 최대의 축일, 빨간 동그라미를 이중으로 그려야 하는 날이다. 이 경사스러운 날은 벌써 몇 년 전에 백넷 씨 스스로 제정하고 확립한 하나의 의식에 따라 해마다 축하받게 되어 있다. 백넷 씨가 깊이 믿는 바에 따르면, 축연에 두 가지 닭요리를 바치는 것은 국빈을 대접하는 것에 비견할 최고의 호사인데, 그는 매년 이날 꼭두새벽부터 재료를 사러 나간다. 그리고 해마다 닭 장수에게 속아서 온 유럽의 새장에서 가장 늙은 닭을 두 마리 산다. 딱딱하기로 말하자면 어디에도 뒤지지 않는 이 두 마리 용사를 파랑과 하양이 섞인 무명 보자기(이것이 꼭 필요하다) 한 장에 묶어 의기양양하게 돌아와서는 아침 식사 때 백넷 부인에게 점심 식사로 뭐가 먹고 싶으냐고 은근슬쩍 묻는다. 그러면 부인은, 매년 빗나간 적 없는 우연의 일치로, 닭요리라고 대답한다. 그러면 백넷 씨가 즉시 어딘가에서 그 보자기를 꺼내고, 일동은 깜짝 놀라는 동시에 매우 기뻐하는 것이다. 그런 다음 그는 부인에게 오늘 하루는 자기와 아이들이 모든 일을 할 테니 당신은 아무 일도 하지 말고 가장 좋은 옷을 입고 그냥 앉아 있으라고 말한다. 이 남편은 도저히 요리의 달인이라고는 할 수 없으므로 부인으로서는 이 축연은 먹는 즐거움을 만끽한다기보다는 엄숙한 기분을 맛보는 것이라고 해야 할지도 모르지만, 그녀는 자못 기쁜 마음으로 그 엄숙한 기분에 젖는다.

오늘 이 생일에도 백넷 씨는 예년처럼 준비를 마쳤다. 그는 구이용 닭을 두 마리 사 왔는데, 이 닭들은 어찌나 노련한지, 속담이 틀리지 않는다면, 절대로 왕겨 따위로는 잡을 수 없다.[2] 백넷 씨는 이 뜻밖의 재료를 보여 주어서 식구들에게 놀라움과 기쁨을 준 뒤 직접 진두지휘하여 닭을 굽기 시작한다. 백넷 씨의 아내는 모두가 우왕좌왕 실수하는 것을 보고 안절부절못하여 햇볕에 탄 건강한 손가락을 꼼지락거리면서도 오늘은 주빈이므로 좋은 옷을 입고 얌전하게 앉아 있다.

---

2) 제42장 주1) 참조.

퀘벡과 말타는 식탁을 준비하고, 울리치는 후계자답게 아버지의 지휘 하에 꼬치를 빙글빙글 돌린다. 두 딸이 실수를 저지를 때마다 아내는 그들에게 한쪽 눈을 찡긋해 보이거나 고개를 흔들어 보이거나 얼굴을 찡그려 보인다.

"정확히 한 시간 반이면 돼. 일 분의 오차도 없이 다 구워질 거야." 백넷 씨가 말한다.

두 마리 가운데 한 마리가 돌기를 멈추고 타들어가기 시작하는 것을 본 아내는 가슴이 미어지는 기분이다.

"그러면 여왕님께 어울리는 식사가 완성될 거야." 백넷 씨가 말한다.

아내는 하얀 이를 드러내며 환하게 웃지만, 어머니가 안절부절못하는 것을 한눈에 알아본 아들은 어머니를 생각하는 마음에서 눈짓으로 왜 그러시느냐고 묻는다―그러느라 눈을 크게 뜨고 우두커니 서 있다 보니 닭에는 점점 더 신경을 못 쓴다. 다행히도 맏딸이 어머니의 걱정을 꿰뚫어 보고 오빠를 쿡 찔러 일러 준다. 그로써 멈춰 있던 닭이 다시 돌아가기 시작하고, 어머니는 안도의 한숨을 내쉬며 눈을 감는다.

"정확히 네 시 반." 백넷 씨가 말한다. "조지가 올 거야. 벌써 몇 년째지? 당신 생일에 조지가 오게 된 게 말이야."

"글쎄요, 리그넘. 벌써 오래됐죠. 젊은 여자가 호호할머니가 되어 버릴 만큼. 딱 그 정도네요." 아내가 웃고 머리를 흔들며 대답한다.

"에이, 말도 안 돼. 당신은 언제나 젊은걸. 점점 더 젊어지고 있어. 정말이야. 누구나 아는 사실이지."

이때 퀘벡과 말타가 손뼉을 치며 "조지 아저씨가 분명 엄마한테 축하 선물을 갖다 줄 거예요, 우리 그게 뭔지 맞혀 봐요." 한다.

"리그넘." 부인이 식탁 위를 본 다음 오른쪽 눈을 말타에게 찡긋하여 소금을 뿌리게 하고, 퀘벡에게 고개를 끄덕여 후추를 뿌리게 하면서 "조지는 또 방랑벽이 도지지 않았을까요?" 한다.

"조지는 괜찮아. 전우를 버리지는 않을 거야. 절대로 말이야. 걱정할 것 없어."

"그래요, 리그넘. 그러지는 않겠죠. 하지만 돈 문제만 해결되면 분명 어딘가로 떠나 버릴 거예요."

"어째서?"

"그건 말이죠." 아내가 생각에 잠겨서 말한다. "조지는 퍽 초조하고 안절부절 못하는 것 같아요. 전보다 자유롭지 않다는 뜻이 아니에요. 그 사람은 당연히 자유롭죠. 그렇지 않다면 조지가 아닌걸요. 다만 뭔가 화가 나 있어요. 뭐가 분한 모양이에요."

"하도 시달려서 그래. 변호사한테 말이야. 그를 화나게 하다니, 그런 일은 무서워서 아무도 못 해."

"그건 그래요. 하지만 사실이라니까요, 리그넘."

이때 부득이하게 대화가 끊어진다. 백넷 씨가 온 신경을 위기에 직면한 요리에 집중하지 않을 수 없게 되었기 때문이다. 닭이란 놈이 지독하게 퍽퍽해서 전혀 육즙이 나오지 않는 데다, 따로 만든 소스는 아무 맛도 없고 색깔도 갈색이 나지 않았다. 감자마저 삐뚤어진 근성을 드러냈다. 껍질을 벗기는 동안에 포크에서 굴러떨어지더니, 지진이 난 땅처럼 한가운데부터 부풀어 올라서 온통 금이 가 버렸다. 닭다리도 쓸데없이 길고 껍질이 두껍다. 백넷 씨는 전력을 다해 이러한 난국을 타개한 뒤에 겨우 음식을 접시에 담았고, 일동은 식탁에 앉는다. 백넷 부인은 남편의 오른쪽 상석에 앉는다.

아내의 생일이 일 년에 한 번밖에 오지 않는 것은 참으로 다행이다. 닭으로 이런 정찬을 두 번이나 차려야 한다면 제명에 죽지 못하리라. 닭이 가지고 태어나는 다리의 관절과 근육이 유독 이 두 마리는 고도로 발달하여 쇠심줄처럼 질기다. 그 다리는 오래된 거목이 땅에 뿌리를 내린 듯이 단단히 몸통에 뿌리를 내리고 있다. 그 다리가 얼마나 강인한지, 아무래도 이 두 마리는 그 고난에 찬 기나긴 생애에 걸쳐 다리 운동과 도보 경주에 전념하지 않았을까 하는 생각이 들 정도다. 그러나 백넷 씨는 이런 작은 결점은 전혀 알아채지 못하는지 오로지 아내에게 눈앞의 음식을 잔뜩 먹이고 싶어서 안달이다. 정숙한 아내는 모든 날이 그렇지만 특히 오늘은 한순간이라도 남편을 실망시켜서는 안 된다는 생각에 소화불량도 무릅쓰고 고난과 맞서고 있으니 참으로 갸륵하다. 그녀는 아들 울리치가 타조 새끼[3]도 아니면서 용케도 이 닭다리를 깨끗하게 뜯어 먹었구나 하는 생각에 걱정스러우면서도 어이가 없다.

---

3) 타조 새끼는 돌도 소화시킨다고 한다.

식사가 끝나자 백넷 부인은 다시 한 번 시련을 겪는다. 근엄하게 앉은 채, 방이 치워지고, 난롯가가 청소되고, 뒷마당에서 식기류가 설거지되고, 물기가 닦이는 모습을 지켜봐야 하는 것이다. 어린 두 딸이 신이 나서 엄마 흉내를 내어 치맛자락을 걷어 올리고 작고 높은 나막신에 올라탄 채 이런 일에 전념하는 모습을 보면, 장래는 아주 유망하게 느껴지지만 현재는 다소 위태롭고 걱정스럽다. 마찬가지로 두 사람의 혀가 꼬이거나, 도기류가 쨍그랑거리거나, 주석 컵이 뎅뎅 울리거나, 빗자루가 재빨리 움직이거나, 물이 줄줄 낭비될 때마다 엄마는 조마조마하다. 거기다 딸들이 물에 빠진 생쥐 꼴이 되어 버리자 백넷 부인은 도저히 손님처럼 태연하게 보고 있을 수가 없다. 마침내 청소와 설거지가 끝난다. 퀘벡과 말타가 새 옷으로 갈아입고 깔끔해진 모습으로 생글생글 웃으며 들어온다. 담뱃대와 담배와 음료가 식탁 위에 놓이고 나서야 백넷 부인은 이 멋진 향연의 날에 처음으로 안도감을 느낀다.

백넷 씨가 평소 즐겨 앉는 의자에 앉았을 때 시곗바늘은 네 시 반을 향해 가고 있다. 바늘이 정확히 네 시 반을 가리키자 그가 엄숙하게 선언한다.

"조지다! 군대식으로 정확히 도착했어."

정말로 조지가 왔다. 그는 백넷 부인에게 진심으로 축하한다고 말하고(오늘같이 경사스러운 날에는 입맞춤을 선물하고), 아이들과 백넷 씨에게도 축하인사를 한다. "모두 오래오래 살기를!"

"그런데 조지! 무슨 일이에요?" 백넷 부인이 그의 얼굴을 의아한 듯이 바라보면서 말한다.

"왜요?"

"얼굴이 창백하잖아요. 게다가…… 당신답지 않게 수척한데요. 리그넘, 그렇지 않아요?"

"조지." 백넷 씨가 말한다. "집사람한테 말해 봐. 무슨 일이야?"

손으로 이마를 문지르면서 기병이 말한다. "전 별로 얼굴색이 나쁘다는 생각도 하지 않았고, 수척하다고도 생각하지 않았는데요. 걱정 끼쳐서 미안합니다. 실은 집에서 돌보던 아이가 어제 오후에 죽었어요. 그래서 좀 기운이 없죠."

"세상에, 딱하기도 하지!" 어머니다운 동정 어린 말투로 백넷 부인이 말한다. "죽었어요? 맙소사!"

"이런 이야기를 할 생각은 없었습니다. 생일에 할 이야기는 아니잖아요. 하지만 부인은 제가 앉기도 전에 발견해 버렸군요. 제가 기운을 내야지 하고 생각하던 찰나에 말이에요." 기병이 아까보다 밝은 투로 말한다. "부인은 정말 눈치가 빠르시다니까."

"맞아." 백넷 씨가 말한다. "집사람은 눈치가 빠르지. 총알처럼 말이야."

"오늘은 부인을 축하하는 날이니까 부인께 경의를 표하세!" 조지가 외친다. "보세요, 제가 작은 브로치를 갖고 왔어요. 별것 아니지만 오늘을 기념해서 말이죠. 이런 즐거움이라도 있어야 하지 않겠습니까?"

조지가 선물을 꺼내자 아이들이 펄쩍펄쩍 뛰면서 손뼉을 친다. 황홀하게 구경하던 백넷 씨가 말한다. "여보, 내 의견을 말해 줘."

"정말 멋져요!" 백넷 부인이 외친다. "이렇게 예쁜 건 처음 봐요!"

"바로 그거야! 그게 내 의견이야." 백넷 씨가 말한다.

"조지, 정말 예뻐요." 백넷 부인이 선물을 이리저리 뜯어보고 손을 뻗어 감상하면서 외친다. "하지만 나한텐 과분한 것 같네요."

"아니야! 그건 내 의견하고 달라." 백넷 씨가 말한다.

"어쨌든 정말 고마워요." 백넷 부인이 기쁨으로 눈을 빛내며 손을 조지에게 뻗고서 말한다. "난 때로 당신에게는 완고한 군인의 아내로 보였겠지만, 우리는 사실 언제나 좋은 친구예요, 조지. 당신이 직접 달아 주세요. 당신이 달아 주면 분명 행운을 부를 테니까."

조지가 엄마에게 브로치를 달아 주는 모습을 구경하려고 아이들이 달려든다. 백넷 씨도 울리치의 머리 너머로 구경하려고 한다. 무표정한 백넷 씨가 어린애처럼 기뻐하는 것을 보고 백넷 부인은 활짝 웃으며 이렇게 말하지 않을 수 없다. "오, 리그넘, 당신은 정말 좋은 사람이에요!" 그러나 기병은 브로치를 달아 줄 수가 없다. 손이 떨려서 허둥대다가 브로치를 떨어뜨려 버린다. "맙소사!" 브로치를 공중에서 받으면서 그가 말한다. "내가 정말 어떻게 됐나 봐. 이렇게 쉬운 일도 제대로 하지 못하다니!"

백넷 부인은 그럴 때는 담배를 피우는 게 가장 좋은 약이라고 말하고서 스스로 순식간에 브로치를 단다. 그런 다음 기병을 평소에 앉는 의자로 인도한 뒤 담뱃대를 꺼내게 한다. "그래도 마음이 안정되지 않거든 당신이 준 이 선물을 가끔 보세요. 두 가지를 합치면 분명 효과가 있을 거예요."

"진작 부인이 직접 달았으면 좋았을걸." 조지가 대답한다. "난 이런저런 일로 요즘 심각한 우울증에 빠져 버렸답니다. 예를 들면 저 불쌍한 아이의 일이 있지요. 아무런 도움도 주지 못한 채 아이의 죽음을 손 놓고 구경만 하는 건 괴로운 일입니다."

"조지, 그게 무슨 말이에요? 당신은 도움을 주었잖아요. 그 애를 집에서 보살펴 줬잖아요."

"거기까지는 도와줬죠. 하지만 그런 건 도움이라고 할 수도 없습니다. 다시 말해서, 부인, 제 말은 그 애가 오른손과 왼손만 겨우 구분하는 정도의 교육밖에 받지 못한 상태에서 죽어 버렸다 이겁니다. 그 점에서는 도와주려 해도 이미 늦었지만 말이죠."

"참으로 딱한 아이군요!" 부인이 말한다.

기병은 아직 담뱃대에 불을 붙이지 않고 건장한 손으로 머리를 쓰다듬고 있다. "그리들리가 생각나더군요. 그 사람도 다른 의미에서 비참한 죽음을 맞았어요. 이 두 사람을 생각하자, 그 둘에게 그런 짓을 한 빌어먹을 악당 놈이 생각났지요. 그리고 녹슨 카빈총이 무심하게 방구석에 세워져 있는 것을 생각하자 온몸의 피가 거꾸로 솟는 겁니다. 정말이에요."

"충고 하나 하죠." 백넷 부인이 말한다. "담뱃대에 불을 붙이고 그런 기분 나쁜 생각일랑 날려 버리세요. 그 편이 마음도 편안해지고 건강에도 좋아요."

"그 말이 맞습니다. 그러지요." 기병이 말한다.

그는 그렇게 한다. 그러나 아직 화난 것처럼 뚱하고 있어서 아이들은 조용해지고, 백넷 씨마저 눈치가 보여 부인의 건강을 기원하는 건배를 제의하지 못한다. 이렇게 축하하는 자리에서는 백넷 씨가 간결한 본보기와도 같은 건배의 말을 하게 되어 있는 것이다. 그러나 어린 아가씨들이 백넷 씨가 자주 '칵테일'이라고 부르는 것을 다 조합하자, 그는 지금이 오늘 밤의 축배를 들 시간이라고 생각하고 일동에게 다음과 같이 연설한다.

"조지, 울리치, 퀘벡, 말타. 오늘은 백넷 부인의 생일이다. 하루 종일 찾아다녀도 그녀와 같은 사람은 좀처럼 찾기 힘들지, 백넷 부인을 위해 건배!"

모두가 진심에서 우러나오는 축하의 마음을 담아 건배하자, 백넷 부인도 남편을 따라 간결한 투로 감사인사를 한다. 그녀는 "여러분도요!"라는 한 마디를 하고 난 다음 한 사람에게 차례로 고개를 끄덕여 보이고 솜씨 좋게 칵테일 잔을 기울인다. 그러나 오늘 밤만은 전혀 예상치 못한 외침이 덤으로 붙는다.

"어머나, 손님이네!"

아닌 게 아니라 어떤 남자가 응접실 문에서 안을 들여다보고 있으므로 사람들은 소스라치게 놀란다. 그 사람은 눈빛이 날카로운 남자―머리 회전이 빠르고 예리한 남자―로, 자신에게 쏠린 일동의 시선을 한 사람씩 받아 냄과 동시에 한꺼번에도 받아 내는 그 태도로 보더라도 보통내기는 아닌 듯싶다.

"조지." 그 남자가 고개를 끄덕이면서 말한다. "잘 지내나?"

"아니, 버킷이잖아!" 조지가 외친다.

"그래." 버킷이 방으로 들어와서 문을 닫으며 말한다. "잠깐 길을 걷다가 우연히 멈춰 서서 진열장에 진열된 악기를 구경하고 있는데―내 친구 중에 중고 첼로를 갖고 싶어 하는 사람이 있어서 말이야. 사람들이 즐거워하는 모습이 보이고 구석에 자네가 있는 것 같지 뭔가. 틀림없이 자네라고 생각했지. 요즘 잘 지내나, 조지? 그냥 그래? 부인은 어떠십니까? 주인장은요? 오, 이런 이런!" 버킷 경감이 두 팔을 벌리면서 말한다. "아이들도 있었군! 나는 아이라면 사족을 못 쓰지. 자, 아서씨한테 입 맞춰 주렴. 누구 아이인지는 묻지 않아도 알겠구먼. 이렇게 쏙 빼닮은 얼굴은 본 적이 없으니 말이야!"

버킷 경감은 모두의 호의를 받으며 조지 옆에 앉더니 양 무릎에 퀘벡과 말타를 앉힌다. "귀여운 아이들이구나! 한 번 더 입 맞춰 주렴. 난 이게 너무 좋아서 견딜 수가 없습니다. 이, 건강한 얼굴색 하고! 이 애들은 몇 살입니까, 부인? 제가 보기에는 여덟 살하고 열 살쯤인 것 같은데요."

"엇비슷하게 맞히셨어요." 백넷 부인이 말한다.

"난 언제나 엇비슷하게 맞히죠." 버킷이 대답한다. "아이를 좋아하니까요. 부인, 제 친구 중에 자식이 열아홉이나 되는 사람이 있는데, 모두 한배에서 나온 애들이지요. 그 어머니도 아직 소녀처럼 젊어요. 하지만 부인만큼은 아닙니다. 뭐, 대충 비슷할 것 같군요! 아, 이것 좀 보세요!" 버킷이 말타의 뺨을 꼬집으면서 말한다. "꼭 복숭아 같아요! 깨물어 먹고 싶을 정도로! 얘야, 아빠를 어떻게 생각하니? 아빠는 버킷 아저씨의 친구니까 좋은 소리가 나는 중고 첼로를 추천해 줄 거라고 생각해? 아저씨 이름은 버킷이란다. 이상한 이름이지?"

이렇게 붙임성 있게 나왔으므로 가족들은 버킷이 마음에 쏙 든다. 백넷 부인은 오늘이 자신의 생일이라는 사실도 잊고, 손님을 위해 담뱃대에 담배를 채워 주고 술잔에 술을 따라 주며 그에게 친절하게 권한다. 당신처럼 유쾌한 손님이라면 언제든지 대환영이지만, 조지의 친구분이시라면 오늘 밤은 특히 대환영이에요. 요즘 조지는 평소답지 않게 통 기운이 없으니까요.

"평소답지 않게 기운이 없다고요?" 버킷이 외친다. "이상한 일도 다 있군요! 무슨 일인가, 조지? 자네는 자네 입으로 기운 없다는 말은 하고 싶지 않은 모양이군. 왜 기운이 없지? 걱정거리라도 있나?"

"특별한 일은 없습니다." 기병이 대답한다.

"그럴 줄 알았네." 버킷이 고개를 끄덕이고 말한다. "자네한테 걱정거리 따위가 있을 리 없지! 이 귀여운 아가씨들한테도 걱정거리 같은 게 있을까? 아마 없을 거야. 하지만 언젠가 젊은 남자의 가슴에 걱정의 씨앗을 뿌려서 기운을 빼앗아 버리겠지. 난 예언에는 소질이 없지만, 이건 틀림없다고 생각합니다, 부인."

기분이 좋아진 백넷 부인은 버킷 씨에게도 아이가 있느냐고 묻는다.

"아, 그게 말이죠! 거짓말이라고 생각하실지도 모르지만, 없습니다. 집사람과 하숙인 한 명이 전부죠. 집사람도 나처럼 아이를 아주 좋아해서 원하고 있지만요. 하지만 영 안 돼요. 세상은 정말이지 불공평하다니까요. 불평해 봤자 소용없어요. 오, 부인, 뒷마당이 정말 멋지군요! 뒷마당에 출입구가 있습니까?"

"뒷마당에는 출입구가 없어요."

"아, 그렇습니까? 틀림없이 있으리라 생각했는데. 이렇게 마음에 쏙 드는 뒷마당은 처음 봐요. 더 구경해도 되겠습니까? 고맙습니다. 정말로 출입구는 없군요. 그래도 꽤 아담하고 멋진 뒷마당입니다!"

버킷 경감은 주위를 날카로운 눈으로 둘러본 다음 다시 친구 조지의 옆에 앉아서 아주 다정한 손길로 그의 어깨를 두드린다.

"조지, 좀 어때?"

"아, 이젠 괜찮습니다."

"그래, 그래야지!" 버킷이 말한다. "바로 그거야! 자네처럼 덩치 좋은 남자가 기운이 없으면 이상하지. 부인, 그렇지 않습니까? 몸집이 저렇게 큰데 말이죠. 걱정거리 따위는 없지, 조지? 걱정거리가 있을 리 없어."

버킷은 말주변 좋고 화제가 풍부한 사람치고는 다소 이상하리만큼 같은 말을 두어 번이나 되풀이하고 담배를 피우면서, 상대의 말을 한마디도 놓치지 않겠다는 그 특유의 표정을 드러낸다. 그러나 이윽고 그의 태양 같은 사회성이 잠깐의 일식을 끝내고 다시 빛을 되찾는다.

"이 애가 오빠지?" 버킷이 퀘벡과 말타에게 울리치에 관해 묻는다. "멋진 오빠구나…… 그런데 혹시 엄마가 다르지 않나요? 부인은 이 아이의 어머니치고는 너무 젊으신데."

"틀림없는 제 아이예요." 백넷 부인이 웃으면서 대답한다.

"정말 놀랍군요! 확실히 부인을 닮았어요. 이건 틀림없군요. 실제보다 닮았어요! 하지만 이마랑 눈썹 부근은 아버지를 닮았군요!" 버킷이 한쪽 눈을 감고 두 사람의 얼굴을 비교하는 동안, 백넷 씨는 만족스럽게 잠자코 담배를 피운다.

이때 백넷 부인이 이 아이가 세례를 받을 때 조지가 대부가 되어 주었다고 가르쳐 준다.

"조지가요?" 버킷이 매우 친근하게 말한다. "그럼 너하고 악수를 한 빈 더 해야겠구나. 조지나 너나 서로 자랑할 만한 훌륭한 사람이니까. 그런데 부인, 이 아이를 어떻게 키울 생각이십니까? 이 아이도 악기를 좋아하나요?"

백넷 씨가 갑자기 끼어든다. "파이프[4]를 불 줄 안답니다. 아주 잘 불지요."

"정말 놀라운데요!" 기막힌 우연의 일치에 버킷이 깜짝 놀란다. "저도 어릴 때 파이프를 불었거든요! 이 아이는 제대로 배웠겠지만 전 그냥 귀동냥으로 익혔죠. 왜 그 영국 척탄병 행진곡 있잖습니까. 그걸 들으면 영국인은 누구나 가슴이 뛰게 마련이지요. 얘야, 영국 척탄병 행진곡을 연주해 주지 않겠니?"

모두가 좋은 생각이라며 한마디씩 거들자 소년은 파이프를 꺼내 들고 웅장한 가락을 연주한다. 버킷은 신이 나서 손뼉을 치고, "영국 척탄—병!" 하는 각마디의 반복 부분에서는 한 치의 오차도 없이 따라 부른다. 그가 음악적 재능

---

4) 군악대에서 자주 쓰이는 피리.

을 유감없이 발휘했으므로 백넷 씨는 입에서 담뱃대를 떼고, 이거 정말 훌륭한 노래라고 말한다. 이 따뜻한 칭찬을 겸손하게 받아들인 버킷이 자기는 예전에 노래를 잠시 부른 적이 있는데 그건 자신의 감정을 분출하기 위한 것이지 친구에게 들려주고 기쁘게 해 주려는 건방진 생각에서가 아니었다고 고백한다. 그 말을 들은 즉시 일동은 노래를 불러 달라고 청한다. 이 밤의 즐거운 분위기를 돋우는 데 뒤처질 생각이 털끝만큼도 없는 그는 곧 알겠다고 말하고, 〈날 믿어요, 그대의 아름다움이 사라진다 하여도〉[5]를 부른다. 그러고는 백넷 부인에게, 부인이 아직 미혼이라면 분명 이 민요는 그녀의 마음을 움직여 결혼식의 제단으로 향할 기분으로 만드는 데—버킷의 표현을 인용하자면, 링에 오를 기분으로 만드는 데—일조했을 거라고 말한다.

이 위트 넘치는 손님이 완전히 오늘 밤의 인기인이 되어 버렸으므로, 그가 들어왔을 때는 그다지 기쁜 표정이 아니었던 조지조차도 어느새 이 친구가 자랑스러워진다. 매우 붙임성 있고 매우 눈치가 빠르고 매우 사귀기 쉬운 이런 남자를 소개한 것은 대단한 공적이다. 백넷 씨는 다시 한 번 담배를 피우고 나서, 알게 되어 대단히 기쁘며 내년 아내의 생일에도 꼭 와 달라고 말한다. 오늘 밤 모임이 어떤 것인지를 알자 버킷은 이 집을 경애하는 마음이 점점 더 커진다. 그는 이성을 잃을 정도로 열심히 부인을 위해 축배를 들고, 내년 생일에 불러 주신다면 정말 영광이겠다고 말하며 밴드가 달린 커다랗고 검은 수첩에 날짜를 적은 다음, 그때까지 백넷 부인과 자기 아내도 자매처럼 친하게 지냈으면 좋겠다고 중얼거린다. "사적인 교제 없이는 공적인 생활도 재미없어서 못 합니다. 저도 말단 공무원이지만, 직무에서 행복을 발견할 수는 없어요. 그렇고말고요, 행복은 화목한 가정에서만 찾아야 하지요."

이렇다 보니 당연히 버킷 씨도 이런 친구를 소개해 준 은인인 조지를 한시도 잊지 못하는 듯하다. 그는 조지 옆에 꼭 붙어 앉아서, 어떤 이야기를 할 때도 줄곧 다정한 눈길로 친구를 바라본다. 버킷은 조지와 같이 집으로 돌아가려고 기다리는 듯하다. 그는 조지가 신은 구두에까지 흥미를 보이며, 난로 앞에서 다리를 꼬고 앉아서 담배를 피우는 그의 구두를 물끄러미 바라본다.

---

5) 토마스 무어의 《핀란드 민요집》(1807~1834) 중 한 편. 널리 대중에게 사랑받았던 노래.

마침내 조지가 일어나 돌아가려고 한다. 막역한 친구는 기분까지 은밀히 통하는 것인지, 그 순간 버킷 씨도 일어선다. 끝까지 아이들에게 친절한 아저씨인 그가 이곳에 없는 친구에게 부탁받은 일을 떠올리고서 말한다.

"주인장, 저 중고 첼로 말입니다만…… 저런 걸 하나만 추천해 주시겠습니까?"

"얼마든지요." 백넷 씨가 말한다.

"고맙습니다." 버킷이 그 손을 잡으면서 말한다. "당신은 필요할 때 도움이 되는 친구군요. 좋은 소리를 내는 놈으로 부탁합니다! 내 친구는 훌륭한 첼로 연주자거든요. 그 친구는 모차르트건 헨델이건 그 밖의 어떤 훌륭한 작곡가의 곡이건 아주 전문가답게 쉽게 연주한답니다. 그리고 말이죠……." 버킷이 사려 깊게 조용히 알려 준다. "그렇게 싼 것이 아니어도 좋습니다. 친구를 위해 필요 이상의 돈을 내기는 싫지만, 당신한테는 마땅한 수수료를 내고 싶어요. 시간을 써 주신 데 대한 답례를 하고 싶으니까요. 양쪽 모두에 손해가 없도록 해서 세상은 공존공영해 가야 하니까요."

백넷 씨가 아내를 향해 훌륭한 손님을 발견했다는 듯이 머리를 흔든다.

"내일 아침 열 시 반에 찾아와도 되겠습니까? 좋은 소리를 내는 첼로의 가격을 두어 개 그때 알려 주십시오." 버킷이 말한다.

"그야 쉬운 일이죠. 필요한 정보를 모아 놓겠습니다. 어쩌면 실물을 몇 개 보여 드릴 수 있을지도 몰라요." 백넷 부부가 대답한다.

"고맙습니다. 그럼 안녕히 계세요, 부인. 안녕히 계세요, 주인장. 너희도 잘 있어라. 오늘 밤은 모처럼 즐거운 밤이었습니다. 정말 고맙습니다."

"이렇게 와 주셔서 저희야말로 감사하지요." 하고 일가가 대답하고, 양쪽이 서로 따뜻한 인사를 나누며 헤어진다. "가세, 조지." 가게 입구에서 버킷이 친구의 팔을 잡으면서 말한다. "자, 가세!" 두 사람이 좁은 골목을 걸어가는 모습을 모두가 잠시 지켜보고 있을 때, 백넷 부인이 남편인 리그넘에게 말한다. "버킷 씨 말이에요, 조지한테서 한시도 떨어지지 않는 것 같지 않았어요? 그가 어지간히 좋은가 봐요."

이 주변의 골목은 좁고 포장 상태도 나빠서 두 사람이 팔짱을 끼고 나란히 걸어가기에는 다소 불편하다. 그래서 곧 조지가 따로 걸어가자고 말한다. 그러나 버킷은 친구와 헤어지기 싫은 듯 "잠깐만, 조지. 그전에 할 이야기가 있네" 하고는 그를 근처 술집으로, 그것도 팔러[6]로 밀어 넣고는 문에 기대어 서서 조지와 마주 본다.

"조지, 직무는 직무, 우정은 우정이네. 난 이 두 가지를 최대한 잘 병행하고 싶네. 그래서 오늘 밤도 되도록 유쾌하게 보내려고 노력한 거야. 과연 유쾌했는지 아닌지는 자네 말을 들어 봐야 알겠지만. 조지, 자네는 체포되었다고 생각해 주게."

"체포라고요? 무엇 때문에요?" 기병이 깜짝 놀라서 대답한다.

"조지," 버킷이 뭉툭한 검지를 내밀고, 사태를 잘 파악해 달라는 몸짓을 한다. "자네도 잘 알다시피 직무와 수다는 별개야. 이건 직무로서 경고해 두는 말인데, 자네가 앞으로 하는 말은 자네에게 불리한 증거로 쓰일지도 모르네.[7] 그러니까 조지, 말을 조심해서 해. 자네 혹시 살인에 관해 듣지 못했나?"

"살인이라니요!"

"조지," 버킷이 검지를 의미심장하게 움직이면서 말한다. "아까 내가 한 말을 명심하게. 난 무슨 요구를 하는 게 아니야. 자네는 오늘 오후에 기운이 없었네. 자네, 혹시 살인에 관해 듣지 못했나?"

"듣지 못했습니다. 어디서 살인이 있었다는 겁니까?"

"조지. 나중에 트집이 잡힐 만한 말은 하지 말게. 내가 왜 자네를 체포했는지 말해 줄 테니. 링컨 법조원에서 살인이 있었네…… 털킹혼이라는 사람이 살해당했어. 어젯밤 권총에 맞아서. 그 혐의로 자네를 체포하네."

기병은 뒤에 있는 의자에 무너지듯이 앉는다. 이마에 굵은 땀방울이 맺히고, 온 얼굴이 죽은 사람처럼 창백해진다.

"버킷! 털킹혼 씨가 살해되다니, 그럴 리가 없어요. 거기다 당신은 나를 의심하는 겁니까?"

"조지." 버킷이 검지를 계속 움직이면서 대답한다. "분명히 사실이네. 경찰이 출동했으니까. 범행은 어젯밤 열 시에 일어났어. 자넨 자네가 어젯밤 열 시에

---

6) 영국의 술집은 스탠드식인 바와 의자에 앉는 팔러로 나뉘는데, 후자가 가격이 높으므로 손님이 적은 것이 보통이다.

7) 경찰이 용의자에게서 진술서를 받기에 앞서 하는 상투어구.

어디에 있었는지 알지? 물론 그걸 증명할 수도 있고?"

"어젯밤이요? 어젯밤?" 생각에 잠겼던 기병이 갑자기 생각난 듯이 말한다. "앗! 맙소사! 어젯밤 난 거기 있었습니다!"

"그건 나도 아네, 조지." 버킷이 침착하게 말한다. "잘 알고 있어. 그뿐만 아니라 자네는 그곳에 몇 번이나 갔었지. 그 근방을 어슬렁거리는 걸 목격당했네. 자네가 고인과 말다툼하는 소리를 여러 차례 들은 사람이 있지. 따라서 고인이 자네를 살의가 있는 위험한 협박자라고 부르는 걸 들은 사람이 있을지도 모른다고 생각되네…… 물론 실제로 그렇다는 건 아니야. 그럴지도 모른다고 생각된다는 거지."

기병은 그저 목구멍으로 헐떡이는 소리를 낼 뿐이지만, 말이 나온다면 그것을 모두 인정한다고 말하는 듯하다.

"조지." 버킷이 실내장식업자 같은 태도로 모자를 탁자에 올려놓으면서 말을 잇는다. "오늘 밤에도 줄곧 그랬지만, 내 바람은 일을 유쾌하게 진행하는 것이네. 분명히 말해 두지만, 레스터 데들록 준남작께서 백 기니의 현상금을 거셨네. 자네와 나는 지금껏 언제나 유쾌하게 사귀어 온 친구지만, 나는 직무를 다해야 해. 그리고 어차피 누군가 백 기니를 받는 거라면 이왕이면 내가 받는 게 낫지. 자네도 이제 확실히 알았겠지만, 이런 이유로 난 자네를 체포해야 하니. 반드시 그래야 해. 누군가에게 도움을 요청해야 하나? 아니면 내 말을 잘 알아들었나?"

조지가 마음을 가다듬고 군인답게 꼿꼿이 일어선다. "알았습니다. 자, 가시죠!"

"조지, 잠깐만!" 버킷 경감은 조지를 창문이라고 생각하는지 실내장식업자 같은 태도로 호주머니에서 수갑을 꺼낸다. "이건 중대한 혐의고, 이것도 내 직무니까."

기병은 분노로 얼굴이 시뻘겋게 달아오른 채 순간 망설이지만, 맞잡은 두 손을 내밀고서 말한다. "자! 채우세요!"

버킷이 재빨리 수갑을 채운다. "너무 조이지는 않나? 아프면 그렇다고 말하게. 직무에 지장이 없는 한 일을 유쾌하게 처리하고 싶어서 호주머니에 여분의 수갑을 갖고 왔으니까." 그야말로 고객이 완벽하게 만족하도록 고객의 주문대로 일을 처리하고자 하는 건실한 상인 같은 말투다. "지금 정도면 괜찮나? 좋아!" 그가 구석에서 망토를 가져와서 기병의 목에 둘러 주면서 말한다. "밖으로 나갈 때의 자네 기분도 헤아려 줘야 할 것 같아서 일부러 이걸 갖고 왔네. 자! 이러면 아무도 모르겠지?"

"나 말고는요." 중사가 대답한다. "다만 부탁이 하나 더 있습니다. 모자를 더 깊숙이 씌워 주세요."

"진심인가? 정말로 그러고 싶어? 더 난처해지지 않을까? 나 범인이요 하는 모습이 될 텐데."

"이런 꼴로는 누구랑 마주쳐도 제대로 얼굴을 보여 줄 수 없으니까요." 조지가 얼른 대답한다. "부탁이에요. 푹 눌러 씌워 주세요."

이렇게 간곡하게 부탁하자 버킷 경감은 그 말대로 해 주고 자기도 모자를 쓰고서 포획물을 끌고서 거리로 나간다. 기병은 평소처럼 분명한 걸음걸이로, 그러나 평소보다 다소 고개를 수그리고서 걸어가고, 버킷 경감은 사거리나 길모퉁이가 나올 때마다 팔꿈치로 그를 찔러 방향을 알려 준다.

# 제50장 에스더의 이야기

　내가 딜에서 집으로 돌아오자 마침 캐디 젤리비(우리는 늘 결혼 전의 이름으로 부르고 있었습니다)에게서 편지가 와 있었습니다. 그 편지에는 얼마 전부터 앓던 병이 악화되어 내가 와준다면 정말 기쁘겠다고 쓰여 있었습니다. 그 편지는 캐디가 누운 채로 몇 줄 끼적거린 것으로, 남편인 프린스가 쓴 편지에 동봉되어 있었는데, 프린스도 내게 와달라고 부탁하고 있었습니다. 캐디는 지금은 한 아이의 어머니이고 나는 그 아이의 대모인데 그 불쌍한 아이는 정말로 몸이 작고 그 늙은이 같은 용모는 두건의 테 장식을 빼닮았습니다. 작고 가늘고 긴 손가락이 달린 손을 언제나 턱 밑에 대고 있고, 온종일 이런 모습으로 누워 반짝이는 검은 눈을 크게 뜬 채 마치 왜 나는 이렇게 작고 연약한지 모르겠다고 생각하는 것 같았습니다. 이 아기는 움직일 때면 언제나 울지만, 움직이지 않을 때에는 대단히 참을성이 강해 마치 인생의 유일한 소원은 단지 가만히 누워 생각하는 것뿐인 것처럼 여겨졌습니다. 얼굴에는 묘하게 거무스레한 혈관이 드러나 보이고 두 눈 밑에는 묘하게 거무스레한 기미가 있어 캐디가 잉크 범벅이 되어 있던 옛날의 일을 떠올리게 했습니다. 전체적으로 이 아기에게 익숙지 않은 사람에게는 아기가 몹시 가련하게 여겨졌을 것입니다.

　하지만 캐디는 이 아기에게 익숙해져 있었기 때문에 그런대로 괜찮았던 것입니다. 이 아기 에스더를 어떻게 교육하고 어떤 사람과 결혼시킬까, 또 이 아기가 결혼해서 아기를 낳으면 자신은 어떤 할머니가 될까 하는 생각을 하면서 투병 생활을 하는 캐디의 모습을 보고 있으면 그녀의 삶의 보람이라고도 할 수 있는 아기에 대한 애정이 생생하게 느껴져 그중 몇 가지를 여기에 적고 싶은 생각이 들 정도입니다.

　다시 편지에 대한 이야기로 돌아가겠습니다. 캐디는 나에 대해 미신과도 같은 생각을 품고 있었습니다. 그것은 오래전의 어느 날 밤 그녀가 내 무릎을 베고 잠들었을 때부터 점차 그녀의 마음속에 확고하게 자리잡은 것으로, 내가 가까이에 있으면 언제나 좋은 일이 생긴다는 믿음이었습니다. 이것은 마음씨 고운 그녀의 공상에 지나지 않았기에 여기에 쓰는 것조차 부끄러울 정도이지만, 그녀가 병이 든 지금 어쩌면 효력을 발휘할지도 모릅니다. 그렇기 때문에 나는 잔다이스 씨의 허락을 받아 서둘러 캐디에게로 달려갔습니다. 그러자 그녀와 프린스가 몹시 기뻐해주었습니다.

이튿날 나는 또다시 간병을 위해 캐디에게로 갔고 그 이튿날에도 갔습니다. 이렇게 병구완을 다니는 것은 전혀 힘들지 않습니다. 아침에 여느 때보다 조금 일찍 일어나 집을 나서기 전에 가계부를 적고 집안일을 정리하면 그만이었기 때문입니다. 그런데 이렇게 3일을 계속해서 다니고 밤늦게 돌아오자 잔다이스 씨가 말했습니다.

"작은 아주머니, 이러면 안 돼. 낙숫물이 바위를 뚫는다고 하는데 마차로 다니는 것도 오랫동안 계속하면 아무리 더든 아주머니라고 해도 쓰러지고 말 거야. 한동안 런던으로 옮겨 옛날에 빌린 집에서 살기로 하자."

"저를 위해서라면 괜찮아요." 내가 말했습니다. "전 전혀 지치거나 하지 않는답니다. 정말이에요. 저는 다른 사람을 위해 무언가를 하는 것이 대단히 즐거운 걸요."

"그럼 나를 위해 그렇게 해주렴. 그렇지 않으면 에이더를 위해서거나. 아니면 나와 에이더 모두를 위해서. 내일은 누군가의 생일이니까."

"어머, 정말 그렇군요." 나는 이렇게 말하고 귀여운 에이더에게 키스를 했습니다. 그녀는 내일이면 21세가 됩니다.

잔다이스 씨는 반은 장난 비슷하게, 반은 진지한 투로 말했습니다. "21세가 된 내 아름다운 사촌은 자신의 독립성을 주장하기 위해 이런저런 일을 하려할 테고, 그러기 위해선 런던에서 사는 게 더 편할 거야. 그러니까 모두 런던으로 가자고. 그럼 이 문제는 해결되었으니 그다음 문제인데…… 캐디는 좀 어때?"

"몹시 안 좋아요. 건강을 회복할 때까지 시간이 꽤 걸릴 것 같아요."

"꽤라니 어느 정도지?" 잔다이스 씨는 생각에 잠기면서 물었습니다.

"몇 주는 걸릴 것 같습니다."

"그렇구나." 잔다이스 씨는 주머니에 손을 넣고 방 안을 걷기 시작했습니다.

"그건 그렇고 캐디의 의사 말인데 그는 좋은 의사인 것 같으냐?"

나는 나쁘지는 않은데 프린스도 나도 다른 의사에게 한 번 더 보이는 게 좋지 않을까 생각한다고 솔직하게 말했습니다.

그러자 잔다이스 씨는 바로 "그렇다면 우드코트 씨에게 보이는 게 어떨까?" 하고 말했습니다.

나는 우드코트 씨를 생각하고 있었던 게 아니었기 때문에 조금 놀라고 말았습니다. 순간 우드코트 씨와 관련된 온갖 일들이 떠올라 당황한 것입니다.

"이의 없지, 작은 아주머니?"

"전혀요!"

"환자도 반대하지 않겠지?"

반대는커녕 틀림없이 캐디는 전부터 그를 신뢰하고 있었고 좋아하고 있었습니다. 우드코트 씨가 플라이트 양을 돌볼 때 자주 만났기에 그에 대해 잘 알고 있었던 것입니다.

"잘됐구나. 우드코트 씨는 오늘 이곳에 다녀갔는데, 내일 다시 만나서 캐디 일을 상의해 보마."

이 같은 짧은 대화가 오가는 사이에 왠지 모르지만, 캐디가 우드코트 씨의 작별 선물인 꽃다발을 내게 가져다주었을 때 에이더가 몹시 기뻐하며 나를 껴안았던 것을 에이더는 지금도 잘 기억하고 있을 것이라는 생각이 들었습니다. 그래서 나는 내가 곧 황폐한 집의 안주인이 된다는 것을 에이더에게도, 캐디에게도 말해주지 않으면 안 된다고 생각했습니다. 만일 이 이상 가만히 있으면 내가 황폐한 집 주인에게 사랑받을 자격이 없는 여자로 보일 것 같았기 때문입니다. 그래서 우리가 2층으로 올라갔을 때 나는 시계가 12시를 알릴 때까지 기다렸다가(내가 에이더의 생일을 축하해주는 첫 번째 사람이 되고 싶었기 때문입니다) 에이더에게 잔다이스 씨의 선량하고 고결한 인품과 나를 기다리고 있는 행복한 삶에 대해 이야기해주었습니다. 에이더는 언제나 내 일에 대해 호감을 보여주었지만 그날 밤은 그 어느 때보다 더 좋아해주었습니다. 그것을 알고 나니 나는 몹시 기뻤습니다. 숨기지 않고 털어놓기를 잘했다는 생각이 들면서 전보다 열 배는 더 행복해졌습니다.

이튿날 우리는 런던으로 떠났습니다. 본래 세 들었던 집이 비어 있었기 때문에 30분도 채 지나기 전에 옛날부터 그곳에 살고 있었던 것처럼 모든 게 틀이 잡혔습니다. 에이더의 생일을 축하하기 위한 식사 자리에는 우드코트 씨도 참석했기에 이와 같은 경우 당연히 있어야 할 리처드가 없는 게 쓸쓸하게 느껴졌지만, 그 점을 빼면 더할 나위 없이 유쾌하게 지낼 수 있었습니다. 그 이튿날부터 나는 수 주간을—8, 9주 정도로 기억합니다—캐디와 함께 지냈습니다. 그 때문에 에이더와는 그다지 만날 기회가 없었습니다. 에이더는 자주 캐디의 문병을 와주었지만, 우리의 임무는 환자의 기운을 북돋거나 환자를 즐겁게 해주는 것이었기 때문에 둘이서만 마음을 터놓고 이야기를 할 틈은 없었습니다. 밤에 에이더와 함께 있을 수 있었지만 캐디가 통증 때문에 잠을 못 자서 캐디 곁에서 밤을 보내야 할 때도 많았습니다.

사랑하는 남편과 귀여운 아기가 있고 그 가정의 버팀목이 되어 노력하지 않으면 안 되는 캐디는 얼마나 장한 사람인지요! 자신의 고통은 참고 불평도 없이 가족을 위해 빨리 좋아지기를 소망하고 폐를 끼쳐서는 안 된다고 생각하며 혼자 일하는 남편과 터비드롭 씨의 건강을 염려하는 그녀의 고운 마음씨를 나는 이제야 충분히 알 수 있었습니다. 그리고 매일 아침 일찍부터 제자들이 소형 바이올린에 맞추어 춤 연습을 시작하고 옷차림이 더러운 아이가 주방에서 오후 내내 혼자 왈츠를 추는 이런 집에서 그녀가 창백한 얼굴로 누운 채 어찌할 도리가 없는 모습으로 나날을 보내고 있다는 것이 왠지 이상하게 생각되었습니다.

캐디의 부탁으로 나는 그녀의 방을 도맡아 관리하기로 했습니다. 방을 정리하고 소파와 의자들을 전보다 밝고 통풍이 잘 되어 기분이 상쾌해지는 쪽으로 옮겼습니다. 매일 방을 깨끗이 정돈한 다음 나와 똑같은 이름의 갓난아기를 아기 어머니에게 안겨주고 나는 앉아서 이야기를 하거나 바느질을 하거나 캐디에게 책을 읽어 주었습니다. 이렇게 해서 조용하게 있을 수 있을 때가 되면 나는 맨 먼저 캐디에게 황폐한 집의 이야기를 들려주었습니다.

에이더 외에도 병문안을 와주는 사람이 여럿 있었습니다. 우선 첫째로 프린스가 있습니다. 그는 댄스교습을 하는 틈틈이 살며시 들어와 조용히 앉아 있곤 했는데, 그의 얼굴에는 캐디와 어린 아기에 대한 애정과 배려가 넘쳤습니다. 캐디는 자신의 상태가 어떻든 언제나 많이 좋아졌다고 말했으며, 나도 거짓인 줄 알면서도 함께 그렇다고 말하지 않을 수 없었습니다. 이 말을 들으면 프린스는 완전이 기운을 되찾아 때로는 주머니에서 소형 바이올린을 꺼내 켜서 갓난아기를 놀라게 하려고 할 때도 있었습니다. 하지만 갓난아기는 놀라기는커녕 전혀 눈치도 못 챘습니다.

그리고 젤리비 부인도 왔습니다. 때때로 여느 때처럼 마음을 다른 데 빼앗긴 상태로 와서는 가만히 손녀딸 쪽을 바라보고 앉아 있었는데 그 모습은 마치 아프리카 해안에 있는 보리오불라 가의 토착민 아이의 일로 머리가 꽉 차있는 듯했습니다. 전과 마찬가지로 눈을 반짝이면서 단정하지 않은 모습으로 "캐디야, 오늘은 좀 어때?" 하고 묻고는 대답에는 귀도 기울이지 않고 미소를 머금고 앉아 있을 뿐이었습니다. 그러고는 최근에 받아 보고 답장을 쓴 편지의 수나 보리오불라 가의 커피 생산량에 대해서 자못 부드러운 투로 이야기를 해주었는데 그런 때에는 우리가 하고 있는 일이 좀스럽고 시야가 좁다고 말하기라도 하는 듯 경멸의 빛을 띠었습니다.

터비드롭 씨도 캐디를 보러 왔습니다. 그런데 캐디는 터비드롭 씨를 위해 아침부터 밤까지, 그리고 밤부터 아침까지 끊임없이 신경을 쓰지 않으면 안 되었습니다. 갓난아기가 울기 시작하면 울음소리로 그를 불쾌하게 하지 않으려고 아기의 입을 틀어막았고, 밤중에 불을 피울 때에도 그의 수면을 방해하지 않으려고 조용히 불을 땠습니다. 집안에 있는 무언가가 필요할 때에도 먼저 시아버지가 그 물건을 필요로 하지 않을지를 생각했습니다. 이와 같은 배려에 대한 답례로 터비드롭 씨는 하루에 한 번 병실로 문병을 왔는데, 이럴 때의 그는 마치 큰 은혜라도 베푸는 듯한 모습이어서 만일 내가 그간의 사정을 잘 모르고 있었다면 그를 캐디의 평생의 은인으로 생각했을지도 모릅니다.

"캐롤라인," 터비드롭 씨는 그가 할 수 있는 최대한도로 환자 위로 몸을 숙이면서 "어떠냐, 오늘은 기분이 좀 좋아졌겠지?" 하고 물었습니다.

그러면 캐디는 "고맙습니다, 아버님. 훨씬 좋아졌습니다." 하고 대답하곤 했습니다.

"다행이구나. 참으로 다행스러운 일이야. 서머슨 양은 좀 어떤가요? 피곤하진 않나요?" 터비드롭 씨는 이렇게 말한 뒤 주름투성이의 눈꺼풀을 치뜨고 내게 손키스를 보냈습니다. 다만 내 안색이 변한 뒤에는 그다지 호들갑스러운 태도를 취하지 않게 되어 그나마 다행이었습니다.

"조금도 피곤하지 않습니다." 내가 말했습니다.

"잘됐군요, 서머슨 양. 우리는 캐롤라인을 돌봐주지 않으면 안 돼요. 캐롤라인이 원기를 되찾게 하는 데 전력을 기울이지 않으면 안 돼요. 영양을 공급해주지 않으면 안 돼요. 캐롤라인……" 그는 며느리 쪽으로 돌아서서 무한한 친절과 동정심을 담아 말했습니다. "무엇이든 원하는 게 있으면 말하렴. 이 집에 있는 모든 것, 내 방에 있는 모든 것을 다 자유롭게 써도 좋단다." 터비드롭 씨는 예의가 넘친 나머지 "나의 사소한 안락이 너의 안락에 걸림돌이 된다면 망설이지 말고 무시하렴. 네가 필요한 것이 나보다도 중요하니까."[1] 하고 말했습니다.

터비드롭 씨는 늘 이렇게 넘치는 예의를 나타내 보였기 때문에 캐디도 그 남편도 스스로를 희생한 부친의 애정에 감격의 눈물을 흘릴 때가 몇 번인가 있었습니다.

그러면 터비드롭 씨는 "그만 울렴." 하고 두 사람을 타이르는 것이었습니다. 캐디가 그 가느다란 팔을 노인의 살찐 목에 감고 흐느끼면 나까지 눈물이 앞을 가렸습니다. 물론 똑같은 이유에서는 아니지만 말입니다. 터비드롭 씨는 이렇게 말을 이었습니다. "그만 울어, 나는 결코 너희들을 버리지 않겠다고 약속했다. 그러므로 나에게 사랑과 효도를 다하기만 하면 돼. 더 이상은 필요 없다. 그럼 나는 이제부터 하이드 파크로 산책을 다녀오겠다!"

그는 곧 그곳에서 산책을 하고 적당히 식욕을 채우려고 호텔로 식사를 하러 갑니다. 나는 터비드롭 씨를 비방할 생각은 전혀 없으며, 다만 이렇게 충실하게 써서 기록을 하는 것이 그의 특징을 보여주는 가장 좋은 방법이라고 생각합니다. 또 하나만 덧붙이자면 확실히 그는 피피를 좋아하게 되어 산책할 때 이 아이를 데리고 가주었습니다. 하지만 호텔로 가기 전에는 언제나 아이를 집으로 돌려보냈습니다. 가끔 아이에게 반 페니를 줄 때도 있었습니다. 하지만 이와 같은 노인의 친절에도 상당한 지출이 따른다는 것을 나는 알고 있습니다. 이렇게 말하는 것은 피피가 예의범절 대학의 교수와 손에 손을 잡고 산책을 하는 영

---

1) 영국의 시인 필립 시드니는 1586년 전사했는데 죽을 때 준 물을 이렇게 말하고 빈사(瀕死)의 다른 병사에게 양보했다는 일화가 있다.

예를 얻기 전에 캐디와 남편이 이 아이의 머리끝에서 발끝까지 새 옷을 지어 입히지 않으면 안 되었기 때문입니다.

마지막 문병객으로 젤리비 씨가 있습니다. 그는 자주 밤에 찾아와서는 부드러운 목소리로 캐디의 상태를 물은 뒤, 벽에 머리를 기대고 앉은 채 그 이상은 한마디도 하지 않았는데, 그 모습을 보면 정말로 이 사람은 좋은 사람이란 생각이 듭니다. 내가 근처에서 무언가 일을 하고 있으면 그는 자기도 돕겠다는 듯 반쯤 웃옷을 벗곤 했습니다. 하지만 그게 다였습니다. 그는 아무 일도 하지 않고 단지 머리를 벽에 기대고 앉아 갓난아기를 가만히 바라볼 뿐이었습니다. 그럴 때면 두 사람이 서로 상대의 마음을 알고 있는 것이 아닌가 하는 생각이 들었습니다.

나는 우드코트 씨를 방문객 가운데 넣지 않았는데 그것은 그분이 줄곧 캐디를 돌봐주고 있었기 때문입니다. 그분 덕에 환자는 곧 회복되기 시작했습니다. 우드코트 씨가 그렇게 친절하게 게다가 몸을 아끼지 않고 돌봐주었기 때문에 그것도 당연한 일일 것입니다. 이 무렵 나는 우드코트 씨를 자주 만났는데 남들이 생각하는 정도로 자주 만난 것은 아닙니다. 그분이 와 있는 동안은 캐디도 안전하다는 생각에 나는 그분이 올 때쯤 되면 슬며시 빠져나와 집으로 돌아가곤 했기 때문입니다. 하지만 그럼에도 우리는 자주 얼굴을 마주쳤습니다. 나는 이제 내 얼굴이 달라진 것에 대해 아무런 미련도 가지고 있지 않았는데 그래도 우드코트 씨가 나의 일을 딱하게 여기고 있다고 생각하면 마음이 기뻤습니다. 확실히 그분은 아직도 나의 일을 딱하게 여기고 있는 게 틀림없었습니다. 그분은 의사인 뱃저 선생의 일을 돕고 있었는데 아직 장래에 대한 확실한 계획은 세우지 않고 있는 것 같았습니다.

나에게 소중한 에이더의 태도가 왠지 이상하다고 느껴진 것은 캐디의 병이 낫기 시작할 무렵이었습니다. 제일 처음에 어떻게 그것을 깨달았는지는 나도 모릅니다. 그 자체는 아무것도 아닌 작은 일들을 통해 알게 되었기 때문입니다. 그 작은 일들이 합쳐져서 하나로 연결되자 비로소 큰 그림이 드러났습니다. 이런저런 일들을 종합해 보니 에이더가 예전처럼 쾌활하게 내게 모든 것을 털어놓지 않는다는 것을 알 수 있었습니다. 물론 그녀는 나에 대해 예전과 마찬가지로 진실하고 애정이 넘쳤습니다. 이 점에 대해서는 의심의 여지가 없습니다.

하지만 그녀에게서 알 수 없는 슬픔이 느껴졌습니다.

나는 에이더의 행복을 원하는 마음이 강한 나머지 조금 불안해졌으며, 자주 생각에 잠겼습니다. 결국 에이더는 나까지도 불행하게 하고 싶지 않았기에 무언가를 나에게 숨기고 있는 것이 틀림없다고 생각했을 때 나는 문득 깨달았습니다. 그녀는 내가 황폐한 집에 대해서 이야기한 것 때문에 조금 슬퍼하고 있다는 것을요.

왜 그게 틀림없다고 단정하고 말았는지 나로서는 알 수 없습니다. 그것이 제멋대로의 사고방식이라고는 조금도 깨닫지 못했습니다. 나 자신은 조금도 슬프지 않았고, 매우 만족스럽고 행복했습니다. 하지만 에이더는 지금은 완전히 변해버린 옛일을 생각하며 슬퍼하고 있을지도 모른다는 생각이 들었습니다. 그리고 이런 생각이 지극히 자연스럽게 여겨져 나는 그렇게 단정하고 만 것입니다.

나에게는 그런 옛날을 생각할 마음이 조금도 없다는 것을 에이더에게 보여 그녀를 안심시키려면 어떻게 해야 할지 생각해 보았습니다. 그러자 답이 나왔습니다. 그것은 가능한 한 활기차고 바쁘게 움직이는 것이었습니다. 그래서 나는 그렇게 하려고 힘썼습니다. 하지만 캐디를 돌보느라 집안일을 못할 때가 많았고—비록 나는 아침에는 언제나 집에서 잔다이스 씨의 아침 식사를 준비했고, 잔다이스 씨도 웃으며 작은 아주머니가 두 사람인 게 틀림없다고 말했지만—그래서 나는 2배로 열심히 일하고 밝아지기로 결심했습니다. 나는 내가 아는 모든 노래를 흥얼거리며 집 안을 돌아다니고 열심히 바느질을 하고 밤낮으로 수다를 떨었습니다.

그런데도 나와 에이더 사이에는 여전히 그림자가 드리워져 있었습니다.

"더든 아주머니" 어느 날 밤, 우리 세 사람이 함께 있을 때 잔다이스 씨가 책을 덮으며 말했습니다. "그렇다면 우드코트 씨 덕분에 캐디 젤리비가 또다시 인생을 충분히 즐길 수 있을 만큼 건강해졌다는 거로구나?"

"네, 캐디로부터 받은 감사를 돈으로 환산하면 그분은 대단한 부자가 될 거예요."

"정말 그 사람이 부자가 됐으면 좋겠구나." 잔다이스 씨가 맞장구를 쳤습니다.

나도 같은 의견이었습니다.

"방법만 안다면 우리가 그들 유대인 같은 큰 부자로 만들어줄 텐데. 안 그러냐, 작은 아주머니?"

나는 일을 하면서 웃으며 대답했습니다. 반드시 그렇다고만은 생각하지 않는다고요. 만약 그렇게 되면 우드코트 씨는 게을러져서 타인에게 봉사하지 않게 될지도 모르고, 그리 되면 플라이트 양이라든가 캐디 그리고 그 밖의 많은 사람이 실망할 거라고 말입니다.

"맞아." 잔다이스 씨가 말했습니다. "하지만 그가 사는 데 모자람이 없을 만큼의 부자가 되는 것에는 동의해주겠지? 안정된 마음으로 일할 수 있고, 행복한 가정을 이루고 그 안에 자기 집안의 신과 여신을 영접할 수 있을 만큼의 부자가 되는 것에는?"

"그거라면 얘기가 다르죠." 하고 나는 대답했습니다. "그거라면 대찬성이에요."

"그렇지?" 잔다이스 씨가 말했습니다. "나는 우드코트 씨를 몹시 좋아하고 존경한단다. 그리고 그의 장래 계획에 대해서도 듣고 있지. 우드코트 씨처럼 독립심이 강하고 긍지가 드높은 사람에게 도와주겠다는 말을 하기는 어렵지만, 할 수만 있으면 기꺼이 돕고 싶구나. 그는 다시 한 번 항해를 하고 싶은 모양인데, 나로서는 그런 훌륭한 인재가 맘껏 능력을 발휘하지 못하는 것 같아 안타까운 생각이 들어."

"그렇지만 그렇게 하면 새로운 세계가 열릴지도 모르죠."

"그럴지도 모르지. 그는 낡은 세계에 그다지 희망을 걸고 있는 것 같지 않아. 그는 낡은 세계에서 어떤 실망을 맛보거나 불행을 겪은 것 같아. 혹시 여기에 대해 뭔가 들은 게 있니?"

나는 고개를 저었습니다.

"그래, 그렇다면 내 착각일지도 모르지."

한동안 침묵이 이어졌습니다. 나는 침묵을 깨뜨림으로써 에이더의 마음을 편안하게 해주려고 잔다이스 씨가 좋아하는 노래를 흥얼거리며 일을 했습니다.

"우드코트 씨가 또다시 항해를 떠날 거라고 생각하세요?" 나는 노래를 조용히 다 부르고 나자 물었습니다.

"잘 모르겠다. 하지만 지금으로서는 어딘가 외국으로 긴 여행을 떠날 것 같아.”

“어디에 가든 우리 모두가 진심으로 그분의 안녕을 빌 것이므로, 비록 그 때문에 부자가 되지는 않는다고 해도 적어도 그 때문에 가난해지지는 않겠죠.”

“그럴 게다, 작은 아주머니.”

나는 늘 앉던 의자에 앉아 있었는데, 그 의자는 지금 잔다이스 씨의 옆자리에 놓여 있었습니다. 잔다이스 씨의 편지를 받기 전에는 내 자리가 그의 옆자리가 아니었지만, 이제는 그의 옆자리가 된 것입니다. 내가 눈을 들어 에이더를 보자 에이더도 나를 바라보았습니다. 그녀의 눈에 가득한 눈물이 볼을 따라서 흘러내렸습니다. 그녀의 오해를 풀어 안심시키기 위해서는 그냥 차분하고 즐거운 모습을 보여주면 된다고 생각했습니다. 실제로 나는 편안하고 즐거웠기 때문에 있는 그대로의 모습을 보여주는 것밖에 다른 방법이 없었습니다.

나는 귀여운 에이더를 내게 기대게 한 뒤— 그녀의 마음을 무겁게 내리누르고 있는 것이 무엇인지는 별로 생각하지도 않고—그녀가 아파 보인다고 말한 다음 그녀를 부축하여 2층으로 갔습니다. 우리가 내 침실로 들어간 뒤, 그녀가 나에게 뜻밖의 일을 털어놓을 것처럼 보였을 때에도 내 쪽에서 특별히 재촉하거나 하는 일은 하지 않았습니다. 나에게 털어놓아야만 할 무언가가 있으리라고는 생각조차 하지 못했기 때문입니다.

“친절한 에스더,” 에이더가 말했습니다. “너와 존 아저씨가 함께 있을 때 이야기할 결심이 섰으면 좋았을 텐데!”

“에이더, 왜 우리에게 말해주지 않는 거지?” 내가 말했습니다.

에이더는 고개를 숙인 채 나를 더 꼭 껴안을 뿐이었습니다.

“에이더, 설마 잊은 건 아니겠지만” 나는 웃으면서 말했습니다. “우리는 구식 인간이고 나는 더할 나위 없는 조신한 숙녀가 되고 말았어. 내가 앞으로 얼마나 행복하고 평화로운 삶을 살아갈지 잊은 건 아니지? 그리고 그러한 삶을 설계해주신 분이 누군지, 얼마나 훌륭한 인품을 지닌 분인지도 잊지 않았겠지?”

“그럴 리가 있겠어, 에스더?”

“그럼 문제 될 게 없잖아. 왜 우리에게 말해주지 않는 거지?”

“문제될 게 없다고, 에스더?” 에이더가 말했습니다. “그렇지만 이제까지 몇 년 동안의 일을 생각하면, 존 아저씨가 아버지와 다름없이 친절하게 돌봐주신 일을 생각하면, 우리의 오랜 관계와 너를 생각하면…… 아아, 어떻게 하면 좋을까, 어떻게 하면 좋을까!"

나는 약간 놀라고 의아하게 생각하면서 에이더를 바라보았습니다. 하지만 그녀의 기운을 북돋워줄 말만 하고 다른 말은 하지 않는 게 좋으리라는 생각이 들었습니다. 그래서 함께 사는 동안에 있었던 이런저런 일들을 이야기하고 에이더가 그 이상의 말을 하지 않도록 했습니다. 그녀가 잠들어버리자 나는 잔다이스 씨에게로 가서 안녕히 주무시라는 인사를 하고 다시 돌아와 에이더 옆에 한동안 앉아 있었습니다.

에이더의 자는 모습을 보고 있으니 그녀가 조금 달라진 것처럼 생각되었습니다. 사실 요즘 들어 그런 생각이 든 적이 한두 번이 아니었습니다. 어디가 어떻게 달라졌는지는 모르겠지만, 언제나 낯익은 그 아름다운 얼굴의 어딘가가 달라 보였습니다. 그녀와 리처드에 대한 잔다이스 씨의 오랜 소망을 떠올리자 서글픈 마음이 들었습니다. 나는 '에이더는 리처드를 걱정하고 있는 걸 거야' 하고 혼잣말을 하고는 두 사람의 사랑이 어떻게 마무리될지에 대해 생각했습니다.

캐디가 아플 때 내가 환자에게서 집으로 돌아오면 에이더는 바느질을 하다가 황급히 치우곤 했는데 나는 그것이 무엇인지 몰랐습니다. 그중 일부가 지금 자고 있는 에이더 옆에 놓인 옷장 서랍의 열린 틈으로 드러나 보였습니다. 서랍을 열어보지는 않았지만 에이더의 옷이 아닌 것은 분명했기에 나는 그것이 누구의 옷일까 궁금했습니다.

나는 허리를 굽혀 에이더에게 키스를 하려다가 그녀가 한 손을 베개 밑에 숨기듯이 넣고 자는 것을 발견했습니다.

자신의 즐거움과 만족만을 생각하고 있었던 나머지 이 사랑스러운 에이더를 안심시키고 그녀의 기운을 북돋워주는 것은 오직 나만 할 수 있다고 믿었던 나는 얼마나 한심한 사람이었을까요.

하지만 나는 그렇게 믿고 잠자리에 들었습니다. 그리고 이튿날 아침 일어나 보니 나와 에이더 사이에는 여전히 그림자가 드리워져 있었습니다.

# 제51장 의문이 풀리다

우드코트 씨는 런던에 도착하자마자 곧바로 시몬스 법학예비원에 있는 볼스 변호사의 사무실을 찾아갔습니다. 내가 그분에게 리처드의 친구가 되어달라고 부탁을 드린 그때부터 그분은 그 약속을 잊거나 소홀히 한 적이 한 번도 없었던 것입니다. 그분은 하느님께 맹세코 리처드의 진정한 친구가 되겠다고 말씀해주셨는데 그 말씀에 어긋나는 일은 한 번도 하지 않았습니다.

우드코트 씨는 볼스 변호사에게 여기에 오면 리처드의 주소를 알 수 있을 거라고 해서 왔다고 말했습니다.

"네, 그렇습니다." 변호사가 대답했습니다. "카스톤 씨의 집은 이곳에서 100마일도 채 떨어져 있지 않습니다. 자, 앉으십시오."

우드코트 씨는 고맙다고, 하지만 주소만 알려주면 된다고 하면서 사양했습니다.

"과연 그러시겠죠. 제 생각에……" 볼스 변호사는 여전히 자리에 앉기를 권하며 주소를 알려주지 않았습니다. "선생님은 카스톤 씨에게 충고를 할 수 있는 분인 것 같군요, 틀림없어요."

"글쎄요, 잘 모르겠는데요." 우드코트 씨가 말했습니다. "하지만 당신이 가장 잘 아시겠지요."

"그렇습니다." 볼스 변호사가 차분하게 말했습니다. "잘 아는 것은 제 직업상 의무의 하나입니다. 잘 알고 있으면 직업상의 의무를 수행하는 데 어려움이 없지요. 하지만 잘 알지 못하면 아무리 좋은 의도를 가지고 있을지라도 의무를 수행하는 데 어려움이 따릅니다."

우드코트 씨는 다시 한 번 주소를 알려 달라고 부탁했습니다.

"잠시만요, 잠시 제 말씀을 좀 들어주십시오. 카스톤 씨는 거액을 노리고 소송을 걸었지만 소송을 진행하려면 필요한 게 있습니다. 그게 뭔지 아시겠지요?"

"돈 말씀이십니까?"

"그렇습니다. 정직하게 말씀드려서 ('정직'이야말로 저의 불문율입니다. 정직해서 손해를 볼 때가 더 많지만, 손해를 보든 이익을 보든 저는 정직을 최우선으로 합니다) 돈이 없이는 아무것도 할 수 없어요. 카스톤 씨가 승소할지 여부에 대해서는 아무 말씀도 드릴 수가 없습니다. 이렇게 오랫동안 이렇게 많은 돈을 쏟아부어 놓고 이제 와서 포기한다는 것은 지혜롭지 못한 처사일 수도 있고, 그 반대일 수도 있습니다. 저로서는 딱히 뭐라 드릴 말씀이 없습니다."

볼스 변호사는 한 손을 책상 위에 짚고 단호한 투로 말했습니다. "딱히 뭐라 말씀드릴 수가 없어요."

"잊고 계시는 것 같은데" 우드코트 씨가 말했습니다. "저는 당신에게 아무것도 묻지 않았고 당신이 하시는 말씀에 아무런 관심도 없습니다."

"이런 말씀을 드려서 죄송합니다만," 볼스 변호사가 대꾸했습니다. "그건 잘못하시는 겁니다. 당신이 잘못하시는 것을 알고도 제가 가만히 있을 수는 없습니다. 당신은 친구와 관련된 모든 일에 관심을 가지셔야 합니다. 나는 인간성이란 것을 잘 알고 있기 때문에 당신과 같은 분이 친구들에게 관련된 일에 관심을 가지고 있지 않다는 것은 인정할 수 없습니다."

"그렇습니까. 그렇다면 그럴지도 모릅니다. 지금 당장은 그의 주소에 관심이 있습니다만."

"주소는 이미 말씀드린 것 같은데요." 볼스 변호사는 판에 박은 듯한 투로 말했습니다. "카스톤 씨가 소송을 계속하려면 자금이 있어야 합니다. 지금은 수중에 자금이 있으니까 저는 아무것도 요구하지 않습니다. 지금은 수중에 자금이 있으니까요. 하지만 앞으로 더 많은 자금이 필요할 겁니다. 카스톤 씨가 이제까지 거액을 들인 소송을 포기할 생각이 아니라면 말이죠. 소송을 포기할지 여부는 전적으로 카스톤 씨의 결정에 달려 있으며, 저는 이번 기회에 그 점을 카스톤 씨의 친구인 당신에게 확실히 말씀드리고 싶은 것입니다. 자금이 없어져도 저는 기꺼이 카스톤 씨의 대리인으로서 일을 계속할 생각이지만, 그것은 어디까지나 제반 경비를 자산에서 조달할 수 있을 때에 한해서입니다. 제반 경비가 자산 한도를 넘어서게 되면 일을 그만둘 수밖에 없습니다. 그런 경우 일을 계속했다가는 누군가에게 피해를 주게 될 테니까요. 사랑하는 세 딸이나 톤턴 계곡에 있는 존경하는 아버지, 또는 그 밖의 누군가에게 피해가 갈 테니까요. 하지만 저는 누구에게도 피해를 주지 않기로 결심했습니다."

우드코트 씨는 다소 강한 투로 그것은 참으로 좋은 생각이라고 말했습니다.

"나는 사후에 좋은 평가를 얻고 싶습니다. 그렇기 때문에 카스톤 씨의 친구들에게 그가 처한 입장을 솔직하게 말해두고 싶은 것입니다. 저로 말하자면 수임료에 부끄럽지 않을 만큼 열심히 일하고 있지요. 전력을 다해 차를 밀고 있습니다. 그러려고 사무소를 내고 현판을 내걸었으니까요."

"그래서 카스톤 씨의 주소가 어떻게 된다고요?"

"이미 말씀드렸듯이 바로 이웃에 있습니다. 3층에 카스톤 씨의 방이 있지요. 그는 법률 고문 곁에 살고 싶어 했고, 저도 반대하지 않았습니다."

우드코트 씨는 작별인사를 하고 리처드를 찾아 나섰습니다. 리처드의 안색이 어두워진 이유를 대충 알게 된 것입니다.

리처드는 허술한 가구가 놓여 있는 음침한 방에 살고 있었습니다. 바로 며칠 전 내가 그를 찾은 병영의 방과 그다지 다를 바가 없었습니다. 물론 지금은 무언가를 쓰고 있는 것은 아니고 책을 앞에 두고 앉아 있었는데 눈도 마음도 어딘가 먼 곳을 향하고 있었습니다. 마침 문이 열려 있었기 때문에 우드코트 씨는 상대방이 깨달을 때까지 한동안 바라보고 있었는데 리처드가 꿈에서 깨어 제정신으로 돌아갈 때까지의 야윈 얼굴과 어깨가 축 늘어진 모습은 좀처럼 잊을 수 없을 거라고 했습니다.

"여어, 우드코트" 리처드는 두 손을 벌리고 일어섰습니다. "이렇게 유령처럼 조용히 나타나다니……."

"유령치곤 친절한 유령이지. 인간이 말을 걸어오길 기다리고 있는 거야. 그런데 인간세계는 어떻게 돌아가고 있나?" 두 사람은 마주 앉았습니다.

"너무 천천히 돌아가고 있다네." 리처드가 대답했습니다. "적어도 나와 관계가 있는 부분은."

"어떤 부분 말인가?"

"대법관 법정과 관련된 부분 말일세."

"그 부분이 잘 돌아간다는 이야기는 들어본 적이 없네." 우드코트 씨가 고개를 흔들면서 말했습니다.

"나도 마찬가지일세." 리처드는 시무룩하게 대답했습니다. "누군들 안 그렇겠나?"

그러고는 금세 원기를 되찾아 여느 때처럼 솔직한 태도로 말했습니다.

"우드코트, 나는 자네가 나를 오해하는 게 싫네. 비록 그 오해가 나를 높이 평가하는 데서 비롯된 것이라고 할지라도 말이야. 나는 이제껏 별로 한 일이 없어. 타인에게 폐를 끼칠 생각은 아니었지만 저절로 그렇게 된 것 같아. 내 운명에 둘러쳐진 그물에서 벗어나 있었다면 좀 더 나은 일을 할 수 있었을지도 모르지만, 꼭 그렇다고만도 할 수 없어. 간단히 말해서 이제까지 나는 하나의 뚜렷한 목적을 가지고 있지 않았어. 하지만 지금은 확실하게 가지고 있네. 그리고 여기에 대해 이러쿵저러쿵 말하기에는 이미 늦어버렸지. 아무튼 나를 있는 그대로 받아들여주고 조금 모자란 점이 있더라도 참아주게."

"좋아." 우드코트 씨가 말했습니다. "대신 자네도 나를 참아주어야 하네."

"아, 자네는……." 리처드가 대답했습니다. "자네는 의술 그 자체를 목적으로 해서 다른 데 한 눈 팔지 않고 꾸준히 정진할 수 있는 사람이야. 어떤 일에서나 목적을 찾아낼 수 있는 사람이지. 자네와 나는 전혀 다른 사람들이야."

그는 슬픈 듯이 말하고는 또다시 원기를 잃은 것 같더니 금세 기운도 차리고 말했습니다.

"아무튼 좋아! 모든 일에는 끝이 있기 마련이지. 앞으로 어떻게 될지 지켜보자고! 그러니까 나를 있는 그대로 받아들여주고 부족한 점을 참아주겠다는 거지?"

"물론이지. 자, 이로써 협정이 성립되었네." 두 사람은 웃으면서, 하지만 진지한 마음으로 손을 맞잡았습니다.

"자네는 하느님이 보내 주신 사람 같아." 리처드가 말했습니다. "그동안은 볼스 하고 밖에는 대화를 나눌 수가 없었거든. 우드코트, 협정을 맺은 초기에 말해두고 싶은 게 있네. 이것을 말해두지 않으면 자네는 나를 참아주지 못할 거야. 내가 사촌인 에이더를 사랑하는 것은 알고 있지?"

우드코트 씨는 나한테 들어서 알고 있다고 대답했습니다.

"그렇다면 부디 날 사리사욕으로 뭉친 사람으로 생각하지 말아주게." 리처드가 말했습니다. "내가 나 자신의 권리와 이익만을 위해 이 지긋지긋한 재판으로 골머리를 앓고 있다고는 생각하지 말아주게. 그것은 에이더의 권리와 이익을 위해서이기도 하니까. 우리 두 사람의 권리와 이익은 따로 떼어서 생각할 수 없다네. 볼스는 우리 두 사람의 법률 고문인 셈이지. 그렇게 생각해주게."

리처드가 이 점에 몹시 마음을 썼으므로 우드코트 씨는 잘 알았다는 말로 리처드를 안심시켜 주었습니다.

이 점에 집착하는 리처드의 태도에는 어딘가 애처로운 데가 있었습니다. "이 보게, 자네처럼 올곧은 친구가 찾아와 주었는데 그런 자네에게 이기적이고 야비한 인간으로 보인다고 생각하면 도저히 견딜 수 없네. 우드코트, 나는 나뿐만 아니라 에이더의 권리도 되찾기 위해 최선을 다하고 있는 걸세. 나뿐만 아니라 에이더를 이 수렁에서 건져내기 위해 있는 돈을 모두 긁어모아 재판에 임하고 있는 거라고. 그러니 부디 그렇게 생각해주게."

우드코트 씨는 리처드가 이 점에 강하게 집착하고 있었던 것이 특히 인상에 남았기 때문에 시몬스 법학예비원을 처음으로 방문한 일을 나에게 이야기할 때에도 특히 이 점을 상세하게 말했습니다. 이 말을 듣고 나는 예전의 두려움이 되살아났습니다. 내 소중한 에이더의 얼마 안 되는 재산을 변호사에게 모두 빼앗기고 마는 것이 아닌가, 리처드가 에이더를 구실 삼아 스스로를 정당화하려는 것은 아닐까 하는 두려움 말이지요. 우드코트 씨와 리처드가 만난 것은 내가 캐디의 간호를 시작했을 때였습니다. 그러므로 이제 이야기를 캐디가 건강을 회복한, 그리고 에이더와 나 사이에 여전히 그림자가 드리워져 있던 그 아침으로 되돌리고자 합니다.

그날 아침 나는 에이더에게 함께 리처드를 만나러 가자고 말했습니다. 그러자 그녀는 생각만큼 기뻐하지 않고 망설이는 모습을 보여주어서 나를 놀라게 했습니다.

"에이더," 내가 말했습니다. "내가 캐디에게 가 있는 동안에 리처드와 사이가 나빠지기라도 한 거야?"

"아니."

"리처드에게서 아무런 소식이 없었던 거야?"

"아니, 그렇지 않아."

그렇게 말하는 에이더의 눈에 눈물이 글썽하고 얼굴에는 애정이 가득했습니다. 나는 그녀의 태도가 이해가 되지 않았습니다. "그럼 나 혼자서 갈까?" 하고 내가 묻자 에이더는 "아니, 그건 좋은 생각이 아니야." 하고 말했습니다. 내가 "그럼 함께 갈까?" 하고 묻자 그녀는 "그래, 그 편이 좋겠어." 하고 대답했습니다. "지금 곧 떠날까?" "그래, 지금 떠나기로 하자." 어찌 된 일일까요? 나에게는 눈에 눈물이 글썽하고 얼굴에 애정이 가득한 그녀의 모습이 아무래도 이해가 되지 않았습니다.

우리는 곧 준비를 하고 떠났습니다. 우울한 날씨에 때때로 찬비가 내렸습니다. 모든 게 잿빛으로 보이는 암울한 날이었습니다. 늘어선 집들은 우리를 노려보고, 먼지가 우리를 향해 휘몰아치고, 연기가 우리에게 덮쳐 무엇 하나 누그러지거나 온화한 표정을 짓거나 하는 것은 없었습니다. 아름다운 에이더의 모습이 주위의 살벌한 거리와 몹시 어울리지 않는 느낌이었습니다. 음침한 거리에서 이제까지 본 적이 없을 정도로 많은 장례행렬과 마주친 것 같은 느낌이 들었습니다.

우리는 우선 시몬스 법학예비원을 찾아가야 했습니다. 가게에서 길을 물으려고 하자 에이더가 챈서리 레인에서 가까운 곳에 있을 거라고 말했습니다. 나는 "이쪽으로 가면 챈서리 레인이 나올 거야."라고 말했습니다. 그리하여 우리는 챈서리 레인으로 갔고, 그곳에서 '시몬스 법학예비원'이라고 씌어 있는 간판을 쉽게 찾았습니다.

다음으로 번지를 찾아야 했습니다. "볼스 변호사 사무실이라도 괜찮아. 변호사 사무실과 이웃해 있다고 하니까."라고 내가 말하자 에이더가 길모퉁이에 있는 건물이 볼스 변호사의 사무실 같다고 말했습니다. 과연 그랬습니다.

그다음에는 이웃집 두 곳 가운데 어느 집인지를 알아야 했습니다. 나는 이 집이 맞을 것 같다고 하고 에이더는 저 집이 맞을 것 같다고 했는데 또 다른 쪽 옆으로 갔는데 또 에이더가 맞혔습니다. 그래서 그 3층 위로 올라가자 마치 영구차 같은 판자에 흰 글자로 리처드의 이름이 크게 쓰여 있었습니다.

내가 노크를 하려고 하자 에이더가 손잡이를 돌려서 들어가면 될 거라고 말했습니다. 그래서 들어가 보니 리처드가 먼지투성이의 서류가 흩어져 있는 테이블을 향해 독서에 열중하고 있었습니다. 나에게는 그 서류가 마치 리처드 자신의 마음을 비추는 먼지투성이의 거울로 보였습니다. 어디를 둘러보아도 그의 마음속에 들러붙은 불길한 어구—잔다이스 대 잔다이스 사건—가 씌어 있었기 때문입니다.

그는 우리를 따뜻이 맞아주었습니다. 우리가 앉자 그가 말했습니다. "좀 더 빨리 왔더라면 우드코트를 만날 수 있었을 텐데. 그렇게 좋은 사람도 없을 거예요. 그 반도 바쁘지 않은 사람도 오지 못할 것으로 생각할 때에 짬을 내서 와주니까요. 게다가 쾌활하면서 활기차고, 진지하면서 사려가 깊지요. 요컨대 내게 없는 것을 모두 갖추고 있답니다. 그가 오면 온 방 안이 환해지고 그가 가버리면 다시 어두워져요."

'그분은 나에게 약속한 대로 해주고 있는 것이다. 얼마나 훌륭한 분인가!' 하고 나는 마음속으로 생각했습니다.

"에이더, 우드코트는 이 사건에 대해……" 리처드가 힘없이 서류더미를 바라보며 말을 이었습니다. "볼스나 나처럼 낙관적이지는 않아요. 하지만 그는 제삼자일 뿐이니까. 우리는 사건의 내용을 자세히 알고 있지만 그는 그렇지 않아요. 그가 미궁과도 같은 이 복잡한 사건을 속속들이 알기를 기대할 순 없어요."

리처드가 또다시 서류더미를 바라보며 두 손으로 머리를 감싸쥘 때 나는 그의 눈이 퀭하고 입술이 말라 있으며 손톱이 물어뜯겨 있는 것을 보았습니다.

"리처드, 이런 곳에 사는 것이 건강에 좋을까요?" 내가 말했습니다.

"미네르바 씨," 리처드는 옛날처럼 쾌활하게 웃으면서 대답했습니다. "물론 이곳은 전원도 아니고 쾌적한 장소도 아니에요. 햇볕이 내리쬐어도 밝아지는 것은 밖으로 개방된 장소뿐이죠. 하지만 당장은 이 정도면 충분해요. 법원에서도 가깝고 변호사 사무소에서도 가깝고."

"어쩌면" 하고 내가 말했습니다. "그 양쪽으로부터 한동안 벗어나 있는 편이……"

"좋지 않겠느냐고요?" 리처드는 억지로 웃으며 말했습니다. "하지만 이제는 둘 가운데 하나가 일어나기를 바라는 수밖에 없어요. 소송이 끝나거나 아니면 소송 당사자가 죽거나, 하지만 소송 당사자가 죽는 것보다는 소송이 끝나야 하겠죠. 소송이 끝나야 해요."

이 마지막 말은 바로 옆에 앉아 있는 에이더에게 향한 것이었습니다. 그녀는 나에게서 고개를 돌리고 리처드를 보고 있었기 때문에 나에게는 그녀의 얼굴 표정이 보이지 않았습니다.

"우리는 잘해나가고 있어요." 리처드는 말을 계속했습니다. "볼스도 그렇게 말할 거예요. 우리는 정말 잘해나가고 있어요. 정말인지 아닌지 볼스에게 물어봐요. 우리는 상대측에 잠시도 쉴 틈을 안 주죠. 볼스는 상대의 움직임을 세세히 파악하고 있다가 저들을 압박해요. 우리는 이미 저들을 깜짝 놀라게 했지요. 우리는 잠자고 있는 저들의 둥지를 두들겨 깨워줄 생각이에요."

이미 오래전부터 나는 리처드의 얼굴에 희망의 빛이 떠올랐을 때가 실망의 빛이 떠올랐을 때보다 더 측은한 마음이 들었습니다. 그것은 진정한 희망과는 거리가 멀었기 때문입니다. 리처드는 희망을 가지려고 필사적으로 애쓰면서 한편으로는 그 희망이 오래가지 않을 것임을 알고 있었기에 나는 전부터 딱하게 생각하던 참이었습니다. 그런데 이제는 그의 반듯한 얼굴 위에 이 희망도 실은 허세라고 지울 수 없는 문자로 쓰여 있는 것 같아 전보다도 더 안타깝게 보였습니다. 지울 수 없는 문자라고 말씀드린 것은 설사 이 비극적인 소송사건이 리처드의 더할 나위 없이 밝은 기대대로 해결이 된다고 해도 이제까지 쌓이고 쌓인 실망, 자책의 마음, 젊어서부터 맛본 불안 등의 흔적이 죽을 때까지 그의 얼굴에 남을 것이기 때문입니다.

"친애하는 작은 아주머니의 모습은……" 리처드가 말했습니다. "내겐 너무나 익숙하지요. 배려가 넘치는 그 얼굴도 예전 그대로여서……."

'아니, 다르죠, 많이 달라요!' 나는 미소 지으며 고개를 흔들었습니다.

"……예전 그대로여서" 리처드는 진심이 담긴 투로 되풀이하며 옛날과 똑같이 오빠와 같은 애정이 담긴 태도로 내 손을 잡았습니다. "그 얼굴을 보고 있으면 도저히 거짓말을 할 수 없어요. 그래서 정직하게 말하는데 나는 다소 흔들릴 때도 있어요. 때로는 희망을 갖지만 때로는 절망까지는 아니더라도 그 비슷한 기분에 휩싸일 때가 있어요. 그래서……." 그는 부드럽게 내 손을 놓고 방 안을 걷기 시작했습니다.

"몹시 지치고 말지요."

리처드는 몇 번을 왔다 갔다 한 뒤 소파에 몸을 묻고는 침울하게 되풀이했습니다. "몹시 지치고 말아요. 소송사건은 사람의 진을 빼놓으니까!"

그가 한 팔을 짚고 몸을 기대 생각에 잠긴 듯한 투로 이렇게 말하면서 바닥을 바라보고 있는데 에이더가 일어나 모자를 벗고 그 금빛 머리카락을 마치 태양의 빛처럼 그의 머리 위에 늘어뜨리고 그의 곁에 무릎을 꿇고 앉아서 두 손으로 그의 목을 꼭 껴안고 얼굴을 이쪽으로 돌렸습니다. 그야말로 애정과 헌신으로 충만한 얼굴이었습니다.

"에스더," 에이더가 조용히 말했습니다. "난 이제 돌아가지 않아."

그 순간 내 머릿속에는 불빛이 반짝였습니다.

"사랑하는 남편과 함께 이곳에서 지낼 생각이야. 우리는 두 달 전에 결혼했어. 에스더, 날 두고 집으로 돌아가 줘. 나는 오늘 이후로 집에 돌아가지 않을 거야." 에이더는 이렇게 말하면서 리처드 머리를 끌어안았습니다. 죽음만이 바꿀 수 있는 사랑의 모습을 눈앞에서 본 것은 평생 그때뿐이었습니다.

"에스더에게 말해줘요, 에이더." 이윽고 리처드가 침묵을 깼습니다. "일의 자초지종을,"

에이더가 이쪽으로 오기 전에 내 쪽에서 달려가 팔로 꼭 껴안았습니다. 우리는 둘 다 아무 말도 하지 않았고 그녀와 볼과 볼을 맞대고 있는 나는 아무것도 듣고 싶은 생각이 없었습니다. "나의 소중한 에이더," 하고 나는 말했습니다. "불쌍한, 불쌍한 에이더." 정말로 에이더가 불쌍하게 생각되었습니다. 나는 리처드가 좋았지만 그 순간만큼은 에이더가 대단히 불쌍하다는 마음이었습니다.

"에스더, 용서해줘. 존 아저씨는 용서해주실까?"

"에이더, 한순간일망정 잔다이스 씨를 의심하다니…… 게다가 나는……." 내가 뭐라고 에이더를 용서하고 말고 한단 말인가!

나는 그녀의 젖은 눈을 닦아준 다음 소파 위의 그녀와 리처드 사이에 앉았습니다. 오늘과는 전혀 다른 그 밤, 두 사람이 내게 비밀을 털어 놓은 그날 밤의 일을 내가 상기하고 있는 사이에 두 사람은 번갈아 일의 경과를 말해주었습니다.

"나의 전 재산은 리처드의 것이었어." 에이더가 말했습니다. "하지만 리처드가 도저히 받지 않겠다고 말하지 않겠어? 리처드를 몹시 사랑하는 나는 그의 아내가 되는 것밖에 달리 방법이 없었어."

"그 무렵 친절한 더든 아주머니는 환자의 간호로 온종일 바빴기 때문에" 리처드가 말했습니다. "우리가 결혼한다는 이야기를 할 수 없었죠. 게다가 전부터 생각해서 한 일이 아니라 어느 날 아침 문득 생각이 나서 결혼한 거였으니까요."

"결혼하고 난 뒤에, 에스더," 에이더가 말했습니다. "그 사실을 너한테 어떻게 말해야 좋을지 늘 생각하고 있었어. 곧바로 얘기해 버릴까 생각한 적도 있었고 말하지 않는 편이 좋다고, 존 아저씨에게도 비밀로 해두는 편이 좋다고 생각한 적도 있었어. 어떻게 해야 할지 몰라서 초조했지."

더 일찍 이 일을 깨닫지 못했다니 나라는 사람은 얼마나 이기적인 사람이었을까요! 그때 내가 두 사람에게 뭐라고 말했는지는 나도 모릅니다. 두 사람의 일이 대단히 딱하기도 했지만, 나는 두 사람을 매우 좋아했고 두 사람이 나를 좋아해주는 것이 기뻤습니다. 불쌍한 생각도 들었지만 두 사람이 서로 사랑하고 있는 것을 보고 자랑스러운 마음도 들었습니다. 괴로움과 기쁨을 동시에 느낀 것은 이때가 처음이었는데 그 가운데 어느 쪽이 더 우세했는지는 나 자신도 알 수가 없었습니다. 하지만 나는 두 사람의 앞길을 어둡게 할 생각은 없었고 또 사실 그와 같은 일은 하지 않았습니다.

내 머릿속의 혼란이 수습되어 마음이 안정되자 에이더는 주머니에서 결혼반지를 꺼내 키스를 한 뒤 손가락에 끼었습니다. 그것을 보고 나는 지난밤의 일을 상기해 리처드에게 에이더는 결혼을 한 뒤부터 매일 밤 남이 보지 않을 때에는 반지를 끼고 있었다고 가르쳐 주었습니다. 에이더는 얼굴이 빨개지면서 그것을 어떻게 알았느냐고 물었습니다. 그래서 나는 에이더가 한쪽 손을 베개 밑에 숨기고 자는 모습을 보았는데, 그때는 그 이유를 생각해 보지 않고 무심코 지나쳤다고 말해주었습니다. 그러자 두 사람은 또다시 일의 자초지종을 되풀이해서 말해주었습니다. 나는 또다시 안쓰럽기도 하고 기쁘기도 해 머릿속이 혼란해졌기 때문에 나의 안색을 보고 두 사람이 낙심하지 않도록 가능한 한 나의 추한 얼굴을 보여주지 않으려고 힘썼습니다.

이렇게 해서 시간이 계속 지나 내가 돌아가지 않을 수 없게 되었는데, 그때가 가장 괴로운 때였습니다. 에이더는 울음을 터뜨리고 정신없이 내 목에 매달려 온갖 다정한 이름으로 나를 부르고 나와 헤어지면 어떻게 해야 할지 모르겠다고 말했습니다. 리처드 또한 마찬가지였습니다. 나는 세 사람 가운데 가장 마음이 약해지고 있었기 때문에 스스로를 엄하게 꾸짖었습니다. "자, 에스더, 정신 차려! 여기서 울면 두 번 다시 너한테 말을 걸지 않겠어!"

"어머나, 이런 부인이 어디 있담." 내가 말했습니다. "남편을 전혀 사랑하지 않는 것 같아. 자, 리처드, 에이더를 데려가 줘요." 말은 그렇게 하면서도 나는 에이더를 계속 꼭 껴안은 채였습니다. 언제까지나 끝없이 울고 싶은 심정이었던 것입니다.

"오늘 갔다가." 나는 말했습니다. "내일 다시 돌아올 거예요. 그리고 앞으로도 계속 드나들 생각이에요. 두 사람이 내 얼굴을 보는 것도 이제 지겹다고 할 때까지. 그러니까 리처드, 안녕이란 말은 하지 않을 게요. 금세 또 보게 될 테니까요."

나는 가까스로 에이더를 그에게 건네고 돌아가려고 했지만 다시 한 번 에이더의 예쁜 얼굴을 보려고 걸음을 멈췄습니다. 그 얼굴이 보이지 않게 되면 가슴이 에일 것만 같았기 때문입니다.

그래서 나는 (쾌활하게 농담 비슷한 투로) 두 사람이 돌아와 달라고 말해주지 않으면 돌아오지 않을지도 모른다고 말했습니다. 그러자 에이더가 고개를 들고 눈물이 글썽해진 얼굴에 웃음을 띠었습니다. 나는 그녀의 얼굴을 두 손으로 감싸 쥐고 이별의 키스를 한 다음 웃는 얼굴로 나왔습니다.

하지만 계단을 다 내려온 뒤 나는 울고 말았습니다. 에이더를 영원히 잃어버리고 만 것 같이 생각되었기 때문입니다. 에이더가 옆에 없으니 몹시 외롭고 허전했습니다. 집에 돌아가도 그녀가 없다고 생각하니 왠지 쓸쓸해서 한동안은 어둑한 거리모퉁이를 왔다 갔다 했습니다.

얼마 지나서 자신을 조금 꾸짖은 다음 겨우 정신을 차리고 마차를 잡아타고 집에 돌아왔습니다. 와서 들으니 세인트 앨번스에서 발견한 그 불쌍한 소년이 죽어가고 있다고 했습니다. 아니, 그때는 몰랐는데 실은 이미 죽어 있었습니다. 잔다이스 씨는 아이 문병을 가서 점심식사 때는 돌아오지 못했습니다. 혼자였기 때문에 나는 또 조금 울고 말았습니다.

나의 귀여운 에이더를 볼 수 없게 된 것에 아직 마음이 익숙하지 않은 것도 지극히 당연한 일이었습니다. 함께 했던 몇 년의 세월에 비하면 우리가 헤어진 뒤의 서너 시간쯤은 아무것도 아니었지만, 내 마음은 여전히 에이더와 헤어질 때의 슬픈 장면에 머물러 있었습니다. 나는 에이더 곁에 있어주고 싶고 그녀를 돌봐주고 싶은 생각에 저녁이 되면 그곳으로 다시 한 번 가 하다못해 창문이라도 올려다보자고 결심했습니다.

어리석은 짓일지도 모릅니다. 하지만 그때는 어리석게 여겨지지 않았고 지금도 마찬가지입니다. 나는 찰리에게 사정을 털어놓고 해 질 녘에 함께 떠났습니다. 에이더의 익숙지 않은 새 보금자리에 당도했을 때, 이미 주위는 캄캄하고 노란 블라인드 너머로 불이 켜져 있었습니다. 우리는 눈치채이지 않도록 주의하면서 그 집 앞을 두세 번 왕복하며 창문을 올려다보았습니다. 한번은 볼스 변호사에게 부딪칠 뻔하기도 했습니다. 변호사는 우리가 밖에 있을 때 사무소에서 나와 똑같이 창을 올려다본 다음 귀가하고 있었던 것입니다. 그 새까맣고 홀쭉한 사람의 그림자를 보고 암흑 속에 싸인 그 방의 쓸쓸한 분위기를 떠올리니 내 마음은 더욱더 가라앉았습니다. 젊고 아름답고 애정이 넘치는 에이더가 이런 어울리지 않는 느낌의 누옥(陋屋)에서 남의 이목을 피해 살고 있다니, 참으로 잔인하다는 생각이 들어 견딜 수 없었던 것입니다.

인기척도 없고 쓸쓸한 건물이었기 때문에 3층까지 살며시 들어가도 아무도 모를 것 같았습니다. 그래서 찰리를 밑에 남겨두고 발소리를 죽여 계단참에 있는 램프의 희미한 빛을 무릅쓰고 올라갔습니다. 잠시 걸음을 멈추고 귀를 기울이자 곰팡내 나는 고요한 집안에서 두 사람의 젊디 젊은 목소리가 작게 들려 온 것 같은 생각이 들었습니다. 에이더에게 이별의 키스를 할 생각으로 영구차 같은 현관문에 입을 댄 뒤 언젠가 이곳에 온 것을 두 사람에게 이야기하자고 생각하면서 살며시 내려왔습니다.

이것으로 내 마음은 정말로 가벼워졌습니다. 이 일을 알고 있는 것은 찰리와 나뿐이었지만, 어쨌든 이것으로 잠시나마 에이더와 나 사이의 거리가 가까워진 것 같았기 때문입니다. 그녀가 없는 곳에 완전히 익숙해진 것은 아니지만 그녀 가까이를 돌아다녔다는 것으로 기분이 밝아져 집으로 돌아갔습니다.

잔다이스 씨는 이미 돌아오셔서 어두운 창가에서 생각에 잠겨 있는 것 같았습니다. 내가 들어가자 얼굴이 밝아져 의자에 앉더니 내가 의자에 앉자 불빛에 비친 내 얼굴을 보시고는 이렇게 물으셨습니다.

"아니, 울고 있었어?"

"네, 조금요. 에이더가 몹시 괴로워하고 면목이 없다고 해서요."

나는 팔을 아저씨 의자의 등받이에 걸쳤습니다. 잔다이스 씨는 내 말을 듣고 에이더의 빈 의자를 향한 내 시선을 보고 모든 것을 알아차리셨습니다.

"에이더가 결혼을 했니?"

나는 자초지종을 이야기하고 그녀가 무엇보다도 먼저 아저씨에게 용서를 빌고 싶다는 말을 했다고 말씀드렸습니다.

"그럴 필요 없어. 에이더도 그 남편도 신께서 지켜주시길!" 전에 내가 맨 먼저 느낀 것은 그녀를 불쌍하게 생각한 것이었는데 잔다이스 씨도 같았습니다. "불쌍한 에이더! 불쌍한 릭!"

그런 다음 우리 두 사람은 모두 입을 다물고 말았습니다. 이윽고 아저씨가 한숨과 함께 말씀하셨습니다. "이제 황폐한 집은 점점 쇠락해지는구나."

"하지만 그곳의 안주인은 남아 있습니다." 잔다이스 씨의 말씀이 너무 슬픈 것 같아 나는 부끄러웠지만 과감하게 말했습니다. "황폐한 집을 행복한 곳으로 만들기 위해 열심히 노력할 거예요."

"틀림없이 잘해주겠지."

편지를 주고받은 뒤로 우리 두 사람 사이에는 나란히 의자에 앉게 된 것 외에는 변한 것이 아무것도 없었는데 지금도 역시 그랬습니다. 잔다이스 씨는 예전처럼 아버지와도 같은 밝은 눈길을 나에게 보내고 예전처럼 손을 내 손 위에 겹치고는 다시 한 번 되풀이하셨습니다. "틀림없이 잘해주겠지! 하지만 황폐한 집은 점점 쇠락해지는군!"

이윽고 나는 이 일에 대해서 우리의 대화가 이것으로 끝나고 만 것을 유감으로 생각했습니다. 약간 실망한 것입니다. 편지의 왕래가 있은 뒤 내가 되려고 힘쓰고 있었던 대로 되지 못한 게 아닌가 하는 생각이 들었습니다.

# 제52장 고집스러운 사람

그런데 어느 날 아침 일찍 우리가 아침 식사를 하려고 했을 때 우드코트 씨가 깜짝 놀랄 만한 뉴스를 가지고 황급하게 들어왔습니다. 무서운 살인사건이 발생해 용의자로 조지 씨가 체포되어 감옥에 수감되었다는 것입니다. 레스터 데들록 경이 범인을 체포한 자에게는 거액의 현상금을 지불하겠다고 했다는데, 처음엔 너무 놀라서 데들록 경이 그런 제안을 한 이유가 이해되지 않았습니다. 하지만 잠시 뒤 살해된 사람이 레스터 경의 고문변호사였다는 것을 알게되었고, 그 순간 어머니가 그 사람을 두려워하고 있던 일이 문득 상기되었습니다.

어머니가 오랫동안 의혹의 눈으로 지켜보던 사람, 그리고 역으로 어머니를 오랫동안 의혹의 눈으로 지켜보던 사람, 어머니가 거의 따뜻한 말 한마디 건네준 적 없고 언제나 위험한 적으로서 남몰래 두려워하고 있었던 그 사람이 비명횡사를 했다는 것은 아무래도 무서운 일이어서 나는 가장 먼저 어머니를 떠올렸습니다. 이와 같은 사망소식을 듣고도 전혀 동정심을 느끼지 않다니 얼마나 무서운 일입니까. 가끔 어머니가 "차라리 이 세상에 없으면 좋을 텐데."라고까지 말하던 그 노인이 이렇게도 깨끗이 이 세상에서 모습을 감추고 말았다는 생각만으로도 몸이 오싹해져 왔습니다.

이렇게 많은 일들을 이것저것 생각하고 있자니 그 이름을 듣는 것만으로도 불안하고 걱정스럽던 마음이 더욱 불안해져서 나는 밥상 앞에 편안히 앉아 있을 수 없게 되었습니다. 내가 마음을 가라앉히고 대화 내용을 이해하기까지는 시간이 좀 걸렸습니다. 하지만 마음이 안정되고 나자 잔다이스 씨가 충격받은 것을 알 수 있었습니다. 두 사람은 용의자가 된 조지 씨의 일을 진지하게 이야기하면서 그가 얼마나 좋은 사람인지를 회상하고 있었습니다. 그 이야기를 듣자 나는 그 사람을 위해 무언가를 해줘야겠다는 생각이 들었습니다.

"아저씨, 설마 조지 씨가 범인은 아니겠죠?"

"아닐 거야. 그렇게 솔직하고 정이 많은 사내가, 거인과 같은 힘을 지니고 있으면서도 어린애처럼 마음이 따뜻하고 비할 데 없는 용사이면서도 매우 순박하고 따뜻한 그런 사내가 범인이라니? 도저히 믿어지지가 않아. 믿고 싶지 않은 게 아니라 믿어지지가 않는다!"

"저도 믿어지지 않습니다." 우드코트 씨가 말했습니다. "하지만 우리가 아무리 그 사람을 잘 알고 또 믿는다고 해도 어느 정도 불리한 정황이 있다는 것을 잊어서는 안 될 것입니다. 그는 살해된 사람에게 적개심을 품고 있었고 그것을 여러 곳에서 공언하고 있었습니다. 그가 고인에게 심한 욕설을 퍼부었다는 이야기가 있고, 또 제가 알기로도 확실히 그와 같은 일이 있었습니다. 게다가 그는 살인이 행해진 시각에서 5분 이내에 현장에 혼자 있었던 것을 인정했습니다. 나는 그가 나와 마찬가지로 결백하다는 것을 믿지만, 이상과 같이 그가 의심을 받을 만한 이유도 상당히 있는 것입니다."

"옳은 말이오." 잔다이스 씨는 이렇게 말한 뒤 나를 향해 덧붙였습니다. "이와 같은 점이 모두 진실이라는 것에 눈을 감는 것은 도리어 그 사람에게 해를 끼치는 일이 되겠지."

물론 나도 정황이 조지 씨에게 극히 불리하다는 것을 인정해야 한다고 느꼈습니다. 하지만 그렇다고 해도 곤경에 처한 조지 씨를 못 본 체할 수는 없습니다. 나는 아저씨에게 그렇게 말씀드렸습니다.

"못 본 체하다니, 당치도 않은 일이다! 우리는 그의 편이다. 그가 불쌍하게 죽은 두 사람의 편이 되어준 것처럼 말이야." 잔다이스 씨가 말씀하시는 두 사람이란 조지 씨가 숨겨준 그리들리 씨와 조입니다.

우드코트 씨는 조지 씨가 데리고 있는 사람이 밤새 거리를 돌아다닌 끝에 새벽녘에 자기에게 찾아왔다는 것, 잔다이스 씨가 그를 유죄로 생각하지는 않을까 하는 것이 그가 첫째로 걱정하는 일이었다는 것, 황폐한 집의 분들에게 자기는 천지신명에게 맹세코 결백하다는 것을 부디 전해달라는 부탁을 받았다는 것, 아침 일찍 황폐한 집으로 가 그 뜻을 전해주기로 약속하고 그 사람을 안심시켰다는 것 등을 이야기하고 자기는 이제부터 조지 씨를 면회하러 갈 생각이라고 덧붙였습니다.

잔다이스 씨는 곧바로 자기도 가겠다고 말했습니다. 내가 그 퇴역군인을 몹시 좋아했고 그분도 나에게 호의를 가져주셨다는 점 외에도 나는 이 사건에 대해 남에게는 말 못 할—잔다이스 씨만이 아시는—은밀한 관심을 가지고 있었습니다. 이 사건은 나와 밀접한 관련이 있는 사건이었기에 진상을 규명해 무고한 사람을 구하는 것이 남의 일일 수 없게 된 것 같은 생각이 들었습니다. 이렇게 말하는 것은 의심이란 것은 일단 퍼지기 시작하면 걷잡을 수 없게 되기 때문입니다.

요컨대 두 분과 동행하는 것이 나의 의무처럼 생각된 것입니다. 잔다이스 씨가 반대를 하지 않으셨기 때문에 나도 함께 갔습니다.

커다란 감옥이었습니다. 어디나 똑같이 돌이 깔려 있고 엇비슷한 모양의 안뜰과 통로가 여기저기에 있기 때문에 책에서 읽은 것처럼 홀로 갇힌 죄수가 해마다 같은 벽과 눈싸움을 하고 있으면 하나의 잡초, 금이 간 돌 틈의 싹까지 사랑스럽게 느껴지는 기분이 드는 것을 지금 실제로 이곳을 지나면서 알 수 있을 것 같았습니다. 2층에 천장이 아치형으로 된 움막 같은 방이 있고 벽이 눈이 시릴 정도로 하얗기 때문에 창의 굵은 쇠창살이나 테두리가 쇠로 된 문이 실제 이상으로 검게 보였는데 이 방의 구석에 기병이 홀로 외롭게 서 있었습니다. 그곳의 벤치에 앉아 있다가 자물쇠가 열리는 소리를 듣고 일어선 것입니다.

우리의 모습을 보자 여느 때처럼 묵직한 발걸음으로 한 걸음 나아가고는 멈추어서 가볍게 인사를 했습니다. 하지만 내 쪽에서 더욱 다가가 손을 내밀자 곧 우리의 마음을 이해했는지 이렇게 말했습니다.

"여러분, 이것으로 내 가슴의 무거운 짐을 완전히 덜게 되었습니다." 그는 기운차게 우리에게 경례를 한 뒤 숨을 깊게 들이쉬고 "이제 이것으로 되었습니다. 이 일이 어떻게 결말이 나건 개의치 않습니다."

조지 씨에게서는 죄수다운 면은 보이지 않고 침착한 군인다운 언동 탓에 오히려 간수처럼 보였습니다.

"이곳은 아가씨를 맞이하기에는 나의 사격연습장 이상으로 누추한 곳이지만, 조금만 참아주셨으면 합니다." 조지 씨는 이렇게 말한 뒤 자기가 앉아 있던 벤치를 내 쪽으로 양보했습니다. 내가 벤치에 앉자 그는 무척 만족스러운 표정으로 말했습니다.

"고맙습니다, 아가씨."

"그런데 조지 씨," 잔다이스 씨가 말했습니다. "우리가 당신에게 새삼 해명을 받을 생각이 없는 것처럼 이쪽에서도 새삼 당신께 구구하게 말하는 일도 없을 것입니다."

"말씀하지 않으셔도 됩니다. 진심으로 감사하고 있습니다. 설사 내가 하수인이었다고 해도 이처럼 친절하게 찾아주신 분들께 숨기거나 하는 일은 할 수 없을 것입니다. 찾아주셔서 정말로 고맙게 생각하고 있습니다. 나는 말이 서툴지만 여러분의 마음은 깊이 느끼고 있습니다."

조지 씨는 잠시 다부진 가슴에 한 손을 대고 나에게 고개를 숙였다가 다시 본래의 차렷 자세로 돌아갔습니다. 이 간단한 몸짓이 마음속의 감격을 충분히 전해주었습니다.

"조지 씨, 우선 첫째로 당신의 주변 환경을 편안하게 해주기 위해 무언가 도와드리고 싶습니다만……." 잔다이스 씨가 말했습니다.

"무엇을 말입니까?" 헛기침을 한 다음 기병이 물었습니다.

"당신이 편안하게 지낼 수 있도록 하는 것이죠. 여기에 갇혀 지내면서 겪는 불편을 줄이기 위해 무언가 필요한 것이 있습니까."

"글쎄요," 기병은 잠시 생각한 다음에 말했습니다. "하지만 담배는 원칙적으로 금지되어 있으므로 달리 필요한 것은 아무것도 없습니다."

"어쩌면 점차 생각이 날지 모릅니다. 생각이 날 때마다 우리에게 알려주세요."

"고맙습니다. 하지만" 조지 씨는 햇볕에 그을린 얼굴에 미소를 지으며 말했습니다. "나처럼 전 세계를 떠돌아다닌 사람들은 이런 곳에서도 그런대로 잘 지낼 수 있답니다."

"그다음으로는 사건과 관련한 이야기입니다만……." 잔다이스 씨가 말했습니다.

"그렇군요." 조지 씨는 차분한 가운데 약간의 호기심을 보이며 팔짱을 꼈습니다.

"지금은 어떤 상황입니까?"

"현재는 재구류 상태지요. 버킷의 말로는 증거가 더욱 확고해질 때까지 수차 례에 걸쳐 재구류를 신청할 생각이라고 합니다. 어떤 증거가 확고해진다는 것 인지 알 수 없는 노릇이지만 버킷은 어떻게든 해낼 거예요."

"이런!" 아저씨는 놀라서 외쳤습니다. "자신의 일인데 마치 남의 일처럼 말하 는군요!"

"용서하십시오. 여러분의 친절은 정말로 감사하게 생각하고 있습니다. 하지만 이런 식으로라도 생각하지 않으면 이 사건을 생각할 때마다 벽에 머리를 부딪 치지 않을 수 없게 됩니다."

"그도 그렇겠네요." 잔다이스 씨는 흥분을 가라앉혔습니다. "그렇지만 아무 리 결백한 사람이라도 스스로를 지키기 위해서는 어느 정도 주의를 기울여야 합니다."

"그렇습니다. 그래서 저도 그렇게 했습니다. 저는 치안판사들에게 이렇게 말 했습니다. '여러분, 이 사건과 관련하여 저는 여러분과 똑같이 결백합니다. 저 에게 불리한 진술들은 사실관계를 따져볼 때 모두 사실입니다. 그 이상은 나도 모릅니다.' 앞으로도 그렇게 진술을 계속할 생각입니다. 달리 뭘 더 어찌할 수 있겠습니까? 그게 사실인데요."

"그러나 사실만으로는 어떻게 할 수 없어요."

"그렇습니까? 그것은 좀 실망입니다." 조지 씨는 사람 좋은 웃음을 보이며 말했습니다.

"당신은 변호사를 고용하지 않으면 안 돼요. 당신을 위해 좋은 변호사를 붙 여주겠소." 잔다이스 씨가 말했습니다.

"뜻은 고맙습니다만 사양하겠습니다."

"변호사를 거절한다고요?"

"그렇습니다." 조지 씨는 단호하게 고개를 저었습니다. "마음만은 고맙게 받 겠습니다. 하지만 변호사는 안 됩니다."

"왜죠?"

"나는 어떤 부류의 사람들을 좋아하지 않습니다. 그리들리도 그랬었고—이 렇게 말씀드리는 것이 실례가 아닐지 모르겠지만—당신도 그럴 것입니다."

"하지만 법의 형평성을 위해서는 변호사가 필요합니다." 잔다이스 씨는 약간 당황해서 말했습니다.

"그렇습니까? 나는 그런 건 잘 모릅니다. 하지만 대체로 어떤 부류의 사람들은 싫어합니다."

기병은 팔짱을 끼고 있던 팔을 풀고 자세를 바꿨습니다. 그가 다부진 한 손을 테이블 위에 올려놓고 또 다른 손을 허리에 대자 일단 결심한 것은 끝까지 밀고 나갈 사람처럼 보였습니다. 우리 셋이서 이런저런 얘기로 설득하려 해보았지만 헛수고였습니다. 그는 결연한 자세에 꼭 들어맞는 온화한 태도로 우리의 이야기에 귀를 기울이고는 있었지만 이 감옥의 벽과 마찬가지로 전혀 흔들리지 않았습니다.

"조지 씨, 부디 다시 한 번 생각해주세요." 내가 말했습니다. "이 사건과 관련하여 바라는 게 아무것도 없습니까?"

"내가 바라는 것은 군법회의에서 재판을 받는 것인데 그것이 무리인 것은 나도 잘 알고 있습니다. 아가씨, 내가 말씀드리는 것을 2분만 들어주신다면 나는 확실하게 내 심경을 말씀드리고 싶습니다."

조지 씨는 우리 세 사람을 차례로 둘러보고 꼭 끼는 죄수복의 칼라 속에 여유 공간을 확보하려는 듯이 고개를 조금 흔들고 잠시 생각에 잠긴 뒤 말을 이었습니다.

"아가씨, 보시다시피 나는 수갑을 찬 채 이곳에 호송되어 왔습니다. 나는 치욕의 낙인이 찍힌 사내입니다. 그리고 내가 운영하는 사격연습장은 버킷이 샅샅이 수색했지요. 불평하는 것은 아닙니다. 내 잘못으로 이런 곳에 들어와 있는 것은 아니지만, 젊었을 때 허랑방탕하게 살지 않았더라면 이렇게 되지 않았을 겁니다. 하지만 나한테 이런 일이 생겼고, 이제 문제는 어떻게 대처하느냐입니다."

조지 씨는 사람 좋은 웃음을 띠고 거무스름한 이마를 문지른 다음 변명이라도 하는 것처럼 말했습니다.

"나는 말을 많이 하면 숨이 차기 때문에 조금 생각하지 않으면 안 됩니다."

조금 생각을 하고 난 뒤 그는 다시 눈을 들어 말을 계속했습니다.

"어떻게 대처하느냐입니다. 그런데 고인이 된 그 불행한 사람은 변호사였고, 나를 몹시 괴롭혔습니다. 그래서 나는 변호사라는 직업이 싫습니다. 내가 변호사와 얽히지만 않았어도 이런 곳에 갇힐 일은 없을 것이라고 생각하고 있습니다. 그런데 얘기가 잠시 옆길로 샜군요. 내가 정말로 그 사내를 죽였다고 칩시다. 버킷이 사격연습장에서 발견한, 최근에 발사한 흔적이 있는 권총으로 내가 그 사내를 쏘았다고 칩시다. 그랬다면 내가 이곳에 감금되자마자 무엇을 했겠습니까? 변호사를 구했을 것입니다.”

기병은 문고리가 벗겨지는 소리에 입을 다물었습니다. 그는 문이 열렸다가 닫히자—무엇 때문인지는 나중에 말씀드리겠습니다—이야기를 계속했습니다.

“나는 변호사를 구했을 것입니다. 변호사는(신문 등에서 흔히 보는 대로) 이렇게 말하겠지요, ‘제 의뢰인은 아무것도 말씀드릴 게 없습니다. 제 의뢰인은 답변을 보류합니다.’ 기타 등등 기타 등등. 내 생각에 그런 부류의 사람들은 직설적으로 말하는 법이 없고, 자신들과 마찬가지로 다른 사람들도 직설적으로 말하지 않는다고 생각합니다. 그는 내가 무고한지 여부에 대해 별 관심이 없습니다. 내가 죄가 있든 없든 그는 내 입을 막고 정황을 숨기고 증거를 난도질하고 궤변을 늘어놓아 나를 풀려나게 해줄 것입니다. 그러니 서머슨 양, 나는 그런 식으로 풀려나는 것은 딱 질색입니다. 그럴 바에는 차라리 내 식으로 해서 사형을 당하는 편이 낫습니다.”

이제 기병은 이야기에 열중해 이쪽의 대답은 기다리지도 않고 말했습니다.

“나는 내 방식대로 해서 사형을 당하는 편이 차라리 낫습니다. 그렇다고…….” 그는 억센 두 손을 허리에 댄 채 팔꿈치를 펴고 검은 눈썹을 치켜올리고 우리를 둘러보면서 말했습니다. “사형당하는 게 좋다는 것은 아닙니다. 내가 말씀드리고 싶은 것은 완전히 결백함을 입증하거나 그렇지 않으면 전혀 입증을 하지 않거나 해야 한다는 것입니다. 그렇기 때문에 나에게 불리한 증언이 이루어져도 그것이 사실이면 나는 사실이라고 말합니다. 경찰에서 내가 한 말이 불리한 증거로 쓰일 수 있다고 말해도 나는 개의치 않습니다. 온전히 사실에 의해 결백이 밝혀지지 않는 한 무죄 판결도 별 의미가 없습니다.”

기병은 돌 바닥 위를 한 두 걸음 걸은 뒤 테이블로 돌아와서 마지막으로 이렇게 덧붙였습니다.

“아가씨, 여러분, 걱정해주시고 찾아주셔서 정말로 감사합니다. 이것이 내가 아는 전부입니다. 나처럼 무딘 검 같은 둔한 머리를 지닌 사람은 이 정도밖에 모릅니다. 나는 군인으로서 임무를 다한 것 외에는 이제까지 변변한 일을 하지 못했습니다. 최악의 사태가 닥친다고 해도 그것은 내가 뿌린 씨앗을 내가 거두는 것일 뿐입니다. 살인범으로 붙잡혔을 때 받은 최초의 충격이 가시자―나처럼 세상을 떠돌아다니던 사람은 충격에서 벗어나는 데 그리 오랜 시간이 걸리지 않습니다―지금과 같은 심경이 되었습니다. 앞으로도 똑같은 마음일 거라고 생각합니다. 나 때문에 수치스럽거나 불행해지는 친척은 없을 겁니다. 이게 내가 말하고 싶은 전부입니다."

앞서 문이 열렸을 때 들어온 사람은 조지 씨만큼 좋은 인상은 아니었지만 역시 군인처럼 보이는 한 사내와 햇볕에 그을린 얼굴에 반짝이는 눈을 지닌 튼튼해 보이는 한 여인이었습니다. 여인은 바구니를 들고 들어와 조지 씨의 말을 주의 깊게 들었습니다. 기병은 이야기 도중에는 그 사람들에게 친숙한 듯한 눈길로 가볍게 인사를 할 뿐 그 이상 특별한 인사는 하지 않았습니다. 하지만 이제 이야기가 끝나자 마음을 담아 악수를 나누고 이렇게 말했습니다.

"아가씨, 여러분, 이쪽은 내 오랜 친구인 매튜 백넷이고, 이쪽은 그 부인입니다."

백넷 씨는 군인식으로 격식을 차려 인사를 하고 부인은 무릎을 굽혀 인사를 했습니다.

"두 사람은 나의 둘도 없는 친구입니다. 내가 체포된 것은 이 사람들의 집을 방문했을 때의 일입니다."

"조지를 붙잡아 간 작자는," 백넷 씨는 화가 치미는 듯 고개를 흔들며 말했습니다. "친구를 위해 좋은 음색이 나는 중고 첼로를 구해달라고 했었죠."

"매튜," 조지 씨가 말했습니다. "내가 이분들에게 한 말을 잘 들었을 거야. 어떤가, 자네도 내 말에 찬성해주겠지?"

백넷 씨는 한동안 생각에 잠긴 뒤 부인에게 대답을 맡겼습니다.

"당신이 대답해줘. 내가 찬성인지의 여부를."

"무슨 말을 하고 있는 거예요, 조지?" 바구니에서 돼지고기 초절임과 차, 설탕, 검은 빵을 꺼내고 있던 백넷 부인이 외쳤습니다. "당신이 한 말에는 찬성할 수 없어요. 당신 말을 듣고 있으면 화가 나요. 이런 식으로 풀려나는 것은 싫다니, 그런 어리석은 말이 어디 있어요?"

"부인, 나는 약해져 있습니다. 너무 심하게 꾸짖지 말아주세요." 기병은 쾌활하게 말했습니다.

"약해져 있다고요! 약해져 있어도 합리적으로 생각할 수는 있어야죠. 오늘 당신이 이분들 앞에서 한 말처럼 어리석은 말은 들어본 적이 없어요. 이쪽 분이 변호사를 추천해주신다고 하면 지나치게 많아서 폐가 되지 않는 한 몇 사람이고 상관이 없지 않아요?"

"참으로 현명한 부인이시군요." 잔다이스 씨가 말했습니다. "백넷 부인, 부디 조지 씨를 설득해주십시오."

"조지를 설득하라고요? 그건 불가능합니다! 여러분은 조지를 모르시는군요. 보십시오." 백넷 부인은 햇빛에 그을린 두 손으로 조지 씨를 가리키며 말했습니다. "이 사람을! 이렇게 고집스럽고 괴팍한 사람도 없을 거예요. 이 사람이 일단 이렇다고 생각해버리면 그것을 바꾸는 것은 혼자서 48파운드의 대포를 들어 올려 어깨에 메는 것보다도 힘든 일이에요. 나는 이 사람을 잘 알아요. 안 그래요, 조지? 이제까지 그렇게 오래 알고 지냈는데 이제 와서 완전히 다른 사람으로 바뀌진 않겠죠?"

부인의 허물없는 비난은 그 남편에게 좋은 본보기를 보여준 셈이어서, 남편은 기병을 향해 몇 번이나 고개를 흔들어 말없이 항복을 호소했습니다. 그동안에 부인은 내 쪽으로 고개를 돌렸습니다. 그 눈짓에서 나에게 뭔가를 해달라는 것은 알 수 있었는데 무엇을 하라는 것인지는 알 수 없었습니다.

"당신에게 말해봤자 소용이 없다는 것은 이미 몇 년 전부터 알고 있어요." 부인은 돼지고기에 묻은 먼지를 털어내 또다시 나를 힐끗 바라보았습니다. "이분들도 나만큼 당신을 알면 당신에게 이야기하는 것을 포기하고 말 거예요. 하지만 아무리 고집쟁이일지라도 식사는 하시겠지요? 자, 드세요."

"고맙게 잘 먹겠습니다." 기병이 대답했습니다.

"정말요? 백넷 부인은 사람 좋은 웃음을 웃으며 불평을 계속했습니다. "이것 참 놀라운데요. 당신은 자기 식으로 굶어 죽으려고 했던 것 아닌가요? 그쪽이 당신답다고 생각해서 말이에요. 이다음에는 틀림없이 그렇게 하겠죠?"

여기에서 부인은 또 내 쪽을 힐끗 보았습니다. 부인이 문 쪽과 내 쪽을 번갈아 바라보며 눈짓을 하는 바람에 나는 부인이 우리에게 밖에 나가서 기다려 달라고 말할 생각임을 깨달았습니다. 그래서 똑같은 방식으로 잔다이스 씨와 우드코트 씨에게 그 뜻을 전하고 일어나서 말했습니다.

"그러면 조지 씨, 부디 생각을 다시 해주세요. 또 올 테니까 그때는 좀 더 합리적으로 생각할 수 있게 되었으면 해요."

"아가씨, 뭐라고 감사의 말씀을 드려야 좋을지 모르겠군요."

"그러면 우리의 마음을 받아주었으면 해요. 그리고 이 의문의 사건을 해결해 진범을 찾아낸다는 것은 당신뿐만이 아니라 다른 사람들에게 있어서도 극히 중대한 의미를 지니고 있을지도 모른다는 사실을 부디 잊지 마시길⋯⋯."

나는 문 쪽으로 가면서 조지 씨 쪽을 제대로 보지 않고 이렇게 말했는데, 기병은 공손하게 들으면서도 내가 하는 말에 귀를 기울이기보다는 (이것은 나중에 모두가 말한 것인데) 내 키나 체격을 뚫어지게 쳐다보았습니다. 그리고 이렇게 말했습니다.

"아무래도 이상하다. 하지만 그때는 그렇게 생각했는데⋯⋯."

잔다이스 씨가 그게 무슨 말이냐고 묻자 기병은 이렇게 대답했습니다.

"그것은 말입니다. 내가 운 나쁘게 살인이 있었던 밤에 피해자 집의 계단이 있는 곳까지 갔을 때 서머슨 양을 닮은 사람의 그림자가 어둠 속에서 나를 스쳐 지나갔는데, 어찌나 서머슨 양과 비슷했던지 말을 걸 생각을 했을 정도였습니다."

순간 나는 전혀 겪은 적이 없는, 그리고 앞으로도 다시는 겪고 싶지 않은 오싹한 기분에 휩싸였습니다.

"내가 계단을 올라가는 곳에서 그 사람은 내려오는 중이었습니다. 크고 검은 망토를 입고 있어서 달빛 비치는 창가를 지날 때 그 망토에 폭넓은 테두리장식이 달려 있는 것을 깨달았습니다. 하지만 그것은 지금의 사건과는 아무런 관계도 없습니다. 서머슨 양이 그 사람과 많이 닮아서 문득 생각해 낸 것뿐입니다."

이 말을 들은 뒤에 내 가슴속에 끓어 오른 여러 가지 감정을 하나 하나 구별해서 설명하기란 불가능합니다. 다만 이 사건의 수사에 협력하지 않으면 안 된다는 처음부터의 결심이 (이유를 나에게 물을 용기는 없었습니다만) 더욱더 강해졌다는 것, 그리고 내가 두려워 할 것은 아무것도 없다고 생각했다는 것만 말해두겠습니다.

우리들 세 사람이 감옥에서 나와 문에서 조금 떨어진 곳을 오가고 있는데 얼마 지나지 않아 백넷 씨 부부가 나와 우리가 있는 곳으로 왔습니다.

부인의 두 눈에는 눈물이 가득하고 얼굴은 빨갛게 상기되어 있었습니다. 그녀가 말했습니다.

"내가 생각하고 있는 것을 조지가 알게 하고 싶지 않았어요, 아가씨. 하지만 딱하게도 그 사람은 몹시 약해지고 있어요."

"배려와 분별이 있는 도움의 손길을 뻗어주면 별문제 없을 거예요." 잔다이스 씨가 말했습니다.

"당신처럼 훌륭한 분이 그렇게 말씀하신다면 틀림없이 그럴 거예요." 부인은 잿빛의 외투 자락으로 연신 눈을 닦으며 말했습니다. "하지만 나는 그 사람이 걱정이에요. 그 사람은 몹시 무모해서 마음에도 없는 것을 함부로 말하기 때문에 배심원들은 리그넘이나 나처럼 그 사람의 일을 알아주지 않을 거예요. 게다가 그 사람에게 불리한 정황이 많고, 많은 사람이 그 사람에게 불리한 증언을 할 테지요. 버킷은 그야말로 교활한 사람이고요."

"중고 첼로를 구해 달라느니 자기도 어릴 때는 피리를 불었다느니 해 가며 우리를 현혹시켰던 사람이지요." 백넷 씨가 엄숙하게 덧붙였습니다.

"그런데 아가씨, 할 얘기가 있습니다." 백넷 부인이 말했습니다. "내가 아가씨라고 말할 때에는 여러분 모두를 지칭하는 것입니다. 잠깐 벽 모퉁이까지 와주세요, 부탁입니다. 할 얘기가 있어서!"

백넷 부인은 허둥지둥 우리를 더욱 사람들 눈에 띄지 않는 곳으로 데리고 갔습니다. 처음에는 숨이 차서 말도 제대로 못 할 정도였는데 남편이 "자, 어서 말해 봐요!" 하고 재촉을 했습니다.

"그러면 말씀드리지요, 아가씨." 더 편하게 숨을 쉴 수 있도록 모자의 끈을 풀면서 부인은 말을 계속했습니다. "조지의 마음을 움직이는 것은 도버의 요새를 움직이는 것만큼이나 어려운 일이기 때문에 그 사람을 움직이려고 생각했다면 무언가 새로운 수를 쓰지 않으면 안 됩니다. 나는 그 수를 알고 있어요."

"부인은 참으로 대단한 분이군요." 잔다이스 씨가 말했습니다. "계속하세요!"

"그런데 아가씨," 부인은 흥분한 나머지 계속해서 손뼉을 치며 말했습니다.

"조지가 친척이 없다고 말한 것은 사실이 아닙니다. 저쪽에서는 모르지만 조지 쪽에서는 알고 있습니다. 조지는 가끔 다른 사람에게는 말하지 않은 것들을 내게 이야기하곤 했지요. 언젠가는 우리 울리치에게 자기 어머니의 백발이나 얼굴 주름에 대해 얘기한 적도 있답니다. 50파운드를 걸어도 좋아요. 그날 조 지는 어머니의 모습을 본 거예요. 어머니는 살아 계십니다. 바로 이곳으로 모셔 와야 해요."

부인은 핀을 몇 개 입에 물더니 순식간에 훌륭한 손놀림으로 스커트 자락 을 잿빛 외투자락보다도 약간 위까지 걷어 올렸습니다.

"리그넘, 아이들을 잘 부탁해요. 나에게 우산을 줘요. 조지의 어머니를 모셔 오기 위해 링컨셔에 다녀와야겠어요."

"하지만 부인," 아저씨가 손을 주머니에 넣으며 말했습니다. "거기까지 어떻 게 가시려고요? 돈은 얼마나 가지고 있습니까?"

백넷 부인은 스커트에서 가죽 지갑을 꺼내 그 안에 있는 돈을 세보고는 매 우 만족스러운 얼굴로 지갑을 닫았습니다,

"아가씨, 걱정 말아요. 나는 군인의 아내라서 내 식대로 여행을 하는 데에는 익숙해져 있습니다. 자, 리그넘," 그녀는 남편에게 키스를 하면서 말했습니다. "하나는 당신에게 셋은 아이들에게. 자, 그럼 조지의 어머님을 모시러 링컨셔로 떠납니다!"

우리들 세 사람이 놀란 나머지 멍하니 서로 얼굴을 마주 보고 있는 사이에 부인은 정말로 떠나고 말았습니다. 잿빛 외투를 입고 성큼성큼 걸어서 모퉁이 를 돌아 모습이 보이지 않게 되었습니다.

"백넷 씨," 잔다이스 씨가 말했습니다. "저렇게 부인을 보내도 괜찮습니까?"

백넷 씨가 대답했습니다. "전에도 한 번 이런 일이 있었습니다. 세계의 끝에 서 집으로 돌아온 것입니다. 지금과 같은 잿빛 외투를 입고 같은 우산을 들고 요. 아내의 청은 무엇이건 들어주지 않을 수 없어요. 아내는 일단 한다면 반드 시 하는 사람입니다!"

"겉으로 보이는 것만큼이나 정직하고 훌륭한 분이시군요." 잔다이스 씨가 대 답했습니다.

"아내는 천하제일 연대의 군기호위 조장입니다." 백넷 씨도 돌아가려고 하면

서 뒤돌아보고 말했습니다. "흔히 볼 수 있는 부인이 아니죠. 그렇지만 아내에게 그런 말은 하지 않을 것입니다. 규율을 유지해야 하니까."

# 제53장 수사의 도정

버킷 경감과 그의 통통한 검지는 요즘 서로 대화를 주고받느라 바쁘다. 그가 사건 해결에 신경을 쓸 때면 검지는 마법사로 승격하는 듯하다. 검지를 귓가에 갖다 대면 작은 목소리로 정보를 알려주고, 입가에 갖다 대면 비밀이 새어 나가지 않게 막아준다. 검지로 코를 문지르면 후각이 예리해지고, 범죄자 앞에서 검지를 흔들면 상대방은 초주검이 된다. 경찰 사원의 점쟁이들은 버킷 경감과 그의 검지 사이에 의논이 잦아지면 오래지 않아 인과응보의 결말이 다가올 것이라고 예언한다.

평소에 인간성 탐구에 관심을 가져온 버킷 경감은 인간의 어리석은 행위에 엄격하지 않다. 그는 많은 집들의 집안 사정을 알고 있고, 수많은 거리를 돌아다닌다. 겉으로 보기에 목적도 없이 어슬렁거리고 있는 것 같다. 같은 경찰동료에 대해서는 실로 소탈해 대부분의 동료들과 어울려 한잔 하는 것도 마다하지 않는다. 씀씀이는 시원시원하고 붙임성 있는 성격이며, 주변 사람들과 허물없이 대화를 나눈다. 하지만 이 평온한 삶의 흐름 속에는 그의 검지가 숨겨져 있다.

버킷 경감은 시간이나 장소에 구애받지 않는다. 오늘은 여기에, 내일은 저기에, 그다음 날에는 다시 여기에 그 모습을 드러낸다. 오늘 밤에는 레스터 데들록 경의 런던 저택에 있는 철제 소등기를 들여다보고 있는가 하면 내일 아침에는 체스니 월드의 저택으로 통하는 길을 걷고 있다. 그곳은 일찍이 죽은 뒤 유령이 되어 100기니에 넋이 떠올랐다는 노인이 걷던 길이다. 레스터 경의 서랍과 책상, 주머니, 그 밖에 온갖 소지품을 버킷 경감은 조사한다. 몇 시간 지나면 경감은 털킹혼 씨 집의 천장에 그려진 로마인과 서로 검지를 비교할 것이다.

그와 같은 직업을 가진 사람들의 경우 직장생활과 가정 생활은 애당초 양립할 수 없는 것일지도 모르는데 어쨌든 버킷 경감이 요즘 집에 돌아가지 않는 것은 사실이다. 그는 버킷 부인— 그녀는 선천적으로 탐정이 될 재능이 풍부해 전문적 훈련을 받으면 대단한 공을 세웠을 텐데 지금은 두뇌가 명석한 아마추어 단계에 만족하고 있다—과 같이 있는 것을 몹시 좋아하지만 요즘은 그 다정한 아내하고도 얼굴을 마주치지 않고 있다. 그래서 버킷 부인은 집의 하숙인(다행히 붙임성이 있는 부인이고 크게 그녀의 관심을 끈 인물이다)을 상대로 이런저런 이야기를 나눈다.

장례 날, 링컨법조학원 광장에는 많은 군중이 모여들었다. 레스터 데들록 경도 장례식에 참석했다. 엄밀히 말해서 인간 장송자로 말하면 데들록 경을 제외하고는 세 사람밖에 없었다. 두들 경과 윌리엄 버피, 그리고 데들록 경의 쇠약한 사촌이 그들이다. 그러나 문상 마차의 줄은 끊이지 않았고 귀족들이 타고 온 사륜마차도 이 일대에서 일찍이 볼 수 없었을 정도로 많았다. 무수히 많은 마차에 문장이 아로새겨져 있어서 마치 문장원(紋章院)이 그 부친과 모친을 한꺼번에 잃은 것 같았다. 푸들 공작은 은으로 된 굴대를 장착한 먼지와 쓰레기 덩어리 같은 마차를 차례로 풀어내고 그 뒤에는 상복을 입은 거구의 하인들이 슬픔에 젖어 뒤따르고 있다. 전 런던의 마부가 모두 상복을 입고 있는 것 같아 만일 고인이 조금이라도 말에 취미를 가지고 있었다면 이 날은 눈이 무척 즐거웠을 것이다.

장의사와 하인의 무리, 비탄에 젖은 문상객들에 둘러싸여 버킷 경감은 마차 안에 몸을 숨기고 격자창의 해가리개 너머로 군중을 바라보고 있다. 군중만이 아니다. 마차의 이쪽저쪽에서 사방을 둘러보았다. 줄지어 있는 집들의 창을 올려다보고 사람들의 머리 너머를 보는 등 무엇 하나 놓치지 않았다.

"저기 우리 집사람이 있네." 고인의 집 현관 앞에 서 있는 버킷 부인의 모습을 보면서 경감은 혼잣말을 한다. "집사람이 있어. 매우 건강해 보이는걸!"

장례 행렬은 아직 움직이지 않고 오늘 의식의 주역이 나오길 기다리고 있다. 버킷 경감은 가장 선두의 마차에 올라 통통한 두 개의 검지로 격자창을 조금 열어 밖을 내다본다.

버킷 경감의 남편으로서의 아내에 대한 배려가 얼마나 깊은지를 여실히 보여주듯 그는 여전히 작은 소리로 혼잣말을 되풀이한다. "집사람이 저기 있어. 하숙인이랑 함께. 여보, 내가 보고 있어. 나 없는 동안 잘 지내."

그 뒤, 그는 아무 말도 하지 않고 변함없이 눈을 빛내며 앉아 있다. 이윽고 비밀을 간직한 관이 운반되어 온다. 그 비밀은 지금 어떻게 되었는가? 아직 그와 함께 있는가? 그와 함께 훌쩍 저 세상으로 떠났는가? 장례 행렬이 움직이기 시작해 부인의 모습은 보이지 않게 된다. 그러자 경감은 느긋하게 마차의 부속품 등을 바라본다. 언젠가 여기에 대한 지식이 도움이 될 때도 있을 거라고 생각하면서.

새카만 마차에 갇혀 있는 털킹혼 씨와 자기 마차에 갇혀 있는 버킷 경감은 얼마나 대조적인가! 영원한 잠에 빠져 도로의 포석(鋪石) 위를 묵직하게 나아가는 한쪽의 앞날에 기다리는 기나긴 도정과 머리카락 한 올 한 올까지 살피고 감시를 계속하고 있는 다른 쪽이 이제부터 진상에 다다를 때까지의 짧은 도정은 얼마나 대조적인가! 하지만 어느 쪽에 있어서나 그것은 똑같은 것이다. 어느 쪽이나 그것을 고민하고 있지는 않기 때문에.

버킷 경감은 편안한 자세로 마차를 타고 가다가 데들록 경의 저택에 도착하자 마차에서 내린다. 지금은 이 저택이 그의 집이나 마찬가지여서, 그는 수시로 이 집을 드나든다.

문을 두드리거나 초인종을 누를 필요는 없다. 열쇠를 갖고 있기 때문에 자유롭게 드나들 수 있다. 현관의 큰 홀을 빠져나가려고 하자 하인이 "버킷 씨, 또 편지가 왔는데요." 하고 말하고 그에게 편지를 건넨다.

"또 왔단 말이지?" 경감이 말한다.

만일 하인이 편지에 대해 약간의 호기심을 보인다 해도 신중한 경감은 그 호기심을 만족시켜 줄 사내는 아니다. 경감은 상대의 얼굴을 지그시 바라본다. 마치 몇 마일이나 떨어져서 바라보는 것처럼.

"자네, 혹시 코담배를 가지고 있나?" 버킷 경감이 말한다.

하인은 가지고 있지 않다고 대답한다.

"어디서 조금만 구해다 줄 수 없겠나? 고마워. 어떤 거라도 좋아. 종류는 가리지 않아. 고마워!"

경감은 아래층의 누군가에게서 빌려온 담뱃갑에서 코담배를 집어 들고 먼저 한쪽 콧구멍으로, 다음에 다른 쪽 콧구멍으로 차분하게 음미한 뒤 "음, 꽤 괜찮은 물건인걸." 하고 말하고는 편지를 들고 사라진다.

버킷 경감은 매일 편지를 2, 30통씩 받는 사람의 얼굴을 하고 2층의 큰 서재 안에 있는 작은 독서실로 들어가지만 사실 그는 평생을 통해서 그렇게 많은 편지를 주고받는 사람은 아니다. 펜을 쥐는 손놀림은 유사시에 손에 잡을 수 있도록 언제나 휴대하고 있는 편리한 포켓 경찰봉을 쥐는 손놀림 같다. 그는 다른 사람들에게도 복잡 미묘한 문제를 설명하는 데 편지는 별 도움이 안 된다며 편지 쓰기를 그다지 권하지 않는다. 게다가 편지가 증거로 제출된 것 때문에 신세를 망친 예를 몇 번이고 보아왔기 때문에 그런 것을 쓰는 것은 멍청한 아마추어나 하는 일로 생각하고 있다. 그와 같은 이유로 그는 편지를 보내거나 받는 것과는 거의 인연이 없는 사람이다. 그런데도 지난 24시간 6통의 편지를 받았다.

"이것도 같은 필적이고 같은 내용이군." 버킷 경감은 손에 든 편지를 테이블 위에 펼치면서 말한다.

어떤 내용이 씌어 있을까?

그는 문을 잠근 뒤 수첩(많은 인간의 운명이 걸려 있는 수첩이다)을 펴고 또 한 통의 편지를 옆에 늘어놓고 본다. 어느 편지에나 대범한 필치로 이렇게 쓰여 있다. "데들록 부인"

"흠," 버킷 경감이 중얼거린다. "하지만 익명의 제보 없이도 나는 현상금을 받을 수 있는걸."

두 통의 편지를 운명의 수첩 속에 넣고 다시 그것을 끈으로 묶은 뒤 문을 열자 때마침 셰리주를 곁들인 저녁 식사가 날라져 온다. 경감은 친한 동료들에게 동인도의 셰리주만 한 것도 없다고 말해왔다. 그는 입맛을 다시면서 셰리주를 몇 잔 따라 마신 뒤 식사를 하려고 하다가 문득 어떤 생각을 떠올린다.

버킷 경감은 옆방으로 통하는 문을 살며시 열고 안을 들여다본다. 서재에는 인기척도 없고 난로의 불이 약하게 타오르고 있다. 경감의 시선은 방안을 한 바퀴 휘돌아 편지를 올려놓는 테이블 위에 멈춘다. 레스터 경 앞으로 온 편지가 몇 통인가 놓여 있다. 경감은 다가가 겉봉을 살핀다. "필적이 다르다. 그렇다면 이건 나에게만 보낸 편지였구나. 내일 레스터 데들록 준남작 각하에게 알려야겠다."

그는 방으로 돌아가 맛있게 식사를 마친다. 그리고 살짝 잠이 들었다가 응접실로 불려나간다. 레스터 경은 최근 들어 매일 밤 경감을 불러 무언가 보고할 것은 없는지 묻는 것이다. 쇠약한 사촌(장례식에 다녀오느라 완전히 녹초가 되었다)과 볼룸니아가 곁에 기다리고 있다.

버킷 경감은 이 세 사람에게 저마다 다른 인사를 한다. 레스터 경에게는 정중한 인사. 볼룸니아에게는 부인용의 인사, 쇠약한 사촌에게는 조금 가벼운 인사('당신은 도시에서는 멋쟁이신데 날 알고 계시겠죠. 나도 알고 있습니다')를 건넨다. 이렇게 재치 있게 세 사람에게 별도로 인사를 하고 나면 경감은 두 손을 비빈다.

"경감님, 무언가 새로운 소식이 있나요?" 레스터 경이 묻는다. "혹시 나하고만 따로 이야기하고 싶은가요?"

"아닙니다, 오늘 밤은 괜찮습니다. 레스터 데들록 준남작 각하."

"나는 법을 지키기 위해서라면 얼마든지 시간을 낼 수 있습니다."

버킷 경감은 헛기침을 한 뒤, 립스틱을 바르고 목걸이를 한 볼룸니아 쪽을 힐끗 바라본다. 마치 정중한 투로 '정말 아름다우시군요. 당신 나이의 부인들 가운데에는 그리 아름답지 않은 사람도 무수히 많은데요'라고 말하는 듯하다.

아름다운 볼룸니아는 자신의 매력을 의식하며 편지 쓰기를 멈추고 진주 목걸이를 손으로 만지작거린다. 경감은 마음속으로 그 목걸이의 값을 평가하면서 볼룸니아가 시를 쓰고 있었을 거라고 생각한다.

"이 잔인한 사건의 해결을 위해" 레스터 경은 말을 계속한다. "전력을 다해주십시오. 만약 내가 깜빡 잊고 이 말을 하지 않았다면 이번 기회에 다시 한 번 강조해두고 싶습니다. 경비는 얼마가 들어도 상관없어요. 모든 경비는 내가 댑니다. 범인을 잡을 수만 있다면 나는 일체의 경비를 대는 데 조금도 망설이지 않을 것입니다."

이 시원시원함에 버킷 경감은 다시 한 번 머리 숙여 감사를 표한다.

"쉽게 알아차릴 수 있겠지만 그 끔찍한 사건이 있고 나서 나는 아직 충격에서 헤어나지 못했어요. 어쩌면 영원히 헤어나지 못할지도 모릅니다. 하지만 그 충실하고 근면하고 헌신적인 고문변호사를 땅에 묻고 온 오늘 밤은 몹시 화가 나는군요."

레스터 경은 목소리가 떨리고 백발이 흔들리며 눈에는 눈물이 글썽하다. 경의 가장 선량하고 성실한 마음이 깨어난 것이다.

"단언컨대 사건의 전모가 드러나 범인이 벌을 받을 때까지 나는 이름에 먹칠이 된 듯한 기분에서 벗어날 수 없을 것입니다. 마지막 날까지 생애의 대부분을 내게 헌신하고 나와 침식을 같이 해온 한 신사가 내 집 문을 나선 지 채 한 시간도 안 돼 총탄에 쓰러졌습니다. 범인은 내 집에서부터 그를 감시하고 미행한 게 틀림없습니다. 어쩌면 그가 우리 집과 특별한 관계에 있었기에 더욱 그를 노린 것일 수도 있습니다. 그가 보기보다 더 부유하고 중요한 인물일 거라고 생각하고 말이지요. 만일 내가 나의 재력과 영향력과 지위를 가지고서도 그런 범죄의 하수인을 밝혀내지 못한다면 나는 내게 헌신적이었던 사람에게 충실하지 못한 게 되고, 진심으로 그의 명복을 빌어주었다고 할 수도 없게 됩니다."

경은 열정을 담아 이렇게 말하고는 마치 의회에서 연설을 하는 것처럼 방안을 둘러본다. 버킷 경감은 진지한 눈초리로 경을 바라보고 있는데 그 시선에는 일말의 측은함이 담겨 있는 것 같다.

"오늘의 장례는 세상을 떠난 내 친구가"라고 말하면서 경은 이 '친구'란 말을 특별히 힘주어 말한다. 왜냐하면 죽음은 만인을 평등하게 해주기 때문이다. "많은 이들의 존경을 받고 있었음을 그대로 보여주었습니다. 그리고 내가 이 극악무도한 범죄에서 입은 충격을 심화시켰습니다. 예컨대 범인이 내 친형제라고 해도 결코 용서치 않을 것입니다."

버킷 경감은 매우 진지한 표정이다. 볼룸니아는 고인은 신망이 있고 자상한 분이었다고 말한다.

"상심이 크시겠습니다, 아가씨." 경감이 위로하듯이 대답한다. "무리도 아니지요. 고인은 사람을 상심시키도록 운명 지워져 있었던 것 같아요."

볼룸니아는 자기는 평생 그 충격에서 벗어나지 못할 것이고 다시는 웃을 수 없을 것이라고 말한다. 그러고는 배스에서 만난 존경할 만한 노장군에게 보내는 편지를 접는다.

"연약한 여성에게는 충격일 것입니다." 버킷 경감은 동정하듯이 말한다. "하지만 곧 괜찮아질 거예요."

볼룸니아는 무엇보다도 사건의 경과를 알고 싶다고 말한다. 그 무서운 군인에게 유죄판결이 내려질 것인지, 또 그에게 공범이 있는지 등을 묻는다.

"그것은 말입니다." 버킷 경감은 검지로 달래는 듯한 동작을 하며 말한다. "현 단계에서는 그 질문에 답하기가 어렵습니다. 현 단계에서는 레스터 데들록 준남작 각하" 경감은 데들록 경을 향해 고개를 돌린다. "저는 밤낮으로 이 사건을 조사하고 있습니다. 하지만 셰리주를 한두 잔 마시지 않으면 온전히 집중할 수가 없답니다. 아가씨, 아가씨의 질문에 대답하려고 마음먹으면 대답할 수도 있겠지만 그건 직업윤리상 좀 힘들 것 같습니다. 조만간 수사 결과를 모두 레스터 데들록 준남작 각하께 보고하도록 하겠습니다. 아마 만족하실 겁니다."

쇠약한 사촌은 누구라도 교수형에 처해야 한다고 말한다. 엉뚱한 사람이라도 교수형에 처하는 것이 누구도 교수형에 처하지 않는 것보다 낫다고.

"각하는 세상 물정을 아시니까……" 경감은 경의를 표할 생각으로 눈을 깜빡거린 뒤 여느 때처럼 손가락을 구부려 보인다. "방금 내가 아가씨에게 한 말을 확인해주실 수 있을 겁니다."

"볼룸니아, 경감님은 자신의 일에 충실한 것뿐이야. 그분 말씀이 옳아."

"레스터 데들록 준남작 각하, 찬성의 뜻을 말씀해주셔서 참으로 영광입니다." 버킷 경감은 작은 목소리로 중얼거린다.

"볼룸니아, 조금 전에 네가 했던 것과 같은 질문을 하는 것은 좋은 본보기를 보여준다고 할 수 없어. 경감님은 자신의 임무를 잘 알고 있고, 임무에 따라 움직이지. 입법 활동을 돕는 우리 같은 사람들이" 레스터 경은 말허리를 자르려는 볼룸니아를 향해 엄숙하게 말한다.

"법 집행에 관여하거나 방해를 해서는 안 돼."

볼룸니아는 몹시 부끄러워하며 단순한 호기심에서가 아니라 모두가 그의 죽음을 애도하는 고인에 대한 안타까운 마음에서 그런 질문을 한 것이라고 설명한다.

"알았다, 볼룸니아." 레스터 경이 "그럼 신중해야지."

대화가 끊긴 틈을 타서 버킷 경감이 말한다.

"레스터 데들록 준남작 각하, 각하께서 허락해주신다면 이 사건이 거의 마무리되었다는 것을 아가씨께 말씀드리고 싶습니다. 이것은 아주 명쾌한 사건이고, 사건을 해결하는 데 필요한 몇 가지는 제가 몇 시간 안에 찾아낼 수 있으리라 생각됩니다."

"정말 기쁜 소식이로군요." 레스터 경이 말한다. "경감님 공이 큽니다."

"레스터 데들록 준남작 각하," 몹시 진지한 투로 버킷 경감이 대답한다. "저의 큰 공이 됨과 동시에 여러분이 만족할 수 있는 결과가 되길 저는 바라고 있습니다. 제가 명쾌한 사건이라고 말씀을 드린 것은 아가씨," 경감은 진지한 눈길로 레스터 경 쪽을 힐끗 쳐다본다. "나의 견지에서 말하는 것입니다. 다른 견지에서 보면 이와 같은 사건은 언제나 많건 적건 불쾌한 면을 지니고 있을 것입니다. 가족들 간에 매우 이상한 일들이 벌어지는 것을 알게 되니까요. 아가씨,"

볼룸니아는 새된 목소리로 "어머, 그런가요?"라고 말한다.

"그렇습니다, 그것은 훌륭한 집안, 명망 높은 가문에서도 마찬가지입니다." 경감은 다시 진지한 눈길로 레스터 경을 힐끗 보고는 말을 계속한다. "저는 전에 영광스럽게도 명문가에서 일할 기회가 있었는데, 거기서 어떤 일이 벌어졌는지는" 여기서 경감의 시선은 쇠약한 사촌을 향한다. "선생님도 모르실 겁니다."

자기 머리에 소파의 쿠션을 던지며 따분함을 달래던 사촌은 하품을 하면서 "그럴 거예요."라고 말한다.

레스터 경은 이제 이쯤에서 경감과 헤어지는 게 좋겠다고 생각해 위엄 있게 입을 연다.

"좋아요, 수고했어요. 레스터 경은 손을 흔들어 회견이 끝났음을 알리는 동시에 명문가가 천박한 습관에 빠졌을 때에는 대가를 치러야 한다는 뜻을 전한다. "날 만나고 싶으면 아무 때나 찾아와요."

버킷 경감이 (여전히 진지한 태도로) 내일 아침은 어떠냐고 묻자 레스터 경은 "언제라도 좋다고 대답한다. 경감은 세 사람에게 각각 인사를 한 뒤 나가려다가 문득 잊고 있던 것을 떠올리고는 다시 돌아와 작은 소리로 묻는다.

"그런데 계단에 붙어 있는 현상금 전단지는 누가 붙인 것입니까?"

"내가 붙이라고 지시했습니다만." 레스터 경이 대답한다.

"그 이유를 여쭈어보면 실례가 될까요?"

"천만에요. 그곳이 가장 눈에 띄는 곳이어서 붙인 겁니다. 집안사람들이 이 사건이 엄청난 범죄이고, 범인을 벌하려는 나의 의지가 매우 확고하며, 범인이 달아나려고 아무리 애써봐야 헛수고라는 것을 명심하기를 바라는 뜻에서요. 하지만 여기에 대해 반대 의견이 있으시다면……."

경감은 반대 의견 따위는 없으며, 일단 붙였으니 그대로 두는 게 나을 것 같다고 말한다. 그런 뒤 다시 한 번 세 사람에게 저마다 인사하고 물러간다.

이윽고 사교성이 좋은 버킷 경감은 현관의 난로 앞에 서서 하인의 큰 키에 감탄한다. "오, 자네는 6피트 2인치는 족히 되겠는걸."

"3인치입니다."

"그렇게 크단 말이야? 하지만 자네는 살집이 있어서 그리 커 보이지는 않는군. 자네는 다리도 튼튼한데 혹시 전에 모델 일을 해본 적이 있나?" 버킷 경감은 마치 화가처럼 고개를 갸웃하고 시선을 집중하면서 묻는다.

그런 적은 없다고 하인은 대답한다.

"그렇다면 꼭 해보게. 내 친구 가운데 앞으로 왕립미술원 회원으로 이름을 날릴 조각가가 있는데 그 친구가 자네처럼 균형 잡힌 체격을 스케치해서 대리석으로 조각을 하면 아주 멋질 걸세. 그런데 마님은 외출하셨나?"

"저녁 식사모임에 가셨습니다."

"날마다 자주 나가시겠지?"

"그렇습니다."

"그럴 거야. 마님처럼 아름답고 우아하고 기품 있는 분은 식탁 위에 놓인 신선한 레몬 같아서 어딜 가든 돋보이는 법이지. 자네 아버지도 자네와 같은 일을 하셨나?"

"아니오."

"우리 아버지는 나와 같은 일을 하셨지. 처음엔 급사로 시작해서 하인이 되고 다시 집사가 되고 다시 여관 주인이 되셨어. 널리 존경받으시다가 돌아가셨는데, 돌아가실 때는 모두들 몹시 애석해했지. 임종 때 봉사야말로 아버지가 해온 일 중 가장 영예로운 일이었다고 말씀하셨는데, 과연 그랬어. 그런데 마님은 좋은 분이신가?"

"네, 좋은 분이십니다."

"아, 그런가! 조금 제멋대로이거나 변덕스럽지는 않은가? 하긴 그렇게 아름다운 분인데 조금 변덕스러운들 어떻겠나? 안 그런가?"

하인은 꼭 맞는 화려한 복숭앗빛 반바지 주머니에 손을 집어넣고 비단 타이츠를 입은 균형 잡힌 다리를 정중하게 뻗으며 그렇다고 대답한다. 그때 마차의 삐걱거리는 소리, 초인종을 난폭하게 누르는 소리가 들려온다. "마님이 오셨군." 버킷 경감이 말한다.

문이 열리고 부인이 홀을 지난다. 아직 창백한 얼굴에 약식 상복을 몸에 걸치고 두 개의 아름다운 팔찌를 차고 있다. 그 팔찌의 아름다움 때문일까, 팔의 아름다움 때문일까 경감은 새삼 넋을 잃고 바라본다. 파고드는 듯한 눈초리로 바라볼 때 주머니 안에서 무언가—반 페니짜리 동전일 것이다—짤랑거린다.

경감을 본 부인은 그녀를 수행해 온 하인에게 눈짓으로 묻는다.

"마님, 버킷 경감입니다."

경감은 한 걸음 앞으로 나서서 검지로 입가를 쓰다듬는다.

"레스터 경을 뵈려고 기다리고 있는 것입니까?"

"아닙니다, 부인. 벌써 뵈었습니다."

"그럼 내게 할 말이 있나요?"

"아닙니다, 부인, 지금으로서는 없습니다."

"무언가 새로운 것이라도 발견했습니까?"

"몇 가지 사실을 발견했습니다."

이 대화는 지나가는 길에 이루어진 것이다. 부인은 걸음을 멈추지도 않고 혼자서 2층으로 올라간다. 경감은 계단 아래에 이르자 그 노인이 마침내 묘지로 향해 내려간 계단을 부인이 올라가는 모습을 뚫어지게 바라본다. 벽 위에 거무스름하게 무기의 그림자를 드리우고 있는 조각상 옆을 지나 현상금 전단지를 힐끗 바라보고 부인은 모습을 감춘다.

"정말 아름다운 분이야." 경감은 하인에게로 돌아와 말한다. "하지만 그다지 건강해 보이지는 않는군."

별로 건강한 편은 아니며, 두통이 심해 고생하고 있다고 하인은 가르쳐준다.

"그런가? 그것 참 안됐군! 두통에는 산책이 좋은데." 경감이 말한다.

"물론 산책도 하십니다. 두통이 심할 때는 두 시간이나 산책을 하실 때도 있는 걸요. 밤에도 말이지요."

"잠깐, 얘기 도중에 미안하네만 자네 정말로 6피트 3인치인가?"

"확실합니다."

"몸매가 균형이 잘 잡혀서 그렇게 큰 줄 몰랐네. 하지만 근위병도 일반적으로는 체격이 훌륭하다고 여겨지지만 몸매는 모두 제각각이니까. 마님이 밤중에 산책을 한다고? 하지만 달밤이겠지?"

"네, 그렇습니다. 달밤에 산책을 하시죠. 물론입니다."

"자네는 산책하는 습관이 없겠지? 그럴 시간이 없을 테니까."

"그렇기도 하고 산책을 좋아하지도 않습니다. 그보다는 마차로 운동하는 것을 더 좋아하지요."

"그렇구먼." 경감은 난로에 손을 쬐면서 훨훨 타오르는 불길을 기분 좋은 듯이 바라보며 말한다. "그 일이 있었던 그날 밤도 마님은 산책을 나가셨나?"

"그렇습니다! 제가 저쪽의 뜰로 모셨습니다."

"자네는 그곳에 마님을 남겨두고 돌아왔지. 내가 보았네."

"저는 경감님을 보지 못했는데요."

"그때 나는 첼시에 사시는 이모님 댁을 향해 서둘러 가던 중이었지. 이모님은 90세 할머니로 혼자 사시는데 재산을 조금 갖고 계신다네. 그래서 그 시간에 그곳을 지나가게 되었던 거야. 그때가 몇 시쯤 되었더라? 10시가 채 안 됐던 것 같은데."

"9시 반입니다."

"맞아, 그랬지. 그리고 내가 잘못 생각한 게 아니라면 부인께서는 폭넓은 테 장식이 된 큰 망토를 입고 계셨지?"

"물론 그렇습니다."

그랬다. 버킷 경감은 일을 하러 위층에 올라가기에 앞서 대화를 나눌 수 있어서 즐거웠다며 하인에게 악수를 청하고 시간이 나면 조각가 친구를 위해 모델을 서주지 않겠느냐고, 그러면 서로에게 득이 될 거라고 말한다.

# 제54장 지뢰 폭발

상쾌한 기분으로 잠에서 깬 버킷 경감은 하루를 시작할 채비를 한다. 깨끗한 셔츠로 갈아입고, 격무로 숱이 적어진 머리카락을 젖은 헤어브러시로 빗고 나서 양고기 두 조각과 홍차, 토스트, 마멀레이드 등으로 아침 식사를 한다. 이 영양만점의 식사를 마치고 검지와 대화를 나눈 뒤 그는 레스터 데들록 준남작 각하에게 편리할 때 찾아뵙겠다고 말씀드리라고 하인에게 지시한다. 레스터 경으로부터 10분 뒤에 서재에서 만나자는 연락이 와서 경감은 서재로 가 난로 앞에 서서 손가락을 턱에 댄 채 빨갛게 불타는 석탄을 가만히 바라보고 있다.

중대한 임무를 맡은 사람답게 버킷 경감은 신중하고 침착하고 확신에 차 있다. 그의 얼굴을 보면 마치 아직 마지막 패를 까 보이지 않은 유명한 카드 도박사(거액을 베팅한) 같다. 레스터 경이 나타났을 때에도 걱정스럽거나 불안해하는 기색은 전혀 없이 전날과 마찬가지로 일말의 연민이 담긴 시선으로 경이 천천히 의자에 다가가는 것을 곁눈질한다.

"기다리게 해서 미안합니다. 몸이 좋지 않아서 오늘 아침에는 어느 때보다 늦게 일어났어요. 최근의 사건 때문에 요즘에는 견디기 힘들 만큼 화가 나고 신경이 예민해지는군요." 레스터 경은 기분이 썩 좋지 않다는 이야기를 하려 했지만 이것은 버킷 경감도 이미 잘 알고 있다.

레스터 경이 고통스러운 표정으로 겨우 의자에 앉자 버킷 경감은 그에게로 다가가 커다란 한쪽 손을 테이블 위에 놓는다.

레스터 경은 눈을 들어 상대의 얼굴을 보며 말한다. "경감님이 나와 단둘이 이야기하고 싶어 할지 어떨지 잘 모르겠는데, 그건 경감님 좋을 대로 하세요. 단둘이 이야기해도 좋고 아니면 데들록 양을 불러서……."

"레스터 데들록 준남작 각하," 경감은 상대를 설득하려는 듯이 고개를 갸웃하고 검지를 귀걸이처럼 한쪽 귓불에 대면서 말한다. "지금으로서는 다른 사람들에게는 비밀로 해야 할 것 같습니다. 그 이유는 곧 아시게 될 겁니다. 데들록 양과 같은 고귀한 신분의 아가씨와 동석하는 것은 저 개인적으로는 물론 기쁜 일이지만, 제 개인의 사정을 떠나서 말씀드리자면 당분간은 그 누구에게도 알리지 말았으면 합니다."

"알겠소."

"그와 같은 이유로 레스터 데들록 준남작 각하, 문을 잠그는 것을 허락해 주셨으면 합니다."

"그렇게 하시죠."

경감은 평소의 습관대로 능숙한 손놀림으로 문을 잠가 밖에서 안을 들여다보지 못하게 한다.

"레스터 데들록 준남작 각하, 저는 어젯밤 이 사건의 해결을 위해서는 몇 가지 사실이 부족할 뿐이라고 말씀드렸는데 이제 모든 증거를 확보했습니다."

"범인은 그 군인인가요?"

"아닙니다, 레스터 데들록 준남작 각하, 그 군인은 아닙니다."

레스터 경은 놀란 표정으로 묻는다. "그럼 범인을 잡았나요?"

경감은 약간의 사이를 둔 다음 대답한다. "범인은 여자였습니다."

레스터 경은 의자에 기댄 채 숨을 멈추고 외친다. "뭐라고요!"

"레스터 데들록 준남작 각하," 버킷 경감은 한쪽 손을 독서테이블 위에 펼치고 다른 한쪽 손의 검지를 흔들며 말한다. "미리 말씀드리지만 각하께서는 이제부터 제가 말씀드리는 것에 충격을 받으실지도 모르겠습니다. 그러나 레스터 데들록 준남작 각하, 저는 신사가 어떤 사람이고 어떤 일을 할 수 있는지 알고 있습니다. 신사는 충격을 받았을 때 이를 차분히 견뎌내는 사람입니다. 신사는 어떤 충격에도 의연하게 대처하는 사람입니다. 각하 자신을 예로 들어보겠습니다. 충격적인 일이 일어났을 때 각하는 마땅히 가족을 생각하실 것입니다. 줄리어스 시저에까지 거슬러 올라가는 각하의 모든 조상들이 어떻게 충격을 견뎌왔는지 자문해보실 것입니다. 충격을 잘 견뎌낸 몇몇 조상들을 떠올리고 그분들을 위해, 가문의 명예를 위해 잘 견뎌내리라 마음먹고 실제로 그렇게 하실 것입니다.

레스터 경은 의자 등받이에 기대 팔걸이를 꽉 잡은 채 돌처럼 무표정한 얼굴로 상대를 바라보고 있다.

"여기까지 말씀드렸으니 이제 제가 각하의 가정과 관련하여 무언가를 알게 되었다고 해서 너무 걱정하지 않으셨으면 합니다. 저는 신분의 고하를 막론하고 실로 많은 분들에 대해 아주 많은 것을 알고 있기 때문에 한두 가지 정보를 더 안다고 해도 그것은 큰 차이가 없습니다. 저는 그 누구의 어떤 행동에도 놀라지 않습니다. 누가 어떤 행동을 할지 경험을 통해 대충 짐작할 수 있기 때문입니다. 그러므로 레스터 데들록 준남작 각하, 제가 각하의 가정 사정에 대해 무언가를 알게 되었다는 이유로 너무 걱정하지 않으시기를 바랍니다."

"미리 마음의 준비를 할 수 있게 해준 것은 고마운데" 레스터 경은 잠시 말없이 앉아 있다가 미동도 않고 말한다. "굳이 그럴 필요까지는 없었다고 생각해요. 비록 좋은 의도에서 나온 말이긴 하지만요. 얘기를 계속하세요." 레스터 경은 경감의 그림자에 가려 움츠러드는 것처럼 보인다. "그리고 괜찮다면 좀 앉으시죠."

경감은 의자를 가져와 앉는다. 그의 그림자가 작아진다.

"그럼 레스터 데들록 준남작 각하, 마음의 준비가 되신 것 같으니 요점을 말씀드리겠습니다. 데들록 부인께서……."

레스터 경은 앉은 채 몸가짐을 바로 하고 상대를 노려본다. 버킷 경감은 검지로 상대를 가라앉히려는 듯한 동작을 한다.

"부인께서는 널리 존경을 받고 계십니다."

"경감님, 이 사건과 관련하여 내 아내의 이름은 거론하지 않았으면 하는데요." 레스터 경은 마땅치 않다는 투로 말한다.

"레스터 데들록 준남작 각하, 저도 그러고 싶지만 그건 불가능합니다."

"불가능하다고요?"

버킷 경감은 고개를 가로젓는다.

"레스터 데들록 준남작 각하, 그것은 도저히 불가능합니다. 제가 말씀드리고자 하는 것은 부인에 대한 일입니다. 부인이야말로 사건의 중심축이니까요."

"경감님," 레스터 경은 눈을 날카롭게 반짝이고 입술을 떨면서 되풀이한다. 자신의 임무를 잘 알고 있겠지요? 임무를 수행하되 도를 넘지 않도록 하세요. 월권행위는 용납할 수 없으니까. 내 아내의 이름은 보통 사람들 입에 오르내려서는 안 될 이름이오."

"레스터 데들록 준남작 각하, 저는 꼭 필요한 것들만 말씀드릴 뿐입니다.

"부디 그러기를 바라오. 좋아요, 계속하시오."

버킷 경감은 시선을 회피하는 레스터 경의 화 난 눈과 머리부터 발끝까지 분노로 부들부들 떨면서도 침착하려 애쓰는 레스터 경을 흘낏 보곤 검지를 더듬듯이 움직이며 작은 목소리로 말을 잇는다.

"레스터 데들록 준남작 각하, 이제는 고인이 된 털킹혼 씨가 데들록 부인을 의심해 왔음을 알리는 게 제 의무라고 생각합니다만."

"만일 그가 내게 그런 말을 했다면—그런 적은 없어요—나는 그를 죽여 버렸을 거요." 레스터 경은 테이블을 쾅하고 두들기며 이렇게 외치지만, 모든 것을 꿰뚫어 보는 경감과 눈길이 마주치자 말을 멈춘다. 경감은 검지를 천천히 움직이며 자신감과 인내심을 가지고 고개를 젓는다.

"고 털킹혼 씨는 신중하고 생각이 많은 분으로, 그가 애초에 무슨 생각을 하고 있었는지는 저도 모릅니다. 그렇지만 그는 오래전부터 마님이 어떤 필적을 보시고 예전에 각하가 마님에게 구혼하시기 이전에 마님의 연인이었던, 그리고 마님의 남편이 되었어야 했던" 여기서 경감은 잠시 입을 다물었다가 천천히 되풀이한다. "마님의 남편이 되었어야 했던 어떤 인물이 궁핍한 상태에 처해 있음을 아시게 된 게 아닐까 하는 의구심을 품어왔다고 합니다. 털킹혼 씨는 이윽고 그 인물이 죽자 마님이 비밀리에 혼자서 그의 초라한 숙소와 무덤을 찾으셨음을 눈치채게 되었습니다. 저는 저 나름의 조사를 통해 마님께서 시녀 복장을 하고 그 숙소와 무덤에 다녀오셨음을 알게 되었습니다. 고 털킹혼 씨가 마님의 뒤를 밟으라고—저희가 평소에 쓰는 단어를 써서 참으로 송구스럽습니다만—저를 고용했기 때문에 직접 마님의 뒤를 밟으며 제 눈으로 보고 제 귀로 들은 사실입니다. 링컨 법조원 광장의 변호사 댁에서 마님의 시녀와 마님에게 길안내를 한 증인을 대질시킨 결과 마님이 시녀도 모르는 사이에 시녀의 옷을 입고 나가셨다는 사실이 밝혀졌습니다. 레스터 데들록 준남작 각하, 어제 제가 고귀한 집안에도 기묘한 사건이 일어날 때가 있다고 운을 띄운 것은 이 불쾌한 사건을 말씀드리기 위해서였습니다. 이 모든 일과 그보다 더한 일이 이 집에서 마님을 중심으로 일어나고 있는 것입니다. 제가 알기로 고 털킹혼 씨는 죽기 직전까지 이 문제를 조사하고 있었고, 그날 밤 그와 마님 사이에 언쟁이 있었습니다. 그날 털킹혼 씨가 이곳을 떠난 뒤에 마님께서 뭔가 할 이야기가 더 있어서 폭이 넓은 테두리 장식이 있는 검은 망토를 걸치고 그의 사무소로 찾아가지 않았는지를 물어볼 사람은 이제 각하밖에 없습니다."

레스터 경은 조각상처럼 미동도 하지 않고 그의 심장에서 가차 없이 선혈을 짜내려 하는 검지를 바라보고 있다.

"레스터 데들록 준남작 각하, 이 이야기를 저, 버킷 경감으로부터 들었다고 마님께 말씀하십시오. 그리고 만일 마님이 이를 인정하지 않으려 하시면 이제는 다 틀렸다고, 버킷 경감이 모두 꿰뚫어 보고 있다고 말씀해주십시오. 마님이 고인의 집 입구 계단에서 각하가 군인이라 일컫는 인물(비록 지금은 군에 몸담고 있지 않지만)과 스쳐 지나간 일도 알고 있고 마님 스스로도 그 사내와 스쳐 지나간 것을 알고 있다는 사실도 알고 있습니다. 그런데 레스터 데들록 준남작 각하, 저는 왜 이 모든 일을 이야기하는 걸까요?"

레스터 경은 이제 두 손으로 얼굴을 감싸고 신음을 하며 잠시 기다려달라고 부탁한다. 잠시 뒤, 손을 얼굴에서 내리자 얼굴빛은 머리카락과 마찬가지로 새하얀데 경의 위엄과 침착함을 되찾아 버킷 경감은 살짝 놀란다. 레스터 경의 얼굴에서는 여느 때의 오만함 위에 무언가가 얼어붙어 굳어진 것 같은 기색을 엿볼 수 있다. 이윽고 경감은 레스터 경이 전에 없이 말이 느리고, 이따금씩 말을 꺼내는 데 곤란을 겪으며, 그리하여 발음이 불분명하다는 것을 깨닫는다. 레스터 경은 그러나 곧 평정심을 되찾고 털킹혼 씨처럼 충실하고 업무에 열심인 신사가 이 믿기 힘든 사실을 그에게 알려주지 않다니 참으로 이해할 수 없는 일이라고 말한다.

"그 점도 확실하게 부인께 설명을 들으시면 좋을 것입니다. 괜찮으시다면 버킷 경감이 그렇게 말했다고 하십시오. 제가 잘못 생각한 게 아니라면 고 털킹혼 씨는 모든 진상을 밝힐 기회가 왔다고 생각하는 대로 각하에게 말씀드릴 생각이었을 것입니다. 어쩌면 제가 그분의 사체를 살펴보던 그날 아침에도 이야기할 생각이었을지도 모릅니다. 이제부터 5분 뒤에 사람이 무엇을 말하고, 무엇을 할 것인지는 알 수 없는 일이 아닙니까. 안 그런가요?

레스터 경은 불필요한 말은 생략하고 그렇다고만 말한다. 바로 그때 현관의 홀 부근에서 서너 사람이 시끄럽게 떠드는 소리가 들려온다. 버킷 경감은 귀를 기울이다가 서재 문으로 다가가 자물쇠를 벗기고 다시 귀를 기울인다. 그런 다음 내밀고 있던 목을 당기고는 재빠르게 그러나 침착하게 속삭인다.

"레스터 데들록 준남작 각하, 이 불행한 사건이 제가 두려워하고 있던 대로 밖으로 새나간 것 같습니다. 고 털킹혼 씨가 너무나 갑작스러운 죽임을 당했으니까요. 어쨌든 소란을 피하기 위해서는 지금 저택의 하인과 언쟁을 하고 있는 저 사람들을 안으로 들여보내 주는 것밖에는 방법이 없을 것입니다. 제가 그들을 어떻게든 처리할 테니 각하는 아무 말씀도 하지 마시고—가정 내의 사건에 대해서는 말입니다—앉아 계십시오. 제가 눈짓을 하면 고개만 끄덕여주십시오."

레스터 경은 불분명한 목소리로 대답한다.

"알았습니다. 최선을 다해 주세요."

버킷 경감은 고개를 끄덕인 뒤 검지를 구부리고 현관의 홀 쪽으로 내려간다. 소동이 잠잠해진다. 이윽고 그가 돌아오자 그 서너 걸음 뒤에서 하인과 역시 핑크색 반바지를 입고 가발을 쓴 그의 동료가 몸이 불편한 노인이 앉아 있는 의자를 메고 들어오고, 그 뒤로 또 한 사내와 두 여자가 들어온다. 경감은 소탈하고 차분한 투로 그 의자를 잘 놓도록 지시하고 하인들을 돌려보낸 다음 다시 문에 자물쇠를 건다. 레스터 경은 싸늘한 눈초리로 성역을 침범한 이들을 바라보고 있다.

"여러분은 날 잘 알고 있을 것입니다." 버킷 경감은 마음을 터놓은 투로 말한다. "그렇습니다, 나는 버킷 경감입니다. 이것이" 경감은 가슴의 주머니에서 휴대용 경찰봉을 꺼내 보인다. "나의 직권의 표시입니다. 그런데 여러분은 레스터 데들록 준남작 각하를 뵙고 싶어 합니다. 좋습니다! 여러분은 각하를 뵙게 될 것이지만, 누구나 각하를 뵐 수 있는 영광을 얻게 되는 것은 아닙니다. 노인장, 당신의 이름은 스몰위드죠. 그 정도는 확실하게 알고 있습니다."

"하지만 나는 이제까지 아무런 나쁜 짓도 한 적이 없습니다!" 날카롭고도 큰 목소리로 스몰위드 노인이 외친다.

"그런데 당신은 왜 그 돼지같은 자가 살해되었는지 알고 있소?" 경감은 화를 내지는 않지만 상대를 뚫어지게 노려보며 말한다.

"알게 뭐요!"

"너무 건방져서 살해된 것이오. 당신도 똑같은 꼴을 당하지 않도록 조심해요. 당신은 평소 귀머거리하고 대화를 나누나요?"

"그렇소." 스몰위드 노인은 화난 목소리로 대답한다. "안사람이 귀머거리요."

"어쩐지 목소리가 크다고 했지. 그러나 지금은 부인이 여기 없으니까 목소리를 1옥타브나 2옥타브쯤 낮추어 줘요. 그런데 이분은 교회에서 나온 분인가요?"

"채드밴드 씨라오." 스몰위드 노인이 목소리를 낮춰 말한다.

"내 형사동료 중에도 같은 이름의 친구가 있어서" 버킷 경감이 손을 내밀고 말한다. "그 이름을 좋아합니다. 이쪽은 부인이시군요?"

"그리고 이쪽은 스낙스비 부인이오." 스몰위드 노인이 소개한다.

"이 부인의 남편은 법률가용문구상으로, 내 친구죠." 경감이 말한다. "우리는 친형제나 다름없는 사이입니다. 그런데 도대체 무슨 일입니까?"

"무슨 일로 왔느냐고 묻는 겁니까?" 갑자기 화제가 바뀐 데 적이 놀란 스몰위드 노인이 묻는다.

"그렇습니다. 잘 아시는군요. 그러면 레스터 데들록 준남작 각하 앞에서 이야기를 듣도록 하죠."

스몰위드 노인은 채드밴드 씨를 손짓으로 불러 잠시 소곤소곤 상담을 한다. 채드밴드 씨는 이마와 두 손에서 땀을 흘리면서 "당신이 먼저 하세요!"라고 말하고는 본래의 장소로 물러간다.

스몰위드 노인이 피리 소리 같은 목소리로 말하기 시작한다. "나는 털킹혼 선생의 의뢰인이자 친구였습니다. 나는 선생과 거래 관계에 있었지요. 나도 선생에게 도움이 되었고, 선생도 나에게 도움이 되었습니다. 죽은 크룩은 내 처남입니다. 우리 집사람의 동생이지요. 나는 그의 소유물을 상속했고, 그의 물품이나 서류를 모두 살펴보았습니다. 편지 다발이 레이디 제인 즉 그가 기르던 고양이의 침대 옆 선반 뒤에 숨겨져 있었습니다. 크룩은 여러 가지 소지품을 곳곳에 숨겨두고 있었습니다. 털킹혼 선생이 그것들을 보고 싶어 했지만 나는 그에게 보여주기에 앞서 편지 내용을 확인했지요. 나는 장사꾼이니까요. 그 중에는 죽은 하숙인의 연인에게서 온 편지 묶음도 있었는데, 보낸 이의 이름이 호노리아라고 되어 있더군요. 호노리아라는 이름은 흔한 이름은 아닙니다. 이 저택에 호노리아라는 이름의 부인은 없을 거예요. 필적이 같은 부인도 없을 거고요."

스몰위드 노인은 신이 나서 말한 뒤 기침 발작을 일으킨다. "오, 이런! 온 몸이 부서지는 것 같군요."

버킷 경감은 노인의 기침이 멎기를 기다렸다가 말한다. "레스터 데들록 준남작 각하에게 관계되는 일로 무언가 말할 것이 있으면 말해봐요. 각하는 바로 여기에 계시니까."

"내가 아직 말하지 않았던가요? 저기 저 신사분은 관계가 없다는 건가요? 호든 대위와 그가 사랑하는 호노리아, 그리고 그들 사이에서 태어난 아이하고 말이오. 나는 그 편지 묶음이 어디 있는지 알고 싶소. 그것은 레스터 데들록 경에게는 아무 상관이 없을지 몰라도 내게는 상관이 있어요. 나는 그 편지 묶음이 있는 곳을 알고 싶은 겁니다. 그냥 이대로 사라지게 내버려 둘 수는 없어요. 나는 그것을 내 친구이자 변호사인 털킹혼 씨에게 주었지 다른 누군가에게 준 게 아니오."

"흠, 그래서 털킹혼 씨가 당신에게 대금을 지불하지 않았던가요? 그것도 후하게 쳐서 말이죠." 버킷 경감이 말한다.

"그런 것은 아무래도 좋아요. 나는 그것을 누가 손에 넣었는지를 알고 싶은 것이오. 아시겠소? 그럼 우리의 용건을 말하지요. 우리는 이 살인 사건을 더욱 철저히 조사해 달라고 요청하기 위해서 왔어요. 우리는 이 사건에 얽힌 이해관계와 동기를 알고 있어요. 그런데 조사가 충분히 이뤄지지 않았더군요. 조지가 이 사건과 연관이 있다고 해도 그는 공범에 지나지 않아요. 내 말을 이해하시겠죠?"

"그만하시죠." 버킷 경감은 갑자기 태도를 바꿔 검지를 흔들며 노인 앞으로 다가가 상대를 노려보듯이 하고 말한다. "나는 내가 맡은 사건에 누군가가 끼어들거나 훼방을 놓는 것은 딱 질색입니다. 더욱 철저하게 조사해달라고요? 이 손이 보이지 않소? 내가 이 손을 뻗어 그 총알을 쏜 범인의 팔을 꽉 잡을 때를 확실하게 알고 있는 것을 모른단 말이오?"

경감의 위엄은 참으로 두려워할 만한 것이고 게다가 그가 말만 그럴듯하게 하는 게 아니라는 것도 분명했기 때문에 스몰위드 노인은 사과하기 시작했다. 경감은 갑작스러운 분노를 떨치고 스스로를 억누르며 말한다.

"당신에게 충고해두는데 살인 사건 때문에 골머리를 썩일 필요는 없소. 그것은 내가 할 일이오. 당신은 신문이나 잘 읽고 있으면 돼요. 주의해서 읽고 있으면 곧 그 사건에 대한 기사를 접하게 될 것이오. 나는 내가 해야 할 일을 잘 알고 있고, 이것이 이 사건에 대해 내가 하고 싶은 말의 전부요. 그건 그렇고 그 편지 말인데, 당신은 그것을 누가 갖고 있는지 알고 싶다고 했소. 내가 말해 주지요. 그 편지를 갖고 있는 사람은 나요. 이것이 그 편지 꾸러미죠?"

버킷 경감이 웃옷 어딘가에서 작은 꾸러미를 꺼내자 스몰위드 노인은 탐욕스러운 눈초리로 그것을 바라보며 맞다고 대답한다.

"여기에 대해 무슨 할 말이라도 있소?" 경감이 묻는다. "말할 때 입을 너무 크게 벌리지는 마시오. 보기 흉하니까."

"500파운드를 내시오."

"설마…… 50파운드겠죠?" 버킷 경감은 놀리듯이 말한다.

그러나 스몰위드 노인은 500파운드를 고정한다.

"이 건에 대해 나는 레스터 데들록 각하를 대리하고 있소." 경감이 말하자 레스터 경이 기계적으로 고개를 끄덕인다. "당신은 500파운드를 내라고 하지만 그것은 터무니없는 요구요! 250파운드도 터무니없지만 그래도 500파운드보다는 합리적인 가격이라고 여겨집니다. 250파운드로 하면 어떻겠소?"

스몰위드 노인은 확실하게 안 된다고 말한다.

"그렇다면 채드밴드 씨의 이야기를 들어보기로 하죠. 나는 채드밴드라는 이름의 오랜 친구와 자주 대화를 나눠왔는데 그는 늘 합리적이었지요."

채드밴드 씨는 한 걸음 앞으로 나와 살짝 웃으면서 손을 비빈 다음 이렇게 말한다.

"여러분 우리—아내인 레이첼과 나—는 지금 유력자의 저택에 와 있습니다. 우리는 왜 유력자의 저택에 와 있는 걸까요? 초대를 받았기 때문입니까? 축하로 초대를 받았기 때문에요? 함께 즐기자는 초대를 받아서요? 함께 음악을 연주하자는 초대를 받아서요? 함께 춤을 추자는 초대를 받아서요? 아닙니다. 그러면 우리는 왜 여기에 와 있을까요? 우리가 어느 죄 많은 비밀을 간직하고 있어서 그 비밀을 지키는 대가로 곡물과 술, 기름을 요구하기 위해, 다시 말해서 돈을 요구하기 위해 여기 와 있는 걸까요? 아마도 그럴 겁니다."

"당신은 빈틈이 없으시군요." 경감은 신중하게 대답한다. "그리고 이제 그 비밀이 무엇인지를 말할 생각이군. 좋습니다. 부디 말해주세요."

"그러면 박애의 정신에 입각해서" 채드밴드 씨는 눈을 빛내며 말한다. "그 이야기로 옮겨가겠습니다. 나의 아내인 레이첼, 앞으로 나와 주세요."

채드밴드 부인은 기다리고 있었다는 듯이 남편을 밀어제치고 앞으로 나와 딱딱한 미소로 경감을 마주한다.

"우리가 알고 있는 것을 알고 싶어 하시므로 말씀드리겠습니다. 나는 마님의 따님인 호든 양의 양육을 도왔습니다. 나는 마님의 언니를 모시고 있었는데, 그분은 마님이 혼전에 아기를 가진 것을 몹시 수치스럽게 여겨 아기가 태어나자마자 죽었다고—거의 그럴 뻔했습니다—마님에게 전했습니다. 그러나 그 아가씨는 살아 있습니다. 나는 그 아가씨를 알고 있습니다."

채드밴드 부인은 '마님'이란 말을 강하게 발음하면서 이야기를 마치고는 팔짱을 낀 채 경감을 노려본다.

"그래서 결국" 경감이 말한다. "당신은 20파운드 지폐나 그에 맞먹는 선물을 기대하고 있군요?"

채드밴드 부인은 웃으면서 경멸조로 차라리 '20펜스'라고 말하라고 한다.

"그러면 그쪽의 내 친구 문구점 주인의 부인," 버킷 경감은 검지로 스낙스비 부인이 한 발 앞으로 나오도록 유도하면서 말한다. "당신의 용건은 무엇입니까?"

스낙스비 부인은 처음엔 울면서 넋두리를 늘어놓느라 제대로 말을 못하다가 차츰 알아들을 수 있게 이야기한다. "나는 언제나 심한 꼴을 당하고 치욕을 당해 온 여자입니다. 남편은 습관적으로 나를 속이고, 방치하고, 따돌리기 때문에 그 고통 속에서 유일한 위안은 고 털킹혼 선생의 동정이었습니다. 그분은 남편이 없을 때 쿡스 코트를 찾아주시어 나를 대단히 불쌍하게 여겨주셨기 때문에 나도 내 모든 고통을 털어놓았던 것입니다. 여기에 계신 분들을 제외한 모든 사람들이 나를 괴롭히려고 하는 것만 같습니다. 이를테면 켄지 앤드 카보이 법률사무소의 거피 씨는 처음에는 한낮의 태양처럼 무엇이건 터놓고 얘기해주었는데 남편의 참견으로 갑자기 입을 닫고 말았습니다. 거피 씨의 친구로 무언가 복잡한 사정 때문에 뒷골목에 살고 있는 위블 씨도 마찬가지예요. 크룩은 죽었고 님로드도 죽었고 조도 죽었습니다. 하지만 그들은 모두 한통속입니다. 그들이 무엇을 꾸미고 있었는지는 확실치 않지만 조가 남편의 숨겨둔 아이임에도 틀림이 없습니다. 남편이 조를 마지막으로 문병 갔을 때 몰래 그 뒤를 밟았거든요. 만일 그 아이가 남편의 아들이 아니라면 왜 그 아이를 보러갔겠습니까? 최근 한동안 나는 밤낮을 가리지 않고 남편의 뒤를 쫓았는데, 수상쩍은 일이 한두 가지가 아니었습니다. 그리하여 나는 채드밴드 목사님 부부와 털킹혼 선생을 만나 상담을 했습니다. 나는 학대받는 아내로서, 채드밴드 부인의 친구로서, 채드밴드 목사님의 제자로서, 고 털킹혼 선생의 명복을 비는 자로서 이 모든 일이 돈을 목적으로 한 게 아니라 수상쩍은 상황들에 대한 의구심을 해소하기 위한 것이었음을 맹세합니다."

이처럼 긴 서론이 이어지는 동안 스낙스비 부인의 속을 꿰뚫어 본 버킷 경감은 검지와 대화를 나누며 채드밴드 씨 부부와 스몰위드 노인을 날카로운 시선으로 주시한다. 얼음처럼 차가운 표정의 레스터 경은 전 인류 가운데 믿을 수 있는 사람이라고 버킷 경감뿐이라는 듯한 시선으로 버킷 경감을 한두 번 쳐다본 것을 제외하곤 꼼짝도 하지 않는다.

"좋아요. 잘 알았습니다." 경감이 말한다. "나는 레스터 데들록 준남작 각하의 대리인으로서" 다시 한 번 레스터 경은 그렇다는 듯이 고개를 끄덕여 보인다. "이 문제를 충분하고도 공정하게 고려할 생각입니다. 여기에 있는 우리는 이 세상을 살아가는 사람들이고, 우리의 목적은 모든 것을 유쾌하게 만드는 것이므로 나는 누군가가 돈을 가로채려고 일을 꾸몄다는 식으로는 말하지 않겠습니다. 그러나 나로서 참으로 놀랍고 이해가 안 되는 것은 여러분이 아래층 현관에서 크게 소동을 벌였다는 것입니다. 내가 보기에 이것은 여러분의 이익에 반하는 행위입니다."

"하지만 우리는 안으로 들어가고 싶었소." 스몰위드 노인이 둘러댄다.

"물론 여러분은 안으로 들어오고 싶어 했습니다." 경감이 쾌활한 투로 말한다. "그런데 당신처럼 나이가 많은 노인들, 손발이 자유롭지 못하기 때문에 온몸의 생기가 모두 머리로 올라 머리가 맑은 노인들이 지금과 같은 용건은 가능한 한 비밀로 하지 않으면 돈이 되지 않는다는 사실을 모르다니 참으로 이상합니다. 기분 내키는 대로 했다간 지기 마련인데도 말이죠." 경감은 허물없는 태도로 말한다.

"나야 하인 누군가가 위층의 레스터 경에게 전하지 않으면 돌아가지 않겠다고 말했을 뿐인데요." 스몰위드 노인이 말한다.

"바로 그거예요. 그게 바로 기분 내키는 대로 하는 거라고요. 이 문제에 대해서는 다음에 다시 이야기하기로 하지요. 그러면 돈을 손에 쥐게 될 테니. 자, 그럼 당신을 부축해드릴 수 있도록 하인들을 부를까요?"

"그럼 언제쯤 더 자세한 이야기를 듣게 될까요?" 채드밴드 부인이 강한 어조로 묻는다.

"당신은 여자 중의 여자군요! 언제나 호기심이 가득한." 경감은 쾌활하게 대답한다. "내일이나 모레 방문하겠습니다. 물론 스몰위드 씨가 제안한 250파운드에 대해서도 잊지 않겠습니다."

"500파운드입니다!"

"좋습니다! 500파운드로 해두지요." 경감은 초인종 끈에 손을 대면서 "오늘은 내가 이 저택의 주인을 대신해 작별 인사를 드려도 될까요?"라고 설득하는 어조로 말한다.

반대하는 사람이 아무도 없어서 경감은 작별 인사를 고하고 방문객 일행은 자리를 뜬다. 버킷 경감은 문까지 전송을 하고 돌아와서 진지한 어조로 말한다.

"레스터 데들록 준남작 각하, 이 편지 꾸러미를 사실지 여부는 각하의 생각에 달렸습니다. 저로서는 사시는 편이 좋을 거라고, 그리고 500파운드면 싸게 사시는 거라고 말씀드리고 싶습니다. 그 절임오이 같은 스낙스비 부인은 온갖 추측에 시달리며 의도치 않게 남을 힘들게 하고 있습니다. 고 털킹혼 씨는 마치 마차를 끄는 말들의 고삐를 한 손에 쥐고 마차를 몰듯 저 사람들을 자기 뜻대로 움직여 볼 생각이었을 겁니다. 그런데 그가 마부석에서 떨어지는 바람에 말들도 각자 제멋대로 달리게 된 거지요. 인생이란 원래 그런 거니까요. 고양이가 없으면 쥐들이 활개치고 얼음이 녹으면 물이 흐르기 마련이지요. 그건 그렇고 체포해야 할 범인 말인데요……."

레스터 경은 눈을 크게 뜨고 있었으면서도 이제 막 잠에서 깬 것 같은 표정으로 경감을 가만히 바라본다. 경감은 시계를 들여다본다.

"체포해야 할 범인은 지금 이 저택 안에 있습니다. 저는 이제부터 각하의 면전에서 그녀를 체포할 생각입니다. 레스터 데들록 준남작 각하, 부디 아무 말씀 마시고 움직이지도 마십시오. 아무런 소란도 일어나지 않을 테니까요. 괜찮으시다면 저녁때 다시 와서 이 불행한 사건에 대한 각하의 생각을 들어드리고 되도록 조용히 이 사건을 마무리할 방법을 찾아보겠습니다. 레스터 데들록 준남작 각하, 곧 범인을 체포한다고 해서 너무 긴장하지 마시기 바랍니다. 각하께서 긴장하시지 않도록 사건의 전모를 처음부터 끝까지 확실하게 보여드리겠습니다."

경감은 초인종을 누르고 문 쪽으로 가서 하인에게 한두 마디 무언가 귀엣말을 한다. 그런 다음 문을 닫고 팔짱을 낀 채 문 뒤에 선다. 1, 2분 지나자 문이 서서히 열리고 한 프랑스 여인이 들어온다. 마드무아젤 오르탕스이다.

그녀가 방으로 들어오자마자 버킷 경감은 문을 쾅 닫고 문에 기대선다. 이 뜻하지 않은 소리에 그녀는 사방을 둘러본다. 그제야 레스터 경이 눈에 들어온다.

"어머나, 용서하세요." 그녀는 당황해서 중얼거린다. "이곳에 아무도 없다고 해서……."

그녀가 문 쪽으로 돌아가려고 했을 때 경감과 마주친다. 순간 움찔하면서 그녀의 얼굴이 일그러지고 창백해진다.

"레스터 데들록 준남작 각하. 이 아가씨는 저희 집 하숙인입니다." 경감은 이렇게 말하고 그녀에게 가볍게 고개를 끄덕여 보인다. "이 외국 여성은 몇 주 전부터 저희 집에 하숙을 하고 있습니다."

"레스터 경이 그런 것을 알고 싶어 하실까요?" 그녀는 농담 비슷이 대꾸한다.

"글쎄요, 두고 보면 알겠죠."

마드무아젤 오르탕스는 얼굴을 찌푸리고 경감을 노려보다가 비웃는 듯한 웃음을 띠며 말한다. "오늘따라 매우 이상하시군요. 혹시 술에 취하기라도 했나요?"

"아니요, 말짱합니다."

"나는 당신 부인과 함께 이 불쾌한 저택에 왔어요. 몇 분 전에 부인이 사라졌는데, 아래층 사람들이 말하길 부인이 이곳에 와 있다고 하더군요. 그래서 와 봤는데 부인의 모습은 보이지 않네요. 이게 대체 어떻게 된 거죠?" 마드무아젤 오르탕스는 팔짱을 낀 채 매우 침착하게 이렇게 묻지만, 그녀의 거무스레한 볼 안의 무언가가 시계처럼 움직이고 있다.

버킷 경감은 그녀 쪽으로 검지를 흔들어 보일 뿐이다.

"당신, 머리가 어떻게 된 것 같군요!" 마드무아젤은 머리를 흔들며 웃는다. "아래로 내려가게 해줘요. 이 바보 같은 양반아," 그녀는 발을 구르며 위협한다.

"마드무아젤," 경감이 침착하고도 단호한 투로 말한다. "저쪽 소파에 앉아주세요."

"싫어요, 내가 왜 거기 앉아요?" 목을 가볍게 움직이면서 그녀가 대답한다.

"자, 마드무아젤," 경감은 검지를 흔드는 것 외에는 아무런 동작도 하지 않으면서 말한다. "저쪽 소파에 앉아주세요."

"왜요?"

"당신을 살인 용의자로 체포할 것이기 때문입니다. 나는 여자인 데다 외국인인 당신에게 가능하면 정중하게 대하고 싶소. 하지만 상황이 여의치 않으면 다소 거칠게 굴 수밖에 없고 또 바깥에는 나보다 거친 사람들이 얼마든지 있어요. 내가 어떤 태도를 취할 것인지는 당신 하기에 달려 있소. 그렇기 때문에 나는 친구로서 당신에게 지금 저쪽 소파에 앉도록 권합니다."

마드무아젤은 볼이 더욱 세차게 움직이는 가운데 "이 악마 같으니!"라고 말하며 지시에 따른다.

"자, 이제 몸도 편안해졌고 외국의 분별 있는 부인에게 걸맞은 행동을 하고 있군요. 그래서 내가 충고를 하나 하겠습니다. 그것은 말을 너무 많이 하지 말라는 것입니다. 여기서는 아무 말도 하지 않는 게 좋습니다. 말없이 가만히 있으면 가만히 있을수록 좋습니다. 간단히 말해서 팔레[1] 하지 않으면 하지 않을수록 좋다는 겁니다." 경감은 자기의 프랑스어가 언제나 자랑스럽다.

마드무아젤은 호랑이처럼 이를 드러내고 불타는 검은 눈으로 상대를 노려보면서 두 손을 꽉 쥐고—그리고 아마 두 다리에도 힘을 주고— 몸을 꼿꼿이

---

[1] '말하다'라는 의미의 프랑스어.

한 채 "버킷, 이 악마!"라고 작은 소리로 중얼거린다.

"그런데 레스터 데들록 준남작 각하," 경감이 말한다. 이제부터는 검지가 잠시도 가만히 있지 않는다. "이 아가씨는 저희 집 하숙인이고 앞서 말씀드린 그 무렵엔 마님의 몸종이었는데 내쫓긴 뒤로는 마님을 몹시 원망할 뿐만 아니라······."

"거짓말! 내쫓긴 게 아니라 내가 나온 거예요!"

"왜 내 충고를 듣지 않습니까?" 경감이 차분하게, 거의 애원하다시피 말한다. "당신의 부주의함에 놀라지 않을 수 없군요. 당신은 자신에게 불리한 증거가 될 일까지 이야기하기 시작할 겁니다. 틀림없어요. 내가 법정에 서서 증언할 때까지는 내가 말하는 것에 신경을 쓰지 마세요. 지금은 당신을 향해서 말하고 있는 게 아니니까."

"마님에게 쫓겨났다고요!" 마드무아젤이 화가 나서 외친다. "흥, 참 대단한 마님이시군요! 그런 단정하지 못한 부인 밑에 있으면 나까지 이상해져요!"

"놀랍군요. 프랑스인은 예의 바른 국민인 줄 알았는데. 정말이오. 그런데 레스터 데들록 준남작 각하의 면전에서 그 같은 말을 하다니!"

"그런 바보 같은 나리! 모르는 것은 어물쩍 넘겨버리지 않나요! 그런 사람의 저택에도 가문의 이름에도, 얼빠진 낯짝에도 침을 뱉어줄 거예요." 그녀는 카펫에 침을 내뱉는다. "흥, 그런 사람이 거물이라고!"

"그런데 레스터 데들록 준남작 각하," 경감은 말을 계속한다. "이 흥분한 외국인은 자신이 고 털킹혼 씨에게 무언가를 요구할 권리가 있다고 생각해 제가 전에 말씀드린 그때 고인인 변호사의 사무실로 찾아간 것입니다. 이전의 수고에 대해서 충분히 사례금을 받고 있었으면서도 말이지요."

"거짓말! 그 돈은 다 돌려주었다고요!"

"꼭 팔레를 해야겠거든 말에는 책임이 따른다는 것을 기억하도록 해요." 경감이 말한다. "그런데 레스터 데들록 준남작 각하, 이 아가씨가 제 집에 하숙을 한 게 범행을 저지르고 제 눈을 속이려는 속셈에서였는지의 여부를 저로서는 모릅니다. 하지만 어쨌든 그녀는 저희 집에 하숙을 하는 한편 언쟁을 벌일 생각으로 고 털킹혼 씨의 사무소 언저리를 어슬렁거리고 또 불쌍한 문구상을 죽도록 괴롭혀 왔습니다."

"거짓말! 모두 거짓말이에요!"

"레스터 데들록 준남작 각하, 살인이 행해졌을 때의 정황은 알고 계신 대로입니다. 잠시 저의 설명을 들어봐 주십시오. 저는 이 사건을 맡게 된 뒤 현장과 사체, 서류 등 모든 것을 조사했습니다. 그리고 법률사무소의 서기로부터 들은 정보를 토대로 조지를 체포했습니다. 그는 그날 밤 살인이 일어난 시각에 현장 주변을 어슬렁거리고 있었고 또 전에도 고인과 가끔 격렬한 말다툼을 벌였다고 합니다. 레스터 데들록 준남작 각하, 만일 처음부터 제가 조지를 범인으로 생각하고 있었느냐고 물으신다면 저는 정직하게 아니라고 말씀드릴 것입니다. 그러나 그는 범인일지도 모릅니다. 그에게 불리한 증거가 충분히 갖추어져 있었기 때문에 직무상 그를 체포해 재구류하지 않을 수 없었습니다."

버킷 경감은 살짝 흥분해서 몸을 앞으로 내밀고 검지로 섬뜩하게 허공을 친다. 마드무아젤 오르탕스는 얼굴을 찌푸린 채 마른 입술을 꼭 다물고 검은 눈으로 그를 뚫어지게 노려본다.

"레스터 데들록 준남작 각하, 제가 밤이 되어 집에 돌아가보니 이 아가씨가 제 아내와 저녁 식사를 하고 있었습니다. 이 사람은 처음에 하숙을 하고 싶다고 말해온 뒤부터 줄곧 제 아내에게 다정하게 굴었는데 그날 밤은 좀 지나치다 싶을 정도였고 또 고 털킹혼 씨를 애도하는 태도 또한 너무 지나친 데가 있었습니다. 저는 이 사람과 식탁에 마주 앉아 나이프를 손에 든 이 사람의 모습을 본 순간 그녀가 범인이라는 것을 곧바로 느꼈습니다!"

마드무아젤의 꼭 다문 입술 사이에서 '이 악마야!'라는 말이 들리는 듯하다.

"그런데 범행 당일 밤 이 사람은 어디에 가 있었을까요? 연극을 관람하러 극장에 가 있었습니다(나중에 조사한 결과 범행 전후에 확실히 극장에 있었습니다). 저는 그녀가 만만치 않은 상대임을 알고 함정을 파기로 했습니다. 식사 중에 이 사람과 이야기를 하면서 머릿속에서 이런저런 궁리를 했지요. 2층으로 올라가 잘 때, 저의 집은 작고 이 아가씨는 귀가 밝기 때문에 아내가 놀라는 소리를 내지 않도록 그 입 속에 셔츠를 넣은 다음 진상을 모두 말해주었습니다.—이 봐요, 아가씨. 두 번 다시 그런 생각을 해선 안 돼. 그렇지 않으면 발목을 묶어버리고 말 거요." 경감은 갑자기 말을 중단하고는 소리도 없이 마드무아젤에게 덤벼들어 그 단단한 손으로 그녀의 어깨를 잡는다.

"왜 이래요?"

"두 번 다시 창에서 몸을 던지려는 생각 따위를 해선 안 돼요." 경감은 검지로 경고를 보낸다. "그것뿐이에요. 자, 내 팔을 잡아요. 일어설 것은 없어요. 내가 옆에 앉을 테니까. 자, 내 팔을 잡아요. 나는 유부남이고 당신은 내 아내를 알고 있어요. 자, 내 팔을 잡아요."

그녀는 자못 괴로운 듯이 마른 입술을 축이려고 무익한 노력을 하면서 지시에 따른다.

"자, 이제 됐습니다. 레스터 데들록 준남작 각하, 만일 5만 명에 한 사람, 아니 15만 명에 한 사람밖에 없을 것 같은 제 아내가 없었다면 이 사건은 지금과 같은 해결을 보지 못했을 것입니다. 저는 이 여자의 경계심을 풀기 위해 한동안 집에 들어가지 않았습니다. 물론 저는 필요에 따라서 배달되는 빵과 우유를 이용하여 아내와 연락을 취했습니다. 제가 아내의 입에 시츠를 넣고 작은 목소리로 속삭인 것은 이렇습니다. '여보, 내가 조지를 의심하고 있다거나 그 밖의 이런저런 이야기를 극히 자연스럽게 들려주어 그 여자를 방심하게 해주지 않겠소? 밤낮으로 그녀를 감시해주지 않겠소? '그 여자가 범인이라면 증거를 확보할 때까지 그 여자의 일거수일투족을 조사하겠어요. 눈치채지 않게 그 여자를 감시하겠어요. 절대로 내 눈에서 벗어나지 못하게 할 거예요.'라고 말해주지 않겠소?' 아내는 입에 시츠를 물고 있었지만 힘껏 그러겠다고 대답했습니다. 그리고 그대로 해주었습니다!"

"거짓말! 모두 거짓말이야!"

"레스터 데들록 준남작 각하, 저의 계략이 이 단계에서 얼마나 효과를 거두었을까요? 저는 이 무모한 여자가 새로운 전술을 들고 나오리라고 예상했는데, 그 예상은 적중했을까요 아니면 빗나갔을까요? 감쪽같이 적중했습니다. 그녀는 무엇을 하려고 했을까요? 부디 놀라지 마시기 바랍니다. 살인죄를 마님께 뒤집어씌우려고 한 것입니다."

레스터 경은 의자에서 일어났다가 비틀거리면서 앉는다.

"제가 늘 이곳에 있다는 말을 듣고 이 여자는 더욱 마음을 놓았습니다. 그런데 레스터 데들록 준남작 각하, 여기 이 편지들을 보십시오. 저한테 온 이 편지들에는 모두 '데들록 부인'이라는 두 단어가 쓰여 있습니다. 오늘 아침에 각하에게 온 편지도 보십시오. 이 안에는 '살인범 데들록 부인'이라고 쓰여 있습니다. 이 편지들은 최근 잇따라 날아왔습니다. 제 아내는 이 여자가 이 편지들을 쓰는 것을 보았습니다. 그리고 30분 전에 이 편지들을 쓸 때 사용한 잉크와 편지지를 손에 넣었습니다. 아내는 이 여자가 이 편지들을 부치는 것을 보았습니다.' 경감은 자기 아내의 천재성에 감탄하듯 말한다.

버킷 경감의 이야기가 거의 끝나감에 따라 두 가지가 특히 눈에 띈다. 첫째는 그가 어느샌가 마드무아젤을 막다른 골목으로 몰아넣고 있다는 것이고, 둘째는 그녀가 호흡하고 있는 공기까지 서서히 그녀를 압박해 들어가고 있다는 것이다.

"범행이 있던 날 밤, 마님께서 현장에 가신 것은 의심할 바가 없습니다. 여기 있는 이 프랑스인 친구가 계단 위에서 마님을 보고 있었을 것입니다. 마님과 조지와 저의 프랑스인 친구는 서로 아주 가까이에 있었습니다. 하지만 가까이 있었다는 사실 자체에 무슨 의미가 있는 것은 아니기에 여기에 대해서는 더 이상 말씀드리지 않겠습니다. 저는 고 털킹혼 씨를 쏜 탄환의 충전물을 발견했습니다. 그것은 각하의 체스니 월드의 저택을 묘사한 판화였습니다. 그런 것은 아무래도 좋다고 말씀하실지도 모릅니다, 레스터 데들록 준남작 각하. 그렇습니다. 그러나 제 친구는 지나치게 방심을 해서 그 남은 종이를 모두 찢어버렸습니다. 그리고 제 아내가 그 찢어진 것들을 모두 모아서 합쳐본 결과 체스니 월드의 그림이 나온 것입니다."

"잘도 거짓말을," 마드무아젤이 말을 가로챈다. "늘어놓는군요. 이제 다 끝났나요? 아니면 계속할 생각인가요?"

"레스터 데들록 준남작 각하," 버킷 경감은 계속한다. 그는 상대의 성명칭호를 모두 부르길 몹시 좋아해 조금이라도 생략을 하면 자기 마음에 들지 않는 것이다. "이제부터 말씀드릴 이 사건의 마지막 한 가지는 우리의 일에 인내가 얼마나 중요한지를 보여줍니다. 어제 제 아내는 이 여인을 일부러 장례식에 데리고 가 함께 구경을 했습니다. 저는 이 여자에게 눈치채지 않게 감시를 하고 있었습니다. 이 여자를 유죄로 할 만한 증거가 꽤 많은 데다 얼굴만 봐도, 이 여자가 유죄임을 짐작할 수 있었고, 마님께 대한 이 여자의 적의도 실로 확실했으므로 제가 만일 경험이 부족한 젊은이였다면 틀림없이 그 자리에서 이 여인을 체포했을 것입니다. 마찬가지로 어젯밤 널리 존경을 받고 계신 마님께서 귀가하셨을 때—마치 바다에서 솟아오른 비너스의 모습이었습니다—이런 분이 무고한 죄를 뒤집어쓴다는 생각만으로도 불쾌했기에 저는 정말로 이제는 사건을 마무리하자고 생각했습니다. 이때 추론에서 빠진 것은 무엇이겠습니까? 레스터 데들록 준남작 각하, 흉기입니다. 이 피고는 어제 장례가 끝난 뒤, 제 아내에게 승합마차를 타고 잠시 교외로 나가 조용한 휴게소에서 차를 마시지 않겠느냐고 꾀었습니다. 그런데 그 휴게소 가까이에는 연못이 있었습니다. 차를 마실 때 이 피고는 모자를 벗어두게 되어 있는 침실에 손수건을 가지러 간다고 말하고 상당히 오랫동안 자리를 비웠고 돌아왔을 때에는 숨이 좀 차 있었습니다. 두 사람이 집으로 돌아온 즉시 아내는 보고 들은 것과 의문점을 모두 저에게 알려주었습니다. 저는 부하 두 사람을 보내 달빛을 의지해 연못을 수색하게 했습니다. 그러자 연못에 던진 지 6시간도 채 안 된 휴대용 피스톨이 떠올랐습니다. 자 당신, 팔을 좀 더 이쪽으로 확실하게 들어올려요. 별로 아프지는 않을 테니까!"

버킷 경감은 순식간에 그녀의 손목에 수갑을 채운다. "자, 이것으로 하나, 이것으로 또 하나. 다 됐군요."

경감이 일어서자 여자도 일어선다. 여자는 큰 눈이 기의 가려질 정도로 눈꺼풀을 늘어뜨리면서도 가만히 노려보며 말한다. "여우 같은 당신 아내는 어디 있어?"

"아내는 경찰서로 갔소. 그곳에 가면 만날 수 있지."

"그녀에게 키스를 해주고 싶군!" 호랑이처럼 으르렁대면서 마드무아젤 오르탕스가 외친다.

"물고 뜯을 생각이겠지?"

"물론이지." 마드무아젤이 눈을 크게 뜨고 말한다. "사지를 갈기갈기 찢어 놓고 싶어."

"맙소사." 경감이 매우 차분하게 말한다. "여자들이란 서로 사이가 틀어지면 놀라우리만큼 서로를 미워하는 법이지. 아마 나는 아내의 절반만큼도 거슬리지 않을걸?"

"맞아. 물론 당신도 악마지만 말이야."

"추어주거나 내리깎거나 하는군. 그러나 나는 직업상 해야 할 일을 하고 있는 것뿐이야. 자 숄을 반듯하게 걸치자고. 나는 전에 부인들의 시중을 든 적이 있지. 모자는 그만하면 됐나? 현관에 마차가 대기하고 있어."

마드무아젤 오르탕스는 분개한 듯이 거울을 노려보고는 옷매무새를 단정하게 한다.

"이것 봐." 그녀는 냉소적으로 고개를 몇 번 끄덕인 다음 말한다. "당신은 대단히 머리가 좋지만 그자를 다시 살아나게 할 수 있어?"

"그건 어렵겠지."

"우습군그래. 그리고 또 하나. 당신은 대단히 머리가 좋지만 그 여자를 품행이 좋은 여자로 만들 수 있어?"

"그렇게 악의적인 말은 하는 게 아니야."

"아니면 저 사내를 오만한 신사로 만들 수 있어?" 레스터 경을 향해 말할 수 없는 경멸을 담아 여자가 외친다. "자! 저 사내를 좀 보라고! 가련한 갓난아기 같잖아! 하! 하!"

"말이 너무 심하군. 자, 가자!"

"그런 일들은 할 수 없지? 그렇다면 날 마음대로 해도 좋아. 어차피 한 번은 죽을 인생인걸. 자, 가자고, 잘 있어요. 백발의 할아버지. 난 당신을 동정해, 당신을 경멸해."

여자는 이렇게 말한 뒤 치아를 마치 용수철장치처럼 쾅하고 울리면서 입을 다문다. 버킷 경감이 그녀를 어떻게 연행했는지는 펜으로는 다 설명할 수 없다. 하지만 어쨌든 그의 독특한 방법으로 처리한다. 마치 그가 못생긴 주피터이고 여자가 그의 애인인 듯 그는 구름처럼 여자를 감싸고 함께 둥실둥실 날아가는 것이다.

홀로 남겨진 레스터 경은 같은 자세 그대로 아직 귀를 기울이고 주의를 집중하고 있는 것처럼 보인다. 그는 빈 방을 겨우 둘러보고 인기척이 없는 것을 깨닫자 비틀거리면서 일어나 의자를 뒤로 밀어내고 테이블로 몸을 지탱하면서 두세 걸음 나아갔다가 멈춘다. 그리고 또 그 확실치 않은 소리를 내면서 눈을 들어 무언가를 바라보는 것 같다.

무엇을 보고 있는지는 아무도 모른다. 체스니 월드의 푸른 숲인가, 훌륭한 저택인가, 선조들의 초상인가, 그것을 더럽히는 타관사람인가, 자못 존귀한 조상 전래의 가보에 허락도 없이 손을 대는 경찰관인가, 그의 뒤에서 손가락질을 하는 몇 천 개의 손가락인가, 그를 비웃는 몇 천의 얼굴인가. 하지만 이와 같은 환영이 그의 눈앞에 어른거려 그를 괴롭힌다고 해도 또 하나의 다른 환영이 있다. 지금도 얼마쯤은 이름을 확실하게 부를 수 있고 오직 그것을 향해서만 백발의 머리를 흔들고 팔을 뻗을 수 있는 그런 환영이.

그것은 그 여자. 그의 위엄과 자존심의 뿌리이며, 그가 한 번이라도 이기적인 마음으로 생각한 적이 없는 그 여자. 그가 사랑하고, 존경하고, 세간에도 존경의 대상이 되어 온 여자. 그의 일생을 통해서 강요된 격식과 인습의 한가운데에서 인간다운 상냥함과 애정의 근원이 되어주고 그가 느끼는 고뇌를 가장 잘 감지해준 여자이다. 그에게는 자기 자신조차 잊을 만큼 그녀의 모습만이 보인다. 그녀가 이제까지 차지하고 있던 높은 자리에서 끌어내려지는 모습은 도저히 볼 수가 없다.

자신의 고통도 까맣게 잊고 바닥에 쓰러지면서도 아직도 그녀의 이름만은 혀 꼬부라진 목소리일망정 얼마간은 확실하게 발음할 수가 있다. 꾸짖기보다는 동정하고 애도하는 목소리로.

# 제55장 도망

버킷 경감이 앞장에서 말한 것과 같은 결정적 일격을 아직 가하지는 않고 중요한 날에 대비해 잠들어 있을 때, 얼어붙을 것만 같은 겨울밤 거리의 어둠을 뚫고 두 필의 말이 끄는 마차가 링컨셔주에서 떠나 런던을 향해 달린다.

머지않아 철도가 전국을 종횡으로 내닫고, 굉음을 내면서 빨간 불을 내뿜는 기관차가 밤의 광야를 혜성처럼 가로질러 달빛도 무색하게 할 날이 올 것이다. 이 일대에서는 아직 그 같은 광경을 볼 수 없지만, 그러나 철도 건설을 위한 준비가 착착 진행되고 있다. 측량이 이루어지고, 지면에 울타리가 쳐진다. 다리 공사가 시작되고 아직 이어져 있지 않은 교각이 쓸쓸한 듯이 서로를 마주한 채 도로나 강에 걸쳐 있는 모습은 마치 벽돌과 모르타르 커플이 방해를 받아 함께 하지 못하고 있는 것 같다. 여기저기에 둑이 구축되고, 벼랑이 된 채 버려진 곳에서 녹슨 트럭이나 손수레가 폭포처럼 굴러 떨어져 있다. 3개의 높은 삼각기둥이 나타난 산 정상에는 터널이 뚫린다는 소문이다. 온갖 것이 혼란한 그대로, 가망 없이 버려져 있다. 얼어붙을 것 같은 밤의 어둠을 뚫고 마차는 철도 따위는 생각지도 않고 힘차게 내닫는다.

오랫동안 체스니 월드의 하녀로 있는 미시즈 라운스웰이 마차 안에 앉아 있다. 그 옆에는 쥐색 망토를 걸치고 양산을 지닌 백넷 부인이 앉아 있다. 그녀는 마부석 옆 의자에 앉는 것이 바깥바람도 쐴 수 있고 보통 때의 여행에 잘 어울린다고 생각하지만, 미시즈 라운스웰은 백넷 부인의 건강을 생각해서 그 같은 제의에는 귀를 기울이려고 하지 않는다. 당당한 태도로 앉은 노부인은 백넷 부인을 너무도 귀하게 여겨서 그녀의 손을 잡고 까칠까칠한 것도 상관하지 않고 가끔 입술에 댄다. "당신은 아이 어머니예요."라고 그녀는 몇 번이고 되풀이해 말한다. "그래서 우리 조지의 어머니를 찾아 주었죠!"

"조지는 내게 늘 허심탄회하게 이런저런 이야기를 해주었답니다." 백넷 부인이 대답한다. "언젠가는 우리 집에서 우리 아들 울리치에게 이렇게 말했지요. '네가 어른이 되면 이런저런 생각들을 하게 되겠지만 어머니의 얼굴에 주름살을 보태거나 머리에 흰 머리카락이 늘게 한 적은 없다고 생각할 때만큼 기분 좋을 때는 없을 거야'라고 말이죠. 나는 그 어조에서 요즘 그에게 무언가 어머니를 상기하게 하는 일이 생긴 게 분명하다고 생각했어요. 그는 진작부터 어머니에게 심하게 했다고 말하곤 했죠."

"그럴 리가요!" 미시즈 라운스웰은 눈물을 흘리며 대답한다. "심하게 하다니 당치도 않아요! 그 아이, 조지는 언제나 날 사랑하고 따뜻하게 대해주었어요! 그런데 기가 세서 조금 엇나가다가 군인이 되고 말았죠. 장교가 될 때까지는 소식을 알리지 않을 생각이었는데 승진을 못하는 바람에 결국 연락을 하지 못했죠. 조지는 갓난아기 때부터 기가 셌어요."

노부인은 옛날처럼 손을 부들부들 떨며 그가 자못 믿음직하고 훌륭하고 건강한 젊은이였다는 것, 체스니 월드에서는 모두에게 인기가 있었고, 그 무렵 아직 젊은 도련님이던 레스터 경에게도 귀여움을 받고 개까지 잘 따르는 청년이었다는 것, 그에게 화가 나 있던 사람들도 고향을 떠나는 순간 그를 용서해주었다는 것 등을 상기한다. 그런데 지금 가까스로 그를 만날 수 있게 되었는데 감옥 안이라니! 그립고도 슬픈 생각에 꼿꼿한 그녀의 사세도 그만 무너질 것만 같다.

따뜻하고 친절한 백넷 부인은 타고난 싹싹함으로 한동안 노부인을 깊은 생각에 잠기게 한 뒤—자신도 어머니로서의 처지가 생각되어 손등으로 눈을 비비며—이윽고 들뜬 투로 말한다.

"그래서 나는 조지에게 차를 마시러 오라고 부르러 갔을 때(그 사람은 밖에서 담배를 피우고 있는 척했죠) 물었어요. '조지, 오늘은 도대체 어떻게 된 거예요? 이제까지 당신을 무수히 보아왔지만 오늘만큼 맥 빠지고 의기소침한 모습은 본 적이 없어.' 그러자 조지가 고개를 저으며 대답했어요. '부인, 그것은 내가 예전에 한 일이 후회스럽기 때문일 겁니다.' 내가 '무슨 일을 했는데요?' 하고 묻자 그는 '하지만 이미 지난 일인걸요. 돌이킬 수 없어요. 만일 내가 천국에 갈 수 있다면 그것은 홀로 되신 어머니에게 효도를 다했기 때문은 아닐 거예요.' 하고 말했지요. 그런데 부인, 조지가 돌이킬 수 없다고 말했을 때 나는 왜 그런 생각을 했느냐고 물어봤어요. 그러자 조지는 변호사 사무실에서 한 훌륭한 노부인의 모습을 보고 자기 어머니가 생각났다고 대답했어요. 그는 그 노부인에 대해 한참을 이야기했죠. 그래서 조지의 이야기가 끝난 뒤 그 노부인이 누구냐고 물었더니 링컨셔주 체스니 월드의 데들록 저택에 반세기 이상이나 봉사하고 있는 가정부 미시즈 라운스웰이라고 하더군. 조지는 전에도 자기는 링컨셔주 태생이라고 말하곤 했기 때문에 나는 지난밤 남편에게 '그 노부인이 조지의 어머니예요. 45파운드를 걸어도 좋아요!'라고 말했답니다."

백넷 부인이 이와 같은 이야기를 하는 것은 요 4시간 중에 적어도 20회 째이다. 수레바퀴의 덜커덕거리는 소리에도 지워지지 않고 노부인의 귀에 들어가도록 새처럼 높은 소리로 말한다.

"저런, 정말로 고맙습니다." 미시즈 라운스웰이 말한다. "정말로 친절하군요, 고마워요!"

"당치도 않습니다!" 더할 나위 없이 자연스러운 태도로 백넷 부인이 외친다. "저에게 고마워하실 필요는 없어요. 오히려 부인 자신에게 고마워하셔야죠. 그리고 부인, 부인께서 꼭 해주셔야 할 것이 있습니다. 조지가 사람들의 도움을 받아들여서 혐의를 벗을 수 있게 해주세요. 그는 부인이나 저처럼 결백하지만, 진실과 정의가 그의 편이 되어주는 것만으로는 충분치 않아요. 그에게는 법과 변호사가 필요하답니다." 백넷 부인은 마치 법과 변호사가 진실과 정의와는 별개라는 생각에 설득당하기라도 한 듯이 말한다.

"조지는 그가 받을 수 있는 모든 도움을 받게 될 거예요. 내가 가진 모든 것을 동원해서라도 그렇게 만들고 말 테니까. 레스터 경도 그 가족도 가능한 한 힘을 써주실 거예요. 내가 알고 있는 게 있어요. 그러니 내가 탄원을 해보겠어요. 오랫동안 헤어져 있다가 마침내 감옥에서 아들을 찾은 어머니로서요."

라운스웰 부인의 지극히 불안한 모습과 중간중간 끊어지는 말, 손을 비트는 동작 등은 백넷 부인에게 강한 인상을 남기지만, 그러나 이 모든 게 아들을 걱정하는 마음에서 나온 것임을 생각하면 그다지 놀랄 일은 못 된다. 그런데 왜 미시즈 라운스웰이 심란한 상태로 몇 번이고 "마님! 마님! 마님!"을 되풀이하는지 백넷 부인은 의아스럽다.

얼어붙은 밤이 밝아 동이 틀 무렵 급행마차는 마치 망령처럼 희미한 모습으로 새벽안개를 뚫고 달린다. 흐릿한 나무나 산울타리 속의 수많은 망령 무리가 서서히 사라지며 대낮의 현실 풍경으로 바뀐다. 런던에 도착하자 여행자들은 마차에서 내린다. 노부인은 불안해하고 백넷 부인은 완전히 원기를 되찾아 차분해진다. 설사 그녀의 다음 행선지가 희망봉이라도, 남대서양의 어센션 섬이라도, 홍콩이나 그 밖의 군사 주둔지라도 그녀는 똑같이 차분할 것이다.

그러나 기병이 구류되어 있는 감옥으로 떠날 때 노부인은 라벤더 빛깔의 드레스를 입은 채 변함없는 침착함을 유지하려 하고 있다. 보기에도 매우 우아하고 정교한 옛 중국 도자기와 같은 모습이다. 비록 심장은 두근거리고 옷옷은 흐트러져 있었지만.

독방으로 다가가자 문이 열려 있고 마침 간수가 나오는 중이다. 백넷 부인이 아무 말도 하지 말라고 간청하는 몸짓을 하자 간수는 고개를 끄덕이고 그들을 넣어준 다음 문을 닫는다.

테이블을 마주 하고 무언가를 쓰고 있는 조지는 누가 들어오는 것도 모르고 쓰는 일에 몰두하고 있다. 라운스웰 부인은 그의 모습을 바라본다. 그녀의 부들부들 떠는 손은 백넷 부인에게 그들이 모자간임을 확인시켜주기에 충분하다.

노부인은 미동도 않고 옷 스치는 소리조차 내지 않고 말 한마디 하지 않는다. 그녀는 가만히 글을 쓰고 있는 아들을 바라본다. 단지 그녀의 부들부들 떨리는 손만이 그 내면의 격렬한 감정을 말해준다. 그 손은 감사와 기쁨, 슬픔, 희망을 말해주고 이 거구의 사내가 소년이었을 때부터 한결같이 기울여온 끝없는 애정을 말해준다. 아들 중에 더 잘난 아들은 사랑을 덜 받는다고 하는데, 이 아들은 어머니의 자랑스러운 아들로 넘치는 사랑을 받았음을 말해준다. 어머니의 손을 바라보는 백넷 아내의 눈에 글썽이던 눈물이 햇볕에 탄 볼을 따라 흘러내린다.

"조지 라운스웰! 내 사랑하는 아들, 이쪽 보거라!"

기병은 벌떡 일어서서 어머니를 꼭 껴안고 그 앞에 무릎을 꿇는다. 뒤늦은 회한에서일까 아니면 그 순간 어릴 적으로 돌아간 것일까. 어쨌든 그는 마치 어린애가 기도할 때처럼 두 손을 모은 뒤 그 손을 어머니의 가슴을 향해 들며 고개를 숙여 절하고 울음을 터뜨린다.

"조지, 소중한 내 아들! 늘 사랑스러웠고 지금도 사랑스러운 내 아들. 이 잔인한 세월 동안 도대체 어디에 있었느냐? 이렇게 멋지고 강인한 사나이가 되었구나. 하느님의 은총으로 살아만 있다면 틀림없이 이렇게 되었으리라고 생각한 그대로구나!"

한동안은 어머니나 아들이나 서로 앞뒤가 맞지 않는 문답을 되풀이할 뿐이다. 그동안 백넷 부인은 앞으로 물러나 흰 벽에 한 팔을 기대고 그 위에 이마를 대고, 회색 외투로 눈을 닦으면서 기뻐 어쩔 줄 몰라 한다.

"어머니," 두 사람이 마음을 조금 가라앉힌 뒤에 기병이 말한다. "우선 무엇보다도 저를 용서해주십시오. 저는 용서를 구해야 합니다."

그를 용서한다고! 그녀는 물론 진심으로 용서한다. 그녀는 언제나 용서하고 있었다. 그녀는 이미 몇 년 전에 유서에다 그를 사랑하는 아들 조지로 써두었다고 말한다. 그녀는 한 번도 그에 대해 나쁘게 생각한 적이 없었다. 만일 그녀가 이런 행복을 맛보지 못하고 죽게 되었다면―그녀는 이제 나이를 많이 먹었고 남은 삶이 그리 길지는 않을 것이다―임종 때 그녀의 사랑하는 아들 조지를 축복해 주었을 것이다.

"어머니, 저는 큰 불효를 저질렀고, 이제 그 벌을 받은 것입니다. 제가 집을 나왔을 때는 가출한 게 그다지 마음에 걸리지 않았습니다. 저는 집을 나와서 무작정 군대에 들어갔습니다. 나는 누구의 일도 상관하지 않을 것이고, 누구도 내 일에 상관하지 않으리라 생각했지요."

기병은 눈물을 닦은 뒤 손수건을 주머니에 넣었다. 그렇지만 여느 때와는 말하는 태도와 어조가 천지차이다. 그는 부드러운 투로 말하며 때때로 울음을 억제하지 못한다.

"그래서 어머니도 잘 아시는 것처럼 집에 편지를 써서 다른 이름으로 군대에 들어갔다는 소식을 전하고는 외지로 간 것입니다. 외지로 간 뒤에는 내년이 되면 좀 더 승진할지 모르니까 그때쯤 집에 편지를 보내자고 마음먹었습니다. 하지만 막상 1년이 지나자 다시 1년 뒤에 승진하면 편지를 쓰자고 생각했고 또 1년이 지나자 역시 마찬가지의 생각이 들었습니다. 그리고 그런 식으로 10년이 지나자 편지 쓸 생각이 사라지고 말았습니다."

"너를 나무랄 마음은 없어. 하지만 늙어가는 이 어미에게 소식 한 줄 전하지 못한단 말이냐?"

이 같은 어머니의 말에 기병은 또다시 울음을 터뜨릴 뻔했지만, 결국 거칠게 헛기침을 해 정신을 차린다.

"용서하세요, 어머니. 하지만 그때는 저의 소식을 들으셔도 그다지 위안이 되지 못할 것이라 여겼습니다. 어머니는 모두에게 존경을 받는 분이었고, 이따금씩 보는 지방 신문에 의하면 형님은 지역 유지가 되었습니다. 그에 비해서 저는 여기저기 떠돌아다니는 용기병으로, 형님처럼 자수성가를 하기는커녕 어릴 적에 배운 것조차 다 잊어버리고 예전의 장점까지 다 잃어버리고 말았지요. 그래서 도저히 제 소식을 알릴 수가 없었습니다. 그렇게 허송세월을 하고 말았으니 무슨 좋은 일이 있었겠어요? 하지만 그래도 가장 힘든 때는 지나갔어요. 제가 가장 힘들었을 때 어머니가 몹시 마음 아파하시고 저를 위해 눈물로 기도하셨다는 걸 알아요."

노부인은 슬픈 듯이 고개를 가로저으며 그의 힘센 손을 잡고 사랑스러운 듯이 자기 어깨 위에 올려놓는다.

"저는 방금 전에 무슨 좋은 일이 있었겠느냐고 했어요. 글쎄요, 어쩌면 좋은 일이 있었을 수도 있겠죠. 어머니가 저를 찾아내어 돈을 주고 제대시켜주었을 수도 있고, 체스니 월드에 데려가주셨을 수도 있고, 형님 가족과 만나게 해주셨을 수도 있어요. 가족들 모두가 저를 모범적인 시민으로 만들기 위해 애써주었을 수도 있고요. 하지만 저 자신이 스스로에 대한 확신이 없는데 그 누가 저에 대한 믿음을 가질 수 있겠어요? 저는 군대에서 호되게 훈련받지 않으면 아무짝에도 쓸모없는 애물단지라고 생각하지 않을 수 없었을 거예요. 제가 무슨 낯으로 조카들을 볼 수 있겠으며, 그 아이들에게 어떻게 모범을 보일 수 있겠어요? 집 나가서 어머니를 슬프게 하고 불행하게 한 제가 말이에요. 저는 이런 생각이 들 때마다 '안 돼, 조지. 네가 자초한 불행이야. 그러니 그 불행의 침대 위에 누워라.'라고 중얼거리곤 했죠."

미시즈 라운스웰은 "봐요, 내 말이 맞죠."라고 말하기라도 하듯 자랑스럽게 백넷 부인을 향해 고개를 저어 보인다. 백넷 부인은 상대의 마음을 위로하듯이, 또 두 사람의 대화에 관심을 기울이고 있음을 보여주듯이 들고 있는 우산으로 기병의 등을 쿡 찌른다.

"어머니, 저는 이렇게 생각했습니다. 제가 할 수 있는 최선의 속죄는 제가 자초한 불행의 침대에 누워 죽는 것이라고요(저는 이제까지 여러 번 어머니가 저에 대해 꿈에도 생각하고 있지 않을 때 어머니의 모습을 보기 위해 체스니 월드에 간 적이 있었습니다). 여기 있는 제 친구의 부인이 아니었다면 결국 저는 그렇게 죽었을 것입니다. 저는 이 부인에게 고맙게 생각하고 있습니다. 백넷 부인, 진심으로 고맙습니다."

백넷 부인은 대답 대신 우산으로 두 번 쿡쿡 찌른다.

노부인은 다시 찾은 사랑스러운 아들에게 그녀의 기쁨이자 자랑인 아들 조지에게 호소한다. "돈과 인맥을 동원해서 구할 수 있는 가장 훌륭한 변호사에게 사건을 맡기지 않으면 안 돼. 아무리 네 생각이 옳아도 네 뜻대로 행동해서는 안 되고 변호사의 조언에 따라야 해. 석방될 때까지 오직 이 늙은 어미의 걱정과 고통만을 생각하겠다고 약속해주렴. 그렇지 않으면 나는 비탄에 빠지고 말테니."

"어머니, 그건 어렵지 않아요." 기병은 입맞춤으로 어머니의 말을 가로막고 말한다. "늦었지만 지금부터라도 어머니 말씀을 잘 들을게요. 백넷 부인, 물론 저희 어머니를 돌봐주시겠죠?"

백넷 부인은 또다시 우산으로 쿡 찌른다.

"어머니를 잔다이스 씨와 서머슨 양과 만나게 해주면 두 사람 모두 어머니에게 조언을 해주고 힘이 되어 줄 겁니다."

"그리고 조지, 일각이라도 빨리 형을 불러야 한다. 사람들이 말하는 것처럼 형은 상식과 분별이 있는 사람이니까—나는 세상사를 잘 모르지만 형은 체스니 월드보다도 더 넓은 세상을 알고 있어—틀림없이 큰 도움이 될 거야."

"어머니, 만나자마자 부탁을 드려도 될지 모르겠지만……."

"괜찮아, 어서 말해보렴."

"그러면 하나만 말씀드릴게요. 형에게는 알리지 말아주세요."

"알리지 말라니 무엇을?"

"제가 처한 상황에 대해서요. 솔직히 형에게 알릴 용기가 나지 않습니다. 제가 군생활을 하는 동안 형은 부지런히 노력해 성공함으로써 저와는 다르다는 것을 보여주었어요. 형이 제 상황을 알고 기뻐할 리가 없어요. 절대로요. 그러니 형에게는 비밀로 해주세요.

다른 사람은 몰라도 부디 형에게만은 말하지 말아주세요."

"그래도 언젠가는 말해도 되겠지?"

"아마도요. 하지만 당분간은 말하지 말아 주세요. 아무짝에도 쓸모없는 동생이 나타난 것을 형에게 알려야 한다면 제가 직접 말하고 싶어요. 그래서 형이어떻게 받아들이느냐에 따라 나아갈지 물러설지를 결정하고 싶어요."

이 점에 대해서는 보기에도 그가 단호한 마음인 것 같고, 그 의지가 굳음을 백넷 부인의 표정으로도 미루어 짐작할 수 있으므로 어머니는 그의 부탁을 들어준다. 아들은 고마워하며 말한다.

"어머니, 그 밖의 것들에 대해서는 모두 어머니의 말씀에 따르겠습니다. 그러므로 저는 이제 변호사건 뭐건 거부하지 않습니다. 마침 지금," 그는 책상 위의쓰고 있던 종이를 힐끗 본다. "제가 고인에 대해 알고 있는 것, 이 불행한 사건에 휩쓸리게 된 경위에 대해서 상세한 진술서를 작성하고 있던 중이었습니다. 논리 정연한 책처럼 또렷하고 확실하게 쓰고 있는 그대로의 사실만 적었습니다. 스스로를 변호하라는 말을 들었을 때 언제라도 이것을 낭독할 생각이었지요. 지금도 그렇게 하고 싶지만, 이제는 제 고집대로 하지 않겠습니다. 무슨 말을 듣건 어떤 처사를 당하건 제멋대로 행동하지 않겠다고 약속합니다."

이렇게 만족할 만한 결말이 지어졌고 시간도 늦었기 때문에 백넷 부인은 그만 돌아가자고 말을 꺼낸다. 노부인은 몇 번이고 몇 번이고 아들 목을 끌어안고 기병은 몇 번이고 어머니를 껴안는다.

"백넷 부인, 어머니를 어디로 모시고 갈 생각이세요?"

"나는 런던의 저택으로 가요. 직접 처리해야 할 일이 있어서," 미시즈 라운스웰이 말한다.

"백넷 부인, 어머니를 그곳까지 모셔다 드릴 수 있나요? 물론 해주시겠죠."

백넷 부인은 어머니와 우산으로 표현한다.

"어머니와 저의 감사를 받아주십시오. 부인, 저와 대신해서 퀘벡과 말타에게키스를 해주세요. 제 대자에게도 사랑한다는 말을 전해주시고 리그넘에게는굳은 악수를 전해주세요. 그리고 당신에게는 이것을. 이것이 금화 1만 파운드라면 좋을 텐데!" 조지는 이렇게 말하며 백넷 부인의 햇볕에 그은 이마에 키스를 한다. 그리고 그의 독방 문이 닫힌다.

노부인이 백넷 부인에게 부디 이대로 마차를 타고 집까지 가라고 아무리 말해도 백넷 부인은 막무가내로 듣지 않고 데들록 저택의 문 앞에서 마차에서 내려 노부인을 계단 위까지 바래다준 뒤 악수를 하고는 집까지 걸어간다. 이윽고 그녀는 자기 집으로 들어가 아무 일도 없었다는 듯이 채소를 씻기 시작한다.

부인은 살해된 변호사와 마지막으로 대화를 나눈 방의, 그때 앉았던 것과 똑같은 의자에 앉아 고인이 부인을 차분하게 바라보며 서 있던 화롯가를 가만히 바라보고 있다. 그때 문 두들기는 소리가 난다. "누구죠?" "미시즈 라운스웰입니다." '미시즈 라운스웰이 왜 이렇게 갑자기 런던에 온 거지?'

"마님, 곤란한 일이 생겼습니다. 대단히 슬픈 일입니다. 잠시 시간을 좀 내주시겠습니까?"

'또 어떤 일이 생겨 이 평온한 할멈이 이렇게 떨고 있는 것일까? 나보다도 훨씬 행복해 보이는 이 할멈이 왜 이렇게 당황해하며 의심하는 듯한 눈초리로 나를 바라보는 걸까?'

"마님, 마님, 제 아들을 찾았습니다. 오래전에 집을 나가 군인이 된 아들 말이에요. 그 아이가 지금 감옥에 있습니다."

"빚 때문인가?"

"아닙니다. 빚 정도라면 제가 기꺼이 갚아 주었을 거예요."

"그럼 감옥에는 왜?"

"그것이 마님, 살인 용의에요. 아들은 저와 마찬가지로 아무 죄도 없는데도 털킹혼 님을 죽였다는 혐의를 받고 있어요."

'왜 할멈은 저런 눈으로 나를 보고 간청하는 듯한 몸짓을 하는 걸까? 왜 이렇게 가까이 다가오는 걸까? 손에 들고 있는 편지는 도대체 뭘까?'

"데들록 부인, 친절하신 마님, 부디 저를 가엾게 생각해주시고 자비를 베풀어 주십시오. 저는 마님이 태어나기 전부터 이 저택에서 일해 왔습니다. 부디 무고하게 죄를 뒤집어쓴 제 아들을 생각해 주세요."

"나는 자네 아들에게 죄를 뒤집어씌우거나 하지는 않아."

"마님은 안 그러시겠지만 다른 사람들은 마님과 다릅니다. 그래서 아들은 지금 위험에 처해 있습니다. 마님, 한마디라도 좋으니까 제 아들이 혐의를 벗을 수 있는 말을 해주십시오. 소원입니다!"

'도대체 이것은 어찌 된 착각일까? 할멈은 내게 이 부당한—만일 부당하다면—의심을 풀 어떤 힘이 있다고 생각해 탄원을 하고 있는 것일까?' 마님의 아름다운 눈은 놀라움의 빛, 거의 공포에 가까운 빛을 띠고 그녀를 본다.

"마님, 저는 아들을 보기 위해 어젯밤 노구를 이끌고 체스니 월드를 떠났습니다. 유령의 샛길에 들리는 발소리는 전에 없이 묵직하고 끊임없이 울렸습니다. 날마다 밤이 이슥해지면 마님의 방에 메아리치던 그 발소리는 어젯밤 더 없이 무섭게 울렸습니다. 그리고 지난밤에 저는 이 편지를 받았습니다."

"그게 무슨 편지지?"

"쉿! 목소리가 크십니다." 늙은 가정부는 겁에 질린 듯 속삭이며 주위를 둘러본다. "저는 이 편지에 대해 아직 아무에게도 말하지 않았고 그 안에 씌어 있는 내용을 믿지도 않습니다. 그것이 사실일 수 없다는 것을 잘 알고 있고 또 그것이 사실이 아님을 확신합니다. 하지만 제 아들은 위험에 빠져 있으니 부디 저를 불쌍하게 생각해 주십시오. 만일 마님께서 무언가 다른 사람이 모르는 것을 알고 계신다면, 누군가 수상하다고 생각되는 자나 무언가 해결의 실마리를 알고 계신다면 비록 그것을 발설해서는 안 될 사정이 있다고 해도 부디 저를 생각하셔서 말씀해주십시오. 이것이 저의 간절한 소원입니다. 마님은 무정한 분이 아니십니다. 그것은 저도 알고 있습니다. 하지만 마님은 늘 누구의 도움도 받지 않고 마님 방식대로 하시고 친구들과 친숙하게 교제를 하시는 일도 없습니다. 그래서 누구나 마님을 아름답고 기품 있으시지만 가까이 다가가기는 어려운 분으로 알고 있죠. 어쩌면 마님은 무언가를 알고 계시면서도 그것을 말하는 게 화가 나거나 어리석게 느껴져서 말씀을 안 하고 계신지도 모릅니다. 만약 그렇다면 평생 이 댁을 위해 봉사한 충실한 가정부를 생각하셔서 부디 말씀해주십시오. 제 아들이 혐의를 벗도록 도와주세요." 늙은 가정부는 진심을 다해 간청한다. "저는 미천한 하녀이고 마님은 태어날 때부터 지극히 고귀한 분이라서 저 같은 사람이 아들에 대해 어떻게 느끼는지 잘 모르시겠지만, 저도 아들을 끔찍이 여기기에 감히 마님께 청을 드립니다. 이 위급한 때에 저희를 배려해주십사고요."

데들록 부인은 한 마디도 없이 그녀를 일으켜주고 그녀에게서 편지를 받아든다.

"읽어봐도 되겠나요?"

"제가 가고 난 다음에 읽어주세요, 마님. 부디 저의 간절한 소원을 잊지 마세요."

"나로서는 어찌 해야 좋을지 모르겠군. 자네 아들의 일로 내가 숨기고 있는 것은 아무것도 없어, 자네 아들에게 죄를 씌운 적도 없고."

"마님, 그 편지를 읽어주시면 무고하게 죄를 뒤집어쓰고 있는 제 아들을 한층 더 가련하게 생각하실 겁니다."

늙은 가정부는 데들록 부인의 손에 편지를 남기고 떠난다. 확실히 부인은 선천적으로 무정한 사람은 아니다. 예전 같았으면 이렇게 진심을 담아서 애원하는 노파에게 연민의 정을 보여주었을 것이다. 하지만 그녀는 아주 오랫동안 감정을 억누르는 습관을 들여온 데다 선과 악, 정과 우정, 분별과 맹목을 모두 똑같은 광택으로 물들이는 교육을 받아왔기 때문에 오늘에 이르러서는 스스로 그것이 이상하다고 생각하는 마음조차 사라지고 말았다.

데들록 부인은 편지를 펼쳐본다. 안에는 심장을 관통당하고 바닥에 엎어진 사체의 모습이 담긴 신문기사를 오린 것이 들어 있고 그 밑에 '살인범'이라는 단어와 부인 자신의 이름이 씌어 있다.

오려낸 기사가 그녀의 손에서 바닥에 떨어진다. 얼마 동안 바닥에 떨어져 있었는지는 기억에 없다. 하지만 문득 정신을 차리고 보니 오려낸 기사는 여전히 바닥 위에 떨어져 있고, 하인이 그녀 앞에 서서 거피라는 젊은이가 찾아왔다고 알리고 있다. 그녀는 그 이름이 머릿속에서 몇 번이나 울린 뒤에야 그 의미를 이해한다.

"들여보내게."

손님이 들어온다. 데들록 부인은 바닥에서 집어든 편지를 손에 든 채 어떻게든 마음을 가라앉히려고 애쓴다. 거피 군의 눈에 비치는 것은 여느 때처럼 침착하고 오만하고 쌀쌀맞은 데들록 부인이다.

"부인, 두 번 다시 만나고 싶지 않은 사내의 방문에 처음에는 화가 나실 지도 모릅니다. 하지만 저의 동기를 말씀드리면 이해하실 겁니다." 거피가 말한다.

"말해 봐요."

"고맙습니다, 부인. 먼저 서머슨 양에 관한 말씀부터 드려야겠습니다." 거피 군은 의자에 앉아 모자를 발아래 카펫에 내려놓는다. "전에도 말씀드렸듯 서머슨 양은 어느 시기 저의 마음속에 뚜렷이 각인되었는데 저는 어쩔 수 없는 사정 때문에 그녀를 잊지 않을 수 없게 되었습니다. 그 서머슨 양이 지난번 제가 부인을 뵙고 난 뒤 자신과 관련된 일에는 아예 관여하지 말아달라고 요청해 왔습니다. 서머슨 양의 요청은 저에게 있어서는 법이나 마찬가지이기 때문에(물론 저로서도 어쩔 수 없는 사정에 관해서는 별개입니다만) 저로서는 두 번 다시 부인을 뵈러 올 생각이 없었습니다."

그런데도 지금 이곳에 오지 않았느냐고 부인이 불쾌한 투로 말한다.

"그런데도 저는 지금 이곳에 와 있습니다. 부인께 제가 이곳에 온 이유를 말씀드리지요."

그러면 부디 짧고 분명하게 말해주기 바란다고 부인이 말하자 거피 군은 모욕을 당한 것 같은 표정으로 대답한다.

"부인, 제가 이곳에 온 것은 제 하찮은 일 때문이 아님을 아셔야 합니다. 저는 저의 사적인 이해관계 때문에 이곳에 온 게 아닙니다. 제가 서머슨 양과 약속을 하지 않았다면 그리고 그 약속을 지킬 생각이 없었다면 사실 다시 이곳 문턱을 어둡게 할 일도 없었겠지요."

거피 군은 두 손으로 머리카락을 곤두세우기 시작한다.

"부인께서도 기억하시겠지만 지난번 이곳에 왔을 때 저는 동종업계 종사자로서 최근에 사망해 모두가 애도하고 있는 인물을 만났습니다. 그 인물은 그 때 이후로 제 일에 끼어들었고, 저로 하여금 부지중에 서머슨 양의 뜻에 반하는 무언가를 할 뻔하게까지 만들었습니다."

그게 무슨 의미냐는 듯이 부인은 강한 눈빛으로 그를 쏘아본다. 순간 거피는 눈을 돌려 다른 쪽을 바라본다.

"그 인물이 다른 사람들과 손을 잡고 무슨 일을 꾸미고 있는지 상상하기는 어려운 일이었기 때문에, 최근에 죽을 때까지 저는 완전히 손을 들고—아랫사람들의 말을 모르시는 부인, 이것은 즉 '곤혹'과 같은 의미로 생각해 주십시오—있었습니다. 그리고 스몰도—부인은 모르시는 제 친구입니다—워낙 빈

틈이 없고 속을 알 수 없는 친구라 그가 무슨 생각을 하고 있는지 알기란 쉽지 않은 일이었습니다. 그러나 부족하나마 제가 수완을 발휘하고 공통의 친구인 토니 위블(이 사람은 꽤 귀족적인 취향을 지니고 있어서 부인의 초상을 자기 방에 걸어놓고 있습니다)의 도움을 받아서 몇 가지 걱정스러운 사실을 알게 되었습니다. 그래서 부인에게 조심하라는 말씀을 드리기 위해 왔습니다. 첫째로 실례지만 오늘 아침 이곳을 찾아올 낯선 방문객은 없었습니까? 제 말씀은 상류층 손님은 아니고 이를테면 미스 버버리의 옛 하녀라든가 하반신을 움직이지 못해 계단을 오를 때는 사람들이 떠메고 올라가야 하는 노인 같은 사람들 말입니다만."

"몰라요!"

"분명히 말씀드리지만 그런 방문객이 이곳에 다녀갔습니다. 저는 문간에서 그들이 저택 안으로 들어가는 것을 보았고, 그들과 마주치지 않으려고 광장 모퉁이에서 30분을 기다렸습니다."

"그것이 나와 무슨 상관이죠? 당신과는 또 무슨 상관이고요? 도무지 이해가 안 가는군요."

"부인, 저는 부인께 조심하시라는 말씀을 드리려고 왔습니다. 어쩌면 그럴 필요가 없을지도 모르지만요. 저는 서머슨 양과의 약속을 지키기 위해 최선을 다 했을 뿐입니다. 저의 추측으로는 (스몰이 무심코 한 말이나 우리가 그에게서 가까스로 알아낸 것에 의하면) 제가 지난번 부인에게 보여드리겠다고 말씀드린 편지 다발은 제가 생각했던 것처럼 불에 타 사라지지는 않았습니다. 그 편지 다발로 인해 밝혀질 일이 있었다면 밝혀졌겠지요. 오늘 아침 이곳에 다녀갔다고 제가 말씀드린 그 방문객들이 그것으로 돈을 벌지나 않을까요?"

거피 군은 모자를 집어 들고 일어선다.

"제가 드린 말씀이 중요한지 무의미한지는 부인이 가장 잘 아실 겁니다. 아무튼 저는 서머슨 양의 뜻대로 행동했고, 그것으로 충분합니다. 제가 만일 그럴 필요도 없는데 부인께 조심하라는 등 무례한 말을 했다면 무례를 용서하십시오. 그럼 이만 실례하겠습니다."

부인은 작별 인사를 건성으로 듣는 듯하더니 손님이 떠나고 난 조금 뒤에 초인종을 누른다.

"레스터 경은 어디 계신가?"

하인은 나리께서는 혼자 서재에 계신다고 대답한다.

"오늘 아침 나리를 찾아온 손님이 있었나?"

하인은 몇 사람 있었다고 말한 뒤 손님의 인상착의를 설명한다. 거피 군이 말한 그대로의 인상착의다.

역시 그랬었다! 모든 게 다 틀렸다! 이제 그녀의 이름은 사람들의 입방아에 오르고, 남편은 그녀의 잘못을 알게 되고 그녀의 치욕은 세상에 알려질 것이다. 아니, 이렇게 생각하는 동안에도 세상에 널리 퍼지고 있을 것이다. 남편은 생각지도 못하고 부인은 언젠가는 오리라 두려워하고 있던 벼락같은 일격이 마침내 가해진 데다 엎친 데 덮친 격으로 보이지 않는 누군가에 의해서 그녀는 그녀의 적을 살해한 살해범으로 지목당한 것이다.

확실히 털킹혼은 그녀의 적이었다. 이제까지 몇 번이고 몇 번이고 그가 죽었으면 좋겠다고 생각한 적이 있었다. 그는 무덤 속에 있는 지금도 여전히 적이다. 마치 죽은 그의 손에 새로운 괴로움이 들려 있는 것처럼 이 무서운 살인의 죄가 그녀에게 덮쳐온다. 그날 밤 남몰래 그의 사무소 입구까지 간 일, 그리고 그 직전 단지 주변의 시선을 피하려고 마음에 드는 몸종을 내보낸 일이 타인에게 어떻게 받아들여질지를 생각하면 그녀는 마치 사형집행인의 손이 목에 닿은 듯한 전율을 느낀다.

그녀는 바닥에 엎드려 머리를 풀어헤치고 얼굴은 소파 쿠션에 묻는다. 갑자기 몸을 일으켜 빠른 걸음으로 여기저기를 돌아다니다가 쓰러져 몸을 흔들고 신음소리를 낸다. 그녀를 엄습한 공포는 도저히 말로는 다할 수 없다. 만일 진짜 살인범이었다고 해도 이때 이상의 공포에 사로잡히지는 않을 것이다.

만일 진범이었다고 한다면 살인을 결행하기 전에 아무리 치밀하게 주의를 기울였다고 해도 증오의 대상인 그 변호사의 모습이 터무니없이 크게 확대되어 나타남으로써 살해 뒤의 일에 대해서는 아무 생각은 하지 못했을 것이다. 그리고 상대가 쓰러진 순간 그다음에 있을 일들에 대한 공포가 홍수처럼 밀려왔을 것이다. 변호사가 일찍이 그녀의 일거수일투족까지 감시해 온 나머지 그녀는 '이 늙은이가 걸림돌이 되지 않도록 그에게 뭔가 치명적인 일격이 가해졌으면!' 하고 생각하곤 했는데, 그것은 단지 그가 수중에 쥐고 있던 그녀에게 불리한 모든 것이 사방으로 흩어져버렸으면 하고 원했던 것일 뿐이다. 그가 죽었을 때 안 된 일이지만 그녀가 내심 안도했던 것도 같은 마음에서였다. 그의 죽음은 우중충한 아치의 쐐기돌이 제거된 것에 지나지 않으며, 이제 아치는 무수한 파편이 되어 와르르 무너진다.

이 같은 공포의 마음이 부인의 마음에 다가와 불길한 그림자를 드리운다. 이 추적자—살았든 죽었든 지금도 잊을 수 없는 그 모습으로 그녀 앞에 나타나든 관 속에 누워 있든—로부터 벗어나려면 죽는 수밖에 없다. 치욕과 공포와 회한과 비탄이 그녀를 사로잡는다. 그녀의 강한 자부심조차 강풍에 흩날리는 낙엽에 지나지 않는 것이다.

그녀는 서둘러 남편 앞으로 편지를 한 통 써서 봉한 다음 테이블 위에 놓는다.

만일 내가 털킹혼 씨의 살인 혐의를 받아 쫓기는 몸이 되어도 부디 나의 결백을 믿어주십시오. 내가 무고하고 결백하다고 끝까지 주장할 수 있는 것은 이 점에 대해서 뿐입니다. 당신이 이미 들으셨거나 또는 앞으로 듣게 될 다른 모든 죄과에 대해서는 굳이 무고함을 주장하지 않겠습니다. 그 무서운 밤에 털킹혼 씨는 나의 죄상을 당신에게 밝히겠다고 말했습니다. 그가 돌아간 뒤 나는 여느 때처럼 정원에서 산책을 하는 척하고 밖으로 나왔습니다. 실은 그를 뒤따라가 마지막 탄원을 하려고 생각했기 때문입니다. 이제까지 나를 괴롭혀 온—얼마나 오랫동안인지 당신은 모르실 겁니다—것들을 더 이상 질질 끌지 말고 다음 날 아침 모두 밝히라고 탄원하려 했습니다.

그의 집으로 오자 캄캄하고 조용했습니다. 입구의 초인종을 두 번 울렸지만 대답이 없었고, 그래서 집으로 돌아왔습니다.

나에게는 이제 집이 없습니다. 앞으로는 당신에게 폐를 끼치는 일도 없을 것입니다. 이제까지 당신으로부터 과분한 애정을 받으면서 가문의 명예를 더럽힌 여자에 대해 화를 내시는 것도 당연한 일이겠지요. 부디 저를 잊어주십시오. 당신을 떠나는 것은 이제부터 벗어나려 하는 치욕보다도 더 깊은 부끄러움을 느끼고 있기 때문입니다. 이것이 마지막 인사입니다.

그녀는 서둘러 옷을 갈아입고 베일을 쓴 뒤 일체의 보석류와 돈을 방에 남겨둔 채 잠시 귀를 기울이다가 아래층 홀에 아무도 없는 틈을 타서 계단을 내려간다. 집에서 나와 대문을 닫은 뒤 찬 바람이 휘몰아치는 사이로 정처도 없이 떠난다.

# 제56장 추적

　데들록 가의 런던 저택은 가문의 명성에 걸맞게 당당하고 같은 거리에 즐비하게 늘어서 있는 음침한 집들과는 달리 복잡한 집안 사정 같은 것은 조금도 밖에 드러내지 않는다. 마차 달리는 소리와 문 두들기는 소리가 나고 사람들은 서로를 방문한다. 낮에 보면 마치 사신(死神)과 아가씨를 한데 섞어놓은 것처럼 보이는, 섬뜩한 붉은빛을 띤 뺨에 해골 같은 목을 한 옛날 미녀들[1]이 남자들의 눈길을 사로잡고, 매우 쌀쌀한 마구간에서는 섬세하게 만든 마차가 흔들거리면서 나타난다. 마부석에는 짧은 다리에 아마색 가발을 쓴 마부가 부드러운 천 위에 앉아 있고, 그 뒤에는 화려한 옷차림의 하인이 지팡이를 들고 삼각모자를 삐딱하게 쓴 채 앉아 있다.

　데들록 가의 런던 저택은 외견상으로 아무런 변화가 없다. 그 안의 따분한 분위기가 흐트러지는 것은 잠시 뒤의 일이다. 아름다운 볼룸니아는 몹시 따분한 나머지 기분전환을 위해 서재에 가보기로 한다. 가볍게 문을 두들겨도 대답이 없어서 문을 열어보니 아무도 없다. 그녀는 안으로 들어간다.

　풀이 무성한 고대 도시 배스에서 볼룸니아는 호기심이 많아 수시로 금테 안경을 끼고 여기저기를 돌아다니며 온갖 종류의 사물을 살핀다고 소문이 나 있다. 그녀는 지금의 호기를 놓치지 않고 탁자와 탁자 사이를 새처럼 날아다니면서 레스터 경의 편지와 서류들을 구경한다. 안경을 낀 채 호기심에 휩싸여 지칠 줄 모르고 이것저것을 살펴보다가 무언가에 걸려 넘어진다. 안경을 그 쪽으로 향하자 레스터 경이 쓰러진 나무처럼 바닥에 누워 있는 게 보인다.

　이 의외의 광경 때문에 볼룸니아의 비명이 차츰 커지면서 순식간에 저택은 소란스러워진다. 하인은 계단을 위아래로 뛰어다니고, 여기저기서 초인종이 울

---

1) 거리의 창녀를 에둘러 말하고 있다.

리고 의사를 부르러 보내고, 사방으로 부인을 찾지만 부인의 모습은 어디에도 보이질 않는다. 부인이 마지막으로 초인종을 누른 뒤로 그녀의 모습을 보거나 목소리를 들은 이는 아무도 없다. 레스터 경 앞으로 보낸 그녀의 편지가 테이블 위에서 발견된다. 하지만 레스터 경이 개인적으로 답장을 바라는, 저세상으로부터 온 또 다른 편지를 받았는지 여부는 아직 확실치 않다. 모든 살아있는 인간의 언어도 죽은 자의 언어도 그에게는 한 가지다.

하인들은 레스터 경을 침대에 눕힌 뒤 팔다리를 주무르고 부채질을 해주고 머리에 얼음주머니를 올려놓는 등 의식을 회복시키기 위해 온갖 수단을 동원한다. 그사이 날이 저문다. 밤이 되어서야 레스터 경의 호흡이 골라지고 정면을 응시하는 그의 눈에 이따금씩 방 안을 오가는 촛불을 의식하는 빛이 떠오른다. 이런 변화는 일단 시작되자 멈추지 않고 계속된다. 레스터 경은 점차 고개를 끄덕이고 눈이나 심지어 손까지 움직여 그가 주위 사람들의 말을 이해하고 있음을 나타낼 수 있게 된다.

비록 지병에 시달리고 있다고는 해도 이목구비가 또렷하고 당당한 체구를 지닌 미남자 레스터 경이 오늘 아침 쓰러진 것이다. 이제는 볼이 움푹 팬 노인의 모습으로 침대에 누워 있다. 늘 낭랑하고 성량이 풍부한 목소리로 사람들에게 깊은 인상을 심어주었던 그가 이제는 겨우 속삭이는 목소리를 낼 수 있을 뿐이고 더구나 그 속삭임조차 뜻을 알 수 없다.

그의 곁에는 그가 신임하는 충실한 가정부가 기다리고 있다. 가장 먼저 그녀의 모습을 알아본 그가 기쁜 표정이 된다. 그는 말로 의사 전달을 하려다가 실패한 뒤 펜을 가져다 달라는 몸짓을 한다. 그 몸짓이 무슨 뜻인지 이해하기 어려워 처음에는 누구도 그 의미를 모른다. 레스터 경이 원하는 것을 알아차리고 펜을 가져온 사람은 그 늙은 가정부이다.

레스터 경은 한동안 생각에 잠긴 다음 전과는 전혀 다른 필체로 천천히 "체스니 월드?"라고 쓴다.

가정부는 아니라고, 그는 런던에 있으며, 오늘 아침 서재에서 쓰러진 거라고 말한다. 때마침 그녀가 런던에 있어서 병간호를 할 수 있게 되어 다행이라고 하면서.

"나리, 중병은 아닙니다. 내일 아침이 되면 훨씬 좋아질 것입니다. 모든 신사분들이 그렇게 말합니다." 그녀는 기품 있는 얼굴에 눈물을 흘리며 말한다.

레스터 경은 방을 둘러보고 의사들이 대기하고 있는 머리맡을 특히 주의 깊게 바라본 다음 또 쓴다. "마님은?"

"마님은 나리께서 쓰러지시기 전에 외출을 하셨기 때문에 아직 모르고 계십니다."

그는 심란한 표정으로 다시 아까의 단어를 가리킨다. 모두가 그를 가라앉히려고 하지만 그는 더욱 심란한 표정으로 또다시 아까의 단어를 가리킨다. 사람들이 뭐라고 대답해야 좋을지 몰라 서로 얼굴을 마주 보자 그는 다시 펜을 손에 들고 '마님은 어디에?'라고 쓴다. 그러고는 호소하는 듯한 신음소리를 낸다.

데들록 부인의 편지 내용은 누구도 상상하지 못하지만 어쨌든 늙은 가정부가 보여드리는 것이 좋겠다는 의견이 모아져 그녀가 그 편지를 레스터 경의 눈앞에 펼쳐 보여준다. 레스터 경은 가까스로 두 번 되풀이해서 읽고 난 뒤 그 편지를 남의 눈에 띄지 않도록 밀어놓고 다시 신음하기 시작한다. 그는 잠시 의식을 잃었다가 한 시간이 지나서야 겨우 눈을 떠 충실하고 헌신적인 늙은 가정부의 팔에 기댄다. 의사들도 가정부에서 맡기는 편이 가장 좋다는 것을 알기 때문에 특별한 일이 없는 한 옆에서 지켜본다.

다시 펜이 필요하게 된다. 하지만 그는 쓰려던 말이 생각나지 않는다. 이때의 그의 불안과 단어를 떠올리려고 애쓰는 모습은 보기에도 애처로울 정도이다. 마음은 급한데 무엇을 해야 좋을지, 누구를 불러야 좋을지를 표현하지 못해서 몹시 답답한 듯하다. 그는 'B'자를 쓰고는 더 이상 아무 글자도 쓰지 못한다. 그러다가 그의 안타까움이 절정에 이른 시점에 갑자기 'Mr.'를 그 앞에 붙인다. 늙은 가정부가 혹시 버킷 씨를 말씀하시느냐고 묻는다. 그랬다. 레스터 경이 만나고 싶어 하는 사람은 버킷 경감이었다.

"버킷 씨는 아래층에 있습니다. 버킷 씨를 불러올까요?"

레스터 경이 경감을 몹시 만나고 싶어 한다거나 가정부를 제외한 모두가 자리를 비켜주었으면 한다는 것을 한눈에도 확연했으므로 곧 그대로 한다. 버킷 경감이 올라온다. 레스터 경은 그의 모든 권위를 내려놓고 오직 이 사내를 믿어 그에게 만사를 맡기려고 하는 것이다.

"레스터 데들록 준남작 각하, 이렇게 누워 계신 모습을 뵙게 되어 유감입니다. 부디 기운을 차리십시오. 가문의 명예를 위해서라도 꼭 기운을 차리셔야 합니다."

레스터 경은 부인의 편지를 건네고 경감이 그것을 읽는 동안 그의 얼굴을 들여다본다. 편지를 읽어나가는 동안 무언가를 새롭게 알았다는 듯 눈동자를 반짝이던 경감은 여전히 시선을 편지에 고정한 채 손가락을 구부려 레스터 경을 이해한다는 뜻을 전한다.

레스터 경은 '모든 것을 용서할 테니 부디……'라고 써내려가지만 거기까지 썼을 때 경감에게 제지당한다.

"레스터 데들록 준남작 각하, 제가 마님이 계신 곳을 알아내겠습니다. 하지만 지금 당장 수색을 시작하지 않으면 안 됩니다. 1분 1초도 헛되이 할 수 없습니다."

경감은 레스터 경의 시선이 테이블 위의 작은 상자 쪽으로 향하는 것을 재빠르게 감지한다.

"레스터 데들록 준남작 각하, 저 상자를 가져오라는 말씀이십니까? 알았습니다. 이 열쇠 중 하나로 열고요? 잘 알겠습니다. 가장 작은 열쇠요? 알았습니다. 돈다발을 꺼내라고요? 그렇게 하겠습니다. 헤아리라고요? 바로 헤아리겠습니다. 20에 30을 더하면 50, 거기에 다시 20을 더하면 70, 거기에 50을 더하면 120, 거기에 40을 더하면 160. 그것을 비용으로 쓰라고요? 잘 알겠습니다. 물론 나중에 명세서를 보여드리겠습니다. 비용을 아끼지 말라고요? 알았습니다."

버킷 경감이 상대의 머릿속을 읽는 재빠름과 확실함은 그야말로 기적과도 같다. 등불을 든 미시즈 라운스웰은 경감의 재빠르게 움직이는 눈과 손에 어지럼증을 느끼며 그의 출발 준비를 마친다.

"부인, 당신은 조지의 모친이시군요. 그렇죠?" 모자를 쓰고 외투의 단추를 끼우면서 경감은 살며시 묻는다.

"네, 내가 그 아이의 근심 많은 어미입니다."

"조금 전에 조지에게서 들은 얘기로 미루어 그럴 거라고 짐작했어요. 하지만 더 이상은 걱정하지 않아도 됩니다. 당신 아들은 풀려날 테니까요. 울지 말아요. 울면 레스터 데들록 준남작 각하를 잘 돌봐드릴 수가 없지 않겠습니까? 당신 아들은 잘 지내고 있으며, 당신에게 안부를 전해달라고 했어요. 그는 혐의가 풀려서 명예를 되찾을 거예요. 당신과 마찬가지로 아무 잘못이 없다는 게 밝혀질 거예요. 내 말은 믿어도 좋아요. 당신 아들을 체포한 사람도 나니까. 그때도 아드님은 당당하게 행동했죠. 그는 훌륭한 사내고 당신은 훌륭한 어머니예요. 두 분은 마차로 전국을 돌며 모범적인 시민상을 보여줘도 될 만큼 훌륭한 분들이에요. 래스터 데들록 준남작 각하, 저는 각하가 맡기신 일을 기필코 완수하겠습니다. 마님을 찾을 때까지는 잠을 자거나 몸을 씻거나 수염을 깎는 것도 잊고 오직 한 길로 매진하겠습니다. 모든 것을 용서한다고 하셨지요? 잘 알겠습니다. 그렇게 말씀드리겠습니다. 하루속히 쾌차하시기 바라며, 당면한 문제가 이제까지 있어 왔고 앞으로도 있을 다른 모든 문제와 마찬가지로 잘 해결되기를 바랍니다."

말을 맺음과 동시에 단추를 다 끼운 경감은 조용히 밖으로 나와서 벌써부터 밤의 어둠을 뚫고 도망자의 뒤를 쫓듯 앞을 응시한다.

그는 가장 먼저 데들록 부인의 방으로 가서 하찮은 것 하나 빠뜨리지 않고 도움이 될 만한 것들을 찾아본다. 방 안은 이제 어둠에 싸여 있다. 그가 촛불을 머리 위로 들고 자신과는 어울리지 않는 여러 귀중품들을 하나하나 머릿속에 새기며 걷는 모습은 볼 만했다. 하지만 보는 사람은 아무도 없다. 다른 사람들이 보지 못하도록 그가 특별히 신경을 썼기 때문이다.

"꽤 멋진 내실이군." 경감이 중얼거린다. "꾸미는 데 돈이 많이 들었겠어. 이런 곳을 떠나야 하다니 부인도 여간 곤경에 처한 게 아닌가보군."

테이블의 서랍을 여닫거나 보석함 같은 작은 상자들을 들여다보면서 그는 자신의 모습이 여러 거울에 비치는 것을 보고 생각한다.

'남이 보면 내가 마치 상류 사교계에나 드나드는 줄 알겠군. 나도 모르는 사이에 멋진 근위병[2]이라도 된 느낌인걸.'

사방을 둘러보며 안쪽 서랍 속의 작은 상자를 열어 그의 큰 손으로는 거의 느껴지지 않을 정도로 가볍고 부드러운 장갑을 뒤집자 흰 손수건이 드러난다.

"흠, 어디 널 한번 볼까," 경감은 촛불을 내려놓으며 말한다. "왜 너는 홀로 이런 곳에 넣어져 있는 거지? 무슨 동기에서? 부인의 소지품인가. 아니면 누군가

---

2) 영국 근위병은 명문 귀족이 아니면 될 수 없다.

다른 사람의 것인가? 어딘가에 표시가 있겠지."

표시를 발견하고 읽는다. "에스더 서머슨."

"오!" 그는 잠시 숨을 멈추었다가 검지를 귀에 가져다대고는 다시 말을 잇는다. "좋아, 널 데리고 가겠어."

경감은 종전과 마찬가지로 조용하고도 주의 깊게 주변을 살핀 뒤 모든 물건을 제자리로 되돌려놓고는 도합 5분 만에 밖의 거리로 빠져나온다. 희미하게 불이 켜진 레스터 경 방의 창문을 힐끗 올려다본 뒤 잰걸음으로 가장 가까운 임대마차를 세워 둔 곳으로 가 돈을 아끼지 않고 말을 고르고는 사격연습장으로 가자고 한다. 버킷 경감은 말에 관해서 학자적 지식을 지니고 있다고는 말할 수 없지만, 재미 삼아 경마를 해본 적은 있기 때문에 말을 한번 보면 그 말의 상태가 어떤지를 알 정도는 된다.

이번의 경우에도 그의 짐작은 틀리지 않는다. 위험한 정도의 스피드로 포석 위를 달리면서도 한밤중의 거리에서 만나는 행인 한 사람 한 사람을, 사람들이 이미 잠자리에 들었거나 이제 잠자리에 들려고 하는 집집의 창에 밝혀진 불빛을, 지나치는 거리모퉁이 하나하나를, 구름이 무겁게 낀 하늘을, 엷게 눈이 쌓인 지상을 날카로운 눈으로 주시하던—왜냐하면 어딘가에서 수색에 도움이 되는 것이 나타날지 모르기 때문에—그가 말을 멈춰 세웠을 때에는 말이 내뿜는 구름 같은 콧김 속에 거의 질식할 정도이다.

"잠깐 말을 마차에서 떼어 한숨 돌리게 해줘요. 곧 돌아올 테니까."

목재로 된 긴 입구를 뛰어 들어가서 보니 기병이 파이프 담배를 피우고 있는 중이다.

"조지, 자네를 그토록 힘들게 한 뒤에 이런 부탁을 하기는 좀 뭣하네만, 모두 한 여인을 구하기 위한 것이니 이해해주게. 그리들리가 죽었을 때 이곳에 있던 서머슨 양의 주소를 좀 가르쳐 줄 수 있겠나?"

기병은 그곳에서 방금 돌아온 참이라고 말하고 옥스퍼드 가(街) 가까이의 주소를 가르쳐준다.

"고맙네, 조지. 절대로 나쁜 데 쓰지는 않을 걸세. 편히 쉬게나!"

경감은 몹시 썰렁한 난롯가에 앉아 입을 벌리고 그를 바라보는 필의 모습을 힐끗 보면서 잰걸음으로 콧김이 서리는 문밖으로 나선다.

집 안에서 혼자 일어나 있는 잔다이스 씨가 막 잠을 자려고 할 때 요란한 초인종 소리가 난다. 그가 읽고 있던 책을 덮고 일어서서 가운 차림 그대로 현관으로 내려온다.

"부디 놀라지 마십시오, 나리." 방문객은 순식간에 자못 친숙한 듯이 현관 안까지 들어와 문을 닫고 말한다. "전에 한 번 뵌 적이 있지요? 버킷 경감입니다. 이 손수건을 봐주십시오. 에스더 서머슨 양의 것입니다. 15분 전에 데들록 부인의 서랍 속에 있던 것을 내가 발견했습니다. 생사가 걸린 문제라 한순간도 헛되이 보낼 수 없습니다. 당신은 데들록 부인을 알고 계십니까?"

"네."

"오늘 어떤 일이 드러나 가정 내의 사건이 표면화되었습니다. 레스터 데들록 준남작 각하는 쓰러지셔서—뇌졸중이거나 마비인 듯합니다—아직 회복이 되지 않고 있습니다. 그래서 귀중한 시간을 허비하게 되었지요. 부인은 오늘 오후에 가출을 하시면서 남편 앞으로 편지를 써서 남겼는데, 그것이 아무래도 곤란한 내용입니다. 좀 봐주십시오. 자, 여기 있습니다!"

잔다이스 씨는 다 읽고 나서 경감에게 어떻게 생각하느냐고 묻는다.

"모르겠습니다. 자살을 시도할 것처럼 보입니다. 어쨌든 시간이 지날수록 자살 위험이 더 높아집니다. 지금 당장 일을 시작할 수 있다면 1시간에 100파운드를 내도 아깝지 않을 정도입니다. 잔다이스 씨, 나는 레스터 데들록 준남작 각하의 명을 받아 부인을 찾아서 모든 것을 용서한다는 각하의 말씀을 전하지 않으면 안 됩니다. 나한테는 돈과 권한은 충분하지만 그 외에 또 한 가지가 필요합니다. 서머슨 양이 필요합니다."

잔다이스 씨는 당황한 목소리로 앵무새처럼 따라 한다. "서머슨 양이요?"

"잔다이스 씨," 이제까지 가만히 상대의 얼굴을 응시하던 경감이 말한다. "나는 당신을 따뜻한 마음씨의 소유자로 생각하고 있고 또 지금은 평소와는 다른 매우 긴급한 상황이므로 이렇게 말씀드립니다. 만일 시간을 늦춰 위험한 경우가 있다면 그것은 지금일 것입니다. 만일 시간을 늦춰 훗날 스스로를 용서할수 없게 되는 경우가 있다면 그것은 바로 지금입니다. 방금 전에도 말씀드렸듯이 1시간당 적어도 100파운드는 되는 귀중한 시간이 이미 8~10시간 지나고 있습니다. 나는 부인을 찾아내라는 명령을 받고 있습니다. 나는 버킷 경감입니다.

부인은 여러 가지 일로 마음이 무거운 데다 살인 혐의까지 받고 있습니다. 만일 내가 혼자서만 추적을 하면 부인은 레스터 준남작 각하가 내게 지시한 내용을 모르기 때문에 자포자기에 빠질지도 모릅니다. 그런데 만일 내가 젊은 아가씨를, 그것도 부인이 매우 귀엽게 여기던 아가씨를—아니, 나는 아무것도 묻지 않을 것이고 이 이상은 아무 말도 하지 않겠습니다—동반해 가면 부인은 나를 믿을 것입니다. 부인이 아직 살아 계시다면 그 아가씨와 함께 가서 부인을 설득할 수 있을 것입니다. 아가씨와 함께 떠나면 나는 최선을 다할 생각입니다. 하지만 무엇이 그 최선인지는 보증할 수 없습니다. 시간은 계속 지나갑니다. 벌써 한 시 가까이 되었습니다. 시계가 한 시를 치면 또 1시간 늦어지게 되고, 그렇게 되면 1시간이 100파운드가 아닌 천 파운드의 가치를 지니게 됩니다.”

경감의 말처럼 사태가 긴급함은 의심할 여지도 없다. 잔다이스 씨는 서머슨 양에게 이야기를 할 테니 잠깐 그곳에서 기다려 달라고 말한다. 경감은 그러겠노라고 대답은 하면서도 잔다이스 씨를 뒤따라 위층으로 올라간다. 그는 잔다이스 씨와 서머슨 양이 대화를 나누는 동안 계단의 어둠 속에 숨어 상황을 엿본다. 기다릴 것도 없이 잔다이스 씨가 내려와서 서머슨 양이 어디건 함께 가겠다고 한 말을 전한다. 만족한 버킷 경감은 대단히 다행스러운 일이라고 말한 뒤 현관에서 그녀가 오기를 기다린다.

기다리는 동안에도 그는 머릿속에서 높은 탑에 올라가 넓게 주변을 둘러본다. 거리를 혼자 걷는 사람의 그림자가 많이 눈에 띈다. 집에서 난롯가에 앉아 있거나, 거리를 뚜벅뚜벅 걷거나, 건초더미 아래에서 자고 있는 사람들이 보인다. 하지만 그가 찾는 사람은 그곳에 없다. 다리의 난간 옆에서 홀로 수면을 들여다보고 있는 사람과, 강가의 어둠 속에 홀로 웅크리고 있는 사람, 그리고 물의 흐름과 함께 떠있는 새까맣고 형태도 잘 알 수 없는 물체가 그의 시선을 끈다.

그녀는 어디에 있을까? 살았든 죽었든 어디에 있는 것인가? 만일 그가 그 손수건을 접어서 경건하게 들어 올리면 무언가 마법의 힘이 작용해 부인이 그 손수건을 발견한 장소, 손수건이 어린아이를 덮고 있던 오두막 근처의 야경이 떠오른다면 그는 그곳에서 부인의 모습을 발견할 수 있을까? 황야의 끝, 벽돌을 굽는 아궁이가 푸른빛을 발하며 불타고 있고 벽돌을 만드는 황폐한 오두막의 초가지붕이 바람에 흩어져 있는 곳, 점토도 물도 단단히 얼어붙고 깡마른 데다 눈이 먼 말이 종일 빙빙 돌고 있는 방앗간이 마치 인간의 고문도구처럼 보이는 곳, 이같이 이와 같은 황량한 곳을 가로지르는 한 사람이 있다. 모든 이들로부터 버림받은 채 눈과 바람에 시달리며 세상의 온갖 슬픔을 걸머지고 가는 여인이 있다. 그녀는 몹시 초라한 옷차림을 하고 있다. 데들록 저택의 홀이나 대문을 나서는 사람들에게서는 결코 볼 수 없는 아주 초라한 옷차림을.

# 제57장 에스더의 이야기

내가 막 잠이 들려고 할 때 잔다이스 씨가 내 방문을 두드리며 어서 일어나라고 말했습니다. 내가 무슨 일이냐고 묻자 아저씨는 내 마음을 준비시키기 위한 말을 한두 마디 한 다음 데들록 저택에 일이 생겼다는 것, 어머니가 집을 나갔다는 것, 어머니를 찾아서 그녀에게 모든 것을 용서한다는 데들록 경의 말을 전하기로 한 사람이 아래층 현관에 와 있다는 것, 그가 어머니를 설득하지 못할 경우를 대비해 나를 데리고 가고 싶어 한다는 것을 전해주었습니다. 대체로 이와 같은 의미였다고 나는 이해한 것인데, 내 머릿속에는 공포와 초조와 심려가 뒤범벅으로 소용돌이쳐서 아무리 마음을 가라앉히려고 애써도 몇 시간이 지날 때까지 제정신을 차리지 못했습니다.

하지만 나는 찰리나 다른 누구도 깨우지 않고 서둘러 옷을 갈아입고 버킷 경감에게로 내려갔습니다. 내려가는 도중에 아저씨는 경감이 어떻게 해서 내 이름을 떠올리게 되었는지를 얘기해주셨습니다. 아래층 홀에서 버킷 경감은 빛에 의지하여 어머니가 테이블에 써서 남겨둔 편지를 낮은 목소리로 읽었습니다. 나는 침대에서 내려온 지 10분도 채 되기 전에 이미 경감의 옆에 앉아 서둘러 마차를 달리게 하고 있었던 것입니다.

경감은 대단히 날카로우면서도 배려심이 깃든 투로 그가 이제부터 묻는 몇 가지 질문에 확실하게 대답해 줄 수 있는지 여부가 중요하다고 말했는데, 그 질문이란 주로 내가 이제까지 어머니(경감은 데들록이라고만 말했습니다)와 얼마나 자주 만났으며, 마지막으로 대화를 나눈 것은 언제 어디서인지, 어머니가 어떻게 해서 내 손수건을 손에 넣게 되었는지 등에 관한 것이었습니다. 여기에 대해 내가 대답을 하자 경감은 나에게 천천히 잘 생각해보라며 지금 같은 상황에서 어머니가 찾아갈 만한 사람이 있느냐고 물었습니다. 나는 잔다이스 씨의 이름밖에 생각이 나지 않았지만 이윽고 보이손 씨의 이름이 떠올랐습니다.

그 이름이 떠오른 까닭은 그분이 전에 대단히 예의 바르게 어머니의 이름을 입에 올린 적이 있었고 또 그분이 어머니의 언니와 약혼한 사이였다고 들었기 때문입니다.

경감은 우리가 이 얘기를 하는 동안 서로의 이야기를 잘 들을 수 있도록 마차를 잠시 멈췄다가 다시 출발시켰습니다. 그리고 한동안 혼자서 생각에 잠긴 뒤에 어떻게 할지 마음을 정했다고 말하고 그 계획을 자진해서 내게 말해주었습니다. 하지만 나는 머리가 혼란해서 확실하게 이해하지는 못했습니다.

가스등이 켜진 공공건물 같은 곳에서 마차가 멈추었을 때는 집에서 그리 멀리까지 오지 못했을 때였습니다. 버킷 경감은 나를 안으로 안내해 활활 타오르는 난롯가의 팔걸이의자에 앉게 해주었습니다. 벽에 걸린 시계를 보자 이미 1시가 지나 있었습니다. 철야를 한 사람으로는 생각되지 않을 정도로 단정하게 제복을 입은 두 경관이 책상을 마주하고 말없이 무언가를 쓰고 있었습니다. 주위는 고요하고 지하의 먼 곳에서 문 두들기는 소리와 호통을 치는 소리가 들릴 뿐이었는데 아무도 그런 것에 신경을 쓰지는 않았습니다.

버킷 경감이 제복을 입은 세 번째 사람을 불러 무언가를 작은 소리로 지시하자 그 사람은 밖으로 나갔습니다. 그리고 남은 두 사람은 서로 상담하면서 그중 한 사람은 경감이 낮은 소리로 하는 말을 기록했습니다. 그것은 어머니의 인상착의에 관한 것으로, 완성이 되자 경감이 가지고 와 작은 목소리로 읽어주었는데 상당히 정확했습니다.

두 번째 경관은 그때까지 인상착의가 적힌 종이에 집중하고 있다가 복사를 하고 다른 경관(바깥방에는 대여섯 명이 있었습니다)을 불러 그것을 가져가게 했습니다. 이와 같은 일은 모두 일각의 낭비도 없이 능숙하게 이루어졌는데도 누구 한 사람 바쁜 듯이 허둥대는 사람이 없었습니다. 수배서가 보내지자 두 경관은 또 전처럼 확실하고 주의 깊게 펜을 움직이기 시작하고, 버킷 경감은 생각에 잠긴 채 화롯불로 구두바닥을 한쪽 씩 덥혔습니다.

"서머슨 양, 옷은 따뜻하게 입었습니까?" 경감은 나와 눈이 마주치자 물었습니다.

"오늘밤은 젊은 아가씨가 외출하기에는 몹시 추운 밤입니다."

나는 날씨 따위에는 개의치 않으며 따뜻하게 입었다고 대답했습니다.

"길어질지도 모릅니다. 하지만 순조롭게 끝날 수도 있으니 너무 걱정할 필요는 없습니다." 그가 말했습니다.

"순조롭게 끝나도록 하느님께 빌겠어요." 나는 말했습니다.

경감은 위로하듯이 고개를 끄덕였습니다.

"무슨 일을 하건 부디 초조해하지는 말아요. 어떤 일이 생겨도 침착하고 태연해야 해요. 그것이 당신을 위해서도 좋고, 나를 위해서도 좋고, 데들록 부인을 위해서도 좋고, 레스터 데들록 준남작 각하를 위해서도 좋습니다."

경감은 정말로 대단히 상냥하고 친절했습니다. 난롯가에 서서 구두를 불에 쬐면서 검지로 얼굴을 비비고 있는 모습을 보고 있으면 경감의 현명함에 믿음이 가면서 마음이 놓였습니다. 1시 45분쯤에 밖에서 말발굽 소리와 마차 소리가 들려왔습니다. "자, 서머슨 양, 준비가 됐으면 떠납시다." 경감이 말했습니다.

두 경관에게 배웅을 받으며 밖으로 나오자 입구 쪽에 두 필의 말이 끄는 마부가 딸린 4륜마차가 한 대 서 있었습니다. 버킷 경감은 나를 마차에 태우고 자신은 마부석에 앉았습니다. 앞서 마차를 불러온 경관이 랜턴을 가져다주자 경감은 왼쪽 말에 올라탄 마부에게 몇 가지 지시를 내렸고, 그러자 마차는 달리기 시작했습니다.

나는 꿈인지 현실인지 확신할 수가 없습니다. 엄청난 스피드로 거리 한 가운데를 달려서 지나왔기 때문에 지금 어디에 있는지 알 수 없게 되었습니다. 알고 있는 것은 두 번이나 템스강을 건너 저지의 인가가 즐비하고 비좁은 도로가 복잡하게 뒤얽힌 독과 선착장, 창고, 현수교, 배의 마스트가 줄지어 있는 곳을 빠져나갔다는 것뿐입니다. 드디어 마차는 어느 거리 모퉁이에 멈추었습니다. 그곳은 진흙투성이이고 강에서 불어오는 바람이 휘몰아치는 언제나 지저분한 장소였습니다. 랜턴 불빛에 경감이 경관과 선원을 한데 합쳐놓은 것처럼 보이는 사내 서너 명과 이야기를 하고 있는 모습이 보였습니다. 그 사람들이 서 있는 바로 옆의 무너진 벽에 '익사자'라고 쓰여 있는 종이가 붙어 있었습니다. 그 때문에 나는 불길한 생각에 사로잡히고 말았습니다.

그러나 내가 이곳에 온 것은 감정에 사로잡혀 수색을 지연시키거나 희망을 멀어지게 하기 위한 것은 아니었습니다. 나는 조용히 있었지만 이 무서운 장소에서 얼마나 큰 고통을 겪었는지는 평생 잊을 수 없을 것입니다. 마치 악몽을 꾸는 듯한 기분이었습니다. 크게 부푼 흠뻑 젖은 장화를 신고 그것과 비슷한 모자를 쓴 진흙투성이의 새까만 사내가 보트에서 불려 나와 버킷 경감과 함께 층계를 서너 걸음 내려가—무언가 비밀인 상황을 보기 위해 가듯이—작은 목소리로 대화를 나눴습니다. 두 사람은 무언가 젖은 것을 뒤집은 뒤에 외투에 손을 닦으면서 돌아왔습니다. 하지만 고맙게도 내가 두려워하던 상황은 일어나지 않았습니다.

몇 마디 말을 더 주고받은 다음 버킷 경감은 (누구에게나 알려져 있고 존경 받고 있는 것 같았습니다.) 다른 사람들과 함께 건물 안으로 들어갔고 나는 마차에 홀로 남겨졌습니다. 마부는 체온을 유지하기 위해 말 옆을 오가면서 걷고 있습니다. 소리로 미루어 밀물이 들고 있는 것 같았습니다. 막다른 골목에서 파도가 부딪치는 소리가 들리고 잔물결이 내 쪽으로 밀려왔습니다. 기껏해야 15분이나 그 이했겠지만 그 사이에 나는 수도 없이 어머니의 사체가 말의 발 밑으로 밀려오게 되지나 않을까 생각하면서 몸서리를 쳤습니다.

버킷 경감은 다시 나와서 다른 사람들에게 경계를 게을리하지 말라고 지시한 다음 랜턴을 어둡게 하고는 다시 마부석에 앉아 내 쪽을 보고 말했습니다.

"아가씨, 이곳에 왔다고 해서 두려워해서는 안 됩니다. 나는 단지 만사를 확실하게 해두고 싶고, 확실하게 되어 있는지 여부를 내 눈으로 확인하고 싶었을 뿐이니까요. 자, 가자!"

처음 온 길로 되돌아가는 것 같았습니다. 특정한 사물이 보여서가 아니라 거리의 일반적 특징으로 보아 그렇게 판단했습니다. 마차는 또 다른 사무소인지 파출소인지에 잠깐 들르고 다시 템스강을 건넜습니다. 그러는 동안 줄곧 외투로 몸을 두르고 마부석에 앉아 있던 경감은 한순간도 경계의 눈길을 늦추지 않았는데, 다리를 건널 때는 한층 더 긴장을 하는 듯했습니다. 마부석에서 일어나 난간 너머를 들여다보거나 한 사람의 그림자 같은 여자와 바람처럼 스치면 일부러 마차에서 내려 뒤쫓거나 보기만 해도 숨이 끊어질 듯한 표정으로 아래의 깊고 검은 수면을 노려보거나 했습니다. 강물은 보기에도 무서운 모습으로 음울하게 무언가 비밀을 간직한 듯 낮고 평평한 양안 사이를 화살처럼 흘러갑니다. 형체도 뚜렷하지 않은 그림자를 간직한 채 이해할 수 없는 죽음의 신처럼 흐릅니다. 그 뒤로도 햇빛 달빛 아래에서 이 강을 바라본 적이 몇 번 있었지만, 그날 밤에 받은 인상은 결코 잊히지가 않습니다. 내 기억 속에서 다리의 램프는 언제나 뿌옇고, 바람은 우리와 마주친 어느 집 없는 여자의 살을 엘 듯 회오리치고, 단조로운 수레바퀴 소리는 덜커덩 덜커덩 울리고, 으스스하게 비치는 마차의 램프 불빛은 마치 무서운 강 속에서 솟은 창백한 얼굴처럼 나를 바라봅니다.

인기척이 없는 거리를 달리고 나자 이윽고 돌을 깐 가로에서 어둡고 평탄한 길로 접어들고 집들도 드문드문해졌습니다. 얼마 뒤 나는 다니는 데 익숙해진 세인트 앨번즈로 가는 길임을 알았습니다. 버네트에서는 갈아 탈 말이 준비되어 있었기 때문에 곧 말을 바꾸어서 계속 달렸습니다. 매우 추운 날이었습니다. 눈이 내리지는 않았지만 그 일대가 이미 눈으로 하얗게 뒤덮여 있었습니다.

"이 길은 서머슨 양에겐 익숙하죠?" 버킷 경감이 활기찬 목소리로 말했습니다.

"네, 무언가 정보가 있었습니까?" 내가 대답했습니다.

"지금으로서는 아직 믿을 만한 정보는 없습니다. 하지만 아직 시간이 이르니까요." 그가 대답했습니다.

경감은 불이 켜져 있는 선술집(그 무렵 이 가도는 가축을 몰고 시장에 가는 상인의 왕래가 많았기 때문에 밤늦게까지 또는 새벽부터 영업을 하는 선술집이 많았습니다)을 일일이 탐문한 뒤 통행요금 징수인과 대화를 나눴습니다. 경감은 선술집에 들어갈 때마다 주인에게 술을 주문하고 돈을 짤랑거리면서 상냥하게 말을 걸었지만 마차로 돌아오면 다시 엄숙한 표정으로 돌아가 사무적인 투로 "자, 가세!" 하고 마부에게 지시하곤 했습니다.

이런 식으로 여기저기에서 멈추면서 갔기 때문에, 5~6시가 되어도 아직 세인트 앨번즈까지 몇 마일을 남겨두고 있었습니다. 경감은 어느 선술집에서 차를 한 잔 가지고 와 내게 권했습니다.

"서머슨 양, 마셔요. 기운이 날 테니까. 지금쯤은 제정신이 들었겠죠."

나는 감사 인사를 하고 "네, 그런 것 같아요"라고 대답했습니다.

"당신은 처음에는 몹시 놀란 것처럼 보였어요. 뭐, 그것도 무리는 아니지만! 큰 소리 내지 말아요. 그분은 이 앞에 있는 게 틀림없으니까." 그가 말했습니다.

내가 어떤 환성을 질렀거나 지르려고 했는지 나로서도 알 수 없지만, 경감이

손가락을 올렸기 때문에 나는 스스로를 억제했습니다.

"어젯밤 8시나 9시쯤 도보로 이곳을 지나쳤습니다. 하이게이트의 아치웨이 통행요금 징수소에서 처음으로 부인에 관한 정보를 들었는데 그다지 확신을 하지는 못했지요. 그 상대로 계속 그녀의 행적을 쫓고 있었습니다. 어느 곳에서는 그녀에 대한 정보를 듣고, 어느 곳에서는 그녀를 놓쳤지요. 하지만 이제 부인이 이 앞에 있는 것은 틀림이 없습니다. 어이, 마부, 이 찻잔과 접시받침을 치우게, 그리고 다른 한 손으로 반 크라운짜리 은화를 가져갈 수 있는지 보라고. 하나, 둘, 셋, 자, 여기 있네. 그럼 이제 서둘러서 가세!"

우리는 곧 세인트 앨번즈에 도착해 날이 밝기 조금 전에 마차에서 내렸습니다. 나는 그제야 지난밤의 일들이 꿈이 아님을 깨달았습니다. 마차를 말의 교체장에 남기고 말을 교체할 것을 지시한 다음 경감은 우리 집 쪽으로 향했습니다.

"서머슨 양, 이곳은 당신이 사는 곳이니까 당신이나 잔다이스 씨를 이런저런 옷차림의 낯 모르는 사람이 찾아왔는지 여부를 알고 싶군요. 그다지 기대를 걸고 있지는 않지만, 일단 부딪쳐봅시다."

고개를 오르면서 경감은 날카로운 눈길로 주변을 둘러보며—마침 동이 텄습니다—내가 어느 날 밤, 어린 하녀와 조를 데리고 이 고개를 내려온 일을 이야기했습니다."

나는 어떻게 아느냐고 물었습니다.

"바로 저 부근의 길가에서 한 사내와 지나쳤을 것입니다." 버킷 경감이 말했습니다.

"네, 기억합니다."

"그 사람이 바로 나였습니다." 버킷 경감이 말했습니다.

내가 놀라는 것을 보고 경감은 말을 이었습니다.

"그날 오후 나는 그 사내아이를 감시하기 위해 2륜 마차를 타고 왔습니다. 아가씨는 그 아이를 만나러 왔을 때 내 마차의 소리를 들었을 것입니다. 내가 말을 끌고 고개를 내려왔을 때 아가씨와 어린 하녀가 위로 올라갔으니까 아마 그때 들었을 거예요. 시내에서 아이에 대해 탐문을 해 그 아이가 누구와 함께 있는지 듣고서 찾으려고 벽돌 만드는 작업장으로 갔다가 아가씨가 그 아이를 여기 집으로 데리고 온 것을 알았지요."

"그 아이가 무언가 나쁜 짓을 했습니까?"

"아니요, 죄가 되는 일은 아무것도 하지 않았어요." 버킷 경감은 고인에게 경의를 표하기 위해 조용히 모자를 벗었습니다. "하지만 그 아이는 입이 가벼웠어요. 나는 데들록 부인에 대한 것을 비밀로 해두고 싶었기 때문에 그 아이를 찾고자 했던 것입니다. 그 아이는 고 털킹혼 씨에게 돈을 받고 불필요한 일들까지 떠벌렸는데, 아무래도 그런 것을 방치하면 안 되겠다 싶어서 런던을 떠나라고 경고를 했지요. 런던을 떠나서 두 번 다시 런던으로 돌아오지 말고 더 멀리 떠나 두 번 다시 돌아오지 말라고 말해두었습니다."

"불쌍한 조!" 내가 말했습니다.

"정말 불쌍합니다." 경감이 동의한다. "그리고 정말 골치 아픈 아이지요. 그런데 런던에서나 어디에서나 늘 쫓겨 다니던 그 아이를 댁으로 데려간 것을 알고 나는 몹시 곤란해지고 말았습니다. 정말입니다."

"왜요?" 내가 묻자 경감이 대답한다. "왜라니요? 그 아이의 수다는 끝이 없기 때문입니다. 그 애송이는 혀가 1야드 반은 족히 될 겁니다."

나는 이 대화를 지금도 기억하고 있는데 그때는 머리가 혼란해 경감이 이같은 세세한 이야기를 하는 까닭이 내 마음을 달래주기 위해서일 거라고 깨달은 것이 고작이었습니다. 똑같은 친절한 마음에서 한 일이겠지만 경감은 여러 가지 세상 이야기를 해 주었는데 그동안에도 빈틈없는 얼굴로 목표물을 주시하고 있었습니다. 이런 상태에서 우리는 정원의 문에서 저택으로 들어갔습니다.

"드디어 도착했습니다." 경감이 말했습니다. "조용하고 아늑한 곳이군요. 전원주택 기분이 나는데요. 저 우아하게 피어오르는 굴뚝의 연기를 보니 더 그렇군요. 아침 일찍부터 주방의 불이 피어오르고 있는 것은 좋은 하녀가 있다는 증거지요. 하지만 하녀에 대해서 주의하지 않으면 안 될 것은 누가 감독을 하느냐입니다. 그것을 모르면 하녀가 하는 일을 전혀 모릅니다. 그리고 또 하나 주방의 문 뒤에 젊은 사내가 숨어 있는 것을 발견하면 그놈은 무언가 불법적인 것을 목적으로 잠입해 있는 것으로 보고 잡지 않으면 안 됩니다."

우리는 집의 정면에 닿았습니다. 경감은 자갈 위에 발자국이 없는지 검사한

다음 창을 올려다보았습니다.

"서머슨 양, 그 상당히 나이 들어 보이는 젊은 신사가 이곳에 손님으로 오면 언제나 같은 방에 묵습니까?" 경감이 스킴폴 씨가 묵는 방을 올려다보고 물었습니다.

"스킴폴 씨를 아세요?"

"아, 이름이 뭐라고요?" 경감이 귀를 기울이며 되물었습니다. "스킴폴이라고요?" 나는 그의 이름이 뭘까 하고 가끔 생각하곤 했죠. 스킴폴이군요? 존이나 제이컵은 아니고요?"

"헤럴드예요."

"그렇군요, 헤럴드. 그 헤럴드 씨는 묘한 사내더군요." 경감이 의미 있는 눈빛으로 내 쪽을 바라보았습니다.

"좀 특이한 인물이에요."

"그는 돈에 대한 개념이 없죠. 마땅히 받을 돈은 확실하게 받지만!"

나는 무심코 "어머나, 스킴폴 씨를 잘 아시는군요."라고 말했습니다.

"서머슨 양, 한 가지만 오래도록 생각하는 것은 좋지 않으니 기분전환을 위해 말하죠. 조가 있는 곳을 나에게 가르쳐 준 것은 그 사내입니다. 나는 그날 밤 이 저택으로 와서 그 아이를 인도해 달라고 요청하기로 했습니다. 하지만 먼저 어떻게 할지를 생각해본 뒤에 사람 그림자가 비치는 창에 자갈을 한 줌 던졌습니다. 창이 열리고 헤럴드 씨의 얼굴이 나타난 순간 적임자를 만났다고 생각했습니다. 나는 그에게 잠든 사람들을 깨우기도 뭐하고 그렇다고 자비심 많은 숙녀분들이 사는 곳에 부랑자를 묵게 할 수도 없는 일이 아니냐고 말했습니다. 그리고 상대의 기질을 어느 정도 파악한 뒤 그에게 소란을 피우는 일 없이 조를 저택에서 쫓아버리면 5파운드 지폐를 주겠다고 말했습니다. 그러자 그는 눈을 반짝이며 '나에게 5파운드 지폐 따위를 말해도 소용이 없어요. 나는 그런 것에 대해서는 어린애나 마찬가지이고 돈에 대한 개념이 전혀 없으니까' 하고 말했습니다. 물론 나는 이것을 돈을 받겠다는 의미로 받아들였습니다. 그는 나한테 꼭 필요한 사람이었기에 나는 돈으로 돌을 싸서 던져 주었습니다. 그는 생글생글 웃으며 제법 순진한 듯한 표정으로 '하지만 나는 이런 것의 가치를 몰라요. 이것으로 어떻게 하라는 거죠?' 하고 말했습니다. '사용하세요.'

하고 내가 말하자 그는 '하지만 나는 장사꾼들한테 속을지도 몰라요. 그들이 내게 거스름돈을 제대로 주지 않을지도 몰라요. 그러니 돈을 받아도 내겐 소용이 없답니다.' 하고 말했죠. 그때 그가 어찌나 순진한 얼굴로 말하던지, 그런 얼굴은 본 적이 없을 정도였지요. 물론 그는 조가 있는 곳을 가르쳐주었고, 그래서 나는 조를 붙잡았죠."

나에게는 아무래도 이 스킴폴 씨의 수법이 잔다이스 씨에 대해서 비열한 배신행위이고 그 사람의 어린애 같은 순진함의 한도를 뛰어넘은 것으로 생각되었습니다.

"한도라고요? 아가씨, 괜찮으시다면 충고를 하나 해드리죠. 아가씨가 결혼해서 가정을 꾸렸을 때 남편에게 가르쳐주면 도움이 될 겁니다. 돈에 관해서 자신이 마치 어린애처럼 순진하다는 식의 말을 하는 사람이 나타나면 부디 아가씨 자신의 돈에 주의를 기울이세요. 그자는 분명 아가씨의 돈을 가로챌 테니까. 세속적인 일에 관해 자신은 어린애나 마찬가지라는 식의 말을 하는 사람이 나타나면 그자는 단순히 책임회피를 하려고 하는 것뿐이고 뻔뻔하기가 이루 말할 데 없는 것으로 생각하세요. 나는 시 같은 건 모릅니다. 나는 실제적인 사람으로 경험에 근거해 말하고 있는 거예요. 이제 이와 같은 교훈을 들었으니 이 초인종의 끈을 잡아당겨 우리의 일로 돌아가기로 합시다." 버킷 경감이 말했습니다.

그렇게 말은 하지만 경감이 나와 마찬가지로 한순간이라도 일을 잊지 않고 있다는 것은 그 얼굴을 보면 잘 알 수 있었습니다. 저택 사람들은 이렇게 이른 아침부터 미리 연락도 없이 사람을 데리고 온 내 모습에 깜짝 놀랐습니다. 내가 질문을 해도 사람들의 놀라움은 조금도 수그러들지 않았습니다. 하지만 누군가 찾아온 사람이 없었느냐는 내 질문에는 방문객이 아무도 없었다고 대답해주었습니다. 이 대답은 더 의심할 나위 없는 사실이었습니다.

"서머슨 양, 그러면 일각이라도 빨리 그 벽돌공의 집으로 갑시다. 대부분의 질문은 아가씨에게 맡기겠으니 잘 부탁합니다. 자연스럽게 하는 게 가장 좋은 방법입니다. 게다가 자연스러운 게 아가씨의 방식이니까요."

우리는 곧 떠났습니다. 오두막에 도착하자 문은 닫혀 있고 사람이 살고 있지 않은 상태였습니다. 그래도 근처 사람들에게 물어보려던 차에 내 얼굴을 아는 한 사람이 나와서 그 두 여인과 남편들은 지금은 다른 집에서 살고 있는데, 그 집은 벽돌을 굽는 아궁이가 있는 작업장 끝의 벽돌을 늘어놓고 말리는 부근에 있고, 잘못된 벽돌로 만든 집이라는 사실을 가르쳐 주었습니다. 바로 수백 야드 앞의 그곳으로 가보자 문이 반쯤 열려 있었기 때문에 밀어서 열었습니다.

마침 세 사람이 아침 식사 중이고 아이는 구석의 침대에서 자고 있었습니다. 언젠가 죽은 어린아이의 어머니인 제니는 집에 없었습니다. 여자는 나를 보자 일어났고, 남자 둘은 늘 그렇듯 말이 없고 무뚝뚝했지만 나를 향해 고개를 끄덕여보였습니다. 내 뒤로 버킷 경감이 모습을 드러내자 두 사내는 힐끗 얼굴을 마주 보았습니다. 나는 여자도 경감을 알고 있는 것을 보고 적이 놀랐습니다.

물론 나는 들어가도 괜찮겠느냐고 물었습니다. 그러자 리즈(이 이름으로 밖에 나는 그 여자의 이름을 몰랐습니다)가 일어나 자기가 앉아 있던 의자를 내주었지만, 나는 화로 가까이의 나무의자에 앉고 버킷 경감은 침대 모퉁이에 앉았습니다. 친하지도 않은 사람들에게 이야기를 하자니 당황스럽고 어지러웠습니다. 어떻게 말을 꺼내야 할지도 모르겠고 울컥 치밀어 오르는 울음을 억누를 수도 없었습니다.

"리즈, 나는 어떤 부인을 찾아 밤새 이 눈 속을 헤매다녔어요." 나는 말했습니다.

"아가씨의 말은 이곳에 다녀간 여인이란 의미요." 버킷 경감이 차분하게 설명했습니다. "즉 어젯밤 이곳에 있던 여인을 말하는 것이오."

"이곳에 누군가가 왔다고 누가 그럽디까?" 음식을 먹다 말고 불쾌한 표정으로 경감의 말을 듣고 있던 제니의 남편이 상대를 유심히 바라보면서 물었습니다.

"마이클 잭슨이란 이름의 사내요. 진주 단추가 두 줄로 달려 있는 푸른 비로드 조끼를 입은 사내죠." 경감이 곧바로 대답했습니다.

"누군지는 몰라도 자기 일에나 신경 쓰는 게 좋을 거요." 사내가 으르렁거렸습니다.

"그 사내는 지금 실직 상태라오. 아마 그래서 말이 많아진 걸 거요." 경감은 마이클 잭슨을 위해 둘러댔습니다.

여자는 의자에 앉지 않고 선 채로 부서진 등받이에 손을 놓고 머뭇거리면서 내 쪽을 바라보고 있었습니다. 나에게만 따로 말하고 싶었지만 그렇게 할 용기가 없었던 거겠죠. 이렇게 머뭇거리고 있자 그녀의 남편은 한 손에 접이식 나이프를 쥐고 게걸스럽게 먹고 있다가 나이프 자루로 테이블을 쾅하고 두들기며 아내를 향해 쓸데없는 참견 말고 빨리 앉으라고 말했습니다.

"제니를 만나고 싶어요." 내가 말했습니다. "제니라면 내가 몹시 걱정하고 있는 그 부인에 대해 아는 것을 전부 다 말해줄 게 틀림없어요. 제니가 곧 돌아올까요? 지금 어디에 있죠?"

여자는 대답을 하려고 했지만 또다시 그녀의 남편이 욕을 퍼부으며 무거운 장화를 신은 발로 아내의 발을 걷어찼습니다. 제니의 남편에게 말하게 하라는 기미를 보여 제니의 남편은 한동안 고집스럽게 입을 다물고 있다가 이윽고 더부룩한 머리를 내 쪽으로 돌렸습니다.

"전에도 말했지만 나는 귀하신 분들이 내 집에 오는 것을 좋아하지 않아요. 나는 그분들 집에 가지 않는데 그분들은 왜 내 집엘 오는 건지……. 내가 그분들 집에 가면 꽤나 시끄러울 거요. 하지만 아가씨에게만은 다른 분들에게 하듯 불평을 늘어놓고 싶지 않군요. 아가씨에게는 순순히 대답해 드리죠. 제니가 곧 돌아오느냐고요? 아니, 곧 돌아오지 않아요. 어디에 있느냐고요? 런던에 있어요."

"어제저녁에 갔나요?"

"어제저녁에 갔느냐고요? 아아, 어제저녁에 갔어요." 사내는 뿌루퉁하니 고개를 휙 돌리면서 대답했습니다.

"하지만 그 부인이 왔을 때 그녀는 아직 여기에 있었죠? 그 부인이 제니에게 뭐라고 말했습니까? 그리고 그 부인은 어디로 갔습니까? 제발 부탁이니까 가르쳐주세요."

"남편이 허락한다면 제가 말씀……." 여자가 겁먹은 듯 조심스럽게 입을 열었습니다.

"당신과 상관없는 일에 끼어든다면." 그녀의 남편이 한마디 한마디 힘을 주어가며 말했습니다. "목을 분질러 놓을 테니 그리 알아."

제니의 남편은 한동안 입을 다물고 있다가 내 쪽을 향해 예의 그 투덜대는 듯한 투로 말했습니다.

"그 부인이 왔을 때 제니가 아직 여기 있었느냐고요? 아직 있었죠. 그 부인이 뭐라고 말했느냐고요? 좋아요, 내가 알려주죠. 이렇게 말했어요. '내가 전에 이곳을 찾아온 한 아가씨에 대해 이야기한 것을 기억하나요? 그 아가씨가 두고 간 손수건을 내가 많은 돈을 주고 산 일을 기억하나요?' 제니는 기억하고 있었고 우리도 기억하고 있었어요. 부인은 그 아가씨가 지금 저택에 있느냐고 물었고 제니는 아니라고 대답했어요. 부인은 이상하게 들릴지 모르지만 자신은 지금 혼자 여행하는 중이라며 한두 시간 쉬어가도 되겠느냐고 물었어요. 제니는 그러라고 했고, 그래서 부인은 잠시 이곳에 머물렀다가 떠났어요. 그때가 11시 20분인지 12시 20분인지 잘 모르겠군요. 우리에겐 시계가 없으니까요. 부인이 어디로 갔느냐고요? 우린 몰라요. 부인과 제니는 각기 다른 방향으로 갔어요. 한 사람은 런던으로 갔고, 다른 한 사람은 그쪽에서 왔어요. 이게 전부예요. 이 사람에게 물어봐요. 이 사람은 전부 다 듣고 보아서 잘 아니까요."

다른 사내가 되풀이해서 그게 전부라고 말했습니다.

"부인은 울고 있었나요?"

"전혀 울고 있지 않았어요." 먼젓번 사내가 대답했습니다. 구두도 옷도 흠뻑 젖어 있었지만 부인은 아무렇지도 않았어요. 내가 보기에는요."

여자는 팔짱을 낀 채 바닥을 바라보며 앉아 있었습니다. 그녀의 남편은 살짝 아내 쪽으로 돌아앉아서, 만일 그의 말을 듣지 않으면 혼내주겠다는 듯이 해머 같은 손을 테이블 위에 얹고 있었습니다.

"당신 부인에게 물어봐도 되겠습니까?" 내가 말했습니다. "그 여인은 어떤 모습이었습니까?"

"어이!" 사내는 퉁명스럽게 아내를 향해 말했습니다. "아가씨 말씀 못 들었어? 간단히 말씀드려!"

"건강이 안 좋아 보였습니다." 그의 아내가 대답했습니다. "안색이 나쁘고 지쳐 보였어요."

"말을 많이 했습니까?"

"그다지 많이 하지는 않았습니다. 하지만 목이 잠겨 있었어요." 그녀는 여전히 용서를 빌 듯이 남편 쪽을 보면서 대답했습니다.

"의식을 잃거나 하지는 않았습니까? 여기서 음식은 좀 드셨습니까?"

"냉큼 대답해!" 아내의 눈초리를 보고 남편이 말했습니다. "간단히 말씀드리라고!"

"물을 조금 마셨습니다. 제니가 빵과 차를 가지고 왔는데 거의 손도 대지 않았어요."

"부인이 이곳을 떠날 때……" 하고 내가 말하려는데 제니의 남편이 말허리를 잘랐습니다.

"부인은 이곳을 떠나 도로를 따라 똑바로 북쪽으로 갔습니다. 안 믿어지면 도로변에 사는 사람들에게 물어보세요. 자, 이게 끝입니다. 이게 전부예요."

얼핏 경감 쪽을 보자 경감은 이미 일어나서 떠날 준비를 하고 있었습니다. 우리는 고맙다는 인사를 하고 돌아왔습니다. 떠날 때에 버킷 경감과 여자는 가만히 눈을 마주 보았습니다.

"그런데 서머슨 양" 잰걸음으로 돌아가는 도중에 경감이 말했습니다. "저들은 부인의 시계를 가지고 있어요. 틀림없습니다."

"보셨나요?" 내가 외쳤습니다.

"본 거나 다름이 없어요. 그렇지 않다면 왜 그 사내가 '20분'이라고 말하면서 자기들에겐 시계가 없다고 했겠어요? 20분이라니! 평상시에는 그렇게 시간을 쪼개거나 하지는 않을 겁니다. 30분 단위로 쪼개겠죠. 그런데 부인이 그에게 주었을까요. 아니면 그가 훔쳤을까요? 아마 부인이 주었을 거예요. 그런데 무슨 대가로 부인은 그 사내에게 시계를 주었을까요?"

경감은 서둘러 걸으며 한동안 이 질문을 되뇌었습니다. 여러 가지로 마음에 떠오르는 대답을 비교 검토하고 있는 것 같았습니다.

"시간만 충분하다면―물론 이 사건에서 단 한 가지 부족한 것은 시간이지만―그 여자에게서 뭔가를 얻어낼 수 있었을 텐데. 하지만 지금 상황에서는 불가능한 일이라고 봐야겠죠. 저런 불쌍한 여자는 머리끝에서 발끝까지 맞거나 채이거나 해서 상처와 멍투성이가 되면서도 그 같은 학대를 가하는 남편의 편을 든답니다. 그것은 바보라도 알 수 있는 일이죠. 틀림없이 무언가를 숨기고 있는데 또 한 여자를 만나지 못한 것은 유감이군요."

나도 심히 유감스러웠습니다. 제니는 나를 매우 고맙게 생각해서 내 부탁이라면 틀림없이 들어주었을 테니까요.

"서머슨 양, 어쩌면 말입니다." 버킷 경감은 생각에 잠기면서 말했습니다. "부인은 아가씨에게 뭔가를 전하려고 제니를 런던으로 보냈는지도 모릅니다. 그래서 제니의 남편은 그 대가로 시계를 받았는지도 모릅니다. 이 의견은 날 만족시킬 만큼 명백하지는 않지만 가능성은 열어두어야 하겠죠. 하지만 나는 레스터 데들록 준남작 각하의 돈을 이런 불확실한 가정에 쓸 생각은 없습니다. 지금으로서는 그다지 도움이 될 것 같지도 않고요. 자, 서머슨 양, 어쨌든 나아가야 합니다. 그리고 만사를 비밀로 해두지 않으면 안 됩니다!

우리는 다시 한 번 집에 들러 잔다이스 씨 앞으로 서둘러 편지를 써놓고 마차가 있는 곳으로 되돌아왔습니다. 되돌아오는 우리의 모습이 보이자 곧 말이 연결되어 우리는 몇 분 안에 다시 도로로 나왔습니다.

동 틀 무렵부터 내리기 시작한 눈이 이제는 폭설이 되었습니다. 대낮인데도 아주 어둡고 게다가 폭설 탓에 한 치 앞도 보이지 않을 정도였습니다. 몹시 추운데 진눈깨비가 섞인 눈이 말굽에 밟히면—작은 조개껍질이 흩어진 해변을 걷는 소리가 납니다—진흙탕이 됩니다. 때때로 1마일이나 계속해서 말의 발이 미끄러지거나 비틀거리거나 할 때가 있었습니다. 말 한 마리는 다음 숙소까지 가는 동안 세 번이나 쓰러졌습니다. 몹시 겁을 내어 부들부들 떨고 있던 마부는 안장에서 내려와 말을 끌고 가지 않을 수 없었습니다.

나는 입맛도 없고 잠을 잘 수도 없는 데다 시간이 너무 늦어져 불안해진 나머지 차라리 내려서 걷고 싶을 정도였습니다. 하지만 경감의 분별 있는 조언에 따라 마차 안에 머물렀습니다. 그동안 경감은 지금 하고 있는 일에 즐거움을 느끼는 듯, 도중에 마차에서 내려 한 집 한 집을 탐문했습니다. 전에 한 번도 만난 적이 없는 사람에게도 마치 구면인 듯이 말을 걸고, 난롯가로 달려가서 몸을 녹이고, 선술집에 갈 때마다 술을 한 잔 걸치고는 악수를 하고, 대장장이나 통행요금 징수인에게도 친근하게 굴고 일각이라도 헛되이 하지 않도록 애쓰며 마차로 돌아와서는 사무적인 태도로 "자, 가세!" 하고 지시했습니다.

다음 숙소에서 말을 바꿀 때 경감은 몸에 묻은 눈을 털고 흠뻑 젖은 무릎을 말리면서—세인트 앨번즈를 떠난 뒤 몇 번이나 그렇게 해왔습니다—마구간에서 나와 마차 곁으로 다가와 나에게 말을 걸었습니다.

"기운을 내요, 서머슨 양. 부인이 이곳에 오신 것은 확실합니다. 부인의 옷을 본 자가 있으니까, 이번에는 틀림없을 겁니다."

"여전히 걸어서 이동하시는 중인가요?" 나는 말했습니다.

"그렇습니다. 아가씨가 말한 신사분을 찾아가려는 것 같은데 그 사람의 주거가 부인의 저택 가까이에 있다는 것이 아무래도 마음에 들지 않습니다."

"나는 잘 몰라요. 어쩌면 내가 들어 본 적이 없는 누군가가 이 근처에 살고 있는지도 모르지요." 내가 말했습니다.

"그럴지도 모릅니다. 하지만 아가씨가 무엇을 하든 아무튼 울지는 말아요. 지나친 걱정은 해롭습니다. 자 가자!"

온종일 진눈깨비가 내려 안개가 자욱하게 끼었습니다. 내가 전에 본 적이 없는 길을 나아갔기 때문에 때때로 마차가 길을 잘못 들어 밭이나 늪지로 빠져들지나 않을까 걱정이 될 때도 있었습니다. 집을 나선 이후로 아주 오랜 시간이 끝없이 지난 것처럼 생각되고, 그동안 한순간도 걱정이 가시지 않은 것 같은 묘한 느낌이 들었습니다.

마차가 나아감에 따라서 경감도 자신감을 잃은 것이 아닌가 걱정이 되기 시작했습니다. 사람들을 대할 때의 태도는 전과 같았지만, 혼자 마부석에 앉아 있을 때의 표정은 전보다 심각했기 때문입니다. 숙소에서 다음 숙소까지 긴 여정을 지나는 동안, 경감의 손가락이 입가로 오가거나 하는 것이 보였습니다. 그는 마주 지나가는 승합마차나 짐마차의 마부에게 우리 앞에 가는 다른 마차에 어떤 손님이 타고 있었느냐고 묻기 시작했습니다. 하지만 대답은 언제나 실망스러웠습니다. 그는 마부석에 오를 때는 언제나 안심하라는 식으로 손가락을 구부려 보이거나 눈꺼풀을 들어 올리거나 했는데, 지금은 곤혹스러운 모습으로 "자, 가세!" 하고 지시할 뿐이었습니다.

말을 바꿀 때 결국 경감은 그 옷 주인의 자취를 이렇게 오래도록 찾을 수 없다니 놀라운 일이라고 말했습니다. 잠깐 사라졌다가 다시 나타나는 것은 상관없지만 이상하게 여기서 뚝 끊긴 것 같다고 했습니다. 경감이 이정표를 살펴보거나, 교차로를 만나면 마차에서 내려 15분이나 이곳저곳을 살피거나 했기 때문에 나는 걱정이 더 커졌습니다. "그래도 아가씨, 실망해서는 안 됩니다. 다음 숙소에 가면 확실하게 알게 될지도 모르니까요."라고 경감은 말했습니다.

그러나 다음 숙소에도 새로운 단서는 없었습니다. 그곳은 널찍한 숙소로 한 적하면서도 편안해 보였습니다. 우리가 그곳의 커다란 입구를 지나 안뜰로 들어가자 그곳의 안주인과 예쁜 딸들이 마차의 문 쪽으로 와 말을 바꾸는 동안 내려서 쉬시라고 계속 권했습니다. 나는 2층의 따뜻한 방으로 안내되어 혼자 있게 되었습니다.

지금도 기억하는데 그 방은 집의 모퉁이에 있어서 두 방향을 바라볼 수 있게 되어 있었습니다. 한쪽 창에서는 뒷길로 면한 마구간이 보였는데, 마부가 진흙투성이의 마차에서 진흙투성이가 된 말을 풀고 있었습니다. 그 뒷길에는 간판이 무겁게 흔들리고 있었습니다. 다른 쪽의 창에서는 소나무 숲이 검게 건너다 보였습니다. 가지에는 눈이 무겁게 쌓여 있었습니다. 창가에 서서 바라보는 동안에도 눈은 소리도 없이 떨어져 쌓여만 갔습니다. 밤이 되자 밖의 황량한 풍경은 유리창에 비치는 뻘건 화롯불에 비해 한층 더 황량하게 보였습니다. 나뭇가지 위의 눈이 녹아 생긴 얼룩을 바라보고 있노라니 조금 전 딸들에게 둘러싸여 나를 따뜻하게 맞아준 이 집 안주인의 환한 얼굴이 떠오르면서 혹시 어머니가 이런 숲속에서 쓰러져 죽어가고 있는 것은 아닌가 하는 생각이 들었습니다.

정신을 차리고 보니 사람들이 나를 에워싸고 있었습니다. 하지만 정신을 잃기 전에 내가 기절하지 않으려고 열심히 노력한 기억이 났기 때문에 얼마간 마음이 편안해졌습니다. 모두들 나를 난롯가의 큰 소파에 눕혔고, 숙소의 아름다운 안주인은 내게 오늘밤은 여행을 계속하는 게 무리이며 푹 쉬어야 한다고 말했습니다. 그 말을 듣자 나는 또다시 시간이 늦춰지는 게 두려워 부들부들 떨기 시작했기 때문에 부인은 곧 앞서 한 말을 취소하고 반시간쯤 쉬면 된다고 했습니다. 부인은 매우 친절하고 좋은 분으로, 예쁜 세 딸과 함께 이것저것 나를 돌봐주었습니다. 그리고 버킷 경감이 다른 방에서 옷을 말리고 식사를 하는 동안 내게 따뜻한 수프와 새 구이요리를 가져다주었습니다. 이윽고 난롯가의 둥근 테이블에 맛있어 보이는 식사가 차려졌는데, 모처럼의 친절을 헛되게 하고 싶지는 않았지만 아무래도 입에 들어가질 않았습니다. 그래도 토스트 몇 조각과 설탕을 탄 포도주는 마셨습니다. 아주 맛이 있었기 때문에 그런대로 원기 회복에 도움이 되었습니다.

예정대로 정확히 30분 뒤에 마차가 오자 사람들의 부축을 받아 아래로 내려갔습니다. 몸도 따뜻해지고 기운도 회복했고 사람들의 친절에 마음도 편안해져서 이제 기절할 걱정도 없어졌습니다. 마차에 올라 인사를 하자 가장 어린 아가씨가—열아홉 살의 한창나이로, 가장 먼저 결혼할 예정인—마차의 발 받침대를 딛고 내게 키스를 했습니다. 그때 뒤로 그 아가씨를 만난 적은 없지만 지금 이 시간까지도 나는 그녀를 친구로 생각하고 있습니다.

문밖의 추위와 어둠 속에서 보면 자못 등불이나 화롯불 때문에 밝고 따뜻해 보이는 숙소의 창은 금세 사라지고 마차는 다시 녹다 만 눈 속을 서서히 나아갔습니다. 나아가는 데 꽤 힘이 들긴 했지만 그래도 이 음침한 길은 이제까지 왔던 길보다 더 나쁘지는 않았고 다음 숙소까지는 겨우 9마일이 남았을 뿐이었습니다. 경감은 마부석에 앉아 담배를 피우면서도—나는 이전 숙소의 커다란 난로 곁에서 자못 맛이 있는 듯 담배를 피우던 경감의 모습이 생각나 부디 나를 의식하지 말고 담배를 피우라고 말했습니다—이제까지와 마찬가지로 집이나 사람들이 눈에 띌 때마다 재빠르게 뛰어내려 탐문을 했습니다. 마차에도 등불이 있었지만 경감은 자신의 작은 랜턴이 마음에 드는지 거기에 불을 붙이고 이따금씩 그 빛을 내 쪽으로 향하게 해 내 몸 상태가 괜찮은지 여부를 확인했습니다. 마차 정면에 양쪽으로 여는 창이 있었는데 나는 그 창을 닫지 않았습니다. 창을 닫으면 우리의 희망을 닫고 마는 것처럼 생각되었기 때문입니다.

다음 숙소에 도착했지만 여전히 어머니의 흔적은 발견되지 않았습니다. 말을 바꾸는 동안 나는 걱정이 되어 경감을 바라보았습니다. 그러나 전보다 한층 심각한 표정을 하고 있는 것으로 미루어 그가 아무것도 탐지하지 못했음을 알 수 있었습니다. 다음 순간 좌석 등받이에 등을 기대고 앉아 있는 나를 경감이 들여다보았는데 랜턴 불빛에 비친 그의 얼굴이 잔뜩 흥분해 있는 게, 마치 딴사람 같았습니다.

"왜 그러세요?" 나는 놀라서 물었습니다. "뭔가 발견했습니까?"

"아니요, 아가씨, 지레짐작을 해서는 안 됩니다. 이곳에는 아무도 없습니다. 그렇지만 나는 알았습니다!"

눈이 경감의 속눈썹에도 머리칼에도 쌓이고, 옷에도 들러붙었습니다. 얼굴에 묻은 눈을 털고 호흡을 조절하면서 경감은 내게 말했습니다.

"서머슨 양, 이제부터 내가 하려고 하는 일로 낙심을 해서는 안 됩니다. 날 아시죠? 나는 버킷 경감입니다. 날 믿으세요. 꽤 멀리까지 와버렸지만 상관없습니다. 어이, 올라가는 쪽의 다음 숙소까지 말을 네 마리 부탁해! 서두르게!"

마구간은 매우 소란스러워졌습니다. 한 사내가 마구간에서 뛰쳐나와 물었습니다.

"상행입니까, 하행입니까?"

"상행일세! 상행이야. 우리 말을 모르나? 상행이란 말일세!"

"상행이라고요?" 나도 놀라서 물었습니다. "런던 방향입니까? 되돌아가는 건가요?"

"아가씨, 되돌아갑니다. 똑바로 되돌아갑니다. 나를 아시죠? 걱정하실 필요 없습니다. 또 한 사람의 뒤를 쫓아야 해요."

"또 한 사람? 누구죠?"

"제니라고 했죠. 그 여자를 뒤쫓습니다. 어이, 그곳의 말 두 마리를 데리고 와. 누구든 말을 끌고 오는 사람에겐 1크라운씩 주겠다."

"설마, 지금 뒤를 쫓고 있는 분을 내버려두는 것은 아니겠죠. 이런 밤에 이루 말할 수 없는 심적 고통을 겪고 계실 그분을!" 나는 비탄에 잠긴 나머지 경감의 손을 꼭 잡고 말했습니다.

"물론입니다. 하지만 나는 또 한 사람의 뒤를 쫓아야 해요. 어이, 그 말을 빨리 수레에 매도록. 누군가 한 사람 빨리 다음 숙소까지 사람을 보내 교체할 말을 네 마리 준비시켜 주게. 그리고 런던 쪽의 다음다음 숙소에도 교체할 말을 4마리 준비하도록 미리 통보하고, 아가씨, 걱정하실 필요 없습니다!"

경감이 마구간 주변을 돌며 재촉을 해댔기에 숙소 전체가 크게 술렁거렸습니다. 이것 또한 계획이 바뀐 것만큼이나 나를 당황하게 했습니다. 하지만 모두가 허둥지둥하고 있는 사이에 한 사내가 말에 올라 다음 숙소 쪽으로 달려가고 우리 마차도 금세 떠날 차비를 갖췄습니다.

"아가씨," 버킷 경감은 마부석에 뛰어올라 내 쪽을 바라보며 말했습니다. ― "내가 좀 지나치게 거침없이 행동해도 용서하십시오. 필요 이상으로 안절부절하지 마시고요. 지금은 이 이상 아무것도 말하지 않겠지만 아가씨는 나를 아시죠? 안 그래요?"

나는 겨우 대답했습니다. "어떻게 해야 좋을지는 나보다도 당신이 훨씬 더 잘 아십니다. 그것은 나도 알아요. 하지만 정말 이 방법이 옳다고 확신하시나요? 나 혼자서라도—나는 또다시 비탄에 잠겨 경감의 손을 잡고 속삭였습니다—찾으러 가면 안 될까요?"

"아가씨, 아닙니다, 아다마다요, 설마 내가 아가씨를 잘못된 길로 인도하겠습니까? 나는 버킷 경감입니다. 아가씨는 나를 아시죠? 이 버킷 경감을?"

나는 그렇다고 대답하지 않을 수 없었습니다!

"그렇다면 나를 믿고 따라와 주세요. 나를 믿어 주세요. 나는 레스터 데들록 준남작 각하의 편인 것과 꼭 마찬가지로 아가씨의 편이기도 하니까. 어이, 준비는 되었나?"

"네, 되었습니다."

"그럼 떠나세. 자, 가자고!"

마차는 방금 전에 지나온 음침한 길을 되돌아가기 시작했습니다. 진흙투성이의 진눈깨비와 녹은 눈을 헤치면서.

# 제58장 겨울날의 낮과 밤

과연 고귀한 가문에 걸맞게 데들록 가의 런던 저택은 음침하면서도 장엄한 거리를 향해 그 무표정한 외관을 드러내 보인다. 큰 방의 작은 창에서는 머리가루를 뿌린 사람들이 종일 하늘에서 내리는, 세금이 붙지 않은 흰 가루를 바라보고, 온실에서는 분홍색 꽃이 밖의 한기를 피해 큰 방의 난롯불 쪽을 그리운 듯이 돌아본다. 부인은 링컨셔의 저택으로 가서 곧 돌아올 예정으로 알려져 있다.

그러나 소문은 링컨셔주로 흘러가지 않고 늘 런던 언저리에서 맴돈다. 가련하고 불운한 사내 레스터 경이 가혹한 처사를 당했다는 소문을 비롯, 온갖 종류의 놀라운 소문이 돈다. 그로 인해 그 주변 5마일쯤은 매우 유쾌한 분위기에 휩싸인다. 데들록 가에서 무언가 불상사가 일어난 것을 모르고 있다면 결국 스스로가 대수롭지 않은 인간임을 증명할 뿐이다. 해골 같은 목에 복숭아 빛 뺨을 한 옛 미녀는 레스터 경의 이혼 청구 사유가 될 만한 이런저런 일들을 이미 다 알고 있다.

보석상인 블레이즈와 스파클의 점포, 견직물 상인 신과 글로스의 점포 등에서는 그것이 역사적 사건, 세기의 큰 사건으로 몇 시간 동안이나 화제가 될 것이다. 이들 점포의 고객들은 아무리 거드름을 피워도 점포의 물건들과 마찬가지로 확실하게 정체를 간파당하고 있으므로 풋내기 점원조차도 그들이 어떤 사람인지를 잘 알고 있다. "존스 군, 우리의 고객은 말이야,"라고 블레이즈와 스파클은 풋내기 점원을 고용할 때면 늘 말한다. "우리의 고객은 양의 무리에 지나지 않아. 두세 마리 눈에 띄는 양을 나머지 양들이 모두 따라가지. 존스 군, 그 두세 마리가 가는 곳을 잘 주의하고 있으면 무리 전체를 파악할 수가 있다고."

마찬가지로 신과 글로스 상점도 유행의 첨단을 걷는 사람들을 어디서 끌어

모으고, 그들(상인들)이 택한 것을 어떻게 유행시키느냐의 요령을 점원에게 가르친다. 대본상(貸本商)인 스래덜리 씨는 이렇게 말한다.

"네, 그렇습니다. 데들록 부인에 대한 어떤 소문이 우리의 고귀한 단골들 사이에 퍼지고 있습니다. 우리의 고귀한 단골 고객분들에겐 무언가 화제가 필요하기 때문입니다. 한두 명의 부인에게만 어떤 화젯거리를 제공하면 전체 단골들에게 퍼뜨릴 수가 있습니다. 일단 소문을 들은 부인들은 또 다른 부인들에게 그 소문을 전하기 마련이니까요. 아마도 데들록 부인을 잘 아는 데다 조금은 시샘을 하기 때문이겠죠. 이 화젯거리는 우리의 고귀한 단골 고객들에게 매우 인기가 있어서, 만약 이것으로 투기를 했다면 한 재산 끌어모았을 것입니다. 이건 결코 허풍이 아닙니다. 나는 고귀한 단골 고객들에 대해 연구하고 시계처럼 그들에게 태엽을 감아주는 것을 업으로 삼고 있으니까요."

데들록 부인은 이제까지 하늘 높이 반짝이고 어제까지도 별들 가운데서 반짝이고 있었다. 그러나 지금은 사람들의 입방아에 오르내리고 있다. 무슨 일일까? 누구 때문일까? 언제 일어났을까? 어디서 일어났을까? 어떻게 일어났을까? 그녀의 친한 친구들 사이에서 최근에 유행하는 말과 태도와 어법으로 마치 남의 일처럼 무척 예의 바르면서도 무심하게 이야기된다. 그리고 놀랍게도 가십에 대한 흥미가 너무나 높아서 이제까지 별로 화제에 오르지도 못했던 여러 사람들이 화제에 오르게 된다. 뿐만 아니라 스스로 소문을 퍼뜨리고 다니는 자까지 있다! 윌리엄 버피가 이와 같은 유쾌한 가십 가운데 하나를 클럽에서 입수해 등원하자 거기에서는 원내 간사가 게으름을 피우려는 자기 당 의원을 모으려고 그 가십을 담뱃갑에 붙여서 모두에게 돌리는 형편이다. 그 결과 의장이(은밀하게 그 가십을 가발 사이로 엿듣고 있던) "회의장 내에서는 정숙해주시기 바랍니다!"라고 세 번이나 외쳤는데도 아무런 효과가 없다.

그녀가 런던의 가십 거리가 된 경위의 또 하나 놀랄 만한 점은 스래덜리 상점의 고귀한 단골들 주위에 서성거리는 자들, 즉 이제까지 그녀에 대해 아무것도 모르던 자들까지 그녀를 화제에 올려야 자신들의 평판을 유지할 수 있으리라 여기고 최근에 유행하는 단어와 태도, 그리고 어법으로 매우 예의 바르면서도 무심하게 그녀에 대한 소문을, 이미 새로울 것도 없지만 사회의 보다 낮은 계층에게는 매우 새롭게 느껴질 소문을 퍼뜨린다. 이들 가운데 문인이나 예술가, 과학자가 있다면, 이와 같이 훌륭한 목발을 짚은 문학, 예술, 과학의 비실비실한 세 자매를 지원하는 그는 얼마나 고귀한가!

이렇게 해서 데들록 저택 밖에서의 겨울날은 저물어간다. 저택 안에서는 어떨까?

레스터 경은 침대에 누운 채 발음이 불분명하고 어눌하나마 조금씩 말을 하게 된다. 절대안정을 취하라는 지시가 내려졌지만 통풍이 심해서 적은 양의 아편이 주어진다. 가끔 꿈인지 생시인지 가리지 못할 때가 있으며, 좀처럼 잠을 자지 못한다. 날씨가 궂다는 말을 들은 레스터 경은 침대를 창가로 가져가 휘몰아치는 눈보라가 보이도록 머리를 돌려 달라고 지시한다. 경은 겨울 해가 완전히 질 때까지 그곳을 가만히 바라보고 있다.

저택 사람들 모두 소리를 내지 않으려고 주의하고 있으며, 조금이라도 소리가 나면 경은 연필을 손에 든다. 머리맡에 앉아 있는 늙은 가정부는 경이 무엇을 쓰려고 하는지 알아차리고 이렇게 속삭인다. "아닙니다, 나리. 경감은 아직 돌아오지 않았습니다. 어젯밤 늦게 떠났으니까 아직 돌아올 때가 안 됐습니다."

경은 손을 거두어들이고 다시 진눈깨비를 바라보기 시작한다. 몹시 빠르고 세차게 내리는 것처럼 보일 때까지 오래도록 바라보다가 소용돌이치는 흰 눈발과 얼음덩이에 눈이 침침해져서 잠시 눈을 감는다.

경은 또다시 창밖을 바라본다. 날이 밝은 지 얼마 지나지도 않았는데 경은 부인이 돌아왔을 때 편히 쉴 수 있도록 미리 준비하지 않으면 안 된다고 생각한다. 그는 매우 추운 날이니 부인의 방에 불을 많이 피워 따뜻하게 하고 하인들에게 부인이 돌아올 예정이라고 전해두라고, 또 남에게 맡기지 말고 직접 준비하라고 쓰기 때문에 미시즈 라운스웰은 무거운 마음을 안고 지시에 따른다.

"그런데 조지," 늙은 가정부는 틈만 생기면 아래층에서 기다리고 있는 아들과 대화를 한다. "아무래도 마님은 두 번 다시 이 저택에 돌아오시지 않을 것 같은 예감이 드는구나."

"어머니, 아무래도 나쁜 예감이군요."

"체스니 월드에도 돌아오실 것 같지 않고,"

"더욱더 나쁜 예감이군요. 하지만 어머니, 왜 그런 생각을 하세요?"

"어제 마님을 만났을 때의 모습이— 게다가 나를 보실 때의 눈초리가—마치 유령의 샛길을 울리는 발소리에 완전히 홀린 듯했는걸."

"그런 당치도 않은! 어머니는 공연히 옛날 괴담에 혼자 두려워하고 있는 겁니다."

"그렇지 않아! 이 저택에서 봉사해온 60년 동안 나는 매일 밤 그 발소리를 들었지만 어젯밤처럼 무서웠던 적은 없었어. 하지만 이제 마지막이 온 거야. 데들록 가문에 최후가 다가온 거야."

"설마, 그럴 리가요."

"내가 레스터 경이 이렇게 되실 때까지 살아 있어 다행이야. 나는 환영받지 못할 만큼 그렇게 나이가 많지도 쓸모없지도 않지. 하지만 유령의 샛길을 울리는 발소리가 부인을 홀릴 날은 머지않았어. 꽤 오래전부터 발소리가 부인을 뒤쫓고 있었기 때문에 드디어 따라붙는 날이 온 거야, 조지."

"어머니, 다시 한 번 말씀드리는데 설마 그럴 리는 없을 거예요."

"나도 그렇게 생각하고 싶단다, 조지." 늙은 가정부는 고개를 젓고 포개놓은 두 손을 풀면서 대답한다. "하지만 만일 내 걱정이 현실로 나타나 나리에게 말씀드리지 않을 수 없게 되면 말씀드리는 역할은 누가 하면 좋을까!"

"이곳이 부인의 방입니까?"

"그래, 부인이 나가셨을 때의 상태 그대로지."

"이제야 알 것 같아요." 기병은 주변을 둘러보면서 작은 소리로 말한다. "어머니가 왜 그런 생각을 하게 되셨는지 방이란 이 방처럼 언제나 그곳에 익숙해져 있는 사람의 모습이 보이지 않게 되고 더구나 어디에 있는지도 모르게 되었을 때에는 몹시 무섭게 보이지요."

옳은 말이다. 모든 이별은 언젠가는 찾아올 인생 최후의 이별을 예감하게 하며, 주인 없는 빈방은 당신 방도 내 방처럼 언젠가는 똑같이 될 것이라고 서투른 목소리로 속삭인다. 인기척이 없는 부인의 방은 허전하고 쓸쓸하다. 지난밤에 버킷 경감이 몰래 수색한 안쪽의 작은 방에는 옷과 장신구 그리고 그것들을 몸에 걸친 부인을 비추었을 거울 등이 적막하고 황량한 분위기를 풍긴다. 겨울날은 어둡고 춥지만 이 인기척이 없는 방은 찬바람이 휘몰아치는 들판의 오두막보다 더 춥고 어둡다. 하인들이 난로에 불을 지피고 방안 구석구석에 그 붉은빛을 전달해주는 따스한 유리판 안쪽에 의자와 소파를 가져다 놓지만 방

안의 무거운 분위기는 그 어떤 빛으로도 몰아낼 수가 없다.

늙은 가정부와 그 아들은 준비가 끝날 때까지 이 방에 있었는데, 잠시 뒤 어머니만 2층으로 올라간다. 미시즈 라운스웰이 자리를 비운 동안은 볼룸니아가 대신 환자를 돌봐주고 있었다. 진주 목걸이와 입술연지는 배스 주민들의 눈을 즐겁게 해주었을지는 모르지만 지금 침대에 누워 있는 환자에게는 아무런 위안이 되지 않는다. 뭐가 중요한지 모르는 볼룸니아는 환자를 보살피는 데는 세심한 주의가 필요하다고 생각해서 침대보의 주름을 펴고 발끝걸음으로 걷고 사촌의 눈을 들여다보며 "자고 있어" 하고 혼잣말을 한다. 그러면 환자는 쓸데없는 소리 하지 말라는 듯이 연필로 "나 안 잔다"라고 쓴다.

늙은 가정부가 들어오자 볼룸니아는 머리맡의 의자를 내주고 조금 떨어진 테이블에 앉아 안타까운 듯이 한숨을 쉰다. 레스터 경은 변함없이 진눈깨비를 바라보고 부인의 발소리를 기다리듯 귀를 기울인다. 병상에 누운 데들록 경을 간호하기 위해 오래된 초상화에서 빠져나온 듯한 늙은 가정부의 귀에는 이 고요 속에 자신의 말이 메아리치고 있는 것처럼 들린다 ―"나리께 말씀드리는 역할은 누가 하면 좋을까!"

경은 오늘 아침부터 하인의 도움을 받아 옷차림을 갖추고 상황이 허락하는 한 몸을 일으킨다. 백발이 섞인 머리를 여느 때처럼 빗고 셔츠와 실내복을 입고 베개에 기대 있다. 안경과 회중시계도 곁에 두고 있다. 가능한 한 침착하고 평온한 모습을 보여주는 것이 필요하다. 자신의 체면을 위해서라기보다는 부인을 위해서. 여자란 말이 많은 존재이며, 볼룸니아도 예외는 아니다. 따라서 경은 그녀가 밖에 나가서 떠벌리지 않도록 이곳에 잡아두고 있는 것이 틀림없다. 그는 병이 위중하지만 심신의 고통에 지지 않으려고 용감하게 맞서고 있다.

아름다운 볼룸니아는 오랫동안 말을 하지 않고 있으면 순식간에 "따분함"이라는 공룡이 엄습하는 쾌활한 여성으로, 곧 하품을 연발함으로써 괴물이 엄습했음을 보여준다. 아무래도 말을 하지 않고는 하품을 억제할 수 없기 때문에 그녀는 미시즈 라운스웰에게 조지를 칭찬한다. "아드님이 참 잘생긴 데다 군인답게 박력이 넘치네요. 내가 좋아하는 근위병처럼요. 아, 그 사람 이름이 뭐였더라? 워털루에서 전사했는데……."

레스터 경이 이 칭찬의 말을 듣고 깜짝 놀라 갈피를 못 잡는 시선으로 주위를 둘러보자 미시즈 라운스웰은 설명이 필요하다고 느낀다.

"나리, 제 장남 이야기가 아니라 차남 이야기입니다. 그 아이를 찾았어요. 그 아이가 집에 돌아왔습니다."

레스터 경의 쉰 목소리가 침묵을 깬다. "조지 말인가? 자네 아들 조지가 돌아왔나?"

늙은 가정부는 눈물을 훔치며 말한다. "네, 감사하게도요."

그렇게 오랫동안 행방불명이었던 누군가가 발견되었다는 것, 그렇게 오랫동안 소식이 끊겼던 누군가가 돌아왔다는 것이 경에게 희망을 안겨준 것일까? '이런 기적도 일어나는데 아내도 무사히 돌아오지 않을까? 조지의 경우는 몇 년이나 행방을 몰랐는데 아내는 사라진 지 몇 시간도 채 안 되니까.' 하고 경은 생각하고 있는 게 아닐까?

주변에서 아무리 말려도 레스터 경은 입을 열어 말하지 않을 수 없다. 잔뜩 쉰 목소리지만 알아들을 수는 있는 목소리로 말한다.

"미시즈 라운스웰, 왜 나에게 말하지 않았나?"

"바로 어제 일어난 일이었기 때문입니다. 게다가 나리의 상태가 안 좋아서 말씀드릴 수 없었습니다."

조심성 없는 볼룸니아는 조그맣게 '앗' 소리를 지르며 조지가 미시즈 라운스웰의 아들이라고 말하면 안 되는 거였는데 자기가 무심코 말해버렸다고 말한다. 하지만 미시즈 라운스웰은 물론 나리께서 좋아지시는 대로 말씀드릴 생각이었다고 열심히 둘러댄다.

"조지는 어디에 있나?" 레스터 경이 묻는다.

미시즈 라운스웰은 레스터 경이 의사의 지시를 어기는 것에 적잖이 놀라며 대답한다. "런던에 있습니다."

"런던 어디에?"

미시즈 라운스웰은 어쩔 수 없이 그가 이 저택에 있음을 고백한다.

"그럼 이리로 데려오게. 지금 당장."

늙은 가정부는 아들을 찾으러 가지 않을 수 없다. 레스터 경은 부자유스러운 손을 가능한 한 움직여 옷차림을 갖춘다. 그리고는 또다시 창밖에 내리는 진눈깨비를 바라보고 부인의 발소리가 들리지나 않을까 귀를 기울인다. 집 앞의 도로에는 소리를 흡수하기 위해 짚을 깔았기 때문에, 설사 부인이 마차로 돌아와도 경의 귀에는 들리지 않을 것이다.

레스터 경이 이 새로운, 그리고 부인의 실종에 비하면 지엽적이라고도 할 수 있는 놀라움 따위는 완전히 잊은 듯한 모습으로 누워 있는데, 노부인이 아들을 데리고 돌아온다. 조지는 조용히 경의 머리맡으로 다가가서 인사를 하고 면목이 없어 새빨개진 얼굴로 차렷 자세를 취한다.

"이게 누구야! 조지 라운스웰이 아닌가!" 레스터 경이 외친다. "조지, 날 기억하고 있나?"

기병은 어쩔 줄 몰라 하다가 어머니의 격려에 힘입어 겨우 대답한다.

"레스터 각하. 각하를 못 알아보다니 당치도 않습니다."

"자네 얼굴을 보니." 레스터 경은 가까스로 말을 잇는다. "체스니 월드에서 함께 했던 어린 시절이 떠오르는군. 그때를 나는 잘, 아주 잘 기억하고 있네."

기병을 가만히 바라보고 있는 사이에 경의 눈에 눈물이 고인다. 경은 또다시 밖의 진눈깨비를 바라본다.

"각하, 실례입니다만 제 팔을 잡지 않으시겠습니까? 더 편하게 누우실 수 있게 해드리겠습니다."

"고맙군, 조지, 부탁하네."

기병은 경을 마치 어린애 다루듯이 팔로 껴안고 가볍게 안아 올려 얼굴이 창 쪽을 향하도록 몸의 방향을 바꾼다.

"고마워. 자네는 어머니를 닮아 마음이 따뜻한 데다 힘도 세군그래. 대단히 고맙네."

경은 손으로 기병에게 가지 말아달라는 신호를 한다. 조지는 온순하게 머리맡에 앉아 상대의 말을 기다린다.

"왜 자네는 세상에 알려지고 싶지 않았던 것인가?" 얼마 지나서 경이 묻는다.

"각하, 사실 저는 자랑할 것이 별로 없는 사람입니다. 그리고 지금도……각하가 이렇게 병환 중에 계시지 않다면……곧 회복되실 것으로 생각합니다만……역시 세상에 알려지지 않기를 바라고 있습니다. 여기에는 여러 가지로 설명을 드려야 할 사정이 있고, 이곳은 말씀을 드릴 장소도 아닌 데다 말씀드려봤자 저의 명예에 도움이 되지도 않습니다. 이런저런 사정에 대해서 여러 의견이 있겠지만, 제가 자랑할 게 없는 사람이라는 데에는 누구나 동의할 겁니다."

"자네는 군대에 들어가 국가에 충성을 다해주었지."

조지는 군대식으로 경례를 하고 말한다. "각하, 그 점에 관한 한 저는 규율에 따라서 직무를 수행했습니다. 그것이 저의 최소한의 봉사였습니다."

"조지, 보다시피 나는 몹시 약해지고 말았어." 레스터 경의 시선은 기병에게 집중된다.

"대단히 가슴 아프게 생각하고 있습니다."

"고맙네, 이전부터 가지고 있던 지병에다 뇌졸중이 겹치면서" 레스터 경은 한 손을 아래로 내리려 애쓰며 말한다. "몹시 힘들어졌지."

조지는 동정 어린 표정으로 다시 한 번 경례를 한다. 두 사람 모두 젊었을 때(조지 쪽은 훨씬 젊었을 때) 체스니 월드에서 마주하고 있던 때의 정경이 떠올라 마음이 따뜻해진다.

레스터 경은 침묵의 늪으로 빠져들기 전에 생각하고 있는 것을 모두 말해버리고 말겠다는 듯 베개 위로 좀 더 몸을 일으키려고 한다. 이를 본 조지는 다시 두 팔로 꺼안아 원하는 자세로 해준다. "고맙네, 조지. 자네는 나의 분신 같군. 체스니 월드에서 자네는 내가 자주 쓰지 않는 엽총을 메고 있었지. 이와 같은 묘한 것들을 나는 잘 기억하고 있어. 잘 기억하고 있지." 기병은 레스터 경의 자유롭게 쓸 수 있는 팔을 자기 어깨에 걸치고 몸을 일으켜준다. 레스터 경은 천천히 그 팔을 풀면서 이렇게 말한다.

"나는 이렇게 말할 생각이었어. 불행하게도 이렇게 뇌졸중으로 쓰러졌을 때 나와 아내 사이에 하찮은 오해가 생겼다고. 뭐, 그렇다고 우리 사이가 나빠졌다는 뜻은 아니네(그런 일은 이제까지 한 번도 없었어). 오직 우리 두 사람에게만 관계가 있는 어떤 일에 대해 오해가 생겼을 뿐이고 그 때문에 잠시 아내가 이곳을 떠나 여행을 하지 않을 수 없게 되었는데, 곧 돌아올 걸세. 볼룸니아, 내 말 뜻을 알아듣겠니? 아직은 발음이 불분명해서 말이야."

볼룸니아는 완벽하게 이해했다고 대답한다. 사실 레스터 경은 조금 전의 상태로는 생각지도 못할 정도로 또렷하게 말을 한다. 그렇게 하는데 얼마나 애를 먹고 있는지는 경의 얼굴 표정에 그대로 드러난다. 이런 일은 경과 같은 강인한 의지의 소유자만이 해낼 수 있다.

"볼룸니아, 나는 네가 있는 앞에서—그리고 그녀의 성실함을 누구도 의심할 수 없는 내 오랜 친구 미시즈 라운스웰과 그녀의 아들인 조지, 조상 대대로 전해져 내려온 체스니 월드에서의 어린 시절을 생각나게 해주는 조지 앞에서…… 내가 병이 도지거나 회복되지 않거나 말도 못 하게 되고 글을 쓸 힘도 없어질 때를 대비해서 말해두고자 하는데……."

늙은 가정부는 소리를 죽이고 흐느껴 운다. 볼룸니아는 몹시 흥분해서 볼이 빨개진다. 기병은 팔짱을 낀 채 고개를 갸웃하고 경건하게 듣고 있다.

"볼룸니아를 비롯한 여기 있는 모두가 증인이 되어주었으면 좋겠어. 나와 아내 사이에는 아무것도 달라진 게 없고, 나는 아내에게 아무런 불만도 없으며, 내가 지금까지 그래왔던 것처럼 아내를 몹시 사랑한다는 것에 대해서, 나의 이같은 뜻을 아내와 다른 모든 사람들에게 전해주었으면 해. 만일 이 뜻을 에누리해서 전하는 일이 있다면 고의적인 배신 행위로 여길 거야."

볼룸니아는 떨리는 목소리로 경이 말한 것을 하나도 빠뜨리지 않고 전하겠다고 말한다.

"아내는 그 신분이 너무나도 높고 더없이 아름다우며 매우 다재다능하고 모든 면에서 주변의 가장 뛰어난 사람들보다 낫기 때문에 어쩔 수 없이 적이 생길 수가 있는데, 그들에게 알려주길 바라. 내가 온전한 정신과 기억과 이해력을 가지고 말하는데, 나는 아내에게 베푼 호의를 거둬들일 생각이 없으며, 나와 아내와의 관계는 조금도 달라지지 않았고, 내가 이제까지 아내의 유익과 행복을 위해 한 그 어떤 일도 취소할 생각이 없다는 것을."

경의 이 같은 말은 여느 때라면 좀 우스꽝스럽게 들렸을지도 모른다. 하지만 지금은 매우 진지하고 감동적이기조차 하다. 경의 고귀한 열의와 충실함, 아내를 감싸는 마음과 상처받은 자존심을 아내를 위해 참으려는 태도는 참으로 존경스럽고 사내답고 진실하다. 이 같은 점은 신분이 천한 노동자에게도, 태어나면서부터 고귀한 신분인 신사에게도 나타난다. 인간이라는 덧없는 생물로 태어난 두 사람 모두 그 존엄성에는 변함이 없다.

말을 하느라 지쳐버린 경은 베개에 기대어 눈을 감는다. 하지만 1분도 채 지나기 전에 다시 눈을 뜨고는 밖의 날씨를 보고 소리에 귀를 기울인다. 그의 태도로 미루어 이제 조지는 그를 돌보는 데 있어서 꼭 필요한 존재가 되었다. 한

마디 하지 않아도 서로 마음이 통한다. 기병은 한두 걸음 물러나 레스터 경이 보이지 않는 어머니의 의자 등 뒤에서 계속 지켜본다.

해가 지려고 한다. 안개에 휩싸이고 눈에서 진눈깨비로 바뀐 바깥은 더욱더 어두워져 난로의 불빛이 더욱더 또렷하게 방안의 벽이나 가구에 그림자를 드리운다. 어둠이 더욱 깊어지자 거리의 가스등 불빛이 더욱 밝아진다. 석유 가로등은 그 생명의 근원이 반은 얼어붙고 반은 녹은 듯, 마치 물을 벗어난 물고기처럼 숨을 헐떡이며 반짝거린다. 도로에 깐 지푸라기 위에 차를 세우고 초인종을 눌러 병문안을 한 사람들은 삼삼오오 집으로 돌아가 옷을 갈아입고 식사를 하고 앞서 말한 것과 같은 최신의 단어와 태도와 어법으로 경에 대해 이야기한다.

레스터 경은 상태가 악화돼 큰 고통에 시달리며 몹시 불안해한다. 볼룸니아는 촛불을 켜지만 아직 어둡지 않기 때문에 다시 끄라는 말을 듣는다. 그러나 막상 촛불을 끄니 매우 어둡다. 볼룸니아가 다시 촛불을 켜려 하지만 레스터 경은 켜지 말라고, 아직 어둡지 않다고 말한다.

경이 스스로에게 아직 해가 저물지 않았다고 믿게 하려 한다는 것을 최초로 깨달은 것은 미시즈 라운스웰이다.

"나리, 나리를 위해 이렇게 말씀드리지 않을 수 없군요. 캄캄한 데서 초조하게 기다리시면 좋지 않습니다. 커튼을 치고 촛불을 밝힌 곳에서 편안하게 계셔야 합니다. 어찌 되었든 교회의 시계는 시간을 알릴 것이고 밤은 지나갈 것이고 마님은 돌아오실 겁니다."

"알고 있네. 하지만 나는 약해지고 있어. 게다가 경감이 떠난 지도 꽤 되었고."

"'꽤'라고 말씀하시지만 나리, 아직 24시간도 지나지 않았습니다."

"하지만 24시간이면 꽤 오랜 시간이 아닌가. 암, 그렇고말고."

경이 신음하듯이 말하자 늙은 가정부의 가슴은 터질 것만 같다.

그녀는 지금은 불빛을 정면으로 경에게 비출 때가 아니라는 것을 안다. 경의 눈에 흐르는 눈물은 아무리 그녀라도 차마 볼 수 없다는 생각이 든다. 그래서 그녀는 잠시 어둠 속에 말없이 앉아 있다. 그리고 조용히 주위를 한 바퀴 돈 뒤 난롯불을 휘젓거나 창밖의 어둠을 바라보거나 한다. 결국 레스터 경은 마음을 가라앉히고 말한다. "미시즈 라운스웰, 자네 말이 맞아. 밤이 늦었는데 그들은 아직 돌아오지 않고 있어. 촛불을 켜두게!" 촛불을 켜고 커튼을 쳐서 창밖이 보이지 않게 되자 이제 귀를 기울이는 수밖에 없다.

하지만 경은 아무리 약해져 있어도 부인 방에 화롯불을 지피고 그녀를 맞이할 모든 준비를 하고 있다는 말에 원기를 되찾는다. 부인이 돌아오리라는 암시만으로도 마음속에 희망이 솟는 듯하다.

한밤중이다. 역시 아무 일도 일어나지 않는다. 거리를 지나는 마차도 드문드문하고, 차가운 밤거리를 고래고래 소리 지르며 걷는 취객의 술주정 이외에는 아무 소리도 들리지 않는다. 이 추운 겨울의 깊은 밤, 사위는 매우 고요해서 그 정적에 귀를 기울인다는 것은 막막한 어둠 속을 바라보는 것과도 같다. 만일 어쩌다가 멀리서 어떤 소리라도 들리면 그것은 어둠 속에 희미한 빛이 보이는 것과도 같고, 그 뒤에는 전보다 더한 적막에 휩싸인다.

하인들은 자러 가고 미시즈 라운스웰과 조지만이 레스터 경의 곁을 지킨다. 서서히 밤이 깊어가자—새벽 2, 3시경에는 완전히 멈춘 것만 같다—경은 밖이 보이지 않기 때문에 더욱 날씨가 궁금한 듯 초조한 모습을 보여준다. 그래서 조지는 정확히 30분마다 정돈된 방을 지나 홀 입구까지 순회를 하고, 밤의 악천후에 대해 확실한 보고를 가져오려고 힘쓴다. 진눈깨비는 아직도 계속 내리고 정원의 보도 위에도 눈이 발목 높이까지 쌓여 있다.

볼룸니아는 계단 위의 안쪽에 있는 자기 방—조각이나 금장식이 끝난 곳에서 모퉁이를 두 번 돈 곳에 있는 방으로 레스터경의 잘못 그린 초상화가 놓여 있고 낮에는 고대 홍차의 견본처럼 바싹 마른나무가 심어진 엄숙한 정원이 내려다보이는—에 틀어박혀 다양한 공포에 시달리고 있다. 그중 하나는 레스터 경에게 무슨 일이 있으면 자신의 얼마 안 되는 수입은 어떻게 될까 하는 것이다.

이와 같은 공포에 사로잡힌 결과 볼룸니아는 자기 방에서 자지도, 난롯가에 앉아 있지도 못하고 아름다운 머리에 숄을 두르고 저택 안을 유령처럼 돌아다닌다. 특히 아직 돌아오지 않은 주인을 맞을 준비가 갖추어진 따뜻하고 사치스러운 방으로 간다. 이런 경우 혼자 다닐 수는 없으므로 몸종을 데리고 가는데 그 때문에 침상에서 끌려나와 추위에 떨면서 졸린 눈을 비비고 있는 이 하녀는 얼굴 표정이 그리 밝지 않다.

이 깊은 밤에 기병이 30분 간격으로 저택을 순회하다 들르면 볼룸니아나 몸종이나 매우 마음이 놓인다. 기병의 발소리가 들리면 두 사람은 그를 맞이할 준비로 옷매무새를 가다듬기 시작한다. 그렇지 않을 때는 넋을 놓고 있거나 신랄한 어조로 논쟁을 벌이거나 한다. 논쟁이라고 해봤자 졸고 있던 볼룸니아가 다리를 난롯불에 델 뻔했느니 그렇지 않았느니 하는 것이다.

"조지 씨, 레스터 경의 상태는 어떤가요? 볼룸니아는 머리를 매만지며 묻는다.

"여전합니다. 각하는 몹시 쇠약해지셔서 가끔 헛소리를 하십니다."

"날 찾으시지는 않나요?" 부드러운 투로 볼룸니아가 묻는다.

"아니요, 그런 말씀은 못 들었습니다만,"

"조지 씨, 정말 슬픈 밤이군요."

"그렇습니다. 이제 그만 쉬시는 것이 좋지 않겠습니까?"

"쉬셔야 해요, 아가씨." 몸종이 날카로운 투로 말한다.

"그러나 볼룸니아는 아니라고 대답한다. 지금이라도 레스터 경이 찾을지도 모른다고, 만약 그에게 무슨 일이 생겼는데 자신이 여기에 없었다면 스스로를 용서할 수 없을 거라고 말한다. 왜 그녀의 방(레스터 경의 방에서 더 가까운)이 아니라 여기에 있어야 하느냐고 몸종이 묻지만 볼룸니아는 단호한 투로 이곳에 머물겠다고 선언할 뿐이다. 그녀는 눈 하나 깜짝하지 않았다고 하지만 이 말은 5분 전에 두 눈을 뜬 사실과 어긋난다.

하지만 새벽 4시가 되어도 여전히 아무 일도 일어나지 않자 볼룸니아의 결심도 흔들리기 시작한다. 내일이 되면 그녀를 찾는 사람이 많을 텐데 언제까지나 그곳에 있을 수는 없기 때문이다. 그리하여 기병이 다시 나타나서 쉬시는 게 좋지 않겠느냐고 묻고 몸종이 조금 전보다 더 강한 투로 쉬셔야 한다고 말하자 볼룸니아는 순순히 일어나 그러겠다고 말한다.

조지는 물론 그녀를 방까지 배웅해주어야 한다고 생각하고 몸종은 그녀를 곧바로 잠자리에 들게 해야 한다고 생각한다. 두 사람이 생각을 실행에 옮기자 이제 저택 안에서 일어나 있는 사람은 기병 한 사람뿐이다.

날씨는 조금도 좋아지지 않는다. 현관의 지붕에서, 처마에서, 난간에서, 기둥에서 녹은 눈이 뚝뚝 떨어진다. 눈은 마치 피난처를 찾으려는 듯이 커다란 문의 문틈 사이로, 창문의 구석진 틈으로, 모든 틈새와 갈라진 곳으로 비집고 들어와 최후를 맞이한다. 계속해서 진눈깨비가 지붕 위로, 지붕에 난 채광창 위로, 바닥의 돌 위로 뚝뚝뚝, 마치 유령의 샛길을 울리는 발소리처럼 일정하게 떨어져 내린다.

촛불을 든 손을 쭉 뻗은 채 큰 계단을 올라 몇 개의 방을 지나가는 기병은 모두가 잠들어 고요한 대저택—체스니 월드에는 대저택이 드물지 않았다—에서 옛일을 떠올린다. 다양한 변화를 겪은 지난 몇 주간과 시골에서의 어린 시절, 생애의 이 두 시기가 묘하게 겹친다. 아직도 눈에 선한 고 털킹혼 변호사와 집안 곳곳에 흔적을 남기고 사라진 데들록 부인, 위층에 있는 저택의 주인이 생각나고 '말씀드리는 역할은 누가 하면 좋을까'라는 불길한 말이 떠오른다. 그는 이곳저곳을 둘러보다가 무언가 눈에 보이는 것 같은 생각이 들 때마다 용기를 내서 다가가 손으로 만져보지만 손에 잡히는 것은 아무것도 없다. 계단을 올라가는데 위층에도 아래층에도 아무것도 없고 오직 몸을 짓누르는 듯한 정적만이 있을 뿐이다.

"모든 게 잘 준비되어 있겠지, 조지 라운스웰?"

"네, 각하."

"뭔가 전갈이 오지는 않았고?"

기병은 고개를 젓는다.

"깜빡 잊고 빠뜨린 편지라도……?"

그러나 그런 희망이 헛되다는 것을 스스로도 잘 알기에 레스터 경은 대답을 기다리지 않고 다시 베개에 머리를 묻는다.

몇 시간 전에 레스터 경이 말한 것처럼 조지 라운스웰은 레스터 경을 잘 알기에 깊어가는 겨울밤, 밤새 자지 않고 경을 편안한 자세로 고쳐 뉘어준다. 옛 친구인 만큼 경이 말하지 않아도 그의 마음을 읽고 첫새벽이 밝기가 무섭게 촛불을 끄고 커튼을 젖힌다. 새벽은 유령처럼 찾아온다. 싸늘하고 사물의 색과 형체도 가려내기 어렵지만 새벽은 어쩐지 무서운 느낌을 주는 경고의 빛을 보낸다. 마치 "어이, 말씀드리는 역할은 누가 하면 좋을까"라고 외치는 것처럼.

# 제59장 에스더의 이야기

우리가 시골을 벗어나 런던 교외의 주택가에 다다른 것은 새벽 3시였습니다. 눈이 끊임없이 내리고 끊임없이 녹고 있었으므로 전날보다 도로 사정이 나빴습니다. 하지만 경감은 지칠 줄을 몰랐습니다. 말이 고개를 오르다가 멈춰서거나 탁류가 소용돌이치는 곳을 건너거나 다리가 미끄러져 마구가 뒤엉키거나 하면 경감은 그 즉시 랜턴을 들고 달려가서 문제를 해결했습니다. 그러고는 늘 차분한 목소리로 "자, 가자" 하고 외치는 것입니다.

되돌아오는 길에 그가 보여준 자신감과 확신은 말로 설명할 길이 없습니다. 그는 한 번도 망설이지 않았고, 멈춰 서서 사람들에게 질문하는 일도 없이 런던 인근까지 갔습니다. 여기저기서 몇 마디 얻어들은 것으로 충분했습니다. 이렇게 해서 우리는 오후 3시와 4시 사이에 이즐링턴에 도착했습니다.

시시각각 어머니로부터 멀어져 가는 동안 내가 느낀 불안과 초조에 대해서는 이야기하지 않겠습니다. 나는 경감이 옳은 판단을 내렸기를, 그리하여 어머니를 찾는 데 있어서 뭔가 만족할 만한 결과를 얻을 수 있기를 간절히 바랐지만, 과연 내 바람대로 될까 하는 의구심 때문에 가는 내내 마음이 괴로웠습니다. 어머니를 찾으면 그다음에는 어찌할 것인가, 이렇게 시간을 허비해도 괜찮은 것인가 하는 의문도 좀처럼 떨쳐버릴 수 없었습니다. 내가 이런저런 생각을 하며 속을 끓이고 있을 때 마차가 멈추었습니다.

마차 정류장에 도착한 것입니다. 경감은 이제까지 함께 온 두 마부—마치 마차와 마찬가지로 흙탕길을 끌려온 것처럼 몸이 온통 진흙투성이였습니다—에게 돈을 지불하고 마차를 어디어디로 끌고 가라고 짧게 지시를 한 다음 나를 안아 내려 이곳에서 새로 고른 대여 마차에 태워주었습니다.

"이런, 아가씨, 흠뻑 젖으셨군요!" 경감이 말했습니다.

나는 미처 의식하지 못했지만 녹은 눈이 마차 안까지 들어온 데다 쓰러진 말을 일으켜 세우느라 두세 번 마차에서 내린 탓에 나는 옷 속까지 흠뻑 젖어 있었습니다. 나는 괜찮다고 말했지만 경감을 잘 아는 마부는 마구간으로 달려가 마른 짚을 한 아름 안고 왔습니다. 그가 내 자리에 짚을 깔아주었기 때문에 몸이 훈훈해졌습니다.

"그런데 아가씨," 경감이 창으로 들여다보고 말했습니다. "이제부터 그 사람을 찾으러 갈 텐데, 시간이 좀 걸릴지도 모르지만 걱정은 하지 마십시오. 내게 다 생각이 있다는 것을 아시죠?"

나는 그가 무슨 생각을 가지고 있는지 알지 못했지만 그냥 그를 믿는다고 말했습니다.

"아가씨, 제가 아가씨를 믿는 것의 절반만 저를 믿어주셔도 고맙겠습니다. 겪어보니 아가씨는 남을 힘들게 하지 않는 분이더군요. 저는 많은 아가씨들을 만나보았지만 어젯밤 잠자리에서 불려나온 뒤로 아가씨가 보여준 것 같은 훌륭한 태도를 보여준 아가씨는 본 적이 없습니다. 아가씨는 참으로 모범적인 분입니다. 참으로 모범적인 분이에요."

나는 방해가 되지 않아서 다행이며, 앞으로도 방해가 되지 않았으면 좋겠다고 말했습니다.

"아가씨처럼 온순하면서도 용감한 분에게는 더 바랄 게 없죠. 마치 여왕님 같으십니다." 경감이 말했습니다.

이와 같은 격려의 말—혼자 걱정에 휩싸여 있는 나에게는 정말로 격려가 되었습니다—과 함께 경감은 마부석에 오르고, 우리는 다시 앞으로 나아갔습니다. 어디로 가는지는 그때도 몰랐고 지금도 모르지만, 런던의 가장 비좁고 지저분한 거리로 나아가는 것만은 분명했습니다. 경감이 마부에게 길을 가리켜 보일 때마다 나는 더욱더 비좁고 지저분한 지역으로 들어서리라 예상했는데, 그 예상이 빗나간 적은 없었습니다.

때때로 우리는 비교적 넓은 대로로 나오거나, 그 일대에서는 큰 편이면서 밝은 조명이 달린 건물과 맞닥뜨렸습니다. 우리는 처음 수색에 나섰을 때 방문했던 곳과 비슷한 관공서에 들렀고, 경감은 그곳 사람들과 상담을 했습니다. 때때로 그는 아케이드 옆이라든가 길모퉁이에서 마차에서 내려 랜턴에 불을 붙였습니다. 그러자 그와 비슷한 많은 불빛이 어둠 속에서 반딧불처럼 다가왔고,

불빛 주변에서 대화가 이루어졌습니다. 순찰을 도는 경관들은 버킷 경감이 알고자 하는 것과 가야할 곳을 알려주었습니다. 경감은 그들 가운데 한 사람과 꽤 오래 대화를 나눴는데, 간간이 고개를 끄덕이는 것으로 보아 대화 내용이 만족스러운 듯했습니다. 대화가 끝나자 경감은 서둘러 마차가 있는 곳으로 돌아와 긴장한 표정으로 말했습니다.

"서머슨 양, 아가씨는 무슨 일이 일어나도 두려워하지는 않겠지요. 드디어 우리가 만나야 할 사람을 찾았는데, 아가씨의 도움이 필요할 것 같습니다. 이런 말씀을 드려 죄송하지만 저기까지 조금 걸어가 주실 수 있을까요?"

두말할 것도 없이 나는 바로 밖으로 나가서 경감의 팔을 잡았습니다.

"길이 미끄러우니까 조심하세요." 경감이 말했습니다.

거리를 가로지르면서 주변을 둘러보니 왠지 눈에 익었습니다.

"이곳은 홀번이 아닌가요?" 내가 물었습니다.

"예, 이 길모퉁이를 아십니까?"

"챈서리 레인 같군요."

"예, 그런 이름으로 불리지요."

우리가 그곳을 돌아 진눈깨비 속을 걸어가는데 5시 반을 알리는 종소리가 들렸습니다. 말이 없는 가운데 미끄러운 눈길을 가능한 한 서둘러 나아갈 때 망토를 입은 누군가가 우리 쪽으로 다가오다가 멈춰 서서 길을 비켜주었습니다. 그 순간 앗, 하고 놀라는 소리와 함께 내 이름이 불리는 소리를 들었습니다. 목소리의 주인공은 우드코트 씨였습니다. 나는 그분의 목소리를 잘 알고 있었습니다.

정신없이 이곳저곳을 돌아다닌 끝에, 그것은 그토록 야심한 시각에 뜻하지 않게 우드코트 씨를 만나자 나도 모르게 눈물이 쏟아져 어찌할 바를 몰랐습니다. 마치 낯선 곳에서 그분의 목소리를 들은 듯한 느낌이었습니다.

"아니, 서머슨 양. 이런 시간에, 더구나 이런 날씨에 만나다니요!"

우드코트 씨는 내가 특별한 사정 때문에 불려나간 이야기를 잔다이스 씨로부터 들어서 알고 있었기 때문에 나는 그에게 자세한 내용을 설명하지 않아도 됐습니다. 나는 우리가 마차에서 내려 걷던 중이라고까지 이야기하고는 경감의 얼굴을 쳐다보았습니다.

"아, 우드코트 씨," 경감은 내 말에서 그분의 이름을 안 것 같았습니다. "우리는 다음 골목으로 가는 중입니다. 저는 버킷 경감이라고 합니다."

우드코트 씨는 내가 말리는 것도 듣지 않고 망토를 벗어서 나에게 입혀주었습니다. 경감은 그것을 도와주면서 말했습니다.

"좋은 생각을 해주셨군요."

"함께 가도 괜찮겠습니까?" 우드코트 씨는 누구에게라고 할 것도 없이 물었습니다. 그러자 경감이 대답했습니다.

"물론 괜찮고말고요."

대화는 순식간에 끝나고 두 사람은 망토를 두른 나를 가운데 두고 걷기 시작했습니다.

"방금 리처드와 헤어지고 오는 길입니다." 우드코트 씨가 말했습니다. "어젯밤 10시부터 그와 함께 있었지요."

"오, 리처드가 어디 아픈가요?"

"아닙니다. 하지만 그다지 건강하지도 않습니다. 그는 몸이 약해져서—아시다시피 걱정이 많고 피로가 쌓여 있으니까요—에이더가 나를 불렀습니다. 집에 돌아가 보니 에이더의 편지가 와 있어서 곧바로 이곳으로 왔답니다. 잠시 후에 리처드의 상태가 많이 좋아졌고 에이더도 나 때문에 리처드가 기력을 회복했다며 몹시 기뻐했기 때문에—비록 내가 한 일은 아무것도 없지만요—나는 리처드가 깊이 잠들 때까지 그의 곁에 있다가 나왔습니다. 지금쯤은 에이더도 깊은 잠에 빠졌을 겁니다."

"우드코트 씨가 리처드와 에이더에 대해 이야기할 때의 그 다정하면서도 친근한 말투와 그들에 대한 헌신, 에이더에게 불어넣어준 확신과 그녀에게 주는 위안. 이런 것들을 생각하면 예전에 그분이 하신 약속을 떠올리지 않을 수 없습니다. "리처드의 진정한 친구가 되겠습니다. 그를 제게 위탁된 사람으로 받아들일 것이며, 그것은 신성한 임무가 될 것입니다."

우리는 또 다른 골목길로 들어섰습니다. 가면서 그분을 가만히 바라보고 있었던 경감이 말했습니다. "우드코트 씨, 이제부터 그 법률 문구점으로 가는 겁니다. 문구점 주인은 스낙스비라는 사람인데…… 아, 그를 아시는군요?" 경감은 직감이 발달해서 금방 알아차렸습니다.

"네, 조금 압니다. 전에 이곳에 온 적도 있습니다."

"아, 그렇습니까? 그렇다면 미안한데 서머슨 양을 좀 부탁합니다. 나는 안에 들어가 할 얘기가 조금 있으니까."

버킷 경감과 마지막으로 대화를 나눈 경관이 말없이 우리 뒤에 서 있었습니다. 그때까지 나는 그의 존재를 의식하지 못했는데, 내가 누군가가 울고 있다고 말하자 그 경관이 불쑥 입을 열었습니다.

"아가씨, 놀라지 마세요. 저 사람은 스낙스비의 하녀입니다."

"그 아이는" 버킷 경감이 말했습니다. "자주 발작을 일으키는데 오늘밤은 조금 심한 것 같군요. 그 아이한테 뭘 좀 물어보려고 했는데 상황이 여의치 않게 되었네요. 어떻게든 저 아이를 제정신으로 돌려놓아야 할 텐데……."

"어쨌든 저 아이가 아니었다면 문구점 주인과 부인도 아직 일어나지 않았겠죠. 상대인 경관이 말했습니다. "밤새 저러고 있었답니다."

"음, 그렇군." 경감이 대답했습니다. "내 랜턴의 기름이 다했는데 자네 것을 좀 빌려주게."

이 모든 것은 울음소리와 신음소리가 들리는 집의 한두 집 건너에서 아주 작은 소리로 주고받은 대화입니다. 버킷 경감은 빌린 랜턴을 들고 그 집 문 앞에 가서 노크를 했습니다. 두 번 두들기자 문이 열렸고, 경감은 우리를 골목에 남겨둔 채 안으로 들어갔습니다.

"서머슨 양," 우드코트 씨가 말했습니다. "방해가 되지 않는다면 제가 옆에 있게 해주십시오."

"참으로 친절하시군요. 그런데 저 혼자만의 비밀이라면 상관없지만 다른 사람의 비밀이라서……."

"이해합니다. 저를 믿어주세요. 있어도 좋을 동안만 곁에 있을 테니까."

"믿어요. 선생님이 약속을 소중히 여기는 분이라는 것은 저도 잘 알고 있는걸요."

얼마 지나자 다시 랜턴 불빛과 함께 진지한 표정의 버킷 경감이 나타났습니다.

"서머슨 양, 어서 안으로 들어와 난로 옆에 앉으세요. 그리고 우드코트 씨는 의사라고 들었는데, 와서 하녀의 상태를 봐주시지 않겠습니까? 그 아이는 내가 꼭 봐야 하는 편지를 가지고 있는데, 손궤에는 없는 것으로 보아 몸에 지니고 있는 것 같습니다. 하지만 주먹을 꽉 쥐고 온몸을 뒤틀고 있어서 자칫 잘못하면 몸을 다치게 할 것 같습니다."

우리는 셋이서 함께 집으로 들어갔습니다. 안은 싸늘하고 추운데 밤새 사람이 일어나 있었던 탓인지 사람의 훈김이 났습니다. 문 뒤쪽의 복도에 쥐색 상의를 입고 겁에 질린 듯 슬픈 표정을 짓고 있는 작은 사내가 서 있었는데 선천적으로 예의 바른 사람답게 온순한 투로 말을 걸었습니다.

"경감님, 어서 아래층으로 와주십시오. 아가씨는 실례지만 평소에 거실로 쓰고 있는 정면의 주방으로 와주십시오. 그 뒤쪽이 거스터의 침실인데 그 아이는 가엾게도 그곳에서 계속 울고 있습니다.

우리가 아래로 내려가자 스낙스비 씨―그 작은 사내가 그 사람이었습니다―가 뒤따라 왔습니다. 정면 주방의 난로 옆에 스낙스비 부인이 빨갛게 충혈된 눈에 아주 험한 얼굴을 하고 앉아 있었습니다.

"여보," 스낙스비 씨는 우리를 따라 들어오며 말했습니다. "이 기나긴 밤에 한순간이라도 적의가 생기는 일이 없도록 소개하겠소. 이쪽은 버킷 경감님과 우드코트 선생님 그리고 아가씨라오."

무리도 아니지만 부인은 몹시 놀란 표정으로, 특히 나를 유심히 바라보았습니다.

"여보," 스낙스비 씨는 방에서 가장 구석진 곳의 의자에 앉아 말했습니다. "당신은 버킷 경감님과 우드코트 선생님 그리고 아가씨가 왜 이 시각에 이 커시터 거리 쿡스 코트의 우리 집을 방문했느냐고 묻겠지만, 그건 나도 모르는 일이오. 전혀 몰라요. 누가 나한테 알려 준다고 해도 나는 이해하지 못할 테니 차라리 안 듣는 게 나아요."

두 손으로 머리를 감싸 쥔 스낙스비 씨가 무척 불쌍해 보인 데다 나도 환영받을 손님이 아닌 것 같아 사과하려고 하는데 버킷 경감이 입을 열었습니다.

"스낙스비 씨, 당신이 할 수 있는 최선은 우드코트 선생과 함께 당신의 거스터를 돌보는……"

"나의 거스터라고요, 버킷 씨!" 스낙스비 씨가 외쳤습니다. "그래서요, 그래서 어쨌다는 겁니까."

그러나 경감은 어구를 수정하지 않고 태연하게 말을 이었습니다.

"촛불을 들고 있거나 저 아이를 붙잡고 있거나 무엇이건 시키는 대로 돕는 것입니다. 거스터를 돌보는 데 당신 이상의 적임자는 없을 테죠. 아무튼 당신은 품위 있고 상냥하고 타인에 대한 배려심이 있으니까요. 우드코트 선생, 저 아이를 봐주세요. 그리고 몸에 지니고 있는 편지를 발견하면 가능한 한 빨리 나에게 건네주세요."

두 사람이 나가자 버킷 경감은 나를 구석의 난롯가에 앉히고 내 흠뻑 젖은 구두를 벗겨 난로에 말리며 말을 계속했습니다.

"스낙스비 부인이 딱딱하게 굴어도 이해하세요. 부인은 뭔가를 오해해서 그런 거니까요. 부인도 이제 곧 사실을 알게 될 거예요. 내가 이야기할 테니까."

온몸이 흠뻑 젖은 경감은 젖은 모자와 숄을 들고 난로 앞에 서서 부인에게 말했습니다.

"부인은 매력적인 분으로서 〈날 믿어요, 젊은 날의 매력을〉이라는 노래를 아시겠죠? 부인이 상류 사교계와 아무 상관이 없다고 말해도 소용없습니다. 부인은 스스로에 대해, 그리고 자신이 한 일에 대해 확신을 가질 만큼 매력이 넘치시죠."

부인은 다소 놀란 표정이 되어 떨리는 목소리로 그게 무슨 뜻이냐고 물었습니다.

"무슨 뜻이냐고요?" 경감이 부인의 말을 따라 했습니다. 나는 그가 이렇게 말하면서도 줄곧 편지가 발견되었는지 여부에 귀를 기울이고 있는 것을 알 수 있었습니다. 나 자신도 마음을 가라앉힐 수가 없습니다. 그 편지가 얼마나 중요한지 잘 알고 있었기 때문입니다. "부인, 무슨 의미인지 말하겠습니다. 가서 오셀로 연극을 보십시오. 그것은 부인이 꼭 보아야 할 연극입니다."

부인은 마음에 짚이는 게 있는 듯한 투로 왜냐고 물었습니다.

"왜냐고요? 왜냐하면 부인도 조심하지 않으면 오셀로처럼 되고 말 것이기 때문입니다. 내가 이렇게 말씀드리는 이 순간에도 부인은 이 아가씨에 대한 생각을 하고 있을 테지요. 그러면 이 아가씨가 누구인지 말씀드릴까요? 그런데 말입니다, 부인은 몸에 비해 정신이 훨씬 큰 지적인 여성입니다. 부인은 나를 아시죠. 그러니 지난번에 나를 어디서 만났고 그때 사람들 사이에서 무슨 이야기가 오갔는지를 떠올려 보세요. 네? 그렇습니다. 이 아가씨가 바로 그 아가씨입니다."

나는 무슨 소리인지 몰랐는데 부인은 안 것 같았습니다.

"그리고 그 골칫덩이—부인이 조라고 부르던 아이입니다—도 같은 사건에 휘말렸습니다. 부인도 아시는 그 대서인도 같은 사건에 휘말렸고, 당신의 남편도 당신의 증조부와 마찬가지로 아무것도 모르는 채 (좋은 고객이었던 고 털킹혼 씨 때문에) 같은 사건에 휘말렸습니다. 모든 사람들이 모두 같은 사건에 휘말렸던 거예요. 그런데도 이처럼 매력이 넘치는 부인과 같은 사람이 두 눈을 감고 그 예쁜 머리를 벽에 짓찧다니, 이 얼마나 부끄러운 일입니까! (지금쯤 우드코트 선생이 편지를 손에 넣었을 텐데.)"

부인은 고개를 흔들며 손수건을 눈에 대었습니다.

"그뿐일까요?" 흥분한 버킷 경감이 말을 이었습니다. "아니요, 더 그 사건에 휘말린 또 다른 사람, 매우 비참한 상태에 있는 한 여인이 오늘 밤 이곳에 와서 댁의 하녀와 이야기를 나눴습니다. 그 여인은 내가 현금 100파운드를 내고라도 입수하고 싶은 서류를 그 하녀에게 건넸지요. 그런데 부인이 어떻게 하셨죠? 부인은 숨어서 그들을 지켜봤습니다. 그러고는 하녀가 작은 일에도 곧잘 발작을 일으키는 것을 알면서도 하녀를 몹시 몰아세우면서 닦달했어요. 하녀의 말 한마디에 한 사람의 생명이 달려 있는데도 말이죠."

너무나 옳은 말이었기 때문에 나는 무심코 주먹을 꽉 쥐었습니다. 방이 빙빙 도는 듯했지만 곧 멈추었습니다. 우드코트 씨가 들어오더니 경감에게 서류를 한 장 건네고 다시 나갔습니다. 경감은 재빨리 서류를 흘깃 본 뒤 말했습니다.

"자, 부인, 부인이 속죄할 수 있는 유일한 길은 나와 이 아가씨가 단둘이 이야기할 수 있게 해주는 것입니다. 의사 선생을 돕거나 하녀가 정신을 차리게 할 방법을 안다면 즉시 가서 그들을 도와주십시오."

그 즉시 부인은 방을 나가고 경감은 문을 닫았습니다.

"자, 아가씨, 마음을 가라앉히세요. 좀 괜찮아지셨습니까?"

"괜찮아요."

"이것은 누구의 필적이지요?"

어머니의 필적이었습니다. 구겨지고 찢어진 종이 위에 씌어 있고 물론 지워진 곳도 있었습니다. 편지처럼 잘 접어진 그것은 잔다이스 씨 집에 있는 내 앞으로 되어 있었습니다.

"필체는 알아보실 수 있겠지요." 경감이 말했습니다. "괜찮으시다면 소리 내어 읽어 주십시오. 천천히 또박또박이요."

부분 부분이 저마다 다른 때 쓰인 편지였습니다. 편지에는 이렇게 씌어 있었습니다.

내가 이곳에 온 것은 두 가지 목적에서란다. 첫째는 가능하면 사랑스러운 그 아이를 다시 한 번 보는—보기만 하고 말을 걸거나 내가 가까이에 있음을 알리지는 않는—것이고, 다른 하나는 나를 찾는 사람들을 피해 몸을 숨기는 것이지. 나를 도와주었다는 이유로 벽돌공의 아내를 너무 나무라지는 않았으면 좋겠구나. 그녀가 나를 도와준 것은 내가 이 모든 게 사랑스러운 그 아이를 위해서라며 그녀를 설득했기 때문이니까. 너도 그녀의 아이가 죽은 것을 기억하지? 그녀의 남편은 대가를 바라고 도와주었지만 그녀는 아무런 대가가 없이 도와주었단다.

"'이곳에 온'이라고 씌어 있는 것을 보면" 경감이 말했습니다. "이것은 부인이 벽돌공의 집에서 쓴 편지군요. 내 추리가 맞았어요."

그다음 구절은 다른 때 썼습니다.

나는 오랜 시간 먼 길을 헤매왔으며, 이제 곧 죽으리라는 걸 알아. 내가 바라는 것은 오직 죽음뿐, 집을 나올 때는 더 나쁜 생각도 했지만 다행히 다른 모든 죄 위에 그 죄를 더하지는 않게 됐어. 추위와 눈과 피로만으로도 나를 죽음으로 이끌기에 충분하지만 내가 죽는 원인은 아마 그 이외의 다른 것일 거야. 나를 지탱해주던 모든 게 한순간에 무너지고 아마 두려움과 양심의 가책으로 인해 죽어갈 테지.

"기운을 내세요," 버킷 경감이 말했습니다. "이제 얼마 안 남았습니다."

마지막 부분은 또 다른 때 어둠 속에서 쓰인 것 같이 보였습니다.

나는 몸을 숨기기 위해 할 수 있는 일을 다 했다. 나는 곧 잊힐 테고 그러면 그분에게 돌아갈 불명예도 최소화할 수 있을 거야. 내 신변에는 내가 누구인지를 드러내줄 만한 것이 아무것도 없어. 이 편지와도 이제 작별이구나. 생을 마감한 장소로 가끔 생각해 둔 곳이 있어. 거기까지 갈 수 있다면 그곳에서 몸을 누일 생각이야. 잘 지내, 부디 나를 용서하렴.

버킷 경감은 나를 부축하여 의자에 앉게 해주었습니다.

"기운을 내세요! 이런 말이 무정하게 들릴지도 모르겠지만 마음이 가라앉으면 바로 구두를 신고 떠날 준비를 해주세요."

나는 시키는 대로 했는데 꽤 오랫동안 그 방에 혼자 남겨져 있었기 때문에 그동안 불쌍한 어머니를 위해 기도했습니다. 다른 사람들은 모두 하녀에게 매달려 있었습니다. 우드코트 씨가 이것저것 지시를 하거나 하녀에게 말을 거는 목소리가 들려왔습니다. 그는 경감과 함께 방으로 돌아와서 하녀에게 부드럽게 대해주는 것이 중요하므로 내가 질문하는 게 좋겠다고 말했습니다. 하녀는 이제 마음을 편안하게 해주면 대답을 할 수 있을 정도로 차분해졌다는 것입니다. 경감이 묻고자 하는 것은 하녀가 어떻게 이 편지를 손에 넣었는지, 하녀와 이 편지를 준 인물과의 사이에 어떤 대화가 오갔는지, 그리고 그 인물은 어디로 갔는지의 세 가지였습니다. 나는 이 세 가지를 염두에 두고 두 사람을 따라 옆방으로 갔습니다. 우드코트 씨는 밖에 있겠다고 했지만 내가 부탁해서 함께 들어가게 되었습니다.

불쌍한 하녀는 바닥에 앉아 있었습니다. 그녀가 답답하지 않도록 모두 조금 떨어져서 주위에 서 있었습니다. 하녀는 기운이 없고 애처로워 보였으며 아직 질병의 그림자가 남아 있었습니다. 내가 바로 곁에 무릎을 꿇고 그녀의 머리를 내 어깨에 기대게 하자 하녀는 팔을 내 목에 감고 와락 울음을 터뜨렸습니다.

"괜찮아요." 나는 상대의 이마에 내 볼을 부비며 말했습니다. 사실은 나도 눈물이 나고 몸이 떨렸기 때문입니다. "이런 때 이런 질문을 하는 것은 심하다고 생각할지 모르지만 그 편지에 너무나 많은 게 달려 있기 때문에 묻는 거예요."

하녀는 애처로운 목소리로 "악의는 없었어요, 스낵스비 부인. 정말이에요." 라고 말하기 시작했습니다.

"그건 여기 있는 모두가 잘 알고 있어요." 내가 말했습니다. "그런데 어떻게 해서 그 편지를 손에 넣게 된 거죠?"

"네, 아가씨. 사실대로 말씀드리죠. 거짓은 말하지 않겠습니다, 스낙스비 부인."

"잘 알고 있어요. 자, 어떻게 편지를 받았죠?"

"아가씨, 나는 심부름을 갔습니다. 밤이 이슥한 시각에 돌아와 보니 온몸이 젖고 흙투성이가 된 한 여인이 이 집을 올려다보고 있었습니다. 내가 현관으로 들어가려고 하자 그 사람이 나를 불러 세우고 여기 사느냐고 물었습니다. 내가 그렇다고 하자 그 사람은 이 근방에서 아는 장소가 한두 군데 밖에 없는데 길을 잃어서 찾을 수가 없다고 말했습니다. 아, 어떻게 하죠, 어떻게 하면 좋아요! 아무도 내 말을 믿지 않을 거예요! 그 사람은 아무런 나쁜 말도 하지 않았고 나도 나쁜 말을 하지 않았어요, 스낙스비 부인!"

부인이 달래주지 않으면 아무래도 이야기가 앞으로 나아갈 것 같지 않았습니다. 부인은 깊이 뉘우치며 하녀를 달래주었습니다.

"그 여인은 길을 잃었던 거군요." 내가 재촉했습니다.

"그렇습니다!" 하녀는 고개를 끄덕이며 흐느꼈습니다. "그 사람은 목적지를 찾지 못했어요. 게다가 딱할 정도로 비틀거리고 있었습니다. 정말로 보기에도 불쌍할 정도였어요! 주인님도 보셨더라면 반 크라운쯤 주었을 것입니다."

"음, 그랬겠지." 주인은 당장 뭐라고 말해야 좋을지 몰라 건성으로 대답했습니다. "그랬을 거야."

"그 사람은 대단히 친절하게 말했기 때문에" 하녀는 눈을 크게 뜨고 나를 바라보며 말을 계속했습니다. "한층 더 딱하게 여겨졌습니다. 그 사람이 묘지로 가는 길을 아느냐고 물었습니다. 내가 어느 묘지냐고 묻자 가난한 사람들의 묘지라는 대답이 돌아왔습니다. 그래서 내가 나도 가난한 사람인데, 우리 같은 사람들은 교구 성당에 딸린 묘지에 묻힌다고 말했습니다. 그러자 그 사람은 이 근처에 있는 묘지이고 아치로 된 입구와 계단과 철문이 달린 곳이라고 말했습니다."

내가 하녀를 달래 계속 말하게 하면서 경감 쪽을 보자 경감은 매우 놀란 것 같았습니다.

"아, 이런! 난 어떻게 하죠, 난 어떻게 해요!" 하녀는 두 손으로 머리를 감싸 쥐며 외쳤습니다. "그 사람은 그 수면제를 삼킨 아저씨—언젠가 주인님이 집에 돌아와 얘기해준 그 무서운 이야기의 주인공—가 묻힌 묘지를 말한 거였어요. 아, 또다시 무서워졌어요. 나 좀 잡아주세요."

"괜찮아요, 이제 괜찮아요." 내가 달래주었습니다. "부탁이니 조금 더 얘기해 줘요."

"네, 얘기할게요! 하지만 나에게 화내지 마세요, 난 몹시 아프거든요."

이 불쌍한 아이에게 어떻게 화를 낼 수 있겠습니까!

"얘기하겠어요. 그 사람이 그곳으로 가는 길을 알려달라고 해서 나는 길을 가르쳐 주었어요. 그러자 그 사람은 마치 눈이 보이지 않는 사람처럼 비틀거리 면서 나를 보았어요. 그리고 편지를 꺼내 내게 보여주면서 이것을 우편으로 보 내면 도중에 아무렇게나 다루어져 제대로 배달되지 않을 테니 수취인 지불로 해 심부름꾼에게 전해달라고 부탁을 하더군요. 내가 나쁜 일이 아니라면 그렇 게 하겠다고 말하자 그 사람은 전혀 나쁜 일이 아니라고 했어요. 그래서 나는 편지를 받았지요. 그 사람이 사례비로 줄 게 아무것도 없다고 말해서 나도 가 난하기 때문에 그 심정 이해한다며 사례비 따위는 필요 없다고 말했지요. 그러 자 그 사람은 고맙다고 말하고는 가버렸어요."

"어느 쪽으로······?"

하녀는 그 질문을 예측한 듯이 외쳤습니다. "내가 가르쳐준 쪽으로요. 그런 다음 집에 들어왔더니 스낙스비 부인이 뒤에서 덤벼들었어요. 얼마나 무서웠는 지 몰라요."

우드코트 씨가 하녀를 친절하게 내게서 떼어놓았습니다. 나는 경감의 도움 을 받아 외투를 입고 곧 밖으로 나왔습니다. 우드코트 씨가 망설이고 있기에 내가 같이 가 달라고 부탁하자 경감도 "함께 가주시면 고맙겠습니다. 선생의 도움이 필요하게 될지도 모르니까요. 자, 서두르시죠." 하고 말했습니다.

어디를 어떻게 걸었는지 잘 기억이 나지 않습니다. 그때가 한밤중도 아니고 대낮도 아니었다는 것은 기억이 납니다. 동이 텄지만 가로등은 아직 켜져 있었 고 진눈깨비는 계속 내리고 있었습니다. 몇몇 사람이 추운 듯 거리를 오갔고, 우리는 눈에 젖은 집들의 지붕과 도랑이나 물받이에서 쏟아지는 눈을 보며 얼어붙은 눈길을 걸어서 비좁은 샛길을 빠져나갔습니다. 불쌍한 하녀의 목소리가 아직 귓가에 울리는 듯하고 내 목에 감긴 그녀의 팔의 감촉이 느껴지는 듯했습니다. 지저분한 집들의 정면이 사람의 형상을 하고 나를 바라보던 것과, 내 머릿속에서인지 공중에서인지 거대한 수문이 열리고 닫히던 게 기억납니다. 비현실적인 것들이 현실적인 것들보다 더 실제적으로 여겨졌던 것도요.

드디어 우리는 어두운 터널과 같은 곳에 서 있었습니다. 철문 위에 램프가 하나 켜져 있고 어슴푸레한 새벽빛이 비쳐 들었습니다. 문은 닫혀 있었고, 그 문의 저편은 묘지였습니다. 아직 밤의 어둠이 지배하는 그 무서운 곳에는 희미하게 무덤과 묘석들이 보였습니다. 창문에서 희미한 불빛이 새어 나오고 벽에서 습기가 축축하게 스며 나오는 지저분한 집들로 둘러싸인 무덤과 묘석들이요. 철문 앞의 제단에는 이와 같이 불길한 장소의 사방팔방에서 스며 나온 기분 나쁜 물이 촉촉하게 흐르고 있었는데 그곳에 쓰러져 있는 한 여인을 보고 나는 무섭기도 하고 가엾기도 해서 앗, 하고 소리를 질렀습니다. 그녀는 제니 즉 그 죽은 아이의 어머니였습니다.

내가 달려가려고 하자 버킷 경감과 우드코트 씨가 가로막았습니다. 우드코트 씨는 매우 진지하게, 심지어 눈물까지 보이며 먼저 버킷 경감의 말을 들어보고 가라고 말했습니다. 나는 그렇게 했던 것 같습니다. 아니, 확실히 그렇게 했습니다.

"서머슨 양, 조금만 생각해보면 아시겠지만 두 사람은 벽돌공의 오두막에서 옷을 바꿔 입은 거예요."

두 사람은 벽돌공의 오두막에서 옷을 바꿔 입었다. 나는 머릿속으로 경감의 말을 되풀이했고 그 말의 문자적인 뜻은 알았지만 그 말이 지금 상황과 무슨 상관이 있는지는 이해할 수가 없었습니다.

"그러고는 한 사람은 오던 길로 되돌아갔고," 경감이 계속했습니다. "한 사람은 계속해서 앞으로 나아갔습니다. 앞으로 나아간 사람은 추적자를 따돌리려고 미리 의논한 길로 가다가 도는 길로 나아가 집으로 돌아갔습니다. 잠시 생각해 보세요!"

나는 경감의 말을 다시 한 번 머릿속에서 되풀이해 보았지만 무슨 의미인지 확연하지가 않았습니다. 눈앞의 돌계단 위에 그 죽은 아이의 어머니가 쓰러져 있었습니다. 한쪽 팔을 문의 철봉 틈새로 집어넣고 봉을 안듯이 한 채 쓰러져 있었습니다. 조금 전 내 어머니와 대화를 한 사람이 지금 이곳에 고통스러운 모습으로 진눈깨비를 맞으며 정신을 잃고 쓰러져 있는 것입니다. 어머니의 편지를 가져다준 사람, 어머니가 있는 곳의 유일한 단서를 우리에게 가르쳐줄 사람, 우리가 이제까지 찾아온 어머니를 구하러 가는 길안내를 해줄 사람, 어머니와 관련된 무언가로 인해 여기에 와서 지금 이 순간 우리의 도움의 손길이 닿지 않는 곳으로 가버릴지도 모르는 사람. 그런 사람이 쓰러져 있는데도 나를 가로막다니! 우드코트 씨의 엄숙하고 동정에 넘치는 얼굴표정을 보아도 나는 이해가 되지 않았습니다. 우드코트 씨가 경감의 가슴에 손을 대고 그를 뒤로 물러나게 하고 무언가를 향해 경의를 표하듯 이 추운 날씨에도 모자를 벗고 서 있는 것을 보아도 나는 무슨 일인지 도무지 알 수가 없었습니다.

두 사람이 서로 속삭이는 소리가 들려왔습니다.

"아가씨를 보내드릴까요?"

"그렇게 하는 게 좋겠습니다. 그분이 최초로 접하게 되는 손은 아가씨의 손이어야 하므로 우리보다 먼저 가는 것이 당연합니다."

나는 문 쪽으로 다가가 몸을 웅크렸습니다. 쓰러져 있는 사람의 머리를 들어올려 젖은 긴 머리카락을 헤치고 얼굴을 이쪽으로 돌렸습니다. 차디찬 주검으로 변해 있는 것은 내 어머니였습니다.

# 제60장 미래에 대한 희망

이번에는 다른 분들에 대한 이야기를 하고자 합니다. 나는 주변의 모든 사람들의 친절 덕분에 생각만 해도 가슴이 따뜻해지는 위안을 얻었습니다. 나 자신에 대해서는 이제까지 너무나 많은 이야기를 해왔고 앞으로도 이야기할 게 많기에 여기서는 내 슬픔에 대해 이야기하지 않겠습니다. 사실 나는 조금 아팠습니다. 그러나 오래 앓지는 않았기에 내게 보여준 많은 분들의 따뜻한 관심만 아니었다면 여기에 대해 따로 언급하지는 않았을 겁니다.

내가 앓고 있는 동안 우리는 런던에 머물고 있었습니다. 우드코트 씨의 어머니도 잔다이스 씨의 초청으로 런던에 오셔서 우리 집에 머무셨습니다. 아저씨는 내가 전처럼 함께 이야기를 해도 괜찮을 정도로 건강을 회복했다고 판단하자—나는 전부터 이제 다 나았다고 말씀드렸지만 아저씨는 들어주시지 않았습니다—내가 예전처럼 아저씨 옆자리에 앉아 바느질을 할 수 있게 해주셨습니다. 우리가 둘만의 시간을 보낼 수 있도록 아저씨가 미리 배려한 것입니다.

"트로트 아주머니, '분노의 방'에 다시 돌아온 것을 환영합니다." 아저씨는 내게 키스를 해주셨습니다. "나에게 계획이 있어. 앞으로 6개월이나 그보다 더 오래 이 집에 있으려고 해. 요컨대 한동안은 이곳에서 안정된 생활을 할 생각이야."

"황폐한 집은 어쩌고요?"

"황폐한 집은 스스로 알아서 굴러가야겠지."

그 말이 왠지 슬프게 들렸습니다. 하지만 내가 바라보자 잔다이스 씨는 유쾌한 듯이 밝은 표정이 되었습니다.

"황폐한 집은 스스로 알아서 굴러가야겠지." 아저씨는 이번에는 전혀 슬픈 것 같지 않은 투로 다시 한 번 되풀이 했습니다. "황폐한 집은 에이더네 집에서 너무 멀어. 그리고 에이더는 네가 가까운 데 있어주길 바랄 거야."

"과연 아저씨답군요. 우리 두 사람을 위해 그렇게까지 생각해주시다니요."

"칭찬해주는 건 고맙지만, 사심이 전혀 없는 결정은 아니었어. 시골에 있으면 네가 런던을 오가느라 바빠서 나와 함께 있을 시간이 별로 없을 테니까 말이야. 게다가 나는 릭과의 사이가 소원해진 만큼 에이더의 소식을 되도록 많이 그리고 자주 접하고 싶어. 에이더뿐 아니라 그 불쌍한 릭의 소식도."

"오늘 아침 우드코트 씨를 만나셨죠?"

"우드코트 씨라면 매일 아침 만나지."

"리처드의 상태는 여전하답니까?"

"여전하대. 몸에 무슨 병이 생긴 것 같지는 않다고 하는데 그래도 낙관할 수는 없어."

에이더는 요즘 매일 같이, 때로는 하루에 두 번이나 우리 집에 와주었습니다. 하지만 내가 건강해지면 그렇게 자주는 오지 않으리라고 우리는 전부터 알고 있었습니다. 에이더는 전과 다름없이 존 아저씨에 대해 깊은 애정과 감사의 마음을 갖고 있었고, 설마 리처드가 못 가게 하지는 않겠지만, 에이더로서는 가능한 한 우리 집에서 발길을 멀리하는 것이 남편에 대한 자기의 의무라고 생각했습니다. 잔다이스 씨는 다른 사람을 세심하게 배려하는 분이기 때문에 바로 그 점을 깨닫고 에이더에게 그렇게 생각하는 것도 당연하다고 말해 주었습니다.

"오해로 똘똘 뭉친 불쌍한 리처드." 내가 말했습니다. "도대체 언제나 되어야 미망에서 벗어날까요?"

"지금으로서는 가망이 없겠지." 잔다이스 씨가 대답했습니다. "그는 자기가 고통스럽게 되면 될수록 내가 그를 괴롭히는 원흉이라고 생각해서 나를 더 싫어할 거야."

"말도 안 돼요!" 나는 무심코 말했습니다.

"어쩔 수 없어. 이 잔다이스 대 잔다이스 소송사건에 이치에 맞는 게 있을까! 위에서부터 아래까지, 시작에서 끝까지—끝이 있다면 말이지만—온통 부조리하고 부당한 것뿐이야. 그러니 언제나 그 사건의 주변을 맴돌고 있는 딱한 릭이 어떻게 이성적으로 생각할 수 있겠어? 예부터 가시나무에 포도가 열리거나 엉겅퀴에 무화과가 열리는 법은 없으니까."

리처드의 얘기가 나올 때마다 나는 그에 대한 잔다이스 씨의 배려에 감동해서 곧 입을 다물게 됩니다.

"대법관이나 대법관부의 모든 훌륭하신 분들은 소송 당사자들의 부조리하고 부당한 면에 놀라지 않을 수 없을 거야." 아저씨가 말을 이었습니다. "그 학식 높은 법관들이 가발에 뿌리는 가루에서 장미꽃이라도 피게 한다면 그때는 나도 깜짝 놀라겠지!"

아저씨는 갑자기 말을 끊고 풍향을 탐지하듯이 힐끗 창 쪽을 바라본 뒤 그대로 내 의자에 등을 기대고 말했습니다.

"이 골치 아픈 암초는 시간이 지나거나 상황이 좋아질 때까지 내버려둬야 할 거야. 그리고 에이더도 릭도 친구를 잃으면 잘해나갈 수 없을 거야. 그래서 나는 우드코트 씨에게도 말했지만 네게도 당분간은 릭에게 이런 이야기를 하지 말아달라고 부탁하고 싶어. 그냥 내버려두는 거야. 다음 주가 될지 다음 달이 될지 아니면 내년이 될지 모르지만 아무튼 조만간에 릭은 나를 이해하게 될 거야. 나는 기다릴 수 있어."

하지만 나는 릭에게 이미 그 얘기를 했으며, 우드코트 씨 또한 그런 것 같다고 털어놓았습니다.

"그래, 우드코트 씨도 그렇게 말했지, 좋아. 우드코트 씨는 우드코트 씨대로 너는 너대로 충고를 했으니 이제 이 얘기는 더 이상 안 해도 되겠지. 그건 그렇고 우드코트 부인에 대해 어떻게 생각해?"

이 묘하게 느닷없는 질문에 대해 나는 "그분은 대단히 좋은 분이에요. 전보다도 더 유쾌한 대화 상대가 되었어요."라고 대답했습니다.

"나도 동감이야. 예전처럼 가문에 대한 이야기를 많이 하지는 않으니까, 그모건 어쩌고 하는 사람 이야기는 덜 하고 말이야."

"제가 말하려던 게 바로 그거였어요." 내가 대답했습니다. "비록 그런 친척에 대한 얘기를 많이 들어도 해될 것은 없지만요."

"그래도 그런 친척은 고향인 산속에 있어 주어야 고맙지. 나도 너랑 같은 생각이야. 자, 그러면 우드코트 부인을 한동안 이 집에 묵게 해도 괜찮겠지?"

"네, 물론이에요, 다만⋯⋯."

잔다이스 씨는 그다음에 이어질 말을 기다리며 내 얼굴을 보았습니다.

나는 아무 말도 할 수 없었습니다. 어쨌든 확실하게 말할 수는 없었습니다.

우리 집에 묵는 사람이 다른 사람이었으면 좋겠다는 마음이 어렴풋이 들었지만, 나 스스로도 그 이유를 알 수 없었습니다. 설령 알았다고 해도 다른 사람에게는 말할 수 없었습니다.

"이 일대는" 아저씨가 말했습니다. "우드코트 씨가 다니기에 편리한 곳이어서 어머니가 보고 싶으면 아무 때나 들를 수 있으니까 두 사람 다 좋아할 거야. 게다가 우드코트 부인은 우리와 친숙하고 또 너를 마음에 들어 하시니까."

그건 부인할 수 없는 사실이었습니다. 나는 아저씨 의견에 반대할 이유도 없고 더 좋은 생각이 떠오르지도 않았습니다. 하지만 왠지 마음이 개운치 않았습니다. 에스더, 에스더, 왜 그러는 거야? 정신 차려, 에스더."

"정말 좋은 생각이에요. 그보다 더 좋을 순 없을 거예요."

"정말 그렇게 생각해?"

"네." 나는 의무감에서 이렇게 말하는 게 아닌가 싶어 잠시 생각해 보았지만 곧 내가 진심이라는 것을 알 수 있었습니다.

"좋아. 그러면 그렇게 하자. 만장일치로 결정된 거야."

"만장일치로 결정되었어요." 나는 아저씨의 말을 되풀이하며 일을 계속했습니다.

일이란 잔다이스 씨의 독서 테이블 커버에 수를 놓는 것이었습니다. 그것은 내가 그 슬픈 여행을 한 전날 밤에 시작한 뒤로 아직 손을 대지 않고 있었던 것입니다. 그것을 잔다이스 씨에게 보여주자 대단히 예쁘다고 칭찬해주셨습니다. 나는 자수의 패턴과 나중에 수를 다 놓으면 나타날 효과에 대해 설명한 뒤 앞서의 이야기로 돌아갔습니다.

"언젠가 에이더가 결혼해서 우리 집을 떠나기 전에 우드코트 씨에 대한 이야기를 한 적이 있잖아요. 아저씨는 그때 우드코트 씨가 외국에서 오래 있다 올 것 같다고 말씀하셨는데, 그 뒤로 우드코트 씨에게 충고한 적이 있으세요?"

"응, 몇 번인가 했던 것 같아."

"외국행을 결심하셨나요?"

"아니, 그만 둔 모양이야."

"그럼, 무언가 다른 일을 찾았군요?"

"음……아마……그런 것 같아." 아저씨는 몹시 느긋한 투로 대답했습니다.

"앞으로 반년쯤 뒤에 요크셔주의 어떤 곳에서 가난한 사람들을 돌볼 의사를 임명할 거야. 그곳은 시내와 골목, 도시와 전원, 공장과 황야가 잘 어우러진 꽤 번창하는 곳으로 그런 사람들에게 잘 어울리는 곳이지. 목표와 포부가 보통 이상으로 높으면서도(대부분의 사람들이 모두 그렇지만) 그 궁극적 목적이 다른 사람들을 위한 봉사에 있다면 보통의 평범한 일에서도 보람을 찾는 그런 사람들 말이야. 봉사 정신을 지닌 사람은 모두 높은 뜻을 지니고 있을 거야. 하지만 이따금씩 기분 내킬 때만 봉사하는 사람보다는 꾸준히 봉사를 실천하는 사람이야말로 내가 좋아하는 타입, 즉 우드코트 씨 같은 타입이지."

"그래서 우드코트 씨가 임명될까요?"

"글쎄," 아저씨는 웃으면서 말했습니다. "나도 예언자는 아니니까 확실한 말은 할 수 없지만 별 문제는 없다고 생각해. 그에 대한 평판은 대단히 좋아. 전에 배가 난파했을 때 그 배에 타고 있던 사람들 중에 그 지방 사람들이 많았어. 결국 최고의 인물에게 최선의 기회가 주어지는 거겠지. 하지만 그렇다고 해서 그 자리가 썩 좋은 자리라고 생각해서는 안 돼. 일은 많고 급료는 적은 자리니까. 하지만 차차 좋아지겠지."

"만일 우드코트 씨로 정해지면 그곳의 가난한 사람들이 좋아하겠군요."

"그럴 거야, 틀림없이."

이야기는 거기서 끝났고 잔다이스 씨는 황폐한 집의 미래에 대해서 한 마디도 하지 않았습니다. 아마 내가 그날 처음으로 상복을 입고 그의 곁에 앉아 있었기 때문일 겁니다.

나는 매일 에이더가 살고 있는 음침한 방을 방문하기 시작했습니다. 대개는 오전 중에 다녀왔지만 그 밖에도 한 시간쯤 여유가 생길 때면 언제나 모자를 쓰고 챈서리 레인 쪽으로 달려갔습니다. 내가 가면 두 사람은 늘 기뻐하며 환한 얼굴로 맞아주었기에 나는 문을 열고 들어가면서(내 집처럼 생각해서 노크를 한 적이 없습니다) 방해가 될까 봐 걱정할 필요가 없었습니다.

내가 가면 대체로 리처드는 없었습니다. 집에 있을 때는 늘 서류가 가득 쌓인 책상 앞에서 무언가를 쓰거나 소송관계의 서류를 읽거나 하고 있었습니다. 그는 볼스 변호사 사무실 앞을 서성일 때도 있었고 손톱을 깨물며 동네를 산책할 때도 있었습니다. 또 내가 그를 처음 만난 링컨 법조원 안을 배회할 때도 많았습니다. 아, 그때에 비하면 그는 지금 얼마나 많이 변했는지요!

에이더의 지참금이 밤에 볼스 변호사의 사무실에서 불타고 있는 촛불처럼 녹아 없어진 것은 나도 잘 알고 있었습니다. 그것은 본래 대단한 금액은 아니었고 리처드는 결혼할 때 이미 부채를 안고 있었기 때문에 그때쯤 나는 볼스 변호사가 전력을 다해 차를 민다는 것이 어떤 의미인지 알 수 있었습니다. 에이더는 열심히 꾸려나가고 절약을 하려고 했지만 나날이 가난해지고 있는 것은 내가 보아도 알 수 있었습니다.

에이더는 그 허술한 집에서 아름다운 별처럼 빛을 발하고 있었습니다. 그녀가 집 안을 아름답게 꾸민 덕에 그곳은 완전히 다른 곳이 되었습니다. 에이더는 우리와 함께 살 때보다 낯빛이 창백했고 또 명랑하고 희망에 차 있던 예전에 비해 말수가 줄었습니다. 하지만 얼굴에 그늘이 없어서 나는 그녀가 리처드에 대한 사랑에 눈이 멀어 엉망이 되어버린 그의 삶을 보지 못하는 게 아닌가 하는 생각을 했습니다.

이 같은 생각을 하고 있던 어느 날, 나는 두 사람에게 식사초대를 받아서 가다가 시몬즈 법학예비원으로 가는 모퉁이를 돈 곳에서 플라이트 양을 만났습니다. 이 할머니는 지금 잔다이스 씨의 후원을 받고 있는 분들(그녀는 릭과 에이더를 아직 그렇게 부르고 있습니다)의 집을 다녀오는 길이라고 했고 꽤 기분이 좋아 보였습니다. 에이더에게 듣기로 그녀는 월요일마다 5시가 되면 모자에 여느때는 달지 않는 흰 리본을 달고 서류가 가득 든 커다란 가방을 옆에 끼고 찾아온다고 했습니다.

"어머, 오래간만이군요! 안녕하세요. 뵙게 돼서 반갑습니다. 잔다이스 씨의 후원을 받고 있는 분들을 방문하려는 거죠? 아름다운 부인은 집에 계세요. 당신을 보면 무척 기뻐할 거예요."

"그럼 리처드는 아직 돌아오지 않았군요?" 내가 말했습니다. "아, 다행이에요. 조금 늦은 게 아닐까 하고 걱정했는데."

"그 사람은 집에 없어요." 플라이트 양이 대답했습니다. "그 사람은 온종일 법원에 있었습니다. 내가 돌아갈 때도 볼스와 함께 거기 남아 있었어요. 당신은 볼스를 싫어하시죠? 그를 좋아하지 마세요. 그 사람은 위험한 인물이니까."

"요즘은 리처드를 전보다 자주 만나시겠네요?"

"네, 매일 본답니다. 언젠가 내가 말씀드렸죠? 대법관님의 테이블에는 무언가 사람을 빨아들이는 매력이 있다고. 리처드는 나 다음으로 재판정에 자주 나가는 사람이죠. 그 사람은 우리 동료들을 즐겁게 해준답니다. 우리 동료들은 아주 사이가 좋죠."

이 정신이 돈 할머니의 가련한 헛소리는 새삼 놀랄 것도 없지만 듣고 있기 힘들었습니다.

"간단히 말하자면" 그녀는 다가와서 내 귓가에 입술을 대고 속삭였습니다. "비밀을 하나 가르쳐 드리죠. 나는 그 사람을 나의 유언집행인으로 지명하고 선정하고 임명했습니다. 유언장에도 그렇게 써두었죠."

"정말입니까?"

"네, 정말이에요." 플라이트 양은 대단히 정중한 어조로 되풀이했습니다. "나의 유언집행인 겸 관리인 겸 양수인으로 말입니다(이것은 법률 용어입니다). 나에게 만일의 일이 있어도 그 사람이라면 판결이 나는 것을 볼 수 있을 것이라고 생각했기 때문입니다. 그는 꾸준히 법정에 나오니까요."

리처드를 생각하니 한숨이 절로 나왔습니다.

"전에는" 플라이트 양도 한숨을 쉬며 말했습니다. "그 불쌍한 그리들리를 유언집행인으로 지명하고 선정하고 임명하려고 생각했었죠. 그 사람도 꾸준히 법정엘 나왔으니까요. 정말 모범적인 사람이었죠. 하지만 가엾게도 세상을 뜨고 말아서 그 후임자를 임명한 것이랍니다. 다른 사람들에게는 말하지 말아요. 비밀이니까."

그녀는 가방을 조금 열고 그 안에 든 접혀진 종이 한 장을 보이며 이것이 지금 이야기한 임명서라고 가르쳐 주었습니다.

"비밀이 하나 더 있어요. 새를 몇 마리 더 구했답니다."

"정말요?" 내가 말했습니다. 모처럼의 비밀에 흥미를 보이면 기뻐할 것 같았기 때문입니다.

그녀는 고개를 몇 번 끄덕이더니 어두운 얼굴로 말했습니다. "두 마리가 더 늘었지요. 이름은 잔다이스 씨의 후원을 받고 있는 사람들이랍니다. 다른 새들과 함께 새장에 넣었지요. 희망, 기쁨, 청춘, 평화, 안식, 생명, 티끌, 재, 먼지, 결핍, 파멸, 절망, 광기, 죽음, 교활, 어리석음, 언어, 가발, 쓰레기, 양피지, 강탈, 선례, 은어, 헛소리, 시금치 등과 함께."

불쌍한 할머니는 이제껏 본 적이 없는 고통스러운 얼굴로 나에게 키스를 한 뒤 멀어져 갔습니다. 마치 자기 입에서 나오는 말을 듣기가 무섭다는 듯 새들의 이름을 빠르게 늘어놓는 소리에 나는 소름이 오싹 끼쳤습니다.

이 만남 덕분에 기운이 빠진 나는 리처드가 식사를 함께 하자고 볼스 변호사를 데리고 온 것을 보고 불편한 마음이 들었습니다. 간소한 식사였지만 에이더와 리처드는 식사와 음료 준비 때문에 수 분간 자리를 비웠습니다. 그동안 볼스 변호사는 낮은 목소리로 내게 말을 걸었습니다. 그는 내가 앉아 있는 창가로 와서 시몬스 법학예비원에 대한 이야기로 대화를 시작했습니다.

"서머슨 양, 공직 생활을 하지 않는 사람에게 이곳은 따분한 곳이랍니다."라고 말하면서 내가 창밖을 잘 볼 수 있도록 검은 장갑을 낀 손으로 지저분한 유리창을 닦았습니다.

"이곳엔 볼 게 별로 많지 않군요." 내가 말했습니다.

"들을 것도 별로 없습니다. 때때로 떠돌이 악사가 흘러들어올 때가 있지만 우리들 법률가에게 음악은 불필요하기 때문에 바로 쫓아버린답니다. 잔다이스 씨는 안녕하시죠?"

나는 안부를 물어주셔서 고맙다고, 잘 계신다고 대답했습니다.

"나는 그분의 친구가 되는 영광을 얻지 못했습니다." 볼스 변호사가 말했습니다. "상류 사교계에서는 우리 변호사들을 안 좋게 볼 때가 더러 있지요. 그러나 좋게 생각하든 나쁘게 생각하든 우리는 모든 편견에 맞서(우리는 편견의 희생자들이랍니다) 만사를 공정하게 처리해야 합니다. 그런데 오늘 카스톤 씨가 어때 보이나요, 서머슨 양?"

"안색이 매우 안 좋군요. 걱정이 많은 것 같습니다."

"그렇습니다."

볼스 변호사는 내 뒤에 서 있었습니다. 검은 옷을 입은 홀쭉한 몸이 방의 낮은 천장에 닿을 듯 큰 키에 얼굴의 부스럼을 마치 장식품처럼 만지작거리던 그는 인간다운 감정이라든가 열정 따위는 없다는 듯이 단조로운 투로 말했습니다.

"우드코트 선생이 카스톤 씨를 돌봐주고 계시죠?"

"우드코트 씨는 리처드의 사심 없는 친구예요." 내가 말했습니다.

"내 말은 직업적으로, 다시 말해 의사로서 돌봐주고 있느냐는 겁니다."

"하지만 그것만으로는 저 불쌍한 환자는 좋아지지 않을 거예요."

"그렇군요."

볼스 씨가 핏기 없는 핼쑥한 얼굴로 느릿느릿 집요하게 이야기하는 것을 보고 있으면 그가 마치 흡혈귀처럼 느껴지면서 리처드가 흡혈귀 같은 조언자 밑에서 차츰차츰 쇠약해지는 것은 아닐까 하는 생각이 들었습니다.

"서머슨 양" 변호사는 자신의 차디찬 촉각으로는 검은 가죽장갑을 끼고 있건 벗고 있건 마찬가지라는 식으로 장갑을 낀 채 아주 천천히 손을 비비면서 말했습니다. "카스톤 씨가 결혼을 한 것은 경솔한 일이었습니다."

나는 그 얘기는 하고 싶지 않다고 말했습니다. 그리고 두 사람은 지금부터 한참 어릴 때, 미래가 훨씬 더 밝고 희망적으로 보이던 때 약혼했다고 말해 주었습니다. 그때는 리처드가 그의 삶을 어둡게 하는 불행한 사건에 영향받지 않을 때였지요.

"맞습니다." 볼스 변호사가 말했습니다. "하지만 매사에 공정을 기한다는 견지에서 실례를 무릅쓰고 말하자면 카스톤 씨의 결혼은 경솔했다고 생각합니다. 내가 이렇게 말하는 것은 카스톤 씨의 친척들—그들의 편견에 맞서 나 스스로를 지켜야 하는—을 위해서이기도 하지만 나 자신의 평판—변호사로서의 명성을 유지하고 집에 있는 세 딸들을 결혼시키고 연세 드신 아버지를 부양하는 데 필수적인—을 위해서이기도 합니다."

"리처드가 당신이 관여하고 있는 불행한 소송사건에서 등을 돌리기만 하면 그는 지금과는 완전히 다른, 훨씬 더 행복한 결혼생활을 할 수 있었을 거예요."

볼스 변호사는 검은 장갑을 낀 손으로 터져나오는 기침을 막으며 전적으로 반대하지는 않는다는 듯이 고개를 갸웃하고 말했습니다.

"서머슨 양, 어쩌면 그랬을지도 모르지요. 경솔한 결혼—이런 표현을 쓴다고 해서 또다시 이를 나무라지는 않으시겠지요? 나는 카스톤 씨의 친척들에 대한 의무감에서 이런 표현을 쓰는 것뿐이니까요.—을 통해 카스톤 씨의 아내가 된 젊은 아가씨가 매우 기품 있는 분이라는 건 나도 인정합니다. 나는 변호사와 의뢰인으로 만나는 것 이외에 사교계 여인들을 접할 기회가 많지는 않지만 그래도 그녀가 대단히 기품 있는 아가씨라는 것을 알 정도는 됩니다. 또한 무엇이 아름답고 아름답지 않은지에 대해 판단할 능력도 없고 어려서부터 지금까지 미에 대해 별 관심도 없었지만 그 아가씨가 아름다움의 관점에서도 전혀 부족하지 않다고 감히 말씀드릴 수 있습니다. 그녀는 법학예비원의 사무원들 사이에서도 아름답다고 소문이 났지요. 카스톤 씨가 그의 이해관계를 추구하는 문제에 대해서는⋯⋯."

"어머나, 이해관계라니요!"

볼스 변호사는 전과 똑같이 단조로운 어조로 나직하게 말했습니다. "카스톤 씨는 현재 법정에서 다루어지고 있는 어느 유언장에 대해 이해관계를 가지고 계십니다. 카스톤 씨가 그의 이해관계를 추구하는 문제에 대해 말씀드리자면, 서머슨 양, 나는 아가씨를 처음 뵈었을 때 만사를 공정하게 처리하고 싶은 마음에서—나는 '만사를 공정하게'라는 표현을 썼고, 나중에 이 말을 일기에 기록해두었으므로 언제라도 보여드릴 수 있습니다—카스톤 씨가 자신의 이해관계를 지키기로 원칙을 세웠으며, 의뢰인이 세운 원칙이 비도덕적인(다시 말해 불법적인) 것이 아닌 한 나는 그 원칙을 따라야 한다고 말씀드렸습니다. 나는 그 원칙을 지켰고 지금도 지키는 중입니다. 그러나 카스톤 씨의 친척들에게 무언가를 감추거나 하는 일은 절대 없을 겁니다. 잔다이스 씨에게 솔직하게 말씀드렸던 것처럼 아가씨에게도 솔직하게 말씀드리겠습니다. 누구에게 대가를 받는 것은 아니지만 나는 그렇게 하는 것이 법을 다루는 사람으로서의 의무라고 생각합니다. 그래서 비록 듣기 좋은 소리는 아니지만 카스톤 씨의 사건은 그리 잘 풀리지 않고 있으며, 카스톤 씨 자신도 매우 힘든 상황에 처해 있고, 그의 결혼 생활은 경솔한 판단에서 비롯되었다고 솔직하게 말씀드리는 바입니다. 나 여기 있느냐고요, 카스톤 씨? 네, 여기 있습니다. 여기서 서머슨 양과 유쾌한 이야기를 나누던 중입니다."

변호사는 그를 찾으며 방에 들어오는 리처드의 말에 대답하는 것으로 말을 맺었습니다. 그때쯤 나는 볼스 변호사가 자신의 체면 유지를 위해 얼마나 꼼꼼하게 신경 쓰는지를 알았기에 우리가 예상하고 있던 최악의 상황이 그의 의뢰인의 신상에 차츰 영향을 미치고 있음을 짐작하게 되었습니다.

모두가 식탁에 앉자 나는 근심에 휩싸여 리처드를 지켜보았습니다. 볼스 변호사는 (식사 때는 장갑을 벗고 있었습니다) 내 맞은편에 앉았는데, 나에게 말을 거는 일 없이 줄곧 리처드의 얼굴만 바라보고 있었습니다. 리처드는 초췌하고 기운이 없어 보였으며 옷차림이 단정하지 못하고 방심한 듯한 모습이었는데, 이따금씩 기운을 내려고 애쓰다가도 이내 멍하니 생각에 잠겼습니다. 옛날에는 기쁨으로 반짝이던 그의 커다란 눈이 지금은 절망적이고 초조한 빛을 띠었습니다. 나이가 들지도 않았는데 젊음을 잃고서 리처드의 청춘도, 청춘의 아름다움도 모두 사라지고 만 것입니다.

그는 음식에도 별로 손을 대지 않았고, 음식에 도통 관심이 없어 보였습니다. 전보다 참을성이 없어져서 에이더에게까지 화를 터뜨렸습니다. 처음에는 예전의 쾌활한 기질이 완전히 사라진 줄 알았지만 간간이 그 기질이 다시 나타날 때가 있었습니다. 마치 거울을 보고 있을 때 이따금씩 내 예전 얼굴이 얼핏 모습을 드러내는 것처럼요. 때로는 웃을 때도 있었는데 그 웃음소리는 유쾌한 것과는 거리가 먼 공허한 울림이고 언제나 슬픈 듯했습니다.

리처드는 예전처럼 내게 다정하게 대해주었고, 우리는 즐겁게 옛 일을 이야기했습니다. 볼스 변호사는 우리가 하는 이야기에 흥미를 못 느끼는 듯했습니다. 비록 이따금씩 숨을 들이마시는 게 미소 짓는 것처럼 보이긴 했지만요. 식사가 끝나자 그는 곧바로 일어나서 사무실로 돌아가봐야겠다고 양해를 구했습니다.

"언제나 일에 열심이군요. 볼스 씨!" 리처드가 외쳤습니다.

변호사가 대답했습니다. "의뢰인의 이해관계에 대해서는 한순간도 소홀히 해서는 안 되니까요. 나처럼 직업의식이 투철하고 법조계 안팎에서 좋은 평판을 얻고 싶어 하는 사람들은 의뢰인의 이해관계를 최우선시해야 합니다. 내가 이곳에서의 유쾌한 대화를 포기하는 것도 당신의 이해관계와 전혀 관련이 없지는 않지요."

리처드는 정말 그렇다고 말하며 등불을 들고 볼스 변호사를 배웅하러 나갔다가 돌아왔습니다. 그는 볼스 씨가 좋은 사람이고 믿을 만한 사람이며 하고자 하는 일은 반드시 해내고야 마는 정말 좋은 사람이라고 몇 번을 되풀이해 말했습니다. 어찌나 힘주어 말하던지 나는 그가 볼스 씨를 의심하기 시작한 건 아닐까 하는 생각이 들었습니다.

그런 다음 그는 지친 나머지 소파에 몸을 던졌습니다. 에이더와 나는 뒷정리를 했습니다. 하인이라고는 방 청소를 해주는 여자밖에 없었기 때문입니다. 방에는 소형 피아노가 있었는데, 에이더는 조용히 그 앞에 앉아 리처드가 좋아하는 노래를 불렀습니다. 노래를 부르기에 앞서 먼저 램프를 옆방으로 옮겼는데, 그것은 램프 불빛에 눈이 부시다고 리처드가 투덜거렸기 때문입니다.

에이더 옆에 앉아 그 고운 노랫소리를 듣고 있자니 감상적인 기분이 되었습니다. 리처드도 그랬으리라 생각합니다. 그렇기 때문에 방을 어둡게 하고 싶었던 거겠지요. 에이더는 이따금씩 일어나 남편 위로 몸을 굽히고 말을 걸거나 하면서 한동안 노래를 부르고 있었는데, 그때 우드코트 씨가 왔습니다. 그는 리처드 옆에 앉아 반은 농담처럼, 반은 진지하게 대단히 자연스럽고 소탈한 태도로 오늘은 기분이 어떤지, 또 하루 종일 어디에 있었는지 물었습니다. 우드코트 씨가 달빛이 좋으니 다리 쪽으로 산책을 나가자고 해서 리처드는 우드코트 씨와 함께 나갔습니다.

에이더와 나는 여전히 피아노 앞에 앉아 있었습니다. 둘만 있게 되자 나는 팔로 에이더의 허리를 껴안았습니다. 에이더도 오른손은 건반 위에 올려놓은 채 왼손을 내 허리에 둘렀습니다.

"에스더," 침묵을 깬 사람은 에이더였습니다. "리처드는 앨런 우드코트와 함께 있을 때 가장 편안해 보여. 나도 우드코트 씨가 리처드 옆에 있을 때 가장 마음이 놓이고 말이야. 다 네 덕이야, 고마워."

나는 그렇지 않다고, 우드코트 씨는 존 아저씨의 집에서 우리를 알게 되었으며, 그는 늘 리처드를 좋아했고 리처드 또한 늘 그를 좋아했다고 말했습니다.

"그건 그래," 에이더가 말했습니다. "하지만 우드코트 씨가 우리에게 그토록 헌신적인 친구가 되어준 것은 네 덕분이야." 에이더를 잠시 그대로 내버려두는 게 좋을 것 같아서 농담처럼 그렇다고 말했습니다. 에이더가 떨고 있는 게 느껴졌기 때문입니다.

"에스더, 나는 좋은 아내가 되고 싶어. 정말 정말 좋은 아내가 되고 싶어. 그 방법을 좀 가르쳐주렴."

내가 가르친다고! 나는 그 이상 아무 말도 하지 않았습니다. 건반 위에 놓인 에이더의 손이 떨리고 있는 것을 깨달았기 때문입니다. 또 내가 입을 열어서는 안 되며, 할 말이 있는 사람은 에이더라는 것을 깨달았기 때문입니다.

"리처드와 결혼할 때 나는 그의 앞날을 모르지 않았어. 나는 너와 함께 오랫동안 행복하게 살면서 많은 사랑과 보살핌을 받았기에 아무런 근심 걱정이 없었어. 하지만 리처드가 위험에 처해 있다는 것은 알고 있었어, 에스더."

"알아, 알고말고, 내 소중한 에이더."

"리처드와 결혼할 때 나는 그에게 그의 잘못을 깨닫게 할 수 있지 않을까, 그가 내 남편으로서 소송 사건에 대해 새로운 시각으로 보게 되지 않을까, 지금처럼 나 때문에 더욱더 절실하게 그 일에 매달리게 되는 일은 없지 않을까 하는 희망을 품고 있었어. 하지만 그런 희망이 없었다고 해도 나는 리처드와 결혼했을 거야, 에스더. 정말이야."

그 순간 끊임없이 떨고 있던 에이더의 손에 힘이 들어갔는데, 그것을 통해서도 그녀가 매우 진지하다는 것을 알 수 있었습니다.

"에스더, 네가 아는 것을 내가 알지 못한다고 생각해서는 안 돼. 네가 무엇을 걱정하는지도 알아. 이 세상 최고의 현자도 너만큼 리처드를 잘 알지는 못할 거야."

에이더는 매우 겸손하고 상냥하게 말했습니다. 조용히 건반을 어루만지는 그녀의 떨리는 손은 내면의 격정을 말해주고 있었습니다.

"나는 매일처럼 그가 힘들어하는 모습을 봐. 자는 모습도 보고. 얼굴 표정이 변하면 금세 알아차리지. 리처드와 결혼할 때 나는 굳게 결심했어, 에스더. 그가 하는 일로 인해 슬퍼함으로써 그를 더욱 불행하게 만들지는 않겠다고 말이야. 그가 집에 돌아오면 늘 밝은 얼굴로 맞아주고 싶어. 그가 내 얼굴에서 예전에 좋아했던 것들만 볼 수 있게 해주고 싶어. 나는 그럴 생각으로 결혼했어. 그것이 내게 힘이 되어줘."

나는 에이더가 더욱 떨고 있는 것을 느꼈습니다. 나는 에이더의 말이 이어지기를 기다렸는데 이제 그것이 무엇인지 알 것 같은 생각이 들었습니다.

"그리고 내게 힘이 되어주는 게 또 하나 있어, 에스더."

에이더는 잠시 말을 멈췄습니다. 하지만 손은 여전히 움직이고 있었습니다.

"나는 가까운 장래에 기대를 걸고 있어. 몇 달 뒤에 리처드가 내게로 눈길을 돌리면 내 팔엔 아기가 안겨 있을 테고, 그 아기는 나보다 더 강한 호소력을 발휘하여 리처드를 제자리로 돌려놓을 거야."

에이더의 손이 움직임을 멈추었습니다. 그녀는 두 팔로 나를 꼭 껴안았고 나도 그녀를 두 팔로 꼭 껴안았습니다.

"그 어린 아기를 보고도 리처드가 미몽에서 깨어나지 못한다면 보다 더 미래에 기대를 걸겠어. 세월이 흘러 내가 늙거나 어쩌면 죽고 난 뒤에 그 사람의 딸인 아름다운 여인이 결혼해서 행복하게 살면서 아버지를 기쁘게 해주거나 자랑스럽게 여기는 모습을 한번 생각해 봐, 혹은 젊은 시절의 리처드처럼 잘생기고 희망이 넘치면서 그보다 훨씬 더 행복한, 관대하고 용감한 청년이 그와 함께 햇빛 속을 걸으며 백발이 성성한 그의 머리를 존경의 눈길로 올려다보고 '이 사람이 내 아버지라서 감사합니다, 하느님. 그는 유산 상속의 문제로 몸과 마음이 피폐해졌지만 나를 위해 재기했습니다.' 하고 중얼거리는 모습을 상상해봐."

에이더의 격렬하게 두근거리는 심장 고동이 나에게까지 전해졌습니다.

"이런 희망이 내게 용기를 줘, 에스더. 때때로 리처드를 보고 있으면 몹시 불안해져서 희망이 사라질 때도 있지만 말이야."

나는 에이더를 위로하고 격려하면서 무엇이 불안한지 물었습니다. 그러자 에이더가 오열하면서 대답했습니다.

"리처드가 아기 얼굴을 볼 때까지 살지 못할까 봐 불안해."

# 제61장 뜻하지 않은 발견

에이더 덕분에 밝게 빛나던 그 허술한 누옥(陋屋)을 내가 자주 찾았을 때의 일은 언제까지나 잊을 수가 없습니다. 지금은 그 집을 볼 수도 없고 보고 싶지도 않습니다. 그 이후로 그곳에 간 적은 한 번밖에 없지만 내 추억 속에서 그 집은 늘 슬프지만 장엄한 빛에 싸여 있습니다.

물론 나는 하루도 그 집을 찾지 않는 날이 없었습니다. 처음에는 그곳에서 두세 번쯤 스킴폴 씨를 만났는데, 그는 한가롭게 피아노를 치거나 여느 때처럼 쾌활한 표정으로 이야기를 했습니다. 스킴폴 씨가 그곳에 있으면 리처드의 살림이 더욱 쪼들릴 게 뻔한 데다 내게는 한가하게 떠들어대고 있는 그가 에이더의 삶과는 아무래도 어울리지 않는 것처럼 생각되었습니다. 그리고 에이더 역시 나와 같은 생각이라는 것을 확실히 알았습니다. 그래서 나는 많이 생각한 뒤 스킴폴 씨를 따로 만나서 넌지시 내 의견을 전하기로 결심했습니다. 내가 이 같은 당치도 않은 일을 생각한 까닭은 에이더의 일을 생각했기 때문이었습니다.

어느 날 아침, 나는 찰리와 함께 서머즈 타운에 갔습니다. 스킴폴 씨의 집이 가까워짐에 따라 나는 돌아오고 싶은 생각이 강하게 들었습니다. 스킴폴 씨로 하여금 어떤 생각을 받아들이게 하는 게 너무나 어려운 일처럼 생각되었고 아무래도 내가 항복을 하고 말 것 같았기 때문입니다. 하지만 여기까지 온 바에는 끝까지 해보자고 생각했습니다. 나는 떨리는 손으로 문을 두드린 뒤—노커가 달려 있지 않아서 문자 그대로 손으로 두드렸습니다—아일랜드인 하녀와 실랑이를 벌인 끝에 가까스로 안으로 들어갈 수 있었습니다. 하녀는 내가 문을 두드릴 때 안뜰에서 빗물통의 덮개를 쪼개 불쏘시개를 만들고 있던 중이었습니다.

자기 방 소파에 누워 플루트를 불고 있었던 스킴폴 씨는 상냥하게 나를 맞아주었습니다. "자, 누구에게 아가씨를 접대하게 할까요?"라고 그는 말했습니다. "누굴 상대로 하고 싶습니까? 희극의 딸로 할까요, 미의 딸로 할까요, 아니면 감정의 딸로 할까요? 그렇지 않으면 꽃다발처럼 딸 셋을 모두 묶어 아가씨를 접대하게 할까요?"

나는 이미 반쯤은 항복한 것 같은 기분이 되어, 괜찮다면 스킴폴 씨 한 사람과만 이야기하고 싶다고 말했습니다.

"서머슨 양, 물론 좋다마다요!" 그는 의자를 내 쪽으로 당기고 매력적인 미소를 띠며 말했습니다. "물론 일 이야기는 아니겠죠. 그럼 무언가 유쾌한 얘기겠군요!"

나는 확실히 일 이야기는 아니지만 그렇다고 유쾌한 이야기도 아니라고 말했습니다.

"그렇다면 그만두세요." 더할 나위 없이 솔직하고 쾌활한 태도로 스킴폴 씨가 말했습니다. "유쾌하지 않은 이야기라면 구태여 말할 필요가 없어요. 나라면 하지 않습니다. 게다가 모든 점에서 보아 아가씨가 나보다 더 유쾌한 사람입니다. 아가씨는 완전히 유쾌한 사람이고 나는 불완전하게 유쾌한 사람입니다. 그러니 내가 불쾌한 일을 입에 올리지 않는 마당에 하물며 아가씨가 불쾌한 이야기를 할 이유는 없지 않습니까! 이 이야기는 이쯤에서 끝내기로 하고 무언가 다른 이야기를 하죠."

나는 당황했지만 그래도 용기를 내서 그 이야기를 계속하고 싶다고 말했습니다.

스킴폴 씨는 명랑하게 웃으며 내가 불쾌한 이야기를 할 수 있으리라고는 생각하지 않는다고 말했습니다.

"스킴폴 씨," 나는 스킴폴 씨의 눈을 보며 말했습니다. "당신은 일상적인 일에 대해서는 잘 모른다고 말씀하셨다고들 하던데요."

"은행에 있는 세 친구에게서 들으셨나요? L씨와 S씨, 그리고 그 밑에 있는 D씨에게서요?" 스킴폴 씨는 명랑하게 말했습니다.

"그렇다면 일상적인 일에 대해서 제가 좀 무례한 말을 하더라도 용서해주시기 바랍니다. 저는 스킴폴 씨도 리처드가 전보다 더 가난해졌다는 사실을 아셔야 한다고 생각해요."

"오! 나도 알고 있습니다." 스킴폴 씨가 말했습니다. "사람들이 말해주더군요."

"네, 형편이 매우 어렵습니다. 그래서 요즘 에이더가 꽤나 속을 끓이고 있지요. 제 생각에 손님 맞을 일만 줄어들어도 에이더가 한시름 덜 것 같습니다. 게다가 리처드도 소송 관계로 늘 마음이 무겁기 때문에, 이런 말씀을 드려도 될지 모르겠지만……만약……당신이……."

내가 중요한 대목에서 말문이 막히자 스킴폴 씨는 내 두 손을 잡고 밝은 얼굴로 앞질러 말했습니다.

"그 집에 가지 말아달라는 거죠? 좋아요, 서머슨 양, 가지 않겠습니다. 사실 그곳에 갈 이유도 없습니다. 내가 어딘가를 갈 때 그 이유는 즐기기 위해서이지 고통을 당하기 위해서가 아니랍니다. 나는 즐기기 위해 태어난 인간이니까요. 고통은 필요할 때 내게 찾아옵니다. 요즘 들어 나는 우리의 소중한 친구 리처드의 집에서 그다지 즐거움을 느끼지 못했는데, 아가씨의 실제적인 지혜가 그 이유를 알려주는군요. 우리의 젊은 친구들은 한때 그들을 그토록 매력적으로 보이게 하던 시적인 젊음을 잃고 나에 대해 '이 사람은 파운드를 원한다'고 생각할 것입니다. 그렇습니다. 나는 늘 파운드를 원했습니다. 나를 위해서가 아니라 상인들이 늘 파운드를 달라고 하기 때문이지요. 그다음에 우리의 젊은 친구들은 모든 것을 돈으로 해결하려 하면서 '이 사람에겐 파운드가 있어. 그는 파운드를 빌려갔어.' 하고 생각할 겁니다. 그래요, 나는 늘 파운드를 빌립니다. 그래서 우리의 젊은 친구들은 내게 즐거움을 주는 능력을 잃어버리고 (참으로 안타깝게도) 산문적으로 되어버리고 마는 겁니다. 그러니 내가 왜 그들을 만나러 가겠습니까? 그럴 이유가 없죠."

이렇게 말하면서 나에게 상냥하게 웃어 보이는 그의 얼굴이 손익 같은 건 조금도 생각하지 않는 호인처럼 보여서 놀라지 않을 수 없었습니다.

"게다가" 스킴폴 씨가 확신에 찬 투로 말했습니다. "내가 고통을 당하러 어딘가에 가는 게 아닐진대—만약 고통을 당하러 간다면 그것은 내가 사는 의도를 왜곡하는 참으로 터무니없는 행동일 것입니다—왜 어딘가에 감으로써 그곳 사람들에게 고통을 주려 하겠습니까? 내가 지금처럼 불안정한 정신 상태에 있는 젊은 친구들을 보러 간다면 그건 그들을 괴롭히는 셈이 될 것입니다. 그들은 내 생각을 하는 것만으로도 불쾌해지겠지요. '이 사람은 파운드를 가지고 있으면서도 갚질 않아' 하고 그들은 생각할 것입니다. 물론 나는 갚을 수 없습니다. 그것은 의문의 여지가 없는 사실입니다. 그렇기 때문에 그들에게 친절을 베풀고자 한다면 그들 가까이에 가지 말아야 합니다. 그리고 나는 가지 않을 겁니다."

그는 다정하게 내 손에 입을 맞추며 고맙다고 말했습니다. 내가 아니었다면 리처드와 에이더가 힘들어하는 것을 모를 뻔했다고 말이지요.

나는 몹시 당황했지만 중요한 목적을 달성했기 때문에 거기에 이르기까지의 과정에 오해가 생긴 것쯤은 상관하지 않기로 했습니다. 하지만 그 밖에도 할 말이 아직 남아 있었고, 나는 이번에야말로 그 문제를 꼭 짚고 넘어가기로 마음먹었습니다.

"스킴폴 씨, 헤어지기 전에 실례지만 또 한 가지 묻고 싶은 게 있습니다. 확실한 소식통에 의하면 당신은 얼마 전에 황폐한 집에서 그 딱한 아이를 데리고 간 사람이 누군지 알고 있고 또 그 일로 뇌물을 받으셨다죠? 그 얘기를 듣고 얼마나 놀랐는지 몰라요. 잔다이스 씨에게는 아직 말씀드리지 않았습니다. 괜히 마음에 상처를 드리는 건 아닌가 해서요. 하지만 저는 정말 놀랐답니다."

"설마요, 서머슨 양, 정말로 놀라신 겁니까?" 그는 유쾌한 듯이 물었습니다.

"크게 놀랐어요."

스킴폴 씨는 애교 넘치는 표정으로 잠시 생각에 잠겨 있더니 이윽고 생각하기를 포기하고 매우 상냥하게 말했습니다.

"내가 얼마나 어린애 같은지 아시잖아요. 왜 놀라세요?"

나는 대답하고 싶지 않았지만 스킴폴 씨가 몹시 궁금해했으므로 되도록 완곡한 표현을 써서 그가 한 일이 도리에 어긋난다고 말해주었습니다. 이 말을 듣자 그는 매우 흥미로워하는 표정으로 천진하게 "정말요?" 하고 말했습니다.

"내가 책임 있게 행동하리라고는 생각지 않으시겠죠. 나는 책임 있게 행동하는 게 불가능한 사람이에요. 책임이란 건 늘 내 생각이 미치지 않는 무엇이거나 생각할 가치도 없는 무엇이에요." 스킴폴 씨가 말했습니다. "둘 가운데 어느 쪽인지도 모른답니다. 하지만 서머슨 양(양식과 분별이 뛰어난)이 말하는 방식으로 미루어 그것은 주로 돈의 문제인 것 같군요."

나는 무심코 동의했습니다.

"아아, 그렇다면 아실 겁니다." 스킴폴 씨는 고개를 흔들었습니다. "내가 그 문제를 이해하리라고 기대하는 것은 무리라는 것을요."

나는 일어서면서 뇌물 때문에 잔다이스 씨의 믿음을 저버리는 것은 옳지 않다고 말했습니다.

"서머슨 양," 스킴폴 씨는 솔직하고 쾌활하게 대답했습니다. "나에게는 뇌물 같은 건 통하지 않습니다."

"뇌물을 준 사람이 버킷 경감일지라도요?"

"누구도 안 됩니다. 나는 돈에 아무런 가치도 부여하지 않기 때문이지요. 나는 돈에 대해 신경 쓰지 않고 잘 알지도 못합니다. 돈을 원하지도, 가지고 있지도 않습니다. 돈은 내 주머니에 들어왔다가도 곧바로 빠져나갑니다. 그런데 내가 어떻게 뇌물에 넘어가겠습니까? 그런 나에게 뇌물 같은 걸 주어서 뭐하겠습니까?"

나는 이 점에 대해서 언쟁할 생각은 없지만 그렇게는 생각하지 않는다고 말해주었습니다.

"그와는 정반대로" 스킴폴 씨가 말했습니다. "이 같은 경우에 있어서 나는 다른 사람들보다 훌륭하다고 말할 수 있습니다. 이런 경우에 나는 내 나름의 철학을 가지고 행동할 수 있습니다. 나는 편견에 사로잡혀 있지 않으며, 공기처럼 자유롭습니다. 시저의 아내가 그렇듯 내게도 다른 사람의 의심 따위는 미치지 않습니다."

스킴폴 씨가 깃털로 만든 공을 던지듯 이 주제를 통통 팅기면서 자신만만하게 말할 때의 그 경쾌하면서도 익살맞은 태도는 다른 누구에게서도 찾아볼 수 없을 것입니다.

"서머슨 양, 한번 생각해보세요. 여기 내가 몹시 싫어하는 상태로 저택에서 잠을 자게 된 한 아이가 있습니다. 그 아이가 잠을 자고 있을 때 한 남자가 도착하지요. 그 남자는 내가 몹시 싫어하는 상태로 저택에서 잠을 자게 된 아이를 인도할 것을 요구하지요. 여기 내가 몹시 싫어하는 상태로 저택에서 잠을 자게 된 아이를 인도할 것을 요구하는 남자가 내민 지폐가 있습니다. 그리고 내가 몹시 싫어하는 상태로 저택에서 잠을 자게 된 한 아이를 인도할 것을 요구하는 남자가 내민 지폐를 받은 스킴폴이라는 사내가 있습니다. 이것이 사실입니다. 좋습니다. 스킴폴은 지폐를 거절해야 했을까요? 왜 거절해야 했을까요? 스킴폴은 버킷 경감에게 '왜 이걸 내게 주는 거죠? 이해가 안 되는군요. 이건 내게 아무 소용도 안 되니 도로 가져가시오.' 하고 항의합니다. 버킷 경감은 계속해서 받아달라고 부탁합니다. 편견이 없는 스킴폴이 그 지폐를 받아야 할 이유가 있을까요? 네, 있습니다. 스킴폴은 그 이유를 압니다. 그 이유란 무엇일까요? 스킴폴은 생각합니다. '이 사람은 길들여진 스라소니이고 민완 형사이며 지적인 사내다. 에너지를 한 군데에 쏟아붓고 사고력과 실행력이 모두 뛰어난 사람이다. 우리의 동료나 적이 실종되었을 때 그들을 찾아주는 사람, 우리가 강도를 당했을 때 빼앗긴 재산을 되찾아주고 살해당했을 때 원한을 풀어주는 사람이다. 이 민완 형사이면서 지적인 남자는 자신이 하는 일을 통해 돈에 대한 강한 믿음을 형성하게 되었다. 그는 돈이 매우 유용한 것을 알고 또 사회에서 돈을 유용하게 쓰려 한다. 내가 단지 그러고 싶다는 이유에서 버킷 경감의 이 같은 믿음을 흔들어놓아도 될까? 내가 일부러 버킷 경감의 무기들 중 하나를 무디게 해도 될까? 내가 버킷 경감의 다음 작전을 망쳐놓아도 될까?' 스킴폴이 지폐를 받는 게 비난받을 일이라면 버킷 경감이 지폐를 내민 것은 더욱 비난받을 일입니다. 버킷 경감은 뭔가를 아는 사람이니까요. 스킴폴은 버킷 경감에 대해 좋게 생각하고 싶어 합니다. 버킷 경감을 좋게 생각해야 모든 게 제자리를 찾으니까요. 나라에서는 스킴폴에게 버킷 경감을 신뢰할 것을 요구합니다. 그래서 스킴폴은 버킷 경감을 신뢰합니다. 그뿐입니다."

나는 뭐라고 대답해야 좋을지 몰라서 그만 돌아가기로 했습니다. 그러나 몹시 기분이 좋아진 스킴폴 씨는 코빈세즈의 딸들만 동반해서는 안 된다며 직접 배웅해주었습니다. 그리고 가는 도중에 여러 가지 재미있는 이야기로 나를 즐겁게 해주었으며, 헤어질 때는 내가 기지를 살려서 그 젊은 부부의 가정형편을 알려준 그 이야기 솜씨는 평생 잊지 못할 거라고 말했습니다.

그 뒤로는 스킴폴 씨를 다시 만난 적이 없으므로 여기서 그에 대한 이야기를 마저 하려고 합니다. 스킴폴 씨와 잔다이스 씨의 사이가 냉랭해졌습니다. 이것은 주로 방금 이야기한 것과 같은 사정과 그가 리처드의 일에 관해서 잔다이스 씨의 청을 들어주지 않은(이것은 뒤에 에이더로부터 들어서 알았습니다) 것 때문입니다. 스킴폴 씨가 잔다이스 씨에게 많은 빚을 진 것은 두 사람의 사이가 나빠진 일과는 아무 상관이 없습니다. 스킴폴 씨는 그로부터 5년쯤 뒤에 죽었는데, 일기나 편지 등 전기의 자료가 될 만한 것들을 남겼습니다. 그 자료들은 훗날 책으로 엮여져 나왔는데, 그 책에서는 희생자로 만든 사랑스러운 어린아이와 같은 그의 모습을 보여주고 있습니다. 그 책은 꽤 재미있다고 알려져 있지만 나는 서두의 한 구절을 흘낏 보고는 더 이상 읽지 않았습니다. 그 한 구절이란 다음과 같습니다. "잔다이스는 내가 아는 다른 사람들과 마찬가지로 이기심덩어리이다."

몇 개월이 지났습니다. 에이더는 나에게 털어놓은 희망을 버팀목으로 여전히 허술한 집을 비추는 아름다운 별이었습니다. 전보다 더 수척해진 리처드는 매일같이 법정에 다니고 있었는데, 자기 사건이 언급될 가망이 전혀 없을 때조차 온종일 그곳에 앉아 있었기 때문에 그곳의 명물이 되고 말았습니다. 리처드가 처음으로 법정에 나갔을 때의 모습을 기억하고 있는 사람이 있다고는 도저히 생각되지 않습니다.

리처드는 오직 한 가지 생각에만 골몰해 있었기 때문에 가끔 기분이 좋을 때면 '우드코트가 아니었다면' 신선한 바깥 공기를 마실 생각을 하지 못했을 거라고 말하곤 했습니다. 실제로 가끔 몇 시간이라도 그의 기분을 풀어주거나 심신이 모두 지쳐 있는 (그런 때 우리는 몹시 걱정이 되는데 시일이 지남에 따라서 차츰 그런 때가 늘게 됩니다) 그의 원기를 북돋워 주는 것은 우드코트 씨뿐이었습니다. 리처드가 자기 때문에 더욱더 절실하게 그 일에 매달린다고 했던 에이더의 말은 사실이었습니다. 잃은 것을 되찾고 싶어 하는 리처드의 바람이 아내에 대한 미안한 마음에 더욱 간절해져서 마치 도박꾼의 광기처럼 되어버렸습니다.

앞서 말한 바와 같이 나는 늘 그들 집에 가 있었습니다. 밤까지 있을 때에는 언제나 리처드와 함께 마차를 타고 돌아왔습니다. 잔다이스 씨가 근처까지 마중을 나와 함께 걸어서 돌아갈 때도 있었습니다. 어느 날엔가는 밤 8시에 잔다이스 씨가 마중 나오기로 돼 있었는데, 나는 여느 때처럼 시간에 꼭 맞게 집을 나서지 못했습니다. 그날 밤에는 에이더를 위해 바느질을 하고 있었는데 조금만 더 하면 일이 마무리 될 것 같았기 때문이었습니다. 그렇지만 내가 작은 바느질 바구니를 집어 들고 에이더에게 굿나이트 키스를 한 다음 서둘러 아래로 내려올 때는 약속 시간으로부터 불과 몇 분이 지났을 뿐이었습니다. 날이 어두워졌기 때문에 우드코트 씨가 바래다주었습니다.

평소에 잔다이스 씨와 만나는 장소—가까운 곳이어서 전에도 가끔 우드코트 씨가 함께 와준 적이 있었습니다—에 도착했지만 잔다이스 씨는 보이지 않았습니다. 우리는 그곳을 서성이며 반 시간 남짓 기다렸지만 잔다이스 씨의 그림자조차 보이질 않습니다. 그래서 아저씨가 어떤 사정이 있어서 못 왔거나 이미 다녀갔을 거라고 우리는 생각했고, 우드코트 씨가 나를 집까지 바래다주겠다고 말했습니다.

집까지 함께 걸은 것은 이번이 처음이었습니다. 가는 내내 리처드와 에이더에 대한 이야기를 했습니다. 나는 우드코트 씨가 두 사람을 위해 해준 일에 대해 말로 감사를 표하지는 않았지만—말로는 다 나타낼 수 없었습니다—내가 몹시 고마워하고 있다는 것을 우드코트 씨가 어느 정도는 알아주었으면 했습니다.

집으로 돌아와 2층에 올라가 보니 잔다이스 씨도 우드코트 씨의 어머니도 안 계셨습니다. 지금 내가 우드코트 씨와 함께 있는 방은 예전에 에이더가, 지금은 완전히 달라진 남편 리처드를 젊은 연인으로 받아들였을 때 내가 얼굴이 빨개진 그녀를 데리고 들어간 방이었습니다. 잔다이스 씨와 내가 앞날의 희망에 넘쳐 활기차게 석양을 받으면서 떠나가는 젊은 두 사람의 모습을 전송한 그 방이었습니다.

열린 창 앞에 서서 아래의 가로를 내려다보고 있을 때 우드코트 씨가 입을 열었습니다. 나는 곧 그가 나를 사랑하고 있음을 알 수 있었습니다. 나의 변해버린 얼굴도 그에게는 전혀 변함이 없는 것처럼 느껴진다는 것도 알았습니다. 내가 그때까지 연민과 동정으로 생각하고 있었던 것이 실은 진실한 애정이었음을 알았습니다. 하지만 이젠 너무 늦었습니다.

"내가 고국으로 돌아왔을 때에는 떠나던 때와 마찬가지로 가난한 의사였지요. 당신은 병상에서 방금 일어난 참이었는데, 타인을 배려하는 따뜻한 마음씨로 빛을 발하고 있었습니다. 자기 몸은 조금도 돌보지 않고……."

"우드코트 씨, 부디 이제 그만하세요! 나는 칭찬을 들을 자격이 없어요. 이기적인 생각을 많이 했으니까요."

"내 말은 연인들끼리 하는 듣기 좋은 말이 아니라 진실의 말입니다. 신에게 맹세할 수 있습니다. 당신은 주변 사람들이 당신을 어떻게 생각하는지 모릅니다. 당신 덕분에 얼마나 많은 사람들이 감동을 받고 깨달음을 얻었는지, 사람들이 당신을 얼마나 사랑하고 존경하는지 당신은 모릅니다."

"우드코트 씨," 내가 외쳤습니다. "사랑받는다는 것은 정말 멋지고 근사한 일이에요! 그런 말을 들으니 정말 영광이고 자랑스러워요. 기쁨과 슬픔이 뒤섞여 눈물이 나네요. 기쁘다고 말씀드리는 까닭은 내가 사랑받고 있다는 사실을 알았기 때문이고, 슬프다고 말씀드리는 까닭은 내가 그 이상의 사랑을 받을 자격이 없는 사람이기 때문이에요. 하지만 나는 당신의 사랑을 받아들일 수 없습니다."

나는 전보다 원기가 생겼습니다. 우드코트 씨가 그처럼 나를 칭찬해주는 데다 진심이 담긴 그의 목소리가 떨려 나오는 것을 들으니 그의 칭찬에 어울리는 사람이 되고 싶은 희망이 솟구쳤기 때문입니다. 그런 사람이 되기에 아직 늦지는 않았습니다. 오늘 밤에 내 생애의 이 예기치 않은 한 페이지가 넘어간다고 해도 앞으로 평생에 걸쳐 그런 사람이 되기 위해 노력할 수 있을 것입니다. 그렇게 생각하자 마음에 위안이 되고 기운이 났습니다. 우드코트 씨 덕분에 내 안에서 자존감이 솟는 게 느껴졌습니다.

우드코트 씨가 침묵을 깼습니다.

"에스더, 당신이 나의 사랑을 받아들일 수 없다고 말한 뒤에 내가 더욱 강하게 나의 사랑을 맹세한다고 해도 그것으로는 내 영원한 사랑인 당신에 대한 믿음을 충분히 나타낼 수 없을 것입니다." 이렇게 말하는 우드코트 씨의 몹시 진지한 태도가 내게 힘을 주는 동시에 나를 울게 만들었습니다. "사랑하는 에스더, 이것만은 말하게 해주세요. 내가 외국에 갈 때 간직한 당신의 그리운 모습은, 돌아왔을 때에는 천사가 되어 있었습니다. 나에게 조금이라도 행운이 따라줄 조짐이 보이면 곧바로 당신에게 고백하리라는 희망을 늘 품고 있었습니다. 그러면서도 한편으로는 고백을 했다가 거절당할 것이 늘 두려웠습니다. 오늘밤 나의 희망과 두려움, 양쪽 모두가 적중했습니다. 내가 당신을 괴롭혀 드렸군요. 더 이상은 아무 말도 하지 않겠습니다."

우드코트 씨가 나를 천사라고 생각해주신 만큼 내가 천사가 된 듯한 기분이었습니다. 우드코트 씨가 상심했을 것을 생각하니 마음이 아팠습니다. 그가 처음 나에 대한 연민을 보여주었을 때 그랬던 것처럼 그에게 힘이 되어주고 싶다는 생각이 들었습니다.

"우드코트 씨" 내가 말했습니다. "오늘 밤 헤어지기 전에 드릴 말씀이 있습니다. 원하는 만큼 잘 말씀드릴 수는 없지만……그래도……" 나는 그의 사랑과 슬픔에 값하는 사람이 되자고 다시 한 번 마음으로 다짐한 뒤에야 이야기를 이어 갈 수가 있었습니다. "이렇게 친절하게 생각해주셔서 정말로 고맙게 생각하고 있습니다. 오늘 일은 죽을 때까지 소중하게 간직하겠습니다. 나는 내 모습이 얼마나 달라졌는지 잘 알고 있습니다. 당신이 나의 지나온 날들에 대해 모르지 않는다는 것도 알고 있고, 이토록 진실한 사랑이 얼마나 고귀한지도 알고 있습니다. 당신이 내게 해주신 말씀은 다른 어느 분이 해주신 말씀보다 내게 많은 영향을 미칠 것입니다. 나는 그 말씀을 평생 잊지 않을 것이고, 그 말씀 덕분에 더 나은 내가 될 것입니다."

우드코트 씨는 손으로 눈을 가리며 얼굴을 돌렸습니다. 내가 어찌 이 같은 눈물을 흘릴 만한 사람이 되겠습니까?

"만일 앞으로도 우리가 변함없이—함께 리처드와 에이더의 일을 돌보거나 그 밖의 보다 행복한 일들을 통해서—교제를 계속하는 가운데 내가 전과는 다르게 아주 훌륭한 여자가 된다면, 그것은 오늘 밤의 일 때문이고 모두 당신 덕택입니다. 우드코트 씨, 나는 오늘 밤의 일을 결코 잊지 않겠어요. 내 심장이 계속 박동하는 한 당신에게 사랑받은 데 대한 자랑과 기쁨을 한 시도 잊지 못할 것입니다."

우드코트 씨는 내 손을 잡고 키스를 했습니다. 그가 다시 안정을 찾은 것 같아 한결 마음이 놓였습니다.

"방금 하신 말씀으로 미루어 볼 때 일이 잘 되었군요?"

"네, 당신은 잔다이스 씨를 잘 아시니까 짐작하시겠지만 그분께 여러 가지로 도움을 받은 덕택에 모든 일이 잘 되었습니다."

"그분께 하느님의 축복이 있기를……." 나는 우드코트 씨에게 손을 내밀면서 말했습니다. "그리고 당신이 하는 모든 일에도 하느님의 축복이 함께 하시길 바랍니다."

"그 말씀을 들으니" 그가 대답했습니다. "당신이 내게 맡겨주신 다른 일과 마찬가지로 새로운 임무도 잘 해낼 수 있을 것 같습니다."

"아아, 리처드!" 하고 나는 외치지 않을 수 없었습니다. "당신이 가버리면 리처드는 어떻게 하죠?"

"당장 떠나야 하는 것은 아닙니다. 그리고 설령 당장 떠나야 할지라도 나는 리처드를 버리지 않을 겁니다."

헤어지기 전에 한 가지를 더 말해야 할 것 같은 생각이 들었습니다. 안 그러면 그의 사랑에 걸맞지 않은 여자가 될 테니까요.

"우드코트 씨, 작별 인사를 드리기 전에 기쁜 소식을 하나 알려드려야 할 것 같군요. 나의 미래는 밝게 빛나고 있으며, 나는 세상에서 가장 행복한 여자랍니다. 후회할 일도 더 이상 바랄 것도 없는 몹시 눈이 좋은 여자랍니다." 우드코트 씨는 그런 말을 듣게 되어 기쁘다고 말했습니다. 나는 계속해서 말했습니다.

"나는 어릴 적부터 이 세상에서 가장 훌륭한 어떤 분의 친절을 받아왔습니다. 그분에 대한 감사와 애정은 평생이 걸려도 다 표현할 수 없을 정도입니다."

"나도 같은 마음입니다. 당신은 지금 잔다이스 씨에 대해 말씀하고 계신 거로군요."

"그분의 훌륭함은 당신도 잘 아시겠지만 나만큼 그분의 넓고 큰 마음을 아는 사람도 드물 거예요. 그분은 그 가장 고상하고 훌륭한 자질을 우리의 행복한 미래를 설계할 때 드러내 보이셨으니까요. 만일 당신이 그분을 존경하지 않는다고 해도—물론 이미 존경하고 계신 것은 나도 잘 알고 있지만요—이렇게 말씀드린 것만으로도 당신은 나를 생각해 그분을 존경하게 되리라 생각해요."

우드코트 씨는 "정말 그렇습니다."라고 열띤 투로 말했습니다. 나는 다시 한 번 손을 내밀고 말했습니다.

"편히 쉬세요, 그럼 안녕히."

"첫 번째 인사말은 내일 다시 만날 때까지를 말하고, 두 번째 인사말은 이 이야기가 우리들 사이에서 영구히 안녕이라는 의미인가요?"

"네."

"편히 쉬세요, 그럼 안녕히."

우드코트 씨는 돌아가고 나는 어두운 창가에 선 채로 거리를 바라보았습니다. 우드코트 씨의 애정은 늘 한결같았음에도 불구하고 내겐 너무나 갑작스러웠기 때문에 나는 마음을 가라앉히지 못하고 그만 눈물을 흘렸습니다.

그러나 그것은 후회와 슬픔의 눈물은 아니었습니다. 우드코트 씨는 나를 사랑하는 사람이라고 말했습니다. 지금과 똑같이 앞으로도 언제까지나 사랑하겠다고 말했습니다. 그 말을 듣고 내 마음은 기쁨으로 터질 것만 같았습니다. 하지만 이제 최초의 감격은 사라졌습니다. 그 말을 듣고 용기를 내 착하고 진실하며 감사와 만족을 아는 여자로 다시 태어나기에는 지금도 늦지 않았습니다. 나의 앞길에는 탄탄대로가 펼쳐져 있습니다. 그것에 비하면 그분의 앞길은 몇 배나 더 힘들고 고통스러울지도 모릅니다.

# 제62장 또 하나의 발견

나는 그날 밤 누구도 만날 기운이 없었습니다. 내 얼굴을 볼 기운조차 없었습니다. 내 눈물이 나를 책망하지 않을까 두려웠기 때문입니다. 그래서 나는 어둠 속에서 내 방으로 가 어둠 속에서 기도를 하고 어둠 속에서 잠자리에 들었습니다. 잔다이스 씨의 편지를 읽었는데, 등불은 필요치 않았습니다. 편지 내용을 암기하고 있었기 때문입니다. 나는 편지를 꺼내 그 편지에 깃든 성실과 사랑의 빛으로 그 내용을 읽고 편지를 머리맡에 둔 채 잠들었습니다.

이튿날 아침은 매우 일찍 일어나 찰리를 불러 산책을 나갔습니다. 아침식탁을 꾸밀 꽃을 사 가지고 와서 화병에 꽂은 뒤 바쁘게 움직였습니다. 매우 이른 시간이었으므로 아침 식사 전에 찰리에게 공부를 가르칠 여유가 있었습니다. 찰리는 (문법을 틀리는 문제는 여전했지만) 열심히 공부했기에 우리 둘 다 마음이 뿌듯했습니다. 잔다이스 씨는 나에게 "아, 작은 아주머니, 네가 사 온 꽃보다 네가 더 청초해 보이는구나!"라고 말해주었습니다. 우드코트 씨의 어머니도 《뮤린윌린워드》의 한 구절을 번역해서 내가 마치 아침 햇빛에 반짝이는 산 같다고 말씀하셨습니다.

이렇게 따뜻한 말을 해주셨기 때문에 나는 전보다 한층 더 산이 된 듯한 기분이 되었습니다. 아침 식사를 마친 뒤 나는 잔다이스 씨가 혼자 방—지난밤에 우드코트 씨와 함께 있던—에 계신 것을 알고 구실을 만들어 방에 들어가서 문을 잠갔습니다.

"아니, 더든 아주머니가 웬일이야?" 잔다이스 씨가 말했습니다. 아저씨는 아침에 온 몇 통의 편지에 답장을 쓰는 중이었습니다. "돈이 다 떨어졌니?"

"아니요, 돈은 아직 충분해요."

"정말? 이렇게 오랫동안 돈이 안 떨어지게 하는 사람은 없는데."

잔다이스 씨는 펜을 놓고 의자에 기대 내 쪽을 보았습니다. 나는 전에도 잔다이스 씨의 환한 표정에 대해 말씀드린 적이 있지만 이때만큼 환하고 친절한 표정은 처음 보았습니다. 아저씨가 몹시 행복해 보였으므로 나는 '오늘 아침은 무언가 대단히 친절한 일을 하고 계셨을 거야' 하고 생각했습니다.

"정말이지 이렇게 오랫동안 돈이 안 떨어지게 한 사람은 없었어." 잔다이스 씨는 나에게로 상냥한 얼굴을 돌리며 생각에 잠긴 투로 되풀이했습니다.

잔다이스 씨는 태도가 늘 한결같았습니다. 나는 잔다이스 씨와 그의 그런 태도를 매우 좋아했기 때문에 그의 옆으로 다가가 내가 늘 앉던 의자—내가 거기 앉아서 책을 읽어주거나 이야기를 하거나 조용히 바느질을 하곤 하던—에 앉을 때 그의 가슴에 손을 댐으로써 그를 방해하고 싶지 않았습니다. 하지만 가슴에 손을 대도 방해가 되지 않는다는 것을 알았습니다.

"할 이야기가 있어요." 내가 말했습니다. "혹시 내가 태만한 면이 있지나 않나요?"

"태만하다니! 당치도 않아!"

"그때……내가 편지에 답장을 드린 뒤에 내가 의도치 않게 나태해지지는 않았나해서요."

"아냐, 전혀 나무랄 데가 없었어."

"그 말씀을 들으니 기뻐요, 언젠가 황폐한 집의 안주인이 되어주지 않겠느냐고 말씀하셨지요. 그리고 저는 그러겠다고 말씀드렸고요."

"음, 그랬었지." 잔다이스 씨는 고개를 끄덕이고는 나를 무언가로부터 지켜주기라도 하듯 두 팔로 나를 끌어안고 미소 띤 얼굴로 내 얼굴을 들여다보았습니다.

"그 뒤로 우리는 이 일을 단 한 번밖에 이야기하지 않았지요."

"그때 나는 황폐한 집이 빠르게 쇠락하고 있다고 말했지. 정말로 그랬으니까."

"그때 나는" 하면서 나는 수줍게 말했습니다. "하지만 그곳의 안주인은 남아 있다고 말했어요."

잔다이스 씨는 여전히 환한 표정으로 나를 지키듯이 껴안고 있었습니다.

"그 뒤로 일어난 여러 가지 일을 아저씨가 어떻게 느끼셨는지, 또 얼마나 많은 것들을 배려하셨는지 나는 잘 알고 있습니다. 그때 이후로 많은 시간이 지났고 오늘 아침에는 아저씨가 내게 "이제 완전히 원기를 되찾았구나." 하고 말쓸하셨지요. 그래서 나는 아저씨가 그 이야기를 다시 하고 싶어 하시는 것은 아닐까 하고 생각했어요. 아니, 사실 그렇게 해야 할 것 같아요. 나는 아저씨가 원하신다면 언제든 황폐한 집의 안주인이 될 준비가 되어 있어요."

"우리 두 사람은 실로 잘 마음이 통해!" 잔다이스 씨는 쾌활하게 대답했습니다. "나는 불쌍한 릭의 일만 빼면 늘 그 생각을 한단다. 네가 이 방에 들어올 때도 머릿속은 온통 그 생각으로 가득했지. 그럼 황폐한 집에 안주인을 맞이하는 것은 언제로 할까?"

"언제든 아저씨 좋으실 때 하기로 해요."

"다음 달은 어때?"

"다음 달도 괜찮아요."

"그러면 내가 생애에 가장 행복한 사내가 되는 날, 이 세상에서 가장 기쁘고 남들이 부러워할 만한 사내가 되는 날, 황폐한 집 안주인을 맞이하는 날은 다음 달로 정하자."

나는 그의 목에 두 팔을 두르고 키스를 했습니다. 내가 편지의 답장을 보내던 그날처럼.

하인이 들어와 버킷 경감이 왔다고 알렸는데, 그것은 전혀 불필요한 일이었습니다. 버킷 경감은 이미 하인의 어깨 너머로 이쪽을 들여다보고 있었기 때문입니다.

"잔다이스 씨와 서머슨 양," 경감은 숨이 조금 찬 투로 말했습니다. "방해를 해서 대단히 죄송하지만 계단 아래에 있는 노인을 이쪽으로 불러들여도 괜찮겠습니까? 그는 자기가 없는 사이에 우리가 자기 얘기를 할까 봐 그곳에 혼자 남아 있기가 싫다고 말하고 있거든요. 고맙습니다. 어이, 그 의자를 이쪽으로 떠메고 와주겠나?" 경감은 난간 너머로 손짓을 했습니다.

두 사내가 이 기묘한 의뢰에 응해, 머리에 꼭 맞는 두건을 쓴 한 노인을 의자 째 떠메고 들어와 방의 입구 가까이에 내려놓았습니다. 그러자 버킷 경감은 떠메고 온 두 사내를 돌려보내고 방문을 닫은 뒤 빗장을 걸었습니다.

"잔다이스 씨," 경감은 모자를 벗어놓고 익숙하게 검지를 움직이며 말문을 열었습니다. "당신도 서머슨 양도 날 알고 있겠죠. 여기에 있는 이 사람도 날 알고 있습니다. 이 사람의 이름은 스몰위드라고 합니다. 주로 수표 할인 영업을 하고 있고 이른바 증권거래업자입니다. 그렇죠?" 버킷 경감은 이야기를 멈추고 문제의 노인 쪽을 향했습니다. 노인은 몹시 의심이 많은 눈길로 경감을 바라보고 있었습니다.

노인은 그의 설명에 항의를 하려 했지만 그 순간 기침이 터져나왔습니다.

"자, 이제 알았소?" 경감은 그 틈을 타서 설교를 했습니다. "공연히 나서지 말라는 말이오. 그렇게 하면 그다지 고통을 당하지 않아도 되니까. 그래서 잔다이스 씨, 나부터 이야기를 하겠습니다. 나는 레스터 데들록 준남작 각하의 대리로서 이 사람과 거래를 하고 있습니다. 그래서 이런저런 일로 이 사람의 점포에 드나들었죠. 이 사람의 점포란 이전에 크룩이 하던 고물상입니다. 크룩은 이 사람의 친척인데, 전에 만난 적이 있으시죠?"

잔다이스 씨는 그렇다고 대답했습니다.

"그렇습니다. 결국 이 사람은 크룩의 점포와 그곳에 있는 잡동사니 일체를 상속했답니다. 그 안에는 엄청난 종이쓰레기도 있었습니다. 누구에게도 쓸모가 없는 종이쓰레기 말이에요!"

경감이 자못 빈틈이 없는 것 같은 눈짓을 해가며, 곁에서 가만히 귀를 기울이고 있는 사내로부터 불만을 살 것 같은 표정이나 말을 억제하고서 "지금 내가 하고 있는 말은 미리 상의한 대로이고 도움이 된다면 스몰위드 씨에 대해서 더 많은 얘기를 해줄 수도 있습니다."라고 말했습니다. 스몰위드 노인이 의심스러운 시선으로 빤히 쳐다보는 데다 거의 귀머거리나 마찬가지여서 경감은 말하는 데 더욱 애를 먹었습니다.

"이 사람이 크룩의 재산을 물려받았을 때 그 종이쓰레기더미를 뒤지기 시작한 것도 아주 당연한 일일 것입니다."

"무엇을 시작했다고요? 다시 한 번 말해주시오." 스몰위드 노인이 날카로운 목소리로 말했습니다.

"뒤지기 시작했다고요, 원래 신중한 성격인 데다 자기 일을 빈틈 없이 처리하는 버릇이 있어서 당신은 상속한 종이쓰레기를 뒤지기 시작했을 겁니다. 아닌가요?"

"물론 그랬지요." 노인이 외쳤습니다.

"물론 그랬습니다."라고 버킷 경감도 맞장구를 쳤습니다. "만약 그렇게 하지 않았다면 그건 대단한 잘못이죠. 그래서 당신은" 이렇게 말을 계속하며 경감은 스몰위드 노인을 비웃듯 위에서 굽어보았는데 노인 쪽은 아무 반응이 없었습니다. "그래서 잔다이스라는 서명이 들어 있는 서류 한 장을 발견했죠?"

스몰위드 노인은 곤란한 듯한 눈초리로 우리 쪽을 바라보고 마지못해 고개를 끄덕였습니다.

"그런 다음 틈이 날 때―별로 서두르지도 않았습니다. 당연한 일이지만 당신은 그 서류를 읽을 생각이 별로 없었으니까요.―읽어보니 그것은 단순한 유언장이었어요. 정말 우습지 않습니까?" 경감이 말했지만 상대는 여전히 재미없다는 표정이었습니다.

"그게 유언장인지 아닌지 나는 잘 몰라요." 스몰위드 노인이 화가 난 듯이 말했습니다.

버킷 경감은 마치 덤벼들 것처럼 노인을 노려보았지만―그러자 상대는 위축이 되어 의자 안에서 몸이 움츠러들었습니다―역시 비웃듯이 내려다보며 우리 쪽을 곁눈질했습니다.

"그럼에도 불구하고 당신은 그 서류를 다소 부담스럽게 생각하고 있군요. 어쨌든 당신은 온화한 마음의 소유자니까."

"네? 내가 뭐라고요?" 스몰위드 노인이 귀에 손을 대고 물었습니다.

"온화한 마음의 소유자라고요."

"음, 그래요, 그리고?"

"당신은 전부터 잔다이스의 유언장과 관련한 유명한 소송사건에 대해 이런저런 이야기를 듣고 있었고 그 별종인 크룩이 가구며 책이며 종이쓰레기며 그밖의 온갖 것들을 매입해 무엇 하나 버리려 하지 않고 언제나 읽기를 독학하려고 한 일을 알고 있었기 때문에 이렇게 생각한 것이죠. '조심하지 않으면 이 유언장 때문에 골치 아픈 일이 생길지도 모른다' 하고 말이죠."

"말조심하시오." 노인은 귀에 손을 대며 걱정스러운 듯이 외쳤습니다. "더 큰 소리로 말해요. 속임수는 질색이니까. 더 잘 들리도록 날 안아서 일으켜줘요. 에잇, 제기랄! 몸이 갈기갈기 찢기는 것 같다!"

버킷 경감은 즉시 노인을 안아서 일으켜 주었습니다. 하지만 노인의 기침소리와 "에잇, 제기랄! 숨이 차다! 갈기갈기 찢기는 것 같다!"는 외침 속에서 자기 목소리가 들리게 되자마자 또다시 쾌활한 투로 말을 이었습니다.

"그래서 내가 당신의 점포에 자주 나타나자 당신은 나에게 털어놓은 겁니다. 그렇지 않습니까?"

이를 인정하는 스몰위드 노인의 모습만큼 마지못해 인정하는 듯한 사람의 모습은 본 적이 없습니다. 마치 가능하면 버킷 경감에게만큼은 절대로 털어놓고 싶지 않았다고 말하는 것 같았습니다.

"그래서 나는 당신의 자문 역을 맡아 무척 화기애애하게 일을 진행했지요. 당신이 걱정하는 것은 당연하며, 그 유언장을 지니고 있거나 하면 골치 아픈 일이 생길 거라고 나는 말했습니다. 그래서 당신은 나와 상의한 끝에 이 유언장 일체를 무조건적으로 여기 이 잔다이스 씨에게 건네기로 했습니다. 만일 이것이 가치가 있다면 잔다이스 씨가 틀림없이 보상해주리라는 생각에서 말이죠. 안 그렇습니까?"

스몰위드 노인은 또다시 마지못해하며 동의했습니다.

여기서 버킷 경감은 이제까지의 익살맞은 태도를 버리고 꽤 사무적으로 바뀌었습니다. "지금 당신은 그 유언장을 갖고 있어요. 그렇기 때문에 지금 당신이 해야 할 유일한 일은 그것을 빨리 내놓는 것뿐입니다.

버킷 경감은 우리 쪽을 힐끗 보고 여느 때처럼 검지로 콧잔등을 쓰다듬은 다음 노인을 뚫어지게 바라보며 빨리 내놓으라고 말하는 것처럼 손을 내밀었습니다. 스몰위드 노인은 자신이 가난하고 부지런한 사람이며, 잔다이스 씨처럼 훌륭한 분이라면 자기가 정직해서 손해를 보는 일을 모른 척하시지는 않을 것이라는 둥 온갖 불평을 늘어놓은 뒤에야 천천히 가슴 주머니에서 지저분하고 빛이 바랜 종이를 한 장 꺼냈습니다. 그것은 바깥쪽이 엷게 그슬리고 끝이 불에 탄 것이어서 마치 꽤 오래전에 불 속에서 꺼낸 것 같았습니다. 버킷 경감은 마치 마술사처럼 교묘한 손놀림으로 곧바로 그것을 스몰위드 노인으로부터 잔다이스 씨의 손으로 옮겨놓았습니다. 잔다이스 씨에게 건넬 때 경감은 작은 목소리로 말했습니다.

"이 서류를 얼마에 거래할지는 아직 정하지 않았습니다. 한참을 옥신각신하다가 내가 20파운드로 하면 어떻겠느냐고 했지요. 처음에는 욕심 많은 손자들이 할아버지가 너무 오래 산다며 어깃장을 놓더니 다음에는 자기들끼리 서로 의견이 갈렸지요. 그 집 사람들은 1, 2파운드만 받으면 서로를 배신할 겁니다. 할머니만 빼고요. 할머니는 노망이 나서 거래에 관여할 수가 없지요."

"버킷 씨," 잔다이스 씨가 또렷한 목소리로 말했습니다. "이 서류가 누구에게 어떤 값어치가 있든 간에 수고에 감사드립니다. 만일 이 서류가 무언가 값어치가 있는 것이라면 그에 따라서 스몰위드 씨에게 사례하겠습니다. 약속합니다."

"당신의 값어치에 따른 것은 아니니까." 버킷 경감은 노인에게 상냥하게 설명을 해주었습니다. "걱정할 필요 없어요. 이 유언장의 값어치에 따라 사례할 겁니다."

"네, 그렇게 할 생각입니다." 잔다이스 씨가 말했습니다. "나는 이 서류를 보지 못했어요. 사실대로 말해서 이미 몇 년 전에 나는 이 사건에서 완전히 손을 뗐습니다. 몹시 싫증이 나 있었거든요. 하지만 서머슨 양과 내가 이 서류를 곧바로 사건 담당 변호사에게 넘기겠습니다. 그리고 이 사건과 관련이 있는 모든 사람에게 유서의 존재를 알리겠습니다."

"이보다 더 공정하게 처리할 순 없을 겁니다." 경감이 노인에게 말했습니다. "이것으로 누구도 부당한 대접을 받지 않으리라는 것을 알았으니까. 당신도 크게 안도했을 겁니다. 그럼 이제 당신을 의자에 태워서 집까지 바래다줄까?"

경감은 문을 열고 의자를 떼메고 갈 사람을 불러들인 뒤 작별 인사를 하며 의미 있는 표정으로 우리를 바라보고는 검지를 구부려 보이며 돌아갔습니다.

우리도 가능한 한 서둘러 링컨법조원으로 갔습니다. 켄지 변호사는 먼지투성이의 방에서 무표정한 책과 서류더미에 둘러싸인 채 앉아 있었습니다. 거피 씨가 우리에게 의자를 권했으며, 켄지 변호사는 잔다이스 씨가 이 사무소에 나타났다고 하는 색다른 광경에 놀라움과 만족감을 표했습니다. 그는 2중으로 쓴 안경을 이쪽으로 향한 채 여느 때보다 훨씬 더 말을 많이 했습니다.

"어서 오십시오." 켄지 변호사가 말했습니다. "틀림없이 서머슨 양이 친절하게 조언을 해주신 덕분에" 하고 그는 내 쪽을 향해 인사를 하며 말했습니다. "소송 사건과 재판소에 대한 잔다이스 씨의 적개심이 누그러진 것이겠군요?"

"유감스럽지만 서머슨 양은" 잔다이스 씨가 대답했습니다. "재판소나 소송사건이 어떤 결과를 낳는지 싫도록 보아왔으니까 그곳에 호의적인 조언 등은 하지 않을 것 같습니다. 그러나 내가 이곳에 온 이유는 그것들과 관계가 있습니다. 켄지 씨, 나는 이 서류를 당신에게 넘길 생각이지만 그에 앞서 먼저 어떻게 이 서류가 내 손에 들어오게 되었는지 그 과정을 말씀드리겠습니다."

그런 다음 잔다이스 씨는 짧고 요령 있게 그 과정을 설명했습니다.

"대단히 명확하고 요령 있게 설명하시는군요." 켄지 변호사가 말했습니다. "법정에서 하는 발언도 그보다 명확하지는 못할 겁니다."

"도대체 영국의 법정에서 명확하고 요령 있는 발언이 이뤄진 적이 있습니까?" 잔다이스 씨가 물었습니다.

"농담도 잘하시네요!" 변호사가 말했습니다.

처음에는 변호사도 그 유언장을 그다지 중요시하지 않고 있는 것 같았지만 실제로 보고는 흥미가 생긴 듯했습니다. 그는 안경 너머로 내용의 일부를 읽고 놀라는 표정이 되었습니다.

"잔다이스 씨, 이것을 정독하셨습니까?" 유언장에서 눈을 뗀 변호사가 물었습니다.

"아니요, 자세히 읽어보지는 않았습니다."

"그러나 말입니다. 이것은 이제까지 법정에 제출된 어느 유언장보다도 뒤의 날짜로 되어 있어요. 유언하는 사람 본인이 직접 쓴 것 같고, 법의 형식도 갖추고 있습니다. 그을린 흔적으로 미루어 파기하려고 한 것 같으나 무효로는 되어 있지 않습니다. 완전히 유효합니다!"

"그렇습니까? 하지만 그게 나와 무슨 상관이 있습니까?" 잔다이스 씨가 말했습니다.

"거피 군!" 켄지 변호사가 큰 소리로 불렀습니다. "잔다이스 씨, 잠깐 실례합니다."

"네."

"시몬즈 법학예비원의 볼스 변호사를 불러주게. 내가 잔다이스 대 잔다이스 소송사건과 관련하여 볼 일이 있다고 말이야."

거피 씨가 자리를 떴습니다."

"잔다이스 씨, 이게 무슨 상관이 있느냐고 말씀하셨지요? 하지만 유언장을 잘 보시면 아시겠지만 이 서류 때문에 당신의 이익이 꽤 줄게 됩니다. 물론 그래도 아직 상당한 몫이 있습니다만……." 켄지 변호사는 안심을 시키듯이 정중

하게 손을 흔들었습니다. "그리고 리처드 카스톤 씨와 에이더 클레어 양, 현재
로서는 리처드 카스톤 부인의 이익은 이보다 훨씬 큰 폭으로 늘게 됩니다."

"켄지 씨, 이 끔찍한 재판소에서 소송에 걸려 있는 황금의 산이 모두 이 두
사람의 손에 넘어간다면 나는 크게 만족할 겁니다. 그러나 나더러 이 잔다이스
대 잔다이스 소송사건에서 무엇이건 만족할 만한 결과가 나올 거라고 믿으라
는 말입니까?"

"오, 잔다이스 씨! 그것은 당신의 편견입니다. 이 나라는 훌륭한 나라, 훌륭한
법치국입니다. 그리고 형평법 제도란 실로 훌륭한 제도입니다. 사실입니다!"

잔다이스 씨는 그 이상 말을 하지 못했고, 그 사이에 볼스 변호사가 도착했
습니다. 볼스 변호사는 켄지 변호사의 권위 앞에 겸손한 자세를 취했습니다.

"안녕하시오, 볼스 씨? 잠깐 내 곁에 앉아서 이 서류를 봐주시지 않겠습니
까?"

볼스 변호사는 시키는 대로 했습니다. 그는 유언장을 보고 그다지 흥분하
는 것 같지 않았는데, 원래 그는 무엇에건 흥분하는 법이 없는 사람이었습니다.
충분히 다 검토하고 나자 그는 켄지 변호사와 함께 창가로 가 검은 장갑으로
입가를 가리듯이 하고 길게 말을 했습니다. 켄지 변호사가 무언가 반대 주장을
펴는 것 같았지만, 나는 그다지 놀라지는 않았습니다. 아무튼 잔다이스 대 잔
다이스 사건에서는 두 사람의 의견이 일치한 적이 없었기 때문입니다. 그러나
수익관리라든가 경리국, 보고서, 재산, 비용 등과 같은 단어들로 이루어진 대화
가 오가더니 볼스 변호사의 의견이 우세해진 듯했습니다. 이야기가 끝나자 두
사람은 켄지 변호사의 책상이 있는 곳으로 돌아왔습니다.

"그러나 이것은 아주 주목해야 할 서류입니다. 볼스 씨?" 켄지 변호사가 말했
습니다.

볼스 변호사가 말했습니다. "바로 그렇습니다."

"그리고 매우 중요한 서류입니다, 볼스 씨." 다시 켄지 변호사가 말했습니다.

"바로 그렇습니다."

"볼스 씨가 말한 대로 다음번에 법정에서 소장이 제출되면 이 서류는 예기치
않은 흥미를 불러일으키게 되겠군요." 켄지 변호사는 잔다이스 씨를 거만하게
바라보며 말했습니다.

볼스 변호사는 명성을 얻고 싶어 하는 젊은 변호사로서 자신의 의견이 그같은 대선배에게 인정을 받아 대단히 만족하는 것 같았습니다.

한동안 켄지 변호사는 돈을 짤랑거리고 볼스 변호사는 여드름을 짜고 있었는데, 잠시 뒤에 잔다이스 씨가 일어나서 물었습니다.

"이다음 법정은 언제 열립니까?"

"잔다이스 씨, 이다음 법정은 내달에 열립니다. 물론 우리는 이 서류를 가지고 필요한 절차를 밟을 것이고, 이 서류와 관련하여 필요한 증거들을 수집할 것입니다. 물론 여느 때처럼 소장이 완성되면 보고드리겠습니다."

"물론 내 쪽에서도 여느 때처럼 반응할 생각입니다."

"아니, 그토록 너그러운 마음을 지니고서도 역시 세속의 편견에 현혹되어 있군요?" 켄지 변호사는 우리를 정면의 사무실에서 현관 쪽으로 안내하며 말했습니다. "이 나라는 훌륭한 나라, 참으로 훌륭한 법치국가입니다, 잔다이스 씨. 그리고 이것은 훌륭한 사법제도입니다. 그런데 잔다이스 씨, 당신은 훌륭한 법치국에 시시한 사법제도가 있어야 한다고 말씀하시는 겁니까? 정말 놀랐습니다!"

변호사는 입구의 계단 위에서 이렇게 말하고 오른손을 은제 흙손처럼 천천히 흔들었습니다. 마치 그 흙손으로 자기가 한 말의 시멘트를 이겨 훌륭한 사법제도의 뼈대 위에 발라 영원히 굳히기라도 하려는 것처럼.

# 제63장 철(鐵)의 나라에서

　조지의 사격연습장은 임대로 내놓고, 가구류는 매각하고, 조지 자신은 체스니 월드에서 레스터 경의 승마를 돕고 있다. 경이 말을 모는 손놀림이 몹시 불안해서 그 말고삐 바로 옆에 나란히 말을 달린다. 하지만 오늘의 조지는 그 일을 하지 않고 있다. 오늘은 아득히 먼 북쪽의 철의 나라로 여행을 하는 중이다. 자기 주변을 돌아보기 위해서다.

　멀리 북쪽 철의 나라로 오자 체스니 월드 같은 푸른 숲은 사라지고 탄갱이나 석탄찌꺼기, 높은 굴뚝과 빨간 벽돌, 황폐한 초목, 모든 것을 다 태워버릴 듯한 불, 엷어지는 일 없이 자욱한 연기구름, 이런 것들이 특징 있는 풍경이 된다. 이런 가운데를 기병은 주위를 둘러보고 목표물을 찾으며 말을 몰고 간다.

　드디어 이제까지 그가 본 이상으로 많은 불과 연기 속에 철의 굉음이 울려 퍼진다. 어수선한 도시의 운하에 걸린 검은 다리 위에 이르자 석탄검댕이 투성이 길의 먼지에 휩싸인 기병은 말을 멈추고 한 노동자에게 라운스웰이라는 이름을 아느냐고 묻는다.

　"이런 참, 나리, 제가 제 이름을 알고 있냐고요?" 그 사내가 말한다,

　"그럼 이 근처에서 널리 알려져 있는 이름이군요?" 기병이 말한다.

　"라운스웰의 소유지들 말인가요? 물론 널리 알려져 있다마다요."

　"거기가 어딥니까?" 기병은 전방을 언뜻 보면서 묻는다.

　"그 사람의 은행 말입니까? 공장 말입니까? 그렇지 않으면 저택 말입니까?"

　"라운스웰은 대단하신 분인 것 같군요." 기병은 턱을 쓰다듬으며 중얼거린다. "차라리 되돌아가는 게 나을 것 같군. 어느 쪽인지 모르지만 공장에 가면 라운스웰 씨를 만날 수 있을까요?"

　"어디로 가는 게 좋을지는 모르겠지만 아마 지금 시각이라면 공장에서 라운스웰 씨나 그의 아들을 만날 수 있을 거요. 이 시내에 있다면 말이죠. 하지만

거래 일로 외출할 때가 많다오."

"그러면 공장은 어딥니까?"

"저쪽에 굴뚝 보이죠? 가장 높은 굴뚝이요.""네, 보입니다.""저 굴뚝 쪽으로
죽 걸어 내려가다가 모퉁이에서 왼쪽으로 돌면 커다란 벽돌담이 보이는데, 그
곳이 라운스웰 철공장이죠."

기병은 고맙다는 인사를 하고 또다시 주변을 둘러보면서 천천히 말을 몬다.
그는 되돌아가지는 않고 말을 어느 선술집에 맡긴다(내친김에 말을 깨끗이 씻겨
주었으면 한다). 그 선술집 마구간지기의 말에 의하면 그 선술집에서는 라운스
웰의 직공 몇 명이 저녁 식사를 하고 있다고 한다. 라운스웰 철공장의 직공들
이 식사를 하려고 공장을 나와 온 시내를 습격했다는 것이다. 라운스웰의 직
공들은 근육질에 힘이 센 데다 피부가 거무스름하다.

기병이 벽돌담의 문이 있는 곳으로 가서 안을 들여다보자 다양한 제작 단계
에 있는 다양한 형태의 쇳조각들—철봉, 쐐기, 탱크, 보일러, 차축, 톱니, 크랭
크, 레일—이 비틀리거나 묘하게 뒤틀려 있다. 쇳더미가 무너져 녹이 슬었고,
갓 완성된 철은 멀리 있는 용광로에서 벌겋게 불타 부글부글 끓어오른다. 증기
해머 밑에서 번쩍번쩍 불꽃을 쏟아낸다. 벌겋게 달군 쇠, 하얗게 달군 쇠, 차디
찬 검은 쇠. 철의 맛, 철의 냄새, 바벨탑의 종소리.

"이곳도 머리가 아프게 될 것 같은 곳이야." 기병은 사무소를 찾아 헤매면서
말한다. "저기에 오는 사람은 누굴까? 군대에 들어가기 전의 나와 닮았군. 닮은
모습을 보니 내 조카임에 틀림없어. 이봐요, 좀 물어볼 것이 있는데."

"네, 말씀하세요. 누구를 찾습니까?"

"실례입니다만 라운스웰 씨의 아드님이십니까?"

"그렇습니다."

"부친과 이야기를 나누고 싶습니다만."

그러자 청년은 마침 잘 되었다고, 아버지는 저쪽에 계신다고 말하면서 앞장
서서 안내를 한다. '군대에 들어가기 전의 나를 많이 닮았어. 아주 빼박았는걸!'
뒤따르면서 기병은 생각한다. 이윽고 광장에 있는 어느 건물에 도착한다. 건물
2층에 사무실이 있다. 사무실에서 한 사내의 모습을 보자 조지는 얼굴이 빨개
진다.

"누구시라고 말씀드릴까요?" 청년이 묻는다.

철에 대한 생각으로 머리가 꽉 차 있던 조지는 절박한 기분에 싸여 있다가 '스틸'이라고 말해서 청년은 그렇게 전한다. 조지는 사무실에 있는 신사와 둘만 남게 된다. 신사는 많은 숫자와 복잡한 도면들로 이루어진 서류들과 장부들이 놓여 있는 책상 앞에 앉아 있다. 대체로 꾸밈이 없는 사무실이고 꾸밈없는 창의 아래로 철제품을 볼 수 있다. 테이블 위에는 테스트용으로 깼는지 다양한 용도의 철제품 파편이 이리저리 뒤섞여 있다. 모든 물건 위에 쇳가루가 덮여 있고 창 너머로 보면 높은 굴뚝에서 연기가 뭉게뭉게 피어올라, 바빌론시처럼 즐비한 다른 많은 굴뚝의 연기와 뒤섞인다.

"그런데 스틸 씨, 무슨 용무이십니까?" 손님이 녹슨 의자에 앉자 그 사내가 말한다.

"라운스웰 씨," 조지는 몸을 앞으로 숙이고 왼팔을 무릎에 올려놓고 모자를 손에 든 채 형과 눈길을 마주치지 않으려고 애쓰면서 대답한다. "갑자기 방문해 폐가 되지는 않았나 모르겠군요. 나는 젊어서 기병대에 근무했는데, 그때 꽤 사이가 좋았던 내 친구가 당신 동생이었지요. 당신에겐 집을 나간 말썽쟁이 동생이 있다고 알고 있습니다만."

"정말로 당신 이름이 스틸입니까?" 철공장 사장이 확 달라진 목소리로 묻는다.

기병은 당황해서 상대의 얼굴을 본다. 그의 형은 깜짝 놀라 기병의 이름을 부르고 두 손으로 꼭 껴안는다.

"형한테는 못 당한다니까!" 기병이 외치며 두 눈에서 눈물을 왈칵 쏟는다. "형, 잘 지냈어요? 형이 이렇게 기뻐해줄 줄은 몰랐어요. 잘 지냈어요, 형?"

형제는 악수를 거듭하고 포옹을 한다. 기병은 여전히 '잘 지냈어요, 형?'을 연발하며 형이 이렇게 기뻐할 줄은 몰랐다고 거듭 말한다.

기병은 이곳에 오기 전에 있었던 일들을 자세히 이야기한 뒤에 이렇게 덧붙인다. "천만에 내 소식을 알릴 생각은 거의 없었어요. 형이 나를 용서해준다면 나중에 편지쯤은 쓸 수 있을 거라고 생각했죠. 하지만 형이 내 소식을 듣고 달갑지 않은 표정을 지었다고 해도 나는 놀라지 않았을 거예요."

"조지, 그 소식을 듣고 우리가 어떤 표정을 짓는지 이제부터 집으로 돌아가 보여주지. 오늘은 경사스러운 날이야. 너는 더할 나위 없이 좋은 날에 와주었어. 나는 내 아들 워트가 1년 뒤에, 여행을 많이 다닌 너도 본 적이 없을 만큼 예쁘고 착한 아가씨와 결혼식을 올리도록 허락해 주었어. 아가씨는 신부교육의 마무리를 위해 내일 네 조카딸 중 한 명과 함께 독일로 가게 되어 있지. 오늘 환송회를 하기로 했는데, 네가 그 파티의 주인공이 되겠구나."

이 같은 말을 듣자 조지는 몹시 당황해서 정색을 하고 사양하지만, 형과 조카—조카에게도 조지는 이렇게 기뻐해줄 줄은 몰랐다는 말을 연발한다—에게 설득이 되어 운치 있는 저택으로 끌려간다. 저택은 달라진 지위에 어울리는 부모의 간소한 습관과 자녀들의 보다 사치스러운 취미가 서로 잘 어울리게끔 꾸며져 있었다. 조지는 조카딸들의 고상한 취미와 앞으로 조카며느리가 될 로자의 아름다움에 놀란 데다 그들에게서 따뜻한 환대를 받자 꿈을 꾸는 듯한 기분이 된다. 게다가 자신을 대하는 조카의 예의 바르고 순종적인 태도를 접하자 자신이 집안의 수치였던 일이 상기되어 몹시 슬퍼진다. 그러나 모두들 진심으로 환영해 주어 매우 즐거운 시간이 이어진다. 조지 기병은 어깨를 펴고 내년의 결혼식에는 꼭 참석해 신부의 후원자가 되겠다고 약속해서 박수갈채를 받는다. 그날 밤, 조지는 형의 당당한 저택 침대에 누웠다. 누워서 그날 있었던 일들과 조카딸들이 독일식 왈츠를 추는 모습을 떠올리니 머리가 어지럽다.

이튿날 아침 형제는 철공장 사장실에 앉아 있다. 형이 자못 명쾌하고 분별 있는 태도로 조지가 앞으로 어떻게 처신해야 좋을지를 말하려고 하자 동생은 형의 손을 꽉 눌러 잡고 그 말을 가로막는다.

"형, 이처럼 분에 넘치게 환대해준 데다가 걱정까지 해줘서 정말 고마워요. 하지만 나는 이미 계획이 서 있어요. 그 이야기를 하기 전에 한 가지 가족 문제에 대해서 상담하고 싶어요. 기병은 팔짱을 끼고 결연한 태도로 형을 바라보고 말한다.

"어떻게 하면 어머니가 나를 괴롭히게 할 수 있을까?"

"무슨 소리냐, 조지." 철기제조업자가 말한다.

"어떻게 하면 어머니가 나를 괴롭히게 할 수 있느냐 말입니다. 어쨌든 어머니는 꼭 그렇게 해야 하니까요."

"어머니가 자발적으로 너를 괴롭혀야 한단 말이야?"

"물론이죠. 간단히 말해서" 기병은 팔짱을 낀 채 더욱 단호한 태도로 말한다. "날 괴롭게 하라는 겁니다!"

"조지, 꼭 그래야 할까?"

"그래요! 꼭 그래야 해요. 그래야만 내가 잘못을 저지르고도 돌아올 수 있으니까. 또다시 엉뚱한 짓을 저지르지 않으리라는 보장이 없잖아요. 나는 형이나 조카들의 아이들이 지닌 형님 권리를 가로채기 위해 집에 돌아온 게 아니에요. 일찌감치 스스로의 권리를 박탈하고만 나에게 그 같은 일이 가능하겠습니까! 내가 이대로 남아 부끄러움을 모르고 살아가려면 누군가 나를 괴롭혀 주지 않으면 안 돼요. 형은 똑똑하고 통찰력이 있으니까. 어떻게 해야 좋을지 가르쳐 주세요."

"어머니를 생각해." 형은 신중하게 대답한다. "어머니가 너를 찾아냈을 때의 심정을 생각해 봐. 사랑하는 아들이 쓰라린 꼴을 당하게 하자고 어머니를 설득할 수 있다고 생각해? 그 같은 말을 꺼내기라도 하는 날에는 어머니 마음에 얼마나 큰 상처가 되겠어. 조지, 내 생각에 그런 일은 기대하지 않는 게 좋아." 완전히 기대가 어긋나 생각에 잠긴 동생을 바라보는 형의 얼굴에 유쾌한 미소가 번진다. "그런 일이 없어도 너는 이제까지처럼 잘 지낼 수 있을 거야."

"어떻게요?"

"불행하게도 네가 좋아하는 방식으로 상속받은 것을 처분하면 되잖니?"

"과연 그렇군요!" 이 같이 말하며 동생은 또 생각에 잠긴다. 그리고 형의 손을 잡고 걱정스러운 듯이 묻는다. "형, 이 일을 형수와 가족들에게 말해줄 수 있겠어요?"

"좋지."

"고마워요, 형. 나는 떠돌이가 분명하지만 비록 덤벙거리는 떠돌이일망정 비열한 떠돌이가 아닌 것은 형도 인정하죠?"

제철소 사장은 웃음을 참아내며 고개를 끄덕인다.

"고마워요. 이것으로 내 가슴의 무거운 짐을 덜었어요." 기병은 숨을 깊이 들이쉬고 팔짱 낀 손을 풀고 손을 무릎 위에 둔다."

마주 앉아 있으면 형제는 매우 닮았다. 그런데 어떤 엄청난 순수함과 세상물정에 익숙지 않은 쑥맥같은 태도는 기병 쪽에서만 볼 수 있다.

"이제" 그는 실망의 빛을 깨끗이 버리고 말을 계속한다. "내 계획에 대해 이야기할 차례로군요. 형은 과분하게도 형이 여러 해 동안 인내와 분별로 구축한 이곳에 자리를 잡으면 어떻겠느냐고 내게 말해주었죠. 정말로 고맙습니다. 아까도 말했지만 분에 넘칠 정도예요. 정말로 고맙습니다." 그는 한참 형의 손을 쥐고 흔들다가 말을 잇는다. "하지만 형, 사실 나는…… 나는 잡초와도 같아요. 그렇기 때문에 정원에 심기에는 이미 늦었다고요."

"그만 해, 조지." 형은 가만히 동생을 바라보고 미소 지으면서 말한다. "그것은 나에게 맡겨. 내가 알아서 할 테니."

조지는 고개를 젓는다. "물론 형이 해서 안 되는 일이 없다는 것은 나도 잘 알고 있습니다. 하지만 안 됩니다! 마침 내가 가정 내의 슬픈 일로 병이 든 레스터 데들록 경을 도울 수 있는 일이 생겼어요. 게다가 경은 누구보다도 우리 어머니의 아들에게 도움을 받고 싶다고 하셨지요."

"그런 일이 있었구나, 조지." 형은 그 사심 없는 얼굴이 약간 흐려지면서 "네가 레스터 데들록 경의 가정친위대에 근무하는 것이 좋다고 한다면……."

"그래요, 형." 기병은 또다시 무릎에 손을 얹고 상대의 말을 가로막는다. "그래요! 형은 이 생각이 마음에 들지 않겠지만 나한테는 괜찮은 생각인 것 같아요. 형은 호위병 일에 익숙지 않지만 나는 익숙해져 있습니다. 형 주변의 모든 것은 질서정연하지만 내 경우는 그렇지 않습니다. 우리 형제는 같은 방식으로 일을 진행하거나 같은 관점에서 사물을 바라보는 데 익숙하지 않아요. 나는 나의 군대식 태도에 대해서 자랑스럽게 말할 생각은 없습니다. 어젯밤에도 이곳에서 상당히 편안하게 잘 잤으니까요. 이곳에서 나의 군대식 태도를 보게 되는 일은 없을 겁니다. 하지만 나는 체스니 월드에 사는 게 가장 좋을 것 같습니다. 그곳은 잡초가 자랄 여지가 이곳보다 많고, 어머니도 기뻐해주실 테니까요. 그렇기 때문에 나는 레스터 데들록 경의 제의를 받아들일 생각입니다. 내년에 결혼식에 올 때에는, 아니 언제 오든 이곳에서 가정친위대가 눈에 띄는 일은 없게 할 정도로 분별 있는 사람이 돼 있을 겁니다. 형님, 다시 한 번 감사드립니다. 그리고 형님이 우리 집안을 다시 일으켜 세운 것을 생각하면 나까지 어깨가 으쓱해집니다."

"조지, 네 일은 네가 잘 알 테지." 형은 그의 손을 꼭 잡으며 말한다. "그리고 어쩌면 나에 대해서도 네가 더 잘 알고 있을지도 몰라. 원하는 대로 해라. 하지만 가끔 소식 전하는 걸 잊어서는 안 돼."

"그런 걱정은 마세요. 그런데 말머리를 돌려 돌아가기 전에 한 가지 부탁이 있어요. 괜찮다면 편지를 하나 읽어봐주었으면 해요. 체스니 월드에서 부칠 수도 있었겠지만 체스니 월드라는 이름은 이 편지의 수취인에게 고통을 안겨줄 터이기에 일부러 여기에서 보내려고 가지고 온 겁니다. 나는 편지 쓰는 데 익숙지 않지만 이 편지에는 특별히 신경을 썼어요. 솔직하면서도 섬세한 필치로 쓰고 싶었거든요."

여기서 그는 잉크 색이 약간 바랜 단정한 필체로 쓰인 한 통의 편지를 철공장 사장에게 건넨다. 그 편지에는 다음과 같이 씌어 있다.

에스더 서머슨 양,

어떤 사람이 소유한 서류 중에서 제 앞으로 쓰인 편지 한 통이 발견되었다고 버킷 경감으로부터 연락받았기 때문에 여기에 대해 말씀드리고자 합니다. 그것은 해외 우편물로, 동봉한 편지를 영국에 거주하는, 당시 미혼이었던 젊고 아름다운 아가씨에게 특정한 시간과 장소, 방법에 따라 전할 것을 지시하는 편지였습니다. 저는 그 지시대로 이행했지요.

그 편지는 제가 필적의 증거로서 건넨 것으로, 필적을 확인할 일만 없었어도 결코 건네주지 않았을 겁니다.

그리고 만일 한 불행한 신사가 살아 있을 가능성이 조금이라도 있었다면 저는 의무감에서나 기질적으로나 그를 찾을 때까지 결코 쉬지 않았으리라는 말씀을 드리고자 합니다. 그렇지만 (공식적으로) 그는 익사했다고 합니다. 서인도제도를 출항한 죄수 수송선이 아일랜드의 어느 항구에 입항하던 밤에 바다에 빠졌다고 합니다. 이것은 제가 그 배의 선원과 승객들에게서 들은 이야기로, (공식적으로) 확인이 되었다고 알고 있습니다.

한편 저는 한 사람의 사병으로서, 지금과 마찬가지로 앞으로도 아가씨의 헌신적이고 충실한 하인이 되고자 하며 무엇보다도 아가씨의 덕을 흠모한다는 것을 말씀드립니다.

안녕히 계십시오.

조지

"조금 딱딱하구나." 어리둥절한 표정으로 형이 편지를 접으면서 말한다.

"그러나 점잖은 아가씨 앞으로 써서 안 될 것은 하나도 쓰지 않았습니다."

"그건 그렇지."

그리하여 조지는 편지를 봉해 철공장에서 발송하는 우편물 속에 넣는다. 이 일을 마치자 조지는 가족 모두에게 진심으로 작별인사를 하고 말에 오르려고 한다. 그러자 헤어지기가 못내 안타까운 형은 함께 무개마차에 타고 숙소로 가서 그곳에서 이튿날 아침까지 묵고, 체스니 월드에서 타고 온 말에는 집의 하인을 태워서 보내자고 제안한다. 동생은 기꺼이 찬성한다. 형제는 다정하게 마차에 올라 숙소로 가서 즐겁게 저녁 식사를 하고 다음날 즐겁게 아침 식사를 한다. 그리고 다시 한 번 길게 악수를 나눈 뒤 헤어진다. 철공장 사장은 고개를 불과 연기 쪽으로 돌리고, 기병은 녹색의 시골 풍경을 바라본다. 그날 오후 일찍, 군대식의 가라앉은 말발굽 소리가 가로수길 잔디 위에 울려 퍼진다. 해묵은 느릅나무 아래를 조지는 상상의 마구를 갖추어 철커덩거리고 짤랑거리며 대오를 갖춘 듯 말을 달린다.

# 제64장 에스더의 이야기

　내가 잔다이스 씨와 대화를 나눈 지 얼마 지나지 않은 어느 날 아침, 잔다이스 씨는 나에게 봉투를 건네면서 "이것은 다음 달 치란다."라고 말했는데 그 안에는 200파운드가 들어 있었습니다.

　나는 필요하다고 생각되는 것들을 구입하기 시작했습니다. 쇼핑을 할 때는 잔다이스 씨의 취향(물론 그의 취향은 나도 잘 알고 있었습니다)에 맞는 것들로 구입하고 내 옷을 살 때도 그를 기쁘게 해줄 수 있는 것들이기를 바랐습니다. 나는 이 모든 것을 몰래 진행했습니다. 에이더가 걱정되었던 데다 잔다이스 씨도 아무 말 없었기 때문입니다. 모든 상황을 고려해볼 때 우리는 가족들만 참석하는 매우 간소한 결혼식을 올리게 될 것입니다. 아마 에이더에게 내일 잠깐 우리 결혼식에 와달라고 말하는 것만으로도 충분하겠지요. 우리 결혼식도 에이더의 결혼식처럼 조촐한 결혼식이 될 것 같습니다. 그리고 끝날 때까지 결혼식에 대해 아무 말 하지 않아도 좋겠지요. 내가 원하는 대로 해도 된다면 나는 그런 소박한 결혼식이 가장 하고 싶습니다.

　단 한 사람의 예외는 앨런 우드코트 씨의 어머니로, 나는 그분에게 잔다이스 씨와 약혼한 지 꽤 됐으며, 이제 결혼할 거라고 말씀드렸습니다. 우드코트 부인은 진심으로 축하해 주었습니다. 우리가 처음 알게 되었을 때에 비하면 놀랄 정도로 다정하게 대해주었고, 나를 위해서라면 어떤 수고도 서슴지 않고 해주었습니다. 물론 나도 가능한 한 폐를 끼치지 않도록 힘썼습니다.

　물론 그렇다고 해서 잔다이스 씨나 에이더에게 소홀히 해도 좋을 때는 아니었습니다. 그래서 나에게는 해야 할 일이 많았는데, 나는 그게 기뻤습니다. 찰리는 바느질에는 영 젬병이었습니다. 주위에 많은 일감을 쌓아 두고도—바구니에 가득, 테이블에도 가득—실제로 손을 움직이는 일은 거의 없고 대부분의 시간은 둥근 눈을 크게 뜨고 이제부터 해야 할 일을 바라봅니다. 그리고 이제 그 일을 할 생각이라고 자신을 설득합니다.

한편 나는 그 유언장 문제에 있어서 잔다이스 씨와 의견이 일치하지 않았습니다. 나는 잔다이스 대 잔다이스 소송사건을 다소 낙관적으로 보게 되었습니다. 우리 둘 가운데 어느 쪽이 옳은지는 곧 알게 될 일입니다. 하지만 나는 확실히 기대를 가지려고 노력했습니다. 리처드 카스톤은 새로운 발견으로 갑자기 바빠졌고 한동안 신났습니다. 그러나 지금은 희망을 잃고 걱정에 시달리는 것 같았습니다. 언젠가 잔다이스 씨가 하신 말씀으로 미루어 짐작컨대 우리 결혼식은 재판소의 개정기가 끝난 뒤에 있을 듯합니다. 나는 리처드와 에이더가 풍족해졌을 때 결혼식을 올리게 되어 기뻤습니다.

개정기도 바로 코앞에 다가왔을 때 잔다이스 아저씨는 앨런 우드코트 씨의 일로 런던을 떠나 요크셔로 갔습니다. 어느 날 밤, 내가 에이더의 집에서 돌아와 새로 산 옷들에 둘러싸여 생각에 잠겨 있을 때 잔다이스 씨로부터 편지가 왔습니다. 그 편지에는 시골에 있는 그에게 와 달라고 쓰여 있었고, 아침 몇 시에 어떤 역마차를 타고 떠나야 하는지도 언급되어 있었습니다. 그리고 추신으로 내가 에이더와 오랜 시간 떨어져 있게 되지는 않을 거라고 덧붙여져 있었습니다.

이런 때 여행을 하게 되리라고는 생각지도 못했지만 30분 만에 여행준비를 마치고 이튿날 일찍 지정한 시각에 떠났습니다. 여행을 하면서 하루 종일 왜 이렇게 먼 곳으로 날 불렀을지를 생각해 보았습니다. 이런저런 이유들을 생각해 보았지만 결코 진실에 다가갈 수는 없었습니다.

목적지에 닿자 이미 밤이었는데 잔다이스 씨가 마중을 나와 있었습니다. 덕분에 대단히 안도했습니다. 밤이 가까워지면서 혹시 그가 병에 걸린 게 아닐까 걱정되었기(편지가 대단히 짧았기 때문에 더더욱 걱정되었습니다) 때문입니다. 하지만 그는 무척 건강해 보였습니다. 그 환하고 온화한 얼굴을 보았을 때 나는 그가 또 무언가 친절한 일을 하고 있었을 거라는 생각이 들었습니다. 그렇게 생각하는 데에는 대단한 통찰력이 필요하지 않았습니다. 잔다이스 씨가 이곳에 오셨다는 것 자체가 친절한 행위임을 나는 알고 있었기 때문입니다.

숙소에서 식사가 나와서 식탁에 마주 앉았을 때 잔다이스 씨가 말했습니다.

"내가 왜 너를 이곳으로 불렀는지 알고 싶어서 좀이 쑤시겠지?"

"네, 아저씨가 푸른 수염이고 내가 파티마[1]는 아니지만 조금은 궁금하네요."

"그러면 네가 오늘밤에 편히 잘 수 있도록 지금 얘기해주마. 나는 우드코트가 불쌍한 조에게 친절하게 대해준 것과 내 어린 사촌들에게 여러 가지로 도움을 준 것과 우리 모두에게 힘이 되어준 것에 대해 감사를 표하고 싶었어. 그가 이곳에 정착하기로 결정했을 때에는 조촐하지만 머리를 누일 수 있는 집을 선물했으면 하는 생각이 떠오르더군. 그래서 그런 집을 물색한 결과 적당한 집을 발견했고, 그 집을 사서 당장 사람이 들어와 살 수 있도록 만반의 준비를 해두기로 했지. 하지만 모든 준비가 끝났다는 보고를 받고 그저께 그 집을 둘러보았는데 내가 주부가 아닌 까닭에 제대로 준비가 된 건지 알 수가 없더군. 그래서 최고로 솜씨 좋은 주부의 의견을 들어보려고 너를 불렀지."

잔다이스 씨는 참으로 친절하고 훌륭하고 존경스러운 분이었습니다. 나는 내가 그를 어떻게 생각하는지 말하려고 했지만 말이 나오지 않았습니다.

"아, 울지 말렴! 너무 감동할 것 없어. 자, 울지 말래두!"

"기뻐서 우는 거예요, 아저씨. 감사하는 마음에 가슴이 벅차서."

"글쎄, 아무튼 칭찬을 받으니 고맙군. 틀림없이 칭찬을 해줄 줄 알았지. 나는 '황폐한 집'의 안주인을 기쁘게 해주려고 생각했거든."

나는 잔다이스 씨에게 키스를 하고 눈물을 닦았습니다. "알고 있었어요, 이미! 아까부터 얼굴에 그렇게 쓰여 있던 걸요." 내가 말했습니다.

"그럴 리가, 정말이야? 대단한 독심술인데!"

잔다이스 씨는 묘하게 들떠 있어서 나도 곧 그에게 동화되었습니다. 조금 전에 눈물을 보인 게 부끄러울 정도였습니다. 하지만 자리에 눕자 다시 눈물이 났습니다. 솔직하게 고백하는데 나는 눈물을 흘렸습니다. 그 눈물이 기쁨의 눈물이길 바랐지만 과연 기쁨의 눈물이었는지는 확신이 서지 않았습니다. 나는 그 편지의 한 자 한 구절을 두 번 되풀이해서 읽었습니다.

이튿날 아침은 화창한 여름날이었습니다. 아침 식사 뒤, 우리는 팔짱을 끼고 내가 살림살이에 대한 중대한 의견을 말하기로 되어 있는 집을 보러 갔습니다. 내가 가지고 있는 열쇠로 옆쪽의 담에 붙어 있는 문을 열고 안으로 들어가자

---

1) 푸른 수염의 일곱 번째 아내. 호기심으로 인해 푸른 수염의 예전 아내들에 대해서 진상을 알아낸다.

화단이 있었습니다. 가장 먼저 눈에 들어온 것은 우리 집에 있는 화단과 똑같이 꾸며져 있는 화단과 꽃들이었습니다.

잔다이스 씨는 걸음을 멈추고 기쁜 표정으로 내 얼굴을 바라보며 말했습니다. "더 좋은 생각이 떠오르지 않아서 네 화단을 본떴지."

아름다운 작은 과수원 옆을 지나자 버찌가 녹색 잎 사이에서 얼굴을 내밀고, 사과나무 그림자가 잔디의 풀과 희롱하고 있었습니다. 거기에서 저택 쪽으로 오자 인형의 방처럼 귀여운 방들이 있는 전원주택이 보였습니다. 평화로운 전원 풍경에 둘러싸인 매우 조용하고 아름다운 저택이었습니다. 햇빛에 반짝이는 냇물이 멀리까지 이어져 있고, 한쪽에는 푸른 잎사귀가 무성한 나뭇가지들이 드리워져 있으며 다른 쪽에는 물레방아가 돌고 있었습니다. 목장을 넘어 활기찬 도시 쪽을 보면 리켓을 하는 사람들의 떠들썩한 무리가 보이고, 흰 텐트 위의 깃발이 부드러운 서풍을 받아 펄럭이는 게 보였습니다. 아기자기한 방들을 지나 작고 간소한 베란다로 나와 재스민과 인동덩굴에 뒤덮인 돌기둥을 마주하는 동안 벽지 모양이나 가구 색, 온갖 예쁜 물건들이 진열되어 있는 방식에서 나의 기호와 취향, 나만의 독특한 방식—모두가 놀려대면서도 칭찬해주곤 하던—을 보았습니다.

이 모든 아름다운 것들을 바라보니 감탄을 금할 수 없었습니다. 하지만 이때 마음속에 하나의 의혹이 솟아났습니다. '이 모든 게 우드코트 씨를 더 행복하게 할까? 나를 연상케 하는 것들이 없는 게 더 낫지 않을까? 내가 그가 생각하는 만큼 훌륭한 여자는 아니지만 그는 여전히 나를 사랑하기에 집 안에 나를 연상케 하는 것들이 있으면 상실감을 곱씹게 되지 않을까? 그가 나를 잊기를 바라지는 않지만—지금처럼 집 안에 나를 상기시키는 요소가 있으면 아마 잊지 못하리라—그가 나를 잊어서 더 행복해질 수만 있다면 그리 해도 괜찮은데.'

잔다이스 씨는 나에게 이런 것들을 보여주고 내가 감탄하는 모습을 바라보면서 전에 없이 뿌듯해하고 기뻐하며 말했습니다. "그런데 마지막으로 이 저택의 이름 말인데……."

"어떤 이름인데요, 아저씨?"

"자, 이쪽으로 와서 보려무나."

아저씨는 이제까지 그 앞을 지나는 것을 피해 왔던 현관으로 나를 안내하며 문을 열고 나오기에 앞서 잠시 걸음을 멈추고 말했습니다.

"어떤 이름인지 짐작할 수 있겠니?"

"모르겠는데요." 내가 말했습니다.

우리가 현관에서 밖으로 나오니 그곳에는 '황폐한 집'이라고 씌어 있었습니다!

잔다이스 씨는 가까운 나무그늘의 의자로 나를 데리고 가서 내 옆에 앉았습니다. 그러고는 내 손을 잡고 이렇게 말했습니다.

"이제까지 우리 사이에 있었던 일에 대해 말하자면, 나는 그것이 진심으로 네 행복을 위한 것이었다고 생각해. 전에 네가 답장을 보낸 그 편지를 쓸 때" 잔다이스 씨는 미소 지으며 말했습니다. "나는 내 생각을 많이 했지만 네 생각도 했단다. 다른 상황에서였다면 언젠가 너를 아내로 맞이하겠다는 내 오랜 꿈을 다시 마음에 품었을지에 대해 자문해볼 필요도 없었어. 나는 다시금 그 꿈을 꾸었고, 네게 편지를 썼지. 너는 그 편지에 답장을 했고, 내 말 듣고 있어, 에스더?"

나는 온몸이 서늘해서 부들부들 떨었습니다. 하지만 잔다이스 씨가 하는 말을 한 마디도 놓치지 않고 들었습니다. 내가 가만히 잔다이스 씨의 얼굴을 바라보고 있자니 나무 잎사귀들 사이로 흘러들어오는 부드러운 햇살이 그의 맨머리를 비췄습니다. 그 빛이 마치 천사의 후광처럼 느껴졌습니다.

"아무 말 말고 내가 하는 말을 들어줘. 지금은 내가 말할 차례야. 내가 한 일이 정말로 너를 행복하게 해줄 수 있을까 하는 의문을 품게 된 게 언제쯤이었는지, 그런 것은 아무래도 좋아. 우드코트가 집에 돌아왔을 때 곧바로 의문이 풀렸지."

나는 잔다이스 씨의 목에 매달려 그 가슴에 머리를 묻고 하염없이 울었습니다.

"그대로 가만히 있어. 아무것도 걱정하지 말고." 잔다이스 씨는 나를 부드럽게 껴안으며 말했습니다. "이제 나는 네 후견인이기도 하고 아버지이기도 하니까. 그대로 편히 있으렴.

잔다이스 씨의 말은 나뭇잎의 부드러운 속삭임처럼 편안하고, 화창한 날씨처럼 여유롭고, 햇볕처럼 따뜻하게 들려왔습니다.

"나를 이해해 줘, 에스더. 나는 네가 나와 더불어 만족스럽고 행복한 삶을 살게 되리라고 믿어 의심치 않았어. 하지만 네가 누구와 함께라면 더 행복할지 알았지. 네가 아직 우드코트의 마음을 알지 못할 때 내가 그의 마음을 알게 된 것은 조금도 이상한 일이 아니야. 나는 네 안에 있는, 결코 변하지 않을 좋은 자질들을 너보다 훨씬 더 잘 알고 있었으니까. 앨런 우드코트는 오래전부터 자기 마음을 내게 털어놓고 있었지. 내가 그에게 내 마음을 털어놓은 것은 네가 여기 오기 몇 시간 전이지만 말이야. 그렇지만 나는 에스더의 여러 미덕들이 존중받지 못하는 것은 원치 않았어. 너를 모건 앱 케리그 일족이 되게 할 순 없었지. 웨일즈의 모든 산을 합쳐놓은 것만큼이나 많은 황금을 준다고 해도 말이야!"

잔다이스 씨는 이야기를 멈추고 내 이마에 키스를 했습니다. 나는 또다시 흐느끼기 시작했습니다. 이렇게 칭찬을 받으면 기쁘기도 하면서 쓰라린 것 같은 참을 수 없는 기분이 되기 때문입니다.

"쉿, 귀여운 아주머니! 울지 말아요. 오늘은 축하할 날이니까. 나는 오늘 같은 좋은 날을 몇 개월이나 전부터 기다려왔으니까." 잔다이스 씨는 기뻐하며 말했습니다. "몇 마디만 더하고 끝낼게. 나는 에스더의 가치가 조금이라도 폄하되는 일이 없었으면 하는 마음에 우드코트 부인에게도 사실을 말씀드렸지.

'부인, 나는 아드님이 내 피후견인인 에스더를 사랑한다는 것을 압니다. 그리고 단언컨대 에스더도 아드님을 사랑하고 있어요. 그러나 의무감에서 그 사랑을 희생하려 하고 있지요. 희생하려는 마음이 너무나 크고 철저해서 부인이 밤낮을 가리지 않고 에스더를 감시하셔도 아마 모르실 겁니다.'

그런 다음 나는 그녀에게 우리 즉 너와, 나에 대한 이야기를 했어. 그리고 이렇게 말했지.

'자, 부인, 이제 사실을 아셨으니 우리 집에 와서 묵으시지요. 와서 아침부터 저녁까지 에스더를 지켜보는 겁니다. 에스더에 부인의 가문에 어울리지 않는 어떤 점들이 있는지 보시고 그런 점이 있으면 말씀해주세요.' 그러자 부인은 과연 웨일즈의 명문가 후손다운 면모를 보여주었지 더든 아주머니에 대해 나만큼이나 따뜻하고 호의적이고 친절한 마음을 갖게 된 거야!"

잔다이스 씨는 내 고개를 들어 올리고, 매달리는 나에게 몇 번이고 자애에 넘치는 키스를 했습니다.

"한 마디만 더. 앨런 우드코트가 너에게 마음을 털어놓은 것은 나에게 미리 양해를 얻고 한 일이었어. 그렇지만 나는 그를 부추기거나 하지는 않았어. 왜냐 하면 나중에 두 사람을 놀라게 해주고 싶었으니까, 두 사람이 놀라는 모습을 보는 게 내게는 큰 즐거움인데, 그 즐거움을 조금이라도 놓칠 수는 없었거든, 그는 너를 만나고 나서 어떻게 되었는지 그 결과를 이야기해 주기로 했고, 실 제로 그렇게 했어. 자, 내 이야기는 끝났어. 앨런 우드코트는 네 아버지가 돌아 가셨을 때 곁에서 지켜봐준 사람이야. 어머니가 돌아가셨을 때도 곁에서 지켜 봐준 사람이고, 이 집은 황폐한 집이야. 오늘 나는 이 집에 귀여운 안주인을 마 련해 주었지. 맹세코 말하는데 오늘이야말로 내 생애의 가장 기쁘고 좋은 날 이야!"

잔다이스 씨는 일어서서 나를 부축해 일으켰습니다. 우리는 이제 두 사람만 이 아니었습니다. 나의 남편—지난 7년간의 행복한 세월 동안 나는 그 사람을 이렇게 불렀습니다— 이 내 곁에 서 있었습니다.

"앨런," 잔다이스 씨가 말했습니다. "이 멋진 선물을 받아주게나. 어느 남자도 얻기 어려운 훌륭한 부인을. 자네는 이런 부인을 얻을 자격이 충분하다네, 부인 과 함께 에스더가 가져가는 작은 집은 받아주게. 에스더가 이 집을 어떤 곳으 로 변화시킬지는 자네도 잘 알 거야, 앨런. 이와 똑같은 이름의 집을 에스더가 얼마나 근사한 곳으로 만들어 주었는지 알 테니까. 때때로 내게도 이 집에서 누리는 행복을 나눠주게나, 내가 어떤 희생을 했느냐고? 천만에, 나는 아무것 도 희생한 게 없다네."

잔다이스 씨는 다시 한 번 나에게 키스를 했습니다. 그리고 눈물 고인 눈으 로 부드럽게 말했습니다.

"에스더, 이렇게 오랫동안 함께 살아왔는데 역시 이별이란 있는 거야. 내 잘 못으로 너를 힘들게 했구나. 부디 용서하고 옛날부터의 애정으로 날 생각해줘. 자, 앨런, 이 사랑스러운 사람을 데려가게나."

잔다이스 씨는 나무 그늘에서 벗어나 햇빛 속에서 우리를 향해 돌아서더니 쾌활하게 말했습니다.

"나는 주변을 한 바퀴 둘러보고 오겠어. 마침 서풍이 부는군. 더 이상 누구도 나에게 고맙다는 말 같은 걸 해서는 안 돼. 나는 이제부터 다시 독신으로 살 때의 습관으로 돌아가서, 누구든 이 경고를 어기면 멀리 달아나서 다시는 돌아오지 않을 테니까!"

그날 우리는 얼마나 행복했는지 모릅니다! 얼마나 기쁘고, 얼마나 마음이 편안하고, 얼마나 희망에 넘치고, 얼마나 감사했는지 모릅니다! 우리는 2달 안에 결혼하기로 했습니다. 하지만 언제 이 집에 들어와서 살지는 리처드와 에이더에 달려 있었습니다.

이튿날 우리 세 사람은 집에 돌아왔습니다. 도시에 도착하자마자 앨런은 리처드와 에이더에게 이 기쁜 소식을 전하러 갔습니다. 밤이 늦었는데도 나는 잠들기 전에 잠깐이라도 에이더를 만나러 갈 생각이었습니다. 하지만 그에 앞서 잔다이스 씨와 함께 집으로 돌아왔습니다. 아저씨에게 차를 대접하고 곁의 의자에 앉았습니다. 그 의자가 일찌감치 앉을 주인을 잃어버리는 게 싫었기 때문입니다.

집에 돌아와 보니 그날 어떤 청년이 나를 세 번이나 찾아왔다고 했습니다. 그는 세 번째로 찾아왔을 때 내가 밤 10시쯤에야 돌아온다는 말을 듣고 그때쯤 다시 오겠다는 말을 남기고 돌아갔는데, 세 번 다 명함을 두고 갔습니다. 명함을 보니 거피 씨였습니다.

나는 자연히 거피 씨가 왜 왔을지를 생각해 보았습니다. 거피 씨에 대해 생각할 때는 늘 우스꽝스러운 무언가가 떠올랐습니다. 나는 웃으면서 잔다이스 씨에게 그가 나에게 구혼한 적이 있고 뒤에 그것을 취소했다고 말했습니다. 잔다이스 씨는 "그런 일이 있었다니 꼭 만나봐야겠는걸." 하고 말하고는 거피 씨가 다시 오면 그에게 안내하라고 여러 차례 지시해 두었습니다. 거피 씨가 다시 왔을 때는 지시를 내리는 것도 끝해졌을 무렵이었습니다.

거피 씨는 잔다이스 씨가 함께 있는 것을 보고 당황한 것 같았는데 이윽고 마음을 돌리고 인사를 했습니다.

"안녕하십니까?" 잔다이스 씨도 답례를 했습니다.

"고맙습니다. 올드 스트리트에 사는 우리 어머니 미시즈 거피와 나의 둘도 없는 친구 위블 군을 소개합니다. 위블이라는 이름을 쓰고 있지만 본명은 조블링이라고 합니다." 거피 씨가 말했습니다.

잔다이스 씨가 모두에게 의자를 권했습니다.

"토니," 거피 씨는 한동안 거북한 듯이 말없이 앉아 있다가 친구에게 말을 걸었습니다. "자네가 먼저 시작하지 않겠나?"

"자네가 하게." 상대는 좀 무뚝뚝하게 대답했습니다.

"그러면 잔다이스 씨," 잠시 생각한 다음 거피 씨가 입을 열자 그의 어머니는 재미있다는 듯이 팔꿈치로 조블링 씨를 찌르고 무슨 대단한 의미라도 있는 것처럼 내게 윙크를 해보였습니다. "나는 서머슨 양 한 사람과 만날 생각으로 왔기 때문에 선생님을 뵙게 될 줄은 몰랐습니다. 하지만 틀림없이 서머슨 양으로부터 나와의 사이에서 있었던 일에 대해 무언가 들으셨을 테지요."

"네, 들어서 알고 있습니다." 잔다이스 씨는 미소 지으며 대답했습니다.

"그러면 이야기는 간단합니다. 나는 방금 켄지 앤드 카보이 법률사무소에서 수습기간을 무사히 마쳤습니다. 이제 나는(생각만 해도 우울해지는 시험을 치고, 알고 싶지도 않은 것들을 마구 주입당한 뒤에) 변호사 자격을 얻었습니다. 만일 보시고 싶다면 자격증을 가지고 왔습니다만."

"고맙습니다, 거피 씨. 나는 그 자격증을 인정합니다." 잔다이스 씨가 대답했습니다.

거피 씨는 주머니에서 무언가를 꺼내려다 그만두고 말을 계속했습니다.

"나 자신은 아무런 자본도 가지고 있지 않지만 어머니한테는 연금 형태로 된 재산이 좀 있습니다." 여기서 거피 씨 어머니는 이런 재미있는 광경도 없다는 듯이 고개를 흔들며 손수건을 입에 대고 또다시 내게 윙크를 했습니다. "게다가 일을 추진할 때의 경비로 수 파운드쯤은 아무 때나 빌려주실 겁니다. 더구나 무이자로요. 이것은 큰 이득이 되지요." 거피 씨는 절실한 투로 말했습니다.

"그렇겠군요." 잔다이스 씨가 맞장구를 쳤습니다.

"나는 람베스 지구[2]의 월코트 광장 방면에 고객이 있기 때문에 그곳에 집을 한 채 빌렸습니다. 내 친구들의 의견으로는 대단히 유리한 조건으로 빌린 것이

_____

2) 런던 템스강 남안의 빈민가.

라고 하니 (세금은 말도 안 될 정도로 싸고 시설 사용료는 집세에 포함되어 있다고 합니다) 나는 곧바로 그곳에서 개업을 할 생각입니다." 거피 씨가 말했습니다.

여기서 거피 씨 어머니는 흥분하기 시작해 고개를 흔들며 눈길이 마주치는 사람이면 누구에게든 익살스러운 미소를 지어보였습니다.

"그 집은 주방을 제외한 6개의 방이 있는데, 내 친구들의 의견에 의하면 편리한 주거랍니다. 친구들이란 주로 조블링 군을 말하는데, 그와는 어릴 때부터 알고 지냈습니다." 거피 씨는 친구 쪽을 감상적인 눈길로 바라보며 말했습니다.

조블링은 다리를 움직여서 그렇다는 뜻을 나타내 보였습니다.

"조블링 군이 그 집에 들어와 살면서 직원 자격으로 내 일을 돌봐줄 것입니다. 어머니도 올드 스트리트에 있는 집의 계약 기한이 지나면 그 집에서 함께 살 예정이고요. 그러니까 쓸쓸하거나 하지는 않겠지요. 조블링 군은 귀족적인 취향을 타고난 친구로 상류층 인사들의 동정에 상세할 뿐만 아니라 내가 지금 하고자 하는 일을 진심으로 지원해주고 있습니다."

조블링 씨는 "사실입니다"라고 말하고 거피 씨 어머니의 팔꿈치에서 몸을 조금 떼었습니다.

"그런데 이미 서머슨 양으로부터 들어서 알고 계시겠지만 (어머니, 좀 가만히 계셨으면 합니다), 예전에 서머슨 양의 모습이 내 마음속에 깊이 각인되어서 그녀에게 청혼을 한 적이 있습니다."

"그렇다고 들었습니다." 잔다이스 씨가 맞장구를 쳤습니다.

"불가피한 사정으로 본의 아니게 한동안 그 모습이 희미해졌는데, 그동안 서머슨 양이 보여준 태도는 참으로 훌륭했고 관용적이었다고까지 말하지 않을 수 없습니다."

잔다이스 씨는 내 어깨를 가볍게 두드리며 무척 재미있다는 표정이었습니다.

거피 씨가 말했습니다. "이번에는 내 쪽에서도 너그러운 태도를 취할 마음의 준비가 됐습니다. 내가 서머슨 양도 설마 할 정도로 고결한 심경에 다다를 수 있다는 것을 보여주고 싶습니다. 내 마음에서 사라졌다고 생각했던 이미지가 사라지지 않았음을 알게 됐어요. 아직도 그 이미지가 내게 영향을 미치는 힘은 엄청납니다. 나는 그 영향력에 굴복해서 예전에 했던 결혼신청을 다시 해도 좋겠다는 심경에 이르게 된 것입니다. 서머슨 양이 나의 직업과 나 자신과 월코트 광장의 집을 받아주셨으면 합니다."

"매우 너그러운 조치이군요." 잔다이스 씨가 말했습니다.

"그렇습니다." 거피 씨는 솔직하게 대답했습니다. "나는 너그러워지려고 합니다. 나는 서머슨 양에게 이 제의를 하면서 스스로를 헐값에 넘긴다고는 생각지 않습니다. 내 친구들도 나와 같은 생각이지요. 내게도 단점이 있으므로 실은 공정하고도 균형 잡힌 제안인 셈이죠."

"당신의 제의에 대해서 내가 서머슨 양을 대신해 대답하겠소." 잔다이스 씨는 웃으면서 말하고 하인을 부르는 초인종을 울렸습니다. "서머슨 양은 당신의 친절한 뜻에 감사하고 있습니다. 그러면 여러분 안녕히 가십시오."

"아!" 거피 씨는 어안이 벙벙한 표정으로 말했습니다. "그 말씀은 받아들인다는 뜻인가요, 거절한다는 뜻인가요. 아니면 고려해보겠다는 뜻인가요?"

"확실히 거절의 의미입니다!"

거피 씨는 믿어지지 않는다는 표정으로 친구를 보고, 바닥을 보고, 천장을 보고, 어머니를 보았습니다. 어머니는 갑자기 분노하기 시작했습니다.

"그렇습니까?" 거피 씨가 말했습니다. "그렇다면 조블링, 자네가 내 친구라면 어머니를 모시고 나가주지 않겠나? 이곳에 계속 계셔봤자 어색하기만 할 테니."

그러나 거피 부인은 나가기를 거부했습니다. 그녀는 잔다이스 씨에게 말했습니다.

"이봐요, 주인양반! 그게 무슨 말이오? 내 아들이 어디가 어때서……. 부끄러운 줄 아시구랴, 당신이나 나가시오."

"부인, 이곳은 내 방이니 나가라고 하시면 부당합니다."

"상관없어요. 내 아들이 눈에 안 차면 눈에 차는 사람을 찾아야겠지, 나가서 한번 찾아보시구랴."

조금 전까지 그 상냥하던 거피 부인이 이렇게까지 화를 내리라곤 꿈도 꾸지 못했습니다.

"가서 눈에 차는 사람을 데려오라고요." 거피 부인이 되풀이했습니다. "어서 나가요." 우리가 나가지 않고 있는 것만큼이나 그녀를 화나게 하는 것도 없는 듯했습니다. "왜 안 나가는 거요?" 거피 부인이 말했습니다. "왜 여기서 머뭇거리고 있느냐고요?"

"어머니," 거피 씨가 잔다이스 씨에게로 가려는 모친을 어깨로 밀어내며 말했습니다. "그만하세요."

"아니, 그럴 순 없어." 거피 부인이 대답했습니다. "저 사람이 나가지 않는 한 계속할 거야."

그러나 거피 씨와 조블링 씨가 힘을 합쳐 거피 부인(욕설을 퍼붓기 시작한)을 아래층으로 끌고 갔습니다. 계단을 하나씩 내려갈 때마다 어서 가서 눈에 차는 사람을 데려와 보라는 그녀의 외침은 한 계단씩 위로 올라갔습니다.

# 제65장 새로운 출발

드디어 법정의 개정기가 시작되었습니다. 소장이 이틀 안에 제출될 예정이라고 켄지 변호사가 잔다이스 씨에게 넌지시 알려왔습니다. 나는 그 유언장에 커다란 기대를 걸고 있었기 때문에 그날 아침, 앨런과 함께 법정에 나가기로 했습니다. 리처드는 흥분이 극에 이르러서 약해지고 원기를 잃고 말았기 때문에 에이더에게는 격려가 필요했습니다. 하지만 에이더는 도움이 오리라는 희망을 버리지 않았으며, 결코 위축이 되거나 하지 않았습니다.

소송사건이 심리되는 곳은 웨스트민스터의 법정이었습니다. 이제까지 몇 백 번이고 그곳에서 심리가 진행되었겠지만, 이번에야말로 어떤 결과에 이를지도 모른다는 생각이 들었습니다. 웨스트민스터 홀[1]에 시간에 맞게 도착하기 위해 아침 식사를 마치고서 곧바로 떠났습니다. 앨런과 함께 활기에 넘치는 거리를 지나갔습니다. 이상하게도 모두가 행복해 보였습니다!

우리가 리처드와 에이더에게 어떻게 해주면 좋을지를 의논하며 서둘러 가고 있을 때 누군가가 "에스더! 에스더 아니야? 에스더!" 하고 부르는 소리가 들렸습니다. 돌아보니 캐디 젤리비였습니다. 그녀는 출장지도를 하는 학생들이 많아서 작은 마차를 타고 다녔는데, 그 마차 창문으로 고개를 내밀고 있었습니다. 100야드나 떨어진 거리에서도 나를 안고 싶어 하는 듯했습니다. 나는 편지로 그녀에게 잔다이스 씨의 친절한 배려에 대해 모두 알려주었지만 그녀를 만나러 갈 시간은 없었습니다. 당연히 우리는 마차가 있는 곳으로 돌아갔고, 나의 다정한 친구는 기뻐서 어찌할 바를 몰라 했습니다. 그녀는 내게 꽃다발을 가져다 준 밤의 일을 말하거나, 두 손으로 내 얼굴을 감싸 안고 온갖 다정한 이름으로 나를 부르거나 내가 그녀에게 베푼 친절(나도 깨닫지 못했던)에 대해 앨

---

[1] 현재는 국회의사당으로 되어 있는 웨스트민스터 궁전 내의 홀에서 19세기 초까지 재판이 열렸다. 현재는 빈 방으로 남아 있다.

런에게 이야기하거나 하면서 몹시 흥분했기 때문에 나는 마차에 올라타 그녀가 원하는 대로 말하고 행동하게 해줌으로써 그녀의 흥분을 가라앉혀야 했습니다. 창가에 선 앨런도 캐디와 마찬가지로 기뻐하는 모습이었고 나도 두 사람과 마찬가지로 기뻤습니다. 나는 너무 많이 웃어서 빨개진 얼굴로 마차에서 내려 캐디를 전송했고 캐디는 우리가 보이지 않게 될 때까지 창밖으로 몸을 내밀고 있었습니다.

이 때문에 우리는 15분쯤 늦어져서 웨스트민스터 홀에 도착했을 때에는 이미 재판이 시작되고 있었습니다. 설상가상으로 그날따라 많은 군중이 모여들어 법정 안이 초만원이었기 때문에 안에서 무엇을 하고 있는지 들여다볼 수도, 들을 수도 없었습니다. 무언가 우스꽝스러운 일이 있는지 때때로 큰 웃음소리가 들려오고 "조용히!"라고 외치는 소리가 들려왔습니다. 무언가 흥미 있는 일이 언급이 되고 있는 듯했습니다. 모두가 조금이라도 다가가려고 서로 밀치락거렸습니다. 법률 전문가에게도 꽤 흥미로운 일인 듯, 가발을 쓰고 수염을 기른 젊은 변호사들이 군중 바깥쪽에 있었습니다. 그 가운데 한 사람이 다른 사람들에게 무언가 말을 하자 모두 주머니에 손을 찌른 채 몸을 비틀 듯이 웃고는 홀 바깥의 보도에 발소리를 울리며 멀어져갔습니다.

우리가 곁에 있는 사람에게 무슨 소송사건이냐고 묻자 그 사람은 잔다이스 대 잔다이스 소송사건이라고 대답했습니다. 어떻게 되어가고 있는지 묻자 그 사람은 잘 모르겠다고, 하지만 그가 보기엔 끝난 것 같다고 대답했습니다. 우리가 오늘 심리가 끝났다는 뜻이냐고 묻자 그는 아니라고, 완전히 끝났다고 대답했습니다."

우리는 놀라서 서로 얼굴을 마주 보았습니다. 그 유언장 덕분에 사건이 아주 잘 해결되어 리처드와 에이더가 부자가 된다는 의미일까? 아무래도 지나치게 좋은 결과라서 믿어지지가 않았습니다.

우리는 곧 어떻게 된 일인지 알 수 있었습니다. 잠시 뒤에 북적거리는 사람들 틈을 뚫고, 흥분해서 얼굴이 빨개진 사람의 무리가 쏟아져 나왔기 때문입니다. 그들의 얼굴에는 재판이 아니라 익살꾼의 연극이나 요술을 보고 나온 자들 같은 우스꽝스러운 표정이 어려 있었습니다. 우리는 아는 사람이 눈에 띄지 않을까 해서 옆에 서 있었습니다. 이윽고 서류더미가 운반되어 나왔습니다. 자루에

든 서류 다발과 자루에 넣지 못할 정도로 큰 서류 다발, 온갖 형태의, 또는 형태도 없는 서류다발들을 서기가 비틀거리면서 메고 나와 포석 위에 내려놓더니 그다음 것을 가지러 갔습니다. 이 서기들까지 큰 소리로 웃고 있었습니다. 우리는 '잔다이스 대 잔다이스'라고 씌어 있는 이 서류 더미를 힐끗 바라본 다음 그 더미 속에 서 있는 관리인 듯한 사람에게 소송사건은 끝났느냐고 물었습니다. 그 사람은 마침내 결말이 났다고 대답하고는 웃음을 터뜨렸습니다.

마침 그때 켄지 변호사가 여느 때와 다름없이 상냥한 모습으로, 그 옆에서 자기 가방을 들고 굽실거리고 있는 볼스 변호사의 말에 귀를 기울이며 법정에서 나오고 있었습니다. 볼스 변호사 쪽이 먼저 우리를 발견했습니다. "저곳에 서머슨 양과 우드코트 선생이 계십니다." 볼스 변호사가 말했습니다.

"아, 그렇군요! 켄지 변호사는 모자를 벗고 정중하게 말했습니다. "안녕하십니까, 뵙게 돼서 반갑습니다. 잔다이스 씨는 같이 오시지 않았나요?"

"네, 그분은 이곳에 오신 적이 없지요." 내가 대답했습니다.

"그렇군요. 오늘 오시지 않아서 오히려 다행이었습니다. 오셨더라면, 이곳에 그분이 계시지 않으니까 하는 말인데, 그분의 기이한 의견이 더욱 힘을 얻었을 테니까요. 비록 합리적인 방식으로는 아니지만 말입니다."

"부디 무슨 일이 있었는지 알려 주십시오." 앨런이 부탁을 했습니다.

"뭐라고 말씀하셨습니까?" 극히 은근하고 정중하게 켄지 변호사가 말했습니다.

"무슨 일이 있었느냐고요?"

"무슨 일이 있었냐 하면……글쎄요, 결국 그다지 대단한 일도 없었습니다……대단한 일도 없었어요. 우리는 갑자기……그 뭐라고 할까요?"

"그 유언장은 유효하다고 인정이 됐습니까? 그 점을 가르쳐 주세요."

"네, 가능하다면 기꺼이 가르쳐 드리겠지만, 우리는 그 문제에까지 이르지는 못했습니다."

"그 문제에까지 이르지는 못했습니다." 볼스 변호사가 낮은 목소리로 메아리처럼 되풀이했습니다.

"앨런 우드코트 선생, 이렇게 생각하세요." 켄지 변호사가 말을 계속했습니다. 은제 흙손을 흔들면서 달래는 듯한 투로 "이 사건은 매우 중대한 소송사건이고 아주 오랫동안 이어져온 소송사건인 데다 꽤 복잡한 소송사건이라고 말이에요. 잔다이스 대 잔다이스 소송사건은 대법관부의 기념비라고 일컬어져 왔습니다."

"인내심이 필요하다는 말씀인가요?" 앨런이 말했습니다.

"그렇습니다." 켄지 변호사는 잘난 체하는 미소를 띠며 말했습니다. "그리고 이렇게 생각해주십시오." 그는 엄격하다고 해도 좋을 정도로 거만한 태도를 취하면서 말을 이었습니다. "이 소송사건과 관련한 여러 가지 어려움과 뜻하지 않은 문제들을 해결하는 데는 여러 가지 연구와 능력, 웅변, 지식, 지성이 필요하다고 말이죠. 그렇습니다. 우드코트 선생, 실로 여러 해 동안…… 음, 그러니까 법조계의 꽃이라 할 만한 것들과…… 음, 양털 자루에 담긴 잘 영근 가을 과실이라 할 만한 것들이 잔다이스 대 잔다이스 사건에 아낌없이 쏟아부어졌습니다. 국가가 이 사건에 관여하고 사람들이 이 사건으로 인해 득을 보려면 돈이 지불되지 않으면 안 됩니다."

"켄지 씨," 앨런은 순간 무언가를 깨달은 듯한 표정으로 말했습니다. "용서하십시오, 시간이 없어서요, 그러니까 전 재산이 결국 재판경비로 사라져버렸다는 말인가요?"

"그렇다고 생각합니다! 볼스 씨, 당신의 의견은 어떻습니까?"

"그렇다고 생각합니다!" 볼스 씨가 말했습니다.

"그래서 소송은 자연히 마무리되리라는 말입니까?"

"다분히 그렇겠죠. 볼스 씨의 의견은요?" 켄지 씨가 말했습니다.

"다분히 그럴 것입니다." 볼스 씨가 말했습니다.

"이런," 앨런이 작은 목소리로 속삭였습니다. "이 사실을 알면 리처드가 몹시 속 썩을 텐데."

앨런은 걱정으로 낯빛이 변했습니다. 그는 리처드의 일을 너무나 잘 알고 있었기 때문입니다. 나도 리처드가 차츰 수척해져가는 것을 보아왔기 때문에 언젠가 에이더가 한 불길한 말이 종소리처럼 내 귓가를 울렸습니다.

"만일 리처드 카스톤 씨에게 용무가 있다면," 볼스 변호사가 우리들 뒤에서 말을 걸었습니다. "아직 법정에 계십니다. 조금 휴식을 취해야 되겠다고 생각해 그대로 두고 왔습니다. 그럼 안녕히 가십시오, 우드코트 선생님, 서머슨 양."

그는 천천히 탐닉하는 듯한 눈초리로 나를 바라보고는 가방 끈을 단단히 매고 상냥하게 말을 잘하는 켄지 변호사를 놓칠 새라 서둘러 그 뒤를 쫓아갔습니다. 이로써 의뢰인의 모든 것을 이해했다는 듯이 숨을 헐떡이면서요. 그런 다음 단추를 끝까지 채운 그의 거무스름한 형체는 홀 끝의 야트막한 문 쪽으로 사라졌습니다.

"리처드의 일은 당분간 나에게 맡겨주세요." 앨런이 말했습니다. "집에 가서 이 소식을 전하고 에이더에게도 알려줘요!"

나는 그가 나를 마차가 있는 곳까지 바래다주지 않아도 좋으니까 서둘러 리처드에게 가보라고 했습니다. 그리고 그가 말한 대로 하겠다고 했습니다. 그리고 서둘러 집으로 돌아가 잔다이스 씨에게 상황을 설명했습니다. 잔다이스 씨는 조금도 놀란 기색이 없이 말했습니다.

"결과가 어떻게 됐건 이 소송이 끝났다는 것은 내가 바라지도 않았던 좋은 소식이야. 하지만 사촌들이 불쌍하게 됐군!"

우리는 오전 내내 불쌍한 리처드와 에이더의 일에 대해 의논했습니다. 오후가 되자 우리는 함께 시몬즈 법학예비원으로 가서 아저씨는 밖에서 기다리기로 하고 나만 에이더를 만나보기로 했습니다. 내가 계단을 올라가는데 에이더가 발소리를 듣고 좁은 복도로 나와 내 목을 두 팔로 껴안았습니다. 하지만 곧바로 마음을 가다듬고 리처드가 아까부터 내가 오지 않았느냐고 묻고 있다고 말했습니다. 에이더의 말에 의하면 앨런이 법정 구석으로 가보자 리처드가 거기에 석상처럼 앉아 있었다고 합니다. 앨런이 말을 걸자 리처드는 재판장을 향해 격렬한 투로 무언가를 말하려는 듯하다가 입 안 가득 피가 고여서 말을 잇지 못했고, 그래서 앨런이 집으로 데리고 왔다고 합니다.

내가 방에 들어갔을 때 리처드는 눈을 감은 채 침대에 누워 있었습니다. 테이블에는 정신이 들게 하는 약이 놓여 있었고, 방은 가능한 한 환기가 잘 되고 어둡게 해 놓았는데 조용하고 정돈이 잘 돼 있었습니다. 앨런이 환자 뒤에 서서 진지한 표정으로 지켜보고 있었습니다. 환자의 낯빛이 매우 창백했습니다. 나는 그가 나를 보지 않는 동안 자세히 그의 얼굴을 살펴본 뒤에야 비로소 그가 얼마나 야위었는지 알 수 있었습니다. 하지만 최근 며칠 전보다는 훨씬 안정된 모습이었습니다.

나는 말없이 리처드 옆에 앉았습니다. 그는 얼마 뒤 눈을 뜨고 가냘픈 목소리로, 하지만 옛날 그대로의 미소를 띠고 "아, 더든 아주머니, 키스해줘요!" 하고 말했습니다.

쇠약해져 있는 가운데에도 밝고 희망적인 그의 모습을 보니 놀랍기도 하면서 한편으로는 안심이 되었습니다. 그는 내가 앨런과 결혼하게 되어 말할 수 없이 기쁘다고 말했습니다. 남편은 그와 에이더에게 있어서 수호천사였습니다. 리처드는 나와 앨런을 축복하고 우리가 인생이 주는 모든 기쁨을 맛볼 수 있기를 빌어주었습니다. 리처드가 남편의 손을 잡아 자기 가슴에 대고 있는 것을 보자 나까지 가슴이 미어질 듯했습니다.

우리는 되도록 미래의 일을 이야기했습니다. 리처드는 자기가 자리를 털고 일어날 수만 있으면 우리 결혼식에 가야 한다고 몇 번이나 말했습니다. 에이더가 어떻게든 자기를 데리고 가 줄 것이라고요. "네, 물론이죠!"라고 에이더는 희망에 넘친 목소리로 대답했습니다. 무언가가 자기를 도우러 올 날이 가까운 것을 아는 그녀의 모습은 차분하고 아름다웠습니다. 그 모습을 보니……나는……나는!

리처드가 말을 너무 많이 하면 좋지 않을 것 같아서 그가 입을 다물자 우리도 입을 다물었습니다. 그의 바로 곁에 앉아 있던 나는 에이더를 위해 바느질을 하는 체했습니다. 나를 바쁘게 일한다고 놀렸었기 때문입니다. 리처드는 가끔 졸다가 깨어서 앨런의 모습이 보이지 않으면 언제나 앨런부터 찾았습니다.

어둠이 다가왔습니다. 내가 눈을 들자 입구 쪽에 잔다이스 씨의 모습이 보였습니다. "누구야, 더든 아주머니?" 리처드가 내게 물었습니다. 리처드는 문을 등지고 있었지만 내 낯빛을 보고 누군가가 왔음을 깨달은 것입니다.

얼핏 앨런을 쳐다보자 그가 고개를 끄덕였습니다. 나는 리처드 위로 몸을 굽혀 말해주었습니다. 이 모습을 본 잔다이스 씨는 바로 내 곁으로 와 리처드의 손을 잡았습니다. 리처드는 "아아, 잔다이스 씨, 당신은 정말로 좋은 분입니다, 당신은 정말 좋은 분입니다!"라고 말하고 처음으로 울음을 터뜨렸습니다.

잔다이스 씨는 내 의자에 앉아 리처드의 손을 잡고 말했습니다.

"릭, 검은 구름은 사라졌어. 이제 태양이 밝게 빛나고 있어. 우리 모두는 좀 당황했었지, 릭. 그래도 상관없어, 괜찮아!! 그런데 몸 상태는 어때?"

"매우 약해졌어요. 하지만 곧 튼튼해질 겁니다. 나는 새롭게 다시 시작해야 해요."

"아, 물론이지. 그렇고말고."

"이번에는 옛날처럼 하지 않아요." 리처드는 슬픈 미소를 지었습니다. "이제는 교훈을 얻었으니까요. 쓰라린 교훈이었지만 정말 확실하게 배웠어요."

"그렇고말고." 잔다이스 씨는 위로하듯 말했습니다. "그렇고말고."

"나는 이 세상의 무엇보다도 그 집—더든 아주머니와 우드코트의 집—이 보고 싶습니다. 어느 정도 원기를 되찾아 그곳에 가게 되면 다른 어느 곳에서보다도 더 빨리 병이 나을 것만 같아요."

"릭, 나도 마침 같은 생각을 하고 있었어. 에스더도 마찬가지고, 바로 오늘 둘이서 그 얘기를 했지. 아마 에스더의 남편도 반대하지는 않을 거야."

리처드는 미소를 짓고 침대 머리맡 뒤에 서 있는 잔다이스 씨 쪽으로 팔을 뻗으며 말했습니다.

"나는 에이더에 대해 아무 말도 하지 않았지만 언제나 생각은 하고 있었습니다. 에이더를 좀 보세요. 자신도 쉬고 싶을 텐데 말없이 제 머리맡에서 돌봐주고 있잖아요. 정말 가여워요!"

리처드는 에이더를 꼭 껴안았습니다. 아무도 말을 하지 않았습니다. 리처드는 천천히 아내를 놓아주었습니다. 에이더는 우리를 가만히 바라보고 위를 올려다본 뒤 무언가 중얼거렸습니다.

"내가 황폐한 집에 가면," 리처드는 말했습니다. "여러 가지로 할 이야기가 있습니다. 당신도 여러 가지를 보여주시겠죠? 함께 가주시겠죠?"

"물론이지, 릭." 잔다이스 씨가 대답했습니다.

"고맙습니다. 정말 당신답습니다. 당신이 일체의 계획을 세우고 에스더의 평상시 취향이나 방법을 모두 기억하고 계시다고 들었습니다. 틀림없이 예전의 황폐한 집으로 돌아온 것 같은 기분이 들 거예요."

"릭, 예전의 황폐한 집에도 와줬으면 좋겠구나. 나는 지금 외로운 신세니까, 네가 와주면 무척 고마울 거야. 너도, 에이더!" 잔다이스 씨는 에이더에게 이렇게 되풀이한 다음 그녀의 금빛 머리를 부드럽게 쓰다듬고 머리카락 한 올을 입에 가져다 댔습니다(속으로 에이더가 혼자 남게 되면 보살펴 주겠다고 맹세했을 게 틀림없습니다).

"악몽을 꾼 거겠죠?" 리처드는 이렇게 말하고 잔다이스 씨의 두 손을 꼭 잡았습니다.

"그렇고말고, 릭."

"당신은 좋은 분이니까 요즈음 사정을 물에 흘려보내듯 흘려보내시고, 몽상가를 용서하고 가엾게 여기셔서 그가 잠에서 깨어났을 때 상냥하게 격려해주시는군요?"

"물론이지. 나도 몽상가일 뿐이니까, 릭."

"나는 새롭게 다시 출발합니다!" 리처드는 눈을 반짝이면서 말했습니다.

이때 남편이 에이더 쪽으로 다가가서 경고의 표시로 잔다이스 씨를 향해 엄숙하게 손을 들어 보였습니다.

"언제쯤에나 예전에 살던 그 즐거운 장소에 갈 수 있을까요? 그곳에 가면 더 건강해져서 에이더가 내게 어떤 사람인지 얘기해줄 수 있을 텐데요. 나의 수많은 단점과 맹점을 상기할 수도 있고, 앞으로 태어날 아이를 키울 준비도 할 수 있을 텐데요. 언제쯤에나 갈 수 있을까요?" 리처드가 말했습니다.

"릭, 네가 건강해지면." 잔다이스 씨가 대답했습니다.

"사랑스러운 에이더!"

리처드는 몸을 일으키려고 했습니다. 앨런은 그가 바라는 대로 에이더에게 안길 수 있도록 그를 일으켜 주었습니다.

"당신한테 많은 잘못을 저질렀어. 당신의 앞길을 가로막고 당신과 결혼해서 당신을 힘들게 했지. 에이더, 이제부터 새롭게 출발할 테니 지난 일은 모두 용서해줘."

에이더가 몸을 굽혀 키스를 하자 리처드의 얼굴에 환한 미소가 떠올랐습니다. 그는 천천히 에이더의 가슴에 얼굴을 묻고 두 팔로 그녀를 더 꼭 끌어안았습니다. 그리고 한 번의 흐느낌과 더불어 새로운 출발을 했습니다. 그렇지만 아, 이 세상에서의 새로운 출발이 아니었습니다. 모든 것을 바로잡아줄 저세상에서의 새로운 출발이었습니다.

그날 밤 늦게 모두가 잠들었을 때, 가엾게도 실성한 플라이트 양이 울면서 나에게로 와 새장의 새를 모두 풀어주었다고 말했습니다.

# 제66장 링컨셔에서

최근 며칠 동안 체스니 월드는 아주 조용하다. 마치 데들록 가 역사의 어느 한 부분에 대해서 누구 한 사람 입을 열지 않는 것과 비슷하다. 레스터 경이 그 집 사정을 알고 있는 자들에게 대가를 지불하고 입막음을 했다는 설도 있다. 하지만 이 소문은 불확실해서, 여기저기서 미약하게 들려오다가 가뭇없이 사라지고 만다. 나무들이 어둡게 뒤덮이고 밤이 되면 부엉이 소리가 메아리치는 부지 내의 영묘에 아름다운 데들록 부인이 묻혀 있는 것은 확실한 사실로 알려져 있다. 그렇지만 그녀의 유해가 어디에서 운구되어 이 쓸쓸하게 메아리치는 숲속에 거두어졌는지, 어떻게 세상을 떠났는지는 일체 의문에 싸여 있다. 부인의 옛 친구들, 특히 해골 같은 목에다 핑크빛 볼을 지닌 옛 미녀들 중에서 몇몇 매력적인 부인들이 유령처럼 부채질을 하면서—매력적인 여성이 애인들을 모두 잃고 음산한 죽음과 희롱할 때처럼—이따금씩 말했다. 데들록 가의 영묘에 묻혀 있는 유령들이 데들록 부인의 유골과 함께 자리하게 된 모욕적인 사태에 분개하여 벌떡 일어나지 않겠느냐고, 하지만 데들록 가의 선조들은 이 사실을 조용히 받아들이고 쓴소리는 한마디도 하지 않았던 것 같다.

숲속의 꾸불꾸불한 샛길을 지나, 움푹 팬 곳에 자란 풀고사리를 헤치고 말발굽 소리가 이 쓸쓸한 곳으로 다가올 때가 가끔 있다. 그러면 말 위에 레스터 경의 모습—병에 찌들고, 등도 굽어지고, 눈도 제대로 보이지 않지만 아직 보기에는 위엄이 넘치는—이 그 옆에서 말고삐를 잡는 다부진 사내의 모습과 함께 보이는 것이다. 영묘의 문 앞까지 오자, 레스터 경의 말은 익숙해져 있는지 스스로 멈춘다. 그리고 경은 모자를 벗고 한동안 서 있다가 다시 돌아간다.

보이손과의 싸움은 격렬해졌다가 조용해졌다가 하면서 여전히 이어지고 있다. 마치 바람에 흔들리는 등불처럼. 사실 보이손 씨는 레스터 경이 링컨셔로 아주 내려왔다고 들었을 때, 자신의 통행권을 포기하고 레스터 경의 주장을 받아들이려는 의향을 나타냈다. 그런데 이를 들은 레스터 경이 자신의 불행한 처지를 딱하게 여긴 처사라고 몹시 화를 냈기 때문에 보이손 씨는 어쩔 수 없이 이웃의 원기를 되찾게 해주기 위해 불법침입을 범하지 않을 수 없게 되었다. 똑같은 이유에서 보이손 씨는 분쟁의 원인이 되고 있는 도로에 여전히 입간판을 세워둔 채 자택에 틀어박혀 레스터 경에 대한 험담을 늘어놓는다. 똑같은 이유로 그는 교회에서도 예전처럼 레스터 경을 못 본 체하고 지나간다. 그러나 여기저기에서 소곤거리는 이야기에 의하면 보이손 씨는 옛날의 적에 대해 심한 행동을 할 때조차 그를 배려하며, 이 사실을 모르는 레스터 경은 보이손 씨와 화해할 생각이 전혀 없다. 레스터 경은 자신과 보이손 씨가 두 자매의 운명을 둘러싸고 같은 슬픔으로 이어져 있었던 일을 전혀 모르고 있으며, 보이손 씨는 지금은 그 사정을 알고 있지만 상대에게 이야기하는 사람은 아니다. 그렇기 때문에 다툼은 두 사람 모두에게 만족스럽게도 언제까지나 이어지는 것이다.

영지 내의 사냥터 오두막의 하나—저택에서 바라다 보이는 곳에 위치해 있고 링컨셔 일대에 홍수가 났을 때 부인이 거기서 사냥터지기의 아이를 바라보고 했던—에 전직 기병인 늠름한 사내가 살고 있다. 전에 장사를 하다 남은 것이 벽에 몇 개 걸려 있다. 이런 것을 언제나 번쩍번쩍 빛나게 하는 것이 마구간에서 일하는 다리가 나쁜 작은 사내의 커다란 낙이다. 이 작은 사내는 언제나 바쁘게 일한다. 마구 오두막의 문짝이나 등자, 재갈 사슬 등 마구간에서 닦을 수 있는 것이라면 뭐든 닦는, 그야말로 연마의 인생을 살고 있다. 털이 많고 잡종 개와 비슷한 데가 있는 그는 심하게 다루어지는 데 익숙해져 있는 사내로, 필이라는 이름으로 불린다.

늙은 가정부(이 무렵 귀가 잘 안 들리게 된다)가 아들의 부축을 받아 교회에 나가는 광경은 보기에도 흐뭇하다. 이 두 사람이 레스터 경에 대해 취하는 태도와 레스터 경이 이 두 사람에 대해 취하는 태도 또한 보기 좋다. 요즘은 저택을 방문하는 사람이 거의 없지만 한여름이 되면 다른 시기에는 볼 수 없는 쥐색 외투를 입고 우산을 쓴 손님의 모습이 나뭇잎 사이로 보일 때가 있다. 두 어린 소녀가 저택 내의 톱밥을 둔 곳이나 그 밖의 조용한 곳에서 놀고 있는 모습도 더러 보인다. 2개의 파이프에서 피어오르는 연기가 기병의 오두막 입구에서 저녁 하늘로 원을 그리며 사라져 간다. 그런 때에는 오두막 안에서 '영국 투척

병 행진곡'을 연주하는 위풍당당한 파이프 소리가 들려오곤 한다. 저녁의 어둠이 깊어지자 나란히 이곳저곳을 산책하고 있는 두 사내 가운데 한 사람이 단호한 투로 이런 말을 하는 소리가 들려온다. "하지만 아내에게는 그렇게 말하지 않아. 규율을 유지해야 하니까."

저택은 이제 대부분이 닫힌 채 외부인이 구경할 수 없게 되어 있다. 그렇지만 레스터 경은 긴 응접실에 걸린 부인의 초상화 앞에 여전히 놓여 있는 의자에서 휴식을 취한다. 밤이 되면 주위에 폭이 넓은 병풍을 두르고 그 안에서만 불을 켜고 있으므로 응접실 조명은 차츰차츰 작아져 마지막에는 사라지지 않을까 생각될 정도이다. 실제로 조금만 지나면 레스터 경을 비추는 조명은 완전히 사라지고 말 것이다. 그리고 굳게 닫혀 있는 영묘의 문이 열려서 경을 받아들이리라.

볼룸니아는 시간이 지남에 따라 입술은 핏기가 가시고 얼굴은 노래지는 가운데 레스터 경에게 책을 읽어주거나 하품을 숨기는 이런저런 방법을 생각하거나 하며 기나긴 밤을 보낸다(하품을 숨기는 가장 효과적인 방법은 붉은 입술 사이에 진주 목걸이를 끼우는 것이다). 볼룸니아는 레스터 경에게 버피와 부들 문제에 대한 기나긴 논고 따위를 읽어준다. 버피는 청렴하고 부들은 악덕하기에 부들파가 사라지면 나라가 흥한다는 내용인데, 레스터 경은 그 자세한 내용에는 관심이 없는 듯하다. 그런데도 볼룸니아가 읽기를 멈추려고 하면 경은 퍼뜩 눈을 뜨고 마지막 말을 낭랑하게 되풀이한 다음 얼마간 불쾌한 빛을 띠며 지쳤느냐고 묻는다. 그러나 볼룸니아는 새처럼 이곳저곳의 서류를 쪼다가 경에게 '만일의 일'이 있을 경우 자신에게 돌아올 유산에 대한 메모를 본 적이 있기 때문에 지루함을 잊고 책을 읽어준다.

경의 친척들은 체스니 월드는 따분하다고 싫어하는 편이지만 사냥 시즌이 되면 찾아온다. 그러면 사냥터에서는 총소리가 울리고, 서너 명의 몰이꾼이나 사냥터지기가 정해진 장소로 흩어져 친척들이 오기를 기다린다. 병자인 사촌은 황폐한 주변 환경 때문에 병이 심해진 나머지 몹시 울적해하고, 사냥을 나가지 않을 때에는 참회의 의자에 앉아서 쿠션을 안고 툴툴거린다. 이 지긋지긋한 감옥 같은 저택에는 기분전환할 것이 하나도 없다고 불평하면서.

이와 같이 변한 링컨셔의 저택에서 볼룸니아의 가장 큰 즐거움은 이따금씩 열리는 사교무도회에 참석해 나라나 지역사회에 이바지하는 것이다. 이날이 되면 깃털 장식을 단 동화 나라의 소녀는 요정 같은 옷차림으로 사촌의 에스코트를 받아 14마일 바깥의 오래된 집회장으로 간다. 그곳은 매년 364일은 마치 지구 반대쪽의 헛간처럼 낡은 책상이나 의자로 가득 채워져 있다. 그런데 이런 좋은 날이 되면 이 요정 소녀는 소녀다운 활기찬 모습으로 사람들의 눈길을 사로잡고 눈부신 무용수들 사이를 빙빙 돈다. 사내들이 차나 레모네이드, 샌드위치를 들고 찾아오면 그녀는 친절하면서도 잔인하고 당당하면서도—겸손한 변화무쌍한 존재가 된다. 그녀는 집회장을 장식한 지난 세기의 샹들리에를 닮았다. 샹들리에의 빈약한 쇠장식과 자그마한 유리장식, 유리장식이 떨어져나간 곳에 보이는 보잘것없는 지지대, 미약하게 반짝이는 불빛 등이 볼룸니아를 떠올리게 한다.

이와 같은 일들을 제외하면 링컨셔에서의 볼룸니아 생활은 평범하고 단조롭다. 집 주위에는 무성한 나무가 한숨을 짓거나 손을 비틀거나 고개를 숙이거나 유리창에 눈물을 흘린다. 거대한 미로와도 같은 이 저택은 사람들이나 그들의 유령 같은 초상화의 주거라기보다는 오히려 무슨 소리가 날 때마다 수없이 은신처에서 뛰쳐나와 집 전체에 울려 퍼지는 메아리와 천둥의 주거 같다. 오래 쓰지 않은 복도와 계단은 다 낡아서, 밤중에 침실 바닥에 빗 한 개를 떨어뜨려도 그 소리가 저택 전체로 메아리쳐 사람들이 무슨 일인가 하고 집안을 헤매는 형편이다. 고용인도 혼자서 돌아다니기는 싫다고 말하고, 난로에서 재가 떨어지는 소리에 하녀는 비명을 지른다.

체스니 월드는 이 같은 상황에 처해 있다. 저택의 대부분은 버려진 채 어둠 속에 묻혀 있는 것이다. 여름의 맑게 갠 날이건 겨울의 음산한 날이건 별 차이가 없을 정도이다. 언제나 음침하고 고요하다, 낮에도 깃발이 펄럭이는 일이 없고 밤에도 불빛이 반짝이는 일이 없다. 오가는 가족들도 없고 어둡고 서늘한 방을 찾는 이도 없다. 삶의 흔적조차 없다. 낯선 이가 보기에도 링컨셔의 저택에는 인간다운 정열도 긍지도 사라지고 생기 없는 휴식만이 남아 있다.

# 제67장 에스더의 이야기

내가 황폐한 집의 안주인이 된 뒤로 7년간의 행복한 세월이 지났습니다. 이제까지 써 온 것에 몇 마디를 덧붙여야 할 것 같습니다. 그리고 나면 내가 이 수기를 써 보내는 이름 모를 친구와도 작별이겠지요. 나로서는 대단히 아쉬운 생각이 듭니다. 그 친구 쪽에서도 조금은 아쉬워했으면 좋겠습니다.

그들이 에이더를 나에게 맡겼으므로 그 뒤 몇 주 동안 그녀와 날마다 함께 지냈습니다. 그렇게도 희망을 걸었던 갓난아기는 아버지의 묘에 떼를 입히기도 전에 태어났습니다. 사내아이였기 때문에 나와 앨런과 잔다이스 씨가 아버지의 이름을 붙여주었습니다.

에이더는 기대했던 대로 도움을 받았습니다. 비록 그 도움은 또 다른 목적을 위해 왔지만요. 아버지가 아니고 어머니에게 행복과 원기를 가져오는 것이 그 아기의 임무가 된 셈입니다. 그 힘은 참으로 컸습니다. 나는 갓난아이의 연약한 손이 지니는 강한 힘을 보고, 그 손에 닿는 것만으로 에이더의 아픈 마음이 치유되고 희망이 샘솟는 것을 봄으로써 새삼 신의 은총을 느꼈습니다.

모자가 차츰 건강해졌습니다. 이윽고 나는 에이더가 갓난아기를 팔에 안고 우리 집 뜰을 거니는 것을 볼 수 있게 되었습니다. 그때는 나도 결혼한 상태로 행복의 절정에 있었습니다.

그 무렵 잔다이스 씨가 우리 집에 오셔서 에이더에게 언제 집에 와주겠느냐고 물었습니다.

"황폐한 집은 둘 다 네 집이지만 오래된 '황폐한 집' 쪽이 우선권이 있는 셈이지. 너와 아들이 여행을 할 수 있을 만큼 건강해지면 꼭 집에 오려무나."

에이더가 잔다이스 씨를 존 아저씨라고 부르자 잔다이스 씨는 "아니야, 이제부터는 후견인으로 불러다오. 이제부터 너와 그 아이의 후견인이 될 생각이니까."라고 말했습니다. 그래서 그 뒤로 언제나 그렇게 부르기로 했습니다. 그렇기 때문에 아이들도 그 이외의 이름으로는 불러본 적이 없습니다. 아이들이라고 말한 이유는 내게도 딸 둘이 있기 때문입니다.

찰리(변함없이 동그란 눈에 문법은 서툽니다)가 집 가까이의 방앗간 집 젊은 주인과 결혼을 하다니 도저히 믿어지지 않지만, 사실입니다. 여름날 아침 일찍 이 수기를 쓰다가 눈을 들어 창밖을 보자 그 방앗간 집의 풍차가 돌기 시작하는 게 보였습니다. 나는 방앗간 집 주인이 찰리를 지나치게 사랑해 응석받이로 만들지 않았으면 합니다. 하지만 그는 찰리를 무척 사랑했고 찰리는 그와의 결혼으로 꽤나 자신만만해졌습니다. 남편이 하는 방앗간이 번창했기 때문입니다. 찰리에 관한 한 7년이라는 시간이 멈춰 서 있었던 것 같은 생각이 듭니다. 찰리의 여동생 엠마가 찰리의 예전 모습과 똑같기 때문입니다. 찰리의 남동생인 톰은 무슨 산수를 배우고 있었는데, 소수계산이 아니었나 싶습니다. 아무튼 톰은 방앗간 집의 도제로 있는데, 늘 누군가를 좋아하는, 수줍음 많은 아이입니다.

캐디 젤리비는 요전번 휴가 때 우리 집에 왔었습니다. 전보다도 한층 다정해진 그녀는 춤을 가르쳐본 적이라곤 없는 것처럼 집 안에서건 밖에서건 늘 아이들과 춤을 췄습니다. 캐디는 자기 전용 마차를 가지고 있고 뉴먼 거리 보다 2마일쯤 서쪽에 살고 있습니다. 남편(대단히 나무랄 데 없는 좋은 사람입니다)이 다리를 다쳐 춤을 출 수 없기 때문에 그녀가 열심히 일해야 했습니다. 그런데도 그녀는 더없이 만족하여 온 마음을 다해 춤을 가르치고 있습니다. 그녀의 아버지 젤리비 씨는 밤이 되면 그녀의 새로운 집으로 찾아와 그녀의 옛날 집에서 그랬듯이 벽에 머리를 기대고 앉아 시간을 보냅니다. 어머니인 젤리비 부인은 딸 캐디가 천한 사내와 결혼해 천한 일을 한다고 몹시 속상해했지만 언젠가는 알아줄 날이 오겠지요. 그녀는 보리오불라 가의 자선사업에 실패해 괴로워하고 있었는데, 이는 보리오불라의 왕이 나쁜 풍토에도 견뎌내고 살아남은 주민들 모두를 럼주를 받고 팔아버렸기 때문입니다. 젤리비 부인은 여권신장을 기치로 국회의원에 입후보하게 되었는데, 캐디의 말로는 예전보다 더 서신 교환이 많아질 것이라고 합니다. 캐디의 귀여운 딸을 깜빡할 뻔했습니다. 지금은 그다지 어리지는 않은데 귀와 입이 부자유스럽습니다. 캐디만큼 좋은 어머니도 없을 것입니다. 그녀는 바쁜 와중에도 짬을 내어 농아자의 독순술(讀脣術)을 배워 아이의 부자유를 조금이라도 덜어주려 힘쓰고 있기 때문입니다.

피피는 세관관리가 되어 열심히 일하고 있고, 터비드롭 노인은 뇌졸중을 앓고 있으면서도 여전히 예의범절의 본보기를 보여주고 있습니다. 그는 지금도 피피를 몹시 좋아해 자기 화장실에 있는 오래된 프랑스 시계를 물려줄 생각이라고 하는데, 사실 그 시계는 그 노인의 것이 아닙니다.

우리는 처음으로 모은 돈으로 집을 증축해 잔다이스 씨를 위해 작은 '분노의 공간'을 만들었습니다. 그리고 다음번에 잔다이스 씨가 오셨을 때 성대한 완공 축하를 했습니다. 나는 가능한 한 즐거운 마음으로 이 글을 쓰고 싶습니다. 끝이 가까워짐에 따라 가슴이 벅차오르기 때문에 더 그렇습니다. 하지만 잔다이스 씨에 대해 쓰려고 하니 눈물이 앞을 가립니다.

잔다이스 씨 모습을 볼 때마다 그분이 정말 좋은 분이라고 말하던 리처드의 목소리가 들려옵니다. 잔다이스 씨는 에이더와 그 사랑스러운 아들에게는 다정한 아버지이고 나한테는 예전과 다름없는, 늘 한결같은 분인데…… 글쎄요, 뭐라고 부르면 좋을까요? 그분은 내 남편의 둘도 없는 친구이고 내 아이들의 다정한 아저씨이고 우리 가족의 더할 나위 없이 깊은 애정과 존경의 대상입니다. 그렇지만 나는 그분이 더할 나위 없이 훌륭한 분으로 생각되면서도 친근하고 편안하게 느껴지기 때문에 스스로도 이상할 정도입니다. 잔다이스 씨는 옛날처럼 나를 친절한 투로 불러주시고 나 또한 그렇습니다. 잔다이스 씨와 함께 있을 때면 나는 늘 그분 옆자리의, 옛날에 내가 앉던 의자에 앉기로 하고 있습니다. 잔다이스 씨는 여전히 나를 트로트 아주머니나 더든 아주머니, 작은 아주머니라고 부르고 나도 여전히 '네, 아저씨!'라고 대답합니다.

잔다이스 씨가 나를 현관으로 데리고 가서 집 이름을 가르쳐준 그날 뒤로 거센 동풍이 분 적은 한순간도 없었습니다. 언젠가 내가 그 이야기를 하자 잔다이스 씨는 정말 그렇다고 말했습니다. 그날 뒤로 동풍은 아예 사라지고 만 것입니다.

에이더는 전보다도 예뻐졌습니다. 전에 그녀의 얼굴에서 볼 수 있었던—이제는 볼 수 없습니다—슬픔의 그림자는 그 천진난만한 얼굴을 더할 나위 없이 맑고 성스럽게 만든 것처럼 보입니다. 때때로 아직 상복을 입고 있는 에이더가 나의 리처드에게 기도를 가르쳐주는 모습을 보면 나는……글쎄요, 뭐라고 말해야 좋을지……그녀가 잊지 않고 나를 위해 기도해주어 기쁘다는 생각이 듭니다.

나는 그 아이를 '나의 리처드'라고 불렀는데, 그 아이는 언제나 자기에게는 엄마가 두 사람이라고 말합니다. 두 엄마 가운데 한 사람이 바로 나랍니다!

우리 일가는 은행 예금이 썩 많지는 않지만, 늘 어려움 없이 넉넉하게 살고 있습니다. 남편과 함께 외출을 하면 언제나 사람들로부터 감사하다는 말을 듣습니다. 부유하고 가난하고를 떠나서 누구의 집엘 가든 남편에 대한 칭찬이나 그를 향한 감사의 눈길을 마주합니다. 나는 날마다 밤 잠자리에 들 때마다 오늘 하루 남편이 누군가의 고통을 덜어주고 어려움에 처한 동료 인간을 도와줬겠거니 생각합니다. 손을 쓸 수 없게 된 환자가 임종 때 '오랫동안 돌봐주셔서 고맙습니다'라는 감사의 말을 남기고 세상을 뜬 일도 헤아릴 수 없이 많습니다. 이것이 풍족한 생활이 아니고 무엇이겠습니까?

사람들은 나까지 '의사 사모님'으로 칭찬을 합니다. 나까지 여러 가지로 편의를 봐주어 부끄러워지고 맙니다. 이것은 모두 내 사랑하는 남편 덕택입니다! 내가 하는 일은 모두 남편을 위한 것이므로 그들은 남편을 위해 나를 좋아해 주는 것입니다.

이틀쯤 전날 밤의 일이었습니다. 내가 다음날 오기로 되어 있는 잔다이스 씨와 에이더 그리고 리처드를 맞을 준비를 하느라 바쁜 하루를 보내고 현관에, 평생 잊을 수 없는 그 현관에 앉아 있는데 앨런이 돌아왔습니다.

"내 소중한 부인, 무얼 하고 있지?" 그가 말했습니다.

"달빛이 너무나 밝고 밤이 너무 아름다워서 이곳에 앉아 생각을 하고 있었죠." 내가 말했습니다.

"무슨 생각?" 앨런이 되물었습니다.

"당신은 정말 호기심이 많군요! 좀 부끄럽긴 해도 얘기해줄게요. 옛날의 내 얼굴을 생각하고 있었어요."

"옛날 얼굴은 왜?" 앨런이 말했습니다.

"옛날 그대로의 얼굴이었다고 해도 지금 이상으로 당신에게 사랑을 받지는 못했으리라고 생각했죠."

"본래의 얼굴이라도?" 앨런은 웃으며 말했습니다.

"물론 본래의 얼굴이라도요."

"무슨 말을 하는 거야. 당신은 거울도 안 본단 말이야?" 앨런은 이렇게 말하며 내 팔을 잡았습니다.

"내가 거울을 본다는 것은 당신도 아시잖아요."

"그런데도 당신이 전보다 예뻐진 것을 깨닫지 못한 거야?"

"네. 지금도 잘 모르겠는걸요. 하지만 이것만큼은 확실히 알아요. 내 아이들은 무척 귀엽고 에이더는 대단한 미인이고 내 남편은 매우 잘생겼으며 잔다이스 씨는 누구보다 명랑하고 자애로운 얼굴을 하고 있으며, 이들 모두는 내가 그리 아름답지 않아도 잘 지내리라는 것을요."

# 찰스 디킨스 생애와 그의 작품들

## 생애

찰스 디킨스는 1812년에 태어나 1870년에 세상을 떠났다. 첫 장편소설 《피크위크 페이퍼스》를 쓴 이래 마지막 작품인 《에드윈 드루드의 비밀》을 채 완성하지 못한 채 병석에서 눈을 감을 때까지 세계가 인정하는 영국 소설문학의 일인자였으며, 현재도 지식인들에게 '영국 소설가 중 가장 위대한 천재', '영국의 대문호의 한 사람'으로서 인정받고 있다.

디킨스는 해군 경리부의 하급관리 집안에서 태어나 이른바 중류계급과 하층계급의 중간층에 속했다. 디킨스는 평생 그런 배경을 염두에 두고 소설을 썼다. 아버지와 어머니 모두 낭비벽이 있어서 살림은 어려웠으며, 때로는 끼니를 거르기조차 했다. 그 때문에 학교 교육을 받은 것은 여섯 살부터 열다섯 살 때까지의 기간 중 4년에 지나지 않았다. 아버지의 전임으로 부득이 전학을 가야하기도 했지만, 학교도 세 번이나 바뀌었다. 특히 열두 살 때는 학교를 그만두고 구두약 공장에 다녀야 했다. 이는 평생을 두고 아픈 기억으로 남았다.

설상가상으로 아버지는 빚을 갚지 못해, 그 무렵 법률에 따라 채무불이행자가 들어가는 감옥에 투옥되었다. 법률상 가족은 감옥 안에서 죄수와 함께 지낼 수 있었는데, 어머니와 형제들은 아버지와 함께 감옥에서 살았지만, 디킨스는 혼자 바깥에서 하숙하며 구두약 공장에서 돈을 벌어 생활했다. 그뿐만 아니라 거의 일가의 가장으로서 가족을 보살펴야 했다. 더구나 부모님은 그것을 당연하게 여겨서 그에게 별로 신경을 쓰지 않았다.

쾌활하고 잘 웃는 성격이었지만, 육체적으로나 정신적으로 상처받기 쉬운 감수성 풍부한 소년 디킨스는 이처럼 불우한 처지로 몰락한 데다 부모님에게 버림받았다는 생각에 굴욕감과 절망감에 빠지고 말았다. 뒤에 나오듯이, 그의 삶에서 가장 중요하고 뼈아픈 경험은 이 다섯 달 사이에 있었다.

**찰스 디킨스**(1812~1870) 뉴욕에서, 1868.

열다섯 살 때는 변호사 사무실에서 일했는데, 이때 디킨스는 기자가 되고 싶어 독학으로 속기를 배운다. 열여섯 살 때부터 민법박사회의 법정 속기사로 3년 반 동안 일했고, 스무 살 때는 그토록 꿈에 그리던 기자가 되어 저널리스트로서의 첫발을 내디뎠다.

스물한 살이 되던 해 12월에는 잡지에 투고했던 단편소설 〈포플러 가로수길에서의 저녁 식사〉가 채택되었는데, 이 작품이 작가로서의 첫 작품이다. 그 뒤 1839년(스물일곱 살)에 기자를 그만두고 본격적으로 작가생활을 시작하지만, 그 뒤에는 다시 수년에 걸쳐 개인적으로 주간지를 발행하고 거기에 자신의 작품을 발표했다. 이렇게 그는 평생 저널리즘 활동과 깊은 관계를 맺었다.

특히 주간지 〈가정의 말〉(1850~59)과 역시 주간지 〈일 년 내내〉(1859~70년까지 편집)는 문학을 축으로 오락과 계몽 교화를 목적으로 한 사회개혁부터 자연과학 등에 이르는 기사를 인도주의적인 진보주의의 견지에서 디킨스가 총괄한 잡지이다. 불워 리턴(1803~73), 찰스 리드(1814~84) 등의 작품을 게재했으며, 개스켈 부인(1810~65), 윌키 콜린스(1824~89) 등의 신인을 발굴해 냈다.

디킨스도 장편 《어려운 시절》, 《두 도시 이야기》, 《위대한 유산》과 《크리스마스 캐럴》에 속하는 단편을 발표하여 인기 작가가 되었으며, 최고 전성기 때의 발행부수는 주간지 〈가정의 말〉이 4만 부, 〈일 년 내내〉가 3만 부에 이르렀다.

그는 이러한 주간지를 20년이나 계속해서 발행했고, 게재되는 원고를 모두 검토하고 수정했으며, 소설 이외의 기사도 직접 작성했다. 그뿐만 아니라 자선 사업과 사회사업, 곳곳에서 열리는 강연(이런 활동도 한 권의 소설로 쓰였다)과 수차례에 걸친 유럽 및 미국 여행, 그의 생명을 단축하기에 이른 만년의 잦은 자

**채텀, 오드넌스테라스**
디킨스가 어린 시절 이곳에서 가장 행복한 한때를 보냈다.

작 공개낭독회, 친구들과 함께 한 아마추어 연극의 시나리오 작업과 상연, 사교 모임 등으로 매우 활발한 삶을 살았다.

그동안 쓴 그의 편지는 한 권이 700쪽이 넘는 스물두 권짜리(그중 한 권은 색인) 전집으로 간행될 정도로 방대했다. 또한 이것 외에 그는 에너지의 대부분을 총 1만 쪽이 넘는 작품 집필에 쏟아부었다. 그가 창조한 소설세계를 특징짓는 것은 이 같은 그의 압도적인 에너지와 활력임은 물론이다.

### 대표 작품들

디킨스의 친구이자 그의 뛰어난 전기를 쓴 존 포스터는 디킨스의 '자서전 단편'에서 소년 시절의 독서에 관해 다음과 같이 썼다(이 문장은 《데이비드 코퍼필드》 제4장에 그대로 나온다).

'내 아버지는 2층 작은 방에 조그만 장서를 남겨 주셨다. 그 방에는 (마침 내 방 옆방이었으므로) 자유롭게 드나들 수 있었으며, 아내를 빼고는 아무도 관심이 없었다. 이 고마운 방에서 《로더릭 랜덤》·《페레그린 피클》·《험프리 클링커》·《톰 존스》·《웨이크필드의 목사》·《돈키호테》·《질 블라스》·《로빈슨 크루소》와 같은 훌륭한 작품들이 속속 나타나 내 친구가 되어 주었다. 그들이 얼마나—그 밖에 《아라비안나이트》와 《요정 이야기》도 있었다—내 상상력을

키워 주었고, 시공을 뛰어넘는 어떤 희망을 가져다주었는지.'

여기서 언급한 《아라비안나이트》와 페르시아 이야기집이라고도 불리는 《요정 이야기》 이 두 편을 제외한 나머지는 모두 소설의 주인공인 동시에 작품명이다. 이것들이 디킨스의 문학적 교양과 창작 기법의 기초를 형성해 주었다고할 수 있다.

처음 세 작품은 18세기 영국 토비아스 스몰렛(1709~71)의 이른바 일명 '건달소설'이라고도 하는 악한소설(惡漢小說, picaresque novel)이며, 《톰 존스》도 18세기영국의 헨리 필딩이 지은 악한소설 형식의 작품이다. 《웨이크필드의 목사》 역시 18세기 영국 올리버 골드스미스의 작품으로 감상소설(sentimental novel)이지만,세르반테스의 《돈키호테》와 18세기 영국 다니엘 디포의 《로빈슨 크루소》는 악한소설적 구성이고(디포는 악한소설을 몇 편 썼다), 18세기 프랑스의 알랭 르네 르사주의 《질 블라스》는 악한소설의 대표적인 작품이다.

또한 《아라비안나이트》와 《요정 이야기》의 기괴함과 환상은 형식 그대로는아니지만 디킨스의 작품에서 자주 보인다. 특히 스몰렛의 세 작품을 맨 먼저언급한 점은 흥미롭다. 디킨스는 소설 구성면에서 악한소설의 형식을 따랐을뿐만 아니라 인물 조형면에서도 스몰렛을 본떴다.

앞서 말한 디킨스의 첫 단편인 〈포플러 가로수길에서의 저녁 식사〉는 민법박사회 서기로 일하는 유복한 중년의 독신자 신스 씨에게 사촌동생이자 곡물상인 버든이 달라붙어 유산 분배를 노린다. 그가 먼저 자택에서 열리는 만찬에 초대하지만, 덜렁꾼 버든이 은둔적인 성향의 신스 씨에게 갖가지 골탕만 먹이다가 결국 계획이 실패로 끝난다는 내용으로, '당대 현실'을 풍자한 이야기이다.

디킨스는 이 작품에 이어 이와 비슷한 단편과 런던의 풍물을 묘사한 수필을써서 호평을 얻자 이것들을, 작품집 《보즈의 스케치》(1836년 제1집 출판)로 엮어일약 신진작가로서 인정받았다(보즈는 디킨스의 필명이다). 이 단편집에는 여러결점이 있지만, 그 무렵 런던 서민생활과 풍속을 정확한 눈으로 세세히 포착하고 이런 사람들의 일상적 희로애락을 해학과 연민으로 바라보았으며, 그 안에서 새로운 드라마와 로맨스를 발견했다.

**헹거포드 스테어스**
오른쪽 건물이 디킨스가 일했던 '워렌 구두약 공장'이다.

    1820년대부터 그때까지 영국 소설계에 팽배했던 비현실적 사회소설이나 조잡한 시대소설, 사상 학설을 풀이한 프로파간다(선전) 소설 또는 매우 저속한 해학소설 따위와 비교하면 《보즈의 스케치》는 매우 청신했다.

    이 단편집에는 이미 디킨스의 본질적 특징이 몇 가지 나타나 있는데, 그중 가장 두드러지는 것은 인물 조형 방법이다. 디킨스는 작중인물을 창조할 때 정확하고 정밀한 관찰에 따라 외부로부터 인물의 모든 특징을, 다시 말해 용모·자세·복장·몸짓, 특히 동작할 때의 버릇과 말버릇 등을 교묘하게 포착하고 그것을 실물 이상으로 넓혀서 본다. 이는 이른바 '희화'(캐리커처)라 불리는 방법이며, 이는 스몰렛에게서 배운 것이다.

    디킨스의 유머는 이 방법에서 생겨난다. 즉, 앙드레 모루아가 말한 대로, 어디까지나 현실적인 태도를 유지하면서 독자의 주의를 끌고자 하는 점만을 상상력을 통해 의식적으로 확대하거나 축소하면 그 균형의 파괴가 절로 웃음을 부르는 것이다.

    유머는 디킨스의 가장 커다란 특징이며, 많고 적고를 떠나 그의 모든 작품에서 중요한 역할을 한다. 그것이 가장 자연스러운 형태로 나타난 작품이 《보즈의 스케치》 다음에 발표한 디킨스 최초의 장편 《피크위크 페이퍼스》(1836~37)이다. 이 작품은 등장인물이 3백 명 이상에 이르는 긴 이야기로, 통일된 플롯이 아니라 다수의 에피소드가 전체를 이루는 형식이다.

한마디로, 피크위크 클럽의 회장인 피크위크 씨가 회원 세 명과 여러 곳을 여행하면서 본 풍물과 겪었던 사건을 클럽에 보고한 기록이라는 형태를 취한다. 이런 구성의 소설이 '악한소설'이다. 피크위크 씨는 악한은커녕 둘도 없이 착한 사람인데 왜 이런 형식의 소설을 그렇게 부를까?

본디 르네상스 무렵부터 유행한 이런 종류의 이야기 형식은 사회에서 소외되어 정착지를 잃은 악당이나 건달이 곳곳을 돌아다니며 자신이 겪은 신기한 사건을 차례차례 이야기하는 소설을 가리켰기 때문이다. 그 뒤에는 주인공이 악한이냐 아니냐에 관계없이 이런 구성을 가진 소설을 '악한소설'이라고 부른다.

앞서 언급했듯이 이 구성 형식은 디킨스가 어릴 때부터 익숙했던 18세기의 필딩, 스몰렛 이래 영국 소설에서 보이는 전통적인 형식이었으며, 디킨스가 이 최초의 장편 중간부터 피크위크 씨의 상대역으로 하인인 샘 웰러를 등장시킨 것도 이런 소설 구성에서는 상투적인 수단 가운데 하나였다. 돈키호테와 산초 판사, 스몰렛의 《험프리 클링커》에 나오는 주인공 브림블과 마부 클링커와 같은 예를 따라한 것이다. 《피크위크 페이퍼스》 뒤에 발표한 디킨스의 장편 《올리버 트위스트》(1837~39), 《니콜라스 니클비》(1838~39) 등도 악한소설적인 면이 적지 않다.

샘 웰러는 소설 구성상의 주인공인 피크위크 씨를 대신해 작품을 실질적으로 지배하며, 이 작품의 본질을 이루는 웃음은 샘을 둘러싸고 나타난다. 성실하고 유능하며 재치 있는 샘은 어떤 상황에서도 주인에게 충실하고 어떤 상황에도 대처할 줄 아는 충복일 뿐만 아니라 서민의 지혜와 선량함을 구현하는, 그야말로 디킨스의 이상적 인간상이다. 샘은 본질적으로는 원만한 현실가로서, 그 건전한 상식과 인간성은 한편으로는 한없이 착한 피크위크 씨의 뜬구름 잡는 이상주의의 파멸을 구하고, 한편으로는 웃음을 통해 사기꾼과 위선자들의 인간성 상실을 비판한다. 거기에는 명백히 풍자적 의도가 깃들어 있지만, 그들의 악덕이 성실하기 그지없는 샘의 기지와 인간성이라는 렌즈를 통해 현미경과 같은 정밀함으로 확대되면 우리는 날카로운 비판보다는 웃음을 터뜨린다. 인간 본연의 모습에서 벗어난 기형적 존재는 건강한 민중에게 무엇보다도 우습게 보이기 때문이다.

《피크위크 페이퍼스》가 다달이 분책되어 나왔던 당초에는 3천 부쯤 팔렸지만, 샘 웰러의 등장이 인기를 불러 마지막에는 4만 부에 다다랐다. 발행부수를 떠나, 한 문학 작품이 이처럼 많은 국민에게 열렬하게 환영받은 예는 세계문학사상 없다고 한다. 이로써 디킨스는 작가로서나 사회인으로서나 확고한 지위를 얻게 되었다.

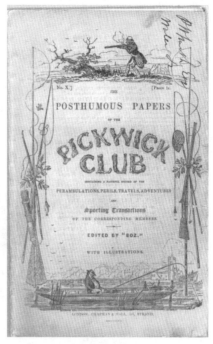

**《피크위크 페이퍼스》**(1836~37)
표지 제목은 《피크위크 클럽》으로 매월 분책으로 발간되었다. 디킨스의 첫 장편 대작이다.

《피크위크 페이퍼스》가 아직 매듭지어지지 않은 1837년 1월에 월간잡지 〈벤틀리 미셀러니〉의 편집장이 된 디킨스는 그다음 달부터 이 잡지에 장편 《올리버 트위스트》를 연재하게 된다. 이 작품은 일관된 플롯과 통일된 주제를 가진 그의 첫 '소설'이자, 처음으로 사회개혁을 주장한 작품이었다. 구빈원에서 태어나고 자란 주인공 소년 올리버가 가혹한 원내 생활을 견디다 못해 런던으로 달아나 소매치기와 강도 무리와 어울려 암흑가 생활을 경험하다가, 죽은 아버지의 옛 친구인 자선가의 도움으로 행복한 생활을 하게 된다는 줄거리이다.

여기서 디킨스는 밝은 웃음을 감추고, 1834년에 개정된 빈민구제법의 비인도적 결점과 이 가혹한 법률이 오히려 사회악을 낳는다는 점을 지적하면서 그 직접·간접 책임자들에게 격렬한 분노와 조소를 날린다. 작품 자체만 보자면, 줄거리 전개가 지나치게 우연적이고, 올리버를 구해 주는 착한 사람들이 너무 선

《어린 도릿》 삽화　헤블롯 K. 브라운 작.

량하고 감상적으로 그려지는 탓에 존재감이 약한 데 반해 소매치기 두목인 페이긴과 그 수하 소년들, 강도 사이크스, 그들의 소굴인 암흑가, 빈민굴의 묘사는 생동감이 넘친다.

1850년에 완성된 《데이비드 코퍼필드》까지를 디킨스의 작가생활의 전반기라고 보면, 전기 이외의 장편 가운데 《니콜라스 니클비》에서는 사설 학원의 영리주의적 경영을 비판한 사회개혁이 주장되어 있다. 또한 《골동품 상점》에서는 런던에서 손녀 넬과 함께 살면서 골동품 상점을 경영하는 노인이 도박에 빠져 고리대금업자 퀼프에게 가게를 빼앗기고 방랑을 떠나자, 가엾은 넬이 고생 끝에 병에 걸려 죽는 과정을 감상적으로 그려 많은 독자를 울렸다.

《마틴 처즐위트》는 이기주의의 비판과 빈곤자에 대한 위생 시설의 개선이 주제지만, 미국에 대한 비판도 쓰여 있다(이 소설을 발표하기 전 해에 미국에 다녀온 작가는 작품이 그다지 인기를 얻지 못하자 재빨리 이 대목을 추가했다). 이 작품은 그러한 주제들이 목적을 뛰어넘을 만큼 방만한 희극적 정신으로 가득한 소설이다. 이기주의 비판은 먼저 주인공인 마틴에게 향하는데, 이 착한 젊은이는 분명히 마음을 고쳐먹지만 작중인물로서는 생기가 없다. 위선자 펙스니프와 비위생적이고 잔혹하며 무식한 주정뱅이 간호사 미시즈 검프는 그 자체로서는 혐오스럽고 기괴한 인물들이지만, 오히려 이들이 그 터무니없는 해학을 통해 이 소설을 영국 희극문학의 걸작으로 만들어 준다.

지금까지 언급한 디킨스의 작품을 보면 작품의 주인공, 심지어 주요 인물까지 대부분 고아라는 점에 놀라게 된다. 부모가 둘 다 없거나 한쪽만 있는 아이들 뿐이다. 부모가 있어도 보살핌을 받지 못하는 아이, 부모들과 정신적 교류가 없는 아이—이런 아이들도 비유적인 의미에서 고아라고 할 수 있다. 예를 들어 《올리버 트위스트》, 《니콜라스 니클비》, 《마틴 처즐위트》 그리고 《골동품 상점》의 소녀 넬은 고아이다.

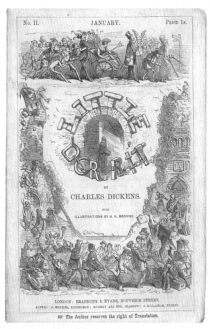

《어린 도릿》(1855~57) 표지

아직 언급하지 않은 작품 중에서는 《돔비와 아들》에 등장하는 돔비 집안의 폴과 플로렌스, 《데이비드 코퍼필드》의 데이비드, 《황폐한 집》의 에스더 서머슨, 에이더 클레어, 리처드 카스톤, 부랑아 조, 《어린 도릿》의 도릿, 《어려운 시절》의 루이자와 톰, 《위대한 유산》의 핍이 그러하며, 그 외에도 많다. 이런 특이한 현상은 앞서 말한 대로 작가 디킨스가 열두 살에 부모형제와 같이 살지 못하고 돈을 벌기 위하여 공장에 나갔으며, 아버지가 출옥해서 집안 형편이 나아진 뒤에도 어머니의 뜻에 따라(그는 이렇게 믿는다) 한동안 학교에 다니지 못했던 아픈 경험에서 나온 것으로 보인다.

그 무렵 그가 느꼈던 감정, 즉 부모에게 버림받아 비천한 신분으로 떨어졌다는 고독감·절망감·굴욕감은 그의 일생에서 결정적이고도 중요한 체험이었다. 이 체험은 그에게 훌륭한 사람이 되겠다는 향상심과 출세욕을 심어 주었으며, 결과적으로는 득이 되었지만, 그의 마음에 평생 지워지지 않는 상처를 남겼다.

그는 이 이야기를 자식들에게조차 평생 하지 않았다. 그러나 1947년에 친구인 존 포스터에게서 그 무렵 공장에서 일했던 사람을 아느냐는 질문을 받은 뒤에 자서전을 쓰기 시작하면서 비로소 이런 사실이 드러났다. 자신을 괴롭히는 과거에 맞서 그것을 극복하고자 한 것이다. 그러나 자서전은 단편으로 끝났다. 거기에 다음과 같은 문장이 나온다.

'이런 생각(소년 디킨스가 느꼈던)이 가져오는 비통함과 굴욕감이 내 성격 전체에 스며들어 버려서 나는 세상에 이름을 알리고 칭송받고 행복해진 지금까지도 가끔 꿈을 꾼다. 그 꿈에서 나는 내게 사랑하는 아내와 아이들이 생겼다는 사실, 아니 내가 어른이 되었다는 사실조차 잊고 홀로 외롭게 그 시절을 헤매다가 돌아온다.'

이런 상태에 있던 디킨스는 무슨 일이 있어도 과거를 청산해야 했다. 1848년에 다섯 번째 '크리스마스 북'으로 발표한 《유령에 시달리는 사나이》는 슬픈 과거의 기억에 괴로워하는 화학자가 악마와 계약해서 아픈 기억을 팔아넘긴다는 이야기이다. 이는 1843년 이래 크리스마스에 발표된 가정적 중편소설, 이른바 '크리스마스 북'에 수록된 작품이다. '크리스마스 북'으로서는 《크리스마스 캐럴》(1843, 첫 번째), 《난롯가의 귀뚜라미》(1845, 세 번째)가 유명하며, 그 외 《종소리》(1844, 두 번째), 《인생의 싸움》(1846, 네 번째) 등이 있다.

디킨스는 《데이비드 코퍼필드》에서 과거를 청산했다. 이 작품은 주인공 데이비드가 1인칭으로 서술한 자전적 형식을 취하고 있다. 작가 자신의 경험과 감정을 사실 그대로, 또는 허구를 섞어 표현했다는 사실은 그가 중단한 자서전 단편이 대체로 고스란히 인용되었다는 점에서도 엿볼 수 있다. 태어나기 전에 아버지를 여읜 데이비드가 어머니의 재혼과 죽음 뒤 냉혹한 계부로 인해 어두운 소년 시절을 보내다가 친절한 큰어머니의 보호를 받으며 학업을 마치고 법조계에 입문하여 속기사, 의회 보도기자를 거쳐 작가가 된다. 그 뒤 첫사랑과의 결혼과 그녀의 죽음 그리고 재혼을 거치며 작가로서 이름을 알리게 되기까지의 과정이 그려진다.

이 메인 플롯 주위에 서브 플롯으로서 주인공을 둘러싼 다양한 인물의 다양한 사건이 얽힌다. 데이비드가 사랑하는 어머니를 계부 머드스톤과 그 여동생이 엄격한 청교도적 '교육'으로 죽인 꼴이 되었으며, 그 뒤로 데이비드는 그가 관계한 사회에 소년공으로 나가게 된다. 이 부분은 물론 사실과 다르지만, 디킨스가 부모에게 품은 비통한 감정이 투영되어 있다. 그러나 작가는 자신에게 가장 고통스러운 소재를 다루면서도 공정하고 절제된 태도로 모든 인물을 다루고 있다.

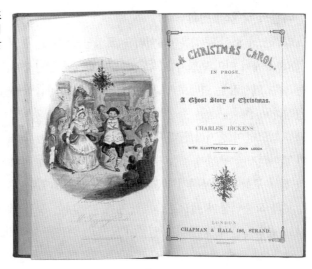

《크리스마스 캐럴》속표지 '크리스마스 북' 시리즈 5종 중 첫 번째 발간된 작품.

　첫사랑 도라의 모델은 작가의 첫사랑 상대였던 '마리아 비드넬'이라고 알려져 있다. 이 첫사랑의 애통한 결말은 인간 디킨스의 생애에서 두 번째로 중요한 사건이었다. 이 소설에서 데이비드와 도라와의 결혼은 작가가 이루지 못했던 소망을 작품으로 대리만족하는 감이 있지만, 데이비드는 오히려 자신의 사랑이 '미숙한 마음이 최초로 일으킨 잘못된 충동'이었다고 인정한다. 어쨌든 이 작품을 씀으로써 디킨스는 일단 과거의 망령을 극복했다. 그는 이 소설을 '나의 사랑하는 자식'이라고 불렀는데, 특히 어린 데이비드의 눈을 통해 묘사한 부분은 가장 뛰어나다. 또한 작중인물로서는 부질없이 행운을 기대하는 낙천가 미코바가 유명하며, 데이비드의 학교 친구인 스티어포스는 이기적이고 냉소적인 지식인으로, 디킨스의 작품에는 드문 유형이다.

　《데이비드 코퍼필드》는 디킨스의 인간적 성장 기록이지만, 작가가 가장 절실한 관심을 품었던 소년 시절과 첫사랑 시절에 관한 부분을 빼면 정신의 내면적 발전보다는 외부적 사건의 연속 그 자체에 보다 많은 관심과 공간을 할애하고 있다. 이런 의미에서는 악한소설의 변형이라고도 하겠다. 본디 악한소설에서 나타나는 공간적 편력이 시간적 편력으로 바뀌어 있기 때문이다. 그러나 디킨스는 이미 악한소설과 결별할 시기에 와 있었다.

## 디킨스 작품의 변화

디킨스의 소설 구성은 《데이비드 코퍼필드》 바로 앞에 쓴 장편 《돔비와 아들》(1946)에서 이미 변화가 시작되었다. 디킨스의 장편소설은 모두 월간 분책 또는 잡지 연재라는 형태로 발표되었는데, 앞서도 언급했듯이, 그는 미리 작품을 완성하고 전체 구상을 결정하는 게 아니라, 달마다 계속 쓰면서 세평이나 판매고를 참고하여 줄거리를 바꾸거나 인물을 추가했다. 그 때문에 플롯의 통일성이 결여되거나 구성이 조잡해지기도 했다. 그러나 《돔비와 아들》에서는 처음부터 전체 구상을 세부까지 짜 놓은 다음에 펜을 들었다. 그 결과 이전 작품처럼 플롯과 작중인물이 세포분열하듯 계속 늘어나는 것이 아니라, 구성이 촘촘해지고, 통일적인 주제 주위로 인물이 모이고, 주제를 둘러싸고 플롯이 전개되게 되었다.

이 작품의 주제는 '자긍심', 즉 사업가 돔비 씨의 자기중심적 자랑이며, 그에 대치되는 딸 플로렌스의 따뜻하고 헌신적인 순정이다. 그 밖의 인물은 모두 이 두 주제의 변주곡으로서 두 사람 주변에 이른바 대립법적으로 배치되며, 전체적으로 그 시대 영국 사회의 병폐를 힘차게 묘사하고 있다. 돔비상회 주인인 돔비는 금전만능주의를 믿고, 인간관계를 매매 임차관계로밖에 보지 않으며, 우주 만물은 자신이 경영하는 부유한 상회 덕에 존재한다는 오만한 자긍심에 사로잡혀 있다.

돔비는 19세기 전반부터 영국의 실력가로 부상한 중류계급(부르주아)—산업경영자, 무역상, 은행가 등—의 전형이며, 그들이 신봉하는 공리주의적 경제사상, 인생관에서 비롯한 황금만능주의자의 표본이다. 《돔비와 아들》은 돔비와 플로렌스를 둘러싼 멜로드라마인 동시에 동시대 영국 사회의 반성을 요구한 사회소설이다.

《돔비와 아들》에 나타난 또 다른 주목할 만한 특색은 다양한 이미지를 상징적이고 우의적으로 썼다는 점이다. 예를 들어 이 소설에서는 기차가 중요한 이미지로 쓰였다. 철도 부설로 오래된 집들이나 마을이 부서지고 새로운 시가지가 조성되어 가는 정경이나, 들판을 넘고 언덕을 넘어 엄청난 속도로 돌진하는 이 괴물에 탄 돔비의 놀라움 등의 묘사는 그 자체로서도 훌륭하지만, 경제사가가 말하는 '철도시대'를 도래시킨 산업주의 사회의 원동력이 된 돔비들의 계급

적 탐욕의 힘과 떼려야 뗄 수 없는 관계로 이어져 있다.

《돔비와 아들》에서 보이는 꼼꼼한 구성과 이미지의 상징적 사용은 그 뒤 작품에서 더욱 두드러지며, 양자가 한결 긴밀하게 결합하여 디킨스 후반기에는 소설의 상징적 내지는 우의적 수법이 되었다. 특히 《황폐한 집》, 《어린 도릿》(1855~57), 《우리 모두의 친구》(1864~65)는 이 수법을 전면적으로 구사한 역작이다.

사회비판이라는 주제를 가진 이 세 소설은 앞서 언급한 디킨스의 재평가가 시작된 이래 저마다 다양한 비평가에게 절찬받았다. 《황폐한 집》은 다음에 좀 더 자세하게 다루기로 하고, 나머지 두 작품을 한마디씩 언급하겠다.

《어린 도릿》에서는 첫머리에 나오는 마르세유 감옥 안의 죄수, 그가 기르는 새장 안의 새, 항구검역소에 갇힌 선객들을 비롯하여 영국의 채무불이행자들이 갇힌 감옥과 같이 감옥과 죄수의 이미지가 곳곳에서 쓰여 마침내 독자는 인간사회 전체가 감옥인 동시에 인간의 마음 또한 감옥에 갇혀 있음을 깨닫게 된다.

《우리 모두의 친구》는 그 무렵 쓰레기 처리가 엄청난 이익사업이었던 사실을 소재로 하여, 부의 원천을 더러운 오물의 산으로써 나타내고, 19세기 영국 사회의 물질만능 사상을 격렬하게 비판했다.

디킨스는 본디 적절한 이미지로 인간묘사나 정경묘사의 효과를 끌어올리는데 능했지만, 이제는 이미지로 인간의 마음을 우의적으로 표현하게 되었다. 이는 사회와 인간에 대한 그의 견해가 심화됨과 함께 이루어졌다.

### 《황폐한 집》에 대하여

초기 작품에서는 특정한 사회적 폐해가 개별 현상으로서 언급되고, 사회악의 책임이 특정 개인 탓으로 돌려졌지만, 이제는 그 배후에 있는 사회제도나 조직·계급 전체로, 더 나아가 사회악의 근원으로 눈을 돌리게 되었다. 그 때문에 사회를 넓고 전체적으로 다룰 수 있는 주제와 방법이 필요해졌다.

《황폐한 집》 1~2장에서 그러한 사회소설의 주제와 방법을 훌륭하게 보여준다. '런던의 명물'인 안개가 온 도시를 어둡게 뒤덮고, 매연이 섞여 검은 안개비가 되고, 거리란 거리를 진창으로 바꾼다. 그 안개와 진창의 중심에 있는 대

《황폐한 집》(1852~53) 표지

법관 법정에서는 40년 가까이 이어지고 있는 '잔다이스 대 잔다이스' 사건을 심리하는데, 해결될 가망은 전혀 보이지 않는다. 그 때문에 소송 당사자 중에서 자살자·미치광이·파산자가 나왔을 뿐 아니라, 소송은 손자 대까지 이어져 증오와 불신, 그 밖의 수많은 해악과 퇴폐의 근원이 되었지만, 소송 자체는 오리무중으로 빠져들어 누구도 알 수 없게 되어 버렸다.

독자는 이 소송 상태가 바로 안개와 진창이라는 인상을 강하게 받는데, 그 안개는 템스강 하류와 상류, 인근의 모든 주, 아니 영국 전 국토를 뒤덮는다. 제2장에서는 멀리 링컨셔

지방 호족 레스터 데들록 준남작의 영토가 안개와 진창에 덮여 있다는 사실과, 영국 상류사회의 대표자 중 하나인 그의 부인이 그 소송 관계자라는 사실을 알 수 있다.

대법관 법정과 상류사회는 둘 다 선례와 관습이 지배하는 세계라는 점에서 공통된다. 즉, 안개에 갇힌 세계이다. 발랄한 생명력과 본디의 기능을 잃고서 자기 책임을 다하지 않는 껍데기로 전락한 제도·기관·계급·인간에 대한 비판을, 디킨스는 '잔다이스 대 잔다이스' 사건의 직간접적 관계자가 걷는 운명을 통해 보여 주고 있다. 그리고 이들 관계자들은 영국 사회의 정점을 이루는 상류사회·정계·관계·법조계에서부터 중류계급·하류계급 및 더 아래층의 빈민·부랑자에 이르는 등 《황폐한 집》은 규모가 큰 사회소설이다.

그러한 작품에 중층적인 풍부함을 주는 것이 디킨스의 기교이다. 그중 가장 뚜렷한 것이 우의적·상징적 수법인데, 이를테면 앞서 말한 제1~2장에 나타나는 안개는 이윽고 더욱 짙은 안개가 되고, 비가 되고, 진눈깨비가 되어 전체적

《황폐한 집》 삽화
해블롯 K. 브라운
작. 브라운은 디킨
스 작품 대부분의
삽화를 그렸다.

인 분위기를 무거운 분위기로 감싸고 좀먹은 영국의 병폐를 상징한다. 그 밖에
도 다양한 종류와 단계의 상징적·우의적 방법이 보인다.

가장 소박한 것은, 인물에 우의적인 의미를 가진 이름을 붙이는 방식으로,
데들록(Dedllock)은 '교착 상태'(deadlock)를, 보석상 블레이즈(Blaze)는 같은 단어의
보통명사 '(보석의) 반짝임'(blaze)을 나타낸다. 또한 인물의 성격이나 심리 상태를
강조하기 위해 그러한 것들과 그 사람의 외모, 공간의 정경이나 분위기를 잘
조화시키는 것은 그가 일찌감치 쓰던 수법이다.

《황폐한 집》 전체는 작중인물인 에스더의 수기와 전지적 작가 시점에서 쓰
인 장이 교대로 펼쳐진다. 이 두 시점에서의 서술이 줄거리 전개에 따라 점차
교차하다가 끝에 가서는 양자가 하나가 된다. 전자는 착하고 감상적인 처녀 에
스더가 화자와 작중인물(어떤 의미에서는 주인공)을 겸하고 있고, 후자는 서술이
자유로운 재미가 있다. 이 서술의 시제가 현재형인 것은 역사적 현재라기보다
는 시간에 구속받지 않는 보편성을 지닌 세계적 사건이기 때문일 것이다.

이 작품에서 중요한 위치를 차지하는 대법관 법정은 재판관이 아닌 대법관
이 정의의 관념에 근거하여 보통법(common law)을 보정하기 위해 설치된 이른
바 형평법재판소이다. 대법관 법정의 개정기는 미클머스 개정기(11월 2~25일)부
터 시작하여 힐러리 개정기(1월 11~31일), 부활절 개정기(부활절 뒤 둘째 주 화요일
부터 28일간), 트리니티 개정기(삼위일체주일 뒤 둘째 주 화요일부터 21일간) 등 네 가
지가 있으며, 장기 휴정기는 8월 18일부터 10월 28일까지였다. 대법관 법정은

**브로드스테어스의 블릭 하우스**(황폐한 집)

1873년에 폐지되고 형평법재판소가 되었다.

## 디킨스 문학의 매력

《피크위크 페이퍼스》에 나오는 바들 부인과 피크위크 씨의 재판으로부터 시작해서 디킨스는 사회정의를 일깨우기 위해 끊임없이 노력했다. 이러한 그의 사회비판은 《돔비와 아들》, 《황폐한 집》, 《어린 도릿》, 《우리 모두의 친구》, 《어려운 시절》(1854), 《위대한 유산》(1860~61)에서 가장 멋지게 표현되었다. 버나드 쇼는 이런 작품들을 논하면서 이렇게 말했다. "《어린 도릿》은 《자본론》보다도 더 폭동을 유발하는 책이다."

확실히 디킨스 후기 작품의 분위기는 암울하다. 의회 정치에 대한 불신, 부르주아 탄핵, 상류층에 대한 비난이 매우 격렬하게 나타나 있다. 하지만 이런 요소들은 마치 인간의 실수를 용서하는 것처럼 대개 희극적으로 다루어졌다. 여기서 생겨나는 웃음은 파괴적이면서도 화해의 가능성을 암시한다. 디킨스는 급진주의자가 아니라 보수주의자였다. 그가 말한 '가난한 사람들'은 조합에 소속된 공장 노동자가 아니었다. 그들은 바로 소매상이나 하인들이었으며, 디킨스는 언제나 '패배자'의 아군이었다고 《1984년》의 저자 오웰은 말한다.

결국 돔비 씨나 《어려운 시절》의 그래드그라인드 씨가 주장하는 공리주의,

유물주의를 교정하기 위해 디킨스는 사랑과 상냥함 같은 소박한 감정을 내세워서 사람들의 마음을 돌려놓으려고 했을 뿐이다. 그런데 디킨스는 뛰어난 상상력을 발휘하여 이 평범한 것들을 매우 다채로운 모습으로 바꿔 놓았다. 그리하여 그 무렵 역사적·사회적 상황에서 그는 시대에 반대하는 세력이 되기에 충분한 영향력을 갖게 되었다.

그의 작품이 지닌 사회적 가치는 심리적인 가치인 듯하다. 그것은 그때까지 사람들이 대충 알고 말하던 '인간 불평등'에 관해 작가가 겪고 환기한 감정 속에 존재한다. 1830년에서 1850년에 걸쳐 제시된 산업사회의 특수한 문제에 대해 그의 소설은 직접적인 답을 내놓지 않는다. 그런데도 그가 미친 영향은 현실적이었다. 그는 인간의 영혼에 영향을 주었다. 디킨스의 이러한 감정주의는 가끔 감상주의로 전락하여 후세 사람들의 악평을 받는 주요 원인이 되었는데, 이것이 가장 순수한 동화 형태로 표현된 작품이 '크리스마스북' 시리즈의 첫 작품 《크리스마스 캐럴》이다. 크리스마스는 그의 감정주의를 나타내는 상징이라 할 수 있다. 크리스마스는 평소에 일상생활에 쫓겨 자기 삶을 사느라 바빴던 사람들이 다시 만나 즐겁게 어울리는 평화로운 사랑의 계절일 뿐만 아니라, 활기와 웃음이 넘치는 풍요로운 축제의 시간이기도 하다.

활기와 웃음과 풍요로움은 디킨스가 창조한 세계의 커다란 특징이다. 이 점은 문체에서도 드러난다. 그는 문어적 표현을 중심으로 다양한 관용구와 구어적 표현, 인상적인 온갖 이미지를 화려하게 구사하여 문장을 엮고 채우면서 덧쌓듯이 서술해 나간다. 이러한 문체는 오늘날에는 지나치게 장황하며 군더더기가 많다고 비난받기 쉽지만, 그래도 디킨스만의 특별한 무기이다. 음식이 산더미처럼 쌓인 크리스마스 식탁, 혼잡한 런던, 오래된 거리를 부수고 새로운 거리를 만드는 철도 공사 등을 생생하게 그려 내고 또 디킨스의 특기인 괴상한 인물들을 묘사하는 데에는 그처럼 화려한 문체가 딱 알맞다.

디킨스 작품을 읽은 사람들은 《피크워크 페이퍼스》의 샘 웰러, 《올리버 트위스트》의 페이긴, 《골동품 상점》의 악마적인 퀼프, 《마틴 처즐위트》의 펙스니프와 갬프부인, 《데이비드 코퍼필드》의 미코버 씨 같은 인간 군상이 주는 강렬한 인상을 기억할 것이다. 이 사람들은 매우 사실적인 인물이 아니라 얼마쯤 변형된 희화적 인물이다. 그런데도 실제 사람보다 더 생생하게 살아 움직인다. 또한 그들은 저마다 특정한 인간 유형으로서, '위선자'나 '낙천가' 같은 주요 특징 하나만 유난히 강조된 채 외면적으로 묘사되어 있다. 그래서 그들의 인격은 처음부터 끝까지 변하지 않는다.

《위대한 유산》의 주인공처럼 스스로 반성하여 변함으로써 정신적으로 성장하는 인물은 보기 드물다. 외면의 관찰보다도 내면의 파악을 통해서 복잡한 마음을 지닌 인간을 묘사하는 근대 사실주의 이후의 기법은 디킨스에게서는 찾아볼 수 없다. 그러나 디킨스가 그려 낸 인물에는 "인간적인 심오함에 대한 감탄스러운 느낌"(E.M. 포스터)이 있다. 전기 디킨스 작품을 보면 명목상 주인공인 사람은 그다지 생기가 없고, 오히려 조연이 더 잘 묘사된 경우가 많다. 말하자면 불필요한 인물이 그 작품에 풍부한 색채를 더해 준 셈이다.

그러나 후기에 들어 디킨스는 소설의 구성에 깊은 관심을 가지게 되었다. 작품 주제와 등장인물과 플롯을 서로 밀접하게 관련지으려고 노력하면서 그는 독특한 상징적·우의적 기법을 통해 주제를 강조하고 분위기를 고조시켜 중후한 작품을 만들어 내는 데 성공했다. 그런데 주제와 등장인물과 플롯을 밀접하게 관련지었다고는 해도, 그는 주제에 맞춰 성격이 설정된 인물들이 서로 갈등을 빚으면서 어떤 상황을 초래하여 플롯을 발전시켜 나간다는 식의 '근대소설의 극적인 구성법'을 쓰지는 않았다. 그의 소설은 스토리를 중시하는 면과 우연의 일치에 의한 플롯, 행복한 결말을 끝까지 버리지 못했으며, 한 작품 안에서 희극과 비극과 멜로드라마와 소극(笑劇) 따위가 공존하고 있다.

그리하여 디킨스의 만년 이후 사실주의와 소설의 예술적 자율성이 확립됨에 따라 디킨스에 대한 비판의 목소리가 차츰 높아졌다. 지금 이야기한 특징들 외에도 그의 통속성·과장·등장인물에 대한 내면적 또는 사실적 탐구 부족, 지나친 감상주의와 낙천주의, 사회비판의 유치함 등이 지적되었다.

디킨스를 비판한 인물로는 G.H. 루이스, 앤서니 트롤럽, 헨리 제임스, 올더스 헉슬리 등이 있다.

또 디킨스를 옹호한 사람으로는 러스킨, 조지 기싱, G.K. 체스터턴, 버나드 쇼, 조지 오웰, 에드먼드 윌슨, 그리고 현대 영국 작가로 V.S. 프리쳇, 앵거스 윌슨 등이 있다.

특히 제2차 세계대전 뒤 디킨스가 재평가될 계기를 만든 것은 1939년에 발표된 에드먼드 윌슨과 오웰의 〈디킨스론(論)〉이었다. 그들은 오늘날 디킨스를 비평하는 두 가지 방향을 제시했다. 먼저 윌슨은 디킨스의 생활과 작품에 존재하는 어두운 면에 초점을 맞추기보다는 그의 후기 작품에 나타나는 상징주의와 사회비판을 높이 평가하여 '도스토옙스키의 스승'이었던 디킨스의 위대함을 강조했다. 또 한편으로 오웰은 디킨스의 사회비판에 존재하는 모순과 복잡함을 인정하면서도 그의 소설과 사회적 시점을 분석하여 그 인간적인 면모에 큰 의의를 두었다.

미국 필라델피아에 있는 디킨스의 동상

이들 두 사람은 디킨스에 대한 새로운 견해를 개척했다. 그때까지 디킨스는 《피크위크 페이퍼스》에서 《데이비드 코퍼필드》에 이르는 일련의 작품들로만 대표되고, 그 뒤에 나온 작품은 그리 중시되지 않았다. 그러나 이제 후기 작품이 주목을 받게 되었다. 19세기 사실주의가 붕괴되고 나서 소설에 나타난 상징주의 경향을 생각한다면, 사회비판과 밀접하게 관련되어 있는 후기 작품의 기법에 현대인이 매력을 느끼는 것도 당연한 일일 것이다.

21세기 현대문학에서는 디킨스가 도스토옙스키나 프란츠 카프카에게 미친 영향이나, 제임스 조이스, D.H. 로렌스, 마르셀 프루스트, 윌리엄 포크너 등과의 관계가 새로이 고찰되고 있다. 물론 디킨스는 완벽한 작품들만을 쓴 작가는 아니라고 말할 수도 있을 것이다. 그러나 어떤 비평가가 말했듯이 디킨스 작품처럼 웅대하고 영속적인 작품들에 대해서는 세상 사람들의 관심과 발견이 끊이지 않을 것이다. 모든 세대는 저마다 자기 취향에 맞는 작품을 찾아내어 거기서 뜻밖의 새로운 발견을 하게 되리라.

# 찰스 디킨스 연보

1812년        찰스 디킨스 2월 7일 포츠머스에서 태어남.

1817년(5세)   가족들 채텀으로 이사. 찰스는 그곳에서 윌리엄 자일스의 학교를
             통학.

1822년(10세)  아버지 존 디킨스의 런던 전근으로 가족은 런던 북부 캠던타운의
             베이엄 거리 16번지에 거주.

1824년(12세)  워렌 구두약 공장에 억지로 일하러 감. 아버지는 빚 때문에 체포
             되고 3월부터 5월 25일까지 마샬시 감옥에 수감됨.

1825년(13세)  구두약 공장을 그만두고 웰링턴 하우스 아카데미에서 공부 시작.

1827년(15세)  변호사 사무실에서 근무 시작.

1829년(18세)  속기를 독학하고 민법박사회관에서 기록담당이 됨.

1830년(19세)  마리아 비드넬과 사랑에 빠짐. 그러나 사랑을 거절당한 디킨스는
             깊은 마음의 상처를 받음.

1831년(20세)  〈미러 오브 팔러먼트〉 기자가 되어 저널리스트로 첫발 내디딤.

1833년(21세)  첫 저술. 〈포플러 가로수길에서의 저녁 식사〉가 〈먼슬리 매거진〉
             12월호에 게재됨.

1834년(22세)  일간지 〈모닝 크로니클〉 기자가 됨.

1836년(24세)  2월 8일 《보즈의 스케치》(제1집) 출판. 3월 31일 《피크위크 페이퍼
             스》의 월간 분책 제1호가 발행됨. 4월 2일 캐서린 호가스와 결혼.
             12월 집필에 전념하기 위해 〈모닝 크로니클〉 퇴직. 그해 겨울 포스
             터를 알게 됨.

1837년(25세)  디킨스가 편집장이 된 월간지 〈벤틀리 미셀러니〉의 창간호가 1월
             11일에 출판됨. 제2호부터 24회에 걸쳐 《올리버 트위스트》 연재. 1
             월 6일 첫 아이 찰스 태어남. 4월 세 식구는 다우티 거리 48번지로

이사. 5월 7일 메리 호가스(디킨스의 처제) 죽음.

1838년(26세)  3월 6일 둘째 아이 메리(메이미) 태어남. 3월 끝무렵 《니콜라스 니클비》 분책 제1호 출판.

1839년(27세)  〈벤틀리 미셀러니〉 편집장 사임. 10월 《니콜라스 니클비》 단행본 출판. 그 바로 뒤 셋째 아이 케이트 태어남. 디킨스네 데본셔 테라스 1번지로 이사. 유복한 상류부인 안젤라 버데트 쿠츠를 알게 됨.

1840년(28세)  4월 4일 주간지 〈마스터 험프리의 시계〉 창간. 4월 25일 호부터 《골동품 상점》 연재.

1841년(29세)  〈마스터 험프리의 시계〉 2월 13일 호부터 전42회로 《바나비 러지》 연재. 넷째 아이 월터 태어남.

1842년(30세)  1월 캐서린과 6개월 간 미국 여행길에 오름. 10월 《미국 기행》 출판. 12월 《마틴 처즐위트》 월간 분책(전20권) 간행 개시.

1843년(31세)  12월 19일 첫 번째 '크리스마스 북' 《크리스마스 캐럴》 출판.

1844년(32세)  다섯째 아이 프랜시스 태어남. 채프먼 앤드 홀사와 결별하고, 모든 출판물을 브래드버리 앤드 에반스에 위임. 7월 처자식과 처제 조지나를 데리고 제노바로 향함. 12월 16일 두 번째 '크리스마스 북' 《종소리》 출판.

1845년(33세)  가족과 함께 이탈리아를 여행하고 7월 런던으로 돌아옴. 9월 연출가 겸 배우로 희극 〈10인 10색〉을 상연. 10월 여섯째 아이 알프레드 태어남. 12월 20일 세 번째 '크리스마스 북' 《난롯가의 귀뚜라미》 출판.

1846년(34세)  1월부터 2월까지 단기간 〈데일리 뉴스〉 편집장 역임. 《이탈리아 정경》 출판. 다시 유럽 대륙으로. 9월 《돔비와 아들》 월간 분책(전20권) 간행 개시. 12월 19일 네 번째 '크리스마스 북' 《인생의 싸움》 출판.

1847년(35세)  파리에서 돌아옴. 일곱째 아이 시드니 태어남. 미스 쿠츠가 생각해 낸 '집 없는 여자들의 집' 우라니아 코티지의 개설 지원에 주력함. 작품들의 보급판 출판 개시.

1848년(36세)  여름 동안 아마추어 극단을 이끌고 순회공연. 9월 사랑하는 누나

패니 죽음. 12월 다섯 번째 '크리스마스 북' 《유령에 시달리는 사나이》 출판.

1849년(37세)  여덟째 아이 헨리(해리) 태어남. 4월 디킨스가 가장 아낀 자서전적 작품 《데이비드 코퍼필드》 분책 간행 시작.

1850년(38세)  3월 27일 주간지 〈가정의 말〉 간행. 아홉째 아이 도라 태어남.

1851년(39세)  아버지 존 디킨스와 어린 딸 도라 죽음. 문학예술조합 자금 조달을 위해 연출가 겸 배우로 불워 리턴의 극 〈겉보기만큼 나쁘지는 않다〉를 상연. 태비스톡 하우스로 이사.

1852년(40세)  2월 《황폐한 집》 월간 분책 간행 개시. 열 번째 아이 에드워드(프론) 태어남.

1853년(41세)  불로뉴에서 여름을 보냄. 버밍엄에서 첫 공개낭독회를 열어 《크리스마스 캐럴》 낭독.

1854년(42세)  〈가정의 말〉에 《어려운 시절》 연재 시작.

1855년(43세)  마리아 비드넬과 재회. 10월 가족을 데리고 파리로 가서 반 년간 머묾. 12월 《어린 도릿》 월간 분책 간행 개시.

1857년(45세)  넓은 대지가 딸린 저택 갯즈 힐 플레이스 구입. 콜린스 극 〈얼어붙은 바다〉 연출과 출연을 맡음. 이 극의 맨체스터 공연에 출연한 젊은 배우 엘렌 터넌과 알게 됨.

1858년(46세)  봄에 런던에서 첫 공개낭독회 시리즈를 개최. 5월 캐서린과 별거, 〈가정의 말〉에 그에 대한 성명을 게재. 8월부터 11월에 걸쳐 처음으로 공개낭독을 지방순회함.

1859년(47세)  4월 30일 주간지 〈일 년 내내〉 창간하고 《두 도시 이야기》 연재 시작. 가을에 두 번째 지방순회 낭독 공연.

1860년(48세)  〈일 년 내내〉에 에세이 《비상용 여행자》 연재 시작. 12월부터 《위대한 유산》 연재도 시작.

1861년(49세)  《위대한 유산》을 3권의 책으로 간행. 10월 세 번째 지방순회 낭독회 개시.

1862년(50세)  이듬해까지 프랑스를 자주 방문. 9월 어머니 죽음.

1863년(51세)  12월 아들 월터 죽음.

| | |
|---|---|
| 1864년(52세) | 5월 《우리 모두의 친구》 월간 분책(전20권) 간행 개시. |
| 1865년(53세) | 6월 9일 디킨스와 넬리가 스테이플 하우스에서 여행 중 철도사고를 당함. 11월 《우리 모두의 친구》 2권의 책으로 간행됨. |
| 1866년(54세) | 런던과 지방에서의 네 번째 낭독 순회 공연. |
| 1867년(55세) | 11월 보스턴에 도착 미국에서의 낭독 순회 공연 시작. |
| 1868년(56세) | 4월 영국으로 돌아옴. 10월 건강이 악화되었음에도 이별 순회공연을 시작. |
| 1869년(57세) | 1월 5일 《사이크스와 낸시》 최초 공개낭독. |
| 1870년(58세) | 3월 9일 빅토리아 여왕 알현. 3월 15일 마지막 공개낭독회. 4월 《에드윈 드루드의 비밀》 제1분책을 간행(전12권의 예정이 6호까지의 미완으로 끝남). 6월 9일 뇌졸중으로 세상을 떠남. |

## 정태륭(鄭泰隆)

인천에서 태어나다. 제물포고를 나와 고려대학교 철학과를 졸업했다. 〈고대신문〉〈농민신문〉 편집인을 지냈다. 영문학 번역생활을 하며 '찰스 디킨스 소설연구' 발표. 옮긴 책으로 찰스 디킨스 《크리스마스 캐럴》《두 도시 이야기》 등이 있다. 〈현대문학〉 추천으로 문단에 나온 뒤 창작소설 《인간면허》《사냥시대》 민속학 《조선상말전》을 펴냈다.

Charles John Huffam Dickens
BLEAK HOUSE

# 황폐한 집

찰스 디킨스/정태륭 옮김
1판 1쇄 발행/2014. 3. 20
1판 4쇄 발행/2025. 1. 1
발행인 고윤주
발행처 동서문화사
창업 1956. 12. 12. 등록 16-3799
서울 중구 마른내로 144 동서빌딩 3층
☎ 546-0331~2 Fax. 545-0331
www.dongsuhbook.com
잘못된 책은 구입하신 곳에서 바꾸어드립니다.
＊

사업자등록번호 211-87-75330
ISBN 978-89-497-0858-4 04080
ISBN 978-89-497-0382-4 (세트)